***ACCESO GRATIS** a la Lectura en la Nube*

Para visualizar el libro electrónico en la nube de lectura envíe junto a su nombre y apellidos una fotografía del código de barras situado en la contraportada del libro y otra del ticket de compra a la dirección:

ebooktirant@tirant.com

En un máximo de 72 horas laborables le enviaremos el código de acceso con sus instrucciones.

LAS CONDUCTAS TÍPICAS EN LOS DELITOS CORPORATIVOS (COMPLIANCE)

LAS CONDUCTAS TÍPICAS EN LOS DELITOS CORPORATIVOS (COMPLIANCE)

JAVIER PUYOL MONTERO
CARLOS FRANCO BLANCO
CARMEN ROMÁN PORRES

tirant lo blanch
Valencia, 2024

En caso de erratas y actualizaciones, la Editorial Tirant lo Blanch publicará la pertinente corrección en la página web www.tirant.com.

EDITA: TIRANT LO BLANCH
C/ Artes Gráficas, 14 - 46010 - Valencia
TELFS.: 96/361 00 48 - 50
FAX: 96/369 41 51
Email: tlb@tirant.com
www.tirant.com
Librería virtual: www.tirant.es
DEPÓSITO LEGAL: V-1253-2024
ISBN: 978-84-1056-710-8

Si tiene alguna queja o sugerencia, envíenos un mail a: *atencioncliente@tirant.com*. En caso de no ser atendida su sugerencia, por favor, lea en *www.tirant.net/index.php/empresa/politicas-de-empresa* nuestro procedimiento de quejas.

Responsabilidad Social Corporativa: http://www.tirant.net/Docs/RSCTirant.pdf

ÍNDICE

INTRODUCCIÓN

La transparencia, integridad y responsabilidad son tres pilares fundamentales en el desarrollo y crecimiento sostenible de cualquier institución, ya sea gubernamental, empresarial o no gubernamental. A medida que la sociedad evoluciona, se vuelve cada vez más exigente respecto a la rendición de cuentas de las entidades que la componen. Esta exigencia no es en vano, pues los escándalos de corrupción, las malas prácticas y la negligencia han marcado la historia contemporánea, afectando la confianza de la ciudadanía y generando pérdidas económicas, sociales y políticas.

El reconocimiento de la responsabilidad de las personas jurídicas es un principio legal que establece que las entidades legales, como empresas u organizaciones, asociaciones o fundaciones pueden ser consideradas responsables y sujetas a sanciones por acciones delictivas cometidas en su nombre o en su beneficio.

La responsabilidad penal de las personas jurídicas se refiere a la capacidad de las entidades legales, como empresas u organizaciones, de ser consideradas penalmente responsables por acciones delictivas cometidas en nombre de la entidad. Este reconocimiento ha evolucionado en muchos sistemas legales para abordar la necesidad de atribuir responsabilidad a las entidades corporativas en casos de conducta ilícita, donde las personas jurídicas pueden ser imputadas y sancionadas penalmente por ciertos actos criminales realizados por sus empleados, representantes o agentes en el curso de sus funciones.

En el pasado, el enfoque legal se centraba en la responsabilidad penal de las personas físicas, y las personas jurídicas se consideraban ajenas a la responsabilidad penal. Sin embargo, a medida que las actividades comerciales y corporativas se volvieron más complejas, los sistemas legales empezaron a reconocer la importancia de responsabilizar a las entidades legales por sus acciones.

El reconocimiento de esta tipología de responsabilidad busca sobre todo tratar de prevenir la impunidad de las empresas en casos de comportamiento delictivo y fomentar prácticas éticas y legales en el ámbito empresarial.

Tal responsabilidad tiene un enfoque principalmente de carácter legal que reconoce que las organizaciones, al igual que las personas físicas, deben ser responsables de sus acciones. Este concepto busca prevenir la impunidad de las empresas en casos de conducta delictiva, fomentando así la ética y la responsabilidad en el ámbito empresarial. Además, puede tener un impacto significativo en la cultura empresarial, ya que las empresas pueden adoptar medidas internas más rigurosas para prevenir y detectar conductas delictivas.

Es importante destacar que la implementación y aplicación de dicha responsabilidad pueden variar según la jurisdicción y que este concepto puede estar sujeto a cambios en la legislación.

En lo que hace referencia a la naturaleza de la indicada responsabilidad penal, cabe señalar que la misma hace referencia a un concepto legal que establece cómo se imputa y sanciona a una entidad legal por la comisión de delitos.

En algunos sistemas legales, la responsabilidad penal de la persona jurídica puede basarse en la aplicación de una tipología de responsabilidad que trata fundamentalmente de ser objetiva, lo que significa que la entidad puede ser considerada responsable independientemente de la culpabilidad individual de los empleados específicos.

La responsabilidad penal de la persona jurídica a menudo se relaciona con el funcionamiento organizativo de la empresa. Se examinan factores como la estructura de gobierno, las políticas internas, los sistemas de control y el grado de supervisión de las actividades.

En algunos casos, la responsabilidad penal de la persona jurídica puede requerir la demostración de una "culpa corporativa" o la existencia de fallas en la gestión y supervisión de las actividades de la empresa.

Las sanciones asociadas con la responsabilidad penal de la persona jurídica pueden incluir multas, confiscación de bienes, restricciones en las actividades comerciales y, en casos extremos, la disolución de la entidad.

La naturaleza de la responsabilidad penal de la persona jurídica también lleva consigo e impulsa a las empresas a implementar programas de cumplimiento, códigos éticos y prácticas de diligencia debida para prevenir y detectar conductas delictivas.

Además, la misma no excluye la responsabilidad penal de las personas físicas involucradas en la comisión de delitos, y la misma se distingue de la responsabilidad penal de las personas físicas, en la que cada individuo puede ser responsable por sus acciones personales, pero la entidad legal también puede enfrentar responsabilidad independiente.

En todo caso, el desarrollo de este concepto sigue evolucionando en respuesta a los desafíos legales y éticos en el ámbito empresarial e implica la comprensión de que las empresas no son entidades abstractas o inanimadas, sino que operan a través de individuos y estructuras organizativas. Este reconocimiento implica que las decisiones y acciones de una empresa son llevadas a cabo por personas, como directivos, empleados y representantes, y que estas personas actúan en nombre de la entidad legal.

Ello lleva consigo e implica la imputación de acciones delictivas a la entidad legal. Esto significa que los actos cometidos por empleados, representantes o agentes en el curso de sus funciones pueden atribuirse a la empresa. La entidad legal es considerada responsable cuando los actos delictivos se cometen en nombre de la empresa o en su beneficio tanto sea este directo, como en su caso, de carácter indirecto, y refleja la idea de que las acciones de los individuos que actúan en representación de la empresa se imputan a la entidad.

En este sentido, cabe insistir en que el hecho de que las empresas actúan a través de personas y estructuras organizativas tiene diferentes implicaciones, conformando el conjunto de las mismas la existencia de la responsabilidad a la que estamos haciendo expresa referencia.

Por ello, cabe destacar que las acciones de los empleados, directivos y/o representantes de la persona jurídica se consideran como actos de la empresa. En términos legales, se aplica el denominado principio de agencia, donde los actos de los agentes se imputan a la entidad legal, como si hubieran sido realizados por ella misma de forma directa e inmediata.

Al reconocer que las empresas operan a través de personas, se busca, precisamente, establecer una responsabilidad corporativa que abarque las acciones colectivas de los individuos que actúan en el curso normal de las actividades comerciales de la entidad, y este enfoque ayuda a prevenir abusos y conductas ilícitas al hacer que tanto las personas físicas como las personas jurídicas sean responsables de sus acciones. Así, se busca evitar que las empresas utilicen su estructura legal para eludir la responsabilidad.

La responsabilidad penal de las personas jurídicas también destaca la importancia de la cultura empresarial. Las empresas deben fomentar una cultura ética y legal para evitar prácticas delictivas, y como consecuencia de ello, las empresas, al reconocer su responsabilidad penal, tienden a implementar programas de cumplimiento normativo, códigos éticos y mecanismos internos de carácter preventivo y de control para evitar que se produzcan violaciones de la ley y del resto del ordenamiento jurídico.

Todo ello lleva al reconocimiento de dicha la responsabilidad, lo cual refleja una comprensión más sofisticada del funcionamiento de las empresas en la sociedad y busca establecer un marco legal que considere la realidad de que las decisiones y acciones corporativas son el resultado de las acciones humanas dentro de la organización.

El alcance de la misma generalmente incluye delitos económicos, financieros, ambientales, de salud y seguridad, entre otros. Las sanciones pueden incluir multas, confiscación de bienes, restricciones en las actividades comerciales, y en algunos casos, la disolución de la entidad.

La prevención y los controles desempeñan un papel crucial en el ámbito de esta responsabilidad penal. Las empresas tienen que implementar medidas preventivas y controles internos para reducir el riesgo de conducta delictiva, garantizar el cumplimiento normativo y demostrar diligencia debida. Así, las empresas suelen establecer programas de cumplimiento que incluyen políticas, procedimientos y normas éticas destinadas a prevenir conductas delictivas. Estos programas pueden abordar áreas específicas de riesgo, como corrupción, fraude, lavado de dinero y más. Dentro de estos programas destacan por su importancia, los llamados "códigos de conducta ética", los cuales definen los estándares de comportamiento esperados de los empleados y otros agentes de la empresa. Estos códigos promueven una cultura empresarial ética y ayudan a prevenir violaciones legales.

En esta relación, juega un papel determinante la formación y la capacitación de los empleados. De este modo, las empresas proporcionan un conocimiento y una actualización continua en los conocimientos de los empleados y demás partes interesadas para aumentar la conciencia sobre cuestiones éticas y legales, y para asegurar que todos comprendan y cumplan con las políticas y regulaciones pertinentes.

No obstante, el conocimiento y la formación si bien son esenciales no cubren todos los elementos que deben presidir un correcto funcionamiento de un Modelo de Cumplimiento Normativo, sino que en el mismo confluyen otros elementos singulares que deben ser tenidos en consideración. Al hilo de ello, se está haciendo referencia a la necesidad que tienen las personas jurídicas de desarrollar funciones de supervisión y de monitoreo efectivo del sistema, que constituyen una función esencial. De este modo, en la práctica las empresas vienen obligadas a establecer sistemas para supervisar las actividades comerciales, detectar posibles irregularidades y tomar medidas correctivas cuando ello sea necesario.

Para el ejercicio de esta actividad es completamente necesario que las personas jurídicas adopten una postura de diligencia debida, lo que implica fundamentalmente el desarrollo de las capacidades de evaluar y gestionar proactivamente los riesgos legales y éticos asociados con las operaciones comerciales. Esto puede incluir la verificación de antecedentes de socios comerciales, evaluación de riesgos ambientales, etc.

En este orden de cosas, debe tenerse presente una serie de elementos que coadyuvan de una manera proactiva para la mitigación de la posibilidad de incurrir en este tipo de responsabilidad. Así, por ejemplo, es importante recordar que las empresas tienen que establecer canales de denuncias para permitir que los empleados informen de manera confidencial sobre posibles irregularidades. Este mecanismo facilita la detección temprana y la respuesta rápida a problemas potenciales. Del mismo modo, los líderes y directivos desempeñan un papel fundamental en establecer la cultura ética y en asegurar que se implementen y mantengan medidas de prevención y control, y las auditorías internas y externas evalúan la efectividad de los controles internos y ayudan a identificar áreas de mejora. Estas auditorías pueden ser parte integral de los esfuerzos para prevenir y abordar posibles problemas legales; o la implementación de sanciones internas proporciona un mecanismo para abordar violaciones éticas y legales de manera rápida y efectiva, lo que contribuye a la prevención de conductas delictivas.

Los programas de prevención y controles deben adaptarse continuamente para abordar los cambios en el entorno empresarial, las leyes y las mejores prácticas, aprender de sus propios aciertos y fracasos. Dicha retroalimentación constituye un factor determinante para favorecer el proceso de mejora continua al que están llamados los Modelos de funcionamiento de un Sistema de Compliance. Esta adaptación continua mediante la aplicación de la implementación efectiva de las medidas preventivas y controles no solo ayuda a reducir el riesgo de responsabilidad penal, sino que también contribuye al desarrollo de una cultura corporativa ética y responsable. Además, demuestra a las autoridades legales y a otras partes interesadas que la empresa está comprometida con el cumplimiento normativo y la responsabilidad empresarial.

El reconocimiento de la responsabilidad penal de las personas jurídicas tiene varios objetivos y pretende abordar diversas preocupaciones en el ámbito legal y empresarial. Algunos de los objetivos clave incluyen:

a) La prevención de delitos corporativos.

Uno de los objetivos fundamentales es prevenir la comisión de delitos corporativos. Al responsabilizar penalmente a las personas jurídicas, se busca disuadir a las empresas y organizaciones de participar en conductas ilícitas.

b) Fomentar la ética empresarial.

El reconocimiento de la responsabilidad penal de las personas jurídicas busca promover prácticas comerciales éticas. Al hacer que las empresas sean responsables de sus acciones, se espera que adopten medidas proactivas para garantizar el cumplimiento legal y ético.

c) Impedir la impunidad empresarial.

Evitar la impunidad es otro objetivo importante. El reconocimiento de la responsabilidad penal busca garantizar que las empresas no puedan eludir la responsabilidad legal simplemente porque son entidades legales y, en cambio, deben enfrentar consecuencias por acciones delictivas.

d) Proteger a las víctimas.

La responsabilidad penal de las personas jurídicas también busca proteger los derechos de las víctimas afectadas por los delitos corporativos. Esto puede incluir víctimas de fraudes financieros, violaciones ambientales, prácticas comerciales deshonestas, entre otros.

e) Fomentar la transparencia y la rendición de cuentas.

Al hacer que las empresas sean responsables penalmente, se fomenta la transparencia y la rendición de cuentas en sus operaciones. Esto puede ayudar a construir la confianza en el público y en los mercados financieros.

f) Promover la Implementación de Programas de Cumplimiento.

Las empresas, al enfrentar la posibilidad de responsabilidad penal, tienen un incentivo para implementar programas de cumplimiento, códigos éticos y prácticas internas destinadas a prevenir la conducta delictiva.

g) Reflejar la realidad de las operaciones empresariales.

En entornos empresariales complejos y globalizados, las acciones de una empresa a menudo involucran a múltiples individuos y departamentos. El reconocimiento de la responsabilidad penal refleja la realidad de que las empresas actúan a través de personas y estructuras organizativas.

h) La adaptación a Normas Internacionales.

La tendencia hacia el reconocimiento de la responsabilidad penal de las personas jurídicas también responde a normas internacionales que buscan abordar la responsabilidad de las empresas en el ámbito global.

En conjunto, estos objetivos buscan crear un entorno empresarial más ético, responsable y conforme a la ley.

A los efectos de la presente Obra, se han tratado de analizar los delitos corporativos que determinan la posibilidad de atribuir y hacer responsables a las personas jurídicas de determinadas conductas vinculadas a determinados tipos penales, esto es, a los llamados "delitos corporativos", que son aquellas infracciones de tipo penal, que pueden ser cometidos por las personas jurídicas son aquellos actos ilícitos realizados en nombre de la entidad legal o en su beneficio por sus representantes, empleados o agentes. La responsabilidad penal de las personas jurídicas abarca una variedad de delitos, y la naturaleza específica de estos puede variar según la jurisdicción y las leyes aplicables. Algunos ejemplos de delitos que pueden implicar a las personas jurídicas incluyen conductas que hacen referencia al fraude de naturaleza financiero mediante la participación en prácticas fraudulentas relacionadas con informes financieros, contabilidad engañosa, malversación de fondos u otros delitos financieros; con la corrupción, como pueden ser el pago de sobornos, sobornos a funcionarios públicos, o participación en prácticas corruptas para obtener beneficios comerciales indebidos; el blanqueo de capitales y/o la financiación del terrorismos, mediante la participación en actividades a ocultar o legalizar los fondos procedentes de actividades de naturaleza ilegal; las violaciones de los derechos humanos en general, mediante la participación en actuaciones de esta índole, como la discriminación sistemática o el trabajo forzado; los delitos medio ambientales, que llevan consigo el incumplimiento de las leyes y demás normativa de carácter ambientales, tales como: la contaminación, los vertidos ilegales, y otras prácticas que por sus características y circunstancias en las que se producen causan daño al medio ambiente; la falsificación y el fraude empresarial mediante la realización de prácticas comerciales fraudulentas, como la falsificación de productos, publicidad engañosa, o manipulación de precios; o las violaciones a la competencia, mediante participación en prácticas anticompetitivas, como la fijación de precios, el reparto de mercados o el boicot de competidores; o los de carácter informático, que llevan consigo la participación en actividades delictivas relacionadas con la ciberseguridad, como el acceso no autorizado a sistemas informáticos o el robo de información confidencial; o los delitos contra la propiedad intelectual e industrial como la piratería, la falsificación de productos o la violación de patentes.

Es importante destacar que la lista anterior no es exhaustiva y que la naturaleza y clasificación de los delitos comprende otra serie de tipos delictivos con una mayor amplitud que pueden variar según la legislación y las regulaciones de cada jurisdicción.

En todo caso, la responsabilidad penal de las personas jurídicas busca abordar las conductas delictivas en el ámbito empresarial y fomentar prácticas éticas y legales.

Además, tal como ha quedado indicado este Prólogo la implementación de programas de cumplimiento y controles internos puede ayudar de una manera decisiva a prevenir la comisión de estos delitos y reducir los riesgos asociados con la responsabilidad penal.

Esta Obra, "Conductas en los delitos corporativos", busca catalogar las diferentes conductas penales que pueden ser atribuidas mediante los delitos corporativos a todo tipo de personas jurídicas, a los efectos de que el profesional de Compliance, y los diferentes operadores jurídicos, puedan en todo momento dentro de la previsión de sus Modelos de Cumplimiento Normativo tomar en consideración ámbitos de los elementos objetivos y subjetivos que presiden dichos tipos penales, a los efectos de tener suficiente conocimiento de las mismas, y de manera simultánea, poder implementar de manera adecuada las correspondientes medidas y controles, que traten de prever y evitar la comisión de hechos que pudieran ser constitutivos de delitos penales, y demás circunstancias de las que puede surgir o derivarse cualquier tipo de responsabilidad para las personas jurídicas.

A través del mismo, el profesional del Compliance se adentrará en un mundo donde la meticulosidad, la objetividad y la ética juegan un papel fundamental. En ella se detalla cómo se deben recolectar, procesar y analizar las diferentes conductas insertas dentro de los tipos penales corporativos para posibilitar, tal como ha quedado indicado, que se tomen las medidas pertinentes y adecuadas, y que con ello se anticipen las mismas y tratando de evitar con su adopción las consecuencias nocivas que siempre lleva consigo la comisión de cualquier tipo de delitos.

Más que un simple manual técnico, el mismo constituye una llamada a la responsabilidad, a la conciencia colectiva y al conocimiento y el control de la actividad de la persona jurídica, garantizando con ello una actuación que trata de ser más transparente y también más ética. Porque solo cuando las organizaciones y sus miembros actúan con integridad, es posible aspirar a un futuro sostenible para todos.

Se trata básicamente de una Obra con un enfoque eminentemente práctico, puesto que su finalidad es la de ayudar a los profesionales del Derecho y del Compliance en el día a día de su actividad, que sirve principalmente, como una herramienta y un instrumento útil de trabajo, que permita tener una visión rápida y sobre todo fiable de dichas conductas, ofreciendo respuestas y caminos de actuación certeros y adecuados

El valor añadido de este Libro es que trata profesionalmente el ámbito del Compliance desde el punto de vista de la experiencia práctica, acercando al profesional en la materia al conocimiento de las conductas que integran los delitos corporativos, a los efectos y con la finalidad de su debido control

La Obra incluye un doble formato, papel y también un software permanentemente actualizado mediante el cual de una manera sencilla y accesible el profesional puede acceder fácilmente a aquellas conductas de obligada referencia en el examen de los delitos corporativos, a los efectos de posibilitar la tarea de su localización, y su utilización eficaz de una manera flexible y rápida.

RELATIVOS AL ACOSO SEXUAL

INTRODUCCIÓN

El acoso sexual es un tipo de conducta indebida que involucra el uso de presiones o comportamientos sexuales no deseados, normalmente en un contexto de poder o autoridad diferencial.

Puede manifestarse en diversos entornos, como el lugar de trabajo, instituciones educativas, entre otros.

Este delito se basa en la idea de que nadie debería tener que soportar avances sexuales no deseados o sentir que su situación laboral o educativa depende de una respuesta sexual.

El acoso sexual puede incluir, pero no se limita a, las siguientes conductas:

a) Comentarios sexuales no deseados: Esto puede incluir bromas, insinuaciones, comentarios sobre el cuerpo o la vida sexual de una persona, o cualquier otro tipo de comentario de naturaleza sexual que sea no deseado y ofensivo.

b) Avances sexuales no deseados: Intentos de establecer una relación sexual o romántica a pesar de la clara falta de interés por parte de la otra persona.

c) Propuestas de favores sexuales: Cuando se sugiere o se insinúa que el estado laboral o educativo de una persona puede depender de la realización de favores sexuales (por ejemplo, promociones, calificaciones, oportunidades de trabajo, etc.).

d) Contacto físico inapropiado: Esto puede abarcar desde toques no deseados hasta agresiones sexuales.

e) Exhibición de material sexualmente explícito: Mostrar imágenes o videos de naturaleza sexual sin consentimiento en un ambiente de trabajo o educativo.

f) Amenazas o represalias: Tomar medidas negativas o amenazar con tomarlas contra alguien que rechaza avances sexuales o que denuncia acoso sexual.

g) Difusión no consentida de imágenes íntimas: Compartir imágenes o videos íntimos de una persona sin su permiso, incluso después de haber terminado una relación.

h) Comentarios sobre la apariencia física: Hacer comentarios inapropiados o insinuaciones sobre la apariencia física de una persona de manera sexualmente sugerente.

i) Acoso sexual callejero: Realizar comentarios sexuales no deseados, silbidos, gestos obscenos o tocamientos no consentidos en espacios públicos hacia desconocidos.

j) Acoso a través de llamadas telefónicas: Hacer llamadas telefónicas no deseadas de naturaleza sexual a la víctima.

k) Ofrecimiento de drogas o alcohol con intención sexual: Proporcionar drogas o alcohol a la víctima con la intención de aprovecharse de ella sexualmente mientras está incapacitada o bajo la influencia de sustancias.

l) Acoso sexual en el transporte público: Realizar tocamientos no consentidos, comentarios inapropiados o gestos obscenos en el transporte público dirigidos hacia otras personas.

m) Hostigamiento sexual en el entorno familiar: Comentarios o comportamientos sexuales no deseados entre miembros de la familia.

El acoso sexual puede tener graves consecuencias para las víctimas, incluyendo estrés emocional, daños a su carrera profesional o educativa, y problemas de salud mental.

En muchos países, el acoso sexual es ilegal y puede ser motivo de sanciones penales y civiles para el acosador.

Además, las organizaciones y empresas suelen tener políticas internas para prevenir y sancionar este tipo de comportamientos.

Es importante destacar que el acoso sexual no siempre es explícito o físico; puede ser sutil y aun así tener un impacto significativo en la víctima.

La clave es que la conducta es no deseada y tiene un componente sexual.

La percepción y la experiencia de la víctima son fundamentales para determinar si una conducta califica como acoso sexual.

ACOSO A TRAVÉS DE LLAMADAS TELEFÓNICAS

El acoso a través de llamadas telefónicas, en el contexto de los delitos de acoso sexual, implica realizar llamadas no deseadas y de naturaleza sexual o lasciva a una persona con la intención de intimidar, humillar, acosar o perturbar a la víctima.

Estas conductas constituyen una forma de acoso sexual que puede ser particularmente invasiva y angustiante para la persona afectada.

El acoso a través de llamadas telefónicas puede variar en gravedad, pero siempre involucra el uso del teléfono como medio para llevar a cabo conductas sexualmente inapropiadas sin el consentimiento de la víctima.

Estas conductas pueden realizarse de distintas formas:

a) Llamadas no deseadas: Implica realizar llamadas telefónicas que la víctima no ha solicitado ni desea recibir.

b) Naturaleza sexual o lasciva: Las llamadas incluyen contenido sexualmente sugestivo, explícito o inapropiado.

c) Intención de acosar o intimidar: La intención detrás de estas llamadas es acosar, intimidar, humillar o causar molestias a la víctima debido a su género o apariencia sexual.

Las conductas asociadas con el acoso a través de llamadas telefónicas pueden incluir:

a) Realizar llamadas obsesivas: Llamar repetidamente a la víctima de manera no deseada, a veces de manera insistente y en horarios inapropiados.

b) Realizar comentarios sexualmente sugestivos: Hablar de manera sexualmente sugestiva, hacer propuestas sexuales o utilizar lenguaje sexualmente explícito durante la llamada.

c) Amenazas de naturaleza sexual: Amenazar con violencia sexual o difamación de la víctima durante la llamada.

d) Respiración pesada o gemidos: Realizar llamadas en las que el acosador puede respirar de manera pesada, hacer gemidos sexuales o ruidos obscenos para intimidar o perturbar a la víctima.

e) Identidad oculta o anónima: Usar números de teléfono ocultos o anónimos para dificultar la identificación del acosador.

f) Divulgar información personal: Durante la llamada, el acosador puede divulgar información personal o íntima de la víctima con la intención de humillarla o acosarla.

g) Grabaciones no deseadas: Enviar grabaciones de contenido sexual sin el consentimiento de la víctima a través del teléfono.

Efectos en las Víctimas:

a) Angustia emocional: El acoso a través de llamadas telefónicas puede causar ansiedad, miedo y angustia emocional en la víctima.

b) Invasión de la privacidad: Las víctimas pueden sentir que su privacidad está siendo invadida y que están siendo vigiladas.

c) Impacto en la vida diaria: Puede afectar la calidad de vida de la víctima al hacerla sentir insegura y perturbada en su rutina diaria.

d) Miedo y ansiedad: Puede generar miedo y ansiedad en la víctima, especialmente si las llamadas incluyen amenazas sexuales.

Respuesta Legal y Organizacional:

a) Leyes contra el acoso: En muchas jurisdicciones, existen leyes que prohíben el acoso, incluido el acoso sexual a través de llamadas telefónicas, y que pueden imponer sanciones legales a los acosadores.

b) Registro de llamadas y denuncia: Es importante que las víctimas documenten las llamadas no deseadas de modo que constituyan medio de prueba en cualquier tipo de proceso judicial.

c) Bloqueo de llamadas: Las víctimas pueden bloquear el número de teléfono del acosador o tomar medidas para limitar su acceso a ellas.

d) Denuncia a las autoridades: Se alienta a las víctimas a denunciar el acoso telefónico a las autoridades pertinentes para que se investigue y tome medidas legales.

El acoso a través de llamadas telefónicas es una forma de acoso sexual que puede tener graves consecuencias emocionales para las víctimas.

Es importante tomar medidas para prevenirlo y combatirlo, así como ofrecer apoyo a las víctimas para que se sientan seguras y protegidas.

ACOSO CIBERNÉTICO

El acoso cibernético en los delitos de acoso sexual, también conocido como ciberacoso sexual, se refiere al uso de tecnologías digitales para acosar, intimidar o abusar de una persona de manera sexual.

Este tipo de acoso puede ocurrir a través de diversas plataformas digitales como redes sociales, correos electrónicos, mensajería instantánea, sitios web, foros en línea, y más.

El anonimato y la facilidad de acceso a las víctimas a través de Internet pueden intensificar la gravedad y el impacto de este tipo de acoso.

Este tipo de conductas se pueden referir a:

a) Uso de Tecnología para Acoso Sexual: Involucra el uso de medios digitales para realizar conductas de acoso sexual.

b) Intimidación o Hostigamiento Sexual: Puede incluir amenazas, acoso, humillación, o coacción de naturaleza sexual.

c) Invasión de la Privacidad: A menudo implica la violación de la privacidad personal y el espacio digital de la víctima.

d) Anonimato: A menudo, los acosadores aprovechan el anonimato que ofrece internet y la capacidad de contactar a sus víctimas de manera constante.

Conductas que Comportan:

a) Mensajes o Correos Electrónicos de Naturaleza Sexual: Enviar mensajes de texto, correos electrónicos o mensajes instantáneos no deseados de contenido sexual.

b) Publicación de Material Sexualmente Explícito: Publicar o compartir imágenes o videos sexualmente explícitos de una persona sin su consentimiento.

c) Amenazas de Naturaleza Sexual en Línea: Amenazar a alguien con daño sexual o la divulgación de material sexual a través de medios digitales.

d) Perfil Falso y Catfishing: Crear perfiles falsos en redes sociales para acosar o engañar sexualmente.

e) Ciberacoso en Redes Sociales: Acoso continuado a través de plataformas de redes sociales mediante mensajes, comentarios, o publicaciones de naturaleza sexual.

f) Sextorsión: Coaccionar a alguien para obtener material sexual (como fotos o videos) a través de la manipulación o amenazas.

g) Creación y Difusión de Rumores Sexuales: Usar plataformas en línea para difundir rumores falsos o humillantes sobre la vida sexual de una persona.

Efectos en las Víctimas:

a) Impacto psicológico: Puede causar miedo, ansiedad, depresión y un impacto significativo en la salud mental y bienestar emocional.

b) Daño a la Reputación: La divulgación de material sexual puede dañar la reputación y las relaciones personales y profesionales de la víctima.

c) Sensación de Inseguridad: La naturaleza omnipresente de Internet puede hacer que las víctimas se sientan inseguras y vigiladas constantemente.

d) Aislamiento Social: Puede llevar al retiro de las redes sociales y otros espacios en línea para evitar el acoso.

Respuesta Legal y Organizacional:

a) Legislación Especifica: Muchos países han establecido leyes que abordan específicamente el acoso y el abuso sexual en línea.

b) Medidas de Protección Digital: Fomentar el uso de herramientas de privacidad y seguridad en línea.

c) Canales de Apoyo y Denuncia: Proporcionar recursos para que las víctimas informen acoso cibernético y busquen apoyo.

d) Educación y Prevención: Campañas de concientización sobre los peligros y la ilegalidad del ciberacoso sexual.

El acoso cibernético en el contexto del acoso sexual es un delito grave que requiere una respuesta sólida y coordinada que incluya aspectos legales, educativos y de apoyo.

Promover una cultura de respeto y consentimiento en el espacio digital es crucial para combatir este tipo de comportamiento abusivo.

ACOSO SEXUAL CALLEJERO

El acoso sexual callejero, en el contexto de los delitos de acoso sexual, se refiere a un conjunto de conductas no deseadas y de naturaleza sexual que ocurren en espacios públicos o en la vía pública y que están dirigidas hacia desconocidos.

Estas conductas tienen como objetivo principal la intimidación, la humillación o la incomodidad de la víctima y pueden variar en gravedad, desde comentarios sexuales inapropiados hasta tocamientos no consentidos.

El acoso sexual callejero es una forma de acoso sexual que ocurre en entornos públicos.

Significado de Acoso Sexual Callejero:

a) Conductas no deseadas: Implica acciones o comentarios de naturaleza sexual que son no deseados y que causan incomodidad o angustia a la víctima.

b) Entorno público: Ocurre en lugares públicos como calles, plazas, parques, transporte público u otros espacios accesibles al público en general.

c) Intención de intimidar o acosar: La intención detrás de estas conductas es frecuentemente la de humillar, acosar o incomodar a la víctima.

Conductas que Comporta el Acoso Sexual Callejero:

a) Comentarios sexuales inapropiados: Realizar comentarios lascivos, obscenos o degradantes hacia una persona desconocida en la calle.

b) Silbidos o piropos ofensivos: Emitir silbidos o comentarios de naturaleza sexual hacia la víctima de manera vulgar o irrespetuosa.

c) Gestos obscenos: Realizar gestos o movimientos obscenos o provocativos de naturaleza sexual hacia la víctima.

d) Toqueteos no consentidos: Tocar o rozar a la víctima de manera inapropiada o sexual sin su consentimiento.

e) Persecución o seguimiento no deseado: Acechar o seguir a la víctima en espacios públicos con la intención de acosarla o intimidarla.

f) Exhibicionismo público: Realizar actos sexuales o exponerse de manera sexualmente explícita en público con la intención de acosar o incomodar a otras personas.

g) Comentarios sobre la apariencia física: Hacer comentarios inapropiados sobre el aspecto físico de la víctima, como su vestimenta, su cuerpo o su apariencia general.

h) Tocamientos o roces en el transporte público: Realizar tocamientos o roces no deseados de naturaleza sexual en el transporte público, como autobuses o trenes.

i) Acercamientos no deseados: Acercarse físicamente a la víctima de manera no solicitada y con intenciones sexuales.

j) Fotografiar o grabar sin consentimiento: Tomar fotos o grabar videos de una persona sin su permiso, especialmente en situaciones comprometedoras.

Efectos en las Víctimas:

a) Sentimientos de inseguridad: Las víctimas pueden sentirse inseguras y vulnerables en espacios públicos después de ser objeto de acoso sexual callejero.

b) Miedo y ansiedad: Puede causar miedo, ansiedad y estrés en la víctima, especialmente cuando se siente amenazada o acosada en un lugar público.

c) Impacto emocional: Puede causar angustia, ansiedad y en algunos casos, traumas psicológicos a las víctimas.

d) Limitación de la libertad de movimiento: Algunas personas pueden evitar ciertos lugares o actividades para evitar el acoso sexual callejero.

Respuesta Legal y Social:

a) Legislación contra el acoso sexual: Muchos lugares cuentan con leyes que prohíben el acoso sexual callejero y establecen sanciones legales para los perpetradores.

b) Concienciación y educación: La concienciación sobre el acoso sexual callejero es esencial para prevenirlo y promover un ambiente seguro y respetuoso en los espacios públicos.

c) Denuncia y apoyo: Es importante alentar a las víctimas a denunciar el acoso sexual callejero y proporcionarles apoyo legal y emocional.

El acoso sexual callejero es un problema serio que afecta a muchas personas, especialmente a las mujeres, en todo el mundo.

Promover el respeto y la concienciación sobre este tema es crucial para prevenirlo y combatirlo de manera efectiva.

ACOSO SEXUAL EN EL TRANSPORTE PÚBLICO

El acoso sexual en el transporte público se refiere a la acción de realizar comportamientos no deseados y de naturaleza sexual hacia otras personas mientras se encuentran en un medio de transporte público, como autobuses, trenes, tranvías, metros o cualquier otro medio de transporte colectivo.

Estas conductas tienen la intención de acosar, intimidar o abusar sexualmente de las víctimas y se consideran una forma de acoso sexual.

El acoso sexual en el transporte público es un problema importante que puede afectar la seguridad y la comodidad de las personas que utilizan estos servicios.

Significado del Acoso Sexual en el Transporte Público:

a) Comportamientos No Consentidos: Implica realizar acciones no solicitadas de naturaleza sexual hacia otras personas en un entorno de transporte público.

b) Intención de Acoso o Abuso: La intención detrás de estas conductas es causar molestias, intimidación o humillación sexual a las víctimas.

c) Escenario de Transporte Público: Estas conductas ocurren en lugares como autobuses, trenes, tranvías, estaciones de metro, paradas de autobús, taxis y otros medios de transporte público.

Las conductas asociadas con el acoso sexual en el transporte público pueden incluir:

a) Comentarios sexuales inapropiados: Realizar comentarios lascivos, insinuaciones sexuales, propuestas sexuales o lenguaje obsceno hacia otras personas en el transporte público.

b) Tocamientos no consentidos: Tocar, rozar o manosear a otras personas sin su consentimiento mientras están en el transporte público.

c) Perseguimiento o acecho: Seguir o acechar a una persona dentro del vehículo o en las instalaciones de transporte, lo que puede causarle temor o ansiedad.

d) Exhibicionismo: Mostrar los genitales o realizar actos sexuales en público dentro del vehículo o en las estaciones con el objetivo de intimidar o humillar a otros.

e) Fotografiar o grabar sin consentimiento: Tomar fotos o grabar videos de naturaleza sexual de otras personas en el transporte público sin su permiso.

f) Comentarios denigrantes sobre la apariencia: Hacer comentarios despectivos o crueles sobre la apariencia física de otras personas en el transporte público.

g) Piropos ofensivos: Emitir silbidos, piropos sexualmente sugestivos o comentarios obscenos hacia otras personas en el transporte público.

Efectos en las Víctimas:

a) Angustia emocional: El acoso sexual en el transporte público puede causar angustia emocional, ansiedad y miedo en las víctimas.

b) Sentimiento de vulnerabilidad: Las personas pueden sentirse vulnerables y preocupadas por su seguridad cuando son acosadas sexualmente en un espacio público.

c) Sentimiento de impotencia: Las víctimas pueden sentirse impotentes y pueden no saber cómo responder o denunciar el acoso.

d) Impacto en la movilidad: El acoso puede afectar la capacidad de las personas para utilizar el transporte público y moverse con libertad.

Respuesta Legal y Organizacional:

a) Legislación específica: Muchas jurisdicciones tienen leyes que prohíben el acoso sexual en el transporte público y establecen sanciones legales para los acosadores.

b) Políticas de transporte público: Las empresas o agencias de transporte público pueden tener políticas que prohíben el acoso sexual y toman medidas para prevenirlo y abordarlo.

- Promoción de la denuncia: Es importante fomentar la denuncia del acoso sexual en el transporte público y brindar apoyo a las víctimas para que se sientan seguras al hacerlo.

El acoso sexual en el transporte público es una seria preocupación que afecta a muchas personas en su vida diaria.

La prevención, la concienciación y la denuncia son fundamentales para abordar este problema y garantizar un ambiente seguro y respetuoso para todos los usuarios del transporte público.

AMENAZAS RELACIONADAS CON LA ACTIVIDAD SEXUAL

Las amenazas relacionadas con la actividad sexual en el contexto de los delitos de acoso sexual se refieren a las declaraciones o acciones que implican consecuencias negativas si la víctima no participa en actividades sexuales o no cumple con ciertas demandas sexuales.

Estas amenazas son una forma de coacción y pueden ser tanto explícitas como implícitas. Su objetivo es manipular, intimidar o forzar a la víctima a involucrarse en comportamientos sexuales contra su voluntad.

Significado de Amenazas Relacionadas con la Actividad Sexual:

a) Coacción Sexual: Implican forzar o presionar a alguien para que participe en actividades sexuales contra su voluntad.

b) Uso de Poder o Influencia: A menudo involucran el abuso de poder, posición o influencia para presionar a la víctima.

c) Intimidación Psicológica: Crear un ambiente de miedo o ansiedad donde la víctima siente que debe someterse a actividades sexuales para evitar consecuencias negativas.

Conductas que Comportan:

a) Amenazas de Daño Físico o Emocional: Amenazar con causar daño si la víctima no se involucra en actos sexuales.

b) Chantaje Sexual: Amenazar con exponer información íntima, como historial sexual o imágenes privadas, si no se cumplen las demandas sexuales.

c) Amenazas Profesionales o Académicas: Como indicar que la carrera, promoción o situación académica de la víctima se verá afectada negativamente.

d) Amenazas Económicas: Usar el poder económico o financiero para presionar sexualmente, por ejemplo, amenazar con la pérdida de un empleo o beneficios financieros.

e) Manipulación Relacional: Amenazar con terminar una relación o con difundir rumores que afecten la reputación de la víctima si no se accede a las demandas sexuales.

Efectos en las Víctimas:

a) Trauma Psicológico: Puede causar miedo, ansiedad, depresión y un daño psicológico profundo.

b) Sentimientos de Impotencia: Genera una sensación de vulnerabilidad y falta de control sobre la propia vida.

c) Problemas de Confianza y Relaciones: Dificulta la capacidad de la víctima para confiar en otros y puede dañar las relaciones actuales y futuras.

Respuesta Legal y Organizacional:

a) Legislación Contra el Acoso Sexual: Estas amenazas suelen estar tipificadas como delitos en muchas jurisdicciones.

b) Políticas de Tolerancia Cero: Las instituciones y organizaciones suelen tener políticas estrictas contra este tipo de acoso.

c) Soporte a las Víctimas: Proporcionar asistencia legal, emocional y psicológica para ayudar a las víctimas a superar el trauma y buscar justicia.

Las amenazas relacionadas con la actividad sexual son un ataque grave a la autonomía y la integridad personal de las víctimas.

Abordarlas requiere una respuesta firme a nivel legal y organizacional, así como un fuerte apoyo a quienes han sido afectados por estas conductas.

La concienciación y educación sobre el consentimiento y el respeto en las relaciones sexuales son esenciales para prevenir el acoso sexual y crear entornos más seguros y respetuosos.

AVANCES SEXUALES NO DESEADOS

Los avances sexuales no deseados son una forma común de acoso sexual y se refieren a cualquier tipo de conducta de índole sexual que no es bienvenida y que puede ser física o verbal.

Estos avances son considerados una violación del espacio personal y de los límites de una persona y pueden tener serias consecuencias tanto para la víctima como para el agresor.

Significado de Avances Sexuales no Deseados:

a) Naturaleza Sexual No Consentida: Incluyen cualquier acto o comportamiento con un componente sexual que no es consentido por la persona que lo recibe.

b) Invasivos e Intrusivos: Estos comportamientos suelen invadir la intimidad personal y pueden hacer que la víctima se sienta incómoda, amenazada o acosada.

c) Pueden Ser Físicos o Verbales: Los avances pueden ser físicos, como tocamientos, abrazos forzados, besos, o gestos de naturaleza sexual. También pueden ser verbales, como proposiciones sexuales explícitas o insinuaciones.

d) Crean un Entorno Hostil o Intimidatorio: Pueden afectar negativamente el entorno de trabajo, estudio o vida cotidiana de la víctima.

Conductas que Comportan:

a) Contacto Físico no Deseado: Tocamientos, abrazos, besos, o cualquier forma de contacto físico que tenga una connotación sexual y no sea bienvenido.

b) Proposiciones Sexuales: Invitaciones a citas de carácter sexual, solicitudes de favores sexuales, u ofertas de ventajas a cambio de favores sexuales.

c) Comentarios Verbales de Naturaleza Sexual: Comentarios sobre el cuerpo de alguien, sus actividades sexuales, chistes sexuales, o cualquier otra comunicación verbal de carácter sexual no deseada.

d) Comunicaciones Digitales: Mensajes de texto, correos electrónicos, mensajes en redes sociales, o cualquier otra forma de comunicación digital que contenga avances sexuales no deseados.

e) Exhibicionismo o Gestos Obscenos: Exponer partes del cuerpo de manera sexualmente explícita o realizar gestos sexuales.

f) Miradas Inapropiadas: Miradas lascivas o fijas que hacen sentir incómoda a la persona.

g) Exhibición de Material Sexual: Mostrar imágenes, videos u objetos de naturaleza sexual sin consentimiento.

h) Amenazas o Represalias: Amenazar con consecuencias negativas si la persona rechaza los avances, o tomar represalias después de un rechazo.

Efectos en las Víctimas:

a) Malestar Psicológico: Ansiedad, miedo, sensación de vulnerabilidad.

b) Trauma Emocional: Puede llevar a trastornos como el estrés postraumático.

c) Desconexión y Retraimiento: Evitar ciertas situaciones o personas para evitar el acoso.

d) Impacto en el Desempeño Laboral o Académico: Dificultad para concentrarse o rendir efectivamente.

Respuesta Legal y Organizacional:

a) Políticas contra el Acoso Sexual: Las organizaciones suelen tener políticas claras y protocolos para manejar estas situaciones.

b) Denuncias y Acciones Legales: Las víctimas son alentadas a denunciar y pueden iniciar acciones legales.

c) Medidas Disciplinarias: El acosador puede enfrentar sanciones disciplinarias, incluido el despido.

d) Formación y Sensibilización: Programas para educar a las personas sobre qué constituye acoso sexual y cómo evitar comportamientos inapropiados.

e) Apoyo a las Víctimas: Asesoramiento y apoyo psicológico para las víctimas.

Los avances sexuales no deseados son una grave violación de los derechos y la dignidad de una persona.

Es importante fomentar un entorno en el que estas conductas no sean toleradas y en el que las víctimas se sientan seguras para hablar y buscar ayuda.

COMENTARIOS SEXUALES INAPROPIADOS

Los comentarios sexuales inapropiados son un componente común en los delitos de acoso sexual.

Estos comentarios pueden variar en su naturaleza y gravedad, pero típicamente involucran palabras o gestos de connotación sexual que son no deseados y ofensivos para la persona que los recibe.

Estos comentarios pueden ocurrir en diferentes contextos, incluyendo, pero no limitándose al lugar de trabajo, instituciones educativas, espacios públicos, y online.

Significado de Comentarios Sexuales Inapropiados:

a) Naturaleza Sexual Explícita o Implícita: Los comentarios pueden ser explícitamente sexuales, como hablar de actos sexuales, o pueden ser implícitos, como insinuaciones o dobles sentidos.

b) No Deseados: Un elemento clave es que estos comentarios no son bienvenidos por la persona que los recibe. Incluso un comentario que podría ser considerado como halago en otro contexto puede ser inapropiado si no es deseado.

c) Ofensivos o Humillantes: Los comentarios son a menudo ofensivos, degradantes o humillantes para la persona que los recibe.

d) Crean un Entorno Hostil: Estos comentarios pueden contribuir a crear un ambiente de trabajo o estudio hostil, intimidante o degradante.

Conductas que Comportan:

a) Comentarios Verbales: Incluyen chistes sexuales, comentarios sobre el cuerpo o la apariencia sexual de alguien, insinuaciones sexuales, o preguntas personales inapropiadas sobre la vida sexual de una persona.

b) Comentarios Escritos: Pueden ser correos electrónicos, mensajes de texto, publicaciones en redes sociales o notas que contienen material sexual.

c) Gestos o Expresiones No Verbales: Incluyen gestos obscenos, miradas lascivas o cualquier otra forma de comunicación no verbal de naturaleza sexual.

d) Insistencia en Invitaciones Románticas o Sexuales: A pesar de haber sido rechazadas previamente.

e) Divulgación de Material Sexual: Como compartir imágenes o videos sexualmente explícitos sin consentimiento.

f) Comentarios o Bromas Grupales: Involucrar a otros en bromas o comentarios sexuales acerca de una persona.

g) Creación de un Ambiente Hostil: Puede ser parte de un patrón más amplio de acoso que crea un ambiente de trabajo, educativo o social hostil para la persona.

h) Intimidación o Presión Sexual: A veces, los comentarios sexuales inapropiados son utilizados como una forma de ejercer poder o control sobre alguien, presionándolo a responder sexualmente o a tolerar el comportamiento.

Efectos en las Víctimas:

a) Malestar Psicológico: Ansiedad, depresión, baja autoestima.

b) Estrés y Miedo: Puede afectar la capacidad de la víctima para trabajar o estudiar eficazmente.

c) Aislamiento Social: Retraimiento de la interacción social para evitar el acoso.

d) Problemas de Salud: Problemas de sueño, dolores de cabeza, problemas digestivos.

e) Consecuencias en el Empleo: En muchos lugares de trabajo, el acoso sexual es motivo de medidas disciplinarias, que pueden incluir desde advertencias hasta el despido.

Respuesta Legal y Organizacional:

a) Políticas contra el Acoso Sexual: Muchas organizaciones tienen políticas específicas para abordar y prevenir el acoso sexual.

b) Denuncias y Procedimientos Disciplinarios: Se anima a las víctimas a denunciar estos comportamientos. Puede haber procedimientos disciplinarios o legales en respuesta.

c) Educación y Formación: Sensibilización sobre qué constituye acoso sexual y cómo prevenirlo.

Es importante recordar que la percepción de lo que es inapropiado puede variar según la cultura, la persona y el contexto, pero en general, cualquier comportamiento sexual no deseado puede ser considerado como acoso.

La clave es el respeto por el consentimiento y los límites personales de los demás.

COMENTARIOS SOBRE LA APARIENCIA FÍSICA

Los comentarios sobre la apariencia física en el contexto de los delitos de acoso sexual se refieren a hacer observaciones, insinuaciones o comentarios sobre el aspecto físico de una persona de manera sexualmente sugestiva o inapropiada. Estas conductas pueden ser una forma de acoso sexual cuando son no deseadas, inapropiadas o cuando crean un ambiente de trabajo o estudio hostil.

Significado de Comentarios sobre la Apariencia Física:

a) Observaciones Inapropiadas: Implica hacer comentarios sobre el cuerpo, la ropa, el atractivo físico o los atributos sexuales de una persona que no han sido solicitados ni deseados.

b) Intención de Acoso o Intimidación: La intención detrás de estos comentarios es crear un ambiente hostil, ofensivo o incómodo para la víctima debido a su apariencia física.

c) Creación de un Entorno Sexualmente Cargado: Estos comentarios pueden contribuir a un entorno de trabajo, estudio u otro contexto en el que la persona se siente acosada o vulnerada debido a su imagen corporal.

Conductas que Comportan:

a) Comentarios de naturaleza sexual: Hacer observaciones sexualmente sugestivas sobre la apariencia física de una persona, como comentarios sobre su figura, sus atributos físicos o su vestimenta.

b) Elogios no solicitados de carácter sexual: Elogiar de manera inapropiada la apariencia de una persona con insinuaciones sexuales o comentarios degradantes.

c) Comentarios lascivos o groseros: Hacer comentarios lascivos, groseros o vulgaridades sobre la apariencia física de una persona, especialmente cuando estos comentarios están destinados a incomodar o acosar.

d) Comparaciones despectivas: Comparar a la persona con otros en términos sexuales de una manera ofensiva o despectiva.

e) Comentarios sobre la vestimenta: Hacer observaciones o comentarios sobre la ropa que lleva la persona de una manera sexualmente sugerente o inapropiada.

f) Comentarios sobre partes del cuerpo: Centrarse en partes específicas del cuerpo de la persona y hacer comentarios sexualmente sugestivos sobre ellas.

g) Chistes o bromas sexualmente sugestivas: Hacer chistes o bromas de naturaleza sexual sobre la apariencia física de la persona.

h) Comentarios sobre la orientación sexual o identidad de género: Hacer comentarios sobre la orientación sexual o la identidad de género de la persona de manera ofensiva o invasiva.

Efectos en las Víctimas:

a) Sentimientos de incomodidad: Estos comentarios pueden hacer que la víctima se sienta incómoda, humillada o degradada.

b) Impacto emocional: Los comentarios inapropiados sobre la apariencia física pueden tener un efecto emocional negativo en la autoestima y el bienestar de la víctima.

c) Creación de un ambiente hostil: Cuando estos comentarios son persistentes y crean un ambiente de trabajo o estudio hostil, pueden contribuir al acoso sexual.

Respuesta Legal y Organizacional:

a) Políticas y capacitación en el lugar de trabajo o en instituciones educativas: Las organizaciones pueden implementar políticas que prohíban los comentarios inapropiados sobre la apariencia física y proporcionar capacitación sobre acoso sexual.

b) Denuncia y apoyo a las víctimas: Fomentar un ambiente en el que las víctimas se sientan seguras para denunciar y recibir apoyo cuando enfrentan este tipo de acoso.

c) Legislación anti-acoso sexual: Muchos países tienen leyes que prohíben el acoso sexual, incluyendo los comentarios inapropiados sobre la apariencia física, y establecen sanciones legales para los perpetradores.

Es importante entender que los comentarios sobre la apariencia física pueden ser una forma de acoso sexual cuando son no deseados y tienen una connotación sexual.

En muchos lugares, existen leyes y políticas que prohíben este tipo de comportamiento en el lugar de trabajo, en instituciones educativas y en otros entornos. La promoción de un ambiente respetuoso y la concienciación sobre estas cuestiones son esenciales para prevenir y abordar el acoso sexual.

COMUNICACIONES DE NATURALEZA SEXUAL NO DESEADAS

Las comunicaciones de naturaleza sexual no deseadas en los delitos de acoso sexual se refieren a cualquier forma de expresión verbal, escrita o electrónica con contenido sexual que no es bienvenida por el receptor.

Este tipo de comunicación puede ser verbal, como comentarios o chistes sexuales, o no verbal, como mensajes de texto, correos electrónicos, imágenes o videos de contenido sexual explícito.

Estas conductas pueden crear un ambiente hostil o intimidante y son consideradas una forma de acoso sexual.

Significado de Comunicaciones de Naturaleza Sexual No Deseadas:

a) Contenido Sexual: Las comunicaciones incluyen palabras, imágenes, videos o cualquier otra forma de expresión que tenga un contenido explícitamente sexual o sugestivo.

b) Falta de Consentimiento: Son no deseadas o no solicitadas por la persona que las recibe.

c) Potencialmente Ofensivas o Humillantes: Pueden ser percibidas como ofensivas, humillantes o inapropiadas por el receptor.

Conductas que Comportan:

a) Comentarios o Chistes Sexuales: Realizar comentarios sexualmente explícitos o contar chistes de naturaleza sexual en presencia de alguien que los encuentra ofensivos.

b) Proposiciones Sexuales Indeseadas: Hacer avances o proposiciones sexuales que no son bienvenidos.

c) Mensajes de Texto o Correos Electrónicos Explícitos: Enviar mensajes, correos electrónicos o cualquier otra forma de comunicación escrita que contenga lenguaje sexual explícito, proposiciones o insinuaciones sexuales.

d) Envío de Imágenes o Videos Sexuales: Compartir imágenes o videos de contenido sexual sin el consentimiento de la persona receptora.

e) Comunicación Persistente de Naturaleza Sexual: Continuar enviando mensajes o haciendo comentarios de naturaleza sexual después de que se ha expresado que son no deseados.

Efectos en las Víctimas:

a) Malestar y Humillación: Pueden sentirse incómodos, humillados o degradados.

b) Ambiente Laboral o Educativo Tóxico: Contribuyen a crear un entorno hostil o incómodo.

c) Estrés y Ansiedad: Pueden causar ansiedad, estrés y afectar la salud mental.

Respuesta Legal y Organizacional:

a) Políticas de Acoso Sexual: La mayoría de las organizaciones incluyen políticas que prohíben este tipo de comunicaciones.

b) Consecuencias Disciplinarias y Legales: Pueden resultar en acciones disciplinarias o incluso en acciones legales, dependiendo de la gravedad y del contexto.

c) Formación y Concientización: Las empresas y las instituciones educativas a menudo ofrecen formación sobre lo que constituye acoso sexual y cómo prevenirlo.

d) Soporte y Recursos para las Víctimas: Se deben proporcionar recursos y apoyo a las personas afectadas.

Las comunicaciones de naturaleza sexual no deseadas son una seria violación de los límites personales y profesionales y pueden tener graves consecuencias para el bienestar de las víctimas y el clima en el lugar de trabajo o en otros entornos.

Es esencial que tanto las organizaciones como los individuos tomen medidas proactivas para prevenir y responder a estas conductas.

CONTACTO FÍSICO NO DESEADO

El contacto físico no deseado en el contexto de los delitos de acoso sexual se refiere a cualquier forma de toque o interacción física de naturaleza sexual o íntima que una persona realiza sobre otra sin su consentimiento. Este tipo de contacto es una violación de la autonomía personal y la integridad física de la víctima y es considerado una forma grave de acoso sexual.

Significado de Contacto Físico No Deseado:

a) Naturaleza Sexual o Íntima: Incluye toques o acciones que tienen una connotación sexual o que invaden de manera inapropiada el espacio personal íntimo.

b) Falta de Consentimiento: La característica esencial es que la persona que recibe el contacto no ha dado su consentimiento y no desea ese contacto.

c) Intrusión Física y Emocional: Puede ser percibido como una intrusión tanto física como emocional, creando sentimientos de miedo, incomodidad y violación.

Conductas que Comportan:

a) Tocamientos Inapropiados: Tocar partes del cuerpo de manera inapropiada, especialmente zonas íntimas o erógenas.

b) Intentos de Besar o Abrazar: Intentar besar o abrazar a alguien sin su consentimiento.

c) Rozamientos Corporales: Rozar deliberadamente el cuerpo contra alguien en un contexto claramente no consensual.

d) Acoso Físico en Lugares Públicos o Privados: Acercamientos físicos inapropiados, como "manoseos" en espacios públicos o durante actividades sociales o laborales.

e) Agarrar o Retener: Sujetar a alguien físicamente sin su consentimiento, incluso si no hay una intención sexual explícita.

f) Contacto Físico Bajo Pretextos Falsos: Utilizar excusas para tocar, como "ayudar" a alguien de manera que implique contacto físico no deseado.

g) Contacto Físico Durante Actividades Cotidianas: Como en el lugar de trabajo o en espacios públicos, donde el contacto puede parecer casual, pero tiene una intención sexual.

Efectos en las Víctimas:

a) Trauma y Miedo: Puede causar un trauma significativo y un miedo duradero a situaciones similares.

b) Problemas de Confianza y Relaciones Interpersonales: Dificultades para establecer o mantener relaciones de confianza.

c) Problemas de Salud Mental: Ansiedad, depresión, trastorno de estrés postraumático.

d) Problemas Físicos: Lesiones físicas en casos de contacto violento, problemas de salud relacionados con el estrés.

Respuesta Legal y Organizacional:

a) Leyes contra el Acoso Sexual: El contacto físico no deseado puede ser penalizado por leyes de acoso sexual y, en casos graves, leyes de agresión sexual.

b) Políticas de Lugares de Trabajo y Educación: Muchas organizaciones tienen políticas estrictas en contra de cualquier forma de acoso sexual.

c) Medidas Disciplinarias y Legales: Pueden incluir sanciones disciplinarias en el ámbito laboral o educativo, y procedimientos legales como cargos criminales.

d) Mecanismos de Denuncia y Apoyo: Procedimientos para reportar estos comportamientos y apoyo para las víctimas.

e) Educación y Prevención: Programas para educar sobre el consentimiento y la importancia de respetar los límites personales.

El contacto físico no deseado es una violación grave de los derechos personales y debe ser abordado tanto a nivel individual como en la comunidad y la sociedad en general.

La prevención, la educación y un claro entendimiento del consentimiento son fundamentales para evitar este tipo de conductas.

CREACIÓN DE UN AMBIENTE DE TRABAJO O ESTUDIO HOSTIL

La creación de un ambiente de trabajo o estudio hostil en el contexto de los delitos de acoso sexual se refiere a situaciones en las cuales los comportamientos, acciones o comentarios de naturaleza sexual crean un entorno intimidante, hostil, degradante, humillante u ofensivo.

Esto va más allá de casos aislados, siendo un patrón de comportamiento que afecta significativamente la capacidad de una persona para trabajar o estudiar de manera efectiva.

Significado de un Ambiente Hostil:

a) Persistencia y Severidad: La conducta no es un incidente aislado, sino un patrón persistente o extremadamente grave.

b) Intimidación y Hostilidad Constantes: Un entorno donde el acoso sexual es frecuente y no se controla, lo que genera una atmósfera de temor o incomodidad.

c) Impacto en el Desempeño: Estos comportamientos afectan negativamente la capacidad de las personas para desempeñar sus labores o estudiar eficazmente.

d) Violación de Derechos: Afecta los derechos de las personas a un entorno libre de discriminación y acoso.

Conductas que Comportan:

a) Comentarios Sexuales Indeseados: Chistes, comentarios o insinuaciones de naturaleza sexual que son ofensivos o no deseados.

b) Material Ofensivo: Exhibición de material pornográfico o de naturaleza sexual en el lugar de trabajo o estudio.

c) Intimidación Sexual: Gestos, miradas o acciones que sexualizan o intimidan.

d) Acoso a través de Comunicaciones: Mensajes, correos electrónicos o publicaciones en redes sociales de naturaleza sexual no deseada.

e) Exclusión o Aislamiento Basado en el Sexo: Tratar de manera diferente o aislar a alguien debido a su género o reacción frente al acoso sexual.

f) Rumores o Difamaciones de Naturaleza Sexual: Esparcir rumores sobre la vida sexual de una persona o sus experiencias.

g) Contacto Físico No Deseado: Tocamientos, acercamientos físicos inapropiados o invasiones del espacio personal.

Efectos en las Víctimas:

a) Estrés y Ansiedad: Puede llevar a un aumento del estrés y la ansiedad, afectando la salud mental.

b) Rendimiento Laboral o Académico: Puede afectar negativamente el desempeño y la concentración.

c) Retiro o Aislamiento: Las víctimas pueden aislarse o intentar evitar ciertas situaciones o personas.

d) Problemas de Salud Mental: Riesgo de depresión, estrés postraumático, entre otros.

Respuesta Legal y Organizacional:

a) Legislación Contra el Acoso Sexual: Muchos países tienen leyes que prohíben la creación de un ambiente hostil.

b) Políticas de Prevención: Las organizaciones y las instituciones educativas deben establecer políticas claras y mecanismos de denuncia.

c) Canales de Denuncia y Apoyo: Facilitar la denuncia de estas situaciones y proporcionar apoyo a las víctimas.

d) Formación y Sensibilización: Capacitar a empleados y estudiantes sobre qué constituye acoso y cómo prevenirlo.

Crear un ambiente de trabajo o estudio hostil es una forma de discriminación y acoso que no solo afecta a las víctimas individuales, sino que también puede tener un impacto negativo en el entorno en su conjunto.

Por lo tanto, es esencial que las organizaciones adopten un enfoque proactivo para prevenir, identificar y abordar estas situaciones de manera efectiva.

DIFUSIÓN NO CONSENTIDA DE IMÁGENES ÍNTIMAS

La difusión no consentida de imágenes íntimas, a menudo conocida como "porno de venganza" o "revenge porn," es una conducta que se relaciona con los delitos de acoso sexual y se refiere a la acción de compartir, publicar o distribuir imágenes íntimas o sexualmente explícitas de una persona sin su consentimiento. Esta conducta busca humillar, avergonzar, acosar o dañar la reputación de la víctima y a menudo es realizada por alguien que previamente tenía acceso a estas imágenes debido a una relación personal o de confianza.

Significado de la Difusión no Consentida de Imágenes Íntimas:

a) Imágenes Íntimas: Se refiere a fotografías o videos que muestran a la persona en situaciones de desnudez o realizando actividades sexuales explícitas.

b) Sin Consentimiento: La clave es que la víctima no ha dado su consentimiento expreso para que estas imágenes sean compartidas o divulgadas públicamente.

c) Daño a la Dignidad y Privacidad: Tiene la intención de dañar la reputación, la privacidad y la dignidad de la víctima.

d) Acoso o Represalia: A menudo, la difusión no consentida de imágenes íntimas se realiza como un acto de acoso o represalia en respuesta a una relación fallida, una ruptura o un conflicto personal.

Conductas que Comporta:

a) Publicación en línea: Subir imágenes íntimas de la víctima a sitios web, redes sociales o foros en línea sin su permiso.

b) Envío a terceros: Compartir las imágenes con amigos, familiares o conocidos de la víctima con el objetivo de avergonzarla o acosarla.

c) Amenazas de difusión: Amenazar con divulgar las imágenes si la víctima no cumple con ciertas demandas o solicitudes, a menudo de naturaleza sexual.

d) Extorsión sexual: Exigir favores sexuales o recursos a cambio de no difundir las imágenes íntimas.

e) Difusión en entornos profesionales o académicos: Compartir las imágenes en un lugar de trabajo o institución educativa con el propósito de dañar la reputación de la víctima.

f) Creación de perfiles falsos: Crear perfiles falsos en redes sociales o sitios web utilizando las imágenes íntimas de la víctima.

Efectos en las Víctimas:

a) Daño emocional y psicológico: La difusión no consentida de imágenes íntimas puede causar una profunda angustia emocional, ansiedad, depresión y trauma en las víctimas.

b) Aislamiento social: Las víctimas pueden sentirse avergonzadas y estigmatizadas, lo que puede llevar al aislamiento social.

c) Daño a la reputación: Puede tener un impacto duradero en la reputación personal y profesional de la víctima.

Respuesta Legal y Organizacional:

a) Leyes contra la difusión no consentida de imágenes íntimas: Muchos países tienen leyes que penalizan esta conducta y brindan protección legal a las víctimas.

b) Plataformas en línea y redes sociales: Muchas plataformas en línea tienen políticas y mecanismos para denunciar y eliminar contenido de difusión no consentida de imágenes íntimas.

c) Apoyo y asesoramiento a las víctimas: Es importante que las víctimas reciban apoyo emocional y asesoramiento legal para abordar esta situación y proteger sus derechos.

La difusión no consentida de imágenes íntimas es una grave violación de la privacidad y la dignidad de una persona.

Es ilegal y puede tener consecuencias legales para quienes la perpetran.

La prevención y la concienciación sobre este tema son cruciales para abordar y prevenir este tipo de conducta.

EXHIBICIÓN DE MATERIAL SEXUALMENTE EXPLÍCITO

La exhibición de material sexualmente explícito en el contexto de los delitos de acoso sexual implica mostrar o compartir imágenes, videos, objetos o cualquier otro tipo de contenido que sea gráficamente sexual, sin el consentimiento de quienes lo observan.

Este comportamiento puede ocurrir en distintos entornos, como el lugar de trabajo, instituciones educativas, espacios públicos o incluso en línea, y es considerado una forma de acoso sexual.

Significado de Exhibición de Material Sexualmente Explícito:

a) Naturaleza Invasiva: Implica imponer imágenes o material de contenido sexual a otros sin su permiso.

b) Violación de la Privacidad y Dignidad: Este acto ignora y viola los límites personales y la dignidad de los demás.

c) Creación de un Ambiente Hostil: Puede contribuir a la creación de un entorno incómodo, intimidante o humillante para quienes están expuestos al material.

Conductas que Comportan:

a) Mostrar Pornografía: Exhibir material pornográfico en el lugar de trabajo, en un entorno educativo o en otros espacios públicos.

b) Compartir Contenido Sexual en Línea: Enviar o compartir imágenes o videos sexualmente explícitos por correo electrónico, redes sociales o plataformas de mensajería sin consentimiento.

c) Uso de Fondos de Pantalla o Calendarios Sexuales: Tener fondos de pantalla, calendarios o posters de naturaleza sexualmente explícita en un espacio compartido.

d) Exhibición de Imágenes o Videos Personales: Mostrar material sexual propio o de terceros en un contexto inapropiado.

Efectos en las Víctimas:

a) Malestar y Humillación: Puede causar vergüenza, incomodidad y sentirse humillado o degradado.

b) Estrés y Ansiedad: La exposición continua a este material puede provocar estrés y ansiedad.

c) Impacto en el Rendimiento: Puede afectar negativamente la capacidad de concentración y rendimiento laboral o académico de las personas expuestas.

Respuesta Legal y Organizacional:

a) Legislación contra el Acoso Sexual: En muchas jurisdicciones, mostrar material sexualmente explícito en contextos inapropiados puede ser considerado una forma de acoso sexual y, por tanto, ser penalizado.

b) Políticas de Lugar de Trabajo y Educativas: Establecimiento de políticas claras que prohíban la exhibición de este tipo de material en entornos profesionales y educativos.

c) Canales para Reportar Incidentes: Proporcionar métodos seguros y confidenciales para que las víctimas informen estos incidentes.

d) Formación y Sensibilización: Educar a las personas sobre el impacto de esta conducta y promover un entorno respetuoso.

Es fundamental reconocer la gravedad de exhibir material sexualmente explícito en entornos no consentidos y las consecuencias negativas que esto puede tener para quienes son expuestos a dicho material.

Las políticas y la educación son herramientas clave para prevenir y abordar estas situaciones, asegurando un ambiente seguro y respetuoso para todos.

EXHIBICIONISMO

El exhibicionismo, en el contexto de los delitos de acoso sexual, se refiere a la conducta de exponer los genitales a otra persona sin su consentimiento, generalmente con el objetivo de obtener gratificación sexual o por razones de poder y control.

Esta acción es considerada no solo una forma de acoso sexual sino también un acto delictivo en muchas jurisdicciones.

Significado de Exhibicionismo:

a) Exposición de Genitales: El exhibicionismo implica típicamente mostrar los genitales a otros en un contexto en el que dicha conducta es claramente inapropiada e inesperada.

b) Sin Consentimiento y a Menudo a Extraños: Estos actos a menudo se realizan sin el consentimiento de la otra parte, y comúnmente la persona que comete el acto elige víctimas que son desconocidas para ellos.

c) Intención de Gratificación Sexual o Poder: La motivación detrás del exhibicionismo puede ser la búsqueda de gratificación sexual, una manifestación de poder o control, o ambos.

Conductas que Comportan:

a) Exposición Deliberada: Exponer deliberadamente los genitales en lugares públicos o privados a personas que no han dado su consentimiento.

b) Exhibicionismo Durante Videoconferencias o Llamadas: Mostrar los genitales a través de videollamadas o envío de imágenes sin consentimiento, especialmente común en la era digital.

c) Realización en Contextos Inapropiados: Elegir situaciones donde la exposición tiene un impacto máximo, como en lugares públicos concurridos.

d) Uso de Redes Sociales y Plataformas Digitales: Enviar imágenes de genitales a través de mensajes directos o publicaciones en plataformas digitales sin consentimiento.

e) Mostrar Genitales o Partes Íntimas en el Trabajo o en la Escuela: Realizar estos actos en entornos profesionales o educativos.

Efectos en las Víctimas:

a) Trauma y Malestar Psicológico: Puede causar shock, ansiedad, miedo, y otros problemas de salud mental.

b) Sentimiento de Inseguridad: Las víctimas pueden sentirse inseguras en espacios públicos o durante interacciones en línea.

c) Desconfianza en Otros: Puede llevar a una sensación de desconfianza generalizada hacia los demás.

Respuesta Legal y Organizacional:

a) Consecuencias Legales: El exhibicionismo es ilegal en muchas jurisdicciones y puede resultar en cargos criminales.

b) Políticas de Acoso Sexual: Las instituciones y organizaciones a menudo incluyen el exhibicionismo dentro de sus políticas de acoso sexual.

c) Medidas Disciplinarias y de Apoyo: Las instituciones pueden tomar medidas disciplinarias contra el perpetrador y ofrecer apoyo a las víctimas.

d) Educación y Prevención: Fomentar la conciencia y la educación sobre el respeto a los límites personales y el consentimiento.

Es importante entender que el exhibicionismo no se trata simplemente de un acto de indecencia o exposición pública, sino que es una forma de agresión sexual que infringe los límites personales y la seguridad de los individuos.

Las respuestas a este comportamiento deben ser serias y enfocadas en la protección de las víctimas y la prevención de futuros incidentes.

GESTOS SEXUALES INAPROPIADOS

Los gestos sexuales inapropiados en el contexto de delitos de acoso sexual se refieren a acciones no verbales que tienen una connotación sexual y que son realizadas sin el consentimiento o la aprobación de la persona que los recibe.

Estos gestos son una forma de comunicación que expresa intención o interés sexual de manera inapropiada y pueden ser percibidos como ofensivos, intimidantes o humillantes.

Significado de Gestos Sexuales Inapropiados:

a) Connotación Sexual: Los gestos tienen una clara connotación sexual y están destinados a ser interpretados de esa manera.

b) Falta de Consentimiento: Se realizan sin el consentimiento de la persona que los observa o recibe, y suelen ser no bienvenidos o rechazados.

c) Comunicación No Verbal: A diferencia de los comentarios verbales, los gestos sexuales inapropiados se comunican a través de acciones físicas o lenguaje corporal.

d) Intención de Intimidar o Acosar: A menudo, la intención detrás de estos gestos es la de intimidar, acosar, humillar o molestar a la persona receptora.

Conductas que Comportan:

a) Gestos Obscenos: Realizar gestos con las manos o el cuerpo que simulan actos sexuales o que representan órganos sexuales.

b) Miradas Sugestivas o Insinuantes: Mirar fijamente o de manera prolongada a partes del cuerpo de alguien de forma sexual.

c) Movimientos Corporales Sexualmente Sugerentes: Realizar movimientos del cuerpo o bailes que tengan una connotación sexual explícita.

d) Imitación de Actos Sexuales: Simular actos sexuales con objetos o con el propio cuerpo.

e) Señalamientos o Gestos hacia Partes del Cuerpo: Indicar o hacer gestos hacia las partes íntimas de una persona.

Efectos en las Víctimas:

a) Malestar y Humillación: Puede causar una gran incomodidad, vergüenza o humillación.

b) Sensación de Inseguridad y Ansiedad: Generar miedo, inseguridad y ansiedad, especialmente en situaciones sociales o de trabajo.

c) Impacto Emocional: Los gestos sexuales inapropiados pueden ser percibidos como amenazantes y causar estrés emocional o psicológico.

Respuesta Legal y Organizacional:

a) Posibles Consecuencias Legales: Dependiendo de la jurisdicción, estos actos pueden ser considerados como una forma de acoso sexual y estar sujetos a sanciones legales.

b) Políticas contra el Acoso Sexual: Las organizaciones suelen tener políticas claras contra todo tipo de acoso sexual, incluyendo gestos inapropiados.

c) Canales de Denuncia y Apoyo: Se proporcionan mecanismos para que las víctimas puedan reportar estos incidentes y recibir apoyo.

d) Educación y Capacitación: Es importante educar sobre lo que constituye un comportamiento apropiado y cómo los gestos pueden ser percibidos por los demás.

Los gestos sexuales inapropiados son una forma de acoso sexual que infringe las normas de respeto y dignidad personal.

Es crucial para las comunidades y organizaciones fomentar un ambiente de respeto mutuo y asegurarse de que existan políticas claras y vías de denuncia para abordar estos comportamientos.

HOSTIGAMIENTO SEXUAL EN EL ENTORNO FAMILIAR

El hostigamiento sexual en el entorno familiar, en el contexto de los delitos de acoso sexual, se refiere a un patrón de comportamiento no deseado y de naturaleza sexual que ocurre dentro del ámbito familiar o doméstico y que tiene como objetivo acosar, intimidar o molestar a una persona debido a su género o apariencia sexual.

Aunque generalmente se asocia el acoso sexual con situaciones fuera del ámbito familiar, también puede ocurrir dentro de este entorno, y es igualmente grave.

El hostigamiento sexual en el entorno familiar puede incluir acciones y comportamientos repetidos que crean un ambiente hostil o abusivo para la víctima.

Significado del Hostigamiento Sexual en el Entorno Familiar:

a) Comportamiento Inapropiado en la Familia: Implica acciones o palabras no deseadas, de naturaleza sexual, que ocurren dentro del ámbito de la familia o el hogar.

b) Intención de Molestar o Intimidar: La intención detrás de estas conductas es causar molestias, ansiedad, intimidación o humillación a la víctima debido a su género o apariencia sexual.

Las conductas asociadas con el hostigamiento sexual en el entorno familiar pueden incluir:

a) Comentarios sexuales inapropiados: Realizar comentarios lascivos, insinuaciones o propuestas sexuales hacia un miembro de la familia.

b) Tocamientos no consentidos: Tocar, rozar o manosear a un miembro de la familia sin su consentimiento de manera sexualmente sugestiva.

c) Perseguimiento o acecho: Seguir o acechar a un miembro de la familia dentro de la casa o en otros lugares del entorno familiar, lo que puede causarle temor o angustia.

d) Exhibicionismo: Mostrar los genitales o realizar actos sexuales en presencia de miembros de la familia de manera intencional para intimidar o humillar.

e) Amenazas o chantaje: Amenazar o chantajear a un miembro de la familia con revelar información personal o utilizarla en su contra si no cumple con las demandas del acosador.

f) Manipulación emocional: Utilizar tácticas manipuladoras, como la culpa o el chantaje emocional, para obtener un comportamiento sexual no deseado.

g) Hostigamiento en línea o por medios electrónicos: En algunos casos, el hostigamiento sexual puede extenderse al ámbito digital, con la utilización de mensajes de texto, correos electrónicos u otras formas de comunicación electrónica.

Efectos en las Víctimas:

a) Angustia emocional: El hostigamiento sexual en el entorno familiar puede causar miedo, ansiedad, depresión y trauma psicológico en las víctimas.

b) Sentimiento de aislamiento: Las víctimas pueden sentirse aisladas y atrapadas en situaciones familiares abusivas.

c) Impacto en las relaciones familiares: Estas conductas pueden afectar negativamente las relaciones familiares y causar conflictos graves en la familia.

Respuesta Legal y Organizacional:

a) Legislación específica: En muchas jurisdicciones, existen leyes que prohíben el hostigamiento sexual en el entorno familiar y pueden imponer sanciones legales a los acosadores.

b) Recursos de apoyo: Brindar a las víctimas recursos de apoyo, como refugios o servicios de asesoramiento, es fundamental para ayudarlas a salir de situaciones de hostigamiento sexual en el entorno familiar.

c) Educación y concienciación: Promover la concienciación sobre el hostigamiento sexual en el ámbito familiar y brindar educación sobre las formas de prevenir y abordar este tipo de comportamiento es esencial.

d) Intervención y terapia: Las víctimas pueden beneficiarse de intervención terapéutica para lidiar con el trauma y el impacto psicológico del hostigamiento sexual en el entorno familiar.

El hostigamiento sexual en el entorno familiar es una forma de acoso sexual que involucra a miembros de la familia y afecta la seguridad y la dignidad de las personas dentro de su hogar.

La prevención, la concienciación y la denuncia son fundamentales para combatir este tipo de comportamiento y proteger a las personas de sus efectos perjudiciales.

OFRECIMIENTO DE DROGAS O ALCOHOL CON INTENCIÓN SEXUAL

El ofrecimiento de drogas o alcohol con intención sexual en el contexto de los delitos de acoso sexual se refiere a la acción de proporcionar a alguien drogas, alcohol u otras sustancias con la intención de aprovecharse sexualmente de esa persona mientras está bajo la influencia de dichas sustancias. Esta conducta es considerada una forma de acoso sexual y puede tener graves consecuencias legales y personales.

El objetivo del acosador es desinhibir a la víctima y manipular su capacidad para dar un consentimiento informado.

Significado del Ofrecimiento de Drogas o Alcohol con Intención Sexual:

a) Suministro de Sustancias: Implica proporcionar a la víctima drogas ilegales, alcohol o cualquier otra sustancia que pueda afectar su capacidad de juicio y control.
b) Intención de Aprovechamiento Sexual: La intención detrás de esta acción es explotar la vulnerabilidad de la víctima para obtener un favor sexual no deseado.

Conductas que Comporta el Ofrecimiento de Drogas o Alcohol con Intención Sexual:

Las conductas asociadas con el ofrecimiento de drogas o alcohol con intención sexual pueden incluir:

a) Ofrecimiento de drogas o alcohol: Proporcionar a la víctima drogas, alcohol o sustancias similares con la intención de que las consuma.
b) Manipulación o presión: Persuadir o presionar a la víctima para que consuma las sustancias, a menudo utilizando tácticas manipulativas o de chantaje.
c) Aprovechamiento durante la embriaguez o la intoxicación: Aprovecharse de la vulnerabilidad de la víctima mientras está bajo los efectos de las sustancias para llevar a cabo actos sexuales no deseados.
d) Propuesta de sustancias como soborno: Ofrecer drogas o alcohol como un soborno para obtener favores sexuales a cambio.
e) Acoso mientras la víctima está intoxicada: Realizar avances sexuales no deseados o forzar a la víctima a participar en actividades sexuales mientras está bajo los efectos de las sustancias.
f) Amenazas o coerción: Amenazar o coaccionar a la víctima para que consuma drogas o alcohol con la amenaza de consecuencias negativas si no lo hace.

Efectos en las Víctimas:

a) Incapacidad para dar consentimiento: El consumo de sustancias psicoactivas puede dejar a la persona incapacitada o en un estado en el que no pueda dar un consentimiento válido para actividades sexuales.
b) Sentimiento de culpa o vergüenza: Las víctimas pueden experimentar sentimientos de culpa o vergüenza después de darse cuenta de que fueron manipuladas o aprovechadas mientras estaban bajo los efectos de las sustancias.

c) Trauma psicológico: El ofrecimiento de drogas o alcohol con intención sexual puede tener un impacto traumático en la víctima, causando estrés postraumático y otros problemas de salud mental.

Respuesta Legal y Organizacional:

a) Legislación específica: En muchas jurisdicciones, existe legislación que prohíbe el ofrecimiento de drogas o alcohol con intención sexual y establece sanciones legales para los perpetradores.
b) Políticas de instituciones educativas y lugares de trabajo: Las instituciones educativas y los lugares de trabajo pueden tener políticas específicas para abordar este tipo de comportamiento.
c) Apoyo a las víctimas: Brindar apoyo emocional y recursos legales a las víctimas es fundamental para ayudarlas a abordar esta situación y tomar medidas legales si es necesario.

Es importante comprender que el ofrecimiento de drogas o alcohol con intención sexual es una grave violación de los límites personales y la dignidad de una persona, y es ilegal en la mayoría de las jurisdicciones.

La prevención, la concienciación y la denuncia son fundamentales para abordar este tipo de comportamiento y proteger a las personas de sus efectos perjudiciales.

PROPUESTA DE FAVORES SEXUALES

Las propuestas de favores sexuales en el contexto de los delitos de acoso sexual se refieren a cualquier solicitud o insinuación de que una persona se involucre en actividad sexual a cambio de algún beneficio o para evitar una consecuencia negativa.

Este tipo de conducta es una forma de acoso sexual y es especialmente común en entornos donde existe una relación de poder desigual, como entre un supervisor y un empleado, o un profesor y un estudiante.

Significado de Propuestas de Favores Sexuales:

a) Naturaleza Transaccional: Implica un intercambio propuesto de favores o beneficios sexuales por ventajas o para evitar desventajas.

b) Abuso de Poder: A menudo se da en situaciones donde el acosador tiene algún tipo de poder o influencia sobre la víctima.

c) Violación de la Integridad y Dignidad: Constituye una grave violación de la integridad personal y profesional de la víctima.

Conductas que Comporta:

a) Solicitudes Directas de Sexo a Cambio de Beneficios: Por ejemplo, ofrecer un ascenso, un aumento salarial, una calificación más alta o un trato preferencial a cambio de favores sexuales.

b) Insinuaciones de que el Rechazo Tendrá Consecuencias Negativas: Implicar o declarar que rechazar la propuesta sexual podría resultar en represalias, como la pérdida de un empleo, una calificación más baja o el daño a la reputación profesional.

c) Presión Continua tras el Rechazo: Persistir en la propuesta sexual incluso después de que la persona ha dicho no.

d) Sugerencias Implícitas de Intercambios Sexuales: Hacer comentarios o sugerencias que insinúen, pero no declaren explícitamente, la expectativa de favores sexuales a cambio de beneficios.

e) Uso de Lenguaje Vulgar o Inapropiado: Emplear un lenguaje obsceno o vulgar al hacer las propuestas sexuales.

Efectos en las Víctimas:

a) Sentimientos de Impotencia: La víctima puede sentirse atrapada, especialmente si depende del acosador para oportunidades laborales o educativas.

b) Impacto en la Carrera y Educación: Puede tener consecuencias negativas en la carrera profesional o educativa de la víctima.

c) Impacto en la Salud Mental: Pueden dar lugar a problemas de salud mental, como ansiedad, depresión y trastorno de estrés postraumático.

d) Pérdida de Confianza y Seguridad: La víctima puede sentir una pérdida de confianza y seguridad en su entorno, especialmente si las propuestas provienen de personas en posiciones de autoridad.

Respuesta Legal y Organizacional:

a) Leyes contra el Acoso Sexual: La mayoría de los países tienen legislaciones que prohíben este tipo de acoso sexual.

b) Políticas en el Lugar de Trabajo o Instituciones Educativas: Establecer políticas claras contra el acoso sexual, incluyendo las propuestas de favores sexuales.

c) Canales de Denuncia Seguros: Proporcionar medios confidenciales y seguros para que las víctimas informen sobre estos incidentes.

d) Formación y Sensibilización: Educación sobre qué constituye acoso sexual y cómo prevenirlo.

e) Apoyo a las Víctimas: Ofrecer recursos de apoyo legal y psicológico para las víctimas y sancionar a los perpetradores.

Es crucial entender que cualquier forma de acoso sexual, incluyendo las propuestas de favores sexuales, es inaceptable.

Requiere un enfoque serio tanto en términos de prevención como de respuesta legal y organizacional para proteger a las víctimas y fomentar un ambiente seguro y respetuoso para todos.

REPRESALIAS EN DELITOS DE ACOSO SEXUAL

Las represalias en el contexto de los delitos de acoso sexual se refieren a las acciones o comportamientos perjudiciales que una persona o entidad toma contra la víctima de acoso sexual como represalia por haber denunciado el acoso o haberse opuesto a él de alguna manera.

Estas represalias pueden tomar muchas formas y tienen como objetivo intimidar, castigar o silenciar a la víctima, creando un ambiente de miedo y desaliento para que no continúe con sus acciones de denuncia o resistencia.

Significado de Represalias en Delitos de Acoso Sexual:

a) Acciones Perjudiciales en Respuesta a la Denuncia: Las represalias ocurren después de haber denunciado la víctima el acoso sexual o haber resistido de alguna manera.

b) Intención de Intimidar o Castigar: Buscan intimidar o castigar a la víctima por su valentía al denunciar el acoso o su resistencia a las acciones no deseadas.

c) Creación de un Entorno Hostil o Desalentador: El objetivo es crear un ambiente en el que las víctimas se sientan amenazadas o temerosas de tomar medidas legales o de denuncia adicionales.

d) Violación de los Derechos de la Víctima: Representan una violación de los derechos de la víctima a denunciar el acoso sexual y buscar protección legal o apoyo.

Conductas que Comportan:

a) Despido o Terminación Laboral: Puede incluir ser despedido, o sufrir represalias en el lugar de trabajo después de denunciar el acoso sexual.

b) Rechazo de Oportunidades Profesionales: La negación de promociones, aumentos salariales u oportunidades de desarrollo profesional en represalia por la denuncia.

c) Difamación o Chantaje: Difundir rumores o información falsa sobre la víctima para dañar su reputación o chantajearla para que retire la denuncia.

d) Aislamiento Social o Exclusión: Excluir a la víctima de actividades sociales o profesionales, creando un sentimiento de aislamiento y marginación.

e) Continuación del Acoso: Persistir en el acoso sexual después de la denuncia, en un intento de castigar o intimidar aún más a la víctima.

e) Acciones Legales: Presentar demandas o denuncias infundadas o frívolas contra la víctima con la intención de crear dificultades legales y financieras.

Efectos en las Víctimas:

a) Miedo y Ansiedad: Las represalias pueden generar un profundo temor y ansiedad en la víctima, que puede sentirse atrapada y sin opciones.

b) Aislamiento y Daño a la Carrera Profesional: Pueden llevar al aislamiento social y dañar la carrera profesional de la víctima.

c) Impacto en la Salud Mental: Las represalias pueden tener efectos graves en la salud mental de la víctima, incluyendo estrés postraumático, depresión y otros problemas psicológicos.

Respuesta Legal y Organizacional:

a) Legislación de Protección: Muchas jurisdicciones tienen leyes que protegen a las víctimas de represalias por denunciar el acoso sexual.

b) Políticas de Lugar de Trabajo o Institucionales: Las organizaciones deben tener políticas claras contra las represalias y establecer procedimientos para abordarlas.

c) Apoyo y Recursos: Proporcionar apoyo legal, psicológico y emocional a las víctimas de acoso sexual y represalias.

d) Educación y Concienciación: Promover la conciencia sobre la importancia de proteger a las víctimas de represalias y las consecuencias legales y organizacionales de tomar represalias.

Es fundamental que las víctimas de acoso sexual y represalias sepan que tienen derechos legales y que existen recursos y apoyo disponibles para ellas.

Las represalias son inaceptables y deben ser abordadas de manera seria tanto en el ámbito legal como en el organizacional, para garantizar que las personas que se enfrentan a esta difícil situación reciban la protección y la justicia que merecen.

SOBORNOS RELACIONADOS CON LA ACTIVIDAD SEXUAL

Los sobornos relacionados con la actividad sexual en los delitos de acoso sexual se refieren a la oferta de beneficios o ventajas a cambio de favores sexuales.

Este tipo de conducta es una forma de acoso sexual y se considera un abuso de poder o posición.

Los sobornos pueden ser explícitos, como ofrecer dinero o promociones a cambio de actividad sexual, o implícitos, donde se entiende que la recepción de ciertos beneficios está condicionada a la realización de actos sexuales.

Significado de Sobornos Relacionados con la Actividad Sexual:

a) Transacción Coercitiva: Ofrecer algo de valor a cambio de favores sexuales, lo cual implica una dinámica coercitiva y explotadora.
b) Abuso de Poder: A menudo involucra a una persona en una posición de autoridad que utiliza su poder para obtener favores sexuales.
c) Violación de la Ética y la Integridad: Este tipo de comportamiento es éticamente inaceptable y viola los principios de igualdad y consentimiento.

Conductas que Comportan:

a) Oferta de Promociones o Beneficios Laborales: Prometer ascensos, aumentos de salario o privilegios especiales a cambio de favores sexuales.
b) Beneficios Académicos: Ofrecer mejores calificaciones, recomendaciones u oportunidades académicas a cambio de actividad sexual.
c) Privilegios o Beneficios en Diversos Contextos: Esto puede incluir el acceso a recursos, facilidades, tratamientos preferenciales, entre otros, condicionados a la realización de actos sexuales.
d) Ofertas Monetarias: Proponer pagos directos o beneficios económicos a cambio de favores sexuales.
e) Promesas de Protección o Soporte: Prometer proteger a alguien de consecuencias negativas en su entorno laboral o educativo a cambio de favores sexuales.

Efectos en las Víctimas:

a) Presión y Coacción: La víctima puede sentirse presionada a participar en actos sexuales para no perder oportunidades importantes.
b) Daño Emocional y Psicológico: Puede causar angustia, ansiedad, culpa y un impacto negativo en la autoestima y la salud mental.
c) Entorno Hostil: Contribuye a un ambiente de trabajo o estudio hostil y discriminatorio.

Respuesta Legal y Organizacional:

a) Legislación contra el Acoso Sexual: La mayoría de las jurisdicciones consideran los sobornos sexuales como una forma grave de acoso sexual y tienen leyes para penalizarlo.
b) Políticas Institucionales: Las organizaciones pueden establecer políticas claras y procedimientos de denuncia para abordar y prevenir tales conductas.

c) Educación y Conciencia: Promover la conciencia sobre lo inaceptable de estos comportamientos y la importancia del consentimiento y la ética profesional.

d) Soporte y Protección a las Víctimas: Ofrecer asistencia legal y apoyo psicológico, y garantizar la protección contra represalias.

Los sobornos relacionados con la actividad sexual son una violación grave de la confianza, la ética y la ley, y representan un claro abuso de poder y posición.

Abordar estos comportamientos de manera proactiva y punitiva es esencial para garantizar un ambiente seguro y respetuoso para todos.

SOLICITUDES SEXUALES NO DESEADAS

Las solicitudes sexuales no deseadas en el contexto de los delitos de acoso sexual se refieren a cualquier petición o intento de iniciar una actividad sexual sin el consentimiento o interés de la otra parte.

Estas solicitudes pueden tomar muchas formas y no necesariamente implican contacto físico. Son consideradas una forma de acoso sexual cuando crean un ambiente intimidante, hostil o humillante para la persona que las recibe.

Significado de Solicitudes Sexuales No Deseadas:

a) Falta de Consentimiento: Central a la definición es que la persona que recibe estas solicitudes no ha dado su consentimiento y no desea participar en la actividad sexual propuesta.

b) Violación de la Autonomía Personal: Estas solicitudes ignoran el derecho de la persona a decidir libremente sobre su participación en actividades sexuales.

c) Creación de un Entorno Hostil: Pueden contribuir a crear un ambiente de trabajo o estudio hostil, afectando el bienestar y rendimiento de la persona.

Conductas que Comportan:

a) Proposiciones Sexuales Explícitas: Solicitudes directas de favores sexuales o propuestas para participar en actos sexuales.

b) Insinuaciones o Sugerencias Indirectas: Comentarios o gestos que sugieren un interés sexual sin ser directamente una propuesta explícita.

c) Presión para Citas o Encuentros Íntimos: Insistir reiteradamente en salir en citas o encontrarse en contextos privados con una connotación sexual.

d) Mensajes o Comunicaciones de Carácter Sexual: Enviar mensajes, correos electrónicos, o imágenes de naturaleza sexual no solicitados y no deseados.

Efectos en las Víctimas:

a) Malestar y Angustia: Pueden causar incomodidad, miedo, ansiedad o incluso traumatismo en la persona que las recibe.

b) Impacto en el Desempeño Laboral o Académico: La atención y energía consumida en lidiar con estas situaciones puede afectar negativamente el trabajo o los estudios.

c) Aislamiento y Retiro: Las víctimas pueden sentirse aisladas o verse impulsadas a evitar ciertas situaciones o personas.

Respuesta Legal y Organizacional:

a) Protección Legal: La mayoría de los países tienen leyes que penalizan el acoso sexual, incluyendo las solicitudes sexuales no deseadas.

b) Políticas Internas: Las organizaciones pueden tener políticas específicas para manejar y prevenir estas situaciones, promoviendo un ambiente seguro y respetuoso.

c) Mecanismos de Reporte y Apoyo: Proporcionar vías claras y seguras para que las víctimas informen sobre estos incidentes y reciban el apoyo necesario.

d) Capacitación y Concientización: Educación sobre lo que constituye el acoso sexual y la importancia del consentimiento en todas las interacciones.

Es crucial que tanto en el ambiente laboral como en el académico se promueva una cultura de respeto y consentimiento, asegurando que todos los individuos entiendan los límites y consecuencias de las solicitudes sexuales no deseadas.

Establecer un entorno seguro y libre de acoso es fundamental para el bienestar y la igualdad de todos los miembros de una comunidad.

CONTRA LA INTEGRIDAD MORAL

INTRODUCCIÓN

El delito contra la integridad moral se refiere a acciones que causan sufrimiento o humillación a otra persona, atentando contra su dignidad como ser humano.

Aunque las legislaciones varían en diferentes países, este delito suele estar recogido en los códigos penales y puede incluir una variedad de conductas.

Las conductas que conlleva este delito pueden ser muy diversas y dependen del marco legal específico de cada país. Sin embargo, generalmente se consideran actos que implican:

a) Trato degradante: Acciones que hacen que la víctima se sienta humillada o menospreciada, afectando gravemente su autoestima.

b) Tortura psicológica o física: Infligir dolor intencionalmente, ya sea mental o corporal, sin llegar a ser tortura según la definición legal internacional.

c) Acoso: Conductas insistentes y no deseadas que causan ansiedad o temor.

d) Acoso laboral (mobbing): Situación en la que una persona es sometida de forma sistemática y durante un tiempo prolongado a presiones y estrategias de acoso por parte de uno o más miembros de una organización con el fin de desestabilizarla emocionalmente.

e) Acoso escolar (bullying): Conductas de persecución física o psicológica que un alumno realiza contra otro, de manera repetitiva y sostenida en el tiempo, dentro del ámbito escolar.

f) Marginación y discriminación: Tratar a una persona o grupo de manera injusta o desigual por motivos de raza, religión, orientación sexual, género, entre otros.

g) Publicación de material humillante: Divulgar imágenes, vídeos o información privada de una persona sin su consentimiento, especialmente si esto causa vergüenza o descrédito.

h) Amenazas graves: Implican una violación de la tranquilidad personal a través de la promesa de un mal grave para la víctima o sus seres queridos.

La penalización de estas conductas busca proteger la dignidad, la libertad psíquica y la salud mental de las personas.

Los castigos pueden variar desde multas hasta penas de prisión, dependiendo de la gravedad del delito y de las circunstancias específicas en las que se cometió.

Es importante señalar que, más allá del ámbito penal, las acciones contra la integridad moral también pueden tener repercusiones en el ámbito civil, donde las víctimas pueden buscar compensación por los daños emocionales y psicológicos sufridos.

ACOSO CIBERNÉTICO

El acoso cibernético o ciberacoso es una forma de hostigamiento que se lleva a cabo a través de medios digitales y plataformas en línea como redes sociales, correos electrónicos, foros, juegos en línea y aplicaciones de mensajería.

Al igual que el acoso tradicional, su objetivo es intimidar, controlar, dañar o avergonzar a otra persona, pero lo hace utilizando la tecnología como herramienta principal.

Las conductas que comúnmente se asocian con el acoso cibernético y que son consideradas delitos contra la integridad moral pueden incluir:

a) Mensajes amenazantes o intimidatorios: Enviar mensajes que contienen amenazas de daño físico o psicológico.

b) Difusión de rumores falsos: Utilizar plataformas en línea para esparcir información falsa sobre alguien con la intención de dañar su reputación.

c) Publicación de material humillante o privado: Compartir fotos, videos o información personal sin el consentimiento de la persona, especialmente si se hace con intención de causar vergüenza o daño.

d) Suplantación de identidad (catfishing): Hacerse pasar por otra persona para dañar la reputación de la víctima o para engañar a terceros.

e) Ciberacoso sexual: Enviar mensajes sexualmente explícitos o imágenes no solicitadas, o ejercer coerción para obtener imágenes de naturaleza sexual.

f) Acoso en juegos en línea: Insultos, amenazas o conductas excluyentes durante el juego en línea.

g) Creación de sitios web o perfiles en redes sociales falsos: Establecer sitios web o perfiles que ridiculicen o ataquen a la víctima.

h) Doxxing: Publicar información privada o sensible sobre alguien en línea sin su permiso, como dirección, número de teléfono o documentos personales.

i) Swatting: Realizar una denuncia falsa a los servicios de emergencia para que envíen una respuesta de alto riesgo a la dirección de la víctima.

j) Stalking o acecho virtual: Vigilar, seguir y comunicarse con alguien de manera persistente y obsesiva a través de medios digitales.

El ciberacoso puede tener consecuencias graves para la salud mental y física de las víctimas, incluyendo estrés, ansiedad, depresión y, en casos extremos, puede llevar al suicidio. También puede tener un impacto negativo en la vida social y profesional de las personas afectadas.

Legalmente, el acoso cibernético está siendo reconocido y penalizado en un número creciente de jurisdicciones.

Las leyes y sanciones varían, pero pueden incluir multas, órdenes de restricción, y en casos graves, condenas de cárcel.

En muchos lugares, se han promulgado leyes específicas para abordar el ciberacoso, reconociendo la necesidad de proteger a los individuos en el espacio digital al igual que en el espacio físico.

Las víctimas de ciberacoso también pueden buscar reparación a través de demandas civiles por difamación, invasión de la privacidad o daño emocional.

ACOSO ESCOLAR

El acoso escolar, conocido comúnmente como "bullying", es una forma de comportamiento agresivo y no deseado que se manifiesta en relaciones de poder desiguales entre estudiantes.

Se caracteriza por la intención deliberada de causar daño, miedo o angustia a otra persona que se percibe como menos poderosa o vulnerable dentro del entorno escolar.

El bullying puede ser perpetrado por individuos o grupos, y las víctimas suelen tener dificultades para defenderse.

Este comportamiento puede tomar múltiples formas:

a) Acoso verbal: Incluye burlas, insultos, apodos ofensivos, comentarios despectivos sobre la apariencia física, la familia, habilidades, raza, religión, género u orientación sexual.

b) Acoso físico: Empujones, golpes, patadas, escupitajos, gestos obscenos, o cualquier otra forma de contacto físico que sea intimidatorio o dañino.

c) Acoso social o relacional: Diseñado para dañar la reputación y las relaciones de la víctima, como difundir rumores, realizar campañas de ostracismo social, manipular las relaciones sociales y fomentar la exclusión de un grupo.

d) Ciberbullying: Utilización de tecnologías digitales para acosar a una persona. Esto puede incluir el envío de mensajes amenazantes o humillantes, la publicación de material privado o embarazoso, o la creación de perfiles falsos en las redes sociales.

e) Acoso sexual: Comentarios, gestos, acciones o bromas de naturaleza sexual no deseados.

f) Extorsión: Forzar a alguien a hacer algo a través de amenazas o intimidación.

g) Amenazas: De daño físico o de otro tipo que causen miedo a la víctima.

h) Marginación: Ignorar intencionadamente a alguien, no permitirle participar en juegos o conversaciones, o no tomarlo en cuenta en actividades grupales.

En cuanto a su impacto en la integridad moral, el bullying puede tener consecuencias devastadoras para la salud mental y emocional de los afectados, tales como ansiedad, depresión, baja autoestima y, en casos extremos, puede conducir a pensamientos o actos de autolesión o suicidio.

Desde una perspectiva legal, el acoso escolar puede ser sancionado dentro de las políticas de los centros educativos y, en algunos casos, puede constituir un delito.

Dependiendo de la legislación específica de cada país o estado, puede haber leyes que obliguen a las escuelas a tomar medidas contra el bullying y a proteger a los estudiantes.

En algunos contextos, los actos graves de bullying también pueden caer bajo leyes de protección infantil o pueden ser considerados delitos si incluyen agresión física, amenazas de violencia, acoso sexual o difamación.

En muchos países, se están desarrollando e implementando programas educativos y políticas escolares para prevenir y abordar el bullying, reconociendo el derecho de los niños y jóvenes a un entorno educativo seguro y respetuoso.

ACOSO LABORAL

El acoso laboral, también conocido como "mobbing", se refiere a un tipo de violencia psicológica que se produce en el entorno de trabajo. Este fenómeno se caracteriza por una conducta abusiva y sin ética manifestada a través de actitudes, palabras, actos, gestos o escritos que pueden poner en peligro la personalidad, la dignidad o la integridad física o psíquica de un trabajador o trabajadora, degradar el clima laboral, o poner en riesgo su empleo.

El acoso laboral se manifiesta a través de una serie de comportamientos, que pueden incluir:

a) Ataques a la capacidad profesional: Constantes críticas injustificadas al trabajo o desempeño, asignación de tareas sin sentido o por debajo de las capacidades de la víctima.

b) Aislamiento y marginación: Ignorar o excluir a la persona del resto del equipo, no hablarle o no permitirle participar en actividades o reuniones laborales.

c) Ataques personales: Burlas, insultos, rumores o chismes que atentan contra la reputación personal o profesional del individuo.

d) Sobrecarga de trabajo: Imponer cargas de trabajo excesivas o imposibles de cumplir, o, por el contrario, retirar todas las responsabilidades y dejar al empleado sin tareas.

e) Amenazas de violencia o agresiones: Intimidaciones o amenazas físicas, aunque no lleguen a materializarse.

f) Control excesivo o vigilancia constante: Supervisión extrema con la intención de encontrar errores o para crear un ambiente de intimidación.

g) Manipulación de la información: No informar correctamente, ocultar intencionadamente información vital para el desempeño del trabajo o propagar información falsa.

h) Inestabilidad laboral: Amenazar reiteradamente con el despido o con cambiar las condiciones de trabajo de forma negativa.

i) Trato diferencial: Aplicar políticas o prácticas de manera desigual, favoreciendo a unos empleados sobre otros sin una justificación objetiva.

j) Evaluaciones de trabajo injustas: Proporcionar evaluaciones negativas del rendimiento laboral sin justificación objetiva.

El acoso laboral es un proceso que generalmente se desarrolla de manera gradual y puede ser perpetrado por supervisores, colegas o subordinados. Es un patrón de conducta que se repite con el tiempo y tiene efectos muy negativos sobre la salud física y emocional de la víctima, pudiendo llevar a trastornos como la ansiedad, la depresión, el estrés postraumático, entre otros.

Legalmente, el mobbing puede ser sancionado en el marco de la legislación laboral y penal de un país. En algunos casos, puede ser difícil de demostrar ya que no siempre hay testigos dispuestos a apoyar a la víctima o registros evidentes del acoso. Sin embargo, muchas jurisdicciones han empezado a tomar medidas serias contra este tipo de conducta, reconociendo su gravedad y el impacto negativo que tiene en los individuos y en los ambientes de trabajo.

ACOSO PSICOLÓGICO

El acoso psicológico en el marco de los delitos contra la integridad moral es una forma de violencia que se caracteriza por una conducta abusiva, intimidatoria y/o degradante dirigida sistemáticamente hacia una persona con el fin de desestabilizarla, aislarla, degradar su dignidad o destruir su reputación y autoestima.

Este tipo de acoso puede manifestarse en diferentes ámbitos, como el trabajo (mobbing), la escuela (bullying), en relaciones interpersonales, en línea (ciberacoso), y otros entornos sociales. Aunque el acoso psicológico puede variar en forma y severidad, ciertas conductas son comúnmente asociadas a él:

a) Insultos y humillaciones: Comentarios despectivos, ridiculización, burlas o cualquier otro tipo de insulto dirigido a la víctima.

b) Amenazas y coacción: Amenazas que inducen miedo o ansiedad en la víctima, utilizadas para manipular su comportamiento.

c) Manipulación psicológica: Juegos mentales, gaslighting (hacer dudar a la víctima de su cordura), y otras tácticas para desorientar y controlar a la víctima.

d) Aislamiento social: Acciones que buscan excluir a la víctima de su entorno social o laboral.

e) Hostigamiento constante: Vigilancia, seguimiento o comunicación continua no deseada que causa estrés y miedo.

f) Desprestigio y difamación: Propagar rumores o mentiras sobre la víctima para dañar su reputación y relaciones.

g) Invalidación y desacreditación: Minimizar o desestimar constantemente los sentimientos, opiniones o experiencias de la víctima.

h) Sobrecarga de trabajo o sabotaje: En el entorno laboral, esto podría manifestarse como la asignación de tareas imposibles o la interferencia en el trabajo de la víctima para asegurar su fracaso.

i) Rumores malintencionados: Difundir falsedades o chismes con el fin de dañar la reputación de la persona.

j) Sabotaje profesional o personal: Interferir en el trabajo o en otros aspectos de la vida de la víctima con el fin de causarle problemas o hacer que fracase.

k) Desacreditación: Difundir rumores o mentiras para socavar la reputación o la credibilidad de la persona.

l) Infravaloración sistemática: Minimizar o despreciar los logros, opiniones o sentimientos de la víctima.

El acoso psicológico como delito contra la integridad moral suele requerir que estas conductas sean sistemáticas y persistentes en el tiempo, más que hechos aislados.

Deben provocar un daño o sufrimiento psicológico real en la víctima y, en muchos casos, también debe haber una intencionalidad de causar ese daño por parte del acosador.

Las legislaciones varían significativamente de un país a otro respecto a cómo se trata el acoso psicológico.

En algunos lugares, existen leyes específicas contra el acoso que ofrecen a las víctimas recursos legales para buscar justicia, lo que puede incluir la persecución penal del acosador y/o compensación para la víctima.

En otros casos, puede ser necesario que el acoso se ajuste a tipos penales más generales como la coacción o las amenazas.

AISLAMIENTO FORZADO

El aislamiento forzado como delito contra la integridad moral se refiere a la acción de separar a una persona de sus contactos habituales y su entorno social de manera coercitiva, lo cual puede resultar en daño psicológico.

Esto puede incluir la limitación de su libertad para comunicarse con otros o el impedimento físico o emocional para interactuar en su entorno social y familiar.

Las conductas que pueden constituir aislamiento forzado incluyen:

a) Restricción de comunicación: Impedir que la persona se comunique con amigos, familiares y conocidos, a través de la censura de llamadas telefónicas, correspondencia, acceso a internet o redes sociales.

b) Confinamiento físico: Mantener a la persona en un espacio aislado o restringido contra su voluntad, lo cual puede incluir encerrarla en una habitación o en una vivienda y negarle la posibilidad de salir.

c) Manipulación emocional: Usar la manipulación psicológica para convencer a la persona de que se aísle voluntariamente, lo cual puede ser el resultado de hacerle sentir indigna de la compañía de otros o infundirles miedo a las consecuencias de interactuar con ellos.

d) Control de movimientos: Vigilar y controlar los movimientos de la persona de tal manera que no pueda tener interacciones sociales sin permiso o vigilancia.

e) Intimidación: Usar la intimidación para disuadir a la persona de buscar contacto con otros, lo que puede incluir amenazas contra ella o contra aquellos a quienes ella quiera acercarse.

f) Privación de recursos: Retirar los medios necesarios para que la persona mantenga contactos sociales, como teléfonos, computadoras o dinero para transporte.

g) Desinformación: Proporcionar información falsa para crear un sentido de dependencia o miedo que impida a la persona buscar ayuda o compañía.

h) Uso de la autoridad: En el caso de instituciones, como escuelas o centros de trabajo, utilizar la jerarquía para crear un ambiente donde la víctima sea dejada al margen.

i) Interferencia con relaciones existentes: Actuar de manera que se deterioren las relaciones existentes de la víctima, creando un ambiente de hostilidad o desconfianza hacia ella.

El aislamiento forzado tiene como fin dañar la autonomía y el bienestar psicológico de la víctima, y puede tener graves consecuencias en su salud mental, incluyendo la depresión, ansiedad y el trastorno de estrés postraumático.

En el ámbito legal, el aislamiento forzado puede ser perseguido como un delito cuando se puede probar que ha habido una privación intencionada y coercitiva de la libertad y el derecho de una persona a interactuar con otros.

Este tipo de comportamiento es a menudo parte de patrones más amplios de abuso y puede ser un aspecto de delitos como el secuestro, la privación ilegítima de la libertad, la violencia doméstica y otros abusos de derechos humanos.

Dependiendo de la jurisdicción y el contexto, quienes perpetren aislamiento forzado pueden enfrentar cargos criminales y ser sujetos a sanciones legales.

AMENAZAS GRAVES

Las amenazas graves en el contexto de delitos contra la integridad moral se refieren a la acción de intimidar a una persona con el anuncio de un mal significativo y creíble contra ella o sus seres queridos, lo cual puede ser un mal físico, emocional, económico o de otra índole.

Estas amenazas están diseñadas para infundir miedo, ansiedad y un sentido de inseguridad en la víctima.

Las conductas que pueden considerarse amenazas graves incluyen:

a) Amenazas de violencia física: Declaraciones o insinuaciones que sugieren que la víctima o alguien cercano a ella sufrirá daño físico.

b) Amenazas de perjuicio económico: Advertencias de que se causará un daño financiero significativo, como la destrucción de propiedad, la pérdida de empleo o la ruina financiera.

c) Amenazas de difamación: Declarar la intención de difundir información falsa o vergonzosa que pueda dañar la reputación de una persona.

d) Amenazas de daño emocional o psicológico: Anunciar acciones que causarán estrés emocional severo, como revelar secretos personales o acosar a la víctima o a sus seres queridos.

e) Amenazas de acciones legales infundadas: Usar el temor a la persecución judicial o a la privación de libertad para intimidar a alguien, incluso si no hay base para una acción legal real.

f) Amenazas de abuso o maltrato: En casos de relaciones domésticas o de dependencia, las amenazas de abuso o maltrato pueden ser particularmente graves y dañinas.

g) Amenazas a la libertad: Amenazar con restringir la libertad de una persona, como amenazas de secuestro o detención ilegal.

En el ámbito legal, las amenazas deben ser creíbles y concretas; es decir, la persona que las recibe debe tener razones para creer que el amenazador tiene la capacidad y la intención de llevar a cabo las amenazas.

Además, para que sean consideradas delito, generalmente deben ser comunicadas de alguna manera a la víctima, ya sea verbalmente, por escrito o incluso a través de gestos o acciones que impliquen una amenaza.

Las leyes varían según la jurisdicción, pero las amenazas graves pueden resultar en cargos criminales y son un ataque directo contra la libertad y la seguridad psicológica de una persona.

El sistema legal puede imponer sanciones que van desde multas hasta la prisión, dependiendo de la gravedad y las circunstancias de las amenazas. Además, las amenazas graves pueden ser un componente de otros delitos más amplios, como el acoso, la violencia doméstica o el abuso infantil.

CALUMNIAS

La calumnia es un tipo de difamación que ocurre cuando alguien acusa falsamente a otra persona de un delito o de conducta deshonrosa.

A diferencia de la difamación general, que puede implicar cualquier tipo de falsedad dañina para la reputación, la calumnia tiene el criterio específico de imputar un delito o algo que pueda causar desprecio o descrédito público.

En el contexto de los delitos contra la integridad moral, las calumnias afectan directamente el honor y el respeto de la persona afectada.

Este tipo de acusaciones puede tener serias consecuencias para la vida social, profesional y personal de la víctima.

Las conductas que pueden ser consideradas calumnias incluyen:

a) Acusaciones falsas: Decir, escribir o insinuar que alguien ha cometido un delito, cuando esto es falso.

b) Declaraciones públicas: Hacer estas acusaciones falsas en un foro público, incluidos medios de comunicación, redes sociales o durante eventos.

c) Rumores maliciosos: Difundir rumores que acusan a alguien de actos ilegales o inmorales.

d) Reportes falsos: Presentar una denuncia policial o judicial contra alguien sabiendo que no ha cometido el delito del que se le acusa.

Para que una declaración sea calificada como calumnia, generalmente debe ser:

a) Específica: Acusa a la persona de un acto concreto que es considerado delictivo o moralmente reprobable.

b) Falsa: No hay verdad en la acusación.

c) Maliciosa: Hecha con la intención de dañar la reputación de la persona.

d) Hecha sin pruebas: No hay evidencia para respaldar la acusación y se hace de manera irresponsable.

En muchos sistemas legales, la calumnia es un delito y puede resultar en acciones penales contra el calumniador.

La persona acusada falsamente puede presentar una demanda por daños y perjuicios.

Las defensas contra una acusación de calumnia pueden incluir la demostración de que la declaración era verdadera, que se hizo sin malicia (por ejemplo, con una creencia razonable en su verdad), o que se realizó en circunstancias que otorgan inmunidad legal, como durante debates parlamentarios o en documentos judiciales.

Es importante señalar que las leyes relativas a la calumnia varían entre jurisdicciones, y lo que puede ser considerado calumnia en una región puede no serlo en otra.

Además, algunas legislaciones tienen criterios muy estrictos para clasificar una declaración como calumniosa, requiriendo que el demandante demuestre la intención maliciosa detrás de la declaración y el daño resultante a su reputación.

COACCIONES

Las coacciones en el ámbito de los delitos contra la integridad moral se refieren al acto de obligar a alguien a hacer o dejar de hacer algo en contra de su voluntad mediante el uso de la fuerza o la intimidación.

Esta conducta atenta contra la libertad individual de la persona afectada y puede manifestarse en diversas formas.

Las conductas asociadas a las coacciones pueden incluir:

a) Amenazas de daño físico o psicológico: Obligar a alguien a actuar bajo la amenaza de sufrir un daño si no se somete a las exigencias del coactor.

b) Uso de la fuerza física: Emplear la violencia para coaccionar a una persona a realizar o abstenerse de realizar una acción determinada.

c) Intimidación: Utilizar una posición de poder o superioridad para presionar a alguien a que haga algo en contra de su voluntad.

d) Chantaje: Forzar a una persona a actuar a través de la amenaza de revelar información embarazosa o dañina sobre ella o alguien cercano.

e) Restricción de la libertad de movimiento: Impedir que alguien salga de un lugar o se mueva libremente hasta que cumpla con lo que se le está coaccionando.

f) Presión económica: Amenazar con retirar apoyo financiero, negar recursos esenciales, o destruir propiedades para forzar a alguien a actuar de cierta manera.

g) Manipulación social o familiar: Ejercer presión sobre alguien a través de su entorno social o familiar, como amenazar con dañar a seres queridos o usar relaciones de dependencia para coaccionar.

Legalmente, las coacciones son consideradas delitos porque infringen la libertad de la persona.

Para que se configure el delito de coacciones, suele ser necesario que la conducta sea ilegítima y que cause un miedo racional a la víctima de sufrir un mal injusto y grave, de manera que se vea forzada a actuar contra su voluntad.

Las leyes varían según la jurisdicción, pero en general, las coacciones pueden ser procesadas ya sea como un delito autónomo o como parte de otros delitos (por ejemplo, en el caso de secuestros, extorsiones, o ciertos tipos de fraude y abusos).

Es importante destacar que, en el ámbito legal, la diferencia entre coacción y persuasión radica en el uso de la amenaza o la fuerza.

La persuasión puede involucrar argumentos o incentivos para convencer a alguien de que tome una decisión, pero no incluye amenazas o fuerza.

La coacción, por otro lado, elimina efectivamente la libre elección de la persona afectada.

DETENCIONES ILEGALES

La detención ilegal es una forma de privación de libertad de una persona contra su voluntad, realizada por individuos que no tienen autoridad legal para hacerlo, o por aquellos que, teniéndola, actúan fuera de sus límites legales o sin seguir el debido proceso.

Constituye un delito contra la integridad moral y la libertad personal y, en muchos sistemas legales, también se considera un delito contra la libertad individual.

Las conductas que pueden ser consideradas detención ilegal incluyen:

a) Secuestro: Retener a una persona en contra de su voluntad, lo que puede incluir llevarla a otro lugar o encerrarla.

b) Retención Forzosa: Impedir que una persona salga de un lugar, cerrando la salida o vigilándola de manera que no pueda marcharse libremente.

c) Abuso de Autoridad: Detener, un oficial de policía o cualquier funcionario gubernamental a una persona sin las pruebas suficientes o sin seguir el protocolo legal establecido.

d) Privación de Libertad sin Proceso Legal: Mantener a una persona retenida sin informarle de sus derechos, sin permitirle contactar a un abogado o sin llevarla ante un juez en un tiempo razonable, según lo establecido por la ley.

e) Falsas Imputaciones: Realizar acusaciones falsas o engañosas que resulten en la detención injustificada de una persona.

f) Encierro por Particulares: Privar de libertad, a un individuo o grupo de personas a otra sin tener la autoridad legal para hacerlo.

Para que se considere un acto de detención ilegal, generalmente debe haber:

a) Un acto de restricción de la libertad de la persona ya sea físico o mediante intimidación.

b) Ausencia de consentimiento de la persona retenida.

c) Falta de base legal o abuso de la autoridad otorgada legalmente para detener personas.

Las consecuencias legales de la detención ilegal pueden ser graves, y dependiendo de la jurisdicción, los responsables pueden enfrentar cargos criminales que conllevan penas que incluyen multas sustanciales y tiempo de prisión.

En algunos casos, la víctima de una detención ilegal también puede tener derecho a emprender acciones legales civiles para obtener compensación por los daños sufridos.

La detención ilegal atenta contra el Estado de derecho y es una violación de los derechos humanos fundamentales reconocidos internacionalmente.

DISCRIMINACIÓN

La discriminación como delito contra la integridad moral se refiere al trato desigual o perjudicial dirigido hacia una persona o grupo en base a ciertas características protegidas, como raza, género, edad, discapacidad, orientación sexual, identidad de género, origen étnico, religión u otras.

Este trato desigual puede afectar negativamente la dignidad de la persona, su bienestar y sus derechos fundamentales.

Las conductas que pueden considerarse discriminación y que atentan contra la integridad moral pueden incluir:

a) Negación de oportunidades: Impedir que alguien acceda a empleo, educación, promociones laborales, recursos sociales o políticos debido a prejuicios asociados a sus características personales.

b) Trato desfavorable: Brindar un trato peor a una persona en servicios, atención médica, justicia o cualquier otro ámbito de la vida social o económica por razones discriminatorias.

c) Acoso y hostigamiento: Realizar comentarios despectivos, burlas, amenazas o actos de violencia física o psicológica motivados por prejuicios contra características protegidas.

d) Discurso de odio: Promover el odio o la violencia contra grupos basados en prejuicios raciales, étnicos, de género o de otro tipo.

e) Políticas excluyentes: Establecer normas, prácticas o procedimientos que, aunque aparentan neutralidad, resultan en desventajas para ciertos grupos.

f) Segregación: Separar física o socialmente a grupos de personas en base a características discriminatorias.

g) Perfil racial o étnico: Tomar decisiones o actuar contra individuos basándose principalmente en su raza, etnia o nacionalidad.

h) Estereotipos: Aplicar suposiciones generalizadas que limitan las oportunidades de las personas o justifican su maltrato.

La discriminación es reconocida por el derecho internacional como una violación de los derechos humanos y está prohibida por numerosos tratados internacionales. Los Estados tienen la obligación de prevenir, prohibir y sancionar la discriminación en todas sus formas.

En el ámbito nacional, muchos países tienen leyes específicas diseñadas para combatir la discriminación y promover la igualdad.

Estas leyes pueden permitir que las víctimas de discriminación busquen reparaciones a través del sistema de justicia, incluyendo compensaciones y la implementación de medidas para prevenir futuras violaciones.

Además, la discriminación puede ser penalizada como un componente de otros delitos, como el acoso laboral, el acoso escolar o el delito de odio.

HOSTIGAMIENTO

El hostigamiento, en el contexto de los delitos contra la integridad moral, se refiere a una variedad de comportamientos no deseados y ofensivos que tienen como objetivo intimidar, controlar o castigar a una persona.

Estos comportamientos suelen ser repetitivos y sistemáticos y pueden causar un daño psicológico significativo a la víctima.

Las conductas asociadas con el hostigamiento pueden incluir:

a) Acoso físico: Como empujones, invasión del espacio personal o daños a la propiedad de alguien.

b) Acoso verbal: Insultos, comentarios despectivos, burlas, o amenazas verbales constantes.

c) Acoso psicológico: Incluye intimidación, manipulación, chantaje emocional o tácticas de desprestigio y humillación.

d) Acoso sexual: Comentarios sexuales no deseados, insinuaciones, tocamientos inapropiados o presión para actividades sexuales.

e) Acoso cibernético o ciberacoso: Uso de plataformas digitales y redes sociales para acosar a alguien mediante mensajes amenazantes, difamación o divulgación de información personal sin consentimiento.

f) Vigilancia o acecho: Seguir a alguien, aparecer sin ser invitado en su hogar o trabajo, o monitorear sus actividades de manera obsesiva.

g) Hostigamiento laboral (mobbing): Crear un entorno de trabajo hostil a través de la intimidación, sobrecarga de trabajo, críticas constantes o exclusión social.

h) Humillación pública: Avergonzar o hacer sentir inferior a alguien delante de otros.

i) Exclusión deliberada: Aislar a la persona de actividades o interacciones sociales o profesionales.

j) Manipulación de la información: Propagar rumores o mentiras que puedan dañar la reputación de la persona.

El hostigamiento es un acto coercitivo y opresivo que puede ser castigado por la ley dependiendo de la jurisdicción.

Puede tener lugar en diferentes contextos, como en el lugar de trabajo, la escuela, el hogar o en línea.

Las legislaciones nacionales varían en cuanto a cómo se define y se sanciona el hostigamiento, pero muchos países han establecido leyes específicas para combatir y penalizar estas conductas, reconociendo su impacto dañino en la salud mental y física de las personas.

En el ámbito legal, para que una conducta sea considerada hostigamiento, debe haber una demostración de que los actos fueron intencionados y que hubo un patrón de comportamiento repetitivo que afectó negativamente la dignidad o la integridad psicológica de la víctima.

Esto puede incluir evidencia de un ambiente hostil, actitudes coercitivas o abusivas, y un patrón sostenido de tales conductas.

DIFAMACIÓN

La difamación es un delito que se produce cuando se hace una declaración falsa sobre una persona, con la intención de dañar su reputación. Es una forma de expresión que atenta contra el honor, la fama o la propia estimación de un individuo.

Dependiendo de las leyes de cada país, la difamación puede ser considerada un delito civil (con consecuencias como indemnizaciones económicas) o un delito penal (con sanciones que pueden incluir multas o cárcel).

La difamación generalmente se manifiesta a través de:

a) Declaraciones verbales o escritas: Difundir información falsa y dañina sobre alguien públicamente. En el caso de que sea verbal se le suele denominar calumnia, y cuando es escrita o publicada a través de medios como la prensa, se denomina libelo.

b) Publicaciones: Incluir declaraciones difamatorias en libros, artículos de revistas, periódicos, o en línea, en blogs o redes sociales.

c) Comentarios en los medios: Hacer acusaciones falsas en televisión, radio o en cualquier otro medio de comunicación.

d) Difusión de rumores: Esparcir rumores que dañen la reputación de una persona en su comunidad o lugar de trabajo.

e) Fotos o imágenes: Publicar fotos o imágenes que sean editadas o presentadas fuera de contexto para desacreditar a alguien.

f) Insinuaciones: Sugerir falsamente a través de declaraciones ambiguas o indirectas que alguien ha realizado actos inmorales o ilegales.

g) Declaraciones engañosas: Afirmar falsedades que se presentan como hechos verificables, cuando en realidad son inventadas.

En muchos sistemas legales, la difamación se divide en dos categorías:

a) Libelo: Que implica declaraciones difamatorias realizadas en un medio fijo, como escrito o publicado en forma impresa o digital.

b) Calumnia: Que involucra declaraciones difamatorias hechas de forma transitoria, típicamente en forma oral.

Para que una declaración sea considerada difamatoria, generalmente debe cumplir con ciertos criterios:

a) Ser falsa.

b) Ser presentada como un hecho, no como una opinión.

c) Ser comunicada a terceros.

d) Causar daño o ser probable que cause daño a la reputación de la persona.

Las consecuencias de la difamación para el demandado pueden ser graves si se demuestra que las declaraciones eran falsas, hechas con malicia y causaron daño a la reputación de la persona.

Sin embargo, en muchos sistemas jurídicos, también existen defensas legítimas contra las acusaciones de difamación, como la verdad de la declaración (en algunos lugares, si lo dicho es verdadero, no se considera difamación), la opinión (si se presentan claramente como opiniones, no como hechos), o el privilegio (ciertas declaraciones hechas en contextos específicos, como en el parlamento o en los tribunales, están protegidas).

Las víctimas de difamación pueden buscar remedios legales a través de demandas civiles para recuperar daños y perjuicios o, en ciertos lugares donde la difamación es un delito penal, pueden instar a las autoridades a tomar medidas contra el difamador.

TORTURA

La tortura, en el contexto de delitos contra la integridad moral, se define como el acto de infligir dolor o sufrimiento grave, ya sea físico o psicológico, a una persona con el fin de obtener información, una confesión, castigarla por un acto que haya cometido o se sospeche que ha cometido, o intimidar o coaccionar a esa persona o a otras.

La tortura es una violación grave de los derechos humanos y está prohibida bajo el derecho internacional y las legislaciones nacionales de la mayoría de los países.

Las conductas que se asocian con la tortura pueden incluir:

a) Violencia física: Golpes, quemaduras, descargas eléctricas, asfixia, torturas sexuales, privación de sueño o alimentación, y cualquier otra forma de maltrato físico que cause dolor intenso.

b) Abuso psicológico: Humillaciones, amenazas graves contra la víctima o sus seres queridos, aislamiento prolongado, manipulación mental y cualquier otro trato que cause sufrimiento psicológico severo.

c) Privación o sobrecarga sensoriales: Técnicas que desorientan a la víctima, como mantenerla en la oscuridad o expuesta a luces intensas, sonidos fuertes o silencio absoluto durante periodos extensos.

d) Simulacros de ejecución: Hacer creer a la persona que será asesinada o que se está ejecutando a alguien cercano.

e) Uso de fármacos: Administración de drogas para desorientar, confundir o causar dolor.

f) Prácticas degradantes: Forzar a la persona a realizar o sufrir actos que atentan contra su dignidad, como desnudez forzada o simulacros de actos sexuales.

La tortura es considerada un crimen de lesa humanidad cuando es cometida como parte de un ataque generalizado o sistemático contra una población civil. Además, es un crimen de guerra si se lleva a cabo en el contexto de un conflicto armado.

En el ámbito de la legislación nacional, las sanciones contra la tortura pueden ser muy severas, incluyendo largas penas de prisión para los responsables.

Los tratados internacionales como la Convención de las Naciones Unidas contra la Tortura y Otros Tratos o Penas Crueles, Inhumanos o Degradantes obligan a los Estados parte a prevenir y sancionar la tortura y a proporcionar reparación a las víctimas.

Además, debido a la gravedad de este delito, existe el principio de jurisdicción universal que permite que los torturadores puedan ser juzgados en cualquier país, independientemente de dónde se cometió el acto de tortura.

TORTURA FÍSICA

La tortura física en el contexto de los delitos contra la integridad moral es un acto por el cual se inflige dolor o sufrimiento físico intencionadamente a una persona. Se trata de una grave violación de los derechos humanos y es un delito según el derecho internacional y las legislaciones nacionales de muchos países.

Este tipo de tortura puede ser usada por individuos, grupos o agentes del Estado con diversos fines, como castigar, obtener información o confesiones, o simplemente por la discriminación o la crueldad.

La tortura física es inconfundiblemente un ataque directo a la integridad física y moral de un individuo.

Algunas de las conductas que comprende la tortura física pueden incluir:

a) Golpizas: El uso de la fuerza física, como puñetazos, patadas, o el uso de objetos para golpear a la víctima.

b) Electrochoques: Aplicar corriente eléctrica en diferentes partes del cuerpo para causar dolor y daño muscular o nervioso.

c) Quemaduras: Uso de cigarrillos, fuego, ácidos u otros agentes químicos que pueden causar quemaduras graves.

d) Asfixia: Técnicas que impiden la respiración, como la sumersión en agua o la obstrucción de las vías respiratorias.

e) Privación de necesidades básicas: Negar alimentos, agua, sueño o acceso a sanitarios, lo que causa sufrimiento y puede tener efectos graves en la salud.

f) Posiciones forzadas: Obligar a la víctima a permanecer en posiciones dolorosas o incómodas durante períodos prolongados.

g) Tortura sexual: Incluye violación, agresión sexual o mutilación de órganos sexuales.

h) Extremos de temperatura: Exposición a temperaturas muy altas o bajas que pueden causar daños físicos y sufrimiento extremo.

i) Uso de drogas o sustancias químicas: Administrar sustancias que causen dolor, desorientación o que alteren la consciencia y la percepción.

j) Mutilaciones: Causar daños o alteraciones permanentes en el cuerpo de la víctima, como amputaciones o cortes.

k) Negligencia médica forzada: Negar atención médica necesaria o forzar procedimientos médicos innecesarios o dolorosos.

La tortura física, además de las secuelas físicas inmediatas, a menudo conlleva profundas consecuencias psicológicas, pudiendo causar un trauma a largo plazo y otros efectos en la salud mental.

Legalmente, la tortura está prohibida en prácticamente todas sus formas por el derecho internacional.

Documentos como la Convención de las Naciones Unidas contra la Tortura y Otros Tratos o Penas Crueles, Inhumanos o Degradantes establecen la obligación de los Estados de prevenir y sancionar actos de tortura.

Además, los individuos que cometan actos de tortura pueden ser sujetos a jurisdicción universal, lo que significa que pueden ser juzgados en casi cualquier país, independientemente de dónde se cometió el delito.

TORTURA PSICOLÓGICA

La tortura psicológica en los delitos contra la integridad moral es una forma severa de maltrato que tiene como objetivo infligir dolor o sufrimiento mental en una persona.

A diferencia de la tortura física, que inflige dolor a través de daño o violencia sobre el cuerpo, la tortura psicológica se concentra en dañar la mente y el estado emocional de la víctima.

Las conductas que pueden ser consideradas como tortura psicológica incluyen, pero no se limitan a, las siguientes:

a) Amenazas graves y continuas: Esto puede incluir amenazas de violencia, muerte o amenazas dirigidas hacia seres queridos de la víctima.

b) Humillación sistemática: Insultos y humillaciones constantes destinadas a menospreciar a la persona y erosionar su autoestima y sentido de identidad.

c) Manipulación mental: Técnicas de lavado de cerebro, gaslighting (hacer dudar a la persona de su memoria, percepción o cordura), y otras formas de manipulación psicológica que desorientan y desestabilizan emocional y mentalmente a la víctima.

d) Aislamiento: Mantener a la persona apartada de cualquier contacto humano, lo que puede provocar una desorientación severa, soledad y desesperación.

e) Inducción de miedo: Crear un estado de miedo constante a través de la incertidumbre, la inestabilidad o la imprevisibilidad de la situación de la víctima.

f) Privación sensorial: Restringir el acceso de la víctima a estímulos sensoriales como luz, sonido o contacto humano, lo que puede llevar a efectos psicológicos devastadores.

g) Sobrecarga sensorial: Exponer a la víctima a una sobrecarga de estímulos para desorientarla y causarle un estrés extremo.

h) Privación del sueño: Negar sistemáticamente a la víctima la posibilidad de dormir, lo que puede tener consecuencias psicológicas graves a corto y largo plazo.

i) Extorsión psicológica: Forzar a la víctima a cooperar a través de amenazas o coacciones que provocan un estado mental de miedo o angustia.

j) Juegos mentales: Conductas diseñadas para confundir y desestabilizar mentalmente a la víctima, haciendo que dude de sí misma y de su capacidad para percibir la realidad correctamente.

La tortura psicológica puede tener consecuencias duraderas y profundamente dañinas para la salud mental de la víctima, incluyendo trastornos de estrés postraumático, ansiedad, depresión, y otros problemas de salud mental.

Legalmente, los actos de tortura psicológica son delitos graves en muchos sistemas jurídicos alrededor del mundo y están prohibidos por tratados internacionales como la Convención contra la Tortura y Otros Tratos o Penas Crueles, Inhumanos o Degradantes de las Naciones Unidas.

Los estados que suscriben a estos tratados tienen la obligación de prevenir y sancionar estos actos, así como de proporcionar reparación a las víctimas.

MARGINACIÓN

La marginación, en el contexto de los delitos contra la integridad moral, implica relegar o excluir a una persona o grupo de personas de la participación en las dinámicas sociales normales, económicas, culturales y políticas de la sociedad.

Esto se hace de forma sistemática y sostenida, y puede resultar en un daño psicológico significativo para las personas afectadas, afectando su autoestima y su derecho a ser tratados con respeto y dignidad.

Las conductas que implican marginación y que pueden ser consideradas delitos contra la integridad moral incluyen:

a) Exclusión social: Impedir intencionadamente que una persona participe en actividades comunitarias o sociales, ya sea en el lugar de trabajo, en instituciones educativas, dentro de comunidades online o en cualquier otro entorno social.

b) Discriminación: Tratar de manera diferente y desfavorable a una persona por razones de raza, género, edad, orientación sexual, discapacidad, religión, etc., lo que lleva a una denegación de oportunidades y recursos.

c) Segregación: Separar a una persona o grupo de personas del resto, ya sea en el contexto educativo, laboral o en servicios públicos y privados.

d) Aislamiento intencionado: Ignorar activamente o aislar a una persona en el lugar de trabajo o en cualquier grupo social, lo que puede conducir a la víctima a sentirse sin apoyo y sola.

e) Barreras al desarrollo profesional o educativo: Poner obstáculos para el crecimiento personal, como la negación de oportunidades de capacitación, promociones o el acceso a educación.

f) Abuso verbal o material: Hacer comentarios despectivos o utilizar estereotipos para menospreciar a una persona por su estatus socioeconómico o cualquier otra característica que la diferencie.
g) Negación de derechos o servicios: Impedir que alguien acceda a servicios básicos o ejerza sus derechos debido a su estatus, identidad o creencias.

El reconocimiento legal de la marginación como un delito puede variar de un país a otro.

En algunas jurisdicciones, puede haber leyes específicas que sancionen ciertas formas de marginación, especialmente cuando están motivadas por prejuicios o discriminación.

En otros casos, puede ser más difícil probar la marginación como un delito específico, aunque pueda estar cubierta bajo leyes generales de protección de los derechos civiles o humanos.

Las respuestas legales y sociales a la marginación buscan prevenir la exclusión y promover la integración y participación de todas las personas en la sociedad, asegurando que todos tengan acceso igualitario a las oportunidades y recursos disponibles.

PUBLICACIÓN DE MATERIAL HUMILLANTE

La publicación de material humillante como delito contra la integridad moral se refiere a la acción de difundir imágenes, videos, textos o cualquier otro contenido que ridiculice, deshonre o de cualquier otra manera cause una ofensa grave a la dignidad de una persona. Estos actos pueden ser realizados en medios impresos, en internet, redes sociales, mensajería, o a través de cualquier otro medio de comunicación o difusión.

Las conductas asociadas a la publicación de material humillante pueden incluir:

a) Ciberbullying: Utilizar las tecnologías de la información para humillar a alguien, a menudo incluyendo la publicación de fotos o videos comprometedores, sin el consentimiento de la persona afectada.
b) Sexting no consensuado: Compartir material privado o íntimo de una persona sin su consentimiento, lo que puede incluir imágenes o videos de naturaleza sexual.
c) Doxing: Publicar información personal privada sobre alguien en internet sin su permiso, con la intención de exponer a la persona al escarnio público o a la vergüenza.
d) Difamación: Esparcir falsedades sobre alguien para dañar su reputación.

e) Creación y difusión de memes humillantes: Usar imágenes o información personal de alguien para crear contenido que se burla o ridiculiza a la persona.

f) Manipulación digital de imágenes o videos: Alterar material multimedia para poner a la persona en situaciones comprometedoras o embarazosas.

Esta clase de comportamiento no solo puede tener efectos psicológicos severos en la víctima, incluyendo angustia emocional, ansiedad y depresión, sino que también puede tener implicaciones en su vida social y profesional.

Las víctimas pueden sufrir aislamiento, daño a su reputación y oportunidades perdidas como resultado de la humillación pública.

En muchos lugares, la publicación de material humillante puede constituir un delito y ser penalizado bajo diversas leyes, como las que protegen la privacidad, la imagen, el honor y la propia imagen de las personas.

En algunos casos, puede ser necesario demostrar la intención de causar daño o la negligencia al no obtener el consentimiento para la publicación del material.

Además, las leyes en torno a la "pornografía de venganza" o la difusión no consensuada de imágenes íntimas se están fortaleciendo en varios países para abordar específicamente la gravedad de estas acciones y sus efectos perjudiciales en las víctimas.

Las consecuencias legales pueden incluir sanciones penales, multas y la obligación de indemnizar a la víctima por daños morales y materiales.

REVELACIÓN DE SECRETOS

La revelación de secretos en el contexto de delitos contra la integridad moral se refiere a la divulgación no autorizada de información confidencial que se ha confiado a una persona en un entorno de confianza.

Esto puede implicar violar la privacidad de una persona, así como sus derechos a mantener cierta información fuera del dominio público.

La revelación de secretos puede dañar la reputación, la vida personal y profesional de alguien, y causar un perjuicio significativo.

Conductas que pueden considerarse revelación de secretos incluyen:

a) Divulgación de Información Personal: Revelar información sensible como detalles financieros, relaciones personales, historial médico, o información personal protegida por la ley.

b) Fuga de Información Profesional: Compartir información confidencial relacionada con el negocio o asuntos profesionales, incluidos secretos comerciales o detalles internos de la empresa.

c) Publicación de Comunicaciones Privadas: Difundir correspondencia, llamadas telefónicas, mensajes de correo electrónico o de redes sociales que se esperaba que fueran privados.

d) Violación de Acuerdos de Confidencialidad: Ignorar los términos de los acuerdos de no divulgación al compartir información protegida.

e) Uso de Información para Propósitos Ilegales: Utilizar información confidencial para manipular mercados, cometer fraude, o para chantaje.

f) Espionaje: La obtención y divulgación de secretos de estado o información clasificada sin autorización.

g) Publicación en medios: Publicar en medios de comunicación o redes sociales información confidencial de individuos o entidades.

h) Hackeo: Acceder y divulgar información a través de medios ilegales, como el hackeo de sistemas informáticos para obtener datos confidenciales.

Para que una acción sea considerada un delito de revelación de secretos, generalmente se requiere que:

a) La información sea de carácter privado y confidencial.

b) La persona que revela la información tenga una obligación de mantener la confidencialidad.

c) La revelación se haga sin consentimiento de la persona afectada.

d) La revelación cause daño o se haga con la intención de causar daño.

La relevancia de la revelación de secretos en cuanto a los delitos contra la integridad moral radica en que el respeto a la vida privada es un aspecto crucial de la dignidad personal y profesional de los individuos.

La ley protege este aspecto de la integridad moral al sancionar a quienes violan la confianza y la privacidad de otros.

Las consecuencias legales de la revelación de secretos pueden variar, pero pueden incluir sanciones penales como multas y prisión, así como responsabilidad civil por los daños causados a la víctima.

En el ámbito laboral, esto también puede llevar a la terminación del empleo o a sanciones disciplinarias.

TRÁFICO DE PERSONAS

El tráfico de personas, también conocido como trata de personas, es un delito grave y una violación de los derechos humanos.

Significa la captación, el transporte, el traslado, la acogida o la recepción de personas, recurriendo a la amenaza o al uso de la fuerza u otras formas de coacción, al secuestro, al fraude, al engaño, al abuso de poder o de una situación de vulnerabilidad, o a la concesión o recepción de pagos o beneficios para obtener el consentimiento de una persona que tenga autoridad sobre otra, con fines de explotación. La explotación puede incluir, entre otros, la explotación sexual, los trabajos o servicios forzados, la esclavitud o prácticas similares a la esclavitud, la servidumbre o la extracción de órganos.

El tráfico de personas comporta varias conductas delictivas y abusivas, como:

a) Reclutamiento de víctimas: A menudo mediante engaños, promesas de trabajo o una vida mejor, o a través de coacción o violencia.

b) Transporte y traslado: Trasladar a las víctimas de un lugar a otro, que puede ser dentro del mismo país o entre diferentes países, con fines de explotación.

c) Alojamiento o acogida bajo control: Mantener a las víctimas en lugares donde su libertad está restringida, a menudo en condiciones inhumanas.

d) Explotación laboral: Forzar a las víctimas a trabajar sin pago justo o bajo condiciones de trabajo abusivas.

e) Explotación sexual: Obligar a las víctimas a participar en actividades sexuales contra su voluntad.

f) Servidumbre por deudas: Crear una situación en la que la víctima se ve obligada a trabajar para pagar una deuda, frecuentemente incrementada de manera fraudulenta y que nunca podrá saldar.

g) Venta de niños y matrimonios forzados: Comercialización de menores y coacción para contraer matrimonio sin el consentimiento libre y pleno de las personas.

h) Extracción de órganos: El tráfico para extracción de órganos implica la remoción de partes del cuerpo contra la voluntad de la víctima para su venta o trasplante.

i) Coerción: Uso de violencia, amenazas o formas más sutiles de coerción para controlar a las víctimas.

j) Fraude: Engañar a las víctimas sobre las condiciones de trabajo, el tipo de trabajo, la compensación o las condiciones de vida.

k) Abuso de poder o de una situación de vulnerabilidad: Aprovecharse de las circunstancias de una persona para obligarla a someterse a la explotación.

l) Falsificación de documentos: Crear, robar o modificar documentos legales para facilitar la trata de personas.

m) Privación de libertad: Retener a la persona contra su voluntad, a menudo encerrándola o restringiendo su movimiento.

Las víctimas de trata a menudo son atraídas con falsas promesas y descubren demasiado tarde la realidad de la situación en la que se encuentran.

Son mantenidas bajo control mediante la amenaza de violencia contra ellas o sus familias, la confiscación de documentos de identidad, la coacción psicológica y otras formas de intimidación.

La trata de personas es reconocida internacionalmente como un delito y es combatida por leyes nacionales e internacionales, incluyendo el Protocolo para Prevenir, Reprimir y Sancionar la Trata de Personas, especialmente Mujeres y Niños, que complementa la Convención de las Naciones Unidas contra la Delincuencia Organizada Transnacional.

Los perpetradores de la trata de personas enfrentan penas severas, que pueden incluir largas sentencias de prisión.

Además, muchas jurisdicciones permiten que las víctimas de la trata busquen compensación y reciban apoyo para su recuperación y reintegración a la sociedad.

TRATO DEGRADANTE

El trato degradante en los delitos contra la integridad moral se refiere a acciones que causan un grave ataque a la dignidad de una persona, tratándola de una manera que induce a sentimientos de miedo, inferioridad y desvalorización, y que tiene como objetivo humillar a la víctima o disminuir su reputación.

Este concepto está vinculado al derecho a la integridad moral, que forma parte de los derechos humanos fundamentales y que está protegido por diversas legislaciones nacionales e internacionales, incluida la Convención Europea de Derechos Humanos y la jurisprudencia del Tribunal Europeo de Derechos Humanos.

Las conductas que pueden considerarse como trato degradante son diversas y pueden variar según el contexto cultural y legal, pero en general incluyen:

a) Abuso físico: Golpes, tortura o cualquier forma de castigo corporal que no llegue a constituir tortura en términos jurídicos pero que todavía sea grave.

b) Abuso psicológico o emocional: Insultos, amenazas, manipulación y cualquier otra forma de trato que afecte la estabilidad emocional y psicológica.

c) Humillaciones: Acciones que hacen que una persona se sienta ridiculizada o menospreciada en frente de otros.

d) Aislamiento: Separar a la persona de su entorno habitual o negarle el contacto con otros, afectando su bienestar psicológico.

e) Condiciones de detención inadecuadas: En el contexto de la privación de libertad, se pueden dar situaciones de trato degradante si las condiciones son especialmente duras o infrahumanas.

f) Negligencia grave: No atender las necesidades básicas de la persona, como alimentación, higiene o atención médica.

g) Trabajo forzado: Obligar a alguien a realizar trabajos que son considerados degradantes o que se llevan a cabo en condiciones degradantes.

h) Tratos discriminatorios: Discriminación sistemática y hostigamiento basado en raza, género, orientación sexual u otra característica puede ser degradante.

i) Uso excesivo de la fuerza: La utilización de fuerza más allá de lo necesario en el contexto de la detención o restricción de individuos puede ser considerado trato degradante.

j) Privación de derechos humanos: Negar sistemáticamente derechos fundamentales también puede ser una forma de trato degradante.

La calificación de un acto como trato degradante depende de la gravedad del mismo y del impacto que tenga en la víctima.

El contexto también es relevante; lo que podría ser considerado aceptable en una situación podría ser degradante en otra.

En el ámbito legal, para que una conducta sea considerada como trato degradante y, por lo tanto, como delito contra la integridad moral, debe ser suficientemente grave como para ser sancionada por la ley.

Las consecuencias legales de tales actos varían según la legislación de cada país, pero pueden incluir penas de prisión y multas, así como la obligación de indemnizar a la víctima por daños morales y psicológicos.

DAÑOS INFORMÁTICOS

INTRODUCCIÓN

Los delitos relativos a los daños informáticos, también conocidos como ciberdelitos informáticos, son acciones ilegales que involucran el uso indebido de tecnologías de la información y comunicación (TIC) para causar perjuicio a sistemas informáticos, datos electrónicos, redes de computadoras o incluso a personas.

Estos delitos son una preocupación creciente en la sociedad moderna, ya que la tecnología desempeña un papel crucial en la vida cotidiana y en el funcionamiento de las empresas y gobiernos.

Seguidamente, se desarrolla extensamente qué significa y qué conductas conllevan los delitos relativos a los daños informáticos:

a) Acceso no autorizado: Este es uno de los delitos informáticos más comunes y ocurre cuando alguien accede a sistemas informáticos o redes sin permiso. Esto puede involucrar el uso de contraseñas robadas, ingeniería social o vulnerabilidades de seguridad para obtener acceso a información confidencial.

b) Daño a sistemas informáticos: Los delincuentes informáticos pueden causar daño físico o lógico a sistemas informáticos, lo que puede resultar en la pérdida de datos, la interrupción de servicios críticos o incluso el bloqueo completo de sistemas. Esto puede llevar a pérdidas financieras significativas.

c) Modificación no autorizada de datos: Algunos ciberdelincuentes alteran o manipulan datos electrónicos, ya sea para robar información confidencial, difamar a personas o empresas, o causar caos en sistemas.

d) Distribución de malware: El malware (software malicioso) se utiliza para infectar sistemas informáticos con el propósito de robar información, controlar sistemas o propagar más malware. Ejemplos de malware incluyen virus, troyanos, ransomware y spyware.

e) Destrucción de hardware: En algunos casos, los delincuentes pueden llevar a cabo ataques físicos o cibernéticos que dañan equipos informáticos o dispositivos electrónicos, lo que puede resultar en la pérdida de hardware costoso y datos almacenados.

f) Denegación de servicio (DDoS): Los ataques DDoS buscan inundar un sistema o red con tráfico falso o tráfico excesivo para sobrecargarlo y hacer que sea inaccesible para los usuarios legítimos.

g) Robo de identidad: Los ciberdelincuentes pueden robar información personal o financiera para suplantar la identidad de una persona y cometer fraudes en su nombre.

h) Violación de derechos de autor: La piratería informática implica la distribución ilegal de software, música, películas u otros contenidos con derechos de autor, lo que resulta en pérdidas significativas para la industria creativa.

i) Espionaje cibernético: Algunos delincuentes informáticos trabajan en nombre de gobiernos o entidades privadas para espiar a otras organizaciones o países, robar secretos comerciales o información confidencial.

j) Extorsión y ransomware: Los delincuentes pueden cifrar datos o bloquear sistemas y luego exigir un rescate para restaurar el acceso. El ransomware es un ejemplo notable de este tipo de delito.

Los delitos informáticos pueden tener graves consecuencias legales y financieras para los perpetradores, así como para las víctimas.

Muchos países tienen leyes y regulaciones específicas para abordar estos delitos y castigar a quienes los cometen.

Además, la ciberseguridad se ha convertido en una preocupación crítica para individuos, empresas y gobiernos, y se han implementado medidas de prevención y protección para mitigar los riesgos asociados con los daños informáticos.

ACCESO NO AUTORIZADO

El acceso no autorizado en el contexto de los delitos de daños informáticos se refiere a la acción de acceder a un sistema informático o red sin permiso o autorización del propietario o administrador del sistema.

Esta actividad se considera ilegal y puede estar sujeta a sanciones legales en muchas jurisdicciones.

Las conductas que suelen comportar el acceso no autorizado en los delitos de daños informáticos pueden incluir:

a) Violación de contraseñas: Intentar adivinar o robar contraseñas para acceder a cuentas, sistemas o redes protegidas.

b) Fuerza bruta: Utilizar programas o scripts para probar múltiples combinaciones de contraseñas hasta encontrar la correcta y obtener acceso.

c) Ingeniería social: Engañar o manipular a individuos para que revelen sus credenciales de acceso o información confidencial.

d) Uso indebido de credenciales robadas: Utilizar credenciales robadas o filtradas para acceder a sistemas o cuentas sin autorización.

e) Exploración y escaneo de puertos: Escanear una red o sistema en busca de vulnerabilidades o puertas traseras que permitan el acceso no autorizado.

f) Intrusión en sistemas: Acceder a sistemas o redes informáticas sin permiso y realizar cambios no autorizados, robo de datos, destrucción de información o interrupción de servicios.

g) Ataques de phishing: Enviar correos electrónicos o mensajes fraudulentos para engañar a las personas y hacer que divulguen información confidencial o hagan clic en enlaces maliciosos.

h) Malware: Distribuir y ejecutar software malicioso (como virus, troyanos o ransomware) en sistemas o redes con el fin de dañarlos, robar datos o tomar el control de ellos.

i) Suplantación de identidad: Hacerse pasar por otra persona o entidad para obtener acceso no autorizado a sistemas o cuentas.

j) Acceso no autorizado a bases de datos: Entrar ilegalmente en bases de datos o servidores de datos para robar o manipular información.

En muchos países, estas acciones se consideran delitos informáticos y pueden tener graves consecuencias legales, incluyendo multas y penas de prisión.

Las leyes varían de un lugar a otro, pero en general, se busca proteger la integridad, confidencialidad y disponibilidad de la información en sistemas informáticos y redes, así como prevenir el uso indebido de la tecnología en actividades ilegales.

Por lo tanto, es importante respetar las leyes de ciberseguridad y obtener siempre la autorización adecuada antes de acceder a sistemas o redes que no le pertenecen.

CIBERACOSO

El ciberacoso, en el contexto de los delitos de daños informáticos, se refiere a la acción de hostigar, acosar, intimidar o difamar a una persona o grupo de personas utilizando medios electrónicos, como internet, redes sociales, correo electrónico o mensajes de texto.

Estas conductas se consideran ilegales en muchas jurisdicciones y pueden tener graves consecuencias legales.

Algunos aspectos relacionados con el ciberacoso en delitos de daños informáticos incluyen:

a) Acoso en línea: El ciberacoso implica el hostigamiento constante o repetido a través de medios digitales. Esto puede incluir insultos, amenazas, difamación, publicación de contenido difamatorio o calumnioso, o la creación de perfiles falsos para acosar a la víctima.

b) Amenazas en línea: Los ciberacosadores pueden amenazar a sus víctimas con daño físico, emocional o reputacional a través de plataformas en línea. Estas amenazas pueden ser graves y causar miedo e intimidación en la víctima.

c) Publicación no autorizada de información personal: Los ciberacosadores pueden divulgar información personal sensible de la víctima, como su dirección, número de teléfono, fotografías privadas o información financiera, sin su consentimiento.

d) Suplantación de identidad en línea: Los acosadores pueden utilizar perfiles falsos o suplantar la identidad de la víctima en línea para realizar acciones perjudiciales en su nombre o difamar su reputación.

e) Ciberacoso en redes sociales: Las redes sociales son a menudo un medio común para llevar a cabo el ciberacoso. Esto puede incluir insultos públicos, amenazas, difamación o la creación de contenido humillante o dañino dirigido a la víctima.

f) Sexting no consensuado: El envío no consensuado de imágenes íntimas o explícitas de una persona a través de medios digitales, sin su permiso, también se considera una forma de ciberacoso.

g) Violencia cibernética de género: El ciberacoso de género involucra amenazas, abuso o acoso basado en género o identidad de género a través de medios electrónicos, y puede tener como objetivo específico a mujeres u otras personas por su género.

El ciberacoso puede tener graves repercusiones emocionales y psicológicas para las víctimas y, en algunos casos, puede conducir a consecuencias físicas o incluso al suicidio. Como resultado, muchos países han implementado leyes para combatir el ciberacoso y proteger a las víctimas.

Las consecuencias legales por ciberacoso pueden variar según la jurisdicción, pero pueden incluir órdenes de restricción, multas, cargos criminales y tiempo de prisión para los acosadores. Además, las víctimas de ciberacoso pueden buscar daños y perjuicios en acciones civiles contra los acosadores.

Para protegerse contra el ciberacoso y prevenir su ocurrencia, es importante tomar medidas como configurar medidas de privacidad en línea, bloquear a los acosadores, denunciar el acoso a las autoridades pertinentes y buscar apoyo emocional o asesoramiento legal cuando sea necesario.

La educación sobre la seguridad en línea y el fomento de un comportamiento en línea respetuoso también son fundamentales para abordar el problema del ciberacoso.

DAÑO A DATOS

El daño a datos en el contexto de los delitos de daños informáticos se refiere a la acción de destruir, modificar, corromper o dañar de manera intencionada información digital, archivos, bases de datos u otros tipos de datos almacenados en sistemas informáticos o dispositivos electrónicos sin la debida autorización.

Esta conducta se considera ilegal y puede tener graves consecuencias legales. Algunos aspectos relacionados con el daño a datos en delitos de daños informáticos incluyen:

a) Destrucción de datos: Los delincuentes informáticos pueden eliminar o borrar datos de manera permanente, lo que resulta en la pérdida de información crítica o valiosa.

b) Modificación no autorizada: El daño a datos también puede implicar la alteración de información, cambios en documentos, registros o configuraciones de sistemas sin el permiso del propietario o administrador legítimo.

c) Corrupción de datos: Los delincuentes pueden introducir errores o manipular datos de manera que la información ya no sea confiable o utilizable.

d) Infección de malware: La introducción de malware en sistemas informáticos puede resultar en daño a datos al cifrarlos, bloquear su acceso o robarlos.

e) Pérdida de datos: La pérdida de datos puede ser el resultado de daños en el hardware o sistemas de almacenamiento, como discos duros fallidos o sistemas dañados por ataques.

f) Impacto en la integridad y la disponibilidad: El daño a datos puede afectar la integridad y la disponibilidad de la información, lo que puede tener un impacto significativo en la operación y la continuidad de una organización.

g) Pérdida económica y pérdida de productividad: El daño a datos puede dar lugar a pérdidas económicas importantes debido a la pérdida de información comercial, la necesidad de recuperación de datos y la interrupción de operaciones.

El daño a datos es un delito que se persigue en virtud de las leyes de delitos informáticos o leyes relacionadas con la seguridad cibernética en muchas jurisdicciones.

Las penas por daño a datos pueden variar según la gravedad del daño causado y las circunstancias del caso, pero pueden incluir multas sustanciales y tiempo de prisión.

Además, las víctimas de estos delitos pueden buscar daños y perjuicios en acciones civiles contra los infractores.

Es fundamental que las organizaciones implementen medidas de seguridad adecuadas, como copias de seguridad regulares y políticas de recuperación de datos, para protegerse contra el daño a datos y otras amenazas cibernéticas.

También es importante educar a los empleados sobre las mejores prácticas de seguridad cibernética y mantener sistemas y software actualizados para mitigar el riesgo de daño a datos.

DAÑO A SISTEMAS

El daño a sistemas en el contexto de los delitos de daños informáticos se refiere a la acción de causar perjuicio a sistemas informáticos, redes, servidores, dispositivos electrónicos o infraestructura tecnológica de manera maliciosa y sin la debida autorización.

Estas conductas se consideran ilegales y pueden tener graves consecuencias legales.

Algunos aspectos relacionados con el daño a sistemas en delitos de daños informáticos incluyen:

a) Manipulación o alteración de sistemas: Los delincuentes informáticos pueden modificar o alterar sistemas informáticos, incluyendo el sistema operativo, el software de aplicación o la configuración de hardware, para causar fallos o disrupciones en el funcionamiento normal.

b) Eliminación o destrucción de sistemas: El daño a sistemas puede implicar la eliminación o destrucción de componentes de hardware o software, lo que puede resultar en la pérdida de datos críticos o la inutilización del sistema.

c) Ataques de denegación de servicio (DoS) y distribuidos de denegación de servicio (DDoS): Los delincuentes pueden llevar a cabo ataques de denegación de servicio para inundar un sistema o red con tráfico malicioso, sobrecargándolo y haciendo que sea inaccesible para los usuarios legítimos.

d) Explotación de vulnerabilidades: Los atacantes pueden aprovechar vulnerabilidades de seguridad conocidas o desconocidas en sistemas o aplicaciones para infiltrarse y dañar sistemas o robar información confidencial.

e) Ataques de ransomware: Algunos delincuentes utilizan ransomware para cifrar archivos o sistemas informáticos y luego exigen un rescate para proporcionar la clave de descifrado, lo que puede causar daños significativos y extorsionar a las víctimas.

f) Infección de malware: La introducción de malware, como virus, gusanos, troyanos o spyware, en sistemas o redes puede causar daño al sistema y robo de información.

g) Alteración de datos: El daño a sistemas puede incluir la alteración de datos críticos o información confidencial, lo que puede tener consecuencias negativas en la integridad de los datos y en la toma de decisiones.

h) Ataques a la infraestructura crítica: El daño a sistemas puede estar dirigido a la infraestructura crítica, como sistemas de energía, agua, transporte o salud, lo que puede tener graves consecuencias para la seguridad pública y la economía.

El daño a sistemas es un delito grave que se persigue en virtud de las leyes de delitos informáticos o leyes relacionadas con la seguridad cibernética en muchas jurisdicciones.

Las penas por daño a sistemas pueden variar según la gravedad del daño causado y las circunstancias del caso, pero pueden incluir multas sustanciales y tiempo de prisión.

Además, las víctimas de estos delitos pueden buscar daños y perjuicios en acciones civiles contra los infractores.

Para protegerse contra el daño a sistemas, las organizaciones deben implementar medidas de seguridad adecuadas, como firewalls, sistemas de detección de intrusiones, copias de seguridad regulares y políticas de acceso y control de datos.

También es fundamental mantener el software y los sistemas actualizados y seguir las mejores prácticas de seguridad cibernética para prevenir y mitigar los riesgos asociados con el daño a sistemas.

DAÑO A SISTEMAS INFORMÁTICOS

El daño a sistemas informáticos en el contexto de los delitos de daños informáticos se refiere a acciones maliciosas destinadas a causar daño o perjuicio a sistemas informáticos, redes, datos o programas de computadora.

Estas acciones suelen ser ilegales y pueden tener graves consecuencias legales para quienes las llevan a cabo.

Algunas de las conductas que pueden comportar el daño a sistemas informáticos en los delitos de daños informáticos incluyen:

a) Destrucción de datos: Esta conducta implica borrar o eliminar datos o programas de computadora de manera intencional, lo que puede resultar en la pérdida permanente de información crítica o la interrupción de operaciones comerciales o de otro tipo.

b) Modificación de datos: Los delincuentes pueden alterar intencionadamente datos o programas en un sistema informático, lo que puede llevar a la corrupción de información o a la manipulación de registros.

c) Difusión de malware: Esto incluye la introducción y propagación de software malicioso, como virus, gusanos, troyanos o ransomware, en sistemas informáticos. El malware puede causar daños, robar información o tomar el control de un sistema.

d) Ataques de denegación de servicio (DDoS): En estos ataques, se inundan los sistemas o servidores objetivo con tráfico de red abrumador, lo que provoca que se vuelvan inaccesibles para los usuarios legítimos y cause interrupciones en los servicios en línea.

e) Explotación de vulnerabilidades: Los delincuentes pueden aprovechar las debilidades de seguridad conocidas o desconocidas en sistemas informáticos para ganar acceso no autorizado, modificar datos o realizar otras acciones dañinas.

f) Suplantación de identidad: Los delincuentes pueden hacerse pasar por otra persona o entidad para obtener acceso a sistemas o datos sensibles, lo que a menudo se conoce como "phishing" o "spoofing".

g) Robo de información confidencial: Esto implica la extracción o copia de datos confidenciales, como información personal, secretos comerciales o propiedad intelectual, sin autorización.

h) Abuso de recursos: Los atacantes pueden utilizar recursos informáticos, como capacidad de procesamiento, almacenamiento o ancho de banda, sin permiso, lo que puede ralentizar o interrumpir los servicios.

i) Ataques de fuerza bruta: Los atacantes intentan adivinar contraseñas o credenciales de acceso mediante la prueba repetida de diferentes combinaciones hasta que logran acceso no autorizado a un sistema.

j) Sabotaje de hardware: Dañar físicamente componentes de hardware de un sistema informático para inutilizarlo o causar daños.

Los delitos de daños informáticos suelen estar regulados por leyes y regulaciones específicas relacionadas con la ciberseguridad y la protección de sistemas informáticos.

Las penas asociadas con estos delitos pueden variar según la jurisdicción y la gravedad de las acciones, pero a menudo incluyen multas significativas y tiempo de prisión.

Las víctimas de estos delitos también pueden buscar reparaciones a través de acciones civiles para recuperar daños y perjuicios.

La prevención de tales delitos y la implementación de medidas de seguridad cibernética adecuadas son fundamentales para proteger los sistemas informáticos contra estos tipos de ataques.

DENEGACIÓN DE SERVICIO

La denegación de servicio (DoS, por sus siglas en inglés) en el contexto de los delitos de daños informáticos se refiere a una acción maliciosa que tiene como objetivo sobrecargar o bloquear un sistema informático, una red, un servicio en línea o un sitio web legítimo para que no esté disponible para usuarios legítimos.

Esta conducta se considera ilegal y puede tener graves consecuencias legales.

Algunos aspectos relacionados con la denegación de servicio en delitos de daños informáticos incluyen:

a) Sobrecarga de recursos: Los atacantes envían una cantidad abrumadora de tráfico, solicitudes o comandos al sistema o servicio objetivo con el propósito de agotar sus recursos, como ancho de banda, capacidad de procesamiento o memoria, hasta el punto en que no pueda funcionar adecuadamente.

b) Ataque DDoS: Los ataques de denegación de servicio distribuido (DDoS, por sus siglas en inglés) implican el uso de múltiples dispositivos o sistemas comprometidos, conocidos como botnets, para enviar tráfico malicioso al objetivo desde diversas ubicaciones, lo que hace que el ataque sea más difícil de mitigar.

c) Interrupción del servicio: La denegación de servicio exitosa puede resultar en la interrupción del servicio objetivo, lo que puede causar pérdidas económicas significativas, afectar la reputación de la empresa y causar inconvenientes a los usuarios legítimos.

d) Ataques a sitios web: Los atacantes pueden dirigir ataques DoS a sitios web para que estén inaccesibles para los visitantes, lo que puede afectar negativamente a empresas, organizaciones o instituciones.

e) Motivaciones variadas: Los ataques de denegación de servicio pueden tener diversas motivaciones, como la rivalidad entre empresas, la protesta política, la venganza, la extorsión o simplemente el deseo de causar caos en línea.

f) Medidas de mitigación: Las organizaciones suelen implementar medidas de mitigación, como sistemas de detección y prevención de intrusiones (IDS/IPS) y servicios de protección DDoS, para defenderse contra los ataques DoS.

La denegación de servicio es un delito que se persigue en virtud de las leyes de delitos informáticos o leyes relacionadas con la seguridad cibernética en muchas jurisdicciones.

Las penas por la realización de ataques de denegación de servicio pueden variar según la gravedad del daño causado y las circunstancias del caso, pero pueden incluir multas sustanciales y tiempo de prisión.

Además, las víctimas de estos delitos pueden buscar daños y perjuicios en acciones civiles contra los infractores.

Es importante destacar que la legislación relacionada con los delitos informáticos y la denegación de servicio puede variar según la jurisdicción, y las leyes y regulaciones continúan evolucionando para abordar las amenazas cibernéticas en constante cambio.

Por lo tanto, es fundamental estar al tanto de las leyes locales y seguir las mejores prácticas de seguridad cibernética para prevenir y mitigar los ataques de denegación de servicio.

DESTRUCCIÓN DE HARDWARE

La destrucción de hardware en el contexto de los delitos de daños informáticos se refiere a la acción de dañar físicamente componentes de hardware de computadoras, servidores, dispositivos electrónicos u otros equipos relacionados con la tecnología de la información de manera intencionada y sin la debida autorización.

Esta conducta se considera ilegal y constituye un delito de daños informáticos.

Algunos aspectos relacionados con la destrucción de hardware en estos delitos incluyen:

a) Daño físico: Los delincuentes pueden llevar a cabo acciones físicas para dañar componentes de hardware, como romper pantallas, dañar discos duros, cortar cables, o destruir placas base, tarjetas de circuitos, teclados, etc.

b) Sabotaje de dispositivos: Los dispositivos electrónicos, como computadoras portátiles, tablets o teléfonos inteligentes, pueden ser el objetivo de actos de vandalismo físico, como romper la pantalla o los botones, arañar las superficies o inutilizar el dispositivo de alguna manera.

c) Daño a servidores y equipos de red: Los servidores y los equipos de red son componentes críticos en muchas organizaciones. La destrucción de estos equipos puede causar interrupciones graves en las operaciones y pérdidas económicas significativas.

d) Inutilización de sistemas de almacenamiento: Dañar los sistemas de almacenamiento de datos, como servidores de archivos o dispositivos de almacenamiento en red (NAS), puede provocar la pérdida de información crítica y el tiempo de inactividad de las operaciones comerciales.

e) Actos de vandalismo físico: En algunos casos, los delincuentes pueden realizar actos de vandalismo físico en la infraestructura informática de una organización, como cortar cables de red o dañar equipos de comunicaciones.

f) Manipulación de hardware: En lugar de destruir hardware de manera evidente, algunos atacantes pueden modificar sutilmente componentes de hardware para que funcionen de manera incorrecta o para facilitar futuros ataques.

La destrucción de hardware en delitos de daños informáticos se considera un delito grave, y las penas varían según la jurisdicción y la gravedad del daño causado.

Además de las sanciones legales, los costos asociados con la reparación o reemplazo de hardware dañado pueden ser significativos para las organizaciones o individuos afectados.

Por lo tanto, es fundamental tomar medidas de seguridad adecuadas para prevenir y protegerse contra este tipo de delitos, como el monitoreo de cámaras de seguridad, el acceso restringido a áreas críticas y la implementación de medidas de seguridad física para proteger el hardware.

DESTRUCCIÓN DE REGISTROS MÉDICOS ELECTRÓNICOS

La destrucción de registros médicos electrónicos en el contexto de los delitos de daños informáticos se refiere a la acción intencionada de borrar, corromper o dañar registros médicos electrónicos de manera maliciosa y sin la debida autorización.

Estos registros médicos electrónicos pueden incluir información médica y de salud confidencial de pacientes, como historias clínicas, resultados de pruebas, diagnósticos, tratamientos y otra información relacionada con la atención médica.

La destrucción de estos registros puede tener graves implicaciones para la atención médica de los pacientes y puede ser ilegal en muchas jurisdicciones.

Algunas conductas relacionadas con la destrucción de registros médicos electrónicos en delitos de daños informáticos incluyen:

a) Eliminación o borrado intencionado: Los delincuentes informáticos pueden acceder a sistemas de registros médicos electrónicos y borrar, eliminar o corromper los registros de pacientes de manera maliciosa.

b) Alteración de información médica: En lugar de borrar por completo los registros médicos electrónicos, los atacantes pueden modificar información crítica, como resultados de pruebas o diagnósticos, para causar daño o confusión.

c) Ransomware en sistemas médicos: Algunos ataques de ransomware pueden cifrar o bloquear sistemas de registros médicos electrónicos y luego exigir un rescate para proporcionar una clave de descifrado o para desbloquear el acceso a los registros.

d) Acceso no autorizado y destrucción: Los delincuentes pueden ganar acceso no autorizado a sistemas médicos y de registros electrónicos, y luego llevar a cabo acciones maliciosas de destrucción.

La destrucción de registros médicos electrónicos es un delito grave en muchas jurisdicciones y se persigue en virtud de las leyes de delitos informáticos, así como de las leyes de privacidad de la salud, como la Ley de Portabilidad y Responsabilidad del Seguro Médico (HIPAA) en los Estados Unidos.

Las penas por la destrucción de registros médicos electrónicos pueden variar según la gravedad del daño causado y las circunstancias del caso, pero pueden incluir multas sustanciales y tiempo de prisión.

La protección de la privacidad y la integridad de los registros médicos electrónicos es fundamental para garantizar la atención médica de calidad y proteger la confidencialidad de la información de los pacientes.

Las organizaciones de atención médica deben implementar medidas de seguridad cibernética sólidas, como la autenticación de usuarios, la monitorización de amenazas y la realización de copias de seguridad regulares, para proteger los registros médicos electrónicos de la destrucción y el acceso no autorizado.

Además, es importante que los profesionales de la salud y el personal médico estén capacitados en cuestiones de seguridad cibernética y cumplan con las regulaciones de privacidad de la salud aplicables.

DESTRUCCIÓN DE SISTEMAS DE VIDEOVIGILANCIA

La destrucción de sistemas de videovigilancia en el contexto de los delitos de daños informáticos se refiere a la acción maliciosa de deshabilitar, dañar o eliminar sistemas de videovigilancia electrónica de manera no autorizada y con la intención de causar daño o perjuicio.

Estos sistemas de videovigilancia se utilizan para monitorear y grabar imágenes o videos de áreas específicas con el propósito de seguridad y supervisión.

Las conductas relacionadas con la destrucción de sistemas de videovigilancia en delitos de daños informáticos pueden incluir:

a) Desactivación o sabotaje de cámaras de seguridad: Los delincuentes pueden apagar o dañar cámaras de seguridad electrónicas para evitar que graben imágenes o videos de una ubicación o área específica.

b) Alteración de grabaciones: Los atacantes pueden modificar o eliminar deliberadamente grabaciones de video o imágenes capturadas por sistemas de videovigilancia para ocultar actividades ilícitas o para borrar evidencia incriminatoria.

c) Acceso no autorizado: La destrucción de sistemas de videovigilancia también puede implicar el acceso no autorizado a los sistemas o servidores que almacenan las grabaciones y la posterior eliminación de datos o configuraciones.

d) Ransomware: Algunos atacantes pueden utilizar ransomware para cifrar o bloquear el acceso a las grabaciones de videovigilancia y exigir un rescate para proporcionar una clave de descifrado y restaurar el acceso a las imágenes.

e) Ataques de denegación de servicio: Algunos atacantes pueden llevar a cabo ataques de denegación de servicio (DoS) o ataques de denegación de servicio distribuido (DDoS) dirigidos a los sistemas de videovigilancia para abrumarlos con tráfico falso y hacer que dejen de funcionar.

La destrucción de sistemas de videovigilancia puede tener graves consecuencias, ya que estos sistemas se utilizan para garantizar la seguridad, prevenir el crimen y proporcionar evidencia en caso de incidentes.

La desactivación o la eliminación de estos sistemas puede poner en peligro la seguridad de personas y propiedades y dificultar la investigación de delitos.

La destrucción de sistemas de videovigilancia mediante delitos informáticos es un delito grave en muchas jurisdicciones y se puede perseguir en virtud de las leyes de delitos informáticos, vandalismo o sabotaje, dependiendo de las circunstancias específicas del caso.

Las penas por la destrucción de sistemas de videovigilancia pueden variar según la gravedad del daño causado y las leyes aplicables, pero pueden incluir multas sustanciales y tiempo de prisión.

Para prevenir la destrucción de sistemas de videovigilancia, es fundamental que las organizaciones implementen medidas de seguridad cibernética sólidas para proteger sus sistemas de monitoreo y grabación.

Esto incluye la protección de los sistemas con contraseñas fuertes, la actualización regular del software y la monitorización de posibles intrusiones.

Además, es importante mantener copias de seguridad de las grabaciones de videovigilancia en un lugar seguro y fuera del alcance de posibles ataques.

DISTRIBUCIÓN DE MALWARE

La distribución de malware en el contexto de los delitos de daños informáticos se refiere a la acción de propagar y diseminar software malicioso (malware) de manera intencionada y sin el consentimiento del propietario o administrador de sistemas informáticos, redes o dispositivos.

Esta conducta es ilegal y se considera una amenaza grave para la seguridad cibernética y la privacidad de las personas.

Las conductas asociadas con la distribución de malware en delitos de daños informáticos pueden incluir:

a) Creación y desarrollo de malware: Los delincuentes informáticos pueden diseñar y programar malware, como virus, gusanos, troyanos, ransomware y spyware, con la intención de dañar sistemas, robar información o realizar otras actividades maliciosas.

b) Distribución maliciosa: La distribución de malware implica propagar el software malicioso de diversas maneras, como a través de archivos adjuntos de correo electrónico, descargas de software falsificado o sitios web comprometidos, mensajes de texto o enlaces engañosos en línea, entre otros métodos.

c) Infección de sistemas: Una vez que el malware se distribuye con éxito, puede infectar sistemas informáticos o dispositivos, comprometiendo su funcionamiento y seguridad.

d) Explotación de vulnerabilidades: Los delincuentes pueden aprovechar vulnerabilidades de software conocidas o desconocidas para distribuir y propagar malware de manera más efectiva.

e) Ransomware: Algunos tipos de malware, como el ransomware, cifran los archivos o sistemas de las víctimas y exigen un rescate para desbloquearlos, causando pérdidas económicas y disrupciones en las operaciones.

f) Robo de información: El malware también puede utilizarse para robar información confidencial, como contraseñas, datos financieros o información personal, que luego se utiliza para fines ilícitos.

g) Espionaje: Algunos malware, como el spyware, se utiliza para espiar las actividades de las víctimas, como el registro de pulsaciones de teclado o la captura de pantalla, lo que puede violar la privacidad de las personas.

h) Botnets: Los delincuentes pueden utilizar malware para crear redes de dispositivos infectados (botnets) que pueden controlarse de forma remota y utilizarse para llevar a cabo ataques cibernéticos coordinados, como ataques de denegación de servicio (DDoS).

La distribución de malware es una actividad ilegal y puede tener graves consecuencias legales, incluyendo multas sustanciales y tiempo de prisión, especialmente si se demuestra que se causaron daños significativos o se comprometió información sensible.

Las leyes y regulaciones relacionadas con los delitos informáticos varían según la jurisdicción, pero en general, buscan proteger la integridad de sistemas y datos, así como la privacidad de los usuarios de computadoras y dispositivos.

Para prevenir la distribución de malware y protegerse contra esta amenaza, es fundamental mantener el software actualizado, utilizar software de seguridad confiable, ser cauteloso al descargar archivos o hacer clic en enlaces en línea y educarse sobre las mejores prácticas de seguridad cibernética.

ESPIONAJE CIBERNÉTICO

El espionaje cibernético, en el contexto de los delitos de daños informáticos, se refiere a la acción de acceder o recopilar información confidencial o sensible de sistemas informáticos o redes sin la debida autorización, con el propósito de obtener información para beneficio propio o para otros fines, como el espionaje industrial, la ciberdelincuencia o la recopilación de información gubernamental.

Estas conductas se consideran ilegales y pueden tener graves consecuencias legales.

Algunos aspectos relacionados con el espionaje cibernético en delitos de daños informáticos incluyen:

a) Acceso no autorizado: Los atacantes cibernéticos obtienen acceso ilegal a sistemas informáticos, bases de datos o redes, ya sea mediante la explotación de vulnerabilidades, el uso de credenciales robadas o la suplantación de identidad.

b) Recopilación de información confidencial: Los atacantes pueden recopilar información confidencial, como datos empresariales, secretos comerciales, propiedad intelectual, información financiera, datos de clientes o información gubernamental, sin permiso.

c) Espionaje industrial: El espionaje cibernético en el ámbito empresarial implica la recopilación de información estratégica de empresas competidoras con el objetivo de obtener ventajas comerciales ilegítimas.

d) Ciber espionaje gubernamental: Algunos actores estatales o grupos cibernéticos pueden llevar a cabo operaciones de espionaje cibernético para recopilar información de interés nacional o para obtener ventajas políticas o militares.

e) Robo de propiedad intelectual: El espionaje cibernético puede incluir el robo de propiedad intelectual, como el robo de diseños, patentes, fórmulas químicas, software o cualquier otro tipo de innovación.

f) Extorsión: En algunos casos, los atacantes pueden utilizar la información recopilada en operaciones de espionaje para extorsionar a las víctimas, amenazando con divulgar la información confidencial obtenida.

g) Daño reputacional: El espionaje cibernético puede dañar la reputación de individuos, empresas u organizaciones cuando la información recopilada se utiliza de manera perjudicial o se divulga públicamente.

h) Ataques avanzados persistentes (APT): Los APT son ataques cibernéticos altamente sofisticados y dirigidos que a menudo están relacionados con el espionaje cibernético. Estos ataques suelen ser llevados a cabo por actores estatales o grupos de ciberdelincuentes avanzados con el objetivo de robar información valiosa y mantener el acceso no detectado durante largos períodos de tiempo.

i) Ciber espionaje militar: Los ataques cibernéticos con fines de espionaje también pueden estar dirigidos a infraestructuras militares y de defensa para obtener información estratégica, táctica o de inteligencia.

El espionaje cibernético es un delito grave y se persigue en virtud de las leyes de delitos informáticos, la seguridad cibernética y la privacidad en muchas jurisdicciones.

Las penas por espionaje cibernético pueden variar según la gravedad de las acciones y las circunstancias del caso, pero pueden incluir multas significativas y tiempo de prisión.

Además, las víctimas de estos delitos pueden buscar daños y perjuicios en acciones civiles contra los infractores.

Es importante que las organizaciones y los individuos tomen medidas para protegerse contra el espionaje cibernético, como implementar medidas de seguridad cibernética sólidas, educar a los empleados sobre las amenazas, utilizar cifrado y autenticación robusta, y estar atentos a las señales de actividad sospechosa en línea.

Además, es fundamental cumplir con las leyes y regulaciones relacionadas con la protección de datos y la privacidad para prevenir el acceso no autorizado a la información confidencial.

ESTAFAS EN LÍNEA

Las estafas en línea, en el contexto de los delitos de daños informáticos, se refieren a la acción de engañar a personas o entidades en línea con el fin de obtener beneficios financieros, personales o de otra índole de manera fraudulenta o ilegal.

Estas conductas se consideran ilegales y pueden tener graves consecuencias legales. Algunos aspectos relacionados con las estafas en línea en delitos de daños informáticos incluyen:

a) Engaño y fraude: Las estafas en línea implican engañar a las víctimas para que realicen acciones que van en contra de sus intereses o que beneficien al estafador. Esto puede incluir el robo de dinero, datos personales, contraseñas o información financiera de la víctima.

b) Suplantación de identidad: Los estafadores pueden suplantar la identidad de una entidad legítima, como una empresa, un banco o una agencia gubernamental, para engañar a las víctimas y hacer que divulguen información confidencial o realicen pagos falsos.

c) Phishing: El phishing es una técnica común de estafa en línea en la que los estafadores envían correos electrónicos, mensajes de texto o mensajes en línea que parecen provenir de una fuente confiable, pero que en realidad buscan obtener información confidencial, como contraseñas o datos bancarios.

d) Fraude en línea: Las estafas en línea pueden involucrar ofertas falsas, ventas fraudulentas de productos o servicios, subastas engañosas, esquemas piramidales y otras actividades fraudulentas en línea diseñadas para engañar a las personas y obtener ganancias ilícitas.

e) Ransomware: En algunos casos, los estafadores pueden utilizar ransomware para cifrar los archivos o bloquear el acceso a sistemas y luego exigir un rescate a las víctimas para proporcionar una clave de descifrado o una solución.

f) Estafas de inversión: Los estafadores pueden prometer oportunidades de inversión lucrativas en línea que en realidad son fraudulentas, con el propósito de robar dinero de los inversionistas.

g) Fraude financiero: Algunas estafas en línea buscan obtener información financiera, como números de tarjetas de crédito, números de seguridad social o contraseñas, para cometer robos o fraudes financieros.

h) Fraude de soporte técnico: Los estafadores se hacen pasar por técnicos de soporte de empresas de tecnología legítimas y engañan a las personas para que les permitan el acceso remoto a sus computadoras o realicen pagos por servicios de soporte técnico innecesarios.

i) Estafas de lotería o premios falsos: Los estafadores informan a las víctimas que han ganado un premio o una lotería y les piden que paguen tarifas o proporcionen información personal para reclamar el premio, que en realidad no existe.

j) Suplantación de identidad en línea: Los estafadores pueden suplantar la identidad de personas u organizaciones en línea para llevar a cabo estafas, como enviar correos electrónicos falsificados o crear perfiles de redes sociales falsos.

Las estafas en línea son un delito grave y se persiguen en virtud de las leyes de delitos informáticos y leyes relacionadas con el fraude en muchas jurisdicciones.

Las penas por participar en estas actividades pueden variar según la gravedad del fraude y las circunstancias del caso, pero pueden incluir multas sustanciales y tiempo de prisión.

Además, las víctimas de estafas en línea pueden buscar recuperar sus pérdidas financieras o tomar medidas legales contra los estafadores.

Para protegerse contra las estafas en línea, es fundamental que las personas sean cautelosas al interactuar en línea, verifiquen la autenticidad de las fuentes y sitios web, eviten compartir información confidencial de manera no segura y estén alerta ante posibles señales de estafas.

Las organizaciones también deben educar a sus empleados sobre las amenazas de estafas en línea y establecer políticas y medidas de seguridad para protegerse contra estas actividades fraudulentas.

EXTORSIÓN

La extorsión en el contexto de los delitos de daños informáticos se refiere a la acción de amenazar a una persona, organización o entidad con dañar su sistema informático, robar o divulgar información confidencial, o llevar a cabo otras acciones perjudiciales relacionadas con la tecnología o la ciberseguridad, con el objetivo de obtener un beneficio económico, bienes u otro tipo de ventaja.

Esta conducta se considera ilegal y puede tener graves consecuencias legales. Algunos aspectos relacionados con la extorsión en delitos de daños informáticos incluyen:

a) Amenazas: Los extorsionadores cibernéticos suelen utilizar amenazas, coacciones o intimidación para forzar a la víctima a cumplir con sus demandas. Estas amenazas pueden incluir la divulgación de información sensible, la destrucción de datos o la interrupción de servicios esenciales.

b) Demanda de pago: El objetivo principal de la extorsión es obtener un pago, generalmente en forma de dinero o criptomonedas, a cambio de no llevar a cabo la acción dañina prometida. Los extorsionadores pueden exigir un rescate para detener un ataque, desbloquear sistemas o liberar información retenida.

c) Divulgación de información: En algunos casos, los extorsionadores pueden tener acceso a información confidencial o comprometedora y amenazar con hacerla pública o compartirla con terceros si no se cumple con sus demandas.

d) Ciberataques: La extorsión cibernética también puede incluir la amenaza de realizar ataques informáticos, como ataques de denegación de servicio (DDoS), para interrumpir los servicios en línea de una organización si no se paga un rescate.

e) Ransomware: El ransomware es una forma específica de extorsión cibernética en la que la atacante cifra los archivos o bloquea el acceso a sistemas informáticos y exige un rescate para proporcionar una clave de descifrado o una solución que permita recuperar los datos o el acceso.

La extorsión cibernética puede afectar a individuos, empresas, organizaciones gubernamentales y entidades diversas.

Es un delito grave que se persigue en virtud de las leyes de delitos informáticos en muchas jurisdicciones. Las penas por participar en actividades de extorsión cibernética pueden variar según la gravedad del delito y las circunstancias del caso, pero pueden incluir multas significativas y tiempo de prisión.

Es importante que las organizaciones y las personas tomen medidas de precaución para protegerse contra la extorsión cibernética, como la implementación de medidas de seguridad cibernética, la educación sobre la seguridad cibernética, la protección contra el malware y la adhesión a prácticas de seguridad cibernética recomendadas.

Además, en caso de ser víctima de extorsión cibernética, se recomienda informar a las autoridades competentes y no ceder a las demandas de los extorsionadores.

FRAUDE INFORMÁTICO

El fraude informático, en el contexto de los delitos de daños informáticos, se refiere a la acción de utilizar engaño o manipulación en línea para obtener beneficios económicos o financieros de manera fraudulenta o ilegal. Estas conductas involucran el uso de sistemas informáticos, redes y tecnología digital para llevar a cabo actividades fraudulentas.

Algunos aspectos relacionados con el fraude informático en delitos de daños informáticos incluyen:

a) Phishing: Los estafadores envían correos electrónicos o mensajes falsos que parecen provenir de fuentes legítimas, como bancos o empresas, para engañar a las víctimas y hacer que revelen información confidencial, como contraseñas o información financiera.

b) Fraude en línea: Los delincuentes crean sitios web falsos o anuncios engañosos en línea para ofrecer productos o servicios inexistentes o falsificados. Los consumidores realizan pagos, pero no reciben los productos o servicios prometidos.

c) Estafas de inversión: Los estafadores prometen oportunidades de inversión lucrativas a través de medios digitales, pero en realidad buscan robar dinero a los inversores o defraudarlos mediante esquemas de inversión fraudulentos.

d) Estafas de romance en línea: Los estafadores se hacen pasar por personas interesadas en relaciones sentimentales en línea para ganar la confianza de sus víctimas. Luego, solicitan dinero u otros beneficios bajo falsos pretextos.

e) Fraude de soporte técnico: Los estafadores se hacen pasar por técnicos de soporte de empresas de tecnología legítimas y engañan a las personas para que les permitan el acceso remoto a sus computadoras o realicen pagos por servicios de soporte técnico innecesarios.

f) Ransomware: El ransomware es un tipo de malware que cifra archivos o bloquea el acceso a sistemas informáticos y exige un rescate para proporcionar una clave de descifrado o una solución para recuperar los datos o el acceso.

g) Suplantación de identidad en línea: Los estafadores pueden suplantar la identidad de personas u organizaciones en línea para llevar a cabo fraudes, como enviar correos electrónicos falsificados o crear perfiles de redes sociales falsos.

h) Comercio electrónico fraudulento: Los delincuentes pueden crear tiendas en línea falsas para vender productos inexistentes o de mala calidad y engañar a los consumidores para que realicen compras.

i) Fraude de tarjetas de crédito: Los delincuentes pueden obtener ilegalmente números de tarjetas de crédito y realizar compras fraudulentas en línea o utilizar la información para robar dinero de las cuentas de las víctimas.

j) Estafas de subastas en línea: Los estafadores pueden utilizar sitios de subastas en línea para vender productos que no existen o que no tienen la intención de entregar después de recibir el pago.

k) Estafas de lotería o premios falsos: Los estafadores informan a las víctimas que han ganado un premio o una lotería y les piden que paguen tarifas o proporcionen información personal para reclamar el premio, que en realidad no existe.

El fraude informático es ilegal en muchas jurisdicciones y puede ser procesado en virtud de las leyes de delitos informáticos, leyes de fraude o leyes relacionadas con la protección del consumidor.

Las penas por fraude informático pueden variar según la gravedad del fraude y las circunstancias del caso, pero pueden incluir multas sustanciales y tiempo de prisión.

Para protegerse contra el fraude informático, es importante ser consciente de las tácticas de fraude comunes, verificar la autenticidad de las fuentes en línea y evitar compartir información personal o realizar pagos sin confirmar la legitimidad de la oferta.

También es fundamental mantener el software y los sistemas actualizados y utilizar medidas de seguridad cibernética sólidas para prevenir y detectar fraudes en línea.

FUGA DE DATOS

La fuga de datos en el contexto de los delitos de daños informáticos se refiere a la acción de exponer, filtrar o divulgar información confidencial o sensible sin la debida autorización.

Esta divulgación puede ser el resultado de acciones deliberadas de hackers o infractores cibernéticos, negligencia en la seguridad cibernética o incluso errores humanos.

Esta información puede ser de carácter personal, financiero, médico, empresarial u otro tipo de datos sensibles que se encuentran en sistemas informáticos, redes o dispositivos electrónicos.

Las conductas relacionadas con la fuga de datos en delitos de daños informáticos pueden incluir:

a) Acceso no autorizado: Los delincuentes informáticos pueden obtener acceso no autorizado a sistemas, bases de datos o redes que almacenan información confidencial.

b) Robo de datos: Los infractores pueden copiar o descargar datos confidenciales desde sistemas o redes, lo que les permite tener una copia de la información para su uso o divulgación posterior.

c) Divulgación de información: La fuga de datos puede implicar la publicación o divulgación de información confidencial en línea, en foros o en otros medios, a menudo con el propósito de exponer o dañar a la víctima.

d) Venta de datos robados: Los delincuentes pueden vender datos robados en el mercado negro o a terceros, lo que puede llevar al uso indebido de la información y la comisión de delitos financieros o de otro tipo.

e) Ataques de ransomware: Algunos ataques de ransomware también pueden involucrar la fuga de datos, donde los delincuentes amenazan con divulgar información sensible a menos que se pague un rescate.

f) Brechas de seguridad: Las brechas de seguridad en organizaciones o empresas pueden dar como resultado la fuga de datos si los atacantes logran infiltrarse y acceder a información confidencial.

g) Errores de configuración y configuraciones inseguras: La falta de configuración adecuada de sistemas y aplicaciones, o la exposición de bases de datos en línea debido a configuraciones inseguras, puede llevar a la fuga de datos.

La fuga de datos es una preocupación significativa en términos de privacidad y seguridad cibernética, y puede tener graves consecuencias tanto para las personas como para las organizaciones.

En muchos casos, las fugas de datos pueden llevar al robo de identidad, el fraude financiero, la pérdida de la confianza del cliente y otras repercusiones perjudiciales.

Las leyes de protección de datos y privacidad en muchas jurisdicciones requieren que las organizaciones tomen medidas para proteger la información confidencial y notifiquen a las personas afectadas en caso de una fuga de datos.

Las penas por fuga de datos pueden variar según las leyes y regulaciones locales, pero pueden incluir sanciones civiles y multas significativas, especialmente si se determina que la organización no ha tomado medidas adecuadas para proteger la información.

Para prevenir la fuga de datos, es fundamental que las organizaciones implementen sólidas medidas de seguridad cibernética, como cifrado de datos, autenticación de dos factores, monitoreo de seguridad y capacitación de empleados en prácticas seguras de manejo de datos.

También es importante que las personas tomen medidas para proteger su propia información personal y estén alerta ante las posibles amenazas cibernéticas.

INTRUSIÓN EN LA PRIVACIDAD

La intrusión en la privacidad en el contexto de los delitos de daños informáticos se refiere a la acción de acceder, recopilar o divulgar información personal o confidencial de una persona o entidad sin su consentimiento y de manera ilegítima a través de medios electrónicos o cibernéticos.

Estas conductas se consideran ilegales y pueden tener graves consecuencias legales.

Algunas conductas relacionadas con la intrusión en la privacidad en delitos de daños informáticos incluyen:

a) Acceso no autorizado: Los intrusos pueden ganar acceso no autorizado a sistemas informáticos, cuentas de correo electrónico, redes sociales o bases de datos para obtener información privada o confidencial.

b) Robo de información personal: Los delincuentes pueden robar información personal, como nombres, direcciones, números de seguridad social, números de tarjetas de crédito o contraseñas, con el fin de utilizarla de manera fraudulenta o para cometer otros delitos.

c) Suplantación de identidad: Los intrusos pueden hacerse pasar por otra persona en línea o en la comunicación electrónica para engañar a otros, realizar actividades ilegales o comprometer la reputación de la víctima.

d) Interceptación de comunicaciones: La intrusión en la privacidad también puede incluir la interceptación de comunicaciones electrónicas, como correos electrónicos o mensajes de texto, sin el consentimiento de las partes involucradas.

e) Vigilancia no autorizada: Los intrusos pueden utilizar cámaras, micrófonos u otros dispositivos electrónicos para llevar a cabo la vigilancia no autorizada de individuos o lugares, lo que puede violar la privacidad de las personas.

f) Divulgación no autorizada: Los delincuentes pueden divulgar información privada o confidencial, como fotografías íntimas o conversaciones privadas, sin el consentimiento de la persona afectada.

g) Uso indebido de datos personales: La intrusión en la privacidad puede implicar la recopilación o el uso indebido de datos personales, como números de seguridad social, números de tarjetas de crédito, direcciones o información médica.

h) Sextorsión: En algunos casos, los delincuentes pueden obtener material íntimo o comprometedor de una persona y luego chantajearla amenazando con divulgarlo públicamente si no cumplen con ciertas demandas.

La intrusión en la privacidad es un delito que se persigue en virtud de las leyes de delitos informáticos o leyes de privacidad en muchas jurisdicciones.

Las penas por intrusión en la privacidad pueden variar según la gravedad de la infracción y las circunstancias del caso, pero pueden incluir multas sustanciales y tiempo de prisión.

Además, las víctimas de estos delitos pueden buscar daños y perjuicios en acciones civiles contra los infractores.

La protección de la privacidad en línea es un tema importante, y las personas y las organizaciones deben tomar medidas para proteger su información personal y confidencial.

Esto incluye el uso de contraseñas fuertes, la autenticación de dos factores, la educación sobre la seguridad cibernética y la concienciación sobre las amenazas a la privacidad en línea.

Las organizaciones también deben implementar medidas de seguridad adecuadas para proteger la información personal de sus clientes y empleados.

MODIFICACIÓN NO AUTORIZADA DE DATOS

La modificación no autorizada de datos en el contexto de los delitos de daños informáticos se refiere a la acción de alterar, cambiar o manipular información almacenada en sistemas informáticos, bases de datos o archivos sin la debida autorización del propietario o administrador de esos datos.

Estas conductas suelen ser consideradas ilegales y pueden tener graves consecuencias legales.

Algunos ejemplos de conductas que comportan la modificación no autorizada de datos en los delitos de daños informáticos incluyen:

a) Modificación de registros o documentos: Cambiar intencionadamente información en documentos electrónicos o registros almacenados en sistemas informáticos, lo que puede llevar a la falsificación de documentos o registros.

b) Alteración de datos financieros: Modificar los datos financieros, como saldos de cuentas bancarias o transacciones, con el propósito de obtener ganancias ilegítimas o causar perjuicio financiero a otros.

c) Cambio de información personal: Modificar datos personales en bases de datos, como nombres, direcciones o números de seguridad social, con el fin de cometer fraudes, suplantación de identidad o extorsión.

d) Manipulación de registros médicos: Alterar registros médicos electrónicos para encubrir errores médicos, obtener beneficios fraudulentos o perjudicar a pacientes.

e) Modificación de datos de investigación: Cambiar los resultados de investigaciones científicas o experimentos almacenados en sistemas informáticos con el objetivo de engañar o manipular la información.

f) Manipulación de evidencia electrónica: Modificar pruebas electrónicas en casos legales o investigaciones, como correos electrónicos, documentos o registros telefónicos, para obtener una ventaja injusta o distorsionar la verdad.

g) Modificación de evidencia digital: Cambiar o manipular pruebas digitales en investigaciones criminales o procesos legales, lo que puede obstruir la justicia.

h) Modificación de documentos legales: Alterar contratos, acuerdos o documentos legales para obtener beneficios ilegales o causar perjuicio a otras partes.

i) Modificación de contraseñas: Cambiar las contraseñas de cuentas de usuario o sistemas para obtener acceso no autorizado o bloquear a los propietarios legítimos.

j) Impacto en la integridad de sistemas: La modificación no autorizada de datos puede comprometer la integridad de sistemas informáticos, lo que a su vez puede tener un impacto en la operación y la seguridad de una organización.

La modificación no autorizada de datos puede tener graves consecuencias legales, ya que puede causar daños a personas, organizaciones o instituciones, y socavar la integridad y la confiabilidad de la información.

Las penas por este tipo de conducta pueden variar según la jurisdicción y la gravedad del delito, pero pueden incluir multas significativas y tiempo de prisión en casos graves.

Además, las víctimas de tales delitos pueden buscar daños y perjuicios en acciones civiles contra los infractores.

Es importante destacar que la legislación relacionada con los delitos informáticos y la modificación no autorizada de datos está en constante evolución para abordar las amenazas cibernéticas en constante cambio, por lo que es fundamental estar al tanto de las leyes locales y seguir las mejores prácticas de seguridad cibernética para prevenir y detectar estas conductas.

PORNOGRAFÍA INFANTIL EN LÍNEA

La pornografía infantil en línea, en el contexto de los delitos de daños informáticos, se refiere a la creación, distribución, posesión o acceso a material pornográfico que involucra a menores de edad a través de medios electrónicos o cibernéticos, como internet o dispositivos digitales.

Este tipo de conducta es extremadamente ilegal y conlleva graves consecuencias legales en prácticamente todas las jurisdicciones del mundo debido a su naturaleza altamente perjudicial para los menores involucrados.

Algunos aspectos relacionados con la pornografía infantil en línea en delitos de daños informáticos incluyen:

a) Creación y distribución: Esto implica la producción, captura, edición, distribución, difusión o publicación de imágenes, videos u otros medios de contenido sexual explícito que involucra a menores de edad. Estas acciones son ilegales y tienen graves consecuencias legales.

b) Posesión y acceso: Tener en posesión, almacenar o acceder a material de pornografía infantil en línea también es ilegal en la mayoría de las jurisdicciones. Incluso ver o descargar este tipo de contenido puede ser un delito.

c) Publicación y compartición en línea: Los delincuentes pueden utilizar medios en línea, como foros, redes sociales, aplicaciones de mensajería y servicios de intercambio de archivos, para compartir y distribuir material de pornografía infantil.

d) Tráfico y comercio de pornografía infantil: Algunos individuos pueden participar en el tráfico y la venta de material de pornografía infantil, lo que aumenta aún más la gravedad de los delitos relacionados con la explotación de menores.

La pornografía infantil es ilegal y repugnante en todos los aspectos, y es perjudicial tanto para los menores involucrados como para la sociedad en su conjunto.

Las leyes relacionadas con la pornografía infantil son muy estrictas y están diseñadas para proteger a los menores de edad de la explotación sexual y el abuso.

Las penas por delitos relacionados con la pornografía infantil pueden variar según la jurisdicción y la gravedad del delito, pero a menudo incluyen penas de prisión significativas y multas sustanciales.

La lucha contra la pornografía infantil en línea es una prioridad en todo el mundo, y las autoridades y las agencias encargadas de hacer cumplir la ley trabajan activamente para rastrear y procesar a aquellos que participan en la producción, distribución o posesión de este tipo de material.

Además, las empresas de tecnología y plataformas en línea colaboran con las autoridades para identificar y eliminar contenido ilegal relacionado con la pornografía infantil.

La denuncia de cualquier actividad relacionada con la pornografía infantil es fundamental para proteger a los menores y llevar a los infractores ante la justicia.

ROBO DE IDENTIDAD

El robo de identidad en el contexto de los delitos de daños informáticos se refiere a la acción de adquirir, utilizar o robar la información personal de otra persona, como nombre, número de seguridad social, fecha de nacimiento, dirección, información financiera o credenciales de acceso, sin su consentimiento y con el propósito de cometer actividades fraudulentas.

Esta conducta se considera ilegal y puede tener graves consecuencias legales.

Algunos aspectos relacionados con el robo de identidad en delitos de daños informáticos incluyen:

a) Adquisición no autorizada de información personal: Los delincuentes informáticos pueden obtener información personal confidencial de las víctimas de diversas maneras, como hackeando sistemas, redes o bases de datos, utilizando malware para robar datos o empleando tácticas de ingeniería social para engañar a las personas y obtener información.

b) Uso fraudulento de la información personal: Una vez que los delincuentes obtienen información personal de las víctimas, pueden utilizarla de manera fraudulenta para llevar a cabo actividades ilegales, como abrir cuentas bancarias falsas, solicitar tarjetas de crédito, realizar compras en línea, obtener préstamos o cometer otros fraudes financieros.

c) Suplantación de identidad: Los delincuentes pueden hacerse pasar por la víctima, utilizando su información personal, para llevar a cabo transacciones ilegales o para acceder a cuentas y servicios en línea a los que no tienen derecho.

d) Fraudes financieros: El robo de identidad puede dar lugar a fraudes financieros significativos, que pueden afectar la situación financiera de las víctimas y llevar a la acumulación de deudas no autorizadas.

e) Daño a la reputación: Además de los problemas financieros, el robo de identidad puede causar daño a la reputación de las víctimas, ya que sus nombres pueden estar asociados con actividades ilegales o fraudulentas.

f) Estafas en línea: Los delincuentes pueden utilizar la información personal robada para llevar a cabo estafas en línea, como el envío de correos electrónicos de phishing o la realización de llamadas telefónicas fraudulentas, con el objetivo de obtener información adicional o dinero de las víctimas.

g) Acceso no autorizado a cuentas: Los delincuentes utilizan la información robada para acceder a cuentas bancarias, de correo electrónico, redes sociales, servicios en línea u otros recursos que requieran autenticación, a menudo haciendo uso de credenciales de acceso obtenidas ilegalmente.

h) Dificultades para resolver el problema: Las víctimas de robo de identidad a menudo enfrentan desafíos significativos para resolver los problemas causados por los delincuentes, como la cancelación de cuentas fraudulentas, la recuperación de pérdidas financieras y la restauración de su historial crediticio.

El robo de identidad es un delito grave en muchas jurisdicciones y puede ser procesado en virtud de las leyes de delitos informáticos o leyes relacionadas con la seguridad cibernética.

Las penas por robo de identidad pueden variar según la gravedad del delito y las circunstancias del caso, pero pueden incluir multas sustanciales y tiempo de prisión.

Además, las víctimas de estos delitos pueden buscar daños y perjuicios en acciones civiles contra los infractores.

Para protegerse contra el robo de identidad, es importante que las personas tomen medidas de seguridad cibernética, como proteger sus contraseñas, ser conscientes de las estafas en línea, utilizar servicios de monitoreo de crédito y estar atentos a cualquier actividad sospechosa en sus cuentas financieras o en línea.

También es esencial que las organizaciones implementen medidas de seguridad adecuadas para proteger la información personal de sus clientes y empleados contra el acceso no autorizado.

SABOTAJE INFORMÁTICO

El sabotaje informático en el contexto de los delitos de daños informáticos se refiere a la acción deliberada de interferir, dañar, desactivar o comprometer sistemas informáticos, redes, software o dispositivos electrónicos de forma maliciosa y no autorizada.

El objetivo principal del sabotaje informático es causar daño o interrupción en la operación normal de los sistemas o en la disponibilidad de servicios tecnológicos.

Las conductas relacionadas con el sabotaje informático en delitos de daños informáticos pueden incluir:

a) Ataques de denegación de servicio (DoS): Los saboteadores informáticos pueden realizar ataques DoS para abrumar un servidor o red con tráfico falso o solicitudes maliciosas, lo que resulta en la indisponibilidad de un servicio o sitio web.

b) Ataques de denegación de servicio distribuido (DDoS): En un DDoS, múltiples dispositivos se utilizan para inundar un sistema objetivo con tráfico malicioso, lo que lo hace aún más difícil de defender y puede causar interrupciones graves.

c) Modificación o destrucción de datos: Los saboteadores pueden modificar, borrar o corromper archivos y datos críticos almacenados en sistemas informáticos, lo que puede resultar en la pérdida de información importante o en la alteración de datos.

d) Malware destructivo: El sabotaje informático puede involucrar el uso de malware diseñado específicamente para dañar sistemas o redes, como virus, gusanos o troyanos destructivos.

e) Hacking de sistemas y robo de contraseñas: Los saboteadores pueden hackear sistemas informáticos para obtener acceso no autorizado, robar contraseñas o tomar el control de sistemas con el fin de causar daño o interrupción.

f) Manipulación de la infraestructura de red: Algunos actos de sabotaje pueden incluir la manipulación maliciosa de la infraestructura de red, como routers o switches, para interrumpir la conectividad o redirigir el tráfico.

g) Ataques contra sistemas de control industrial: En entornos industriales, el sabotaje informático puede estar dirigido a sistemas de control industrial (SCADA) con el objetivo de causar daño físico a instalaciones críticas, como plantas de energía o sistemas de agua.

h) Ataques a la infraestructura crítica: El sabotaje informático puede estar dirigido a la infraestructura crítica, como sistemas de energía, servicios de agua, servicios de transporte o sistemas financieros, con el objetivo de interrumpir operaciones y causar daños significativos.

El sabotaje informático es ilegal en muchas jurisdicciones y se persigue en virtud de las leyes de delitos informáticos.

Las penas por sabotaje informático pueden variar según la gravedad del daño causado y las circunstancias del caso, pero pueden incluir multas significativas y tiempo de prisión.

Además, las organizaciones pueden sufrir daños financieros significativos debido a interrupciones en la operación y reparaciones de sistemas dañados.

La prevención del sabotaje informático implica la implementación de medidas sólidas de seguridad cibernética, como la gestión de accesos y contraseñas, la detección de intrusiones, la monitorización de amenazas y la educación de los empleados sobre la seguridad en línea.

También es fundamental mantener sistemas y software actualizados para protegerse contra vulnerabilidades conocidas.

VIOLACIÓN DE DERECHOS DE AUTOR Y PROPIEDAD INTELECTUAL

La violación de derechos de autor y propiedad intelectual en el contexto de los delitos de daños informáticos se refiere a la acción de utilizar, copiar, distribuir o difundir material protegido por derechos de autor o propiedad intelectual sin la debida autorización del titular de esos derechos.

Esta conducta se considera ilegal y puede tener graves consecuencias legales.

Algunos aspectos relacionados con la violación de derechos de autor y propiedad intelectual en delitos de daños informáticos incluyen:

a) Copia no autorizada: Los delincuentes informáticos pueden copiar y distribuir obras protegidas por derechos de autor, como libros, música, películas, software u otros contenidos, sin el permiso del titular de los derechos.

b) Distribución ilegal: Los atacantes pueden compartir o distribuir archivos, programas o contenidos protegidos por derechos de autor a través de redes de intercambio de archivos, sitios web, redes sociales u otros medios digitales sin la autorización correspondiente.

c) Falsificación de software: Algunos delincuentes pueden fabricar o distribuir copias falsificadas de software comercial o programas informáticos protegidos por derechos de autor.

d) Circunvalación de medidas de protección: Los infractores pueden burlar las medidas de protección tecnológica, como DRM (Digital Rights Management), para eludir las restricciones de acceso o copia de contenidos protegidos por derechos de autor.

e) Piratería de software: La piratería de software implica la distribución o el uso no autorizado de programas o aplicaciones informáticas con licencia, lo que viola los derechos de autor del propietario del software.

f) Publicación no autorizada: Los delincuentes pueden publicar en línea o de otra manera material protegido por derechos de autor sin el consentimiento del titular de los derechos, lo que puede afectar a creadores y propietarios de contenido.

g) Infracción de marcas registradas: Además de la violación de derechos de autor, los delitos de daños informáticos también pueden incluir la infracción de marcas registradas, como la producción y distribución de productos falsificados.

La violación de derechos de autor y propiedad intelectual es un delito que se persigue en virtud de las leyes de propiedad intelectual y, en algunos casos, las leyes de delitos informáticos en muchas jurisdicciones.

Las penas por este tipo de delitos pueden variar según la gravedad de la infracción y las leyes aplicables, pero pueden incluir multas sustanciales y tiempo de prisión.

Además, las víctimas de estos delitos pueden buscar daños y perjuicios en acciones civiles contra los infractores.

Es fundamental respetar los derechos de autor y propiedad intelectual al utilizar contenidos digitales y software, y siempre obtener la debida autorización o licencia antes de copiar, distribuir o utilizar material protegido.

Las organizaciones también deben asegurarse de cumplir con las leyes de propiedad intelectual al crear, distribuir o utilizar software y contenidos en sus operaciones comerciales.

PROSTITUCIÓN, EXPLOTACIÓN SEXUAL Y CORRUPCIÓN DE MENORES

INTRODUCCIÓN

El delito de prostitución, explotación sexual y corrupción de menores involucra una serie de actividades ilegales relacionadas con la explotación sexual de personas, especialmente menores de edad.

Estos son delitos graves que varían en su definición y gravedad según la legislación de cada país, pero en términos generales, pueden describirse de la siguiente manera:

a) Conductas relacionadas con la prostitución:

a) Ejercer la prostitución de manera ilegal en un lugar donde esta actividad esté prohibida.

b) Actuar como proxeneta o cafichero(a), es decir, facilitar o beneficiarse económicamente de la prostitución de otra persona.

c) Forzar o coaccionar a alguien, incluyendo a menores de edad, para que se dedique a la prostitución.

d) Tráfico de personas con fines de explotación sexual, que implica reclutar, transportar o alojar a personas con la intención de forzarlas a la prostitución.

e) Vigilancia o administración de un burdel: Operar o administrar un lugar donde se llevan a cabo actividades sexuales comerciales, como un burdel, también puede ser ilegal en muchas jurisdicciones.

f) Falsos anuncios y promesas ilegítimas: Prometer a alguien una oportunidad de trabajo legítima y luego forzarlo a participar en actividades sexuales comerciales es una forma de explotación sexual.

g) Lenocinio: El lenocinio implica el acto de facilitar, promover o dirigir la prostitución de otra persona. Esto puede incluir a proxenetas o personas que gestionan y obtienen beneficios económicos de la prostitución de terceros.

b) Conductas relacionadas con la explotación sexual:

a) Abuso sexual de menores, que incluye cualquier actividad sexual con un menor de edad, incluso si aparentemente consiente, ya que los menores no pueden dar un consentimiento legal.

b) Producción, distribución o posesión de pornografía infantil, que implica la creación, difusión o posesión de material sexualmente explícito que involucra a menores de edad.

c) Tráfico de personas con fines de explotación sexual, que puede implicar el secuestro, el engaño o la coacción de personas para la participación en actividades sexuales ilegales o inhumanas.

d) Explotación sexual en la industria del sexo comercial: Esto puede incluir actividades relacionadas con burdeles, clubes nocturnos, servicios de acompañantes y otros negocios sexuales en los que las personas sean explotadas para realizar actos sexuales a cambio de dinero.

e) Turismo sexual infantil: Viajar a otro país con la intención de participar en actividades sexuales comerciales con menores de edad es un delito de explotación sexual. Este tipo de turismo sexual infantil es ilegal y sujeto a sanciones legales.

f) Publicidad y promoción de servicios sexuales ilegales: Publicitar o promover servicios sexuales ilegales o explotación sexual a través de anuncios en línea, redes sociales u otros medios también puede ser ilegal en muchas jurisdicciones.

c) Conductas relacionadas con la corrupción de menores:

a) Convencer o persuadir a un menor de edad para que participe en actividades sexuales ilegales o inapropiadas.

b) Engañar o coaccionar a un menor para que se involucre en la prostitución o en la producción de pornografía infantil.

c) Proporcionar a un menor de edad con acceso a material pornográfico o involucrarlo en actividades sexuales explícitas, incluso si el menor inicialmente parece estar de acuerdo.

Es importante destacar que estas conductas son ilegales y consideradas delitos graves en la mayoría de las jurisdicciones.

Los delitos relacionados con la explotación sexual de menores en particular suelen ser castigados con penas severas debido a la necesidad de proteger a los menores de edad de cualquier forma de abuso y explotación.

Las leyes y las sanciones exactas varían según el país y el estado o región específicos

AGREDIR SEXUALMENTE A UNA PERSONA

Agredir sexualmente a una persona en el contexto de los delitos de prostitución, explotación sexual y corrupción de menores implica cometer actos sexuales no consensuados o abusivos en contra de la voluntad de la víctima, ya sea en el contexto de actividades sexuales comerciales o en cualquier otro contexto relacionado con la explotación sexual.

Estas conductas son ilegales y se consideran graves violaciones de los derechos y la dignidad de la persona.

A continuación, se explican los significados y las conductas involucradas en este tipo de delito:

a) Agresión sexual: La agresión sexual se refiere a cualquier acto sexual que se lleva a cabo sin el consentimiento válido de la víctima o en contra de su voluntad. Esto puede incluir actos como el contacto sexual forzado, la violación, el abuso sexual, el acoso sexual y cualquier otro acto de naturaleza sexual que sea cometido sin el consentimiento adecuado.

b) Prostitución forzada o explotación sexual: En el contexto de la prostitución y la explotación sexual, la agresión sexual puede ocurrir cuando una persona que se dedica a la prostitución es víctima de actos sexuales no consensuados o abusivos por parte de quienes la contratan o explotan. Esto incluye situaciones en las que se utiliza la violencia o la coacción para obligar a la persona a realizar actos sexuales en contra de su voluntad.

c) Corrupción de menores: Si la víctima de la agresión sexual es un menor de edad, la conducta se considera un delito aún más grave debido a la vulnerabilidad de los menores. La agresión sexual de un menor de edad en el contexto de la prostitución, explotación sexual o corrupción de menores se considera un delito especialmente grave y está sujeta a sanciones legales severas.

d) Sin consentimiento: La agresión sexual implica realizar actos sexuales sin el consentimiento válido de la víctima. El consentimiento válido implica que la persona involucrada en la actividad sexual debe dar su acuerdo de manera voluntaria, consciente y libre de coerción. Si una persona no da su consentimiento o no está en condiciones de hacerlo, cualquier actividad sexual con esa persona se considera agresión sexual.

e) Coacción, intimidación o abuso: En algunos casos, la agresión sexual puede involucrar el uso de coacción, intimidación, amenazas o abuso físico o psicológico para forzar a la víctima a participar en actos sexuales en contra de su voluntad. Estas conductas agravan la gravedad del delito.

La agresión sexual es un delito en sí mismo y se persigue y castiga en la mayoría de las jurisdicciones.

Cuando se comete en el contexto de la prostitución, explotación sexual o corrupción de menores, la gravedad de la conducta aumenta, y las sanciones legales pueden ser aún más severas debido a la explotación y la vulnerabilidad de las víctimas.

Las leyes destinadas a prevenir y sancionar la agresión y la explotación sexuales suelen ser estrictas y están diseñadas para proteger a las víctimas y garantizar su seguridad y bienestar.

Las sanciones legales por este tipo de conductas suelen ser significativas, incluyendo penas de prisión, multas y otras consecuencias legales.

CAPTACIÓN DE PERSONAS PARA INVOLUCRARLAS EN ACTIVIDADES SEXUALES EN CONTRA DE SU VOLUNTAD

La captación de personas para involucrarlas en actividades sexuales en contra de su voluntad es una conducta ilegal y grave que puede estar relacionada con el delito de prostitución, explotación sexual y corrupción de menores.

Esta actividad implica engañar, forzar, coaccionar o manipular a individuos para que participen en actos sexuales en contra de su voluntad.

Seguidamente, se explican los significados y las conductas involucradas en este tipo de delito:

a) Captación de personas: Este término se refiere al acto de buscar y reclutar a individuos, a menudo en situación de vulnerabilidad, con el propósito de involucrarlos en actividades sexuales. La captación puede llevarse a cabo de diversas formas, como a través de la persuasión engañosa, la promesa de beneficios falsos, el uso de la fuerza o la amenaza, o la manipulación psicológica.

b) Involucrar en actividades sexuales en contra de su voluntad: Esto implica forzar a las personas a participar en actos sexuales en contra de su voluntad. Puede incluir la violencia física, la coerción, las amenazas, el chantaje emocional o cualquier otro medio para controlar a la persona y obligarla a realizar actos sexuales que no desea.

c) Prostitución forzada: La captación de personas para la prostitución forzada es una forma específica de explotación sexual en la que se fuerza a las personas a participar en actividades sexuales comerciales en contra de su voluntad. Esto puede incluir el tráfico de personas con fines de prostitución, donde las víctimas son secuestradas, transportadas o vendidas para ser explotadas sexualmente.

d) Corrupción de menores: Si la víctima es menor de edad, cualquier intento de involucrarla en actividades sexuales en contra de su voluntad se considera corrupción de menores. Los menores no pueden dar un consentimiento válido en situaciones de actividad sexual comercial, y cualquier forma de explotación sexual de menores se considera un delito grave.

La captación de personas para involucrarlas en actividades sexuales en contra de su voluntad es una conducta ilegal que involucra el uso de la fuerza, la coacción, la manipulación o el engaño para controlar a las víctimas y obligarlas a participar en actos sexuales en contra de su voluntad.

Estas conductas están relacionadas con el delito de prostitución, explotación sexual y corrupción de menores y suelen ser castigadas con severidad en la mayoría de las jurisdicciones debido a la gravedad de la explotación y el abuso involucrados.

COACCIONAR A ALGUIEN A DEDICARSE A LA PROSTITUCIÓN CONTRA SU VOLUNTAD

Coaccionar a alguien a dedicarse a la prostitución contra su voluntad en el contexto del delito de prostitución, explotación sexual y corrupción de menores implica utilizar la fuerza, la amenaza, la presión o cualquier forma de coerción para obligar a una persona a prostituirse a pesar de su negativa o su falta de consentimiento.

Seguidamente, se explican los significados y las conductas involucradas en este tipo de delito:

a) Coacción: La coacción se refiere al acto de forzar o presionar a alguien para que realice una determinada acción en contra de su voluntad o bajo amenaza de daño, violencia o consecuencias negativas. En este contexto, coaccionar a alguien para que se dedique a la prostitución significa utilizar tácticas coercitivas para obligar a la persona a participar en actividades sexuales comerciales.

b) Prostitución contra la voluntad: Implica forzar a una persona a ejercer la prostitución a pesar de que no lo desee o no esté dispuesta a hacerlo voluntariamente. Esto puede incluir la participación en actos sexuales a cambio de dinero u otros beneficios económicos, a pesar de la resistencia o la negativa de la persona.

c) Explotación sexual: La coacción para que alguien se dedique a la prostitución en contra de su voluntad se considera una forma de explotación sexual. Esto implica el abuso de poder y control sobre la persona coaccionada, lo que puede incluir amenazas, violencia física o emocional, chantaje o manipulación para mantenerla en la prostitución.

d) Corrupción de menores: Si la persona coaccionada es menor de edad, esta conducta cae bajo el delito de corrupción de menores. La corrupción de menores implica involucrar a menores en actividades sexuales comerciales en contra de su voluntad, y es un delito grave debido a la incapacidad legal de los menores para dar un consentimiento válido en situaciones de actividad sexual comercial.

e) Abuso y violencia: En muchos casos, la coacción para forzar a alguien a dedicarse a la prostitución puede involucrar abuso físico o psicológico, lo que agrava aún más la gravedad de la conducta.

Coaccionar a alguien para que se dedique a la prostitución contra su voluntad es ilegal y está sujeto a sanciones legales severas en la mayoría de las jurisdicciones.

Estas leyes están diseñadas para proteger a las personas de la explotación sexual y para garantizar su seguridad y bienestar.

Las sanciones legales por este tipo de conductas suelen ser graves y pueden incluir penas de prisión significativas, multas y otros castigos.

TRÁFICO DE PERSONAS CON FINES SEXUALES

El tráfico de personas con fines sexuales es una actividad ilegal que implica el reclutamiento, transporte, transferencia, retención o acogida de personas mediante el uso de la fuerza, el engaño, la coacción, la amenaza u otros medios similares, con el propósito de explotarlas sexualmente.

Este delito se encuentra relacionado con los delitos de prostitución, explotación sexual y corrupción de menores debido a que, en muchos casos, el tráfico de personas involucra a víctimas que son forzadas a participar en actividades sexuales comerciales en contra de su voluntad o bajo circunstancias engañosas.

A continuación, se explican los significados y las conductas involucradas en este tipo de delito:

a) Reclutamiento: Esto implica la acción de persuadir, convencer o engañar a personas para que se involucren en actividades sexuales en contra de su voluntad o bajo engaño. Las víctimas suelen ser atraídas con falsas promesas, oportunidades laborales, matrimonios ficticios u otros medios engañosos.

b) Transporte o transferencia: Una vez reclutadas, las víctimas son trasladadas de un lugar a otro, a menudo a través de fronteras nacionales o regiones geográficas, con el propósito de explotarlas sexualmente. El transporte es una parte fundamental del proceso de tráfico de personas.

c) Retención o acogida: Las víctimas pueden ser retenidas o acogidas en lugares específicos, como burdeles, casas de prostitución o locales clandestinos, donde son explotadas sexualmente. Durante esta etapa, las víctimas suelen estar sometidas a un control riguroso y, en muchos casos, son privadas de su libertad.

d) Explotación sexual: El objetivo final del tráfico de personas con fines sexuales es la explotación sexual de las víctimas. Esto puede incluir la prostitución forzada, la producción de pornografía, el tráfico sexual con fines de explotación y cualquier otra forma de actividad sexual comercial en la que las víctimas sean explotadas.

e) Corrupción de menores: Cuando el tráfico de personas con fines sexuales involucra a menores de edad, se considera un delito especialmente grave conocido como "corrupción de menores". Los traficantes explotan a menores en actividades sexuales comerciales, a menudo utilizando amenazas, coerción y engaño.

El tráfico de personas con fines sexuales es una grave violación de los derechos humanos y una forma de explotación que está prohibida en todo el mundo.

Las leyes destinadas a prevenir y sancionar este tipo de conductas suelen ser estrictas y están diseñadas para proteger a las víctimas y garantizar su seguridad y bienestar.

Las sanciones legales por el tráfico de personas con fines sexuales suelen ser muy severas y pueden incluir penas de prisión significativas, multas y otras consecuencias legales graves.

La lucha contra el tráfico de personas es un objetivo importante en la mayoría de las jurisdicciones y a nivel internacional.

EXPLOTACIÓN SEXUAL EN LA INDUSTRIA DEL SEXO COMERCIAL

La explotación sexual en la industria del sexo comercial se refiere a prácticas en las que las personas son forzadas, coaccionadas, engañadas o manipuladas para participar en actividades sexuales comerciales en contra de su voluntad o sin su consentimiento válido.

Las conductas relacionadas con la explotación sexual pueden variar, pero generalmente incluyen:

a) Trata de personas: La trata de personas implica el reclutamiento, transporte, transferencia, alojamiento o recepción de personas, generalmente mediante la fuerza, el fraude o la coerción, con el propósito de explotación sexual. En el contexto de la industria del sexo comercial, esto significa forzar o engañar a personas para que se prostituyan o participen en actividades sexuales comerciales.

b) Prostitución forzada: La explotación sexual en la industria del sexo comercial puede involucrar la prostitución forzada, donde las personas son obligadas a prostituirse mediante amenazas, violencia, coerción o manipulación psicológica. Esto puede incluir a víctimas controladas por proxenetas o traficantes.

c) Explotación de menores: La explotación sexual en la industria del sexo comercial también puede incluir la participación de menores de edad en actividades sexuales comerciales. Esto es ilegal en la mayoría de las jurisdicciones y se considera un delito grave, independientemente de si el menor consintió o no.

d) Coacción y control: Los traficantes y proxenetas a menudo utilizan tácticas de control para mantener a las personas en situaciones de explotación sexual. Esto puede incluir el confinamiento, la retención de documentos de identidad, el aislamiento social y el abuso físico o emocional.

e) Publicidad y promoción: Algunas personas involucradas en la explotación sexual utilizan anuncios y promociones engañosas para atraer a clientes y víctimas potenciales. Esto puede incluir la publicidad de servicios sexuales ilegales o la falsa promesa de condiciones seguras y consensuadas.

f) Turismo sexual: El turismo sexual implica viajar a otro lugar para participar en actividades sexuales comerciales, a menudo en lugares donde las leyes son más laxas o donde la explotación sexual es más tolerada. Esto puede estar relacionado con la explotación sexual en la industria del sexo comercial.

g) Falsos anuncios y promesas: Engañar a las personas al prometerles empleos legítimos o una vida mejor y luego forzarlas a participar en actividades sexuales comerciales constituye una forma de explotación sexual.

Las conductas relacionadas con la explotación sexual pueden variar, pero generalmente involucran el uso de la fuerza, el fraude, la coerción o el engaño para involucrar a las personas en actividades sexuales comerciales en contra de su voluntad o sin su consentimiento válido.

Estas conductas son consideradas delitos graves en la mayoría de las jurisdicciones y están sujetas a sanciones legales severas.

Es importante destacar que las leyes relacionadas con la prostitución, la explotación sexual y la corrupción de menores pueden variar según la jurisdicción, y las sanciones específicas pueden diferir en función de la legislación local y estatal.

El objetivo principal de estas leyes es proteger a las víctimas, especialmente a los menores de edad, y prevenir la explotación sexual y el abuso en la industria del sexo comercial.

EXPLOTAR A PERSONAS EN SITUACIÓN DE VULNERABILIDAD PARA FORZARLAS A LA PROSTITUCIÓN

Explotar a personas en situación de vulnerabilidad para forzarlas a la prostitución es una conducta criminal que se enmarca en el delito de prostitución, explotación sexual y corrupción de menores.

Esta práctica implica el abuso de personas en situaciones precarias, manipulándolas o coaccionándolas para que se involucren en actividades sexuales comerciales en contra de su voluntad o bajo condiciones injustas.

Aquí se explican en detalle los elementos clave de esta conducta:

a) Explotación de personas en situación de vulnerabilidad: Esto se refiere a aprovecharse de individuos que se encuentran en situaciones de vulnerabilidad debido a factores como la falta de recursos económicos, la falta de vivienda, la dependencia de sustancias, la inmigración irregular o la falta de apoyo social y familiar. Los explotadores pueden identificar a personas en estas situaciones y buscar sacar provecho de su necesidad económica o emocional.

b) Coacción o manipulación: Para forzar a las personas en situación de vulnerabilidad a la prostitución, los explotadores pueden utilizar la coacción, la manipulación psicológica o amenazas. Pueden prometer beneficios económicos, seguridad o apoyo a cambio de su participación en actividades sexuales comerciales. También pueden recurrir a la violencia física o amenazas para mantener a las víctimas bajo su control.

c) Prostitución forzada: En este contexto, la prostitución forzada implica que las víctimas son obligadas o presionadas a realizar actos sexuales comerciales en contra de su voluntad. Esto puede incluir la explotación sexual en burdeles, en la calle o a través de la trata de personas con fines de explotación sexual.

d) Vulnerabilidad de menores: Cuando se trata de menores de edad, la explotación sexual se considera aún más grave debido a la incapacidad legal de los menores para dar un consentimiento válido en situaciones de actividad sexual comercial. Los explotadores pueden dirigirse especialmente a menores de edad en situaciones de vulnerabilidad y forzarlos o manipularlos para que se involucren en la prostitución o la explotación sexual.

e) Proxenetismo: Los proxenetas son individuos que facilitan la prostitución de otras personas a cambio de beneficios económicos. Pueden reclutar y controlar a personas en situación de vulnerabilidad, prometiendo protección o refugio a cambio de su participación en la prostitución. Los proxenetas suelen ejercer un alto grado de control sobre las personas que explotan, lo que puede incluir coerción, amenazas o abuso físico.

Explotar a personas en situación de vulnerabilidad para forzarlas a la prostitución implica aprovecharse de individuos en condiciones precarias, utilizando coacción, manipulación o amenazas para obligarlos a participar en actividades sexuales comerciales en contra de su voluntad.

Esta conducta es ilegal en la mayoría de las jurisdicciones y se considera un delito grave, con el propósito de proteger a las personas en situación de vulnerabilidad y prevenir la explotación sexual.

FALSOS ANUNCIOS Y PROMESAS ILEGÍTIMAS

Los falsos anuncios y promesas ilegítimas en el contexto de los delitos de prostitución, explotación sexual y corrupción de menores se refieren a acciones engañosas o fraudulentas por parte de terceros para reclutar, persuadir o manipular a personas, incluidos menores de edad, para que participen en actividades sexuales comerciales o actividades relacionadas.

Estas conductas pueden involucrar la promesa de oportunidades falsas o engañosas con el fin de explotar a las víctimas con fines sexuales o lucrativos.

Acto seguido, se detallan estas conductas en cada uno de los contextos mencionados:

a) Prostitución: En el contexto de la prostitución, los falsos anuncios y promesas ilegítimas pueden implicar la oferta de oportunidades de empleo, vivienda, ayuda financiera u otros incentivos para atraer a personas a trabajar como trabajadoras sexuales. Por ejemplo, un proxeneta o traficante podría prometer a una persona un trabajo legítimo y bien remunerado, solo para luego forzarla a prostituirse una vez que esté bajo su control.

b) Explotación sexual de menores: Cuando se trata de explotación sexual de menores, los traficantes o explotadores pueden utilizar promesas falsas o engañosas para ganarse la confianza de menores de edad y luego explotarlos sexualmente. Pueden ofrecer regalos, afecto, atención o incluso prometer una vida mejor como medio para involucrar a los menores en actividades sexuales comerciales. Esto puede incluir el reclutamiento de menores para la prostitución o la producción de material de pornografía infantil.

c) Corrupción de menores: En el delito de corrupción de menores, los falsos anuncios y promesas ilegítimas pueden utilizarse para influenciar o persuadir a un menor a participar en actividades sexuales ilícitas. Los depredadores pueden prometer a los menores regalos, atención o el cumplimiento de sus deseos a cambio de que accedan a actos sexuales inapropiados o exploren su sexualidad de manera indebida.

Estas conductas se consideran delitos graves en la mayoría de las jurisdicciones y están dirigidas a proteger a las personas, especialmente a los menores de edad, de la explotación sexual y el abuso.

Las penas para quienes cometen estos delitos pueden incluir prisión, multas y la obligación de registrarse como delincuentes sexuales, dependiendo de las leyes y regulaciones locales.

La explotación sexual y la corrupción de menores son delitos particularmente perniciosos debido a su impacto en las víctimas y su vulnerabilidad, por lo que se toman muy en serio en el sistema legal.

LENOCINIO

El lenocinio se refiere al acto de facilitar, promover o dirigir la prostitución de otras personas, generalmente con fines de lucro. Este término está relacionado con el delito de prostitución, explotación sexual y corrupción de menores de diversas maneras:

a) Prostitución: En el contexto de la prostitución, el lenocinio implica actividades como administrar un burdel o casa de citas, actuar como proxeneta (una persona que facilita o controla la prostitución de otras) o facilitar la realización de servicios sexuales a cambio de dinero u otros beneficios. El lenocinio es considerado un delito en muchas jurisdicciones.

b) Explotación sexual de menores: En el delito de explotación sexual de menores, el lenocinio puede ser una conducta relacionada si involucra la facilitación de la prostitución de menores de edad o si se fuerza, engaña o coacciona a menores para que participen en actividades sexuales comerciales. Los proxenetas que controlan a menores en el contexto de la prostitución de menores pueden enfrentar graves cargos.

c) Corrupción de menores: En el delito de corrupción de menores, el lenocinio podría implicar la promoción o facilitación de actividades sexuales ilegales o inapropiadas con menores de edad, a menudo con el fin de obtener ganancias económicas. Los proxenetas que participan en la corrupción de menores pueden enfrentar cargos adicionales por este delito.

Las conductas relacionadas con el lenocinio pueden variar según la jurisdicción y las leyes locales, pero en general, implican actuar como intermediario o facilitador de la prostitución de otras personas.

El lenocinio se considera ilegal en muchas partes del mundo debido a preocupaciones relacionadas con la explotación y la vulnerabilidad de las personas involucradas en la prostitución.

Las sanciones legales para el lenocinio pueden ser graves y pueden incluir prisión y multas sustanciales.

La legislación y las regulaciones específicas pueden variar significativamente de un lugar a otro.

OFRECER O PROPORCIONAR A UN MENOR DE EDAD DINERO A CAMBIO DE ACTIVIDADES SEXUALES

Ofrecer servicios sexuales a menores de edad en el contexto del delito de prostitución, explotación sexual y corrupción de menores es una conducta ilegal que implica el intento de involucrar a menores en actividades sexuales comerciales.

Aquí se explican en detalle los términos y conductas involucrados:

a) Ofrecer servicios sexuales a menores de edad: Esta conducta implica que un adulto o una persona mayor de edad intente proporcionar servicios sexuales a una persona menor de la edad legal de consentimiento sexual en su jurisdicción. La edad de consentimiento varía según el lugar y puede ser diferente en diferentes países o estados, pero generalmente se refiere a la edad a partir de la cual una persona se considera capaz de dar un consentimiento válido para actividades sexuales. Ofrecer servicios sexuales a un menor de edad se considera un delito grave debido a la vulnerabilidad de los menores y la necesidad de proteger su bienestar.

b) Prostitución infantil: Este término se utiliza para describir la participación de menores en la prostitución, ya sea que los menores estén ofreciendo servicios sexuales o siendo explotados por adultos en el comercio sexual. La prostitución infantil es un delito grave en la mayoría de las jurisdicciones y se persigue con el objetivo de proteger a los menores y brindarles apoyo y asistencia.

c) Explotación sexual de menores: Implica utilizar a menores de edad en actividades sexuales comerciales con fines de lucro. Esto puede incluir inducir, forzar, coaccionar o engañar a un menor para que participe en actividades sexuales a cambio de dinero u otros beneficios. La explotación sexual de menores se considera un delito grave y suele estar sujeta a sanciones legales severas.

d) Corrupción de menores: Este término se utiliza cuando un adulto intenta involucrar a un menor en actividades sexuales, ya sea proporcionando servicios sexuales o realizando otras acciones inapropiadas que afecten el bienestar sexual o moral del menor. Corromper a un menor en este contexto es un delito y puede incluir actividades como la producción o distribución de material sexualmente explícito que involucre a menores.

Ofrecer servicios sexuales a menores de edad en el contexto de prostitución, explotación sexual y corrupción de menores es una conducta ilegal que implica intentar involucrar a menores en actividades sexuales comerciales. Estos delitos se consideran graves y se persiguen activamente para proteger a los menores y prevenir su explotación sexual.

Las sanciones legales varían según la jurisdicción y la gravedad de las conductas involucradas.

PARTICIPAR EN LA PRODUCCIÓN DE PORNOGRAFÍA INFANTIL

Participar en la producción de pornografía infantil es una conducta extremadamente grave y delictiva que implica crear, distribuir, poseer, o estar involucrado de alguna manera en la creación o difusión de material sexualmente explícito que involucra a menores de edad en actividades sexuales.

Esto está relacionado con el delito de prostitución, explotación sexual y corrupción de menores debido a la explotación sexual de menores que conlleva.

Seguidamente se describen los significados y las conductas involucradas:

a) Producción de pornografía infantil: Esta conducta implica la creación de imágenes, videos, fotografías u otro material que muestre a menores de edad participando en actos sexuales explícitos o actos sexuales simulados. Esto puede incluir la grabación de abuso sexual infantil o la manipulación de imágenes existentes para fines pornográficos que involucran a menores.

b) Distribución de pornografía infantil: Implica compartir, vender, enviar por correo electrónico, cargar en línea o de cualquier otra manera difundir material pornográfico que involucre a menores de edad en actividades sexuales. La distribución de pornografía infantil es ilegal y puede tener graves consecuencias legales.

c) Posesión de pornografía infantil: La posesión de material pornográfico que involucra a menores de edad también es un delito. Esto incluye tener en posesión, almacenar o acceder intencionalmente a imágenes o videos que muestran a menores en situaciones sexualmente explícitas.

d) Participación en la explotación sexual de menores: La producción de pornografía infantil implica la explotación sexual de menores, ya que se utilizan a menores de edad para crear material sexualmente explícito. Esto puede incluir el uso de coerción, engaño o cualquier otro medio para inducir a los menores a participar en actividades sexuales con fines de grabación o fotografía.

Es importante destacar que la producción de pornografía infantil es un acto criminal independiente y no debe confundirse con la prostitución o la explotación sexual de menores, aunque todas estas actividades están relacionadas con la explotación sexual de menores y son ilegales en la mayoría de las jurisdicciones.

La producción de pornografía infantil es especialmente grave y es perseguida de manera rigurosa por las autoridades para proteger a los menores involucrados.

PERSUADIR A UN MENOR DE EDAD PARA QUE PARTICIPE EN ACTIVIDADES SEXUALES ILEGALES O INAPROPIADAS

Persuadir a un menor de edad para que participe en actividades sexuales ilegales o inapropiadas implica influenciar o convencer a un menor de edad para que se involucre en actos sexuales que violen la ley o sean inapropiados debido a su edad o capacidad legal.

Esta conducta está relacionada con el delito de prostitución, explotación sexual y corrupción de menores y puede tomar diversas formas.

A continuación, se describen los significados y las conductas involucradas en este tipo de delito:

a) Persuasión de menores: La persuasión implica convencer o inducir a un menor de edad a participar en actividades sexuales ilegales o inapropiadas. Puede implicar argumentos, manipulación emocional, el ofrecimiento de recompensas, el uso de amenazas o cualquier otro medio para influenciar al menor a participar en actos sexuales.

b) Actividades sexuales ilegales o inapropiadas: Esto se refiere a cualquier actividad sexual que esté prohibida por la ley o que sea considerada inapropiada debido a la edad o capacidad legal del menor. Puede incluir la prostitución de menores, la explotación sexual de menores, la producción de pornografía infantil, el tráfico de menores con fines de explotación y otros actos sexuales ilegales.

c) Corrupción de menores: Si la persuasión de un menor de edad resulta en su involucramiento en actividades sexuales ilegales o inapropiadas, se considera un delito de corrupción de menores. Este término se utiliza para describir la acción de influir negativamente en la moral o la conducta de un menor y puede estar relacionado con una variedad de delitos sexuales que involucran a menores de edad.

Es importante destacar que persuadir a un menor de edad para que participe en actividades sexuales ilegales o inapropiadas es un delito grave en la mayoría de las jurisdicciones y está sujeto a sanciones legales severas.

Las leyes están diseñadas para proteger a los menores de la explotación y el abuso sexual, y quienes participan en estas conductas suelen enfrentar consecuencias legales significativas, que pueden incluir penas de prisión, multas y registro como delincuente sexual.

POSESIÓN DE IMÁGENES SEXUALMENTE EXPLÍCITAS DE MENORES DE EDAD

La posesión de imágenes sexualmente explícitas de menores es un delito que implica tener en posesión fotografías, videos u otro material que representa a menores de edad involucrados en actividades sexuales explícitas o sexualmente sugestivas.

Este delito se considera grave en la mayoría de las jurisdicciones debido a la protección de los derechos y la seguridad de los menores.

A continuación, se explican las implicaciones de la posesión de tales imágenes en relación con los delitos de prostitución, explotación sexual y corrupción de menores:

a) Prostitución infantil: La posesión de imágenes sexualmente explícitas de menores puede estar relacionada con la prostitución infantil si dichas imágenes se utilizan para promover, facilitar o documentar la explotación sexual de menores. Por ejemplo, un individuo que posee material de pornografía infantil que muestra a menores involucrados en actividades sexuales explícitas en el contexto de la prostitución infantil puede enfrentar cargos adicionales relacionados con la prostitución infantil. Esto a menudo aumentará la gravedad de los cargos y las penas asociadas.

b) Explotación sexual de menores: La posesión de imágenes sexualmente explícitas de menores también puede estar relacionada con la explotación sexual de menores si el individuo utiliza dicho material como parte de un esquema más amplio de explotación, producción, distribución o venta de material sexualmente explícito que involucra a menores. En este contexto, la posesión de tales imágenes puede ser un componente de la explotación sexual de menores y resultar en cargos adicionales y sanciones más severas.

c) Corrupción de menores: La posesión de imágenes sexualmente explícitas de menores también puede ser relevante en casos de corrupción de menores si se utiliza para corromper, persuadir o influenciar a un menor en actividades sexuales ilícitas o inapropiadas. En tales situaciones, la posesión de dicho material puede ser un elemento en el delito de corrupción de menores, y el individuo puede enfrentar cargos relacionados con esta conducta.

La posesión de imágenes sexualmente explícitas de menores es un delito serio por sí mismo, y cuando está relacionada con actividades de prostitución, explotación sexual o corrupción de menores, puede agravar los cargos y las penas asociadas con estos delitos.

Las leyes y las sanciones específicas varían según la jurisdicción, pero generalmente se considera un delito grave debido a la necesidad de proteger a los menores de la explotación y el abuso sexual.

PUBLICIDAD Y PROMOCIÓN DE SERVICIOS SEXUALES ILEGALES

La publicidad y promoción de servicios sexuales ilegales se refieren a la difusión, a menudo a través de anuncios, sitios web, redes sociales u otros medios, de servicios sexuales que son ilegales según las leyes de una jurisdicción específica.

Estas conductas suelen estar relacionadas con los delitos de prostitución, explotación sexual y corrupción de menores de la siguiente manera:

a) Prostitución: En el contexto de la prostitución, la publicidad y promoción de servicios sexuales ilegales se refiere a la promoción de actividades sexuales comerciales que violan las leyes locales o estatales. Esto puede incluir la publicación de anuncios de trabajadoras sexuales que operan en áreas donde la prostitución es ilegal o la promoción de servicios que involucran a menores de edad.

b) Explotación sexual de menores: En casos de explotación sexual de menores, la publicidad y promoción ilegales pueden implicar la difusión de anuncios que ofrecen servicios sexuales con menores de edad o que promueven actividades relacionadas con la explotación sexual de menores. Esto puede incluir la publicación de anuncios de menores en sitios web o plataformas de medios sociales.

c) Corrupción de menores: En el delito de corrupción de menores, la publicidad y promoción de servicios sexuales ilegales pueden ser utilizadas para atraer a menores de edad hacia actividades sexuales ilegales o inapropiadas. Los anuncios pueden ofrecer recompensas o beneficios para influenciar a los menores a participar en actividades sexuales con adultos.

En todos estos casos, la publicidad y promoción de servicios sexuales ilegales contribuyen a la perpetuación de actividades ilegales y pueden estar dirigidas a personas vulnerables o menores de edad.

Estas conductas suelen ser consideradas delictivas y están sujetas a sanciones legales, que pueden variar según la jurisdicción y la gravedad de las acciones cometidas.

Es importante destacar que las leyes relacionadas con la prostitución, la explotación sexual y la corrupción de menores pueden variar ampliamente de un lugar a otro, y las sanciones específicas pueden diferir en función de la legislación local y estatal.

El objetivo principal de estas leyes es proteger a las personas vulnerables, especialmente a los menores de edad, y prevenir la explotación sexual y el abuso en todas sus formas.

ORGANIZAR O BENEFICIARSE DE LA PROSTITUCIÓN DE OTRA PERSONA

El delito de prostitución, explotación sexual y corrupción de menores es un término legal que puede variar según la jurisdicción y la legislación específica de un país o estado.

Sin embargo, en general, este delito implica la participación en actividades relacionadas con la prostitución que son ilegales y perjudiciales para las personas involucradas, especialmente cuando se trata de menores de edad.

Aquí se desglosan las principales conductas involucradas en este tipo de delito:

a) Organizar la prostitución de otra persona: Esto se refiere a la acción de reclutar, gestionar, dirigir o facilitar a alguien para que se involucre en la prostitución. Implica proporcionar servicios de intermediación o explotación de personas en la prostitución.

b) Beneficiarse de la prostitución de otra persona: Esto se refiere a obtener ganancias económicas o cualquier otro tipo de beneficio a través de la prostitución de otra persona. Puede incluir a proxenetas que obtienen una parte de los ingresos de las personas que se dedican a la prostitución.

c) Explotación de personas en la prostitución: Esto abarca la coerción, la violencia, el engaño o cualquier forma de abuso que se utilice para mantener a una persona en la prostitución contra su voluntad o para ejercer control sobre ella.

d) Corrupción de menores: Esto se refiere a la participación de menores de edad en la prostitución o actividades sexuales comerciales. La corrupción de menores implica explotar a personas menores de la edad legal de consentimiento sexual, y es un delito grave en la mayoría de las jurisdicciones.

En general, el delito de prostitución, explotación sexual y corrupción de menores busca proteger a las personas, especialmente a los menores de edad, de situaciones de explotación y abuso sexual en el contexto de la prostitución.

Las penas por este tipo de delito suelen ser severas debido a la gravedad de las violaciones de derechos humanos y la explotación involucrada.

Las leyes y sanciones específicas pueden variar de un lugar a otro, por lo que es importante consultar la legislación local para obtener información precisa sobre las implicaciones legales en una jurisdicción específica.

SOLICITAR, CONTRATAR O PAGAR POR SERVICIOS SEXUALES A UNA PERSONA MENOR DE EDAD

Solicitar, contratar o pagar por servicios sexuales a una persona menor de edad es una conducta ilegal y grave que está relacionada con el delito de prostitución, explotación sexual y corrupción de menores.

Esta actividad implica involucrarse en actos sexuales con un menor de edad a cambio de compensación financiera o cualquier otro tipo de beneficio.

A continuación, se explican los significados y las conductas involucradas en este tipo de delito:

a) Solicitar servicios sexuales a un menor de edad: Esto implica buscar activamente los servicios sexuales de una persona que se sabe o se sospecha que es menor de edad. La solicitud de servicios sexuales a un menor de edad es ilegal en la mayoría de las jurisdicciones, ya que implica la intención de participar en actividades sexuales con un menor.

b) Contratar servicios sexuales de un menor de edad: Esto implica acordar o pagar por los servicios sexuales de un menor de edad. Incluso si el menor de edad aparentemente consiente, su capacidad para dar un consentimiento válido en situaciones de actividad sexual comercial está legalmente limitada debido a su edad, lo que hace que esta conducta sea ilegal.

c) Pagar por servicios sexuales a un menor de edad: Ofrecer compensación financiera o cualquier otro tipo de beneficio a un menor de edad a cambio de servicios sexuales es ilegal y se considera una forma de explotación sexual de menores. Incluso si el menor de edad está dispuesto a participar, la ley suele considerar que no puede dar un consentimiento válido.

d) Corrupción de menores: La corrupción de menores es un término legal que se aplica cuando se involucra a menores de edad en actividades sexuales comerciales o actividades sexuales a cambio de compensación financiera u otros beneficios. Los menores no pueden dar un consentimiento válido en situaciones de actividad sexual comercial, y cualquier intento de involucrarlos en tales actividades se considera un delito grave.

La solicitud, contratación o pago por servicios sexuales a una persona menor de edad es ilegal y sujeta a sanciones legales severas en la mayoría de las jurisdicciones.

Estas leyes están diseñadas para proteger a los menores de la explotación sexual y para prevenir que sean víctimas de abuso sexual.

Las sanciones legales por este tipo de conductas suelen ser severas y pueden incluir penas de prisión significativas, multas y registro como delincuente sexual.

TURISMO SEXUAL INFANTIL

El turismo sexual infantil es una forma particularmente grave de explotación sexual que implica que personas viajen a otros países o regiones con el propósito de participar en actividades sexuales comerciales con menores de edad.

Este delito está relacionado con los delitos de prostitución, explotación sexual y corrupción de menores de la siguiente manera:

a) Prostitución: En el contexto de la prostitución, el turismo sexual infantil implica que los viajeros adultos buscan y pagan a menores de edad por servicios sexuales. Esta actividad puede involucrar a proxenetas o intermediarios que facilitan estos encuentros. El turismo sexual infantil suele ser ilegal tanto en el país de origen de los viajeros como en el destino donde se lleva a cabo.

b) Explotación sexual de menores: El turismo sexual infantil es una forma de explotación sexual de menores. En este caso, los menores son víctimas de explotación sexual por parte de personas que viajan a propósito para cometer estos abusos. Pueden coaccionar o engañar a los menores para que participen en actividades sexuales comerciales, y a menudo se involucran en la producción de material de pornografía infantil.

c) Corrupción de menores: El turismo sexual infantil también puede considerarse una forma de corrupción de menores, ya que implica a adultos que corrompen a menores de edad al involucrarlos en actividades sexuales comerciales ilegales o inapropiadas.

El turismo sexual infantil es ilegal y ampliamente condenado en todo el mundo debido a su naturaleza abusiva y explotadora hacia los menores de edad. Las sanciones legales para quienes participan en el turismo sexual infantil pueden ser muy severas, incluyendo prisión y multas considerables.

Además, varios países y organizaciones internacionales trabajan en conjunto para combatir este tipo de delitos y proteger a los menores de edad.

Es importante destacar que el turismo sexual infantil es una violación grave de los derechos de los niños y tiene graves consecuencias para las víctimas.

Las leyes y los esfuerzos de aplicación de la ley se centran en prevenir y castigar esta forma de explotación sexual, así como en brindar apoyo a las víctimas y concienciar sobre el problema.

VIGILANCIA Y ADMINISTRACIÓN DE UN BURDEL

La vigilancia y administración de un burdel, en el contexto de los delitos de prostitución, explotación sexual y corrupción de menores, pueden implicar diversas conductas, y la implicación legal de estas acciones varía según las leyes específicas de cada jurisdicción.

A continuación, se describen las implicaciones y las conductas relacionadas con la vigilancia y administración de un burdel en el contexto de estos delitos:

a) Prostitución: Si una persona gestiona o administra un burdel donde se ofrecen servicios sexuales a cambio de dinero o bienes materiales, puede ser acusada de proxenetismo o lenocinio. Esto implica facilitar, promover o dirigir la prostitución de terceros. La gestión de un burdel puede incluir tareas como organizar encuentros entre trabajadores sexuales y clientes, proporcionar instalaciones y servicios de seguridad, y recibir ganancias de las actividades sexuales.

b) Explotación sexual de menores: Si un burdel está involucrado en la explotación sexual de menores de edad, las personas que gestionan o administran el establecimiento pueden enfrentar cargos adicionales y más graves. La explotación sexual de menores implica cualquier actividad sexual con menores que no pueden dar un consentimiento válido, y la administración de un burdel que involucra a menores en actividades sexuales ilegales puede resultar en acusaciones de complicidad en estos delitos.

c) Corrupción de menores: La administración de un burdel que utiliza a menores de edad en actividades sexuales ilícitas también puede dar lugar a cargos de corrupción de menores, especialmente si se descubre que las personas a cargo del burdel influyeron o coaccionaron a los menores para que participaran en tales actividades.

Es importante destacar que la legalidad de los burdeles y la regulación de la prostitución varían ampliamente en diferentes jurisdicciones.

En algunos lugares, la prostitución y la operación de burdeles pueden ser legales bajo ciertas condiciones, mientras que en otros lugares pueden ser completamente ilegales.

Las leyes y las sanciones específicas relacionadas con la administración de burdeles dependen de la legislación local y estatal.

La gestión o administración de un burdel en el contexto de los delitos de prostitución, explotación sexual y corrupción de menores puede dar lugar a una variedad de acusaciones y sanciones legales, dependiendo de las circunstancias específicas y las leyes de la jurisdicción en la que se encuentre el establecimiento.

CONTRA EL MERCADO Y LOS CONSUMIDORES

INTRODUCCIÓN

Los delitos contra el mercado y los consumidores son una categoría de crímenes económicos que abarcan diversas conductas ilícitas dirigidas a manipular o alterar el funcionamiento del mercado, afectando negativamente tanto a la competencia como a los consumidores.

Estos delitos pueden variar según la legislación de cada país, pero en general, incluyen las siguientes conductas:

a) Publicidad Engañosa: Las prácticas de publicidad engañosa implican la promoción de productos o servicios de una manera que induce a error a los consumidores. Esto puede incluir afirmaciones falsas o exageradas sobre los beneficios de un producto, ocultar información importante o presentar de manera engañosa los precios. La publicidad engañosa puede llevar a los consumidores a tomar decisiones de compra basadas en información incorrecta.

b) Manipulación de Mercado: Se refiere a prácticas destinadas a alterar artificialmente el precio o el volumen de negociación de un producto en el mercado. Esto puede incluir la difusión de rumores falsos para influir en los precios de las acciones o commodities, o las operaciones de 'pump and dump' en los mercados de valores.

c) Abuso de Posición Dominante: Ocurre cuando una empresa con una posición dominante en el mercado abusa de esta posición para excluir a competidores o explotar a consumidores. Esto puede incluir la fijación de precios predatorios, acuerdos de exclusividad que impiden la entrada de nuevos competidores, o la imposición de condiciones comerciales injustas.

d) Carteles y Acuerdos Anticompetitivos: Incluye acuerdos entre empresas competidoras para fijar precios, dividir mercados, limitar la producción o boicotear a ciertos proveedores o consumidores para manipular el mercado en su beneficio.

e) Corrupción y Soborno en Transacciones Comerciales: Se refiere a ofrecer, prometer o dar algo de valor a un agente público o privado para influir en sus decisiones comerciales de una manera que beneficie ilegítimamente a la parte oferente.

f) Insider Trading (Negociación con Información Privilegiada): Implica operar en los mercados financieros utilizando información confidencial que no está disponible para el público en general, lo que da una ventaja injusta y manipula el mercado.

g) Lavado de Dinero: Aunque no está dirigido directamente contra el mercado, el lavado de dinero puede afectarlo al introducir fondos ilegales en el sistema financiero, distorsionando la competencia y la integridad de las instituciones financieras.

Estos delitos suelen ser perseguidos por autoridades reguladoras del mercado y agencias de cumplimiento de la ley, y pueden acarrear sanciones que van desde multas hasta penas de prisión, dependiendo de la gravedad del delito y de la legislación específica de cada país.

Además, tienen un impacto negativo en la confianza del mercado, la eficiencia económica, y la protección de los derechos de los consumidores.

ABUSO DE POSICIÓN DOMINANTE

El abuso de posición dominante es una práctica anticompetitiva que se refiere a la conducta de una empresa o entidad que tiene una posición de poder o dominio en un mercado específico y utiliza esa posición para perjudicar a la competencia, limitar el acceso de otros competidores al mercado o explotar a los consumidores de manera injusta.

Este tipo de comportamiento está relacionado con los delitos contra el mercado y los consumidores y generalmente se considera una violación de las leyes de competencia y antimonopolio en muchas jurisdicciones.

Algunos ejemplos de conductas que pueden constituir abuso de posición dominante incluyen:

a) Precios predatorios: Una empresa con una posición dominante reduce sus precios a niveles artificialmente bajos para eliminar o dificultar la competencia. Una vez que los competidores más pequeños se ven obligados a salir del mercado, la empresa dominante puede aumentar sus precios nuevamente.

b) Negación de acceso a recursos esenciales: Si una empresa controla recursos o infraestructuras esenciales para que otros competidores ingresen al mercado (por ejemplo, una red de transporte o un recurso patentado), y se niega a proporcionar acceso razonable o a precios razonables, esto puede considerarse un abuso de posición dominante.

c) Ventas atadas: La empresa dominante puede obligar a los clientes a comprar un producto o servicio adicional junto con el principal, lo que limita la elección de los consumidores y perjudica a los competidores.

d) Discriminación de precios: La empresa puede ofrecer precios preferenciales a ciertos clientes o grupos de clientes, lo que dificulta la competencia para otros competidores que no reciben el mismo trato.

e) Exclusión injusta: Una empresa dominante puede utilizar prácticas comerciales para excluir a competidores del mercado, como celebrar acuerdos de exclusividad con distribuidores o clientes que impidan a los competidores acceder a esos canales.

f) Limitación de la innovación: Si una empresa utiliza su posición dominante para obstaculizar la innovación en el mercado, por ejemplo, mediante la adquisición de competidores emergentes o la intimidación de posibles competidores, esto también puede considerarse un abuso.

g) Prácticas de empaquetado o atado: Esto ocurre cuando una empresa condiciona la compra de un producto o servicio en la adquisición de otro producto o servicio, lo que puede dificultar que los competidores vendan sus propios productos o servicios.

h) Atención preferencial: Dar trato preferencial a empresas afiliadas o subsidiarias en detrimento de otras empresas en el mercado es otra forma de abuso de posición dominante. Esto puede incluir la asignación de recursos o la prestación de servicios en condiciones más favorables a las empresas relacionadas.

Las leyes y regulaciones antimonopolio varían según el país y la jurisdicción, pero en general, tienen como objetivo prevenir el abuso de posición dominante y fomentar la competencia justa en los mercados.

Las sanciones por abuso de posición dominante pueden incluir multas significativas, medidas correctivas para restaurar la competencia y, en algunos casos, la separación de empresas o activos para evitar prácticas anticompetitivas.

El objetivo es proteger a los consumidores y promover mercados más competitivos y eficientes.

CÁRTELES Y ACUERDOS ANTICOMPETITIVOS

Los carteles y acuerdos anticompetitivos son prácticas ilegales que tienen como objetivo restringir o distorsionar la competencia en el mercado, lo que a menudo conduce a precios más altos, menor calidad de los productos o servicios y menos opciones para los consumidores.

Estas prácticas constituyen delitos contra el mercado y los consumidores y están dirigidas a preservar y promover la competencia justa en un mercado.

Las conductas que suelen estar asociadas con los carteles y acuerdos anticompetitivos incluyen:

a) Fijación de precios: Los miembros de un cartel se ponen de acuerdo para fijar precios artificialmente altos o mantenerlos en un nivel que no refleja las fuerzas del mercado. Esto conduce a precios inflados para los consumidores y reduce la competencia.

b) Reparto de mercados: Los miembros de un cartel acuerdan dividir el mercado entre ellos, asignando áreas geográficas o segmentos de clientes específicos a cada miembro. Esto elimina la competencia entre ellos en esas áreas o segmentos, lo que da como resultado la falta de opciones para los consumidores y precios más altos de lo que sería en un mercado competitivo.

c) Limitación de producción: Los miembros del cartel pueden acordar limitar la cantidad de productos o servicios que producen o proporcionan. Esto reduce la oferta en el mercado y puede elevar los precios.

d) Represalias contra competidores: Los carteles a menudo toman medidas para dañar a competidores que no forman parte del cartel, como mediante la reducción de precios de manera temporal para expulsar a competidores del mercado o mediante la adopción de medidas para desalentar la entrada de nuevos competidores.

e) Acuerdos de cuotas de mercado: Los miembros del cartel pueden establecer cuotas de mercado específicas para cada uno, lo que limita la capacidad de los competidores para expandirse y ganar cuota de mercado.

f) Intercambio de información sensible a la competencia: Compartir información competitiva sensible entre competidores puede ayudar a coordinar las actividades del cartel y mantener el control sobre el mercado.

g) Acuerdos de exclusividad: Estos acuerdos impiden que los competidores tengan acceso a ciertos canales de distribución o clientes, lo que limita la capacidad de los competidores para competir en igualdad de condiciones.

h) Acuerdos de licitación: Los miembros del cartel pueden acordar no competir entre sí en licitaciones públicas, lo que resulta en la falta de competencia en el proceso de adquisición y precios inflados para las entidades públicas o privadas que licitan proyectos o contratos.

Los carteles y acuerdos anticompetitivos son ilegales en la mayoría de las jurisdicciones debido a su efecto perjudicial en la competencia y en los consumidores. Las leyes de competencia y antimonopolio están diseñadas para prevenir y sancionar estas prácticas y promover la competencia justa en los mercados.

Las sanciones por participar en carteles y acuerdos anticompetitivos pueden incluir multas significativas para las empresas y, en algunos casos, penas de prisión para los individuos involucrados.

La aplicación de estas leyes busca proteger los intereses de los consumidores y garantizar un mercado competitivo y justo.

COMERCIO DE PRODUCTOS FALSIFICADOS

El comercio de productos falsificados, también conocidos como productos falsos o piratas, se refiere a la fabricación, distribución, venta o comercialización de bienes que imitan o copian de manera fraudulenta productos genuinos o legítimos, sin la autorización del titular de los derechos de propiedad intelectual o marcas registradas.

Estos productos falsificados suelen ser de calidad inferior y pueden llevar a la confusión de los consumidores, así como a una serie de problemas legales y económicos.

Las conductas que comporta el comercio de productos falsificados pueden incluir:

a) Fabricación ilegal: Producir productos falsificados que imitan a productos genuinos o protegidos por derechos de propiedad intelectual, como marcas registradas, patentes o derechos de autor.

b) Distribución y venta: Comercializar o vender productos falsificados en el mercado, ya sea en tiendas físicas, en línea o a través de otros canales de distribución.

c) Importación y exportación ilegal: Importar productos falsificados de un país a otro sin cumplir con las leyes y regulaciones aduaneras o de propiedad intelectual.

d) Publicidad engañosa: Promocionar productos falsificados como si fueran genuinos, a menudo mediante el uso de logotipos y envases que se asemejan a los originales.

e) Evasión de regulaciones de seguridad y calidad: Ignorar o eludir las regulaciones de seguridad y calidad que se aplican a los productos genuinos, lo que puede poner en riesgo la salud y la seguridad de los consumidores.

f) Violación de derechos de autor: Copiar, reproducir o distribuir material con derechos de autor sin el permiso adecuado del titular de los derechos.

g) Producción de productos peligrosos: Fabricar productos falsificados que pueden representar un riesgo para la salud o la seguridad de los consumidores, como medicamentos falsificados o productos electrónicos defectuosos.

h) Competencia desleal: Obtener una ventaja competitiva injusta al vender productos falsificados a precios más bajos que los productos genuinos, lo que perjudica a los competidores legítimos.

i) Lavado de dinero: Utilizar las ganancias obtenidas del comercio de productos falsificados para ocultar su origen ilegal o para financiar otras actividades delictivas.

j) Uso de marcas y logotipos no autorizados: Utilizar marcas registradas, logotipos y etiquetas falsificados o no autorizados para engañar a los consumidores y hacer que crean que están comprando productos auténticos.

El comercio de productos falsificados es un problema global que afecta a diversas industrias, incluyendo la moda, la electrónica, la farmacéutica, el entretenimiento y más.

Estas prácticas son ilegales y están sujetas a consecuencias legales que pueden incluir multas, penas de prisión y la confiscación de bienes.

Además, el comercio de productos falsificados socava la confianza de los consumidores en la autenticidad de los productos y puede poner en riesgo su salud y seguridad, especialmente cuando se trata de productos falsificados que no cumplen con los estándares de calidad y seguridad.

Para abordar el problema del comercio de productos falsificados, muchos países han implementado medidas legales y aduaneras más estrictas, así como campañas de concienciación pública.

Además, las empresas legítimas y titulares de derechos de propiedad intelectual a menudo toman medidas legales para proteger sus marcas y productos de la falsificación.

La cooperación internacional también desempeña un papel importante en la lucha contra este tipo de delitos, ya que muchas redes de falsificación operan a nivel transnacional.

COMPETENCIA DESLEAL

La competencia desleal se refiere a prácticas comerciales o empresariales que violan principios éticos y legales de competencia justa y que perjudican a otras empresas o consumidores.

Estas prácticas desleales están relacionadas con los delitos contra el mercado y los consumidores y pueden incluir una serie de conductas fraudulentas o anticompetitivas que buscan obtener una ventaja injusta en el mercado.

A continuación, se describen qué significa la competencia desleal y qué conductas pueden comportar:

a) Falsedad publicitaria: La competencia desleal puede implicar el uso de publicidad engañosa o falsa para promocionar productos o servicios de manera que induzca a error a los consumidores sobre las características, calidad o precio de los productos.

b) Imitación fraudulenta: Esto incluye la copia o imitación de productos, marcas o diseños de otras empresas de una manera que puede confundir a los consumidores y dañar la reputación de la empresa original.

c) Desacreditación injusta: Se refiere a difamaciones, calumnias o declaraciones falsas realizadas sobre un competidor con el objetivo de perjudicar su reputación y dañar su negocio.

d) Prácticas comerciales desleales: Esto abarca una amplia gama de conductas anticompetitivas, como el robo de secretos comerciales, el soborno de empleados de la competencia, la manipulación de precios o la difusión de rumores maliciosos sobre la competencia.

e) Abuso de posición dominante: La competencia desleal también puede involucrar el uso indebido de una posición dominante en el mercado para excluir a competidores legítimos o para manipular los precios.

f) Engaño en las transacciones comerciales: Implica prácticas engañosas en la celebración de contratos comerciales, como el incumplimiento deliberado de acuerdos contractuales o el incumplimiento de garantías y promesas.

g) Apropiación indebida de la clientela: Esto ocurre cuando una empresa intenta captar a los clientes de un competidor de manera injusta, por ejemplo, mediante la contratación de empleados de la competencia con el fin de robar sus clientes.

h) Precios predatorios: Implica la fijación de precios artificialmente bajos para eliminar a la competencia y luego aumentar los precios una vez que se ha eliminado la competencia.

i) Venta de productos falsificados o piratas: Fabricar y vender productos falsificados o piratas que infringen los derechos de propiedad intelectual de otras empresas, perjudicando así sus ventas legítimas.

j) Soborno y corrupción: Participar en prácticas corruptas, como el soborno de funcionarios gubernamentales o empleados de otras empresas para obtener un trato preferencial o ganar contratos comerciales de manera injusta.

La competencia desleal es ilegal en la mayoría de los países y está sujeta a leyes y regulaciones específicas destinadas a proteger la competencia justa y prevenir prácticas comerciales deshonestas.

Las consecuencias legales por competencia desleal pueden incluir multas, sanciones económicas, órdenes judiciales para cesar en las prácticas desleales y, en algunos casos, demandas civiles por daños y perjuicios presentadas por las empresas perjudicadas.

El objetivo de estas leyes es garantizar que las empresas compitan de manera justa y que los consumidores tengan acceso a información precisa y a una amplia gama de opciones en el mercado.

ESTAFAS

Las estafas, en el contexto de los delitos contra el mercado y los consumidores, se refieren a actos fraudulentos o engañosos realizados con la intención de obtener beneficios económicos de manera deshonesta a expensas de personas, empresas o consumidores.

Estas prácticas son ilegales en la mayoría de las jurisdicciones y están destinadas a engañar a las víctimas para que entreguen dinero, propiedades o información personal a los estafadores.

Las conductas que comportan las estafas pueden variar ampliamente, pero algunas de las prácticas más comunes incluyen:

a) Phishing: El envío de correos electrónicos o mensajes de texto fraudulentos que pretenden ser de organizaciones legítimas (como bancos, empresas de tecnología o agencias gubernamentales) con el fin de engañar a las personas para que revelen información confidencial, como contraseñas, números de tarjeta de crédito o números de seguridad social.

b) Estafas de inversión o esquemas Ponzi: Ofrecer oportunidades de inversión fraudulentas con promesas de altos rendimientos, pero sin inversiones reales o legítimas detrás de ellas. Los estafadores suelen utilizar fondos de nuevos inversores para pagar a los inversores anteriores.

c) Venta de productos falsificados o inexistentes: Ofrecer productos que son falsos o que nunca se entregan después de recibir el pago. Esto puede incluir productos de lujo, electrónicos, medicamentos o cualquier otro tipo de bienes.

d) Estafas de premios falsos: Informar a las personas que han ganado un premio (como un sorteo o una lotería) y solicitar un pago por adelantado o información personal para reclamarlo.

e) Fraude en línea de citas o relaciones personales: Engañar a personas a través de sitios web de citas o redes sociales, con la intención de ganar su confianza y luego pedir dinero o realizar actividades fraudulentas.

f) Estafas de soporte técnico: Hacerse pasar por técnicos de soporte técnico de empresas legítimas para engañar a las personas y obtener acceso a sus computadoras o información financiera.

g) Estafas de herencia o préstamos falsos: Contactar a personas y ofrecerles herencias inesperadas o préstamos, pero requerir pagos por adelantado para desbloquear los fondos.

h) Estafas de lotería o sorteos: Notificar a las personas que han ganado una lotería o sorteo, pero solicitar un pago por adelantado o información personal para recibir el premio.

i) Estafas de servicios falsos: Ofrecer servicios, como reparaciones de viviendas o trabajos de construcción, y cobrar por adelantado sin realizar el trabajo o realizarlo de manera deficiente.

j) Estafas de caridad falsa: Solicitar donaciones en nombre de organizaciones benéficas falsas o ficticias, o desviar fondos destinados a organizaciones legítimas para beneficio personal.

k) Fraude en tarjetas de crédito y débito: Utilizar de manera no autorizada información de tarjetas de crédito o débito de otras personas para realizar compras fraudulentas.

Las estafas son perjudiciales tanto para los individuos como para la sociedad en general, ya que pueden causar pérdidas financieras significativas, dañar la confianza en las transacciones comerciales y en línea, y afectar la seguridad y el bienestar de las personas.

La prevención de estafas implica la educación pública, la vigilancia y el cumplimiento de las leyes y regulaciones destinadas a identificar y sancionar a los estafadores.

Las consecuencias legales por estafas pueden incluir multas, sanciones civiles, penas de prisión y la obligación de restituir a las víctimas.

Por lo tanto, es importante estar alerta y consciente de las posibles estafas, y nunca proporcionar información personal o financiera a menos que se esté seguro de la legitimidad de la solicitud o transacción.

EVASIÓN FISCAL

La evasión fiscal, en el contexto de los delitos contra el mercado y los consumidores, se refiere a la acción de ocultar, subdeclarar o manipular información financiera con el propósito de reducir ilegalmente la carga tributaria de una persona o entidad.

La evasión fiscal es considerada un delito en la mayoría de los países y puede tener consecuencias legales graves.

Las conductas que comporta la evasión fiscal pueden incluir:

a) Subdeclaración de ingresos: Ocultar o subdeclarar ingresos obtenidos de actividades comerciales o inversiones para reducir la base imponible y pagar menos impuestos de los que corresponden.

b) Manipulación de gastos y deducciones: Incluir gastos ficticios o inflar gastos reales con el fin de reducir la ganancia imponible y, por lo tanto, el impuesto a pagar.

c) Uso de paraísos fiscales: Transferir activos o fondos a jurisdicciones de baja o nula tributación (paraísos fiscales) con el objetivo de eludir los impuestos locales.

d) Utilización de estructuras empresariales complejas: Crear empresas ficticias o utilizar estructuras empresariales complicadas para dificultar el seguimiento de las transacciones y la identificación del propietario real de los activos.

e) Evasión de impuestos sobre la propiedad y las ventas: No declarar la propiedad o los bienes que están sujetos a impuestos sobre la propiedad o las ventas, o realizar transacciones para evitar estos impuestos.

f) Inversiones no declaradas: Mantener inversiones financieras en el extranjero sin informar a las autoridades fiscales locales, evitando así la tributación adecuada de los rendimientos.

g) Falsificación de documentos fiscales: Crear documentos fiscales falsos, como facturas o recibos, para respaldar las deducciones o transacciones fraudulentas.

h) Uso de identidades falsas o cuentas offshore: Utilizar identidades falsas o cuentas bancarias offshore para ocultar activos y evitar la detección.

i) Uso de identidades falsas o terceros: Utilizar identidades falsas o involucrar a terceros para ocultar ingresos o transferir activos sin dejar rastro.

j) Incorporación de empresas ficticias: Crear empresas ficticias o entidades comerciales sin actividad real con el propósito de canalizar ingresos o activos y evitar impuestos.

La evasión fiscal es ilegal y se considera un delito grave en la mayoría de los países.

Las consecuencias legales por evasión fiscal pueden incluir multas sustanciales, sanciones civiles y penales, e incluso penas de prisión para quienes sean encontrados culpables.

Además, las autoridades fiscales pueden imponer intereses y recargos sobre los impuestos no pagados y pueden confiscar bienes y activos para compensar las deudas tributarias pendientes.

La evasión fiscal puede tener un impacto negativo en la recaudación de impuestos y, por lo tanto, en la capacidad del gobierno para financiar servicios públicos y programas esenciales.

También socava la equidad tributaria al permitir que algunas personas o empresas eludan sus responsabilidades fiscales mientras que otros cumplen con sus obligaciones.

Por lo tanto, la lucha contra la evasión fiscal es una preocupación importante para las autoridades fiscales y gubernamentales en todo el mundo, y se implementan medidas para prevenir y sancionar estas conductas ilegales.

FALSEAMIENTO DE INFORMACIÓN FINANCIERA

El falseamiento de información financiera se refiere a la práctica de proporcionar información financiera engañosa, inexacta o fraudulentamente manipulada con el fin de inducir a error a inversores, reguladores, accionistas o el público en general sobre la situación financiera real de una empresa o entidad.

Estas acciones pueden tener graves consecuencias tanto para el mercado como para los consumidores, ya que pueden distorsionar la percepción de la salud financiera de una entidad, influir en decisiones de inversión y socavar la confianza en los mercados financieros.

Las conductas que comporta el falseamiento de información financiera pueden incluir:

a) Manipulación de estados financieros: Alterar los estados financieros de una empresa, como el balance, la cuenta de resultados o el flujo de efectivo, para mostrar una imagen más favorable de la situación financiera de lo que realmente es.

b) Inflación de ingresos: Registrar ingresos que no se han generado realmente o reconocer ingresos futuros de manera prematura para inflar los resultados financieros.

c) Subestimación de gastos o pasivos: Reducir de manera indebida los gastos o pasivos registrados en los estados financieros para exagerar las ganancias o el patrimonio neto de la empresa.

d) Uso de reservas y provisiones de manera inapropiada: Utilizar reservas o provisiones para ocultar pérdidas o ajustes negativos en los resultados financieros.

e) No divulgar información relevante: No proporcionar información importante sobre contingencias, riesgos o eventos que puedan afectar significativamente la situación financiera de la entidad.

f) Valoración incorrecta de activos: Valorar activos, como inversiones o propiedades, a precios inflados o por encima de su valor real de mercado.

g) Información engañosa en informes o comunicados: Emitir informes anuales, informes trimestrales u otros comunicados públicos que contengan información financiera inexacta o engañosa.

h) Ocultación de deudas o pasivos fuera del balance: No incluir ciertas deudas o pasivos en los estados financieros principales para mejorar artificialmente la posición financiera de la empresa.

i) Divulgación insuficiente o falsa de riesgos financieros: No proporcionar una descripción adecuada de los riesgos financieros a los inversores o al público en general.

j) Uso de instrumentos financieros complejos para ocultar pérdidas: Utilizar instrumentos financieros complejos o estructuras contables opacas para ocultar pérdidas o riesgos significativos.

k) Colaboración con auditores fraudulentos: Colaborar con auditores externos de manera fraudulenta para encubrir o perpetuar la falsificación de información financiera.

l) Venta de valores basados en información falsa: Vender acciones u otros valores basados en información financiera falsa o engañosa, lo que puede perjudicar a los inversores.

El falseamiento de información financiera es una violación grave de la integridad del mercado y puede tener un impacto perjudicial en los inversores, los accionistas y la estabilidad financiera en general.

Además, es ilegal en la mayoría de las jurisdicciones y puede estar sujeto a sanciones legales, como multas, penas de prisión para los responsables y daños financieros para las partes afectadas.

Las autoridades reguladoras y las agencias encargadas de hacer cumplir la ley están vigilantes para prevenir y sancionar estas prácticas y para promover la transparencia y la integridad en los mercados financieros.

FRAUDE DE MERCADO

El fraude de mercado, en el contexto de los delitos contra el mercado y los consumidores, se refiere a una serie de prácticas fraudulentas y engañosas que pueden perjudicar a los inversores, distorsionar la equidad del mercado financiero y dañar la confianza en el sistema financiero en general.

El fraude de mercado implica actividades ilegales destinadas a manipular los precios de los valores financieros o a engañar a los inversores en el mercado.

Las conductas que comporta el fraude de mercado pueden incluir:

a) Manipulación de precios: Esta es una de las formas más comunes de fraude de mercado. Involucra la compra o venta de valores con el propósito de influir en su precio artificialmente. Esto puede incluir la creación de una demanda falsa para aumentar los precios o la venta masiva de valores para reducir los precios, con el objetivo de beneficiarse de los movimientos de precios resultantes.

b) Difusión de información falsa o engañosa: Los perpetradores del fraude de mercado pueden difundir información falsa o engañosa sobre una empresa o un valor financiero para influir en las decisiones de los inversores y manipular los precios de los valores. Esto puede incluir rumores falsos, declaraciones engañosas o informes ficticios.

c) Operaciones con información privilegiada: En el fraude de mercado, las personas pueden utilizar información privilegiada no divulgada públicamente para tomar decisiones comerciales ventajosas. Esto incluye la compra o venta de valores basada en información confidencial que no está disponible para el público en general.

d) Pump and dump (inflar y vender): En este esquema, los estafadores compran grandes cantidades de un valor de bajo precio, luego promueven activamente ese valor para atraer a inversores y aumentar su precio. Una vez que el precio se infla, los estafadores venden sus participaciones a precios elevados, lo que resulta en pérdidas para los inversores que compraron en el pico de precios.

e) Uso de cuentas falsas: Los perpetradores pueden utilizar cuentas falsas o ficticias para realizar transacciones y ocultar su identidad y actividad fraudulenta.

f) Falsificación de documentos o informes financieros: El fraude de mercado puede incluir la falsificación de documentos financieros, como informes de ganancias o estados financieros, con el fin de engañar a los inversores y manipular el mercado.

g) Creación de esquemas Ponzi: Algunos fraudes de mercado pueden involucrar la creación de esquemas Ponzi en los que los fondos de nuevos inversores se utilizan para pagar rendimientos a inversores anteriores, en lugar de generar ganancias legítimas a través de inversiones.

h) Ofertas públicas iniciales (IPO) fraudulentas: En algunos casos, se pueden llevar a cabo IPOs fraudulentas, donde una empresa ofrece sus acciones al público a través de una oferta pública inicial que contiene información falsa o engañosa.

i) Abuso de posiciones dominantes: Los participantes del mercado que tienen posiciones dominantes o significativas pueden abusar de esa posición para influir en el mercado de manera perjudicial, por ejemplo, bloqueando la entrada de competidores legítimos o limitando la competencia.

j) Prácticas de manipulación algorítmica: En la era digital, el fraude de mercado también puede implicar la manipulación de algoritmos de trading y sistemas de alta frecuencia para distorsionar los precios y obtener ganancias indebidas.

k) Fraude en la venta de valores: Esto incluye prácticas engañosas en la venta de valores a inversores, como la venta de valores sin divulgar información importante o la promoción de esquemas de inversión fraudulentos.

El fraude de mercado es ilegal en la mayoría de los países y está sujeto a leyes y regulaciones específicas destinadas a prevenirlo y combatirlo.

Las consecuencias legales por fraude de mercado suelen incluir multas sustanciales y penas de prisión para quienes sean declarados culpables.

Además, las agencias reguladoras y las autoridades encargadas de hacer cumplir la ley trabajan para identificar y perseguir a los perpetradores del fraude de mercado con el fin de mantener la integridad del mercado financiero y proteger a los inversores y consumidores.

INCUMPLIMIENTO DE NORMATIVAS Y REGULACIONES

El incumplimiento de normativas y regulaciones en el contexto de los delitos contra el mercado y los consumidores se refiere a la acción de no cumplir con las leyes y regulaciones establecidas para regular el comportamiento de las empresas y proteger los derechos e intereses de los consumidores en el mercado.

Estas normativas y regulaciones están diseñadas para garantizar la equidad, la transparencia y la integridad del mercado, así como para proteger a los consumidores de prácticas comerciales deshonestas o dañinas.

El incumplimiento de estas normativas y regulaciones puede dar lugar a diversas conductas y prácticas ilegales, que pueden incluir:

a) Publicidad engañosa: Promocionar productos o servicios de manera engañosa o falsa, proporcionando información incorrecta o exagerada sobre características, beneficios o precios.

b) Precios injustos o prácticas de fijación de precios ilegales: Establecer precios injustos o anticompetitivos que perjudican a los consumidores o participar en prácticas de fijación de precios ilegales, como el acuerdo con competidores para fijar precios artificialmente altos.

c) Falta de seguridad del producto: No cumplir con los estándares de seguridad requeridos para los productos vendidos, lo que puede resultar en productos peligrosos o defectuosos que ponen en riesgo la salud y la seguridad de los consumidores.

d) Fraude en la venta de valores o inversiones: Ofrecer inversiones fraudulentas o esquemas de inversión que engañan a los inversores y causan pérdidas financieras.

e) Monopolio o abuso de posición dominante: Utilizar una posición dominante en el mercado para limitar la competencia de manera ilegal, como bloquear la entrada de competidores legítimos.

f) Prácticas de discriminación ilegal: Discriminar a ciertos grupos de consumidores, como por raza, género o nacionalidad, en la prestación de servicios o en la venta de bienes.

g) Prácticas anticompetitivas: Participar en acuerdos con competidores que restrinjan la competencia, como la división de mercados o la fijación de precios.

h) Venta de productos prohibidos o no autorizados: Comercializar productos que están prohibidos por regulaciones gubernamentales o que no han sido autorizados para su venta, como medicamentos no aprobados o productos alimenticios no seguros.

i) Infracción de derechos de propiedad intelectual: Copiar, distribuir o vender obras protegidas por derechos de autor sin la debida autorización de los titulares de los derechos.

j) Incumplimiento de regulaciones de seguridad alimentaria o ambiental: No cumplir con las regulaciones destinadas a proteger la salud pública y el medio ambiente en la fabricación, distribución o venta de productos.

El incumplimiento de normativas y regulaciones en los delitos contra el mercado y los consumidores puede tener graves consecuencias legales y financieras para las empresas y las personas involucradas.

Las autoridades regulatorias y las agencias gubernamentales trabajan para hacer cumplir estas leyes y sancionar a quienes violan las normativas.

El objetivo de estas leyes y regulaciones es promover prácticas comerciales justas, proteger a los consumidores y mantener la integridad del mercado.

LAVADO DE DINERO

El lavado de dinero es una actividad ilegal que consiste en el proceso de ocultar o disfrazar los fondos o activos que provienen de actividades criminales, de manera que parezcan legítimos y no estén vinculados con actividades delictivas.

En el contexto de los delitos contra el mercado y los consumidores, el lavado de dinero puede estar relacionado con la ganancia ilegal obtenida a través de prácticas comerciales fraudulentas o actividades que perjudican a los consumidores.

Las conductas que comporta el lavado de dinero en este contexto pueden incluir:

a) Ocultamiento de ganancias ilícitas: Una de las principales conductas asociadas con el lavado de dinero en delitos contra el mercado y los consumidores implica tomar las ganancias obtenidas de manera ilegal y ocultar su origen ilegal, de modo que parezcan ingresos legítimos.

b) Creación de negocios ficticios: Los delincuentes pueden establecer empresas falsas o ficticias para hacer que los fondos ilegales parezcan ingresos legítimos de una actividad comercial. Estas empresas falsas pueden generar facturas y transacciones falsas para justificar los movimientos de dinero.

c) Utilización de intermediarios financieros: Los lavadores de dinero a menudo utilizan intermediarios financieros, como bancos o casas de cambio, para mover fondos ilegales a través de una serie de transacciones complejas destinadas a dificultar el seguimiento del dinero.

d) Inversiones en activos tangibles: Los fondos ilegales pueden ser invertidos en activos tangibles, como bienes raíces, obras de arte, vehículos de lujo o joyas, para ocultar la fuente de los fondos y evitar su detección.

e) Transferencias internacionales de dinero: El lavado de dinero a menudo involucra transferencias de dinero a través de fronteras internacionales para dificultar el rastreo de los fondos por parte de las autoridades.

f) Uso de cuentas offshore: Las cuentas bancarias en paraísos fiscales u offshore se utilizan con frecuencia en el lavado de dinero para mantener el anonimato y dificultar la identificación de los titulares de las cuentas.

g) Mezcla de fondos: Los delincuentes pueden mezclar fondos ilegales con fondos legítimos en cuentas bancarias o inversiones para dificultar la identificación de los fondos ilícitos.

El lavado de dinero es ilegal en prácticamente todos los países y está sujeto a leyes y regulaciones específicas destinadas a prevenirlo y combatirlo.

Estas leyes tienen como objetivo desalentar las actividades criminales, proteger la integridad del sistema financiero y evitar que los delincuentes se beneficien de sus actividades ilícitas.

Las consecuencias legales por lavado de dinero pueden incluir multas significativas y penas de prisión para quienes sean declarados culpables, así como la confiscación de los activos obtenidos de manera ilícita.

Además, las instituciones financieras suelen tener la obligación de implementar medidas de debida diligencia para prevenir y detectar el lavado de dinero en sus operaciones.

MANIPULACIÓN DE MERCADO

La manipulación de mercado es una práctica ilegal que involucra actividades diseñadas para distorsionar o manipular el funcionamiento normal de los mercados financieros con el fin de obtener ganancias indebidas o ventajas injustas.

Estos delitos están dirigidos principalmente a los mercados financieros y a los inversores, y pueden involucrar diversas conductas.

Algunas de las conductas que constituyen manipulación de mercado y que son consideradas delitos contra el mercado y los consumidores incluyen:

a) Operaciones fraudulentas: Realizar operaciones engañosas o fraudulentas con valores, productos básicos u otros instrumentos financieros con el objetivo de influir artificialmente en sus precios. Esto puede incluir la difusión de información falsa o engañosa para inducir a otros inversores a comprar o vender.

b) Churning: Realizar operaciones excesivas o innecesarias en una cuenta de inversión para generar comisiones para el intermediario financiero, sin tener en cuenta los intereses del cliente.

c) Pump and dump: Promocionar activos financieros, a menudo a través de tácticas engañosas o de spam, para aumentar su precio y luego venderlos a un precio elevado antes de que el precio se desplome, dejando a los inversores con pérdidas.

d) Spoofing: Colocar órdenes de compra o venta con la intención de cancelarlas antes de que se ejecuten, con el propósito de engañar a otros inversores sobre la oferta y la demanda real en el mercado.

e) Manipulación de precios: Realizar acciones que influyen artificialmente en los precios de los activos financieros, como realizar grandes operaciones para impulsar o deprimir los precios.

f) Insider trading: Comprar o vender valores basándose en información privilegiada no pública, lo que proporciona una ventaja injusta sobre otros inversores.

g) Wash trading: Realizar operaciones en las que una persona o entidad compra y vende un activo entre sí con el propósito de crear una apariencia falsa de actividad en el mercado.

h) Esquemas Ponzi: Utilizar fondos de inversores nuevos para pagar a los inversores anteriores, en lugar de generar retornos legítimos a través de inversiones.

i) Manipulación de índices o tasas de referencia: Influenciar las tasas de interés o los índices financieros, como LIBOR (London Interbank Offered Rate) o el índice de referencia de divisas, de manera fraudulenta para obtener beneficios indebidos.

j) Falsificación de informes financieros: Empresas que falsean sus estados financieros para engañar a los inversores y aumentar artificialmente el precio de sus acciones también están involucradas en la manipulación de mercado.

Las conductas de manipulación de mercado son ilegales en la mayoría de las jurisdicciones financieras y están diseñadas para proteger la integridad y la transparencia de los mercados, así como para asegurar que los inversores puedan tomar decisiones informadas y justas.

Las sanciones por manipulación de mercado pueden incluir multas significativas, pérdida de licencias comerciales, prisión para individuos y daño a la reputación de las empresas involucradas.

Es importante que los participantes en los mercados financieros operen de manera ética y cumplan con las regulaciones aplicables para mantener la confianza en los mercados y proteger a los consumidores e inversores.

MONOPOLIO

El monopolio se refiere a una situación en la que una empresa o entidad tiene un control sustancial o exclusivo sobre la oferta de un producto o servicio en un mercado determinado.

En muchos casos, los monopolios pueden ser considerados perjudiciales para la competencia y el bienestar de los consumidores si se utilizan de manera abusiva o si se adquieren o mantienen mediante prácticas anticompetitivas.

Si bien no se considera un delito en sí mismo, el abuso de posición dominante o la creación y mantenimiento de un monopolio a través de prácticas ilegales pueden ser objeto de acción legal bajo leyes y regulaciones antimonopolio o antitrust.

Las conductas que pueden comportar problemas relacionados con el monopolio en los delitos contra el mercado y los consumidores incluyen:

a) Abuso de posición dominante: Cuando una empresa con un poder de mercado significativo utiliza su posición para restringir la competencia de manera injusta. Esto puede incluir prácticas como fijar precios excesivos, negar el acceso a recursos esenciales o llevar a cabo prácticas de discriminación de precios injustas.

b) Prácticas anticompetitivas: Comportamientos destinados a eliminar o limitar la competencia en un mercado, como el acaparamiento de recursos, la formación de acuerdos colusivos, la manipulación de la oferta y la demanda, y la exclusión de competidores.

c) Control de la distribución o suministro: Cuando una empresa utiliza su poder de mercado para controlar o manipular la distribución o el suministro de productos o servicios de manera que excluye a los competidores o impide que lleguen al mercado.

d) Fijación de precios predatorios: Reducción de precios de manera temporal y artificial para eliminar a la competencia y luego elevar los precios una vez que los competidores se han retirado del mercado.

e) Prácticas de fusión anticompetitivas: Cuando las empresas buscan fusionarse de manera que resulte en una concentración de mercado que pueda dañar la competencia y perjudicar a los consumidores.

f) Acuerdos de exclusividad: Celebración de acuerdos con distribuidores o proveedores que impidan a los competidores acceder al mercado o dificulten su entrada.

g) Discriminación de precios injusta: Cobro de precios diferentes a diferentes clientes o grupos de clientes sin justificación legítima.

h) Restricciones de licencia anticompetitivas: Imposición de restricciones excesivas o injustificadas en las licencias de propiedad intelectual que impiden la competencia.

i) Falta de transparencia en los contratos: Utilizar contratos opacos o condiciones contractuales injustas que perjudican a competidores o consumidores.

Las leyes antimonopolio o antitrust están diseñadas para prevenir y sancionar estas prácticas anticompetitivas y proteger la competencia y los intereses de los consumidores.

Las consecuencias legales por la participación en prácticas antimonopolio pueden incluir multas significativas, sanciones civiles, la disolución de acuerdos anticompetitivos y, en algunos casos, penas de prisión para individuos involucrados en conductas ilegales.

Estas leyes están destinadas a promover la competencia en los mercados y garantizar que los consumidores tengan acceso a opciones y precios justos y razonables.

NEGOCIACIÓN CON INFORMACIÓN PRIVILEGIADA

La negociación con información privilegiada, también conocida como "insider trading" en inglés, es una práctica ilegal en el ámbito de los delitos contra el mercado y los consumidores que involucra la compra o venta de valores financieros utilizando información confidencial y no pública para obtener una ventaja injusta en el mercado.

Esta práctica perjudica la integridad del mercado y la confianza de los inversionistas, y generalmente incluye las siguientes conductas:

a) Uso de información privilegiada: La persona que comete negociación con información privilegiada utiliza información no pública y confidencial para tomar decisiones comerciales en relación con valores financieros. Esta información a menudo proviene de fuentes internas de una empresa, como empleados, directivos, accionistas importantes u otros individuos que tienen acceso a datos confidenciales.

b) Compra o venta de valores: El individuo que posee información privilegiada compra o vende valores financieros basándose en la información que posee. Por ejemplo, podría comprar acciones de una empresa si sabe que la empresa está a punto de hacer un anuncio que impactará positivamente en el precio de esas acciones.

c) Beneficio personal: El objetivo de la negociación con información privilegiada es obtener un beneficio personal o evitar pérdidas. Esto puede ser en forma de ganancias financieras directas, evitar pérdidas potenciales o beneficiar a amigos, familiares o asociados proporcionándoles la información confidencial.

d) No divulgar la información: Una característica fundamental de la negociación con información privilegiada es que la información no se divulga al público en general antes de llevar a cabo las transacciones. La falta de divulgación es lo que da a quienes poseen información privilegiada una ventaja injusta en el mercado.

e) Manipulación del mercado: La negociación con información privilegiada puede influir en el precio de los valores y distorsionar la equidad del mercado, ya que aquellos con información no pública pueden tomar decisiones comerciales basadas en información que otros inversores desconocen.

f) Violación de leyes de valores: La negociación con información privilegiada por lo general viola las leyes de valores y las regulaciones financieras, que tienen como objetivo proteger la integridad del mercado y garantizar que todos los participantes tengan igualdad de condiciones y acceso a la información relevante.

La negociación con información privilegiada es ilegal en la mayoría de los países y está regulada por leyes de valores y regulaciones financieras.

Estas leyes tienen como objetivo preservar la integridad del mercado y garantizar que todos los participantes tengan igualdad de condiciones y acceso a la información relevante.

Las consecuencias legales por negociación con información privilegiada suelen incluir multas significativas y penas de prisión para quienes sean encontrados culpables de esta práctica.

Además, las empresas suelen tomar medidas disciplinarias contra los empleados que participan en negociación con información privilegiada.

PIRATEAR INFORMACIÓN

Piratear información, en el contexto de los delitos contra el mercado y los consumidores, se refiere a la acción de obtener, acceder, copiar, robar o divulgar información confidencial o protegida sin la autorización adecuada y de manera ilegal.

Este tipo de conducta se considera un delito grave en muchas jurisdicciones y puede tener implicaciones legales significativas.

Las conductas que comporta piratear información suelen incluir:

a) Acceso no autorizado: Entrar en sistemas informáticos, redes o bases de datos sin la debida autorización. Esto puede incluir el uso de contraseñas robadas, técnicas de hacking, o el acceso no autorizado a cuentas o sistemas en línea.

b) Robo de datos: Copiar o transferir información confidencial, como datos personales, financieros o comerciales, sin el permiso del propietario legítimo de esa información.

c) Distribución no autorizada: Divulgar o compartir información protegida de manera ilegal, ya sea vendiéndola, compartiéndola en línea o de cualquier otra forma no autorizada.

d) Espionaje empresarial: Obtener información confidencial de empresas competidoras o de terceros con el objetivo de obtener una ventaja injusta en el mercado.

e) Manipulación de datos: Modificar o manipular información para beneficio personal o para engañar a otras personas o empresas.

f) Extorsión cibernética: Amenazar con revelar información confidencial a menos que se realice un pago o se cumpla con ciertas demandas.

g) Ransomware: Utilizar software malicioso para cifrar datos o bloquear el acceso a sistemas informáticos y exigir un rescate a cambio de la liberación de la información o el acceso.

h) Violación de la privacidad: Obtener y divulgar información personal o privada de individuos sin su consentimiento, lo que puede resultar en daños significativos a la privacidad y la seguridad de las personas.

i) Violación de leyes de propiedad intelectual: Copiar o distribuir contenido protegido por derechos de autor o propiedad intelectual de manera ilegal, como software, música, películas o libros electrónicos.

j) Fraude cibernético: Utilizar información robada para cometer fraudes financieros, como el robo de identidad, la estafa en línea o el fraude con tarjetas de crédito.

k) Falsificación de identidad en línea: Hacerse pasar por otra persona o entidad en línea para obtener información confidencial o cometer fraudes.

l) Phishing: Engañar a las personas para que revelen información confidencial, como contraseñas o números de tarjeta de crédito, a través de correos electrónicos falsos o sitios web fraudulentos.

m) Ataques de denegación de servicio (DDoS): Sobrecargar intencionalmente sistemas o redes con tráfico falso o malicioso para interrumpir los servicios y causar daño a las operaciones comerciales.

El pirateo de información puede tener graves consecuencias legales y financieras para quienes cometen estas conductas.

Las autoridades encargadas de hacer cumplir la ley y las agencias de ciberseguridad trabajan para prevenir y sancionar este tipo de conductas, ya que pueden causar daños significativos a individuos, empresas y la sociedad en general.

Las sanciones por piratear información pueden incluir multas, penas de prisión y la obligación de indemnizar a las víctimas por los daños sufridos.

Además, las empresas y organizaciones suelen implementar medidas de seguridad cibernética para proteger su información y reducir el riesgo de ataques cibernéticos.

PRÁCTICAS DE MARKETING AGRESIVAS

Las prácticas de marketing agresivas se refieren a estrategias de marketing que utilizan tácticas excesivamente persuasivas, engañosas o coercitivas para promover productos o servicios. En el contexto de los delitos contra el mercado y los consumidores, estas prácticas se consideran inapropiadas o ilegales cuando infringen las leyes y regulaciones destinadas a proteger a los consumidores y mantener la integridad del mercado. Las conductas que comportan las prácticas de marketing agresivas pueden incluir:

a) Publicidad engañosa: Hacer afirmaciones falsas o engañosas sobre un producto o servicio con el fin de atraer a los consumidores y persuadirlos a comprar. Esto puede incluir la exageración de características o beneficios, la ocultación de información importante o la presentación de testimonios falsos de clientes satisfechos.

b) Presión de ventas: Emplear tácticas de venta excesivamente agresivas, como llamadas telefónicas no solicitadas, visitas no deseadas de vendedores a domicilio o mensajes de correo electrónico no deseados, para forzar a los consumidores a tomar decisiones rápidas sin tiempo para considerar cuidadosamente sus opciones.

c) Prácticas de marketing de redes multinivel (MLM) engañosas: Promover esquemas de MLM que se basan en la incorporación de nuevos miembros en lugar de la venta de productos o servicios legítimos, lo que puede llevar a prácticas engañosas y explotación financiera de los participantes.

d) Venta agresiva de productos financieros: Utilizar tácticas de venta persuasivas y engañosas para promover productos financieros, como seguros, inversiones o préstamos, sin revelar adecuadamente los riesgos o costos asociados.

e) Prácticas de ventas puerta a puerta engañosas: Vender productos o servicios en persona, a menudo en el hogar de los consumidores, utilizando tácticas de venta engañosas o coercitivas, como la manipulación emocional o la presión para tomar decisiones inmediatas.

f) Desinformación sobre precios y términos: No proporcionar información clara y precisa sobre los precios, los términos de venta o las políticas de devolución, lo que puede llevar a que los consumidores sean sorprendidos por cargos ocultos o condiciones desfavorables después de la compra.

g) Utilización de datos personales sin consentimiento: Recopilar y utilizar datos personales de los consumidores sin su consentimiento adecuado, lo que puede infringir la privacidad y la seguridad de los individuos.

h) Acoso o intimidación: Utilizar tácticas de intimidación o acoso para persuadir a los consumidores, como amenazas, insultos o coacción.

i) Dirección a audiencias vulnerables: Dirigir deliberadamente estrategias de marketing agresivas a personas vulnerables, como niños, personas mayores o personas con discapacidades cognitivas, que pueden ser más susceptibles a las tácticas persuasivas.

j) Uso de influencia psicológica: Apelar a las emociones, los miedos o las inseguridades de los consumidores para persuadirlos de que compren un producto o servicio, incluso cuando no sea necesario.

El uso de prácticas de marketing agresivas puede tener un impacto negativo en los consumidores, ya que puede llevarlos a tomar decisiones perjudiciales, sentirse presionados o ser víctimas de fraude.

Por lo tanto, en muchos países, existen leyes y regulaciones destinadas a prevenir y sancionar estas prácticas.

Las consecuencias legales por prácticas de marketing agresivas pueden incluir multas, sanciones civiles, prohibiciones de marketing o la obligación de compensar a los consumidores afectados.

El objetivo de estas regulaciones es proteger a los consumidores y promover prácticas comerciales justas y éticas en el mercado.

PRÁCTICAS DE PRÉSTAMOS DEPREDADORAS

Las prácticas de préstamos depredadoras, también conocidas como préstamos predatorios, se refieren a prácticas de préstamo abusivas y desleales que están diseñadas para explotar a los prestatarios, a menudo personas vulnerables o en situaciones financieras difíciles.

Estas prácticas son generalmente consideradas ilegales o inmorales en muchas jurisdicciones y pueden involucrar una serie de conductas perjudiciales.

Las conductas que suelen comportar las prácticas de préstamos depredadoras incluyen:

a) Tasas de interés excesivas: Ofrecer préstamos con tasas de interés extremadamente altas que exceden con creces las tasas de interés promedio del mercado. Esto puede resultar en pagos mensuales onerosos y dificultades para pagar la deuda.

b) Cargos y tarifas ocultas: Imponer cargos y tarifas adicionales que no se divulgan claramente en el momento de la solicitud del préstamo, lo que aumenta significativamente el costo total del préstamo.

c) Préstamos con garantía hipotecaria abusivos: Ofrecer préstamos con garantía hipotecaria en los que la vivienda del prestatario se utiliza como garantía, a pesar de que el prestatario puede no tener la capacidad de reembolsar el préstamo, lo que puede resultar en la pérdida de la vivienda.

d) Préstamos de alto riesgo sin verificación adecuada: Otorgar préstamos a personas con ingresos bajos o irregulares sin realizar una verificación adecuada de la capacidad del prestatario para pagar el préstamo, lo que aumenta el riesgo de impago.

e) Condiciones engañosas: Presentar los términos del préstamo de manera confusa o engañosa, lo que dificulta que los prestatarios comprendan completamente los términos y condiciones del contrato.

f) Renovaciones forzadas: Ofrecer préstamos a corto plazo con la obligación de renovar el préstamo en términos desfavorables, lo que puede llevar a los prestatarios a quedar atrapados en un ciclo de deuda.

g) Coacción o acoso: Utilizar tácticas de coacción o acoso para presionar a los prestatarios a aceptar préstamos con términos injustos, incluyendo amenazas, intimidación o presión psicológica.

h) Préstamos falsos o fraudulentos: Proporcionar préstamos con información falsa o fraudulenta para obtener ganancias financieras injustas.

i) Recolección de deudas abusivas: Emplear prácticas de recolección de deudas abusivas, como llamadas acosadoras, amenazas o el uso de tácticas ilegales para presionar a los prestatarios que no pueden pagar.

j) Falta de transparencia en la divulgación de información: No proporcionar información clara y completa sobre los términos del préstamo y las tasas de interés a los prestatarios, lo que dificulta que tomen decisiones informadas.

Las prácticas de préstamos depredadoras son generalmente ilegales en muchas jurisdicciones y están sujetas a regulaciones que buscan proteger a los consumidores de abusos financieros.

Las agencias gubernamentales y organizaciones de defensa del consumidor trabajan para hacer cumplir estas leyes y regulaciones y para brindar asesoramiento y recursos legales a los prestatarios afectados.

Los prestamistas involucrados en prácticas de préstamos depredadoras pueden enfrentar consecuencias legales, como multas, sanciones civiles y la prohibición de llevar a cabo ciertas actividades comerciales.

La lucha contra las prácticas de préstamos depredadoras es esencial para proteger a los consumidores de préstamos injustos y perjudiciales que pueden llevar a dificultades financieras significativas.

PUBLICIDAD DIRIGIDA A MENORES

La publicidad dirigida a menores se refiere a cualquier forma de promoción de productos, servicios o marcas que tiene como objetivo específico atraer la atención y persuadir a niños y adolescentes para que compren o consuman ciertos productos o servicios.

En el contexto de los delitos contra el mercado y los consumidores, la publicidad dirigida a menores puede generar preocupaciones si implica prácticas engañosas, manipuladoras o perjudiciales para los jóvenes consumidores.

Las conductas que pueden comportar la publicidad dirigida a menores y que son motivo de preocupación incluyen:

a) Publicidad engañosa: Hacer afirmaciones falsas o exageradas sobre un producto o servicio con el fin de persuadir a los menores para que compren o consuman el producto. Esto puede incluir afirmaciones sobre beneficios que no son ciertos o sobre características que no existen.

b) Uso de personajes y mascotas atractivos para niños: Utilizar personajes de dibujos animados, superhéroes, mascotas o celebridades populares entre los niños para promocionar productos y crear una fuerte conexión emocional con el público joven.

c) Ofertas y premios atractivos: Promocionar ofertas especiales, descuentos, concursos o premios que atraigan a los menores y los motiven a comprar o consumir productos sin considerar adecuadamente las implicaciones para su salud o bienestar.

d) Publicidad oculta o disfrazada: Presentar publicidad de manera que parezca contenido editorial o de entretenimiento, lo que puede hacer que los menores no sean conscientes de que están siendo persuadidos por mensajes comerciales.

e) Promoción de productos no saludables: Publicitar alimentos o bebidas con alto contenido de azúcar, grasas no saludables o productos poco nutritivos que puedan tener un impacto negativo en la salud de los menores.

f) Incentivos para la compra impulsiva: Ofrecer regalos gratuitos o incentivos para persuadir a los menores a tomar decisiones de compra impulsivas sin considerar adecuadamente sus necesidades o deseos.

g) Publicidad en línea y redes sociales: Utilizar plataformas en línea y redes sociales donde los menores pueden estar particularmente expuestos a la publicidad y donde puede ser difícil distinguir entre contenido comercial y no comercial.

h) Acoso publicitario: Enviar mensajes publicitarios no solicitados a través de mensajes de texto o redes sociales que puedan molestar o acosar a los menores.

i) Violación de la privacidad: Recopilar datos personales de los menores sin el consentimiento adecuado de los padres y utilizar esos datos para la publicidad dirigida.

j) Publicidad en aplicaciones y juegos para niños: Mostrar anuncios publicitarios en aplicaciones y juegos dirigidos a niños, lo que puede llevar a que los menores hagan compras en la aplicación sin el conocimiento o el consentimiento de sus padres.

La publicidad dirigida a menores es un tema sensible, ya que los niños y adolescentes son especialmente vulnerables a las tácticas de marketing y pueden ser influenciados fácilmente por mensajes publicitarios.

Por esta razón, muchas jurisdicciones han establecido regulaciones específicas para proteger a los menores de prácticas de publicidad engañosa o manipuladora.

Estas regulaciones pueden incluir restricciones en la publicidad de ciertos productos, requisitos de divulgación claros y medidas para garantizar que la publicidad dirigida a menores sea apropiada para su edad y desarrollo.

El objetivo principal es proteger la salud, el bienestar y los derechos de los menores en el mercado de consumo.

PUBLICIDAD ENGAÑOSA

La publicidad engañosa en los delitos contra el mercado y los consumidores se refiere a la práctica de proporcionar información falsa o engañosa sobre productos o servicios con la intención de inducir al error a los consumidores.

Esta forma de publicidad puede ser considerada un delito en muchos países, y está regulada por leyes que protegen los derechos de los consumidores y aseguran la competencia leal en el mercado.

Las conductas que pueden considerarse como publicidad engañosa incluyen:

a) Exagerar las capacidades o características del producto: Esto implica hacer afirmaciones sobre un producto que no son ciertas o que exageran lo que el producto realmente puede hacer.

b) Ocultar información relevante: No revelar aspectos importantes de un producto o servicio que, de ser conocidos, podrían disuadir a un consumidor de comprarlo.

c) Uso de términos vagos o ambiguos: Utilizar lenguaje que es intencionalmente poco claro para hacer que un producto parezca más atractivo o valioso de lo que realmente es.

d) Falsificación de testimonios o reseñas: Crear o alterar testimonios y reseñas de clientes para dar una impresión falsamente positiva del producto.

e) Publicidad comparativa engañosa: Hacer comparaciones con productos de la competencia que son engañosas o inexactas.

f) Promesas falsas: Hacer promesas sobre los resultados o beneficios del producto que no son realistas o no se pueden cumplir.

g) Imágenes o Representaciones Engañosas: Utilizar imágenes o representaciones gráficas que no reflejan con precisión el producto o servicio.

La publicidad engañosa no solo es perjudicial para los consumidores, sino que también puede afectar negativamente la competencia en el mercado, ya que proporciona a las empresas deshonestas una ventaja injusta sobre aquellas que se adhieren a prácticas comerciales éticas.

Las sanciones por publicidad engañosa varían según la legislación de cada país, pero pueden incluir multas, indemnizaciones a consumidores afectados, y en casos graves, incluso penas de prisión para los responsables.

SOBORNO EN TRANSACCIONES COMERCIALES

El soborno en transacciones comerciales es una práctica ilegal en la que una persona ofrece, promete, da o recibe dinero, bienes, servicios o cualquier otro beneficio indebido con el fin de influir en la toma de decisiones comerciales o empresariales de otra persona o entidad.

Esta actividad es perjudicial para la integridad del mercado y los derechos de los consumidores, ya que distorsiona la competencia y puede llevar a decisiones comerciales injustas o perjudiciales para los consumidores.

Las conductas que pueden constituir soborno en transacciones comerciales en el contexto de delitos contra el mercado y los consumidores incluyen:

a) Ofrecer o prometer sobornos: Esto implica ofrecer o prometer dinero, bienes, servicios u otros incentivos para obtener un trato favorable en una transacción comercial. Por ejemplo, un fabricante que ofrece dinero a un minorista para que promocione sus productos de manera preferencial.

b) Aceptar sobornos: Cuando una persona o entidad acepta dinero u otros beneficios a cambio de tomar decisiones comerciales favorables para la parte que ofrece el soborno. Por ejemplo, un funcionario gubernamental que recibe dinero de una empresa para aprobar un producto que no cumple con las regulaciones de seguridad.

c) Facilitar el soborno: Aquellas personas que actúan como intermediarios o facilitadores en transacciones corruptas también pueden ser culpables. Por ejemplo, un abogado que ayuda a ocultar sobornos en un contrato comercial.

d) Negociar acuerdos corruptos: Participar en conversaciones o acuerdos para llevar a cabo prácticas corruptas, como fijar precios, asignar territorios o restringir la competencia de manera ilegal.

e) No informar o denunciar sobornos: En algunos lugares, no informar o denunciar actividades de soborno cuando se tiene conocimiento de ellas puede ser considerado un delito.

f) Colusión y manipulación del mercado: Los individuos o empresas pueden colaborar de manera ilegal para manipular los precios de productos o servicios en el mercado, engañando a los consumidores y a otros competidores. Esto puede incluir prácticas como la fijación de precios, la repartición de mercados o la limitación de la competencia.

g) Publicidad engañosa: En algunos casos, las empresas pueden utilizar tácticas de publicidad engañosa para atraer a los consumidores a comprar productos o servicios mediante afirmaciones falsas o engañosas sobre la calidad, seguridad o beneficios de sus productos.

h) Fraude en la calidad de los productos: La venta de productos defectuosos o adulterados con el conocimiento de que pueden representar un peligro para los consumidores puede ser considerada un delito contra el mercado y los consumidores.

i) Manipular informes financieros o documentos para ocultar actividades ilegales relacionadas con el mercado o los consumidores.

j) Sobornar a funcionarios de organismos reguladores para evitar inspecciones, multas o sanciones relacionadas con la seguridad de los productos o la publicidad engañosa.

k) Ofrecer incentivos ilegales a empleados para que encubran prácticas comerciales ilegales que puedan dañar a los consumidores.

El soborno en transacciones comerciales es ilegal en la mayoría de los países y está sujeto a sanciones legales severas, que pueden incluir multas, penas de prisión y la pérdida de licencias comerciales.

Además, las empresas que participan en sobornos pueden enfrentar daños a su reputación, pérdida de clientes y problemas legales significativos.

Para prevenir el soborno en transacciones comerciales y promover un mercado justo y transparente, muchas jurisdicciones han establecido leyes y regulaciones específicas, como la Ley de Prácticas Corruptas en el Extranjero (FCPA) en los Estados Unidos y la Convención de las Naciones Unidas contra la Corrupción (UNCAC).

Además, las empresas suelen implementar programas de cumplimiento y ética empresarial para prevenir y detectar prácticas de soborno en sus operaciones comerciales.

VENTA DE PRODUCTOS PELIGROSOS O DEFECTUOSOS

La venta de productos peligrosos o defectuosos en el contexto de los delitos contra el mercado y los consumidores se refiere a la comercialización y venta de productos que representan un riesgo para la seguridad o salud de los consumidores debido a defectos de fabricación, diseño o advertencia.

Estos productos defectuosos o peligrosos pueden causar lesiones o daños a los usuarios finales, y su venta y distribución están reguladas y vigiladas para proteger a los consumidores.

Las conductas que comporta la venta de productos peligrosos o defectuosos pueden incluir:

a) Fabricación defectuosa: La producción de productos con defectos de fabricación que los hacen inseguros para su uso previsto. Estos defectos pueden incluir materiales de baja calidad, ensamblaje incorrecto o fallos en el proceso de fabricación.

b) Diseño defectuoso: La creación de productos con un diseño intrínsecamente inseguro que presenta riesgos para los consumidores. En estos casos, el problema radica en el diseño del producto en sí, independientemente de su fabricación.

c) Falta de advertencias o etiquetado inadecuado: La ausencia de advertencias adecuadas o etiquetado insuficiente en productos que presentan riesgos conocidos para los usuarios finales. Los consumidores deben ser informados sobre cómo usar los productos de manera segura y sobre los posibles peligros asociados.

d) Retirada o no divulgación de productos defectuosos: La no retirada o la falta de divulgación de productos que se sabe que son defectuosos o peligrosos para los consumidores, lo que puede poner en riesgo la seguridad pública.

e) Publicidad engañosa: Hacer afirmaciones falsas o engañosas sobre la seguridad de un producto en la publicidad o el etiquetado con el objetivo de aumentar las ventas, a pesar de conocer los riesgos asociados con el producto.

f) Venta de productos ilegales o no regulados: Comercializar productos que no cumplen con las regulaciones y normativas de seguridad aplicables en un mercado o país específico, lo que puede poner en riesgo la salud y seguridad de los consumidores.

g) Ocultar información sobre defectos: No proporcionar información completa y precisa sobre los defectos conocidos en un producto a los consumidores, las autoridades regulatorias o las agencias de seguridad del consumidor.

h) Fraude en la seguridad del producto: Representar falsamente que un producto ha pasado pruebas de seguridad o cumplido con ciertas normativas cuando, en realidad, no lo ha hecho.

i) Negligencia en la producción o distribución: La falta de cuidado y atención adecuados en la producción, almacenamiento, transporte o distribución de productos, lo que puede llevar a que se dañen o se vuelvan peligrosos para los consumidores.

La venta de productos peligrosos o defectuosos es ilegal en la mayoría de los países y está sujeta a estrictas regulaciones y normativas de seguridad del consumidor.

Las consecuencias legales por estas conductas pueden incluir multas significativas para las empresas, la retirada del mercado de los productos peligrosos o defectuosos, la imposición de órdenes de seguridad y la obligación de indemnizar a las víctimas que hayan sufrido lesiones o daños como resultado del producto defectuoso.

El objetivo principal de estas leyes y regulaciones es proteger a los consumidores y garantizar que los productos en el mercado sean seguros y cumplan con los estándares de calidad y seguridad establecidos.

VIOLACIÓN DE LEYES DE SEGURIDAD ALIMENTARIA Y CALIDAD DE PRODUCTOS

La violación de leyes de seguridad alimentaria y calidad de productos se refiere a la infracción de regulaciones y normativas destinadas a garantizar que los alimentos y otros productos puestos a disposición de los consumidores sean seguros, saludables y cumplan con ciertos estándares de calidad.

Estas leyes y regulaciones son fundamentales para proteger la salud y seguridad de los consumidores, así como para garantizar la integridad y la confianza en los productos disponibles en el mercado.

Las conductas que comporta la violación de leyes de seguridad alimentaria y calidad de productos pueden incluir:

a) Contaminación de alimentos: La introducción de sustancias nocivas o contaminantes en alimentos, ya sea accidentalmente o de manera intencionada, que puede poner en riesgo la salud de los consumidores.

b) Etiquetado engañoso: La presentación de información incorrecta o engañosa en el etiquetado de alimentos o productos, incluyendo información sobre ingredientes, contenido nutricional, fechas de caducidad u origen.

c) Fraude alimentario: Sustituir ingredientes de mayor calidad por ingredientes de menor calidad o falsificar productos, como aceite de oliva, miel, vinos u otros alimentos, para obtener ganancias ilícitas a expensas de la calidad y autenticidad del producto.

d) Adulteración de productos: Alterar productos de manera ilegal para aumentar el volumen o reducir los costos, lo que puede comprometer la seguridad y la calidad del producto final.

e) Incumplimiento de normativas de seguridad alimentaria: No cumplir con las regulaciones de seguridad alimentaria establecidas, como la manipulación adecuada de alimentos, el mantenimiento de la cadena de frío o la higiene en la producción de alimentos.

f) Contaminación cruzada: No tomar las medidas adecuadas para prevenir la contaminación cruzada en la manipulación y preparación de alimentos, lo que puede llevar a alérgenos inadvertidos u otros riesgos para la salud.

g) Productos farmacéuticos y médicos falsificados: La fabricación y venta de productos farmacéuticos, dispositivos médicos o productos sanitarios falsificados o de calidad deficiente que pueden poner en peligro la salud de los pacientes y consumidores.

h) Incumplimiento de regulaciones de calidad de productos: No cumplir con los estándares de calidad establecidos para productos no alimentarios, como juguetes, productos electrónicos o productos químicos, lo que puede resultar en productos peligrosos o ineficaces.

i) No cumplimiento de normativas de seguridad de vehículos: La fabricación o venta de vehículos o componentes de vehículos que no cumplen con las regulaciones de seguridad establecidas, lo que puede aumentar el riesgo de accidentes.

j) Venta de productos prohibidos: La comercialización y venta de productos que han sido prohibidos o retirados del mercado debido a preocupaciones de seguridad o calidad.

k) Incumplimiento de estándares de calidad: No cumplir con los estándares de calidad y seguridad establecidos para ciertos alimentos o productos, lo que puede resultar en productos de baja calidad o inseguros.

l) No cumplimiento de normativas de higiene: No seguir prácticas adecuadas de higiene y manipulación de alimentos durante la producción o la preparación, lo que puede dar lugar a la contaminación bacteriana.

m) Uso de aditivos no autorizados: Agregar aditivos alimentarios no autorizados o en cantidades excesivas a los productos alimenticios.

n) Uso de ingredientes prohibidos: Utilizar ingredientes prohibidos o sustancias químicas peligrosas en la producción de alimentos o productos.

o) Fraude en la comercialización de productos orgánicos: Etiquetar productos como "orgánicos" sin cumplir con los estándares requeridos para obtener esta designación.

p) Manipulación de resultados de pruebas: Falsificar resultados de laboratorio o pruebas de calidad para ocultar problemas en los alimentos o productos.

q) Ocultamiento de retiros de productos: No informar de manera adecuada sobre retiros de productos debido a preocupaciones de seguridad alimentaria o calidad.

r) Venta de productos vencidos: Comercializar productos cuya fecha de vencimiento ha pasado, lo que puede representar un riesgo para la salud de los consumidores.

s) Producción ilegal de alimentos: Producir alimentos en instalaciones no autorizadas o sin la debida regulación sanitaria.

La violación de leyes de seguridad alimentaria y calidad de productos puede tener graves consecuencias, incluyendo la exposición de los consumidores a riesgos para la salud y la seguridad, daños a la reputación de las empresas y sanciones legales para los infractores.

Las autoridades reguladoras y las agencias de protección al consumidor trabajan para hacer cumplir estas leyes y regulaciones y tomar medidas contra aquellos que las infringen.

Las consecuencias legales por violación de leyes de seguridad alimentaria y calidad de productos pueden incluir multas significativas, sanciones civiles, retiro de productos del mercado, penas de prisión y la obligación de pagar daños y perjuicios a los consumidores perjudicados.

La aplicación rigurosa de estas leyes es esencial para garantizar la seguridad y la confianza de los consumidores en los productos que consumen y utilizan.

CONTRA LA PROPIEDAD INDUSTRIAL

INTRODUCCIÓN

Los delitos contra la propiedad industrial se refieren a infracciones que vulneran los derechos derivados de la propiedad industrial, un subconjunto específico de la propiedad intelectual.

Estos delitos involucran la violación de derechos relacionados con invenciones (patentes), diseños industriales, marcas comerciales, nombres comerciales, indicaciones geográficas, y secretos comerciales o empresariales.

Estos derechos están diseñados para proteger los intereses de negocios e inventores, incentivando la innovación y manteniendo la integridad del mercado.

Significado de los delitos contra la propiedad industrial:

a) Infracción de Patentes: Usar, fabricar, vender o importar una invención patentada sin el consentimiento del titular de la patente.

b) Violación de Marcas Comerciales: Uso no autorizado de una marca registrada (o una marca sustancialmente similar) en el comercio, lo que puede llevar a confusión, engaño o un malentendido sobre el origen del producto o servicio.

c) Falsificación de Marcas: Fabricación o venta de bienes con marcas falsificadas o copiadas.

d) Infracción de Diseños Industriales: Copiar o replicar diseños industriales registrados sin permiso.

e) Uso indebido de Secretos Empresariales: Adquisición, divulgación o uso de secretos comerciales o industriales sin autorización.

Conductas que conllevan estos delitos:

a) Fabricación y venta de productos que infrinjan patentes: Esto puede incluir la fabricación de productos que utilicen una tecnología o proceso patentado sin la licencia del titular de la patente.

b) Uso no autorizado de marcas registradas: Esto puede suceder cuando una empresa o individuo utiliza una marca que es idéntica o confusamente similar a una marca registrada para vender productos o servicios similares.

c) Falsificación y venta de productos de marca: Fabricar y vender productos que imiten a productos de marca, como ropa, accesorios o electrónica, sin autorización.

d) Copiar diseños protegidos: Reproducir diseños industriales registrados, como el diseño de un producto, sin permiso.

e) Espionaje industrial: Robar o usar ilegalmente secretos comerciales o industriales.

Estos delitos no solo perjudican a los titulares legítimos de los derechos de propiedad industrial, sino que también pueden engañar a los consumidores y dañar la competencia leal en el mercado.

Las leyes de propiedad industrial varían según el país, pero generalmente ofrecen un equilibrio entre proteger los intereses de los innovadores y mantener un mercado competitivo y justo.

Las violaciones pueden resultar en acciones legales, incluyendo demandas civiles, multas e incluso penas de prisión en casos graves.

COMERCIALIZACIÓN DE PRODUCTOS CON MARCAS FALSIFICADAS

La comercialización de productos con marcas falsificadas en el contexto de los delitos contra la propiedad industrial se refiere a la acción de vender, distribuir o poner a disposición de los consumidores productos que llevan una marca registrada falsificada o no autorizada con la intención de engañar a los consumidores sobre la autenticidad de los productos o la afiliación con la marca legítima.

Esta práctica es ilegal y constituye una infracción de la propiedad intelectual y de los derechos exclusivos del titular de la marca registrada.

Las conductas que pueden constituir la comercialización de productos con marcas falsificadas incluyen:

a) Venta de productos falsificados: Comercializar o vender productos que utilizan una marca falsificada o no autorizada de manera engañosa, con la intención de confundir a los consumidores sobre la autenticidad de los productos.

b) Distribución de productos falsificados: Distribuir productos falsificados a través de canales de venta minorista, mayorista, en línea o en mercados informales.

c) Publicidad y promoción de productos falsificados: Anunciar o promocionar productos que utilizan una marca falsificada con la intención de engañar a los consumidores sobre la autenticidad de los productos.

d) Uso de imágenes y logotipos falsificados: Utilizar imágenes, logotipos o material gráfico que imiten la marca registrada legítima en la comercialización de productos falsificados.

e) Importación y exportación no autorizada: Importar o exportar productos que infringen una marca registrada sin el consentimiento del titular de la marca.

La comercialización de productos con marcas falsificadas es un delito grave en la mayoría de las jurisdicciones y puede tener importantes implicaciones legales, incluyendo la posibilidad de acciones legales civiles y penales, el pago de daños y perjuicios al titular de la marca registrada, la confiscación de productos infractores y la imposición de multas.

Además, esta práctica socava la confianza de los consumidores en el mercado y perjudica la reputación de la marca legítima.

Para combatir la comercialización de productos con marcas falsificadas, los titulares de marcas registradas suelen tomar medidas legales para hacer valer y proteger sus derechos de propiedad intelectual.

También colaboran con las autoridades encargadas de hacer cumplir la ley para detectar y detener a los infractores.

La protección de las marcas registradas es esencial para garantizar la integridad y la reputación de las empresas y sus productos en el mercado.

COPIAR DISEÑOS PROTEGIDOS

Copiar diseños protegidos en el contexto de los delitos contra la propiedad industrial se refiere a la reproducción no autorizada o imitación de diseños industriales que están protegidos por derechos de propiedad intelectual, como patentes o registros de diseño.

Los diseños industriales se refieren a la apariencia estética o decorativa de un producto, que puede incluir la forma, el color, la textura y otros aspectos visuales que le confieren un aspecto distintivo.

La copia no autorizada de diseños protegidos constituye una infracción de la propiedad industrial y puede tener importantes implicaciones legales.

Las conductas que pueden constituir la copia de diseños protegidos incluyen:

a) Reproducción no autorizada: Producir productos que imiten o copien un diseño protegido sin obtener el permiso del titular de los derechos de diseño.

b) Uso no autorizado de diseños protegidos: Utilizar diseños protegidos en la fabricación de productos o servicios sin la autorización del titular de los derechos de diseño.

c) Importación y exportación no autorizada: Importar o exportar productos que infringen un diseño protegido sin el consentimiento del titular de los derechos de diseño.

d) Distribución y venta de productos infractores: Comercializar, vender o distribuir productos que lleven un diseño que infringe los derechos de diseño protegidos.

e) Publicidad y promoción de productos infractores: Anunciar o promocionar productos que imiten un diseño protegido de manera engañosa o sin autorización.

f) Contribución a la infracción: Ayudar o facilitar a otra persona a cometer una infracción de diseños protegidos, como proporcionar los medios para copiar o utilizar diseños protegidos sin autorización.

La copia de diseños protegidos es un delito contra la propiedad industrial y puede dar lugar a consecuencias legales significativas, incluyendo la posibilidad de acciones legales civiles y penales, el pago de daños y perjuicios al titular del diseño, la confiscación de productos infractores y la imposición de multas.

Además, esta práctica puede socavar la innovación y la creatividad en el diseño de productos y perjudicar la reputación de los diseñadores y las empresas.

Las leyes que rigen la protección de derechos de diseño varían según la jurisdicción, por lo que es importante consultar con un abogado especializado en propiedad intelectual para comprender completamente los aspectos legales específicos relacionados con la copia de diseños protegidos en una ubicación particular.

La protección de los derechos de diseño es fundamental para promover la innovación y garantizar que los diseñadores y las empresas puedan beneficiarse de su creatividad y esfuerzo en el desarrollo de productos distintivos.

DISTRIBUIR PRODUCTOS PATENTADOS

Distribuir productos patentados en el contexto de los delitos contra la propiedad industrial se refiere a la acción de comercializar, vender o poner a disposición de terceros productos que incorporan una invención patentada sin la autorización del titular de la patente.

Esta acción puede constituir una infracción de patentes y es considerada un delito contra la propiedad industrial si se realiza sin el permiso del titular de la patente.

Las conductas que pueden constituir la distribución de productos patentados sin autorización incluyen:

a) Comercialización y venta de productos patentados: Ofrecer, vender o distribuir productos que incorporan una invención patentada sin obtener el permiso del titular de la patente.

b) Anunciar o promocionar productos infractores: Publicitar o promocionar productos que utilizan una invención patentada de manera engañosa o sin autorización.

c) Importación y exportación no autorizada: Importar o exportar productos que infringen una patente sin el consentimiento del titular de la patente.

d) Contribución a la infracción: Ayudar o facilitar a otra persona a distribuir productos que infringen una patente, como proporcionar los medios para obtener productos patentados sin autorización.

La distribución de productos patentados sin la debida autorización es un asunto legal grave y puede dar lugar a consecuencias legales significativas, como el pago de daños y perjuicios al titular de la patente, la confiscación de productos infractores y la imposición de multas.

Los tribunales suelen ser responsables de determinar si ha ocurrido una infracción de patentes y qué medidas deben tomarse para remediarla.

Es importante destacar que las leyes que rigen la protección de patentes pueden variar según la jurisdicción, por lo que es fundamental consultar con un abogado especializado en propiedad intelectual para comprender completamente los aspectos legales específicos relacionados con la distribución de productos patentados en una ubicación particular.

La protección de los derechos de patente es fundamental para fomentar la innovación y proteger la propiedad intelectual de los inventores y titulares de patentes.

ESPIONAJE INDUSTRIAL

El espionaje industrial se refiere a la práctica de obtener información confidencial o secretos comerciales de una empresa o entidad competidora de manera ilegal o no autorizada con el propósito de obtener una ventaja competitiva injusta o causar daño económico.

Esta actividad constituye un delito y un acto ilegal en el contexto de los delitos contra la propiedad industrial y la propiedad intelectual en general.

Las conductas que pueden constituir el espionaje industrial incluyen:

a) Robo o apropiación ilegal de información confidencial: Obtener documentos, datos, archivos electrónicos u otra información valiosa de una empresa de manera ilícita, como el robo físico, el acceso no autorizado a sistemas informáticos o el uso de técnicas de ingeniería social para engañar a empleados y obtener información confidencial.

b) Divulgación no autorizada de secretos comerciales: Revelar información confidencial de una empresa a terceros sin el consentimiento de la empresa titular, lo que puede incluir la venta de información a competidores u otras partes interesadas.

c) Uso no autorizado de secretos comerciales: Utilizar información confidencial robada o adquirida de manera ilegal para beneficio propio o de terceros, como la producción de productos o servicios competitivos.

d) Espionaje electrónico: Monitorear o interceptar las comunicaciones electrónicas o el tráfico de datos de una empresa con el fin de obtener información confidencial sin autorización.

e) Soborno o corrupción de empleados: Sobornar o corromper a empleados de una empresa para que divulguen información confidencial o secretos comerciales.

f) Uso de técnicas de ingeniería inversa: Desmontar o analizar productos o tecnologías de una empresa competidora para obtener información sobre cómo funcionan o cómo se producen.

g) Contratación de empleados para obtener información: Contratar empleados de una empresa competidora con la intención de obtener información confidencial de la empresa anterior.

El espionaje industrial es ilegal en la mayoría de las jurisdicciones y puede dar lugar a graves consecuencias legales, incluyendo la posibilidad de acciones legales civiles y penales, el pago de daños y perjuicios, y la imposición de multas.

Además, esta práctica puede dañar la reputación de las empresas involucradas y perjudicar la confianza en el mercado.

Las empresas suelen tomar medidas para prevenir el espionaje industrial, como la implementación de políticas de seguridad, la capacitación de empleados en la protección de información confidencial y la colaboración con agencias de seguridad y aplicación de la ley para investigar y perseguir a los infractores.

La protección de los secretos comerciales y la propiedad intelectual es esencial para mantener la integridad y la competitividad de las empresas en el mercado.

EXPORTACIÓN DE BIENES QUE INFRINGEN DERECHOS DE PROPIEDAD INDUSTRIAL

La exportación de bienes que infringen derechos de propiedad industrial en el contexto de los delitos contra la propiedad industrial se refiere a la acción de enviar productos o bienes desde un país o jurisdicción a otro, sabiendo o debiendo saber que esos productos violan los derechos de propiedad industrial, como patentes, marcas registradas, diseños industriales, derechos de autor, etc.

Esta acción se considera una infracción grave de la propiedad intelectual y puede ser considerada un delito si se realiza sin el permiso del titular de los derechos de propiedad industrial.

Las conductas que pueden constituir la exportación de bienes que infringen derechos de propiedad industrial incluyen:

a) Exportación de productos patentados: Enviar productos a otro país que utilizan una invención patentada sin obtener el permiso del titular de la patente.

b) Exportación de productos con marcas falsificadas: Enviar productos que llevan una marca registrada falsificada o no autorizada, con la intención de engañar a los consumidores sobre la autenticidad de los productos en el país de destino.

c) Exportación de productos con diseños industriales no autorizados: Enviar productos que incorporan un diseño industrial sin la autorización del titular de los derechos de diseño.

d) Exportación de productos con derechos de autor infringidos: Enviar productos que copian o reproducen obras protegidas por derechos de autor sin el permiso del titular de los derechos de autor.

e) Exportación de productos con secretos comerciales robados: Enviar productos que incorporan secretos comerciales robados o información confidencial sin la autorización del titular de los secretos comerciales.

La exportación de bienes que infringen derechos de propiedad industrial es una violación seria de la propiedad intelectual y de los derechos exclusivos de los titulares de esos derechos.

Puede tener importantes consecuencias legales, incluyendo la posibilidad de acciones legales civiles y penales, el pago de daños y perjuicios al titular de los derechos de propiedad industrial, la confiscación de productos infractores y la imposición de multas.

Es fundamental cumplir con las leyes de propiedad industrial y respetar los derechos de propiedad intelectual al exportar productos o bienes.

Las autoridades aduaneras y las agencias encargadas de hacer cumplir la ley en muchas jurisdicciones están capacitadas para detectar y tomar medidas contra la exportación de bienes infractores.

La protección de los derechos de propiedad industrial es esencial para fomentar la innovación, la creatividad y la competencia leal en el mercado, tanto a nivel nacional como internacional.

FABRICACIÓN DE PRODUCTOS QUE INFRINJAN PATENTES

La fabricación de productos que infrinjan patentes en el contexto de los delitos contra la propiedad industrial se refiere a la producción o creación de productos que utilizan una tecnología o invención patentada sin la autorización del titular de la patente.

Una patente es un derecho legal que otorga a su titular el exclusivo derecho de fabricar, vender, importar o utilizar una invención durante un período de tiempo determinado, generalmente 20 años a partir de la fecha de presentación de la solicitud de patente. Fabricar productos que infrinjan una patente constituye una violación de esos derechos exclusivos.

Las conductas que pueden constituir la fabricación de productos que infrinjan patentes incluyen:

a) Producción no autorizada: Fabricar productos que incorporan o utilizan una tecnología patentada sin obtener el permiso del titular de la patente.

b) Uso de tecnología patentada sin autorización: Incorporar una invención patentada en un producto o proceso sin tener la autorización del titular de la patente.

c) Importación y exportación de productos infractores: Importar o exportar productos que infringen una patente sin el consentimiento del titular de la patente.

d) Oferta de productos infractores: Anunciar, promocionar o vender productos que incorporan tecnología patentada sin autorización.

e) Contribución a la infracción: Ayudar o facilitar a otra persona a cometer una infracción de patentes, como proporcionar los medios o la información necesaria para fabricar productos infractores.

f) Inducción a la infracción: Convencer o persuadir a otra persona para que cometa una infracción de patentes.

La fabricación de productos que infringen patentes es una violación seria de la propiedad intelectual y puede tener importantes implicaciones legales y financieras, como la obligación de pagar daños y perjuicios al titular de la patente, la confiscación de productos infractores y la imposición de multas.

Los tribunales suelen ser responsables de determinar si ha ocurrido una infracción de patentes y qué medidas deben tomarse para remediarla.

Es importante señalar que las leyes de propiedad industrial y las regulaciones varían de un país a otro, por lo que es fundamental consultar con un abogado especializado en propiedad intelectual para comprender completamente los aspectos legales específicos relacionados con la fabricación de productos que infrinjan patentes en una jurisdicción particular.

La protección de las patentes es esencial para fomentar la innovación y recompensar a los inventores por sus contribuciones a la sociedad.

FALSIFICACIÓN DE MARCAS

La falsificación de marcas en el contexto de los delitos contra la propiedad industrial se refiere a la fabricación, distribución, venta o uso no autorizado de productos o servicios que llevan marcas falsificadas o imitaciones de marcas registradas, con la intención de engañar a los consumidores y obtener beneficios económicos indebidos.

Las conductas que comporta la falsificación de marcas incluyen:

a) Fabricación de productos falsificados: Crear productos que llevan marcas falsificadas o imitaciones de marcas registradas. Estos productos suelen ser copias ilegales de productos genuinos y pueden incluir ropa, calzado, electrónicos, productos farmacéuticos, accesorios de moda, entre otros.

b) Distribución y venta de productos falsificados: Comercializar productos falsificados a través de tiendas físicas, mercados callejeros, sitios web o plataformas de comercio electrónico. Esto implica la venta de productos que infringen marcas registradas sin el consentimiento del titular de la marca.

c) Importación de productos falsificados: Importar productos falsificados desde otro país para su distribución y venta en el mercado local.

d) Publicidad y promoción de productos falsificados: Promocionar productos falsificados en publicidad engañosa o a través de medios digitales, con el fin de confundir a los consumidores sobre la autenticidad de los productos.

e) Uso de marcas falsificadas en servicios: Ofrecer servicios que utilicen marcas falsificadas o imitaciones de marcas registradas, como servicios de reparación, mantenimiento o alquiler de productos falsificados.

f) Comercio en línea de productos falsificados: Vender productos falsificados a través de plataformas en línea, como sitios web de comercio electrónico o redes sociales.

g) Oferta de servicios falsificados: Ofrecer servicios que utilicen una marca falsificada o engañosa con la intención de confundir a los consumidores.

La falsificación de marcas es ilegal en la mayoría de las jurisdicciones y se considera un delito contra la propiedad industrial y la propiedad intelectual.

Este tipo de actividad es perjudicial tanto para los titulares legítimos de las marcas como para los consumidores, ya que puede dar lugar a la adquisición de productos de baja calidad o peligrosos, además de dañar la reputación de las marcas originales.

Las sanciones por falsificación de marcas pueden variar según las leyes y regulaciones de cada país, pero a menudo incluyen la confiscación de productos falsificados, multas, penas de prisión y la obligación de pagar daños y perjuicios al titular de la marca registrada afectada.

La aplicación de estas sanciones tiene como objetivo desalentar la falsificación y proteger la propiedad industrial y la propiedad intelectual.

FALSIFICACIÓN DE PRODUCTOS DE MARCA

La falsificación de productos de marca en el contexto de los delitos contra la propiedad industrial se refiere a la fabricación, distribución, venta o comercialización de productos que llevan una marca falsificada o imitada de manera fraudulenta para engañar a los consumidores y hacerles creer que están adquiriendo productos genuinos de una marca reconocida.

Esto constituye una infracción de la propiedad intelectual y una violación de los derechos de marca del titular legítimo.

Las conductas que pueden constituir la falsificación de productos de marca incluyen:

a) Fabricación no autorizada: Producir productos que llevan una marca falsificada o imitada sin obtener el permiso del titular de la marca genuina.

b) Distribución y venta de productos falsificados: Comercializar, vender o distribuir productos que llevan una marca falsificada, ya sea en tiendas físicas, en línea o en otros canales de venta.

c) Importación y exportación de productos falsificados: Importar o exportar productos que infringen una marca registrada sin la autorización del titular de la marca genuina.

d) Publicidad y promoción de productos falsificados: Anunciar o promocionar productos que llevan una marca falsificada con la intención de engañar a los consumidores sobre la autenticidad de los productos.

e) Uso de marcas falsificadas en competencia desleal: Utilizar una marca falsificada o imitada en un esfuerzo por competir de manera injusta en el mercado, aprovechando la reputación y la confianza asociadas a la marca genuina.

f) Almacenamiento de productos falsificados: Mantener productos falsificados en almacenes o instalaciones con el propósito de distribuirlos o venderlos posteriormente.

La falsificación de productos de marca es un delito grave y puede dar lugar a consecuencias legales significativas, incluyendo la posibilidad de acciones legales civiles y penales, el pago de daños y perjuicios al titular de la marca genuina, y sanciones que varían según las leyes y regulaciones de cada jurisdicción.

Además de dañar la reputación de la marca legítima y afectar la confianza del consumidor, la falsificación de productos puede suponer un riesgo para la salud y la seguridad pública en casos en que los productos falsificados no cumplen con las normas de calidad y seguridad.

Para combatir la falsificación de productos de marca, los titulares de marcas suelen tomar medidas legales para proteger sus derechos de propiedad intelectual y trabajan en estrecha colaboración con las autoridades encargadas de hacer cumplir la ley y las agencias aduaneras para detectar y evitar la entrada de productos falsificados en el mercado.

IMPORTACIÓN DE BIENES QUE INFRINGEN DERECHOS DE PROPIEDAD INDUSTRIAL

La importación de bienes que infringen derechos de propiedad industrial se refiere a la acción de traer al país o jurisdicción en cuestión productos o bienes que violan los derechos de propiedad industrial, como patentes, marcas registradas, diseños industriales o denominaciones de origen, sin la autorización del titular de esos derechos.

Esta acción constituye una infracción de la propiedad industrial y se considera un delito en muchos países.

Las conductas que pueden constituir la importación de bienes que infringen derechos de propiedad industrial incluyen:

a) Traer productos patentados: Importar productos que incorporan una invención patentada sin obtener el permiso del titular de la patente.

b) Importar productos con marcas falsificadas: Traer productos que utilizan una marca registrada falsificada o no autorizada con la intención de engañar a los consumidores sobre la autenticidad de los productos.

c) Importar productos con diseños industriales no autorizados: Importar productos que incorporan un diseño industrial protegido sin la autorización del titular del diseño.

d) Traer productos con denominaciones de origen no autorizadas: Importar productos que afirman llevar una denominación de origen protegida cuando no cumplen con los requisitos legales para hacerlo.

e) Anunciar o promocionar bienes infractores: Publicitar o promocionar productos importados que utilizan derechos de propiedad industrial de manera engañosa o sin autorización.

f) Importación de componentes infractores: Importar componentes o piezas que, cuando se ensamblan en el país de destino, darán como resultado un producto que infringe derechos de propiedad industrial.

g) Uso no autorizado de marcas y patentes en bienes importados: Utilizar marcas registradas o tecnologías patentadas en bienes importados sin el permiso del titular de esos derechos.

La importación de bienes que infringen derechos de propiedad industrial es ilegal y puede dar lugar a consecuencias legales significativas, incluyendo la posibilidad de acciones legales civiles y penales, el pago de daños y perjuicios al titular de los derechos de propiedad industrial, la confiscación de productos infractores y la imposición de multas.

Además, esta práctica socava la confianza en el mercado y puede causar daños económicos significativos a los titulares legítimos de los derechos de propiedad industrial.

Para prevenir y combatir la importación de bienes que infringen derechos de propiedad industrial, las autoridades aduaneras suelen llevar a cabo inspecciones y confiscaciones de productos infractores en los puntos de entrada al país.

Los titulares de derechos de propiedad industrial también pueden tomar medidas legales para hacer valer y proteger sus derechos, como presentar denuncias y emprender acciones legales contra los infractores.

La protección de los derechos de propiedad industrial es fundamental para fomentar la innovación, proteger la propiedad intelectual y garantizar un mercado justo y competitivo.

IMPORTAR PRODUCTOS PATENTADOS

La importación de productos patentados en el contexto de los delitos contra la propiedad industrial se refiere a la acción de traer o importar productos desde otro país que utilizan una invención patentada sin la autorización del titular de la patente.

Esta práctica puede constituir una infracción de los derechos exclusivos otorgados al titular de la patente sobre esa invención y es considerada una violación de la propiedad industrial y de la propiedad intelectual.

Las conductas que pueden constituir la importación de productos patentados incluyen:

a) Importación no autorizada: Traer productos al país que utilizan una invención patentada sin obtener el permiso del titular de la patente.

b) Uso de productos patentados: Utilizar o vender productos importados que incorporan la tecnología o la invención patentada sin la autorización del titular de la patente.

c) Distribución y venta de productos infractores: Comercializar, vender o distribuir productos importados que utilizan una invención patentada sin la autorización del titular de la patente.

d) Ofrecimiento de productos infractores: Anunciar o promocionar productos importados que infringen una patente con la intención de venderlos.

e) Contribución a la infracción: Ayudar o facilitar a otra persona a importar productos que infringen una patente, como proporcionar los medios para importar o vender productos patentados sin autorización.

La importación de productos patentados sin autorización es una infracción de patentes y puede tener importantes consecuencias legales, incluyendo la posibilidad de acciones legales civiles y penales, el pago de daños y perjuicios al titular de la patente, la confiscación de productos infractores y la imposición de multas.

Los tribunales suelen ser responsables de determinar si ha ocurrido una infracción de patentes en el contexto de la importación de productos y qué medidas deben tomarse para remediarla.

Las leyes que rigen la protección de patentes pueden variar de un país a otro, por lo que es importante consultar con un abogado especializado en propiedad intelectual para comprender completamente los aspectos legales específicos relacionados con la importación de productos patentados en una jurisdicción particular.

La protección de los derechos de patente es fundamental para fomentar la innovación y proteger la propiedad intelectual de los inventores y titulares de patentes.

INFRACCIÓN DE DISEÑOS INDUSTRIALES

La infracción de diseños industriales en el contexto de los delitos contra la propiedad industrial se refiere a la violación de los derechos exclusivos otorgados a un titular de un diseño industrial registrado.

Un diseño industrial se refiere a la apariencia estética de un producto o parte de un producto, que puede incluir formas, colores, líneas y elementos ornamentales.

Los diseños industriales se utilizan para hacer que un producto sea visualmente atractivo y distintivo en el mercado.

Las conductas que pueden constituir una infracción de diseños industriales incluyen:

a) Copia no autorizada: Reproducir, fabricar o utilizar un diseño industrial registrado sin el permiso del titular del diseño.
b) Venta de productos con diseños infractores: Comercializar o vender productos que incorporen un diseño industrial registrado sin la autorización del titular del diseño.
c) Importación y exportación de productos infractores: Importar o exportar productos que incorporen un diseño industrial registrado sin el consentimiento del titular del diseño.
d) Uso no autorizado: Utilizar un diseño industrial registrado en la fabricación, promoción o venta de productos sin permiso del titular del diseño.
e) Imitación de diseños: Crear o utilizar un diseño que sea sustancialmente similar a un diseño industrial registrado con la intención de confundir a los consumidores o aprovecharse indebidamente de la apariencia estética de un producto legítimo.
f) Almacenamiento de productos con diseños infractores: Mantener productos que infrinjan un diseño industrial en almacenes o instalaciones con la intención de distribuirlos o venderlos posteriormente.

La infracción de diseños industriales es una violación de los derechos de propiedad intelectual del titular del diseño y puede tener importantes consecuencias legales y económicas para los infractores.

Las sanciones pueden incluir el pago de daños y perjuicios al titular del diseño, la confiscación de productos infractores y la imposición de multas.

Al igual que con las infracciones de patentes y marcas comerciales, las leyes y regulaciones relacionadas con los diseños industriales varían según la jurisdicción, por lo que es importante consultar con un abogado especializado en propiedad intelectual para comprender completamente los aspectos legales específicos de la infracción de diseños industriales en un lugar determinado.

La protección de los diseños industriales es fundamental para garantizar la integridad y la innovación en el diseño de productos en el mercado.

INFRACCIÓN DE PATENTES

La infracción de patentes en el contexto de los delitos contra la propiedad industrial se refiere a la violación de los derechos exclusivos otorgados por una patente a su titular.

Las patentes son un tipo de propiedad intelectual que otorga a su titular el derecho exclusivo de fabricar, vender, utilizar y autorizar a otros a utilizar una invención patentada durante un período determinado, por lo general, 20 años desde la fecha de presentación de la solicitud de patente.

Cualquier persona que realice una de estas acciones sin el permiso del titular de la patente puede estar cometiendo una infracción de patentes.

Las conductas que pueden constituir una infracción de patentes en los delitos contra la propiedad industrial pueden incluir:

a) Fabricación no autorizada: Fabricar, producir o crear un producto o proceso que esté protegido por una patente sin la autorización del titular de la patente.

b) Venta no autorizada: Vender, ofrecer en venta o comercializar productos que infringen una patente sin el permiso del titular de la patente.

c) Uso no autorizado: Utilizar una invención patentada sin la autorización del titular de la patente. Esto podría incluir el uso de una tecnología patentada en un proceso de fabricación o en una aplicación específica.

d) Importación no autorizada: Importar productos que infringen una patente sin el permiso del titular de la patente.

e) Ofrecer licencias falsas: Falsificar licencias o acuerdos de licencia para engañar a terceros sobre los derechos de propiedad intelectual y su uso permitido.

f) Contribución a la infracción: Ayudar o facilitar a otra persona en la realización de cualquiera de las actividades mencionadas anteriormente relacionadas con una patente infringida.

g) Inducción a la infracción: Convencer o persuadir a otra persona para que cometa una infracción de patentes.

La infracción de patentes puede tener consecuencias legales graves, y el titular de la patente tiene el derecho de emprender acciones legales para hacer valer sus derechos y buscar indemnizaciones por daños y perjuicios.

Las leyes de propiedad intelectual varían según el país, por lo que es importante consultar con un abogado especializado en propiedad intelectual o propiedad industrial para comprender completamente las implicaciones legales y los recursos disponibles en un contexto particular.

PUBLICIDAD ENGAÑOSA UTILIZANDO DENOMINACIONES DE ORIGEN PROTEGIDAS

La publicidad engañosa utilizando denominaciones de origen protegidas en el contexto de los delitos contra la propiedad industrial se refiere a la promoción y comercialización de productos que se hacen pasar de manera fraudulenta como originarios de una región o lugar específico protegido por una denominación de origen, cuando en realidad no cumplen con los requisitos legales para llevar esa denominación.

Este tipo de práctica es ilegal y constituye una infracción de las leyes de propiedad industrial y de las normativas que protegen las denominaciones de origen.

Las conductas que pueden constituir la publicidad engañosa utilizando denominaciones de origen protegidas incluyen:

a) Anunciar productos como originarios de una denominación de origen falsa: Promocionar productos y afirmar que provienen de una región o lugar protegido por una denominación de origen cuando no es cierto.

b) Uso indebido de la denominación de origen: Utilizar en la publicidad y etiquetado de productos una denominación de origen protegida de manera engañosa, sin cumplir con los requisitos legales para hacerlo.

c) Falsificación de certificados o documentos: Fabricar o presentar documentos falsificados que respalden la autenticidad de la denominación de origen de los productos.

d) Competencia desleal: Utilizar la denominación de origen falsa para competir de manera injusta con productos legítimos que sí cumplen con los requisitos de la denominación de origen.

e) Desinformación al consumidor: Engañar a los consumidores al hacerles creer que están comprando un producto auténtico de una región especifica protegida cuando no es así.

La publicidad engañosa que utiliza denominaciones de origen protegidas es una infracción seria y puede dar lugar a consecuencias legales significativas, incluyendo la posibilidad de acciones legales civiles y penales, el pago de daños y perjuicios, la confiscación de productos infractores y la imposición de multas.

Además, esta práctica socava la confianza de los consumidores en la autenticidad de los productos y puede perjudicar a los productores legítimos de la región o lugar protegido por la denominación de origen.

La protección de las denominaciones de origen es fundamental para preservar la calidad y autenticidad de los productos originarios de una región específica y garantizar que los consumidores puedan tomar decisiones informadas sobre lo que están comprando.

Las leyes de propiedad industrial y las regulaciones relacionadas con las denominaciones de origen están diseñadas para prevenir y sancionar la publicidad engañosa y otras prácticas que comprometan la integridad de estos productos.

PUBLICITAR PRODUCTOS CON MARCAS FALSIFICADAS

Publicitar productos con marcas falsificadas en el contexto de los delitos contra la propiedad industrial se refiere a la promoción, anuncio o comercialización de productos que llevan una marca registrada falsificada o no autorizada con la intención de engañar a los consumidores sobre la autenticidad de los productos.

Esta práctica es ilegal y constituye una infracción de la propiedad intelectual y de los derechos exclusivos del titular de la marca registrada.

Las conductas que pueden constituir la publicidad de productos con marcas falsificadas incluyen:

a) Anunciar productos falsificados: Promocionar o anunciar productos utilizando una marca registrada falsificada o no autorizada de manera engañosa.

b) Uso de marcas falsificadas en marketing y publicidad: Utilizar una marca registrada falsificada en materiales de marketing, publicidad o promoción de productos.

c) Publicidad engañosa: Realizar afirmaciones falsas o engañosas sobre la autenticidad de los productos o su relación con la marca legítima.

d) Anuncio de productos de calidad inferior: Promover productos que llevan una marca falsificada como si fueran de la misma calidad o autenticidad que los productos legítimos.

e) Venta de productos con publicidad falsa: Comercializar productos que llevan una marca falsificada a través de publicidad que engaña a los consumidores sobre la autenticidad de los productos.

La publicidad de productos con marcas falsificadas es un delito grave en muchos países y puede tener importantes implicaciones legales, incluyendo la posibilidad de acciones legales civiles y penales, el pago de daños y perjuicios al titular de la marca registrada, la confiscación de productos falsificados y la imposición de multas.

Además, esta práctica socava la confianza de los consumidores en el mercado y puede causar pérdidas económicas significativas a las empresas legítimas.

Para combatir la publicidad de productos con marcas falsificadas, los titulares de marcas registradas a menudo toman medidas legales para proteger sus derechos de propiedad intelectual y trabajan en estrecha colaboración con las autoridades encargadas de hacer cumplir la ley para detectar y evitar la promoción y comercialización ilegal de productos falsificados.

La protección de las marcas registradas es esencial para garantizar que los consumidores puedan confiar en la autenticidad y calidad de los productos que compran en el mercado.

PUBLICITAR SERVICIOS CON MARCAS FALSIFICADAS

Publicitar servicios con marcas falsificadas en el contexto de los delitos contra la propiedad industrial se refiere a la promoción y comercialización de servicios que utilizan una marca registrada falsificada o no autorizada con la intención de engañar a los consumidores sobre la autenticidad de los servicios.

Al igual que con la publicidad de productos con marcas falsificadas, esta práctica es ilegal y constituye una infracción de la propiedad intelectual y de los derechos exclusivos del titular de la marca registrada.

Las conductas que pueden constituir la publicidad de servicios con marcas falsificadas incluyen:

a) Anunciar servicios falsificados: Promocionar o publicitar servicios que utilizan una marca falsificada o no autorizada de manera engañosa, con la intención de confundir a los consumidores sobre la autenticidad de los servicios.

b) Publicidad engañosa: Realizar declaraciones falsas o engañosas en la publicidad con respecto a la autenticidad de los servicios, la calidad de los servicios o la afiliación con la marca legítima.

c) Promoción en línea: Publicitar servicios falsificados en sitios web, redes sociales, aplicaciones móviles u otros medios digitales con la intención de atraer a los consumidores hacia servicios no autorizados.

d) Uso de imágenes y logotipos falsificados: Utilizar imágenes, logotipos o material gráfico que imiten la marca registrada legítima en la publicidad de servicios falsificados.

La publicidad de servicios con marcas falsificadas es un delito grave en la mayoría de las jurisdicciones y puede tener importantes implicaciones legales, incluyendo la posibilidad de acciones legales civiles y penales, el pago de daños y perjuicios al titular de la marca registrada, la confiscación de servicios infractores y la imposición de multas.

Además, esta práctica socava la confianza de los consumidores en el mercado y perjudica la reputación de la marca legítima.

Para combatir la publicidad de servicios con marcas falsificadas, los titulares de marcas registradas suelen tomar medidas legales para hacer valer y proteger sus derechos de propiedad intelectual.

También colaboran con las autoridades encargadas de hacer cumplir la ley para detectar y detener a los infractores.

La protección de las marcas registradas es esencial para garantizar la integridad y la reputación de las empresas y sus servicios en el mercado.

USO DE SECRETOS INDUSTRIALES SIN AUTORIZACIÓN

El uso de secretos industriales sin autorización en el contexto de los delitos contra la propiedad industrial se refiere a la adquisición, divulgación o utilización no autorizada de información confidencial y valiosa de una empresa o entidad, con el propósito de obtener una ventaja competitiva injusta o causar daño económico a la empresa afectada.

Los secretos industriales, también conocidos como secretos comerciales o secretos empresariales, son información confidencial que una empresa mantiene en secreto y que le proporciona una ventaja competitiva en el mercado.

Las conductas que pueden constituir el uso de secretos industriales sin autorización incluyen:

a) Obtención no autorizada: Obtener secretos industriales de una empresa de manera ilícita o sin obtener el permiso del titular de esos secretos, lo que puede incluir el robo de documentos, la adquisición de información de empleados desleales o la infiltración de sistemas informáticos.

b) Divulgación no autorizada: Revelar secretos industriales a terceros sin la autorización del titular, ya sea a competidores, empleados actuales o anteriores, o cualquier otra persona no autorizada.

c) Uso no autorizado: Utilizar secretos industriales para beneficio propio o de terceros sin el consentimiento del titular, como utilizar la información confidencial para competir deslealmente en el mercado.

d) Comercialización de productos o servicios basados en secretos robados: Fabricar, vender o promocionar productos o servicios que se basan en secretos industriales robados o divulgados de manera no autorizada.

e) Importación y exportación no autorizada: Importar o exportar productos o información que infringe secretos industriales sin el permiso del titular de esos secretos.

f) Adquisición por medios desleales: Obtener secretos industriales de manera desleal o fraudulenta, como sobornar a empleados para que divulguen información confidencial.

g) Incumplimiento de acuerdos de confidencialidad: Violar acuerdos de confidencialidad o contratos que prohíben la divulgación o el uso no autorizado de secretos industriales.

h) Acceso no autorizado: Acceder ilegalmente a sistemas informáticos o redes empresariales para obtener secretos industriales.

i) Contribución a la infracción: Ayudar o facilitar a otra persona a cometer una infracción de secretos industriales, como proporcionar los medios para copiar o utilizar la información confidencial.

j) Contratación de empleados desleales: Contratar o influenciar a empleados de una empresa competidora para que divulguen secretos industriales en beneficio propio.

k) Falsificación o manipulación de documentos: Falsificar documentos o manipular información confidencial para obtener una ventaja competitiva.

El uso de secretos industriales sin autorización es un delito grave en muchos países y puede dar lugar a consecuencias legales significativas, incluyendo la posibilidad de acciones legales civiles y penales, el pago de daños y perjuicios al titular de los secretos industriales, la confiscación de información robada y la imposición de multas.

Además, esta práctica socava la confianza en el mercado y puede causar daños económicos significativos a las empresas afectadas.

Para prevenir y combatir el uso de secretos industriales sin autorización, muchas empresas implementan medidas de seguridad y políticas internas para proteger su información confidencial.

También pueden recurrir a la ley y colaborar con las autoridades encargadas de hacer cumplir la ley para investigar y perseguir a los infractores.

La protección de los secretos industriales es fundamental para mantener la competitividad y la innovación en el mercado y garantizar la integridad de las empresas.

USO INDEBIDO DE SECRETOS EMPRESARIALES

El uso indebido de secretos empresariales, en el contexto de los delitos contra la propiedad industrial, se refiere a la adquisición, divulgación o utilización no autorizada de información confidencial y valiosa que pertenece a una empresa y que le proporciona una ventaja competitiva en el mercado.

Estos secretos empresariales pueden incluir información como fórmulas químicas, procesos de fabricación, listas de clientes, estrategias de marketing, planes de negocios y otros datos confidenciales que una empresa mantiene en secreto para mantener su competitividad y rentabilidad.

Las conductas que pueden constituir el uso indebido de secretos empresariales incluyen:

a) Adquisición no autorizada: Obtener información confidencial de una empresa de manera ilegal, ya sea a través del robo, el espionaje industrial, el acceso no autorizado a sistemas informáticos u otros medios.

b) Divulgación no autorizada: Revelar o compartir información secreta de una empresa con terceros no autorizados, como competidores o empleados desleales.

c) Uso no autorizado: Utilizar información confidencial de una empresa para beneficiarse indebidamente, ya sea para iniciar un negocio competidor, desarrollar productos similares o cualquier otra actividad que viole los derechos de la empresa titular de los secretos empresariales.

d) Contratación desleal: Contratar a empleados o consultores de una empresa competidora con la intención de que divulguen secretos empresariales de su antiguo empleador.

e) Ofrecimiento de secretos empresariales: Promover o facilitar la adquisición, divulgación o uso indebido de secretos empresariales por parte de terceros.

f) Incitación a la infracción: Convencer o persuadir a otra persona para que adquiera, divulgue o utilice secretos empresariales de manera indebida.

g) Violación de acuerdos de confidencialidad: Incumplir acuerdos de confidencialidad o acuerdos de no competencia que se hayan celebrado con la empresa propietaria de los secretos empresariales.

h) Aprovechamiento indebido de empleados o exempleados: Instigar o inducir a empleados actuales o anteriores de la empresa a divulgar o utilizar información confidencial en beneficio de terceros o en detrimento de la empresa legítima.

El uso indebido de secretos empresariales es un delito grave y puede dar lugar a acciones legales civiles y penales.

Las leyes que protegen los secretos empresariales varían según la jurisdicción, pero en general, buscan proteger la propiedad intelectual y la información confidencial de las empresas, así como promover la competencia leal en el mercado.

Las sanciones por el uso indebido de secretos empresariales pueden incluir la obligación de pagar daños y perjuicios a la empresa afectada, la imposición de multas y en algunos casos, penas de prisión.

Para proteger sus secretos empresariales, las empresas suelen tomar medidas como la implementación de políticas de seguridad de la información, la firma de acuerdos de no divulgación con empleados y socios comerciales, y la vigilancia activa para detectar posibles infracciones.

Si una empresa sospecha que sus secretos empresariales han sido utilizados indebidamente, debe consultar a un abogado especializado en propiedad intelectual para tomar las medidas legales adecuadas y proteger sus derechos.

USO NO AUTORIZADO DE MARCAS REGISTRADAS

El uso no autorizado de marcas registradas en el contexto de los delitos contra la propiedad industrial se refiere a la utilización de marcas registradas sin la debida autorización del titular de la marca.

Una marca registrada es un signo distintivo utilizado para identificar productos o servicios y distinguirlos de los productos o servicios de otros.

Los titulares de marcas registradas tienen derechos exclusivos sobre el uso de esas marcas en relación con los productos o servicios para los que están registradas.

Las conductas que pueden constituir el uso no autorizado de marcas registradas incluyen:

a) Uso no autorizado de la marca: Utilizar una marca registrada sin el permiso del titular de la marca en relación con productos o servicios idénticos o similares a los que se encuentran cubiertos por la marca registrada.

b) Imitación de marca: Crear o utilizar una marca que sea confusamente similar a una marca registrada con la intención de engañar o confundir a los consumidores.

c) Falsificación de productos: Fabricar o vender productos que lleven una marca registrada falsificada o sin autorización, lo que a menudo se denomina "falsificación de marca".

d) Importación no autorizada: Importar productos que infrinjan una marca registrada sin la autorización del titular de la marca.

e) Venta o comercialización de productos falsificados: Ofrecer a la venta productos que infrinjan una marca registrada, ya sea de manera física en tiendas o en línea.

f) Uso de marca en publicidad engañosa: Utilizar una marca registrada de manera engañosa en publicidad o promoción para confundir a los consumidores sobre la procedencia o calidad de los productos o servicios.

g) Uso no autorizado de una marca en el nombre de dominio de un sitio web: Registrar un nombre de dominio que contiene una marca registrada sin la autorización del titular de la marca, con el objetivo de aprovecharse de su renombre.

h) Uso no autorizado de una marca en redes sociales: Crear perfiles de redes sociales o páginas que utilizan una marca registrada sin la debida autorización.

El uso no autorizado de marcas registradas es una violación de los derechos de propiedad intelectual y puede tener importantes implicaciones legales, incluyendo la posibilidad de acciones legales civiles y penales, el pago de daños y perjuicios al titular de la marca registrada y la imposición de multas.

La protección de las marcas registradas es esencial para garantizar la integridad de las marcas y la confianza de los consumidores en el mercado.

Las leyes y regulaciones relacionadas con las marcas registradas varían de un país a otro, por lo que es importante consultar con un abogado especializado en propiedad intelectual para comprender completamente los aspectos legales específicos del uso no autorizado de marcas registradas en una jurisdicción particular.

VENTA DE PRODUCTOS QUE INFRINJAN PATENTES

La venta de productos que infrinjan patentes en el contexto de los delitos contra la propiedad industrial se refiere a la comercialización, venta o distribución de productos que utilizan una invención patentada sin la autorización del titular de la patente.

Esta acción constituye una violación de los derechos exclusivos otorgados al titular de la patente sobre esa invención.

Las patentes otorgan a los inventores el derecho exclusivo a fabricar, vender, importar o utilizar una invención durante un período de tiempo determinado, generalmente 20 años a partir de la fecha de presentación de la solicitud de patente.

La venta de productos que infringen patentes se considera un delito contra la propiedad industrial y es ilegal en la mayoría de las jurisdicciones.

Las conductas que pueden constituir la venta de productos que infringen patentes incluyen:

a) Comercialización no autorizada: Ofrecer en venta, vender o distribuir productos que incorporan la tecnología o la invención patentada sin obtener el permiso del titular de la patente.

b) Importación y exportación no autorizada: Importar o exportar productos que infringen una patente sin el consentimiento del titular de la patente.

c) Anuncio y promoción de productos infractores: Anunciar o promocionar productos que infringen una patente con la intención de venderlos, ya sea en medios impresos, en línea o de cualquier otra manera.

d) Contribución a la infracción: Ayudar o facilitar a otra persona a cometer una infracción de patentes, como proporcionar los medios para vender productos patentados sin autorización.

e) Distribución y venta de productos infractores: Comercializar, vender o distribuir productos que incorporan la tecnología patentada sin la autorización del titular de la patente.

f) Venta de componentes patentados: Comercializar partes o componentes de productos que están cubiertos por una patente sin la autorización del titular de la patente.

La venta de productos que infringen patentes es un asunto legal serio y puede dar lugar a consecuencias legales significativas, como el pago de daños y perjuicios al titular de la patente, la confiscación de productos infractores y la imposición de multas.

Los tribunales suelen ser responsables de determinar si ha ocurrido una infracción de patentes y qué medidas deben tomarse para remediarla.

Es importante destacar que, en muchas jurisdicciones, la responsabilidad por la infracción de patentes no se limita solo al fabricante del producto infractor, sino que también puede recaer en aquellos que participan en su venta o distribución.

Por lo tanto, los vendedores y distribuidores deben ser conscientes de las patentes y obtener la autorización adecuada antes de comercializar productos que puedan estar sujetos a derechos de patente.

Las leyes de propiedad industrial y las regulaciones varían de un país a otro, por lo que es fundamental consultar con un abogado especializado en propiedad intelectual para comprender completamente los aspectos legales específicos de la venta de productos que infringen patentes en una jurisdicción particular.

VENTA DE PRODUCTOS DE MARCA

La venta de productos de marca en el contexto de los delitos contra la propiedad industrial se refiere a la comercialización y venta de productos que utilizan una marca registrada de manera legítima, pero en violación de los derechos exclusivos del titular de la marca o de las leyes de propiedad industrial.

Esto puede involucrar acciones fraudulentas o ilícitas relacionadas con la comercialización y venta de productos que infringen los derechos de propiedad intelectual de un titular de marca.

Las conductas que pueden constituir la venta de productos de marca en el contexto de delitos contra la propiedad industrial incluyen:

a) Uso no autorizado de la marca: Comercializar productos que lleven una marca registrada sin obtener el permiso o la licencia del titular de la marca.

b) Importación y exportación no autorizada: Importar o exportar productos que infringen una marca registrada sin el consentimiento del titular de la marca.

c) Venta de productos falsificados o no genuinos: Vender productos que lleven una marca falsificada o una marca que no está autorizada por el titular de la marca.

d) Venta de productos de contrabando: Comercializar productos que se hayan introducido ilegalmente en el país o en la región sin pagar los aranceles o impuestos correspondientes.

e) Venta de productos no conformes con los estándares de calidad o seguridad: Vender productos que no cumplan con las normas de calidad o seguridad establecidas, lo que podría poner en peligro la salud o la seguridad de los consumidores.

f) Uso engañoso de la marca: Utilizar una marca registrada de manera engañosa o fraudulenta en la publicidad, promoción o presentación de productos, con la intención de confundir o engañar a los consumidores.

g) Competencia desleal: Utilizar una marca de manera engañosa o fraudulenta en un esfuerzo por socavar la reputación de la marca legítima o competir de manera injusta en el mercado.

Es importante destacar que la venta de productos de marca puede involucrar conductas ilegales si se realiza en violación de los derechos de propiedad intelectual del titular de la marca o si implica prácticas comerciales desleales.

Las leyes de propiedad industrial y las regulaciones varían según la jurisdicción, pero generalmente buscan proteger los derechos de los titulares de marcas registradas y garantizar la autenticidad y la calidad de los productos en el mercado.

La venta de productos de marca en violación de los derechos de propiedad industrial puede dar lugar a acciones legales civiles y penales, sanciones financieras, la confiscación de productos infractores y la imposición de multas.

Las empresas y los individuos deben respetar los derechos de propiedad intelectual de los titulares de marcas registradas y cumplir con las leyes y regulaciones aplicables para evitar problemas legales y proteger la integridad de las marcas en el mercado.

VIOLACIÓN DE MARCAS COMERCIALES

La violación de marcas comerciales en el contexto de los delitos contra la propiedad industrial se refiere a la infracción de los derechos exclusivos otorgados a un titular de una marca comercial.

Las marcas comerciales son signos distintivos, como nombres, logotipos, símbolos o lemas, que se utilizan para identificar y distinguir productos o servicios de una empresa de los de otras empresas.

Los titulares de marcas comerciales tienen el derecho exclusivo de utilizar esas marcas para comercializar sus productos o servicios y pueden tomar medidas legales contra aquellos que infrinjan sus derechos.

Las conductas que pueden constituir una violación de marcas comerciales incluyen:

a) Uso no autorizado de la marca: Utilizar una marca comercial registrada sin el permiso del titular de la marca para vender productos o servicios que puedan causar confusión en el mercado o engañar a los consumidores.

b) Imitación o copia de la marca: Crear una marca comercial que sea similar o idéntica a una marca registrada con la intención de aprovecharse de la reputación o el reconocimiento de la marca registrada.

c) Falsificación de productos: Fabricar productos falsificados que lleven una marca comercial registrada sin autorización y venderlos como si fueran auténticos.

d) Importación y venta de productos falsificados: Importar o vender productos que infringen una marca comercial registrada sin el consentimiento del titular de la marca.

e) Venta de productos con etiquetas engañosas: Colocar etiquetas engañosas en productos para hacer que los consumidores crean que están comprando un producto con una marca comercial registrada cuando en realidad no lo es.

f) Uso de una marca similar en competencia desleal: Utilizar una marca similar a otra con la intención de confundir a los consumidores y obtener una ventaja competitiva injusta.

g) Dilución de la marca: Utilizar una marca registrada de manera que pueda dañar la reputación o el valor de la marca, incluso si no hay confusión directa en cuanto a la fuente de los productos o servicios.

h) Competencia desleal: Realizar prácticas comerciales desleales que puedan confundir a los consumidores o dañar la reputación de una marca registrada, como publicidad engañosa.

i) Cybersquatting: Registrar un nombre de dominio de Internet que sea idéntico o similar a una marca registrada con la intención de beneficiarse de la reputación de la marca o vender el nombre de dominio al titular de la marca a un precio elevado.

j) Uso indebido en publicidad: Utilizar una marca registrada de manera engañosa o falsa en anuncios publicitarios.

La violación de marcas comerciales es una infracción seria y puede dar lugar a consecuencias legales, como la orden de dejar de usar la marca infractora, la entrega de productos falsificados, el pago de daños y perjuicios al titular de la marca y sanciones financieras.

Al igual que con las infracciones de patentes, las leyes y regulaciones relacionadas con las marcas comerciales pueden variar según la jurisdicción, por lo que es importante consultar con un abogado especializado en propiedad intelectual para entender completamente los aspectos legales específicos de la violación de marcas comerciales en un lugar determinado.

CONTRA LA PROPIEDAD INTELECTUAL

INTRODUCCIÓN

Los delitos contra la propiedad intelectual se refieren a infracciones que afectan los derechos exclusivos otorgados a los creadores sobre sus creaciones. Estos derechos están diseñados para proteger y fomentar la actividad creativa e innovadora.

Estos delitos pueden variar según la legislación de cada país, pero generalmente incluyen conductas como:

a) Piratería: Es la reproducción, distribución o venta de copias no autorizadas de obras protegidas por derechos de autor, como libros, música, películas y software.

b) Falsificación: Implica la creación de copias ilegales de productos protegidos por derechos de propiedad intelectual, como patentes, marcas y diseños. Esto puede incluir, por ejemplo, la fabricación y venta de productos falsificados que imitan a marcas conocidas.

c) Violación de derechos de autor: Incluye cualquier uso no autorizado de obras protegidas, como la distribución de copias, la realización de adaptaciones o la comunicación pública sin el permiso del titular de los derechos.

d) Uso indebido de patentes: Esto puede implicar la fabricación, venta o uso de una invención patentada sin la autorización del titular de la patente.

e) Violación de marcas registradas: Implica el uso no autorizado de una marca registrada, lo que puede inducir a error a los consumidores sobre el origen o la calidad de los productos o servicios.

f) Violación de derechos de diseño: Implica copiar o imitar un diseño registrado sin autorización, afectando los derechos exclusivos del creador del diseño.

g) Violación de secretos comerciales: Incluye el uso o divulgación no autorizada de secretos comerciales, como fórmulas, prácticas comerciales, diseños o procesos que no son de conocimiento público y que tienen un valor comercial.

Significado de los delitos contra la propiedad intelectual:

a) Infracción de Derechos de Autor: Esto ocurre cuando una obra protegida por derechos de autor (como libros, música, películas, software) es reproducida, distribuida, realizada o mostrada públicamente sin el permiso del titular de los derechos.

b) Robo de Secretos Comerciales: Cuando alguien roba información confidencial o secretos comerciales de una empresa o entidad y la utiliza para obtener una ventaja competitiva o para beneficio propio, comete un delito contra la propiedad intelectual.

c) Falsificación: Implica la creación y/o venta de bienes que imitan o copian marcas registradas (logotipos, nombres de marcas, etc.) sin autorización, haciendo pasar el producto como si fuera genuino.

d) Violación de Patentes: Esto sucede cuando alguien hace uso, fabrica, vende o importa una invención patentada sin el permiso del titular de la patente.

e) Violación de Secretos Comerciales: Implica la adquisición, uso o divulgación ilegal de secretos comerciales (como fórmulas, prácticas, procesos, diseños, instrumentos, patrones, o información confidencial) sin el consentimiento del propietario.

Estos delitos pueden tener varias consecuencias, tanto para los infractores (como multas, indemnizaciones y, en casos graves, penas de prisión) como para la sociedad en general (reducción de los incentivos para la innovación, pérdidas económicas para los creadores originales, y riesgos para los consumidores en casos de productos falsificados de baja calidad).

La protección de la propiedad intelectual es crucial para fomentar la creatividad y la innovación, y para asegurar que los creadores reciban los beneficios merecidos por sus aportes.

COMPARTIR CONTRASEÑAS PARA SERVICIOS DE TRANSMISIÓN DE CONTENIDO

Compartir contraseñas para servicios de transmisión de contenido, como plataformas de streaming (por ejemplo, Netflix, Disney+, Amazon Prime Video, etc.), puede tener implicaciones legales relacionadas con los delitos contra la propiedad intelectual.

Estos delitos suelen estar relacionados con la violación de los derechos de autor y la distribución no autorizada de contenido protegido por derechos de propiedad intelectual.

Las implicaciones y conductas que pueden estar relacionadas con compartir contraseñas para servicios de transmisión de contenido incluyen:

a) Violación de los términos de servicio: La mayoría de los servicios de streaming tienen términos de servicio que prohíben compartir contraseñas con personas que no son miembros de la misma familia o que no viven en la misma dirección. Compartir contraseñas de manera contraria a estos términos podría resultar en la cancelación de la cuenta o la suspensión del acceso al servicio.

b) Violación de derechos de autor: Al compartir contraseñas, es posible que estés facilitando el acceso a contenido protegido por derechos de autor a personas que no tienen derechos legales para acceder a él. Esto podría considerarse una infracción de los derechos de autor y, en algunos casos, podría dar lugar a demandas legales.

c) Pérdida de ingresos para los proveedores de contenido: El compartir contraseñas puede disminuir los ingresos de los proveedores de contenido, ya que varias personas pueden acceder al servicio con una sola cuenta de pago. Esto puede afectar negativamente a la industria del entretenimiento y la producción de contenido.

d) Delitos contra la propiedad intelectual: En algunos países, compartir contraseñas de manera indiscriminada y con fines de lucro puede considerarse un delito contra la propiedad intelectual. Estos delitos pueden llevar a sanciones legales, multas y en casos graves, incluso a penas de prisión.

e) Complicidad en piratería: Si se comparten contraseñas con personas que utilizan el servicio para distribuir ilegalmente contenido protegido por derechos de autor, es posible que quienes compartan las contraseñas también sean considerados cómplices en actividades de piratería.

En términos legales, las consecuencias pueden variar según la jurisdicción y las políticas específicas del servicio de streaming.

En algunos casos, compartir contraseñas podría no llevar a acciones legales, pero en otros, podría considerarse una violación de los derechos de propiedad intelectual y dar lugar a sanciones legales, multas o demandas civiles, especialmente si se produce una distribución masiva y comercial del contenido protegido.

Es importante tener en cuenta que las leyes y las políticas de los servicios de streaming pueden cambiar con el tiempo, por lo que es fundamental revisar los términos de servicio y la legislación vigente en tu área para comprender las implicaciones legales específicas relacionadas con el uso compartido de contraseñas en servicios de transmisión de contenido.

DESCARGA ILEGAL DE MÚSICA O PELÍCULAS

La descarga ilegal de música o películas se refiere a la acción de obtener copias no autorizadas de obras musicales o cinematográficas protegidas por derechos de autor sin el permiso o la licencia adecuada del titular de esos derechos.

Esta práctica se considera una infracción de la propiedad intelectual y puede tener implicaciones legales y éticas.

Las conductas relacionadas con la descarga ilegal de música o películas pueden incluir:

a) Descargas no autorizadas: Obtener copias digitales de música o películas a través de sitios web, redes de intercambio de archivos (P2P) u otros medios en línea sin pagar por ellas ni tener una licencia válida.

b) Uso de software de intercambio de archivos: Utilizar programas de intercambio de archivos P2P para compartir y descargar música o películas protegidas por derechos de autor sin autorización.

c) Distribución ilegal: Compartir música o películas descargadas ilegalmente con otras personas, lo que puede incluir la distribución de copias digitales o la creación de copias físicas no autorizadas.

d) Almacenamiento y posesión de copias ilegales: Mantener en posesión o almacenar copias ilegales de música o películas en su dispositivo, computadora o medios físicos sin el permiso del titular de los derechos.

e) Descargas de sitios web no autorizados: Obtener música o películas de sitios web que no cuentan con la debida autorización para distribuir ese contenido.

f) Descarga de contenido pirateado: Descargar material pirateado que no tiene la autorización del titular de los derechos, lo que puede incluir versiones grabadas en cines, copias no autorizadas de DVD o Blu-ray, o grabaciones no oficiales de conciertos y espectáculos en vivo.

La descarga ilegal de música o películas constituye una infracción de los derechos de autor y, en la mayoría de las jurisdicciones, es ilegal.

Los titulares de derechos de autor tienen el derecho exclusivo de autorizar la reproducción, distribución y uso de sus obras, y cualquier intento de descargar o compartir contenido sin su permiso puede dar lugar a acciones legales.

Las consecuencias legales por la descarga ilegal de música o películas pueden incluir demandas civiles por daños y perjuicios, multas y sanciones en casos graves.

Además, las organizaciones de la industria del entretenimiento y las autoridades gubernamentales suelen tomar medidas para combatir la piratería y la descarga ilegal de contenido protegido por derechos de autor.

Para evitar problemas legales y respetar los derechos de los creadores y propietarios de contenido, es importante adquirir música y películas de fuentes legítimas y autorizadas, como tiendas en línea, servicios de transmisión de música o plataformas de transmisión de video.

Estas fuentes suelen pagar regalías a los titulares de derechos de autor y aseguran que los creadores sean compensados adecuadamente por su trabajo.

DISTRIBUCIÓN DE MEDIOS SIN LICENCIA

La distribución de medios sin licencia en el contexto de los delitos contra la propiedad intelectual se refiere a la reproducción, venta, compartición o distribución no autorizada de contenidos protegidos por derechos de autor, como música, películas, libros, software, videojuegos y otros medios, sin el permiso del titular de los derechos o sin cumplir con las licencias de uso correspondientes.

Las conductas comunes asociadas con la distribución de medios sin licencia incluyen:

a) Copia no autorizada: Hacer copias ilegales de contenido protegido por derechos de autor sin el permiso del titular de los derechos.

b) Distribución ilegal: Compartir, vender o distribuir copias no autorizadas de contenidos protegidos, ya sea a través de la venta de copias físicas, descargas ilegales desde internet o la compartición en redes de intercambio de archivos.

c) Uso no autorizado: Utilizar contenidos protegidos sin tener una licencia válida o sin cumplir con los términos y condiciones establecidos por el titular de los derechos.

d) Descargas ilegales: Descargar o compartir contenidos protegidos por derechos de autor desde sitios web o redes de intercambio de archivos sin el permiso del titular de los derechos.

e) Venta de medios falsificados: Fabricar y vender copias falsificadas o pirateadas de medios, lo que puede incluir la reproducción de etiquetas y envases falsificados.

f) Streaming ilegal: Transmitir contenido protegido por derechos de autor sin autorización, como películas, programas de televisión o eventos deportivos en vivo, a través de plataformas en línea no autorizadas.

g) Alquiler o préstamo no autorizado: Alquilar o prestar copias de contenidos protegidos sin el permiso del titular de los derechos, especialmente en el caso de películas y videojuegos.

h) Exhibición pública no autorizada: Mostrar contenidos protegidos en lugares públicos, como proyectar películas sin la debida autorización.

i) Distribución de libros y publicaciones sin licencia: Compartir o vender copias no autorizadas de libros, revistas o cualquier otro tipo de publicación protegida por derechos de autor.

La distribución de medios sin licencia infringe los derechos de propiedad intelectual y puede resultar en acciones legales por parte de los titulares de los derechos de autor, incluyendo demandas civiles y sanciones penales en algunos casos.

Las leyes de propiedad intelectual varían según el país, pero generalmente están diseñadas para proteger los derechos de los creadores y fomentar la innovación y la creatividad al otorgar a los titulares de derechos el control exclusivo sobre sus obras durante un período determinado.

La piratería de medios puede tener un impacto económico negativo en las industrias de entretenimiento y software, así como en los creadores y artistas.

Por lo tanto, es importante respetar los derechos de propiedad intelectual y utilizar contenidos de manera legal y ética, ya sea adquiriendo licencias o comprando productos originales.

DISTRIBUCIÓN DE SOFTWARE

La distribución de software en el contexto de los delitos contra la propiedad intelectual se refiere a actividades ilegales relacionadas con la distribución, copia, venta o uso no autorizado de programas informáticos que están protegidos por derechos de autor u otros derechos de propiedad intelectual.

Estos delitos pueden incluir una serie de conductas, algunas de las cuales son:

a) Distribución ilegal: Compartir o distribuir copias no autorizadas de software protegido por derechos de autor, ya sea a través de descargas en línea, intercambio de archivos, venta de copias piratas o cualquier otro medio sin el permiso del titular de los derechos.

b) Copia no autorizada: Hacer copias no autorizadas de software, lo que incluye duplicar discos, descargar programas ilegalmente desde internet o crear réplicas sin el permiso del titular de los derechos.

c) Uso de software sin licencia: Utilizar software sin tener una licencia válida o usar versiones pirateadas de programas informáticos.

d) Ingeniería inversa: Realizar ingeniería inversa de software protegido por derechos de autor para acceder a su código fuente o para modificarlo sin permiso, lo que a menudo viola los derechos de autor del software.

e) Venta de software falsificado: Fabricar y vender copias falsificadas de software que parecen ser legítimas, pero no lo son, lo que puede engañar a los compradores.

f) Cracking de software: Desarrollar o utilizar herramientas para eliminar las medidas de protección de software, como los sistemas de licencias o los sistemas de gestión de derechos digitales (DRM), para utilizar el software sin pagar o sin licencia.

g) Comercialización de claves de activación ilegales: Vender o distribuir claves de activación o números de serie falsificados o robados para desbloquear versiones de software que normalmente requerirían una licencia válida.

h) Distribución de software malicioso: Distribuir software malicioso (malware) que se disfraza como software legítimo o que se adjunta a programas pirateados, lo que puede dañar los sistemas informáticos y robar información personal.

i) Descargas ilegales: Descargar o compartir software pirateado o crackeado desde sitios web o redes de intercambio de archivos sin el permiso del titular de los derechos.

j) Piratería de software empresarial: Utilizar software pirateado o sin licencia en entornos empresariales sin el permiso adecuado, lo que puede dar lugar a sanciones legales y multas significativas.

La distribución de software ilegal representa una amenaza para la industria del software y los derechos de los desarrolladores y titulares de derechos de autor.

Además, puede tener consecuencias legales significativas, incluyendo demandas civiles y sanciones penales, dependiendo de las leyes locales y la gravedad de la infracción.

Las leyes de propiedad intelectual y derechos de autor están diseñadas para proteger los derechos de los creadores y fomentar la innovación y la creatividad al otorgar a los titulares de derechos de autor el control exclusivo sobre sus obras.

La piratería de software socava estos objetivos al infringir esos derechos y afectar negativamente a la industria del software y a los consumidores.

DISTRIBUIR OBRAS PROTEGIDAS

Distribuir obras protegidas en el contexto de los delitos contra la propiedad intelectual se refiere a la acción de compartir, vender o difundir de alguna manera obras creativas o intelectuales que están protegidas por derechos de autor u otras leyes de propiedad intelectual sin la autorización adecuada del titular de los derechos.

Estas obras protegidas pueden incluir textos, música, películas, programas de televisión, software, obras de arte, fotografías y otros tipos de contenido creativo.

Las conductas que comporta la distribución de obras protegidas sin autorización pueden variar en gravedad, pero generalmente incluyen:

a) Violación de los derechos de autor: La distribución no autorizada de obras protegidas por derechos de autor constituye una violación de los derechos exclusivos del titular de los derechos de autor. Estos derechos incluyen el derecho a copiar, distribuir, exhibir públicamente, realizar y crear obras derivadas. Al distribuir obras sin permiso, se están infringiendo estos derechos legales.

b) Piratería: La distribución de obras protegidas sin la autorización adecuada se considera una forma de piratería. Esto puede incluir la descarga ilegal de películas o música, la distribución de copias no autorizadas de software, la venta de libros pirateados, entre otros actos.

c) Comercio ilegal: En muchos casos, la distribución de obras protegidas sin autorización implica un beneficio económico. Por ejemplo, vender copias ilegales de software, películas o música constituye un delito de propiedad intelectual y puede dar lugar a sanciones legales adicionales.

d) Violación de derechos morales: Además de los derechos económicos, los titulares de los derechos de autor también tienen derechos morales sobre sus obras. La distribución no autorizada puede dañar la integridad y la reputación de la obra y, por lo tanto, violar los derechos morales del autor.

e) Consecuencias legales: La distribución no autorizada de obras protegidas puede dar lugar a demandas civiles y sanciones penales. Los titulares de los derechos de autor tienen el derecho de buscar daños y perjuicios financieros, y las autoridades pueden presentar cargos criminales en casos graves.

f) Consecuencias éticas: Además de las implicaciones legales, la distribución no autorizada de obras protegidas también plantea cuestiones éticas. Esto incluye el robo de propiedad intelectual y el perjuicio a los creadores que dependen de los ingresos generados por su trabajo.

Las leyes de propiedad intelectual varían de un país a otro, pero en general, distribuir obras protegidas sin autorización puede dar lugar a acciones legales por parte del titular de los derechos de autor, que pueden incluir demandas civiles y, en algunos casos, acciones penales.

Las sanciones por violación de derechos de autor pueden incluir multas significativas y en algunos casos, penas de prisión.

Es importante destacar que la piratería y la distribución no autorizada de obras protegidas son prácticas ilegales y éticamente cuestionables, ya que privan a los creadores y propietarios de derechos de sus ingresos y derechos legales sobre su trabajo.

Se fomenta el respeto por los derechos de autor y la propiedad intelectual para proteger y promover la creatividad y la innovación en la sociedad.

ESPIONAJE INDUSTRIAL

El espionaje industrial en el contexto de los delitos contra la propiedad intelectual se refiere a la práctica de obtener información confidencial, secretos comerciales, tecnología, estrategias comerciales u otros activos intangibles de una empresa o entidad competidora de manera ilegal o no autorizada.

Esta actividad tiene el propósito de obtener una ventaja competitiva en el mercado o perjudicar a la empresa objetivo.

El espionaje industrial puede involucrar a individuos, organizaciones o incluso gobiernos.

Las conductas relacionadas con el espionaje industrial pueden incluir:

a) Obtención no autorizada de secretos comerciales: El robo, la compra o la adquisición no autorizada de información confidencial o secretos comerciales de una empresa competidora. Esto puede incluir planes de negocio, estrategias de marketing, fórmulas de productos, listas de clientes o cualquier otro tipo de información confidencial que pueda ser valiosa.

b) Soborno o corrupción: Ofrecer sobornos o incentivos a empleados, contratistas o socios comerciales de una empresa para que revelen información confidencial o proporcionen acceso a activos protegidos.

c) Acceso no autorizado a sistemas informáticos: Acceder ilegalmente a sistemas informáticos o redes de una empresa competidora para robar información o datos confidenciales.

d) Interceptación de comunicaciones: Escuchar o interceptar comunicaciones electrónicas, como correos electrónicos o llamadas telefónicas, con el propósito de obtener información confidencial.

e) Contratación de empleados de la competencia: Atraer a empleados clave o directivos de una empresa competidora para que revelen información confidencial o secretos comerciales.

f) Vigilancia y seguimiento: Realizar actividades de vigilancia, seguimiento o investigación para obtener información sobre las actividades comerciales de una empresa competidora.

g) Hacking y ciberataques: Utilizar técnicas de hacking y ciberataques para obtener acceso a información confidencial almacenada en sistemas informáticos protegidos por contraseñas y medidas de seguridad.

h) Espionaje físico: Realizar actividades de espionaje físico, como el robo de documentos impresos, registros o prototipos de productos.

i) Explotación de relaciones comerciales: Utilizar la relación comercial con una empresa para obtener información confidencial de manera fraudulenta.

j) Uso de agentes o intermediarios: Contratar a terceros o agentes para llevar a cabo actividades de espionaje industrial en nombre de una organización.

El espionaje industrial es una actividad ilegal y suele violar las leyes de propiedad intelectual y las leyes de competencia desleal.

Las consecuencias legales por espionaje industrial pueden incluir demandas civiles por daños y perjuicios, sanciones penales, multas y la posibilidad de que los responsables enfrenten cargos criminales.

Las empresas suelen implementar medidas de seguridad para proteger su información confidencial y secretos comerciales, como acuerdos de no divulgación, políticas de seguridad de la información y sistemas de protección de datos.

Además, las leyes y regulaciones en muchas jurisdicciones están diseñadas para proteger a las empresas contra el espionaje industrial y promover la competencia justa en el mercado.

FABRICAR O VENDER PRODUCTOS FALSIFICADOS

Fabricar o vender productos falsificados en el contexto de los delitos contra la propiedad intelectual se refiere a la producción, distribución o comercialización de productos que imitan o copian productos genuinos protegidos por derechos de propiedad intelectual, como marcas registradas, patentes, derechos de autor o diseños industriales, sin la debida autorización del titular de esos derechos.

Estos productos falsificados suelen ser de inferior calidad y se venden como si fueran genuinos, lo que puede llevar a engañar a los consumidores y perjudicar a las empresas legítimas.

Las conductas relacionadas con la fabricación o venta de productos falsificados pueden incluir:

a) Producción de productos falsificados: Fabricar productos que imitan o copian productos auténticos protegidos por derechos de propiedad intelectual, como ropa, calzado, electrónicos, productos farmacéuticos, juguetes, joyas y más, sin la debida autorización.

b) Distribución y comercialización: Comercializar o distribuir productos falsificados a través de tiendas físicas, mercados callejeros, sitios web, aplicaciones de comercio electrónico u otros canales de venta, presentando estos productos como si fueran auténticos.

c) Uso de marcas falsificadas: Utilizar marcas registradas falsificadas o logotipos falsificados en productos, envases o etiquetas para engañar a los consumidores y hacer que crean que están comprando productos genuinos.

d) Importación y exportación ilegal: Importar o exportar productos falsificados a través de fronteras internacionales sin la debida autorización, lo que puede constituir una violación de las leyes de propiedad intelectual y aduaneras.

e) Venta en línea: Ofrecer productos falsificados en plataformas de comercio electrónico, redes sociales u otros sitios web sin revelar su naturaleza falsa, engañando a los compradores en línea.

f) Fraude y competencia desleal: La fabricación y venta de productos falsificados a menudo se considera un acto de competencia desleal y puede ser perseguido legalmente tanto por los titulares de los derechos de propiedad intelectual como por las autoridades gubernamentales.

La fabricación y venta de productos falsificados es ilegal en la mayoría de las jurisdicciones y puede dar lugar a graves consecuencias legales y financieras, incluyendo demandas civiles, confiscación de productos falsificados, multas y sanciones penales en algunos casos.

Además, puede dañar la reputación de las empresas legítimas y poner en riesgo la seguridad de los consumidores, ya que los productos falsificados pueden no cumplir con los estándares de calidad y seguridad requeridos.

Para evitar involucrarse en actividades ilegales relacionadas con productos falsificados, es importante respetar los derechos de propiedad intelectual, comprar productos de fuentes legítimas y denunciar cualquier actividad sospechosa de falsificación a las autoridades apropiadas.

FALSIFICACIÓN

La falsificación en el contexto de los delitos contra la propiedad intelectual se refiere a la creación, producción o distribución de productos que imitan o copian ilegalmente productos originales protegidos por derechos de autor, marcas comerciales u otros derechos de propiedad intelectual.

Estos productos falsificados pueden incluir una amplia gama de productos, como ropa, bolsos, relojes, software, películas, música, obras de arte, productos farmacéuticos, productos electrónicos, y más.

La falsificación se realiza con la intención de engañar a los consumidores haciéndoles creer que están comprando productos genuinos cuando, de hecho, son productos ilegalmente copiados.

Las conductas comunes asociadas con la falsificación en los delitos contra la propiedad intelectual incluyen:

a) Fabricación de productos falsificados: Producir ilegalmente productos que son idénticos o muy similares a los productos originales, pero sin la autorización del titular de los derechos de propiedad intelectual.

b) Etiquetas y marcas falsas: Colocar etiquetas, logotipos, marcas registradas u otros signos distintivos falsificados en productos para hacerlos parecer auténticos y engañar a los consumidores.

c) Venta de productos falsificados: Distribuir, vender o comercializar productos falsificados en el mercado, ya sea en tiendas físicas, en línea, en mercados de pulgas o a través de otros canales de venta.

d) Importación y exportación ilegal: Importar o exportar productos falsificados a través de fronteras internacionales sin el permiso de las autoridades aduaneras y sin respetar los derechos de propiedad intelectual.

e) Publicidad engañosa: Utilizar publicidad o promoción falsa para engañar a los consumidores y hacerles creer que están comprando productos auténticos.

La falsificación es un problema grave en muchas industrias y tiene importantes repercusiones económicas y legales.

Los titulares de derechos de propiedad intelectual pueden sufrir pérdidas financieras significativas debido a la competencia desleal de productos falsificados, y los consumidores pueden verse perjudicados al adquirir productos de calidad inferior o incluso peligrosos.

Para combatir la falsificación, se han implementado leyes de propiedad intelectual en todo el mundo que protegen los derechos de los titulares y establecen sanciones legales para quienes cometen estos delitos.

Las autoridades y las agencias de aplicación de la ley trabajan para identificar y perseguir a los fabricantes y distribuidores de productos falsificados.

INFRACCIÓN DE DERECHOS DE AUTOR

La infracción de derechos de autor en el contexto de los delitos contra la propiedad intelectual se refiere a la violación de los derechos exclusivos que posee un autor o titular de derechos sobre una obra creativa original.

Los derechos de autor protegen una amplia variedad de trabajos creativos, como libros, música, películas, obras de arte, software, fotografías, diseño gráfico y otros tipos de contenido creativo.

La infracción de derechos de autor implica conductas que violan estos derechos exclusivos y pueden incluir:

a) Copia no autorizada: Hacer copias no autorizadas de obras protegidas por derechos de autor, ya sea mediante la reproducción de libros, música, películas, software u otros tipos de contenido sin el permiso del titular de los derechos.

b) Distribución ilegal: Compartir, vender o distribuir copias no autorizadas de obras protegidas, ya sea a través de la venta de productos físicos, descargas ilegales desde internet o la distribución de contenido en línea sin el permiso del titular de los derechos.

c) Uso no autorizado en obras derivadas: Crear obras derivadas basadas en obras protegidas por derechos de autor sin la autorización del titular de los derechos. Esto puede incluir adaptaciones, traducciones, remixes, parodias y otros trabajos que se basen en una obra original.

d) Publicación no autorizada: Publicar obras protegidas por derechos de autor en sitios web, redes sociales u otros medios en línea sin el permiso del titular de los derechos.

e) Interpretación y ejecución no autorizadas: Interpretar o ejecutar obras protegidas, como música u obras teatrales, en público sin la debida autorización.

f) Descargas ilegales: Descargar o compartir archivos protegidos por derechos de autor desde sitios web o redes de intercambio de archivos sin el permiso del titular de los derechos.

g) Streaming ilegal: Transmitir o hacer disponible para su visualización o escucha contenido protegido por derechos de autor en línea sin el permiso adecuado.

h) Plagio: Copiar y presentar el trabajo de otra persona como propio sin dar crédito al autor original.

La infracción de derechos de autor es un delito que socava los derechos legales de los creadores y titulares de los derechos, ya que les impide controlar cómo se utiliza y se beneficia de su trabajo creativo.

Las leyes de derechos de autor varían según el país, pero en general, están diseñadas para proteger los intereses de los autores y fomentar la creatividad y la innovación al otorgar a los titulares de derechos un monopolio limitado sobre sus obras durante un período determinado.

La infracción de derechos de autor puede dar lugar a acciones legales, como demandas civiles y en algunos casos, sanciones penales, dependiendo de las leyes locales y de la gravedad de la infracción.

La protección de los derechos de autor es esencial para promover la creatividad y la inversión en contenido creativo, y respetar estos derechos es fundamental para promover la ética y la legalidad en la creación y el uso de obras protegidas por derechos de autor.

MODIFICAR O ADAPTAR OBRAS PROTEGIDAS

Modificar o adaptar obras protegidas por derechos de autor en el contexto de los delitos contra la propiedad intelectual se refiere a la acción de realizar cambios o alteraciones en una obra original protegida por derechos de autor sin la debida autorización del titular de esos derechos.

Esta práctica puede dar lugar a infracciones de propiedad intelectual si se realizan cambios sin el permiso adecuado o si se utilizan las obras modificadas de una manera que infringe los derechos del titular original.

Las conductas relacionadas con la modificación o adaptación de obras protegidas pueden incluir:

a) Derivación de obras protegidas: Crear obras derivadas, que son versiones modificadas o adaptadas de una obra original protegida por derechos de autor. Estas adaptaciones pueden incluir remixes de música, traducciones de textos, versiones editadas de películas o programas de televisión, y más.

b) Modificación de imágenes o arte: Realizar cambios en ilustraciones, imágenes, fotografías u otras obras visuales protegidas por derechos de autor sin la debida autorización.

c) Edición de textos: Realizar cambios sustanciales en textos protegidos por derechos de autor, como libros, artículos o ensayos, sin el permiso del titular de los derechos.

d) Remix de música y videos: Tomar fragmentos de canciones o clips de videos protegidos por derechos de autor y crear nuevas composiciones o videos remixados sin la autorización adecuada.

e) Alteración de software: Modificar o adaptar software protegido por derechos de autor sin la debida licencia o permiso del titular de los derechos.

f) Reinterpretación de obras de arte: Crear reinterpretaciones o versiones propias de obras protegidas por derechos de autor, como pinturas o esculturas, sin la autorización del titular de los derechos.

g) Traducción no autorizada: Traducir una obra protegida por derechos de autor a otro idioma sin el permiso del autor o titular de los derechos.

Modificar o adaptar obras protegidas sin autorización adecuada generalmente se considera una infracción de los derechos de autor del titular original. Los derechos de autor otorgan al titular el derecho exclusivo de decidir cómo se utiliza, modifica o adapta su obra.

Por lo tanto, cualquier modificación o adaptación de una obra protegida generalmente requiere el permiso del titular de los derechos o debe llevarse a cabo de conformidad con las excepciones legales aplicables, como el uso justo en algunos países.

Las consecuencias legales por modificar o adaptar obras protegidas sin autorización pueden incluir demandas civiles por daños y perjuicios, sanciones económicas y la posible retirada de la obra modificada del mercado.

Es importante respetar los derechos de autor y obtener los permisos necesarios cuando se desee modificar o adaptar obras protegidas por derechos de autor para evitar problemas legales relacionados con la propiedad intelectual.

PLAGIO ACADÉMICO

El plagio académico se refiere a la acción de copiar o reproducir el trabajo intelectual, las ideas, las palabras o las obras de otros y presentarlas como propias, sin la debida atribución o citación adecuada.

Se considera una forma de fraude académico y una violación de la propiedad intelectual, ya que implica la apropiación indebida del trabajo intelectual y creativo de otra persona.

Las conductas relacionadas con el plagio académico pueden incluir:

a) Copia directa de texto: Incluir fragmentos de texto de fuentes escritas, como libros, artículos, sitios web u otras publicaciones, sin citar adecuadamente las fuentes.

b) Parafraseo no atribuido: Reescribir o parafrasear el trabajo de otra persona sin proporcionar una referencia adecuada a la fuente original.

c) Copia de trabajos de otros estudiantes: Presentar el trabajo de otros estudiantes como propio, ya sea en su totalidad o en parte.

d) Copia de trabajos en línea: Descargar o comprar ensayos, informes o trabajos académicos en línea y presentarlos como si fueran propios.

e) Utilización de datos o gráficos sin atribución: Incluir datos, gráficos o imágenes de otras fuentes sin citar adecuadamente la fuente original.

f) Autoría falsa: Atribuirse la autoría de un trabajo conjunto o colaborativo cuando otros contribuyeron significativamente a su creación.

g) Colaboración no autorizada: Trabajar en conjunto en una asignación individual sin permiso del profesor o presentar el trabajo conjunto como trabajo individual.

h) Autoplagiar: Presentar un trabajo previamente presentado en otra clase o en otro contexto académico sin permiso o atribución.

El plagio académico es considerado una violación ética y académica grave en la mayoría de las instituciones educativas y entornos académicos.

Además, también se considera una infracción de los derechos de propiedad intelectual, ya que implica la utilización no autorizada del trabajo de otras personas.

Las consecuencias del plagio académico pueden ser significativas e incluir:

a) Calificaciones reducidas o pérdida de crédito: Por lo general, los estudiantes que cometen plagio en sus trabajos académicos pueden recibir calificaciones más bajas en esos trabajos o perder el crédito por completo.

b) Acciones disciplinarias: Las instituciones educativas pueden tomar medidas disciplinarias contra los estudiantes que cometen plagio, que pueden incluir suspensión, expulsión o acciones académicas adicionales.

c) Daño a la reputación académica: El plagio puede dañar la reputación académica de un estudiante y tener un impacto negativo en sus futuras oportunidades educativas y profesionales.

d) Consecuencias legales: En casos graves de plagio, especialmente cuando se trata de violaciones de derechos de autor, podría haber consecuencias legales, como demandas por infracción de propiedad intelectual.

Para evitar el plagio académico, es fundamental citar adecuadamente todas las fuentes utilizadas en un trabajo académico, respetar los estándares éticos de la comunidad académica y seguir las pautas proporcionadas por la institución educativa.

Las instituciones educativas a menudo ofrecen orientación sobre cómo citar fuentes y evitar el plagio, y es responsabilidad de los estudiantes conocer y seguir estas normas.

SUBIR CONTENIDO PROTEGIDO POR DERECHOS DE AUTOR A LA PLATAFORMA

Subir contenido protegido por derechos de autor a una plataforma sin la debida autorización del titular de esos derechos se considera una infracción en el ámbito de los delitos contra la propiedad intelectual.

Esto se refiere a la acción de cargar, publicar o compartir en una plataforma en línea, como un sitio web, redes sociales, foros o cualquier otro medio digital, obras protegidas por derechos de autor, sin tener los derechos legales o la licencia necesaria para hacerlo.

Las conductas relacionadas con subir contenido protegido por derechos de autor sin autorización pueden incluir:

a) Carga de música, videos o películas sin permiso: Publicar o compartir archivos de música, videos, películas u otros contenidos protegidos por derechos de autor en línea sin la autorización adecuada de los titulares de esos derechos.

b) Publicación de textos protegidos por derechos de autor: Compartir o distribuir textos, libros, artículos u otros materiales escritos protegidos por derechos de autor sin la debida autorización.

c) Carga de imágenes, ilustraciones o fotografías sin autorización: Subir o compartir imágenes, ilustraciones o fotografías protegidas por derechos de autor sin el permiso del titular de los derechos.

d) Compartir software o aplicaciones sin licencia: Publicar o distribuir software, aplicaciones móviles u otros programas informáticos protegidos por derechos de autor sin contar con una licencia válida.

e) Compartir obras derivadas sin autorización: Subir o compartir obras derivadas, como remixes de música, fan fiction o adaptaciones de libros, sin la debida autorización de los titulares de los derechos originales.

f) Publicar contenido con derechos de autor en redes sociales: Subir o compartir material con derechos de autor en plataformas de redes sociales sin tener los derechos necesarios para hacerlo.

La subida de contenido protegido por derechos de autor sin autorización suele ser una violación de los derechos de propiedad intelectual y, en la mayoría de las jurisdicciones, es ilegal.

Los titulares de derechos de autor tienen el derecho exclusivo de controlar la reproducción y distribución de sus obras, y cualquier intento de cargar, publicar o compartir obras protegidas sin permiso puede dar lugar a acciones legales.

Las consecuencias legales por subir contenido protegido por derechos de autor sin autorización pueden incluir demandas civiles por daños y perjuicios, eliminación del contenido infractor, cierre de cuentas de usuario en plataformas en línea y sanciones financieras.

Además, las plataformas en línea suelen tener políticas y mecanismos para lidiar con la infracción de derechos de autor, como el retiro de contenido infractor o la suspensión de cuentas de usuarios que infringen repetidamente las políticas de derechos de autor.

Es importante respetar los derechos de autor y obtener la debida autorización o licencia cuando se desee utilizar o compartir contenido protegido por derechos de autor en línea o en cualquier otro medio.

USO INDEBIDO DE PATENTES

El uso indebido de patentes en el contexto de los delitos contra la propiedad intelectual se refiere a la violación de los derechos de propiedad industrial relacionados con invenciones y desarrollos tecnológicos.

Las patentes otorgan a los inventores y titulares de patentes el derecho exclusivo de fabricar, vender, usar o licenciar una invención por un período de tiempo determinado.

Cualquier uso no autorizado de una patente protegida puede considerarse un delito contra la propiedad intelectual.

Algunas conductas que pueden comportar el uso indebido de patentes incluyen:

a) Fabricación no autorizada: Fabricar productos o utilizar métodos patentados sin obtener el permiso del titular de la patente.

b) Venta no autorizada: Vender productos que incorporan invenciones patentadas sin la debida autorización.

c) Uso no autorizado: Utilizar invenciones patentadas en la producción de bienes o prestación de servicios sin el consentimiento del titular de la patente.

d) Importación no autorizada: Importar productos patentados sin el permiso del titular de la patente.

e) Distribución no autorizada: Distribuir productos patentados sin la debida autorización del titular de la patente.

f) Ofrecimiento de licencias falsas: Ofrecer licencias para usar una patente que uno no posee o no está autorizado para conceder.

g) Falsificación de productos patentados: Fabricar productos falsificados que imitan productos patentados legítimos y venderlos en el mercado.

h) Uso indebido de tecnología patentada: Utilizar tecnología patentada sin respetar los términos y condiciones establecidos por el titular de la patente.

i) Violación de patentes farmacéuticas: Fabricar o vender medicamentos patentados sin autorización, lo que puede tener graves implicaciones para la salud pública.

j) Violación de patentes estándar esenciales (SEP): En el contexto de patentes que son esenciales para el cumplimiento de estándares industriales, negarse a otorgar licencias sobre términos justos, razonables y no discriminatorios (FRAND) o abusar de la posición dominante en el mercado.

El uso indebido de patentes es una infracción a los derechos de propiedad industrial y puede dar lugar a acciones legales por parte del titular de la patente, incluyendo demandas civiles para hacer cumplir sus derechos y recuperar daños y perjuicios.

Las leyes de patentes varían de un país a otro, pero en general, están diseñadas para promover la innovación y la protección de las inversiones en investigación y desarrollo al otorgar un monopolio temporal sobre una invención.

Violaciones de patentes pueden llevar a sanciones civiles y, en casos graves, sanciones penales, dependiendo de las leyes y regulaciones locales.

VENTA DE PRODUCTOS FARMACÉUTICOS FALSIFICADOS

La venta de productos farmacéuticos falsificados es una actividad ilegal que se relaciona con delitos contra la propiedad intelectual, pero también involucra cuestiones de salud pública y seguridad.

Esta actividad se refiere a la fabricación, distribución o comercialización de medicamentos que se presentan como legítimos, pero que en realidad son falsificados o adulterados de alguna manera.

Las conductas relacionadas con la venta de productos farmacéuticos falsificados pueden incluir:

a) Fabricación de medicamentos falsificados: La producción de medicamentos que imitan la apariencia y el etiquetado de medicamentos auténticos, pero que no contienen los ingredientes activos correctos o contienen sustancias peligrosas.

b) Distribución ilegal: La venta o distribución de medicamentos falsificados a través de canales ilegales, como sitios web no autorizados, mercados negros, farmacias no reguladas o el contrabando de medicamentos a través de fronteras.

c) Falsificación de etiquetas y envases: La creación de envases y etiquetas falsificados que imitan a las de medicamentos auténticos para engañar a los consumidores.

d) Venta en línea ilegal: La comercialización y venta de medicamentos falsificados a través de sitios web ilegales que no cumplen con las regulaciones y estándares de seguridad.

e) Fraude de recetas médicas: La obtención y distribución de medicamentos falsificados a través de recetas médicas falsas o manipuladas.

f) Inclusión de ingredientes peligrosos: La adición de sustancias nocivas o tóxicas en medicamentos falsificados, lo que puede representar un riesgo significativo para la salud de los consumidores.

La venta de productos farmacéuticos falsificados es un problema grave, ya que puede poner en peligro la salud y la vida de las personas que confían en los medicamentos para tratar enfermedades y afecciones médicas.

Además, este tipo de actividad ilegal socava la integridad de la industria farmacéutica y la confianza en los sistemas de atención médica.

Las autoridades en la mayoría de los países toman medidas para prevenir y combatir la venta de productos farmacéuticos falsificados.

Estas medidas pueden incluir regulaciones y requisitos de seguridad más estrictos para la fabricación y distribución de medicamentos, la implementación de tecnologías de seguimiento y autenticación en el etiquetado de medicamentos y la imposición de sanciones legales a aquellos involucrados en la producción y venta de medicamentos falsificados.

La venta de productos farmacéuticos falsificados es una actividad ilegal que no solo infringe los derechos de propiedad intelectual de las empresas farmacéuticas, sino que también representa un riesgo grave para la salud pública.

Las autoridades trabajan activamente para combatir esta práctica y proteger a los consumidores de medicamentos peligrosos y falsificados.

VIOLACIÓN DE DERECHOS DE DISEÑO

La violación de derechos de diseño en el contexto de los delitos contra la propiedad intelectual se refiere a actividades ilegales relacionadas con la infracción de los derechos de diseño industrial.

Los derechos de diseño protegen la apariencia estética y funcional de un producto, como su forma, ornamentación y características visuales.

La violación de derechos de diseño implica conductas que infringen los derechos exclusivos del titular de un diseño registrado y pueden incluir las siguientes acciones:

a) Copia no autorizada de un diseño registrado: Reproducir o copiar un diseño industrial registrado sin el permiso del titular de los derechos de diseño.

b) Fabricación y venta de productos que incorporan un diseño no autorizado: Fabricar, vender o distribuir productos que incorporan un diseño registrado sin la autorización del titular de los derechos de diseño.

c) Uso de un diseño no autorizado en la fabricación de productos: Utilizar un diseño registrado sin permiso en la producción de productos sin la debida autorización.

d) Importación y exportación de productos que incorporan un diseño no autorizado: Importar o exportar productos que infringen los derechos de diseño sin el permiso del titular de los derechos.

e) Falsificación de productos que incorporan un diseño protegido: Fabricar y vender productos que imitan o falsifican productos que incorporan un diseño registrado, lo que puede incluir la copia de características visuales distintivas.

f) Ofrecimiento de licencias falsas: Pretender tener derechos de licencia sobre un diseño registrado que no se posee y otorgar licencias falsas para engañar a terceros.

g) Uso de diseños registrados en publicidad engañosa: Utilizar un diseño registrado en publicidad engañosa para promocionar productos que no están relacionados o autorizados por el titular del diseño.

La violación de derechos de diseño es un delito que afecta los derechos exclusivos del titular del diseño registrado y puede tener graves consecuencias legales y económicas.

Los titulares de derechos de diseño pueden tomar acciones legales contra quienes violen sus derechos, lo que puede dar lugar a demandas civiles y compensaciones financieras.

Además, las autoridades pueden imponer sanciones y multas por la infracción de derechos de diseño.

Las leyes de diseño industrial varían según el país, pero en general, buscan proteger la apariencia estética y funcional de los productos, promoviendo la innovación y la creatividad en el diseño.

VIOLACIÓN DE MARCAS REGISTRADAS

La violación de marcas registradas en el contexto de los delitos contra la propiedad intelectual se refiere a la utilización no autorizada de una marca registrada o el uso indebido de una marca comercial protegida sin el consentimiento del titular de la marca.

Una marca registrada es un signo distintivo, como un nombre, logotipo, símbolo o lema, que identifica y distingue los productos o servicios de una empresa de los de otras empresas.

La violación de marcas registradas puede incluir diversas conductas, como las siguientes:

a) Uso no autorizado de la marca: Utilizar una marca registrada en relación con productos o servicios sin obtener el permiso del titular de la marca.

b) Fabricación y venta de productos falsificados: Fabricar y vender productos que llevan una marca registrada sin autorización, lo que a menudo implica la creación de productos falsificados o piratas que pueden ser visualmente similares a los productos originales.

c) Publicidad engañosa: Usar una marca registrada para publicitar o promocionar productos o servicios de manera engañosa o confusa, dando a entender incorrectamente una afiliación o conexión con el titular legítimo de la marca.

d) Imitación de marca: Crear una marca que sea confusamente similar a una marca registrada existente, lo que puede dar lugar a confusión entre los consumidores.

e) Registro de dominios de Internet maliciosos: Registrar nombres de dominio en Internet que incorporan marcas registradas con el fin de dirigir el tráfico web de manera fraudulenta o para dañar la reputación de la marca.

f) Venta de productos falsificados en línea: Vender productos falsificados que utilizan una marca registrada a través de sitios web, redes sociales u otros canales de comercio electrónico sin el permiso del titular de la marca.

g) Uso indebido en redes sociales: Utilizar una marca registrada de manera no autorizada en perfiles de redes sociales, páginas web o publicaciones en línea.

h) Uso de marcas en envases y etiquetas falsificadas: Colocar marcas registradas en envases y etiquetas falsificados para engañar a los consumidores sobre la autenticidad de los productos.

La violación de marcas registradas es una infracción seria que puede tener consecuencias legales, incluyendo demandas civiles y sanciones financieras para quienes infringen los derechos del titular de la marca.

La protección de las marcas registradas es fundamental para garantizar la integridad y autenticidad de los productos y servicios en el mercado, así como para proteger a los consumidores de la confusión y el engaño.

Las leyes de marcas registradas varían según el país, pero en general, buscan proteger la identidad y la reputación de las empresas y garantizar que los consumidores puedan confiar en la autenticidad de los productos y servicios que adquieren.

VIOLACIÓN DE SECRETOS COMERCIALES

La violación de secretos comerciales en el contexto de los delitos contra la propiedad intelectual se refiere a actividades ilegales relacionadas con la obtención, divulgación, o uso no autorizado de información confidencial o secretos comerciales de una empresa u organización sin el consentimiento del titular de esos secretos.

Los secretos comerciales son información o conocimientos que confieren una ventaja competitiva o económica a una empresa y que se mantienen en secreto deliberadamente para mantener esa ventaja.

Estos pueden incluir fórmulas, procesos, datos, estrategias de negocios, métodos de fabricación, listas de clientes, planes de marketing y otros tipos de información confidencial.

La violación de secretos comerciales puede involucrar una serie de conductas ilícitas, que pueden incluir:

a) Obtención indebida: Acceder de manera ilegal o no autorizada a información confidencial, ya sea a través de robo, hackeo informático, acceso no autorizado a sistemas o dispositivos, o de cualquier otra manera que viole la privacidad de la empresa.

b) Divulgación no autorizada: Revelar, compartir o difundir secretos comerciales a terceros sin el consentimiento del titular de los secretos, ya sea por parte de empleados desleales, exempleados, socios comerciales o cualquier otra persona que tenga acceso a la información confidencial.

c) Uso indebido: Utilizar secretos comerciales robados o divulgados sin autorización para obtener una ventaja competitiva, ya sea en beneficio propio o para el beneficio de otra empresa u organización.

d) Contratación desleal: Contratar empleados de una empresa competidora y solicitarles que utilicen o divulguen secretos comerciales de su empleador anterior en su nuevo lugar de trabajo.

e) Apropiación indebida de información confidencial: Copiar, descargar o robar documentos, archivos electrónicos u otros registros que contengan secretos comerciales.

f) Violación de acuerdos de confidencialidad: Incumplir acuerdos de confidencialidad o acuerdos de no divulgación que prohíban la revelación o el uso de secretos comerciales.

La violación de secretos comerciales es una infracción seria que puede tener graves consecuencias legales y económicas.

Las empresas invierten tiempo y recursos en el desarrollo y protección de sus secretos comerciales, y la violación de estos derechos puede causar un daño significativo.

Los titulares de secretos comerciales pueden tomar acciones legales contra quienes violen sus derechos, lo que puede dar lugar a demandas civiles y compensaciones financieras.

Además, las leyes de secretos comerciales pueden variar según el país, pero en general, buscan proteger la información confidencial que es esencial para la competitividad y la innovación en el mercado.

CORRUPCIÓN EN LOS NEGOCIOS

INTRODUCCIÓN

La corrupción en los negocios se refiere a prácticas deshonestas o ilegales llevadas a cabo por individuos o empresas en el ámbito empresarial.

Esta forma de corrupción puede adoptar diversas formas y conlleva una serie de conductas, que incluyen:

a) Soborno: Implica ofrecer, dar, recibir o solicitar algo de valor para influir en las acciones de una autoridad o individuo en posiciones de poder. Esto puede incluir dinero, regalos, o favores.

b) Fraude financiero: Los delitos de corrupción en los negocios pueden incluir el fraude financiero, que involucra la manipulación de información financiera o contable para engañar a los inversores, a los accionistas o a las autoridades reguladoras. Ejemplos de esto incluyen la manipulación de estados financieros, la falsificación de registros contables y la malversación de fondos.

c) Evasión fiscal: Implica no pagar los impuestos debidos. Esto puede hacerse mediante la ocultación de ingresos, la inflación de gastos o el uso de paraísos fiscales.

d) Lavado de dinero: Proceso de hacer que el dinero obtenido a través de actividades ilegales parezca haber sido obtenido legalmente. Esto a menudo implica una serie de transacciones para ocultar el origen del dinero.

e) Colusión: Acuerdo secreto o cooperación para engañar a otros. Esto puede suceder, por ejemplo, cuando empresas competidoras se ponen de acuerdo en precios o términos de mercado para eliminar la competencia.

f) Nepotismo y favoritismo: Esto ocurre cuando se favorece a familiares o amigos en decisiones de negocios, como contrataciones o contratos, sobre la base de la relación personal en lugar del mérito.

g) Manipulación de licitaciones: Implica alterar el proceso de licitación para asegurar que un determinado contratista gane, a menudo a cambio de sobornos o favores.

h) Uso indebido de información privilegiada: Utilizar información confidencial para obtener ventajas en transacciones comerciales, como la compra y venta de acciones.

i) Extorsión: Forzar a alguien a entregar dinero, bienes o servicios bajo la amenaza de violencia, daño a la reputación u otros daños.

j) Conflicto de intereses: Situación en la que el interés personal de un individuo puede influir indebidamente en sus decisiones profesionales o en la ejecución de sus deberes oficiales.

Estas conductas no solo son ilegales, sino que también tienen un impacto negativo en el ambiente empresarial, socavando la confianza en las instituciones y en el mercado.

Las empresas que participan en actividades corruptas pueden enfrentar graves consecuencias legales, incluyendo multas, sanciones y daño a su reputación.

Además, la corrupción en los negocios contribuye a una distribución desigual de recursos, perjudica la competencia leal y puede tener efectos económicos negativos a largo plazo.

CLIENTELISMO POLÍTICO

El clientelismo político en el contexto de los delitos de corrupción en los negocios se refiere a una práctica en la que políticos o funcionarios públicos utilizan su influencia o poder para beneficiar a individuos, empresas o grupos en particular a cambio de apoyo político, financiamiento de campañas o beneficios personales.

Este fenómeno implica el abuso de la posición política para favorecer intereses privados a expensas del bienestar público y la toma de decisiones imparciales y justas.

Algunas de las conductas que suelen estar asociadas con el clientelismo político en los delitos de corrupción en los negocios incluyen:

a) Favoritismo en la contratación pública: Otorgar contratos gubernamentales, licitaciones públicas o subvenciones a empresas o individuos específicos en lugar de seleccionar a proveedores o contratistas basándose en criterios objetivos y competitivos.

b) Obtención de ventajas regulatorias: Modificar o flexibilizar regulaciones o políticas gubernamentales para beneficiar a empresas o sectores económicos específicos a cambio de apoyo político o financiamiento de campañas.

c) Concesión de beneficios fiscales o incentivos: Otorgar exenciones fiscales, subsidios o incentivos económicos a empresas en función de su relación con políticos o partidos, en lugar de basarse en criterios económicos o sociales legítimos.

d) Negocios con personas cercanas o familiares: Realizar negocios o transacciones con familiares o personas cercanas a políticos o funcionarios públicos, lo que puede resultar en acuerdos desfavorables para el interés público.

e) Influencia indebida en decisiones regulatorias: Presionar o influir indebidamente en procesos regulatorios o decisiones gubernamentales para obtener resultados favorables para empresas o individuos en particular.

f) Nepotismo en el empleo público: Nombrar o promover a familiares o amigos en puestos gubernamentales o cargos de responsabilidad pública sin tener en cuenta su idoneidad o mérito.

g) Donaciones políticas condicionales: Recibir donaciones de campaña o financiamiento político de empresas o individuos con la expectativa de recibir beneficios o tratos preferenciales en el futuro.

h) Corrupción en la adjudicación de contratos: Solicitar sobornos o comisiones ilegales a cambio de facilitar la obtención de contratos gubernamentales o ventajas comerciales.

i) Patrocinio de proyectos de infraestructura: Utilizar el poder político para promover y financiar proyectos de infraestructura en áreas geográficas específicas para ganar apoyo electoral.

j) Intercambio de votos por empleos: Ofrecer empleos o cargos públicos a cambio del apoyo político de individuos o grupos.

El clientelismo político es considerado una forma de corrupción, ya que socava la integridad del sistema político y económico al priorizar intereses privados sobre el bienestar público.

Además, puede dar lugar a prácticas comerciales injustas y a una competencia desigual en el mercado.

Para prevenir y combatir el clientelismo político, muchas jurisdicciones han implementado regulaciones y leyes de transparencia en financiamiento de campañas, y han establecido mecanismos de control y supervisión para garantizar que las decisiones gubernamentales se tomen de manera justa y en función del interés público.

También es fundamental promover una cultura de integridad en la política y fomentar la denuncia de prácticas corruptas para garantizar la rendición de cuentas y la transparencia en la gestión pública.

COLUSIÓN

La colusión en el contexto de los delitos de corrupción en los negocios se refiere a un acuerdo ilegal o conspiración entre empresas competidoras para manipular el mercado y obtener ventajas injustas o ilegales.

Implica prácticas anticompetitivas que perjudican a los consumidores, otros competidores y, en muchos casos, a la economía en general.

Algunas de las conductas y acciones asociadas con la colusión en los negocios y que pueden ser consideradas delitos de corrupción en algunos casos incluyen:

a) Fijación de precios: Las empresas competidoras pueden acordar fijar los precios de sus productos o servicios a un nivel determinado, lo que elimina la competencia basada en el precio y puede resultar en precios inflados para los consumidores.

b) Asignación de cuotas de mercado: Las empresas pueden dividirse el mercado en áreas geográficas o segmentos de clientes específicos, lo que les permite evitar competir entre sí en ciertas áreas o con ciertos grupos de clientes.

c) Reparto de licitaciones y contratos: En el caso de licitaciones públicas o privadas, las empresas pueden acordar previamente quién presentará las ofertas ganadoras y quién se abstendrá de competir, lo que garantiza que ciertas empresas obtengan contratos sin una competencia real.

d) Intercambio de información sensible: Las empresas pueden compartir información estratégica, como precios futuros, costos o planes comerciales, lo que les permite tomar decisiones empresariales en función de esta información compartida en lugar de competir libremente en el mercado.

e) Boicot a competidores: Las empresas coludidas pueden coordinar acciones para boicotear o dificultar la entrada de nuevos competidores al mercado o para perjudicar a competidores existentes.

f) Establecimiento de barreras de entrada: Pueden emplear tácticas para dificultar que nuevas empresas entren en el mercado, como el control de la distribución de productos o el uso de patentes de manera anticompetitiva.

g) Manipulación de licencias y regulaciones: Pueden buscar influir en reguladores o funcionarios públicos para obtener licencias, permisos o decisiones favorables de manera fraudulenta.

h) Soborno y corrupción de funcionarios públicos: Para facilitar la colusión y garantizar la impunidad, las empresas pueden sobornar a funcionarios públicos o empleados gubernamentales para obtener beneficios o protección.

i) Encubrimiento y complicidad: Los individuos y empresas involucrados en la colusión a menudo trabajan juntos para ocultar sus actividades ilícitas, lo que puede incluir la manipulación de registros contables y financieros, la destrucción de pruebas o la obstrucción de investigaciones.

La colusión es ilegal en la mayoría de las jurisdicciones debido a sus efectos perjudiciales para la competencia y los consumidores.

Las autoridades antimonopolio y de competencia, tanto a nivel nacional como internacional, trabajan para detectar y sancionar estos comportamientos anticompetitivos.

Las sanciones por colusión pueden incluir multas significativas para las empresas involucradas y, en algunos casos, responsabilidad penal para los individuos que participaron en el acuerdo ilegal.

La colusión en los delitos de corrupción en los negocios implica acuerdos ilegales entre empresas competidoras para socavar la competencia y obtener beneficios indebidos, lo que a menudo resulta en daños económicos y perjuicios para los consumidores y otros actores del mercado.

COMISIONES ILEGALES

Las comisiones ilegales en los delitos de corrupción en los negocios se refieren a pagos o gratificaciones ilícitas que una persona o entidad recibe o paga para influir en decisiones comerciales o para obtener ventajas indebidas en transacciones empresariales.

Estas comisiones ilegales se utilizan para obtener un beneficio financiero o comercial indebido y pueden socavar la integridad y la competencia justa en el mercado.

Algunas de las conductas que suelen estar asociadas con las comisiones ilegales en los delitos de corrupción en los negocios incluyen:

a) Pago de sobornos: Ofrecer o aceptar pagos ilegales, sobornos o gratificaciones a funcionarios públicos, ejecutivos de empresas, empleados, intermediarios o cualquier otra persona con influencia en decisiones comerciales en el sector privado o público.

b) Comisiones infladas o ficticias: Incluir comisiones infladas o ficticias en contratos o acuerdos comerciales con el propósito de desviar fondos o recursos a personas o empresas involucradas en el esquema de corrupción.

c) Uso de intermediarios corruptos: Utilizar intermediarios o agentes corruptos para facilitar el pago de comisiones ilegales o para influir en decisiones comerciales de manera fraudulenta.

d) Engaño en contratos y acuerdos: Celebrar contratos o acuerdos comerciales que aparentan ser legítimos pero que incluyen cláusulas o términos ocultos destinados a proporcionar comisiones ilegales a terceros.

e) Fraude en licitaciones: Manipular procesos de licitación o concursos para asegurar que una empresa o individuo específico gane un contrato a cambio de pagos ilegales.

f) Uso indebido de información confidencial: Utilizar información confidencial o privilegiada para influir en decisiones comerciales o para obtener ventajas injustas en las transacciones empresariales.

g) Pagos a funcionarios públicos: Realizar pagos ilegales a funcionarios públicos para garantizar la obtención de contratos o licencias, o para facilitar otros beneficios comerciales.

h) Comisiones no reveladas: No divulgar adecuadamente el pago de comisiones ilegales en los registros contables o en los informes financieros, lo que oculta la verdadera naturaleza de las transacciones.

i) Conspiración para cometer fraude: Colaborar con otras personas o entidades para ocultar comisiones ilegales o para facilitar prácticas comerciales corruptas.

j) Falsificación de registros o facturas: Manipular registros contables o facturas para ocultar el pago de comisiones ilegales o para encubrir prácticas corruptas.

Las comisiones ilegales en los negocios son consideradas actividades corruptas y son ilegales en la mayoría de los países.

Estas prácticas socavan la integridad de las transacciones comerciales y pueden tener un impacto negativo en la confianza en las instituciones y en la competencia justa en el mercado.

Las leyes y regulaciones en muchos países imponen sanciones legales severas, incluyendo multas significativas y prisión, a quienes participan en comisiones ilegales.

Para prevenir y combatir este tipo de corrupción, las empresas deben implementar políticas y procedimientos adecuados, así como programas de capacitación, para garantizar que los empleados comprendan y eviten las comisiones ilegales.

CONFLICTO DE INTERESES

El conflicto de intereses en los delitos de corrupción en los negocios se refiere a una situación en la que una persona o entidad que está en una posición de autoridad toma decisiones o realiza acciones que benefician sus intereses personales o financieros en lugar de actuar en el mejor interés de la empresa u organización para la que trabaja.

Este conflicto puede llevar a prácticas corruptas y comportamientos indebidos que perjudican la integridad de los negocios y la toma de decisiones éticas.

Algunas de las conductas que suelen estar asociadas con el conflicto de intereses en los delitos de corrupción en los negocios incluyen:

a) Aceptación de sobornos o pagos ilegales: Una persona en una posición de autoridad o toma de decisiones recibe pagos secretos o sobornos a cambio de favorecer a una empresa o individuo en particular en detrimento de otros.

b) Otorgamiento de contratos o beneficios a familiares o amigos: Un empleado o ejecutivo otorga contratos, empleo o beneficios comerciales a familiares, amigos o conocidos sin tener en cuenta el mérito o la competencia, lo que constituye un conflicto de intereses.

c) Inversiones personales en empresas contratistas: Un individuo que toma decisiones empresariales invierte en empresas que hacen negocios con la organización para la que trabaja, lo que podría influir en las decisiones que tome.

d) Utilización de información privilegiada: Un empleado o ejecutivo utiliza información confidencial o privilegiada para beneficiarse personalmente en inversiones, transacciones comerciales u otros aspectos financieros.

e) Participación en competencia desleal: Un individuo en una empresa utiliza su posición para obtener ventajas indebidas sobre la competencia, como el acceso a información confidencial de otras empresas.

f) Manipulación de procesos de licitación: Un empleado o ejecutivo manipula procesos de licitación para asegurar que una empresa en particular obtenga un contrato o proyecto, incluso si hay mejores ofertas disponibles.

g) Falta de divulgación: No revelar adecuadamente los conflictos de intereses al tomar decisiones comerciales o no seguir los procedimientos internos de divulgación de conflictos.

h) Compras fraudulentas: Realizar compras ficticias o inflar artificialmente los costos de bienes y servicios para desviar fondos a cuentas personales o de terceros.

El conflicto de intereses en los delitos de corrupción en los negocios es un tema importante y puede tener graves consecuencias legales y financieras tanto para las personas involucradas como para las organizaciones afectadas.

Para prevenir y abordar los conflictos de intereses, muchas empresas establecen políticas y procedimientos claros que requieren la divulgación de posibles conflictos y la toma de medidas para evitarlos.

Además, las regulaciones y leyes comerciales en muchos países exigen que las empresas promuevan la transparencia y la ética en la toma de decisiones comerciales y castiguen a quienes participan en prácticas corruptas relacionadas con conflictos de intereses.

CONTABILIDAD FRAUDULENTA

La contabilidad fraudulenta en los delitos de corrupción en los negocios se refiere a prácticas contables engañosas, ilegales o fraudulentas realizadas por una empresa o individuo con el propósito de ocultar o manipular información financiera con fines ilícitos.

Estas prácticas fraudulentas pueden ser utilizadas para distorsionar los resultados financieros de una empresa, engañar a inversores, reguladores y otras partes interesadas, y obtener beneficios personales o financieros indebidos.

Algunas de las conductas que suelen estar asociadas con la contabilidad fraudulenta en los delitos de corrupción en los negocios incluyen:

a) Manipulación de ingresos: Registrar ingresos ficticios o inflar los ingresos reales para dar la impresión de que la empresa es más rentable de lo que realmente es, lo que puede aumentar el precio de las acciones o atraer inversionistas.

b) Ocultación de gastos: Reducir o eliminar gastos legítimos en los registros contables para aumentar artificialmente las utilidades de la empresa y mejorar la apariencia de su salud financiera.

c) Creación de reservas secretas: Establecer reservas o cuentas secretas fuera de los libros contables regulares para ocultar pérdidas, responsabilidades o activos no autorizados.

d) Falsificación de documentos financieros: Crear documentos contables falsos, como facturas, contratos o estados financieros, con el fin de respaldar las prácticas fraudulentas.

e) Cambios contables inapropiados: Aplicar cambios contables inapropiados o arbitrarios para manipular los resultados financieros, como cambiar políticas contables sin justificación válida.

f) Uso de "off-balance-sheet" o cuentas extrabalance: Mantener activos, pasivos o transacciones fuera del balance general de la empresa con el fin de ocultar riesgos financieros o deudas.

g) Información selectiva o engañosa: Proporcionar información financiera selectiva o engañosa a inversionistas, reguladores u otras partes interesadas para influir en sus decisiones o percepciones sobre la empresa.

h) Fraude en informes internos: Engañar a la alta dirección o al consejo de administración al proporcionar información financiera falsa o engañosa.

i) Uso de compañías ficticias o subsidiarias falsas: Crear empresas ficticias o subsidiarias falsas para realizar transacciones fraudulentas y ocultar activos o pasivos.

j) Manipulación de flujos de efectivo: Manipular los flujos de efectivo de manera fraudulenta para ocultar problemas de liquidez o para aparentar una salud financiera que no es real.

La contabilidad fraudulenta es una práctica ilegal que puede tener graves consecuencias tanto para las empresas como para las personas involucradas.

Además de ser una violación de la ley, estas prácticas erosionan la confianza en los mercados financieros y pueden causar daños significativos a los inversores y a la economía en general.

Para prevenir y detectar la contabilidad fraudulenta, muchas empresas están sujetas a regulaciones y requisitos contables estrictos y deben someterse a auditorías externas para verificar la precisión de sus estados financieros.

Las leyes y regulaciones relacionadas con la contabilidad y la divulgación financiera son aplicadas rigurosamente para castigar a aquellos que participan en prácticas fraudulentas.

CORRUPCIÓN DE ADQUISICIONES

La corrupción de adquisiciones en los delitos de corrupción en los negocios se refiere a prácticas ilegales en las que individuos, funcionarios públicos, empresas u organizaciones manipulan o distorsionan el proceso de adquisiciones o compras con el objetivo de obtener beneficios personales o financieros indebidos.

Este tipo de corrupción puede tener lugar en el contexto de adquisiciones gubernamentales o privadas y puede involucrar una variedad de conductas fraudulentas.

Algunas de las conductas que suelen estar asociadas con la corrupción de adquisiciones en los negocios incluyen:

a) Sobornos en licitaciones públicas: Ofrecer sobornos o pagos ilegales a funcionarios gubernamentales o personas encargadas de la toma de decisiones en el proceso de licitación pública a cambio de obtener contratos lucrativos o ventajas en la adquisición de bienes o servicios.

b) Colusión entre licitantes: Empresas o individuos conspiran secretamente para coordinar sus ofertas en una licitación pública de manera que una empresa específica resulte ganadora, lo que elimina la competencia real y justa en el proceso de adquisición.

c) Fraude en la adquisición de bienes o servicios: Manipular o inflar los costos o los precios en el proceso de adquisición para obtener beneficios financieros indebidos.
d) Uso indebido de información privilegiada: Utilizar información interna confidencial o privilegiada sobre el proceso de adquisición para obtener una ventaja injusta en las negociaciones o en la toma de decisiones.
e) Comisiones ilegales: Exigir comisiones o pagos ilegales a intermediarios o consultores que participan en el proceso de adquisición a cambio de influir en la selección de proveedores o la adjudicación de contratos.
f) Compras ficticias: Realizar compras ficticias o inventadas con el fin de desviar fondos o recursos de la empresa o la entidad para beneficio personal.
g) Discriminación en la selección de proveedores: Discriminar injustamente en la selección de proveedores o favorecer a proveedores específicos a cambio de beneficios personales o financieros.
h) Conflicto de intereses no revelado: No revelar adecuadamente los conflictos de intereses personales o financieros al tomar decisiones en el proceso de adquisición, lo que puede llevar a decisiones sesgadas o corruptas.

La corrupción de adquisiciones es perjudicial porque puede resultar en un uso ineficiente de los recursos, aumentar los costos y socavar la integridad y la competencia en el mercado de adquisiciones.

Además, puede erosionar la confianza pública en las instituciones gubernamentales y en las empresas que participan en estos procesos.

Para combatir la corrupción de adquisiciones, muchas jurisdicciones han establecido leyes y regulaciones estrictas y han implementado medidas de control y supervisión para garantizar la transparencia y la integridad en los procesos de adquisición.

Las empresas también deben tener políticas y prácticas internas sólidas para prevenir y detectar la corrupción en sus actividades de adquisición.

EVASIÓN FISCAL

La evasión fiscal en el contexto de los delitos de corrupción en los negocios se refiere a prácticas ilegales mediante las cuales las empresas, individuos o entidades intentan reducir artificialmente su carga tributaria al ocultar, subdeclarar o manipular sus ingresos o activos con el propósito de pagar menos impuestos de los que legalmente deberían pagar.

Aunque la evasión fiscal no siempre se considera una forma de corrupción en sentido estricto, puede estar relacionada con actos corruptos si implica sobornos, influencia indebida o acuerdos ilícitos con funcionarios fiscales o públicos.

Las conductas relacionadas con la evasión fiscal en los delitos de corrupción en los negocios pueden incluir:

a) Subdeclaración de ingresos: No reportar la totalidad de los ingresos obtenidos por una empresa o individuo en sus declaraciones de impuestos, con el fin de pagar menos impuestos de los que legalmente se deben.

b) Uso de paraísos fiscales: Establecer empresas o cuentas bancarias en jurisdicciones de baja tributación o paraísos fiscales para ocultar ingresos o activos y evitar pagar impuestos.

c) Facturación falsa o inflada: Emitir facturas falsas o inflar los costos y gastos comerciales para reducir los ingresos imponibles y, por lo tanto, los impuestos a pagar.

d) Transferencia de beneficios: Desplazar beneficios o ingresos entre entidades relacionadas (transfer pricing) para minimizar los impuestos en ciertas jurisdicciones.

e) Soborno a funcionarios fiscales: Corromper a funcionarios fiscales o empleados gubernamentales para obtener beneficios fiscales indebidos o para evitar auditorías o investigaciones fiscales.

f) Uso indebido de deducciones o exenciones: Reclamar deducciones, exenciones u otros beneficios fiscales de manera fraudulenta o sin cumplir los requisitos legales.

g) Elusión fiscal agresiva: Utilizar esquemas fiscales complejos y legales para reducir la carga tributaria de manera agresiva, a menudo al borde de lo permitido por la ley.

h) Falsificación de documentos: Presentar documentos falsos o manipulados a las autoridades fiscales para respaldar declaraciones de impuestos fraudulentas.

i) Manipulación de precios de transferencia: Ajustar de manera fraudulenta los precios de transferencia entre filiales de una empresa para trasladar beneficios a jurisdicciones con impuestos más bajos.

j) Uso indebido de incentivos fiscales: Aprovechar incentivos fiscales legítimos de manera fraudulenta o sin cumplir con los requisitos legales.

k) Falta de cumplimiento con obligaciones fiscales internacionales: No cumplir con los requisitos de declaración de impuestos en relación con transacciones internacionales, como las regulaciones de información financiera de cuentas extranjeras (FATCA, por sus siglas en inglés).

La evasión fiscal es ilegal en la mayoría de las jurisdicciones y puede dar lugar a sanciones civiles y penales, incluyendo multas, intereses y, en algunos casos, prisión.

Además, la evasión fiscal socava la recaudación fiscal, lo que a su vez puede tener un impacto negativo en la provisión de servicios públicos y en la infraestructura gubernamental.

Por lo tanto, muchas jurisdicciones tienen medidas de cumplimiento fiscal y regulaciones para prevenir y sancionar la evasión fiscal, y también promueven la transparencia y la responsabilidad en asuntos fiscales.

EXPLOTACIÓN DE INFORMACIÓN PRIVILEGIADA

La explotación de información privilegiada en los delitos de corrupción en los negocios se refiere a la práctica ilegal de utilizar información confidencial o privilegiada para obtener beneficios personales o financieros indebidos en el contexto de actividades comerciales o empresariales.

Esta forma de corrupción implica el abuso de información interna o confidencial para obtener ventajas injustas en el mercado o en transacciones comerciales.

Algunas de las conductas que suelen estar asociadas con la explotación de información privilegiada en los delitos de corrupción en los negocios incluyen:

a) Negociación con información privilegiada: Comprar o vender acciones, valores u otros activos financieros basándose en información que aún no es pública pero que se espera que tenga un impacto significativo en los precios de esos activos.

b) Divulgación no autorizada: Revelar información confidencial o privilegiada a personas no autorizadas, como amigos, familiares o inversores, con el propósito de que también se beneficien de la información.

c) Uso indebido de información interna de la empresa: Utilizar información interna confidencial o privilegiada de la empresa para beneficiarse personal o financieramente o para informar a terceros con el propósito de obtener una ventaja indebida en el mercado.

d) Comercio de influencias: Utilizar la influencia personal o política para obtener información privilegiada o favores que beneficien a una empresa o individuo en detrimento de otros.

e) Manipulación de mercados: Manipular los mercados financieros o de valores a través de la explotación de información privilegiada, lo que puede resultar en movimientos de precios injustos y enriquecimiento a expensas de otros inversionistas.

f) Falsificación de registros: Manipular registros contables o financieros para ocultar actividades ilícitas o para inflar artificialmente las ganancias o reducir las pérdidas.

g) Comunicación ilegal de información confidencial: Transmitir ilegalmente información privilegiada a terceros interesados, como competidores o inversores, con el propósito de obtener ventajas injustas.

h) Fraude financiero: Manipular información financiera o contable para ocultar actividades corruptas o para inflar artificialmente las ganancias o reducir las pérdidas.

i) Uso de información confidencial en licitaciones o negocios: Utilizar información privilegiada para ganar contratos comerciales, licitaciones o inversiones, lo que da lugar a una ventaja injusta y socava la competencia justa.

La explotación de información privilegiada es considerada ilegal en la mayoría de los países y está sujeta a regulaciones financieras estrictas.

Las personas o entidades que participan en esta actividad pueden enfrentar sanciones legales severas, que incluyen multas significativas y prisión.

Además, esta práctica socava la confianza en los mercados financieros y comerciales, perjudica a inversores y puede tener un impacto negativo en la estabilidad económica en general.

Por lo tanto, es fundamental que las empresas cumplan con las leyes y regulaciones aplicables relacionadas con la información privilegiada y promuevan una cultura de ética empresarial y cumplimiento para prevenir y combatir la explotación de información privilegiada en los negocios.

EXTORSIÓN

La extorsión en el contexto de los delitos de corrupción en los negocios se refiere a la práctica ilegal de obtener dinero, bienes, servicios u otros beneficios de una persona, empresa o entidad a través de amenazas, coerción o chantaje.

En el contexto empresarial, la extorsión a menudo implica la utilización indebida de influencia, poder o información privilegiada para obtener ventajas económicas o comerciales de manera injusta y perjudicial.

Algunas de las conductas que suelen estar asociadas con la extorsión en los delitos de corrupción en los negocios incluyen:

a) Amenazas de daño financiero o reputacional: Un individuo o entidad amenaza con dañar la reputación o la posición financiera de una empresa o persona si no cumplen con sus demandas.

b) Coerción para obtener contratos o negocios: Obligar a una empresa a otorgar contratos o negocios a otra entidad específica bajo la amenaza de daño o pérdida financiera si no se cumple con la solicitud.

c) Pago de protección: Exigir pagos regulares a cambio de protección contra daños o amenazas a la empresa o a sus activos.

d) Extorsión de información privilegiada: Amenazar con divulgar información confidencial o privilegiada sobre una empresa o sus operaciones a menos que se cumplan ciertas demandas.

e) Chantaje sexual o personal: Amenazar con revelar información comprometedora sobre un individuo o empleado de una empresa si no se cumplen las demandas del extorsionador.

f) Amenazas de violencia física: Utilizar la amenaza de violencia física o daño personal para obtener beneficios económicos o comerciales.

g) Manipulación regulatoria: Coaccionar o amenazar a funcionarios públicos o reguladores para influir en decisiones que beneficien a una empresa o individuo en detrimento de otros.

h) Sabotaje o destrucción de propiedad: Amenazar con dañar o destruir la propiedad o activos de una empresa o individuo a menos que se realice un pago o se cumpla una demanda específica.

i) Secuestro o retención de bienes: Retener ilegalmente propiedades, activos o documentos valiosos de una empresa o individuo hasta que se cumplan las demandas del extorsionador.

La extorsión en los negocios es una forma grave de corrupción que puede tener consecuencias devastadoras tanto para las empresas como para las personas involucradas.

Es ilegal en la mayoría de los países y, en muchos casos, se considera un delito penal.

Las consecuencias legales de la extorsión pueden incluir penas de prisión, multas significativas y otras sanciones.

Además, la extorsión también puede dañar la reputación de las empresas y socavar la confianza en el mercado y en las relaciones comerciales.

Para prevenir y combatir la extorsión en los negocios, es fundamental contar con políticas y prácticas sólidas de ética empresarial, así como denunciar cualquier actividad sospechosa a las autoridades competentes.

Además, es importante promover una cultura de integridad y transparencia en las empresas para reducir el riesgo de que se produzcan prácticas corruptas como la extorsión.

FAVORITISMO

El favoritismo en los delitos de corrupción en los negocios se refiere a situaciones en las cuales una persona en una posición de poder o autoridad dentro de una empresa o entidad empresarial muestra un trato preferencial o favorable hacia ciertos individuos o empresas a cambio de beneficios personales o ganancias ilícitas.

Estos beneficios personales pueden incluir sobornos, regalos, dinero o cualquier otro tipo de ventaja indebida.

El favoritismo en el contexto de los delitos de corrupción en los negocios suele ser una forma de abuso de poder y una violación de la ética empresarial y las leyes.

Algunas de las conductas que pueden ser indicativas de favoritismo en los delitos de corrupción en los negocios son las siguientes:

a) Otorgar contratos o proyectos empresariales de manera injusta o discriminatoria, favoreciendo a ciertas empresas o individuos sin un proceso de selección justo y transparente.

b) Facilitar la aprobación de licencias, permisos u otros beneficios gubernamentales a cambio de sobornos o regalos.

c) Proporcionar información confidencial o privilegiada a terceros a cambio de ganancias personales.

d) Contratar o promover a empleados basándose en relaciones personales o vínculos familiares en lugar de méritos y capacidades.

e) Manipular la contabilidad o informes financieros para ocultar transacciones corruptas.

f) Influir en la toma de decisiones empresariales para beneficiar a ciertas partes interesadas en detrimento de otras, en violación de las obligaciones fiduciarias.

g) Recibir beneficios personales, como dinero o bienes, a cambio de tomar decisiones comerciales favorables para otra parte.

h) Utilizar recursos de la empresa para fines personales o para favorecer a terceros, sin la debida autorización o beneficio legítimo para la empresa.

i) Evitar regulaciones o impuestos: Utilizar influencias o sobornos para evitar o reducir la aplicación de regulaciones comerciales o fiscales que de otra manera serían aplicables.

j) Conflicto de intereses no revelado: No revelar adecuadamente los conflictos de intereses personales al tomar decisiones comerciales, lo que puede dar lugar a decisiones sesgadas en beneficio propio o de terceros.

k) Compras fraudulentas: Realizar compras ficticias o inflar el costo de bienes y servicios para desviar fondos a cuentas personales o de terceros.

l) Falsificación de registros: Manipular registros contables o financieros para ocultar actividades corruptas o para inflar artificialmente las ganancias o reducir las pérdidas.

El favoritismo en los delitos de corrupción en los negocios es una conducta ilegal y perjudicial que socava la integridad de las empresas, distorsiona la competencia y puede tener graves consecuencias legales y económicas tanto para las personas involucradas como para las organizaciones.

Para prevenir y combatir la corrupción en los negocios, muchas jurisdicciones han promulgado leyes y regulaciones anticorrupción, y las empresas a menudo implementan programas de cumplimiento y ética empresarial para promover una cultura de transparencia y honestidad en sus operaciones.

FRAUDE EN LA GESTIÓN DE RECURSOS HUMANOS

El fraude en la gestión de recursos humanos en los delitos de corrupción en los negocios se refiere a prácticas fraudulentas o engañosas que ocurren en el ámbito de la gestión de personal y recursos humanos de una empresa u organización con el propósito de obtener beneficios personales o financieros indebidos.

Esta forma de corrupción puede involucrar a empleados, gerentes de recursos humanos o cualquier persona que tenga responsabilidades en la administración de personal y recursos humanos.

Algunas de las conductas que suelen estar asociadas con el fraude en la gestión de recursos humanos en los delitos de corrupción en los negocios incluyen:

a) Falsificación de solicitudes de empleo: Presentar información falsa o engañosa en las solicitudes de empleo o currículos con el fin de obtener un puesto de trabajo en la empresa.

b) Discriminación en la contratación: Manipular el proceso de contratación para favorecer a amigos, familiares o personas relacionadas en detrimento de candidatos más calificados.

c) Pago de sobornos para contratación: Exigir o aceptar sobornos de candidatos a cambio de asegurarles un empleo en la empresa.

d) Manipulación de nóminas y beneficios: Alterar los registros de nómina y beneficios para obtener un salario más alto o beneficios adicionales de manera fraudulenta.

e) Abuso de permisos de enfermedad o licencia: Fingir enfermedades o ausencias con el fin de recibir beneficios económicos sin justificación.

f) Discriminación salarial y promocional: Establecer diferencias salariales o negar promociones basadas en prejuicios ilegales, como género, raza u orientación sexual.

g) Despido injustificado: Despedir a empleados de manera injusta o inapropiada, a menudo relacionado con motivaciones personales o financieras.

h) Fraude en programas de capacitación: Obtener fondos o recursos destinados a programas de capacitación y desarrollo de empleados de manera fraudulenta, sin proporcionar la formación adecuada.

i) Abuso de poder en la gestión de personal: Utilizar influencia indebida o abusar de una posición de autoridad en la gestión de personal para favorecer a amigos, familiares o individuos cercanos a cambio de beneficios personales o financieros.

j) Estafa en programas de compensación: Manipular programas de compensación, como bonificaciones o incentivos, para obtener pagos indebidos o para desviar fondos a cuentas personales.

k) Fraude en reclutamiento: Engañar a candidatos o empleados para obtener información confidencial, como números de seguro social o datos bancarios, con el propósito de cometer fraudes financieros o robo de identidad.

l) Inflación de gastos de nómina: Registrar gastos de nómina inflados o ficticios con el fin de obtener reembolsos indebidos o desviar fondos.

El fraude en la gestión de recursos humanos puede tener un impacto significativo en la moral de los empleados, la cultura organizacional y la reputación de la empresa. Además, puede llevar a la discriminación, la injusticia y la pérdida de recursos financieros.

Por lo tanto, es fundamental que las empresas tengan políticas y procedimientos sólidos en lugar para prevenir, detectar y abordar el fraude en la gestión de recursos humanos.

Además, deben cumplir con las leyes y regulaciones laborales aplicables para garantizar la equidad y la legalidad en todas las prácticas de recursos humanos.

FRAUDE FINANCIERO

El fraude financiero en el contexto de los delitos de corrupción en los negocios se refiere a prácticas engañosas o fraudulentas destinadas a obtener beneficios financieros indebidos o a perjudicar a otros en el ámbito empresarial.

Estos actos pueden ser realizados por individuos, empleados o directivos de una empresa, y suelen involucrar manipulación de información financiera, inversiones fraudulentas, malversación de fondos y otros engaños financieros.

El fraude financiero es un componente significativo de los delitos de corrupción en los negocios, ya que puede socavar la confianza en el sistema financiero y empresarial, causar pérdidas económicas y dañar la reputación de las empresas involucradas.

Las conductas relacionadas con el fraude financiero en los delitos de corrupción en los negocios pueden comprender:

a) Manipulación de estados financieros: Alterar o falsear información contable, como ingresos, gastos, activos o pasivos, para presentar una imagen financiera falsa de la empresa y engañar a inversores, accionistas u otras partes interesadas.

b) Malversación de fondos: Apropiarse de manera indebida de los activos o fondos de la empresa para beneficio personal o de terceros, a menudo a través de la creación de transacciones ficticias o la emisión de pagos fraudulentos.

c) Prácticas de contabilidad creativa: Utilizar prácticas contables inapropiadas o engañosas para inflar artificialmente los resultados financieros de la empresa, como registrar ingresos antes de tiempo u ocultar pérdidas.

d) Manipulación del mercado de valores: Participar en actividades fraudulentas en los mercados financieros, como la manipulación de precios de acciones, el uso de información privilegiada o la difusión de información falsa para influir en las cotizaciones de las acciones.

e) Estafas de inversión: Atraer a inversores mediante promesas falsas o engañosas sobre oportunidades de inversión, y luego desviar los fondos para beneficio personal o para cubrir pérdidas anteriores.

f) Falsificación de documentos financieros: Crear documentos falsos, como facturas o contratos, para respaldar transacciones fraudulentas o para justificar gastos inexistentes.

g) Fraude en préstamos y créditos: Obtener préstamos o líneas de crédito bajo falsos pretextos o utilizando información financiera falsa.

h) Esquemas Ponzi: Prometer altos rendimientos a los inversores y pagar estos rendimientos utilizando los fondos de nuevos inversores en lugar de generar ganancias legítimas.

i) Lavado de dinero: Ocultar o legitimar el dinero obtenido de manera ilícita a través de actividades financieras y comerciales legítimas.

j) Corrupción de empleados o funcionarios: Sobornar o influir indebidamente en empleados o funcionarios públicos para obtener ventajas comerciales o gubernamentales.

El fraude financiero es ilegal en la mayoría de las jurisdicciones y puede dar lugar a sanciones penales, multas significativas y daños a la reputación de las empresas y las personas involucradas.

Además, las agencias reguladoras y de aplicación de la ley suelen estar involucradas en la investigación y persecución de estos delitos para proteger a los inversores y mantener la integridad de los mercados financieros y empresariales.

LAVADO DE DINERO

El lavado de dinero en el contexto de los delitos de corrupción en los negocios se refiere a la práctica de ocultar o disfrazar los fondos obtenidos de manera ilícita a través de actos corruptos para hacer que parezcan legítimos y de origen legal.

Esto se hace para evitar la detección de las autoridades financieras y para disfrutar de los beneficios de los activos adquiridos de manera ilegal sin levantar sospechas.

El lavado de dinero es una parte integral de la corrupción en los negocios, ya que permite que los individuos o empresas corruptas disfruten de las ganancias ilícitas de sus actividades criminales sin ser detectados.

Las conductas que suelen estar involucradas en el lavado de dinero en los delitos de corrupción en los negocios pueden incluir:

a) Creación de empresas ficticias o empresas pantalla: Los individuos corruptos pueden establecer empresas aparentemente legítimas que en realidad existen solo en papel y se utilizan para canalizar dinero ilícito a través de transacciones falsas.

b) Transacciones financieras complejas: Para dificultar el rastreo del dinero, los lavadores de dinero pueden realizar una serie de transacciones financieras complicadas, como transferencias internacionales, compra y venta de activos, o inversiones en instrumentos financieros, con el fin de dificultar la identificación del origen ilegal de los fondos.

c) Uso de intermediarios y testaferros: Los individuos corruptos pueden emplear intermediarios o testaferros para ocultar su verdadera identidad en las transacciones financieras, lo que hace más difícil que las autoridades los vinculen a actividades delictivas.

d) Inversiones en bienes raíces y activos de alto valor: El dinero ilícito a menudo se invierte en propiedades inmobiliarias de lujo, obras de arte u otros activos de alto valor que pueden ser difíciles de rastrear y valorar.

e) Uso de paraísos fiscales: Los paraísos fiscales ofrecen un alto grado de secreto bancario y opacidad financiera, lo que facilita la ocultación de fondos ilícitos y dificulta su rastreo por parte de las autoridades.

f) Conversión de efectivo: En algunos casos, el dinero en efectivo obtenido de manera ilícita se "lava" a través de actividades legítimas, como la compra de bienes o servicios, para convertirlo en activos que sean más difíciles de rastrear.

g) Uso de cuentas bancarias offshore: Las cuentas bancarias en el extranjero se utilizan para ocultar fondos ilícitos y dificultar su seguimiento por parte de las autoridades fiscales y judiciales.

h) Uso de criptomonedas: Las criptomonedas ofrecen un cierto grado de anonimato, lo que hace que algunos delincuentes utilicen estas monedas digitales para lavar dinero y evitar la detección.

El lavado de dinero en delitos de corrupción en los negocios es una práctica ilegal que socava la integridad de los sistemas financieros y económicos, y a menudo está asociado con la impunidad y la falta de transparencia en los negocios.

Las leyes y regulaciones para combatir el lavado de dinero varían en todo el mundo, y muchos países tienen agencias especializadas y medidas para prevenir, detectar y perseguir esta actividad delictiva.

MALVERSACIÓN DE FONDOS

La malversación de fondos en los delitos de corrupción en los negocios se refiere a la apropiación indebida o desviación de fondos o activos financieros de una empresa o entidad para beneficio personal o de terceros, en lugar de utilizar esos recursos de acuerdo con los fines legítimos y autorizados.

Esta forma de corrupción implica el uso fraudulento de los activos de una organización para obtener ganancias personales, financieras o beneficios indebidos.

Algunas de las conductas que suelen estar asociadas con la malversación de fondos en los delitos de corrupción en los negocios incluyen:

a) Desvío de dinero: Transferir dinero de la empresa a cuentas personales o cuentas de terceros sin la debida autorización y sin un propósito legítimo.

b) Falsificación de cheques o documentos financieros: Emitir cheques o documentos financieros falsificados o alterados para desviar fondos de la empresa hacia beneficiarios no autorizados.

c) Facturación fraudulenta: Presentar facturas falsas o infladas a la empresa por bienes o servicios que no se han proporcionado o que tienen un valor superior al real.

d) Pago de salarios ficticios: Crear empleados ficticios o inflar los salarios de empleados reales para obtener dinero de la nómina de la empresa de manera fraudulenta.

e) Uso de tarjetas de crédito corporativas de manera indebida: Utilizar tarjetas de crédito corporativas para gastos personales o no relacionados con el negocio sin autorización.

f) Compra de activos no autorizados: Adquirir activos, propiedades o bienes en nombre de la empresa, pero luego apropiarse de ellos de manera personal o para beneficio de terceros.

g) Uso indebido de cuentas bancarias de la empresa: Utilizar cuentas bancarias de la empresa para transacciones personales sin autorización.

h) Pago de sobornos o gratificaciones: Utilizar los fondos de la empresa para sobornar a funcionarios o terceros con el fin de obtener tratos preferenciales o favores ilícitos.

i) Facturación doble: Presentar facturas duplicadas para el mismo gasto o servicio y luego aprobar el pago de ambas facturas para obtener un beneficio personal.

j) Inversión en esquemas de Ponzi u otros fraudes: Invertir fondos de la empresa en esquemas de inversión fraudulentos o de alto riesgo con el propósito de obtener ganancias personales a expensas de la empresa.

La malversación de fondos en los negocios es un delito grave que socava la integridad financiera y la estabilidad de una empresa u organización.

Puede tener graves consecuencias legales y financieras tanto para las personas como para las empresas involucradas.

Además, socava la confianza en la gestión y en la cultura ética de la empresa.

Para prevenir y detectar la malversación de fondos, las empresas deben implementar políticas y procedimientos de control interno adecuados, realizar auditorías periódicas, promover una cultura de ética empresarial y alentar la denuncia de actividades sospechosas.

Además, es importante que se cumplan las leyes y regulaciones financieras aplicables para garantizar la transparencia y la rendición de cuentas en el uso de los fondos empresariales.

MANIPULACIÓN DE LICITACIONES

La manipulación de licitaciones en los delitos de corrupción en los negocios se refiere a la práctica corrupta de alterar o distorsionar el proceso de licitación o contratación de manera fraudulenta para favorecer a una empresa o individuo específico, generalmente a cambio de beneficios personales o financieros.

Esta conducta puede involucrar una serie de acciones ilegales, algunas de las cuales incluyen:

a) Colusión: Cuando dos o más empresas o individuos conspiran secretamente para coordinar sus ofertas en una licitación, con el objetivo de garantizar que una de ellas obtenga el contrato. Esto distorsiona la competencia genuina y socava la transparencia del proceso.

b) Sobornos a funcionarios públicos: Ofrecer sobornos o incentivos financieros a funcionarios gubernamentales encargados de supervisar el proceso de licitación a cambio de que favorezcan a una empresa en particular durante la adjudicación del contrato.

c) Pago de comisiones ilegales: Pagar comisiones ilegales a intermediarios o consultores que actúan como facilitadores para garantizar que una empresa obtenga el contrato.

d) Discriminación injusta: Manipular los criterios de selección o los requisitos del contrato de manera que beneficien a una empresa específica y excluyan injustamente a otras empresas competidoras que podrían haber ofrecido una oferta más ventajosa.

e) Falsificación de documentos: Presentar documentos o información falsa o engañosa en la licitación, como cifras infladas o datos incorrectos sobre la experiencia de la empresa, para aumentar las posibilidades de ganar el contrato.

f) Ventaja indebida: Proporcionar ventajas indebidas a funcionarios gubernamentales o empleados de la entidad contratante, como regalos costosos, viajes o cualquier otro tipo de gratificación, para influir en la decisión de adjudicar el contrato.

g) Encubrimiento: Ocultar evidencia de la manipulación de licitaciones y las prácticas corruptas mediante la destrucción de documentos o la obstrucción de investigaciones.

h) Discriminación contra competidores: Establecer criterios de selección de manera injusta para descalificar a competidores legítimos o dificultar que participen en el proceso de licitación.

i) Evaluación sesgada: Manipular el proceso de evaluación de ofertas de manera que la empresa o individuo favorecido reciba una puntuación más alta, independientemente de la calidad real de su oferta.

j) Presión indebida: Usar influencias políticas o relaciones personales para presionar a los funcionarios responsables de la licitación para que elijan a un contratista o proveedor específico.

La manipulación de licitaciones en los delitos de corrupción en los negocios es una forma grave de corrupción que socava la competencia justa en el mercado y puede resultar en la asignación ineficiente de recursos públicos o privados.

Además, estas prácticas corruptas pueden aumentar los costos para los contribuyentes, dañar la confianza en las instituciones y tener un impacto negativo en la economía en general.

Por lo tanto, las autoridades gubernamentales y las empresas suelen implementar medidas y regulaciones para prevenir y combatir la manipulación de licitaciones y promover una competencia justa y transparente en los procesos de contratación.

NEGOCIOS CORRUPTOS EN EL EXTRANJERO

Los negocios corruptos en el extranjero, también conocidos como sobornos en el extranjero o prácticas corruptas en el extranjero, se refieren a conductas ilegales o poco éticas realizadas por empresas o individuos en un país extranjero con el propósito de obtener ventajas comerciales indebidas, influir en decisiones gubernamentales o ganar acceso a mercados extranjeros.

Estas conductas a menudo implican el pago de sobornos a funcionarios extranjeros u otras prácticas corruptas para obtener beneficios indebidos.

Algunos de los aspectos y conductas relacionados con los negocios corruptos en el extranjero incluyen:

a) Sobornos a funcionarios extranjeros: Ofrecer, dar o aceptar sobornos a funcionarios gubernamentales extranjeros con el objetivo de influir en decisiones gubernamentales, obtener permisos, licencias o contratos gubernamentales, o ganar ventajas competitivas en el extranjero.

b) Pagos a intermediarios corruptos: Utilizar intermediarios o agentes para realizar pagos de sobornos en nombre de la empresa, a menudo con el propósito de ocultar la identidad del sobornador.

c) Extorsión en el extranjero: Ser víctima de extorsión por parte de funcionarios extranjeros que exigen sobornos a cambio de permitir la operación de una empresa en un país extranjero.

d) Prácticas contables fraudulentas: Manipular registros contables o financieros para ocultar el pago de sobornos o para encubrir prácticas corruptas en el extranjero.

e) Lavado de dinero: Utilizar métodos fraudulentos para ocultar el origen ilícito de fondos obtenidos a través de prácticas corruptas en el extranjero.

f) Falsificación de documentos: Crear documentos falsos o alterar documentos existentes, como contratos, facturas o acuerdos, para encubrir actividades corruptas en el extranjero.

g) Inversiones indebidas: Utilizar influencia política o sobornos para obtener inversiones injustificadas o preferenciales en proyectos extranjeros.

h) Uso indebido de información privilegiada: Obtener información confidencial o privilegiada de funcionarios extranjeros para obtener ventajas indebidas en el mercado o en transacciones comerciales.

i) Discriminación en la contratación o promoción: Utilizar sobornos o pagos ilegales para influir en la selección de candidatos en procesos de contratación o promoción en empresas extranjeras o gubernamentales.

j) Manipulación de licitaciones o concursos: Sobornar a funcionarios extranjeros para obtener información privilegiada o ventajas injustas en procesos de licitación o concursos públicos en el extranjero.

k) Abuso de poder político: Utilizar la influencia política o el apoyo gubernamental para obtener ventajas comerciales injustas en el extranjero.

l) Prácticas desleales de competencia: Participar en prácticas comerciales desleales, como dumping, espionaje industrial o manipulación de precios en el extranjero.

Los negocios corruptos en el extranjero pueden tener consecuencias legales graves, ya que violan leyes tanto en el país de origen como en el país donde se cometen las prácticas corruptas.

Además, estas conductas socavan la integridad de las relaciones comerciales y pueden dañar la reputación de las empresas y la confianza en el mercado global.

Para prevenir y combatir los negocios corruptos en el extranjero, muchas jurisdicciones han implementado leyes y regulaciones anticorrupción, como la Ley de Prácticas Corruptas en el Extranjero (FCPA) de los Estados Unidos y la Convención de las Naciones Unidas contra la Corrupción (UNCAC), y las empresas a menudo establecen políticas y programas de cumplimiento ético para garantizar que sus operaciones en el extranjero cumplan con las normas éticas y legales.

PRÁCTICAS COMERCIALES DESLEALES

Las prácticas comerciales desleales en los delitos de corrupción en los negocios se refieren a conductas empresariales o comerciales que son contrarias a la ética, la integridad y las normas legales establecidas.

Estas prácticas involucran comportamientos engañosos, fraudulentos o antiéticos con el propósito de obtener una ventaja competitiva indebida, perjudicar a competidores o maximizar las ganancias, a menudo a expensas de otras empresas, consumidores o partes interesadas.

Algunas de las conductas que suelen estar asociadas con las prácticas comerciales desleales en los delitos de corrupción en los negocios incluyen:

a) Publicidad engañosa: Utilizar afirmaciones falsas o engañosas en la publicidad para promover productos o servicios, lo que puede llevar a los consumidores a tomar decisiones basadas en información incorrecta.

b) Fraude en la facturación o en los precios: Facturar productos o servicios a precios inflados o con cargos ocultos que no se revelan de manera adecuada.

c) Competencia desleal: Realizar actividades destinadas a perjudicar deliberadamente a competidores, como difamación, sabotaje, prácticas de dumping (vender productos a precios irrazonablemente bajos para eliminar competidores) o aprovechar información confidencial de la competencia.

d) Falsificación de productos o servicios: Fabricar, distribuir o vender productos falsificados o que no cumplen con las normas de calidad y seguridad, poniendo en riesgo la salud o seguridad de los consumidores.

e) Abuso de posición dominante: Utilizar una posición dominante en el mercado para restringir la competencia, eliminar a competidores o imponer condiciones desfavorables a proveedores o clientes.

f) Negociación fraudulenta: Engañar a proveedores, clientes o socios comerciales en las negociaciones, como ocultar información relevante o hacer promesas que no se cumplirán.

g) Corrupción en adquisiciones o contrataciones: Utilizar sobornos, influencia indebida o comisiones ilegales para obtener contratos comerciales o acuerdos de adquisición.

h) Prácticas de dumping ambiental o laboral: Transferir costos ambientales o laborales negativos a otras partes o a la sociedad en general, sin cumplir con las normativas ambientales o laborales.

i) Evitación de impuestos ilegales: Realizar prácticas fiscales ilegales, como la evasión de impuestos o la creación de empresas ficticias para reducir la carga tributaria.

j) Fraude en la calidad o seguridad de productos: Falsificar la calidad o seguridad de productos o servicios, lo que puede poner en peligro la salud o la seguridad de los consumidores.

k) Monopolización o colusión ilegal: Participar en prácticas anticompetitivas, como la formación de carteles o la monopolización de un mercado.

l) Discriminación en el empleo: Discriminar a empleados o candidatos en función de factores no relacionados con el mérito o las calificaciones, como la edad, el género o la raza.

Las prácticas comerciales desleales en los delitos de corrupción en los negocios son ilegales y pueden tener consecuencias legales significativas, incluyendo multas, sanciones civiles y penales, así como daño a la reputación de la empresa.

Además, estas prácticas erosionan la confianza en los mercados y pueden causar daño económico a otras empresas y a los consumidores.

Para prevenir y combatir las prácticas comerciales desleales, es esencial que las empresas cumplan con las leyes y regulaciones aplicables, promuevan una cultura de ética empresarial y se adhieran a estándares de integridad y transparencia en todas sus operaciones comerciales.

También es importante que los consumidores y partes interesadas estén informados y denuncien prácticas comerciales desleales cuando las identifiquen.

REGALOS Y ENTRETENIMIENTO INAPROPIADO

Los regalos y el entretenimiento inapropiado en el contexto de los delitos de corrupción en los negocios se refieren a prácticas donde individuos o empresas ofrecen o reciben obsequios, regalos, entretenimiento u otros beneficios a funcionarios gubernamentales, empleados de empresas privadas o terceros con la intención de obtener un trato preferencial, influencia o ventajas indebidas en el ámbito empresarial.

Estas conductas pueden cruzar límites éticos y legales cuando se utilizan para influir indebidamente en decisiones comerciales o gubernamentales.

Algunas de las conductas que suelen estar asociadas con los regalos y el entretenimiento inapropiado en los delitos de corrupción en los negocios incluyen:

a) Regalos excesivos o costosos: Ofrecer regalos o presentes de alto valor a funcionarios gubernamentales, empleados de empresas o terceros con el propósito de influir en decisiones comerciales o gubernamentales.

b) Invitaciones a eventos lujosos: Invitar a funcionarios o personas influyentes a eventos costosos, como cenas elegantes, viajes de lujo o entretenimiento de alto costo, con la intención de ganar su favor o influencia.

c) Pago de viajes y alojamiento: Pagar gastos de viaje, alojamiento u otros beneficios a funcionarios o empleados de empresas para que participen en viajes de placer o eventos deportivos a cambio de concesiones comerciales.

d) Comisiones ocultas a intermediarios: Utilizar intermediarios o agentes para proporcionar regalos o entretenimiento costoso a funcionarios o empleados de empresas sin que la empresa principal sea consciente de ello.

e) Discriminación en la distribución de regalos: Ofrecer regalos a ciertos empleados o funcionarios basados en su capacidad de influir en decisiones comerciales, en lugar de distribuir regalos de manera justa y equitativa.

f) Acuerdos secretos: Celebrar acuerdos o pactos secretos para proporcionar regalos o entretenimiento a cambio de contratos comerciales o decisiones gubernamentales favorables.

g) Falta de transparencia: No revelar adecuadamente los regalos o el entretenimiento proporcionado, lo que dificulta el seguimiento y la supervisión de tales actividades.

h) Regalos frecuentes: Dar regalos o entretenimiento de manera regular a individuos que están en posición de tomar decisiones comerciales en nombre de una empresa.

i) Falsificación de gastos: Reportar incorrectamente regalos o entretenimiento como gastos legítimos de negocios cuando en realidad tienen un propósito inapropiado.

j) Uso indebido de fondos de la empresa: Utilizar fondos de la empresa para financiar regalos o entretenimiento inapropiado que no está relacionado con los intereses legítimos de la empresa.

k) Conflicto de intereses: Aceptar regalos o entretenimiento costoso de proveedores, clientes o socios comerciales que pueden influir en la imparcialidad de las decisiones empresariales.

Los regalos y el entretenimiento inapropiado pueden erosionar la integridad de las transacciones comerciales y gubernamentales al crear la percepción de que las decisiones se toman en función de influencias indebidas en lugar de consideraciones objetivas.

Para abordar estos problemas, muchas empresas y organizaciones establecen políticas claras sobre regalos y entretenimiento, definiendo límites y requisitos de divulgación.

Además, las leyes y regulaciones en varios países pueden limitar o prohibir ciertas prácticas de regalos y entretenimiento, y las violaciones pueden dar lugar a sanciones legales y consecuencias negativas para las empresas y las personas involucradas.

Es importante que las empresas promuevan una cultura de ética empresarial y capaciten a sus empleados para reconocer y evitar prácticas inapropiadas relacionadas con regalos y entretenimiento.

SOBORNO

El soborno en el contexto de los delitos de corrupción en los negocios se refiere a la acción de ofrecer, dar, recibir o solicitar algo de valor con el objetivo de influir indebidamente en la toma de decisiones o acciones relacionadas con una empresa, gobierno u organización.

Esta práctica ilegal tiene como objetivo obtener un beneficio injusto o ventaja competitiva, a menudo a expensas de la integridad, la equidad y la legalidad en los negocios.

Las conductas asociadas con el soborno en los delitos de corrupción en los negocios pueden incluir:

a) Ofrecimiento o entrega de dinero o bienes: Esto puede ser directo o indirecto, y generalmente se realiza con el propósito de obtener un trato preferencial, un contrato o una ventaja competitiva.

b) Promesas de futuros beneficios: Ofrecer favores futuros, como empleo, inversiones o contratos futuros, a cambio de un trato preferencial o decisiones favorables.

c) Extorsión: Forzar a una persona o entidad a realizar pagos o concesiones bajo amenaza de perjudicar su negocio o reputación.

d) Solicitar sobornos: Pedir o demandar sobornos a cambio de tomar decisiones favorables o proporcionar acceso a oportunidades comerciales.

e) Aceptación de sobornos: Cuando un funcionario público, un empleado de una empresa o cualquier persona en una posición de poder acepta dinero u otros beneficios a cambio de actuar en beneficio de quien ofrece el soborno.

f) Uso de intermediarios: En algunos casos, las personas pueden utilizar intermediarios o terceros para ocultar el soborno y evitar la detección.

g) Lavado de dinero: Para ocultar el origen ilegal del dinero obtenido a través de sobornos, algunas personas pueden recurrir a prácticas de lavado de dinero, como inversiones en bienes raíces, cuentas bancarias offshore o empresas ficticias.

h) Contabilidad fraudulenta: Para ocultar los pagos de sobornos, las empresas pueden llevar registros contables fraudulentos o utilizar métodos contables engañosos.

El soborno en los negocios es ilegal en la mayoría de los países y está sujeto a sanciones penales y civiles.

Los delitos de corrupción en los negocios socavan la confianza en los mercados, distorsionan la competencia y pueden tener graves consecuencias económicas y sociales.

Para prevenir y combatir la corrupción en los negocios, muchas jurisdicciones han promulgado leyes y regulaciones anticorrupción y establecido agencias encargadas de hacer cumplir estas leyes.

Además, muchas empresas han implementado políticas y programas de cumplimiento para prevenir el soborno y la corrupción en sus operaciones.

TRÁFICO DE INFLUENCIAS

El tráfico de influencias en los delitos de corrupción en los negocios se refiere a la práctica ilegal de utilizar la influencia personal, política o profesional para obtener un beneficio indebido en el ámbito empresarial.

En este contexto, el tráfico de influencias implica que una persona utiliza su posición o conexiones para influir en las decisiones comerciales o tomar ventaja de oportunidades de negocio en beneficio propio o de terceros, a menudo a cambio de sobornos, favores o recompensas personales.

Algunas de las conductas que suelen estar asociadas con el tráfico de influencias en los delitos de corrupción en los negocios incluyen:

a) Sobornos a funcionarios o personas influyentes: Ofrecer o aceptar sobornos o pagos ilegales a funcionarios gubernamentales, ejecutivos de empresas o personas influyentes para obtener un trato preferencial, como contratos lucrativos o ventajas competitivas.

b) Promoción indebida de productos o servicios: Utilizar la influencia o conexiones personales para promover productos o servicios de una empresa o individuo en particular, en lugar de basar la promoción en méritos objetivos o necesidades del mercado.

c) Facilitación de contratos o licitaciones: Utilizar la influencia para asegurar que una empresa específica obtenga contratos públicos o comerciales sin una competencia justa y transparente.

d) Manipulación de decisiones regulatorias: Influenciar indebidamente a reguladores o autoridades gubernamentales para que tomen decisiones que beneficien a una empresa o individuo en particular.

e) Colusión en licitaciones o concursos: Colaborar con otros para manipular procesos de licitación o concursos a fin de garantizar que una empresa o individuo gane un contrato o negocio específico.

f) Abuso de confianza: Aprovechar relaciones personales o profesionales de confianza para obtener información confidencial o privilegiada que se utiliza indebidamente en beneficio propio o de terceros.

g) Ofrecimiento de empleos o favores a cambio de influencia: Ofrecer empleos, nombramientos o favores a personas influyentes a cambio de su apoyo o influencia en asuntos comerciales o gubernamentales.

h) Nepotismo: Otorgar puestos o contratos a familiares o amigos cercanos sin tener en cuenta su idoneidad o méritos.

El tráfico de influencias en los delitos de corrupción en los negocios es ilegal y perjudica la equidad y la transparencia en el mercado, ya que las decisiones comerciales y regulatorias deben basarse en méritos legítimos y en el interés público en lugar de influencias indebidas.

Además, socava la confianza en las instituciones y puede tener graves consecuencias legales y financieras para quienes participan en estas prácticas corruptas.

Por lo tanto, es esencial que las empresas y las autoridades gubernamentales tomen medidas para prevenir y combatir el tráfico de influencias en todas sus formas.

Esto incluye la implementación de regulaciones anticorrupción, la promoción de la transparencia y la rendición de cuentas, y la concienciación sobre la importancia de la ética en los negocios y la toma de decisiones comerciales.

USO INDEBIDO DE INFORMACIÓN PRIVILEGIADA

El uso indebido de información privilegiada en los delitos de corrupción en los negocios se refiere a la utilización no autorizada o ilegal de información confidencial o privilegiada en el contexto de actividades comerciales o empresariales para obtener una ventaja indebida o beneficio personal, generalmente a expensas de otros inversores, competidores o partes interesadas.

Esta práctica es considerada ilegal en la mayoría de las jurisdicciones y se asocia con una serie de conductas corruptas, que pueden incluir:

a) Comercio con información privilegiada: La compra o venta de valores financieros, como acciones, bonos u otros instrumentos financieros, basada en información no pública relevante que puede influir en el precio de los activos. Por ejemplo, una persona que tiene información privilegiada sobre una empresa puede comprar acciones antes de que se haga pública una noticia positiva que se espera que haga subir el precio de las acciones.

b) Divulgación no autorizada de información privilegiada: La revelación de información confidencial o privilegiada a personas no autorizadas, como familiares, amigos o terceros, con el propósito de que realicen transacciones basadas en esa información o de obtener algún beneficio ilícito.

c) Abuso de posición privilegiada: Utilización de una posición de poder, influencia o acceso a información privilegiada dentro de una empresa o institución financiera para tomar decisiones comerciales o influir en decisiones de inversión que beneficien al individuo o empresa en detrimento de otros inversores o partes interesadas.

d) Consejo ilegal: Proporcionar asesoramiento o recomendaciones de inversión basadas en información privilegiada a terceros, lo que puede llevar a que estos terceros tomen decisiones financieras injustas o ilegales.

e) Fraude en el mercado de valores: Realizar acciones fraudulentas destinadas a influir en los precios de los valores, como difundir información falsa o engañosa para manipular el mercado.

f) Negociación de contratos: Utilizar información confidencial para influir en la negociación de contratos comerciales o acuerdos financieros, asegurando condiciones más favorables para una de las partes involucradas.

g) Inversiones estratégicas: Utilizar información no pública para tomar decisiones estratégicas sobre inversiones o transacciones financieras, como fusiones y adquisiciones, con el objetivo de obtener beneficios financieros injustos.

h) Revelación no autorizada: Compartir o filtrar información confidencial a terceros que no tienen derecho a conocerla, ya sea con la intención de beneficiar a esas personas o de obtener un favor o beneficio a cambio.

i) Fuga de información confidencial: Permitir que información confidencial salga de una organización sin autorización, ya sea intencionalmente o debido a una negligencia en la seguridad de la información.

El uso indebido de información privilegiada se considera un delito grave en muchas jurisdicciones y puede tener graves consecuencias legales, incluyendo multas significativas y penas de prisión.

Además, estas prácticas erosionan la confianza en los mercados financieros y pueden tener un impacto negativo en la integridad y la transparencia del sistema financiero en su conjunto.

Es importante destacar que la regulación y las sanciones relacionadas con el uso indebido de información privilegiada pueden variar según el país, por lo que es esencial conocer y cumplir con las leyes y regulaciones aplicables en el ámbito financiero y empresarial.

FINANCIACIÓN ILEGAL DE PARTIDOS POLÍTICOS

INTRODUCCIÓN

Los delitos relativos a la financiación de partidos políticos hacen referencia a prácticas ilegales o irregulares en la obtención, gestión y uso de los fondos destinados a los partidos políticos.

Estos delitos son una preocupación importante en muchas democracias, ya que pueden socavar la equidad del proceso político, influir indebidamente en las decisiones políticas y erosionar la confianza pública en el sistema político.

Significado de estos delitos:

a) Financiación Ilegal: Obtención de fondos para un partido político de fuentes ilegales o no permitidas por la ley, como de empresas que están prohibidas de donar.

b) Sobrepasar los Límites de Donación: Recibir donaciones que exceden los límites legales establecidos.

c) Donaciones Anónimas o Encubiertas: Recibir fondos sin registrar debidamente la identidad del donante o utilizando terceros para ocultar la fuente original del dinero.

d) Uso de Fondos para Propósitos Ilícitos: Emplear los fondos del partido para actividades ilegales o ajenas a los fines políticos y electorales para los que fueron otorgados.

e) Falsificación de Cuentas o Informes de Financiación: Alterar o falsificar la contabilidad para ocultar fuentes de financiación ilegales o mal uso de fondos.

Conductas que conllevan estos delitos:

a) Recibir Donaciones de Fuentes Prohibidas: Aceptar dinero de empresas, organizaciones o individuos que están legalmente impedidos de donar.

b) Utilizar Empresas o Intermediarios para Ocultar la Fuente de los Fondos: Emplear estructuras corporativas o intermediarios para disfrazar la identidad de los verdaderos donantes.

c) Contribuciones en Especie No Declaradas: Recibir servicios o bienes (como publicidad, transporte, etc.) como donaciones, sin declararlos adecuadamente.

d) Lavado de Dinero a Través de Partidos Políticos: Utilizar los partidos como vehículos para lavar dinero obtenido de actividades ilegales.

e) Desvío de Fondos Públicos para Campañas: Uso indebido de recursos públicos destinados a otros fines para la financiación de campañas o actividades del partido.

La transparencia y la rendición de cuentas en la financiación de los partidos políticos son esenciales para preservar la integridad del proceso democrático.

Las leyes en muchos países exigen a los partidos políticos revelar sus fuentes de financiación y someterse a auditorías y controles regulares.

Las violaciones de estas leyes pueden acarrear sanciones significativas, como multas, devolución de fondos, e incluso la disolución del partido o la prohibición de participar en elecciones.

Además, la financiación ilegal de partidos políticos puede llevar a sanciones penales para los individuos implicados.

Estas regulaciones tienen como objetivo prevenir la corrupción y asegurar que las influencias financieras no comprometan el proceso político democrático.

ABUSO DE RECURSOS PÚBLICOS

El abuso de recursos públicos en el contexto de los delitos relativos a la financiación de partidos políticos se refiere a la utilización indebida de recursos gubernamentales o fondos públicos por parte de un partido político o sus miembros para financiar sus actividades políticas o electorales.

Esto constituye una violación de la ley y puede tener graves implicaciones legales y éticas.

A continuación, se explican algunos de los significados y conductas asociadas con el abuso de recursos públicos en este contexto:

a) Uso indebido de fondos públicos: Esto implica utilizar dinero o recursos que pertenecen al Estado o a entidades gubernamentales para financiar actividades políticas o partidarias. Por ejemplo, desviar fondos destinados a servicios públicos esenciales, como educación o salud, para fines partidistas.

b) Contratación irregular: Cuando un partido político o sus miembros influyen indebidamente en la adjudicación de contratos públicos a empresas afines o amigas, con el objetivo de obtener financiamiento oculto para sus actividades.
c) Utilización de bienes públicos: El uso de bienes públicos, como vehículos gubernamentales, instalaciones gubernamentales o empleados del sector público, para fines partidistas, como la realización de mítines políticos o campañas electorales, también constituye abuso de recursos públicos.
d) Financiamiento ilegal de campañas: Obtener financiamiento ilícito de fuentes públicas o privadas y utilizar esos fondos para campañas políticas sin reportar adecuadamente las contribuciones o respetar los límites de financiamiento establecidos por la ley.
e) Nepotismo y clientelismo: Otro comportamiento relacionado con el abuso de recursos públicos es el nepotismo, que implica nombrar a familiares o amigos en cargos públicos con el propósito de beneficiar al partido político. El clientelismo, por su parte, se refiere a la entrega de favores o empleos públicos a cambio de apoyo político.
f) Abuso de recursos públicos en campañas electorales: Utilizar recursos públicos para financiar campañas electorales o promover la agenda del partido de manera ilegal, evitando los límites de financiamiento electoral establecidos por la ley.

El abuso de recursos públicos en delitos relativos a la financiación de partidos políticos suele ser ilegal en muchas jurisdicciones y puede conllevar sanciones civiles y penales para los infractores, incluyendo multas, inhabilitación para ocupar cargos públicos y enjuiciamiento penal.

La transparencia y la rendición de cuentas en la financiación de partidos políticos son fundamentales para preservar la integridad de los procesos democráticos y evitar la corrupción.

Por lo tanto, es esencial que se promueva la observancia de las leyes y regulaciones que rigen el financiamiento político y se investiguen y sancionen adecuadamente los casos de abuso de recursos públicos en este contexto.

COMPRA DE VOTOS

La compra de votos en el contexto de los delitos relativos a la financiación de partidos políticos es una práctica ilegal que implica ofrecer algún tipo de incentivo, generalmente económico, a los votantes a cambio de su voto en favor de un partido político o candidato específico.

Esta conducta es considerada una violación grave de los principios democráticos y puede socavar la integridad de un proceso electoral justo y transparente.

Las consecuencias de la compra de votos pueden incluir la distorsión de la voluntad popular y la corrupción del sistema político.

Las conductas relacionadas con la compra de votos pueden variar, pero algunas de las acciones típicas incluyen:

a) Ofrecimiento de dinero o bienes materiales: Esto puede involucrar la entrega de efectivo, regalos, alimentos, servicios, o cualquier otro tipo de incentivo económico o material a cambio del voto.

b) Coerción o amenazas: Algunos actores pueden utilizar la intimidación, amenazas o chantaje para forzar a los votantes a votar por un candidato o partido en particular.

c) Promesas de empleo o favores futuros: Los votantes pueden ser tentados con la promesa de empleos públicos, contratos, beneficios sociales u otros favores a cambio de su apoyo electoral.

d) Manipulación de programas sociales: Puede haber intentos de condicionar la ayuda social o los programas gubernamentales a cambio del voto.

e) Engaño o desinformación: Se pueden utilizar tácticas engañosas o campañas de desinformación para influir en la decisión de los votantes.

f) Transporte o facilitación para votar: Algunos actores pueden ofrecer transporte a los centros de votación o ayudar a los votantes a completar su proceso de votación a cambio de su voto.

La compra de votos es ilegal en la mayoría de las democracias y a menudo está sujeta a sanciones legales, que pueden incluir multas, prisión o la invalidez de los votos comprados.

Además, socava la confianza en el sistema político y puede dañar la integridad de las elecciones.

Por lo tanto, los delitos relacionados con la compra de votos son tomados muy en serio y se implementan medidas para prevenir y castigar esta conducta.

CONTRIBUCIONES EN ESPECIE NO DECLARADAS

Las contribuciones en especie no declaradas en el contexto de los delitos relacionados con la financiación de partidos políticos se refieren a la entrega de bienes, servicios u otros recursos no monetarios a un partido político, candidato o campaña electoral, que no se informan adecuadamente a las autoridades electorales o no se registran según las leyes y regulaciones aplicables.

Estas contribuciones en especie no declaradas pueden incluir la donación de bienes materiales, servicios profesionales, equipos, publicidad gratuita, entre otros.

Las conductas que suelen estar asociadas con este tipo de contribuciones en especie no declaradas incluyen:

a) No informar sobre las contribuciones en especie: No proporcionar información oportuna y precisa sobre las donaciones no monetarias recibidas, como la descripción detallada de los bienes o servicios donados y su valor estimado.

b) Subestimar el valor de las contribuciones en especie: Informar un valor menor del real para las donaciones en especie, lo que puede llevar a una subestimación de los recursos reales disponibles para la campaña.

c) Ocultar contribuciones en especie: No incluir contribuciones en especie en los informes financieros presentados a las autoridades electorales, lo que impide que el público y las autoridades tengan una imagen completa de la financiación de la campaña.

d) Coordinación indebida: Colaborar con terceros, como proveedores de bienes o servicios, para proporcionar contribuciones en especie no declaradas.

e) Aceptar servicios no declarados de forma gratuita: Beneficiarse de servicios profesionales, publicidad, asesoramiento estratégico u otros recursos no monetarios sin informar sobre su valor y origen.

f) Utilización de intermediarios: Utilizar intermediarios o terceros para proporcionar contribuciones en especie y ocultar la verdadera fuente de los recursos.

g) No mantener registros adecuados: No llevar un registro completo y preciso de las contribuciones en especie recibidas y su valor estimado, lo que dificulta la transparencia y el cumplimiento de las regulaciones.

h) Ignorar los límites de contribución en especie: No respetar los límites legales establecidos para las contribuciones en especie, lo que puede dar lugar a un desequilibrio en el proceso político.

Las contribuciones en especie no declaradas son problemáticas porque pueden distorsionar la verdadera imagen de los recursos disponibles para una campaña política y socavar la transparencia en el proceso electoral.

En muchas jurisdicciones, estas prácticas son ilegales y pueden dar lugar a sanciones civiles y penales para los responsables, como multas, la descalificación de candidatos o partidos políticos, y la pérdida de financiación pública o privada para futuras campañas políticas.

Para mantener la integridad del proceso democrático, es fundamental que todas las actividades financieras relacionadas con la política se realicen de manera transparente y se ajusten a las leyes y regulaciones locales en materia de financiación de partidos políticos y campañas electorales.

DESVÍO DE FONDOS PÚBLICOS

El desvío de fondos públicos, en el contexto del delito de financiación ilegal de partidos políticos y en relación con la responsabilidad penal de una persona jurídica, se refiere a la acción de utilizar recursos económicos pertenecientes al erario público o al Estado para financiar las actividades políticas de un partido político o entidad afín de manera contraria a las leyes y regulaciones establecidas.

A continuación, se detalla este concepto y su relación con la responsabilidad penal de la persona jurídica:

a) Uso indebido de Recursos Públicos: El desvío de fondos públicos implica la utilización de dinero o recursos que originalmente estaban destinados a ser empleados en funciones gubernamentales o en el servicio público, para financiar actividades políticas. Este acto constituye un uso inapropiado y no autorizado de los recursos del Estado.

b) Viola la Legalidad: El uso de fondos públicos con fines políticos debe llevarse a cabo de conformidad con las leyes y regulaciones vigentes. El desvío de estos fondos sin la debida autorización o en violación de las normativas establecidas representa una infracción legal grave.

c) Impacto en la Gobernabilidad: El desvío de fondos públicos para financiar partidos políticos puede afectar la capacidad del gobierno para cumplir con sus responsabilidades y compromisos hacia los ciudadanos, lo que socava la confianza en la administración pública y en la integridad del sistema político.

d) Transparencia y Rendición de Cuentas: La transparencia y la rendición de cuentas en el uso de los fondos públicos son principios esenciales en la democracia. El desvío de estos recursos para fines políticos sin la debida divulgación socava estos principios fundamentales.

e) Responsabilidad Penal de la Persona Jurídica: En muchos sistemas legales, las personas jurídicas, como partidos políticos o entidades relacionadas, pueden ser consideradas responsables penalmente si se demuestra que han participado en el desvío de fondos públicos para financiar sus actividades políticas y si se establece que la entidad tenía conocimiento o negligencia en relación con esta actividad ilegal. La responsabilidad penal de una persona jurídica puede dar lugar a sanciones legales y financieras significativas.

f) Repercusiones Legales y Políticas: El desvío de fondos públicos para fines políticos puede resultar en investigaciones, juicios legales y sanciones tanto para individuos como para organizaciones. Además de las consecuencias legales, esto puede tener un impacto político significativo y afectar la reputación de los partidos políticos y sus miembros.

g) Efectos en la Competencia Política: El desvío de fondos públicos puede distorsionar la competencia política al proporcionar una ventaja injusta a los partidos políticos que acceden a estos recursos en detrimento de otros competidores. Esto puede llevar a una competencia política desigual y a la subversión de la igualdad de oportunidades en la arena política.

h) Necesidad de Cumplimiento y Ética: Para evitar problemas legales y políticos, así como para mantener la confianza pública, los partidos políticos y las entidades relacionadas deben cumplir rigurosamente con las regulaciones de financiación política y mantener altos estándares éticos en todas sus actividades financieras y políticas.

i) Reformas Legales: Los escándalos relacionados con el desvío de fondos públicos a menudo generan llamados a reformas legales destinadas a fortalecer las regulaciones de financiación política y prevenir el abuso de los recursos públicos con fines políticos. Estas reformas pueden incluir una mayor transparencia, límites de gasto y sanciones más severas para quienes infrinjan las leyes de financiamiento político.

Todo ello implica que, el desvío de fondos públicos en el contexto de la financiación ilegal de partidos políticos es una actividad ilegal que socava la legalidad, la transparencia y la rendición de cuentas en el sistema político. La responsabilidad penal de una persona jurídica puede surgir si se demuestra que ha estado involucrada en esta práctica ilegal, lo que puede dar lugar a sanciones legales y financieras importantes. La protección de los fondos públicos y el cumplimiento de las leyes y regulaciones de financiación política son esenciales para mantener la integridad del sistema democrático.

DONACIONES FICTICIAS

Las donaciones ficticias, en el contexto del delito de financiación ilegal de partidos políticos y en relación con la responsabilidad penal de una persona jurídica, se refieren a contribuciones financieras que son presentadas o registradas como donaciones legítimas y válidas, pero que en realidad son ficticias o inexistentes. Estas donaciones se utilizan con el propósito de inflar los fondos declarados por un partido político o entidad relacionada, ocultar el flujo de dinero real o eludir las restricciones legales y regulaciones que rigen la financiación política.

Aquí se desarrolla este concepto y su relación con la responsabilidad penal de la persona jurídica:

a) Falsificación de Donaciones: Las donaciones ficticias implican la creación de registros o documentos que alegan que se han recibido contribuciones financieras, cuando en realidad no ha habido una transferencia real de fondos. Estas donaciones pueden ser completamente inventadas o pueden involucrar a personas o entidades que, de manera consciente, afirman haber contribuido cuando no lo han hecho.

b) Engaño a las Autoridades y al Público: Las donaciones ficticias engañan tanto a las autoridades regulatorias como al público en general. Las autoridades pueden creer que un partido político ha obtenido fondos legítimos, lo que dificulta la supervisión y el cumplimiento de las regulaciones de financiación política. Además, el público puede ser engañado sobre la base de la aparente amplitud del apoyo financiero a un partido político.

c) Elusión de Límites y Regulaciones: Estas donaciones ficticias a menudo se utilizan para eludir límites legales y regulaciones que limitan la cantidad de dinero que un partido político puede recibir de donantes individuales o entidades. Al registrar donaciones que no son reales, se puede exceder artificialmente esos límites sin cumplir con la ley.

d) Responsabilidad Penal de la Persona Jurídica: En muchos sistemas legales, las personas jurídicas, como partidos u organizaciones políticos, pueden ser consideradas responsables penalmente si se demuestra que han utilizado donaciones ficticias como parte de sus prácticas de financiación ilegal y si se establece que la entidad tenía conocimiento o negligencia en relación con esta actividad fraudulenta. La responsabilidad penal de una persona jurídica puede dar lugar a sanciones legales y financieras importantes.

e) Integridad en el Proceso Político: La financiación política transparente y legítima es fundamental para mantener la integridad del proceso político y garantizar elecciones justas y equitativas. Las donaciones ficticias socavan estos principios democráticos al distorsionar el panorama financiero de un partido político y potencialmente influir en decisiones políticas y electorales.

f) Sanciones Legales y Penales: Las personas y las personas jurídicas involucradas en la creación o el registro de donaciones ficticias pueden enfrentar sanciones legales y penales graves, que pueden incluir multas considerables, medidas de disolución o prohibiciones de participación en actividades políticas.

g) Repercusiones Políticas: Además de las consecuencias legales, las donaciones ficticias pueden tener graves repercusiones políticas. Los partidos políticos involucrados pueden sufrir daños en su reputación y perder el apoyo electoral si se descubre su participación en prácticas de financiación ilegal.

h) Promoción de la Transparencia: La transparencia en la financiación política es esencial para preservar la integridad del sistema democrático. Para promover la confianza pública y prevenir el abuso, los partidos políticos deben ser diligentes en la verificación de las donaciones y cumplir rigurosamente con las regulaciones de financiación política.

i) Reformas Legales y Regulatorias: Los casos de donaciones ficticias suelen dar lugar a llamados para reformar y fortalecer las regulaciones de financiación política. Estas reformas pueden incluir medidas más estrictas de divulgación financiera, auditorías más exhaustivas y sanciones más severas.

Por todo ello, las donaciones ficticias en el contexto de la financiación ilegal de partidos políticos son una forma de fraude que tiene graves implicaciones legales y éticas. La responsabilidad penal de una persona jurídica puede derivarse de su participación en esta práctica ilegal, lo que puede resultar en sanciones legales y financieras significativas. La transparencia y el cumplimiento estricto de las regulaciones de financiación política son esenciales para preservar la integridad del sistema democrático y garantizar elecciones justas y equitativas.

EMPLEO DE RECURSOS PÚBLICOS PARA CAMPAÑAS

El empleo de recursos públicos para campañas electorales, en el contexto del delito de financiación ilegal de partidos políticos y en relación con la responsabilidad penal de una persona jurídica, se refiere al uso indebido de fondos o recursos que provienen de las arcas públicas o de instituciones gubernamentales para financiar actividades de campaña electoral. Esta práctica infringe las regulaciones y leyes electorales que prohíben el uso de recursos públicos para respaldar a partidos políticos o candidatos durante una campaña electoral.

A continuación, se detalla este concepto y su relación con la responsabilidad penal de la persona jurídica:

a) Desvío de Fondos Públicos: El empleo de recursos públicos para campañas electorales implica el desvío de fondos que originalmente estaban destinados a funciones gubernamentales legítimas hacia actividades políticas, como publicidad electoral, eventos de campaña o apoyo logístico a un partido político o candidato.

b) Violación de Regulaciones Electorales: Las leyes y regulaciones electorales suelen establecer restricciones claras sobre el financiamiento de campañas electorales, incluyendo la prohibición del uso de recursos públicos. El incumplimiento de estas regulaciones constituye una violación legal.

c) Influencia Indebida: El empleo de recursos públicos para campañas electorales puede proporcionar a un partido político o candidato una ventaja injusta en el proceso electoral, ya que los fondos públicos suelen ser considerables. Esto puede distorsionar la competencia política y socavar la equidad en las elecciones.

d) Responsabilidad Penal de la Persona Jurídica: En muchos sistemas legales, las personas jurídicas, como partidos u organizaciones políticos, pueden ser consideradas responsables penalmente si se demuestra que han utilizado recursos públicos para financiar sus campañas electorales y si se establece que la entidad tenía conocimiento o negligencia en relación con esta actividad ilegal. La responsabilidad penal de una persona jurídica puede dar lugar a sanciones legales y financieras importantes.

e) Transparencia y Rendición de Cuentas: La prohibición del empleo de recursos públicos en campañas electorales busca garantizar la transparencia y la rendición de cuentas en el proceso político. Los ciudadanos tienen derecho a saber cómo se utilizan los fondos públicos y a que se evite su uso con fines partidistas o electorales.

f) Repercusiones Legales y Políticas: Aquellos involucrados en el empleo de recursos públicos para campañas electorales pueden enfrentar sanciones legales, incluyendo multas y la posibilidad de descalificación de cargos electorales. Además, los partidos políticos y candidatos pueden sufrir daños en su reputación y confianza pública.

g) Formas de Empleo de Recursos Públicos: Los recursos públicos pueden emplearse en campañas electorales de diversas maneras, como la financiación de anuncios publicitarios, eventos de campaña, distribución de bienes o servicios gubernamentales con fines electorales y el uso de personal gubernamental para actividades de campaña, entre otros.

h) Conflicto de Intereses: El empleo de recursos públicos con fines políticos puede dar lugar a conflictos de intereses, ya que los funcionarios gubernamentales o las entidades públicas podrían utilizar sus posiciones para favorecer a un partido político o candidato específico. Esto menoscaba la neutralidad y la imparcialidad que deben prevalecer en el proceso electoral.

i) Énfasis en la Separación de Poderes: La separación de poderes entre el gobierno y el proceso electoral es esencial para la democracia. El uso indebido de recursos públicos amenaza esta separación y puede llevar a un abuso de poder por parte de las autoridades gubernamentales.

Ello conduce a que el empleo de recursos públicos para campañas electorales es una violación grave de las regulaciones electorales que busca mantener la transparencia, la equidad y la integridad del proceso democrático. La responsabilidad penal de una persona jurídica puede surgir si se demuestra que ha estado involucrada en esta práctica ilegal, lo que puede resultar en sanciones legales y financieras significativas. La promoción y el cumplimiento estricto de las regulaciones electorales son esenciales para garantizar elecciones justas y equitativas y preservar la confianza pública en el sistema político.

FALSIFICACIÓN DE CUENTAS

La falsificación de cuentas en el contexto de los delitos relacionados con la financiación de partidos políticos se refiere a la manipulación fraudulenta de los registros financieros de un partido político, una campaña electoral o una entidad relacionada con la política con el propósito de ocultar, distorsionar o falsear la verdadera situación financiera.

Esta práctica es ilegal y puede dar lugar a sanciones civiles y penales.

Las conductas que suelen estar asociadas con la falsificación de cuentas en este contexto incluyen:

a) Inflar ingresos: Registrar ingresos falsos o exagerados en los libros contables para dar la impresión de que el partido político o la campaña electoral está recibiendo más apoyo financiero del que realmente recibe.

b) Ocultar gastos: No registrar gastos de manera adecuada o excluir gastos significativos de los registros financieros para mostrar una situación financiera más sólida de la que realmente existe.

c) Falsificación de donantes: Incluir en los registros financieros nombres de donantes ficticios o usar identidades falsas para simular contribuciones que nunca ocurrieron.

d) Alteración de facturas y recibos: Modificar documentos financieros, como facturas y recibos, para cambiar la cantidad real pagada o recibida, o para falsificar la existencia de transacciones.

e) Lavado de dinero: Realizar actividades financieras diseñadas para ocultar el origen o el propósito de los fondos utilizados para financiar actividades políticas ilegales.

f) Subinformación o subdeclaración: No informar o subdeclarar de manera intencionada las transacciones financieras relevantes a las autoridades electorales o a las entidades reguladoras.

g) Información engañosa: Presentar información financiera engañosa o falsa a los donantes, a los miembros del partido político o al público en general con el objetivo de obtener más fondos o influencia política.

Las sanciones por la falsificación de cuentas en delitos relacionados con la financiación de partidos políticos pueden variar según la gravedad de la infracción y las leyes locales.

Estas sanciones pueden incluir multas considerables, penas de cárcel para los responsables, la descalificación de candidatos o partidos políticos, y la pérdida de financiación pública o privada para futuras campañas políticas.

Además, la exposición pública de tales prácticas puede dañar la reputación y la credibilidad de los partidos políticos o candidatos involucrados.

La regulación y el cumplimiento de las leyes financieras y de financiación de partidos políticos son fundamentales para mantener la transparencia y la integridad en el proceso democrático, así como para prevenir la influencia indebida del dinero en la política.

Es importante que todas las actividades financieras relacionadas con la política se realicen de manera honesta y se ajusten a las leyes y regulaciones locales.

FALSIFICACIÓN DE FACTURAS Y RECIBOS

La falsificación de facturas y recibos en el contexto de los delitos relativos a la financiación de partidos políticos se refiere a la acción de crear documentos falsos que aparenten ser facturas o recibos legítimos relacionados con las actividades financieras de un partido político.

Esta práctica puede tener varias implicaciones y conductas delictivas, y suele ser ilegal en muchos países debido a su relación con el financiamiento irregular de partidos políticos.

Aquí se exponen algunas de las implicaciones y conductas asociadas a la falsificación de facturas y recibos en este contexto:

a) Financiación irregular: La falsificación de facturas y recibos a menudo se utiliza para encubrir donaciones ilegales o no declaradas a un partido político. Estas donaciones pueden provenir de fuentes prohibidas o superar los límites legales de financiación.

b) Ocultar el origen de los fondos: Los partidos políticos a menudo están sujetos a regulaciones que requieren que informen sobre el origen de sus fondos. Falsificar facturas y recibos puede utilizarse para ocultar la verdadera fuente de los fondos y evitar la transparencia financiera.

c) Soborno y corrupción: La falsificación de facturas y recibos a veces se asocia con sobornos y corrupción, ya que puede utilizarse para ocultar pagos ilegales a políticos o partidos políticos a cambio de favores políticos o contratos gubernamentales.

d) Fraude electoral: Cuando se utilizan facturas y recibos falsificados para justificar gastos ficticios en campañas electorales, esto puede distorsionar la competencia política y llevar a resultados electorales injustos.

e) Incumplimiento de regulaciones financieras: Los partidos políticos suelen estar sujetos a regulaciones específicas sobre financiación, incluida la obligación de mantener registros precisos de sus ingresos y gastos. La falsificación de facturas y recibos constituye un incumplimiento de estas regulaciones.

f) Creación de facturas falsas: La generación de facturas que no corresponden a servicios reales o gastos legítimos con el objetivo de inflar o inventar ingresos o gastos del partido político.

g) Alteración de recibos: Modificar recibos legítimos para cambiar el monto, la fecha o la descripción de la transacción con el fin de ocultar o manipular los fondos recibidos o gastados por el partido.

h) Uso de documentos falsificados: Utilizar facturas o recibos falsos para justificar ingresos o gastos en los informes financieros presentados ante las autoridades electorales o de control, engañando así a las autoridades y al público en general.

i) Lavado de dinero: Utilizar la falsificación de documentos para ocultar el origen ilícito de los fondos que ingresan a la financiación del partido, lo que puede constituir un delito de lavado de dinero.

En muchos países, la falsificación de facturas y recibos en relación con la financiación de partidos políticos es ilegal y puede llevar a consecuencias legales graves para las personas o entidades involucradas.

Las sanciones pueden incluir multas, penas de prisión y la disolución de partidos políticos, dependiendo de las leyes y regulaciones específicas de cada jurisdicción.

Además, puede dañar la integridad del sistema político y socavar la confianza pública en los partidos políticos y las instituciones democráticas.

FALTA DE TRANSPARENCIA EN LA CONTABILIDAD

La falta de transparencia en la contabilidad, en el contexto del delito de financiación ilegal de partidos políticos y en relación con la responsabilidad penal de una persona jurídica, se refiere a la omisión deliberada o la insuficiencia en la divulgación y registro de las transacciones financieras y los recursos utilizados por un partido o entidad políticos en sus actividades políticas o de campaña electoral. Esta falta de transparencia se traduce en una falta de claridad y visibilidad en las operaciones financieras, lo que dificulta la rendición de cuentas y la identificación de posibles prácticas de financiación ilegal.

A continuación, se detalla este concepto y su relación con la responsabilidad penal de la persona jurídica:

a) Ocultamiento de Información Financiera: La falta de transparencia en la contabilidad se manifiesta a través del ocultamiento o la retención de información financiera crucial, como la omisión de registros de donaciones, gastos o ingresos relacionados con actividades políticas o de campaña electoral.

b) Incumplimiento de Regulaciones Electorales: Las leyes y regulaciones electorales suelen establecer requisitos estrictos en cuanto a la presentación de informes financieros, divulgación de donaciones y gastos, y transparencia en la contabilidad de los partidos políticos. La falta de transparencia constituye una violación de estas regulaciones.

c) Compromiso con Prácticas de Financiación Ilegal: La falta de transparencia puede sugerir un compromiso con prácticas de financiación ilegal, ya que ocultar deliberadamente información financiera puede ser un indicio de que se están recibiendo donaciones ilegales o se están realizando gastos no declarados.

d) Responsabilidad Penal de la Persona Jurídica: En muchos sistemas legales, las personas jurídicas, como partidos u organizaciones políticos, pueden ser consideradas responsables penalmente si se demuestra que han participado en la falta de transparencia en la contabilidad y si se establece que la entidad tenía conocimiento o negligencia en relación con esta actividad ilegal. La responsabilidad penal de una persona jurídica puede dar lugar a sanciones legales y financieras importantes.

e) Auditorías y Supervisión: La falta de transparencia en la contabilidad resalta la importancia de llevar a cabo auditorías y supervisión rigurosas de las finanzas de los partidos políticos. Las autoridades electorales y los organismos de control financiero desempeñan un papel crucial en la identificación de irregularidades.

f) Repercusiones Legales y Políticas: Aquellos involucrados en la falta de transparencia en la contabilidad pueden enfrentar sanciones legales, incluyendo multas y la posibilidad de descalificación de cargos electorales. Además, los partidos políticos y candidatos pueden sufrir daños en su reputación y confianza pública.

g) Impacto en la Confianza Pública: La falta de transparencia en la contabilidad de los partidos y entidades políticos socava la confianza pública en el sistema político y electoral. Los ciudadanos tienen el derecho fundamental de conocer cómo se financian y operan los partidos políticos, y la opacidad en la contabilidad mina este principio democrático.

h) Dificultad en la Identificación de Irregularidades: La falta de transparencia complica la detección de prácticas de financiación ilegal, como la recepción de donaciones prohibidas o el uso indebido de recursos. Sin registros financieros claros y precisos, es más difícil para las autoridades electorales y los organismos de control identificar y sancionar las irregularidades.

i) Desincentivo para la Contribución Legal: Cuando los partidos políticos no son transparentes en su contabilidad, puede desincentivar a los ciudadanos y entidades legales a hacer donaciones legítimas. La falta de confianza en la gestión de fondos puede llevar a una disminución de las contribuciones lícitas y al aumento de prácticas ilegales.

j) Reformas y Medidas de Prevención: Los casos de falta de transparencia en la contabilidad a menudo impulsan la necesidad de reformar y fortalecer las regulaciones financieras y contables aplicables a los partidos políticos. Esto puede incluir la implementación de medidas de prevención, como la divulgación en tiempo real de donaciones y gastos, y la imposición de sanciones más severas por falta de transparencia.

k) Restauración de la Confianza: La restauración de la confianza pública en el sistema político requiere que los partidos políticos adopten prácticas de contabilidad transparentes y cumplan rigurosamente con las regulaciones financieras. La rendición de cuentas y la divulgación adecuada son pasos cruciales para recuperar la credibilidad.

La falta de transparencia en la contabilidad en el contexto de la financiación ilegal de partidos políticos es una violación seria de las regulaciones electorales que busca mantener la integridad y la transparencia del proceso democrático. La responsabilidad penal de una persona jurídica puede surgir si se demuestra que ha estado involucrada en esta práctica ilegal, lo que puede resultar en sanciones legales y financieras significativas. La promoción y el cumplimiento estricto de las regulaciones financieras y contables son fundamentales para garantizar elecciones justas y equitativas y preservar la confianza pública en el sistema político. La falta de transparencia en la contabilidad es un tema crítico que debe abordarse para proteger la integridad de la democracia.

FINANCIACIÓN ANÓNIMA

La financiación anónima, en el contexto del delito de financiación ilegal de partidos políticos y en relación con la responsabilidad penal de una persona jurídica, se refiere a la provisión de fondos o recursos financieros para apoyar actividades políticas sin revelar la identidad del donante o la fuente de esos fondos de manera adecuada y transparente a las autoridades competentes.

La financiación política anónima es motivo de preocupación en los sistemas democráticos, ya que socava la transparencia y la rendición de cuentas en el proceso político. Seguidamente se explica más detalladamente el concepto y su relación con la responsabilidad penal de la persona jurídica:

a) Falta de Transparencia: Cuando los partidos políticos o entidades relacionadas con la política reciben financiación de fuentes anónimas, se dificulta la capacidad de las autoridades y del público en general para conocer quién está respaldando financieramente a un partido o candidato. Esto contraviene principios fundamentales de transparencia en la financiación política.

b) Ocultación de Posibles Intereses Ocultos: La financiación anónima puede ocultar posibles intereses detrás de las donaciones. Esto plantea el riesgo de que las decisiones políticas se vean influenciadas por donantes cuyos motivos o intereses no son transparentes, lo que puede dar lugar a políticas sesgadas o incluso corruptas.

c) Regulaciones y Normativas: En muchos sistemas legales, existen regulaciones específicas que exigen la divulgación de la identidad de los donantes políticos y establecen límites a las contribuciones anónimas. La falta de cumplimiento de estas regulaciones puede dar lugar a sanciones legales.

d) Responsabilidad Penal de la Persona Jurídica: En algunos sistemas legales, las personas jurídicas pueden ser consideradas responsables penalmente por la recepción de financiación anónima si se demuestra que tenían conocimiento o negligencia en relación con esta práctica ilegal. Esto puede dar lugar a sanciones legales y financieras para la entidad.

e) Necesidad de Transparencia: Para prevenir la financiación ilegal de partidos políticos y mantener la integridad del proceso democrático, es fundamental que las entidades políticas cumplan con las regulaciones y divulguen de manera adecuada la fuente de sus fondos. La transparencia en la financiación política es esencial para garantizar elecciones justas y la confianza pública en el sistema político.

f) Amenaza a la Integridad Electoral: La financiación anónima puede socavar la integridad de las elecciones y la representatividad del sistema democrático. Cuando los donantes permanecen en el anonimato, se aumenta el riesgo de influencia indebida en la política y la toma de decisiones gubernamentales.

g) Riesgo de Corrupción Política: La financiación anónima puede dar lugar a situaciones en las que los partidos políticos o candidatos puedan verse tentados a favorecer a aquellos donantes que mantienen sus identidades ocultas. Esto puede llevar a la corrupción política y a la toma de decisiones que no reflejan el interés público.

h) Dificultades en la Supervisión: La falta de transparencia en la financiación política dificulta la capacidad de las autoridades electorales y los organismos de control para supervisar y hacer cumplir las regulaciones sobre financiación política. Esto puede debilitar la capacidad de las instituciones democráticas para prevenir y sancionar prácticas ilegales.

i) Riesgo de Lavado de Dinero: En algunos casos, la financiación anónima puede ser utilizada como medio para el lavado de dinero, donde fondos ilícitos se inyectan en la política para legitimar su origen. Esto puede tener graves consecuencias para la estabilidad económica y la integridad del sistema financiero.

j) Desconfianza Pública: La percepción de financiación política anónima puede generar desconfianza pública en los partidos políticos y en el proceso electoral en su conjunto. Los ciudadanos pueden dudar de la integridad de sus representantes y de la igualdad de oportunidades en la competencia política.

La financiación anónima en el contexto de la financiación ilegal de partidos políticos plantea problemas significativos de transparencia y rendición de cuentas en el proceso político.

La responsabilidad penal de una persona jurídica puede derivarse de su participación en prácticas de financiación anónima si no cumple con las regulaciones y leyes aplicables destinadas a prevenir esta actividad ilegal y promover la transparencia en la financiación política.

FINANCIACIÓN EXTRANJERA NO AUTORIZADA

La financiación extranjera no autorizada, en el contexto del delito de financiación ilegal de partidos políticos y en relación con la responsabilidad penal de una persona jurídica, se refiere a la recepción de fondos o recursos financieros provenientes de fuentes extranjeras para financiar las actividades políticas de un partido político o entidad afín, sin la debida autorización o cumplimiento de las regulaciones establecidas por las leyes nacionales.

A continuación, se detalla este concepto y su relación con la responsabilidad penal de la persona jurídica:

a) Origen Extranjero de los Fondos: La financiación extranjera no autorizada implica que los fondos utilizados para financiar actividades políticas provienen de entidades o individuos que no son ciudadanos o residentes del país en el que se llevan a cabo las actividades políticas. Estos fondos pueden provenir de gobiernos extranjeros, organizaciones internacionales o personas extranjeras.

b) Necesidad de Autorización: En muchos países, las leyes y regulaciones de financiación política exigen que los partidos y las entidades políticos obtengan autorización o notifiquen a las autoridades pertinentes antes de recibir contribuciones financieras de fuentes extranjeras. Estas regulaciones están destinadas a salvaguardar la soberanía política y prevenir la influencia indebida de actores extranjeros en los asuntos internos de un país.

c) Requisitos Legales y Regulaciones: La mayoría de los países tienen regulaciones específicas que rigen la financiación política y establecen restricciones y requisitos para la recepción de fondos extranjeros. Estas regulaciones pueden incluir límites de contribuciones extranjeras o la obligación de obtener autorización previa para recibir dichos fondos.

d) Transparencia y Soberanía: El control sobre la financiación política es fundamental para la soberanía y la integridad del proceso democrático de un país. La financiación extranjera no autorizada puede plantear preocupaciones sobre la influencia indebida de actores externos en los asuntos políticos nacionales.

e) Riesgo de Corrupción Política: La recepción de financiación extranjera no autorizada puede llevar a situaciones en las que los partidos políticos estén comprometidos a favorecer a los donantes extranjeros a cambio de estos fondos. Esto puede dar lugar a decisiones políticas sesgadas o incluso a la corrupción política.

f) Responsabilidad Penal de la Persona Jurídica: En muchos sistemas legales, las personas jurídicas, como partidos políticos o entidades relacionadas, pueden ser consideradas responsables penalmente si se demuestra que han aceptado financiación extranjera no autorizada y si se establece que la entidad tenía conocimiento o negligencia en relación con esta actividad ilegal. La responsabilidad penal de una persona jurídica puede resultar en sanciones legales y financieras importantes.

g) Sanciones y Consecuencias: Las sanciones por la recepción de financiación extranjera no autorizada pueden ser graves e incluir multas, la revocación del estatus legal de un partido político y la prohibición de participar en actividades políticas. Además de las consecuencias legales, esto puede tener un impacto significativo en la reputación de la entidad política y su capacidad para operar.

h) Impacto en las Relaciones Internacionales: La recepción de financiación extranjera no autorizada para fines políticos puede tener implicaciones en las relaciones internacionales de un país y puede dar lugar a tensiones diplomáticas si se considera una interferencia indebida en los asuntos internos de otro estado.

La financiación extranjera no autorizada en el contexto de la financiación ilegal de partidos políticos plantea serias preocupaciones en términos de soberanía, transparencia y legalidad en el proceso político.

La responsabilidad penal de una persona jurídica puede surgir si se demuestra su participación en la recepción de financiación extranjera no autorizada en violación de las regulaciones y leyes aplicables. La protección de la integridad del sistema político y el cumplimiento de las regulaciones de financiación política son fundamentales para preservar la democracia y prevenir la influencia indebida de actores externos en los asuntos nacionales.

FINANCIACIÓN NO DECLARADA DE CAMPAÑAS ELECTORALES

La financiación no declarada de campañas electorales, en el contexto del delito de financiación ilegal de partidos políticos y en relación con la responsabilidad penal de una persona jurídica, se refiere a la práctica de recibir o utilizar fondos para financiar actividades de campaña electoral sin informar adecuadamente a las autoridades electorales o a las entidades encargadas de supervisar las finanzas de campaña. Esta omisión de declaración viola las regulaciones y leyes electorales que exigen la transparencia y la divulgación de todas las fuentes de financiación y los gastos incurridos durante una campaña electoral.

A continuación, se detalla este concepto y su relación con la responsabilidad penal de la persona jurídica:

a) Omisión de Declaración: La financiación no declarada de campañas electorales implica no informar o no proporcionar la información completa y precisa sobre las contribuciones financieras recibidas o los gastos realizados durante una campaña electoral. Esto puede incluir donaciones no registradas, donaciones anónimas o gastos no divulgados.

b) Violación de Regulaciones Electorales: Las leyes electorales y las regulaciones exigen que los partidos políticos y los candidatos divulguen todas las contribuciones financieras recibidas y los gastos realizados durante una campaña electoral. El incumplimiento de estas regulaciones constituye una infracción y puede tener consecuencias legales.

c) Engaño al Público y a las Autoridades: La financiación no declarada de campañas electorales engaña tanto a las autoridades electorales como al público en general. Las autoridades pueden no tener una imagen precisa de los recursos utilizados en la campaña, lo que dificulta la supervisión y el cumplimiento de las regulaciones. Además, el público puede ser engañado sobre la verdadera fuente y el alcance de la financiación de una campaña.

d) Responsabilidad Penal de la Persona Jurídica: En muchos sistemas legales, las personas jurídicas, como partidos u organizaciones políticos, pueden ser consideradas responsables penalmente si se demuestra que han participado en la financiación no declarada de campañas electorales y si se establece que la entidad tenía conocimiento o negligencia en relación con esta actividad ilegal. La responsabilidad penal de una persona jurídica puede dar lugar a sanciones legales y financieras significativas.

e) Integridad del Proceso Electoral: La financiación no declarada de campañas electorales pone en peligro la integridad del proceso electoral al permitir que las actividades de campaña se realicen con fondos no rastreables y potencialmente ilegales. Esto puede dar lugar a una competencia política desigual y a influencias indebidas en las elecciones.

f) Repercusiones Legales y Políticas: Aquellos involucrados en la financiación no declarada de campañas electorales pueden enfrentar sanciones legales, incluyendo multas y la posibilidad de descalificación de cargos electorales. Además, los partidos políticos y candidatos pueden sufrir daños en su reputación y confianza pública.

g) Importancia de la Divulgación: La divulgación completa y precisa de la financiación de las campañas electorales es fundamental para la transparencia y la rendición de cuentas en el proceso democrático. Los ciudadanos tienen derecho a conocer quién financia a los partidos políticos y candidatos, así como cómo se utilizan esos fondos.

h) Elusión de Límites de Gastos: La financiación no declarada de campañas puede servir como un medio para eludir los límites legales de gastos de campaña. Al no informar sobre ciertas contribuciones o gastos, los partidos políticos pueden exceder artificialmente los límites establecidos por las regulaciones electorales.

i) Énfasis en la Integridad Electoral: Garantizar la integridad del proceso electoral es fundamental para mantener la confianza pública en el sistema democrático. Las regulaciones de financiación electoral están diseñadas para evitar influencias indebidas y asegurar elecciones justas y equitativas.

j) Necesidad de Supervisión y Auditoría Rigurosas: Para prevenir y detectar la financiación no declarada de campañas, las autoridades electorales deben llevar a cabo una supervisión y auditoría rigurosas de las finanzas de campaña. Esto incluye el escrutinio de los registros financieros y la verificación de la precisión de las declaraciones de financiación presentadas por los partidos políticos y candidatos.

La financiación no declarada de campañas electorales es una violación seria de las regulaciones electorales que busca mantener la transparencia y la equidad en el proceso democrático. La responsabilidad penal de una persona jurídica puede surgir si se demuestra que ha estado involucrada en esta práctica ilegal, lo que puede resultar en sanciones legales y financieras significativas. La transparencia y el cumplimiento estricto de las regulaciones electorales son esenciales para garantizar elecciones justas y equitativas.

FINANCIACIÓN OCULTA A TRAVÉS DE TERCEROS

La financiación oculta a través de terceros, en el contexto del delito de financiación ilegal de partidos políticos y en relación con la responsabilidad penal de una persona jurídica, se refiere a la práctica de recibir recursos financieros destinados a financiar actividades políticas, pero que en realidad son canalizados a través de intermediarios o terceras personas para ocultar la fuente real de los fondos. Esta práctica se lleva a cabo con el propósito de eludir las regulaciones y las leyes de financiación política, que requieren transparencia y divulgación de las donaciones políticas.

Aquí se detalla este concepto y su relación con la responsabilidad penal de la persona jurídica:

a) Uso de Intermediarios: En lugar de recibir directamente donaciones o contribuciones financieras, los partidos políticos o entidades relacionadas pueden recurrir a intermediarios, personas físicas o jurídicas, para recibir fondos en su nombre y ocultar la fuente de origen de esos recursos.

b) Elusión de Regulaciones: La financiación oculta a través de terceros busca eludir las regulaciones y leyes de financiación política que exigen la divulgación de las donaciones y la identificación de los donantes. Esta práctica permite que los partidos políticos reciban fondos de manera encubierta y sin cumplir con las normativas legales.

c) Falta de Transparencia: Al ocultar la fuente real de los fondos, se obstaculiza la transparencia y la rendición de cuentas en el proceso político. Los ciudadanos y las autoridades no pueden identificar quién está financiando realmente a un partido o entidad políticos, lo que puede dar lugar a influencias indebidas y decisiones sesgadas.

d) Responsabilidad Penal de la Persona Jurídica: En muchos sistemas legales, las personas jurídicas, como partidos políticos o entidades relacionadas, pueden ser consideradas responsables penalmente si se demuestra que han participado en la financiación oculta a través de terceros y si se establece que la entidad tenía conocimiento o negligencia en relación con esta práctica ilegal. La responsabilidad penal de una persona jurídica puede dar lugar a sanciones legales y financieras importantes.

e) Dificultades de Detección: La financiación oculta a través de terceros puede ser una práctica difícil de detectar, ya que implica un encubrimiento deliberado de las transacciones financieras y la identidad de los donantes reales.

f) Importancia de la Transparencia: La transparencia en la financiación política es fundamental para garantizar la igualdad de oportunidades entre los partidos políticos y prevenir influencias indebidas en el proceso político. La financiación oculta a través de terceros socava estos principios democráticos fundamentales.

g) Riesgo de Corrupción Política: La utilización de intermediarios para canalizar fondos opacos puede dar lugar a situaciones en las que los partidos políticos estén comprometidos a favorecer a quienes proporcionaron esos fondos encubiertos. Esto puede llevar a la corrupción política y a la toma de decisiones que no reflejan el interés público.

h) Necesidad de Reformas Legales: Los casos de financiación oculta a través de terceros a menudo conducen a llamados para reformas legales destinadas a fortalecer las regulaciones de financiación política y cerrar lagunas que permiten esta práctica. Estas reformas pueden incluir medidas más estrictas de divulgación financiera y sanciones más severas.

La financiación oculta a través de terceros en el contexto de la financiación ilegal de partidos políticos es una práctica que plantea serias preocupaciones legales y éticas. La responsabilidad penal de una persona jurídica puede surgir si se demuestra que ha estado involucrada en esta práctica ilegal, lo que puede tener consecuencias legales y financieras significativas. La transparencia y el cumplimiento de las regulaciones de financiación política son esenciales para preservar la integridad del sistema democrático y garantizar elecciones justas y equitativas.

LAVADO DE DINERO A TRAVÉS DE PARTIDOS POLÍTICOS

El lavado de dinero a través de partidos políticos en el contexto de los delitos relacionados con la financiación de partidos políticos se refiere a la manipulación y ocultamiento de fondos ilegales o ilícitos mediante su canalización a través de cuentas bancarias y transacciones aparentemente legítimas de un partido político.

Esta práctica ilegal busca dar una apariencia legal a los fondos que provienen de actividades criminales, como el narcotráfico, la corrupción, el fraude u otros delitos financieros, y se utiliza para financiar partidos políticos o campañas electorales de manera encubierta.

Las conductas que suelen estar asociadas con el lavado de dinero a través de partidos políticos incluyen:

a) Canalización de fondos ilícitos: Transferir dinero o recursos de origen ilegal a cuentas bancarias de partidos políticos o campañas electorales con el objetivo de ocultar su origen ilícito.

b) Transacciones falsas: Realizar transacciones ficticias o inventar facturas, contratos u otros documentos para justificar el flujo de fondos ilícitos hacia cuentas políticas.

c) Contribuciones excesivas: Hacer donaciones ilegales o no declaradas a partidos políticos o campañas electorales con el dinero proveniente de actividades criminales.

d) Uso de intermediarios: Utilizar personas o entidades intermedias para canalizar fondos ilícitos hacia las cuentas de partidos políticos, dificultando el rastreo de la fuente real de los fondos.

e) Mezcla de fondos legítimos e ilegítimos: Integrar fondos ilícitos con fondos legítimos de manera que sea difícil distinguir entre ellos y ocultar así el origen ilícito de los recursos.

f) Uso de cuentas en el extranjero: Utilizar cuentas bancarias en el extranjero para ocultar el flujo de fondos ilícitos hacia partidos políticos o campañas electorales.

g) Complicidad de terceros: Colaborar con terceros, como banqueros, contadores, abogados u otros profesionales, en la facilitación del lavado de dinero a través de partidos políticos.

h) Transferencias internacionales: Realizar transferencias internacionales de dinero ilegal a través de cuentas bancarias extranjeras con el propósito de dificultar el seguimiento y la detección.

i) Uso de bienes para lavar dinero: Adquirir bienes, como propiedades o activos, con fondos ilegales y luego utilizarlos como donaciones o recursos en el contexto político para encubrir el origen ilícito del dinero.

El lavado de dinero a través de partidos políticos es una actividad criminal grave que socava la integridad del proceso democrático y la transparencia en la financiación política.

Las sanciones por este tipo de delitos pueden variar según la jurisdicción y la gravedad de la infracción, pero suelen incluir multas significativas, penas de cárcel para los responsables y la disolución del partido político involucrado.

Es fundamental que las autoridades y los organismos de control financiero vigilen e investiguen cualquier actividad sospechosa relacionada con la financiación de partidos políticos para prevenir y combatir el lavado de dinero y garantizar la integridad de los procesos democráticos.

MANIPULACIÓN DE REGISTROS CONTABLES

La manipulación de registros contables, en el contexto del delito de financiación ilegal de partidos políticos y en relación con la responsabilidad penal de una persona jurídica, se refiere a la práctica de alterar o falsificar los registros financieros y contables de un partido o entidad políticos con el propósito de ocultar o distorsionar la verdadera fuente de financiación o el destino de los fondos utilizados en actividades políticas o de campaña electoral. Esta manipulación de registros contables constituye una infracción seria de las regulaciones y leyes que exigen la transparencia y la precisión en la contabilidad financiera de las organizaciones políticas.

A continuación, se detalla este concepto y su relación con la responsabilidad penal de la persona jurídica:

a) Alteración de Documentación Financiera: La manipulación de registros contables implica la modificación fraudulenta de documentos financieros, como facturas, recibos, extractos bancarios, informes contables y registros de gastos e ingresos. Estos registros suelen ser fundamentales para la rendición de cuentas y la divulgación financiera.

b) Violación de Regulaciones Electorales: Las regulaciones y leyes electorales suelen exigir que los partidos políticos y candidatos mantengan registros financieros precisos y que informen sobre todas las contribuciones y gastos relacionados con actividades políticas o de campaña. La manipulación de registros contables constituye una violación flagrante de estas regulaciones.

c) Encubrimiento de Fuentes Ilícitas de Financiación: La manipulación de registros contables a menudo se realiza para ocultar la verdadera fuente de financiación, especialmente cuando se reciben donaciones ilegales o no declaradas. Esta práctica puede incluir la ocultación de donantes o la presentación de contribuciones ilegales como ingresos legítimos.

d) Distorsión de Gastos y Recursos: Además de ocultar la fuente de financiación, la manipulación de registros contables también puede implicar la distorsión de los gastos y recursos utilizados en actividades políticas o de campaña. Esto puede incluir la exageración de los gastos para justificar un mayor financiamiento o la subestimación de los gastos para evitar el escrutinio.

e) Responsabilidad Penal de la Persona Jurídica: En muchos sistemas legales, las personas jurídicas, como partidos u organizaciones políticos, pueden ser consideradas responsables penalmente si se demuestra que han participado en la manipulación de registros contables con el conocimiento o negligencia de esta actividad ilegal. La responsabilidad penal de una persona jurídica puede dar lugar a sanciones legales y financieras importantes.

f) Auditorías y Supervisión: Para prevenir y detectar la manipulación de registros contables, las autoridades electorales y los organismos de control financiero suelen llevar a cabo auditorías y supervisión rigurosas de las finanzas de los partidos políticos. Estas medidas son esenciales para garantizar la transparencia y la rendición de cuentas.

g) Repercusiones Legales y Políticas: Aquellos involucrados en la manipulación de registros contables pueden enfrentar sanciones legales, incluyendo multas y la posibilidad de descalificación de cargos electorales. Además, los partidos políticos y candidatos pueden sufrir daños en su reputación y confianza pública.

h) Consecuencias para la Integridad Electoral: La manipulación de registros contables representa una amenaza significativa para la integridad del proceso electoral. Al ocultar o distorsionar la financiación real de un partido político o candidato, esta práctica socava la transparencia y la equidad en las elecciones.

i) Complejidad de la Investigación: Detectar la manipulación de registros contables puede ser un proceso complicado, ya que a menudo implica la comparación de documentos financieros y la revisión minuciosa de transacciones. Las autoridades encargadas de hacer cumplir la ley y los organismos de control financiero deben contar con expertos en auditoría y contabilidad para llevar a cabo investigaciones efectivas.

j) Transparencia y Rendición de Cuentas: La manipulación de registros contables representa una violación de la transparencia y la rendición de cuentas, dos principios fundamentales en la democracia. Los ciudadanos tienen derecho a conocer la verdadera fuente y el destino de los fondos utilizados en la política y las campañas electorales.

La manipulación de registros contables en el contexto de la financiación ilegal de partidos políticos es una violación grave de las regulaciones electorales que busca mantener la transparencia y la integridad del proceso democrático. La responsabilidad penal de una persona jurídica puede surgir si se demuestra que ha estado involucrada en esta práctica ilegal, lo que puede resultar en sanciones legales y financieras significativas. La promoción y el cumplimiento estricto de las regulaciones financieras y contables son fundamentales para garantizar elecciones justas y equitativas y preservar la confianza pública en el sistema político.

RECEPCIÓN DE DONACIONES NO DECLARADAS

La recepción de donaciones no declaradas, en el contexto del delito de financiación ilegal de partidos políticos y en relación con la responsabilidad penal de una persona jurídica, se refiere a la acción de aceptar contribuciones financieras o recursos por parte de un partido político sin informar adecuadamente a las autoridades pertinentes sobre la fuente, el monto y la naturaleza de dichas donaciones.

La financiación de partidos políticos está sujeta a regulaciones y leyes que varían según el país, y generalmente requiere que los partidos políticos informen de manera precisa y transparente sobre las donaciones que reciben. Estos informes son esenciales para garantizar la transparencia en el financiamiento político y prevenir prácticas ilegales o corruptas que puedan influir indebidamente en el proceso político.

Cuando una persona jurídica recibe donaciones no declaradas y no cumple con su obligación legal de informar sobre estas contribuciones, se está involucrando en un comportamiento que puede considerarse ilegal y que puede tener graves consecuencias legales. La entidad podría ser considerada cómplice en el delito de financiación ilegal de partidos políticos, y esto podría resultar en sanciones legales, como multas considerables, la revocación de estatus legal o el cese de actividades relacionadas con la financiación política.

Es importante destacar que la responsabilidad penal de una persona jurídica en casos de financiación ilegal de partidos políticos puede derivarse del conocimiento o la negligencia de la entidad en asegurarse de que todas las donaciones sean debidamente declaradas y cumplan con la normativa aplicable. Por lo tanto, es fundamental que las personas jurídicas establezcan procedimientos y políticas internas para garantizar la transparencia y la legalidad en su financiamiento político y cumplan con las obligaciones legales relacionadas con la declaración de donaciones.

La recepción de donaciones no declaradas en el contexto del delito de financiación ilegal de partidos políticos es una preocupación fundamental en la preservación de la integridad y la transparencia de los procesos democráticos. Esta práctica puede involucrar diversas formas de contribuciones financieras o recursos que no se informan de manera adecuada a las autoridades pertinentes. A continuación, se amplía el desarrollo de este tema:

a) Falta de Transparencia: La falta de declaración de donaciones es una violación directa de las regulaciones diseñadas para garantizar la transparencia en el financiamiento político. La transparencia es esencial para que los ciudadanos, los competidores políticos y las autoridades electorales puedan conocer quiénes financian a los partidos políticos y con qué propósito, lo que es fundamental para evitar influencias indebidas y corrupción en el proceso político.

b) Riesgo de Corrupción: La recepción de donaciones no declaradas puede abrir la puerta a la corrupción política. Cuando los partidos políticos no divulgan el origen de sus fondos, pueden estar más inclinados a tomar decisiones políticas que beneficien a sus donantes en lugar de actuar en el mejor interés público.

c) Desigualdad en la Competencia Política: La falta de transparencia en la financiación política puede dar lugar a una competencia desigual, donde los partidos políticos que reciben donaciones ocultas tienen una ventaja injusta sobre sus oponentes. Esto puede socavar la igualdad de oportunidades en la arena política.

d) Dificultad en la Detección: La falta de declaración de donaciones hace que sea más difícil para las autoridades identificar y prevenir la financiación ilegal de partidos políticos. Esto puede permitir que las prácticas corruptas pasen desapercibidas durante períodos de tiempo prolongados.

e) Responsabilidad de la Persona Jurídica: En muchos sistemas legales, las personas jurídicas pueden ser consideradas responsables penalmente por actividades ilegales relacionadas con el financiamiento político, incluyendo la recepción de donaciones no declaradas. La entidad puede ser considerada cómplice si se demuestra que tenía conocimiento o negligencia en relación con estas prácticas ilegales.

f) Sanciones Legales: Las sanciones legales para una persona jurídica involucrada en la recepción de donaciones no declaradas pueden ser sustanciales, incluyendo multas significativas y otras penalizaciones legales que pueden tener un impacto financiero y reputacional severo en la entidad.

La recepción de donaciones no declaradas en el contexto de la financiación ilegal de partidos políticos es una violación seria de la integridad del proceso democrático y puede tener consecuencias legales graves tanto para la entidad como para las personas involucradas. La transparencia en el financiamiento político es esencial para garantizar elecciones justas y la confianza pública en el sistema democrático.

SOBREFACTURACIÓN O SUBFACTURACIÓN

La sobrefacturación o subfacturación, en el contexto del delito de financiación ilegal de partidos políticos y en relación con la responsabilidad penal de una persona jurídica, se refiere a prácticas financieras fraudulentas que involucran la manipulación de facturas o transacciones financieras para inflar o disminuir artificialmente el costo de bienes o servicios adquiridos por un partido político o entidad relacionada. Estas prácticas se realizan con el propósito de ocultar o desviar fondos para financiar actividades políticas de manera ilegal o irregular.

A continuación, se detalla este concepto y su relación con la responsabilidad penal de la persona jurídica:

a) Sobrefacturación: La sobrefacturación implica la emisión de facturas que inflan deliberadamente el costo real de bienes o servicios adquiridos. Esto conduce a un gasto mayor del partido o entidad políticos de lo que realmente corresponde, lo que permite canalizar el exceso de dinero hacia actividades políticas o financiamiento no declarado.

b) Subfacturación: La subfacturación, por otro lado, consiste en emitir facturas que subestiman el costo real de bienes o servicios. Esto puede permitir que el partido o entidad políticos conserve fondos que no se informan adecuadamente, lo que facilita la financiación oculta de actividades políticas.

c) Fraude Financiero: Tanto la sobrefacturación como la subfacturación representan formas de fraude financiero destinadas a distorsionar la verdadera naturaleza de las transacciones financieras. Ambas prácticas tienen como objetivo final desviar o encubrir fondos que, de otro modo, estarían sujetos a regulaciones de financiación política.

d) Elusión de Regulaciones: Estas prácticas fraudulentas eluden las regulaciones y leyes de financiación política que exigen transparencia y precisión en el registro y divulgación de gastos políticos. Al inflar o disminuir el costo de las transacciones, se dificulta la supervisión y la rendición de cuentas en el uso de los fondos.

e) Responsabilidad Penal de la Persona Jurídica: En muchos sistemas legales, las personas jurídicas, como partidos políticos o entidades relacionadas, pueden ser consideradas responsables penalmente si se demuestra que han participado en prácticas de sobrefacturación o subfacturación con el propósito de financiar ilegalmente sus actividades políticas. La responsabilidad penal de una persona jurídica puede resultar en sanciones legales y financieras significativas.

f) Dificultad de Detección: La sobrefacturación y la subfacturación pueden ser difíciles de detectar, ya que implican la manipulación de registros financieros y facturas. Esto subraya la importancia de la supervisión y el cumplimiento riguroso de las regulaciones de financiación política.

g) Impacto en la Integridad Política: Estas prácticas fraudulentas socavan la integridad del sistema político al permitir el uso indebido de fondos y la evasión de regulaciones diseñadas para mantener la transparencia y la equidad en el financiamiento político.

h) Impacto en la Democracia: La manipulación de registros financieros, ya sea a través de la sobrefacturación o la subfacturación, tiene un impacto negativo en la integridad del proceso democrático. Al distorsionar la información sobre el flujo de fondos, se puede dar lugar a una competencia política desigual y a la influencia indebida en el proceso electoral.

i) Reformas Legales y Regulatorias: Los casos de sobrefacturación y subfacturación a menudo generan llamados a reformas legales y regulatorias destinadas a fortalecer las regulaciones de financiación política y cerrar las lagunas que permiten estas prácticas. Esto puede incluir la implementación de auditorías financieras más rigurosas y medidas de transparencia adicionales.

j) Compromiso con la Democracia: Los partidos y las entidades políticos tienen la responsabilidad de ser guardianes de la democracia y promover la participación justa y equitativa en el proceso político. El uso de prácticas fraudulentas, como la sobrefacturación y la subfacturación, socava estos principios fundamentales y puede dañar gravemente la confianza pública.

La sobrefacturación y la subfacturación en el contexto de la financiación ilegal de partidos políticos son prácticas financieras fraudulentas que comprometen la legalidad y la transparencia en el proceso político. La responsabilidad penal de una persona jurídica puede derivarse de su participación en estas prácticas ilegales, lo que puede dar lugar a sanciones legales y financieras importantes. El cumplimiento de las regulaciones de financiación política y la rendición de cuentas son esenciales para preservar la integridad del sistema democrático y garantizar elecciones justas y equitativas.

USO DE FONDOS ILEGALES

El uso de fondos ilegales en el contexto del delito de financiación ilegal de partidos políticos y en relación con la responsabilidad penal de una persona jurídica se refiere a la acción de utilizar recursos financieros que provienen de fuentes ilícitas, actividades criminales o corrupción para financiar las actividades políticas de un partido político o entidad relacionada.

Aquí se explica más detalladamente este concepto y su relación con la responsabilidad penal de la persona jurídica:

a) Origen Ilícito de los Fondos: Los fondos ilegales pueden derivar de actividades delictivas como el lavado de dinero, el fraude, la corrupción, el soborno o cualquier otra conducta contraria a la ley. Cuando estos fondos se utilizan para financiar partidos políticos, candidatos o actividades políticas, se está cometiendo un delito de financiación ilegal.

b) Riesgo de Corrupción Política: El uso de fondos ilegales para financiar actividades políticas puede llevar a situaciones en las que los partidos políticos estén comprometidos a favorecer a quienes proporcionaron esos fondos ilegales. Esto puede dar lugar a decisiones políticas sesgadas que no están en el interés público, lo que socava la integridad del proceso político.

c) Incumplimiento de Regulaciones: Los sistemas legales suelen establecer regulaciones específicas sobre la financiación política que prohíben el uso de fondos ilegales. El incumplimiento de estas regulaciones puede dar lugar a consecuencias legales tanto para individuos como para personas jurídicas, incluyendo sanciones penales y financieras.

d) Responsabilidad Penal de la Persona Jurídica: En muchos sistemas legales, las personas jurídicas pueden ser consideradas responsables penalmente si se demuestra que utilizaron fondos ilegales en actividades políticas y si se establece que la entidad tenía conocimiento o negligencia en relación con esta práctica ilegal. La responsabilidad penal de una persona jurídica puede resultar en sanciones legales sustanciales, incluyendo multas y otras penalizaciones.

e) Necesidad de Transparencia: Para garantizar la integridad del proceso democrático, es fundamental que las entidades políticas cumplan con las regulaciones y leyes aplicables sobre financiación política y eviten el uso de fondos ilegales en sus actividades. La transparencia y la rendición de cuentas en el financiamiento político son esenciales para prevenir la influencia indebida en la política y garantizar elecciones justas.

f) Riesgo de Daño a la Democracia: El uso de fondos ilegales en la política socava la confianza pública en el sistema democrático y puede erosionar la legitimidad de los procesos electorales. Los ciudadanos pueden perder la fe en sus representantes y en la igualdad de oportunidades entre los diferentes actores políticos.

g) Impacto en la Estabilidad Política: El financiamiento político basado en fondos ilegales puede conducir a una mayor polarización y conflicto político. Los partidos políticos que dependen de recursos ilegales pueden estar más dispuestos a recurrir a tácticas agresivas o antiéticas para mantener o incrementar su influencia.

h) Responsabilidad Corporativa: Las personas jurídicas, como empresas u organizaciones, pueden enfrentar serias implicaciones legales y financieras si se descubre que han contribuido con fondos ilegales a partidos políticos. Estas consecuencias pueden incluir multas sustanciales, pérdida de reputación y daño a la marca.

El uso de fondos ilegales en el contexto de la financiación ilegal de partidos políticos es una conducta que plantea serias preocupaciones legales y éticas. La responsabilidad penal de una persona jurídica puede derivarse de su participación en el uso de fondos ilegales para actividades políticas, lo que puede dar lugar a sanciones legales significativas. La transparencia y la legalidad en la financiación política son fundamentales para preservar la integridad de los sistemas democráticos.

USO DE BIENES Y SERVICIOS NO DECLARADOS

El uso de bienes y servicios no declarados, en el contexto del delito de financiación ilegal de partidos políticos y en relación con la responsabilidad penal de una persona jurídica, se refiere a la práctica de utilizar activos o servicios que no se han registrado o divulgado adecuadamente en las cuentas o declaraciones financieras de un partido político o entidad relacionada durante una campaña electoral o en cualquier actividad política. Esta omisión de declaración viola las regulaciones y leyes que exigen la transparencia y la divulgación de todos los recursos utilizados en apoyo a un partido político, candidato o actividad política.

A continuación, se detalla este concepto y su relación con la responsabilidad penal de la persona jurídica:

a) Omisión de Declaración: El uso de bienes y servicios no declarados implica no informar o no proporcionar información completa y precisa sobre la adquisición o el uso de activos tangibles o intangibles que respalden las actividades de campaña electoral o políticas. Esto incluye activos como vehículos, locales, equipos, así como servicios profesionales o técnicos.

b) Violación de Regulaciones Electorales: Las leyes y regulaciones electorales generalmente exigen que los partidos políticos y candidatos declaren todos los recursos utilizados en sus actividades políticas, incluyendo los bienes y servicios recibidos o utilizados. El incumplimiento de estas regulaciones constituye una violación legal.

c) Distorsión del Gasto y la Financiación: El uso de bienes y servicios no declarados puede distorsionar la percepción de los gastos reales de una campaña electoral o actividad política. Esto puede llevar a una competencia desigual y a una falta de transparencia en cuanto a la financiación real de las actividades políticas.

d) Responsabilidad Penal de la Persona Jurídica: En muchos sistemas legales, las personas jurídicas, como partidos u organizaciones políticos, pueden ser consideradas responsables penalmente si se demuestra que han utilizado bienes y servicios no declarados como parte de sus prácticas de financiación ilegal, y si se establece que la entidad tenía conocimiento o negligencia en relación con esta actividad ilegal. La responsabilidad penal de una persona jurídica puede dar lugar a sanciones legales y financieras importantes.

e) Integridad del Proceso Político: La transparencia en el uso de bienes y servicios es esencial para garantizar la integridad del proceso político y electoral. Los ciudadanos tienen derecho a conocer la verdadera fuente y el alcance de los recursos utilizados para influir en el proceso político.

f) Repercusiones Legales y Políticas: Aquellos involucrados en el uso de bienes y servicios no declarados pueden enfrentar sanciones legales, incluyendo multas y la posibilidad de descalificación de cargos electorales. Además, los partidos políticos y candidatos pueden sufrir daños en su reputación y confianza pública.

g) Dificultad en la Detección: Detectar el uso de bienes y servicios no declarados puede ser un desafío, ya que a menudo implica prácticas de ocultamiento o evasión intencional. Las autoridades electorales y los organismos de control financiero deben llevar a cabo auditorías y supervisión rigurosas para identificar estas irregularidades.

h) Cómplices y Terceros: En algunos casos, el uso de bienes y servicios no declarados puede involucrar a terceros o cómplices externos que colaboran con el partido o entidad políticos. Esto resalta la importancia de investigar no solo a la persona jurídica principal, sino también a las partes relacionadas.

i) Reformas Legales y Regulatorias: Los casos de uso de bienes y servicios no declarados suelen dar lugar a llamados para reformar y fortalecer las regulaciones de financiación política. Estas reformas pueden incluir medidas más estrictas de divulgación financiera, auditorías más exhaustivas y sanciones más severas.

j) Promoción de la Transparencia: La transparencia en el uso de bienes y servicios es fundamental para preservar la integridad del sistema democrático. Para promover la confianza pública y prevenir el abuso, los partidos políticos deben ser diligentes en la declaración y verificación de todos los recursos utilizados en sus actividades políticas.

El uso de bienes y servicios no declarados en el contexto de la financiación ilegal de partidos políticos es una violación seria de las regulaciones electorales que busca mantener la transparencia y la integridad del proceso democrático. La responsabilidad penal de una persona jurídica puede surgir si se demuestra que ha estado involucrada en esta práctica ilegal, lo que puede resultar en sanciones legales y financieras significativas. La promoción y el cumplimiento estricto de las regulaciones electorales son esenciales para garantizar elecciones justas y equitativas y preservar la confianza pública en el sistema político.

USO DE INTERMEDIARIOS PARA EVITAR LÍMITES EN LA DONACIÓN

El uso de intermediarios para evitar límites en la donación en el contexto de los delitos relativos a la financiación de partidos políticos se refiere a la práctica de utilizar a terceros o intermediarios como intermediarios para hacer donaciones a un partido político o una campaña electoral en nombre de una persona o entidad que, de otra manera, estaría limitada por las leyes de financiación.

Esta conducta se considera ilegal en muchos sistemas legales debido a que socava la transparencia y la equidad en el proceso político y electoral.

Algunas de las conductas que pueden comportar el uso de intermediarios para evitar límites en la donación incluyen:

a) Donaciones a través de testaferros: Utilizar a individuos o entidades como testaferros o intermediarios para hacer donaciones en nombre de otra persona o entidad, ocultando la verdadera fuente de financiamiento.

b) Contribuciones en nombre de empleados o familiares: Hacer que empleados, familiares o amigos realicen donaciones en nombre de alguien más para eludir los límites de financiación aplicables a una persona o entidad específica.

c) Utilización de organizaciones afiliadas: Canalizar fondos a través de organizaciones o entidades afiliadas al partido político o la campaña electoral para evitar que se cuenten dentro de los límites legales de financiamiento.

d) Fraccionamiento de donaciones: Dividir una donación grande en múltiples contribuciones más pequeñas para evitar los límites de financiación individuales o para evitar la detección de donaciones significativas.

e) Coordinación ilegal: Coordinar con intermediarios para que realicen donaciones en momentos o de formas específicas, de manera que se puedan superar los límites de financiación sin que se detecte una conexión directa.

f) Recolección y consolidación de donaciones: Utilizar intermediarios para reunir donaciones de múltiples individuos o fuentes y luego presentarlas como una sola donación, lo que permite superar los límites individuales de donación.

g) Reembolso de donantes: Reembolsar a los donantes después de que han hecho una contribución, lo que les permite recuperar su dinero y, al mismo tiempo, contribuir con una cantidad superior al límite permitido.

h) Transferencias de dinero opacas: Realizar transferencias bancarias o transacciones financieras que dificultan el seguimiento de la fuente de los fondos y el propósito de la donación.

i) Falta de registro adecuado: No mantener registros precisos o transparentes de las donaciones y su origen, lo que dificulta la supervisión y la fiscalización por parte de las autoridades competentes.

El uso de intermediarios para evitar límites en la donación puede socavar la integridad del proceso político al permitir que individuos o entidades con recursos significativos influyan de manera indebida en la política o en candidatos sin la debida transparencia.

Los sistemas legales suelen contar con regulaciones y leyes diseñadas para prevenir y sancionar estas conductas, y las sanciones pueden incluir multas, penas de prisión y la invalidación de los resultados electorales.

La detección y la prevención de estas prácticas son esenciales para mantener la integridad de los procesos políticos y electorales.

USO DE INTERMEDIARIOS PARA OCULTAR LA FUENTE DE LOS FONDOS

Utilizar intermediarios para ocultar la fuente de los fondos en el contexto de los delitos relativos a la financiación de partidos políticos implica el empleo de terceros o personas intermedias para canalizar dinero o recursos de manera encubierta hacia un partido político o sus actividades, con el propósito de eludir las regulaciones y requisitos de transparencia en la financiación política.

Estas conductas suelen involucrar prácticas ilegales destinadas a ocultar la verdadera identidad de los donantes o el origen de los fondos.

A continuación, se describen algunas de las conductas asociadas con esta práctica:

a) Donantes fantasmas: Los intermediarios pueden ser utilizados para hacer donaciones en nombre de individuos o entidades que desean mantener su identidad en secreto. Estos donantes fantasmas a menudo no tienen una relación real con el partido político beneficiario, pero hacen contribuciones en su nombre para evitar que se conozca la fuente original de los fondos.

b) Empresas pantalla: Se pueden crear empresas ficticias o "pantalla" para hacer donaciones a un partido político. Estas empresas suelen carecer de operaciones comerciales reales y se utilizan exclusivamente con el propósito de canalizar dinero de manera opaca.

c) Préstamos fraudulentos: Los intermediarios pueden otorgar préstamos al partido político o a sus miembros, que en realidad no se esperan que se paguen, como una forma encubierta de financiar la organización política.

d) Uso de testaferros: Se pueden utilizar personas o entidades como "testaferros" o intermediarios para hacer donaciones en su nombre, mientras que en realidad están actuando como representantes de donantes ocultos.

e) Lavado de dinero: El dinero ilícito puede ser "lavado" a través de una serie de transacciones financieras complejas y confusas que involucran a intermediarios, con el objetivo de hacer que los fondos parezcan legítimos antes de que se utilicen para financiar actividades políticas.

f) División de donaciones grandes: En lugar de hacer una sola donación grande, los intermediarios pueden dividir el dinero en múltiples contribuciones más pequeñas que estén por debajo de los límites legales de divulgación. Esto dificulta la detección de las donaciones individuales y la identificación de la fuente original de los fondos.

g) Préstamos ficticios: Los intermediarios pueden otorgar préstamos a un partido político o candidato, aparentemente como una transacción comercial legítima. Sin embargo, en realidad, estos préstamos pueden no estar destinados a ser devueltos o pueden involucrar tasas de interés extremadamente favorables, lo que en última instancia constituye una forma encubierta de financiación política.

El uso de intermediarios para ocultar la fuente de los fondos en la financiación de partidos políticos es ilegal en muchos países y viola las leyes de financiación política y transparencia.

El objetivo de estas leyes es garantizar que los ciudadanos tengan acceso a información precisa sobre quiénes financian a los partidos políticos y sus campañas, para mantener la integridad y la equidad en el proceso democrático.

Las sanciones por estas prácticas suelen incluir multas, pérdida de financiación estatal, inhabilitación para ejercer cargos públicos e incluso penas de prisión, dependiendo de las leyes y regulaciones locales y la gravedad de las infracciones.

CONTRA LA HACIENDA PÚBLICA

INTRODUCCIÓN

Los delitos relativos a la Hacienda Pública, conocidos en muchos lugares como delitos fiscales o tributarios, se refieren a acciones ilegales que afectan los ingresos del Estado provenientes de impuestos, tasas, contribuciones y otros recursos públicos.

Estos delitos pueden tener un impacto significativo en la capacidad del gobierno para financiar servicios públicos y llevar a cabo sus funciones esenciales.

Significado de estos delitos:

a) Evasión Fiscal: Acto de eludir el pago de impuestos legalmente debidos mediante diversas técnicas como ocultar ingresos, inflar deducciones o no declarar actividades económicas.

b) Fraude Fiscal: Involucra actos más complejos y deliberados para evadir impuestos, como el uso de documentos falsos, contabilidad paralela o transacciones ficticias.

c) Defraudación de Rentas Públicas: No pagar intencionadamente las cantidades debidas a la hacienda pública, ya sea mediante la omisión de ingresos o la exageración de gastos.

Conductas que conllevan estos delitos:

a) Ocultación de Ingresos: No declarar o subdeclarar los ingresos obtenidos, ya sea como persona física o a través de una empresa.

b) Manipulación de Contabilidad: Llevar doble contabilidad, registrar facturas falsas o realizar asientos contables ficticios para reducir la base imponible.

c) Uso de Paraísos Fiscales: Transferir fondos a países o jurisdicciones con baja tributación para ocultar ingresos o activos y evitar su imposición.

d) Inflar Deducciones o Créditos Fiscales: Reclamar deducciones de impuestos no justificadas o exagerar el monto de los gastos deducibles.

e) No Presentar Declaraciones Tributarias: Falta de presentación de las declaraciones de impuestos requeridas dentro de los plazos establecidos.

f) Tráfico de Facturas Falsas: Comprar o vender facturas que documentan transacciones no realizadas para justificar gastos inexistentes o desviar fondos.

g) Sobornar a funcionarios fiscales: Ofrecer sobornos a empleados gubernamentales encargados de la fiscalización y recaudación de impuestos para obtener tratos favorables.

h) Subvaluación de activos o bienes: Algunas personas o empresas pueden subvalorar deliberadamente sus activos o bienes en sus declaraciones fiscales, lo que disminuye la base imponible y, en última instancia, reduce la cantidad de impuestos que deben pagar. Esto puede involucrar la subestimación de activos financieros, propiedades, inversiones o inventario.

Estos delitos no solo afectan las finanzas del Estado, sino que también pueden tener consecuencias en la equidad y justicia del sistema tributario, perjudicando a quienes sí cumplen con sus obligaciones fiscales.

Las sanciones por delitos fiscales varían según la jurisdicción, pero generalmente incluyen multas considerables, intereses, recargos y, en casos graves, penas de prisión.

La prevención y el control de estos delitos son fundamentales para garantizar la equidad fiscal y la adecuada financiación de los servicios y funciones del Estado.

ABUSO DE PODER

El abuso de poder en el contexto de los delitos relativos a la Hacienda Pública se refiere a la conducta ilegal o inapropiada por parte de funcionarios públicos, empleados gubernamentales o personas en posiciones de autoridad que utilizan su influencia o posición para cometer o facilitar delitos relacionados con el manejo de los recursos fiscales o el sistema tributario.

Estos delitos suelen involucrar corrupción, nepotismo, favoritismo o el uso indebido de la autoridad para obtener ganancias personales o para beneficiar a terceros de manera ilegal.

Aquí se describen algunas conductas y aspectos relacionados con el abuso de poder en delitos fiscales y relacionados con la Hacienda Pública:

a) Corrupción en la administración tributaria: Funcionarios o empleados públicos que aceptan sobornos o incentivos ilegales para alterar investigaciones fiscales, proporcionar información confidencial o permitir prácticas fiscales fraudulentas.

b) Manipulación de licitaciones y contratos públicos: Uso indebido de la autoridad para otorgar contratos gubernamentales o proyectos públicos a empresas o individuos cercanos o asociados de manera injusta y sin competencia.

c) Falsificación de documentos públicos: Emisión o alteración de documentos oficiales, como autorizaciones o permisos, de manera fraudulenta para facilitar actividades ilícitas relacionadas con la Hacienda Pública.

d) Nepotismo y favoritismo: Dar preferencia a familiares o amigos en la adjudicación de contratos públicos o en la asignación de cargos gubernamentales sin tener en cuenta la meritocracia o la legalidad.

e) Abuso de información privilegiada: Uso indebido de información confidencial o privilegiada para obtener ventajas personales o para facilitar actividades ilegales relacionadas con la Hacienda Pública.

f) Manipulación de auditorías y revisiones fiscales: Influencia indebida en los procesos de auditoría o revisión fiscal para evitar la detección de delitos fiscales o para obtener resultados favorables de manera fraudulenta.

g) Evasión fiscal de funcionarios públicos: Funcionarios gubernamentales o empleados públicos que utilizan su posición para evadir impuestos de manera ilegal o para obtener beneficios fiscales indebidos.

h) Lavado de dinero: Utilización de influencia política o gubernamental para blanquear dinero obtenido ilegalmente y hacer que parezca legal.

i) Omisión de investigaciones o auditorías: Funcionarios que evitan o retrasan investigaciones o auditorías fiscales que podrían revelar irregularidades o evasiones fiscales.

j) Intimidación o represalias: Utilizar el poder o la autoridad para amenazar o tomar represalias contra quienes denuncian o investigan posibles delitos fiscales o abusos.

El abuso de poder en relación con los delitos fiscales y la Hacienda Pública es considerado una violación grave de la ética y la legalidad, y puede dar lugar a consecuencias legales severas, incluyendo sanciones penales, destitución de cargos públicos, multas y penas de prisión para los implicados.

Las sociedades y los sistemas democráticos se basan en la confianza en el buen funcionamiento del gobierno y la administración de los recursos públicos, por lo que es esencial prevenir y castigar el abuso de poder en este contexto para preservar la integridad y la equidad del sistema fiscal y gubernamental.

BLANQUEO DE DINERO

El blanqueo de dinero, en el contexto de los delitos relativos a la Hacienda Pública, se refiere a la práctica de ocultar, disfrazar o legitimar fondos o activos de origen ilegal o ilícito, de manera que parezcan tener una fuente legítima y legal.

El objetivo principal del blanqueo de dinero es hacer que los fondos obtenidos ilegalmente pasen desapercibidos ante las autoridades fiscales y otras autoridades encargadas de hacer cumplir la ley.

Esto puede implicar la transformación de activos ilícitos en activos aparentemente legales a través de una serie de transacciones financieras y actividades.

Aquí se describen algunas conductas y aspectos relacionados con el blanqueo de dinero en el contexto de los delitos relativos a la Hacienda Pública:

a) Creación de estructuras financieras complejas: Utilizar una serie de transacciones financieras y entidades corporativas para ocultar la fuente real de los fondos y disfrazarlos como ingresos legítimos.

b) Uso de cuentas bancarias en paraísos fiscales: Colocar activos en cuentas bancarias ubicadas en jurisdicciones con regulaciones laxas y secreto bancario, conocidas como paraísos fiscales, para dificultar la detección de las transacciones.

c) Compra de bienes de alto valor: Adquirir bienes de lujo, como propiedades inmobiliarias, yates u obras de arte, utilizando fondos ilícitos y ocultando la verdadera propiedad.

d) Operaciones comerciales ficticias: Crear empresas ficticias o utilizar empresas legítimas para realizar transacciones falsas o infladas con el propósito de legitimar ingresos ilegales.

e) Uso de intermediarios: Emplear intermediarios o testaferros para ocultar la propiedad real de los activos o para llevar a cabo transacciones en nombre de personas involucradas en actividades ilícitas.

f) Mezcla de fondos: Mezclar activos legales con activos ilícitos para dificultar la identificación de los fondos de origeń ilegal.

g) Lavado de dinero en el extranjero: Transferir fondos ilícitos a través de fronteras internacionales, utilizando una variedad de métodos y entidades offshore para dificultar su rastreo.

h) Uso de efectivo: Convertir activos ilícitos en efectivo para evitar un registro electrónico de las transacciones financieras.

El blanqueo de dinero es una actividad ilegal que socava la integridad del sistema financiero y permite a los delincuentes disfrutar de los beneficios de sus actividades criminales sin ser detectados.

En muchos países, el blanqueo de dinero es un delito por sí mismo, y las autoridades están dedicadas a detectar y perseguir a aquellos que participan en estas actividades.

Las sanciones por blanqueo de dinero suelen ser severas e incluyen penas de prisión, multas significativas y la confiscación de los activos obtenidos a través de actividades ilícitas.

Además, los bancos y otras instituciones financieras están sujetos a regulaciones estrictas para prevenir el blanqueo de dinero y deben informar de cualquier actividad sospechosa a las autoridades competentes.

COMERCIO ILEGAL DE BIENES

El comercio ilegal de bienes en el contexto de los delitos relativos a la Hacienda Pública se refiere a la actividad ilícita de comprar, vender o intercambiar bienes sin cumplir con las obligaciones fiscales y aduaneras correspondientes, evitando el pago de impuestos, aranceles u otros gravámenes que son legalmente requeridos.

Esta conducta es ilegal y puede tener graves consecuencias legales y fiscales.

Acto seguido se describen algunas conductas y aspectos relacionados con el comercio ilegal de bienes:

a) Contrabando: Importar o exportar bienes sin declararlos a las autoridades aduaneras o evadiendo el pago de aranceles y derechos de importación.

b) Venta de bienes sin factura: Realizar transacciones de venta de bienes sin emitir facturas o documentos fiscales adecuados, con el propósito de evitar la declaración de ingresos y la tributación correspondiente.

c) Mercado negro: Operar en el mercado negro o clandestino, donde las transacciones no se registran oficialmente y no se cumplen las regulaciones fiscales y aduaneras.

d) Falsificación y contrabando de productos: Comercializar bienes falsificados o pirateados que infringen los derechos de propiedad intelectual y evaden impuestos y derechos de autor.

e) Importación ilegal de productos restringidos: Importar productos que están prohibidos o sujetos a restricciones legales sin cumplir con los requisitos legales correspondientes.

f) Manipulación de precios y facturación: Manipular los precios declarados de los bienes o emitir facturas falsas para reducir el valor declarado de las mercancías y evitar el pago de impuestos y aranceles.

g) Evasión de impuestos sobre el valor agregado (IVA): No remitir el IVA cobrado a las autoridades fiscales después de la venta de bienes gravados con este impuesto.

h) Comercio no declarado en línea: Realizar ventas a través de plataformas en línea o redes sociales sin cumplir con las obligaciones fiscales y aduaneras correspondientes.

i) Evitar impuestos y gravámenes: No declarar o subdeclarar el valor de los bienes en las transacciones para evitar el pago de impuestos sobre las ventas u otros impuestos aplicables.

j) Evasión de impuestos sobre la renta: No declarar los ingresos obtenidos a través del comercio ilegal de bienes para evitar el pago de impuestos sobre la renta.

k) Comercio de bienes ilegales: Realizar transacciones con bienes que están prohibidos por la ley, como armas de fuego no registradas, drogas u otros productos ilegales.

El comercio ilegal de bienes es una infracción que socava la recaudación de impuestos y puede tener un impacto negativo en la economía y en la competencia justa entre empresas.

Las autoridades fiscales y aduaneras suelen llevar a cabo investigaciones para detectar el comercio ilegal de bienes y tomar medidas legales contra aquellos que lo practican.

Las consecuencias legales pueden incluir multas, confiscación de bienes, penas de prisión y otras sanciones.

Es importante que las empresas y los individuos cumplan con las regulaciones fiscales y aduaneras aplicables y declaren todas las transacciones comerciales de manera adecuada para evitar problemas legales y fiscales en el futuro.

Además, el comercio ilegal de bienes también puede tener implicaciones en términos de seguridad y salud pública, ya que a menudo implica la venta de productos no regulados o peligrosos.

DEDUCCIONES Y CRÉDITOS FISCALES FALSOS

Las deducciones y créditos fiscales falsos en el contexto de los delitos relativos a la Hacienda Pública se refieren a la práctica de reclamar deducciones fiscales o créditos tributarios de manera fraudulenta o incorrecta con el objetivo de reducir artificialmente la obligación tributaria o recibir reembolsos de impuestos indebidos.

Estas conductas son ilegales y constituyen una forma de evasión fiscal.

Seguidamente, se describen algunas conductas y aspectos relacionados con las deducciones y créditos fiscales falsos:

a) Reclamación de gastos ficticios: Informar sobre gastos que no ocurrieron o que son ficticios para aumentar las deducciones y reducir los ingresos gravables.

b) Falsificación de documentos: Crear o alterar documentos, facturas o recibos para respaldar deducciones falsas y créditos tributarios no legítimos.

c) Uso de información engañosa: Proporcionar información falsa o engañosa en la declaración de impuestos con el propósito de reclamar deducciones o créditos fiscales a los que no se tiene derecho.

d) Manipulación de registros contables: Alterar registros contables o libros de contabilidad para respaldar deducciones falsas o créditos tributarios indebidos.

e) Uso de identidades falsas: Utilizar identidades falsas o información de identificación personal de terceros para presentar declaraciones de impuestos fraudulentas y reclamar beneficios fiscales no legítimos.

f) Fraude en el IVA: Manipular las transacciones comerciales para reclamar créditos de impuesto sobre el valor agregado (IVA) de manera indebida o inflar los créditos reclamados.

g) Uso de empresas ficticias: Crear empresas ficticias o entidades fraudulentas con el propósito de reclamar deducciones y créditos falsos y evadir impuestos.

h) Elusión fiscal agresiva: Implementar estrategias fiscales complejas y a menudo abusivas para reducir la exposición a impuestos, incluyendo la manipulación de deducciones y créditos.

La reclamación de deducciones y créditos fiscales falsos es una infracción tributaria grave en la mayoría de los sistemas legales y fiscales, ya que socava la recaudación de impuestos y puede resultar en la pérdida de ingresos gubernamentales necesarios para financiar servicios públicos y programas.

Las autoridades fiscales suelen tomar medidas para detectar y sancionar estas conductas, que pueden incluir multas significativas, penalizaciones financieras y sanciones penales, como penas de prisión en casos graves.

Los contribuyentes deben ser honestos y precisos al presentar sus declaraciones de impuestos y cumplir con las regulaciones fiscales para evitar problemas legales y fiscales en el futuro.

DEFRAUDACIÓN DE RENTAS PÚBLICAS

La defraudación de rentas públicas en el contexto de los delitos relativos a la Hacienda Pública se refiere a la práctica ilegal de evadir el pago de impuestos o eludir las obligaciones tributarias de manera intencionada y fraudulenta con el objetivo de reducir la carga tributaria o de obtener beneficios fiscales indebidos.

Esta conducta es una forma grave de fraude fiscal y tiene como resultado la pérdida de ingresos para el gobierno, lo que a su vez afecta la financiación de servicios públicos y programas.

Aquí se describen algunas conductas y aspectos relacionados con la defraudación de rentas públicas:

a) Subdeclaración de ingresos: No declarar o subdeclarar intencionadamente los ingresos obtenidos de actividades comerciales, profesionales o de cualquier otra fuente, con el propósito de pagar menos impuestos de los que legalmente se deben.

b) Falsificación de registros contables: Manipular registros contables o libros de contabilidad para ocultar ingresos reales, inflar gastos o alterar la información financiera con el fin de evadir impuestos.

c) Uso de deducciones falsas o infladas: Reclamar deducciones fiscales ficticias o infladas en la declaración de impuestos para reducir artificialmente la obligación tributaria.

d) Evasión de impuestos sobre bienes y servicios: No cobrar ni remitir los impuestos sobre bienes y servicios, como el IVA (Impuesto al Valor Agregado), correspondientes a las ventas de bienes o servicios.

e) Uso de paraísos fiscales: Transferir activos o ingresos a jurisdicciones con bajos impuestos o secreto bancario (paraísos fiscales) con el propósito de ocultar ingresos de las autoridades fiscales.

f) Emisión de facturas falsas: Emitir facturas falsas o infladas para respaldar transacciones comerciales que no ocurrieron o para justificar gastos ficticios.

g) Fraude fiscal en ventas y compras: Participar en el fraude fiscal al simular ventas o compras falsas para evadir impuestos o para obtener beneficios fiscales indebidos.

h) Manipulación de registros de empleados: Manipular los registros de nómina y de empleados para subdeclarar salarios y beneficios, lo que puede resultar en la evasión de impuestos sobre la renta y las cotizaciones sociales.

La defraudación de rentas públicas es una infracción grave en la mayoría de los sistemas legales y fiscales, ya que socava la recaudación de impuestos y puede tener un impacto negativo en la capacidad del gobierno para proporcionar servicios esenciales a la sociedad.

Las autoridades fiscales suelen llevar a cabo auditorías y revisiones exhaustivas para detectar estas prácticas fraudulentas y garantizar el cumplimiento de las leyes fiscales.

Los contribuyentes, las empresas y cualquier persona o entidad deben ser honestos y precisos al declarar sus ingresos y gastos para evitar problemas legales y fiscales en el futuro.

ELUSIÓN FISCAL AGRESIVA

La elusión fiscal agresiva se refiere a prácticas legales que, aunque no son ilegales per se, se llevan a cabo de manera excesiva o abusiva con el propósito de reducir la carga fiscal de una persona o entidad de manera artificial, evitando el pago de impuestos de manera que va más allá de lo que se considera una planificación fiscal legítima.

A diferencia del fraude fiscal, que implica actividades ilegales y fraudulentas para evadir impuestos, la elusión fiscal agresiva se basa en la explotación de lagunas o ambigüedades en las leyes fiscales para reducir la obligación tributaria de forma excesiva y a menudo cuestionable desde un punto de vista ético.

Algunas conductas y estrategias asociadas con la elusión fiscal agresiva pueden incluir:

a) Uso de paraísos fiscales: Transferir activos o ingresos a jurisdicciones con bajos impuestos o secreto bancario (paraísos fiscales) para reducir la carga fiscal sin una razón comercial o económica legítima.

b) Utilización de estructuras fiscales complejas: Crear estructuras empresariales o financieras complejas y artificiales con el único propósito de reducir la carga fiscal sin beneficio económico real.

c) Abuso de deducciones y exenciones fiscales: Explotar deducciones o exenciones fiscales de manera excesiva o inapropiada, incluso si se utilizan de forma legal.

d) Arbitraje fiscal internacional: Explotar diferencias en las normativas fiscales de diferentes países para reducir la carga fiscal mediante la asignación de ingresos o gastos a jurisdicciones fiscales favorables.

e) Cambio artificial de residencia fiscal: Cambiar la residencia fiscal a otro país de manera artificial para aprovechar beneficios fiscales sin tener una conexión real con el nuevo país de residencia.

f) Uso de estrategias de pérdidas: Intentar generar artificialmente pérdidas o gastos para reducir los ingresos imponibles y, por lo tanto, la carga fiscal.

g) Creación de empresas ficticias: Crear empresas ficticias o de papel con el único propósito de evadir impuestos u ocultar ingresos.

h) Uso de instrumentos financieros complejos: Emplear instrumentos financieros complicados y sofisticados para eludir impuestos de manera que va más allá de lo que se considera una planificación fiscal legítima.

Es importante destacar que la elusión fiscal agresiva a menudo es objeto de escrutinio y regulación por parte de las autoridades fiscales y los legisladores, quienes buscan cerrar lagunas fiscales y evitar que las personas o empresas abusen del sistema para reducir artificialmente su carga fiscal.

Aunque no es ilegal en sí misma, la elusión fiscal agresiva puede llevar a disputas con las autoridades fiscales y a cambios en la legislación fiscal para abordar estas prácticas.

EVASIÓN FISCAL

La evasión fiscal se refiere a la práctica de evitar pagar impuestos de manera ilegal o fraudulenta, lo que constituye un delito en muchos sistemas legales.

En el contexto de los delitos relativos a la Hacienda Pública, la evasión fiscal implica el incumplimiento de las obligaciones tributarias establecidas por las leyes fiscales y la elusión de impuestos de manera deliberada y fraudulenta.

Las conductas que suelen comportar la evasión fiscal incluyen:

a) Omisión de ingresos: No declarar ingresos o ganancias obtenidos, ya sea de fuentes laborales, empresariales, inversiones, alquileres u otras actividades económicas.

b) Falsificación de documentos: Presentar documentos o registros falsificados o alterados con el propósito de reducir la base imponible o aumentar las deducciones.

c) Subdeclaración de activos: Ocultar o subdeclarar activos, bienes o propiedades para evitar pagar impuestos sobre su valor real.

d) Uso de esquemas de evasión: Participar en esquemas de evasión fiscal, como la creación de empresas ficticias o la utilización de paraísos fiscales, con el fin de ocultar ingresos o transferir activos de manera ilegal.

e) Deducciones y exenciones fraudulentas: Reclamar deducciones, créditos fiscales o exenciones a las que no se tiene derecho de manera fraudulenta, o inflar gastos para reducir la responsabilidad fiscal.

f) Manipulación de facturas y contabilidad: Alterar registros contables o facturas con el objetivo de subdeclarar ingresos o inflar gastos empresariales.

g) Transferencia de activos entre empresas o individuos relacionados: Mover activos o ingresos entre empresas o personas relacionadas de manera artificial para reducir la responsabilidad fiscal.

h) Uso indebido de paraísos fiscales: Utilizar cuentas bancarias en países con bajos impuestos o paraísos fiscales para ocultar ingresos y evitar el pago de impuestos.

Las conductas de evasión fiscal pueden variar según las leyes fiscales y los sistemas legales de cada país, pero en general, implican acciones que tienen como objetivo eludir el pago de impuestos de manera ilegal, lo que socava la financiación pública y perjudica la equidad fiscal.

La evasión fiscal es ilegal en la mayoría de los países y puede dar lugar a sanciones civiles y penales, incluyendo multas, sanciones financieras y en algunos casos, penas de prisión para los responsables.

FACTURACIÓN FALSA

La facturación falsa, en el contexto de los delitos relativos a la Hacienda Pública, se refiere a la emisión o uso de facturas falsificadas o fraudulentas con el objetivo de evadir impuestos o cometer otros tipos de fraude fiscal.

Esta conducta es ilegal y puede tener serias implicaciones legales y fiscales.

A continuación, se describen qué significa y algunas de las conductas que suelen estar asociadas con la facturación falsa:

a) Emisión de facturas falsificadas: Esto implica crear facturas que contienen información falsa o engañosa sobre transacciones comerciales que en realidad no ocurrieron o que involucran cantidades diferentes de dinero o bienes de las que se muestran en la factura.

b) Uso de facturas falsas: Utilizar facturas falsificadas para justificar gastos ficticios o deducciones fiscales inexistentes en la declaración de impuestos.

c) Facturación duplicada: Emitir múltiples facturas por la misma transacción o servicio con el fin de inflar los gastos y reducir los ingresos gravables.

d) Facturación cruzada: Cuando dos empresas o entidades emiten facturas falsas entre sí como si hubieran realizado transacciones reales para evitar impuestos o para mover fondos de manera ilegal.

e) Emisión de facturas sin respaldo: Emitir facturas sin respaldo de una transacción real, como cuando se emite una factura por un servicio que nunca se prestó.

f) Facturación en nombre de terceros: Emitir facturas en nombre de terceros o empresas ficticias para ocultar la verdadera identidad de las partes involucradas en la transacción.

g) Facturación en paraísos fiscales: Utilizar empresas offshore en paraísos fiscales para emitir facturas falsas con el fin de ocultar ingresos o gastos.

h) Uso de facturas falsas en transacciones internacionales: Falsificar facturas en transacciones internacionales para manipular los precios de bienes o servicios y eludir impuestos.

i) Facturación en negro: Realizar transacciones sin emitir facturas o utilizando facturas no registradas oficialmente con el propósito de evitar el registro de ingresos y evadir impuestos.

La facturación falsa es una infracción grave en la mayoría de los sistemas legales y fiscales y puede dar lugar a sanciones civiles y penales, que pueden incluir multas significativas, penas de prisión y la obligación de pagar los impuestos evadidos más intereses y multas adicionales.

Las autoridades fiscales suelen llevar a cabo investigaciones para detectar facturación falsa y garantizar que los contribuyentes cumplan con sus obligaciones tributarias de manera justa y equitativa.

Los contribuyentes y las empresas deben mantener registros precisos y verificables de sus transacciones comerciales y evitar involucrarse en prácticas de facturación falsa para evitar problemas legales y financieros.

FALSIFICACIÓN DE DOCUMENTACIÓN CONTABLE

La falsificación de documentación contable en el contexto de los delitos relativos a la Hacienda Pública se refiere a la práctica ilegal de crear, alterar o manipular documentos financieros y contables con el propósito de engañar a las autoridades fiscales, evadir impuestos, o cometer fraudes fiscales.

Esta conducta fraudulenta puede involucrar la creación de registros contables falsos o la manipulación de documentos financieros legítimos para ocultar ingresos, inflar gastos o de alguna manera distorsionar la información financiera.

Seguidamente, se describen algunas conductas y aspectos relacionados con la falsificación de documentación contable:

a) Emisión de facturas falsas: Crear o usar facturas falsas para respaldar deducciones fiscales inexistentes o gastos ficticios. Estas facturas pueden ser ficticias o pueden involucrar a empresas ficticias que no han proporcionado bienes o servicios reales.

b) Alteración de registros contables: Manipular los registros contables de una empresa para inflar o disminuir ingresos, gastos o activos de manera fraudulenta. Esto puede incluir la eliminación o la adición de transacciones ficticias.

c) Contabilidad paralela: Mantener una contabilidad secreta o paralela que no se informa a las autoridades fiscales y que contiene información financiera alterada o falsa.

d) Manipulación de precios de transferencia: Modificar los precios de bienes o servicios en transacciones entre empresas relacionadas para trasladar beneficios hacia jurisdicciones con impuestos más bajos.

e) Falsificación de firmas y sellos: Falsificar la firma o el sello de un contador, auditor o representante legal en documentos contables para darles un aspecto de autenticidad.

f) Alteración de fechas: Cambiar fechas en documentos contables para ocultar o retrasar transacciones, evitando así el reconocimiento adecuado de ingresos o gastos en el período correcto.

g) Creación de estados financieros falsos: Elaborar estados financieros fraudulentos que presenten una imagen distorsionada de la situación financiera de una empresa, con el propósito de engañar a los inversores, a las autoridades fiscales o a otras partes interesadas.

h) Manipulación de documentos relacionados con impuestos: Falsificar o alterar declaraciones de impuestos, formularios y otros documentos relacionados con impuestos para reducir artificialmente la obligación tributaria.

La falsificación de documentación contable es un delito grave en la mayoría de los sistemas legales y fiscales y puede dar lugar a sanciones civiles y penales, que pueden incluir multas significativas, penas de prisión y la obligación de pagar los impuestos evadidos más intereses y multas adicionales.

Las autoridades fiscales suelen llevar a cabo auditorías y revisiones exhaustivas para detectar la falsificación de documentos contables y garantizar el cumplimiento de las leyes fiscales.

Los individuos y las empresas deben mantener registros contables precisos y completos y cumplir con las regulaciones fiscales para evitar problemas legales y fiscales en el futuro.

FRAUDE ADUANERO

El fraude aduanero, en el contexto de los delitos relativos a la Hacienda Pública, se refiere a una serie de prácticas ilegales que tienen como objetivo evadir o eludir los impuestos y aranceles aplicables a la importación o exportación de bienes y mercancías a través de las aduanas de un país.

Estas prácticas fraudulentas socavan la integridad de las regulaciones aduaneras y fiscales y pueden tener graves consecuencias legales y económicas.

Aquí se describen algunas conductas y aspectos relacionados con el fraude aduanero:

a) Subvaloración de bienes: Declarar un valor inferior al real de los bienes importados o exportados en los documentos aduaneros para pagar menos aranceles o impuestos.

b) Facturación falsa: Emitir facturas falsas o infladas para respaldar el valor declarado de los bienes, lo que puede resultar en la subvaloración de los mismos.

c) Declaración incorrecta de la mercancía: Clasificar los bienes de manera incorrecta en las declaraciones aduaneras para aprovechar tasas de arancel más bajas o para evadir restricciones de importación.

d) Falsificación de documentos aduaneros: Manipular o falsificar documentos aduaneros, como facturas, declaraciones de valor o certificados de origen, para ocultar la verdadera naturaleza de los bienes importados o exportados.

e) Subdeclaración de peso o cantidad: Reportar cantidades o pesos inferiores a los reales de los bienes para reducir los aranceles o impuestos que se deben pagar.

f) Uso de contenedores falsos: Utilizar contenedores con números falsificados o utilizar el mismo contenedor para múltiples envíos con el fin de evitar el seguimiento de las transacciones.

g) Contrabando: Importar o exportar bienes ilegalmente sin declararlos ante las autoridades aduaneras, evitando así por completo el pago de impuestos y aranceles.

h) Corrupción de funcionarios aduaneros: Sobornar o corromper a funcionarios aduaneros para facilitar el contrabando o la evasión de impuestos.

El fraude aduanero es considerado una actividad delictiva en la mayoría de los países y puede dar lugar a sanciones civiles y penales graves, que pueden incluir multas significativas, penas de prisión y la confiscación de bienes utilizados en actividades ilegales.

Además de las implicaciones legales y fiscales, el fraude aduanero puede tener un impacto negativo en la economía al distorsionar la competencia y socavar la recaudación de impuestos necesaria para financiar servicios públicos y programas gubernamentales.

Las autoridades aduaneras suelen llevar a cabo investigaciones y operativos para detectar y prevenir el fraude aduanero y garantizar el cumplimiento de las regulaciones aduaneras y fiscales.

FRAUDE FISCAL

El fraude fiscal se refiere a la comisión de actos fraudulentos con el propósito de evadir el pago de impuestos o de reducir indebidamente la carga fiscal.

En el contexto de los delitos relativos a la Hacienda Pública, el fraude fiscal es una conducta ilegal y puede tener graves implicaciones legales y consecuencias.

A continuación, se explican qué significa el fraude fiscal y algunas de las conductas que suelen estar asociadas con este delito:

a) Declaraciones fiscales falsas o engañosas: El fraude fiscal implica la presentación de declaraciones fiscales que contienen información falsa, engañosa o inexacta con el fin de reducir ilegalmente la cantidad de impuestos que se deben pagar. Esto puede incluir la subdeclaración de ingresos, la inflación de gastos o la omisión de activos y ganancias.

b) Utilización de documentos falsificados: En algunos casos, los individuos o empresas involucradas en fraude fiscal pueden utilizar documentos falsificados, como facturas, contratos o registros contables falsos, para respaldar las declaraciones fiscales fraudulentas.

c) Uso de estructuras empresariales ficticias o complejas: Algunos defraudadores fiscales pueden establecer estructuras empresariales ficticias o complejas con el propósito de ocultar ingresos o activos, dificultando la detección de la evasión fiscal.

d) Transferencia de activos a terceros o paraísos fiscales: El traslado de activos o ingresos a terceros o a jurisdicciones con bajos impuestos, como los paraísos fiscales, con el objetivo de evadir impuestos también se considera una conducta fraudulenta.

e) Uso indebido de deducciones, créditos fiscales o exenciones: El fraude fiscal puede involucrar el abuso de deducciones, créditos fiscales o exenciones de manera ilegal para reducir los impuestos a pagar, cuando en realidad no se cumplen los requisitos legales para acceder a estos beneficios fiscales.

f) Ocultación de cuentas bancarias en el extranjero: Mantener cuentas bancarias no declaradas en el extranjero con el propósito de ocultar ingresos y activos de las autoridades fiscales es una conducta que puede constituir fraude fiscal.

g) Manipulación de precios de transferencia: En el caso de empresas multinacionales, el fraude fiscal puede implicar la manipulación de los precios de transferencia entre filiales de la empresa con el objetivo de trasladar beneficios a jurisdicciones con menores impuestos.

El fraude fiscal es un delito grave en la mayoría de los países y puede dar lugar a sanciones civiles y penales, incluyendo multas considerables, penas de prisión y la obligación de pagar los impuestos evadidos más intereses y multas adicionales.

Las autoridades fiscales suelen llevar a cabo investigaciones exhaustivas para detectar y perseguir los casos de fraude fiscal con el fin de garantizar que los contribuyentes cumplan con sus obligaciones tributarias de manera justa y equitativa.

INFLAR DEDUCCIONES

Inflar deducciones en el contexto de los delitos relativos a la Hacienda Pública significa aumentar de manera fraudulenta o exagerada las deducciones fiscales que un contribuyente o una entidad reclama en su declaración de impuestos con el propósito de reducir artificialmente su carga tributaria o recibir reembolsos fiscales indebidos.

Esta práctica ilegal implica la presentación de información inexacta o engañosa en la declaración de impuestos para pagar menos impuestos de los que legalmente se deben.

Aquí se describen algunas conductas y aspectos relacionados con el inflar deducciones:

a) Declaración de gastos ficticios: Reclamar gastos que en realidad no ocurrieron o que no son deducibles según las regulaciones fiscales, como gastos personales que se presentan como gastos comerciales.

b) Inflación de gastos reales: Exagerar la cantidad de gastos reales en la declaración de impuestos para aumentar la cantidad de deducciones y, por lo tanto, reducir la obligación tributaria.

c) Falsificación de documentos: Crear facturas o recibos falsos para respaldar deducciones que no están respaldadas por transacciones legítimas.

d) Uso de deducciones no autorizadas: Reclamar deducciones que no están permitidas por la ley fiscal o que no se aplican a la situación del contribuyente.

e) Manipulación de registros contables: Alterar los registros contables o los libros de contabilidad para inflar los gastos y justificar deducciones más altas de lo que corresponde.

f) Utilización de identidades falsas: Utilizar identidades falsas o información de identificación personal robada para respaldar gastos inexistentes o inflados.

g) Fraude en la retención de impuestos: Manipular la retención de impuestos o la información de nómina para reducir artificialmente los ingresos sujetos a impuestos y, por lo tanto, aumentar las deducciones fiscales.

El inflar deducciones es una infracción fiscal grave en la mayoría de los sistemas legales y fiscales, ya que socava la integridad del sistema tributario y puede resultar en la pérdida de ingresos gubernamentales necesarios para financiar servicios públicos y programas.

Las autoridades fiscales suelen llevar a cabo auditorías y revisiones para detectar estas prácticas fraudulentas y garantizar el cumplimiento de las leyes fiscales.

Los contribuyentes y las empresas deben ser honestos y precisos en sus declaraciones de impuestos y cumplir con las regulaciones fiscales aplicables para evitar problemas legales y fiscales en el futuro.

MANIPULACIÓN DE REGISTROS CONTABLES

La manipulación de libros contables en el contexto de los delitos relativos a la Hacienda Pública se refiere a la práctica de alterar de manera deliberada y fraudulenta los registros financieros y contables de una persona o entidad con el fin de ocultar ingresos, gastos o activos, o para proporcionar información engañosa a las autoridades fiscales.

Esta conducta es ilegal y constituye una infracción grave en la mayoría de los sistemas legales.

Acto seguido se describen algunas conductas y aspectos relacionados con la manipulación de libros contables en el ámbito de los delitos fiscales:

a) Falsificación de registros contables: Alterar deliberadamente los registros contables para inflar o disminuir los ingresos, gastos, activos o pasivos de una empresa o individuo, con el fin de reducir la carga tributaria o presentar una imagen financiera falsa.

b) Facturación falsa: Emitir facturas falsas o fraudulentas, o registrar facturas inexistentes en los libros contables, para justificar deducciones fiscales inexistentes o para inflar gastos y reducir la base imponible.

c) Doble contabilidad: Mantener registros financieros paralelos o contabilidad oculta para ocultar ingresos o gastos reales a las autoridades fiscales, mientras se presenta una contabilidad falsa o manipulada.

d) Omisión de transacciones: No registrar ciertas transacciones financieras en los libros contables para evitar el reconocimiento de ingresos o para ocultar activos o pasivos.

e) Manipulación de los precios de transferencia: Modificar los precios de bienes o servicios en transacciones entre empresas relacionadas con el objetivo de desplazar los beneficios hacia jurisdicciones con impuestos más bajos.

f) Alteración de estados financieros: Modificar estados financieros, como el balance general o el estado de resultados, para presentar una imagen financiera distorsionada a las autoridades fiscales o a terceros interesados, como inversores o prestamistas.

g) Uso de cuentas bancarias ocultas: Mantener cuentas bancarias no declaradas o fuera del país con el propósito de ocultar ingresos o transacciones financieras a las autoridades fiscales.

La manipulación de libros contables con el objetivo de evadir impuestos es una conducta ilegal que puede dar lugar a sanciones civiles y penales, que pueden incluir multas significativas, intereses sobre impuestos no pagados y, en casos graves, penas de prisión.

Las autoridades fiscales suelen llevar a cabo auditorías y revisiones exhaustivas para detectar manipulaciones de libros contables y garantizar el cumplimiento de las obligaciones fiscales.

Es fundamental que las empresas y los individuos mantengan registros contables precisos y sean transparentes en sus transacciones financieras para evitar problemas legales y fiscales.

NO DECLARAR INGRESOS

No declarar ingresos en el contexto de los delitos relativos a la Hacienda Pública se refiere a la omisión de informar de manera completa y precisa los ingresos obtenidos de actividades económicas o fuentes financieras, cuando existe una obligación legal de hacerlo ante las autoridades fiscales.

Esto puede considerarse una forma de evasión fiscal o incluso de fraude fiscal, dependiendo de la intención detrás de la omisión y si la conducta es deliberada y fraudulenta.

Aquí hay una explicación de lo que significa y algunas de las conductas asociadas con no declarar ingresos:

a) Omisión de ingresos: Esto implica no informar o subdeclarar los ingresos obtenidos de actividades económicas, como salarios, honorarios profesionales, ingresos de negocios, alquileres, intereses, dividendos, ganancias de capital, etc.

b) No presentación de declaraciones fiscales: No cumplir con la obligación legal de presentar declaraciones de impuestos cuando se está obligado a hacerlo, lo que impide que las autoridades fiscales tengan conocimiento de los ingresos y activos del contribuyente.

c) Manipulación de registros contables: Alterar los registros contables o llevar una contabilidad paralela para ocultar ingresos reales o manipular los estados financieros con el fin de evitar la declaración de ingresos.

d) Uso de documentos falsos: Presentar documentos falsificados o fraudulentos para justificar la omisión de ingresos, como facturas o recibos falsos que indican que se han incurrido en gastos inexistentes.

e) Transferencia de activos o ingresos a terceros: Mover activos o ingresos a nombre de terceros (testaferros) con el propósito de ocultar la propiedad real y evitar la declaración de ingresos.

f) Uso de efectivo no registrado: Realizar transacciones en efectivo sin dejar un registro adecuado de las mismas, lo que dificulta el rastreo y la declaración de ingresos.

g) Evasión a través de bienes no registrados: Ocultar ingresos invirtiéndolos en bienes no registrados, como propiedades o vehículos, para evitar que aparezcan en la declaración de impuestos.

No declarar ingresos puede llevar a consecuencias legales graves, incluyendo multas, penalidades, intereses y, en algunos casos, penas de prisión. La gravedad de las sanciones puede variar según las leyes fiscales y la jurisdicción en la que se cometa la omisión.

Las autoridades fiscales suelen llevar a cabo auditorías y revisiones para detectar y perseguir casos de no declaración de ingresos con el fin de garantizar que los contribuyentes cumplan con sus obligaciones tributarias de manera adecuada y equitativa.

NO PRESENTAR DECLARACIONES TRIBUTARIAS

La falta de presentación de declaraciones tributarias en el contexto de los delitos relativos a la Hacienda Pública se refiere a la omisión deliberada y sistemática de presentar las declaraciones de impuestos requeridas por las autoridades fiscales, lo que conlleva a la evasión de impuestos y a incumplir con las obligaciones tributarias correspondientes.

Esta conducta es ilegal en la mayoría de los sistemas fiscales y puede tener graves consecuencias legales y fiscales.

Aquí se describen algunas conductas y aspectos relacionados con la falta de presentación de declaraciones tributarias:

a) No presentación de declaraciones de impuestos: No presentar declaraciones de impuestos requeridas, como la declaración de ingresos personales o la declaración de impuestos sobre sociedades, en los plazos establecidos por las autoridades fiscales.

b) Omisión de ingresos: No declarar ciertos ingresos, activos o transacciones financieras con el propósito de evadir impuestos o eludir las obligaciones fiscales correspondientes.

c) Evasión fiscal: No presentar declaraciones de impuestos con el objetivo de evitar el pago de impuestos sobre ingresos, ganancias de capital, ventas u otros impuestos que se deben pagar.

d) No presentación de declaraciones de retención de impuestos: En el caso de empleadores o entidades que realizan retenciones de impuestos, no presentar declaraciones de retención de impuestos sobre los salarios de los empleados.

e) Negligencia fiscal: No presentar declaraciones de impuestos debido a la negligencia o falta de cumplimiento con las obligaciones fiscales, lo que puede resultar en sanciones por parte de las autoridades fiscales.

f) Fuga de activos: Dejar de presentar declaraciones de impuestos y transferir activos o ingresos a jurisdicciones con bajos impuestos o paraísos fiscales con el objetivo de evitar la detección y el pago de impuestos.

g) Falta de presentación de declaraciones de activos en el extranjero: No presentar las declaraciones de activos en el extranjero, como el Reporte de Cuentas Financieras Extranjeras (FBAR, por sus siglas en inglés) en los Estados Unidos, que son requeridas para informar sobre activos financieros en el extranjero o el modelo 720 en España.

La falta de presentación de declaraciones tributarias es una infracción seria en la mayoría de los sistemas legales y fiscales, ya que socava la recaudación de impuestos y puede resultar en la pérdida de ingresos gubernamentales necesarios para financiar servicios públicos y programas.

Las autoridades fiscales suelen llevar a cabo auditorías y revisiones para detectar la falta de presentación de declaraciones y garantizar el cumplimiento de las leyes fiscales. Los contribuyentes y las empresas están obligados a presentar declaraciones de impuestos precisas y completas y cumplir con las regulaciones fiscales aplicables para evitar problemas legales y fiscales en el futuro.

NO RETENER O NO ENTREGAR IMPUESTOS COBRADOS

No retener o no entregar impuestos cobrados en el contexto de los delitos relativos a la Hacienda Pública se refiere a la acción de no cumplir con la obligación de retener ciertos impuestos en nombre de terceros o de no remitir los impuestos retenidos a las autoridades fiscales correspondientes.

Esta conducta es ilegal y puede constituir un delito fiscal o una infracción tributaria, dependiendo de las circunstancias y la intención detrás de la falta de retención o entrega de impuestos.

Aquí se describen algunas conductas y aspectos relacionados con no retener o no entregar impuestos:

a) No retener impuestos: Cuando una entidad o individuo está legalmente obligado a retener ciertos impuestos de los pagos realizados a terceros (como impuestos sobre la renta o impuestos sobre ventas) y no lo hace.
b) No entregar impuestos retenidos: Después de retener impuestos de pagos a terceros, no remitir estos impuestos retenidos a las autoridades fiscales dentro de los plazos y requisitos legales establecidos.
c) Uso indebido de fondos retenidos: Retener impuestos, pero utilizar esos fondos para otros fines en lugar de remitirlos a las autoridades fiscales.
d) Negligencia en la retención y entrega de impuestos: No cumplir con las obligaciones de retención y entrega de impuestos debido a una falta de diligencia o conocimiento de las leyes fiscales.
e) Subdeclaración de ingresos retenidos: No declarar o subdeclarar los ingresos sujetos a retención para reducir artificialmente la cantidad de impuestos a retener y entregar.
f) No presentación de declaraciones fiscales: No presentar las declaraciones fiscales requeridas por las autoridades fiscales para informar sobre las retenciones efectuadas.

La falta de retención o entrega de impuestos es una infracción tributaria seria y puede dar lugar a sanciones civiles y penales, que pueden incluir multas, intereses y, en casos graves, penas de prisión.

Las autoridades fiscales suelen llevar a cabo auditorías y revisiones para detectar estas infracciones y garantizar que los impuestos retenidos sean debidamente remitidos.

El incumplimiento de las obligaciones de retención y entrega de impuestos puede tener graves consecuencias legales y financieras, además de socavar la integridad del sistema tributario al privar al gobierno de los ingresos fiscales necesarios para financiar servicios públicos y programas gubernamentales.

Por lo tanto, es fundamental que las empresas y los individuos cumplan con sus obligaciones tributarias en relación con la retención y entrega de impuestos.

OCULTACIÓN DE INGRESOS

La ocultación de ingresos en el contexto de los delitos relativos a la Hacienda Pública se refiere a la práctica de deliberadamente no informar o subdeclarar los ingresos obtenidos de actividades económicas o fuentes de ingresos con el propósito de evadir impuestos o reducir la carga tributaria de manera ilegal.

Esta conducta es ilegal y constituye una infracción fiscal que puede tener graves consecuencias legales y financieras.

Aquí se describen algunas conductas y aspectos relacionados con la ocultación de ingresos:

a) No declaración de ingresos: No informar a las autoridades fiscales sobre los ingresos que una persona o entidad ha obtenido de actividades económicas, inversiones, alquileres, ventas de bienes o servicios, entre otros.

b) Subdeclaración de ingresos: Declarar ingresos en una cantidad menor a la que realmente se ha recibido, con el objetivo de pagar menos impuestos de los que corresponden.

c) Uso de contabilidad paralela: Mantener una contabilidad secreta o paralela que oculte ingresos reales y gastos no declarados en los registros contables oficiales.

d) Manipulación de registros contables: Alterar deliberadamente los registros contables o documentos financieros para reflejar ingresos más bajos de los que realmente se obtuvieron.

e) Uso de efectivo no registrado: Recibir pagos en efectivo y no registrarlos oficialmente para evitar que queden registrados en los libros contables y, por lo tanto, no sean reportados a las autoridades fiscales.

f) Falsificación de documentos: Crear o utilizar documentos falsos, como facturas o recibos falsificados, para justificar deducciones o gastos ficticios y reducir la carga tributaria.

g) Uso de terceros o testaferros: Utilizar intermediarios o terceros para ocultar la propiedad o control de activos o ingresos con el fin de evadir impuestos.

h) Evitar la retención fiscal: Implementar estrategias para evitar que se realicen retenciones de impuestos en transacciones financieras.

i) Uso de paraísos fiscales: Transferir activos o ingresos a jurisdicciones con bajos impuestos o secreto bancario (paraísos fiscales) con el propósito de ocultar ingresos de las autoridades fiscales.

La ocultación de ingresos es considerada una infracción tributaria grave en la mayoría de los sistemas legales y fiscales, y puede dar lugar a sanciones civiles y penales, que pueden incluir multas considerables, penalizaciones financieras, intereses sobre los impuestos evadidos y, en casos graves, penas de prisión.

Las autoridades fiscales suelen llevar a cabo auditorías y revisiones exhaustivas para detectar la ocultación de ingresos y garantizar el cumplimiento de las leyes fiscales.

Es fundamental que los contribuyentes y las empresas cumplan con sus obligaciones tributarias de manera precisa y completa para evitar problemas legales y financieros en el futuro.

SOBORNAR A FUNCIONARIOS FISCALES

Sobornar a funcionarios fiscales en el contexto de los delitos relativos a la Hacienda Pública se refiere a la práctica ilegal de ofrecer, dar o prometer dinero, bienes, servicios o cualquier tipo de incentivo o beneficio a funcionarios encargados de la recaudación de impuestos o la administración fiscal con el objetivo de obtener un trato favorable, reducción de impuestos, evasión de obligaciones fiscales, información privilegiada o cualquier otro beneficio indebido relacionado con asuntos fiscales.

Esta conducta es un delito grave y puede tener graves consecuencias legales y fiscales.

Aquí se describen algunas conductas y aspectos relacionados con el soborno a funcionarios fiscales:

a) Ofrecer dinero o regalos: Proporcionar dinero en efectivo, regalos, bienes de valor o cualquier forma de beneficio material a funcionarios fiscales con la intención de influir en sus decisiones o acciones en asuntos fiscales.

b) Prometer futuros pagos: Hacer promesas de pagos futuros a funcionarios fiscales a cambio de su cooperación o acciones que favorezcan al sobornador.

c) Ofrecer empleo o ventajas laborales: Ofrecer puestos de trabajo, ascensos o ventajas laborales a funcionarios fiscales a cambio de su cooperación o asistencia en asuntos fiscales.

d) Proporcionar información privilegiada: Dar información confidencial o acceso a datos fiscales sensibles a funcionarios fiscales a cambio de favores o beneficios fiscales.

e) Coerción o amenazas: Utilizar la coerción, amenazas o intimidación para obtener la cooperación de funcionarios fiscales en asuntos fiscales.

f) Uso de intermediarios: Utilizar intermediarios o terceros para facilitar el soborno y ocultar la verdadera identidad del sobornador.

g) Coimas o sobornos para reducir impuestos: Ofrecer sobornos a funcionarios fiscales para que reduzcan o eliminen la obligación tributaria de una persona o entidad.
h) Evitar auditorías o inspecciones: Pagar sobornos a funcionarios fiscales para evitar auditorías o inspecciones fiscales que puedan revelar irregularidades o evasión de impuestos.
i) Obtener información confidencial: Sobornar a funcionarios para obtener información confidencial sobre investigaciones fiscales en curso o auditorías planificadas.
j) Cambiar evaluaciones fiscales: Ofrecer sobornos a funcionarios fiscales para que cambien evaluaciones fiscales adversas en favor del contribuyente o la empresa.
k) Acuerdos para eludir impuestos: Negociar acuerdos ilegales con funcionarios fiscales para eludir impuestos o reducir la carga tributaria sin justificación legal.
l) Beneficios fiscales indebidos: Sobornar a funcionarios fiscales para obtener beneficios fiscales indebidos o exenciones tributarias que no se aplicarían legalmente.
m) Agilización de trámites: Dar sobornos para acelerar procesos fiscales, como la aprobación de devoluciones de impuestos o la emisión de certificados fiscales falsos.

El soborno a funcionarios fiscales socava la integridad del sistema tributario y puede tener un impacto negativo en la recaudación de impuestos y los ingresos del Estado.

Además, puede llevar a una distribución desigual de la carga tributaria y la pérdida de ingresos necesarios para financiar servicios públicos y programas gubernamentales.

Las autoridades fiscales y legales suelen tomar medidas enérgicas contra el soborno y la corrupción en asuntos fiscales, y las consecuencias legales pueden incluir penas de prisión, multas significativas y la confiscación de activos.

Además, existe una cooperación internacional para combatir el soborno y la corrupción en el ámbito fiscal.

Los contribuyentes y las empresas deben cumplir con las regulaciones fiscales aplicables y evitar involucrarse en prácticas de soborno para evitar problemas legales y fiscales en el futuro.

SUBVALUACIÓN DE ACTIVOS O BIENES

La subvaluación de activos o bienes en el contexto de los delitos relativos a la Hacienda Pública se refiere a la práctica ilegal de subestimar o declarar un valor inferior al valor real de los activos, propiedades o bienes en transacciones o declaraciones fiscales con el objetivo de reducir artificialmente la base imponible de impuestos, eludir obligaciones fiscales o cometer fraudes fiscales.

Esta conducta es considerada una forma de evasión fiscal y puede tener graves consecuencias legales y fiscales.

Seguidamente se describen algunas conductas y aspectos relacionados con la subvaluación de activos o bienes:

a) Subvaluación de bienes raíces: Declarar un valor inferior al valor real de una propiedad, terreno o bien inmueble en la declaración de impuestos sobre la propiedad o en transacciones de venta.

b) Subdeclaración de activos financieros: No declarar o subdeclarar cuentas bancarias, inversiones, acciones, bonos u otros activos financieros sujetos a impuestos.

c) Subvaluación de activos empresariales: Declarar un valor inferior al valor real de los activos de una empresa, como maquinaria, equipo, inventario o propiedad intelectual, con el objetivo de reducir las ganancias sujetas a impuestos.

d) Manipulación de valoraciones de activos: Utilizar métodos de valoración falsos o inflados para reducir artificialmente el valor de los activos en las declaraciones financieras y fiscales.

e) Falsificación de documentos: Utilizar documentos falsos, facturas o tasaciones infladas para respaldar la subvaluación de activos en transacciones o declaraciones fiscales.

f) Subvaluación de activos en herencias y donaciones: Declarar un valor inferior al valor real de los activos heredados o donados para reducir los impuestos de sucesiones o donaciones.

g) Subvaloración en transacciones comerciales: Declarar un precio de compra o venta inferior al valor real en transacciones comerciales con el objetivo de reducir los impuestos sobre las ganancias de capital.

h) Evadir impuestos de bienes muebles: Subdeclarar el valor de bienes muebles, como vehículos, embarcaciones o equipamiento, para reducir los impuestos sobre la propiedad de dichos bienes.

La subvaluación de activos o bienes es una infracción grave en la mayoría de los sistemas legales y fiscales, ya que socava la recaudación de impuestos y puede resultar en la pérdida de ingresos gubernamentales necesarios para financiar servicios públicos y programas.

Las autoridades fiscales suelen llevar a cabo auditorías y revisiones para detectar estas prácticas fraudulentas y garantizar el cumplimiento de las leyes fiscales.

Los contribuyentes y las empresas deben ser honestos y precisos en la valoración de sus activos y propiedades y cumplir con las regulaciones fiscales aplicables para evitar problemas legales y fiscales en el futuro.

TRANSACCIONES FICTICIAS

Las transacciones ficticias en el contexto de los delitos relativos a la Hacienda Pública se refieren a operaciones comerciales, financieras o contables que son simuladas o falsas y que se llevan a cabo con el propósito de evadir impuestos, ocultar ingresos, o de alguna manera engañar a las autoridades fiscales para obtener beneficios ilegítimos.

Estas conductas son consideradas como fraude fiscal y pueden tener graves consecuencias legales y fiscales.

Aquí se describen algunas conductas y aspectos relacionados con las transacciones ficticias:

a) Falsificación de transacciones comerciales: Crear documentos o registros de transacciones comerciales que no tienen una base real, como facturas falsas, contratos ficticios o recibos inexistentes.

b) Transacciones fantasmas: Reportar la venta o compra de bienes o servicios que en realidad no ocurrieron con el objetivo de inflar o reducir artificialmente los ingresos o gastos declarados.

c) Desplazamiento de ingresos: Transferir ingresos de una entidad a otra dentro de una misma empresa o grupo de empresas, para disfrazar la ubicación real de las ganancias y reducir la exposición fiscal.

d) Uso de intermediarios ficticios: Utilizar personas o empresas ficticias o “fantasmas” como intermediarios en transacciones con el propósito de ocultar la verdadera propiedad de los activos o ingresos.

e) Esquemas de facturación cruzada: Acordar con otras empresas la emisión de facturas falsas entre sí para inflar los gastos y reducir artificialmente los ingresos declarados.

f) Transacciones en efectivo no registradas: Realizar transacciones en efectivo sin registrarlas oficialmente en los libros contables o registros financieros para evitar dejar un rastro documental.

g) Transferencia de activos falsos: Transferir activos ficticios entre empresas o entidades para crear deducciones fiscales ilegítimas o para evitar impuestos.

h) Utilización de paraísos fiscales: Transferir ingresos o activos a jurisdicciones con bajos impuestos o secreto bancario (paraísos fiscales) para ocultar ingresos y eludir impuestos.

i) Fraude en el IVA: Participar en prácticas fraudulentas relacionadas con el impuesto al valor agregado (IVA), como la creación de empresas ficticias para evadir impuestos sobre las ventas.

j) Manipulación de registros contables: Alterar registros contables o libros de contabilidad para reflejar transacciones ficticias o para ocultar la verdadera naturaleza de las operaciones.

k) Préstamos ficticios: Simular préstamos o financiamiento entre empresas o individuos para ocultar ingresos o para justificar gastos ficticios.

Las transacciones ficticias son consideradas una infracción seria en la mayoría de los sistemas legales y fiscales, ya que socavan la recaudación de impuestos y pueden tener un impacto negativo en la economía y en la equidad fiscal.

Las autoridades fiscales suelen llevar a cabo auditorías y revisiones exhaustivas para detectar estas prácticas fraudulentas y garantizar el cumplimiento de las leyes fiscales.

Los contribuyentes y las empresas deben mantener registros financieros y contables precisos y completos y cumplir con las regulaciones fiscales aplicables para evitar problemas legales y fiscales en el futuro.

USO DE PARAÍSOS FISCALES

El uso de paraísos fiscales en el contexto de los delitos relacionados con la Hacienda Pública se refiere a la práctica de transferir activos o fondos a jurisdicciones extranjeras con impuestos bajos o nulos y regulaciones financieras laxas con el objetivo de ocultar ingresos, evadir impuestos o llevar a cabo actividades financieras de manera opaca.

Estos paraísos fiscales, también conocidos como jurisdicciones offshore, a menudo ofrecen secreto bancario y protección de la privacidad financiera, lo que puede facilitar eludir la detección y el cumplimiento de las obligaciones tributarias.

Aquí se describen algunas conductas y aspectos relacionados con el uso de paraísos fiscales en delitos fiscales:

a) Transferencia de activos y cuentas bancarias offshore: Las personas o entidades pueden transferir activos, dinero o cuentas bancarias a paraísos fiscales para evitar la tributación en su país de origen o para ocultar la propiedad real de esos activos.

b) Evasión de impuestos: Utilizar cuentas bancarias o estructuras offshore para evadir impuestos mediante la subdeclaración de ingresos, la manipulación de precios de transferencia o la no declaración de activos financieros en el extranjero.

c) Lavado de dinero: Los paraísos fiscales también pueden utilizarse para el lavado de dinero, donde el dinero ilícito se transfiere a través de cuentas offshore para dar la apariencia de legalidad.

d) Estructuras corporativas complejas: Crear empresas offshore y estructuras corporativas complejas en paraísos fiscales con el propósito de ocultar la propiedad de activos o para facilitar la evasión fiscal y la elusión fiscal.

e) Secreto bancario: Aprovechar las leyes de secreto bancario en paraísos fiscales para mantener la confidencialidad de las transacciones financieras y dificultar la supervisión de las autoridades fiscales.

f) Fideicomisos y fundaciones offshore: Utilizar fideicomisos y fundaciones establecidos en jurisdicciones offshore para administrar activos y herencias de manera que se eviten impuestos y se mantenga la privacidad.

g) Elusión fiscal agresiva: Aprovechar las estructuras fiscales en paraísos fiscales para reducir la carga tributaria más allá de lo razonable, a menudo mediante el uso de estrategias financieras complejas.

h) Uso de cuentas bancarias offshore: Abrir cuentas bancarias en bancos ubicados en paraísos fiscales para ocultar ingresos, realizar transacciones financieras ocultas o evadir impuestos.

i) Estructuración de inversiones internacionales: Utilizar estructuras complejas de inversión que involucran a paraísos fiscales para minimizar la tributación sobre las ganancias de capital o los ingresos generados en otros países.

j) Uso de empresas pantalla: Crear empresas ficticias o de papel en paraísos fiscales como intermediarios para ocultar la verdadera propiedad de activos o ingresos.

k) Evitar la repatriación de ganancias: Retener ganancias generadas en el extranjero en empresas ubicadas en paraísos fiscales para evitar el pago de impuestos al traer esas ganancias de vuelta al país de origen.

El uso de paraísos fiscales en sí mismo no es ilegal, pero su utilización para evadir impuestos o llevar a cabo actividades financieras ilícitas puede constituir delitos fiscales y financieros.

Muchos países han implementado regulaciones y acuerdos internacionales para combatir la evasión fiscal y el lavado de dinero relacionados con paraísos fiscales.

Los contribuyentes deben cumplir con las leyes fiscales y reportar adecuadamente sus activos y transacciones financieras en el extranjero para evitar problemas legales y sanciones.

UTILIZAR INTERMEDIARIOS PARA OCULTAR LA FUENTE DE LOS FONDOS

Utilizar intermediarios para ocultar la fuente de los fondos en el contexto de los delitos relacionados con la financiación de partidos políticos se refiere a la práctica de involucrar a terceros, como individuos, organizaciones o empresas, para hacer donaciones o contribuciones en nombre de otra entidad o persona con el propósito de ocultar la verdadera fuente de los fondos.

Esta acción es ilegal en muchas jurisdicciones y se considera una forma de evasión de las leyes y regulaciones que rigen la financiación política.

Las conductas que suelen estar asociadas con el uso de intermediarios para ocultar la fuente de los fondos en este contexto incluyen:

a) Donaciones encubiertas: Hacer que terceros realicen donaciones en nombre de alguien más, ya sea un individuo o una entidad, para que la verdadera fuente de los fondos no sea evidente.

b) Transferencias de fondos indirectas: Facilitar que terceros transfieran dinero a un partido político o una campaña electoral en lugar de hacerlo directamente desde la fuente original de los fondos.

c) Coordinación indebida: Colaborar estrechamente con intermediarios para asegurarse de que las contribuciones se realicen de manera encubierta y que la fuente real de los fondos no se revele.

d) Uso de personas de confianza: Utilizar amigos, familiares o empleados de confianza como intermediarios para hacer donaciones en nombre de la entidad o individuo que busca ocultar su participación financiera.

e) Utilizar organizaciones de fachada: Crear organizaciones ficticias o empresas que actúen como intermediarias para canalizar fondos ilegales o no declarados a un partido político o una campaña electoral.

f) Donaciones anónimas: Proporcionar donaciones sin revelar la identidad del verdadero donante, lo que dificulta que las autoridades electorales o de financiación de partidos políticos determinen quién está financiando realmente la actividad política.

g) Uso de testaferros: Utilizar personas o entidades que actúan como testaferros para hacer donaciones en lugar del verdadero donante, lo que dificulta rastrear la fuente real de los fondos.

h) Transacciones en efectivo: Utilizar intermediarios para realizar contribuciones en efectivo que evitan la detección y el registro adecuado de las donaciones.

El uso de intermediarios para ocultar la fuente de los fondos en delitos relacionados con la financiación de partidos políticos se considera una estrategia de evasión y puede llevar a violaciones graves de las leyes electorales.

Las sanciones por este tipo de delitos varían según la jurisdicción y la gravedad de la infracción, pero suelen incluir multas, penas de cárcel para los responsables, la descalificación de candidatos o partidos políticos y la pérdida de financiación pública o privada para futuras campañas políticas.

La regulación de la financiación de partidos políticos y campañas electorales tiene como objetivo mantener la transparencia y la integridad en el proceso político, por lo que es fundamental que todas las actividades financieras relacionadas con la política se realicen de manera honesta y se ajusten a las leyes y regulaciones locales.

RELATIVOS A LA PREVENCIÓN DEL BLANQUEO DE CAPITALES Y FINANCIACIÓN DEL TERRORISMO

INTRODUCCIÓN

Los delitos relativos a la prevención del blanqueo de capitales y la financiación del terrorismo se refieren a una serie de prácticas ilegales que tienen como objetivo ocultar el origen ilícito de fondos (blanqueo de capitales) o proveer recursos económicos para actividades terroristas (financiación del terrorismo).

Estas actividades son de gran preocupación a nivel mundial, dado que facilitan y perpetúan crímenes graves, incluyendo el tráfico de drogas, la corrupción y el terrorismo.

Significado de estos delitos:

a) Blanqueo de Capitales: Proceso por el cual se oculta el origen ilícito de dinero o activos obtenidos a través de actividades criminales, integrándolos en el sistema financiero de manera que parezcan legítimos.

b) Financiación del Terrorismo: Proporcionar, recolectar o gestionar fondos con la intención de que sean utilizados para actividades terroristas, independientemente de si estos fondos son de origen lícito o ilícito.

Conductas que conllevan estos delitos:

a) Transferencias Financieras Sospechosas: Realizar transferencias de dinero que intentan ocultar su origen, destino o propósito, especialmente si están fraccionadas para evitar controles.

b) Uso de Empresas Pantalla o Ficticias: Crear empresas que no tienen actividad comercial real para ocultar la propiedad o el destino de fondos ilícitos.

c) Estructuración de Transacciones: Fraccionar grandes cantidades de dinero en transacciones pequeñas para eludir los límites de reporte o control.

d) Compra de Activos de Alto Valor: Adquirir bienes como propiedades, autos de lujo o joyas con dinero ilícito para convertirlo en activos aparentemente legítimos.

e) Uso de Paraísos Fiscales: Transferir dinero a jurisdicciones con regulaciones laxas en materia de transparencia financiera para ocultar fondos.

f) Crowdfunding para el Terrorismo: Utilizar plataformas de financiación colectiva para recaudar fondos bajo pretextos falsos, destinados a financiar actividades terroristas.

g) Donaciones a Organizaciones Falsas: Canalizar dinero a través de organizaciones benéficas u ONGs ficticias o comprometidas con actividades terroristas.

La lucha contra el blanqueo de capitales y la financiación del terrorismo implica una amplia cooperación internacional y el cumplimiento de estrictas normativas financieras.

Los gobiernos y organismos internacionales como el Grupo de Acción Financiera Internacional (GAFI) han establecido regulaciones y procesos de vigilancia para detectar, prevenir y sancionar el lavado de dinero y la financiación del terrorismo.

Los bancos y otras instituciones financieras, por ejemplo, tienen la obligación de implementar procedimientos de "conozca a su cliente" (KYC) y reportar transacciones sospechosas a las autoridades competentes.

Las sanciones por estos delitos son severas y pueden incluir penas de prisión de larga duración, grandes multas y la confiscación de bienes.

Estos esfuerzos buscan no solo castigar a los infractores, sino también proteger la integridad del sistema financiero global y prevenir actividades que amenacen la seguridad y estabilidad de las sociedades.

ADQUISICIÓN DE BIENES DE LUJO O INVERSIONES

La adquisición de bienes de lujo o inversiones en el contexto de los delitos relacionados con la prevención del blanqueo de capitales y la financiación del terrorismo se refiere a la compra de activos costosos o inversiones de alto valor utilizando fondos que tienen un origen ilícito o ilegal.

Estos bienes de lujo pueden incluir propiedades de lujo, vehículos de gama alta, obras de arte, joyas, propiedades inmobiliarias, y otros activos que tienen un alto valor en el mercado.

Las conductas que suelen comportar la adquisición de bienes de lujo o inversiones en relación con delitos de blanqueo de capitales y financiación del terrorismo incluyen:

a) Compra de activos de alto valor: Los delincuentes utilizan dinero obtenido ilegalmente para adquirir bienes de lujo o inversiones costosas. Esto puede incluir la compra de propiedades de lujo, vehículos caros, yates, joyas, arte valioso, entre otros.

b) Uso de intermediarios: En algunos casos, los delincuentes pueden utilizar intermediarios o personas de confianza para realizar la compra de estos bienes en su nombre, lo que dificulta la identificación de los beneficiarios reales.

c) Uso de cuentas offshore o paraísos fiscales: Los fondos ilícitos a menudo se transfieren a través de cuentas bancarias en jurisdicciones offshore o paraísos fiscales, donde las regulaciones y la transparencia financiera son menores, lo que dificulta la detección.

d) Compra de propiedades inmobiliarias: La inversión en propiedades de alto valor, como casas o edificios comerciales, puede ser una forma común de lavar dinero y ocultar activos ilícitos.

e) Compras de obras de arte: Los delincuentes pueden adquirir obras de arte valiosas como una forma de inversión y almacenamiento de valor, al tiempo que ocultan fondos ilegales.

f) Adquisición de vehículos de lujo: Los vehículos de lujo, como automóviles deportivos de alta gama, pueden ser comprados utilizando fondos ilícitos y registrados a nombre de terceros para ocultar la verdadera propiedad.

g) Compra de joyas costosas: La adquisición de joyas de alto valor con fondos ilícitos es otra forma de convertir el dinero ilegal en activos que pueden ser fácilmente transportados y negociados.

h) Inversiones en empresas legítimas: Los delincuentes pueden invertir en empresas legítimas o adquirir participaciones en negocios con el propósito de ocultar y mezclar los fondos ilegales con ingresos legítimos.

i) Fondos de inversión y activos financieros: Los delincuentes pueden invertir en fondos de inversión, cuentas bancarias o activos financieros con el objetivo de hacer que los fondos ilícitos parezcan ingresos de inversión legítimos.

La adquisición de bienes de lujo o inversiones costosas con fondos de origen ilícito es una estrategia utilizada para dar la apariencia de legitimidad a los activos y ocultar el rastro de actividades delictivas.

Sin embargo, esta práctica es ilegal y está sujeta a regulaciones y leyes destinadas a prevenir el blanqueo de capitales y la financiación del terrorismo.

Para prevenir y combatir estas actividades, las instituciones financieras y las autoridades de cumplimiento normativo suelen llevar a cabo una debida diligencia adecuada, monitorear las transacciones sospechosas y reportar cualquier actividad que pueda estar relacionada con el blanqueo de capitales.

Además, se promueve la cooperación internacional para rastrear y perseguir a quienes utilizan inversiones en bienes de lujo o activos costosos para actividades ilegales.

COMERCIO INTERNACIONAL FICTICIO O SOBREVALORADO

El comercio internacional ficticio o sobrevalorado en el contexto de los delitos relacionados con la prevención del blanqueo de capitales y la financiación del terrorismo se refiere a una práctica en la que se llevan a cabo transacciones comerciales en el ámbito internacional que, en realidad, son falsas o fraudulentas.

Estas transacciones a menudo involucran la manipulación de documentos comerciales, la sobrevaloración de bienes o servicios y la transferencia de fondos ilícitos a través de transacciones comerciales falsificadas o infladas con el propósito de ocultar el origen ilegal de los fondos y legitimarlos.

Las conductas que suelen comportar el comercio internacional ficticio o sobrevalorado en relación con delitos de blanqueo de capitales y financiación del terrorismo incluyen:

a) Transacciones comerciales ficticias: Se crean documentos y registros que representan transacciones comerciales que nunca ocurrieron realmente. Esto puede incluir facturas falsas, contratos de compra y venta, registros de envío y otros documentos relacionados con el comercio internacional.

b) Sobrevaloración de bienes o servicios: Se inflan los precios de bienes o servicios en transacciones comerciales para transferir fondos ilícitos a través de sobreprecios. Por ejemplo, una empresa puede vender productos a un precio mucho mayor que su valor real, lo que permite el movimiento de fondos adicionales.

c) Uso de intermediarios y empresas pantalla: Los delincuentes pueden utilizar intermediarios o empresas ficticias como intermediarios en las transacciones comerciales para ocultar su verdadera identidad y la fuente de los fondos.

d) Uso de paraísos fiscales y jurisdicciones opacas: Las transacciones comerciales ficticias o sobrevaloradas a menudo se llevan a cabo a través de jurisdicciones offshore o paraísos fiscales, donde las regulaciones son menos estrictas y la transparencia es limitada.

e) Uso de cuentas bancarias falsas o anónimas: Se pueden utilizar cuentas bancarias falsas o anónimas para recibir y transferir los fondos generados a través del comercio internacional ficticio.

f) Transferencia de fondos ilícitos: Los fondos ilícitos se mueven a través de transacciones comerciales falsas o infladas como parte del proceso de blanqueo de capitales o financiamiento del terrorismo.

g) Comercio triangular: Se realizan transacciones comerciales aparentemente legítimas entre tres partes, pero en realidad, una de las partes está involucrada en el blanqueo de capitales o la financiación del terrorismo.

h) Manipulación de registros contables: Se falsifican los registros contables para ocultar las transacciones ficticias y dar la impresión de que son legítimas.

El comercio internacional ficticio o sobrevalorado es una estrategia utilizada por los delincuentes para dar la apariencia de legitimidad a fondos de origen ilegal, y es un componente importante en el proceso de blanqueo de capitales.

Para prevenir y combatir esta actividad, muchas jurisdicciones han implementado regulaciones y leyes de prevención del blanqueo de capitales que requieren que las instituciones financieras y las empresas involucradas en el comercio internacional realicen una debida diligencia adecuada y reporten cualquier actividad sospechosa.

El objetivo es identificar y prevenir el uso indebido del comercio internacional en la ocultación de fondos ilícitos y garantizar que las transacciones comerciales sean genuinas y legítimas.

COMPRA DE ACTIVOS DE ALTO VALOR

La compra de activos de alto valor en el contexto de delitos relacionados con la prevención del blanqueo de capitales y la financiación del terrorismo se refiere a la adquisición de bienes, propiedades u otros activos de alto valor utilizando fondos que tienen un origen ilícito o que están destinados a actividades ilegales.

Esta práctica puede ser utilizada para blanquear dinero sucio, es decir, dar una apariencia de legalidad a los fondos de origen ilícito, o para financiar actividades terroristas.

Las conductas que suelen comportar la compra de activos de alto valor en relación con delitos de blanqueo de capitales y financiación del terrorismo incluyen:

a) Adquisición de bienes inmuebles: Comprar propiedades, como casas, edificios, terrenos, o apartamentos, utilizando fondos de origen ilícito.

b) Compra de vehículos de lujo: Adquirir vehículos de lujo, como automóviles de alta gama, yates, aviones privados, motocicletas costosas, etc., con dinero que proviene de actividades delictivas.

c) Inversiones en obras de arte y objetos de valor: Comprar obras de arte, antigüedades, joyas, relojes de lujo u otros objetos de alto valor con el propósito de ocultar dinero ilícito.

d) Adquisición de empresas o negocios: Comprar empresas o participaciones en negocios utilizando fondos ilegales o para ocultar la procedencia de dinero sucio.

e) Compra de valores y activos financieros: Adquirir acciones, bonos, fondos de inversión u otros activos financieros utilizando fondos ilícitos o para mover dinero de una jurisdicción a otra con el fin de dificultar su seguimiento.

f) Uso de terceros o testaferros: En algunos casos, los individuos pueden utilizar intermediarios o testaferros para realizar estas compras en su nombre y ocultar aún más la verdadera fuente de los fondos.

g) Uso de efectivo: La compra de activos costosos con grandes sumas de dinero en efectivo, lo que dificulta la trazabilidad de los fondos.

h) Transacciones financieras opacas: La utilización de estructuras financieras complejas o intermediarios para ocultar la verdadera fuente de los fondos utilizados en la compra.

i) Adquisición de activos no relacionados con la actividad comercial: La compra de bienes o propiedades que no guardan relación con la actividad económica o el perfil financiero del individuo o entidad involucrada, lo que genera sospechas sobre la fuente de los fondos.

j) Uso de empresas pantalla: La creación de empresas ficticias o de papel para comprar activos de alto valor y disfrazar la propiedad real.

k) Operaciones internacionales: La adquisición de activos en jurisdicciones extranjeras con el propósito de complicar aún más el rastreo de los fondos.

l) Lavado de dinero a través de la venta: La compra de activos costosos con fondos ilícitos y posteriormente su venta, lo que permite mezclar el dinero sucio con el dinero limpio y dificultar su detección.

m) Complejidad en la estructura de propiedad: En ocasiones, se utilizan estructuras de propiedad complicadas o empresas pantalla para adquirir activos de alto valor, con el fin de dificultar aún más el seguimiento de la transacción y el beneficiario final.

La compra de activos de alto valor con dinero ilícito es una estrategia común para dar apariencia de legitimidad a los fondos generados a través de actividades criminales, como el tráfico de drogas, la corrupción, el fraude financiero, entre otros.

Esto dificulta la detección y persecución de actividades delictivas, ya que los activos adquiridos de esta manera pueden parecer legítimos.

Las instituciones financieras, las autoridades gubernamentales y las agencias de cumplimiento normativo tienen la responsabilidad de monitorear y reportar cualquier actividad sospechosa relacionada con la compra de activos de alto valor como parte de los esfuerzos para prevenir el blanqueo de capitales y la financiación del terrorismo.

Las leyes y regulaciones relacionadas con estas prácticas varían según la jurisdicción, pero en general, se busca prevenir que los delincuentes utilicen activos valiosos para ocultar el origen ilícito de sus fondos.

CROWDFUNDING PARA EL TERRORISMO

El crowdfunding para el terrorismo se refiere a la práctica de utilizar plataformas de financiación colectiva en línea (crowdfunding) para recaudar fondos con el propósito de financiar actividades terroristas o extremistas violentas.

Este fenómeno representa una evolución en las estrategias de financiación del terrorismo, ya que aprovecha las tecnologías y plataformas en línea para obtener recursos financieros de una amplia gama de donantes, a menudo de manera anónima.

Las conductas que suelen comportar el crowdfunding para el terrorismo en relación con delitos de blanqueo de capitales y financiación del terrorismo incluyen:

a) Uso de plataformas de crowdfunding: Los individuos o grupos terroristas pueden utilizar plataformas de crowdfunding en línea para solicitar donaciones y financiamiento para sus actividades, a menudo disfrazando sus intenciones detrás de causas aparentemente legítimas o caritativas.

b) Propagación de propaganda extremista: A través de campañas de crowdfunding, los terroristas pueden difundir propaganda y mensajes extremistas con el fin de reclutar seguidores y obtener financiamiento de simpatizantes.

c) Uso de monedas virtuales: En algunos casos, los fondos recaudados a través de crowdfunding para el terrorismo pueden ser transferidos y ocultados a través de criptomonedas u otras formas de moneda virtual, lo que dificulta la trazabilidad de las transacciones.

d) Anonimato: Las campañas de crowdfunding pueden permitir a los donantes contribuir de manera anónima, lo que dificulta la identificación de los financiadores y beneficiarios finales.

e) Uso de intermediarios: Los terroristas pueden utilizar intermediarios o individuos reclutados para recibir y distribuir fondos recaudados a través de campañas de crowdfunding, lo que agrega una capa de opacidad a las transacciones.

La prevención y detección del crowdfunding para el terrorismo representan un desafío importante para las autoridades y las plataformas en línea.

Para abordar esta preocupación, se han implementado regulaciones y medidas de cumplimiento normativo que requieren que las plataformas de crowdfunding en línea supervisen y reporten actividades sospechosas relacionadas con el financiamiento del terrorismo.

También se promueve la colaboración entre las fuerzas del orden, las instituciones financieras y las empresas de tecnología para identificar y prevenir el uso indebido de estas plataformas con fines terroristas.

La lucha contra el crowdfunding para el terrorismo es una parte crucial de los esfuerzos globales para combatir el financiamiento del terrorismo y garantizar la seguridad internacional.

DONACIONES A ORGANIZACIONES FALSAS

La donación a organizaciones terroristas en el contexto de los delitos relacionados con la prevención del blanqueo de capitales y la financiación del terrorismo se refiere a la acción de proporcionar fondos o recursos financieros a grupos o entidades que están involucrados en actividades terroristas o que apoyan directa o indirectamente el terrorismo.

Estas donaciones son ilegales y están dirigidas a financiar actividades que pueden tener graves implicaciones en términos de seguridad nacional y global.

Las conductas que suelen comportar la donación a organizaciones terroristas en relación con delitos de blanqueo de capitales y financiación del terrorismo incluyen:

a) Transferencia de fondos: Los individuos o entidades pueden enviar dinero o recursos financieros directamente a organizaciones terroristas o a intermediarios que actúan en su nombre.

b) Uso de redes de financiamiento: Las organizaciones terroristas pueden operar redes de financiamiento que recopilan donaciones de individuos o grupos en todo el mundo para financiar sus actividades.

c) Utilización de intermediarios y organizaciones ficticias: Para ocultar la fuente de las donaciones, las personas pueden utilizar intermediarios o crear organizaciones ficticias que supuestamente tienen un propósito legítimo, pero que en realidad canalizan fondos hacia el terrorismo.

d) Utilización de tecnologías digitales: En algunos casos, las donaciones a organizaciones terroristas pueden realizarse a través de transacciones en línea y criptomonedas, lo que puede dificultar la identificación de los donantes y receptores.

e) Propaganda y reclutamiento: Las organizaciones terroristas pueden utilizar donaciones como parte de su estrategia de propaganda y reclutamiento, mostrando la solidaridad y el apoyo de sus seguidores.

f) Uso de transferencias internacionales: Las donaciones pueden provenir de diversas partes del mundo y ser transferidas a través de sistemas financieros internacionales, lo que dificulta la trazabilidad de los fondos y la identificación de los donantes.

g) Donaciones a través de organizaciones benéficas ficticias: Los delincuentes pueden establecer organizaciones benéficas ficticias o falsas para aparentar que están recaudando fondos para fines legítimos, pero en realidad, esos fondos se destinan al apoyo de actividades terroristas.

h) Donaciones en especie: Además de donaciones en efectivo, los donantes pueden proporcionar recursos físicos o activos que pueden ser utilizados por las organizaciones terroristas, como armas, equipo militar o suministros.

Es importante destacar que la donación a organizaciones terroristas es un delito grave en la mayoría de las jurisdicciones y está sujeta a sanciones legales severas.

Además, la financiación del terrorismo es un asunto de preocupación internacional, y numerosos países han implementado regulaciones y acuerdos internacionales para prevenir y combatir este tipo de actividad delictiva.

Las instituciones financieras y los profesionales de cumplimiento normativo están obligados a llevar a cabo una debida diligencia adecuada para identificar y reportar cualquier actividad sospechosa de financiamiento del terrorismo a las autoridades correspondientes como parte de los esfuerzos para mantener la seguridad y la estabilidad globales.

DONACIONES CARITATIVAS FALSAS

Las donaciones a organizaciones falsas en el contexto de los delitos relacionados con la prevención del blanqueo de capitales y la financiación del terrorismo se refieren a la práctica de proporcionar dinero u otros recursos financieros a organizaciones que aparentan ser legítimas y benéficas, pero que en realidad no tienen un propósito caritativo genuino o están involucradas en actividades ilegales.

Estas organizaciones falsas pueden ser creadas con el propósito de ocultar el origen ilegal de fondos, legitimar dinero ilícito o financiar actividades terroristas.

Las conductas que suelen comportar las donaciones a organizaciones falsas en relación con delitos de blanqueo de capitales y financiación del terrorismo incluyen:

a) Creación de organizaciones ficticias: Los delincuentes pueden establecer organizaciones benéficas falsas o sin fines de lucro que aparentan tener un propósito caritativo legítimo, pero que en realidad están destinadas a actividades ilegales o al lavado de dinero.

b) Solicitudes de donaciones: Estas organizaciones falsas pueden realizar campañas de recaudación de fondos, solicitar donaciones a individuos o empresas y recibir contribuciones financieras bajo pretextos.

c) Falta de transparencia: Las organizaciones falsas a menudo carecen de transparencia en sus operaciones y no proporcionan información adecuada sobre cómo se utilizarán los fondos donados.

d) Uso de intermediarios: Los delincuentes pueden utilizar intermediarios o terceros para canalizar donaciones a estas organizaciones falsas, dificultando la trazabilidad de los fondos y ocultando la identidad de los beneficiarios finales.

e) Lavado de dinero: Las donaciones a organizaciones falsas pueden ser utilizadas para introducir dinero ilegítimo en el sistema financiero legal, aparentando que provienen de fuentes legítimas, y luego se utilizan para financiar actividades criminales o terroristas.

f) Evitar impuestos: Utilizar organizaciones falsas para evadir impuestos al hacer donaciones y reclamar deducciones fiscales que no corresponden.

La donación a organizaciones falsas es una estrategia utilizada para eludir los mecanismos de detección y prevención de actividades ilícitas en el sistema financiero y en el ámbito caritativo.

Para abordar este problema, las jurisdicciones suelen regular las organizaciones benéficas y sin fines de lucro, exigiendo que estas entidades cumplan con ciertos requisitos de transparencia y rendición de cuentas.

Además, las instituciones financieras y los profesionales de cumplimiento normativo deben llevar a cabo una debida diligencia adecuada para identificar y reportar donaciones sospechosas o actividades relacionadas con organizaciones falsas a las autoridades correspondientes.

La prevención de donaciones a organizaciones falsas es un aspecto importante en la lucha contra el blanqueo de capitales y la financiación del terrorismo.

ESTRUCTURACIÓN DE TRANSACCIONES PARA EVITAR DETECCIÓN

La estructuración de transacciones para evitar la detección, en el contexto de los delitos relacionados con la prevención del blanqueo de capitales y la financiación del terrorismo, se refiere a la práctica de dividir deliberadamente grandes sumas de dinero o activos en múltiples transacciones más pequeñas con el propósito de eludir los controles y requisitos de reporte establecidos por las autoridades financieras y las instituciones reguladoras.

Esta actividad también se conoce comúnmente como "fraccionamiento de transacciones" o "smurfing".

Las conductas que suelen comportar la estructuración de transacciones para evitar la detección incluyen:

a) División de fondos: Los delincuentes dividen deliberadamente una suma significativa de dinero en transacciones más pequeñas, cada una por debajo de ciertos umbrales de reporte o detección.

b) Uso de múltiples cuentas o intermediarios: Los delincuentes pueden utilizar varias cuentas bancarias o intermediarios diferentes para llevar a cabo las transacciones, lo que dificulta la identificación de una transacción única que exceda los umbrales de reporte.

c) Realización de transacciones en momentos y lugares diferentes: Las transacciones fraccionadas pueden llevarse a cabo en diferentes momentos y lugares, lo que dificulta la correlación entre ellas y la detección de patrones sospechosos.

d) Uso de múltiples formas de pago: Los delincuentes pueden utilizar diferentes formas de pago, como efectivo, cheques, transferencias electrónicas o criptomonedas, para dividir los fondos y evitar la detección.

e) Utilización de cómplices: En algunos casos, los delincuentes pueden involucrar a cómplices o terceros para realizar las transacciones en su nombre, lo que agrega una capa adicional de ocultación.

f) Evitación de registros electrónicos: Los delincuentes pueden realizar transacciones en efectivo o utilizar otros métodos que no dejen un rastro electrónico o bancario claro, como transferencias en persona.

g) Diversificación de activos: Además de dividir dinero en efectivo, los delincuentes pueden diversificar sus activos, como compras de bienes de alto valor o inversiones, en transacciones más pequeñas para evitar la detección.

El propósito principal de la estructuración de transacciones es evitar que las autoridades financieras o las instituciones bancarias detecten actividad sospechosa y la reporten a las agencias encargadas de hacer cumplir la ley, como parte de los esfuerzos para prevenir el blanqueo de capitales y la financiación del terrorismo.

Al dividir las transacciones en cantidades más pequeñas, los delincuentes esperan que sus actividades pasen desapercibidas y que los fondos ilícitos puedan ser introducidos en el sistema financiero sin levantar sospechas.

Sin embargo, la estructuración de transacciones para evitar la detección es ilegal en muchas jurisdicciones y está sujeta a regulaciones y leyes de prevención del blanqueo de capitales.

Las instituciones financieras y las autoridades de cumplimiento normativo están obligadas a monitorear y reportar transacciones sospechosas, incluyendo aquellas que puedan ser parte de un esquema de estructuración.

Las sanciones por llevar a cabo este tipo de actividades pueden ser severas, y las investigaciones y procesamientos pueden llevar a consecuencias legales significativas para quienes las realizan.

EVASIÓN DE CONTROLES FINANCIEROS

La evasión de controles financieros en el contexto de los delitos relacionados con la prevención del blanqueo de capitales y la financiación del terrorismo se refiere a la acción de eludir o evitar las medidas y regulaciones diseñadas para detectar y prevenir el uso indebido del sistema financiero con fines ilícitos.

Estas medidas y regulaciones están destinadas a garantizar la transparencia y la legalidad en las transacciones financieras, y a identificar actividades sospechosas que puedan estar relacionadas con el blanqueo de capitales o la financiación del terrorismo.

Las conductas que suelen comportar la evasión de controles financieros en relación con delitos de blanqueo de capitales y financiación del terrorismo incluyen:

a) Uso de estructuras y entidades opacas: Los delincuentes pueden establecer estructuras corporativas, como sociedades anónimas o empresas ficticias, para ocultar la verdadera propiedad de los activos y dificultar la identificación de las partes involucradas.

b) Fraccionamiento de transacciones: Dividir grandes transacciones en varias más pequeñas con el fin de evitar levantar sospechas o superar los umbrales de declaración que activarían la revisión de las autoridades financieras.

c) Uso de terceros o testaferros: La participación de personas o entidades intermediarias para realizar transacciones en nombre de los delincuentes y ocultar la verdadera identidad de los involucrados.

d) Uso de paraísos fiscales: La utilización de jurisdicciones offshore con regulaciones laxas y secreto bancario para ocultar la propiedad y el movimiento de activos ilícitos.

e) Manipulación de documentos: Falsificación de documentos y registros contables para encubrir actividades ilícitas y dar una apariencia de legalidad a las transacciones.

f) Uso de criptomonedas: El uso de criptomonedas y tecnologías blockchain para realizar transacciones financieras de manera anónima y evitar la supervisión y detección por parte de las autoridades.
g) Evasión de informes de transacciones sospechosas: El no informar de manera deliberada transacciones sospechosas a las autoridades financieras, como está requerido por las regulaciones de prevención del blanqueo de capitales.
h) Uso de efectivo: El uso de efectivo en transacciones financieras importantes para evitar dejar rastro de las operaciones en el sistema bancario.
i) Falta de cooperación: Negativa a proporcionar información o cooperar con investigaciones de las autoridades financieras y de cumplimiento normativo.

La evasión de controles financieros es considerada ilegal y es una actividad que socava los esfuerzos de prevención del blanqueo de capitales y la financiación del terrorismo.

Las instituciones financieras, los profesionales de cumplimiento normativo y las autoridades de aplicación de la ley están obligados a realizar una debida diligencia adecuada y a seguir las regulaciones y políticas de prevención del blanqueo de capitales para detectar y reportar actividades sospechosas.

El incumplimiento de estas regulaciones puede dar lugar a sanciones civiles y penales.

Además, la cooperación internacional es fundamental para abordar eficazmente la evasión de controles financieros en un entorno globalizado.

FINANCIACIÓN DIRECTA O INDIRECTA DE ACTIVIDADES TERRORISTAS

La financiación directa o indirecta de actividades terroristas en el contexto de los delitos relacionados con la prevención del blanqueo de capitales y la financiación del terrorismo se refiere a la provisión de fondos o recursos financieros a grupos, individuos o entidades involucrados en la realización de actividades terroristas.

Esta financiación puede ser proporcionada directamente a las organizaciones terroristas o de manera indirecta a través de intermediarios o terceros, y su objetivo es apoyar y promover actividades relacionadas con el terrorismo.

Las conductas que suelen comportar la financiación directa o indirecta de actividades terroristas en relación con delitos de blanqueo de capitales y financiación del terrorismo incluyen:

a) Transferencia de fondos: La entrega o transferencia de dinero a organizaciones terroristas o individuos involucrados en actividades terroristas. Esto puede realizarse a través de sistemas bancarios, servicios de transferencia de dinero, criptomonedas u otros medios financieros.

b) Uso de intermediarios: Los delincuentes pueden utilizar intermediarios o terceros para canalizar fondos a organizaciones terroristas, lo que dificulta la detección y el rastreo de la fuente de financiamiento.

c) Uso de organizaciones benéficas falsas: Algunos delincuentes pueden establecer organizaciones benéficas ficticias o falsas que afirman estar recaudando fondos para fines caritativos, pero en realidad canalizan esos fondos hacia actividades terroristas.

d) Donaciones a través de redes sociales y medios digitales: Se pueden utilizar plataformas en línea y redes sociales para recaudar fondos y recibir donaciones de simpatizantes y seguidores para financiar actividades terroristas.

e) Financiación a través de actividades comerciales: Los delincuentes pueden utilizar actividades comerciales, como el contrabando, el tráfico de drogas o el tráfico de armas, para obtener fondos que luego se utilizan para financiar actividades terroristas.

f) Lavado de dinero: Los fondos ilícitos pueden ser blanqueados a través de transacciones legales o inversiones comerciales antes de ser utilizados para financiar actividades terroristas.

g) Uso de criptomonedas: En algunos casos, se pueden utilizar criptomonedas u otros activos digitales para transferir fondos de manera menos rastreable.

La financiación directa o indirecta de actividades terroristas es un delito grave en la mayoría de las jurisdicciones y está sujeta a leyes y regulaciones destinadas a prevenir la financiación del terrorismo.

Las instituciones financieras y las autoridades de cumplimiento normativo llevan a cabo una debida diligencia adecuada para identificar y reportar cualquier actividad sospechosa relacionada con la financiación del terrorismo.

Además, se fomenta la cooperación internacional para combatir la financiación del terrorismo y prevenir que los fondos lleguen a manos de grupos terroristas.

La prevención y detección de la financiación de actividades terroristas son esenciales para la seguridad global y la lucha contra el terrorismo.

FRACCIONAMIENTO DE DEPÓSITOS

El fraccionamiento de depósitos en el contexto de los delitos relacionados con la prevención del blanqueo de capitales y la financiación del terrorismo se refiere a la práctica de dividir grandes sumas de dinero en depósitos más pequeños con el propósito de evitar llamar la atención de las autoridades financieras y eludir los controles y las regulaciones diseñadas para prevenir actividades ilegales como el blanqueo de capitales y la financiación del terrorismo.

Esta práctica es ilegal en muchos países y puede estar sujeta a sanciones legales.

Las conductas que comporta el fraccionamiento de depósitos incluyen:

a) Dividir grandes sumas de dinero en múltiples depósitos más pequeños: Esto implica depositar una cantidad sustancial de dinero en varias cuentas bancarias o instituciones financieras diferentes en lugar de realizar un solo depósito grande. El objetivo es evitar que se informe automáticamente a las autoridades financieras sobre la transacción debido a su tamaño.

b) Evitar informar la fuente de los fondos: Los individuos que participan en el fraccionamiento de depósitos a menudo tratan de ocultar la fuente de los fondos depositados. Esto puede implicar el uso de identidades falsas o la creación de empresas ficticias para justificar la entrada de fondos en las cuentas bancarias.

c) Eludir los controles de reporte: Muchos países requieren que las instituciones financieras informen sobre transacciones financieras sospechosas o inusuales a las autoridades correspondientes. El fraccionamiento de depósitos busca evitar que estas transacciones sean detectadas y reportadas, ya que los depósitos individuales pueden parecer legítimos en comparación con uno más grande.

d) Facilitar el blanqueo de capitales y la financiación del terrorismo: El fraccionamiento de depósitos a menudo se utiliza como una táctica para lavar dinero obtenido ilegalmente o para financiar actividades terroristas. Al dividir los fondos en múltiples cuentas, los delincuentes pueden dificultar el rastreo y la detección de actividades ilícitas.

e) Usar múltiples cuentas bancarias: Los delincuentes pueden abrir o utilizar múltiples cuentas bancarias en diferentes bancos o sucursales para realizar los depósitos fragmentados y dispersar aún más los fondos.

f) Utilizar cómplices o testaferros: En algunos casos, los delincuentes pueden utilizar intermediarios o cómplices para realizar las transacciones en su nombre y evitar vincular directamente los fondos a ellos.

g) Realizar depósitos en diferentes momentos y lugares: Los delincuentes pueden realizar depósitos en diferentes fechas y ubicaciones para dificultar la detección y el seguimiento de sus actividades.

Es importante destacar que el fraccionamiento de depósitos es considerado una actividad ilegal en muchos países y puede estar sujeta a graves consecuencias legales, incluyendo multas, confiscación de activos y penas de prisión.

Las autoridades financieras y las instituciones bancarias están constantemente vigilando estas actividades para prevenir el blanqueo de capitales y la financiación del terrorismo, y cooperan estrechamente en la detección y el enjuiciamiento de quienes participan en estas prácticas ilegales.

INTEGRACIÓN DE DINERO ILEGAL EN EL SISTEMA FINANCIERO

La integración de dinero ilegal en el sistema financiero se refiere al proceso mediante el cual los ingresos o activos generados a través de actividades ilegales o delictivas se introducen en el sistema financiero legal o legítimo de manera que parezcan tener un origen legal y limpio.

Esta etapa es una parte crucial del proceso de blanqueo de capitales, que busca ocultar la verdadera naturaleza de los fondos y hacer que parezcan legítimos.

Las conductas que suelen comportar la integración de dinero ilegal en relación con delitos de blanqueo de capitales y financiación del terrorismo incluyen:

a) Depósitos bancarios: Los delincuentes realizan depósitos en cuentas bancarias a nombre de individuos, empresas o entidades ficticias, utilizando dinero ilegal. Estos depósitos pueden incluir grandes sumas de dinero en efectivo o transferencias electrónicas que ocultan la fuente ilegal de los fondos.

b) Compras de bienes y activos: Los delincuentes adquieren bienes de alto valor, como propiedades inmobiliarias, vehículos de lujo, obras de arte, joyas costosas, entre otros, utilizando dinero ilícito. Estos activos pueden luego ser vendidos o utilizados para ocultar y legitimar los fondos.

c) Inversiones en negocios legítimos: Los fondos ilegales se utilizan para invertir en empresas o negocios legítimos, lo que les permite mezclarse con ingresos legítimos y dificulta la detección de su origen ilegal.

d) Transferencias internacionales: Los delincuentes pueden mover fondos ilegales a través de transacciones internacionales, aprovechando la complejidad del sistema financiero global para dificultar la identificación de la fuente original de los fondos.

e) Uso de intermediarios y empresas pantalla: Los delincuentes pueden utilizar intermediarios o empresas ficticias para ocultar su participación y complicar el rastreo de los fondos.

f) Conversión de fondos: Los fondos ilegales pueden ser convertidos de una moneda a otra o de un activo a otro, lo que dificulta aún más la identificación de su origen.

La integración de dinero ilegal en el sistema financiero es un delito grave y es una parte clave en el proceso de blanqueo de capitales, que busca dar la apariencia de legitimidad a fondos que provienen de actividades ilegales.

Para combatir este tipo de actividades, muchas jurisdicciones han implementado regulaciones y leyes de prevención del blanqueo de capitales que requieren que las instituciones financieras y otros profesionales realicen una debida diligencia adecuada para identificar y reportar actividades sospechosas.

Además, se fomenta la cooperación internacional para prevenir la entrada de dinero ilegal en el sistema financiero global y para combatir el crimen financiero y la financiación del terrorismo.

OPERACIONES BANCARIAS COMPLEJAS

Las operaciones bancarias complejas en el contexto de los delitos relacionados con la prevención del blanqueo de capitales y la financiación del terrorismo se refieren a transacciones financieras que son intrincadas, sofisticadas o que involucran múltiples pasos con el propósito de ocultar o legitimar fondos de origen ilícito.

Estas operaciones se llevan a cabo con el fin de dificultar la detección y el rastreo de los fondos y hacer que parezcan tener un origen legal y lícito.

Las conductas que suelen comportar las operaciones bancarias complejas en relación con delitos de blanqueo de capitales y financiación del terrorismo pueden incluir:

a) Transacciones internacionales: El movimiento de fondos a través de fronteras internacionales para aprovechar la complejidad del sistema financiero global y dificultar la identificación de la fuente de los fondos.

b) Uso de múltiples cuentas y jurisdicciones: Los delincuentes pueden utilizar varias cuentas bancarias o jurisdicciones para fragmentar y distribuir fondos, dificultando su seguimiento.

c) Transacciones de múltiples etapas: Las transacciones pueden involucrar varios pasos, como transferencias entre cuentas, conversión de monedas, inversiones y compras de activos, para oscurecer la ruta de los fondos.

d) Uso de intermediarios: Se pueden utilizar intermediarios o terceros para realizar las transacciones en nombre de los delincuentes, lo que oculta aún más la identidad de los beneficiarios reales.

e) Combinación de activos: Los delincuentes pueden combinar el uso de activos físicos, como bienes raíces, vehículos de lujo o joyas, con transacciones financieras para legitimar los fondos ilícitos.

f) Transferencias a través de empresas ficticias: Los delincuentes pueden establecer empresas ficticias o falsas que participan en transacciones financieras como parte de la operación.

g) Uso de criptomonedas: Algunas operaciones bancarias complejas pueden involucrar el uso de criptomonedas u otros activos digitales para dificultar la trazabilidad de las transacciones.

h) Uso de paraísos fiscales: Las operaciones pueden involucrar el uso de jurisdicciones offshore o paraísos fiscales que ofrecen secreto bancario y regulaciones menos estrictas para dificultar la detección.

i) Falsificación de documentos: Los delincuentes pueden utilizar documentos falsificados o manipulados para respaldar las operaciones bancarias complejas y ocultar la verdadera naturaleza de los fondos.

Estas operaciones bancarias complejas se utilizan en el proceso de blanqueo de capitales para hacer que los fondos de origen ilícito parezcan legítimos y para evadir la detección por parte de las autoridades financieras y las instituciones bancarias.

También pueden ser utilizadas en actividades de financiación del terrorismo para ocultar el flujo de fondos hacia grupos terroristas o individuos involucrados en actividades terroristas.

Para prevenir y combatir este tipo de actividades, las instituciones financieras están obligadas a llevar a cabo una debida diligencia adecuada, monitorear las transacciones sospechosas y cumplir con regulaciones y leyes de prevención del blanqueo de capitales.

Además, se promueve la cooperación internacional para identificar y perseguir a quienes utilizan operaciones bancarias complejas para actividades ilegales y para garantizar la integridad del sistema financiero.

TRANSFERENCIAS ELECTRÓNICAS ANÓNIMAS O CON DATOS FALSOS

Las transferencias electrónicas anónimas o con datos falsos en el contexto de los delitos relacionados con la prevención del blanqueo de capitales y la financiación del terrorismo se refieren a la realización de transacciones financieras electrónicas en las que se oculta o se proporciona información falsa sobre la identidad del remitente o el destinatario de los fondos.

Esta práctica ilícita tiene como objetivo principal dificultar la trazabilidad de los fondos y ocultar el verdadero origen o destino de los mismos.

Las conductas que suelen comportar las transferencias electrónicas anónimas o con datos falsos en relación con delitos de blanqueo de capitales y financiación del terrorismo incluyen:

a) Uso de nombres falsos: Los delincuentes pueden utilizar nombres o identidades falsas al realizar transferencias electrónicas para ocultar su verdadera identidad.

b) Utilización de cuentas bancarias falsas o de terceros: Se pueden utilizar cuentas bancarias ficticias o cuentas pertenecientes a terceros, a menudo sin su conocimiento o consentimiento, para recibir los fondos y ocultar la verdadera identidad del beneficiario.

c) Transferencias a través de plataformas en línea: Se utilizan plataformas en línea o servicios de pago para realizar transacciones electrónicas, lo que puede ofrecer cierto grado de anonimato y dificultar la identificación del remitente.

d) Uso de criptomonedas: En algunos casos, se utilizan criptomonedas u otros activos digitales para realizar transacciones electrónicas anónimas, ya que las criptomonedas permiten cierto nivel de pseudonimato.

e) Transferencias transfronterizas: Las transferencias electrónicas anónimas a menudo involucran movimientos de fondos a través de fronteras internacionales, lo que puede complicar aún más la detección y el rastreo de las transacciones.

f) Estructuración de transacciones: Los delincuentes pueden dividir grandes sumas de dinero en múltiples transacciones más pequeñas para evitar la detección y el reporte por parte de las instituciones financieras.

g) Falsificación de documentos: Los delincuentes pueden proporcionar documentos falsos o alterados para respaldar la información proporcionada en la transacción, lo que dificulta la verificación de la identidad.

La realización de transferencias electrónicas anónimas o con datos falsos es una práctica ilegal que está sujeta a regulaciones y leyes destinadas a prevenir el blanqueo de capitales y la financiación del terrorismo.

Las instituciones financieras y los proveedores de servicios de pago suelen llevar a cabo procedimientos de debida diligencia y monitoreo para identificar y reportar actividades sospechosas.

El objetivo es detectar y prevenir el uso indebido de transferencias electrónicas en actividades ilegales y garantizar la integridad del sistema financiero.

TRANSFERENCIAS FINANCIERAS SOSPECHOSAS

Las transferencias financieras sospechosas son aquellas transacciones de dinero o activos que generan preocupaciones o indicios de que podrían estar relacionadas con actividades ilegales, como el lavado de dinero o la financiación del terrorismo.

Estas transferencias financieras son una preocupación importante en el ámbito de la prevención del blanqueo de capitales y la financiación del terrorismo, ya que estas actividades ilegales a menudo involucran el movimiento de fondos para ocultar su origen ilícito o para financiar actividades terroristas.

Las conductas que pueden dar lugar a transferencias financieras sospechosas incluyen, pero no se limitan a:

a) Transacciones inusuales: Transacciones financieras que son inusuales en cuanto a su tamaño, frecuencia, naturaleza o patrones de comportamiento en comparación con la actividad financiera típica del cliente.

b) Origen o destino de fondos en países de alto riesgo: Transacciones que involucran fondos que provienen de países o regiones conocidas por tener un alto riesgo de actividades ilegales, corrupción o financiación del terrorismo.

c) Uso de intermediarios o empresas fantasma: El uso de intermediarios o empresas ficticias para ocultar la verdadera fuente o destino de los fondos.

d) Estructuración de transacciones: Dividir una gran transacción en varias transacciones más pequeñas para evitar llamar la atención de las autoridades financieras.

e) Transacciones sin una justificación comercial válida: Transacciones que no tienen una razón comercial legítima o que carecen de un propósito económico claro.

f) Transacciones con partes relacionadas: Transacciones con personas o entidades relacionadas con el cliente, especialmente si estas relaciones no se revelan adecuadamente.

g) Clientes con antecedentes sospechosos: Clientes que tienen historiales financieros o personales que generan sospechas, como estar vinculados previamente a actividades delictivas.

h) Actividades inconsistentes con el perfil del cliente: Transacciones que no se ajustan al perfil de riesgo y actividad declarado por el cliente en su relación bancaria.

i) Falta de documentación adecuada: La ausencia de documentación o información suficiente para respaldar una transacción financiera.

j) Transacciones en efectivo de gran cuantía: Grandes transacciones en efectivo que pueden ser difíciles de rastrear y que a menudo se asocian con actividades ilegales.

Es importante destacar que las regulaciones y requisitos específicos relacionados con las transferencias financieras sospechosas pueden variar según el país y la jurisdicción.

Las instituciones financieras y las autoridades reguladoras suelen tener procedimientos y protocolos para identificar y reportar estas transferencias sospechosas a las agencias encargadas de hacer cumplir la ley y a las unidades de inteligencia financiera para su investigación y seguimiento.

El objetivo principal es prevenir el lavado de dinero y la financiación del terrorismo, así como desalentar la participación en actividades ilegales a través del sistema financiero.

USO DE CRIPTOMONEDAS

El uso de criptomonedas en el contexto de los delitos relacionados con la prevención del blanqueo de capitales y la financiación del terrorismo se refiere a la utilización de monedas digitales descentralizadas, como Bitcoin, Ethereum, entre otras, para llevar a cabo actividades ilícitas con el fin de ocultar el origen de fondos o facilitar transacciones financieras relacionadas con actividades criminales.

Las criptomonedas ofrecen un alto grado de anonimato y pueden utilizarse para eludir los controles y regulaciones financieras tradicionales.

Las conductas que suelen comportar el uso de criptomonedas en relación con delitos de blanqueo de capitales y financiación del terrorismo incluyen:

a) Lavado de dinero: El uso de criptomonedas para convertir ganancias ilícitas en activos digitales con el fin de dificultar la detección y el seguimiento de los fondos. Los delincuentes pueden realizar múltiples transacciones en criptomonedas para ocultar el origen de los fondos.

b) Compra de activos: Las criptomonedas se pueden utilizar para adquirir bienes de alto valor, como propiedades inmobiliarias, vehículos, obras de arte, entre otros, con el objetivo de blanquear dinero y dar la apariencia de que los activos provienen de fuentes legítimas.

c) Transferencias transfronterizas: Las criptomonedas permiten realizar transacciones de manera instantánea y a través de fronteras, lo que facilita la transferencia de fondos a nivel internacional sin la necesidad de intermediarios financieros tradicionales.

d) Financiamiento del terrorismo: Las criptomonedas también pueden utilizarse para financiar actividades terroristas, ya que permiten el anonimato y la transferencia de fondos de manera rápida y difícil de rastrear.

e) Monedas de privacidad: Algunas criptomonedas, como Monero y Zcash, están diseñadas específicamente para proteger la privacidad del usuario, lo que hace que sea aún más difícil rastrear las transacciones y los fondos.

f) Uso de mezcladores y tumblers: Los delincuentes pueden utilizar servicios de mezcla o tumbling de criptomonedas para dificultar aún más el rastreo de las transacciones y la identificación de los participantes.

g) Compra de bienes y servicios ilegales: Las criptomonedas se utilizan para adquirir bienes y servicios ilegales en la dark web, como drogas, armas y servicios de hacking, facilitando transacciones ilegales.

h) Fraudes y estafas en criptomonedas: Además del blanqueo de capitales, las criptomonedas también se utilizan en esquemas fraudulentos y estafas en línea que pueden implicar la recepción de fondos ilícitos.

Dado que las criptomonedas ofrecen un alto grado de anonimato y privacidad, han sido objeto de preocupación en relación con la prevención del blanqueo de capitales y la financiación del terrorismo.

Como resultado, muchas jurisdicciones han implementado regulaciones y leyes destinadas a supervisar y regular el uso de criptomonedas, especialmente en el sector financiero.

Las instituciones financieras y las casas de cambio de criptomonedas también están sujetas a requisitos de cumplimiento normativo para identificar y reportar actividades sospechosas relacionadas con criptomonedas.

La lucha contra el uso indebido de criptomonedas en actividades criminales es un desafío constante y requiere una cooperación internacional efectiva, así como el desarrollo de tecnologías y prácticas de cumplimiento normativo adecuadas para abordar estas preocupaciones.

USO DE EMPRESAS FICTICIAS

El uso de empresas ficticias se refiere a la creación y utilización de entidades comerciales aparentemente legítimas, pero que en realidad son falsas o no tienen una actividad comercial genuina.

Estas empresas ficticias se emplean en delitos relacionados con la prevención del blanqueo de capitales y la financiación del terrorismo como parte de estrategias para ocultar o legitimar el origen ilícito de los fondos.

A continuación, se detallan las conductas que suelen estar asociadas al uso de empresas ficticias en estos delitos:

a) Creación de empresas fantasma: Se establecen empresas en papel que existen solo en documentos legales, sin operaciones comerciales legítimas ni empleados reales. Estas empresas a menudo carecen de una presencia física o actividad económica genuina.

b) Falsificación de documentos: Se manipulan o falsifican documentos legales, como contratos, facturas, estados financieros y registros comerciales, para crear una apariencia de actividad comercial genuina.

c) Uso de testaferros: Individuos o entidades se utilizan como testaferros o "hombres de paja" para ocultar la verdadera propiedad o control de la empresa ficticia. Estos testaferros pueden figurar como directores o accionistas en los registros legales.

d) Circulación de fondos ilícitos: Se utilizan empresas ficticias para recibir y transferir fondos ilícitos, lo que dificulta el rastreo de la fuente y el destino de los fondos y su relación con actividades delictivas.

e) Transacciones ficticias: Se llevan a cabo transacciones comerciales falsas entre la empresa ficticia y otras entidades con el fin de justificar los flujos de dinero y dar la apariencia de actividad económica legítima.

f) Capas de opacidad: Se crean estructuras corporativas complejas que involucran múltiples empresas ficticias y cuentas bancarias en diferentes jurisdicciones para dificultar la detección y el seguimiento de las transacciones ilícitas.

g) Uso de paraísos fiscales: Las empresas ficticias a menudo se registran en jurisdicciones con leyes de secreto bancario y regulaciones laxas, lo que facilita la ocultación de la verdadera propiedad y control.

h) Manipulación de precios de transferencia: Se inflan o se subvalúan los precios en transacciones entre empresas ficticias y sus entidades relacionadas para transferir fondos ilícitos de manera encubierta.

i) Evitación de impuestos: Las empresas ficticias pueden utilizarse para evadir impuestos y reducir la responsabilidad fiscal de las ganancias generadas por actividades ilícitas.

El uso de empresas ficticias en delitos de blanqueo de capitales y financiación del terrorismo tiene como objetivo principal ocultar la verdadera fuente y destino de los fondos ilícitos, dificultando así la detección y persecución de actividades criminales.

Las autoridades y las instituciones financieras trabajan en conjunto para identificar y prevenir este tipo de conductas, implementando regulaciones y controles más estrictos para detectar y reportar transacciones sospechosas que involucran a estas empresas ficticias.

USO DE OTROS MEDIOS DIGITALES

El uso de otros medios digitales en el contexto de los delitos relacionados con la prevención del blanqueo de capitales y la financiación del terrorismo se refiere a la utilización de tecnologías y plataformas digitales, distintas de las criptomonedas, para llevar a cabo actividades ilícitas relacionadas con el lavado de dinero y el financiamiento del terrorismo.

Estos medios digitales pueden incluir sistemas de pago en línea, servicios de transferencia de dinero digital, aplicaciones de mensajería, redes sociales y otros canales electrónicos que facilitan la transferencia de fondos y la comunicación en línea.

Las conductas que suelen comportar el uso de otros medios digitales en relación con delitos de blanqueo de capitales y financiación del terrorismo incluyen:

a) Transferencias electrónicas de fondos: Los delincuentes pueden utilizar sistemas de pago en línea, como PayPal, Venmo, Apple Pay y otros, para transferir fondos ilícitos a través de transacciones electrónicas.

b) Servicios de transferencia de dinero digital: Utilizar servicios de transferencia de dinero digital, como Western Union, MoneyGram, TransferWise y otros, para enviar o recibir fondos ilícitos de forma electrónica.

c) Comunicación en línea: Los delincuentes pueden utilizar aplicaciones de mensajería, correos electrónicos y redes sociales para coordinar y comunicarse en relación con actividades de blanqueo de capitales y financiación del terrorismo.

d) Fraudes en línea: Además del blanqueo de capitales, los delincuentes pueden llevar a cabo fraudes y estafas en línea que involucran la recepción de fondos ilícitos a través de medios digitales.

e) Comercio electrónico: La compra y venta de bienes y servicios en línea utilizando fondos ilícitos para ocultar su origen ilegal.

f) Uso de cuentas falsas y perfiles ficticios: Los delincuentes pueden crear cuentas falsas en plataformas digitales o utilizar perfiles ficticios para ocultar su identidad y actividades ilícitas.

La utilización de otros medios digitales en delitos de blanqueo de capitales y financiación del terrorismo destaca la importancia de la tecnología en la evolución de los métodos utilizados por los delincuentes para llevar a cabo actividades ilegales.

Para abordar este desafío, las autoridades gubernamentales y los organismos de cumplimiento normativo trabajan en la implementación de regulaciones y políticas de prevención en línea, así como en la cooperación con las empresas de tecnología y las plataformas digitales para identificar y reportar actividades sospechosas.

Es esencial que las instituciones financieras, las empresas de tecnología y los usuarios en general estén alerta y tomen medidas para prevenir y denunciar actividades delictivas en línea relacionadas con el blanqueo de capitales y la financiación del terrorismo.

USO DE PARAÍSOS FISCALES

El uso de paraísos fiscales en el contexto de los delitos relacionados con la prevención del blanqueo de capitales y la financiación del terrorismo se refiere a la práctica de utilizar jurisdicciones con leyes y regulaciones fiscales laxas o secretas para ocultar activos financieros, evadir impuestos, facilitar el blanqueo de capitales y, en algunos casos, financiar actividades ilegales, incluyendo el terrorismo.

Estas jurisdicciones, conocidas como paraísos fiscales o jurisdicciones offshore, a menudo ofrecen niveles significativos de secreto bancario y anonimato a los titulares de cuentas, lo que dificulta la identificación de los beneficiarios reales y la trazabilidad de los fondos.

Las conductas que suelen comportar el uso de paraísos fiscales en relación con delitos de blanqueo de capitales y financiación del terrorismo incluyen:

a) Creación de empresas y cuentas offshore: Las personas o entidades pueden establecer empresas ficticias o cuentas bancarias en paraísos fiscales para ocultar la propiedad y el control de activos financieros.

b) Transferencias de fondos a través de múltiples jurisdicciones: Los delincuentes pueden utilizar una serie de transacciones financieras a través de múltiples países y jurisdicciones para dificultar la detección y la trazabilidad de los fondos.

c) Uso de testaferros: Los titulares de cuentas en paraísos fiscales pueden utilizar testaferros o intermediarios para ocultar su verdadera identidad y relación con los activos.

d) Evitar el pago de impuestos: El uso de paraísos fiscales a menudo está relacionado con la evasión fiscal, ya que permite a las personas y empresas evitar el pago de impuestos en sus países de origen al ocultar activos y ganancias en jurisdicciones con impuestos bajos o inexistentes.

e) Lavado de dinero: Los fondos ilícitos pueden ser transferidos a través de cuentas en paraísos fiscales para "lavar" el dinero y hacerlo parecer legítimo antes de ser repatriado a otros lugares o invertido en activos legales.

f) Financiación del terrorismo: En algunos casos, los grupos terroristas pueden utilizar paraísos fiscales para financiar sus actividades de manera clandestina y ocultar la fuente de sus fondos.

El uso de paraísos fiscales en actividades financieras puede ser una estrategia efectiva para eludir la detección y el cumplimiento de las regulaciones financieras, pero es ilegal en muchos países y está sujeto a medidas de cumplimiento normativo cada vez más estrictas.

Las autoridades financieras y fiscales en todo el mundo trabajan para combatir el uso indebido de paraísos fiscales mediante la implementación de regulaciones más rigurosas, la cooperación internacional y la transparencia financiera.

Además, muchas jurisdicciones han acordado compartir información financiera con el fin de identificar y prevenir el uso de paraísos fiscales en actividades delictivas, incluyendo el blanqueo de capitales y la financiación del terrorismo.

DESCUBRIMIENTO Y REVELACIÓN DE SECRETOS Y ALLANAMIENTO INFORMÁTICO

INTRODUCCIÓN

El delito de descubrimiento y revelación de secretos y el allanamiento informático son dos conceptos distintos en el ámbito legal, pero ambos están relacionados con la violación de la privacidad y la seguridad de la información. Con relación a este delito, su significado y las conductas que conlleva cabe señalar lo siguiente:

a) Descubrimiento y Revelación de Secretos:

Significado: Este delito implica el acceso, obtención o divulgación indebida de información que debe mantenerse en secreto o confidencial. Puede involucrar el robo, la revelación o el uso no autorizado de datos confidenciales.

Conductas típicas: Algunas conductas que pueden constituir este delito incluyen el espionaje empresarial, la divulgación de secretos comerciales, la revelación de datos médicos o personales sin consentimiento, el acceso no autorizado a correos electrónicos privados, entre otros.

Penas: Las penas por este delito varían según la jurisdicción y la gravedad de la infracción, pero generalmente incluyen multas y penas de prisión.

b) Allanamiento Informático:

Significado: El allanamiento informático se refiere a la intrusión ilegal en sistemas informáticos o redes, con el fin de acceder a información protegida o realizar actividades maliciosas. Es una forma de ciberdelito.

Conductas típicas: Incluye acciones como el hacking de sistemas informáticos, la introducción de malware o virus, la interceptación de comunicaciones electrónicas, el robo de datos personales o financieros, y la interferencia con sistemas informáticos críticos, entre otros.

Penas: Las penas por allanamiento informático también varían según la jurisdicción y la gravedad del delito. Pueden incluir multas significativas y largas penas de prisión, especialmente si se trata de actividades cibernéticas con consecuencias graves.

Es importante destacar que las leyes y las penas específicas relacionadas con el descubrimiento y la revelación de secretos, así como el allanamiento informático, pueden variar considerablemente de un país a otro.

Estos delitos son serios y suelen ser perseguidos con determinación debido a su impacto en la privacidad y la seguridad de las personas y las organizaciones.

ACCEDER A INFORMACIÓN CONFIDENCIAL O SECRETOS QUE NO ESTÁN DESTINADOS AL CONOCIMIENTO PÚBLICO

El acceso a información confidencial o secretos que no están destinados al conocimiento público, en el contexto de los delitos de descubrimiento y revelación de secretos y allanamiento informático, tiene significados y comportamientos específicos según la legislación de cada país.

Procedemos a desglosar cada uno de estos delitos para entender mejor qué significan y qué comportamientos implican:

a) Descubrimiento y Revelación de Secretos

Significado: Este delito se refiere a la acción de obtener, sin autorización, acceso a información privada o confidencial. Esto puede incluir documentos personales, correspondencia, datos financieros, entre otros.

Conductas que comporta:

Acceso Ilegal: Acceder a información privada sin permiso.

Divulgación: Compartir o revelar esa información a terceros sin consentimiento del afectado.

Uso indebido: Utilizar la información obtenida para beneficio propio o para causar daño a otros.

b) Allanamiento Informático

Significado: Este delito se refiere específicamente a la intrusión ilegal en sistemas informáticos o redes para acceder a datos confidenciales.

Conductas que comporta:

- Intrusión en Sistemas: Penetrar en sistemas informáticos protegidos, como servidores, bases de datos, redes privadas, etc.
- Bypass de Seguridades: Romper o eludir las medidas de seguridad informática para acceder a los datos.
- Robo o Copia de Datos: Extraer o copiar información sin autorización.

Consideraciones Generales

- Intencionalidad: En ambos casos, se considera relevante la intención detrás del acceso a la información: si se buscaba obtener un beneficio, causar daño, o simplemente por curiosidad.
- Daño Causado: También se evalúa el daño que causa la revelación o acceso a estos datos, tanto a nivel individual (afectando a una persona) como a nivel empresarial o estatal.

Medios Utilizados: Los medios tecnológicos utilizados para cometer estos delitos, como software malicioso, hacking, phishing, entre otros, también son parte importante de la caracterización del delito.

Es importante recordar que la legislación específica y las penalizaciones varían según el país y la jurisdicción. En algunos lugares, estas acciones pueden ser consideradas delitos graves, con severas sanciones penales.

ACCESO NO AUTORIZADO A SISTEMAS INFORMÁTICOS

El acceso no autorizado a sistemas informáticos, en el contexto de los delitos de descubrimiento y revelación de secretos y allanamiento informático, se refiere a diversas conductas ilícitas que implican ingresar a sistemas o redes informáticas sin permiso.

Este tipo de actividades se consideran graves infracciones tanto desde el punto de vista legal como ético.

a) Allanamiento Informático
   - Hacking o Intrusión en Sistemas:
   - Utilizar habilidades técnicas para sortear la seguridad de un sistema informático.
   - Acceder a servidores, bases de datos, o redes privadas sin la autorización de los propietarios o administradores.

b) Uso de Malware o Software Malicioso:
   - Emplear virus, troyanos, gusanos, o cualquier otro tipo de software diseñado para dañar o infiltrarse en un sistema.

– Instalar keyloggers o spyware para monitorear y recopilar datos de un sistema o usuario sin su conocimiento.

c) Explotación de Vulnerabilidades:

– Aprovechar fallos de seguridad en software o hardware para obtener acceso no autorizado.

– Realizar ataques de fuerza bruta para descifrar contraseñas y otros métodos de autenticación.

d) Descubrimiento y Revelación de Secretos

– Acceso a Información Confidencial.

– Obtener datos sensibles o privados, como información personal, financiera, comercial o gubernamental, a través de la intrusión en sistemas informáticos.

– Visualizar o copiar documentos, registros, o cualquier tipo de información protegida.

b) Divulgación o Uso Indebido de la Información Accedida:

– Compartir la información obtenida ilegalmente con terceros.

– Utilizar la información para fines personales, chantaje, o cualquier otro propósito ilícito.

Consecuencias Legales y Éticas

a) Violación de la Privacidad y Confidencialidad: Estas acciones constituyen una grave infracción de la privacidad y confidencialidad, afectando tanto a individuos como a organizaciones.

b) Penalidades Legales: Dependiendo de la jurisdicción, las personas que realizan estas actividades pueden enfrentar cargos criminales, incluyendo multas y penas de prisión.

c) Impacto en la Seguridad de la Información: Estos actos socavan la integridad y seguridad de los sistemas informáticos, lo que puede tener amplias repercusiones en varios sectores.

El acceso no autorizado a sistemas informáticos en el marco de estos delitos representa un serio atentado contra la seguridad y privacidad de la información, siendo conductas penalmente sancionables y éticamente reprobables.

Estas acciones no solo afectan a los individuos y empresas directamente involucrados, sino que también pueden tener un impacto significativo en la confianza general en la seguridad de los sistemas informáticos.

ACCIONES DESTINADAS A COMPROMETER LA INTEGRIDAD DE DATOS INFORMÁTICOS

Las acciones destinadas a comprometer la integridad de datos informáticos en el contexto de los delitos de descubrimiento y revelación de secretos y allanamiento informático se refieren a una serie de prácticas ilícitas que alteran o dañan la información almacenada en sistemas informáticos.

A continuación, se detalla su significado y las conductas asociadas:

a) Significado:

- Compromiso de la integridad de datos: Esto implica cualquier acción que altere, corrompa, o de otro modo modifique de forma indebida los datos en un sistema informático. La integridad de los datos se refiere a su exactitud y consistencia a lo largo de su ciclo de vida.
- Descubrimiento y revelación de secretos: Si durante el proceso de comprometer la integridad de los datos, se accede a información confidencial o privada (como datos personales, secretos comerciales, etc.) y esta información se divulga o utiliza de manera indebida, se podría incurrir en este delito.
- Allanamiento informático: Cualquier acción que comprometa la integridad de los datos generalmente requiere acceso no autorizado a un sistema informático, lo cual constituye un allanamiento informático.

b) Conductas asociadas:

- Inserción de datos falsos o manipulados: Añadir o modificar datos en un sistema para que estos sean incorrectos o engañosos.
- Eliminación o corrupción de datos: Borrar o dañar datos importantes, lo cual puede tener efectos perjudiciales para el individuo o la organización propietaria de los datos.
- Hacking y uso de malware: Utilizar técnicas de hacking o instalar software malicioso para alterar los datos de un sistema.
- Explotación de vulnerabilidades de software o hardware: Aprovechar debilidades en los sistemas para acceder y modificar datos.
- Ataques de denegación de servicio (DDoS): Aunque principalmente afectan la disponibilidad, estos ataques también pueden comprometer la integridad de los datos al impedir las operaciones normales del sistema.

Comprometer la integridad de los datos es una acción ilegal y puede tener serias repercusiones legales.

Dependiendo de la jurisdicción y la gravedad del delito, las consecuencias pueden incluir multas, penas de prisión y daños a la reputación.

Además, si se accede a información confidencial y se revela sin autorización, pueden surgir cargos adicionales relacionados con la violación de la privacidad y la seguridad de la información.

DISTRIBUCIÓN DE MALWARE O VIRUS

La distribución de malware o virus en el contexto de los delitos de descubrimiento y revelación de secretos y allanamiento informático tiene implicaciones específicas:

a) Significado:
   - Distribución de malware o virus: Se refiere al acto de crear, difundir o implantar software malicioso (malware) o programas de virus en sistemas informáticos sin consentimiento. Este software está diseñado para dañar, alterar, robar o realizar acciones no autorizadas en los sistemas afectados.
   - Descubrimiento y revelación de secretos: Al distribuir malware o virus, los atacantes pueden acceder a información confidencial o privada almacenada en los sistemas infectados. Esto puede llevar al descubrimiento y, potencialmente, a la revelación no autorizada de esos datos.
   - Allanamiento informático: La implantación de malware o virus normalmente implica el acceso no autorizado a un sistema informático, lo que constituye un allanamiento informático. Esto incluye superar las medidas de seguridad para instalar el malware.

b) Conductas asociadas:
   - Creación de malware/virus: Diseñar y desarrollar software malicioso o virus informáticos.
   - Phishing y otras técnicas de ingeniería social: Engañar a los usuarios para que descarguen o instalen malware.
   - Explotación de vulnerabilidades: Utilizar debilidades en software o sistemas para implantar malware.
   - Distribución a través de redes: Propagar malware o virus a través de internet, redes de correo electrónico, o medios extraíbles como USB.
   - Ataques dirigidos (spear phishing, ataques de día cero): Lanzar campañas de malware dirigidas a individuos o entidades específicas para acceder a sus sistemas y datos.

Estas actividades son ilegales y pueden tener serias consecuencias legales, incluyendo multas y penas de prisión, dependiendo de la legislación específica del país en cuestión.

La gravedad de las consecuencias usualmente depende de la naturaleza y el alcance del daño causado por el malware o virus, así como del tipo de datos afectados.

En algunos casos, la distribución de malware puede tener implicaciones de seguridad nacional o causar un daño económico significativo, lo que puede aumentar la severidad de las sanciones legales.

DIVULGACIÓN DE INFORMACIÓN CONFIDENCIAL OBTENIDA DE MANERA ILEGAL

La divulgación de información confidencial obtenida de manera ilegal, en el contexto de los delitos de descubrimiento y revelación de secretos y allanamiento informático, es un tema complejo con múltiples capas y serias implicaciones legales y éticas.

Aquí se detallan más ampliamente las conductas y las implicaciones de estos delitos:

a) Obtención ilegal de información confidencial: Este es el primer paso en el proceso delictivo y puede realizarse de varias maneras:

- Hackeo de sistemas informáticos: Utilizar técnicas avanzadas para infiltrarse en sistemas de computadoras y acceder a datos sensibles.
- Interceptación de comunicaciones: Espiar correos electrónicos, mensajes de texto, llamadas telefónicas y otras formas de comunicación privada.
- Engaño y manipulación: Emplear tácticas como el phishing o la ingeniería social para engañar a las personas y obtener acceso a información confidencial.
- Uso de malware: Instalar software malicioso, como spyware o keyloggers, para recopilar datos sin el conocimiento del usuario.

b) Divulgación de información confidencial: Una vez obtenida la información, su divulgación ilegal implica:

- Publicación en plataformas públicas: Compartir la información en sitios web, foros en línea o redes sociales.
- Distribución selectiva: Enviar la información a determinados individuos o entidades que puedan usarla para fines ilícitos o dañinos.
- Chantaje o extorsión: Utilizar la información para coaccionar a las víctimas con el fin de obtener beneficios financieros o de otra índole.
- Venta a interesados: Ofrecer la información a competidores, criminales o incluso a gobiernos extranjeros.

c) Implicaciones legales y consecuencias:

- Sanciones penales: Los infractores pueden enfrentar cargos criminales, que a menudo conllevan penas de prisión, multas o ambas.
- Responsabilidad civil: Las víctimas de estos delitos pueden emprender acciones legales por daños y perjuicios contra los responsables.
- Consecuencias internacionales: En casos de espionaje o de afectación a la seguridad nacional, pueden surgir implicaciones diplomáticas o de seguridad internacional.
- Daño reputacional: Tanto para el infractor como para la víctima, la divulgación de información confidencial puede resultar en un daño significativo a su reputación y credibilidad.

d) Aspectos éticos y morales: Más allá de las consecuencias legales, estas acciones plantean serias preguntas éticas:

- Violación de la privacidad: Estos delitos representan una intrusión en la vida privada de individuos y organizaciones.
- Confianza y seguridad en el ámbito digital: La proliferación de estos delitos puede erosionar la confianza en las comunicaciones y transacciones digitales.
- Impacto en las víctimas: El daño psicológico y emocional para las víctimas puede ser considerable, especialmente en casos de divulgación de información personal sensible.

La divulgación de información confidencial obtenida ilegalmente no solo conlleva riesgos legales y penales significativos, sino que también plantea preguntas profundas sobre la ética, la privacidad y la confianza en el entorno digital.

Estos delitos pueden tener un impacto duradero en las víctimas y en la sociedad en general, lo que subraya la importancia de la seguridad de la información y la protección de la privacidad en el mundo moderno.

ENTRADA ILEGAL A SISTEMAS MEDIANTE LA VULNERACIÓN DE MEDIDAS DE SEGURIDAD

La entrada ilegal a sistemas mediante la vulneración de medidas de seguridad, en el contexto de los delitos de descubrimiento y revelación de secretos y allanamiento informático, implica varias acciones ilegales relacionadas con la seguridad cibernética y la privacidad.

A continuación, se detallan sus significados y las conductas asociadas:

a) Significado:

- Entrada ilegal a sistemas: Se refiere al acceso no autorizado a sistemas informáticos, redes o bases de datos. Esta acción es ilegal cuando se realiza sin el consentimiento del propietario o administrador del sistema.
- Vulneración de medidas de seguridad: Implica romper, eludir o desactivar las medidas de seguridad implementadas para proteger los sistemas informáticos y los datos que contienen. Esto incluye contraseñas, cifrado, firewalls, y otras formas de protección de datos.

b) Conductas asociadas:

- Hacking o Cracking: Utilizar habilidades técnicas para superar las barreras de seguridad en sistemas informáticos y obtener acceso no autorizado.
- Uso de software malicioso: Emplear virus, troyanos, keyloggers, o ransomware para infiltrarse en sistemas y evadir medidas de seguridad.
- Explotación de vulnerabilidades: Identificar y aprovechar debilidades en el software o hardware para ingresar a sistemas protegidos.
- Ingeniería social: Engañar o manipular a personas para obtener información de seguridad (como contraseñas) y acceder ilegalmente a sistemas.
- Phishing y ataques de suplantación de identidad (spoofing): Usar emails o sitios web falsos para obtener credenciales de acceso y violar la seguridad de sistemas.

c) Delitos específicos:

- Descubrimiento y revelación de secretos: Acceder a información confidencial o privada y luego revelarla a terceros sin autorización. Esto puede incluir datos personales, información comercial sensible, correspondencia privada, entre otros.
- Allanamiento informático: Acceso ilegal a un sistema informático o red, lo cual es considerado un delito en muchos sistemas legales, similar al allanamiento físico, pero en el ámbito digital.

Estas actividades son consideradas delitos en muchas jurisdicciones y pueden conllevar serias consecuencias legales, como multas y penas de prisión.

La gravedad de estas sanciones generalmente depende de la naturaleza y el alcance del daño causado, así como de la legislación específica de cada país.

ESPIONAJE EMPRESARIAL

El espionaje empresarial, en el contexto de los delitos de descubrimiento y revelación de secretos y allanamiento informático, se refiere a prácticas ilegales orientadas a obtener de manera subrepticia información confidencial o secretos comerciales de una empresa.

Las acciones relacionadas con el espionaje empresarial incluyen:

a) Significado:

- Espionaje empresarial: La práctica de usar medios clandestinos o ilegales para adquirir secretos comerciales, estrategias, datos de clientes, planes de productos, o cualquier otra información confidencial propiedad de una empresa.

El objetivo es a menudo obtener una ventaja competitiva o vender la información a terceros.

- Descubrimiento y revelación de secretos: Esto se refiere específicamente a la acción de acceder y luego posiblemente divulgar la información confidencial obtenida a través del espionaje.
- Allanamiento informático: Muchas actividades de espionaje empresarial implican el acceso no autorizado a sistemas informáticos para obtener la información deseada, lo que constituye un allanamiento informático.

b) Conductas asociadas:

- Hacking y acceso no autorizado a sistemas: Infiltrarse en redes y sistemas informáticos de empresas para robar información confidencial.
- Explotación de vulnerabilidades de seguridad: Utilizar debilidades en el software o hardware de la empresa para acceder a datos protegidos.
- Ingeniería social y phishing: Engañar a empleados de la empresa para obtener acceso a información confidencial o para que revelen credenciales de acceso.
- Uso de malware y spyware: Instalar software malicioso en los sistemas de la empresa para espiar o extraer datos.
- Intercepción de comunicaciones: Capturar comunicaciones empresariales, como emails o llamadas telefónicas, para obtener información sensible.
- Uso indebido de información por insiders: Empleados o exempleados que utilizan su acceso legítimo para proporcionar información confidencial a competidores o a terceros.

El espionaje empresarial es ilegal y puede llevar a graves consecuencias legales, incluyendo multas y penas de prisión.

Estas acciones son consideradas una violación seria de la propiedad intelectual y la privacidad de la información empresarial.

Además, dependiendo de la naturaleza de la información robada y del impacto en la empresa víctima, el espionaje empresarial puede tener consecuencias económicas significativas y dañar la reputación y la confianza en el mercado.

INTENTAR EL ACCESO NO AUTORIZADO A REDES PROTEGIDAS

Intentar el acceso no autorizado a redes protegidas en el contexto de los delitos de descubrimiento y revelación de secretos y allanamiento informático se refiere a una serie de acciones ilegales enfocadas en penetrar en sistemas informáticos sin permiso. Estas prácticas implican:

a) Significado:

- Acceso no autorizado: Se trata de entrar en redes informáticas, sistemas o bases de datos sin el consentimiento del propietario o administrador. Esto incluye cualquier intento de sobrepasar las medidas de seguridad implementadas para proteger esos recursos.
- Redes protegidas: Se refiere a sistemas informáticos que cuentan con algún tipo de seguridad, como firewalls, contraseñas, sistemas de autenticación o cualquier otro mecanismo destinado a prevenir el acceso no autorizado.
- Descubrimiento y revelación de secretos: Al acceder a una red protegida sin autorización, se pueden obtener datos confidenciales o secretos comerciales, lo que puede conducir a su descubrimiento y posible revelación ilegal.
- Allanamiento informático: El acto de intentar o lograr el acceso no autorizado se considera un allanamiento informático, ya que implica una intrusión en sistemas protegidos.

b) Conductas asociadas:

- Hacking y cracking: Utilizar habilidades y herramientas técnicas para superar las medidas de seguridad y acceder a redes protegidas.
- Explotación de vulnerabilidades: Identificar y aprovechar debilidades en el software o hardware para obtener acceso.
- Phishing y técnicas de ingeniería social: Engañar a los usuarios o administradores para obtener credenciales de acceso.
- Uso de software malicioso: Instalar malware, como troyanos o keyloggers, para obtener acceso a redes protegidas.
- Bypass de autenticación: Implementar métodos para evadir los sistemas de verificación y control de acceso.
- Ataques de fuerza bruta: Intentar numerosas combinaciones de credenciales para descubrir contraseñas o claves de acceso.

El intento de acceso no autorizado a redes protegidas es ilegal en muchas jurisdicciones y puede resultar en sanciones significativas, como multas y penas de prisión.

Estas acciones son vistas como una seria violación de la seguridad informática y la privacidad, y pueden tener graves consecuencias para la integridad, confidencialidad y disponibilidad de la información y los sistemas afectados.

INTRUSIÓN ILEGAL EN REDES CON EL FIN DE REALIZAR ACTIVIDADES MALICIOSAS

La intrusión ilegal en redes con el fin de realizar actividades maliciosas, en el contexto de los delitos de descubrimiento y revelación de secretos y allanamiento informático, se refiere a varias conductas ilegales relacionadas con la seguridad de la información y la privacidad. A continuación se aborda una descripción general:

a) Descubrimiento y revelación de secretos: Este delito se comete cuando una persona accede ilegalmente a información confidencial o privada sin permiso y luego revela esa información a terceros.

La intrusión puede ser a través de hacking, phishing, o cualquier otra forma de acceso no autorizado a sistemas informáticos. La información puede incluir datos personales, secretos comerciales, correspondencia privada, entre otros.

b) Allanamiento informático: Este término se refiere a la acción de ingresar ilegalmente a un sistema informático o red.

Es similar al allanamiento físico, pero en el ámbito digital.

Esto incluye romper la seguridad de una red o sistema, instalar software malicioso, como virus o troyanos, y cualquier forma de acceso no autorizado a un ordenador o red.

Las conductas asociadas con estos delitos pueden incluir:

a) Hacking: Usar habilidades técnicas para superar barreras de seguridad en sistemas informáticos.
b) Phishing: Engañar a los usuarios para que proporcionen información confidencial como contraseñas o números de tarjetas de crédito.
c) Instalación de software malicioso: Colocar virus, troyanos o ransomware en sistemas para dañar, robar información o ganar control no autorizado.
d) Interceptación de comunicaciones: Escuchar o interceptar comunicaciones digitales (como emails o mensajes) sin permiso.
e) Explotación de vulnerabilidades: Aprovechar debilidades en sistemas y redes para obtener acceso no autorizado.

Estas acciones son ilegales y pueden tener graves consecuencias legales, incluyendo multas y penas de prisión, dependiendo de la legislación específica del país en cuestión.

La gravedad de las consecuencias suele depender de la naturaleza y el alcance del daño causado por estas actividades.

INTERCEPTACIÓN DE COMUNICACIONES ELECTRÓNICAS PRIVADAS

La interceptación de comunicaciones electrónicas privadas en el contexto de los delitos de descubrimiento y revelación de secretos y allanamiento informático se refiere a la acción de acceder, sin autorización, a comunicaciones privadas realizadas a través de medios electrónicos. Estas prácticas pueden incluir:

a) Espionaje de Comunicaciones Electrónicas:

- Interceptar Correos Electrónicos: Acceder a correos electrónicos privados de una persona o entidad sin su consentimiento.
- Monitoreo de Mensajería Instantánea: Usar software espía para leer mensajes privados enviados a través de plataformas como WhatsApp, Telegram, o redes sociales.
- Escucha de Llamadas VoIP: Interceptación de llamadas realizadas a través de tecnologías de Voz sobre Protocolo de Internet (VoIP), como Skype o Zoom.

b) Uso de Tecnología para Interceptación:

- Instalación de Software Espía o Malware: Colocar software malicioso en dispositivos de las víctimas para acceder a sus comunicaciones.
- Explotación de Vulnerabilidades en Redes: Aprovechar debilidades en redes Wi-Fi o en sistemas de comunicaciones para interceptar datos transmitidos.

c) Ataques de 'Man-in-the-Middle' (MitM):

- Interceptación en Redes: Colocarse entre la víctima y el sistema con el que se comunica para leer o modificar los mensajes intercambiados.
- Uso de Puntos de Acceso Wi-Fi Falsificados: Crear puntos de acceso Wi-Fi no seguros para capturar datos de usuarios que se conectan.

Implicaciones Legales y Consecuencias

a) Violación de Leyes de Privacidad y Seguridad: Estas acciones suelen ser ilegales bajo la legislación de privacidad y seguridad de datos, pudiendo resultar en sanciones penales severas.

b) Infracción de la Confidencialidad: La interceptación de comunicaciones viola la confidencialidad y la privacidad personal y empresarial.

c) Daños a Víctimas: Las víctimas pueden sufrir daños emocionales, financieros y de reputación debido a la divulgación o mal uso de la información interceptada.

Aspectos Éticos y Sociales

a) Erosión de la Confianza: Estas prácticas erosionan la confianza en los sistemas de comunicación y en la integridad de la información personal y corporativa.

b) Dilemas Éticos: La interceptación no autorizada de comunicaciones plantea serios dilemas éticos, ya que viola el derecho fundamental a la privacidad.

Estos delitos subrayan la importancia de las medidas de seguridad en las comunicaciones, como el cifrado de extremo a extremo, y la necesidad de educar a los usuarios sobre los riesgos de la interceptación de comunicaciones y cómo protegerse contra ella.

MODIFICACIÓN NO AUTORIZADA DE INFORMACIÓN

La modificación no autorizada de información en el contexto de los delitos de descubrimiento y revelación de secretos y allanamiento informático se refiere a alterar datos o sistemas sin permiso, lo que puede tener diversas implicaciones y conductas asociadas:

a) Significado:

- Modificación no autorizada: Implica cambiar, editar o manipular datos o sistemas informáticos sin el consentimiento del propietario o administrador. Esto puede afectar la integridad, disponibilidad o confidencialidad de la información.
- Descubrimiento y revelación de secretos: Si la modificación no autorizada conlleva el acceso a información confidencial o privada, puede considerarse como descubrimiento de secretos. Si estos datos son luego compartidos o expuestos, se configura la revelación de secretos.
- Allanamiento informático: La modificación no autorizada generalmente requiere el acceso ilegal a un sistema informático, lo que constituye allanamiento informático.

b) Conductas asociadas:

- Inserción de datos falsos o engañosos: Cambiar o añadir información en una base de datos o sistema para engañar o causar daño.
- Alteración de registros o archivos: Modificar archivos existentes, como registros financieros, datos personales, o software, alterando su funcionamiento o significado original.

- Manipulación de software o sistemas operativos: Cambiar el código o configuraciones de software y sistemas operativos para alterar su comportamiento normal.
- Uso de malware para alterar datos: Instalar software malicioso que cambie, corrompa o destruya datos.
- Ataques de script o inyección de código: Utilizar técnicas de hacking para inyectar código malicioso en sistemas y alterar su funcionamiento.

Estas actividades son ilegales y pueden acarrear serias consecuencias legales, como multas y penas de prisión, dependiendo de la legislación específica del país en cuestión. La gravedad de las consecuencias generalmente depende del tipo de datos modificados, el alcance del daño y el motivo de la modificación.

OBTENCIÓN DE CONTRASEÑAS O CREDENCIALES DE ACCESO DE FORMA ILÍCITA

La obtención de contraseñas o credenciales de acceso de forma ilícita en el contexto de los delitos de descubrimiento y revelación de secretos y allanamiento informático implica una serie de conductas ilegales centradas en acceder a información protegida sin autorización.

Estas conductas no solo violan la ley, sino que también representan una seria transgresión ética y de privacidad.

A continuación, se detallan algunas de estas conductas:

a) Métodos Ilícitos para Obtener Contraseñas y Credenciales

   - Phishing:
   - Correos Electrónicos y Mensajes Falsos: Enviar comunicaciones que parecen legítimas para engañar a los destinatarios y hacer que revelen sus credenciales.
   - Sitios Web Fraudulentos: Crear páginas web que imitan a las legítimas para capturar las credenciales de los usuarios.

b) Keylogging:

   - Software de Registro de Teclas: Instalar programas que registran secretamente las pulsaciones del teclado para capturar contraseñas y otra información sensible.

c) Ataques de Fuerza Bruta:

   - Descifrado de Contraseñas: Utilizar software que intenta muchas combinaciones posibles de contraseñas hasta encontrar la correcta.

d) Ingeniería Social:

- Manipulación y Engaño: Engañar a las personas para que voluntariamente revelen sus credenciales, a menudo haciéndose pasar por una entidad de confianza.

e) Explotación de Vulnerabilidades:

- Ataques a Bases de Datos: Aprovechar fallos de seguridad para acceder a bases de datos que contienen credenciales de usuario.

Implicaciones en Descubrimiento y Revelación de Secretos

- Acceso a Información Confidencial: Una vez obtenidas las credenciales, los delincuentes pueden acceder a información sensible como datos personales, financieros, corporativos o de propiedad intelectual.
- Divulgación de Información: La información obtenida puede ser divulgada ilegalmente, causando daños a individuos o entidades.

Implicaciones en Allanamiento Informático

- Intrusión en Sistemas: Las credenciales permiten a los delincuentes acceder a sistemas informáticos protegidos, incluyendo redes corporativas o personales.
- Daño a Sistemas y Datos: Una vez dentro, pueden causar daños, robar más datos, o instalar malware.

Consecuencias Legales y Éticas

a) Violaciones Legales: Estas acciones son penalizadas por la ley en muchos países, pudiendo conllevar multas y penas de prisión.

b) Violación de la Privacidad y Confianza: Estas prácticas erosionan la confianza en los sistemas digitales y violan la privacidad de las personas.

La obtención ilícita de contraseñas y credenciales es una práctica ilegal y éticamente reprobable que forma parte de una gama más amplia de delitos cibernéticos, con graves consecuencias tanto para las víctimas como para los perpetradores.

OBTENER DE MANERA ILEGAL INFORMACIÓN PROFESIONAL PROTEGIDA POR SECRETOS EMPRESARIALES

Obtener de manera ilegal información profesional protegida por secretos empresariales en el contexto de los delitos de descubrimiento y revelación de secretos y allanamiento informático implica una serie de acciones ilícitas enfocadas en acceder y adquirir información confidencial de una empresa sin autorización.

Este tipo de información suele ser vital para las operaciones y la ventaja competitiva de una empresa.

A continuación, se detalla el significado y las conductas asociadas:

a) Significado:

- Obtención ilegal de información profesional: Refiere al acto de acceder y adquirir datos que están protegidos como secretos empresariales sin permiso. Esto incluye cualquier información que una empresa mantiene en secreto para preservar su ventaja competitiva, como fórmulas, procesos, estrategias, listas de clientes, datos financieros, entre otros.
- Secretos empresariales: Son datos confidenciales que tienen valor comercial debido a su naturaleza secreta y para los cuales se han tomado medidas razonables para mantener su confidencialidad.
- Descubrimiento y revelación de secretos: Este delito se comete cuando se accede de manera no autorizada a secretos empresariales y luego se divulgan o se utilizan de manera indebida.
- Allanamiento informático: La obtención ilegal de estos secretos suele implicar el acceso no autorizado a sistemas informáticos, lo cual constituye un allanamiento informático.

b) Conductas asociadas:

- Hacking y acceso no autorizado: Utilizar habilidades técnicas avanzadas para infiltrarse en sistemas informáticos de empresas y obtener secretos empresariales.
- Explotación de vulnerabilidades de software: Identificar y aprovechar debilidades en los sistemas de una empresa para acceder a su información confidencial.
- Phishing y otras formas de ingeniería social: Engañar a empleados para obtener credenciales de acceso o información directamente relacionada con los secretos empresariales.
- Espionaje industrial: Realizar actividades de vigilancia o infiltración para obtener información confidencial de una empresa.
- Uso indebido de información por insiders: Empleados o colaboradores que extraen información confidencial sin autorización.

Obtener ilegalmente información profesional protegida por secretos empresariales es un acto ilegal que puede resultar en graves consecuencias legales, incluyendo multas y penas de prisión.

Las leyes en muchos países protegen enérgicamente los secretos empresariales debido a su importancia crítica para la salud y competitividad de las empresas.

La gravedad de las sanciones dependerá de factores como el valor de la información sustraída, el daño causado a la empresa y si se han beneficiado terceros a expensas de esta.

PROPAGAR VIRUS EN SISTEMAS AJENOS

Propagar virus en sistemas ajenos, en el marco de los delitos de descubrimiento y revelación de secretos y allanamiento informático, se refiere a la distribución intencional de software malicioso en computadoras o redes que no son propiedad del atacante.

Estas acciones tienen implicaciones legales específicas:

a) Significado:

- Propagar virus: Se trata de diseminar programas maliciosos diseñados para infectar sistemas informáticos, causando potencialmente daños, robando información, o interrumpiendo sus operaciones normales.
- En sistemas ajenos: Esto indica que el ataque se dirige a sistemas informáticos que pertenecen a otras personas, empresas o entidades, sin su consentimiento.

b) Relación con Delitos Informáticos:

- Descubrimiento y revelación de secretos: Si el virus recopila y transmite información confidencial o privada de los sistemas infectados, esto puede constituir un delito de descubrimiento y revelación de secretos.
- Allanamiento informático: La propagación de un virus en sistemas ajenos implica un acceso y manipulación no autorizados de estos sistemas, lo cual puede ser considerado un acto de allanamiento informático.

c) Conductas Asociadas:

- Creación de virus informáticos: Diseñar y programar virus para dañar, robar datos o causar otros problemas en los sistemas informáticos.
- Distribución de virus a través de Internet: Usar correos electrónicos, sitios web, redes sociales, o software para esparcir virus.
- Explotación de vulnerabilidades en software y hardware: Utilizar debilidades en los sistemas para facilitar la infección por virus.
- Uso de redes de bots (botnets): Controlar grupos de computadoras infectadas para distribuir virus a una escala mayor.

- Engaño o phishing: Engañar a los usuarios para que descarguen o ejecuten archivos que contienen virus.

Propagar virus en sistemas ajenos es una actividad ilegal con graves implicaciones legales.

Dependiendo de la jurisdicción y la severidad del daño causado, las personas responsables pueden enfrentar cargos criminales, incluyendo multas y penas de prisión.

Este tipo de conducta es considerada una grave violación a la seguridad informática y a menudo se persigue activamente tanto por entidades de aplicación de la ley como por las víctimas afectadas a través de acciones legales civiles.

PUBLICACIÓN DE FOTOS O VÍDEOS ÍNTIMOS SIN CONSENTIMIENTO

La publicación de fotos o vídeos íntimos sin consentimiento en el contexto de los delitos de descubrimiento y revelación de secretos y allanamiento informático es una práctica ilegal que involucra varias conductas específicas:

a) Obtención de Material Íntimo sin Consentimiento:

- Acceso Ilegal a Dispositivos o Cuentas: Hackear teléfonos, computadoras o cuentas en la nube para obtener fotografías o vídeos íntimos.
- Interceptación de Comunicaciones: Capturar este tipo de material mediante la interceptación ilegal de comunicaciones electrónicas, como mensajes o correos electrónicos.
- Engaño o Coacción: Obtener material íntimo mediante engaño, manipulación o coacción de la víctima.

b) Distribución o Publicación del Material:

- Publicación en Internet: Compartir fotos o vídeos íntimos en redes sociales, foros, sitios web, o enviarlos a terceros sin el consentimiento de la persona implicada.
- Difusión a Través de Mensajería: Enviar el material a contactos de la víctima o a otras personas a través de aplicaciones de mensajería.

c) Uso de Material Íntimo para Coacción o Chantaje:

- Sextorsión: Amenazar con publicar o distribuir el material íntimo si no se cumplen ciertas demandas, como el pago de dinero o la realización de más material íntimo.

Implicaciones Legales y Consecuencias

a) Violación de la Privacidad y la Intimidad: La publicación de material íntimo sin consentimiento es una grave invasión de la privacidad y la dignidad personal.

b) Consecuencias Legales: Muchos países han tipificado específicamente este tipo de conductas como delitos, pudiendo resultar en penas de prisión, multas, y otras sanciones legales.

c) Daño Psicológico a las Víctimas: Las personas cuya privacidad ha sido violada de esta manera a menudo sufren un daño emocional significativo, incluyendo estrés, ansiedad, y en casos extremos, depresión.

Aspectos Éticos y Sociales

a) Impacto Social y Ético: La publicación no consensuada de material íntimo representa una violación ética grave, afectando la percepción social del respeto y la dignidad individual.

b) Estigmatización y Victimización: Las víctimas de estos delitos a menudo enfrentan estigmatización y victimización secundaria, lo que agrava su trauma.

La educación sobre el respeto a la privacidad y la dignidad, así como las medidas legales fuertes, son fundamentales para prevenir y sancionar estas prácticas.

Es importante también fomentar un entorno de apoyo y comprensión para las víctimas de estos delitos.

REALIZAR ATAQUES DE DENEGACIÓN DE SERVICIOS PARA DESACTIVAR SITIOS WEB O SERVICIOS EN LÍNEA

Realizar ataques de denegación de servicio (DoS) para desactivar sitios web o servicios en línea, en el contexto de los delitos de descubrimiento y revelación de secretos y allanamiento informático, se refiere a una serie de acciones maliciosas dirigidas a interrumpir el acceso normal a recursos digitales. Estas prácticas incluyen:

a) Significado:

- Ataques de Denegación de Servicio (DoS): Estos ataques buscan hacer que un sitio web, servidor o infraestructura de red sea inaccesible para los usuarios. Se logra inundando el sistema objetivo con tráfico o solicitudes excesivas, lo que sobrecarga los recursos y evita el acceso legítimo.
- Desactivar sitios web o servicios en línea: El objetivo de un ataque DoS es interrumpir el funcionamiento normal de sitios web y servicios en línea, impidiendo que los usuarios accedan a ellos.
- Descubrimiento y revelación de secretos: Aunque un ataque DoS por sí mismo no implica directamente el descubrimiento o la revelación de secretos,

puede ser utilizado como una táctica de distracción o como parte de una estrategia más amplia que incluya actividades de hacking para acceder a información confidencial.

- Allanamiento informático: Los ataques DoS pueden considerarse una forma de allanamiento informático, especialmente cuando involucran la intrusión en sistemas para coordinar el ataque (por ejemplo, mediante el uso de una red de bots).

b) Conductas asociadas:

- Inundación de red: Utilizar múltiples sistemas para enviar una gran cantidad de tráfico a un sitio web o servicio, lo que impide su funcionamiento normal.
- Explotación de vulnerabilidades: Aprovechar debilidades en servidores o aplicaciones web para provocar un colapso.
- Utilización de redes de bots (Botnets): Emplear redes de computadoras infectadas con malware para lanzar ataques coordinados de gran escala.
- Ataques de amplificación: Incrementar el volumen del ataque utilizando técnicas que magnifican el tráfico hacia el objetivo.
- Bloqueo de servicios específicos: Centrarse en componentes críticos de la infraestructura web, como bases de datos o aplicaciones clave, para maximizar el impacto del ataque.
- Ataques de amplificación: Utilizar técnicas que aumentan la cantidad de tráfico enviado al objetivo, a menudo abusando de servidores mal configurados en la red.

Estos ataques son ilegales y pueden resultar en sanciones legales severas, incluyendo multas y penas de prisión.

Son especialmente graves cuando afectan a servicios críticos, como infraestructuras de salud, financieras o gubernamentales. Además, pueden considerarse actos de vandalismo digital y, dependiendo del contexto, actos de ciberterrorismo.

La gravedad de las consecuencias legales depende de la jurisdicción, la magnitud del daño causado y la naturaleza de los servicios afectados.

REALIZAR ESCUCHAS TELEFÓNICAS SIN CONSENTIMIENTO

Realizar escuchas telefónicas sin consentimiento en el contexto de los delitos de descubrimiento y revelación de secretos y allanamiento informático se refiere a acciones ilegales específicas relacionadas con la interceptación no autorizada de comunicaciones telefónicas.

A continuación, se detalla el significado y las conductas asociadas:

a) Significado:

- Escuchas telefónicas sin consentimiento: Se refiere a la práctica de interceptar, grabar o monitorear conversaciones telefónicas o comunicaciones sin el permiso de las partes involucradas. Esto viola la privacidad y la confidencialidad de las comunicaciones personales o comerciales.
- Descubrimiento y revelación de secretos: Las escuchas telefónicas pueden conducir al descubrimiento de información confidencial o secreta. Si esta información se utiliza o se divulga sin autorización, constituye un delito de descubrimiento y revelación de secretos.
- Allanamiento informático: Aunque las escuchas telefónicas tradicionales no siempre involucran sistemas informáticos, en la era moderna, muchas comunicaciones telefónicas se realizan a través de redes digitales, por lo que su interceptación puede ser considerada una forma de allanamiento informático.

b) Conductas asociadas:

- Interceptación de llamadas: Usar dispositivos o software para escuchar o grabar llamadas telefónicas sin el conocimiento o consentimiento de los participantes.
- Uso de software espía: Instalar aplicaciones o programas en dispositivos móviles para monitorear llamadas y mensajes.
- Explotación de vulnerabilidades de red: Aprovechar debilidades en las redes telefónicas o de datos para interceptar comunicaciones.
- Phishing y técnicas de ingeniería social: Engañar a los usuarios para que instalen software malicioso que permite la escucha telefónica.
- Acceso no autorizado a sistemas de telecomunicaciones: Infiltrarse en sistemas de telecomunicaciones para monitorear o grabar llamadas.
- Hacking de redes telefónicas o sistemas de comunicación: Acceder ilegalmente a redes de telecomunicaciones para escuchar o grabar llamadas.

Las escuchas telefónicas sin consentimiento son ilegales en la mayoría de las jurisdicciones y pueden tener graves consecuencias legales, incluyendo multas y penas de prisión.

Estas acciones son consideradas una grave invasión de la privacidad y, dependiendo de la jurisdicción y la naturaleza de la información interceptada, pueden resultar en cargos criminales adicionales, como violación de leyes de telecomunicaciones, privacidad o seguridad de la información.

REVELACIÓN DE DATOS MÉDICOS SIN CONSENTIMIENTO

La revelación de datos médicos sin consentimiento, en el contexto de los delitos de descubrimiento y revelación de secretos y allanamiento informático, se refiere a la divulgación no autorizada de información personal y sensible relacionada con la salud de una persona.

Estas prácticas tienen connotaciones específicas:

a) Significado:

- Revelación de datos médicos: Implica compartir información médica privada de individuos sin su permiso. Esto puede incluir historiales clínicos, diagnósticos, tratamientos, resultados de pruebas, y cualquier otra información relacionada con la salud de una persona.
- Sin consentimiento: La clave aquí es que la divulgación se realiza sin el consentimiento explícito del paciente, lo que viola los derechos de privacidad y confidencialidad.
- Descubrimiento y revelación de secretos: Este delito se configura cuando se accede y se divulga información médica confidencial sin autorización. Incluye tanto el acceso no autorizado a la información (descubrimiento) como su posterior divulgación (revelación).
- Allanamiento informático: Si para acceder a los datos médicos se vulnera la seguridad de sistemas informáticos, como bases de datos de hospitales o clínicas, se estaría cometiendo un allanamiento informático.

b) Conductas asociadas:

- Hacking y acceso no autorizado a sistemas de salud: Infiltrarse en redes y bases de datos de hospitales, clínicas o sistemas de salud electrónicos para obtener información médica.
- Phishing y engaño: Utilizar tácticas de engaño para que los empleados del sector salud revelen información confidencial.
- Explotación de vulnerabilidades en sistemas de salud: Aprovechar debilidades en el software o la seguridad de redes para acceder a datos médicos.
- Uso indebido de acceso legítimo: Profesionales de la salud o empleados administrativos que acceden a información médica sin una razón válida y la comparten de manera inapropiada.
- Intercepción de comunicaciones electrónicas: Capturar o interceptar datos médicos transmitidos electrónicamente sin autorización.

La revelación no autorizada de datos médicos es un delito grave en muchas jurisdicciones debido a la naturaleza extremadamente sensible de la información de salud.

Puede resultar en consecuencias legales serias, incluyendo demandas civiles, multas y penas de prisión.

Además, estas acciones pueden tener un impacto significativo en la confianza del público en el sistema de salud y en la relación médico-paciente.

Las leyes de privacidad de datos, como el GDPR en Europa o HIPAA en los Estados Unidos, establecen regulaciones estrictas para la protección de la información médica.

REVELAR INFORMACIÓN SECRETA SIN EL PERMISO DEL PROPIETARIO

Revelar información secreta sin el permiso del propietario en el contexto de los delitos de descubrimiento y revelación de secretos y allanamiento informático se refiere a acciones ilegales específicas relacionadas con la divulgación no autorizada de datos confidenciales o privados.

A continuación, se detalla el significado y las conductas asociadas:

a) Significado:

- Revelación de información secreta: Se refiere al acto de compartir, divulgar o hacer pública información que es confidencial o privada sin la autorización del dueño o la persona que tiene derecho sobre esa información.

Esto puede incluir datos personales, secretos comerciales, información financiera, correspondencia privada, entre otros.

- Descubrimiento y revelación de secretos: Este delito se comete cuando una persona accede ilegalmente a información confidencial y luego la divulga.

La revelación puede ser a terceros, al público en general, o a competidores en el caso de secretos comerciales.

- Allanamiento informático: A menudo, la revelación no autorizada de secretos implica acceder a sistemas informáticos de forma ilegal para obtener la información, lo cual constituye un allanamiento informático.

b) Conductas asociadas:

- Hacking o acceso no autorizado a sistemas: Usar habilidades técnicas para acceder ilegalmente a sistemas informáticos y obtener información confidencial.
- Explotación de vulnerabilidades: Identificar y utilizar debilidades en sistemas para acceder a datos confidenciales.
- Phishing y técnicas de ingeniería social: Engañar a individuos para obtener acceso a información secreta.

- Fuga de información: Transferir información confidencial fuera de un entorno seguro, ya sea digital o físicamente.
- Divulgación a medios o en plataformas públicas: Publicar información confidencial en medios de comunicación, redes sociales, foros en línea, etc.

La revelación no autorizada de información secreta es un delito grave en muchos países y puede resultar en sanciones legales severas, incluyendo multas y penas de prisión.

Las consecuencias legales suelen depender del tipo de información revelada, del daño causado por la divulgación y de la legislación específica del país en cuestión.

En algunos casos, especialmente cuando la información afecta la seguridad nacional o intereses comerciales significativos, las sanciones pueden ser particularmente graves.

ROBO O DESTRUCCIÓN DE DATOS

El robo o destrucción de datos en el contexto de los delitos de descubrimiento y revelación de secretos y allanamiento informático se refiere a acciones ilícitas que involucran la manipulación indebida de información digital.

A continuación, explico el significado y las conductas asociadas:

a) Significado:

- Robo de datos: Implica la extracción ilegal de información digital de un sistema informático sin el consentimiento del propietario. Esto puede incluir datos personales, financieros, comerciales o cualquier otra información confidencial.
- Destrucción de datos: Refiere a la eliminación o alteración maliciosa de datos en un sistema informático, causando la pérdida o corrupción de información importante.
- Descubrimiento y revelación de secretos: En este contexto, el robo de datos puede llevar a la revelación no autorizada de secretos o información confidencial, violando la privacidad y la seguridad de los afectados.
- Allanamiento informático: El robo o destrucción de datos a menudo implica ingresar ilegalmente a un sistema informático, lo que constituye un allanamiento informático.

b) Conductas asociadas:

- Hacking y acceso no autorizado: Utilizar habilidades técnicas para acceder ilegalmente a sistemas informáticos y obtener datos.

- Instalación de software malicioso: Usar virus, troyanos o ransomware para robar o destruir datos.
- Ataques de ransomware: Encriptar datos y exigir un rescate para su liberación.
- Ataques de Denegación de Servicio (DoS o DDoS): Inundar un sistema con tráfico para hacerlo inaccesible, potencialmente causando la pérdida de datos.
- Phishing y engaño: Engañar a usuarios para obtener credenciales y acceder a sistemas para robar o destruir datos.
- Explotación de vulnerabilidades: Aprovechar debilidades en software o hardware para acceder a sistemas y manipular datos.
- Interceptación de comunicaciones: Capturar datos transmitidos de manera ilegal.

El robo o destrucción de datos es una violación grave de la seguridad informática y la privacidad, con potenciales consecuencias legales severas, incluyendo multas y encarcelamiento.

La seriedad de estas consecuencias depende de la naturaleza de los datos afectados, el daño causado, y las leyes específicas de cada jurisdicción.

ESTAFAS

INTRODUCCIÓN

Los delitos relacionados con las estafas comunes son un tema importante en el ámbito del derecho penal y la seguridad social.

Estos delitos involucran una variedad de conductas fraudulentas que tienen como objetivo obtener un beneficio económico a través del engaño o la manipulación.

A continuación, se detalla más extensamente qué significan y qué conductas conllevan.

Significado de las Estafas Comunes

a) Engaño Deliberado: Las estafas comunes se basan en el engaño intencionado. Los estafadores crean situaciones falsas o manipulan la información para engañar a sus víctimas.

b) Obtención de Beneficios Injustos: El objetivo principal de una estafa es obtener un beneficio (usualmente económico) a expensas de la víctima.

c) Ausencia de Consentimiento Informado: Las víctimas de estafas actúan bajo información falsa o incompleta, lo que significa que su consentimiento no se basa en la realidad de la situación.

d) Violación de la Confianza: Muchas estafas explotan la confianza que la víctima deposita en el estafador o en la situación presentada.

Conductas asociadas que conlleva la comisión de este delito, y que son las siguientes:

a) Falsificación y Fraude Documental: Creación o modificación de documentos para hacer parecer legítima una situación fraudulenta.

b) Manipulación de Información: Presentar información falsa o engañosa como verdadera para inducir a error.

c) Publicidad Engañosa: Promocionar productos o servicios con características que no poseen o con condiciones que no se cumplirán.

d) Esquemas de Inversión Fraudulentos: Como los esquemas piramidales o Ponzi, donde se prometen altos retornos de inversión que en realidad se pagan con el dinero de nuevos inversores.

e) Phishing y Fraude en Línea: Obtener información sensible (como datos bancarios) a través de métodos engañosos en internet.

f) Venta de Productos o Servicios Falsos: Ofrecer para la venta bienes que no existen o que son significativamente diferentes de lo anunciado.

g) Explotación de la Confianza Personal o Profesional: Abusar de una posición de confianza para cometer una estafa.

h) Estafas de Caridad o de Emergencia: Solicitar donaciones para causas falsas o inventar emergencias para obtener dinero.

i) Manipulación de víctimas vulnerables: Aprovecharse de personas en situaciones vulnerables, como ancianos o individuos con poco conocimiento financiero.

j) Fraude en Concursos o Loterías: Prometer premios falsos para obtener dinero o información personal de las víctimas.

Consecuencias y Prevención

a) Consecuencias Legales: Las personas condenadas por estafas pueden enfrentar penas de prisión, multas y la obligación de compensar a las víctimas.

b) Impacto en las Víctimas: Más allá de la pérdida económica, las víctimas de estafas a menudo sufren emocional y psicológicamente.

c) Medidas de Prevención: Incluyen la educación pública sobre las tácticas de estafa, la verificación de la información y la denuncia de actividades sospechosas.

Importancia de la Conciencia Social y Legal

a) Conciencia Social: Comprender y reconocer las estafas es crucial para prevenir que individuos y comunidades sean víctimas.

• Fortalecimiento Legal: Las leyes deben adaptarse continuamente para abordar nuevas formas de estafas, especialmente en el ámbito digital.

En conclusión, los delitos de estafa común son complejos y multifacéticos, y requieren un enfoque proactivo tanto en términos de prevención como de respuesta legal.

La educación y la conciencia son herramientas clave para protegerse contra estos actos fraudulentos.

ABUSO DE CONFIANZA

El abuso de confianza en los delitos de estafa se refiere a una serie de conductas donde una persona se aprovecha de la confianza depositada en ella por otra para obtener un beneficio, usualmente económico, de manera fraudulenta.

Esta práctica puede manifestarse de diversas maneras:

a) Manipulación de Información: El abuso de confianza a menudo implica la manipulación o distorsión de información para engañar a la víctima. Por ejemplo, el infractor podría presentar datos falsos o incompletos para inducir a la víctima a tomar decisiones que no habría tomado si conociera la verdad. Esto puede incluir exagerar los beneficios de una inversión, ocultar sus riesgos o mentir sobre el estado financiero de una empresa.

b) Aprovechamiento de Relaciones Personales: En muchos casos, el abuso de confianza en estafas se da en el contexto de relaciones previamente establecidas, donde ya existe un cierto nivel de confianza. Esto puede ocurrir en relaciones familiares, de amistad, laborales o profesionales. El infractor aprovecha esta relación para ganar la confianza de la víctima y luego cometer el fraude.

c) Desvío de Fondos o Bienes: Una forma común de abuso de confianza es el desvío de fondos o bienes que han sido confiados para su gestión o cuidado. Por ejemplo, un empleado que maneja las finanzas de una empresa puede desviar dinero a sus cuentas personales, o un familiar que gestiona el patrimonio de un anciano puede apropiarse de sus activos.

d) Falsificación de Documentos o Firmas: La falsificación de documentos es otra forma de abuso de confianza. Esto puede incluir la creación de documentos financieros falsos, la alteración de contratos o la falsificación de firmas para acceder a cuentas bancarias o transferir propiedad sin el consentimiento legítimo del dueño.

e) Incumplimiento de Acuerdos Previos: El infractor puede incumplir acuerdos o contratos, aprovechándose de la confianza que la otra parte ha depositado en él. Por ejemplo, una persona puede recibir dinero para realizar una inversión en nombre de otra, pero en lugar de hacerlo, se apropia de esos fondos.

f) Uso de Influencia o Autoridad: En algunos casos, el abuso de confianza puede implicar el uso indebido de una posición de autoridad o influencia. Por ejemplo, un asesor financiero puede abusar de su posición para convencer a clientes de invertir en esquemas fraudulentos.

g) Ocultamiento de Información Relevante: No revelar información crucial que, de ser conocida por la víctima, evitaría que esta accediera a realizar una transacción o entrega de bienes.

h) Venta de Bienes Fiduciarios: Vender o utilizar bienes que están bajo la custodia fiduciaria de una persona para beneficio propio sin el consentimiento o conocimiento del propietario legítimo.

i) Fraude en el Manejo de Testamentos o Fondos de Fideicomiso: Esto implica manipular o desviar recursos de un testamento o fideicomiso, en lugar de administrarlos conforme a los deseos expresados del testador o según los términos del fideicomiso.

Cabe destacar que estas conductas son ilegales y pueden tener graves consecuencias legales.

Dependiendo de la jurisdicción y la gravedad del delito, las personas encontradas culpables de abuso de confianza en el contexto de estafas pueden enfrentar multas sustanciales, restitución de fondos y tiempo en prisión.

Además, estas acciones pueden causar un daño significativo a la reputación y relaciones personales de todas las partes involucradas.

ESQUEMAS DE INVERSIÓN FRAUDULENTOS

Los esquemas de inversión fraudulentos en los delitos de estafas comunes se refieren a estrategias o promesas de inversión engañosas que se utilizan para atraer a personas a invertir su dinero en oportunidades que resultan ser fraudulentas o ilegítimas.

Estos esquemas suelen involucrar la promesa de altos rendimientos financieros o ganancias rápidas, pero en realidad, el dinero de los inversores se desvía o se utiliza para otros fines ilegales en lugar de invertirse de manera productiva.

Las conductas que suelen estar asociadas con los esquemas de inversión fraudulentos incluyen:

a) Promesas de rendimientos extraordinarios: Los estafadores prometen a los inversores que obtendrán rendimientos financieros significativamente superiores a los que se pueden obtener de manera realista en el mercado. Estas promesas suelen ser poco realistas y exageradas.

b) Uso de esquemas piramidales: Algunos esquemas de inversión fraudulentos se basan en estructuras piramidales, en las que los inversores reclutan a otros inversores y ganan comisiones por hacerlo. Estos esquemas dependen de la incorporación constante de nuevos inversores para mantener el flujo de dinero hacia arriba en la pirámide.

c) Falta de transparencia: Los estafadores a menudo evitan proporcionar información detallada sobre cómo se utilizarán los fondos de inversión o sobre los riesgos involucrados. Mantienen a los inversores en la oscuridad sobre el destino real de su dinero.

d) Presión para invertir rápidamente: Los estafadores pueden presionar a los inversores para que tomen decisiones rápidas, argumentando que la oportunidad de inversión es limitada y que deben actuar de inmediato.

e) Ausencia de registros o documentación adecuada: Los esquemas fraudulentos a menudo carecen de registros o documentación sólida que respalde sus afirmaciones. Los inversores pueden recibir información insuficiente o poco confiable sobre sus inversiones.

f) Desvío de fondos: En lugar de invertir el dinero de los inversores como se prometió, los estafadores pueden utilizar los fondos para fines personales o para pagar a los inversores anteriores, lo que da la ilusión de ganancias.

g) Promoción a través de redes sociales o contactos personales: Los estafadores a menudo utilizan redes sociales, correos electrónicos u otros medios para reclutar inversores a través de contactos personales o recomendaciones de amigos y familiares.

h) Utilización de estrategias de marketing engañosas: Pueden utilizar tácticas de marketing engañosas, como testimonios o información falsos sobre el éxito pasado de la inversión.

i) Uso de lenguaje técnico y confuso: Los estafadores a menudo emplean jerga financiera complicada o lenguaje técnico para confundir a los inversores y hacer que parezca que están obteniendo una oportunidad única.

j) Suplantación de identidad: En algunos casos, los estafadores pueden hacerse pasar por profesionales de inversiones o utilizar identidades falsas para ganarse la confianza de los inversores.

k) Cambios en las condiciones: Una vez que han atraído a inversores, los estafadores pueden cambiar las condiciones de la inversión o imponer restricciones que dificulten el retiro de fondos.

l) Ausencia de registro o licencia: En muchos países, las empresas de inversión deben estar registradas y cumplir con regulaciones específicas. Los estafadores a menudo operan sin el debido registro o licencia, lo que es una señal de alerta de que la inversión puede ser fraudulenta.

Es importante destacar que los esquemas de inversión fraudulentos son ilegales y pueden resultar en consecuencias legales graves para quienes los promueven.

Los inversores deben ser cautelosos y realizar una investigación exhaustiva antes de invertir su dinero en cualquier oportunidad y buscar asesoramiento financiero de profesionales de confianza.

Además, deben informarse sobre las señales de advertencia comunes de esquemas de inversión fraudulentos y estar alerta ante cualquier indicio de actividad sospechosa. Siempre es aconsejable consultar con las autoridades reguladoras financieras antes de realizar una inversión importante.

ESQUEMAS PIRAMIDALES

Los esquemas piramidales son una forma de fraude económico que se caracteriza por un modelo de negocio insostenible que depende del reclutamiento constante de nuevos participantes, en lugar de ingresos genuinos por ventas de productos o servicios.

Estos esquemas suelen colapsar cuando se agota la capacidad de reclutar nuevos miembros, dejando a aquellos en los niveles inferiores de la pirámide con pérdidas significativas.

Las conductas asociadas con los esquemas piramidales en el contexto de los delitos de estafa comunes incluyen:

a) Reclutamiento Agresivo: Los participantes son incentivados a reclutar activamente a nuevos miembros con la promesa de recibir comisiones o bonificaciones por cada nuevo recluta. Este reclutamiento es a menudo el enfoque principal, en lugar de la venta de productos o servicios legítimos.

b) Promesas de Altas Ganancias: Se prometen altos rendimientos o ganancias significativas en poco tiempo, generalmente sin un esfuerzo considerable o inversión de tiempo. Estas promesas son a menudo irrealizables y engañosas.

c) Estructura Piramidal: El modelo de negocio se basa en una estructura en la que los beneficios de los miembros en niveles superiores dependen del reclutamiento continuo y las inversiones de los miembros en niveles inferiores. La sostenibilidad del esquema depende exclusivamente de la incorporación constante de nuevos participantes.

d) Pago de Comisiones por Reclutamiento: Los miembros reciben pagos principalmente por reclutar a otras personas en lugar de vender productos o servicios. A menudo, los productos o servicios ofrecidos son de poco valor o solo sirven como fachada para el esquema de reclutamiento.

e) Falta de Enfoque en el Producto o Servicio Real: Aunque puede haber un producto o servicio involucrado, este suele ser secundario y no es el foco del modelo de negocios. En algunos casos, los productos pueden ser de baja calidad o sobrevalorados.

f) Uso de Testimonios y Promoción Exagerada: Los esquemas piramidales a menudo usan testimonios de "historias de éxito" para atraer a nuevos participantes. Estas historias pueden ser exageradas o completamente falsas.

g) Presión para Invertir Rápidamente: Los nuevos miembros son a menudo presionados para invertir rápidamente, bajo la premisa de que las oportunidades de ganancias son mayores cuanto antes se unan.

h) Falta de Transparencia y Desinformación: Los organizadores del esquema a menudo ocultan la verdadera naturaleza del modelo de negocio y pueden proporcionar información falsa o engañosa para ocultar el enfoque en el reclutamiento.

i) Pagos Iniciales o Cuotas de Entrada: Los miembros deben pagar para unirse. Estos pagos iniciales son la principal fuente de ingresos del esquema y se utilizan para pagar a los miembros en los niveles superiores.

j) Sistema Insostenible: Debido a que los esquemas piramidales dependen del constante reclutamiento de nuevos miembros, son inherentemente insostenibles. Eventualmente, se vuelve imposible encontrar suficientes nuevos participantes, lo que lleva al colapso del sistema y a pérdidas significativas para la mayoría de los involucrados.

k) Presión para Permanecer en el Esquema: Los participantes pueden enfrentar presión para continuar en el esquema y persuadir a otros a unirse, a menudo mediante tácticas de venta agresivas o presentaciones engañosas.

l) Colapso Inevitable: Debido a su naturaleza insostenible, los esquemas piramidales están destinados a colapsar cuando se agota el número de posibles reclutas. Esto deja a los participantes de niveles inferiores con pérdidas significativas.

Legalmente, los esquemas piramidales son ilegales en muchas jurisdicciones y pueden resultar en severas sanciones, incluyendo multas y penas de prisión.

Estos esquemas son considerados fraudulentos porque inevitablemente colapsan, dejando a la mayoría de los participantes con pérdidas financieras, y solo benefician a aquellos en los niveles superiores de la pirámide.

Es fundamental que las personas estén informadas y sean cautelosas antes de unirse a cualquier programa de inversión o negocio que muestre características de un esquema piramidal.

ESTAFAS DE CARIDAD

Las estafas de caridad en el contexto de los delitos de estafas comunes se refieren a actos fraudulentos en los cuales los perpetradores hacen parecer que están recaudando fondos o donaciones en nombre de organizaciones benéficas o causas de caridad, pero en realidad están desviando esos fondos para su propio beneficio en lugar de destinarlos a la causa prometida.

Este tipo de estafa es especialmente despreciable ya que explota la generosidad y la buena voluntad de las personas que desean ayudar a los demás.

Las conductas que suelen caracterizar las estafas de caridad pueden incluir:

a) Falsas campañas de recaudación de fondos: Los estafadores pueden crear campañas de recaudación de fondos falsas, ya sea en línea o fuera de línea, en las que solicitan donaciones para una causa de caridad inventada o exagerada. Pueden utilizar nombres de organizaciones benéficas legítimas o inventar nombres similares para confundir a las personas.

b) Llamadas telefónicas fraudulentas: Los estafadores pueden llamar por teléfono a las personas y afirmar que están recaudando fondos para una organización benéfica o una causa noble. Pueden presionar a la víctima para que realice una donación inmediata, a menudo sin proporcionar información detallada sobre la organización o la causa.

c) Correo electrónico o mensajes de texto falsos: Los estafadores también pueden enviar correos electrónicos o mensajes de texto fraudulentos solicitando donaciones para una causa de caridad ficticia o utilizando nombres de organizaciones benéficas legítimas de manera engañosa.

d) Suplantación de identidad: Algunos estafadores pueden hacerse pasar por representantes de organizaciones benéficas reales, visitar hogares o eventos públicos y solicitar donaciones en efectivo o cheques, pero luego retienen esos fondos para su propio beneficio en lugar de entregarlos a la caridad.

e) Uso de la simpatía y la urgencia: Los estafadores a menudo apelan a las emociones de las personas, creando historias conmovedoras o urgentes para obtener donaciones rápidas sin que las víctimas tengan tiempo de verificar la autenticidad de la causa.

f) Uso de imágenes y logotipos falsos: Pueden utilizar imágenes y logotipos falsos o manipulados de organizaciones benéficas legítimas para dar credibilidad a su estafa.

g) Presión emocional: Los estafadores pueden ejercer presión emocional sobre las víctimas, explotando su empatía y compasión para que donen rápidamente sin verificar la autenticidad de la solicitud de caridad.

h) Falta de transparencia: Los estafadores evitan proporcionar información detallada sobre cómo se utilizarán las donaciones y no pueden proporcionar pruebas creíbles de que las donaciones realmente se destinan a causas benéficas legítimas.

i) Solicitudes de donaciones en efectivo o mediante métodos no rastreables: Los estafadores a menudo solicitan donaciones en efectivo o mediante métodos de pago no rastreables, como tarjetas de regalo o transferencias de dinero, lo que dificulta el seguimiento de los fondos y la identificación de los estafadores.

Es importante destacar que las estafas de caridad son ilegales y pueden resultar en cargos criminales para los perpetradores si son descubiertos y condenados.

Para protegerse de este tipo de estafas, es fundamental verificar siempre la autenticidad de las organizaciones benéficas antes de hacer una donación y abstenerse de proporcionar información personal o financiera a personas o entidades sospechosas.

Además, es recomendable investigar y donar directamente a organizaciones benéficas de confianza en lugar de responder a solicitudes de donación no solicitadas.

EXPLOTACIÓN DE LA CONFIANZA PERSONAL

La explotación de la confianza personal en los delitos de estafa se refiere al uso indebido de una relación de confianza preexistente entre el estafador y la víctima para cometer un fraude.

Esta forma de estafa es particularmente insidiosa porque se aprovecha de la buena fe y la confianza que la víctima deposita en el estafador, a menudo debido a una relación personal o profesional.

Las conductas que suelen implicar la explotación de la confianza personal en las estafas incluyen:

a) Aprovechamiento de Relaciones Personales Cercanas: Utilizar relaciones de amistad, familiares o románticas para ganar la confianza de la víctima. El estafador se puede aprovechar de estos vínculos para convencer a la persona de invertir en esquemas fraudulentos o entregar dinero o bienes.

b) Manipulación Emocional: El estafador puede emplear tácticas de manipulación emocional, como la creación de una sensación de urgencia, la explotación de la simpatía o el miedo, o la presión para actuar rápidamente, para convencer a la víctima de participar en la transacción fraudulenta.

c) Falsas Promesas o Garantías: Hacer promesas de grandes retornos financieros, beneficios exclusivos o garantías de éxito que no son realistas, aprovechando la confianza personal para que la víctima crea en estas afirmaciones.

d) Uso de Información Privada o Confidencial: El estafador podría utilizar información privada o confidencial obtenida a través de la relación de confianza para planificar o ejecutar el fraude, como conocer la situación financiera de la víctima o sus vulnerabilidades personales.

e) Falsificación de Documentos o Situaciones: Crear documentos falsos o simular situaciones (como crisis financieras o emergencias personales) para convencer a la víctima de que el fraude es una oportunidad legítima o una necesidad urgente.

f) Desvío de Fondos o Bienes: Convencer a la víctima para que entregue dinero, bienes o derechos sobre propiedades bajo pretextos falsos, con la promesa de un beneficio futuro que nunca se materializa.

g) Solicitudes de Dinero o Bienes: A menudo, el estafador solicita dinero o bienes bajo pretextos falsos, abusando de la confianza de la víctima para obtener estos recursos sin la intención de devolverlos o utilizarlos para los fines prometidos.

h) Inversiones Fraudulentas: En algunos casos, el estafador convence a la víctima para que invierta en esquemas o proyectos fraudulentos, asegurando que, debido a su relación personal, la inversión es segura o especialmente lucrativa.

i) Engaño en Préstamos o Garantías: El estafador puede pedir a la víctima que le preste dinero o que sea garante de un préstamo, utilizando la relación personal como garantía de que cumplirá con su compromiso.

j) Explotación de la Generosidad o Buena Voluntad: Aprovechamiento de la generosidad o la buena voluntad inherente a la relación personal, donde la víctima se siente compelida a ayudar debido al vínculo existente.

Estas conductas no solo constituyen un delito en términos legales, sino que también representan una grave violación de la confianza personal y pueden tener un profundo impacto emocional y financiero en las víctimas.

Las leyes en muchos países tratan severamente estos delitos, y las víctimas de tales estafas a menudo tienen derecho a buscar reparación legal.

EXPLOTACIÓN DE LA CONFIANZA PROFESIONAL

La explotación de la confianza profesional en los delitos de estafa se refiere al abuso de una posición de confianza o autoridad en un contexto profesional para cometer un fraude.

Esta forma de estafa implica que un individuo, a menudo un profesional, utiliza su estatus, conocimiento especializado o relación con la víctima para engañarla y obtener un beneficio económico de manera ilícita.

Las conductas asociadas con esta práctica pueden incluir:

a) Abuso de Autoridad o Posición: Profesionales como abogados, médicos, asesores financieros o contadores, abusan de su posición de autoridad para influir en las decisiones financieras de sus clientes. Pueden proporcionar consejos engañosos o manipular información para beneficio propio.

b) Falsas Representaciones de Inversiones o Productos Financieros: Ofrecer consejos sobre inversiones o productos financieros que son fraudulentos, exagerando sus beneficios o minimizando los riesgos involucrados.

c) Desvío de Fondos: Manejar de manera indebida los fondos de un cliente, como desviar dinero de cuentas de clientes a cuentas personales o a otras inversiones no autorizadas.

d) Manipulación de Información o Documentación: Alterar o falsificar documentos para ocultar la verdadera naturaleza de una transacción, como modificar estados de cuenta o contratos.

e) Uso de Información Confidencial para Beneficio Propio: Aprovechar información confidencial obtenida a través de la relación profesional para realizar operaciones fraudulentas.

f) Presión para Tomar Decisiones Rápidas: Utilizar la relación de confianza para presionar a la víctima a tomar decisiones financieras apresuradas, a menudo con la promesa de altos retornos de inversión.

g) Explotación de la Inexperiencia o Falta de Conocimiento del Cliente: Aprovechar la falta de conocimiento financiero o legal del cliente para engañarlo.

En general, la explotación de la confianza profesional en los delitos de estafas comunes involucra el uso de engaños y manipulación para aprovecharse de la confianza que una persona tiene en otra debido a su posición profesional o su autoridad.

Estos actos son ilegales y pueden dar lugar a sanciones penales, incluyendo la prisión, si el estafador es condenado.

Por lo tanto, es importante que las personas sean cautelosas y verifiquen la autenticidad de las transacciones y las promesas antes de tomar decisiones financieras importantes o divulgar información personal.

FALSA REPRESENTACIÓN DE HECHOS

La falsa representación de hechos en los delitos de estafas comunes se refiere a un acto en el que una persona engaña a otra presentando información falsa o distorsionada con el propósito de obtener algún beneficio económico o financiero indebido.

Estas estafas se basan en la creación de una representación falsa o engañosa de hechos o circunstancias con la intención de inducir a la víctima a realizar una acción que, de otra manera, no habría realizado.

Las conductas que suelen comportar la falsa representación de hechos en los delitos de estafas comunes pueden incluir:

a) Declaraciones falsas o engañosas: Los estafadores pueden hacer afirmaciones falsas sobre productos, servicios, inversiones, oportunidades de negocio, antecedentes personales, identidades, beneficios potenciales, o cualquier otro aspecto relevante para la estafa. Estas afirmaciones pueden ser escritas u orales y están destinadas a engañar a la víctima.

b) Falsificación de documentos: Los estafadores pueden crear documentos falsos, como contratos, facturas, estados financieros o registros, para respaldar sus afirmaciones fraudulentas y hacer que parezcan más convincentes.

c) Suplantación de identidad: En algunas estafas, los delincuentes pueden hacerse pasar por otra persona, una empresa o una entidad legítima con el fin de obtener información o recursos de la víctima. Esto a menudo implica el uso de nombres falsos o la falsificación de credenciales.

d) Ocultación de información relevante: Los estafadores pueden omitir u ocultar información crítica que la víctima necesitaría para tomar una decisión informada. Al hacerlo, pueden hacer que la víctima tome decisiones basadas en información incompleta o engañosa.

e) Manipulación psicológica: Los estafadores pueden utilizar tácticas de manipulación emocional para ganarse la confianza de la víctima y hacer que tome decisiones impulsivas sin pensar cuidadosamente.

f) Promesas exageradas: Los estafadores pueden hacer promesas exageradas sobre los beneficios o ganancias que la víctima obtendrá si realiza una acción específica, como invertir dinero en un esquema fraudulento o comprar un producto o servicio.

g) Falsas urgencias: Los estafadores a menudo crean un sentido de urgencia para presionar a la víctima a actuar rápidamente, lo que puede dificultar la toma de decisiones informadas y racionales.

h) Aprovechamiento de la vulnerabilidad: Algunos estafadores se enfocan en personas que están pasando por momentos difíciles o que son vulnerables debido a situaciones personales o financieras complicadas.

i) Negociaciones coercitivas: Pueden presionar a la víctima para que tome decisiones rápidas o impulsivas, sin darle tiempo para investigar o consultar a otras personas de confianza.

La falsa representación de hechos en los delitos de estafas comunes es un comportamiento ilegal y fraudulento que puede tener graves consecuencias legales si el estafador es descubierto y procesado.

Las leyes varían según la jurisdicción, pero en general, estas estafas son consideradas delitos y pueden dar lugar a penas de prisión, multas y otras sanciones legales.

Por lo tanto, es importante que las personas sean cautelosas al tomar decisiones financieras y que verifiquen la veracidad de la información antes de realizar transacciones o tomar decisiones importantes.

FALSIFICACIÓN DE DOCUMENTOS

La falsificación de documentos en el contexto de los delitos de estafa comunes se refiere al acto de alterar, crear o imitar documentos con el fin de engañar a alguien para obtener un beneficio ilegítimo.

Este tipo de fraude es una forma seria de engaño y puede llevarse a cabo de diversas maneras:

a) Alteración de Documentos Existentes: Esto puede incluir cambiar o modificar partes de un documento legítimo, como las cantidades en cheques, las fechas en contratos, o los detalles en documentos de identificación o títulos de propiedad.

b) Creación de Documentos Falsos: Involucra la fabricación completa de documentos que no son auténticos, como licencias de conducir, pasaportes, certificados de nacimiento, o documentos financieros como estados de cuenta bancarios o recibos de salario.

c) Imitación de Firmas o Sellos: Consiste en falsificar firmas o sellos oficiales para dar la apariencia de legitimidad a un documento. Esto puede incluir la firma de una persona en un contrato, un testamento, o un documento legal, sin su consentimiento o conocimiento.

d) Uso de Tecnología para la Falsificación: El uso de programas de computadora, impresoras de alta calidad, y otras tecnologías para crear documentos que parecen auténticos. Estos documentos falsificados pueden ser casi indistinguibles de los originales.

e) Falsificación de Documentos Corporativos o Gubernamentales: Esto incluye la creación de documentos empresariales falsos, como actas de constitución de empresas, o documentos gubernamentales, como permisos o licencias oficiales.

f) Uso de Documentos Falsificados en Transacciones: Presentar documentos falsificados como si fueran legítimos para realizar transacciones, obtener créditos, comprar propiedades, o en cualquier otro contexto donde se requieran documentos legítimos.

g) Venta o Distribución de Documentos Falsificados: Algunos estafadores se especializan en la creación y venta de documentos falsificados a terceros que luego los usan para sus propios fines fraudulentos.

La falsificación de documentos es un delito penal en la mayoría de las jurisdicciones y puede resultar en sanciones severas, incluyendo multas y prisión.

Estos actos no solo dañan a las víctimas individuales, sino que también pueden tener un impacto negativo en la confianza en los sistemas legales y financieros.

Además, la falsificación de documentos puede ser un componente de delitos más amplios, como el fraude de identidad, el fraude financiero y otras formas de estafa.

Es crucial que tanto individuos como empresas verifiquen la autenticidad de los documentos importantes y tomen medidas para proteger su información personal y corporativa.

FRAUDE EN INTERNET

El fraude en internet en los delitos de estafas comunes se refiere a actividades delictivas realizadas a través de medios digitales con el objetivo de engañar a las personas para obtener un beneficio, generalmente económico.

Estos fraudes pueden adoptar muchas formas, desde el phishing hasta la venta de productos falsos, y se caracterizan por el uso de la tecnología para facilitar el engaño.

Conductas Comunes en el Fraude por Internet:

a) Phishing y Spear Phishing: Implica el envío de correos electrónicos que parecen ser de una fuente confiable (como un banco o una compañía conocida) para engañar a las personas para que revelen información personal, como contraseñas o números de tarjetas de crédito.

b) Scams de Soporte Técnico: Falsos avisos de problemas de seguridad o técnicos en dispositivos de la víctima, con el objetivo de que esta pague por servicios de soporte innecesarios o permita el acceso remoto a su dispositivo.

c) Fraude en Subastas y Ventas en Línea: Venta de productos que no existen, son falsificados, o nunca se envían después de recibir el pago.

d) Romance Scams: Estafadores crean perfiles falsos en sitios de citas o redes sociales para establecer relaciones románticas con sus víctimas y, eventualmente, pedir dinero para emergencias, viajes o razones similares.

e) Fraude de Inversiones en Línea: Ofrecen oportunidades de inversión falsas o exageran las posibilidades de ganancias, induciendo a las personas a invertir en esquemas fraudulentos.

f) Estafas de Lotería y Premios: Informar a las víctimas que han ganado una lotería o premio, pero deben pagar una tarifa para reclamarlo.

g) Malware y Ransomware: Instalación de software malicioso en dispositivos para robar información personal o bloquear el acceso a datos hasta que se pague un rescate.

h) Robo de Identidad: Usar la información personal obtenida ilegalmente para realizar fraudes financieros o cometer otros delitos bajo la identidad de otra persona.

i) Falsificación de Sitios Web y Redes Sociales: Crear sitios web o perfiles en redes sociales que imitan a entidades legítimas para engañar a las personas y obtener información personal o financiera.

j) Manipulación y Explotación de la Confianza: Construir una relación de confianza con la víctima antes de realizar la estafa, aprovechando la buena fe de la persona.

k) Criptomonedas y Fraudes Financieros Digitales: Ofrecer falsas oportunidades de inversión en criptomonedas o realizar transacciones fraudulentas utilizando moneda digital.

El fraude en internet es particularmente desafiante debido a su alcance global, la dificultad de rastrear a los delincuentes y la velocidad con la que se pueden cometer estos crímenes.

La educación del usuario y la conciencia sobre seguridad en línea son fundamentales para la prevención, junto con leyes y regulaciones efectivas para combatir estos delitos.

Las autoridades de muchos países trabajan continuamente para mejorar la detección y persecución de estos crímenes cibernéticos.

FRAUDES DE IDENTIDAD

Los fraudes de identidad en el contexto de los delitos de estafa comunes implican el uso ilegal o la usurpación de la información personal de otra persona para obtener un beneficio o ventaja de manera fraudulenta.

Este tipo de fraude puede ser muy perjudicial, ya que afecta la seguridad financiera y personal de las víctimas.

Las conductas asociadas con los fraudes de identidad incluyen:

a) Robo de Información Personal: Obtener ilegalmente información personal como nombres, fechas de nacimiento, números de seguridad social, números de licencia de conducir, y otros datos de identificación. Esto puede ocurrir a través de medios como robo físico, phishing, hacking, o la búsqueda de información en redes sociales.

b) Apertura de Cuentas Fraudulentas: Utilizar la información personal robada para abrir cuentas bancarias, solicitar tarjetas de crédito, contratar préstamos o realizar otras actividades financieras sin el consentimiento de la persona cuya identidad ha sido robada.

c) Realización de Compras o Transacciones: Usar tarjetas de crédito robadas o la información de las cuentas de las víctimas para realizar compras o transferencias de dinero fraudulentas.

d) Obtención de Beneficios o Servicios: Usar la identidad robada para obtener beneficios del gobierno, servicios médicos, seguros, o incluso para cometer delitos y dejar que la culpa recaiga en la persona cuya identidad ha sido usurpada.

e) Venta o Transferencia de Información Personal: Compartir o vender la información personal robada a terceros, que luego pueden usarla para sus propios fines fraudulentos.

f) Falsificación de Documentos de Identidad: Crear documentos de identificación falsos, como pasaportes, licencias de conducir o tarjetas de identificación, utilizando la información personal robada.

g) Suplantación en Línea: Usar la identidad de otra persona en entornos digitales, como redes sociales o correos electrónicos, para engañar a otros o para ocultar la verdadera identidad del delincuente en actividades ilegales.

h) Manipulación de Registros de Crédito: Utilizar la identidad robada para alterar registros de crédito, como eliminar deudas o crear historiales crediticios falsos.

i) Engaño en el Empleo: Utilizar la identidad de otra persona para obtener empleo, especialmente en casos donde el estafador tiene antecedentes penales o no está legalmente autorizado para trabajar.

El fraude de identidad es un delito grave que puede tener consecuencias de largo alcance para las víctimas, incluyendo daños a su crédito, pérdidas financieras, y dificultades legales.

Además, la recuperación de la identidad y la corrección de los registros pueden ser procesos largos y complicados.

Para protegerse contra el fraude de identidad, es importante que las personas protejan su información personal, estén atentas a cualquier actividad sospechosa en sus cuentas y reporten inmediatamente cualquier indicio de robo de identidad a las autoridades y entidades financieras correspondientes.

FRAUDES EN CONCURSOS O LOTERÍAS

Los fraudes en concursos o loterías en los delitos de estafas comunes se refieren a prácticas fraudulentas en las que los estafadores engañan a personas haciéndoles creer que han ganado una lotería, un concurso o un premio, con la intención de obtener dinero o información personal de las víctimas.

Estos fraudes a menudo explotan la ilusión de ganancias sustanciales para atraer a las víctimas y convencerlas de que deben realizar pagos o proporcionar datos personales para reclamar el premio.

Las conductas que suelen estar asociadas con los fraudes en concurso o loterías en los delitos de estafas comunes pueden incluir:

a) Notificaciones de premios falsos: Los estafadores envían notificaciones a las víctimas, generalmente por correo electrónico, carta o mensaje de texto, informándoles que han ganado un premio en una lotería o un concurso al que no se habían inscrito previamente.

b) Solicitudes de pago anticipado: Para supuestamente reclamar el premio, los estafadores pueden solicitar a las víctimas que realicen un pago por adelantado, generalmente bajo el pretexto de cubrir impuestos, tarifas de procesamiento o gastos administrativos.

c) Falsos documentos oficiales: Los estafadores pueden proporcionar documentos falsificados que aparentan ser oficiales, como certificados de ganadores, cheques falsos o formularios de reclamo, para dar una apariencia de legitimidad al fraude.

d) Presión para actuar rápidamente: Los estafadores a menudo instan a las víctimas a tomar decisiones rápidas, argumentando que deben reclamar el premio de inmediato para evitar perderlo.

e) Datos personales y financieros: Los estafadores pueden solicitar información personal y financiera sensible, como números de seguridad social, números de cuenta bancaria o detalles de tarjetas de crédito, bajo el pretexto de verificar la identidad de la víctima o facilitar el proceso de entrega del premio.

f) Uso de números de teléfono falsos o anónimos: Los estafadores suelen utilizar números de teléfono falsos o anónimos para hacer llamadas a las víctimas, lo que dificulta rastrear su ubicación o identidad real.

g) Ofertas demasiado buenas para ser ciertas: Los premios anunciados en estos fraudes a menudo parecen ser demasiado buenos para ser verdaderos, con sumas de dinero exorbitantes o bienes costosos ofrecidos de manera gratuita.

h) Amenazas y coacción: En algunos casos, los estafadores pueden recurrir a amenazas o coacción para presionar a las víctimas y hacer que cooperen o realicen pagos.

i) Uso de nombres de empresas legítimas: Los estafadores a veces utilizan nombres de empresas o marcas conocidas para hacer que la estafa parezca más creíble.

Es importante destacar que estos fraudes en concurso o loterías son ilegales y se aprovechan de la buena fe y la ilusión de las personas.

Para protegerse contra estos engaños, es fundamental que las personas sean escépticas ante las notificaciones de premios inesperados y que verifiquen la autenticidad de cualquier oferta antes de proporcionar información personal o financiera o realizar pagos.

Siempre es recomendable consultar con expertos financieros o con las autoridades competentes antes de tomar cualquier acción en respuesta a una oferta que parezca sospechosa.

MANIPULACIÓN DE INFORMACIÓN

La manipulación de información en los delitos de estafa comunes se refiere a la alteración, distorsión o tergiversación intencionada de datos o hechos con el fin de engañar o inducir a error a otras personas, generalmente para obtener un beneficio ilegítimo o evitar responsabilidades.

Este tipo de conducta puede manifestarse de diversas maneras:

a) Alteración de Registros Financieros: Modificar o falsificar documentos contables, balances, estados de resultados o cualquier otro registro financiero para ocultar pérdidas, inflar ganancias o evadir impuestos.

b) Información Engañosa en Marketing y Publicidad: Exagerar o falsear las características, beneficios o el origen de un producto o servicio en materiales de marketing y publicidad para hacerlo más atractivo para los consumidores.

c) Ocultamiento de Información Crucial: No revelar información importante en negociaciones, contratos o transacciones financieras, como riesgos significativos, condiciones contractuales desfavorables o conflictos de interés.

d) Manipulación de Datos en Inversiones y Mercados Financieros: Proporcionar información falsa o engañosa sobre la salud financiera de una empresa, las perspectivas de una inversión o las condiciones del mercado para influir en las decisiones de inversión y manipular los precios de mercado.

e) Tergiversación en Solicitudes de Préstamos o Créditos: Presentar información falsa o incompleta en solicitudes de créditos, préstamos o seguros para obtener aprobaciones o condiciones más favorables.

f) Falsificación de Testimonios o Reseñas: Crear reseñas o testimonios falsos para productos o servicios, con el fin de mejorar la percepción del público o influir en las decisiones de compra.

g) Manipulación de Medidores o Lecturas: Alterar medidores o registros (como medidores de electricidad, agua o gas) para evitar el pago completo de servicios.

h) Uso de Información Privilegiada en Transacciones Comerciales: Utilizar información no pública para obtener ventajas en operaciones comerciales o de inversión.

i) Falsificación de Identidades en Comunicaciones: Impersonar a individuos, empresas o entidades oficiales en comunicaciones para dar credibilidad a la información falsa o manipulada.

La manipulación de información en el contexto de estafas es una práctica deshonesta y, en muchos casos, ilegal.

Puede tener graves consecuencias legales, incluyendo sanciones penales y civiles, especialmente cuando resulta en pérdidas financieras significativas para individuos, empresas o el público en general.

Además, la manipulación de información socava la confianza en el mercado y puede tener un impacto negativo en la economía y la sociedad en su conjunto.

Es crucial que las empresas y los individuos actúen con transparencia y honestidad, y que los consumidores e inversores estén atentos y críticos con la información que reciben.

MANIPULACIÓN DE VÍCTIMAS VULNERABLES

La manipulación de víctimas vulnerables en los delitos de estafas comunes se refiere a la explotación de personas que, por diversas razones, se encuentran en una posición de debilidad o vulnerabilidad, con el fin de estafarlas o engañarlas para obtener un beneficio económico indebido.

Estas víctimas vulnerables pueden incluir a personas mayores, personas con discapacidades, inmigrantes, personas con dificultades económicas, entre otros.

La manipulación de víctimas vulnerables implica aprovecharse de la situación de estas personas para cometer actos fraudulentos.

Seguidamente, se describen algunas conductas que suelen estar asociadas con la manipulación de víctimas vulnerables en los delitos de estafas comunes:

a) Aprovechamiento de la confianza: Los estafadores pueden ganarse la confianza de las víctimas vulnerables al presentarse como amigos, cuidadores, asesores financieros u otras personas en las que las víctimas confían o dependen.

b) Coerción emocional: Los estafadores pueden utilizar tácticas de manipulación emocional para generar simpatía, miedo o culpa en las víctimas vulnerables, con el fin de persuadirlas a que realicen ciertas acciones o entreguen dinero.

c) Falsas promesas de ayuda: Los estafadores pueden ofrecer ayuda financiera, asistencia médica, vivienda u otros servicios a las víctimas vulnerables como parte de un engaño, pero luego no cumplen con esas promesas.

d) Suplantación de identidad: En algunos casos, los estafadores pueden hacerse pasar por profesionales de la salud, trabajadores sociales, abogados u otros expertos para obtener acceso a las víctimas vulnerables o para convencerlas de realizar ciertas acciones.

e) Desvío de fondos: Los estafadores pueden manipular a las víctimas vulnerables para que entreguen dinero, bienes o información personal que luego se utiliza para beneficio propio o para realizar estafas financieras.

f) Aislamiento social: Los estafadores pueden aislar a las víctimas vulnerables de sus amigos y familiares para que no puedan recibir orientación o apoyo de personas de confianza.

g) Presión para tomar decisiones apresuradas: Los estafadores pueden apresurar a las víctimas vulnerables para que tomen decisiones rápidas sin tener tiempo para considerar las implicaciones o investigar la situación.

La manipulación de víctimas vulnerables es especialmente preocupante porque estas personas pueden ser más susceptibles a las tácticas de manipulación y menos capaces de defenderse debido a su situación de vulnerabilidad.

Los delitos que involucran la manipulación de víctimas vulnerables son particularmente condenables y pueden resultar en sanciones penales severas para los estafadores si son condenados.

Es importante que las personas estén alertas y protejan a las personas vulnerables en sus vidas, además de denunciar cualquier actividad sospechosa a las autoridades pertinentes.

MANIPULACIÓN EMOCIONAL

La manipulación emocional en los delitos de estafa comunes se refiere al uso de tácticas psicológicas para influir, engañar o presionar a las víctimas para que actúen de una manera que beneficie al estafador, a menudo en detrimento de sus propios intereses.

Esta forma de manipulación se aprovecha de las emociones y la confianza de las personas para lograr objetivos fraudulentos.

Las conductas asociadas con la manipulación emocional en el contexto de estafas pueden incluir:

a) Explotación del Miedo o la Ansiedad: Los estafadores pueden crear situaciones de urgencia o amenaza, como falsas advertencias de problemas legales, financieros, o de seguridad, para provocar miedo y provocar una reacción rápida y sin reflexión de la víctima.

b) Uso de la Simpatía o la Empatía: Los estafadores a menudo fingen problemas personales o crisis para despertar la simpatía y persuadir a sus víctimas para que proporcionen ayuda financiera o información personal.

c) Creación de una Falsa Sensación de Urgencia: Mediante el uso de plazos ajustados o situaciones de "última oportunidad", los estafadores presionan a las víctimas para que tomen decisiones rápidas sin el tiempo necesario para reflexionar o investigar.

d) Aprovechamiento de la Confianza y el Respeto: Los estafadores pueden presentarse como figuras de autoridad o expertos, o pueden trabajar para ganar la confianza de la víctima a lo largo del tiempo, para luego abusar de esa confianza.

e) Utilización de la Culpa: En algunos casos, los estafadores pueden hacer que las víctimas se sientan culpables por no ayudar o cooperar, utilizando la culpa como una herramienta para manipular.

f) Promesas de Recompensas o Beneficios Exagerados: Jugar con la codicia o los deseos de las personas ofreciendo recompensas irrealistas o beneficios extraordinarios que no existen.

g) Explotación de Relaciones Personales: En estafas como el fraude sentimental, los estafadores establecen relaciones románticas o amistosas con sus víctimas con el fin de explotarlas emocional y financieramente.

h) Juego Psicológico y Gaslighting: Manipular la percepción de la realidad de la víctima para hacerles dudar de su propio juicio y memoria, lo que facilita el engaño.

i) Creación de Urgencia: Impulsar a las víctimas a tomar decisiones rápidas creando un sentido de urgencia o emergencia, como afirmar que una oferta es limitada en el tiempo o que una acción rápida es necesaria para evitar consecuencias negativas.

j) Victimización o Auto-victimización: El estafador puede presentarse como una víctima de circunstancias desafortunadas para ganar simpatía y persuadir a la víctima para que ayude.

La manipulación emocional en las estafas es especialmente peligrosa porque no solo puede resultar en pérdidas financieras, sino que también puede tener un impacto psicológico y emocional profundo en las víctimas.

Puede llevar a la pérdida de confianza en los demás y en uno mismo, además de causar estrés y trauma emocional.

Es importante estar consciente de estas tácticas y abordar cualquier situación que implique una transacción o intercambio de información personal con escepticismo y cautela, especialmente si hay signos de presión o manipulación emocional.

OMISIÓN DE INFORMACIÓN IMPORTANTE

La omisión de información importante en los delitos de estafa comunes es una táctica de engaño que implica no revelar datos o detalles esenciales que, de ser conocidos, podrían influir en la decisión de una persona o entidad acerca de una transacción o situación. Esta conducta se considera fraudulenta porque se basa en la retención de información clave que, si se conociera, evitaría que la víctima sufriera un perjuicio o tomara una decisión errónea. Las conductas asociadas con esta omisión incluyen:

a) Ocultación de Defectos o Riesgos: En el contexto de ventas o negociaciones, puede involucrar no divulgar defectos conocidos de un producto o propiedad, o no informar sobre riesgos asociados con una inversión. Por ejemplo, un vendedor de un automóvil usado podría ocultar problemas mecánicos conocidos, o un asesor financiero podría no revelar los riesgos inherentes a una inversión.

b) Información Parcial en Contratos: Los contratos pueden contener cláusulas ocultas o redactadas de manera engañosa que no se explican claramente a la otra parte. Esto puede llevar a la otra parte a acordar términos que no habría aceptado si hubiera estado plenamente informada.

c) No Divulgar Conflictos de Interés: En situaciones donde una parte tiene un conflicto de interés, como en asesoramiento financiero o legal, la omisión de esta información es considerada una forma de estafa. Por ejemplo, un asesor que recomienda un producto financiero en el que tiene una participación personal sin divulgarlo.

d) Retención de Información en Negociaciones: Esto puede ocurrir en negociaciones comerciales o transacciones, donde una parte retiene información crítica que podría afectar el valor de lo que se negocia. Por ejemplo, no revelar información sobre la inminente bancarrota de una empresa durante una negociación de compra.

e) Ocultamiento de Términos en Acuerdos de Servicio: En los servicios, especialmente los que involucran suscripciones o términos renovables, no revelar ciertas condiciones o cláusulas, como cargos ocultos o términos de cancelación, se considera una omisión fraudulenta.

f) Información Financiera: En el ámbito financiero, omitir información sobre la salud financiera de una empresa, como deudas significativas o problemas legales pendientes, puede inducir a los inversores a tomar decisiones basadas en una comprensión incompleta de la situación.

g) Propiedades Inmobiliarias: Al vender o alquilar propiedades, no revelar problemas como daños estructurales, historial de plagas o problemas legales asociados con la propiedad, constituye una omisión de información crítica.

h) Salud y Seguridad: En el sector de la salud, omitir información sobre los efectos secundarios de un medicamento o los riesgos de un procedimiento médico puede tener graves consecuencias para la salud y la seguridad del paciente.

Legalmente, estas acciones pueden ser sancionadas bajo las leyes de fraude y estafa.

Las leyes de protección al consumidor también abordan estas prácticas, exigiendo divulgación completa y honesta de información relevante.

La omisión intencionada de información importante en circunstancias donde hay un deber de divulgarla puede llevar a consecuencias legales, incluyendo demandas civiles y, en algunos casos, cargos criminales.

Consecuentemente con todo ello, puede afirmarse que la omisión de información importante en el contexto de estafas es una forma de manipulación que se aprovecha de la falta de conocimiento de la víctima para obtener un beneficio injusto o causar un perjuicio.

Es un aspecto crítico de muchas formas de fraude y es tratado con seriedad en el ámbito legal.

PHISING O FRAUDE EN LÍNEA

El "phishing" o fraude en línea en el contexto de los delitos de estafa comunes se refiere a un tipo de engaño cibernético donde los estafadores se hacen pasar por entidades legítimas para engañar a las personas y obtener información confidencial, como datos bancarios, contraseñas y números de tarjetas de crédito.

Las conductas y tácticas asociadas con el phishing incluyen:

a) Emails Fraudulentos: Los estafadores envían correos electrónicos que parecen provenir de fuentes confiables, como bancos, compañías de tarjetas de crédito, o proveedores de servicios en línea. Estos correos suelen contener enlaces a sitios web falsificados que se parecen a los legítimos.

b) Sitios Web Falsificados: Crean sitios web que imitan a los de instituciones reales. Cuando los usuarios ingresan sus detalles en estos sitios, los estafadores capturan la información.

c) Solicitudes de Información Personal: Los mensajes de phishing a menudo solicitan que los destinatarios actualicen su información personal, verifiquen sus cuentas o cambien sus contraseñas. Estas solicitudes son una trampa para que las víctimas revelen información sensible.

d) Mensajes de Urgencia: Los estafadores utilizan tácticas de presión, como advertencias de actividad sospechosa en una cuenta o problemas con la cuenta que requieren atención inmediata, para incitar a las víctimas a actuar rápidamente y sin pensar.

e) Anexos Maliciosos: Algunos correos de phishing incluyen archivos adjuntos que, cuando se abren, instalan software malicioso en el dispositivo del usuario. Este software puede robar información o dañar el sistema.

f) Engaño a través de Mensajería y Redes Sociales: Además del correo electrónico, el phishing puede ocurrir a través de mensajes de texto, aplicaciones de mensajería y redes sociales, donde los estafadores utilizan tácticas similares para engañar a las personas.

g) Suplantación de Identidad en Llamadas Telefónicas (Vishing): Algunos estafadores utilizan llamadas telefónicas para obtener información personal, haciéndose pasar por representantes de bancos o empresas.

h) Phishing Dirigido (Spear Phishing): En lugar de enviar correos genéricos a un gran número de personas, los estafadores pueden dirigir sus esfuerzos a individuos específicos, utilizando información obtenida sobre sus víctimas para hacer que sus intentos de engaño sean más convincentes.

El phishing es un delito grave y una forma importante de ciberdelito.

Puede conducir a la pérdida de grandes sumas de dinero, robo de identidad, y daños a la reputación tanto de individuos como de empresas.

Es crucial que los usuarios de Internet estén conscientes de estas tácticas y tomen medidas para proteger su información, como verificar la autenticidad de los correos electrónicos y los sitios web, no compartir información personal en respuestas a solicitudes no solicitadas, y utilizar software de seguridad actualizado.

PRESENTACIÓN DE INFORMACIÓN FALSA COMO VERDADERA

La presentación de información falsa como verdadera en los delitos de estafa comunes es un aspecto central del fraude, y se manifiesta de varias maneras.

En el contexto legal, se considera un delito grave debido a su naturaleza engañosa y las consecuencias potencialmente dañinas para las víctimas.

A continuación, se detallan más extensamente las conductas asociadas a este tipo de delitos:

a) Falsificación de Documentos: Implica la creación o modificación de documentos para hacerlos parecer legítimos con el objetivo de engañar. Esto puede incluir la alteración de contratos, la fabricación de registros financieros, o la falsificación de documentos de identidad. Estas acciones se llevan a cabo para engañar a individuos, empresas o incluso a entidades gubernamentales, y pueden tener implicaciones graves, como la obtención ilegítima de fondos, bienes o servicios.

b) Proporcionar Información Engañosa: Esta táctica incluye cualquier forma de comunicación que presente datos falsos como verdaderos. Ejemplos comunes son la exageración de las capacidades de un producto, la omisión de información importante en un acuerdo, o la presentación de credenciales falsas para ganar confianza. Este tipo de engaño puede ser particularmente dañino en el sector financiero, donde la información errónea puede llevar a inversiones perjudiciales.

c) Esquemas de Fraude: Los estafadores a menudo elaboran planes complejos, como esquemas piramidales o fraudes de inversión, para engañar a las personas. Estos esquemas suelen prometer altos rendimientos con poco o ningún riesgo, pero en realidad, son mecanismos para transferir dinero de las víctimas a los estafadores. Estos pueden incluir fraudes en el mercado de valores, estafas de caridad, o esquemas de lotería falsos.

d) Uso de Identidades Falsas: La usurpación de identidad implica representarse a uno mismo como otra persona o entidad. Esto puede ser con el fin de ganar acceso a recursos, obtener créditos, o realizar compras fraudulentas. Esta conducta abarca desde la utilización de documentos de identidad robados hasta la creación de personajes ficticios en línea.

e) Manipulación de Sistemas Online o Digitales: En la era digital, los estafadores utilizan tecnologías avanzadas para perpetrar fraudes. Esto incluye el phishing (engaño para obtener información confidencial), la instalación de software malicioso para acceder a sistemas informáticos, o la realización de ataques cibernéticos para robar datos personales y financieros.

Desde un punto de vista legal, estos actos son considerados graves y pueden resultar en consecuencias severas, incluyendo multas sustanciales y tiempo en prisión.

La ley se enfoca en la intención del estafador de engañar y en el daño causado a las víctimas.

Además, las leyes varían según la jurisdicción, pero en general, la estafa es perseguida activamente por las autoridades para proteger a los consumidores y mantener la integridad de los mercados y sistemas financieros.

Las víctimas de estafa pueden sufrir no solo pérdidas económicas, sino también daños emocionales y psicológicos. Por lo tanto, es fundamental que, tanto los individuos como las empresas, estén informados y sean cautelosos para prevenir ser víctimas de estos delitos.

PROMESAS FALSAS

Las promesas falsas en los delitos de estafa comunes son un componente central de este tipo de fraude.

Este concepto implica una serie de comportamientos y tácticas engañosas destinadas a manipular y engañar a las víctimas para obtener un beneficio ilícito.

Aquí se detalla con mayor profundidad qué implican y qué conductas conllevan:

a) Engaño o Representación Falsa: En el corazón de la estafa está la mentira. El estafador crea una promesa o una afirmación que sabe que es falsa. Esta mentira puede estar relacionada con la calidad de un producto, la existencia de cierto servicio, o la promesa de un retorno de inversión que nunca se materializará. Por ejemplo, podría ser una oferta de inversiones con garantías de altos retornos que, en realidad, no existen.

b) Intención de Defraudar: La estafa no es accidental. Existe una intención deliberada y premeditada de engañar a la víctima para obtener un beneficio ilícito. El estafador planea cuidadosamente cómo presentar la falsa promesa para que sea creíble y persuasiva, maximizando así las probabilidades de engañar a la víctima.

c) Inducción a la Víctima: La víctima es inducida, a través de la manipulación y la persuasión, a realizar acciones que normalmente no realizaría si conociera la verdad. Esto puede incluir entregar grandes sumas de dinero, realizar inversiones riesgosas, o proporcionar acceso a información sensible como datos bancarios o personales.

d) Pérdida o Daño para la Víctima: Como resultado del engaño, la víctima sufre una pérdida. Esta pérdida puede ser financiera, como el dinero entregado al estafador, o puede ser de otra índole, como el daño a la reputación, el estrés emocional o la pérdida de confianza en los demás.

e) Beneficio para el Estafador: Por otro lado, el estafador obtiene un beneficio directo del engaño. Este beneficio suele ser financiero, pero también puede ser de otra índole, como obtener información valiosa, acceso a recursos, o simplemente la satisfacción de haber engañado a alguien.

f) Elementos de Coerción o Presión: A menudo, los estafadores utilizan tácticas de presión, como la urgencia ("esta oferta es por tiempo limitado") o la intimidación, para forzar a la víctima a actuar rápidamente y sin pensar detenidamente.

g) Abuso de Confianza: En muchos casos, las estafas implican el abuso de una relación de confianza preexistente. El estafador puede ser un conocido, un amigo, o incluso un miembro de la familia que utiliza su posición de confianza para facilitar el engaño.

h) Complejidad y Sofisticación: Algunas estafas son altamente sofisticadas y pueden involucrar documentos falsos, sitios web fraudulentos, identidades inventadas y una compleja red de mentiras para hacer que la oferta parezca legítima.

Estas conductas son ilegales y están sancionadas por las leyes de estafa y fraude en la mayoría de las jurisdicciones.

La gravedad de la sanción legal puede depender de la magnitud del fraude, el impacto en las víctimas, y las circunstancias específicas del caso.

Las estafas pueden tener un impacto significativo y duradero en las víctimas, no solo financieramente, sino también emocional y psicológicamente.

PUBLICIDAD ENGAÑOSA

La publicidad engañosa, en el contexto de los delitos de estafa, implica una serie de tácticas y estrategias diseñadas para inducir al error o al engaño a los consumidores con el fin de obtener un beneficio económico.

Esta forma de conducta ilícita puede tomar diversas formas y manifestarse a través de diferentes medios, como la televisión, la radio, internet, y la publicidad impresa.

A continuación, se detallan con más amplitud algunas de las conductas típicas asociadas con la publicidad engañosa:

a) Exageraciones Injustificadas: Este tipo de publicidad promete resultados o beneficios del producto o servicio que son exagerados o imposibles de cumplir. Por ejemplo, un producto de salud o belleza que promete resultados increíbles y rápidos sin tener evidencia científica que respalde dichas afirmaciones.

b) Información Falsa o Errónea: Incluir información sobre las características, origen, beneficios o cualquier otro aspecto relevante del producto o servicio que no es cierto. Esto puede incluir desde mentir sobre la eficacia de un producto hasta afirmaciones falsas sobre sus características ecológicas o sostenibles.

c) Ocultamiento de Información Importante: No revelar información crucial que podría influir en la decisión de compra del consumidor. Esto puede incluir el ocultamiento de efectos secundarios potenciales, riesgos asociados al uso del producto, o la verdadera naturaleza de los costos involucrados.

d) Uso de Testimonios Falsos o Engañosos: La utilización de testimonios o reseñas de supuestos usuarios que son ficticios o que han sido pagados para hablar positivamente del producto, sin revelar esta relación comercial.

e) Comparaciones Injustas o Falsas: Realizar comparaciones con otros productos o servicios de manera sesgada o falsa, resaltando de manera injustificada la calidad o eficacia del propio producto, a menudo sin una base factual clara.

f) Ofertas Falsas o Engañosas: Anunciar ofertas, descuentos o promociones que no son lo que parecen. Esto puede incluir publicidad sobre grandes descuentos que en realidad se aplican a precios inflados artificialmente, o la promoción de "ofertas por tiempo limitado" que en realidad son permanentes.

g) Imágenes Manipuladas o Engañosas: Usar imágenes retocadas o manipuladas para hacer que el producto parezca más atractivo o efectivo de lo que realmente es. Esto es común en la publicidad de alimentos y productos cosméticos.

h) Términos y Condiciones Ocultos: Presentar promociones u ofertas especiales sin revelar todas las condiciones o requisitos necesarios para beneficiarse de ellas, lo que puede llevar a los consumidores a incurrir en gastos o compromisos no esperados.

Las consecuencias de la publicidad engañosa pueden ser significativas tanto para los consumidores como para las empresas.

Los consumidores pueden sufrir pérdidas económicas, daños a su salud o simplemente una decepción general con el producto o servicio.

Para las empresas, además de las sanciones legales y multas, la publicidad engañosa puede dañar gravemente su reputación y credibilidad en el mercado.

Es importante que los consumidores estén alertas y sean críticos con la publicidad que consumen, y que las autoridades reguladoras mantengan una supervisión efectiva para proteger los derechos de los consumidores y garantizar la equidad en el mercado.

VENTA DE SERVICIOS NO EXISTENTES

La venta de servicios no existentes en el contexto de delitos de estafa comunes implica ofrecer y cobrar por servicios que en realidad no se van a proporcionar o que no existen.

Esta forma de estafa se basa en el engaño y la explotación de la confianza o la falta de conocimiento del consumidor.

Las conductas asociadas con este tipo de estafa son variadas y a menudo sofisticadas, buscando siempre persuadir a la víctima para que pague por algo que no recibirá.

Conductas Comunes en Estafas de Venta de Servicios No Existentes:

a) Creación de Empresas Falsas o Sitios Web Engañosos: Los estafadores a menudo establecen entidades comerciales ficticias o crean sitios web profesionales que parecen legítimos para ofrecer servicios inexistentes.

b) Publicidad Engañosa: Utilizan publicidad en diversas plataformas, incluyendo redes sociales, correo electrónico y sitios web, para promocionar servicios que no tienen la intención de entregar.

c) Falsificación de Credenciales o Testimonios: Pueden presentar credenciales falsas, certificaciones, o testimonios de clientes (que son ficticios) para dar credibilidad a sus servicios.

d) Solicitudes de Pago por Adelantado: A menudo exigen pagos por adelantado, utilizando la excusa de reservas, materiales necesarios, o tarifas administrativas.

e) Ofertas Irresistibles y Urgentes: Crean ofertas que parecen demasiado buenas para ser ciertas, y agregan un sentido de urgencia para que la víctima actúe rápidamente sin verificar la legitimidad del servicio.

f) Manipulación Emocional o Psicológica: Utilizan tácticas de persuasión y manipulación, explotando emociones como la excitación, la esperanza o el miedo, para convencer a las personas de comprar el servicio.

g) Uso de Contratos o Acuerdos Confusos: Presentan documentos que son intencionalmente confusos o ambiguos para ocultar el hecho de que el servicio no será proporcionado.

h) Evitación de Contacto Directo o Respuestas Claras: Una vez que se ha realizado el pago, evitan el contacto directo con el cliente o dan respuestas evasivas sobre el estado del servicio.

i) Desaparición o Cambio de Identidad: Tras recibir el pago, los estafadores a menudo desaparecen, cierran sus sitios web o cambian de nombre y contacto para evitar ser localizados.

j) Ausencia de Entrega: La característica principal de estas estafas es que, independientemente de lo que se prometa, el servicio nunca se entrega al cliente.

Estas conductas no solo resultan en pérdidas económicas para las víctimas, sino que también pueden causar daños emocionales y psicológicos significativos.

Las leyes en muchos países consideran este tipo de acciones como delitos de fraude o estafa, y pueden acarrear serias consecuencias legales para los perpetradores, incluyendo multas y penas de prisión.

Es fundamental que los consumidores estén alertos y verifiquen exhaustivamente la legitimidad de los servicios y los proveedores antes de realizar cualquier pago.

VENTAS FALSAS DE BIENES NO EXISTENTES

Las ventas falsas de bienes no existentes en el contexto de estafas comunes se refieren a un tipo específico de fraude donde el estafador ofrece a la venta productos o propiedades que en realidad no existen o no están en su posesión.

Este tipo de estafa es un engaño deliberado diseñado para obtener dinero o beneficios de las víctimas bajo la falsa pretensión de una transacción legítima.

Las conductas asociadas a este tipo de fraude incluyen:

a) Anuncios de Productos Ficticios: Los estafadores pueden publicar anuncios en línea o en otros medios, ofreciendo productos atractivos a precios bajos. Estos productos en realidad no existen o no están disponibles para la venta. Una vez que la víctima realiza el pago, el estafador desaparece y el producto nunca se entrega.

b) Venta de Propiedades Inmobiliarias Falsas: Esto implica engañar a las personas para que paguen depósitos o adelantos por propiedades que el estafador no posee o que simplemente no existen. Pueden crear anuncios falsos con fotos y detalles de propiedades reales o ficticias para atraer a compradores o inquilinos.

c) Fraude en Subastas o Ventas Online: Los estafadores pueden crear listados falsos en sitios de subastas o ventas en línea, ofreciendo artículos que no tienen la intención de entregar. A menudo piden a los compradores que realicen pagos a través de métodos que no ofrecen protección al comprador, dificultando la recuperación del dinero.

d) Venta de Vehículos No Existentes: Similar a la venta de bienes inmuebles, esto implica ofrecer a la venta vehículos (coches, motos, barcos) que el estafador no posee. Pueden usar fotos y descripciones de vehículos reales para crear anuncios convincentes.

e) Esquemas de Inversión Falsos: Ofrecer oportunidades de inversión en bienes que no existen, como partes de empresas ficticias, terrenos en desarrollos inmobiliarios inexistentes, o acciones en proyectos de energía renovable que no son reales.

f) Venta de Billetes o Entradas Falsas: Ofrecer a la venta entradas para eventos, conciertos, o viajes que no son legítimos o no están en posesión del vendedor.

g) Sitios Web Falsos de Comercio Electrónico: Construir sitios web que parezcan tiendas en línea legítimas, ofreciendo productos a precios atractivos. Estos sitios pueden tener un diseño profesional y características que imitan a tiendas en línea reales, pero su propósito es engañar a los compradores para que paguen por bienes que nunca recibirán.

h) Venta de Bienes de Alto Valor: A menudo, estos esquemas involucran bienes percibidos como de alto valor, como arte, joyas o antigüedades, que pueden atraer a compradores dispuestos a invertir sumas significativas de dinero.

i) Engaño en la Entrega: A veces, después de la venta, el estafador puede proporcionar un número de seguimiento falso o explicaciones sobre retrasos en la entrega para ganar tiempo y evitar sospechas hasta que haya asegurado el dinero.

En términos legales, estas acciones son consideradas delitos de fraude y están sujetas a sanciones que pueden incluir multas y encarcelamiento.

Las leyes específicas y las penalizaciones varían según la jurisdicción, pero en general, estas prácticas son perseguidas activamente debido a su naturaleza engañosa y el daño económico y emocional que pueden causar a las víctimas.

Para evitar caer en este tipo de estafas, es importante realizar una verificación exhaustiva antes de realizar cualquier pago, especialmente en transacciones en línea, y desconfiar de ofertas que parecen demasiado buenas para ser ciertas.

Las víctimas de estas estafas deben reportar los incidentes a las autoridades pertinentes para ayudar en la persecución de los estafadores y prevenir que otros caigan en el mismo engaño.

ESTAFAS ESPECÍFICAS

INTRODUCCIÓN

Los delitos relativos a estafas específicas se refieren a una categoría de crímenes en la que una persona utiliza engaños, artimañas o manipulación para obtener beneficios económicos o materiales a expensas de otra persona o entidad.

Estos delitos suelen implicar la obtención de dinero, bienes o servicios de manera fraudulenta, y a menudo involucran engañar a la víctima de alguna manera.

Aquí, se debe desarrollar extensamente qué significa este tipo de delitos y algunas de las conductas comunes que conllevan:

a) La estafa de Ponzi: Este tipo de estafa implica un esquema de inversión falso en el que los estafadores prometen altos retornos a los inversores, pero en realidad están utilizando el dinero de los nuevos inversores para pagar a los antiguos. Eventualmente, el esquema colapsa cuando no hay suficientes nuevos inversores para pagar a los antiguos.

b) Fraude de préstamos estudiantiles: Algunas personas han caído en estafas donde les prometen reducir sus deudas de préstamos estudiantiles a cambio de una tarifa por adelantado, pero en realidad, no hacen nada para ayudar a los prestatarios.

c) Estafas de lotería y premios falsos: Los estafadores se ponen en contacto con las personas y les dicen que han ganado una lotería o un premio, pero deben pagar una tarifa o proporcionar información personal para reclamarlo. El premio no existe, y las personas terminan perdiendo dinero o revelando información confidencial.

d) Estafas de soporte técnico falso: Los estafadores hacen llamadas telefónicas o envían mensajes emergentes en línea, afirmando ser técnicos de soporte de empresas de renombre como Microsoft. Engañan a las personas para que les den acceso remoto a sus computadoras y luego cobran por servicios innecesarios o roban información personal.

e) Fraude de inversiones en bienes raíces: Algunos estafadores prometen inversiones lucrativas en propiedades inmobiliarias, pero en realidad, no tienen propiedades o las propiedades no valen lo que afirman. Los inversores pierden su dinero.

f) Estafas de citas en línea: Los estafadores crean perfiles falsos en sitios de citas en línea y entablan relaciones con personas con la intención de extorsionar dinero o información personal de ellas.

g) Fraude de medicamentos en línea: Los estafadores venden medicamentos falsificados o sin licencia en línea, haciéndolos pasar por medicamentos legítimos, lo que puede poner en peligro la salud de los compradores.

h) Estafas de caridad falsa: Algunas personas se hacen pasar por organizaciones benéficas falsas o utilizan el nombre de organizaciones legítimas para recaudar dinero para causas ficticias. El dinero generalmente no llega a ninguna organización benéfica real.

i) Fraude de asistencia técnica remota: Los estafadores llaman a personas y afirman ser del departamento de soporte técnico de una empresa de tecnología, y luego engañan a las víctimas para que proporcionen acceso a sus computadoras y roban información personal o instalan malware.

j) Estafas de inversión en criptomonedas: Algunos estafadores prometen oportunidades de inversión en criptomonedas falsas o proyectos que no existen, con el objetivo de robar los fondos de los inversores.

En general, las estafas específicas involucran la manipulación de la confianza de las personas para obtener beneficios financieros de manera fraudulenta. Estas conductas son ilegales y pueden tener graves consecuencias legales para quienes las llevan a cabo.

Es importante que las personas estén alertas y tomen medidas para protegerse contra posibles estafas, como verificar la autenticidad de las ofertas y nunca compartir información personal o financiera con fuentes no confiables.

Además, denunciar cualquier actividad sospechosa a las autoridades correspondientes puede ayudar a prevenir la propagación de estas estafas y a atrapar a los estafadores.

ESTAFA DE CARIDAD FALSA

La estafa de caridad falsa es un tipo específico de estafa en la que los estafadores se hacen pasar por organizaciones benéficas o personas que solicitan donaciones en nombre de una causa falsa o inventada.

Estos estafadores explotan la generosidad de las personas y buscan obtener dinero u otros recursos de forma fraudulenta, sin que el dinero vaya realmente a fines benéficos legítimos.

Las conductas y características comunes de la estafa de caridad falsa pueden incluir lo siguiente:

a) Suplantación de identidad: Los estafadores suelen hacerse pasar por organizaciones benéficas conocidas o utilizan nombres y logotipos que suenan similares a organizaciones legítimas para confundir a las víctimas.

b) Llamadas telefónicas o correos electrónicos no solicitados: Los estafadores pueden contactar a las personas a través de llamadas telefónicas no solicitadas, correos electrónicos no deseados o mensajes de texto, solicitando donaciones en nombre de una supuesta causa.

c) Historias emotivas falsas: Los estafadores a menudo utilizan historias emotivas o desgarradoras para persuadir a las personas a donar, inventando situaciones de necesidad o emergencias que no son reales.

d) Presión para donar de inmediato: Los estafadores pueden presionar a las víctimas para que donen dinero de inmediato, argumentando que hay una necesidad urgente o que deben tomar acción de inmediato.

e) Falta de información detallada: Los estafadores pueden proporcionar información limitada sobre la organización benéfica, sus actividades o cómo se utilizarán las donaciones, evitando preguntas detalladas o proporcionando respuestas vagas.

f) Cobro de tarifas o comisiones excesivas: Algunos estafadores pueden cobrar tarifas excesivas o comisiones por la gestión de donaciones, lo que reduce significativamente la cantidad de dinero que realmente va a la causa benéfica.

g) Ofertas de regalos o premios: Los estafadores pueden prometer regalos o premios a cambio de donaciones, con la intención de atraer a las personas a contribuir.

h) Uso indebido de fondos: En lugar de destinar las donaciones a fines benéficos legítimos, los estafadores pueden utilizar el dinero para su propio beneficio personal.

La estafa de caridad falsa es ilegal y puede tener graves consecuencias legales para los perpetradores.

Además, socava la confianza en las organizaciones benéficas legítimas y puede perjudicar la capacidad de estas organizaciones para ayudar a quienes realmente lo necesitan.

Para protegerse contra las estafas de caridad falsa, es importante verificar la autenticidad de cualquier organización benéfica antes de hacer una donación, investigar la causa y solicitar información detallada sobre cómo se utilizarán los fondos donados.

También es fundamental ser escéptico ante las solicitudes de donación no solicitadas y denunciar cualquier actividad sospechosa a las autoridades pertinentes.

ESTAFA DE ENVÍO

La estafa de envío, también conocida como estafa de compra en línea o fraude de envío, es un tipo específico de estafa en la que un estafador engaña a una persona para que realice una compra en línea, generalmente de un producto valioso, pero luego manipula el proceso de envío o pago de tal manera que el estafador obtiene tanto el producto como el dinero de la víctima.

Las conductas y características comunes de la estafa de envío pueden incluir lo siguiente:

a) Oferta de venta atractiva: Los estafadores a menudo publican anuncios en línea ofreciendo productos populares a precios muy atractivos, lo que atrae a compradores interesados en obtener una ganga.

b) Comunicación falsa: Los estafadores pueden proporcionar información de contacto falsa o no responder de manera consistente a las preguntas o inquietudes de los compradores, dificultando la comunicación efectiva.

c) Solicitud de pago por adelantado: Los estafadores pueden solicitar a los compradores que realicen un pago por adelantado por el producto, a menudo utilizando métodos de pago no reversibles, como transferencias bancarias, giros postales o tarjetas de regalo.

d) Falsificación de confirmaciones de pago: Los estafadores pueden enviar a los compradores falsificaciones de confirmaciones de pago o recibos para hacerles creer que se ha realizado el pago y que el producto será enviado.

e) Falta de envío o envío falso: Después de recibir el pago, los estafadores pueden no enviar el producto o proporcionar información de seguimiento falsa para dar la impresión de que el producto está en camino.

f) Cambio de direcciones de envío: Los estafadores pueden cambiar la dirección de envío del producto después de recibir el pago, lo que hace que el producto se entregue en otro lugar que no sea la dirección del comprador.

g) Negación de responsabilidad: Los estafadores a menudo niegan cualquier irregularidad y culpan a la empresa de envío o al sistema de pago por problemas en la transacción.

h) Dificultades para obtener reembolsos: Los compradores que caen en una estafa de envío a menudo encuentran dificultades para obtener reembolsos, especialmente si utilizaron métodos de pago no reversibles.

La estafa de envío puede ser perjudicial tanto para los compradores que pierden dinero como para los vendedores legítimos que pueden verse afectados si sus cuentas o productos son utilizados por los estafadores en estas estafas.

Para protegerse contra este tipo de estafa, es importante verificar la autenticidad de los vendedores y productos en línea, utilizar métodos de pago seguros que ofrezcan protección al consumidor, y ser cauteloso al tratar con vendedores que solicitan pagos por adelantado o que tienen una comunicación deficiente.

Si sospechas de una estafa de envío, es importante denunciarla a las autoridades y a la plataforma en línea donde se realizó la transacción.

ESTAFA DE INVERSIÓN PIRAMIDAL

La estafa de inversión piramidal es un tipo específico de fraude que se basa en un esquema en el que los participantes son reclutados para invertir dinero en una organización o programa, a menudo prometiendo retornos financieros significativos.

Este esquema se llama "piramidal" debido a su estructura en forma de pirámide, donde los nuevos inversores reclutan a más personas para invertir y ganar dinero, y a su vez, estos nuevos reclutas reclutan a otros y así sucesivamente.

Aunque puede haber variaciones en la ejecución, algunas conductas y características comunes de la estafa de inversión piramidal pueden incluir lo siguiente:

a) Promesas de altos retornos: Los estafadores prometen a los inversores iniciales altos rendimientos o ganancias rápidas a cambio de su inversión inicial.

b) Reclutamiento de nuevos inversores: Los participantes iniciales son alentados a reclutar a otros para invertir en el esquema y a menudo se les recompensa con comisiones o bonificaciones por cada nuevo recluta.

c) Estructura en forma de pirámide: Los nuevos inversores se colocan en niveles descendentes en la estructura de la pirámide, y se les anima a reclutar a más personas, creando así una jerarquía de participantes con niveles múltiples.

d) Necesidad constante de reclutamiento: El esquema requiere un flujo constante de nuevos inversores para mantener a flote los pagos a los niveles superiores de la pirámide. Cuando el reclutamiento se detiene, el esquema colapsa.

e) Opacidad y falta de transparencia: Los estafadores a menudo no proporcionan información clara sobre cómo se generan los retornos o de dónde provienen los fondos para pagar a los inversores.

f) Desaparición repentina: Cuando el esquema alcanza un punto en el que no es posible reclutar a suficientes nuevos inversores para pagar a los niveles superiores, el esquema puede colapsar, y los últimos en unirse pierden su inversión.

g) Pérdidas financieras para la mayoría: En última instancia, la mayoría de los participantes en la base de la pirámide incurren en pérdidas financieras, ya que el esquema solo beneficia a los primeros en unirse.

La estafa de inversión piramidal es ilegal en la mayoría de los países y generalmente se considera un esquema Ponzi, en el cual los fondos de los nuevos inversores se utilizan para pagar los retornos prometidos a los inversores anteriores.

Estos esquemas son insostenibles a largo plazo y, finalmente, colapsan, dejando a la mayoría de los participantes con pérdidas financieras.

Para protegerse contra este tipo de estafas, es fundamental tener precaución al considerar oportunidades de inversión que prometen retornos inusualmente altos o rápidos.

También es importante investigar a fondo cualquier inversión antes de comprometer su dinero y buscar asesoramiento financiero de fuentes confiables.

Si sospecha que está siendo blanco de una estafa de inversión piramidal, es esencial informar el esquema a las autoridades y evitar reclutar a otros en el mismo.

ESTAFA DE PHISING

La estafa de phishing es un tipo específico de estafa en línea que implica la suplantación de una entidad legítima, como una empresa, una institución financiera o un servicio en línea, con el objetivo de engañar a las personas para que revelen información personal, financiera o de identificación confidencial, como contraseñas, números de tarjeta de crédito o números de seguridad social.

Las conductas y características comunes de la estafa de phishing pueden incluir lo siguiente:

a) Correos electrónicos o mensajes falsificados: Los estafadores suelen enviar correos electrónicos o mensajes de texto falsificados que parecen provenir de una fuente legítima y confiable, como un banco o una red social. Estos mensajes suelen contener logos y gráficos falsificados para que parezcan auténticos.

b) Solicitudes de información confidencial: Los estafadores solicitan a las víctimas que proporcionen información confidencial, como números de tarjetas de crédito, contraseñas, números de seguridad social, información bancaria o detalles de cuentas en línea.

c) Amenazas o urgencia: Los estafadores a menudo crean un sentido de urgencia o temor en el mensaje, como afirmar que la cuenta de la víctima está en peligro o que se tomarán medidas legales si no se proporciona la información solicitada de inmediato.

d) Enlaces a sitios web falsos: Los correos electrónicos o mensajes de phishing generalmente contienen enlaces que dirigen a las víctimas a sitios web falsos que imitan la apariencia de sitios legítimos. Estos sitios web están diseñados para robar la información ingresada por la víctima.

e) Malware: Algunos correos electrónicos de phishing pueden contener archivos adjuntos o enlaces que descargan malware en el dispositivo de la víctima, lo que permite a los estafadores robar información o tomar el control del dispositivo.

f) Suplantación de identidad: Los estafadores pueden hacerse pasar por empleados de una empresa o entidad legítima, lo que hace que sus solicitudes de información parezcan aún más creíbles.

g) Ataques de phishing de spear-phishing: En este tipo de estafa de phishing, los estafadores investigan a la víctima y personalizan el mensaje para que parezca más convincente, a menudo utilizando información personal previamente obtenida.

El phishing es una actividad ilegal y puede dar lugar a cargos por fraude, robo de identidad, acceso no autorizado a sistemas informáticos y otros delitos relacionados con la ciberseguridad.

Además de causar pérdidas financieras, el phishing puede tener graves implicaciones para la seguridad de la información personal y financiera de las víctimas.

Para protegerse contra el phishing, es importante que las personas sean escépticas ante los correos electrónicos o mensajes no solicitados que solicitan información confidencial y que verifiquen la autenticidad de las fuentes antes de proporcionar cualquier información.

También es crucial mantener el software de seguridad y antivirus actualizado y educarse sobre las tácticas comunes de phishing para reconocerlas y evitar caer en ellas.

ESTAFA PONZI

La estafa Ponzi es un tipo específico de esquema de estafa que lleva el nombre de Charles Ponzi, quien popularizó este tipo de fraude en la década de 1920.

Se caracteriza por prometer a los inversores rendimientos anormalmente altos en un corto período de tiempo, generalmente a través de una supuesta inversión en un negocio o proyecto lucrativo.

Sin embargo, en lugar de generar ganancias legítimas a través de inversiones, el dinero de los inversores se utiliza para pagar a los primeros inversionistas, creando la ilusión de rendimientos positivos y atrayendo a más inversores.

Aquí se abordan algunas características clave y conductas que son comunes en los casos de estafas Ponzi:

a) Promesas de altos rendimientos: Los estafadores prometen a los inversores rendimientos excepcionalmente altos, a menudo superiores a los que se pueden obtener en inversiones legítimas. Estas promesas suelen ser poco realistas y atractivas para atraer a más inversores.

b) Falta de transparencia: Los estafadores suelen ser vagos o evasivos sobre la forma en que generan ganancias y cómo funcionan las inversiones. No proporcionan información detallada o documentos que respalden sus afirmaciones.

c) Uso de fondos nuevos para pagar a los antiguos: En lugar de generar ingresos reales a través de inversiones productivas, el dinero de los nuevos inversores se utiliza para pagar los rendimientos prometidos a los inversores anteriores. Esto crea una especie de esquema de "robo a Pedro para pagar a Pablo".

d) Mantener la ilusión de éxito: Los estafadores pueden proporcionar declaraciones de cuenta falsas o informes ficticios de inversiones exitosas para tranquilizar a los inversores y hacerles creer que sus fondos están seguros y generando ganancias.

e) Aumento en la base de inversores: Los estafadores necesitan constantemente atraer a nuevos inversores para mantener el esquema en marcha y pagar a los inversionistas anteriores. Esto puede llevar a una expansión rápida de la base de inversores antes de que el esquema finalmente colapse debido a la insostenibilidad.

f) Colapso inevitable: Eventualmente, la estafa Ponzi colapsará porque no hay suficiente dinero entrante de nuevos inversores para pagar los rendimientos prometidos a los inversores anteriores. En este punto, los inversores pueden perder una parte significativa o la totalidad de sus fondos.

Las estafas Ponzi son ilegales en la mayoría de los países y son consideradas un delito de estafa. Los perpetradores de estas estafas pueden enfrentar cargos criminales y ser procesados legalmente.

También suelen causar pérdidas financieras significativas para las víctimas que confiaron en las promesas de rendimientos extraordinarios.

Por lo tanto, es importante que los inversores sean escépticos ante las oportunidades de inversión que parecen demasiado buenas para ser verdad y que busquen asesoramiento financiero y realicen una debida diligencia antes de invertir su dinero.

ESTAFAS DE CITAS EN LÍNEA

Las estafas de citas en línea son un tipo específico de fraude que ocurre en plataformas de citas por Internet y redes sociales, en las cuales los estafadores se hacen pasar por personas interesadas en tener una relación romántica o sentimental con el objetivo de engañar a sus víctimas para obtener dinero, información personal o realizar acciones perjudiciales.

Las conductas y características comunes de las estafas de citas en línea pueden incluir lo siguiente:

a) Suplantación de identidad: Los estafadores crean perfiles falsos utilizando fotos robadas o imágenes de modelos y se hacen pasar por personas atractivas y deseables para atraer a sus víctimas.

b) Desarrollo de una relación ficticia: Los estafadores invierten tiempo y esfuerzo en desarrollar una relación ficticia con la víctima, expresando interés romántico y emocional.

c) Expresiones de amor y afecto: Los estafadores pueden utilizar palabras cariñosas, expresiones de amor y promesas de futuro juntos para ganarse la confianza de la víctima.

d) Historias de necesidad: Los estafadores inventan historias de dificultades financieras, problemas médicos, problemas legales u otras emergencias para obtener compasión y simpatía de la víctima.

e) Solicitudes de dinero o regalos: Una vez que han establecido una relación, los estafadores solicitan dinero, regalos o información personal bajo diversas excusas, como comprar boletos de avión, cubrir gastos médicos, resolver problemas financieros o enviar regalos costosos.

f) Extorsión: En algunos casos, los estafadores pueden amenazar con difundir información comprometedora o fotos íntimas de la víctima si esta no paga dinero o realiza ciertas acciones.

g) Cambio de identidad: Los estafadores pueden cambiar su identidad y apariencia en línea, haciéndose pasar por diferentes personas para establecer múltiples relaciones y estafar a varias víctimas al mismo tiempo.

h) Múltiples perfiles: Algunos estafadores mantienen varios perfiles falsos en diferentes plataformas de citas para ampliar su alcance y aumentar sus oportunidades de estafar a más personas.

i) Evitar el encuentro en persona: Los estafadores a menudo evitan reunirse en persona con sus víctimas, lo que dificulta verificar la autenticidad de su identidad.

j) Comportamiento evasivo: Cuando se les hace preguntas específicas o se les presiona para revelar más sobre sí mismos, los estafadores a menudo responden de manera evasiva o cambian de tema.

Las estafas de citas en línea son ilegales y pueden dar lugar a consecuencias legales graves para los perpetradores.

Además, pueden causar pérdidas financieras y emocionales significativas a las víctimas.

Es importante que las personas sean cautelosas al interactuar con personas en línea y estén alerta ante signos de estafa, como solicitudes de dinero inusuales o comportamiento sospechoso.

Si alguien sospecha que está siendo víctima de una estafa de citas en línea, es esencial no enviar dinero ni información personal y denunciar la actividad sospechosa a las autoridades pertinentes y a la plataforma en la que ocurrió la estafa.

ESTAFAS DE IMPOSTORES DE SERVICIOS PÚBLICOS

Las estafas de impostores de servicios públicos son un tipo específico de fraude en el que los estafadores se hacen pasar por empleados o representantes de empresas de servicios públicos legítimas, como empresas de electricidad, gas, agua o telecomunicaciones, con el objetivo de engañar a las personas para que proporcionen dinero, información personal o realicen acciones perjudiciales.

Estas estafas suelen involucrar la amenaza de interrupción del servicio o la necesidad de pagar supuestos saldos pendientes.

Las conductas y características comunes de las estafas de impostores de servicios públicos pueden incluir lo siguiente:

a) Llamadas telefónicas fraudulentas: Los estafadores pueden llamar a las víctimas por teléfono y hacerse pasar por empleados de una empresa de servicios públicos, afirmando que hay un problema con su cuenta o que deben realizar un pago inmediato para evitar la desconexión de los servicios.

b) Amenazas de desconexión: Los estafadores suelen utilizar tácticas de miedo, como amenazar con cortar los servicios de inmediato si no se realiza el pago, para presionar a las víctimas para que tomen medidas rápidas.

c) Suplantación de identidad: Los estafadores pueden utilizar identidades falsas o suplantar a empleados reales de la empresa de servicios públicos para ganarse la confianza de las víctimas.

d) Solicitud de información personal o financiera: Los estafadores pueden solicitar a las víctimas que proporcionen información personal, como números de seguro social o números de tarjeta de crédito, o que realicen pagos a través de métodos no rastreables, como transferencias bancarias o tarjetas de regalo.

e) Presiones para realizar pagos inmediatos: Los estafadores suelen insistir en que se realice el pago de inmediato, a menudo dentro de un plazo breve, lo que reduce la capacidad de la víctima para verificar la autenticidad de la solicitud.

f) Falsificación de identificadores de llamadas: Algunos estafadores pueden falsificar la identificación de llamadas para que parezca que la llamada proviene de una empresa de servicios públicos legítima.

g) Uso de correos electrónicos o mensajes de texto fraudulentos: Además de las llamadas telefónicas, los estafadores pueden enviar correos electrónicos o mensajes de texto que simulan ser de la empresa de servicios públicos y contienen solicitudes fraudulentas de pago o información personal.

h) Utilización de argumentos convincentes: Los estafadores pueden utilizar información precisa, como el nombre del titular de la cuenta y el historial de pagos pasados, para hacer que su solicitud parezca más legítima.

Las estafas de impostores de servicios públicos son ilegales y pueden causar pérdidas financieras significativas, así como problemas de seguridad y privacidad para las víctimas.

Además, pueden dar lugar a cargos penales por fraude, suplantación de identidad y otros delitos relacionados.

Para protegerse contra estas estafas, es importante recordar que las empresas de servicios públicos legítimas generalmente no amenazan con cortar los servicios de manera inmediata por teléfono y que es esencial verificar la autenticidad de cualquier llamada o comunicación no solicitada antes de proporcionar información personal o financiera o realizar pagos.

Si se recibe una llamada o notificación sospechosa, es aconsejable comunicarse directamente con la empresa de servicios públicos utilizando la información de contacto proporcionada en facturas anteriores o en el sitio web oficial de la empresa para verificar la situación antes de tomar cualquier medida.

ESTAFAS DE INVERSIÓN EN CRIPTOMONEDAS

Las estafas de inversión en criptomonedas son un tipo específico de fraude en el que los estafadores engañan a las personas para que inviertan en proyectos o esquemas relacionados con criptomonedas, con la promesa de obtener altos rendimientos o beneficios, pero en realidad tienen la intención de robar o desviar los fondos de los inversores.

Estas estafas pueden adoptar diversas formas y estrategias, pero las conductas y características comunes de las estafas de inversión en criptomonedas pueden incluir lo siguiente:

a) Ofertas de inversión irrealistas: Los estafadores prometen rendimientos extremadamente altos y garantizados en las inversiones en criptomonedas, lo que atrae a inversores en busca de oportunidades lucrativas.

b) Esquemas piramidales o Ponzi: Algunos estafadores implementan esquemas piramidales o Ponzi, donde utilizan los fondos de nuevos inversores para pagar a los inversores anteriores en lugar de invertirlos de manera productiva.

c) Suplantación de identidad: Los estafadores pueden utilizar identidades falsas o suplantar a figuras de renombre en el mundo de las criptomonedas para ganarse la confianza de los inversores.

d) Uso de tácticas de presión: Los estafadores pueden presionar a los inversores para que tomen decisiones rápidas y realicen inversiones apresuradas, argumentando que las oportunidades son limitadas o que deben actuar de inmediato para aprovecharlas.

e) Falta de transparencia: Los estafadores a menudo no proporcionan información detallada sobre cómo funcionan las inversiones o los proyectos, ocultando información importante o evitando preguntas incómodas.

f) Solicitud de información personal o financiera: Los estafadores pueden solicitar información personal o financiera a los inversores bajo el pretexto de verificar su identidad o procesar la inversión.

g) Promoción de proyectos ficticios: Algunos estafadores pueden crear proyectos de inversión falsos relacionados con criptomonedas, como ICOs (ofertas iniciales de monedas), que nunca se materializan o que son completamente ficticios.

h) Falsas plataformas de intercambio: Los estafadores pueden establecer plataformas de intercambio de criptomonedas falsas que parecen legítimas pero que en realidad están diseñadas para robar las inversiones de los usuarios.

i) Robo de criptomonedas: Los estafadores pueden aprovecharse de la falta de conocimiento de los inversores y persuadirlos para que entreguen sus claves privadas o información de acceso a sus carteras de criptomonedas, lo que les permite robar los fondos de los inversores.

Las estafas de inversión en criptomonedas son ilegales y pueden causar pérdidas financieras significativas a los inversores.

Además, pueden dar lugar a cargos penales por fraude, fraude de valores, fraude financiero y otros delitos relacionados.

Para protegerse contra estas estafas, es importante investigar cuidadosamente cualquier oportunidad de inversión en criptomonedas, consultar con asesores financieros confiables y ser escéptico ante las promesas de rendimientos extraordinarios o garantías de inversión.

También es fundamental denunciar cualquier actividad sospechosa a las autoridades pertinentes y a las agencias reguladoras adecuadas.

ESTAFAS DE SOPORTE TÉCNICO FALSO

Las estafas de soporte técnico falso, también conocidas como estafas de soporte técnico fraudulento o estafas de soporte técnico de Microsoft, son un tipo específico de estafa en línea en la que los estafadores pretenden ser técnicos de soporte técnico de una empresa legítima, como Microsoft, Apple o una empresa de software similar, para engañar a las víctimas y obtener acceso a sus computadoras o dinero.

Las conductas y características comunes de las estafas de soporte técnico falso pueden incluir lo siguiente:

a) Llamadas telefónicas no solicitadas: Los estafadores suelen contactar a las víctimas a través de llamadas telefónicas no solicitadas, alegando ser técnicos de soporte técnico de una empresa conocida o de un servicio de seguridad informática. También pueden utilizar mensajes emergentes en línea que advierten sobre problemas en la computadora.

b) Engaño sobre problemas inexistentes: Los estafadores afirman que han detectado problemas graves en la computadora de la víctima, como virus, malware, problemas de seguridad o fallas en el sistema operativo, incluso cuando no existe ningún problema.

c) Solicitudes de acceso remoto: Los estafadores piden permiso para acceder de forma remota a la computadora de la víctima, alegando que necesitan solucionar los problemas detectados. Una vez que obtienen acceso, pueden realizar cambios no autorizados en el sistema o instalar malware.

d) Cobro de tarifas exorbitantes: Los estafadores suelen cobrar tarifas exorbitantes por sus "servicios de reparación" o por la eliminación de supuestas amenazas. Los pagos suelen realizarse mediante tarjetas de crédito o transferencias bancarias.

e) Venta de software o servicios falsos: Los estafadores pueden ofrecer la compra de software de seguridad inútil o la suscripción a servicios de soporte técnico falsos que no brindan ninguna protección real.

f) Uso de tácticas de persuasión y miedo: Los estafadores pueden utilizar tácticas de persuasión y miedo para presionar a las víctimas a tomar medidas rápidas, como afirmar que la computadora está en grave peligro y que es necesario resolver el problema de inmediato.

g) Suplantación de identidad: Los estafadores pueden hacerse pasar por técnicos de soporte técnico legítimos, incluso utilizando nombres de empresas reconocidas o números de teléfono falsificados en el identificador de llamadas.

h) Amenazas y acoso: En algunos casos, los estafadores pueden acosar o amenazar a las víctimas si se niegan a pagar o siguen cuestionando su legitimidad.

Las estafas de soporte técnico falso son ilegales y pueden dar lugar a cargos penales por fraude, engaño, robo de información y otros delitos relacionados.

Para evitar caer en este tipo de estafas, es importante ser escéptico ante las llamadas no solicitadas de soporte técnico y nunca dar acceso remoto a su computadora a menos que esté seguro de que está tratando con un técnico de soporte técnico legítimo.

Además, no proporcione información personal o financiera a desconocidos y denuncie cualquier intento de estafa de soporte técnico falso a las autoridades pertinentes.

FRAUDE DE ASISTENCIA TÉCNICA REMOTA

El fraude de asistencia técnica remota, también conocido como estafa de soporte técnico remoto, se refiere a un tipo de estafa en la que los estafadores engañan a las personas haciéndoles creer que sus dispositivos (como computadoras, teléfonos móviles o tabletas) tienen problemas técnicos y luego ofrecen supuestamente ayuda para resolver esos problemas de forma remota.

Sin embargo, en realidad, el objetivo principal de los estafadores es obtener dinero de las víctimas, acceso a sus dispositivos o información personal.

Las conductas y características comunes del fraude de asistencia técnica remota pueden incluir lo siguiente:

a) Llamadas telefónicas no solicitadas: Los estafadores a menudo realizan llamadas telefónicas no solicitadas a las víctimas, afirmando que han detectado problemas técnicos en sus computadoras o dispositivos.

b) Mensajes emergentes falsos: Los estafadores pueden utilizar mensajes emergentes en línea o ventanas emergentes en el navegador web que afirman que la computadora de la víctima tiene problemas técnicos graves y que deben ponerse en contacto con el soporte técnico de inmediato.

c) Suplantación de identidad: Los estafadores pueden afirmar falsamente que son empleados de compañías de renombre, como Microsoft, Apple u otras empresas de tecnología, para ganarse la confianza de las víctimas.

d) Ofrecimiento de ayuda: Los estafadores ofrecen su ayuda para solucionar los problemas técnicos supuestamente detectados en la computadora de la víctima y a menudo solicitan acceso remoto a la máquina.

e) Falsas tarifas de servicio: Los estafadores pueden cobrar tarifas exorbitantes por sus servicios de soporte técnico, argumentando que la víctima debe pagar para resolver los problemas detectados, a menudo a través de tarjetas de crédito o transferencias bancarias.

f) Acceso no autorizado: Una vez que obtienen acceso remoto a la computadora de la víctima, los estafadores pueden buscar información personal o financiera, instalar software malicioso o realizar acciones perjudiciales.

g) Falsificación de documentos: En algunos casos, los estafadores pueden falsificar documentos, como certificados de asistencia técnica o contratos de servicio, para respaldar sus afirmaciones y engañar a las víctimas.

El fraude de asistencia técnica remota es una estafa común en la que los estafadores aprovechan la falta de conocimiento técnico de las personas para engañarlas y obtener acceso a sus dispositivos o dinero.

Estas estafas son ilegales y pueden dar lugar a cargos penales por fraude, acceso no autorizado a sistemas informáticos y otras violaciones legales.

Para protegerse contra el fraude de asistencia técnica remota, es importante ser escéptico ante las llamadas o mensajes no solicitados que afirman problemas técnicos, no proporcionar acceso remoto a menos que esté seguro de la autenticidad de la fuente, y buscar ayuda de fuentes de soporte técnico confiables y de confianza.

También es fundamental denunciar cualquier intento de estafa de asistencia técnica remota a las autoridades pertinentes y a las empresas legítimas cuyos nombres se están utilizando indebidamente.

FRAUDE DE IDENTIDAD

El fraude de identidad es un delito que implica el uso fraudulento de la información personal de otra persona, generalmente con el propósito de cometer fraudes financieros u otros tipos de estafas.

Las conductas y características comunes del fraude de identidad pueden incluir lo siguiente:

a) Suplantación de identidad: El estafador se hace pasar por otra persona, utilizando su nombre, número de Seguro Social, fecha de nacimiento u otra información personal para realizar transacciones fraudulentas.

b) Robo de información personal: Los delincuentes pueden obtener información personal de la víctima de diversas maneras, como el robo de documentos físicos, la interceptación de correos electrónicos o correspondencia, el hackeo de cuentas en línea o la obtención de información personal a través de tácticas de ingeniería social.

c) Apertura de cuentas fraudulentas: Los estafadores pueden utilizar la información personal robada para abrir cuentas bancarias, tarjetas de crédito o líneas de crédito a nombre de la víctima, sin su consentimiento.

d) Realización de compras fraudulentas: Los delincuentes pueden utilizar la información personal robada para realizar compras en línea o en tiendas físicas, a menudo gastando grandes cantidades de dinero antes de que la víctima se dé cuenta.

e) Obtención de préstamos o créditos: Los estafadores pueden solicitar préstamos o líneas de crédito a nombre de la víctima, dejando a esta última con la responsabilidad de pagar las deudas incurridas fraudulentamente.

f) Fraude en línea: El fraude de identidad en línea puede involucrar la creación de perfiles falsos en redes sociales, la participación en esquemas de phishing o la utilización de la información personal robada para cometer otros delitos en línea.

g) Falsificación de documentos: Los estafadores pueden utilizar la información personal de la víctima para falsificar documentos, como pasaportes, licencias de conducir o tarjetas de identificación.

h) Cambio de dirección: Los delincuentes pueden cambiar la dirección de correspondencia de la víctima sin su conocimiento, lo que les permite tener acceso a más información personal y realizar fraudes adicionales.

El fraude de identidad puede causar graves daños financieros y emocionales a las víctimas, así como problemas legales.

Las víctimas suelen tener que pasar mucho tiempo y esfuerzo para resolver las consecuencias del fraude y proteger su identidad.

Para prevenir el fraude de identidad, es importante que las personas protejan su información personal, utilicen contraseñas seguras, supervisen sus cuentas financieras y estén alerta ante cualquier actividad sospechosa.

Además, es fundamental denunciar cualquier intento de fraude de identidad a las autoridades pertinentes y a las agencias de crédito para tomar medidas adecuadas.

FRAUDE DE INVERSIÓN

El fraude de inversión es un delito específico relacionado con estafas financieras que implica engañar a personas para que inviertan su dinero en un esquema o empresa fraudulenta, con la promesa de altos rendimientos o beneficios que luego resultan ser falsos.

Las conductas y características comunes del fraude de inversión incluyen:

a) Promesas de rendimientos falsos: Los estafadores suelen atraer a los inversores ofreciendo tasas de rendimiento inusualmente altas o garantías de ganancias, que no pueden respaldar de manera realista con inversiones legítimas.

b) Ofertas no registradas: A menudo, los estafadores operan esquemas de inversión sin cumplir con los requisitos legales de registro de valores y regulación financiera, lo que significa que no están autorizados para ofrecer inversiones al público.

c) Uso de tácticas de persuasión: Los estafadores utilizan técnicas de persuasión para convencer a los inversores de que se trata de una oportunidad única y que deben actuar rápidamente para no perderla. Pueden involucrar tácticas de ventas agresivas, presión emocional o testimonios falsos de éxito.

d) Falta de información transparente: Los estafadores suelen proporcionar poca o ninguna información sobre cómo se utilizará el dinero de los inversores, qué estrategia de inversión se seguirá o cómo se generarán los rendimientos prometidos.

e) Desvío de fondos: En lugar de invertir el dinero de los inversores de manera legítima, los estafadores a menudo utilizan los fondos para su beneficio personal, pagar a inversores anteriores o mantener la apariencia de solidez del esquema.

f) Esquemas tipo Ponzi: En algunos casos, el fraude de inversión se lleva a cabo mediante un esquema similar al esquema Ponzi, donde los rendimientos prometidos a los inversores anteriores se pagan con el dinero de los nuevos inversores.

g) Información falsa o engañosa: Los estafadores pueden proporcionar información financiera falsa o engañosa para ocultar sus actividades fraudulentas y mantener la confianza de los inversores.

El fraude de inversión es ilegal en la mayoría de los países y puede dar lugar a cargos penales por fraude, estafa, violación de las leyes de valores y otros delitos financieros.

Las víctimas de fraude de inversión a menudo pueden enfrentar pérdidas significativas de dinero y deben buscar asesoramiento legal y financiero para tratar de recuperar sus inversiones o buscar reparación.

Es importante investigar y verificar cuidadosamente cualquier oportunidad de inversión antes de entregar dinero y ser escéptico ante promesas de rendimientos extraordinarios.

FRAUDE DE REMISIÓN FALSA

El fraude de remisión falsa es un tipo específico de fraude en el que un estafador engaña a una persona o entidad para que realice una transferencia de dinero o envíe fondos a través de un intermediario o "remisario" que, en realidad, es falso o no tiene la capacidad de llevar a cabo la transacción.

Este tipo de fraude se lleva a cabo mediante engaños y manipulación, y a menudo involucra la suplantación de identidad o la creación de una apariencia falsa de legitimidad.

Algunas conductas y características comunes del fraude de remisión falsa pueden incluir lo siguiente:

a) Ventas en línea falsas: Los estafadores pueden crear anuncios en línea o listados de productos que parecen legítimos, ofreciendo bienes o servicios atractivos a precios bajos.

b) Pago por adelantado: Los estafadores solicitan a la víctima que realice un pago por adelantado, a menudo utilizando métodos de pago no rastreables o no reversibles, como transferencias bancarias, giros postales, tarjetas de regalo o criptomonedas.

c) Promesas falsas: Los estafadores prometen entregar el producto o servicio después de recibir el pago, pero luego no cumplen con su parte del trato.

d) Suplantación de identidad: Los estafadores pueden suplantar la identidad de empresas o personas legítimas, utilizando nombres, logotipos y detalles de contacto falsificados para dar la apariencia de autenticidad.

e) Entrega falsa o defectuosa: En algunos casos, los estafadores pueden entregar un producto defectuoso o que no coincide con la descripción en el anuncio, o pueden proporcionar información de seguimiento falsa que sugiere que se ha realizado una entrega, pero no es cierto.

f) Cambios en los términos después del pago: Los estafadores pueden cambiar los términos del acuerdo después de recibir el pago, como agregar tarifas adicionales o requerir pagos adicionales para la entrega.

g) Comunicación engañosa: Los estafadores pueden utilizar comunicación engañosa, como correos electrónicos, mensajes de texto o llamadas telefónicas, para mantener a la víctima en la oscuridad sobre el estado de la transacción o para proporcionar información falsa.

h) Uso de información personal o financiera: Los estafadores pueden solicitar información personal o financiera de la víctima bajo falsos pretextos, lo que puede utilizarse para cometer robo de identidad u otras estafas.

El fraude de remisión falsa es una actividad delictiva y puede causar pérdidas financieras significativas a las víctimas.

Además, puede ser difícil rastrear y recuperar los fondos una vez que se ha realizado la transferencia.

Para protegerse contra este tipo de fraude, es importante verificar la autenticidad de cualquier intermediario o entidad antes de realizar una transferencia de dinero, especialmente si la solicitud proviene de una fuente no solicitada o si se siente presionado para actuar rápidamente.

También es esencial mantenerse alerta ante las ofertas que parecen demasiado buenas para ser verdad y buscar asesoramiento financiero de fuentes confiables si tiene dudas sobre una transacción.

Si sospecha que ha sido víctima de un fraude de remisión falsa, es importante informar el incidente a las autoridades y a las agencias de protección del consumidor.

FRAUDE DE TARJETA DE CRÉDITO

El fraude de tarjeta de crédito es un tipo específico de estafa en el que una persona utiliza información fraudulenta o robada de una tarjeta de crédito para realizar compras no autorizadas o fraudulentas.

Esta conducta constituye un delito y puede tener consecuencias legales graves.

Las conductas y características comunes del fraude de tarjeta de crédito incluyen:

a) Uso no autorizado de la tarjeta: El fraude de tarjeta de crédito implica el uso no autorizado de la información de una tarjeta de crédito o débito para realizar compras, retiros de efectivo u otras transacciones sin el consentimiento del titular de la tarjeta.

b) Robo de información de tarjeta: Los delincuentes pueden obtener información de tarjetas de crédito de diversas formas, como la clonación de tarjetas físicas, el robo de información de tarjetas en línea o a través de métodos de phishing, o la interceptación de datos de tarjetas durante transacciones legítimas.

c) Compras no autorizadas: Los estafadores utilizan la información de la tarjeta para realizar compras en línea o en tiendas físicas, a menudo gastando grandes cantidades de dinero antes de que el titular de la tarjeta se dé cuenta.

d) Creación de tarjetas falsas: Algunos delincuentes pueden utilizar la información de la tarjeta para crear tarjetas falsificadas que luego utilizan para realizar compras fraudulentas.

e) Fraude en línea: El fraude de tarjeta de crédito en línea puede involucrar la realización de compras en sitios web falsos o comprometidos, la participación en esquemas de phishing o la utilización de información de tarjetas robadas en línea.

f) Manipulación de cajeros automáticos: Los estafadores pueden utilizar información de tarjetas robadas para realizar retiros de efectivo no autorizados en cajeros automáticos.

g) Falsificación de firmas o PIN: En algunos casos, los delincuentes pueden falsificar la firma del titular de la tarjeta o adivinar su número de identificación personal (PIN) para realizar transacciones fraudulentas.

h) Compras de alto valor: Los estafadores a menudo buscan realizar compras de alto valor, como electrónicos, joyas o viajes, para obtener ganancias significativas antes de que se detecte el fraude.

El fraude de tarjeta de crédito es ilegal en la mayoría de los países y puede resultar en cargos criminales, como robo de identidad, fraude, robo, y otros delitos relacionados con el fraude financiero.

Además de las consecuencias legales, las víctimas del fraude de tarjeta de crédito pueden enfrentar dificultades financieras y problemas de crédito.

Para protegerse contra el fraude de tarjeta de crédito, es importante que los titulares de tarjetas tomen medidas para proteger su información personal y financiera, revisen sus estados de cuenta regularmente en busca de transacciones sospechosas y denuncien cualquier actividad fraudulenta de inmediato a la entidad emisora de la tarjeta y a las autoridades correspondientes.

FRAUDE EN EL SECTOR INMOBILIARIO

El fraude en el sector inmobiliario se refiere a una variedad de prácticas engañosas o fraudulentas que involucran transacciones de bienes raíces, propiedades o propiedades inmobiliarias.

Estas conductas pueden variar en su naturaleza y gravedad, pero en general, el fraude en el sector inmobiliario implica engañar a las partes involucradas en una transacción o manipular la propiedad con el fin de obtener ganancias ilegítimas.

Algunas conductas y características comunes del fraude en el sector inmobiliario pueden incluir:

a) Venta de propiedades inexistentes: Los estafadores pueden anunciar propiedades que no existen o que no están a la venta, con la intención de atraer a compradores o inversores y luego desaparecer con los fondos depositados por estos.

b) Falsificación de documentos: Los estafadores pueden falsificar documentos legales, como escrituras de propiedad, contratos de venta, títulos de propiedad o registros de propiedades, para vender una propiedad que no les pertenece o para ocultar defectos en la propiedad.

c) Precio inflado: Los estafadores pueden inflar artificialmente el precio de una propiedad y persuadir a los compradores a pagar más de lo que realmente vale la propiedad.

d) Fraude hipotecario: Esto puede implicar la falsificación de información en una solicitud de hipoteca, la manipulación de tasaciones de propiedades o la creación de préstamos hipotecarios ficticios para obtener financiamiento fraudulento.

e) Fraude en alquileres: Los estafadores pueden anunciar propiedades en alquiler que no están disponibles o que no son de su propiedad, y pueden cobrar depósitos o rentas por adelantado antes de desaparecer.

f) Estafas de inversión: Los estafadores pueden ofrecer oportunidades de inversión en propiedades, prometiendo altos rendimientos, pero en realidad utilizan los fondos de los inversores para fines personales en lugar de invertirlos en propiedades.

g) Ocupación ilegal de propiedades: Algunos estafadores pueden ocupar ilegalmente propiedades vacías o abandonadas y tratar de venderlas o alquilarlas a terceros sin tener derechos legales sobre la propiedad.

h) Encubrimiento de defectos: Los vendedores pueden ocultar intencionalmente defectos o problemas graves en una propiedad, como daños estructurales, problemas de plomería o problemas de propiedad limítrofe, con el fin de inducir a los compradores a realizar la compra.

i) Falsas promesas de desarrollo: Los estafadores pueden prometer desarrollos inmobiliarios que nunca se materializan, solicitando inversiones en el proyecto y luego desapareciendo con los fondos de los inversores.

El fraude en el sector inmobiliario es ilegal y puede dar lugar a cargos penales por estafa, fraude hipotecario, falsificación de documentos, lavado de dinero y otros delitos relacionados.

Estas actividades pueden causar graves pérdidas financieras y legales para las víctimas, así como daños a la reputación.

Para protegerse contra el fraude en el sector inmobiliario, es importante realizar una debida diligencia exhaustiva antes de realizar cualquier transacción inmobiliaria, verificar la autenticidad de los documentos y contratos, y trabajar con profesionales de bienes raíces y abogados de confianza.

Además, denunciar cualquier actividad sospechosa a las autoridades pertinentes es fundamental para prevenir y castigar el fraude en el sector inmobiliario.

FRAUDE EN PRÉSTAMOS ESTUDIANTILES

El fraude en préstamos estudiantiles se refiere a prácticas engañosas o fraudulentas relacionadas con la obtención o el manejo de préstamos destinados a financiar la educación superior.

Este tipo de fraude implica el uso de información falsa, engañosa o manipuladora para obtener préstamos estudiantiles, o acciones fraudulentas relacionadas con la administración de esos préstamos.

Las conductas y características comunes del fraude en préstamos estudiantiles pueden incluir lo siguiente:

a) Publicidad engañosa: Los estafadores pueden anunciar préstamos estudiantiles con términos atractivos, tasas de interés bajas o condiciones de pago flexibles que resultan ser falsas o engañosas.

b) Fraude en la solicitud de préstamos: Algunas personas pueden proporcionar información falsa o exagerada en las solicitudes de préstamos estudiantiles con el fin de obtener una cantidad de dinero mayor de la que legítimamente necesitan o para la que son elegibles.

c) Préstamos falsos o inexistentes: Los estafadores pueden ofrecer préstamos estudiantiles que en realidad no existen o que no están respaldados por una institución financiera legítima.

d) Estafas de consolidación o refinanciamiento: Los estafadores pueden prometer consolidar o refinanciar préstamos estudiantiles existentes a tasas de interés más bajas o condiciones mejores, pero en realidad no proporcionan ningún servicio o hacen que los prestatarios paguen tarifas excesivas por servicios innecesarios.

e) Falsificación de documentos: Los estafadores pueden falsificar documentos relacionados con los préstamos estudiantiles, como acuerdos de préstamo, registros de pago o comunicaciones con el fin de engañar a los prestatarios.

f) Robo de identidad: Los estafadores pueden robar la identidad de estudiantes o prestatarios para obtener préstamos en su nombre sin su conocimiento ni consentimiento.

g) Fraude en el perdón de préstamos: Algunas estafas pueden involucrar promesas de perdón de préstamos estudiantiles, donde los estafadores afirman que pueden eliminar la deuda estudiantil a cambio de tarifas o información personal.

h) Negación de servicios: Algunas empresas fraudulentas pueden cobrar tarifas por servicios de asesoramiento en préstamos estudiantiles que no brindan o que son de mala calidad.

El fraude en préstamos estudiantiles es ilegal y puede tener graves consecuencias legales y financieras tanto para los estafadores como para las víctimas.

Puede dar lugar a cargos penales por fraude, robo de identidad, falsificación de documentos y otros delitos relacionados.

Además, puede causar problemas financieros significativos para las víctimas, incluyendo la acumulación de deudas injustas.

Es importante que los prestatarios de préstamos estudiantiles sean escépticos ante las ofertas que parecen demasiado buenas para ser verdad, investiguen a los prestamistas y empresas de consolidación de préstamos antes de comprometerse y estén al tanto de sus derechos y opciones de pago legítimas.

En caso de sospecha de fraude en préstamos estudiantiles, se debe denunciar a las autoridades competentes y buscar asesoramiento legal adecuado.

FRAUDES EN INVERSIONES EN BIENES RAÍCES

Los fraudes de inversiones en bienes raíces se refieren a prácticas engañosas o fraudulentas relacionadas con inversiones en propiedades inmobiliarias o en el mercado inmobiliario.

Estas conductas implican engañar a los inversionistas o compradores para que inviertan en propiedades o proyectos que no son lo que parecen, con el objetivo de obtener ganancias ilícitas.

Las conductas y características comunes de los fraudes de inversiones en bienes raíces pueden incluir lo siguiente:

a) Ofertas de inversión atractivas: Los estafadores suelen prometer a los inversores rendimientos significativos y atractivos, a menudo mucho más altos que los que se pueden obtener de inversiones legítimas en bienes raíces.

b) Propiedades inexistentes o falsificadas: Los estafadores pueden afirmar que están vendiendo propiedades inmobiliarias que no existen o que son ficticias. También pueden usar fotos o descripciones falsas de propiedades reales para atraer inversores.

c) Uso de tácticas de presión: Los estafadores pueden presionar a los inversores para que tomen decisiones rápidas, argumentando que la oportunidad de inversión es limitada y que deben actuar de inmediato para aprovecharla.

d) Falta de documentación o información: Los estafadores pueden evitar proporcionar documentación detallada sobre la inversión, como contratos, registros de propiedad o informes financieros, o pueden presentar documentos falsificados.

e) Uso de esquemas piramidales o Ponzi: En algunos casos, los estafadores pueden utilizar el dinero de nuevos inversores para pagar rendimientos a inversores anteriores, en lugar de utilizar los fondos para inversiones legítimas.

f) Uso indebido de los fondos: Los estafadores pueden desviar los fondos de inversión para fines personales o para financiar otras actividades fraudulentas, en lugar de utilizarlos para bienes raíces como se prometió.

g) Falta de licencias o regulación: Los estafadores pueden operar sin las licencias adecuadas o evadir la regulación gubernamental, lo que dificulta la supervisión y el control de sus actividades.

h) Promoción engañosa: Los estafadores pueden utilizar tácticas de marketing engañosas, como testimonios falsos, referencias de inversores ficticios o promoción excesiva en redes sociales y sitios web para ganarse la confianza de los inversores.

Los fraudes de inversiones en bienes raíces son ilegales en la mayoría de los países y pueden dar lugar a cargos penales por estafa, fraude financiero, fraude de valores y otros delitos relacionados.

Los inversores deben ser cautelosos al considerar cualquier oferta de inversión en bienes raíces y llevar a cabo una debida diligencia exhaustiva antes de invertir dinero.

Es importante verificar la autenticidad de la inversión, obtener asesoramiento financiero independiente y asegurarse de que cualquier empresa o individuo involucrado en la oferta esté debidamente regulado y tenga una sólida reputación.

Además, es fundamental denunciar cualquier sospecha de fraude de inversiones en bienes raíces a las autoridades pertinentes.

FRAUDES EN MEDICAMENTOS EN LÍNEA

Los fraudes de medicamentos en línea se refieren a prácticas engañosas o fraudulentas relacionadas con la venta o la comercialización de medicamentos a través de sitios web o plataformas en línea.

Estos fraudes pueden involucrar la venta de medicamentos falsificados, ilegales o de calidad deficiente, así como la obtención de información personal o financiera de los compradores de manera fraudulenta.

Las conductas y características comunes de los fraudes de medicamentos en línea pueden incluir lo siguiente:

a) Venta de medicamentos falsificados: Los estafadores pueden ofrecer medicamentos que son falsificaciones o imitaciones de medicamentos genuinos. Estos medicamentos falsificados pueden no contener los ingredientes activos adecuados, tener niveles inadecuados de ingredientes activos o contener sustancias peligrosas.

b) Ventas sin receta médica: En algunos casos, los estafadores pueden vender medicamentos que normalmente requieren una receta médica sin requerir una receta válida del comprador, lo que puede ser peligroso y potencialmente ilegal.

c) Publicidad engañosa: Los sitios web fraudulentos o vendedores en línea pueden utilizar publicidad engañosa para promocionar medicamentos, afirmar falsamente que curan enfermedades o garantizar resultados sin pruebas científicas adecuadas.

d) Sitios web no autorizados: Los estafadores pueden crear sitios web que imitan a sitios web legítimos de farmacias en línea o fabricantes de medicamentos, lo que puede llevar a los consumidores a creer que están comprando productos auténticos cuando en realidad no lo son.

e) Robo de información personal: Algunos estafadores pueden utilizar la compra de medicamentos en línea como un pretexto para robar información personal y financiera de los compradores, como números de tarjeta de crédito o datos de identificación.

f) Pago por adelantado: Los estafadores pueden solicitar pagos por adelantado para medicamentos que nunca se entregan o para servicios que nunca se prestan.

g) Entrega de medicamentos vencidos o caducados: En algunas estafas de medicamentos en línea, los estafadores pueden enviar medicamentos vencidos, caducados o de baja calidad a los compradores.

h) Falta de control de calidad: Los medicamentos vendidos en línea pueden no estar sujetos a los mismos estándares de calidad y regulaciones que los medicamentos vendidos en farmacias físicas, lo que aumenta el riesgo de recibir medicamentos de mala calidad o peligrosos.

Los fraudes de medicamentos en línea son ilegales y pueden representar graves riesgos para la salud y la seguridad de los consumidores.

Además, pueden dar lugar a cargos penales por fraude, venta ilegal de medicamentos y otros delitos relacionados.

Para protegerse contra estos fraudes, es importante comprar medicamentos solo en sitios web de farmacias en línea legítimas y confiables que cumplan con las regulaciones y requisitos legales aplicables.

También es fundamental verificar la autenticidad de cualquier sitio web antes de realizar una compra en línea y evitar proporcionar información personal o financiera a sitios web sospechosos o no verificados.

Si se sospecha de un fraude de medicamentos en línea, se debe denunciar a las autoridades pertinentes.

PREMIOS FALSOS

Los premios falsos son un tipo de estafa en la que los estafadores engañan a las personas haciéndoles creer que han ganado un premio valioso, como dinero en efectivo, un automóvil, un viaje, un premio de lotería u otro tipo de recompensa.

Posteriormente, los estafadores utilizan diversos métodos para persuadir a las víctimas de que proporcionen dinero, información personal o realizar ciertas acciones con el fin de reclamar el premio.

Las conductas y características comunes de los premios falsos pueden incluir lo siguiente:

a) Notificación de premio inesperada: La víctima recibe una notificación inesperada, ya sea por correo electrónico, mensaje de texto, llamada telefónica o correo físico, informándole que ha ganado un premio, generalmente sin haber participado en ningún concurso o sorteo.
b) Requisitos para reclamar el premio: Los estafadores informan a la víctima que, para reclamar el premio, deben proporcionar información personal o financiera, pagar una tarifa, comprar productos o servicios adicionales, o seguir una serie de pasos complicados. Estos requisitos a menudo están diseñados para obtener dinero o datos personales de la víctima.
c) Presión para actuar rápidamente: Los estafadores pueden presionar a la víctima para que actúe de inmediato, argumentando que el premio es de tiempo limitado o que deben tomar medidas rápidas para reclamarlo.
d) Uso de nombres de empresas o marcas conocidas: Los estafadores a veces utilizan el nombre de empresas o marcas conocidas de manera fraudulenta para hacer que la oferta de premio falsa parezca más creíble.
e) Documentación falsa: Los estafadores pueden proporcionar documentos falsos, como certificados o cartas de premio, para hacer que la oferta parezca legítima.
f) Falta de información detallada: Los estafadores a menudo son vagos en cuanto a los detalles sobre el premio, como las reglas del concurso, la fecha del sorteo o los patrocinadores reales.
g) Uso de números de teléfono o direcciones de correo electrónico falsos: Los estafadores pueden proporcionar números de teléfono o direcciones de correo electrónico falsos como parte de la notificación del premio.
h) Solicitudes de dinero por adelantado: Uno de los indicadores más comunes de un premio falso es la solicitud de dinero por adelantado para cubrir gastos de envío, impuestos o tarifas administrativas. Los estafadores a menudo prometen que el dinero será reembolsado una vez que se reclame el premio, pero en realidad, nunca se recibe el premio y el dinero se pierde.

Los premios falsos son una táctica común utilizada por los estafadores para aprovecharse de la avaricia o la ingenuidad de las personas y obtener ganancias ilícitas.

Estas estafas suelen ser ilegales y pueden dar lugar a cargos penales por fraude, estafa, publicidad engañosa y otros delitos relacionados.

Para protegerse contra los premios falsos, es importante ser escéptico ante las notificaciones de premios inesperados, verificar la autenticidad de la oferta, no proporcionar información personal o financiera sin verificar la fuente y denunciar cualquier actividad sospechosa a las autoridades pertinentes.

SUBASTAS FALSAS

Las subastas falsas son un tipo específico de estafa en la que una persona o entidad simula una subasta en línea o un proceso de compra y venta para engañar a los participantes y obtener beneficios fraudulentos.

Las conductas y características comunes de las subastas falsas pueden incluir lo siguiente:

a) Anuncios engañosos: Los estafadores publican anuncios o listados en línea que anuncian la venta de productos o servicios a través de una supuesta subasta, generando interés de los posibles compradores.

b) Pujas falsas: Los estafadores pueden crear cuentas falsas o utilizar cómplices para realizar pujas ficticias en sus propios listados, con el objetivo de aumentar artificialmente el precio de los productos o servicios en subasta.

c) Incremento de precios: Los organizadores de la subasta falsa pueden manipular el precio de los productos o servicios mediante la creación de una falsa competencia entre los participantes, haciendo que los precios suban a niveles poco realistas.

d) Ofertas ganadoras falsas: Los estafadores pueden hacer que una oferta falsa o ficticia sea la ganadora de la subasta, a pesar de que en realidad no haya ningún comprador genuino detrás de esa oferta.

e) No entrega de productos o servicios: Después de que la subasta termine y se haya pagado el precio fijado, los estafadores pueden no entregar los productos o servicios prometidos, dejando a los compradores sin nada a cambio de su dinero.

f) Ocultación de información: Los estafadores pueden no proporcionar información precisa o completa sobre los productos o servicios que se están subastando, lo que dificulta que los compradores tomen decisiones informadas.

g) Dificultades para comunicarse: Los organizadores de la subasta falsa pueden ser evasivos o difíciles de contactar después de recibir el pago, lo que hace que los compradores tengan dificultades para obtener respuestas o resolver problemas.

h) Uso de cuentas falsas: Los estafadores pueden utilizar identidades falsas o cuentas ficticias en línea para llevar a cabo la estafa y evitar ser rastreados.

Las subastas falsas son ilegales y pueden dar lugar a cargos penales por estafa, fraude en línea, fraude al consumidor y otros delitos relacionados.

Además, pueden causar pérdidas financieras y frustración para los compradores engañados.

Para protegerse contra las subastas falsas, es importante que los compradores sean cautelosos al participar en subastas en línea, investiguen al vendedor y verifiquen la autenticidad de la subasta antes de realizar pagos.

También es fundamental denunciar cualquier actividad sospechosa a las autoridades y a las plataformas en línea donde se llevó a cabo la subasta falsa.

FRAUDE DE SUBVENCIONES

INTRODUCCIÓN

Los delitos de fraude de subvenciones implican conductas ilícitas relacionadas con la obtención y el uso indebido de fondos de subvención, generalmente proporcionados por entidades gubernamentales o instituciones públicas.

Este tipo de fraude puede manifestarse de varias maneras, y aquí se explican detalladamente qué significa y qué comportamientos conlleva:

a) Definición y Significado:

- Fraude de subvenciones: Es un acto ilegal que involucra la tergiversación o falsedad en la solicitud, adquisición, gestión o utilización de fondos de subvención.

Estos fondos suelen estar destinados a propósitos específicos como investigación, desarrollo de proyectos sociales, educativos, científicos o tecnológicos, entre otros.

b) Conductas Típicas:

- Falsificación de Información: Incluye proporcionar datos falsos o engañosos en las solicitudes de subvención para obtener fondos de manera indebida.

Esto puede incluir exagerar costos, inventar gastos o proyectos, o falsificar credenciales y calificaciones.

- Desvío de Fondos: Utilizar los fondos de subvención para propósitos distintos a los especificados en la solicitud o en las condiciones de la subvención.

Esto puede involucrar la transferencia de fondos a cuentas personales o su uso para financiar actividades no relacionadas con el proyecto subvencionado.

- Conflicto de Intereses: Situaciones donde los individuos responsables de otorgar o supervisar las subvenciones se benefician personalmente, directa o indirectamente, de los fondos otorgados.
- Colusión con Evaluadores o Funcionarios: Pactar con personas que tienen poder de decisión o influencia en el proceso de otorgamiento de subvenciones para asegurar la adjudicación de fondos de manera fraudulenta.

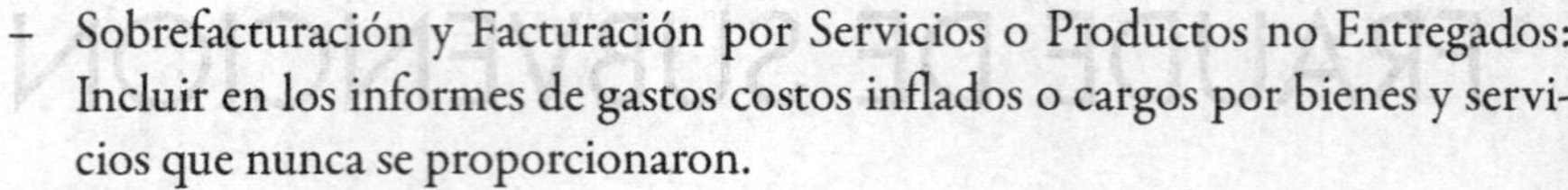

- Sobrefacturación y Facturación por Servicios o Productos no Entregados: Incluir en los informes de gastos costos inflados o cargos por bienes y servicios que nunca se proporcionaron.

c) Consecuencias Legales:

- Las personas o entidades que cometen fraude de subvenciones pueden enfrentar severas penalidades legales, incluyendo multas, devolución de los fondos, inhabilitación para recibir futuras subvenciones, y en casos graves, penas de prisión.

d) Prevención y Detección:

- Las entidades que otorgan subvenciones suelen establecer estrictos procesos de revisión y auditoría para prevenir y detectar el fraude.

Esto puede incluir verificaciones regulares, auditorías de los proyectos financiados, y un seguimiento detallado de los gastos reportados.

e) Impacto Socioeconómico:

- El fraude de subvenciones no solo representa una pérdida de recursos financieros, sino que también mina la confianza en las instituciones públicas y privadas, afectando negativamente la eficacia de programas destinados al bienestar social, desarrollo científico y tecnológico, y otros ámbitos de interés público.

Este tipo de delito es particularmente dañino ya que no solo afecta a las arcas del ente subvencionador, sino que también puede tener un impacto negativo en la sociedad en general, al desviar recursos que estaban destinados a proyectos de importancia social o científica.

COLUSIÓN CON EVALUADORES O FUNCIONARIOS

La colusión con evaluadores o funcionarios en los delitos de fraude en subvenciones implica la cooperación ilegítima entre solicitantes de subvenciones y aquellos encargados de evaluar, aprobar o supervisar dichas subvenciones.

Este tipo de colusión está orientado a manipular el proceso de adjudicación de subvenciones para obtener beneficios indebidos.

Las conductas asociadas con esta forma de colusión pueden incluir:

a) Sobornos y Corrupción: Ofrecer o aceptar dinero, regalos, o cualquier tipo de beneficio a cambio de influir en la decisión de otorgar una subvención. Esto puede implicar garantizar la aprobación de una subvención o asegurar condiciones más favorables para el solicitante.

b) Manipulación de la Evaluación: Los evaluadores o funcionarios, en colusión con los solicitantes, pueden alterar o manipular los criterios de evaluación, las puntuaciones o los informes para favorecer a ciertos solicitantes, aun cuando no cumplan con los requisitos o criterios establecidos.

c) Filtración de Información Confidencial: Proporcionar a los solicitantes información privilegiada sobre el proceso de evaluación o sobre otros solicitantes, lo que les da una ventaja injusta en la competencia por las subvenciones.

d) Aprobación de Proyectos Inadecuados: Aprobar proyectos o programas que no cumplen con los estándares de calidad, relevancia o viabilidad, simplemente porque involucran a personas o entidades en colusión con los evaluadores.

e) Conflicto de Intereses No Declarado: Los evaluadores o funcionarios pueden tener intereses personales o financieros en las entidades solicitantes y, a pesar de ello, participar en el proceso de toma de decisiones sin revelar dicho conflicto.

f) Negociaciones Posteriores a la Adjudicación: Participar en negociaciones para obtener empleo, contratos o beneficios personales de los solicitantes de subvenciones una vez que se ha otorgado la subvención, lo cual puede indicar un acuerdo previo no revelado.

g) Concesión de Tratos Preferenciales: Dar un trato especial a ciertos solicitantes debido a relaciones personales, profesionales o financieras con los funcionarios o evaluadores.

La colusión en el contexto de fraude en subvenciones socava la integridad y la justicia del proceso de asignación de fondos públicos o privados.

Las consecuencias legales de estas acciones pueden ser significativas, incluyendo cargos criminales por corrupción y fraude, sanciones monetarias, y daños a la reputación tanto de los individuos como de las instituciones implicadas.

Además, este tipo de prácticas erosiona la confianza pública en los sistemas de subvenciones y puede tener un impacto negativo en los beneficiarios legítimos que dependen de estos fondos para sus proyectos y programas.

CONFLICTO DE INTERESES

El conflicto de intereses en los delitos de fraude en subvenciones se refiere a situaciones donde una persona o entidad tiene intereses personales, financieros o profesionales que podrían influir, o parecer influir, en su capacidad para actuar imparcial y objetivamente en la gestión o asignación de fondos de subvenciones.

Este tipo de conflicto conlleva varias conductas inapropiadas, incluyendo:

a) Toma de Decisiones Sesgadas: Cuando un individuo involucrado en la asignación o gestión de subvenciones toma decisiones que benefician sus intereses personales o los de sus familiares, amigos, o asociados comerciales. Por ejemplo, aprobar una subvención para una empresa en la que tienen participación financiera.

b) Ocultamiento de Vínculos Personales o Financieros: No divulgar relaciones personales o financieras con solicitantes de subvenciones, proveedores, o contratistas que podrían influir en la toma de decisiones.

c) Manipulación en el Proceso de Selección: Influir de manera indebida en el proceso de selección de beneficiarios de subvenciones para favorecer a entidades o individuos con los que se tienen vínculos.

d) Beneficio Personal Indebido: Aprovechar la posición dentro de una organización que otorga subvenciones para obtener beneficios personales, ya sea directa o indirectamente.

e) Uso de Información Confidencial para Beneficio Propio: Utilizar información a la que se tiene acceso por razón del cargo para beneficiar intereses propios o de terceros, como pueden ser, por ejemplo, el hecho de proporcionar información sobre las subvenciones a empresas privadas a cambio de beneficios.

f) Favorecimiento en la Asignación de Recursos: Priorizar la asignación de recursos de subvenciones a proyectos o entidades donde el individuo tiene un interés personal, descuidando otros proyectos potencialmente más meritorios o necesitados.

g) Desvío de Fondos a Proyectos Propios: Redirigir fondos de subvenciones hacia proyectos en los que el responsable tiene un interés personal o financiero directo.

h) Participación en Múltiples Roles: Actuar simultáneamente en diferentes roles que implican un conflicto de intereses, como ser parte del comité que asigna subvenciones y al mismo tiempo ser consultor o directivo de una empresa que solicita dichas subvenciones.

i) Aceptación de Sobornos o Regalos: Recibir beneficios, como dinero, regalos o favores, de entidades que buscan obtener una subvención, lo que puede influir en la adjudicación o en las condiciones de la misma.

Estas conductas pueden constituir delitos y, dependiendo de la jurisdicción y la gravedad del caso, pueden llevar a sanciones legales que incluyen multas, inhabilitación para ocupar cargos públicos o en organizaciones relacionadas, y en casos graves, penas de prisión.

Además, los conflictos de intereses no resueltos en la administración de subvenciones socavan la confianza pública y pueden dañar la integridad de los programas de subvenciones.

CONSPIRACIÓN

La conspiración en el contexto de los delitos de fraude en subvenciones se refiere a la acción de dos o más personas que se ponen de acuerdo de manera clandestina y premeditada para cometer un fraude relacionado con subvenciones o ayudas gubernamentales.

En otras palabras, implica la planificación y coordinación de acciones fraudulentas entre dos o más individuos con el objetivo de obtener de manera indebida fondos, beneficios u otros recursos públicos destinados a programas de ayuda, subvenciones o subsidios.

Las conductas que pueden estar involucradas en una conspiración en delitos de fraude en subvenciones pueden variar, pero suelen incluir:

a) Planificación: Los conspiradores se reúnen y planifican cómo llevar a cabo el fraude. Esto puede incluir la identificación de programas de subvenciones o ayudas gubernamentales a los que puedan acceder, la forma en que presentarán la documentación falsa o engañosa, y cómo dividirán los fondos obtenidos ilegalmente.

b) Presentación de documentación falsa: Los conspiradores pueden presentar información o documentos falsificados o engañosos a las autoridades encargadas de otorgar las subvenciones o ayudas gubernamentales. Esto puede incluir informes financieros falsos, declaraciones de ingresos inexactas, facturas infladas o cualquier otro documento que engañe a las autoridades y les permita obtener fondos de manera fraudulenta.

c) Falsificación de firmas o sellos: En algunos casos, los conspiradores pueden falsificar firmas o sellos de instituciones o personas relevantes para respaldar sus solicitudes fraudulentas.

d) Supresión de información relevante: Los conspiradores pueden ocultar información importante o relevante que las autoridades necesitarían conocer para tomar decisiones sobre la concesión de subvenciones. Esto puede incluir la omisión de información sobre otros ingresos, la ocultación de cambios en la situación financiera o cualquier otra información que pueda afectar la elegibilidad para recibir subvenciones.

e) División de ganancias: Después de obtener ilegalmente los fondos de subvenciones, los conspiradores suelen dividir las ganancias entre ellos de acuerdo con el plan previamente acordado.

f) Obtención fraudulenta de subvenciones: Los conspiradores pueden presentar solicitudes de subvenciones con información falsa o engañosa con el objetivo de obtener fondos públicos de manera indebida.

g) Uso indebido de fondos: Una vez que se obtienen las subvenciones de manera fraudulenta, los conspiradores pueden utilizar los fondos de manera indebida, desviándolos para fines distintos a los que se destinaron originalmente.

h) Encubrimiento: Los conspiradores pueden intentar encubrir sus actividades fraudulentas mediante la destrucción de pruebas, la manipulación de registros o la obstrucción de investigaciones.

Es importante destacar que la conspiración en sí misma puede ser considerada un delito independiente, incluso si el fraude en subvenciones no se completa o se descubre antes de que se obtengan los fondos fraudulentamente.

Además, la gravedad de las sanciones legales varía según la jurisdicción y las leyes específicas aplicables, pero pueden incluir multas sustanciales, penas de prisión y la obligación de restituir los fondos obtenidos ilegalmente.

Las leyes y las sanciones específicas pueden variar de un lugar a otro, por lo que es importante consultar a un abogado o experto legal local para obtener información precisa sobre un caso particular.

CORRUPCIÓN

La corrupción en el contexto de los delitos de fraude de subvenciones se refiere a la práctica de emplear influencias indebidas, sobornos, pagos ilegales o prácticas corruptas para obtener o administrar fondos de subvenciones de manera fraudulenta o para influir en el proceso de otorgamiento de subvenciones de manera inapropiada.

La corrupción en este contexto puede involucrar a funcionarios públicos, empleados de agencias gubernamentales, solicitantes de subvenciones, contratistas o terceros que participan en el proceso de subvenciones.

Las conductas que comporta la corrupción en los delitos de fraude de subvenciones pueden incluir:

a) Sobornos a funcionarios: Ofrecer, dar o recibir sobornos a funcionarios públicos encargados de otorgar subvenciones con el fin de obtener fondos de subvenciones de manera fraudulenta o para garantizar el otorgamiento de subvenciones.

b) Pago ilegal de comisiones: Pagar comisiones ilegales a intermediarios o terceros para influir en el proceso de otorgamiento de subvenciones o para obtener información privilegiada sobre las subvenciones disponibles.

c) Nepotismo y favoritismo: Otorgar subvenciones de manera injusta o sesgada a familiares, amigos o asociados personales en lugar de hacerlo basándose en criterios objetivos y justos.

d) Conflicto de intereses no revelado: No revelar conflictos de interés que puedan influir en la elegibilidad o el proceso de otorgamiento de subvenciones, como relaciones financieras o personales con funcionarios de la entidad otorgante de la subvención.

e) Manipulación de criterios de selección: Colaborar con funcionarios o empleados que participan en la selección de beneficiarios de subvenciones y utilizar influencias indebidas o sobornos para garantizar que se otorguen fondos de manera fraudulenta o injusta.

f) Favoritismo: Dar preferencia a ciertos solicitantes de subvenciones sin justificación válida o influir de manera inapropiada en la decisión de otorgar subvenciones.

La corrupción en los delitos de fraude de subvenciones socava la integridad de los procesos de otorgamiento de subvenciones y el uso adecuado de fondos públicos.

Es ilegal en la mayoría de las jurisdicciones y suele estar sujeta a sanciones graves, que pueden incluir multas significativas y penas de prisión para quienes estén involucrados en actos corruptos.

Además, la corrupción en el contexto de las subvenciones puede dañar la confianza en el sistema de subvenciones y puede llevar a la exclusión de futuras oportunidades de financiamiento.

Las sanciones específicas pueden variar según las leyes y regulaciones de la jurisdicción en la que se cometa la corrupción.

DECLARACIONES FALSAS

Las declaraciones falsas en el contexto de los delitos de fraude de subvenciones se refieren a la práctica de proporcionar información deliberadamente falsa, engañosa o inexacta en el proceso de solicitud, gestión o informe de subvenciones con el propósito de obtener financiamiento de manera fraudulenta o inapropiada.

Estas declaraciones falsas pueden implicar la presentación de información que oculta la verdad, distorsiona los hechos o exagera los logros o necesidades del solicitante para obtener una ventaja indebida en la obtención de subvenciones o en el proceso de otorgamiento de subvenciones.

Las conductas que comportan las declaraciones falsas en los delitos de fraude de subvenciones pueden incluir:

a) Proporcionar información inventada: Presentar información que es completamente ficticia o inventada en la solicitud de subvención o en los informes posteriores, como cifras de gastos, logros ficticios o actividades que nunca ocurrieron.

b) Distorsión de la verdad: Manipular los hechos o la información para hacer que una situación o proyecto parezca más favorable o necesitado de lo que realmente es. Esto puede incluir la exageración de la necesidad de fondos, la inflación de los logros alcanzados o la ocultación de problemas o irregularidades.

c) Omisión de información relevante: No divulgar información importante o relevante que pueda afectar la elegibilidad para la subvención o el cumplimiento de los términos de la misma, como conflictos de interés, incumplimientos anteriores o cambios sustanciales en el proyecto subvencionado.

d) Falsificación de documentos: Crear o presentar documentos falsificados, como facturas, registros financieros o informes de progreso, para respaldar las declaraciones falsas presentadas en la solicitud de subvención o en los informes.

e) Uso indebido de fondos: Utilizar los fondos de subvención obtenidos mediante declaraciones falsas de manera indebida, como gastarlos en actividades no relacionadas con el proyecto subvencionado o en gastos personales.

f) Presentar informes engañosos: Proporcionar informes de progreso o informes financieros que contengan información inexacta o engañosa sobre el estado del proyecto o el uso de los fondos de subvención.

g) No revelar conflictos de interés: No revelar conflictos de interés relevantes que puedan influir en la toma de decisiones relacionadas con la subvención, como relaciones financieras o personales con proveedores, contratistas o funcionarios que participan en el proceso de otorgamiento de subvenciones.

h) Ocultación de incumplimientos previos: No informar sobre incumplimientos previos de obligaciones de subvención en solicitudes de subvenciones posteriores, lo que puede influir en la decisión de otorgar la subvención.

Las declaraciones falsas en los delitos de fraude de subvenciones son una forma grave de fraude y corrupción que socava la integridad de los procesos de otorgamiento de subvenciones y el uso adecuado de los fondos públicos.

Las consecuencias legales por participar en declaraciones falsas en el fraude de subvenciones pueden ser severas e incluir multas significativas, la obligación de reembolsar los fondos obtenidos ilegal y posiblemente penas de prisión para quienes estén involucrados en el fraude.

Las sanciones específicas pueden variar según las leyes y regulaciones de la jurisdicción en la que se cometa el fraude.

DESVÍO DE FONDOS

El desvío de fondos en los delitos de fraude en subvenciones se refiere al uso inapropiado o ilegal de fondos que han sido otorgados para un propósito específico, generalmente en el contexto de subvenciones gubernamentales o de organizaciones privadas. Esta práctica implica desviar esos fondos hacia diferentes usos para los que no fueron destinados. Las conductas asociadas con el desvío de fondos pueden incluir:

a) Uso Personal de Fondos: Utilizar los fondos de la subvención para gastos personales que no tienen relación con el propósito para el cual la subvención fue otorgada, como comprar bienes personales, pagar deudas personales, o financiar viajes personales.

b) Transferencia a Proyectos no Autorizados: Redirigir los fondos hacia otros proyectos o iniciativas que no están aprobados ni cubiertos por los términos de la subvención.

c) Sobrefacturación y Malversación: Inflar artificialmente el costo de los proyectos o servicios financiados por la subvención y luego desviar la diferencia de dinero para otros usos.

d) Creación de Empresas Ficticias o Contratos Fraudulentos: Establecer empresas ficticias o emitir contratos falsos para justificar la salida de fondos de la subvención, que luego se desvían para otros fines.

e) Conflicto de Intereses: Asignar fondos de subvenciones a empresas o individuos con los que el receptor de la subvención tiene una relación personal o financiera, en detrimento del propósito original de la subvención.

f) Documentación Falsa o Alterada: Presentar informes financieros falsos o alterados para encubrir el desvío de fondos.

g) Lavado de Dinero: Utilizar los fondos de la subvención para actividades de lavado de dinero, es decir, para insertar fondos obtenidos ilícitamente en el sistema financiero con apariencia de legalidad.

El desvío de fondos no solo constituye una violación de los términos de la subvención y un acto de fraude, sino que también puede tener consecuencias legales graves, como multas, la exigencia de devolver los fondos malversados, y posibles cargos criminales que pueden incluir penas de prisión.

Además, puede resultar en daños a la reputación y la pérdida de futuras oportunidades de financiamiento para los individuos o entidades involucradas.

DUPLICIDAD EN LA FINANCIACIÓN

La duplicidad en la financiación en el contexto de los delitos de fraude de subvenciones se refiere a una situación en la que una entidad o individuo recibe fondos de subvenciones o ayudas públicas de múltiples fuentes para el mismo propósito o proyecto, sin divulgar esta información o sin obtener la autorización adecuada.

En otras palabras, implica recibir financiamiento duplicado o múltiple para un solo proyecto o actividad, lo que a menudo se hace de manera fraudulenta o engañosa.

Las conductas que comporta la duplicidad en la financiación en los delitos de fraude de subvenciones pueden incluir:

a) Presentación de solicitudes falsas: La entidad o individuo presenta solicitudes de subvenciones a diferentes agencias o programas gubernamentales para el mismo proyecto sin revelar que ya han recibido financiamiento de otras fuentes para el mismo propósito. Esto puede involucrar la presentación de información falsa o engañosa en las solicitudes.

b) Obtención de fondos adicionales sin autorización: La entidad o individuo recibe financiamiento de múltiples fuentes sin obtener la autorización adecuada o sin informar a las agencias de financiamiento sobre la duplicidad de la financiación.

c) Uso indebido de los fondos: Una vez que se han obtenido los fondos de diferentes fuentes, la entidad o individuo puede utilizarlos de manera inapropiada, como desviándolos para fines personales o para actividades no relacionadas con el proyecto original.

d) Falta de divulgación y transparencia: La entidad o individuo no divulga adecuadamente la duplicidad de la financiación a las agencias de financiamiento o no proporciona información precisa sobre los fondos recibidos de múltiples fuentes.

e) Ocultamiento de financiación previa: Pueden ocultar la existencia de financiación previamente recibida de otras fuentes relacionadas con el mismo proyecto o actividad para evitar que las autoridades o entidades encargadas de otorgar las subvenciones detecten la duplicidad.

f) Obtención de fondos múltiples: La persona o entidad obtiene fondos de múltiples fuentes para el mismo propósito, lo que puede incluir subvenciones, becas, préstamos o cualquier otro tipo de financiación pública, privada o mixta.

La duplicidad en la financiación es considerada un tipo de fraude de subvenciones porque implica engañar o defraudar a las agencias gubernamentales u organizaciones que otorgan las subvenciones al obtener fondos de manera duplicada o múltiple de manera engañosa.

Las consecuencias legales por la duplicidad en la financiación en los delitos de fraude de subvenciones pueden variar según las leyes y regulaciones específicas de cada jurisdicción, pero generalmente pueden incluir multas, la obligación de devolver los fondos duplicados y posibles cargos criminales contra los responsables.

La gravedad de las sanciones depende de la magnitud del fraude y las circunstancias específicas del caso.

FACTURACIÓN FRAUDULENTA

La facturación fraudulenta en el contexto de los delitos de fraude de subvenciones se refiere a la práctica de emitir facturas o documentos de gastos falsos o inflados con el propósito de obtener fondos de subvenciones o ayudas públicas de manera fraudulenta o ilegal.

Esta conducta implica la presentación de información falsa o engañosa a las autoridades de la subvención para obtener financiamiento público de manera indebida.

Las conductas que comportan la facturación fraudulenta en los delitos de fraude de subvenciones pueden incluir:

a) Emisión de facturas falsas: Emitir facturas que representan gastos que no se han incurrido realmente o que han sido inflados artificialmente. Estas facturas pueden parecer legítimas, pero en realidad son fraudulentas.
b) Falsificación de documentos de respaldo: Acompañar las facturas con documentos de respaldo falsificados, como recibos, contratos o registros de gastos, para respaldar los gastos fraudulentos.
c) Colusión con proveedores o contratistas: Colaborar con proveedores o contratistas para emitir facturas infladas o falsas y luego compartir los fondos obtenidos de manera fraudulenta.
d) Duplicación de gastos: Presentar los mismos gastos en múltiples facturas o informes de gastos para obtener financiamiento adicional de múltiples fuentes de subvenciones.
e) Uso indebido de fondos: Utilizar los fondos obtenidos a través de la facturación fraudulenta para fines personales o para actividades no relacionadas con el proyecto financiado por la subvención.

f) Uso de proveedores ficticios: Colaborar con proveedores ficticios o cómplices que emiten facturas falsas a cambio de un porcentaje del dinero recibido a través de la subvención.

La facturación fraudulenta en los delitos de fraude de subvenciones es una forma de obtener financiación de manera fraudulenta y engañosa.

Esta conducta es ilegal y puede tener graves consecuencias legales, que pueden incluir multas significativas, la obligación de reembolsar los fondos obtenidos ilegal y posiblemente penas de prisión para quienes estén involucrados en el fraude.

Las sanciones específicas pueden variar según las leyes y regulaciones de la jurisdicción en la que se cometa el fraude, pero generalmente se toman muy en serio para proteger los fondos públicos y la integridad de los programas de subvenciones.

FALSIFICACIÓN DE INFORMACIÓN

La falsificación de información en los delitos de fraude en subvenciones se refiere a la alteración, fabricación o manipulación de datos o documentos con el objetivo de obtener de manera ilícita subvenciones, ayudas financieras o beneficios similares de entidades públicas o privadas.

Este tipo de fraude puede involucrar diversas conductas, como:

a) Alteración de Documentos: Modificar documentos oficiales o crear documentos falsos para cumplir con los requisitos de una subvención.

b) Exageración de Gastos: Inflar los costos o gastos incurridos en un proyecto para recibir una cantidad mayor de fondos.

c) Falsificación de Informes: Presentar informes de progreso o resultados que no se corresponden con la realidad para seguir recibiendo fondos.

d) Uso de Información Falsa: Proporcionar datos falsos o engañosos sobre la naturaleza del proyecto, la capacidad de la organización para llevarlo a cabo, o el uso previsto de los fondos.

e) Creación de Empresas Ficticias: Establecer empresas o entidades legales ficticias para solicitar múltiples subvenciones para un mismo proyecto.

f) Desviación de Fondos: Utilizar los fondos de la subvención para fines distintos a los acordados o aprobados.

g) Colusión con Evaluadores: Colaborar de manera ilícita con las personas encargadas de evaluar las solicitudes de subvención para asegurar su aprobación.

Estas conductas no solo constituyen delitos en sí mismas, sino que también pueden llevar a cargos adicionales como fraude, malversación de fondos, lavado de dinero, o incluso conspiración, dependiendo de la gravedad y el alcance de las acciones fraudulentas.

Las consecuencias legales pueden incluir multas sustanciales, restitución de los fondos obtenidos ilegítimamente, y penas de prisión.

Además, estas acciones pueden dañar gravemente la reputación y credibilidad de los individuos o entidades involucradas.

FRAUDE EN LAS SOLICITUDES

El fraude en las solicitudes en los delitos de fraude en subvenciones se refiere a la presentación de información falsa, engañosa o incompleta en las solicitudes de subvenciones con el fin de obtener beneficios financieros de manera ilegítima.

Este tipo de fraude puede adoptar varias formas:

a) Información Falsa o Exagerada: Presentar datos incorrectos sobre las calificaciones, la experiencia, la capacidad financiera, o el historial del solicitante o de la organización para mejorar las posibilidades de obtener la subvención.

b) Documentación Falsificada: Incluir en la solicitud documentos alterados o completamente falsificados, como estados financieros, certificados, referencias, o informes de proyectos anteriores.

c) Ocultamiento de Información Relevante: No revelar información que podría afectar la elegibilidad para la subvención, como conflictos de interés, incumplimientos anteriores en otras subvenciones, o problemas legales o financieros.

d) Falsificación de Necesidades: Inventar o exagerar la necesidad de financiación, presentando un proyecto o una situación financiera que no refleja la realidad.

e) Uso de Identidades Falsas o Testaferros: Presentar la solicitud bajo una identidad falsa o utilizando a terceros para ocultar la verdadera identidad de los beneficiarios o la naturaleza de la organización.

f) Manipulación de Presupuestos: Inflar los presupuestos presentados en la solicitud para obtener más fondos de los necesarios o destinar parte de los fondos a gastos no relacionados con el proyecto propuesto.

g) Falsificación de Requisitos de Elegibilidad: Fingir cumplir con los requisitos específicos de la subvención, como pertenecer a un determinado sector, tener una ubicación específica, o cumplir con ciertos estándares de calidad o experiencia.

El fraude en las solicitudes de subvenciones no solo constituye un delito en sí mismo, sino que también puede llevar a cargos adicionales como falsificación de documentos y estafa.

Las consecuencias legales pueden incluir la devolución de los fondos obtenidos, multas, sanciones administrativas y, en casos graves, procesamiento penal y condenas de prisión.

Además, estas prácticas perjudican la confianza en los sistemas de financiamiento público y privado y pueden tener un impacto negativo en la disponibilidad de fondos para futuros beneficiarios legítimos.

LAVADO DE DINERO

El lavado de dinero en el contexto de los delitos de fraude de subvenciones se refiere a la práctica de ocultar o disfrazar los fondos obtenidos de manera ilegal a través del fraude de subvenciones para hacer que parezcan legítimos y limpiar su origen ilegal.

En otras palabras, implica el proceso de dar una apariencia legal y legítima a los fondos que se obtuvieron de forma fraudulenta de subvenciones o ayudas públicas.

Las conductas que comporta el lavado de dinero en los delitos de fraude de subvenciones pueden incluir:

a) Colocación: Esta etapa implica introducir el dinero ilegalmente obtenido en el sistema financiero legal. Por ejemplo, depositar los fondos en cuentas bancarias, comprar activos, invertir en negocios legítimos o realizar transacciones financieras que aparenten ser legítimas.

b) Estratificación: En esta etapa, se busca ocultar el rastro del dinero ilegal a través de una serie de transacciones financieras complejas. Esto puede incluir transferencias de fondos entre cuentas, compras y ventas de activos, inversiones en diferentes sectores económicos y cambios frecuentes de moneda para dificultar el seguimiento del dinero.

c) Integración: En esta etapa, los fondos ya lavados se integran completamente en la economía legal. Pueden utilizarse para adquirir bienes raíces, vehículos de lujo, obras de arte u otros activos valiosos. También pueden invertirse en negocios legítimos o en el mercado de valores.

d) Uso: Finalmente, los fondos lavados se utilizan de manera aparentemente legítima para financiar actividades legales o para gastos personales. En este punto, es difícil rastrear la fuente ilegal de los fondos.

El lavado de dinero en los delitos de fraude de subvenciones es ilegal y está sujeto a graves consecuencias legales.

Las autoridades gubernamentales y las agencias encargadas de hacer cumplir la ley en muchos países han implementado leyes y regulaciones para prevenir y castigar el lavado de dinero, con el objetivo de proteger la integridad del sistema financiero y prevenir el uso indebido de fondos obtenidos de manera ilegal.

Las sanciones por lavado de dinero pueden variar según las leyes y regulaciones específicas de cada jurisdicción, pero generalmente incluyen multas significativas y penas de prisión para quienes están involucrados en la actividad de lavado de dinero.

Además, los activos derivados del lavado de dinero pueden ser confiscados por las autoridades como parte de las investigaciones y procesos legales.

Es importante destacar que el lavado de dinero es un delito serio que es perseguido y castigado de manera rigurosa en muchos países.

MALVERSACIÓN DE FONDOS

La malversación de fondos en el contexto de los delitos de fraude de subvenciones se refiere a la apropiación indebida o desvío de fondos públicos o privados que han sido otorgados o destinados a un proyecto o programa específico financiado por una subvención o ayuda pública.

Esta conducta implica el uso ilegal de los fondos para fines distintos de los especificados en los términos de la subvención o para beneficio personal en lugar de cumplir con los propósitos previstos.

Las conductas que comporta la malversación de fondos en los delitos de fraude de subvenciones pueden incluir:

a) Desvío de fondos: Utilizar los fondos otorgados a través de una subvención para gastos no relacionados con el proyecto subvencionado, para gastos personales o para fines diferentes de los estipulados en los términos de la subvención.

b) Pagos ficticios: Emitir pagos o transferencias de fondos falsos o fraudulentos para aparentar que se están utilizando para el proyecto subvencionado cuando, en realidad, se destinan a otros propósitos o se retiran para beneficio personal.

c) Uso indebido de bienes y servicios: Utilizar bienes o servicios adquiridos con fondos de subvención para fines no autorizados o personales en lugar de los destinados al proyecto subvencionado.

d) Facturación falsa: Emitir facturas falsas o infladas por bienes o servicios que no se han proporcionado o que se han proporcionado a un costo mucho menor, y luego apropiarse de los fondos desviados.

e) Falsificación de registros: Alterar registros financieros y documentación relacionada con el proyecto para ocultar la malversación de fondos y hacer que parezca que los gastos son legítimos.

f) Pago a terceros ficticios: Hacer pagos a terceros ficticios o cómplices que no tienen ninguna relación con el proyecto subvencionado, con la intención de desviar fondos de manera encubierta.

g) Fraude en informes financieros: Presentar informes financieros falsificados o engañosos que ocultan la malversación de fondos y dan una imagen incorrecta de la utilización de los recursos.

La malversación de fondos es una actividad ilegal y puede tener graves consecuencias legales.

Las sanciones por malversación de fondos en el contexto de los delitos de fraude de subvenciones suelen incluir multas significativas y penas de prisión para quienes estén involucrados en la malversación.

Además, puede haber la obligación de reembolsar los fondos desviados de manera indebida y la exclusión de futuras oportunidades de financiamiento.

Las sanciones específicas pueden variar según las leyes y regulaciones de la jurisdicción en la que se cometa el fraude, pero la malversación de fondos es considerada una violación grave de la integridad financiera y puede dar lugar a acciones legales y civiles en su contra.

MODIFICACIÓN POST-SUBVENCIÓN SIN AUTORIZACIÓN

La modificación post-subvención sin autorización en el contexto de los delitos de fraude en subvenciones se refiere a la alteración o modificación de las condiciones o términos de una subvención otorgada por una entidad gubernamental o privada sin obtener la debida autorización para realizar dichos cambios.

Este tipo de conducta generalmente se considera ilegal y puede constituir un delito de fraude en subvenciones, lo que implica el uso indebido de fondos públicos o privados destinados a un propósito específico.

Las conductas que pueden comportar la modificación post-subvención sin autorización en los delitos de fraude en subvenciones pueden incluir:

a) Cambio de destino de los fondos: Alterar el propósito original para el cual se otorgó la subvención sin la debida autorización. Por ejemplo, si una organización recibe una subvención para llevar a cabo un proyecto educativo y luego utiliza los fondos para otros fines no autorizados, como gastos personales o inversiones no relacionadas, esto podría considerarse fraude en subvenciones.

b) Manipulación de documentos: Falsificar documentos o registros para ocultar la modificación no autorizada de los fondos o para aparentar que se han utilizado de acuerdo con los términos originales de la subvención.

c) Omisión de información relevante: No informar a la entidad otorgante de la subvención sobre cambios importantes en la ejecución del proyecto o en el uso de los fondos, cuando dicha notificación sea requerida.

d) Uso indebido de fondos: Utilizar los fondos de la subvención para gastos personales o no relacionados con el proyecto, en lugar de destinarlos a los fines para los que fueron otorgados.

e) Negligencia o incumplimiento intencional: La negligencia grave o el incumplimiento intencional de los términos y condiciones de la subvención que resultan en un perjuicio financiero para la entidad otorgante o en un uso indebido de los fondos.

f) Tipicidad penal: La tipicidad penal de este comportamiento puede variar según las leyes y regulaciones específicas de cada jurisdicción. En algunos casos, la modificación sin autorización puede considerarse un delito independiente, mientras que en otros puede ser un agravante del fraude en subvenciones.

g) Penas y consecuencias: Las consecuencias legales por modificar una subvención sin autorización dependen de las leyes locales y la gravedad del acto. Las sanciones pueden incluir multas, la obligación de restituir los fondos subvencionados, la pérdida de futuras subvenciones, así como penas de prisión en casos graves.

Las consecuencias legales de la modificación post-subvención sin autorización en los delitos de fraude en subvenciones pueden incluir investigaciones penales, cargos criminales, sanciones civiles, la devolución de los fondos mal utilizados y posibles penas de prisión, dependiendo de las leyes y regulaciones específicas de cada jurisdicción.

Es importante tener en cuenta que las leyes y regulaciones varían según el país y la jurisdicción, por lo que es fundamental consultar con un abogado experto en derecho penal y administrativo para obtener asesoramiento específico en casos de fraude en subvenciones.

NO CUMPLIR CON LOS REQUISITOS DE LA SUBVENCIÓN

No cumplir con los requisitos de la subvención en el contexto de los delitos de fraude de subvenciones implica que una persona o entidad que ha recibido fondos de subvenciones no cumple con las condiciones y obligaciones establecidas en el acuerdo de subvención.

Esto puede constituir un fraude si el incumplimiento se realiza de manera intencional o fraudulenta.

Las conductas que comporta no cumplir con los requisitos de la subvención en los delitos de fraude de subvenciones pueden incluir:

a) Presentación de información falsa: Proporcionar información falsa o engañosa en la solicitud de subvención o en los informes posteriores, como falsificar documentos, declaraciones de gastos o registros financieros.

b) Desviación de fondos: Utilizar los fondos de subvenciones para fines diferentes a los especificados en el acuerdo de subvención, como desviar el dinero para uso personal o para proyectos no autorizados.

c) No llevar a cabo el proyecto o actividad propuesta: No realizar o completar el proyecto o la actividad que se suponía que se llevaría a cabo con los fondos de subvenciones.

d) Incumplimiento de los plazos y condiciones: No cumplir con los plazos, requisitos o condiciones establecidos en el acuerdo de subvención, como la presentación de informes periódicos, la realización de evaluaciones o la documentación adecuada de los gastos.

e) Falta de transparencia: No proporcionar información precisa y completa sobre el uso de los fondos de subvenciones a las autoridades pertinentes o a las partes interesadas, lo que dificulta la supervisión y la rendición de cuentas.

f) Manipulación de registros y documentos: Alterar o manipular registros financieros, informes de progreso u otros documentos relacionados con la subvención para hacer que parezca que se están cumpliendo los requisitos cuando no es así, también puede ser una conducta fraudulenta.

El incumplimiento de los requisitos de la subvención puede dar lugar a investigaciones y cargos criminales si se demuestra que se ha realizado de manera fraudulenta o intencionada.

Las penas por este tipo de fraude varían según las leyes y regulaciones específicas de cada jurisdicción, pero generalmente pueden incluir multas, la devolución de los fondos mal utilizados y, en algunos casos, penas de prisión para los responsables del fraude.

Además, las personas o entidades que cometen este tipo de fraude pueden quedar inhabilitadas para recibir futuras subvenciones o ayudas públicas.

OMISIONES

Las omisiones en el contexto de los delitos de fraude de subvenciones se refieren a la falta de cumplimiento de obligaciones, requisitos o deberes legales relacionados con la obtención o el uso de fondos de subvenciones o ayudas públicas.

En otras palabras, las omisiones en el fraude de subvenciones se refieren a no cumplir con las responsabilidades legales o con los términos y condiciones establecidos por la entidad que otorga la subvención, lo que puede llevar a obtener fondos públicos de manera fraudulenta.

Las conductas que comportan las omisiones en los delitos de fraude de subvenciones pueden incluir:

a) Incumplimiento de requisitos de presentación: No presentar la documentación o los informes requeridos en el tiempo y la forma adecuados, como informes de progreso, informes financieros o informes de gastos relacionados con el proyecto subvencionado.
b) No cumplir con los objetivos del proyecto: No cumplir con los objetivos y metas establecidos en el proyecto subvencionado, lo que puede llevar a la obtención de financiamiento sin proporcionar los resultados prometidos o requeridos.
c) Falta de transparencia: No proporcionar información precisa y completa a las autoridades de la subvención sobre el uso de los fondos o sobre cambios significativos en el proyecto o programa financiado.
d) Uso indebido de fondos: Utilizar los fondos de subvención de manera indebida o fraudulenta para fines distintos a los especificados en los términos de la subvención, lo que puede incluir el uso de fondos para gastos personales o actividades no relacionadas con el proyecto subvencionado.
e) No revelar conflictos de interés: No divulgar conflictos de interés que puedan influir en la toma de decisiones relacionadas con la subvención, lo que puede llevar a decisiones sesgadas o injustas.
f) No mantener registros adecuados: No mantener registros precisos y adecuados de los gastos, transacciones financieras y actividades relacionadas con el proyecto subvencionado, lo que dificulta la verificación de la legalidad y la integridad del uso de los fondos.
g) No revelar incumplimientos previos: No informar sobre incumplimientos anteriores de obligaciones de subvención en solicitudes de subvenciones posteriores, lo que puede influir en la decisión de otorgar la subvención.
h) Negligencia en la gestión: No tomar medidas razonables para administrar adecuadamente los fondos de subvenciones o para garantizar el cumplimiento de los requisitos de la subvención, lo que puede llevar a un uso inapropiado de los fondos o a la ineficiencia en la ejecución del proyecto.

Es importante destacar que las omisiones en el fraude de subvenciones pueden ser consideradas un tipo de fraude por la falta de cumplimiento de las obligaciones legales y contractuales relacionadas con la subvención.

Las consecuencias legales por cometer omisiones en el fraude de subvenciones pueden variar según las leyes y regulaciones específicas de cada jurisdicción, pero generalmente pueden incluir multas, la obligación de reembolsar los fondos obtenidos de manera indebida y posiblemente penas de prisión, especialmente si se demuestra que las omisiones fueron intencionales y maliciosas.

REPORTE FALSO DE PROGRESOS

El reporte falso de progresos en el contexto de los delitos de fraude de subvenciones se refiere a la práctica de proporcionar información engañosa o incorrecta sobre el estado o el avance de un proyecto o programa financiado con subvenciones con el propósito de obtener o mantener los fondos de subvenciones de manera fraudulenta.

Esta conducta implica reportar resultados o avances que no son verdaderos o inflar artificialmente los logros del proyecto para engañar a la entidad otorgante de las subvenciones.

Las conductas que comportan el reporte falso de progresos en los delitos de fraude de subvenciones pueden incluir:

a) Exageración de logros: Informar sobre logros o avances que son mayores de lo que realmente son, con el propósito de hacer que el proyecto o programa parezca más exitoso de lo que es en realidad.

b) Manipulación de datos: Alterar datos o información relacionada con el proyecto para respaldar el reporte falso de progresos, lo que puede incluir la presentación de datos ficticios o la omisión de información importante.

c) Falsificación de documentos: Crear documentos falsos o informes que respalden el reporte falso de progresos, como informes de actividades o resultados que nunca ocurrieron.

d) Ocultación de problemas o retrasos: No informar sobre problemas, retrasos o dificultades en la ejecución del proyecto o programa financiado con subvenciones para evitar que la entidad otorgante tome medidas.

e) Uso indebido de fondos: Utilizar fondos de subvenciones para actividades o gastos no relacionados con el proyecto subvencionado y luego reportar falsamente que se están utilizando para los fines previstos.

El reporte falso de progresos en los delitos de fraude de subvenciones es una forma de obtener financiamiento de manera fraudulenta y engañosa al presentar una imagen incorrecta de la efectividad y el éxito del proyecto subvencionado.

Esta conducta es ilegal en la mayoría de los sistemas legales y puede tener graves consecuencias legales, como multas significativas, la obligación de reembolsar los fondos obtenidos indebida y posiblemente penas de prisión para quienes estén involucrados en el fraude.

Las sanciones específicas pueden variar según las leyes y regulaciones de la jurisdicción en la que se cometa el fraude, pero en general, se considera un delito grave que socava la integridad de los procesos de otorgamiento de subvenciones y el uso adecuado de fondos públicos.

REPORTE FALSO DE RESULTADOS

El reporte falso de resultados en el contexto de los delitos de fraude de subvenciones se refiere a la práctica de proporcionar informes o datos de resultados deliberadamente inexactos, engañosos o falsificados sobre el éxito o los logros de un proyecto subvencionado.

Estos informes de resultados incorrectos tienen como objetivo engañar a la entidad otorgante de la subvención al hacer que parezca que el proyecto ha alcanzado sus objetivos o ha tenido un impacto positivo cuando en realidad no es así.

Las conductas que comporta el reporte falso de resultados en los delitos de fraude de subvenciones pueden incluir:

a) Exageración de logros: Informar sobre logros o resultados que son exagerados o ficticios, haciendo que el proyecto parezca más exitoso de lo que realmente es.

b) Presentación de datos falsos: Proporcionar datos falsos o manipulados sobre los resultados del proyecto, como cifras infladas sobre el impacto, los beneficios o los resultados obtenidos.

c) Omisión de resultados negativos: No informar sobre resultados negativos, fracasos o deficiencias significativas que el proyecto pueda haber experimentado, lo que podría dar lugar a una representación engañosa de la efectividad del proyecto.

d) Falsificación de documentos: Crear documentos falsos o alterar documentos existentes, como informes de evaluación, estudios o encuestas, para respaldar los informes de resultados falsos.

e) Uso de testimonios o casos ficticios: Utilizar testimonios, historias de éxito o ejemplos ficticios o engañosos para respaldar los informes de resultados, lo que puede dar una impresión incorrecta de los impactos reales del proyecto.

f) Manipulación de indicadores de rendimiento: Cambiar los indicadores de rendimiento o los criterios de evaluación de manera fraudulenta para hacer que parezca que se están cumpliendo los objetivos cuando no es así.

El reporte falso de resultados en los delitos de fraude de subvenciones es una forma grave de fraude que puede tener consecuencias legales significativas.

Las sanciones por participar en el reporte falso de resultados pueden incluir multas, la obligación de reembolsar los fondos obtenidos indebida y posiblemente penas de prisión para quienes estén involucrados en el fraude.

Además, el incumplimiento de los términos de una subvención y la presentación de informes falsos de resultados pueden dar lugar a la terminación de la subvención y a la exclusión de futuras oportunidades de financiamiento.

Las sanciones específicas pueden variar según las leyes y regulaciones de la jurisdicción en la que se cometa el fraude, pero en general, el reporte falso de resultados en el contexto de las subvenciones es considerado un delito grave.

SOBORNOS

Los sobornos en el contexto de los delitos de fraude de subvenciones se refieren a la práctica de ofrecer, dar, recibir o solicitar pagos ilegales, regalos u otros beneficios a cambio de obtener o mantener una subvención de manera fraudulenta.

En otras palabras, implica el uso indebido de influencia o dinero para influir en el proceso de otorgamiento de subvenciones o en la ejecución de proyectos financiados con subvenciones de manera ilegal.

Los sobornos son una forma de corrupción y conducta delictiva que socava la integridad de los programas de subvenciones y perjudica el uso efectivo de los fondos públicos.

Las conductas que comportan los sobornos en los delitos de fraude de subvenciones pueden incluir:

a) Ofrecer sobornos: La persona o entidad que busca obtener una subvención ofrece un soborno a un funcionario, empleado público o cualquier otra persona involucrada en el proceso de otorgamiento de subvenciones para influir en la decisión a su favor.

b) Recibir sobornos: Los funcionarios, empleados públicos u otras personas encargadas de evaluar y otorgar subvenciones reciben sobornos de los solicitantes de subvenciones a cambio de favorecer sus solicitudes o manipular el proceso de selección en su beneficio.

c) Solicitar sobornos: Los funcionarios públicos o personas involucradas en la administración de subvenciones solicitan sobornos a los solicitantes como condición para otorgarles la subvención o para acelerar el proceso.

d) Falsificación de documentos: Puede implicar la falsificación de documentos relacionados con la subvención, como facturas, informes de gastos o informes de progreso, para justificar el pago de sobornos o para ocultar la corrupción.

e) Encubrimiento: Las partes involucradas en sobornos pueden intentar encubrir sus actividades ilegales, lo que podría incluir la destrucción de pruebas o la manipulación de registros para evitar ser detectados.

f) Manipulación de procesos de selección: Las personas o entidades que ofrecen sobornos pueden intentar influir en el proceso de selección de subvenciones de manera que sus solicitudes sean seleccionadas o aprobadas de manera injusta o fraudulenta.

g) Uso indebido de fondos: Una vez que se obtienen subvenciones mediante sobornos, las personas o entidades pueden utilizar los fondos de manera indebida o para fines distintos de los especificados en las subvenciones originales.

Los sobornos en los delitos de fraude de subvenciones son graves y están prohibidos en la mayoría de las jurisdicciones.

Estas conductas socavan la integridad del proceso de otorgamiento de subvenciones y pueden resultar en la asignación inadecuada de fondos públicos, lo que perjudica a quienes legítimamente necesitan el apoyo de las subvenciones.

Las personas y organizaciones involucradas en sobornos relacionados con subvenciones pueden enfrentar consecuencias legales significativas, que pueden incluir multas sustanciales y penas de prisión, además de la pérdida de acceso a futuras subvenciones y daños a su reputación.

SOBRECOSTES

En el contexto de los delitos de fraude de subvenciones, los sobrecostes se refieren a la práctica de inflar los costes o gastos asociados a un proyecto o actividad subvencionada con el propósito de obtener más fondos de subvención de los que realmente son necesarios o justificables.

En otras palabras, implica presentar costos o gastos falsamente elevados en una solicitud de subvención o en los informes posteriores para recibir financiación pública adicional de manera fraudulenta.

Las conductas que comportan los sobrecostos en los delitos de fraude de subvenciones pueden incluir:

a) Falsificación de gastos: Esto implica inflar o inventar gastos relacionados con el proyecto o la actividad subvencionada. Por ejemplo, presentar facturas falsas o inflar los costos de suministros, equipo, mano de obra u otros recursos.

b) Cobro de costos no elegibles: Algunas subvenciones tienen restricciones sobre los tipos de costos que pueden ser financiados. Los delincuentes pueden intentar incluir costos no elegibles en la solicitud de subvención, como costos personales o gastos que no están relacionados con el proyecto subvencionado.

c) Facturación doble: En algunos casos, los estafadores pueden intentar facturar el mismo gasto a múltiples subvenciones o financiadores, lo que se conoce como "facturación doble". Esto puede dar lugar a recibir fondos de manera fraudulenta de múltiples fuentes para el mismo gasto.

d) Manipulación de registros y documentos: Los delincuentes pueden alterar registros financieros, facturas, recibos u otros documentos para respaldar los sobrecostos y hacer que parezca que son legítimos y justificables.

e) Ocultar la información real: A veces, los delincuentes pueden ocultar intencionalmente información importante sobre los costos reales o proporcionar informes engañosos a las autoridades de la subvención para evitar que se descubran los sobrecostos.

Los sobrecostos en los delitos de fraude de subvenciones son ilegales porque socavan la integridad de los programas de subvenciones y pueden resultar en el mal uso de fondos públicos.

Cuando se descubre el fraude de sobrecostos en el contexto de una subvención, las consecuencias pueden incluir investigaciones, cargos criminales, multas significativas y la obligación de reembolsar los fondos obtenidos de manera fraudulenta.

Las penas exactas varían según las leyes y regulaciones específicas de cada jurisdicción, así como la gravedad del fraude y la intención detrás de las acciones fraudulentas.

SOBREFACTURACIÓN

La sobrefacturación en los delitos de fraude en subvenciones se refiere a la práctica de inflar artificialmente los precios o los costos en las facturas presentadas para el reembolso o la justificación de los gastos de una subvención.

Este tipo de fraude implica una serie de conductas ilícitas, como:

a) Facturas por Montos Superiores a los Reales: Emitir o presentar facturas que reflejan un costo mayor al que realmente se incurrió. Por ejemplo, una empresa que recibe una subvención podría presentar una factura por $10,000 cuando el costo real del bien o servicio fue de $5,000.

b) Facturación por Bienes o Servicios No Prestados: Incluir en las facturas cargos por bienes o servicios que no se entregaron o se prestaron. Esto es una forma de fraude directo donde se pretende obtener un reembolso por gastos inexistentes.

c) Colusión con Proveedores o Contratistas: Colaborar con proveedores o contratistas para emitir facturas infladas, con el entendimiento de que el dinero extra será compartido o utilizado para otros fines.

d) Creación de Empresas Ficticias o Fantasma: Utilizar empresas que no existen en realidad para emitir facturas por servicios o productos que nunca se entregaron, facilitando así la extracción de fondos de la subvención.

e) Duplicación de Facturas: Presentar la misma factura en más de una ocasión o a diferentes entidades para obtener un reembolso múltiple por el mismo gasto.

f) Alteración de Facturas Reales: Modificar facturas genuinas para aumentar los montos cargados, ya sea cambiando cifras o añadiendo cargos adicionales.

La sobrefacturación no solo constituye un delito de fraude, sino que también puede conllevar a cargos adicionales como malversación de fondos o lavado de dinero, dependiendo de cómo se manejen los fondos obtenidos ilegítimamente.

Las consecuencias de estas acciones pueden incluir multas severas, restitución de los fondos defraudados, y penas de prisión.

Además, tales prácticas socavan la confianza en los sistemas de financiamiento público y privado, pudiendo afectar negativamente la disponibilidad de fondos para futuros beneficiarios legítimos.

USO DE INFORMACIÓN PRIVILEGIADA

El uso de información privilegiada en el contexto de los delitos de fraude de subvenciones se refiere a la práctica de aprovechar información confidencial o no pública para obtener una ventaja injusta en la solicitud, obtención o gestión de subvenciones o ayudas públicas.

Esta conducta implica utilizar información que no está disponible para el público en general de manera fraudulenta con el fin de obtener fondos públicos de manera indebida.

Las conductas que comportan el uso de información privilegiada en los delitos de fraude de subvenciones pueden incluir:

a) Acceso a información confidencial: Obtener acceso a información interna o confidencial de una entidad que otorga subvenciones o ayudas públicas que no está disponible para el público en general. Esto puede incluir detalles sobre los criterios de selección de subvenciones, los montos disponibles o cualquier otro tipo de información que pueda ser útil para obtener la subvención de manera fraudulenta.

b) Manipulación de procesos de selección: Utilizar información privilegiada para manipular o influir indebidamente en los procesos de selección de subvenciones, lo que puede incluir la presentación de solicitudes diseñadas específicamente para cumplir con los criterios de selección o para obtener una ventaja indebida sobre otros solicitantes.

c) Uso de información no pública en solicitudes: Incluir información confidencial o privilegiada en las solicitudes de subvención para hacer que parezca que se cumplen los requisitos o para respaldar la elegibilidad, cuando en realidad no es así.

d) Obtención injusta de subvenciones: Utilizar la información privilegiada para obtener subvenciones de manera fraudulenta o para obtener más fondos de los que legítimamente se requieren.

e) Abuso de posiciones de influencia: Personas que ocupan cargos de influencia en organizaciones o agencias gubernamentales pueden utilizar su posición para obtener información privilegiada y utilizarla para obtener subvenciones de manera injusta o influir en la decisión de otorgar subvenciones.

El uso de información privilegiada en los delitos de fraude de subvenciones es una forma de obtener financiamiento de manera fraudulenta y engañosa, y es considerada ilegal en la mayoría de los sistemas legales.

Las consecuencias legales por participar en el uso de información privilegiada pueden ser graves e incluir multas significativas, la obligación de reembolsar los fondos obtenidos ilegal y posiblemente penas de prisión para quienes estén involucrados en el fraude.

Las sanciones específicas pueden variar según las leyes y regulaciones de la jurisdicción en la que se cometa el fraude.

FRUSTRACIÓN DE LA EJECUCIÓN

INTRODUCCIÓN

Los delitos relativos a la frustración de la ejecución son una categoría de delitos que se cometen con el propósito de obstaculizar o dificultar la ejecución de una resolución judicial o administrativa, o el cumplimiento de una orden emitida por una autoridad competente.

Estos delitos están relacionados con el sistema de justicia y el funcionamiento de las instituciones gubernamentales y pueden variar en su gravedad y naturaleza, pero todos comparten el objetivo de interferir con el proceso de ejecución de una decisión legal.

A continuación, se desarrollan los conceptos clave y las conductas concretas que suelen conllevar los delitos relativos a la frustración de la ejecución:

a) Obstaculización de la justicia: Estos delitos representan una amenaza para la administración de justicia y el estado de derecho, ya que socavan la autoridad de las decisiones judiciales o administrativas. Las personas que cometen estos delitos intentan evitar que se cumpla una orden legalmente emitida.

b) Evasión de responsabilidades legales: Uno de los objetivos comunes de los delitos relativos a la frustración de la ejecución es evitar las consecuencias legales o las obligaciones impuestas por una resolución judicial o administrativa. Esto puede incluir eludir el pago de una deuda, evitar una condena penal o impedir la ejecución de una orden de desalojo, entre otros.

c) Engaño y ocultamiento de activos: En muchos casos, los individuos que intentan frustrar la ejecución recurren a tácticas fraudulentas para ocultar sus activos o transferirlos de manera ilegal a terceros. Estos actos pueden incluir la venta o transferencia ficticia de propiedades, la creación de empresas ficticias o la manipulación de registros financieros para dificultar el rastreo de los recursos.

d) Desobediencia a órdenes judiciales o administrativas: Los delitos relacionados con la frustración de la ejecución también pueden implicar la negativa deliberada a cumplir con las órdenes legales o administrativas. Esto puede incluir la desobediencia a órdenes de comparecencia ante un tribunal, el incumplimiento de medidas cautelares o la resistencia activa a las fuerzas del orden que intentan ejecutar una orden.

e) Soborno o corrupción: En algunos casos, los individuos pueden intentar corromper a funcionarios públicos, abogados o jueces para evitar que se ejecute una orden legal o para influir en el proceso de ejecución de manera ilegal. Estos actos pueden ser considerados delitos de corrupción.

f) Amenazas o intimidación: Algunos individuos pueden recurrir a la intimidación o la amenaza para evitar que se cumplan las decisiones judiciales o administrativas en su contra. Estas conductas pueden incluir amenazas de violencia física o daño a la propiedad.

g) Falsificación de documentos: La falsificación de documentos, como falsificar una orden judicial o administrativa, es otra forma en que se pueden cometer delitos relacionados con la frustración de la ejecución. Esto puede engañar a las partes involucradas o a las autoridades encargadas de ejecutar la orden.

Los delitos relativos a la frustración de la ejecución pueden tener graves consecuencias legales, y las sanciones varían según la jurisdicción y la gravedad de la conducta delictiva.

Estos delitos socavan la integridad del sistema legal y pueden obstaculizar la justicia, por lo que su persecución y castigo son fundamentales para mantener el estado de derecho y garantizar que las decisiones legales se cumplan de manera efectiva.

AMENAZAS O INTIMIDACIÓN

Las amenazas o la intimidación en el contexto de los delitos de frustración de la ejecución se refieren a la práctica de utilizar amenazas, coerción o conductas intimidatorias con el propósito de influir en las partes involucradas en un proceso judicial o en el cumplimiento de una sentencia para evitar el pago de una deuda o el cumplimiento de una obligación legal.

Estos delitos involucran actos ilegales destinados a coaccionar o asustar a las personas o entidades para que tomen medidas que favorezcan al infractor o que eviten las consecuencias legales de una sentencia.

Algunas de las conductas que pueden constituir amenazas o intimidación en los delitos de frustración de la ejecución incluyen:

a) Amenazas físicas o verbales: Hacer amenazas directas de daño físico o verbal a las partes involucradas en un proceso judicial, incluyendo a acreedores, testigos, abogados, jueces u otros funcionarios judiciales.

b) Hostigamiento o acoso: Hostigar o acosar repetidamente a las partes afectadas por un proceso judicial o a las personas involucradas en la ejecución de una sentencia, con la intención de presionarlas o asustarlas.

c) Amenazas económicas: Amenazar con tomar represalias económicas, como arruinar la reputación de alguien, boicotear su negocio o causarles pérdidas financieras significativas si no cumplen con ciertas demandas o acuerdos ilegales.

d) Daño a la propiedad: Amenazar con causar daños a la propiedad de las partes afectadas o con tomar medidas que perjudiquen sus intereses económicos si no ceden a las demandas del infractor.

e) Difamación: Difamar o calumniar a las partes involucradas en el proceso judicial con el propósito de perjudicar su reputación y presionarlos para que tomen ciertas acciones.

f) Manipulación emocional: Utilizar tácticas de manipulación emocional o psicológica para inducir miedo o ansiedad en las partes afectadas, con el objetivo de influir en su comportamiento.

g) Amenazas de revelar información comprometedora: Amenazar con divulgar información personal o comprometedora sobre una persona como medio de chantaje para influir en su comportamiento en el proceso legal.

Las amenazas o la intimidación en los delitos de frustración de la ejecución son ilegales y pueden tener consecuencias legales graves, incluyendo cargos criminales separados y sanciones penales.

Además, estas conductas pueden ser perjudiciales tanto para la integridad del sistema judicial como para el bienestar de las personas involucradas.

Las leyes y sanciones específicas relacionadas con amenazas e intimidación varían según la jurisdicción y las circunstancias del caso.

CAMBIO DE RESIDENCIA O IDENTIDAD

El cambio de residencia o identidad en el contexto de los delitos de frustración de la ejecución se refiere a la acción de una persona que, con el propósito de evadir el cumplimiento de una sentencia judicial o de evitar que los acreedores puedan ejecutar una deuda u obligación legal, realiza cambios en su residencia, domicilio o identidad personal para dificultar su localización y, por lo tanto, el aseguramiento de sus activos o el cobro de la deuda.

Estos delitos implican acciones destinadas a eludir las responsabilidades legales y obstaculizar el proceso de ejecución de una sentencia.

Algunas de las conductas que pueden constituir el cambio de residencia o identidad en los delitos de frustración de la ejecución incluyen:

a) Mudanza a un lugar desconocido: Cambiar de domicilio o residencia a un lugar desconocido o no revelado a las autoridades judiciales o a los acreedores.

b) Cambio de nombre o identidad: Modificar la identidad personal, como cambiar de nombre o utilizar alias, con el propósito de dificultar la identificación y localización.

c) Utilización de identidades falsas: Utilizar identidades falsas o documentos de identificación fraudulentos para ocultar la verdadera identidad o residencia.

d) Mudanza a jurisdicciones extranjeras: Trasladarse a otro país o jurisdicción con el objetivo de evadir la ejecución de una sentencia o de evitar el cobro de una deuda en el lugar de origen.

e) Ocultamiento de información personal: No proporcionar información precisa o completa a las autoridades judiciales o a los acreedores sobre la residencia o la identidad actual.

f) Evitar el servicio de documentos legales: Evadir o eludir el servicio de documentos legales, como notificaciones judiciales o citaciones, para evitar ser parte de un proceso legal.

g) Uso de sociedades pantalla: Utilizar empresas ficticias o "pantalla" para registrar activos y propiedades, dificultando la identificación de los verdaderos propietarios.

El cambio de residencia o identidad en los delitos de frustración de la ejecución es ilegal y puede tener consecuencias legales graves, incluyendo cargos criminales, sanciones civiles y penales, así como la posibilidad de que se ordene la confiscación de activos.

Estas acciones socavan la integridad del sistema legal y dificultan el cumplimiento de sentencias judiciales legítimas o el pago de deudas pendientes.

Las leyes y las sanciones específicas relacionadas con el cambio de residencia o identidad pueden variar según la jurisdicción y las circunstancias del caso.

CREACIÓN DE EMPRESAS FICTICIAS

La creación de empresas ficticias en el contexto de los delitos de frustración de la ejecución se refiere a la acción de establecer o utilizar empresas o entidades ficticias, que existen solo en papel y no tienen una actividad comercial real, con el propósito de ocultar activos, eludir responsabilidades legales o evitar que los acreedores puedan acceder a los recursos de la empresa para satisfacer una deuda o una sentencia judicial. Estos delitos implican acciones fraudulentas destinadas a dificultar o impedir la ejecución de una sentencia o el cumplimiento de una obligación legal.

Algunas de las conductas que pueden constituir la creación de empresas ficticias en los delitos de frustración de la ejecución incluyen:

a) Establecimiento de empresas fantasmas: Crear empresas en papel, sin una operación comercial real, con el único propósito de esconder activos o propiedades que de otro modo estarían disponibles para el cumplimiento de una sentencia o de una obligación legal.

b) Uso de identidades falsas: Utilizar identidades falsas o personas ficticias como propietarios o directores de la empresa para ocultar la verdadera propiedad o control.

c) Transacciones ficticias: Simular transacciones comerciales falsas o fabricadas entre la empresa ficticia y otras entidades o personas para justificar movimientos de activos o para disfrazar su verdadera naturaleza.

d) Ocultación de ingresos: Canalizar ingresos y recursos financieros a través de la empresa ficticia para evitar que sean identificados y alcanzados por los procedimientos legales.

e) Manipulación de registros contables: Mantener registros contables fraudulentos o engañosos que oculten activos reales o que inflen deudas ficticias para aparentar insolvencia.

f) Uso de empresas pantalla: Utilizar empresas ficticias como "pantallas" para canalizar ingresos o activos a través de ellas, con el fin de dificultar el seguimiento de los recursos financieros y ocultarlos de los acreedores o del sistema judicial.

La creación de empresas ficticias es ilegal y puede tener consecuencias legales graves, incluyendo cargos criminales por fraude y sanciones penales. Además, estas acciones socavan la integridad del sistema legal y pueden perjudicar la administración justa de la ley. Las leyes y las sanciones específicas relacionadas con la creación de empresas ficticias pueden variar según la jurisdicción y las circunstancias del caso.

DESOBEDIENCIA A ÓRDENES ADMINISTRATIVAS

La desobediencia a órdenes administrativas en el contexto de los delitos de frustración de la ejecución se refiere a la negativa o falta de cumplimiento de las órdenes emitidas por una autoridad administrativa con el propósito de asegurar el cumplimiento de obligaciones legales, como el pago de deudas o la ejecución de sentencias judiciales.

Estas órdenes administrativas pueden ser emitidas por agencias gubernamentales u otras autoridades administrativas y están diseñadas para hacer cumplir la ley o las regulaciones.

Algunas de las conductas que pueden constituir desobediencia a órdenes administrativas en los delitos de frustración de la ejecución incluyen:

a) No cumplir con requerimientos de pago: Si una autoridad administrativa ordena a una persona o entidad que pague una deuda u otra obligación legal, y esta no cumple con la orden, se considera desobediencia a una orden administrativa.

b) No cumplir con regulaciones específicas: Si una autoridad administrativa emite regulaciones o restricciones específicas que deben ser seguidas por individuos o empresas y estas regulaciones no se cumplen, constituye desobediencia a órdenes administrativas.

c) No proporcionar información requerida: Si una autoridad administrativa solicita información o documentación específica en relación con una obligación legal y esta información no se proporciona, se considera desobediencia a una orden administrativa.

d) No seguir instrucciones para corregir violaciones: Si una autoridad administrativa detecta una violación de la ley o de las regulaciones y ordena a una persona o entidad que corrija esa violación, y esta no lo hace, se está desobedeciendo la orden administrativa.

e) No acatar sanciones o penalidades impuestas: Si una autoridad administrativa impone sanciones, multas o penalidades como resultado de una infracción y estas no se pagan o cumplen, se considera desobediencia a las órdenes administrativas.

La desobediencia a órdenes administrativas en los delitos de frustración de la ejecución puede tener consecuencias legales, como sanciones administrativas y multas.

Las leyes y las sanciones específicas pueden variar según la jurisdicción y las circunstancias del caso.

Es importante consultar con un abogado o experto legal para obtener asesoramiento específico en una situación particular y entender las implicaciones legales exactas de la desobediencia a órdenes administrativas.

DESOBEDIENCIA A ÓRDENES JUDICIALES

La desobediencia a órdenes judiciales en el contexto de los delitos de frustración de la ejecución se refiere a la acción de no cumplir con las órdenes emitidas por un tribunal o una autoridad judicial en relación con una sentencia o un proceso legal específico.

Estas órdenes judiciales pueden incluir el pago de una deuda, la entrega de bienes o activos, o cualquier otro requisito que el tribunal haya impuesto para hacer cumplir una sentencia o resolver un asunto legal.

Las conductas que pueden constituir desobediencia a órdenes judiciales en los delitos de frustración de la ejecución incluyen:

a) No pagar una deuda: No cumplir con una orden judicial que exige el pago de una deuda pendiente, ya sea una deuda civil, una sanción monetaria impuesta por un tribunal penal o cualquier otro tipo de obligación financiera establecida por una sentencia.

b) No entregar bienes o activos: No obedecer una orden que requiere la entrega de bienes o activos especificados, que pueden ser necesarios para satisfacer una sentencia o una obligación legal.

c) No comparecer ante el tribunal: No presentarse ante el tribunal o no acatar las citaciones judiciales que exigen la comparecencia de una persona en un procedimiento legal.

d) No proporcionar información requerida: No proporcionar información o documentación requerida por el tribunal en relación con una ejecución o un proceso legal, como la divulgación de activos financieros.

e) No seguir las medidas cautelares: No obedecer medidas cautelares o medidas provisionales emitidas por el tribunal para preservar bienes o activos durante el proceso legal.

f) No cumplir con los términos de un acuerdo judicial: No cumplir con los términos de un acuerdo o convenio judicial previamente acordado por las partes involucradas y aprobado por el tribunal.

g) No obedecer órdenes de embargo: No acatar las órdenes de embargo emitidas por el tribunal, que pueden involucrar la incautación de bienes o cuentas bancarias para garantizar el cumplimiento de una sentencia.

h) Rehusarse a comparecer como testigo: Negarse a comparecer como testigo en procedimientos judiciales relacionados con la ejecución de una sentencia.

La desobediencia a órdenes judiciales en los delitos de frustración de la ejecución es una violación seria de la ley y puede resultar en sanciones civiles y penales, incluyendo multas, penas de cárcel o la imposición de medidas adicionales para asegurar el cumplimiento de las órdenes judiciales.

Las leyes y sanciones específicas pueden variar según la jurisdicción y las circunstancias del caso, por lo que es importante consultar con un abogado o experto legal para obtener asesoramiento específico en una situación particular.

DESTRUCCIÓN DE EVIDENCIA

La destrucción de evidencia en el contexto de los delitos de frustración de la ejecución se refiere a la acción de eliminar, ocultar o alterar pruebas o información relevante para un caso judicial o legal con el propósito de dificultar la ejecución de una sentencia o el cumplimiento de una obligación legal.

Estos delitos implican acciones ilegales destinadas a obstruir el proceso legal al eliminar o tergiversar evidencia que podría ser utilizada en un juicio o en procedimientos legales.

Algunas de las conductas que pueden constituir destrucción de evidencia en los delitos de frustración de la ejecución incluyen:

a) Destrucción de documentos: Destruir documentos físicos, registros financieros, contratos u otra documentación que sea relevante para un caso legal o para el cumplimiento de una sentencia.
b) Eliminación de archivos electrónicos: Borrar archivos electrónicos, correos electrónicos, registros digitales o cualquier otra información almacenada en dispositivos electrónicos que pueda ser utilizada como evidencia en un caso legal.
c) Ocultar activos o bienes relevantes: Ocultar o transferir activos o propiedades que podrían ser alcanzados por procedimientos de ejecución o que son necesarios para cumplir con una sentencia legal.
d) Falsificación de pruebas: Crear o modificar pruebas o documentos con el propósito de distorsionar la verdad o tergiversar información relevante para un caso legal.
e) Coacción de testigos o participantes: Amenazar o presionar a testigos, participantes o partes involucradas en un proceso legal para que cambien su testimonio o para que se abstengan de proporcionar pruebas o información relevante.
f) Alteración de documentos: Modificar o manipular documentos existentes para cambiar su contenido o significado, con el objetivo de distorsionar la verdad o tergiversar información importante en un proceso legal.

La destrucción de evidencia en los delitos de frustración de la ejecución es ilegal y puede tener consecuencias legales graves, como sanciones civiles y penales adicionales.

Además, estas acciones pueden perjudicar la integridad del sistema judicial y dificultar la administración justa de la ley.

Las leyes y las sanciones específicas relacionadas con la destrucción de evidencia pueden variar según la jurisdicción y las circunstancias del caso.

ENGAÑO

El engaño en el contexto de los delitos de frustración de la ejecución se refiere a acciones o conductas fraudulentas destinadas a engañar a las autoridades judiciales, a los acreedores u otras partes involucradas en un proceso legal con el objetivo de evitar el cumplimiento de una sentencia judicial o el pago de una deuda.

Estos delitos implican el uso de tácticas engañosas o fraudulentas para eludir las responsabilidades legales o para interferir con el proceso de ejecución de una sentencia. Algunas de las conductas que pueden constituir engaño en los delitos de frustración de la ejecución incluyen:

a) Falsificación de documentos: Crear documentos falsos o alterar documentos existentes con el propósito de engañar a las autoridades judiciales o a los acreedores sobre la verdadera situación financiera o legal de una persona o entidad.

b) Representaciones falsas: Hacer declaraciones falsas o engañosas a las autoridades judiciales, a los acreedores o a otras partes involucradas en el proceso legal con el fin de ocultar activos, deudas o responsabilidades legales.

c) Transferencias fraudulentas: Realizar transferencias o transacciones fraudulentas de bienes o activos con el objetivo de evitar que sean utilizados para pagar una deuda o cumplir con una sentencia judicial.

d) Declaraciones de insolvencia falsas: Falsamente hay que afirmar que se está en situación de insolvencia o bancarrota para evitar el cumplimiento de una sentencia o el pago de una deuda.

e) Manipulación de la información financiera: Manipular los registros contables o la información financiera para ocultar activos o deudas relevantes.

f) Fraude en la transferencia de bienes: Realizar transacciones fraudulentas, como vender o transferir bienes a terceros de confianza con la intención de recuperarlos después de que se haya completado el proceso legal.

g) Suplantación de identidad: Utilizar identidades falsas o suplantar a otra persona para evitar la identificación o la ejecución de una sentencia.

h) Simulación de insolvencia: Hacer que parezca que una persona o entidad es insolvente cuando en realidad no lo es, con el propósito de evitar el pago de una deuda o el cumplimiento de una sentencia.

El engaño en los delitos de frustración de la ejecución es una conducta ilegal que puede dar lugar a consecuencias legales graves, incluyendo sanciones civiles y penales.

Las leyes y las penas específicas pueden variar según la jurisdicción y las circunstancias del caso.

Por lo tanto, es importante consultar con un abogado o experto legal para obtener asesoramiento sobre un caso particular y comprender las implicaciones legales específicas de las conductas relacionadas con el engaño en la ejecución de sentencias.

EVASIÓN DE RESPONSABILIDADES LEGALES

La evasión de responsabilidades legales en el contexto de los delitos de frustración de la ejecución se refiere a acciones o conductas que tienen como objetivo evitar o eludir las obligaciones legales o financieras que una persona o entidad tiene con respecto a una sentencia judicial o a una deuda.

Estos delitos implican intentar escapar de las consecuencias legales o financieras de una sentencia o de una obligación legal.

A continuación, se describen algunas conductas que pueden constituir evasión de responsabilidades legales en este contexto:

a) Ocultar bienes o activos: Ocultar o transferir bienes o activos de manera fraudulenta para evitar que sean utilizados para pagar una deuda o satisfacer una sentencia judicial. Esto puede incluir la transferencia de propiedades a terceros, la creación de empresas ficticias para ocultar activos o el uso de cuentas bancarias secretas.

b) Falsificación de documentos: Crear documentos falsos o alterar documentos existentes para engañar a las autoridades judiciales o a los acreedores sobre la verdadera situación financiera o legal de una persona o entidad.

c) Cambio de identidad: Adoptar una identidad falsa o utilizar identificaciones fraudulentas para evitar ser rastreado por las autoridades judiciales o los acreedores.

d) Fuga o escondite: Escapar del alcance de la ley al huir del país, esconderse o utilizar tácticas evasivas para evitar ser arrestado o citado por un tribunal.

e) Transferencia de deudas falsas: Crear deudas ficticias o fraudulentas con el propósito de reducir los activos disponibles para el pago de otras deudas legítimas o sentencias judiciales.

f) Soborno o corrupción: Intentar sobornar a funcionarios judiciales, testigos o cualquier persona relacionada con el proceso legal para obtener un resultado favorable o para evitar el cumplimiento de una sentencia.

g) Intimidación de testigos o jueces: Amenazar, acosar o intimidar a testigos, jueces, abogados u otras personas involucradas en el proceso legal con el fin de influir en su testimonio o en las decisiones judiciales.

h) Desacato judicial: Desobedecer deliberadamente las órdenes judiciales, como negarse a pagar una deuda ordenada por un tribunal o incumplir otras obligaciones legales establecidas por una sentencia.

i) Falsas declaraciones o perjurio: Hacer declaraciones falsas bajo juramento en documentos legales, testimonios en el tribunal u otros procedimientos judiciales.

La evasión de responsabilidades legales en los delitos de frustración de la ejecución es una conducta ilegal que puede dar lugar a consecuencias legales graves, incluyendo cargos criminales separados y sanciones.

Las penas y consecuencias específicas pueden variar según la jurisdicción y las leyes locales.

EVITAR EL REGISTRO DE BIENES

Evitar el registro de bienes en el contexto de los delitos de frustración de la ejecución se refiere a la acción de tomar medidas para que ciertos activos o propiedades no sean registrados o reconocidos legalmente, con el propósito de impedir que sean alcanzados o ejecutados por los acreedores o el sistema judicial en el cumplimiento de una sentencia judicial o de una obligación legal.

Estos delitos implican acciones ilegales destinadas a obstaculizar el proceso de ejecución o a eludir responsabilidades financieras.

Algunas de las conductas que pueden constituir la evitación del registro de bienes en los delitos de frustración de la ejecución incluyen:

a) No registrar propiedades: No inscribir legalmente bienes o propiedades a nombre del propietario real o mantenerlas sin un registro legal para dificultar su identificación y ejecución por parte de los acreedores o el sistema judicial.

b) Utilización de terceros: Transferir la propiedad de bienes o activos a terceros, como familiares o amigos, y evitar registrarlos a nombre del deudor original o de la parte obligada legalmente.

c) Transferencias fraudulentas: Realizar transferencias fraudulentas de activos, como la venta de propiedades a precios muy bajos o la transferencia a nombre de terceros con la intención de evitar que los acreedores recuperen lo que les corresponde.

d) Uso de testaferros: Utilizar testaferros o personas intermedias para ocultar la verdadera propiedad de los bienes y dificultar su identificación en procedimientos legales.

e) Manipulación del valor de activos: Manipular el valor de los activos o bienes para que parezcan menos valiosos de lo que realmente son, dificultando así su identificación y ejecución por parte de los acreedores o el sistema judicial.

f) Falsificación de documentos: Crear documentos falsos o modificar documentos existentes para ocultar o distorsionar la propiedad o el valor de los bienes.

g) Negación de la existencia de activos: Negar la posesión o la existencia de ciertos activos o bienes cuando, en realidad, se controlan o se poseen.

h) Subvaloración de activos: Declarar un valor inferior al real de los activos o propiedades al registrarlos, con el objetivo de disminuir su valor y evitar que sean alcanzados por procedimientos de ejecución.

i) Utilización de entidades ficticias: Registrar activos o propiedades a nombre de empresas o entidades ficticias creadas con el único propósito de ocultar la verdadera propiedad y dificultar la ejecución de una sentencia.

j) Cambiar de jurisdicción: Cambiar la ubicación de los activos a una jurisdicción donde las leyes sean menos propicias para permitir la identificación y ejecución de bienes.

La evitación del registro de bienes en los delitos de frustración de la ejecución es ilegal y puede tener consecuencias legales graves, incluyendo cargos criminales, sanciones civiles y penales, así como la confiscación de activos.

Estas acciones pueden socavar la integridad del sistema legal y dificultar la ejecución de sentencias judiciales legítimas. Las leyes y las sanciones específicas relacionadas con la evitación del registro de bienes pueden variar según la jurisdicción y las circunstancias del caso.

FRAUDE PROCESAL

El fraude procesal en el contexto de los delitos de frustración de la ejecución se refiere a la realización de actos fraudulentos o engañosos durante un proceso judicial o legal con el propósito de distorsionar, manipular o impedir la administración de la justicia.

Estos delitos implican acciones ilegales que socavan la integridad del sistema judicial y buscan obstaculizar el proceso de ejecución de una sentencia o el cumplimiento de una obligación legal.

Algunas de las conductas que pueden constituir fraude procesal en los delitos de frustración de la ejecución incluyen:

a) Presentación de pruebas falsas: Introducir pruebas falsas o fabricadas en un proceso judicial para influir en la decisión del tribunal o para distorsionar la verdad.

b) Testimonios falsos: Presentar testimonios falsos o engañosos ante el tribunal con el propósito de influir en el resultado del caso o para engañar a las partes involucradas.

c) Supresión de pruebas: Ocultar o retener deliberadamente pruebas relevantes que son perjudiciales para una parte en el proceso legal o para evitar que sean consideradas por el tribunal.

d) Abuso de procedimientos legales: Presentar demandas frívolas o sin mérito con la intención de retrasar o entorpecer el proceso legal, o para causar daño injustificado a la otra parte.

e) Falsificación de documentos legales: Crear documentos legales falsos o modificar documentos existentes de manera fraudulenta con el propósito de engañar al tribunal o a las partes involucradas.

f) Perjurio: Hacer declaraciones falsas bajo juramento en un tribunal o durante un procedimiento legal.

g) Manipulación de testigos: Intentar influir indebidamente en los testigos o en las personas involucradas en el proceso para que cambien sus testimonios o para que no testifiquen en contra de una parte.

h) Fabricación de pruebas: Crear pruebas falsas o falsificar evidencia con el objetivo de distorsionar la verdad o influir en el resultado de un proceso legal.

i) Obstrucción de la justicia: Tomar acciones que dificulten o impidan la investigación o el proceso legal, como amenazar a testigos, intimidar a jueces o abogados, o influir en el testimonio de testigos.

El fraude procesal es una violación seria de la integridad del sistema legal y puede tener consecuencias legales graves, incluyendo cargos criminales separados y sanciones penales.

Además, estas acciones pueden perjudicar la administración justa de la ley y socavar la confianza en el sistema judicial.

Las leyes y sanciones específicas relacionadas con el fraude procesal pueden variar según la jurisdicción y las circunstancias del caso.

FUGA O EVASIÓN

La fuga o evasión en el contexto de los delitos de frustración de la ejecución se refiere a la acción de una persona o entidad de escapar o eludir de manera intencional y fraudulenta del alcance de los procedimientos de ejecución de una sentencia judicial o de una obligación legal pendiente.

Estos delitos implican acciones destinadas a evadir las consecuencias legales de una deuda o sentencia, lo que puede incluir la huida de un lugar de jurisdicción o la ocultación para evitar ser localizado y alcanzado por los procedimientos legales.

Algunas de las conductas que pueden constituir la fuga o evasión en los delitos de frustración de la ejecución incluyen:

a) Huida del país: Salir del país o de la jurisdicción donde se ha emitido una sentencia judicial o donde existen obligaciones legales pendientes con el propósito de evitar el cumplimiento de dicha sentencia o deudas.

b) Cambio frecuente de domicilio: Cambiar de residencia de manera constante o mudarse a lugares desconocidos para dificultar la localización por parte de los acreedores o de las autoridades judiciales.

c) Uso de identidades falsas: Utilizar identidades falsas o documentos de identificación fraudulentos para evitar ser identificado y localizado.

d) Desaparición intencionada: Ocultarse de manera deliberada y mantener un perfil bajo para evitar ser encontrado por las partes interesadas en la ejecución de una sentencia o en el cumplimiento de una obligación legal.

e) Desvinculación de activos: Desvincularse de activos, propiedades o bienes para evitar que sean alcanzados por los procedimientos de ejecución.

f) Cambio de nombre: Cambiar legalmente de nombre o utilizar alias con el objetivo de dificultar la identificación y la localización.

g) Uso de jurisdicciones extranjeras: Refugiarse en jurisdicciones extranjeras que pueden tener leyes más laxas o dificultades en la ejecución de sentencias judiciales de otros países.

La fuga o evasión en los delitos de frustración de la ejecución es ilegal y puede tener consecuencias legales graves, incluyendo la emisión de órdenes de arresto, cargos criminales adicionales y sanciones penales.

Además, estas acciones pueden socavar la integridad del sistema judicial y dificultar el cumplimiento de las obligaciones financieras o de las sentencias judiciales legítimas.

Las leyes y las sanciones específicas relacionadas con la fuga o evasión pueden variar según la jurisdicción y las circunstancias del caso.

MANIPULACIÓN DE ACTIVOS

La manipulación de activos en el contexto de los delitos de frustración de la ejecución se refiere a la acción de una persona o entidad que realiza acciones engañosas o fraudulentas para cambiar, esconder, transferir o de otra manera manipular activos o bienes con el propósito de evitar el cumplimiento de una sentencia judicial o el pago de una deuda u obligación legal legítima.

Estos delitos implican acciones destinadas a obstaculizar o socavar el proceso legal y perjudicar a los acreedores o a las partes afectadas.

Algunas de las conductas que pueden constituir la manipulación de activos en los delitos de frustración de la ejecución incluyen:

a) Transferencias fraudulentas de activos: Realizar transferencias de activos a terceros, familiares, amigos u otras entidades de confianza con la intención de ocultarlos o mantenerlos fuera del alcance de los procedimientos de ejecución.

b) Cambio de titularidad de bienes: Cambiar la titularidad de bienes o activos para que parezca que ya no están bajo el control del deudor o de la entidad afectada.

c) Ventas a precios reducidos: Vender activos o bienes a precios significativamente inferiores a su valor de mercado, con el propósito de disminuir el valor de los activos disponibles para satisfacer una deuda o sentencia.

d) Manipulación de valores de activos: Manipular o inflar artificialmente el valor de los activos o bienes con el objetivo de dificultar su identificación y ejecución por parte de los acreedores o el sistema judicial.

e) Uso de identidades falsas: Utilizar identidades falsas o documentos de identificación falsos para llevar a cabo transacciones de activos y dificultar su rastreo por parte de las autoridades.

f) Falsificación de documentos: Crear documentos falsos o modificar registros de propiedad o de activos para ocultar la verdadera titularidad o el valor de los activos.

g) Transferencias a cuentas bancarias secretas: Transferir fondos o activos a cuentas bancarias en el extranjero o en instituciones financieras secretas con el fin de evitar que sean identificados y alcanzados por los procedimientos legales.

La manipulación de activos en los delitos de frustración de la ejecución es ilegal y puede tener consecuencias legales graves, incluyendo cargos criminales, sanciones civiles y penales, y la posibilidad de que se ordene la ejecución de la sentencia pendiente o el pago de las deudas reales.

Estas acciones socavan la integridad del sistema legal y pueden perjudicar a las partes afectadas al dificultar el cumplimiento de sentencias judiciales legítimas o el pago de deudas pendientes.

Las leyes y sanciones específicas relacionadas con la manipulación de activos pueden variar según la jurisdicción y las circunstancias del caso.

OBSTACULIZACIÓN DE LA JUSTICIA

La obstaculización de la justicia en el contexto de los delitos de frustración de la ejecución se refiere a acciones o comportamientos que tienen como objetivo impedir o dificultar el cumplimiento de una sentencia o resolución judicial.

Estos delitos suelen estar relacionados con situaciones en las que una persona o entidad ha sido condenada por un tribunal a realizar ciertas acciones o pagar ciertas cantidades de dinero, y luego intenta evitar o eludir el cumplimiento de esas obligaciones legales.

Las conductas que pueden constituir obstaculización de la justicia en este contexto pueden variar según las leyes y regulaciones de cada jurisdicción, pero algunas de las acciones comunes que podrían ser consideradas como tal incluyen:

a) Ocultar bienes: Una persona condenada puede intentar ocultar sus activos o propiedades para que no estén disponibles para ser embargados o utilizados para cumplir con la sentencia.

b) Transfiriendo bienes a terceros: Puede intentarse transferir propiedades o activos a amigos, familiares o terceros de confianza con el propósito de evitar que sean embargados o utilizados para cumplir con la sentencia.

c) Declaraciones falsas o engañosas: Dar información falsa o engañosa a las autoridades judiciales o a los acreedores con el fin de dificultar el proceso de ejecución de la sentencia.

d) Destrucción de documentos o evidencia: Destruir o alterar documentos o evidencia relacionados con la deuda o la sentencia con el fin de obstaculizar el proceso de ejecución.

e) Falsificación de documentos: Crear o presentar documentos falsificados para evitar el cumplimiento de la sentencia o para dificultar la identificación de activos.

f) Acuerdos fraudulentos: Celebrar acuerdos fraudulentos o transferencias de propiedad diseñadas para aparentar que los activos ya no están bajo el control del deudor condenado.

g) Subestimación de activos: Declarar un valor inferior a los activos reales al presentar información financiera a las autoridades judiciales o a los acreedores.

h) Reubicación de activos: Cambiar de ubicación física o jurisdicción de los activos con el objetivo de eludir la ejecución de la sentencia.

i) Cambio de domicilio o identidad: Cambiar de dirección o identidad para evitar ser localizado por los agentes encargados de la ejecución de la sentencia.

j) Amenazas o coacción: Amenazar o coaccionar a testigos, partes involucradas o funcionarios judiciales con el fin de evitar que colaboren en el proceso judicial o en la ejecución de la sentencia.

k) Evasión de arresto o citación: Evitar ser arrestado o citado por un tribunal o autoridad judicial al esconderse, cambiar de identidad o utilizar tácticas evasivas.

l) Soborno o corrupción: Intentar sobornar a funcionarios judiciales, testigos o cualquier persona relacionada con el proceso legal para obtener un resultado favorable o para obstaculizar la investigación.

m) Intimidación de testigos o jueces: Amenazar, acosar o intimidar a testigos, jueces, abogados u otras personas involucradas en el proceso legal con el fin de influir en su testimonio o en las decisiones judiciales.

n) Desacato judicial: Desobedecer las órdenes judiciales deliberadamente, como negarse a pagar una deuda ordenada por un tribunal o incumplir otras

La obstaculización de la justicia en los delitos de frustración de la ejecución es considerada una conducta ilegal en muchas jurisdicciones y puede dar lugar a sanciones legales adicionales, como multas o incluso prisión, además de la obligación de cumplir con la sentencia original.

El alcance y la gravedad de las sanciones pueden variar según las leyes de cada país o estado.

Es importante consultar con un abogado especializado en derecho penal para obtener asesoramiento específico sobre este tema en una jurisdicción particular.

OCULTAMIENTO DE ACTIVOS

El ocultamiento de activos en el contexto de los delitos de frustración de la ejecución se refiere a la práctica de esconder o mantener en secreto bienes, propiedades o recursos de manera fraudulenta con el propósito de evitar que sean utilizados para pagar deudas o cumplir con una sentencia judicial.

Estos delitos implican acciones destinadas a dificultar o impedir que los acreedores o las autoridades judiciales tengan acceso a los activos que deberían ser utilizados para satisfacer las obligaciones legales.

Algunas de las conductas que pueden constituir el ocultamiento de activos en los delitos de frustración de la ejecución incluyen:

a) Transferencia fraudulenta de bienes: Realizar transferencias de propiedad o activos a terceros de manera fraudulenta para evitar que sean alcanzados por los procedimientos de ejecución.

b) Cambio de titularidad de bienes: Cambiar la titularidad de bienes o activos a nombre de terceros, como familiares o amigos, para aparentar que ya no se poseen y así eludir las obligaciones financieras.

c) Uso de identidades falsas: Utilizar identidades falsas o identificadores ficticios para dificultar la localización o el seguimiento por parte de las autoridades judiciales.

d) Colocación de activos en paraísos fiscales: Transferir activos o dinero a cuentas o entidades offshore en paraísos fiscales con el objetivo de ocultarlos y evitar que sean utilizados para satisfacer deudas o sentencias judiciales.

e) Falsificación de documentos legales: Crear documentos legales falsos, como contratos o acuerdos, para encubrir la verdadera propiedad o ubicación de los activos.

f) División de activos: Dividir activos o propiedades en partes más pequeñas para dificultar su rastreo o identificación por parte de los acreedores o las autoridades judiciales.

g) Transferencias ficticias de deudas: Simular la existencia de deudas ficticias o acuerdos de préstamo para reducir artificialmente el patrimonio y evitar que se utilice para el cumplimiento de obligaciones legales.

h) Ocultamiento de ingresos: No revelar ingresos o fuentes de ingresos significativas con el fin de evitar que se utilicen para cumplir con las obligaciones legales.

El ocultamiento de activos en los delitos de frustración de la ejecución es considerado ilegal y puede dar lugar a consecuencias legales graves, incluyendo sanciones civiles y penales.

Las leyes y las sanciones específicas pueden variar según la jurisdicción y las circunstancias del caso.

OCULTAMIENTO DE BIENES

La ocultación de bienes en el contexto de los delitos de frustración de la ejecución se refiere a la acción de esconder, transferir o manipular activos o propiedades con la intención de evitar que sean utilizados para cumplir con una obligación legal o para satisfacer una sentencia judicial.

Estos delitos implican acciones ilegales destinadas a dificultar la identificación y el acceso a los bienes por parte de los acreedores o el sistema judicial.

Algunas de las conductas que pueden constituir ocultación de bienes en los delitos de frustración de la ejecución incluyen:

a) Transferencia fraudulenta de bienes: Transferir la propiedad de activos o propiedades a terceros, como familiares, amigos o entidades ficticias, con el objetivo de evitar que sean alcanzados por procedimientos de ejecución.
b) Cambio de titularidad de bienes: Cambiar la titularidad de activos o propiedades a nombre de terceros para aparentar que ya no se poseen y, de esta manera, evitar las responsabilidades financieras.
c) Manipulación de activos: Manipular el valor de los activos o propiedades para hacer que parezcan menos valiosos de lo que realmente son, dificultando así su identificación y ejecución por parte de los acreedores o el sistema judicial.
d) Uso de identidades falsas: Utilizar identidades falsas o identificaciones ficticias para dificultar la identificación del propietario real de los activos y evitar su ejecución.
e) Negación de la existencia de activos: Negar la posesión o la existencia de ciertos activos o propiedades cuando, en realidad, se controlan o se poseen.
f) Venta a precios irrisorios: Vender activos o propiedades a precios muy bajos o por un valor nominal a fin de evitar que sean utilizados para satisfacer una deuda o una sentencia judicial.
g) Transferencias en el extranjero: Transferir activos o propiedades a cuentas en el extranjero o en jurisdicciones offshore con el propósito de dificultar su identificación y ejecución por parte de los acreedores o el sistema judicial.
h) Creación de entidades ficticias: Crear compañías o entidades ficticias para transferir o esconder activos, dando la apariencia de que los bienes ya no están bajo el control del deudor.

La ocultación de bienes en los delitos de frustración de la ejecución es ilegal y puede tener consecuencias legales graves, como cargos criminales separados y sanciones penales.

Además, estas acciones pueden socavar la integridad del sistema judicial y perjudicar la administración justa de la ley.

Las leyes y sanciones específicas relacionadas con la ocultación de bienes varían según la jurisdicción y las circunstancias del caso.

RETIRO DE ACTIVOS DE MANERA FRAUDULENTA

El retiro de activos de manera fraudulenta en el contexto de los delitos de frustración de la ejecución se refiere a la acción de transferir o mover bienes, propiedades o activos de manera engañosa o fraudulenta con el propósito de evitar que sean utilizados para pagar una deuda o satisfacer una sentencia judicial o una obligación legal.

Estos delitos implican acciones ilegales destinadas a eludir el cumplimiento de una sentencia o a ocultar activos de los acreedores o del sistema judicial.

Algunas de las conductas que pueden constituir el retiro de activos de manera fraudulenta en los delitos de frustración de la ejecución incluyen:

a) Transferencias a terceros de confianza: Transferir la propiedad de bienes o activos a familiares, amigos u otras personas de confianza con la intención de aparentar que ya no se poseen, aunque en realidad se mantenga el control sobre ellos.

b) Venta a precios muy bajos: Realizar la venta de bienes o activos a precios significativamente inferiores a su valor de mercado, con el propósito de disminuir el valor de los activos disponibles para satisfacer una deuda o sentencia.

c) Transferencias a cuentas bancarias secretas: Transferir fondos o activos a cuentas bancarias en el extranjero o en instituciones financieras secretas con el fin de evitar que sean identificados y alcanzados por los procedimientos legales.

d) Cambio de titularidad de bienes: Cambiar la titularidad de bienes o activos para que aparezcan bajo el nombre de terceros, con el objetivo de aparentar que ya no se poseen y, de esta manera, evitar las obligaciones financieras.

e) Manipulación del valor de activos: Manipular o inflar artificialmente el valor de los activos o bienes con el propósito de dificultar la identificación y ejecución por parte de los acreedores o el sistema judicial.

f) Utilización de identidades falsas: Utilizar identidades falsas o identificaciones ficticias para realizar transferencias de activos y dificultar su rastreo por parte de las autoridades judiciales.

g) Retirar fondos de cuentas bancarias: Retirar fondos de cuentas bancarias o liquidar inversiones financieras de manera fraudulenta para evitar que sean utilizados para pagar deudas u obligaciones legales.

h) Creación de deudas ficticias: Fabricar deudas o aumentar el monto de las deudas existentes para aparentar que los activos disponibles son insuficientes para cumplir con las obligaciones legales.

El retiro de activos de manera fraudulenta en los delitos de frustración de la ejecución es ilegal y puede tener consecuencias legales graves, incluyendo cargos criminales separados y sanciones penales.

Además, estas acciones pueden socavar la integridad del sistema judicial y dificultar la ejecución de sentencias judiciales legítimas.

Las leyes y las sanciones específicas relacionadas con el retiro de activos de manera fraudulenta pueden variar según la jurisdicción y las circunstancias del caso.

SIMULACIÓN DE INSOLVENCIA

La simulación de insolvencia en el contexto de los delitos de frustración de la ejecución se refiere a la práctica de fingir o simular estar en una situación de insolvencia financiera con el propósito de evitar el cumplimiento de una sentencia judicial o de eludir las responsabilidades legales, como el pago de deudas u otras obligaciones financieras.

Estos delitos implican acciones fraudulentas destinadas a ocultar activos o recursos disponibles para satisfacer una deuda o cumplir con una sentencia judicial al dar una falsa impresión de falta de capacidad financiera.

Algunas de las conductas que pueden constituir simulación de insolvencia en los delitos de frustración de la ejecución incluyen:

a) Ocultación de activos: Esconder o mantener en secreto activos o propiedades que legítimamente podrían utilizarse para satisfacer una deuda o una sentencia judicial.

b) Transferencias fraudulentas de bienes: Realizar transferencias de propiedades o activos a terceros de manera fraudulenta para evitar que sean alcanzados por los procedimientos de ejecución.

c) Venta de bienes a bajo precio: Vender bienes o activos a precios muy bajos o por un valor nominal con el fin de reducir la cantidad de activos disponibles para el cumplimiento de las obligaciones legales.

d) Cambio de titularidad de bienes: Cambiar la titularidad de bienes o activos a nombre de terceros, como familiares o amigos, para aparentar que ya no se poseen y así eludir las obligaciones financieras.

e) Manipulación de activos: Manipular activos o recursos de manera fraudulenta para que parezca que tienen menos valor del real con el objetivo de evitar el cumplimiento de una sentencia o de una deuda.

f) Falsificación de documentos financieros: Crear documentos financieros falsos, como estados de cuenta bancarios o declaraciones de impuestos, para presentar información engañosa sobre la situación financiera y parecer insolvente.

g) Declaraciones engañosas: Proporcionar información engañosa o falsa a los tribunales, a los acreedores o a otras partes involucradas en el proceso legal con el fin de aparentar insolvencia.

La simulación de insolvencia en los delitos de frustración de la ejecución es ilegal y puede tener consecuencias legales graves, como cargos criminales separados y sanciones penales.

Además, estas acciones pueden socavar la integridad del sistema judicial y dificultar la ejecución de sentencias judiciales legítimas.

Las leyes y las sanciones específicas relacionadas con la simulación de insolvencia pueden variar según la jurisdicción y las circunstancias del caso.

SOBORNO A FUNCIONARIOS JUDICIALES

El soborno a funcionarios judiciales en el contexto de los delitos de frustración de la ejecución se refiere a la práctica de ofrecer, dar, solicitar o recibir sobornos con el propósito de influir indebidamente en el proceso judicial relacionado con la ejecución de una sentencia o el cumplimiento de una obligación legal.

Estos delitos implican acciones ilegales destinadas a corromper o manipular a los funcionarios judiciales con el fin de obtener un resultado favorable o para evitar las consecuencias legales de una sentencia.

Algunas de las conductas que pueden constituir soborno a funcionarios judiciales en los delitos de frustración de la ejecución incluyen:

a) Ofrecer sobornos a jueces o magistrados: Dar dinero, bienes, favores o cualquier tipo de beneficio a jueces o magistrados encargados de supervisar la ejecución de una sentencia o el cumplimiento de una orden judicial con el objetivo de influir en sus decisiones o acciones.

b) Sobornar a funcionarios judiciales subalternos: Sobornar a funcionarios judiciales de menor rango, como secretarios de juzgado, para que manipulen documentos o procesos relacionados con la ejecución de una sentencia.

c) Cohecho a abogados: Sobornar a abogados que participan en el proceso legal para que tomen medidas que beneficien a la parte que ofrece el soborno en detrimento de la otra parte o del cumplimiento de una sentencia.

d) Amenazas o presiones: Utilizar amenazas o presiones indebidas contra funcionarios judiciales para que tomen decisiones favorables a una de las partes o para que eviten el cumplimiento de una sentencia.

e) Influencia indebida: Utilizar conexiones o influencia indebida sobre los funcionarios judiciales para obtener un trato preferencial o para manipular el proceso legal en beneficio propio.

f) Negociación de fallos judiciales: Negociar sobornos a cambio de un fallo judicial favorable o para influir en la toma de decisiones judiciales relacionadas con la ejecución de una sentencia.

El soborno a funcionarios judiciales en los delitos de frustración de la ejecución es ilegal y puede tener consecuencias legales graves, como cargos criminales separados y sanciones penales.

Además, estas acciones pueden socavar gravemente la integridad del sistema judicial y perjudicar la administración justa de la ley.

Las leyes y sanciones específicas relacionadas con el soborno a funcionarios judiciales pueden variar según la jurisdicción y las circunstancias del caso.

TRANSACCIONES OFFSHORE

Las transacciones offshore en el contexto de los delitos de frustración de la ejecución se refieren a la realización de operaciones financieras o comerciales en jurisdicciones extranjeras o en paraísos fiscales con el propósito de ocultar activos, evadir responsabilidades financieras o eludir el cumplimiento de una sentencia judicial o de una obligación legal en el país de origen.

Estas transacciones pueden implicar la creación de estructuras offshore, como cuentas bancarias, empresas, fideicomisos u otras entidades legales en jurisdicciones que ofrecen regulaciones más laxas, ventajas fiscales o secreto bancario.

Algunas de las conductas que pueden constituir transacciones offshore en los delitos de frustración de la ejecución incluyen:

a) Apertura de cuentas bancarias offshore: Abrir cuentas bancarias en jurisdicciones extranjeras o en paraísos fiscales y depositar fondos o activos en esas cuentas con el objetivo de dificultar su identificación y ejecución por parte de los acreedores o del sistema judicial en el país de origen.

b) Transferencia de activos al extranjero: Transferir activos, bienes o propiedades a empresas u otras entidades offshore para alejarlos del alcance de los procedimientos de ejecución o para ocultarlos a las partes interesadas.

c) Uso de estructuras offshore para evadir impuestos: Utilizar empresas o estructuras offshore para evadir el pago de impuestos o para eludir otras responsabilidades fiscales en el país de origen.

d) Lavado de dinero: Realizar transacciones financieras a través de cuentas offshore con el propósito de ocultar la procedencia ilícita de fondos o para disfrazar actividades delictivas.

e) Creación de empresas offshore: Establecer sociedades anónimas u otras entidades comerciales en jurisdicciones offshore con el objetivo de dificultar la identificación de los propietarios o beneficiarios reales de los activos.

f) Falsificación de documentos: Crear documentos falsos o manipular registros para ocultar o disfrazar transacciones financieras y la propiedad de activos en el extranjero.

Es importante destacar que las transacciones offshore en sí mismas no son necesariamente ilegales.

Muchas personas y empresas utilizan estructuras offshore de manera legítima para la planificación fiscal internacional, la protección de activos o la diversificación de inversiones.

Sin embargo, cuando se emplean con la intención de frustrar la ejecución de una sentencia judicial legítima o eludir responsabilidades legales, pueden constituir delitos de frustración de la ejecución y dar lugar a consecuencias legales graves, incluyendo cargos criminales, sanciones civiles y penales, así como la confiscación de activos.

USO DE DEUDAS FICTICIAS

El uso de deudas ficticias en el contexto de los delitos de frustración de la ejecución se refiere a la práctica de crear deudas ficticias o fraudulentas con el propósito de dificultar o impedir el cumplimiento de una sentencia judicial o el pago de una obligación legal legítima.

Estos delitos implican acciones ilegales destinadas a engañar a las partes interesadas, a las autoridades judiciales o a los acreedores, y pueden socavar la integridad del sistema legal.

Algunas de las conductas que pueden constituir el uso de deudas ficticias en los delitos de frustración de la ejecución incluyen:

a) Creación de deudas inexistentes: Inventar deudas que no existen o que no se deben legítimamente con el propósito de presentarlas como obstáculos para el cumplimiento de una sentencia judicial o el pago de una obligación legal.

b) Documentación falsa: Crear documentos o registros falsos que respalden las deudas ficticias, como facturas, contratos, acuerdos o estados de cuenta fraudulentos.

c) Uso de identidades falsas: Utilizar identidades falsas o identificaciones ficticias para presentar a personas o entidades ficticias como supuestos deudores.

d) Negociación de deudas ficticias: Intentar negociar o transferir supuestas deudas ficticias a terceros con el objetivo de complicar la ejecución de una sentencia o de eludir responsabilidades financieras legítimas.

e) Presión indebida sobre las partes involucradas: Coaccionar o presionar indebidamente a las partes involucradas para que reconozcan o acepten deudas falsas o fraudulentas.

f) Uso de deudas ficticias en procedimientos legales: Presentar reclamaciones falsas de deudas en procedimientos legales, como demandas judiciales, arbitrajes o procedimientos de quiebra, con el propósito de entorpecer la administración de justicia.

g) Presentación de pruebas falsas: Presentar pruebas o documentos fraudulentos ante un tribunal o ante las partes involucradas en un proceso legal con el propósito de influir en la decisión del tribunal o de engañar a las partes interesadas.

El uso de deudas ficticias es ilegal y puede tener consecuencias legales graves, incluyendo cargos criminales por fraude, sanciones civiles y penales, así como la posibilidad de que se anule la deuda ficticia y se tomen medidas legales contra quienes la crearon o utilizaron fraudulentamente.

Estas acciones socavan la integridad del sistema legal y pueden causar daño financiero a las partes afectadas.

Las leyes y sanciones específicas relacionadas con el uso de deudas ficticias pueden variar según la jurisdicción y las circunstancias del caso.

INSOLVENCIAS PUNIBLES

INTRODUCCIÓN

Los delitos relativos a las insolvencias punibles se refieren a acciones ilegales cometidas por individuos o empresas que están en estado de insolvencia o quiebra.

La insolvencia es la incapacidad de una persona o entidad para pagar sus deudas.

Cuando esta insolvencia se maneja de manera ilegal, se considera un delito.

Estos delitos suelen ser complejos y pueden adoptar diversas formas, incluyendo:

a) Favorecimiento de ciertos acreedores en detrimento de otros: Consiste en pagar a algunos acreedores y no a otros, de forma arbitraria, cuando no hay suficientes activos para pagar a todos, lo cual es ilegal durante un proceso de insolvencia.

b) Reconocimiento de créditos ficticios: Esto ocurre cuando una empresa en quiebra reconoce deudas inexistentes con el fin de favorecer a terceros.

c) Aumento fraudulento de las deudas: Inflar el monto de las deudas reales con el propósito de obtener beneficios indebidos, como una liquidación más favorable en un procedimiento de insolvencia.

d) Conducción imprudente o negligente: No se trata de actos deliberados, sino de una gestión negligente o imprudente que lleva a la empresa a una situación de insolvencia.

e) Destrucción o alteración de información financiera: Esto incluye la eliminación, destrucción o alteración de libros contables, registros financieros o documentos que reflejan la situación económica real de la empresa o individuo, para ocultar la insolvencia o el estado real de las finanzas.

f) Contraer obligaciones a sabiendas de no poder cumplirlas: Implica la obtención de créditos, préstamos o incumplimiento de obligaciones financieras cuando ya se sabe que no se podrán satisfacer, con el objetivo de postergar la declaración de insolvencia o aumentar el monto a liquidar en un procedimiento concursal.

g) Manipulación de activos para disminuir el valor del patrimonio: Acciones como la venta de activos importantes a precios bajos o la realización de inversiones riesgosas o perjudiciales en un estado de insolvencia, con el fin de reducir el valor del patrimonio que podría ser utilizado para pagar a los acreedores.

h) Uso de empresas ficticias o "de fachada": Crear o utilizar empresas ficticias o sin actividad real para desviar fondos o activos, y así reducir los activos disponibles para los acreedores.

Estas conductas son consideradas graves porque no solo afectan a los acreedores, sino que también pueden tener consecuencias negativas en el sistema financiero en general y en la confianza del público en dicho sistema.

La legislación de muchos países establece sanciones penales para estas acciones, ya que son vistas como una forma de abuso del proceso de insolvencia y una violación de la equidad y transparencia que deben regir las prácticas comerciales y financieras.

APROPIACIÓN INDEBIDA DE FONDOS

La apropiación indebida de fondos en el contexto de los delitos de insolvencias punibles se refiere a la acción de tomar o utilizar de manera inapropiada o fraudulenta los fondos o activos de una empresa o individuo que está experimentando problemas financieros o insolvencia, con el propósito de enriquecerse personalmente o de beneficiar a terceros a expensas de los acreedores legítimos.

Esta conducta es considerada un comportamiento delictivo y suele tener graves consecuencias legales.

A continuación, se describen lo que significa y las conductas que pueden estar involucradas en la apropiación indebida de fondos en los delitos de insolvencias punibles:

a) Retiro de fondos para beneficio personal: Implica tomar dinero de las cuentas bancarias de la empresa o individuo en insolvencia con la intención de utilizarlo para gastos personales o para enriquecimiento propio, en lugar de utilizarlo para pagar a los acreedores legítimos.

b) Uso de fondos para pagos no autorizados: Utilizar los fondos de la empresa o individuo en insolvencia para hacer pagos a terceros o para propósitos no autorizados, en lugar de destinarlos al cumplimiento de las obligaciones financieras existentes.

c) Transferencia de fondos a terceros de confianza: La transferencia de fondos o activos a familiares, amigos o socios de confianza con la intención de ocultarlos o evitar que sean utilizados para satisfacer las deudas pendientes.

d) Uso indebido de activos o propiedades: Apropiarse de activos o propiedades de la empresa o individuo en insolvencia sin autorización, como vehículos, bienes raíces o inventario, y utilizarlos en beneficio personal o de terceros.

e) Desvío de ingresos: Redirigir los ingresos de la empresa en insolvencia hacia cuentas personales o cuentas de terceros, en lugar de utilizar esos ingresos para pagar a los acreedores legítimos.

f) Manipulación de cuentas y registros contables: Alterar registros financieros y cuentas contables para encubrir o justificar el desvío de fondos, haciendo que parezca que los fondos se utilizaron de manera legítima.

g) Pago selectivo de deudas: Seleccionar de manera injusta y desproporcionada a cuáles deudas se les paga, favoreciendo a ciertos acreedores o a personas afines, mientras se descuida el pago de deudas legítimas.

h) Falsificación de documentos: Falsificar documentos financieros, como facturas o registros contables, para justificar el uso indebido de fondos o activos.

La apropiación indebida de fondos en los delitos de insolvencias punibles es vista como un intento deliberado de enriquecimiento personal a expensas de los acreedores legítimos y el sistema financiero en general.

Estos actos suelen ser tratados como delitos graves en la mayoría de los sistemas legales y pueden dar lugar a sanciones legales significativas, que pueden incluir multas y penas de prisión, dependiendo de la jurisdicción y la gravedad de las acciones.

Además, los afectados por estos delitos pueden buscar reparación a través de acciones civiles para recuperar las deudas no pagadas y obtener compensación por los daños causados por la apropiación indebida de fondos.

AUMENTO FRAUDULENTO DE LAS DEUDAS

El aumento fraudulento de las deudas en el contexto de los delitos de insolvencias punibles se refiere a una práctica ilegal en la que una persona o entidad insolvente manipula de manera deliberada y fraudulenta el monto de sus deudas o crea deudas falsas con el propósito de inflar artificialmente las obligaciones financieras.

Esta conducta tiene como objetivo engañar a los acreedores, ocultar activos o eludir responsabilidades legales.

El aumento fraudulento de las deudas es considerado una conducta ilícita porque socava la transparencia financiera y perjudica a los acreedores legítimos.

Algunas de las conductas que pueden estar relacionadas con el aumento fraudulento de las deudas en casos de insolvencias punibles incluyen:

a) Inflación de deudas reales: Reconocer deudas legítimas, pero inflar significativamente los montos adeudados con el propósito de reducir la cantidad de activos disponibles para el pago de deudas y, al mismo tiempo, perjudicar a los acreedores legítimos al otorgar preferencias indebidas a ciertos acreedores.

b) Creación de deudas ficticias: Inventar o fabricar deudas que nunca se contrajeron legítimamente o que no tienen una base real, incorporándolas a los registros contables o financieros de la persona o entidad insolvente.

c) Falsificación de documentos: Falsificar documentos financieros o contables, como facturas, contratos o acuerdos de préstamo, para respaldar la existencia de las deudas ficticias y darles una apariencia de autenticidad.

d) Ocultamiento de activos: No revelar la existencia de activos, ingresos o propiedades en los procedimientos de insolvencia para evitar que sean utilizados para pagar las deudas legítimas.

e) Pago de deudas ficticias: Realizar pagos a acreedores ficticios o a deudas que en realidad no existen con el fin de desviar recursos de manera fraudulenta o eludir responsabilidades financieras reales.

El aumento fraudulento de las deudas es ilegal porque engaña a los acreedores legítimos, distorsiona la transparencia financiera y perjudica la integridad del proceso de insolvencia.

Las leyes y regulaciones relacionadas con los delitos de insolvencias punibles pueden variar según la jurisdicción, pero generalmente incluyen sanciones legales, como multas y penas de prisión, para las personas involucradas en estas conductas fraudulentas.

El objetivo principal de estas leyes es prevenir el fraude financiero, garantizar que los acreedores sean tratados de manera justa y evitar que se abuse de la insolvencia para eludir las obligaciones financieras legítimas.

Esto contribuye a mantener la confianza en el sistema financiero y a proteger los derechos de los acreedores legítimos en situaciones de insolvencia.

CONTRAER OBLIGACIONES A SABIENDAS DE NO PODER CUMPLIRLAS

Contraer obligaciones a sabiendas de no poder cumplirlas en el contexto de los delitos de insolvencias punibles se refiere a asumir compromisos financieros o deuda con la plena conciencia de que no se tiene la capacidad económica o los recursos para cumplir con esas obligaciones.

Estos delitos implican un engaño deliberado y fraudulento hacia los acreedores, las autoridades financieras o las partes involucradas en las transacciones comerciales.

A continuación, se describen lo que significa y las conductas que pueden estar involucradas en contraer obligaciones a sabiendas de no poder cumplirlas en este contexto:

a) Obtener crédito o préstamos fraudulentos: Esta conducta implica solicitar préstamos, líneas de crédito o financiamiento a entidades financieras o prestamistas con información falsa o engañosa, ocultando la verdadera situación financiera. Las personas que cometen este delito pueden proporcionar documentos falsificados o inflar sus ingresos y activos para obtener la aprobación del crédito.

b) Firmar contratos comerciales con la intención de no cumplir: Puede implicar celebrar acuerdos comerciales, contratos de compra o venta, contratos de arrendamiento u otros compromisos financieros con terceros, sabiendo que no se podrá cumplir con las obligaciones estipuladas en esos contratos. Por ejemplo, una empresa podría firmar un contrato de suministro con un proveedor sin tener la intención de pagar las facturas.

c) Cometer estafas o fraudes comerciales: Los delincuentes pueden llevar a cabo actividades fraudulentas, como la venta de bienes o servicios que nunca entregan, el cobro de pagos por adelantado sin entregar los productos o servicios prometidos, o la realización de transacciones comerciales engañosas con el propósito de obtener beneficios financieros ilícitos.

d) Ocultar activos o bienes: En algunos casos, las personas pueden ocultar activos o bienes a los acreedores o a las autoridades con el fin de evitar que sean utilizados para pagar las deudas existentes. Esto puede incluir la transferencia de propiedades a terceros de confianza o la creación de estructuras financieras complicadas para esconder activos.

e) Evadir el cumplimiento de órdenes judiciales: Algunas personas pueden contraer nuevas obligaciones financieras con la intención de eludir órdenes judiciales relacionadas con insolvencias previas o deudas pendientes, como órdenes de embargo.

f) Creación de empresas ficticias o fraudulentas: En algunos casos, las personas pueden establecer empresas ficticias o fraudulentas con el propósito de contraer deudas y luego declarar insolvencia para eludir las obligaciones financieras.

La conducta de contraer obligaciones a sabiendas de no poder cumplirlas en los delitos de insolvencias punibles se considera un acto deliberado de fraude financiero.

Estos delitos suelen ser tratados como graves en la mayoría de los sistemas legales y pueden dar lugar a sanciones legales significativas, que pueden incluir multas y penas de prisión, dependiendo de la jurisdicción y la gravedad de las acciones.

Además, las personas afectadas por estos delitos pueden buscar reparación a través de acciones civiles para recuperar las deudas no pagadas.

CREACIÓN DE EMPRESAS FICTICIAS

La creación de empresas ficticias en el contexto de los delitos de insolvencias punibles se refiere a la práctica de establecer y registrar entidades empresariales que, en realidad, no tienen una actividad económica legítima ni una existencia operativa real.

Estas empresas se utilizan de manera fraudulenta como parte de un esquema para ocultar activos, transferir fondos, evadir el pago de deudas o cometer otros actos ilegales relacionados con la insolvencia.

Esta conducta es ilegal y puede tener graves consecuencias legales.

Algunas de las conductas que pueden estar involucradas en la creación de empresas ficticias en casos de insolvencias punibles incluyen:

a) Registro de empresas falsas: Crear una empresa en papel sin operaciones comerciales reales, con el objetivo de distraer activos o desviar fondos de la entidad insolvente hacia esta empresa ficticia.

b) Uso de testaferros: Nombrar a personas o entidades como supuestos propietarios o directores de la empresa ficticia para ocultar la verdadera propiedad y control de la misma.

c) Transferencia de activos: Mover activos de la entidad insolvente a la empresa ficticia, aparentando que son transacciones legítimas o ventas, cuando en realidad se realizan para evitar que los acreedores tengan acceso a esos activos.

d) Uso de identidades falsas: Utilizar identidades y documentos falsos para registrar la empresa ficticia y para llevar a cabo transacciones fraudulentas.

e) Manipulación de cuentas bancarias: Abrir cuentas bancarias a nombre de la empresa ficticia y utilizarlas para canalizar fondos de manera irregular, evitando así la supervisión de los acreedores o autoridades.

f) Falsificación de documentos: Crear documentos fraudulentos, como contratos, facturas o estados financieros, para respaldar la existencia y las transacciones de estas empresas ficticias.

g) Fraude fiscal: Utilizar la empresa ficticia para evadir impuestos o para llevar a cabo actividades fraudulentas de evasión fiscal.

h) Lavado de dinero: Utilizar la empresa ficticia para blanquear dinero ilícito o fondos obtenidos de actividades delictivas.

La creación de empresas ficticias en casos de insolvencias punibles es considerada una conducta delictiva porque socava la transparencia financiera y perjudica a los acreedores legítimos que buscan recuperar sus deudas.

Las leyes y regulaciones relacionadas con este tipo de fraude pueden variar según la jurisdicción, pero generalmente, estas conductas pueden dar lugar a sanciones legales, como multas significativas y penas de prisión para las personas involucradas en la creación y gestión de empresas ficticias con fines fraudulentos.

El objetivo principal de estas leyes es prevenir el abuso de la insolvencia y garantizar que los acreedores sean tratados de manera justa y que tengan acceso a los activos disponibles para el pago de sus deudas.

DESTRUCCIÓN O ALTERACIÓN DE INFORMACIÓN FINANCIERA

La destrucción o alteración de información financiera en el contexto de los delitos de insolvencias punibles se refiere a acciones ilegales que involucran la manipulación, ocultamiento, destrucción o alteración de registros financieros o contables con la intención de engañar, ocultar activos, eludir responsabilidades legales o perjudicar a los acreedores en una situación de insolvencia.

Estas conductas son consideradas como acciones fraudulentas y pueden ser tratadas como delitos graves.

A continuación, se explican qué significa y qué conductas pueden comportar la destrucción o alteración de información financiera en estos delitos:

a) Destrucción de registros financieros: Eliminar deliberadamente documentos, archivos electrónicos u otros registros que contienen información financiera importante, como estados financieros, libros contables, facturas, contratos o cualquier otra documentación relacionada con las finanzas de una empresa o individuo.

b) Alteración de registros financieros: Modificar fraudulentamente la información en los registros financieros para ocultar deudas, inflar activos o distorsionar la verdadera situación financiera. Esto podría incluir la falsificación de facturas, transacciones ficticias o el cambio de cifras en los estados financieros.

c) Ocultamiento de activos o deudas: La alteración de información financiera también puede incluir el ocultamiento de activos valiosos o la omisión de deudas en los registros financieros con el objetivo de aparentar una situación financiera más favorable de la que realmente existe.

d) Manipulación de datos fiscales: Presentar declaraciones de impuestos fraudulentas o manipular los datos fiscales para reducir artificialmente la responsabilidad fiscal y eludir obligaciones tributarias.

e) Engaño a los acreedores o a las autoridades judiciales: Proporcionar información financiera falsa o engañosa durante un proceso de insolvencia o quiebra con el propósito de evitar el pago de deudas legítimas o impedir la recuperación de activos por parte de los acreedores.

La destrucción o alteración de información financiera en los delitos de insolvencias punibles se refiere a prácticas fraudulentas que tienen como objetivo principal eludir las responsabilidades legales y perjudicar a los acreedores en una situación de insolvencia.

Estas conductas son consideradas graves y pueden tener consecuencias legales severas, como multas o prisión, dependiendo de las leyes y regulaciones aplicables en cada jurisdicción.

El objetivo de tales delitos es, generalmente, evitar el pago de deudas legítimas y mantener activos fuera del alcance de los acreedores, lo que socava el sistema de insolvencia y la justicia financiera.

DESVÍO DE FONDOS

El desvío de fondos en el contexto de los delitos de insolvencias punibles se refiere a la acción ilegal de transferir o utilizar de manera fraudulenta los activos o fondos de una empresa o individuo en situación de insolvencia con el objetivo de ocultar, proteger o beneficiar de manera indebida a ciertos activos o partes interesadas, perjudicando así a los acreedores o eludiendo las responsabilidades legales.

Este tipo de conducta es considerado un comportamiento delictivo y puede tener graves consecuencias legales.

A continuación, se describen lo que significa y las conductas que pueden estar involucradas en el desvío de fondos en los delitos de insolvencias punibles:

a) Transferencias fraudulentas de activos: Los delincuentes pueden realizar transferencias de activos, como dinero en efectivo, propiedades, inversiones o bienes muebles, a terceros o cuentas en el extranjero con la intención de ocultarlos a los acreedores o a las autoridades encargadas de la insolvencia.

b) Retiros o pagos irregulares: Pueden llevarse a cabo retiros de cuentas bancarias de manera inusual o pagos a familiares, amigos o cómplices, con el propósito de desviar fondos que deberían utilizarse para pagar deudas pendientes.

c) Manipulación de registros contables: Los registros contables pueden ser manipulados de manera fraudulenta para ocultar o disfrazar las transacciones de desvío de fondos. Esto puede incluir la creación de registros falsos o la omisión de información relevante.

d) Uso de empresas ficticias o testaferros: Los delincuentes pueden crear empresas ficticias o utilizar testaferros (personas que actúan en nombre de otra persona o entidad para canalizar fondos y activos de manera encubierta, dificultando su rastreo y recuperación por parte de los acreedores.

e) Elusión de obligaciones legales: El desvío de fondos a menudo implica el intento de evitar el cumplimiento de obligaciones legales, como el pago de deudas a acreedores, el cumplimiento de órdenes judiciales o eludir procesos de quiebra de manera fraudulenta.

f) Uso de esquemas financieros complejos: Algunos delincuentes pueden emplear esquemas financieros complejos y sofisticados para ocultar el desvío de fondos, lo que hace que sea más difícil detectar estas actividades ilegales.

El desvío de fondos en los delitos de insolvencias punibles se considera un intento deliberado de perjudicar a los acreedores y el sistema financiero mediante la sustracción ilegal de recursos económicos que deberían utilizarse para satisfacer obligaciones financieras legítimas.

Estos actos suelen ser tratados como delitos graves en la mayoría de los sistemas legales y pueden dar lugar a sanciones legales significativas, que pueden incluir multas y penas de prisión, dependiendo de la jurisdicción y la gravedad de las acciones.

Además, los afectados por estos delitos pueden buscar reparación a través de acciones civiles para recuperar las deudas no pagadas.

FALSIFICACIÓN DE CONTABILIDAD

La falsificación de contabilidad en el contexto de los delitos de insolvencias punibles se refiere a la manipulación fraudulenta de registros contables y financieros de una persona o entidad insolvente con el propósito de ocultar la verdadera situación financiera y patrimonial, engañar a los acreedores, evadir responsabilidades legales o evitar el pago de deudas pendientes.

Esta conducta es ilegal y puede dar lugar a consecuencias legales graves.

Algunas de las conductas que pueden considerarse como falsificación de contabilidad en casos de insolvencias punibles incluyen:

a) Registro de transacciones ficticias: Incluir transacciones que nunca ocurrieron en los libros contables con el fin de inflar artificialmente los activos o ingresos de la empresa.

b) Manipulación de estados financieros: Alterar los estados financieros, como el balance general o el estado de resultados, para presentar una imagen financiera más saludable de la entidad de lo que realmente es.

c) Omisión de deudas o pasivos: No registrar deudas pendientes o pasivos en los libros contables para subestimar la cantidad de deudas que deben pagarse a los acreedores.

d) Manipulación de valores de activos: Sobrevalorar o subvalorar activos, como propiedades o inventario, para distorsionar la verdadera situación financiera de la entidad insolvente.

e) Falsificación de documentos contables: Crear documentos financieros falsos, como facturas, recibos o contratos, para respaldar las transacciones ficticias o infladas.

f) Borrado o destrucción de registros: Eliminar o destruir deliberadamente registros contables y financieros relevantes con el fin de ocultar la evidencia de la manipulación.

La falsificación de contabilidad en casos de insolvencias punibles es considerada una conducta delictiva porque socava la transparencia financiera y perjudica a los acreedores que tienen derecho a conocer la verdadera situación financiera de la entidad insolvente.

Las leyes y regulaciones varían según la jurisdicción, pero generalmente, este tipo de conducta puede dar lugar a sanciones legales, como multas significativas y penas de prisión para los individuos involucrados.

El objetivo principal de estas leyes es prevenir el fraude financiero y garantizar que los acreedores sean tratados de manera justa en situaciones de insolvencia.

FAVORECIMIENTO DE CIERTOS ACREEDORES EN DETRIMENTO DE OTROS

El favorecimiento de ciertos acreedores en detrimento de otros en el contexto de los delitos de insolvencias punibles se refiere a la práctica de dar un trato preferencial o privilegiado a ciertos acreedores en perjuicio de otros, de manera fraudulenta o injusta, en una situación de insolvencia o quiebra.

Esta conducta es considerada ilegal y perjudicial para los acreedores legítimos que deben recibir un trato equitativo en la distribución de los activos disponibles para satisfacer sus deudas.

Algunas de las conductas que pueden estar relacionadas con el favorecimiento de ciertos acreedores en detrimento de otros en casos de insolvencias punibles incluyen:

a) Pago preferencial: Priorizar el pago de ciertos acreedores, como amigos, familiares o socios comerciales, antes que otros acreedores legítimos, incluso cuando no existen razones válidas para hacerlo.

b) Transferencia de activos a terceros: Transferir activos o propiedades valiosas a terceros con la intención de proteger esos activos de la liquidación o distribución entre los acreedores legítimos.

c) Venta de activos a precios reducidos: Vender activos importantes a precios significativamente por debajo de su valor de mercado real con la finalidad de reducir la cantidad de activos disponibles para satisfacer las deudas pendientes.

d) Creación de garantías o gravámenes injustos: Establecer garantías o gravámenes en favor de ciertos acreedores que no se justifican legítimamente, lo que perjudica a otros acreedores que no tienen acceso a esas garantías.

e) Simulación de deudas: Crear deudas falsas o inflar el monto de las deudas existentes con el fin de disminuir la cantidad de activos disponibles para el pago a los acreedores legítimos.

f) Ocultar activos o ingresos: Ocultar activos o ingresos de algunos acreedores o del tribunal de quiebras, con el propósito de evitar que sean utilizados para pagar las deudas pendientes.

g) Acuerdos secretos: Llegar a acuerdos secretos o tratos fuera de los procedimientos legales de insolvencia con algunos acreedores, otorgándoles ventajas indebidas en comparación con otros.

h) Manipulación de documentos: Falsificar documentos o registros financieros para respaldar el trato preferencial dado a ciertos acreedores, lo que puede incluir la creación de deudas falsas o la inflación de deudas existentes.

i) Fraude en la declaración de insolvencia: Presentar información engañosa o falsa en los procedimientos de insolvencia para ocultar el trato preferencial dado a ciertos acreedores o para distorsionar la situación financiera de la persona o entidad insolvente.

El favorecimiento de ciertos acreedores en detrimento de otros en casos de insolvencias punibles es ilegal porque socava la igualdad de trato entre los acreedores y perjudica a aquellos que tienen derecho a recibir el pago de sus deudas de acuerdo con las leyes y regulaciones de insolvencia.

Las leyes relacionadas con los delitos de insolvencias punibles varían según la jurisdicción, pero generalmente incluyen sanciones legales, como multas y penas de prisión para las personas involucradas en estas conductas fraudulentas.

El objetivo principal de estas leyes es prevenir el fraude financiero y garantizar que los acreedores sean tratados de manera justa en situaciones de insolvencia.

FRAUDE A LOS ACCIONISTAS O SOCIOS

El fraude a los accionistas o socios en el contexto de los delitos de insolvencias punibles se refiere a acciones ilegales destinadas a engañar, perjudicar o defraudar a los accionistas o socios de una empresa en situación de insolvencia.

Estos actos fraudulentos pueden involucrar engaños relacionados con la gestión de activos, la divulgación de información financiera falsa o engañosa, o cualquier otro comportamiento destinado a ocultar la verdadera situación financiera de la empresa y a perjudicar a los inversionistas o socios.

A continuación, se describen lo que significa y las conductas que pueden estar involucradas en el fraude a los accionistas o socios en los delitos de insolvencias punibles:

a) Divulgación de información financiera falsa o engañosa: Presentar informes financieros, estados financieros u otros documentos contables que contienen información inexacta o engañosa con el propósito de ocultar la gravedad de la insolvencia o para dar una imagen falsamente positiva de la empresa.

b) Manipulación de precios de las acciones: Realizar actividades fraudulentas en el mercado de valores para manipular el precio de las acciones de la empresa, incluyendo prácticas como la creación de rumores falsos, la compra o venta de acciones de manera fraudulenta o la manipulación de información que afecta el precio de las acciones.

c) Uso indebido de fondos de la empresa: Utilizar los activos de la empresa en insolvencia para fines personales o de terceros en lugar de utilizarlos para el beneficio de los accionistas o socios, lo que puede incluir la apropiación indebida de fondos o activos.

d) Operaciones fraudulentas: Llevar a cabo transacciones comerciales fraudulentas o ficticias para engañar a los accionistas o socios y ocultar la verdadera situación financiera de la empresa.

e) Elusión de responsabilidades legales: Realizar acciones destinadas a evitar o retrasar la declaración de insolvencia de la empresa con el fin de mantener a los accionistas o socios en la oscuridad acerca de la situación real y sus derechos legales.

f) Pago selectivo de dividendos o beneficios: Favorecer a ciertos accionistas o socios al pagarles dividendos o beneficios de manera injusta o desproporcionada, mientras se descuida el pago de deudas legítimas de la empresa.

g) Uso indebido de información privilegiada: Utilizar información privilegiada sobre la situación financiera de la empresa para beneficiarse personalmente o para informar a terceros antes de que se haga pública, perjudicando así a los accionistas o socios que no tienen acceso a esta información.

h) Manipulación de votaciones o decisiones corporativas: Influenciar de manera fraudulenta las decisiones de la empresa mediante la manipulación de votos o el uso de artimañas para lograr resultados que favorezcan a ciertos accionistas o socios en detrimento de otros.

i) Dividendos ficticios o fraudulentos: Anunciar o pagar dividendos a los accionistas o socios a pesar de la falta de recursos o ganancias reales, lo que constituye un fraude financiero.

El fraude a los accionistas o socios en los delitos de insolvencias punibles es considerado un comportamiento delictivo grave, ya que perjudica a los inversionistas y a las personas que confían en la empresa para tomar decisiones financieras informadas.

Estos actos suelen ser tratados como delitos financieros y pueden dar lugar a sanciones legales significativas, que pueden incluir multas y penas de prisión, dependiendo de la jurisdicción y la gravedad de las acciones.

Además, los afectados por estos delitos pueden buscar reparación a través de acciones civiles para recuperar sus pérdidas y obtener compensación por el fraude sufrido.

FRAUDE DE ACREEDORES

El fraude de acreedores en el contexto de los delitos de insolvencias punibles se refiere a una serie de acciones fraudulentas realizadas por una persona o entidad insolvente con el propósito de perjudicar a sus acreedores o evitar el pago de deudas pendientes cuando se encuentra en una situación financiera precaria o de insolvencia.

Este tipo de conducta es ilegal y puede conllevar graves consecuencias legales.

Las conductas que pueden considerarse como fraude de acreedores en casos de insolvencias punibles pueden variar según la legislación de cada país, pero generalmente incluyen acciones como las siguientes:

a) Transferencias fraudulentas de activos: La entidad insolvente puede intentar transferir activos valiosos a terceros, como familiares o amigos, con la intención de evitar que estos sean utilizados para pagar a los acreedores.

b) Ventas ficticias o a precios irrisorios: La entidad insolvente podría realizar ventas de activos a precios significativamente por debajo de su valor de mercado real, a menudo a personas relacionadas con la empresa, para reducir su patrimonio y perjudicar a los acreedores.

c) Pago selectivo de deudas: Dar trato preferencial a ciertos acreedores, generalmente aquellos que tienen relaciones cercanas con la entidad insolvente, en detrimento de otros acreedores con deudas pendientes.

d) Transferencias de bienes sin contraprestación: Transferir propiedades o activos sin recibir a cambio una contraprestación adecuada, lo que puede ser una forma de ocultar activos de los acreedores.

e) Creación de deudas ficticias: Falsificar deudas o compromisos que no existen realmente para distraer recursos y evitar el pago a otros acreedores.

f) Ocultar ingresos: No registrar ingresos o fondos disponibles en los registros contables con el propósito de ocultar activos disponibles para el pago de deudas.

g) Falsificación de documentos: Falsificar documentos financieros o contables para ocultar o distorsionar la verdadera situación financiera de la persona o entidad insolvente.

El fraude de acreedores en casos de insolvencias punibles está diseñado para evitar que los acreedores reciban el pago justo que les corresponde y para proteger los intereses de la entidad insolvente o sus personas relacionadas.

Como resultado, suele ser ilegal en la mayoría de las jurisdicciones y puede dar lugar a sanciones legales significativas para los individuos o empresas involucrados, incluyendo multas y penas de prisión.

El objetivo principal de las leyes contra el fraude de acreedores es garantizar que los acreedores sean tratados de manera justa y que no se abuse de la insolvencia para beneficio propio.

IMPEDIMENTO DE LA LABOR DE LOS ACREEDORES

El impedimento de la labor de los acreedores en el contexto de los delitos de insolvencias punibles se refiere a acciones ilegales destinadas a obstaculizar o dificultar la capacidad de los acreedores para ejercer sus derechos legítimos de cobro o recuperación de deudas en una situación de insolvencia o quiebra.

Estas acciones son consideradas un comportamiento delictivo y suelen tener graves consecuencias legales.

A continuación, se describen lo que significa y las conductas que pueden estar involucradas en el impedimento de la labor de los acreedores en los delitos de insolvencias punibles:

a) Ocultación de activos: Una conducta común es la ocultación deliberada de activos, bienes o propiedades para evitar que los acreedores puedan identificarlos y utilizarlos para satisfacer sus deudas legítimas.

b) Transferencias fraudulentas: Se pueden realizar transferencias fraudulentas de activos o dinero a terceros de confianza, con el objetivo de impedir que los acreedores puedan recuperar esos recursos.

c) Manipulación de registros financieros: La manipulación de registros contables o financieros con el fin de ocultar activos, deudas o transacciones puede dificultar la capacidad de los acreedores para determinar la verdadera situación financiera de la entidad insolvente.

d) Obstrucción de investigaciones: Algunos delincuentes pueden obstaculizar o interferir en las investigaciones llevadas a cabo por las autoridades o síndicos de quiebra, dificultando el acceso a la información necesaria o proporcionando información falsa.

e) Interposición de recursos legales sin fundamento: Presentar demandas o recursos legales sin fundamento con el propósito de retrasar o entorpecer el proceso de insolvencia es otra conducta que puede impedir la labor de los acreedores.

f) Negociaciones engañosas: Participar en negociaciones con los acreedores de manera deshonesta o engañosa, prometiendo el pago de deudas o acuerdos de pago que no se tienen intenciones reales de cumplir, puede dificultar aún más la labor de los acreedores.

g) Desaparición de registros financieros: Destruir o eliminar registros financieros relevantes o documentación contable para evitar que los acreedores obtengan información necesaria para reclamar sus deudas.

h) Bloqueo de acceso a activos: Impedir físicamente a los acreedores el acceso a activos o propiedades que podrían utilizarse para satisfacer las deudas pendientes.

El impedimento de la labor de los acreedores en los delitos de insolvencias punibles se considera un intento deliberado de frustrar los derechos legales de los acreedores y eludir las responsabilidades financieras existentes.

Estos actos suelen ser tratados como delitos graves en la mayoría de los sistemas legales y pueden dar lugar a sanciones legales significativas, que pueden incluir multas y penas de prisión, dependiendo de la jurisdicción y la gravedad de las acciones.

Además, los afectados por estos delitos pueden buscar reparación a través de acciones civiles para recuperar las deudas no pagadas.

INSOLVENCIA PROVOCADA

La insolvencia provocada en el contexto de los delitos de insolvencias punibles se refiere a una situación en la que una persona o entidad toma acciones deliberadas y fraudulentas para generar una situación de insolvencia con el objetivo de eludir sus obligaciones financieras, perjudicar a sus acreedores legítimos o lograr otros beneficios indebidos.

En otras palabras, la insolvencia provocada implica que alguien planee y ejecute actos fraudulentos que conducen intencionalmente a la insolvencia, a menudo con el propósito de obtener ventajas personales o comerciales ilegítimas.

Algunas conductas que pueden estar relacionadas con la insolvencia provocada en casos de insolvencias punibles incluyen:

a) Venta de activos a precios irrisorios: La persona o entidad insolvente puede vender activos valiosos a precios muy bajos a terceros, incluyendo amigos o familiares, con la intención de reducir la cantidad de activos disponibles para satisfacer las deudas pendientes.

b) Transacciones fraudulentas: Realizar transacciones comerciales falsas o ficticias, como ventas o compras, con la finalidad de inflar artificialmente los pasivos o activos de la empresa, distorsionando así su verdadera situación financiera.

c) Ocultación de activos: La ocultación de activos o recursos disponibles a los acreedores o al tribunal para evitar que estos sean utilizados para pagar deudas.

d) Transferencia de activos a terceros: Transferir activos o propiedades a familiares, amigos u otras personas de confianza con el fin de proteger esos activos de los acreedores legítimos.

e) Manipulación de documentos contables: Falsificar documentos financieros o contables para ocultar o distorsionar la verdadera situación financiera de la persona o entidad insolvente.

f) Transferencia de activos antes de la quiebra: Antes de declararse en quiebra, una persona o entidad insolvente puede transferir activos valiosos a terceros, como familiares o amigos, para evitar que esos activos sean utilizados para pagar a los acreedores.

g) Falsificación de documentos: Falsificar documentos financieros o contables para ocultar o distorsionar la verdadera situación financiera de la entidad insolvente y dar la impresión de que la insolvencia es inevitable.

h) Desvío de ingresos: Redirigir ingresos o recursos de la entidad insolvente hacia cuentas o entidades fuera del alcance de los acreedores legítimos.

i) Simulación de deudas: Crear deudas ficticias o inflar el monto de las deudas existentes para reducir la cantidad de activos disponibles para el pago a los acreedores.

La insolvencia provocada es una conducta ilegal y fraudulenta que socava la transparencia financiera, perjudica a los acreedores legítimos y puede tener graves consecuencias legales para quienes la llevan a cabo.

Las leyes y sanciones relacionadas con la insolvencia provocada pueden variar según la jurisdicción, pero generalmente incluyen multas sustanciales y penas de prisión para los individuos involucrados en estas conductas fraudulentas.

El objetivo principal de estas leyes es prevenir el fraude financiero y garantizar que los acreedores sean tratados de manera justa en situaciones de insolvencia, evitando el abuso de la insolvencia para evitar el cumplimiento de las obligaciones financieras.

MANIPULACIÓN DE ACTIVOS PARA DISMINUIR EL VALOR DEL PATRIMONIO

La manipulación de activos para disminuir el valor del patrimonio en el contexto de los delitos de insolvencias punibles se refiere a acciones ilegales destinadas a reducir artificialmente el valor de los activos de una persona o entidad con el fin de aparentar una situación financiera más precaria de lo que realmente es.

Esta conducta es considerada un comportamiento delictivo y puede tener graves consecuencias legales.

Seguidamente, se describen lo que significa y las conductas que pueden estar involucradas en la manipulación de activos para disminuir el valor del patrimonio en este contexto:

a) Sobrevaloración de deudas: Una de las conductas más comunes en estos delitos es inflar deliberadamente las deudas o pasivos de una empresa o individuo, lo que da como resultado un patrimonio neto negativo o una situación financiera aparentemente insostenible.

b) Transferencia no autorizada de activos: Se puede llevar a cabo la transferencia de activos a terceros de manera no autorizada o sin un valor justo, con el propósito de reducir el valor del patrimonio que está sujeto a ser utilizado para pagar a los acreedores.

c) Ventas a precios bajos o regalos de activos valiosos: La venta de activos a precios muy bajos o la donación de activos valiosos a familiares o amigos con el fin de reducir el valor del patrimonio es otra conducta relacionada con la manipulación de activos.

d) Desvío de activos a cuentas ocultas: Transferir activos a cuentas bancarias secretas o fuera del alcance de los acreedores con la intención de ocultarlos de los procedimientos de quiebra es una práctica ilegal en estos casos.

e) Liquidación forzada de activos a precios muy bajos: La venta forzada de activos a precios significativamente por debajo de su valor de mercado con el objetivo de disminuir el patrimonio también se considera una conducta fraudulenta.

f) Desgaste o deterioro deliberado de activos: Dañar o deteriorar deliberadamente activos físicos o propiedades para reducir su valor en los libros contables o en la valoración del patrimonio.

g) Ocultación de activos: Mantener activos ocultos o fuera del alcance de los acreedores o de las autoridades encargadas de la insolvencia para evitar que sean utilizados para pagar deudas legítimas.

h) Manipulación contable: Alterar registros contables y estados financieros para subvalorar el valor de los activos o inflar las deudas, lo que puede distorsionar la verdadera situación financiera.

La manipulación de activos para disminuir el valor del patrimonio en los delitos de insolvencias punibles es vista como una estrategia fraudulenta destinada a perjudicar a los acreedores al reducir artificialmente los activos disponibles para satisfacer las deudas pendientes.

Estos actos suelen ser tratados como delitos graves en la mayoría de los sistemas legales y pueden dar lugar a sanciones legales significativas, que pueden incluir multas y penas de prisión, dependiendo de la jurisdicción y la gravedad de las acciones.

Además, los afectados por estos delitos pueden buscar reparación a través de acciones civiles para recuperar las deudas no pagadas.

NO COOPERACIÓN EN EL PROCESO DE INSOLVENCIA

La falta de cooperación en el proceso de insolvencia en el contexto de los delitos de insolvencias punibles se refiere a la negativa o la obstrucción deliberada por parte de una persona o entidad en insolvencia a colaborar de manera completa y honesta en el proceso de insolvencia legal o en los procedimientos relacionados con la reorganización o liquidación de activos.

Esta falta de cooperación puede involucrar una serie de conductas destinadas a dificultar la resolución de la insolvencia y perjudicar a los acreedores o al sistema legal en general.

Al hilo de llo, se describen lo que significa y las conductas que pueden estar involucradas en la falta de cooperación en el proceso de insolvencia en los delitos de insolvencias punibles:

a) Ocultación de activos: No proporcionar información completa o precisa sobre los activos y propiedades de la persona o entidad en insolvencia, con la intención de ocultarlos a los acreedores o al proceso legal.

b) Retención de información financiera: No divulgar información financiera relevante, como estados de cuenta bancarios, registros contables o documentos financieros, que son necesarios para evaluar adecuadamente la situación financiera y los activos disponibles.

c) Negativa a cumplir órdenes judiciales: No cumplir con órdenes judiciales relacionadas con el proceso de insolvencia, como la entrega de documentos o la comparecencia ante el tribunal para proporcionar testimonio o información.

d) Fraude o manipulación de registros: Manipular deliberadamente registros contables o documentos financieros para ocultar transacciones o activos, o para inflar deudas y disminuir activos.

e) Traslado de activos a terceros: Transferir activos a terceros de confianza o a familiares con la intención de evitar que sean utilizados para pagar a los acreedores o para el beneficio del proceso de insolvencia.

f) Negativa a cooperar en la reorganización: No participar de buena fe en los procedimientos de reorganización, como la presentación de un plan de pagos o la colaboración con el síndico de quiebra o el administrador judicial.

g) Obstaculización de la liquidación de activos: Dificultar la venta o liquidación de activos de manera que el proceso se retrase o se torne menos efectivo para el beneficio de los acreedores.

La falta de cooperación en el proceso de insolvencia se considera un comportamiento delictivo porque impide la resolución justa y equitativa de las deudas y las obligaciones financieras pendientes.

Estos actos suelen ser tratados como delitos graves en la mayoría de los sistemas legales y pueden dar lugar a sanciones legales significativas, que pueden incluir multas y penas de prisión, dependiendo de la jurisdicción y la gravedad de las acciones.

Además, los afectados por estos delitos pueden buscar reparación a través de acciones civiles para recuperar las deudas no pagadas y obtener compensación por los daños causados por la falta de cooperación en el proceso de insolvencia.

OCULTACIÓN O ELIMINACIÓN DE ACTIVOS

La ocultación o eliminación de activos en el contexto de los delitos de insolvencias punibles se refiere a acciones fraudulentas llevadas a cabo por personas o entidades que enfrentan dificultades financieras o insolvencia, con el objetivo de evitar o dificultar el pago a sus acreedores o el cumplimiento de sus obligaciones financieras.

Estas conductas son ilegales y están sujetas a sanciones legales en muchos sistemas jurídicos.

Las acciones de ocultación o eliminación de activos pueden tomar diversas formas, y las conductas específicas pueden variar según las leyes y regulaciones de cada jurisdicción.

Sin embargo, algunas conductas comunes asociadas con la ocultación o eliminación de activos en el contexto de los delitos de insolvencias punibles incluyen:

a) Trasladar o transferir activos: Una persona insolvente puede transferir o vender activos a terceros de manera fraudulenta para evitar que los acreedores puedan acceder a ellos. Esto podría incluir la venta de activos a precios muy bajos o a personas relacionadas con el deudor insolvente.

b) Ocultar bienes o propiedades: Ocultar la propiedad de bienes o propiedades para que no sean identificables o accesibles para los acreedores es una forma de ocultación de activos. Esto podría incluir la transferencia no registrada de bienes a nombre de terceros o la creación de empresas ficticias para ocultar la propiedad.

c) Declaraciones falsas o fraudulentas: Proporcionar información financiera falsa o engañosa a los acreedores, a las autoridades judiciales o a los administradores de la insolvencia puede ser una conducta delictiva en el contexto de la insolvencia. Esto incluye la presentación de estados financieros falsificados o engañosos.

d) Manipulación de documentos: Alterar o falsificar documentos relacionados con las finanzas o los activos de una persona insolvente con el propósito de engañar a los acreedores o a las autoridades puede constituir una ocultación de activos.

e) Transferencias fraudulentas de deudas: Algunas personas insolventes pueden intentar transferir sus deudas a terceros de manera fraudulenta para evitar la responsabilidad financiera.

f) Venta a precios muy bajos: El deudor insolvente puede vender sus activos a precios significativamente inferiores a su valor de mercado con el fin de disminuir su patrimonio y evitar que los acreedores obtengan el valor completo de lo que les deben.

g) Simulación de deudas o transacciones ficticias: Esto implica crear deudas falsas o realizar transacciones ficticias para aparentar que el patrimonio del deudor se ha reducido legítimamente, cuando en realidad se está ocultando o eliminando activos.

h) Uso de testaferros o empresas interpuestas: El deudor insolvente puede utilizar personas o empresas intermediarias (testaferros) para transferir o mantener el control de sus activos de manera encubierta, de modo que no aparezcan en su patrimonio.

En muchos sistemas legales, estas conductas son consideradas delitos y pueden dar lugar a enjuiciamientos penales y sanciones, que pueden incluir multas, prisión y la obligación de pagar a los acreedores afectados.

El objetivo de las leyes que penalizan la ocultación o eliminación de activos en casos de insolvencia es proteger los derechos de los acreedores y garantizar la transparencia y la honestidad en los procesos de insolvencia y quiebra.

REALIZACIÓN DE OPERACIONES PERJUDICIALES

Las operaciones perjudiciales en el contexto de los delitos de insolvencias punibles se refieren a acciones o maniobras realizadas por una persona con la intención de perjudicar a los acreedores o evitar el pago de deudas en el marco de una situación de insolvencia. Estos delitos suelen estar relacionados con la quiebra o la insolvencia de una empresa o individuo.

Las conductas que pueden considerarse como operaciones perjudiciales en el contexto de los delitos de insolvencias punibles pueden incluir:

a) Traslado de activos: Cuando una persona o entidad traslada sus bienes o activos a terceros de manera fraudulenta para evitar que sean utilizados para pagar deudas pendientes.

b) Ocultamiento de bienes: Ocultar activos o propiedades con la intención de evitar que sean considerados como parte del patrimonio disponible para los acreedores.

c) Ventas fraudulentas: Realizar ventas de activos a precios muy por debajo de su valor de mercado o a personas relacionadas con el deudor con el propósito de reducir el patrimonio disponible.

d) Simulación de deudas: Crear deudas falsas o acuerdos ficticios para aparentar una mayor carga financiera y justificar la insolvencia.

e) Manipulación de documentos contables: Alterar registros contables o documentos financieros para ocultar activos o ingresos.

f) Fraude en la administración: Utilizar recursos de la empresa de manera fraudulenta para beneficio personal o de terceros, en lugar de utilizarlos para cumplir con las obligaciones de pago.

g) Transacciones con personas relacionadas: Realizar operaciones financieras con familiares o personas cercanas al deudor con el propósito de desviar activos o evitar el pago de deudas.

En muchos sistemas legales, estas operaciones perjudiciales relacionadas con la insolvencia se consideran delitos graves y pueden dar lugar a sanciones legales, como multas, penas de prisión o la obligación de resarcir a los acreedores perjudicados.

El propósito de estas leyes es proteger los derechos de los acreedores y garantizar que se distribuyan los activos de manera justa y equitativa entre ellos en casos de insolvencia.

Las leyes y regulaciones específicas relacionadas con los delitos de insolvencia punibles pueden variar según el país y la jurisdicción.

RECONOCIMIENTO DE CRÉDITOS FICTICIOS

El reconocimiento de créditos ficticios en el contexto de los delitos de insolvencias punibles es una práctica fraudulenta que implica la manipulación engañosa de la situación financiera de una persona o entidad insolvente con el propósito de eludir las responsabilidades financieras, perjudicar a los acreedores legítimos o desviar activos de manera fraudulenta.

Esta conducta es considerada ilegal y perjudicial, ya que socava la integridad del sistema financiero y la equidad en los procedimientos de insolvencia.

Las conductas relacionadas con el reconocimiento de créditos ficticios pueden variar en su alcance y complejidad, pero algunas de las prácticas más comunes incluyen:

a) Inclusión de deudas inexistentes: En este caso, se reconocen deudas que nunca se contrajeron legítimamente o que han sido completamente inventadas. Estas deudas ficticias se incorporan a los registros contables o financieros de la persona o entidad insolvente para inflar artificialmente las obligaciones financieras.

b) Inflación de conjuntos de deuda: En lugar de inventar deudas completamente ficticias, en ocasiones se reconocen deudas reales, pero se inflan los montos adeudados de manera significativa. Esta práctica tiene como objetivo reducir la cantidad de activos disponibles para el pago de deudas legítimas y, al mismo tiempo, perjudicar a los acreedores legítimos otorgando preferencias indebidas a los acreedores ficticios.

c) Falsificación de documentos: Esta conducta implica la falsificación de documentos financieros o contables, como facturas, contratos o acuerdos de préstamo, con el fin de respaldar la existencia de las deudas ficticias y darles una apariencia de autenticidad.

d) Pago de créditos ficticios: En algunos casos, se pueden realizar pagos a acreedores ficticios o deudas que en realidad no existen. Estos pagos fraudulentos tienen como objetivo desviar recursos de manera engañosa o eludir responsabilidades financieras reales.

e) Testigos falsos: Presentar testigos o evidencia falsa para respaldar la existencia de los créditos ficticios durante el proceso de insolvencia.

f) Uso de entidades ficticias: Crear empresas o entidades ficticias que supuestamente son acreedoras y que en realidad no tienen existencia real ni legítima.

g) Manipulación de registros contables: Alterar registros contables y financieros para dar la impresión de que los créditos ficticios son legítimos y deben ser reconocidos en el proceso de insolvencia.

h) Negociación fraudulenta: Negociar acuerdos o compromisos con los acreedores ficticios con el propósito de obtener ventajas indebidas en detrimento de los acreedores legítimos.

La práctica del reconocimiento de créditos ficticios es ilegal en la mayoría de las jurisdicciones, ya que engaña a los acreedores legítimos, distorsiona la transparencia financiera y perjudica la integridad del proceso de insolvencia.

Las leyes y regulaciones relacionadas con los delitos de insolvencias punibles pueden variar según el país, pero generalmente incluyen sanciones legales, como multas significativas y penas de prisión, para las personas involucradas en estas conductas fraudulentas.

El objetivo principal de estas leyes es prevenir el fraude financiero, garantizar que los acreedores sean tratados de manera justa y evitar que se abuse de la insolvencia para eludir las obligaciones financieras legítimas.

Ello contribuye a mantener la confianza en el sistema financiero y a proteger los derechos de los acreedores legítimos en situaciones de insolvencia.

SIMULACIÓN DE CRÉDITOS

La simulación de créditos en el contexto de los delitos de insolvencias punibles es una práctica engañosa y fraudulenta que tiene como objetivo principal manipular la situación financiera de una persona o entidad insolvente con el fin de perjudicar a los acreedores legítimos o de evadir responsabilidades financieras.

Esta conducta ilegal involucra la creación de deudas ficticias o inexistentes, o la manipulación de registros y documentos financieros para dar la apariencia de que existen deudas que en realidad no se han contraído genuinamente.

Algunas de las conductas que pueden estar relacionadas con la simulación de créditos en casos de insolvencias punibles incluyen:

a) Creación de deudas ficticias: Esto implica inventar deudas que nunca se originaron o que no tienen un fundamento real. Puede involucrar la emisión de facturas falsas, contratos ficticios o registros contables fraudulentos que respalden estas deudas inventadas.

b) Utilización de prestanombres: En algunos casos, se recurre a terceros conocidos como prestanombres o testaferros para que actúen como acreedores ficticios. Estas personas o entidades pueden no tener ninguna relación legítima con la persona insolvente, pero se utilizan para simular deudas y así ocultar activos o desviar recursos de manera fraudulenta.

c) Transacciones ficticias: Se pueden llevar a cabo transacciones comerciales falsas o ficticias con empresas o individuos ficticios para generar deudas que carecen de fundamento real. Estas transacciones pueden ser completamente inventadas o pueden implicar la manipulación de registros para hacerlas parecer legítimas.

d) Uso de documentos fraudulentos: La simulación de créditos a menudo implica la falsificación de documentos financieros, como facturas, contratos, recibos y estados de cuenta, para respaldar las deudas ficticias y darles una apariencia de autenticidad.

e) Redireccionamiento de recursos: En lugar de utilizar los recursos o activos disponibles para satisfacer las deudas legítimas, la persona insolvente puede desviar estos recursos hacia los supuestos acreedores ficticios, lo que resulta en la no satisfacción de las deudas reales.

La simulación de créditos es considerada un delito en muchas jurisdicciones debido a su naturaleza engañosa y perjudicial.

Las leyes relacionadas con insolvencias punibles están diseñadas para garantizar que los acreedores sean tratados de manera justa y que no se abuse de la insolvencia para eludir las obligaciones financieras.

Las sanciones legales por la simulación de créditos pueden variar según la jurisdicción, pero generalmente incluyen multas significativas y penas de prisión para las personas involucradas en estas conductas fraudulentas.

El objetivo principal de estas leyes es prevenir el fraude financiero y proteger los derechos de los acreedores legítimos.

TRANSACCIONES CON CONFLICTO DE INTERÉS

Las transacciones con conflicto de interés en el contexto de los delitos de insolvencias punibles se refieren a las acciones ilegales que involucran acuerdos financieros o comerciales realizados en situaciones en las cuales las personas o entidades involucradas tienen un interés personal o un conflicto de intereses que podría perjudicar los intereses de la empresa o entidad en situación de insolvencia, sus acreedores o sus accionistas.

Este tipo de conducta es considerado un comportamiento delictivo y suele tener graves consecuencias legales.

Por todo ello, se describen lo que significa y las conductas que pueden estar involucradas en las transacciones con conflicto de interés en los delitos de insolvencias punibles:

a) Transacciones a precios no competitivos: Realizar transacciones comerciales, como la venta de activos o la adquisición de bienes o servicios, a precios que son desfavorables o no competitivos para la empresa en insolvencia, pero beneficiosos para las personas que tienen el control de la empresa o intereses personales en la transacción.

b) Autoventa de activos: Las personas que tienen un conflicto de intereses pueden comprar activos de la empresa en insolvencia, como propiedades o inversiones, a precios muy bajos o en condiciones favorables, en detrimento de los acreedores o accionistas.

c) Negocios con partes relacionadas: Realizar transacciones comerciales con empresas o individuos relacionados de manera cercana o con vínculos familiares, sin revelar adecuadamente el conflicto de intereses o sin seguir los procedimientos adecuados para garantizar la equidad y transparencia en la transacción.

d) Falsificación de documentos o registros: Falsificar documentos o registros contables para ocultar el conflicto de intereses o para dar una apariencia de legitimidad a las transacciones perjudiciales.

e) Apropiación indebida de fondos: Utilizar los fondos de la empresa en insolvencia para beneficiarse personalmente o para pagar deudas personales en lugar de utilizarlos para cumplir con las obligaciones financieras legítimas.

f) Manipulación de decisiones corporativas: Tomar decisiones corporativas fraudulentas o engañosas que benefician al perpetrador o a terceros en conflicto de intereses, en lugar de proteger los intereses de la empresa o entidad en insolvencia.

Las transacciones con conflicto de interés en los delitos de insolvencias punibles se consideran una violación de los deberes fiduciarios y de lealtad hacia la empresa, sus acreedores o accionistas.

Estos actos suelen ser tratados como delitos graves en la mayoría de los sistemas legales y pueden dar lugar a sanciones legales significativas, que pueden incluir multas y penas de prisión, dependiendo de la jurisdicción y la gravedad de las acciones.

Además, los afectados por estos delitos pueden buscar reparación a través de acciones civiles para recuperar pérdidas y obtener compensación por los daños causados por las transacciones con conflicto de interés.

USO DE EMPRESAS FICTICIAS

El uso de empresas ficticias en el contexto de los delitos de insolvencias punibles se refiere a la creación o utilización de empresas aparentemente legítimas que, en realidad, no tienen una actividad comercial real o no tienen la capacidad financiera para cumplir con sus obligaciones financieras.

Estas empresas ficticias se utilizan con el propósito de llevar a cabo acciones fraudulentas para ocultar activos, eludir obligaciones legales o perjudicar a los acreedores.

A continuación, se describe lo que significa y las conductas que pueden estar involucradas en el uso de empresas ficticias en este contexto:

a) Creación de empresas ficticias: Una conducta común es la creación de empresas que existen solo en papel y que no tienen una actividad comercial genuina. Estas empresas a menudo se registran con la apariencia de ser legítimas, con direcciones y empleados falsos.

b) Uso de empresas inactivas o inoperativas: Algunas personas pueden tomar empresas que están inactivas o inoperativas y utilizarlas como vehículos para llevar a cabo actividades fraudulentas. Esto puede incluir la transferencia de activos a estas empresas o la realización de transacciones ficticias a través de ellas.

c) Uso de empresas pantalla: Las empresas ficticias también se utilizan como "pantalla" para ocultar activos o transacciones financieras ilegales. Se pueden realizar transacciones a través de estas empresas para dificultar el seguimiento de los fondos y la identificación de los responsables.

d) Transferencia de activos a empresas ficticias: Los activos pueden ser transferidos a empresas ficticias con la intención de ocultarlos de los acreedores o de las autoridades, evitando así que se utilicen para pagar deudas legítimas.

e) Fraude fiscal y contable: La utilización de empresas ficticias también puede involucrar la manipulación de la contabilidad y la presentación de declaraciones fiscales fraudulentas para ocultar ingresos o activos a las autoridades fiscales.

El uso de empresas ficticias en los delitos de insolvencias punibles se considera una conducta delictiva grave, ya que implica engañar a los acreedores, a las autoridades y al sistema financiero en general.

Estos actos suelen ser tratados con severidad por la ley y pueden dar lugar a sanciones legales significativas, que pueden incluir multas y penas de prisión, dependiendo de la jurisdicción y la gravedad de las acciones. Además, las personas afectadas por estos delitos pueden buscar reparación a través de acciones civiles para recuperar las deudas no pagadas o los activos ocultos.

OCULTACIÓN DE CADÁVER

INTRODUCCIÓN

El delito de ocultación de cadáver se refiere a una acción ilícita que implica esconder, enterrar, deshacerse de o de alguna manera evitar que se descubra el cuerpo de una persona fallecida.

La intención detrás de este acto generalmente es evadir la responsabilidad legal o entorpecer las investigaciones sobre la muerte de esa persona.

Las conductas que conlleva este delito pueden variar dependiendo de la legislación específica de cada país o estado, pero en términos generales pueden incluir:

a) Esconder el cadáver: Esto puede incluir ocultarlo en un lugar donde es poco probable que sea encontrado, como una propiedad privada, un área remota, o dentro de estructuras cerradas.

b) Enterrar el cuerpo ilegalmente: Realizar un entierro sin seguir los procedimientos legales requeridos o sin notificar a las autoridades competentes.

c) Destruir o deshacerse del cuerpo: Esto puede incluir quemar el cadáver, arrojarlo a un cuerpo de agua, o cualquier otro método que busque deshacerse de la evidencia física.

d) Manipular el cadáver para impedir su identificación: Puede ser a través de desfiguración o mediante métodos que dificulten o impidan la identificación forense del cuerpo.

e) No reportar un hallazgo de cadáver: En algunas jurisdicciones, es un delito no informar a las autoridades si se encuentra un cuerpo muerto, con el fin de ocultar la muerte o cualquier circunstancia relacionada.

f) Falsificación de evidencia relacionada con el cadáver: Puede incluir la creación de un escenario falso en torno a la muerte, como simular un accidente o suicidio, cuando en realidad ocurrió un homicidio.

g) Complicidad después del hecho: Ayudar a otra persona a ocultar un cadáver también puede ser considerado parte del delito, incluso si no se está directamente involucrado en el crimen que resultó en la muerte.

El delito de ocultación de cadáver es grave y puede acarrear consecuencias legales significativas porque obstruye el curso de la justicia.

Puede ser particularmente grave cuando está vinculado a otros delitos, como el homicidio o el asesinato, ya que sugiere un intento de evadir la detección y persecución de esos crímenes más serios.

En la mayoría de los sistemas legales, se considera una ofensa criminal y es sujeta a sanciones que pueden incluir multas, prisión o ambas.

ABANDONO EN LUGARES REMOTOS O INACCESIBLES

El abandono en lugares remotos o inaccesibles en el contexto de los delitos de ocultación de cadáver se refiere a una forma específica de ocultar un cuerpo humano fallecido.

En esta situación, la persona responsable del delito lleva el cuerpo a un lugar que es difícil de acceder o encontrar, generalmente con el propósito de evitar su descubrimiento y la investigación de un posible homicidio u otro delito relacionado.

Las conductas asociadas con el abandono en lugares remotos o inaccesibles en los delitos de ocultación de cadáver pueden incluir:

a) Transporte a lugares remotos: La persona traslada el cuerpo a una ubicación geográficamente distante de áreas urbanas o lugares habitados. Esto puede implicar el uso de vehículos, caminatas largas o cualquier otro medio necesario para llegar al lugar remoto.

b) Elección de lugares inaccesibles: El cuerpo es dejado en un área que es difícil de alcanzar sin el conocimiento adecuado o sin equipo especializado. Esto podría incluir áreas montañosas, cuevas, selvas densas, cañones profundos, desiertos, zonas boscosas densas o cualquier lugar que requiera un esfuerzo significativo para llegar.

c) Ocultamiento bajo terreno: En algunos casos, el cuerpo puede ser enterrado bajo tierra en lugares remotos, lo que aumenta aún más la dificultad para su descubrimiento.

d) Deposición en lugares peligrosos: En ocasiones, los cuerpos pueden ser abandonados en lugares peligrosos o hostiles, como acantilados, cuerpos de agua peligrosos o áreas propensas a avalanchas, lo que dificulta aún más su recuperación.

e) Consideraciones climáticas: La persona puede tener en cuenta factores climáticos y estacionales para aumentar la dificultad de encontrar el cuerpo. Por ejemplo, el cuerpo podría ser abandonado en un lugar donde las condiciones climáticas extremas dificulten la búsqueda.

f) Evitar dejar rastros: El autor del delito puede tomar medidas para evitar dejar rastros que puedan llevar a la ubicación del cadáver, como no dejar evidencia física o utilizar métodos para eliminar pruebas.

El abandono en lugares remotos o inaccesibles es una estrategia para evitar que el cuerpo sea encontrado rápidamente y para retrasar o impedir la investigación criminal.

Es un delito grave en la mayoría de los sistemas legales, ya que obstruye la búsqueda de la verdad en casos de muertes sospechosas o homicidios.

Las sanciones legales por este tipo de delito pueden variar según las leyes y regulaciones locales, pero generalmente son severas debido a la gravedad de la conducta y su impacto en la justicia y el proceso de investigación.

ALTERAR LA ESCENA DEL CRIMEN PARA SIMULAR CIRCUNSTANCIAS DE LA MUERTE

Alterar la escena de un crimen para simular circunstancias de la muerte diferentes a las reales es una táctica de engaño que busca desviar la investigación de las autoridades y ocultar la verdadera naturaleza del delito. Esta conducta es particularmente grave porque impide o entorpece la administración de justicia y puede resultar en la acusación errónea de personas inocentes o en la exoneración de los verdaderos culpables. Aquí se exponen algunos aspectos que caracterizan estas acciones:

Significado Legal:

a) Obstrucción a la Justicia:

- Es un delito que implica interferir con la operación de las leyes y con la investigación y resolución de actos criminales.
- Puede incrementar la gravedad de los cargos contra la persona responsable, sumando penas adicionales a las asociadas con el delito principal.

b) Falsificación de Evidencia:

- Alterar la escena del crimen es una forma de falsificar evidencia, lo cual está penado en la mayoría de las jurisdicciones.
- La fabricación de un escenario falso es un intento directo de engañar a las autoridades y, por lo tanto, es una acción criminal independiente de la causa de la muerte.

c) Encubrimiento:

- Se considera un acto de encubrimiento y puede involucrar a individuos que no participaron en el delito subyacente pero que ayudan a ocultarlo.

Conductas Asociadas:

a) Alteración de la Escena:

- Cambiar la posición del cuerpo o de los objetos alrededor para que parezca que la muerte ocurrió bajo circunstancias diferentes (por ejemplo, hacer que un homicidio parezca un suicidio o un accidente).

- Limpiar o introducir sangre, armas, huellas dactilares, o cualquier otro tipo de evidencia para respaldar una historia falsa.

b) Fabricación de Evidencia:

- Plantar evidencia que incrimine a otra persona.

- Crear heridas post-mortem o alterar las existentes para cambiar las percepciones sobre la causa de la muerte.

c) Manipulación de Testigos:

- Influenciar o amenazar a testigos para que proporcionen testimonios falsos o para que se abstengan de compartir información con la policía.

d) Creación de Falsas Pistas:

- Dejar o retirar objetos personales o pistas que sugieran un motivo o circunstancia que no es real.

e) Uso de la Tecnología:

- Modificar registros digitales, como correos electrónicos o mensajes de texto, para apoyar la falsa narrativa.

Implicaciones Forenses:

La alteración de la escena del crimen puede complicar significativamente la recopilación y el análisis de las pruebas forenses.

La integridad de la evidencia se ve comprometida, y puede requerir de un trabajo meticuloso por parte de los expertos forenses para detectar las inconsistencias y reconstruir la escena del crimen original.

Impacto en la Investigación:

a) Retrasos y Complicaciones:

- Puede llevar a investigaciones más largas y costosas al requerir más tiempo y recursos para desentrañar la verdad.

b) Riesgo de Justicia Fallida:

- Existe el peligro de que se cometa una injusticia al acusar a una persona inocente o al no poder acusar a la culpable debido a la contaminación de la evidencia.

Alterar la escena de un crimen para simular circunstancias de la muerte diferentes es un acto criminal que puede ser perseguido independientemente del crimen subyacente.

Este acto representa un ataque directo contra la justicia penal y el estado de derecho, y las personas que lo cometen enfrentan consecuencias legales serias si son descubiertas.

Consideraciones Éticas y Morales:

Desde un punto de vista ético, alterar la escena de un crimen es un acto de deshonestidad que busca evadir la responsabilidad y puede ser visto como una falta de respeto hacia la víctima y sus seres queridos, negándoles la justicia y el cierre.

La alteración de la escena del crimen es una táctica utilizada para confundir a las autoridades y evitar que se descubra la verdad sobre un delito.

Es un acto seriamente sancionado y, cuando se descubre, puede agravar las penas para los responsables y añadir cargos adicionales al delito inicial.

Las consecuencias legales de tales actos son significativas y reflejan la gravedad de intentar subvertir el proceso judicial.

ARROJAR EL CUERPO A UN RÍO, LAGO, MAR O CUALQUIER CUERPO DE AGUA

Arrojar un cuerpo a un río, lago, mar o cualquier cuerpo de agua como medio de ocultación de cadáver es una conducta típica dentro de los delitos contra la administración de justicia, específicamente en lo que respecta a la ocultación o desaparición de pruebas de un crimen.

Significa que una persona, tras cometer un delito (como puede ser un homicidio), intenta deshacerse del cadáver de la víctima arrojándolo a un cuerpo de agua con la intención de:

a) Esconder evidencia: Puede ser un intento de evitar que las autoridades descubran el cuerpo y, con ello, posponer o impedir una investigación criminal. Esto puede ser particularmente cierto en casos de homicidio, donde el perpetrador intenta deshacerse del cuerpo para eliminar evidencia crucial como la causa de la muerte, la identidad de la víctima, y cualquier otro indicio que pueda llevar a su detección y prosecución.

b) Retardar la investigación: El agua puede degradar o destruir evidencias físicas que serían vitales para la investigación, como las huellas dactilares, ADN, fibras de ropa, etc. Además, la corriente y la fauna acuática pueden desplazar o dañar el cuerpo, lo que dificulta aún más su descubrimiento y la recolección de pruebas.

c) Impedir la identificación: La descomposición se acelera en ciertas condiciones acuáticas, y los efectos del agua en el cuerpo pueden hacer que sea mucho más difícil su identificación.

d) Evitar el castigo: Quien arroja el cuerpo podría estar intentando evitar ser castigado por la muerte, sea cual fuere la causa, desde un homicidio hasta un accidente en el que se teme a las consecuencias legales.

e) Deshacerse de la carga física y psicológica: Para el responsable, el cuerpo puede representar una carga física que necesita eliminar para continuar evadiendo la ley, así como una carga psicológica, y su eliminación podría ser un intento de disipar el remordimiento o la ansiedad asociada con el crimen.

f) Causar un daño final: En algunos casos, esto podría ser un acto de desprecio hacia la víctima, un intento de privar a la familia de un cierre y de la oportunidad de llevar a cabo rituales funerarios adecuados.

En términos legales, la ocultación de un cadáver es un delito en muchas jurisdicciones porque interfiere con la justicia y el debido proceso.

Las investigaciones pueden ser manipuladas y los familiares de la persona fallecida se ven privados del derecho a saber qué pasó y, en su caso, de recuperar y enterrar los restos de acuerdo con sus creencias y deseos.

El acto de arrojar un cuerpo al agua se puede castigar como un delito en sí mismo o como parte de una serie de actos en el contexto de un crimen mayor.

La ley específica y las penalidades variarán dependiendo de la jurisdicción y las circunstancias particulares del caso.

Aspectos Forenses:

Deshacerse de un cuerpo en el agua también tiene implicaciones forenses. El agua puede acelerar la descomposición o, en algunos casos, conservar mejor ciertos tejidos.

Esto puede complicar la determinación del tiempo y la causa de la muerte.

Además, animales acuáticos y otros factores ambientales pueden alterar o destruir las pruebas.

Consideraciones Éticas y Morales:

Desde una perspectiva ética y moral, este acto es visto como un intento de negar a la víctima la dignidad de un entierro adecuado y puede aumentar el sufrimiento de los seres queridos al impedir el cierre y la oportunidad de realizar rituales de despedida.

Arrojar un cuerpo a un cuerpo de agua como parte de un delito de ocultación de cadáver representa una grave violación de la ley y tiene serias consecuencias legales, éticas y emocionales para todas las partes involucradas.

Las investigaciones de tales actos a menudo requieren la cooperación de expertos en diversas disciplinas, desde la medicina forense hasta la búsqueda y rescate acuático.

COMPLICIDAD POSTERIOR AL HECHO

La complicidad posterior al hecho se refiere a las acciones tomadas por una persona para asistir a un delincuente a evitar el arresto, el juicio o la condena después de que el delito ha sido cometido.

En el contexto de los delitos de ocultación de cadáver, esto implica ayudar al responsable de la muerte (o a otro implicado) a encubrir el hecho y evitar que la justicia se lleve a cabo adecuadamente.

La complicidad después del hecho no requiere que la persona haya participado en el delito principal, pero sí que tiene conocimiento de este y actúa con la intención de proteger al autor del delito.

Conductas que comporta la complicidad después del hecho en los delitos de ocultación de cadáver:

a) Encubrimiento: Tomar medidas activas para esconder el cadáver, incluyendo enterrarlo, arrojarlo a un cuerpo de agua, quemarlo o cualquier otra acción para evitar que sea descubierto.

b) Obstrucción de la investigación: Proporcionar información falsa a las autoridades, destruir evidencia, o influir en testigos para que mientan o retengan información.

c) Asistencia para la huida: Ayudar al responsable a huir o a esconderse de la policía, proporcionándole transporte, dinero, refugio o cualquier otro medio para evitar su captura.

d) Alteración de pruebas: Cambiar, manipular o deshacerse de cualquier evidencia que pueda vincular el crimen con el perpetrador.

e) Limpieza de la escena del crimen: Limpiar la sangre o fluidos biológicos, deshacerse de objetos incriminatorios o cualquier otra acción que pueda hacer más difícil para los investigadores reconstruir los eventos que llevaron a la muerte.

f) Falsificación de evidencia: Crear o alterar documentos o cualquier otro tipo de evidencia que pueda desviar la atención de los investigadores o implicar falsamente a otra persona.

g) Proporcionar coartadas: Afirmar falsamente que el sospechoso estaba en otro lugar en el momento del delito para proporcionarle una coartada.

h) Retención de información: Simplemente no informar a las autoridades sobre el conocimiento de un crimen después del hecho también puede ser considerado como complicidad, dependiendo de la legislación local.

La complicidad después del hecho es un delito serio y quienes son encontrados culpables pueden enfrentarse a penas que incluyen multas y encarcelamiento.

Las consecuencias exactas dependerán del grado de participación y de las leyes específicas del país o región donde se cometió el delito.

Las autoridades buscan desalentar la ayuda a delincuentes, y, por lo tanto, este tipo de complicidad es penalizada para mantener la integridad del sistema de justicia penal.

CREACIÓN DE FALSA PISTA

La creación falsa de pistas en el contexto de delitos de ocultación de cadáver implica la acción deliberada de generar o plantar evidencias falsas o engañosas con el objetivo de confundir a las autoridades, desviar la investigación y ocultar la verdadera naturaleza del crimen.

Este comportamiento tiene varias implicaciones legales y éticas.

Significado Legal:

a) Obstrucción de la Justicia: La creación falsa de pistas se considera un acto de obstrucción de la justicia, ya que interfiere deliberadamente con la investigación criminal y dificulta la búsqueda de la verdad.

b) Intención de Engañar: Este acto implica una intención clara de engañar a las autoridades y a quienes investigan el caso, lo que puede llevar a cargos de fraude o perjurio si se descubre la falsedad de las pistas.

c) Agravamiento de Penas: Si la persona que crea las pistas falsas también está involucrada en el homicidio u otro delito asociado con la muerte, la acción de crear pistas falsas puede agravar las penas asociadas con esos delitos.

Conductas Asociadas:

a) Creación de Evidencia Falsa: Colocar deliberadamente objetos, documentos, huellas, armas u otros elementos en la escena del crimen o en lugares relacionados para inducir a error a los investigadores.

b) Manipulación de Testimonios: Convencer a testigos o cómplices para que proporcionen testimonios falsos o engañosos para respaldar las pistas falsas.

c) Alteración de la Escena del Crimen: Cambiar la apariencia de la escena del crimen o del lugar donde se encontró el cadáver para hacer que coincida con la narrativa falsa.

d) Falsificación de Documentos: Crear documentos falsos, como cartas, notas, correos electrónicos u otros, que sugieran una causa de muerte o una circunstancia diferente a la real.

e) Distracción: Crear pistas falsas puede servir como una distracción para alejar la atención de la verdadera causa de la muerte o del responsable del delito.

f) Uso de Dispositivos Electrónicos o Comunicaciones Falsas: En algunos casos, la creación falsa de pistas puede involucrar el uso de dispositivos electrónicos o la generación de comunicaciones falsas para dar credibilidad a la versión falsa de los hechos.

Aspectos Forenses:

La creación falsa de pistas puede confundir a los investigadores y hacer que sigan líneas de investigación erróneas.

Esto puede desperdiciar recursos y tiempo valiosos y dificultar la obtención de la verdad detrás de la muerte.

Consideraciones Éticas y Morales:

Éticamente, la creación falsa de pistas es vista como un acto profundamente inmoral, ya que no solo busca evitar la justicia, sino que también puede causar daño a personas inocentes que podrían ser incriminadas injustamente.

La creación falsa de pistas en los delitos de ocultación de cadáver es un comportamiento destinado a confundir y engañar a las autoridades y a quienes investigan un crimen.

Tiene serias implicaciones legales y éticas, y puede resultar en graves consecuencias legales para quien lo perpetra una vez que se descubra la falsedad de las pistas.

DESHACERSE DEL CUERPO

Deshacerse del cuerpo en el contexto de los delitos de ocultación de cadáver implica medidas activas para eliminar, esconder o destruir el cadáver con el fin de evitar la detección de un delito, dificultar una investigación penal o impedir que los restos sean encontrados y correctamente identificados.

Significado de deshacerse del cuerpo:

a) Encubrimiento de un crimen: La eliminación del cuerpo generalmente se hace para encubrir un crimen como un homicidio, evitando así que las autoridades encuentren pruebas que puedan llevar a la captura y condena del responsable.

b) Obstrucción de la justicia: Esta acción es un intento de interferir con los procedimientos legales y de investigación forense, incluida la autopsia, que podría revelar información como la causa de la muerte, la hora de la muerte y otros detalles que pueden incriminar al autor.

c) Evitación de responsabilidades legales: En casos de muerte accidental o negligencia, el responsable puede intentar deshacerse del cuerpo para evitar las consecuencias legales asociadas con estas circunstancias.

Conductas que comporta deshacerse del cuerpo:

a) Entierro en un lugar secreto o inaccesible: Puede incluir el entierro en bosques, terrenos baldíos o en propiedades privadas donde se cree que no será descubierto.

b) Abandono en un lugar remoto: Dejar el cuerpo en una ubicación donde es poco probable que sea encontrado, como un desierto, una zona montañosa o un edificio abandonado.

c) Lanzamiento a un cuerpo de agua: Esto puede ser en el mar, un río, un lago o un pantano, con o sin pesos para asegurar que el cuerpo se hunda.

d) Cremación no autorizada: Incinerar el cuerpo por medios ilegales para destruir los restos y evitar su identificación.

e) Utilización de sustancias químicas: Emplear sustancias como ácidos para descomponer el cuerpo rápidamente.

f) Desmembramiento y dispersión: Cortar el cuerpo en partes y dispersarlas en diferentes ubicaciones para complicar la recuperación e identificación.

g) Manipulación de pruebas: Eliminar o alterar cualquier evidencia que pueda asociar el cuerpo con el perpetrador o con la escena del crimen.

Deshacerse de un cuerpo es un acto que se castiga severamente bajo la ley, y las consecuencias varían de acuerdo con las normativas específicas de cada jurisdicción.

Este acto puede resultar en cargos adicionales por encima de aquellos relacionados con la muerte misma, como manipulación de pruebas, obstrucción de la justicia y, dependiendo del caso, desecación de un cadáver.

La gravedad de la pena puede incrementarse si se demuestra que la ocultación del cuerpo estaba directamente relacionada con el intento de encubrir otro delito grave como el asesinato.

DESMEMBRAR EL CUERPO PARA EVITAR SU IDENTIFICACIÓN O DESCUBRIMIENTO

Desmembrar el cuerpo de una persona fallecida para evitar su identificación o descubrimiento significa cortar o separar las partes del cuerpo, con la intención de hacer más difícil su reconocimiento o hallazgo.

Este acto es a menudo un indicador de la intención de ocultar pruebas o de interferir con la investigación de un delito, especialmente en casos de muertes ilícitas como homicidios.

Conductas que comporta desmembrar el cuerpo para evitar su identificación o descubrimiento:

a) Corte y separación: Utilizar herramientas como cuchillos, sierras, o machetes para cortar el cuerpo en partes más pequeñas.

b) Dispersión de restos: Esparcir las partes del cuerpo en distintos lugares para reducir la probabilidad de que todo el cuerpo sea encontrado y, por ende, identificado.

c) Dificultar la identificación: Al separar partes del cuerpo que pueden contener marcas identificativas como huellas dactilares, tatuajes o características faciales, se hace más difícil para las autoridades establecer la identidad de la víctima.

d) Ocultamiento en distintos lugares: Esconder diferentes partes del cuerpo en una variedad de ubicaciones puede ser un intento de complicar la investigación policial y dilatar la resolución del caso.

e) Manipulación de la escena del crimen: Alterar la escena original donde se produjo la muerte o donde se encontró el cuerpo, con el fin de confundir a los investigadores sobre las circunstancias del fallecimiento.

f) Transporte más sencillo: El desmembramiento puede tener como objetivo facilitar el transporte de un cuerpo, haciendo menos visible el acto de mover un cadáver.

g) Deshacerse de partes específicas: Puede haber una eliminación selectiva de partes del cuerpo que podrían contener pruebas incriminatorias, como proyectiles de bala en un caso de disparo o tejidos con signos de estrangulamiento.

Desmembrar un cuerpo con la intención de ocultarlo o evitar su identificación es un acto criminal grave y, dependiendo de las leyes de la jurisdicción, puede ser castigado con penas severas.

Este acto se suele tratar como un indicio de que se está tratando de encubrir otro delito, y puede resultar en cargos como manipulación de pruebas, profanación de cadáveres, obstrucción de la justicia, entre otros.

La gravedad de las consecuencias legales dependerá de las circunstancias específicas del caso y de la intención detrás del acto.

DESTRUIR EL CUERPO

La destrucción de un cuerpo en el contexto de los delitos de ocultación de cadáver implica llevar a cabo acciones que buscan deshacerse de los restos humanos para evitar que sean encontrados o identificados.

Este acto puede ser indicativo de intentos de encubrir un delito mayor, como un homicidio o una muerte accidental ilícita.

Significado de destruir el cuerpo:

a) Encubrimiento de pruebas: La destrucción del cuerpo puede tener la intención de eliminar pruebas físicas que podrían utilizarse para identificar a la víctima, determinar la causa de la muerte o vincular un sospechoso con el delito.

b) Impedir la justicia: Esta acción está directamente orientada a obstruir la labor de la justicia, evitando que se realice una investigación adecuada sobre la muerte.

c) Infracción de la ley: Similar al entierro ilegal, destruir un cuerpo viola leyes y regulaciones sobre el manejo de restos humanos.

Conductas que comporta la destrucción de un cuerpo:

a) Cremación: Quemar el cuerpo para reducirlo a cenizas fuera de los canales legales y sin documentación o permisos adecuados.

b) Desmembramiento: Separar las partes del cuerpo para facilitar su disposición y hacer más difícil su identificación o recuperación.

c) Uso de productos químicos: Emplear sustancias como ácido o bases fuertes para disolver los restos y evitar que sean reconocibles.

d) Sumersión en agua: Pesar el cuerpo y sumergirlo en un cuerpo de agua para ocultarlo y potencialmente destruirlo a través de procesos naturales.

e) Alimentación a animales: Exponer el cuerpo a animales depredadores o carroñeros que puedan consumir los restos.

f) Eliminación en desechos: Incorporar los restos a desechos industriales, construcción o cualquier otro medio que pueda disimular la presencia de restos humanos.

Consecuencias legales y sociales:

a) Cargos criminales adicionales: Quien destruye un cuerpo puede enfrentarse a acusaciones legales severas, que se suman a cualquier otro delito asociado con la muerte de la persona.

b) Agravamiento de la pena: Este acto puede ser considerado un factor agravante en el contexto de un juicio, incrementando la severidad de la pena.

c) Impacto en los seres queridos: Impide el cierre emocional y el proceso de duelo para familiares y amigos de la persona fallecida.

d) Daño a la sociedad: Constituye una afrenta a las normas sociales y éticas sobre el respeto a los muertos.

La destrucción de un cuerpo como forma de ocultación de cadáver es una acción que refleja una conducta especialmente dolosa y puede aumentar significativamente las penas asociadas con el delito principal.

Además, puede ser castigada como un delito independiente debido a la magnitud de la obstrucción a la justicia que representa.

Las consecuencias legales de estas acciones varían según la jurisdicción, pero generalmente implican penas severas debido al esfuerzo deliberado para frustrar la ley y el proceso judicial.

Además, estos actos pueden tener un profundo impacto emocional en los familiares y seres queridos de la víctima, quienes se ven privados de la oportunidad de despedirse adecuadamente y de llevar a cabo los rituales de duelo cultural o religiosamente significativos.

ENCUBRIMIENTO DE LA CAUSA DE MUERTE

El encubrimiento de la causa de muerte en el contexto de los delitos de ocultación de cadáver implica una serie de acciones y comportamientos destinados a ocultar, alterar o falsear la verdadera razón del fallecimiento de una persona.

Este acto tiene importantes implicaciones legales y forenses.

Significado Legal:

a) Obstrucción de la justicia: Encubrir la causa de muerte es un acto que obstruye la investigación judicial, impidiendo que se llegue a la verdad sobre cómo y por qué falleció la persona.

b) Posible complicidad en delitos mayores: El acto de encubrir puede ser interpretado como una señal de complicidad en el delito original, especialmente si la muerte fue el resultado de un acto criminal como homicidio.

c) Alteración de pruebas: Este comportamiento implica manipular o destruir pruebas que podrían ser cruciales para la investigación forense y la determinación judicial.

d) Potencial para cargos adicionales: Además de la ocultación del cadáver, el encubrimiento de la causa de muerte puede conllevar cargos adicionales, como manipulación de pruebas, falso testimonio o complicidad post-delito.

Conductas Asociadas:

a) Manipulación de la escena del crimen: Esto puede incluir limpiar sangre u otros fluidos corporales, mover el cuerpo, alterar la disposición de objetos en la escena, o cualquier otra acción que cambie las circunstancias en las que se encontró el cuerpo.

b) Alteración física del cadáver: Esto podría involucrar heridas post-mortem para simular una causa de muerte diferente, como hacer parecer un homicidio como un accidente o suicidio.

c) Proporcionar información falsa: Mentir o proporcionar declaraciones engañosas a los investigadores sobre las últimas interacciones con la víctima o las circunstancias en torno a su muerte.

d) Destrucción de evidencia médica: Esto puede incluir deshacerse de medicamentos, drogas o cualquier sustancia que pudiera estar relacionada con la causa de muerte.

Aspectos Forenses:

El encubrimiento de la causa de muerte presenta desafíos para los forenses, que deben utilizar técnicas avanzadas para determinar la verdadera causa del fallecimiento.

Esto puede incluir exámenes toxicológicos, autopsias más detalladas y el análisis de patrones de heridas.

Consideraciones Éticas y Morales:

Éticamente, el encubrimiento de la causa de muerte es visto como una grave violación del respeto hacia la persona fallecida y su familia.

Impide que se realice justicia y que los seres queridos de la víctima puedan entender lo que ocurrió y comenzar su proceso de duelo.

El encubrimiento de la causa de muerte en el contexto de ocultación de cadáver implica una serie de acciones destinadas a obstruir la justicia y evitar que se descubra la verdad sobre una muerte.

Tiene implicaciones legales serias y presenta desafíos significativos tanto para los investigadores como para los expertos forenses.

Además, desde un punto de vista ético y moral, es una acción profundamente reprochable.

ENTERRAR EL CUERPO ILEGALMENTE

El entierro ilegal de un cuerpo en el contexto de un delito de ocultación de cadáver implica esconder el cuerpo de una persona fallecida sin seguir los procedimientos legales establecidos, con el fin de evitar que se descubra la muerte y/o eludir la investigación de las circunstancias que rodearon el fallecimiento.

Este acto puede estar motivado por diversas razones, como ocultar pruebas de un homicidio, evitar implicaciones legales en casos de muerte accidental o negligente, o incluso por razones económicas o emocionales.

No obstante, legalmente es considerado un delito debido a las siguientes razones:

a) Obstaculiza la investigación forense y policial: El entierro ilegal puede impedir que se realice una autopsia o una investigación adecuada sobre la causa de la muerte, lo cual es esencial para determinar si ocurrió un acto criminal.

b) Viola las regulaciones sanitarias y civiles: Existen normas específicas que rigen los procedimientos de entierro para asegurar consideraciones de salud pública y respeto a los fallecidos. Enterrar un cuerpo ilegalmente viola estas normas.

c) Impide el derecho de los familiares a despedirse: El entierro ilegal también puede privar a la familia y seres queridos del fallecido de su derecho a saber lo que sucedió y a despedirse adecuadamente.

Conductas que comporta el entierro ilegal en los delitos de ocultación de cadáver:

a) Excavación clandestina: Cavar una tumba en un lugar no designado para el entierro, como en un terreno privado, en un área silvestre, o en una propiedad sin el permiso debido.

b) Manejo inadecuado del cuerpo: Trasladar el cuerpo sin los protocolos necesarios, lo que puede involucrar no embalsamar o no preparar adecuadamente el cadáver de acuerdo con las normativas sanitarias.

c) Alteración de documentos o falta de documentación: No registrar la muerte, no obtener un certificado de defunción o falsificar documentos para encubrir la ubicación o la existencia del cadáver.

d) Manipulación de evidencias: Destruir o alterar pruebas que podrían estar asociadas con el cuerpo o la causa de la muerte.

e) Falsas declaraciones: Mentir a las autoridades o a las personas que pudieran estar buscando al fallecido, negando conocer el paradero del cuerpo o las circunstancias de la muerte.

f) Complicidad y conspiración: Involucrar a otros en el proceso de entierro ilegal, lo que puede extender la responsabilidad criminal a más individuos.

Las repercusiones legales de enterrar un cuerpo ilegalmente pueden ser graves y variar dependiendo de las leyes específicas de cada jurisdicción, así como de las circunstancias del caso.

Este acto se considera un grave atentado contra las normativas de salud pública, las leyes penales y los derechos civiles, y suele acarrear penas significativas para los responsables.

FALSIFICACIÓN DE EVIDENCIA RELACIONADA CON EL CADÁVER

La falsificación de evidencia en el contexto de un cadáver implica cualquier acción dirigida a alterar, fabricar o manipular pruebas con la intención de engañar a las autoridades durante su investigación sobre la muerte de una persona.

Esto puede ser realizado para encubrir las circunstancias reales de la muerte, proteger al culpable, o incluso incriminar a otra persona de manera injusta.

La falsificación de evidencia es un acto criminal porque busca corromper la integridad del proceso legal y la búsqueda de la verdad.

Conductas que comporta la falsificación de evidencia relacionada con el cadáver:

a) Alteración de la escena del crimen: Cambiar la posición del cadáver o los objetos alrededor de él para simular una causa de muerte diferente o para sugerir que la muerte ocurrió bajo distintas circunstancias.

b) Implantación de pruebas falsas: Colocar objetos, sustancias o evidencia en la escena del crimen o sobre el cuerpo para desviar la sospecha o para crear una narrativa falsa sobre cómo ocurrió la muerte.

c) Modificación del cuerpo: Intentar modificar heridas, marcas o cualquier característica del cuerpo que pueda dar indicaciones sobre la causa o el momento de la muerte.

d) Documentos fraudulentos: Crear o modificar documentos como cartas, notas de suicidio, diarios o registros médicos para presentar una versión de los hechos que no es verídica.

e) Manipulación de muestras biológicas: Alterar o reemplazar muestras de ADN, sangre, tejidos u otros fluidos corporales que puedan ser analizados como parte de la autopsia.

f) Obstrucción de la identificación: Borrar huellas dactilares, alterar registros dentales, o cualquier otro método destinado a dificultar la identificación del cadáver.

g) Proporcionar testimonios falsos: Dar a las autoridades información engañosa o testimonios inventados sobre las circunstancias del fallecimiento o la identidad de la persona.

La falsificación de evidencia relacionada con un cadáver no solo agrava la penalidad en caso de ser descubierto, sino que también puede constituir un delito independiente, que suele ser gravemente penado, ya que afecta directamente a la capacidad del sistema judicial para impartir justicia.

Además, estos actos pueden causar un daño irreparable a la integridad del proceso legal, la confianza del público en el sistema de justicia y el sufrimiento de los seres queridos de la víctima que buscan respuestas y justicia.

IMPLICACIÓN DE TERCEROS

La implicación de terceros en los delitos de ocultación de cadáver se refiere a la participación de personas distintas al autor principal del delito en acciones que ayudan, encubren o facilitan la ocultación de un cuerpo humano fallecido.

Estos terceros pueden ser cómplices o colaboradores en el acto de ocultar el cadáver, y sus conductas pueden variar en gravedad.

Algunas de las conductas que pueden estar involucradas en la implicación de terceros en los delitos de ocultación de cadáver incluyen:

a) Ayuda en la disposición del cuerpo: Un tercer individuo puede ayudar al autor principal a colocar el cuerpo en un contenedor, caja, bolsa o lugar de ocultación. Esto puede incluir acciones físicas, como cargar o transportar el cuerpo, o proporcionar asistencia logística.

b) Proporcionar recursos o instrumentos: Los terceros pueden proporcionar los medios necesarios para la ocultación del cadáver, como bolsas de plástico, cuerdas, herramientas, vehículos o dinero para alquilar un lugar de ocultación.

c) Encubrimiento: Los terceros pueden participar en acciones destinadas a encubrir o disfrazar la ocultación del cadáver, como limpiar la escena del crimen, eliminar evidencia, dar información falsa a las autoridades o proporcionar coartadas falsas para el autor principal.

d) Transporte del cuerpo: En algunos casos, los terceros pueden ser responsables de transportar el cuerpo a un lugar de ocultación o ayudar en su desplazamiento, lo que puede incluir la carga en un vehículo, la conducción a un lugar remoto o el arrojamiento en un cuerpo de agua.

e) Participación en la planificación: Si los terceros están involucrados en la planificación del acto de ocultación de cadáver, pueden ser considerados cómplices en el delito. Esto implica la colaboración en la toma de decisiones, la coordinación de acciones o la asesoría en la ejecución del delito.

f) Coerción o amenazas: En algunos casos, los terceros pueden ser coaccionados o amenazados por el autor principal para que participen en la ocultación del cadáver. En tales situaciones, su participación puede ser involuntaria, pero aún pueden ser considerados cómplices en el delito si se demuestra que actuaron bajo coacción.

La implicación de terceros en los delitos de ocultación de cadáver también puede llevar a que estos terceros enfrenten cargos penales, como complicidad en el delito de ocultación de cadáver o incluso cargos más graves si se demuestra que tuvieron conocimiento y participación en un homicidio o asesinato relacionado con la ocultación.

Es importante recordar que las leyes y las sanciones específicas varían según la jurisdicción y dependen de factores como la complicidad, la intención y las circunstancias del caso.

Cada jurisdicción puede tener definiciones y castigos ligeramente diferentes para la implicación de terceros en delitos de ocultación de cadáver, por lo que siempre es esencial consultar las leyes locales para obtener información precisa.

INTENTO DE ENCUBRIR UN HOMICIDIO O MUERTE SOSPECHOSA

El intento de encubrir un homicidio o una muerte sospechosa en el contexto de delitos de ocultación de cadáver implica una serie de acciones y comportamientos cuyo objetivo es evitar que se descubra la verdad sobre las circunstancias de la muerte y evadir la responsabilidad legal por el acto.

Estas acciones tienen implicaciones legales significativas y pueden incluir una variedad de conductas:

a) Ocultación de cadáver: Específicamente, la ocultación del cadáver para evitar la detección de un homicidio o muerte sospechosa es un delito en sí mismo en muchas jurisdicciones. Esta acción obstruye la justicia y puede considerarse como un esfuerzo para impedir una investigación criminal.

b) Encubrimiento de homicidio: Si la muerte fue resultado de un homicidio, el acto de ocultar el cuerpo y cualquier evidencia relacionada es un agravante y puede ser perseguido como tal, además de los cargos por homicidio.

c) Obstrucción a la justicia: Independientemente de la participación directa en la muerte, el mero acto de intentar encubrir un homicidio es un delito de obstrucción a la justicia.

Conductas Asociadas:

a) Alteración de la escena del crimen: Esto puede incluir limpiar la sangre, mover el cuerpo, plantar o remover evidencia para crear una narrativa falsa sobre cómo ocurrió la muerte.

b) Deshacerse del cuerpo: Mediante enterramiento clandestino, quema, sumersión en agua o utilización de químicos para descomponer el cuerpo y dificultar su identificación y el esclarecimiento de la causa de muerte.

c) Fabricación de una coartada: Crear una historia falsa o proporcionar información engañosa a las autoridades para desviar la sospecha o la investigación.

d) Manipulación de testigos: Incluiría persuadir, amenazar o sobornar a testigos potenciales para que no revelen información o proporcionen testimonios falsos.

e) Destrucción o alteración de pruebas: Incluye eliminar o modificar objetos, documentos o cualquier tipo de evidencia que pueda vincular a la persona con el crimen.

Aspectos Forenses:

Los intentos de encubrir un homicidio pueden complicar significativamente el trabajo de los investigadores y forenses, pero no lo hacen imposible.

Los expertos forenses emplean técnicas avanzadas para detectar signos de manipulación y reconstruir los hechos originales.

Consideraciones Éticas y Morales:

Desde una perspectiva ética y moral, el intento de encubrir un homicidio o una muerte sospechosa es visto como un acto de deshonestidad y desprecio por la ley y la justicia.

Negar el esclarecimiento de los hechos y la posible identificación de la víctima es también una falta de respeto a la dignidad humana y un agravio para los familiares y seres queridos de la víctima.

El intento de encubrir un homicidio o una muerte sospechosa mediante la ocultación de un cadáver es un acto serio con profundas implicaciones legales y éticas.

No solo aumenta la severidad de cualquier delito subyacente, sino que también representa un esfuerzo significativo para subvertir el proceso de la justicia.

Estas acciones suelen ser rigurosamente investigadas y perseguidas por las autoridades.

MANIPULAR EL CADÁVER PARA IMPEDIR SU IDENTIFICACIÓN

La manipulación de un cadáver para impedir su identificación es una conducta criminal que se refiere a cualquier acción llevada a cabo con la intención de alterar, desfigurar o destruir las características físicas o la información genética de un cuerpo con el objetivo de evitar que se reconozca la identidad de la persona fallecida.

Este tipo de manipulación es un claro indicativo de que el autor del delito quiere ocultar su relación con la muerte del individuo o las circunstancias que rodearon el fallecimiento, lo cual puede estar relacionado con esfuerzos por encubrir un crimen más grave, como un homicidio.

Conductas que comporta manipular el cadáver para impedir su identificación:

a) Desfiguración facial: La desfiguración del rostro o la cabeza para evitar el reconocimiento visual del cadáver.

b) Eliminación de las huellas dactilares: La destrucción de las puntas de los dedos o las palmas de las manos para remover las huellas dactilares.

c) Extracción de dientes: Remover los dientes para evitar la identificación a través de registros dentales.

d) Quemaduras: Infligir quemaduras extensas en el cuerpo para hacer irreconocible el tejido y las características individuales.

e) Desmembramiento: Separar partes del cuerpo, especialmente aquellas que podrían ser usadas para la identificación, como la cabeza, las manos y los pies.

f) Alteración o remoción de implantes quirúrgicos y dispositivos médicos: Extracción de marcapasos, implantes de cadera, placas de identificación quirúrgica u otros dispositivos que pueden contener números de serie o información médica que podría usarse para la identificación.

g) Utilización de sustancias químicas: Aplicar ácidos, bases o cualquier otro compuesto químico que pueda corroer el tejido y dificultar la identificación.

h) Entierro en lugares inaccesibles: Esconder el cuerpo en lugares donde las condiciones ambientales o la fauna local pueden acelerar la descomposición o destrucción del cuerpo.

i) Alteración de ADN: Aunque es menos común y tecnológicamente más complejo, teóricamente podría intentarse la contaminación o destrucción de muestras de ADN que podrían ser recolectadas de un cuerpo.

Estas conductas son gravemente ilegales y son castigadas severamente por las leyes en la mayoría de las jurisdicciones.

Representan una obstrucción directa a la justicia y suelen llevar asociadas penas significativas.

La manipulación del cadáver para impedir la identificación no solo complica la investigación criminal, sino que también añade un profundo sufrimiento a los seres queridos del difunto que se ven privados del cierre y de la oportunidad de despedirse adecuadamente.

NO REPORTAR LA MUERTE A LAS AUTORIDADES

No reportar una muerte a las autoridades implica fallar intencionadamente en notificar a la policía o a los servicios de emergencia cuando se descubre un cadáver o se es testigo de una muerte.

Este acto puede ser considerado un delito si existe una obligación legal de reportar dicho hallazgo o fallecimiento, y más aún si la omisión de reportar es parte de un esfuerzo para ocultar un crimen o proteger al culpable.

Conductas que comporta no reportar una muerte a las autoridades:

a) Ocultación del hallazgo: Descubrir un cuerpo y decidir no informar a la policía o a los servicios médicos.

b) Ignorancia deliberada: Elegir no investigar o reconocer una situación en la que hay claros indicios de una muerte que requiere ser reportada.

c) Colusión con terceros: Acordar con otras personas no informar el fallecimiento para proteger a alguien o para evitar involucrarse.

d) Retraso en la notificación: Esperar un período de tiempo antes de reportar la muerte, lo cual podría ser utilizado para crear una coartada o permitir la desaparición de evidencia.

e) Negación de conocimiento: Fingir ignorancia sobre la muerte cuando se cuestiona por las autoridades, a pesar de tener conocimiento de la misma.

f) Desincentivar a otros a reportar: Persuadir o intimidar a otros testigos para que no reporten la muerte.

g) Manipulación de la escena: Modificar la escena donde se encontró el cuerpo para hacerla menos sospechosa antes de reportar, si es que finalmente se decide hacerlo.

h) Eliminación de evidencias que requieren reporte: Deshacerse de cualquier objeto, mensaje o pista que pueda obligar a reportar la muerte a las autoridades.

No reportar una muerte, especialmente si está relacionada con circunstancias sospechosas o criminales, puede tener consecuencias legales serias, incluyendo cargos por complicidad después del hecho, obstrucción de la justicia, o incluso cargos más graves dependiendo del contexto.

En algunos lugares, existen leyes específicas que obligan a ciertos profesionales (como médicos, enfermeras, trabajadores sociales) a reportar muertes bajo ciertas condiciones.

El incumplimiento de estas obligaciones no solo tiene implicaciones legales sino también éticas y morales, y puede afectar negativamente el curso de una investigación judicial.

PROPORCIONAR INFORMACIÓN FALSA PARA DESVIAR LA INVESTIGACIÓN

Proporcionar información falsa para desviar la investigación en el contexto de delitos de ocultación de cadáver implica hacer declaraciones engañosas, dar pistas falsas, o presentar datos incorrectos intencionadamente a las autoridades con el propósito de confundir, retrasar o dirigir incorrectamente la investigación criminal que se lleva a cabo en relación con un cadáver ocultado o un homicidio.

Conductas que comporta proporcionar información falsa para desviar la investigación:

a) Falsas declaraciones: Decir mentiras o dar testimonios inventados a la policía o en documentos oficiales acerca de la muerte o desaparición de la persona.
b) Elaboración de una historia falsa e inexacta: Crear una historia sobre la ubicación y actividades de uno mismo o de otra persona para proporcionar una coartada que no es verdadera.
c) Modificación de evidencia física o digital: Alterar o fabricar pruebas que se puedan presentar a las autoridades, como mensajes de texto, correos electrónicos, o imágenes de cámaras de seguridad.
d) Manipulación de testigos: Convencer a otros para que den testimonios falsos o retengan información verídica.
e) Creación ficticia de pruebas de pruebas: Colocar objetos o sustancias en la escena del crimen o en posesión de otras personas para inducir a error a los investigadores.
f) Reporte de hechos falsos: Como notificar un robo o secuestro ficticio para explicar la desaparición de la persona cuyo cadáver se ha ocultado.
g) Desinformación sobre la identidad: Dar a las autoridades una identidad falsa del fallecido o de supuestos sospechosos.
h) Invención de historias sobre las circunstancias de la muerte: Inventar causas o mecanismos de muerte falsos, como alegar que fue un accidente o suicidio cuando en realidad fue un homicidio.
i) Uso de medios de comunicación o redes sociales para difundir desinformación: Publicar información falsa para crear percepciones erróneas en el público o en los medios de comunicación.

Proporcionar información falsa para desviar la investigación es un delito grave que puede acarrear consecuencias jurídicas significativas, incluyendo cargos por obstrucción de la justicia, falso testimonio, y complicidad en el delito subyacente.

Las sanciones dependerán de la legislación específica de cada jurisdicción y del impacto que las acciones hayan tenido en la investigación.

Este tipo de conducta puede ser perjudicial no solo para la resolución efectiva de la investigación criminal, sino también para el proceso de duelo de los seres queridos de la víctima y la integridad del sistema judicial.

QUEMAR EL CUERPO PARA EVITAR SU IDENTIFICACIÓN O DESCUBRIMIENTO

El acto de quemar el cuerpo de una persona fallecida para evitar su identificación o descubrimiento es una conducta delictiva que implica la destrucción intencional de restos humanos.

Este acto usualmente se realiza con el objetivo de:

a) Eliminar pruebas físicas que puedan vincular un cuerpo a una persona desaparecida o conocida.

b) Impedir que se determine la causa de la muerte, lo cual puede ser crucial en investigaciones de asesinato o muertes sospechosas.

c) Evitar la detección legal del cuerpo por parte de las autoridades para eludir la responsabilidad penal.

Conductas que comporta quemar el cuerpo para evitar su identificación o descubrimiento:

a) Incineración del cuerpo: Utilizar fuego directamente sobre el cadáver para carbonizar y destruir los tejidos blandos y posiblemente los huesos, haciendo más difícil la identificación y análisis forense.

b) Uso de sustancias acelerantes: Aplicar líquidos inflamables como gasolina o alcohol para garantizar que el fuego sea suficientemente intenso para destruir el cadáver de manera efectiva.

c) Alteración de la escena del crimen: Escoger una ubicación remota o controlada para incinerar el cuerpo, a menudo junto con intentos de limpiar o alterar la escena para evitar la detección de la quema.

d) Manipulación de restos: Tras la quema, se pueden realizar esfuerzos para dispersar o enterrar los restos calcinados para dificultar aún más su descubrimiento e identificación.

e) Deshacerse de la evidencia asociada: Incluye la eliminación de objetos personales, ropas o cualquier artículo que pueda asociarse al fallecido o a la causa de su muerte.

f) Engaño o distracción: Proporcionar información falsa a las autoridades o familiares sobre el paradero de la persona fallecida, mientras se lleva a cabo la destrucción del cuerpo.
g) Planificación y premeditación: Implica actos preparatorios como la adquisición de materiales necesarios para la incineración y la elección del momento y lugar para realizar el acto sin ser detectado.

Este delito es considerado muy grave y puede resultar en severas consecuencias legales, ya que suele asociarse con intentos de encubrir otros delitos, como el homicidio.

Las sanciones pueden incluir cargos por destrucción de evidencia, obstrucción de la justicia, y según el contexto, pueden ser agravados si se relacionan con otros actos ilícitos.

TRASLADAR UN CADÁVER CON EL FIN DE OCULTARLO

Trasladar un cadáver con el propósito de ocultarlo significa mover físicamente el cuerpo de una persona fallecida desde el lugar donde se encontraba originalmente a otro lugar para prevenir o dificultar su descubrimiento por parte de las autoridades o cualquier otra persona.

Este acto generalmente tiene la intención de encubrir las circunstancias que rodean la muerte, ya sea para evitar la detección de un crimen, proteger al culpable o entorpecer la investigación forense y policial.

Conductas que comporta trasladar un cadáver con el fin de ocultarlo:

a) Uso de vehículos para el transporte: Emplear coches, camiones, botes u otros medios de transporte para llevar el cuerpo a un lugar diferente.
b) Enterramiento en un lugar remoto: Llevar el cuerpo a un área aislada para enterrarlo donde sea menos probable su hallazgo.
c) Deposición en espacios confinados: Colocar el cadáver en un contenedor, maleta, barril o similar para ocultarlo y posiblemente deshacerse de él en un lugar discreto.
d) Sumersión en cuerpos de agua: Transportar y sumergir el cuerpo en lagos, ríos, pozos o el mar con el fin de ocultarlo y hacer más difícil su recuperación y la posterior investigación.
e) Movimiento a propiedades privadas: Llevar el cadáver a terrenos privados, construcciones, sótanos, entre otros, donde el acceso del público y las autoridades es limitado.

f) Cambio de escena del crimen: Mover el cuerpo de la ubicación donde ocurrió la muerte para confundir la investigación sobre las circunstancias del fallecimiento.

g) Empleo de terceros para el traslado: Involucrar a otras personas para que ayuden a mover el cadáver, lo que podría extender la responsabilidad penal y aumentar el número de cómplices.

h) Uso de técnicas para prevenir el rastreo: Tomar medidas como envolver el cuerpo en plástico, usar guantes, y limpiar el vehículo después del transporte para evitar dejar rastros de ADN o huellas dactilares.

i) Creación de falsas pistas: Mover el cuerpo a una locación que sugiera un accidente o suicidio, distorsionando la escena para desviar la investigación policial de la verdadera causa de la muerte.

Cualquier persona que sea descubierta realizando tales actos puede enfrentarse a cargos criminales graves.

En muchos países, el acto de trasladar un cadáver con el fin de ocultarlo es un delito en sí mismo, independientemente de la implicación en la causa de la muerte.

Además, si este acto es parte de un encubrimiento más amplio asociado con un homicidio u otro delito violento, puede llevar a cargos adicionales y penas significativamente más severas.

Las consecuencias específicas dependen de la legislación del lugar donde se comete el delito.

UTILIZACIÓN DE CONTENEDORES O BOLSAS

La utilización de contenedores o bolsas en los delitos de ocultación de cadáver se refiere a la práctica de colocar el cuerpo de una persona fallecida en un recipiente o envoltura con el propósito de esconder o encubrir el cadáver.

Esto generalmente se hace con la intención de evitar que el cuerpo sea descubierto y que las autoridades investigativas o forenses puedan determinar las circunstancias de la muerte.

Las conductas asociadas con la utilización de contenedores o bolsas en los delitos de ocultación de cadáver pueden variar en gravedad y pueden incluir:

a) Colocar el cadáver en una bolsa de plástico, lona u otro material similar con el fin de aislarlo del entorno y reducir la evidencia visible.

b) Utilizar cajas, maletas, baúles u otros recipientes para ocultar el cuerpo de manera más efectiva.

c) Enterrar el cadáver en un lugar remoto o clandestino, como un bosque, un campo o un área desolada, para dificultar su descubrimiento.

d) Sumergir el cuerpo en agua, como en un río, lago o cualquier otro cuerpo de agua, con la intención de que no sea encontrado fácilmente.

e) Enterrar el cadáver en una tumba poco profunda, en un esfuerzo por ocultarlo temporalmente.

f) Desmembrar el cuerpo y colocar sus partes en bolsas o contenedores separados para dificultar su identificación y descubrimiento.

g) Utilizar productos químicos o sustancias para acelerar la descomposición del cadáver y reducir las evidencias forenses.

La ocultación de cadáver es un delito grave en la mayoría de los sistemas legales, ya que impide que se realice una investigación adecuada sobre las circunstancias de la muerte y puede estar relacionada con otros delitos, como el homicidio o el asesinato.

Las conductas mencionadas anteriormente pueden considerarse acciones criminales independientes y, por lo general, conllevan penas severas si la persona es condenada.

Es importante destacar que las leyes y las sanciones específicas varían según la jurisdicción y dependen de factores como la intención detrás de la ocultación y las circunstancias específicas del caso.

Además, cada jurisdicción puede tener definiciones y castigos ligeramente diferentes para este tipo de delitos.

Por lo tanto, siempre es importante consultar las leyes y regulaciones locales para obtener información precisa sobre la ocultación de cadáver en una región específica.

UTILIZAR ÁCIDOS O SUSTANCIAS QUÍMICAS PARA ACELERAR LA DESCOMPOSICIÓN Y DIFICULTAR SU IDENTIFICACIÓN

El uso de ácidos o sustancias químicas para acelerar la descomposición de un cuerpo y dificultar su identificación en el contexto de un delito implica varias intenciones y acciones específicas:

Significado Legal:

a) Destrucción de evidencia: Es un acto intencional de destruir evidencia física que podría ser utilizada para identificar a la víctima o para determinar la causa de la muerte, lo cual es fundamental en una investigación criminal.

b) Agravamiento del delito: Este acto puede ser considerado como un agravante en la comisión del delito de ocultación de cadáver y puede llevar a mayores sanciones si se descubre.

c) Obstrucción de la justicia: Interferir con la investigación criminal a través de la destrucción de un cadáver se considera un acto de obstrucción de la justicia.

Conductas Asociadas:

a) Preparación y Planificación: Seleccionar y adquirir ácidos o sustancias químicas que sean capaces de descomponer tejido humano requiere un grado de conocimiento y preparación previa.

b) Precaución en el manejo: El uso de estas sustancias implica tomar medidas para protegerse del daño que pueden causar, como el uso de equipo de protección personal.

c) Desaparición de características físicas: La intención es eliminar rasgos identificativos como huellas dactilares, características faciales, tatuajes, o cualquier otro signo que pueda ser usado para identificar a la víctima.

d) Eliminación de evidencia forense: Buscar eliminar elementos como ADN, tejidos que puedan contener fluidos corporales, o cualquier resto que pueda vincular a la víctima con el perpetrador o el lugar de los hechos.

e) Selección de lugar: Elegir un lugar adecuado para llevar a cabo este proceso sin ser descubierto, que podría ser un área aislada o una propiedad privada.

Aspectos Forenses:

El uso de químicos para descomponer un cuerpo presenta retos significativos para los forenses.

Aunque la identificación puede ser complicada, no es imposible.

Los expertos pueden buscar otras maneras de identificar a la víctima, como a través de registros dentales, implantes médicos, o incluso isótopos en los huesos que pueden indicar la región geográfica de origen de la persona.

Consideraciones Éticas y Morales:

Este tipo de acto es considerado moral y éticamente reprobable, ya que demuestra un desprecio total por la dignidad humana y el derecho de la víctima y sus familiares a la verdad y la justicia.

También impide el duelo y el cierre emocional al negar la posibilidad de un entierro apropiado.

Utilizar ácidos o sustancias químicas para destruir un cadáver es un acto deliberado que busca impedir la labor de la justicia.

Este acto no solo tiene implicaciones legales graves, aumentando la severidad de las sanciones para quien lo cometa, sino que también refleja una intención clara de evadir la responsabilidad penal y obstruir el proceso judicial.

TRÁFICO ILEGAL DE ÓRGANOS HUMANOS

INTRODUCCIÓN

ALMACENAMIENTO ILÍCITO

El almacenamiento ilícito en el contexto de los delitos de tráfico ilegal de órganos implica mantener en reserva órganos humanos obtenidos de manera no autorizada o ilegal para su uso futuro o inmediato en trasplantes que no cumplen con las regulaciones legales o éticas.

Dicho almacenamiento puede darse en diferentes etapas y contextos, y puede involucrar diversas conductas indebidas:

a) Conservación no regulada de órganos: Mantener órganos fuera del sistema legal y sanitario establecido, a menudo en instalaciones médicas privadas o clandestinas que no cuentan con la autorización o supervisión adecuada.

b) Uso de tecnología sin certificación: Empleo de equipos y técnicas para la preservación de órganos que no están certificados ni aprobados por autoridades competentes, lo que puede comprometer la viabilidad y seguridad de los órganos.

c) Violación de protocolos de seguridad: Ignorar los estándares de seguridad e higiene necesarios para el almacenamiento apropiado de materia biológica, lo que podría llevar a la contaminación de los órganos y poner en riesgo la vida de los receptores.

d) Ocultamiento de la procedencia de los órganos: Esconder información sobre el origen de los órganos, incluyendo la identidad de los donantes y las circunstancias de la donación o extracción.

e) Falsificación de documentación: Crear o modificar documentos que certifiquen falsamente la legalidad y el seguimiento de los órganos almacenados.

f) Operación de redes logísticas clandestinas: Desarrollar y mantener una cadena de suministro y logística para transportar y almacenar los órganos fuera de los canales legales.

g) Infracción de las leyes de trasplante: Violar leyes nacionales e internacionales que regulan la donación, extracción, almacenamiento y trasplante de órganos humanos.

h) Comercio ilícito: Participar en la compra y venta de órganos almacenados ilícitamente, a menudo con precios altos debido a la urgencia y desesperación de los pacientes en espera.

i) Explotación de la pobreza y la vulnerabilidad: Aprovecharse de individuos vulnerables para obtener órganos, prometiendo compensaciones que muchas veces no se entregan o son insuficientes.

j) Ausencia de control de calidad y seguimiento post-trasplante: No realizar las pruebas y controles de calidad necesarios para asegurar la seguridad y eficacia de los órganos almacenados, así como la falta de seguimiento post-trasplante para garantizar la salud del receptor.

Estas prácticas ilícitas están diseñadas para mantener la disponibilidad de órganos para trasplantes que se realizan sin las debidas autorizaciones sanitarias y legales.

El almacenamiento ilícito es una grave violación de la ley y los derechos humanos, y representa un riesgo significativo para la salud y la seguridad tanto de donantes como de receptores.

Combatir el almacenamiento ilícito de órganos requiere una cooperación internacional robusta y la implementación de controles estrictos dentro del sistema de atención médica y de trasplante de órganos.

AMENAZAS

En el contexto de los delitos de tráfico ilegal de órganos, las amenazas son acciones o declaraciones que intentan coaccionar o intimidar a individuos o grupos para que participen en la extracción, venta o compra de órganos humanos contra su voluntad o bajo condiciones de explotación. Estas amenazas pueden dirigirse a posibles donantes, a receptores, o a profesionales implicados en el proceso de trasplante. Las conductas asociadas con las amenazas en este tipo de delito incluyen:

a) Amenazas de Violencia Física: Individuos o redes criminales pueden amenazar con hacer daño físico a la persona o a sus seres queridos si no accede a donar un órgano o a mantenerse en silencio sobre un procedimiento ilícito.

b) Amenazas Económicas o Sociales: Las víctimas pueden ser amenazadas con consecuencias económicas negativas, como la pérdida de empleo o vivienda, o con el ostracismo social si se niegan a cumplir con las demandas de los traficantes.

c) Coacción Psicológica: Utilizar la manipulación emocional para intimidar a las víctimas, haciéndoles creer que no tienen otra opción que participar en la transacción ilegal de órganos.

d) Amenazas Legales: Amenazar a las víctimas con falsas acusaciones de ilegalidades o con denunciarlas a las autoridades por delitos no cometidos si no cooperan.

e) Intimidación para Garantizar el Silencio: Amenazar a las personas implicadas o a testigos para impedir que informen a la policía o a otras autoridades competentes.

f) Amenazas de Represalias: Advertencias de represalias violentas o dañinas contra quienes consideren exponer o desafiar las operaciones de tráfico de órganos.

g) Amenazas para Asegurar la Complicidad: Forzar a médicos, enfermeros u otros profesionales de la salud a participar en procedimientos ilícitos de trasplante bajo la amenaza de daño a su reputación profesional, seguridad personal o bienestar familiar.

h) Uso de Amenazas para Evadir la Justicia: Intimidar a testigos o a miembros del jurado en casos judiciales relacionados con el tráfico de órganos para influenciar los resultados de los juicios.

Las amenazas en el tráfico ilegal de órganos buscan crear un ambiente de miedo y sumisión que facilita la explotación de las víctimas y la operación de las redes de tráfico.

Las estrategias para abordar este problema incluyen la protección y el apoyo a las víctimas y testigos, la aplicación estricta de la ley contra los traficantes de órganos, y la creación de condiciones que reduzcan la vulnerabilidad de las personas a ser explotadas de esta manera.

APROVECHAMIENTO DE PERSONAS FALLECIDAS SIN CONSENTIMIENTO

El aprovechamiento de personas fallecidas sin su consentimiento en el contexto de los delitos de tráfico ilegal de órganos implica la extracción y venta de órganos de individuos que han muerto sin que haya habido una autorización previa por parte del donante o sin el consentimiento informado de sus familiares.

Esto contraviene las leyes y normativas éticas que rigen la donación de órganos y la manipulación de restos humanos.

Las conductas relacionadas con esta práctica pueden incluir:

a) Extracción no Autorizada: Realizar la extracción de órganos de personas fallecidas en hospitales, morgues o incluso en escenas de crimen sin la debida autorización.

b) Falsificación de Documentos: Crear o alterar documentos para simular el consentimiento del donante o de sus familiares.

c) Engaño a Familiares: Proporcionar información falsa a los familiares del fallecido sobre las causas de la muerte o el estado de los órganos para obtener los mismos sin su consentimiento legítimo.

d) Violación de la Custodia de Cadáveres: Incumplir las normativas que regulan el manejo de cadáveres en instituciones de salud o funerarias para acceder a los órganos.

e) Corrupción: Sobornar a personal médico, forense o funerario para que colaboren en la extracción y entrega ilegal de órganos.

f) Manipulación de Registros Médicos y Forenses: Modificar o suprimir registros médicos o informes de autopsias para ocultar la extracción no autorizada de órganos.

g) Abuso de Autoridad: Utilizar posiciones de poder dentro de instituciones médicas o gubernamentales para facilitar o encubrir el tráfico de órganos.

h) Comercialización de Órganos sin Rastreo: Vender órganos obtenidos ilegalmente a través de canales que no permiten el rastreo hacia el donante original, lo que evita la rendición de cuentas y promueve el anonimato.

i) Desinformación: Propagar información falsa sobre la legalidad y las prácticas de donación de órganos para cubrir las actividades ilícitas.

El aprovechamiento de personas fallecidas sin su consentimiento para el tráfico de órganos es un acto que deshumaniza al individuo y viola los derechos fundamentales asociados con el respeto a los muertos.

Es un delito que requiere una respuesta integral, incluyendo la mejora en los procesos de control de las instituciones de salud, la capacitación ética y legal del personal involucrado en la manipulación de cuerpos, y la promoción de sistemas de donación de órganos transparentes y regulados que respeten la voluntad del donante y de sus familiares.

CAPTACIÓN DE VÍCTIMAS

La captación de víctimas en los delitos de tráfico ilegal de órganos es un proceso por el cual individuos o grupos delictivos buscan y reclutan a personas para extraerles órganos de manera ilegal, con fines de lucro.

Este tipo de delito es una grave violación de los derechos humanos y es considerado una forma de trata de personas.

La captación puede comportar diversas conductas, tales como:

a) Engaño: Promesas de trabajo o de una vida mejor en otro lugar, ofrecimientos de grandes sumas de dinero, tratamientos médicos gratuitos o a bajo costo, o cualquier otra mentira para atraer a las víctimas.

b) Coacción: Uso de la violencia o de amenazas para forzar a las personas a someterse a la extracción de órganos.

c) Manipulación: Explotación de la vulnerabilidad de las personas, especialmente de aquellas en situaciones de pobreza extrema, inestabilidad política o social, o que carecen de acceso a servicios básicos de salud.

d) Secuestro: Captura ilegal y retención de individuos para extraer sus órganos sin su consentimiento.

e) Fraude: Engaño sobre la naturaleza y las consecuencias de los procedimientos médicos a los que se someterán las víctimas.

f) Abuso de poder o de una situación de vulnerabilidad: Aprovechamiento de una posición de autoridad o influencia para persuadir o forzar a las víctimas a consentir la extracción de órganos.

g) Compra de órganos: Pago directo a personas dispuestas a vender uno de sus órganos debido a una necesidad económica urgente, a menudo por una fracción de lo que los traficantes obtendrán de los compradores.

h) Manipulación de pruebas médicas: A veces se falsifican o alteran los exámenes de compatibilidad y otros documentos médicos para facilitar el tráfico de órganos.

i) Corrupción: Para facilitar la captación de víctimas, se pueden corromper funcionarios, médicos o instituciones para que cierren los ojos ante las prácticas ilegales o incluso las apoyen activamente.

j) Turismo de trasplante: Algunas víctimas son llevadas a otros países bajo la premisa de un viaje o tratamiento médico, donde luego se les extrae un órgano para ser vendido.

Estas conductas pueden estar acompañadas de actividades ilegales como la falsificación de documentos o el tráfico de identidades para facilitar el traslado de las víctimas o los órganos extraídos.

El tráfico ilegal de órganos a menudo implica una red organizada que incluye reclutadores, intermediarios, profesionales médicos que realizan las extracciones, y aquellos que se encargan de la logística de transporte y venta de los órganos.

Es importante destacar que muchas víctimas pueden no ser conscientes de que serán objeto de extracción de órganos o no comprender completamente las consecuencias para su salud y bienestar.

La captación de víctimas es, por tanto, un proceso que se caracteriza por el abuso de poder y la explotación de la vulnerabilidad, y es un fenómeno que requiere una respuesta seria y coordinada por parte de las autoridades nacionales e internacionales.

COMERCIALIZACIÓN

La comercialización en los delitos de tráfico ilegal de órganos se refiere a la compra y venta de órganos humanos a través de transacciones monetarias o de otro tipo de compensaciones, en contravención de las leyes nacionales e internacionales que regulan la donación y el trasplante de órganos.

Las conductas asociadas con la comercialización ilegal de órganos incluyen:

a) Transacciones monetarias: Pagar a donantes vivos, familias de donantes fallecidos o intermediarios por órganos. Esto incluye tanto la oferta como la recepción de pagos.

b) Intermediación ilícita: Actuar como intermediario en la compra y venta de órganos, facilitando la conexión entre el comprador (a menudo el receptor o una persona actuando en su nombre) y el vendedor (el donante).

c) Publicidad ilegal: Publicitar la necesidad de órganos o la disponibilidad de los mismos para la venta, lo cual puede realizarse a través de Internet, en la prensa o mediante el boca a boca.

d) Clínicas clandestinas: Operar o utilizar instalaciones médicas no autorizadas para realizar las extracciones y trasplantes de órganos de manera secreta y al margen de la ley.

e) Falsificación de consentimientos y registros médicos: Alterar o falsificar el consentimiento del donante y los documentos médicos para ocultar la naturaleza comercial de la transacción.

f) Explotación de vulnerabilidades: Aprovechar la vulnerabilidad económica, la falta de conocimiento o la desesperación de los donantes potenciales para persuadirlos a vender sus órganos.

g) Corrupción: Sobornar a funcionarios de salud, médicos o autoridades para que ignoren o faciliten la comercialización ilícita de órganos.

h) Coacción: Presionar o forzar a individuos a vender sus órganos mediante amenazas, chantajes o uso de la fuerza.

i) Turismo de trasplante ilegal: Organizar viajes de trasplante donde los pacientes de países con regulaciones estrictas viajan a otros donde pueden comprar órganos ilegalmente con mayor facilidad.

j) Lavado de dinero: Ocultar el origen ilícito de los fondos obtenidos a través de la comercialización de órganos y reintegrarlos en la economía formal.

Todas estas prácticas constituyen graves violaciones éticas y legales y son consideradas delitos en muchos países.

La lucha contra la comercialización ilegal de órganos incluye esfuerzos para fortalecer los marcos legales y regulatorios, mejorar los sistemas de salud para asegurar la transparencia y la equidad en los procesos de trasplante, y promover la donación de órganos de manera voluntaria y sin compensación económica.

Además, la colaboración internacional es crucial para desmantelar las redes transnacionales que se benefician de este tipo de comercio ilícito.

CORRUPCIÓN

La corrupción en los delitos de tráfico ilegal de órganos implica la participación de individuos en posiciones de poder o autoridad que abusan de sus funciones para facilitar la obtención, transporte, y comercialización de órganos humanos de manera ilícita.

Esto puede ocurrir en el sector de la salud, en el judicial, en el policial, o en otros ámbitos gubernamentales y puede incluir una amplia gama de conductas:

a) Abuso de autoridad: Funcionarios que usan su posición para evadir controles legales, facilitar operaciones ilícitas de trasplantes o proteger a quienes participan en el tráfico de órganos.

b) Soborno: Pagar a profesionales de la salud, funcionarios de aduanas, agentes de la ley, o a otros individuos para que cierren los ojos ante el tráfico ilegal de órganos o participen activamente en él.

c) Falsificación de documentos: Profesionales de la salud u otros involucrados que crean o distribuyen documentación falsa para hacer parecer legítimas las transacciones de órganos.

d) Manipulación de listas de espera para trasplantes: Alterar las listas de espera oficiales para dar prioridad a aquellos que han pagado sobornos, descartando a pacientes legítimos.

e) Encubrimiento y obstrucción a la justicia: Funcionarios que evitan que se investiguen o se persigan los delitos de tráfico de órganos.

f) Complicidad en la explotación: Autoridades que ignoran las señales de advertencia o las pruebas de la explotación de individuos vulnerables para la extracción de órganos.

g) Conflictos de interés: Profesionales médicos o funcionarios que tienen intereses financieros en clínicas privadas o en redes de tráfico de órganos, y que actúan para beneficiar estos intereses en lugar de seguir protocolos éticos y legales.

h) Desvío de recursos médicos: Utilizar instalaciones, equipos o suministros médicos del sector público para realizar trasplantes ilegales de órganos.

i) Omisión de denuncia: No reportar sospechas o evidencias de tráfico de órganos a cambio de beneficios económicos o por amenazas.

j) Explotación de vacíos legales: Aprovechar las debilidades del sistema legal y regulatorio para facilitar la comercialización ilegal de órganos.

La corrupción en este contexto socava los sistemas legales y éticos de trasplante de órganos, resultando en una distribución injusta de órganos y poniendo en peligro vidas al evitar que aquellos que realmente necesitan trasplantes los reciban a tiempo.

Además, contribuye a la desconfianza en las instituciones y en los sistemas de salud pública.

Combatir esta forma de corrupción requiere un enfoque multifacético que incluya mejorar la transparencia, reforzar los mecanismos de rendición de cuentas, establecer medidas de protección para los denunciantes y llevar a cabo una rigurosa supervisión y ejecución de las leyes y regulaciones existentes.

CREACIÓN DE REDES DE TRÁFICO

La creación de redes de tráfico en los delitos de tráfico ilegal de órganos se refiere a la organización y coordinación de grupos de individuos y entidades para facilitar todas las etapas del proceso ilegal de trasplante de órganos.

Estas redes pueden ser complejas y operar a través de fronteras nacionales, involucrando a una variedad de actores que desempeñan diferentes roles. Las conductas asociadas con estas redes incluyen:

a) Reclutamiento de Donantes y Captadores: Identificar y convencer (a menudo mediante engaños, coacción o explotación de la vulnerabilidad) a personas dispuestas a vender sus órganos.

b) Coordinación Médica Ilícita: Involucrar a profesionales de la salud dispuestos a realizar extracciones y trasplantes de órganos fuera de los marcos legales y éticos establecidos.

c) Logística de Transporte y Almacenamiento: Organizar el transporte y almacenamiento de órganos, asegurándose de que se mantengan en condiciones viables para el trasplante.

d) Búsqueda de Receptores: Encontrar personas que necesitan un trasplante y están dispuestas a pagar altas sumas de dinero sin preguntar por el origen del órgano.

e) Corrupción de Funcionarios: Sobornar a funcionarios para obtener documentos falsos o para que ignoren las actividades ilícitas.

f) Lavado de Dinero: Disfrazar el origen de los fondos obtenidos mediante el tráfico de órganos, integrándolos al sistema financiero legal.

g) Creación de Empresas Fronterizas: Establecer negocios legítimos que sirvan como fachada para ocultar las actividades ilícitas y facilitar las transacciones financieras.

h) Uso de Intermediarios y Agentes: Emplear personas que actúen como intermediarios entre los donantes, los receptores y los profesionales médicos, a menudo tomando una comisión por sus servicios.

i) Explotación de Legislaciones Laxas: Aprovecharse de países con legislaciones débiles en materia de trasplantes o con sistemas de salud y legales ineficientes para operar con menor riesgo de ser descubiertos.

j) Seguridad y Protección: Organizar grupos de seguridad para proteger las operaciones de la red de tráfico y evitar la intervención de las autoridades.

k) Estrategias de Ocultamiento y Engaño: Utilizar técnicas avanzadas para ocultar la comunicación y las operaciones, incluyendo el uso de la tecnología para evitar la detección.

l) Adaptación y Evolución: Modificar las operaciones y las estrategias en respuesta a los cambios en la aplicación de la ley y las políticas de salud pública para seguir funcionando de manera subrepticia.

Las redes de tráfico de órganos son altamente dañinas, no solo por la criminalidad inherente a sus operaciones, sino también por el impacto devastador que tienen en las víctimas, que a menudo son explotadas y despojadas de sus derechos y dignidad.

La lucha contra estas redes requiere esfuerzos de cooperación internacional, fortalecimiento del estado de derecho y mejora de los sistemas de salud y trasplante de órganos para reducir la demanda que impulsa este mercado negro.

EVASIÓN DE SISTEMAS DE SALUD LEGÍTIMOS

La evasión de sistemas de salud legítimos en el contexto de los delitos de tráfico ilegal de órganos significa operar fuera de las estructuras médicas y legales establecidas para la donación y el trasplante de órganos.

Esta actividad ilícita implica una serie de comportamientos y estrategias para evitar las salvaguardias y los controles que los sistemas de salud implementan para proteger a pacientes y donantes, garantizar la calidad del cuidado médico y asegurar la legalidad y ética de los trasplantes.

Las conductas asociadas con la evasión de los sistemas de salud legítimos pueden incluir:

a) Realización de Procedimientos Médicos en Lugares Ocultos: Llevar a cabo extracciones y trasplantes de órganos en clínicas clandestinas o instalaciones no autorizadas que no cumplen con los estándares médicos necesarios.

b) Uso de Profesionales de la Salud Comprometidos: Contratar médicos, cirujanos y personal de enfermería que estén dispuestos a ignorar los protocolos legales y éticos a cambio de beneficios económicos o bajo coacción.

c) Falsificación de Consentimiento: Crear documentos falsos para simular el consentimiento del donante o su familia, cuando en realidad no se ha obtenido.

d) Manipulación de Listas de Espera: Utilizar información privilegiada o sobornos para alterar las listas de espera oficiales, permitiendo que los receptores paguen para ser priorizados ilegalmente.

e) Omisión de Pruebas Médicas Adecuadas: Evitar realizar todas las pruebas necesarias que aseguren la compatibilidad y el buen estado de los órganos, poniendo en riesgo la vida del receptor.

f) Simulación de Emergencias Médicas: Inventar situaciones de urgencia médica para justificar procedimientos de trasplante rápidos y sin el debido escrutinio.

g) Evasión de Controles Regulatorios: Ignorar los requisitos de notificación y registro que permiten a las autoridades sanitarias monitorear y regular los trasplantes de órganos.

h) Lavado de Dinero y Transacciones Financieras Encubiertas: Desviar los pagos a través de canales ilícitos para evitar la detección de las transacciones económicas que involucran la compra y venta de órganos.

i) Uso de Intermediarios: Emplear a intermediarios o "brokers" para manejar los aspectos logísticos y financieros, aislando así las operaciones ilegales del escrutinio médico y legal.

j) Evasión de Sistemas de Seguimiento Post-Trasplante: No realizar el seguimiento médico adecuado después del trasplante para evitar el registro de complicaciones o resultados adversos que podrían alertar a las autoridades.

La evasión de los sistemas de salud legítimos en el tráfico de órganos es un asunto grave que no solo viola la ley y los principios éticos, sino que también representa un riesgo significativo para la salud y la seguridad de donantes y receptores.

Combatir esta evasión requiere de esfuerzos coordinados de vigilancia y cumplimiento por parte de los sistemas de salud, así como de una aplicación estricta de las leyes por parte de las autoridades competentes.

Además, es fundamental aumentar la conciencia pública sobre los riesgos del tráfico de órganos y promover la donación de órganos a través de canales legítimos y éticos.

EXPLOTACIÓN DE LA POBREZA

La explotación de la pobreza en los delitos de tráfico ilegal de órganos significa aprovecharse de la situación económica desesperada de las personas para reclutarlas como donantes de órganos en un mercado ilegal. Los traficantes de órganos a menudo se dirigen a individuos o comunidades en situaciones de pobreza porque su vulnerabilidad económica los hace más susceptibles a las ofertas de dinero rápido a cambio de sus órganos. A continuación, se describen algunas de las conductas y prácticas que se asocian con esta explotación:

a) Ofrecimiento de compensaciones financieras: Promesas de pagos significativos que, aunque pueden parecer altos para una persona en extrema necesidad, suelen ser una fracción del valor del órgano en el mercado negro.

b) Falsas promesas: Se engaña a las personas haciéndoles creer que donar un órgano no tendrá consecuencias negativas a largo plazo para su salud o que el procedimiento es seguro y realizado por profesionales.

c) Desinformación: Se aprovecha la falta de educación y acceso a la información adecuada en las comunidades empobrecidas para difundir mitos o mentiras sobre las donaciones de órganos.

d) Abuso de poder y confianza: En algunos casos, figuras de autoridad o personas en las que la comunidad confía pueden estar involucradas en el reclutamiento, abusando de su posición para persuadir o coaccionar a individuos para que vendan sus órganos.

e) Ausencia de consentimiento informado: Las víctimas podrían no recibir toda la información necesaria para tomar una decisión informada y voluntaria, especialmente en términos de riesgos para la salud y legales.

f) Presión y coerción: Se ejerce presión sobre individuos o familias enteras en momentos de desesperación financiera, como después de un desastre natural, cuando están más vulnerables.

g) Aprovechamiento de la falta de regulaciones adecuadas: En muchos lugares con altos índices de pobreza, las regulaciones y la aplicación de la ley pueden ser débiles, permitiendo a los traficantes operar con mayor impunidad.

h) Creación de un ciclo de endeudamiento: Algunos traficantes pueden ofrecer préstamos con intereses altos que no pueden ser pagados de otra forma que no sea mediante la "venta" de un órgano.

La explotación de la pobreza para el tráfico ilegal de órganos es una manifestación de las desigualdades socioeconómicas globales y representa un problema serio de derechos humanos.

Combatir este delito requiere esfuerzos colectivos que incluyen mejorar las condiciones económicas de las poblaciones vulnerables, garantizar la justicia y protección legal, y fomentar sistemas de donación de órganos éticos y regulados.

EXPLOTACIÓN DE PERSONAS VULNERABLES

La explotación de personas vulnerables en el contexto del tráfico ilegal de órganos es una práctica en la que se abusa de las circunstancias de individuos que están en situaciones de desventaja o necesidad, para utilizarlos como fuente de órganos.

Las personas vulnerables pueden ser aquellas que se encuentran en pobreza extrema, son migrantes, refugiados, personas sin empleo, o aquellas con limitado acceso a servicios básicos y educación. El aprovechamiento de su vulnerabilidad para extraerles órganos para su venta es una violación grave de los derechos humanos. Algunas de las conductas asociadas con esta explotación incluyen:

a) Manipulación y Engaño: Se les puede mentir sobre las consecuencias médicas de la donación de órganos, las condiciones de recuperación y los cuidados necesarios después de la cirugía.

b) Coacción: En algunos casos, pueden ser coaccionados mediante amenazas a su integridad física o la de sus seres queridos, o a través de la retención de documentos importantes como pasaportes.

c) Abuso de Poder: Abuso de relaciones de poder donde el traficante se aprovecha de su posición para presionar a la víctima a "consentir" la donación de un órgano.

d) Condiciones Engañosas: Ofrecerles cantidades de dinero que rara vez son pagadas en su totalidad o cambiar las condiciones acordadas después de la cirugía.

e) Reclutamiento en Comunidades Pobres: A menudo, los traficantes se dirigen a comunidades empobrecidas para buscar posibles donantes, prometiendo falsamente una mejor vida o alivio económico.

f) Explotación de Inmigrantes: Los inmigrantes ilegales o en situación irregular pueden ser blanco de estas redes debido a su vulnerabilidad y miedo a ser denunciados a las autoridades.

g) Explotación de Refugiados y Desplazados: Los traficantes pueden aprovecharse de las personas en situaciones de conflicto, desplazamiento o en campos de refugiados, donde las víctimas tienen opciones limitadas de supervivencia.

h) Falta de Consentimiento Informado: Las víctimas pueden ser engañadas para dar su consentimiento sin una comprensión completa de lo que implica la donación de órganos y los riesgos asociados.

i) Ausencia de Atención Médica Postoperatoria: Los donantes explotados a menudo no reciben la atención médica adecuada después de la extracción del órgano, lo que pone en grave riesgo su salud.

j) Consecuencias Legales para las Víctimas: En algunos casos, las víctimas pueden enfrentarse a consecuencias legales por participar en la venta ilegal de órganos, a pesar de haber sido explotadas.

k) Amenazas y Violencia: Se puede recurrir a la violencia física o a la intimidación para asegurar la cooperación de la víctima.

La explotación de personas vulnerables para la extracción de órganos es una práctica condenada internacionalmente que se considera una forma de trata de personas.

Requiere una respuesta integral que incluya la prevención, la protección de las víctimas, la persecución de los perpetradores y la promoción de alternativas legales para la donación y el trasplante de órganos.

EXTRACCIÓN ILEGAL

La extracción ilegal en el contexto de los delitos de tráfico ilegal de órganos se refiere al acto de remover órganos del cuerpo de una persona sin su consentimiento plenamente informado y voluntario o en violación de las leyes nacionales e internacionales.

Esta actividad es una forma de explotación y se considera un crimen grave.

Las conductas que caracterizan la extracción ilegal de órganos incluyen:

a) Cirugías no consentidas: Realizar operaciones para extraer órganos sin el consentimiento del donante o bajo consentimiento obtenido mediante engaño, coerción o manipulación.

b) Extracción forzada: En los casos más extremos, la extracción de órganos puede ocurrir a la fuerza, sin ningún tipo de acuerdo previo, y a menudo la víctima es retenida contra su voluntad.

c) Condiciones médicas inseguras: Las extracciones ilegales de órganos suelen realizarse en condiciones médicas que no cumplen con los estándares de higiene y seguridad adecuados, lo que pone en riesgo la vida del donante.

d) Falta de seguimiento médico: Las víctimas de extracción de órganos rara vez reciben el cuidado postoperatorio necesario, lo que puede llevar a complicaciones graves o la muerte.

e) Explotación de menores: En algunos casos, se extraen órganos de menores de edad, que son particularmente vulnerables debido a su incapacidad para dar un consentimiento legalmente reconocido.

f) Documentación falsificada: Para evitar ser detectados, los traficantes pueden falsificar documentos médicos y consentimientos, o hacer pasar la operación por un procedimiento médico legítimo.

g) Profesionales de la salud involucrados: A veces, médicos y otros profesionales de la salud están involucrados en la extracción ilegal, violando las normas éticas y legales de su profesión.

h) Ausencia de regulación o supervisión: En algunos lugares, la falta de un marco legal sólido o su cumplimiento laxo permite que ocurran estas prácticas sin un control adecuado.

i) Engaño sobre las consecuencias médicas: No informar a las víctimas sobre los serios riesgos para la salud y las posibles complicaciones a largo plazo de la extracción de órganos.

La extracción ilegal de órganos es una violación de los derechos humanos fundamentales, incluyendo el derecho a la vida, a la integridad física y a la dignidad.

El tráfico de órganos y la extracción ilegal son parte de un mercado negro lucrativo que a menudo se cruza con otras formas de crimen organizado.

Combatir este delito implica no solo el fortalecimiento del marco legal y la cooperación internacional, sino también mejorar los sistemas de salud para facilitar el acceso a trasplantes legales y seguros, así como aumentar la concienciación sobre la donación de órganos legítima y voluntaria.

FALSIFICACIÓN DE DOCUMENTOS

La falsificación de documentos en los delitos de tráfico ilegal de órganos se refiere a la creación, alteración o uso de documentos falsos o fraudulentos con el objetivo de facilitar la extracción, transporte, y venta de órganos humanos de manera ilegal.

Estos documentos pueden incluir consentimientos firmados, historiales médicos, pruebas de compatibilidad de órganos, o documentos de identidad.

Las conductas asociadas con la falsificación de documentos en este contexto ilícito incluyen:

a) Consentimientos falsificados: Fabricar el consentimiento de un donante, que puede estar basado en la suplantación de su identidad o en la falsificación de su firma, para hacer parecer legal la obtención de un órgano.

b) Historiales médicos alterados: Modificar o inventar historiales médicos para encubrir la procedencia ilegal de los órganos y presentarlos como obtenidos legítimamente.

c) Certificados de defunción fraudulentos: Emitir certificados de defunción falsos o prematuros para justificar la extracción de órganos de individuos que puedan no estar realmente fallecidos o para ocultar el verdadero motivo de la muerte.

d) Documentación aduanera o de transporte ficticia: Crear o alterar documentos para facilitar el transporte transfronterizo ilegal de órganos humanos.

e) Registros hospitalarios y de clínicas falsos: Forjar documentos que hagan parecer que los procedimientos de extracción y trasplante se han realizado en instalaciones legítimas y bajo condiciones médicas apropiadas.

f) Licencias médicas y acreditaciones no auténticas: Usar credenciales falsificadas para hacer pasar a personas no cualificadas como profesionales de la salud capaces de realizar los procedimientos de trasplante.

g) Registros de compatibilidad manipulados: Alterar los resultados de las pruebas de compatibilidad de órganos para hacer coincidir de manera fraudulenta a donantes y receptores.

Estas prácticas de falsificación son extremadamente dañinas porque no solo facilitan la comisión de delitos graves, sino que también ponen en riesgo la salud y la vida de las personas involucradas, erosionan la confianza en los sistemas de salud y trasplantes y pueden tener graves implicaciones legales y éticas.

Combatir esta faceta del tráfico de órganos requiere la colaboración internacional, el fortalecimiento del marco legal y regulatorio, así como una rigurosa verificación y seguimiento de los documentos médicos y procesos asociados con el trasplante de órganos.

IMPLANTACIÓN ILÍCITA DE ÓRGANOS

La implantación ilícita de órganos en el contexto de los delitos de tráfico ilegal de órganos se refiere a la inserción quirúrgica de órganos humanos en receptores sin seguir los protocolos legales y éticos establecidos para los trasplantes de órganos.

Esta práctica puede involucrar diversas conductas ilegales y antiéticas:

a) Cirugías no Autorizadas: Realizar trasplantes de órganos en instalaciones que no tienen licencia para llevar a cabo tales procedimientos o por personal que no está cualificado ni acreditado.

b) Falsificación de Consentimiento: Llevar a cabo la implantación de órganos sin obtener un consentimiento informado legítimo tanto del donante (o sus familiares en caso de ser un donante fallecido) como del receptor.

c) Violación de Estándares Médicos: Ignorar las prácticas estándar en la selección del donante y del receptor, así como en la realización del procedimiento quirúrgico, lo que puede poner en peligro la vida tanto del donante como del receptor.

d) Omisión de Pruebas Médicas: No realizar las pruebas necesarias para asegurar la compatibilidad entre el órgano donado y el receptor, incrementando el riesgo de rechazo y complicaciones.

e) Inexistencia de Seguimiento Postoperatorio: Falta de provisión de cuidados médicos adecuados y de seguimiento postoperatorio para el receptor y, en el caso de donantes vivos, para el donante.

f) Ausencia de Transparencia: No registrar la operación de trasplante ni el origen del órgano en los sistemas de salud legales, evitando así la trazabilidad y la rendición de cuentas.

g) Uso de Documentación Ilegal: Utilizar documentos falsos o alterados para hacer que la implantación parezca legítima a los ojos de la ley y de las autoridades sanitarias.

h) Explotación de Vulnerabilidades: Presionar o coaccionar a individuos en situación de vulnerabilidad económica o social para que se sometan a cirugías de trasplante en condiciones dudosas.

i) Pago de Sobornos: Corromper a funcionarios de la salud, autoridades reguladoras o cualquier otra parte involucrada para facilitar o encubrir la implantación ilícita.

j) Complicidad en Redes de Tráfico: Participar como parte de una red de tráfico de órganos, que puede incluir médicos, agentes de la ley, funcionarios del gobierno y otros intermediarios que facilitan la implantación ilícita.

k) Negligencia del Bienestar del Donante y del Receptor: Priorizar la transacción financiera sobre la salud y el bienestar del donante y del receptor, a menudo sin considerar las consecuencias a largo plazo.

La implantación ilícita de órganos es un delito grave que pone en riesgo la salud pública, viola los derechos humanos y erosiona la confianza en los sistemas de salud y de trasplantes legítimos.

Para combatir esta práctica, es esencial una regulación estricta, inspecciones rigurosas, y una fuerte cooperación internacional para perseguir y sancionar a los implicados en el tráfico ilegal de órganos.

INFRACCIÓN DE NORMAS ÉTICAS

La infracción de normas médicas en el contexto de los delitos de tráfico ilegal de órganos implica violar los principios éticos y legales que rigen las prácticas médicas, particularmente en lo que respecta a la donación y el trasplante de órganos.

Estas normas están diseñadas para proteger la salud y el bienestar de los pacientes, asegurar la equidad en la asignación de órganos y mantener la integridad del proceso médico.

La conducta relacionada con estas infracciones puede incluir:

a) Extracción de Órganos sin Consentimiento: Realizar procedimientos quirúrgicos para extraer órganos de donantes vivos o fallecidos sin su consentimiento informado o el de sus familias.

b) Falta de Cuidado Postoperatorio: No proporcionar el seguimiento médico y cuidados necesarios a los donantes después de la cirugía, poniendo en riesgo su salud y recuperación.

c) Realización de Cirugías en Condiciones Inapropiadas: Llevar a cabo operaciones de trasplante en instalaciones no acreditadas o que no cumplen con los estándares médicos y sanitarios.

d) Uso de Equipos y Suministros Médicos Inadecuados: Emplear instrumental quirúrgico, sustancias, o equipos que no cumplen con las normas de seguridad y calidad.

e) Falsificación de Documentos Médicos: Alterar o crear historiales médicos, pruebas de compatibilidad, o consentimientos para hacer pasar el procedimiento como legítimo.

f) Incumplimiento de Protocolos de Trasplante: Ignorar los protocolos establecidos para la selección de donantes y receptores, como la evaluación médica completa y los criterios de compatibilidad.

g) Manipulación de Listas de Espera: Alterar o eludir el sistema de asignación de órganos para favorecer a ciertos receptores por encima de otros.

h) No Reportar Actividades Sospechosas: No informar a las autoridades competentes acerca de transacciones o prácticas inusuales que puedan indicar tráfico de órganos.

i) Participación de Personal Médico Comprometido: Involucrar a médicos, cirujanos, enfermeros o cualquier otro profesional de la salud en la extracción y trasplante ilegal de órganos.

j) Omisión de Pruebas Vitales: No realizar todas las pruebas necesarias para asegurar la viabilidad y seguridad del órgano a trasplantar.

Estas prácticas no solo violan las leyes en muchos países, sino que también van en contra de los códigos de ética médica internacionales, como los principios de la Declaración de Helsinki y las directrices de la Organización Mundial de la Salud (OMS) sobre trasplantes de órganos.

Los profesionales de la salud implicados en tales actividades se exponen a sanciones severas, incluyendo la pérdida de la licencia médica, multas, y posible encarcelamiento.

Además, estos actos socavan la confianza pública en el sistema de atención médica y en los procesos legítimos de trasplante de órganos.

INFRACCIÓN DE NORMAS MÉDICAS

INTERMEDIACIÓN

La intermediación en los delitos de tráfico ilegal de órganos se refiere a las acciones y roles de aquellos que facilitan la compra y venta de órganos humanos, actuando como enlaces entre las partes involucradas, que pueden ser donantes, receptores, y profesionales médicos que participan en los procedimientos de trasplante.

Las conductas asociadas con la intermediación pueden incluir:

a) Captación de Víctimas: Identificar y reclutar a posibles donantes, a menudo explotando su vulnerabilidad económica o social.

b) Negociación: Establecer el contacto entre compradores y vendedores, negociar precios y términos, y organizar el intercambio de órganos y pagos.

c) Coordinación de Logística: Organizar el transporte, alojamiento y, en algunos casos, la atención médica para donantes y receptores.

d) Facilitación de la Extracción y Transplante: Poner en contacto a los receptores con cirujanos y clínicas dispuestas a realizar los procedimientos ilegalmente.

e) Falsificación de Documentos: Obtener o proporcionar documentación médica falsa o alterada para simular la legalidad de la transacción y el procedimiento de trasplante.
f) Intermediación Financiera: Manejar las transacciones financieras, a menudo a través de métodos que buscan ocultar el origen y el destino del dinero.
g) Asesoramiento Ilegal: Aconsejar a las partes involucradas sobre cómo evitar la detección por parte de las autoridades.
h) Captación de Profesionales Médicos: Reclutar a profesionales de la salud dispuestos a participar en el tráfico ilegal de órganos.
i) Ocultamiento de la Actividad Criminal: Crear una red de contactos y procedimientos que dificulten el rastreo de las actividades ilegales por parte de las autoridades.
j) Corrupción: Sobornar a funcionarios para facilitar o encubrir el tráfico ilegal de órganos.

La intermediación es una conducta delictiva que puede ser realizada por individuos o redes de crimen organizado, y es un elemento crucial para la existencia del mercado negro de órganos.

Combatir la intermediación requiere esfuerzos coordinados y una cooperación internacional para desmantelar las redes implicadas y para crear conciencia sobre la ilegalidad y las implicaciones éticas del tráfico de órganos.

También es fundamental fortalecer los sistemas legales de donación de órganos para reducir la demanda que alimenta este mercado ilícito.

LAVADO DE DINERO

El lavado de dinero en el contexto de los delitos de tráfico ilegal de órganos implica el proceso de hacer que las ganancias obtenidas de esta actividad ilícita parezcan haberse ganado de manera legítima.

El tráfico de órganos es un negocio lucrativo y los criminales que participan en él necesitan ocultar, integrar y legitimar el dinero ilícito para evitar la detección y el enjuiciamiento por parte de las autoridades.

Las conductas asociadas con el lavado de dinero en el tráfico de órganos pueden incluir:

a) Estructuración de depósitos: Fraccionar grandes sumas de dinero en pequeños depósitos para evitar el reporte a autoridades financieras que monitorean transacciones grandes.

b) Inversión en negocios legítimos: Utilizar el dinero ilícito para adquirir o invertir en negocios legítimos, como clínicas privadas, farmacias o inmobiliarias.

c) Uso de cuentas bancarias en el extranjero: Transferir dinero a cuentas bancarias en países con leyes de secreto bancario laxas o en paraísos fiscales.

d) Falsificación de facturas: Crear facturas falsas para servicios o productos que nunca se entregaron para justificar el movimiento de fondos.

e) Uso de prestamistas y testaferros: Emplear a individuos para que actúen como intermediarios o dueños nominales de los activos para disfrazar quién es el verdadero beneficiario del dinero.

f) Intercambio por bienes de alto valor: Comprar bienes de alto valor, como arte, joyas, o vehículos de lujo, para luego venderlos y así convertir el dinero en efectivo en activos aparentemente legítimos.

g) Transferencias electrónicas: Utilizar complejas redes de transferencias electrónicas para mover fondos rápidamente entre diferentes jurisdicciones y dificultar su seguimiento.

h) Criptomonedas y monedas digitales: Emplear criptomonedas para aprovechar su relativo anonimato y facilidad de transferencia transfronteriza.

i) "Smurfing" o pitufeo: Este término describe la práctica de utilizar muchas personas (pitufos) para realizar múltiples transacciones financieras pequeñas para evitar la detección.

j) Sobornos y corrupción: Pagar sobornos a funcionarios para que ignoren las actividades sospechosas o para que ayuden activamente en el proceso de lavado de dinero.

El lavado de dinero es un delito grave y es parte integral de operaciones criminales como el tráfico ilegal de órganos, ya que sin este componente sería más fácil para las autoridades detectar y sancionar a los involucrados en estas actividades ilícitas.

Las leyes y regulaciones internacionales, como las recomendaciones del Grupo de Acción Financiera Internacional (GAFI), están diseñadas para combatir el lavado de dinero, y los países trabajan en conjunto para mejorar sus sistemas financieros y legales para prevenir, detectar y castigar estas prácticas.

TRÁFICO TRASNACIONAL DE ÓRGANOS

El tráfico transnacional de órganos se refiere al comercio ilegal de órganos humanos que involucra el cruce de fronteras internacionales.

Este tipo de tráfico es un delito complejo y multifacético que a menudo está vinculado a redes de crimen organizado y explota las disparidades económicas y legales entre países.

Las conductas que se asocian con el tráfico transnacional de órganos pueden incluir:

a) Captación de donantes en países de bajos ingresos: Reclutar a donantes potenciales en países donde la pobreza es elevada, prometiendo compensaciones financieras a cambio de sus órganos.

b) Traslado de víctimas a través de fronteras: Transportar a donantes y, en algunos casos, a receptores a través de fronteras nacionales para realizar las extracciones y trasplantes en un tercer país, a menudo donde la regulación es más laxa.

c) Explotación de la legislación internacional: Aprovechar las lagunas legales y las diferencias en la regulación del trasplante de órganos entre países para facilitar la extracción y el comercio ilegal.

d) Uso de documentación falsa o fraudulenta: Crear o adquirir pasaportes, visados y otros documentos de viaje falsificados para mover a donantes y órganos ilegalmente.

e) Lavado de dinero y financiamiento del crimen organizado: Utilizar el tráfico de órganos para financiar otras actividades ilícitas y blanquear el dinero obtenido a través del comercio ilegal.

f) Corrupción de funcionarios: Sobornar a autoridades fronterizas, aduanas, profesionales de la salud, y funcionarios gubernamentales para facilitar la operación ilegal y la omisión de controles regulares.

g) Cooperación entre redes criminales internacionales: Formar alianzas entre distintos grupos delictivos en diversos países para expandir las operaciones de tráfico de órganos.

h) Manipulación de sistemas de salud y trasplantes: Infiltrar o manipular instituciones médicas y sistemas de salud para realizar trasplantes ilegales o para obtener acceso a información sobre posibles donantes o receptores.

i) Publicidad engañosa y reclutamiento en línea: Utilizar Internet y las redes sociales para reclutar donantes a través de anuncios falsos que ofrecen grandes sumas de dinero por un riñón u otros órganos.

j) Ausencia de seguimiento médico postoperatorio: Dejar a los donantes sin el cuidado necesario después de la cirugía, lo que puede conducir a complicaciones graves o la muerte.

El tráfico transnacional de órganos plantea desafíos significativos a nivel global, dado que las diferencias entre los sistemas de salud, las leyes y la capacidad de hacer cumplir esas leyes varían ampliamente entre los países.

Abordar este problema requiere una cooperación internacional sólida, el fortalecimiento de las leyes y las regulaciones, y la creación de conciencia sobre los riesgos y realidades de este tipo de tráfico ilícito.

TRANSPORTE

El término transporte en el contexto del tráfico ilegal de órganos se refiere al movimiento físico y la logística involucrada en llevar órganos humanos de un lugar a otro.

Esta fase es crítica en el comercio ilegal de órganos y puede incluir tanto el transporte de las víctimas de quienes se extraerán los órganos como el de los propios órganos ya extraídos.

Las conductas asociadas con el transporte en los delitos de tráfico ilegal de órganos pueden incluir:

a) Transporte de Víctimas: Trasladar a personas, a menudo mediante engaño, coerción o fuerza, desde su lugar de origen a otro lugar para extraerles órganos.

b) Transporte de Órganos: Mover órganos extraídos ilegalmente hacia los lugares donde se realizarán los trasplantes, usualmente requiriendo una rápida y discreta logística para mantener los órganos viables.

c) Uso de Documentación Falsificada: Crear o adquirir documentos de viaje fraudulentos para facilitar el cruce de fronteras tanto de las víctimas como de los órganos.

d) Complicidad de Transportistas: Involucrar a compañías de transporte o individuos que conscientemente o sin saberlo ayudan en el movimiento ilegal de órganos o personas implicadas.

e) Cadena de Frío: Organizar una logística específica para mantener los órganos en estado óptimo durante el transporte, lo cual puede incluir equipos especializados y personal capacitado.

f) Soborno a Funcionarios: Pagar a oficiales de aduana, seguridad o a personal del aeropuerto para que ignoren el contenido de los envíos o faciliten el paso de personas involucradas.

g) Puntos de Transferencia: Utilizar lugares específicos como clínicas, almacenes o incluso domicilios particulares para almacenar temporalmente los órganos mientras se arregla su traslado final.

h) Evasión de Controles Legales: Evitar las rutas normales y los controles establecidos para el transporte legal de órganos y tejidos humanos.

i) Turismo de Trasplante: Facilitar viajes para individuos que buscan recibir un trasplante de órgano en países donde pueden obtenerlo ilegalmente, evitando las restricciones de su país de origen.

j) Redes de Tráfico Internacional: Establecer y utilizar redes internacionales de tráfico que operan a través de fronteras y continentes para facilitar el transporte y la venta de órganos.

El transporte en el tráfico ilegal de órganos es un acto criminal que pone en peligro la vida y la salud de las víctimas y representa un grave desafío ético y legal.

Para combatir eficazmente este aspecto del tráfico de órganos, se requiere una aplicación rigurosa de la ley, una mayor concienciación y formación de los profesionales de la salud y el transporte, y una cooperación internacional robusta.

TRASLADO

El traslado en los delitos de tráfico ilegal de órganos se refiere al movimiento ilegal de órganos humanos de un lugar a otro, y a menudo de un país a otro, como parte del proceso de comercialización ilegal de órganos.

Este traslado puede involucrar a víctimas que son llevadas a otro lugar para la extracción de órganos, o puede referirse al transporte físico de los órganos mismos para ser implantados en receptores que pagan por ellos.

Las conductas relacionadas con el traslado en el tráfico de órganos pueden incluir:

a) Traslado de víctimas: Mover a personas, a menudo de áreas empobrecidas o en situación de vulnerabilidad, a localidades donde se les extraerán los órganos, ya sea mediante engaño, coacción o fuerza.

b) Transporte de órganos extraídos: Coordinar la logística para mover órganos ilegalmente extraídos desde el lugar de extracción hasta el lugar donde se realizará el trasplante, lo cual requiere una manipulación cuidadosa y condiciones de conservación específicas para mantener la viabilidad del órgano.

c) Documentación de transporte fraudulenta: Utilizar documentos falsos o alterados para el transporte de órganos, como certificados de salud, documentos aduaneros o manifiestos de carga para evitar la detección y las restricciones legales.

d) Turismo de trasplantes: Organizar viajes para pacientes necesitados de trasplantes a países donde se pueden obtener órganos mediante métodos ilegales, aprovechando las regulaciones menos estrictas o la corrupción de las autoridades locales.

e) Contrabando: Utilizar métodos de contrabando para mover órganos a través de fronteras internacionales, incluyendo el uso de rutas clandestinas y métodos de ocultamiento.

f) Involucramiento de redes criminales: A menudo, las organizaciones criminales están involucradas en el traslado de órganos, utilizando su experiencia y logística en actividades ilícitas transnacionales.

g) Uso de correos humanos o "mulas": Emplear individuos para transportar órganos, a veces dentro de su propio cuerpo, para evadir la detección por parte de las autoridades de seguridad y aduana.

h) Corrupción de funcionarios: Sobornar a funcionarios de aduanas y fronteras para facilitar el tránsito de personas o de órganos ilícitamente obtenidos.

El traslado en el contexto del tráfico de órganos es una actividad altamente organizada y clandestina que representa un desafío para las autoridades nacionales e internacionales.

La lucha contra el traslado ilegal de órganos implica reforzar la seguridad fronteriza, mejorar los procedimientos de seguimiento y verificación en los puntos de control, y la cooperación internacional para rastrear y desmantelar las redes de tráfico.

Además, la educación y la sensibilización de las posibles víctimas sobre los riesgos asociados con la venta de órganos pueden ayudar a prevenir que las personas caigan en estas redes criminales.

USO DE VIOLENCIA

El uso de violencia en los delitos de tráfico ilegal de órganos es una faceta particularmente atroz de esta forma de crimen organizado. Puede manifestarse de diversas maneras y tiene implicaciones tanto para las víctimas como para la integridad de los sistemas de salud y legales.

Algunas de las conductas y significados asociados con el uso de la violencia en este contexto son:

a) Coacción de Donantes: Utilizar amenazas físicas o violencia para obligar a individuos a convertirse en donantes de órganos contra su voluntad.

b) Secuestro: Abducir a personas para extraerles órganos sin su consentimiento, que luego son vendidos en el mercado negro.

c) Violencia durante la Captación: Emplear la violencia física o la intimidación durante el proceso de reclutamiento de donantes para asegurarse de que cumplan con las demandas del traficante.

d) Abuso de Migrantes o Refugiados: Aprovecharse de la vulnerabilidad de migrantes o refugiados, que pueden ser sujetos a violencia o amenazas para extraerles órganos.

e) Control por la Fuerza: Usar la violencia para mantener a los donantes bajo control antes o después del procedimiento de extracción del órgano.

f) Represalias contra Víctimas o Testigos: Amenazar o ejercer violencia contra aquellos que buscan exponer la actividad ilícita o que quieren escapar de ella.

g) Conflictos Armados y Violencia: En situaciones de conflicto armado o violencia generalizada, algunos grupos pueden involucrarse en la extracción forzada de órganos como una forma de financiar sus actividades o como acto de terror.

h) Manipulación de Víctimas: En algunos casos, la violencia puede ser psicológica, como en la manipulación de víctimas para convencerlas de que, si no acceden a donar sus órganos, ellos o sus seres queridos sufrirán daño.

i) Violencia Institucional: La complicidad de instituciones que, a través de la corrupción, facilitan o no impiden la violencia asociada con el tráfico de órganos.

Estas prácticas son flagrantes violaciones de los derechos humanos y están penalizadas por leyes nacionales e internacionales.

Los esfuerzos para combatir el uso de violencia en el tráfico de órganos incluyen la aplicación de leyes más estrictas contra el tráfico de personas y el tráfico de órganos, el fortalecimiento de la protección de testigos y víctimas, y la promoción de la cooperación internacional para desmantelar redes criminales.

Además, es fundamental mejorar los sistemas de salud para que los trasplantes de órganos se realicen de manera ética y legal, disminuyendo así la demanda que alimenta este mercado negro.

TRATA DE SERES HUMANOS

INTRODUCCIÓN

La trata de seres humanos es un delito grave que involucra la explotación de personas a través de diversos medios, como el engaño, la coerción, la amenaza o el uso de la fuerza, con el propósito de obtener beneficios económicos u otros beneficios personales.

Este delito viola los derechos humanos fundamentales y se considera una forma moderna de esclavitud.

Las conductas que conlleva el delito de trata de seres humanos pueden variar, pero generalmente incluyen:

a) Captación: Los traficantes reclutan a personas, a menudo de manera engañosa o manipuladora. Esto puede incluir promesas de empleo, oportunidades educativas o matrimonio, entre otros engaños.

b) Transporte: Los traficantes pueden mover a las víctimas a través de fronteras nacionales o regiones geográficas para su explotación. Esto puede implicar el uso de documentos falsificados o la coacción para que las víctimas crucen fronteras ilegalmente.

c) Alojamiento y retención forzada: Las víctimas suelen ser retenidas en lugares donde los traficantes ejercen control sobre ellas. Esto puede incluir residencias, burdeles, fábricas o lugares de trabajo donde se ven obligadas a trabajar en condiciones de explotación.

d) Explotación laboral: Las víctimas de trata pueden ser forzadas a trabajar en condiciones de explotación laboral, sin recibir un salario adecuado o bajo amenaza de violencia.

e) Explotación sexual: Las víctimas también pueden ser explotadas sexualmente, siendo forzadas a trabajar en la industria del sexo contra su voluntad.

f) Explotación de órganos: En algunos casos extremos, las víctimas pueden ser obligadas a donar órganos o tejidos de manera ilegal.

g) Control psicológico y físico: Los traficantes suelen utilizar la coerción, la violencia física, el abuso emocional y la amenaza para mantener a las víctimas bajo su control.

h) Privación de libertad: Las víctimas de trata pueden ser retenidas en contra de su voluntad y se les puede negar la posibilidad de comunicarse con sus familiares o de buscar ayuda.

Es importante destacar que la trata de seres humanos es un delito complejo y diverso que puede ocurrir en diversos contextos y sectores, y puede afectar a personas de todas las edades y géneros.

También puede involucrar a redes criminales internacionales.

La trata de seres humanos es ilegal en la mayoría de los países y está prohibida por tratados y convenciones internacionales, como el Protocolo de las Naciones Unidas para Prevenir, Reprimir y Sancionar la Trata de Personas, especialmente Mujeres y Niños.

Las autoridades de todo el mundo trabajan para combatir este delito, rescatar a las víctimas y enjuiciar a los traficantes.

Además, se realizan esfuerzos para aumentar la conciencia pública sobre este problema y proporcionar apoyo a las víctimas.

ALOJAMIENTO

El alojamiento en los delitos de trata de seres humanos se refiere a la fase en la que las víctimas de trata son ubicadas o retenidas en un lugar específico donde serán explotadas.

Esta etapa es crucial en el proceso de la trata de personas, ya que es en el lugar de alojamiento donde se lleva a cabo la explotación real de las víctimas, que puede manifestarse de diversas formas, como la explotación sexual, la explotación laboral o la servidumbre.

Las conductas asociadas con el alojamiento en los delitos de trata de personas pueden variar, pero generalmente incluyen:

a) Retención forzada: Las víctimas son retenidas en contra de su voluntad en lugares específicos, como residencias, hoteles, burdeles, fábricas u otros sitios de explotación. Esto a menudo implica la restricción de la libertad de movimiento de las víctimas y puede ir acompañado de amenazas, violencia o coerción.

b) Condiciones de vida inhumanas: Las víctimas suelen vivir en condiciones deplorables, insalubres y degradantes en los lugares de alojamiento. Esto puede incluir hacinamiento, falta de higiene, falta de atención médica adecuada y acceso limitado a alimentos y agua.

c) Control y vigilancia: Los traficantes ejercen un control estricto sobre las víctimas en los lugares de alojamiento, utilizando vigilancia constante, amenazas o intimidación para mantenerlas bajo su dominio.

d) Amenazas y coacción: Las víctimas pueden ser amenazadas o coaccionadas para que se sometan a la explotación o para que no busquen ayuda. Esto puede incluir amenazas contra su seguridad personal o la seguridad de sus seres queridos.

e) Explotación: Durante el alojamiento, las víctimas pueden ser forzadas a realizar trabajos forzados, ser sometidas a explotación sexual o ser objeto de otros tipos de abuso y explotación.

f) Aislamiento social: Los traficantes a menudo mantienen a las víctimas aisladas de amigos, familiares y la comunidad en general para evitar que busquen ayuda o sean rescatadas.

g) Privación de derechos: Las víctimas suelen tener sus documentos de identidad y pertenencias personales confiscadas, lo que las hace aún más vulnerables y dependientes de los traficantes.

Es importante destacar que el alojamiento en los delitos de trata de seres humanos es una parte fundamental de la explotación y puede ser una experiencia extremadamente traumática para las víctimas.

La trata de personas es un delito grave que viola los derechos humanos de las víctimas, y es importante abordar todas las etapas del delito, incluido el alojamiento, para prevenirlo, detectarlo y enjuiciar a los responsables.

Las leyes y los esfuerzos internacionales se centran en combatir la trata de personas y proteger a las víctimas de esta forma de explotación.

CAPTACIÓN

La captación en el contexto de los delitos de trata de seres humanos se refiere al proceso mediante el cual los traficantes reclutan a personas con el fin de explotarlas de diversas maneras, como la explotación sexual, la explotación laboral o la extracción de órganos.

La trata de seres humanos es un delito grave que involucra la coerción, el engaño o la fuerza para controlar y mantener a las víctimas en situaciones de explotación.

Las conductas que suelen comportar la captación en los delitos de trata de seres humanos incluyen:

a) Engaño: Los traficantes pueden hacer falsas promesas a las víctimas, como ofrecerles empleo, educación o una vida mejor en otro lugar, con el propósito de persuadirlas para que se trasladen voluntariamente a una ubicación donde luego serán explotadas.

b) Coerción: Los traficantes pueden utilizar la intimidación, la violencia o la amenaza contra las víctimas o sus familias para obligarlas a someterse a la explotación. Esto puede incluir el uso de chantaje emocional, amenazas físicas o psicológicas.

c) Rapto: En algunos casos, los traficantes pueden secuestrar a las víctimas sin su consentimiento y llevarlas a un lugar donde serán explotadas. Esto implica un acto de fuerza.

d) Tráfico de personas: Los traficantes pueden utilizar redes de tráfico de personas para transportar a las víctimas de un lugar a otro, a menudo a través de fronteras internacionales, con el fin de explotarlas en diferentes ubicaciones.

e) Retención de documentos o pertenencias: Los traficantes pueden confiscar los documentos de identidad de las víctimas, como pasaportes y tarjetas de identificación, o retener sus pertenencias personales como forma de control.

f) Amenazas y abuso físico o psicológico: Las víctimas de trata pueden ser sometidas a abusos físicos, sexuales o psicológicos para mantener su sumisión y control. Esto incluye el uso de violencia física, intimidación y manipulación emocional.

Es importante destacar que la trata de seres humanos es un delito grave y una violación de los derechos humanos.

La legislación y las leyes internacionales están diseñadas para combatir este tipo de crimen y proteger a las víctimas.

Las autoridades en todo el mundo trabajan para identificar y perseguir a los traficantes y brindar apoyo a las personas que han sido víctimas de trata.

CONTRABANDO DE PERSONAS

El contrabando de personas y la trata de personas son dos conceptos distintos, aunque a menudo se confunden debido a algunas similitudes en la forma en que involucran la migración y el movimiento de personas.

Aquí se explican ambos términos y las diferencias clave entre ellos:

Contrabando de personas:

a) Definición: El contrabando de personas implica el transporte ilegal de personas a través de las fronteras internacionales de un país, generalmente con el propósito de evadir los controles fronterizos y las leyes de inmigración. Por lo general, las personas que son objeto de contrabando de personas pagan a los traficantes (también conocidos como "coyotes" en algunas regiones) para que las ayuden a cruzar ilegalmente las fronteras.

b) Consentimiento: En el contrabando de personas, las personas transportadas suelen hacerlo de manera voluntaria y por su propia elección. A menudo están dispuestas a pagar a los traficantes para facilitar su ingreso ilegal a otro país, ya sea para buscar mejores oportunidades económicas, reunirse con sus familias u otras razones.

c) Finalidad: El objetivo principal del contrabando de personas es evadir los controles fronterizos y las leyes de inmigración de un país en particular. No involucra necesariamente la explotación de las personas transportadas, aunque existe el riesgo de que los contrabandistas abusen de sus clientes.

Trata de personas:

a) Definición: La trata de personas implica la captación, el transporte, la retención o el alojamiento de personas mediante el uso de la fuerza, la coerción, el engaño u otras formas de coerción con el propósito de explotarlas. La explotación puede ser de diferentes tipos, como la explotación sexual, el trabajo forzado, la explotación de órganos, entre otros.

b) Consentimiento: En la trata de personas, las víctimas suelen ser engañadas, forzadas o coaccionadas para ser explotadas en contra de su voluntad o sin su consentimiento informado. La explotación es la característica distintiva de la trata de personas.

c) Finalidad: El propósito principal de la trata de personas es la explotación, ya sea sexual, laboral o de otro tipo. Los traficantes buscan obtener ganancias económicas a través de la explotación de las víctimas.

La principal diferencia entre el contrabando de personas y la trata de personas radica en el consentimiento y la finalidad.

En el contrabando de personas, las personas transportadas suelen hacerlo voluntariamente y el objetivo es evadir la inmigración ilegal.

En la trata de personas, las víctimas son explotadas en contra de su voluntad o sin su conocimiento, y el objetivo principal es obtener ganancias económicas a través de la explotación.

Ambos son delitos graves y deben ser combatidos, pero requieren enfoques y respuestas legales y humanitarias diferentes.

CONTROL FÍSICO

El control físico en los delitos de trata de seres humanos se refiere a las tácticas y acciones mediante las cuales los traficantes ejercen poder y control sobre las víctimas a través de la fuerza física, la intimidación o la violencia.

Esta forma de control se utiliza para mantener a las víctimas en situaciones de explotación y evitar que escapen o busquen ayuda.

Las conductas y acciones que pueden estar asociadas con el control físico en los delitos de trata de personas incluyen:

a) Violencia física: Los traficantes pueden golpear, patear, abofetear o agredir físicamente a las víctimas como una forma de coerción y control. Esta violencia puede causar lesiones graves o incluso la muerte.

b) Encierro y confinamiento: Las víctimas pueden ser encerradas o confinadas en lugares específicos, como habitaciones, sótanos, barracones o jaulas, para evitar que escapen o busquen ayuda.

c) Restricción de movimiento: Los traficantes pueden utilizar cadenas, esposas, grilletes u otros dispositivos para restringir la libertad de movimiento de las víctimas y mantenerlas bajo control.

d) Amenazas de violencia: Los traficantes pueden amenazar con dañar físicamente a las víctimas o a sus seres queridos si intentan escapar o resistirse. Estas amenazas pueden ser suficientes para mantener a las víctimas bajo control sin necesidad de usar violencia real.

e) Abuso sexual: Los traficantes pueden abusar sexualmente de las víctimas como una forma de control y humillación. Esto puede incluir violaciones u otros actos sexuales forzados.

f) Privación de necesidades básicas: Las víctimas pueden ser privadas de alimentos, agua, atención médica y condiciones de vida adecuadas como una forma de control y coerción.

g) Trabajo forzado en condiciones peligrosas: En casos de explotación laboral, las víctimas pueden ser obligadas a realizar trabajos peligrosos o físicamente extenuantes sin descanso adecuado o medidas de seguridad.

h) Marcas o tatuajes como forma de control: Algunos traficantes pueden marcar o tatuar a las víctimas con símbolos o códigos como una forma de identificación y control, lo que puede hacer que las víctimas se sientan atrapadas y estigmatizadas.

El control físico en los delitos de trata de personas es una forma grave de coerción y violencia que implica una clara violación de los derechos humanos de las víctimas.

Estas tácticas son utilizadas por los traficantes para mantener un alto grado de control sobre las personas a las que explotan, lo que dificulta que las víctimas escapen o busquen ayuda.

Para combatir la trata de personas de manera efectiva, es fundamental abordar todas las formas de coerción y control utilizadas por los traficantes, brindar apoyo adecuado a las víctimas y enjuiciar a los responsables de estos delitos.

CONTROL PSICOLÓGICO

El control psicológico en los delitos de trata de seres humanos se refiere a las tácticas y estrategias utilizadas por los traficantes para ejercer influencia y control sobre las víctimas de manera emocional y psicológica.

Aunque el control psicológico no siempre es visible o físico como la violencia, es una herramienta poderosa que los traficantes emplean para mantener a las víctimas sometidas y restringir su capacidad de resistir o buscar ayuda.

Las conductas asociadas con el control psicológico en los delitos de trata de personas pueden incluir:

a) Manipulación emocional: Los traficantes pueden manipular las emociones de las víctimas mediante el uso de tácticas como la lisonja, el cariño, la promesa de protección o la creación de dependencia emocional.

b) Amenazas y coerción psicológica: Los traficantes pueden amenazar a las víctimas o a sus seres queridos, o utilizar tácticas de coerción psicológica, como la humillación, el chantaje emocional o la manipulación de la culpa, para mantenerlas bajo su control.

c) Aislamiento social: Los traficantes a menudo aíslan a las víctimas de sus amigos, familiares y otras personas de apoyo, lo que dificulta que las víctimas busquen ayuda o escape, ya que sienten que no tienen a quién acudir.

d) Despersonalización: Los traficantes pueden tratar a las víctimas como objetos o mercancías en lugar de seres humanos con derechos y dignidad. Esto puede socavar la autoestima y la identidad de las víctimas, haciendo que se sientan menos capaces de resistir o buscar ayuda.

e) Amenazas y vigilancia constante: Las víctimas pueden ser sometidas a amenazas constantes o vigilancia para asegurarse de que no intenten escapar o denunciar a sus captores.

f) Control de la información: Los traficantes pueden controlar y restringir el acceso de las víctimas a la información del mundo exterior, como noticias, redes sociales o medios de comunicación, para mantenerlas desinformadas y desorientadas.

El control psicológico es una herramienta efectiva para mantener a las víctimas de trata de personas bajo el control de los traficantes sin necesidad de recurrir a la violencia física en todo momento.

Es importante destacar que el control psicológico puede ser igual de perjudicial y traumático para las víctimas, y puede tener un impacto duradero en su bienestar emocional y mental.

Para combatir eficazmente los delitos de trata de personas, es esencial identificar y abordar el control psicológico, así como tomar medidas para prevenir, detectar y enjuiciar a los traficantes responsables y proporcionar apoyo adecuado a las víctimas.

EXPLOTACIÓN DE ÓRGANOS

La explotación de órganos en los delitos de trata de seres humanos se refiere a la práctica ilegal y abusiva en la que las víctimas son forzadas o coaccionadas a donar sus órganos o tejidos de manera involuntaria y sin su consentimiento, con el fin de obtener beneficios económicos o financieros para los traficantes o terceros involucrados.

Esta forma de trata de personas implica la extracción ilegal de órganos humanos de las víctimas, lo que puede incluir órganos como riñones, hígados, corazones, córneas, entre otros.

Las conductas asociadas con la explotación de órganos en los delitos de trata de personas pueden incluir:

a) Engaño y coerción: Las víctimas pueden ser engañadas o coaccionadas para que accedan a someterse a una cirugía de extracción de órganos, a menudo mediante promesas falsas o amenazas de daño físico.

b) Secuestro o rapto: En algunos casos, las víctimas pueden ser secuestradas o raptadas con el propósito de extraerles sus órganos sin su conocimiento ni consentimiento.

c) Cirugía ilegal: Las extracciones de órganos suelen llevarse a cabo en instalaciones médicas no reguladas y no autorizadas, donde las condiciones son insalubres y peligrosas, y donde las víctimas no reciben atención médica adecuada antes, durante o después de la cirugía.

d) Venta ilegal de órganos: Los órganos extraídos de las víctimas suelen ser vendidos en el mercado negro a receptores que necesitan un trasplante de órgano. Esta práctica es ilegal y pone en riesgo la salud de los receptores, ya que no se siguen los procedimientos médicos y legales adecuados.

e) Amenazas y represalias: Las víctimas y sus familias pueden ser amenazadas con violencia o represalias si intentan denunciar la explotación de órganos o buscar ayuda.

La explotación de órganos es una forma particularmente atroz de trata de personas y una violación grave de los derechos humanos.

Es una práctica ilegal y peligrosa que pone en riesgo la vida y la salud de las víctimas y puede tener consecuencias mortales.

Para combatir eficazmente la explotación de órganos en los delitos de trata de personas, es esencial tomar medidas para prevenirla, detectarla y enjuiciar a los traficantes y aquellos involucrados en el mercado ilegal de órganos.

Además, es importante concienciar sobre esta problemática y promover la donación de órganos legal y ética como una alternativa legítima y segura para salvar vidas.

EXPLOTACIÓN EN LA INDUSTRIA DEL CUIDADO DOMÉSTICO

La explotación en la industria del cuidado doméstico en los delitos de trata de seres humanos se refiere a la práctica de utilizar a trabajadores domésticos, a menudo migrantes y en situaciones de vulnerabilidad, para realizar labores domésticas o de cuidado de forma explotadora, abusiva o ilegal.

Estas personas pueden ser víctimas de trata de personas cuando son sometidas a condiciones de trabajo inhumanas, se les paga muy poco o nada por su trabajo, se les niegan derechos laborales básicos y se les priva de su libertad o capacidad de decisión.

Las conductas y prácticas que pueden estar asociadas con la explotación en la industria del cuidado doméstico en los delitos de trata de personas incluyen:

a) Jornadas laborales excesivas: Los trabajadores domésticos pueden verse obligados a trabajar largas horas, a menudo sin límites claros en cuanto a su horario laboral, lo que puede llevar al agotamiento físico y mental.

b) Salarios inadecuados o no remunerados: Los empleadores pueden pagar salarios muy bajos o no remunerar adecuadamente a los trabajadores domésticos por su trabajo, lo que constituye una explotación económica.

c) Falta de descanso: Los trabajadores pueden ser privados de descanso adecuado, incluidas las horas de sueño y días libres, lo que afecta su salud y calidad de vida.

d) Condiciones de trabajo precarias: Los trabajadores pueden ser alojados en condiciones inseguras o insalubres en la vivienda de sus empleadores, y pueden no tener acceso a instalaciones básicas, como baños adecuados o alimentos suficientes.

e) Abuso físico o verbal: Algunos trabajadores domésticos pueden ser víctimas de abuso físico o verbal por parte de sus empleadores, lo que contribuye a un ambiente de trabajo abusivo.

f) Retención de documentos y restricción de movimientos: Los empleadores pueden retener los documentos de identidad de los trabajadores y restringir su capacidad para moverse libremente, lo que dificulta que busquen ayuda o escapen.

g) Aislamiento social: Los trabajadores pueden ser mantenidos en aislamiento social, lo que les impide establecer contacto con amigos, familiares u otras personas fuera del hogar de sus empleadores.

h) Coerción y amenazas: Los empleadores pueden utilizar la coerción, como amenazas de deportación o represalias, para mantener a los trabajadores bajo control y evitar que busquen ayuda.

i) Falta de acceso a atención médica: Los trabajadores pueden ser privados de atención médica adecuada, incluso en casos de enfermedad o lesiones relacionadas con su trabajo.

La explotación en la industria del cuidado doméstico es un problema grave que afecta a trabajadores domésticos, en su mayoría mujeres y migrantes, en muchos países.

Para combatir eficazmente esta forma de trata de personas, es fundamental que los gobiernos promulguen leyes y regulaciones laborales que protejan los derechos de los trabajadores domésticos, así como que se tomen medidas para identificar y enjuiciar a los empleadores que cometen abusos y explotación en esta industria.

Además, es importante brindar apoyo y recursos a las víctimas para que puedan escapar de situaciones de explotación y acceder a servicios de asistencia y justicia.

EXPLOTACIÓN INFANTIL

La explotación infantil en los delitos de trata de seres humanos se refiere al abuso y la explotación de niños y adolescentes mediante la captación, el transporte, la retención o el alojamiento con el propósito de explotarlos de diversas maneras.

Esta forma de trata de personas implica una grave violación de los derechos de los niños y es un delito atroz.

Las conductas y prácticas que suelen estar asociadas con la explotación infantil en los delitos de trata de personas incluyen:

a) Explotación sexual infantil: Los niños y adolescentes pueden ser forzados, coaccionados o engañados para participar en actos sexuales comerciales, prostitución, pornografía infantil o cualquier otra actividad sexual en beneficio de los traficantes o explotadores.

b) Trabajo infantil forzado: Los niños pueden ser obligados a trabajar en condiciones peligrosas, insalubres o de explotación laboral en diversas industrias, como la agricultura, la manufactura, la construcción o el servicio doméstico.

c) Mendicidad infantil forzada: Los niños pueden ser utilizados para mendigar en las calles o en lugares públicos con el objetivo de obtener ingresos para los traficantes o explotadores. A menudo, los niños son víctimas de explotación emocional y física en este contexto.

d) Explotación en la producción de pornografía infantil: Los niños pueden ser objeto de abuso sexual y su explotación es documentada en fotografías o videos pornográficos, que luego son distribuidos y vendidos ilegalmente.

e) Adopciones ilegales: Algunas víctimas de trata de personas son niños que son traficados y vendidos ilegalmente a través de adopciones fraudulentas o no autorizadas.

f) Servidumbre doméstica infantil: Los niños pueden ser obligados a trabajar como sirvientes en hogares privados, donde enfrentan condiciones de trabajo degradantes y explotación.

g) Uso en actividades delictivas: Los traficantes pueden utilizar a niños en actividades delictivas, como el tráfico de drogas o el robo, aprovechándose de su edad y vulnerabilidad.

h) Matrimonio infantil forzado: Los niños pueden ser forzados a casarse sin su consentimiento, lo que puede llevar a situaciones de explotación y abuso en el matrimonio.

i) Explotación en la mendicidad en línea: Los niños pueden ser forzados a participar en la mendicidad forzada en línea, a menudo realizando actos sexuales ante una cámara web o produciendo contenido sexualmente explícito.

La explotación infantil en los delitos de trata de personas es una violación grave de los derechos de los niños y niñas, y debe ser combatida con firmeza a nivel legal y humanitario.

Es fundamental que los gobiernos promulguen leyes y regulaciones que protejan a los niños contra la trata de personas y brinden medidas de prevención, asistencia y protección adecuadas a las víctimas.

Además, se deben tomar medidas para concienciar sobre esta grave problemática y empoderar a las comunidades para prevenir y detectar la explotación infantil.

La prioridad debe ser siempre la protección y el bienestar de los niños y adolescentes vulnerables.

EXPLOTACIÓN LABORAL

La explotación laboral en los delitos de trata de seres humanos se refiere a la situación en la que las víctimas son obligadas a trabajar en condiciones de explotación, abuso y violación de sus derechos laborales.

Esta forma de explotación puede ser una de las finalidades de la trata de personas y puede manifestarse de diversas maneras.

Algunos de los aspectos clave y conductas asociadas con la explotación laboral en los delitos de trata de personas incluyen:

a) Trabajo forzado: Las víctimas son obligadas a trabajar en contra de su voluntad y sin la posibilidad de rechazar o abandonar el trabajo. Esto a menudo implica largas jornadas laborales, condiciones de trabajo peligrosas, remuneración inadecuada o nula, y la privación de derechos laborales básicos, como el derecho a un salario justo, el descanso y la seguridad en el trabajo.

b) Deuda ilegal: A veces, las víctimas son sometidas a una deuda ilegal en la que se les hace creer que deben pagar grandes sumas de dinero a los traficantes o empleadores por haber sido transportadas a un país o lugar de trabajo. Esta deuda ficticia es utilizada como un medio de control y coerción.

c) Retención de documentos: Los traficantes o empleadores pueden retener los documentos de identidad de las víctimas, como pasaportes y permisos de trabajo, para limitar su capacidad de movimiento y mantenerlas bajo su control.

d) Condiciones de trabajo degradantes: Las víctimas suelen ser sometidas a condiciones de trabajo extremadamente precarias y degradantes, que incluyen la falta de acceso a alimentos adecuados, alojamiento deficiente y la exposición a riesgos laborales graves.

e) Coerción y amenazas: Los traficantes o empleadores pueden utilizar amenazas, violencia o coerción para mantener el control sobre las víctimas y evitar que busquen ayuda o denuncien las condiciones de explotación.

f) Confiscación de salarios: A menudo, las víctimas no reciben el salario que se les prometió o se les paga una fracción de lo que se les debe. Sus salarios pueden ser confiscados por los traficantes o empleadores como una forma de mantener el control.

g) Restricción de movimiento: Las víctimas de la explotación laboral pueden estar restringidas en su libertad de movimiento, ya sea por la vigilancia constante o por el temor a represalias si intentan escapar.

La explotación laboral en los delitos de trata de personas es una violación grave de los derechos laborales y los derechos humanos de las víctimas.

Para combatir eficazmente la trata de personas con fines de explotación laboral, es fundamental tomar medidas para prevenirla, detectarla y enjuiciar a los traficantes o empleadores responsables, así como brindar apoyo y protección a las víctimas.

Las leyes y regulaciones laborales, así como los esfuerzos internacionales y nacionales, se implementan para combatir este tipo de explotación y proteger a los trabajadores vulnerables.

EXPLOTACIÓN SEXUAL

La explotación sexual en los delitos de trata de seres humanos se refiere a la situación en la que las víctimas son forzadas, engañadas o coaccionadas para participar en actividades sexuales comerciales o explotación sexual en contra de su voluntad.

Este tipo de explotación suele ser una de las formas más comunes de trata de personas y puede manifestarse de varias maneras.

Las conductas asociadas con la explotación sexual en los delitos de trata de personas pueden incluir:

a) Prostitución forzada: Las víctimas son obligadas a prostituirse en contra de su voluntad. Esto puede implicar ser controladas por proxenetas o traficantes que les imponen tarifas, retienen ingresos y las someten a explotación sexual.

b) Trabajo sexual en condiciones abusivas: Las víctimas pueden ser inducidas a trabajar en la industria del sexo en condiciones abusivas, como largas jornadas laborales, falta de medidas de seguridad y salarios insuficientes. A menudo, los traficantes toman el control de sus vidas y los someten a explotación sexual.

c) Pornografía infantil: Las víctimas, que a menudo son menores de edad, son utilizadas para crear material pornográfico, a veces mediante el uso de la fuerza o el engaño. La producción, distribución y posesión de pornografía infantil son delitos graves en muchas jurisdicciones.

d) Explotación sexual en la industria del entretenimiento para adultos: Las víctimas pueden ser inducidas a trabajar en la industria del entretenimiento para adultos en contra de su voluntad, y se les somete a abusos y explotación sexual en el proceso.

e) Tráfico sexual transnacional: En algunos casos, las víctimas son transportadas a través de las fronteras internacionales para ser explotadas sexualmente en otros países. Esto implica el uso de documentos falsos, la manipulación de identidad y el tráfico ilegal de personas.

f) Prostitución infantil: Las víctimas menores de edad son forzadas o coaccionadas a prostituirse. La explotación sexual de niños es una forma especialmente grave de trata de personas y es ampliamente condenada en todo el mundo.

g) Drogas y sedantes: En algunos casos, las víctimas pueden ser drogadas o sedadas para facilitar su control y manipulación en situaciones de explotación sexual.

La explotación sexual en los delitos de trata de personas es una grave violación de los derechos humanos y constituye un delito grave en la mayoría de las jurisdicciones.

Para abordar eficazmente la explotación sexual en la trata de personas, es esencial identificar, prevenir y enjuiciar a los traficantes responsables y brindar apoyo y protección adecuados a las víctimas.

Además, las leyes y regulaciones destinadas a combatir la trata de personas y la explotación sexual, así como los esfuerzos de concienciación y prevención, son esenciales en la lucha contra este tipo de delitos.

EXPLOTACIÓN SEXUAL EN LÍNEA

La explotación sexual en línea en el contexto de los delitos de trata de seres humanos se refiere a la utilización de la internet y las tecnologías digitales para cometer actos de explotación sexual de víctimas, incluyendo a menores de edad.

Esta forma de trata de personas involucra la coerción, el engaño o la manipulación de las víctimas para que participen en actividades sexuales en línea o para que se produzca y distribuya material sexualmente explícito de las mismas.

A continuación, se describen qué significa y qué conductas suelen estar asociadas con la explotación sexual en línea en el contexto de los delitos de trata de personas:

a) Reclutamiento y manipulación en línea: Los traficantes pueden utilizar la internet, las redes sociales, las aplicaciones de mensajería u otros medios en línea para reclutar y manipular a víctimas, especialmente a menores de edad, para que participen en actividades sexuales en línea o para que se encuentren con ellos en persona.

b) Ciberacoso y chantaje: Los traficantes pueden acosar, amenazar o chantajear a las víctimas, a menudo utilizando imágenes o videos sexualmente explícitos previamente obtenidos de ellas, para obligarlas a participar en actividades sexuales en línea o para forzarlas a cumplir con sus demandas.

c) Producción de pornografía infantil: Las víctimas, en particular los niños, pueden ser forzados o coaccionados para que produzcan material pornográfico, que luego es distribuido en línea o utilizado para el beneficio económico de los traficantes.

d) Transmisión en vivo de abusos sexuales: Algunas víctimas son obligadas a realizar actos sexuales en vivo a través de cámaras web para una audiencia en línea, a menudo bajo la supervisión de los traficantes.

e) Venta de servicios sexuales en línea: Las víctimas pueden ser "vendidas" en línea a clientes dispuestos a pagar por servicios sexuales virtuales o en persona, lo que genera ganancias económicas para los traficantes.

f) Difusión y distribución de contenido sexualmente explícito: Los traficantes pueden distribuir y vender material sexualmente explícito de las víctimas en línea, lo que puede incluir la producción de pornografía, imágenes o videos comprometedores.

g) Tráfico de personas para la explotación sexual: Las víctimas pueden ser trasladadas físicamente a diferentes ubicaciones para ser explotadas sexualmente, y la coordinación y publicidad de estos actos pueden llevarse a cabo en línea.

La explotación sexual en línea es una forma alarmante de trata de personas que aprovecha las tecnologías digitales para perpetrar abusos contra las víctimas.

Para abordar este problema, es esencial que los gobiernos y las fuerzas del orden trabajen para identificar y enjuiciar a los traficantes responsables de estas conductas, así como para proporcionar apoyo y protección a las víctimas.

También se deben tomar medidas para concienciar sobre los riesgos en línea y educar a las personas, especialmente a los jóvenes, sobre cómo protegerse y reconocer situaciones de explotación sexual en línea.

MANTENIMIENTO

El mantenimiento en los delitos de trata de seres humanos se refiere a la fase del proceso en la que los traficantes continúan controlando y manteniendo a las víctimas en situaciones de explotación una vez que estas han sido reclutadas o captadas.

Esta etapa es crucial para que los traficantes sigan beneficiándose de la explotación de las víctimas y para asegurarse de que estas no escapen o busquen ayuda.

Las conductas y estrategias asociadas con el mantenimiento en los delitos de trata de personas pueden incluir:

a) Coerción continua: Los traficantes pueden seguir utilizando amenazas, chantaje, violencia física o psicológica y otras tácticas de coerción para mantener el control sobre las víctimas y asegurarse de que no intenten escapar o denunciar su situación.

b) Restricción de libertad de movimiento: Las víctimas pueden seguir siendo retenidas en lugares específicos, como residencias, burdeles, fábricas o campos agrícolas, a menudo bajo llave o en condiciones de confinamiento forzado.

c) Retención de documentos de identidad: Los traficantes pueden seguir confiscando los documentos de identidad de las víctimas, como pasaportes o visas, para dificultar su capacidad para escapar o buscar ayuda.

d) Control de las comunicaciones: Los traficantes pueden supervisar de cerca las comunicaciones de las víctimas, como sus llamadas telefónicas o acceso a internet, para evitar que busquen ayuda o se comuniquen con personas fuera de su control.

e) Amenazas a familiares y seres queridos: Los traficantes pueden continuar amenazando con causar daño a los familiares o seres queridos de las víctimas como una forma de coerción y control.

f) Abuso y violencia: Las víctimas pueden seguir siendo sometidas a abuso físico, sexual o psicológico para mantenerlas sumisas y obedientes.

g) Privación de derechos y necesidades básicas: Las víctimas pueden ser privadas de alimentos adecuados, atención médica, saneamiento básico y condiciones de vida dignas como método de control y coerción.

El mantenimiento es una fase crucial en el proceso de trata de personas, ya que permite a los traficantes continuar explotando a las víctimas y obtener ganancias a expensas de su sufrimiento.

Para combatir eficazmente la trata de personas, es esencial abordar todas las etapas del delito, incluido el mantenimiento, y tomar medidas para prevenirlo, detectarlo y enjuiciar a los traficantes responsables.

También es fundamental brindar apoyo adecuado a las víctimas para ayudarlas a recuperarse y reconstruir sus vidas, incluyendo la liberación de su situación de explotación.

MATRIMONIOS FORZADOS

Los matrimonios forzados en el contexto de los delitos de trata de seres humanos se refieren a situaciones en las que una o ambas partes involucradas en un matrimonio son víctimas de trata de personas y son obligadas, coaccionadas o engañadas para casarse en contra de su voluntad.

Estas uniones matrimoniales no se basan en el consentimiento libre y voluntario de los contrayentes, sino que son el resultado de explotación y abuso por parte de traficantes o explotadores.

Las conductas y prácticas que pueden estar asociadas con los matrimonios forzados en los delitos de trata de personas incluyen:

a) Captación y reclutamiento: Los traficantes pueden captar a personas, a menudo mujeres jóvenes o niñas, en situaciones de vulnerabilidad, utilizando engaños, amenazas o coacción para persuadirlas de casarse.

b) Coerción y control: Una vez que las víctimas son seleccionadas, pueden ser sometidas a diversas formas de coerción, que incluyen amenazas, violencia física, chantaje emocional o retención de documentos de identidad, para obligarlas a casarse en contra de su voluntad.

c) Intercambio de dinero o bienes: En algunos casos, las familias de las víctimas pueden recibir pagos o bienes a cambio de consentir el matrimonio forzado, lo que puede hacer que los matrimonios forzados sean aún más lucrativos para los traficantes.

d) Explotación económica: Una vez casadas, las víctimas pueden ser explotadas económicamente por sus cónyuges y familias, a menudo a través del trabajo forzado o la servidumbre doméstica.

e) Explotación sexual: En algunos casos, los matrimonios forzados pueden involucrar la explotación sexual de las víctimas dentro del matrimonio, lo que incluye el abuso sexual y la coerción sexual.

f) Restricción de libertad: Las víctimas pueden ser restringidas en su capacidad para moverse libremente, comunicarse con otras personas o buscar ayuda, lo que las atrapa en la situación de matrimonio forzado.

g) Aislamiento social: Las víctimas pueden ser aisladas de sus redes de apoyo y comunidades, lo que dificulta su capacidad para escapar de la situación de explotación y buscar ayuda.

h) Amenazas y represalias: Las víctimas pueden ser amenazadas con daño físico o represalias en su contra o contra sus seres queridos si intentan escapar o denunciar su situación.

i) Falta de autonomía: Las víctimas pueden tener su libertad y autonomía restringidas, lo que les impide tomar decisiones sobre sus propias vidas y futuros.

Los matrimonios forzados como forma de trata de personas representan una grave violación de los derechos humanos y una forma de violencia de género.

Es esencial que los gobiernos y las organizaciones de derechos humanos trabajen para prevenir y combatir esta forma de explotación, identificando a los traficantes y explotadores, proporcionando apoyo a las víctimas y promulgando leyes y regulaciones que prohíban los matrimonios forzados y protejan los derechos de quienes son explotados de esta manera.

PRIVACIÓN DE LIBERTAD

La privación de libertad en los delitos de trata de seres humanos se refiere a la acción de restringir la libertad de movimiento de las víctimas, a menudo mediante el uso de la fuerza, la coerción, el engaño o la amenaza, con el propósito de explotarlas.

Esta restricción de la libertad es fundamental para mantener a las víctimas bajo control y asegurarse de que no puedan escapar o buscar ayuda.

Las conductas asociadas con la privación de libertad en los delitos de trata de personas pueden incluir:

a) Secuestro o captura: Las víctimas son secuestradas o capturadas contra su voluntad y llevadas a lugares donde serán explotadas. Esto puede implicar la retención de documentos de identidad o la amenaza de daño físico como forma de coerción.

b) Confinamiento en lugares específicos: Las víctimas pueden ser mantenidas en lugares específicos, como residencias, moteles, burdeles, fábricas o campos agrícolas, a menudo bajo llave o en condiciones de confinamiento forzado.

c) Restricción de movimiento: Las víctimas pueden ser constantemente supervisadas y controladas para evitar que escapen o busquen ayuda. Esto puede incluir la asignación de vigilantes o el uso de sistemas de seguridad.

d) Amenazas y coerción: Los traficantes pueden amenazar con dañar físicamente a las víctimas o a sus seres queridos si intentan escapar, resistirse o denunciar su situación.

e) Uso de medidas de seguridad: Los traficantes pueden utilizar sistemas de seguridad, como cámaras de vigilancia o alarmas, para monitorear y controlar a las víctimas en todo momento.

f) Uso de barreras lingüísticas o culturales: En algunos casos, las víctimas pueden ser transportadas a un lugar donde no hablen el idioma local o no comprendan la cultura local, lo que dificulta su capacidad para buscar ayuda o comunicarse con otras personas.

g) Retención de documentos de identidad: Los traficantes pueden confiscar los documentos de identidad de las víctimas, como pasaportes o visas, para dificultar su capacidad para escapar o buscar ayuda.

La privación de libertad es una de las características distintivas de la trata de personas y es una violación fundamental de los derechos humanos de las víctimas.

La restricción de la libertad de movimiento es utilizada por los traficantes para mantener a las víctimas atrapadas en situaciones de explotación y dificultar que busquen ayuda o escapen.

Por lo tanto, es esencial abordar este aspecto en la lucha contra la trata de personas, identificar y enjuiciar a los traficantes responsables y brindar apoyo y protección adecuados a las víctimas para ayudarlas a recuperarse y reconstruir sus vidas.

RETENCIÓN FORZADA

La retención forzada en los delitos de trata de seres humanos se refiere a la práctica de mantener a las víctimas de trata en contra de su voluntad, impidiendo que se escapen o busquen ayuda. Esta es una etapa crucial en el proceso de trata de personas, ya que permite a los traficantes mantener el control sobre las víctimas y continuar explotándolas. Las conductas asociadas con la retención forzada en los delitos de trata de personas pueden incluir:

a) Confinamiento físico: Los traficantes pueden mantener a las víctimas en lugares cerrados, como residencias, almacenes, burdeles, fábricas u otros espacios, a menudo bajo llave o con medidas de seguridad que impidan la salida.

b) Amenazas y coerción: Los traficantes pueden utilizar amenazas verbales o físicas para mantener a las víctimas bajo control. Estas amenazas pueden incluir violencia física, violencia sexual o amenazas de daño a la víctima o a sus seres queridos.

c) Uso de guardias o vigilantes: En algunos casos, los traficantes pueden emplear a personas para vigilar a las víctimas y asegurarse de que no intenten escapar.

d) Retención de documentos de identidad: Los traficantes a menudo confiscan los documentos de identidad de las víctimas, como pasaportes, permisos de trabajo o tarjetas de identificación, lo que dificulta aún más que las víctimas busquen ayuda o escapen.

e) Aislamiento social: Las víctimas pueden ser aisladas socialmente, lo que significa que se les impide tener contacto con amigos, familiares o cualquier persona fuera de la red de tráfico. Esto puede hacer que sea aún más difícil para las víctimas buscar ayuda o escapar.

f) Privación de derechos y libertades: Las víctimas pueden ser sometidas a condiciones de vida extremadamente precarias en las que se les niega acceso a alimentos adecuados, atención médica, saneamiento y condiciones de trabajo seguras. También pueden ser forzadas a trabajar largas horas en condiciones de explotación y sin remuneración adecuada.

La retención forzada en los delitos de trata de personas es una violación grave de los derechos humanos de las víctimas y constituye un elemento fundamental en la explotación continua de estas personas.

Para combatir eficazmente la trata de personas, es fundamental abordar todas las etapas del delito, incluida la retención forzada, y tomar medidas para prevenirla, detectarla y enjuiciar a los traficantes responsables.

Los gobiernos y las organizaciones internacionales trabajan en conjunto para combatir este grave problema y proteger a las víctimas de la trata de personas.

SECUESTRO

El secuestro en los delitos de trata de seres humanos se refiere a la acción de tomar o retener a una persona en contra de su voluntad, a menudo mediante el uso de la fuerza, la coerción, la amenaza o el engaño, con el fin de someterla a situaciones de explotación.

El secuestro es una fase crítica en el proceso de trata de personas, ya que permite a los traficantes obtener control sobre las víctimas y asegurarse de que no puedan escapar o buscar ayuda.

Las conductas asociadas con el secuestro en los delitos de trata de personas pueden incluir el desarrollo de las siguientes actividades:

a) Abordaje o captura inicial: Los traficantes pueden secuestrar a las víctimas o capturarlas en contra de su voluntad. Esto puede implicar engañarlas, atraerlas con promesas falsas o forzarlas físicamente.

b) Amenazas y coerción: Los traficantes pueden utilizar amenazas de daño físico a las víctimas o a sus seres queridos para obligarlas a someterse o a cooperar. También pueden utilizar la coerción psicológica o emocional para controlar a las víctimas.

c) Uso de la fuerza física: Los traficantes pueden recurrir a la violencia física, como golpes, palizas o agresiones, para mantener a las víctimas sometidas y obedientes.

d) Secuestro en lugares públicos o privados: El secuestro puede ocurrir en una variedad de ubicaciones, desde la vía pública hasta lugares privados como residencias, vehículos o lugares de trabajo.

e) Traslado forzado: Una vez secuestradas, las víctimas pueden ser trasladadas a ubicaciones remotas o desconocidas, a menudo en contra de su voluntad, para dificultar aún más su capacidad para escapar o buscar ayuda.

f) Retención de documentos de identidad: Los traficantes pueden confiscar los documentos de identidad de las víctimas, como pasaportes o visas, para limitar su capacidad de escapar o buscar asistencia legal.

g) Secuestro en el contexto de conflictos armados: En algunas áreas afectadas por conflictos armados, los grupos armados pueden secuestrar a personas, incluidos niños y adolescentes, con el propósito de utilizarlos como combatientes, esclavos sexuales u otros fines.

El secuestro es una de las fases clave en el proceso de trata de personas y representa una grave violación de los derechos humanos de las víctimas.

Es importante abordar el secuestro y todas las etapas de la trata de personas mediante la identificación y el enjuiciamiento de los traficantes responsables, así como la provisión de apoyo y protección adecuados a las víctimas para ayudarlas a recuperarse y reconstruir sus vidas.

Las leyes y regulaciones que prohíben el secuestro y la trata de personas son fundamentales en la lucha contra este tipo de delitos.

SERVIDUMBRE POR DEUDAS

La servidumbre por deudas en los delitos de trata de seres humanos se refiere a una situación en la que las personas son forzadas a trabajar para pagar una deuda que supuestamente deben a sus explotadores.

Este es un aspecto particularmente pernicioso de la trata de personas y representa una forma de explotación económica.

Las conductas y prácticas asociadas con la servidumbre por deudas en el contexto de los delitos de trata de personas incluyen:

a) Captación y reclutamiento: Las víctimas pueden ser engañadas o coaccionadas para aceptar una oferta de empleo que supuestamente les permitirá pagar una deuda pendiente o mejorar su situación financiera.

b) Falsa deuda: Los traficantes imponen a las víctimas una deuda ficticia o inflada, haciéndoles creer que deben una suma de dinero que es inalcanzable o desproporcionadamente alta.

c) Retención de documentos de identidad: Los traficantes a menudo retienen los documentos de identidad de las víctimas, como pasaportes o permisos de trabajo, para controlar y limitar su capacidad para escapar o buscar ayuda.

d) Coacción y amenazas: Las víctimas pueden ser sometidas a amenazas de violencia física o represalias contra ellos o sus familias si intentan escapar o denunciar su situación.

e) Confiscación de salarios: A medida que las víctimas trabajan para pagar la deuda, los traficantes pueden confiscar la mayoría o la totalidad de sus salarios, lo que les impide saldar la deuda y los mantiene atrapados en la explotación.

f) Condiciones de trabajo deplorables: Las víctimas suelen ser sometidas a condiciones de trabajo inhumanas y peligrosas, con largas jornadas laborales, falta de descanso adecuado y falta de protecciones laborales.

g) Aislamiento social: Los traficantes a menudo mantienen a las víctimas aisladas de sus redes de apoyo y comunidades, lo que dificulta su capacidad para buscar ayuda.

h) Deuda hereditaria: En algunos casos, las deudas pueden ser transferidas de generación en generación, lo que perpetúa el ciclo de servidumbre por deudas en una familia.

i) Explotación en diversos sectores: La servidumbre por deudas puede ocurrir en una variedad de sectores, incluyendo la agricultura, la industria manufacturera, la construcción, la minería y el trabajo doméstico, entre otros.

La servidumbre por deudas es una forma particularmente insidiosa de explotación, ya que atrapa a las víctimas en un ciclo de deuda y abuso del cual es difícil escapar.

Además, esta forma de trata de personas a menudo implica engaño y explotación económica y puede tener efectos devastadores en la vida de las víctimas y sus familias.

Para combatir eficazmente la servidumbre por deudas, es esencial identificar y enjuiciar a los traficantes responsables de estas conductas, así como proporcionar apoyo y protección a las víctimas para ayudarlas a recuperarse y liberarse de la explotación.

También es importante promulgar leyes y regulaciones que prohíban esta forma de trata de personas y protejan los derechos de las personas vulnerables.

TRÁFICO TRANSNACIONAL

El tráfico transnacional en los delitos de trata de seres humanos se refiere a la actividad ilegal de reclutar, transportar, transferir, albergar o recibir personas a través de las fronteras internacionales con el propósito de explotarlas.

En este contexto, la trata de personas se convierte en un delito transnacional cuando las víctimas son llevadas desde un país a otro o son sometidas a explotación en más de un país.

Esto implica una dimensión internacional en el proceso de trata de personas y a menudo complica la investigación y el enjuiciamiento de los traficantes.

Las conductas que pueden estar asociadas con el tráfico transnacional en los delitos de trata de personas incluyen:

a) Cruce ilegal de fronteras: Los traficantes suelen utilizar rutas clandestinas o ilegales para llevar a las víctimas a través de las fronteras internacionales sin el cumplimiento de los procedimientos legales, como el control migratorio o la obtención de visas.

b) Documentación falsa o manipulación de identidad: Para facilitar el cruce de fronteras, los traficantes pueden proporcionar a las víctimas documentos de identidad falsos o manipulados, como pasaportes o visas falsas.

c) Redes internacionales: Los traficantes a menudo operan en redes internacionales, con conexiones en varios países, lo que les permite reclutar, transportar y explotar a las víctimas en diferentes ubicaciones geográficas.

d) Explotación en múltiples países: Las víctimas pueden ser trasladadas de un país a otro, donde continúan siendo explotadas en diferentes lugares o en diferentes industrias, como la explotación sexual o laboral.

e) Colaboración de cómplices en diferentes países: Los traficantes pueden colaborar con cómplices en múltiples países para facilitar el tráfico y la explotación de las víctimas.

f) Limpieza de identidad: En algunos casos, los traficantes pueden cambiar la identidad de las víctimas, incluyendo la creación de nuevas identidades o la eliminación de rastros que puedan vincular a las víctimas con su lugar de origen.

El tráfico transnacional en los delitos de trata de personas representa un desafío significativo para las autoridades y las organizaciones encargadas de combatir este tipo de delitos, ya que involucra jurisdicciones y sistemas legales múltiples.

Para abordar eficazmente el tráfico transnacional en la trata de personas, se requiere una cooperación internacional efectiva, la armonización de leyes y regulaciones, y la colaboración entre los países para identificar, enjuiciar y desmantelar las redes de tráfico.

Además, es fundamental brindar apoyo y protección adecuados a las víctimas, independientemente de su nacionalidad o ubicación geográfica, y garantizar que se respeten sus derechos humanos en todas las etapas del proceso.

TRANSPORTE

El transporte en los delitos de trata de seres humanos se refiere a la fase en la que las víctimas son movidas de un lugar a otro con el propósito de explotación.

Esta etapa es crucial en el proceso de la trata de personas, ya que permite a los traficantes llevar a cabo la explotación de las víctimas en diferentes ubicaciones o contextos.

El transporte puede involucrar diversas conductas y métodos utilizados por los traficantes, que pueden variar según las circunstancias y el tipo específico de trata de personas.

Algunas de las conductas comunes asociadas con el transporte en casos de trata de personas incluyen:

a) Movimiento forzado: Las víctimas son trasladadas de un lugar a otro sin su consentimiento y generalmente contra su voluntad. Esto puede implicar el uso de la fuerza física, la intimidación o la amenaza para obligar a las víctimas a cooperar.

b) Documentos falsos: Los traficantes pueden proporcionar a las víctimas documentos falsificados, como pasaportes o visas, para facilitar su transporte a través de las fronteras o dentro de un país.

c) Rutas clandestinas: Los traficantes a menudo utilizan rutas clandestinas o ilegales para mover a las víctimas, evitando la detección por parte de las autoridades. Esto puede incluir el uso de caminos secundarios, pasajes subterráneos, cruces de fronteras no autorizados u otros medios para evitar la detección.

d) Control constante: Durante el transporte, las víctimas suelen ser supervisadas de cerca por los traficantes para asegurarse de que no escapen o busquen ayuda.

e) Aislamiento: Las víctimas pueden ser aisladas de la sociedad y de sus redes de apoyo durante el transporte, lo que dificulta su capacidad para buscar ayuda.

f) Violencia y amenazas: Los traficantes pueden continuar utilizando la violencia, las amenazas o el chantaje durante el transporte para mantener el control sobre las víctimas y asegurarse de que no intenten escapar.

g) Secuestro o confinamiento: En algunos casos, las víctimas pueden ser secuestradas o confinadas en vehículos, barcos, camiones o lugares específicos mientras son trasladadas de un lugar a otro. Esto se hace para evitar que escapen o busquen ayuda.

h) Transporte en condiciones peligrosas: Las víctimas a menudo son transportadas en condiciones peligrosas y degradantes, como en camiones sobrecargados, en compartimentos ocultos de vehículos o en condiciones climáticas extremas, sin atención adecuada a su seguridad o bienestar.

Es importante destacar que el transporte es solo una parte del proceso de trata de personas, y a menudo se combina con otras etapas, como la captación y la explotación.

La trata de personas es un delito grave y una violación de los derechos humanos que involucra la explotación de personas con fines de lucro.

Es esencial que se tomen medidas para prevenir, detectar y enjuiciar a los traficantes y proteger a las víctimas de este tipo de delitos.

USO DE MENDICIDAD FORZADA

El uso de la mendicidad forzada en los delitos de trata de seres humanos implica obligar, coaccionar o explotar a personas para que se involucren en actividades de mendicidad de manera involuntaria y bajo condiciones abusivas.

Esta forma de explotación implica violaciones graves de los derechos humanos y a menudo se encuentra en la intersección de la trata de personas y la explotación laboral.

Las conductas y prácticas que pueden estar asociadas con el uso de la mendicidad forzada en los delitos de trata de personas incluyen:

a) Captación y reclutamiento: Los traficantes pueden reclutar a personas, a menudo en situaciones de vulnerabilidad, como personas sin hogar, migrantes en situación irregular o personas en condiciones económicas precarias, para que se involucren en la mendicidad.

b) Coacción y amenazas: Las víctimas pueden ser sometidas a amenazas, intimidación o violencia física para obligarlas a mendigar y entregar las ganancias a los traficantes.

c) Retención de documentos: Los traficantes pueden confiscar los documentos de identidad de las víctimas para controlarlas y evitar que busquen ayuda o escapen.

d) Control económico: Los traficantes suelen retener la mayoría o la totalidad de las ganancias que las víctimas obtienen a través de la mendicidad, dejando a las víctimas en una situación de dependencia económica.

e) Condiciones de vida precarias: Las víctimas pueden ser alojadas en condiciones insalubres y degradantes y se les puede negar el acceso a servicios básicos como comida, refugio y atención médica adecuada.

f) Aislamiento social: Las víctimas pueden ser mantenidas en aislamiento social, lo que dificulta su capacidad para buscar ayuda o comunicarse con el exterior.

g) Amenazas de represalias: Los traficantes pueden amenazar con tomar represalias contra las víctimas o sus seres queridos si intentan escapar o cooperar con las autoridades.

h) Explotación infantil: Los menores de edad pueden ser particularmente vulnerables a la mendicidad forzada y pueden ser utilizados por traficantes o explotadores para obtener dinero de manera ilegal.

i) Falta de acceso a servicios básicos: Las víctimas de mendicidad forzada a menudo carecen de acceso a servicios de atención médica, educación y vivienda adecuada.

El uso de la mendicidad forzada en los delitos de trata de personas explota la vulnerabilidad de las personas y las obliga a participar en actividades de mendicidad en condiciones abusivas y coercitivas.

La mendicidad forzada es una forma especialmente perniciosa de trata de personas, ya que explota la vulnerabilidad de las personas en situaciones de necesidad extrema y las somete a condiciones de vida y trabajo extremadamente precarias.

Es esencial que los gobiernos y las organizaciones de derechos humanos trabajen para prevenir y combatir esta forma de explotación, identificando a los traficantes y explotadores, proporcionando apoyo a las víctimas y promulgando leyes y regulaciones que prohíban la mendicidad forzada y protejan los derechos de quienes son explotados de esta manera.

VULNERABILIDAD DE LAS VÍCTIMAS

La vulnerabilidad de las víctimas en los delitos de trata de seres humanos se refiere a la situación en la que las personas son especialmente susceptibles a convertirse en víctimas de este delito debido a una serie de factores o circunstancias que las hacen más propensas a ser captadas, explotadas y controladas por traficantes.

Estos factores pueden variar y pueden incluir aspectos socioeconómicos, personales o situacionales.

Algunos de los factores de vulnerabilidad y las conductas que pueden estar asociadas con la vulnerabilidad de las víctimas en los delitos de trata de personas llevan consigo:

a) Pobreza extrema: Las personas que viven en condiciones de pobreza extrema y tienen dificultades para satisfacer sus necesidades básicas, como alimentos, vivienda y atención médica, pueden ser más susceptibles a ser reclutadas por traficantes que prometen oportunidades de trabajo o una mejor calidad de vida.

b) Falta de educación: La falta de acceso a la educación y a oportunidades de capacitación puede hacer que las personas tengan opciones limitadas y sean más vulnerables a ser engañadas o coaccionadas por traficantes.

c) Inestabilidad familiar: Las personas que han experimentado conflictos familiares, abuso doméstico o desestructuración familiar pueden estar en mayor riesgo de ser explotadas por traficantes que se presentan como figuras de apoyo o protección.

d) Desplazamiento forzado: Las personas que han sido desplazadas de sus hogares debido a conflictos armados, desastres naturales u otras crisis pueden estar en situaciones de vulnerabilidad, ya que pueden ser más propensas a aceptar la ayuda de extraños que luego las explotan.

e) Discriminación y exclusión social: Las personas que enfrentan discriminación o exclusión social debido a factores como la raza, el género, la orientación sexual o la nacionalidad pueden ser más vulnerables a la trata de personas, ya que pueden tener menos acceso a recursos y apoyo social.

f) Abuso previo o traumas: Las personas que han experimentado abuso sexual, físico o emocional en el pasado pueden ser más susceptibles a ser retraumatizadas por traficantes que explotan su vulnerabilidad.

g) Migración irregular: Las personas que migran de manera irregular o indocumentada pueden ser más vulnerables a ser explotadas, ya que pueden temer la deportación o no tener acceso a servicios de protección.

h) Adicciones: Las personas que luchan contra adicciones a sustancias pueden ser más vulnerables a ser explotadas por traficantes que le suministran drogas a cambio de servicios o trabajo forzado.

i) Falta de redes de apoyo: Aquellas personas que carecen de redes de apoyo social o familiar sólidas pueden sentirse más aisladas y desesperadas, lo que las hace más propensas a ser manipuladas por traficantes que ofrecen falsas promesas de apoyo.

j) Falta de documentación legal: Las personas que carecen de documentos legales, como pasaportes o visas, pueden ser más vulnerables a ser explotadas, ya que pueden temer la detención o la deportación si buscan ayuda o denuncian su situación.

Es importante destacar que la vulnerabilidad de las víctimas puede variar ampliamente y no todas las personas que presentan estos factores son necesariamente víctimas de trata de personas.

Sin embargo, estos factores pueden hacer que algunas personas sean más susceptibles a ser objetivo de traficantes sin escrúpulos.

Para prevenir la trata de personas y proteger a las posibles víctimas, es esencial abordar estos factores de vulnerabilidad a través de programas de apoyo, educación y concienciación, además de implementar políticas y leyes que penalicen y combatan eficazmente este delito.

BLANQUEO DE CAPITALES

INTRODUCCIÓN

El blanqueo de capitales, también conocido como lavado de dinero, es un delito financiero que implica el proceso de convertir ganancias obtenidas a través de actividades ilegales en activos que aparentan ser legítimos. Estos activos "limpios" o "blanqueados" son difíciles de rastrear hasta su origen criminal, lo que permite a los delincuentes disfrutar de los beneficios económicos de sus actividades ilícitas sin levantar sospechas.

El blanqueo de capitales se compone generalmente de tres etapas:

a) Colocación: En esta etapa, el dinero ilícito se introduce en el sistema financiero. Puede implicar el depósito de grandes sumas de efectivo en cuentas bancarias, división de sumas grandes en cantidades más pequeñas o incluso el uso de métodos como giros postales y cheques de viajero para hacer que el dinero entre en el sistema.

b) Estratificación o capa: En esta fase, el objetivo es dificultar el rastreo del dinero a través de una serie de transacciones financieras. Esto puede incluir transferencias electrónicas, inversiones en diferentes clases de activos, cambios de divisas y otras operaciones destinadas a complicar la pista de papel del dinero ilícito.

c) Integración: En la última etapa, el dinero ya lavado se reintroduce en la economía de manera aparentemente legítima. Esto podría involucrar la compra de bienes raíces, inversiones en negocios legítimos, adquisición de activos de lujo o cualquier otra forma de inversión que haga que el dinero parezca provenir de fuentes legítimas.

Con respecto a las conductas que conllevan los delitos relacionados con el blanqueo de capitales, estas pueden ser diversas y sofisticadas. Aquí se describen algunas conductas específicas:

a) Uso de intermediarios: Los delincuentes pueden utilizar intermediarios o terceros para realizar transacciones y dificultar la vinculación entre ellos y el dinero ilícito.

b) Transacciones internacionales: Mover dinero a través de fronteras facilita la complejidad y la dificultad para rastrear las transacciones.

c) Cuentas offshore: Abrir cuentas bancarias en jurisdicciones extraterritoriales con regulaciones laxas para ocultar la propiedad y origen de los fondos.

d) Inversiones en bienes de lujo: Comprar bienes caros como propiedades, automóviles de lujo o joyas para ocultar el dinero ilícito.

e) Manipulación de transacciones comerciales: Crear empresas ficticias o inflar la facturación de empresas legítimas para justificar ingresos ilegítimos.

f) Uso de criptomonedas: Las criptomonedas pueden utilizarse para realizar transacciones de manera más anónima y dificultar el seguimiento del flujo de dinero.

g) Operaciones con acciones y valores: Comprar y vender acciones para dificultar la identificación del propietario real del dinero.

h) Falsificación de documentos: Crear documentos falsos, como facturas o contratos, para respaldar transacciones ficticias.

i) Préstamos ficticios: Simular préstamos entre partes relacionadas para justificar transferencias de fondos.

Las autoridades y organismos internacionales trabajan activamente para prevenir y combatir el blanqueo de capitales mediante la implementación de regulaciones financieras, el intercambio de información entre países y la supervisión de transacciones sospechosas.

TRANSFERENCIAS INTERNACIONALES

Realizar transacciones internacionales en el contexto de delitos de blanqueo de capitales implica mover fondos o activos a través de las fronteras nacionales con el objetivo de dificultar el rastreo y la detección de actividades ilícitas.

Esta práctica se asocia comúnmente con varias conductas que buscan aprovechar la complejidad de los sistemas financieros internacionales para encubrir el origen ilegítimo de los fondos.

Aquí se describen algunos aspectos y conductas relacionadas con las transacciones internacionales en el blanqueo de capitales:

a) La dificultad de seguimiento: Las transacciones internacionales pueden ser más difíciles de rastrear debido a la diversidad de jurisdicciones y sistemas financieros involucrados. La falta de coordinación entre las autoridades de diferentes países puede dificultar la detección y persecución de actividades ilícitas.

b) Uso de paraísos fiscales: Los delincuentes a menudo aprovechan jurisdicciones con regulaciones financieras laxas, conocidas como paraísos fiscales, para realizar transacciones internacionales. Estos lugares facilitan el secreto bancario y ofrecen un entorno propicio para ocultar la verdadera propiedad y origen de los fondos.

c) Transferencias a través de múltiples cuentas: Se pueden utilizar múltiples cuentas bancarias en diferentes países para fragmentar y dispersar los fondos, haciendo que sea más difícil seguir la pista de las transacciones.

d) Uso de compañías offshore: Crear empresas offshore en jurisdicciones con regulaciones más relajadas permite a los delincuentes ocultar la propiedad real de los activos y dificultar el rastreo de las transacciones.

e) Cambio de divisas: Convertir el dinero en diferentes monedas durante las transacciones internacionales puede aumentar la complejidad y dificultar aún más la identificación de las transacciones relacionadas con el blanqueo de capitales.

f) Utilización de intermediarios financieros internacionales: Recurrir a intermediarios financieros internacionales, como bancos o casas de cambio, para realizar transferencias complicadas que dificulten la vinculación entre el origen ilícito y el destino final de los fondos.

g) Operaciones comerciales ficticias: Las transacciones internacionales pueden utilizarse para simular operaciones comerciales ficticias entre empresas, lo que dificulta la detección de actividades ilegales.

h) Uso de criptomonedas: Si bien las criptomonedas no están vinculadas a una jurisdicción específica, se utilizan cada vez más en transacciones internacionales para ocultar la identidad y la ubicación de las partes involucradas.

En general, las transacciones internacionales ofrecen a los perpetradores del blanqueo de capitales la oportunidad de aprovechar la complejidad y la diversidad de los sistemas financieros globales para ocultar la verdadera naturaleza y origen de los fondos ilícitos.

Combatir eficazmente el blanqueo de capitales requiere una cooperación internacional sólida, regulaciones efectivas y la implementación de medidas de vigilancia y prevención a nivel mundial.

REALIZAR OPERACIONES EN LAS QUE NO CONSTE IDENTIFICADO EL CLIENTE O PROVEEDOR

El cumplimiento de las leyes y regulaciones relacionadas con la prevención del blanqueo de capitales es de suma importancia en el mundo de los negocios y las finanzas. En este contexto, realizar operaciones en las que no conste identificado el cliente o proveedor a los efectos del delito contra los derechos de blanqueo de capitales es una práctica que puede tener graves consecuencias legales, especialmente en lo que respecta a la responsabilidad penal de la persona jurídica. En este artículo, exploraremos en detalle esta cuestión, desglosando los puntos clave que definen esta problemática y analizando las implicaciones legales que conlleva.

En relación con la realización de operaciones en las cuales no consta debidamente identificado el cliente o proveedor, se observan los siguientes aspectos relevantes:

a) Operaciones sin identificación: La ejecución de transacciones financieras o comerciales en las cuales no se haya llevado a cabo un proceso adecuado de identificación de las partes involucradas conlleva un alto riesgo. Esta falta de identificación puede propiciar la ocultación de la naturaleza verdadera de la transacción, lo que a su vez puede facilitar la comisión de delitos financieros, como el blanqueo de capitales.

b) Delito de blanqueo de capitales: El blanqueo de capitales se refiere al proceso mediante el cual se busca convertir fondos de origen ilícito en activos legales, con el fin de dificultar la identificación de su procedencia ilícita. Este delito se considera grave en la mayoría de las jurisdicciones y constituye una preocupación fundamental en la lucha contra el crimen financiero.

c) Responsabilidad penal de la persona jurídica: En numerosas jurisdicciones, se establece la responsabilidad penal de las personas jurídicas por su participación o negligencia en la prevención del blanqueo de capitales. Esta disposición implica que las empresas pueden enfrentar procesos penales si no cumplen con las regulaciones destinadas a evitar el blanqueo de capitales.

d) Obligaciones de debida diligencia: Las empresas están legalmente obligadas a llevar a cabo debida diligencia, que incluye la debida identificación y verificación de la identidad de sus clientes y proveedores. Este proceso es esencial para garantizar la transparencia y legalidad de las transacciones.

e) Consecuencias legales: La falta de cumplimiento de estas obligaciones puede resultar en consecuencias legales significativas para las personas jurídicas. Dichas consecuencias pueden abarcar sanciones considerables, multas y, en casos graves, el enjuiciamiento penal de la empresa.

f) Riesgos de Abuso y Fraude: La falta de identificación adecuada del cliente o proveedor puede exponer a las organizaciones a un mayor riesgo de abuso y fraude. Las partes no identificadas pueden aprovecharse de la falta de transparencia para llevar a cabo actividades ilegales o engañosas.

g) Protección de la Integridad Financiera: La falta de identificación adecuada puede socavar la integridad financiera de una organización, ya que puede dar lugar a la participación en transacciones fraudulentas o ilícitas que pueden resultar en pérdidas financieras.

h) Consecuencias Reputacionales: La participación en operaciones sin la debida identificación puede dañar gravemente la reputación de una empresa o entidad legal. La percepción de que una organización está involucrada en prácticas opacas o ilegales puede llevar a la pérdida de confianza por parte de clientes, socios comerciales y la opinión pública.

i) Normativas Internacionales: La falta de identificación adecuada también puede tener implicaciones en el ámbito internacional, ya que puede contravenir normativas y estándares internacionales de lucha contra el lavado de dinero y el financiamiento del terrorismo. Esto puede resultar en sanciones y consecuencias legales a nivel global.

j) Protección de Datos Personales: La falta de identificación adecuada también puede plantear problemas relacionados con la privacidad y la protección de datos personales. Las organizaciones deben manejar y proteger la información personal de los clientes o proveedores de manera adecuada y en cumplimiento de las leyes de privacidad aplicables.

El hecho de no identificar de manera adecuada al cliente o proveedor al realizar operaciones, en el contexto del delito de blanqueo de capitales, significa que la persona jurídica no ha cumplido con las obligaciones de identificación y verificación de identidad requeridas por las regulaciones, lo que puede tener consecuencias legales significativas en términos de responsabilidad penal.

PARTICIPAR EN OPERACIONES O TRANSACCIONES DESTINADAS A ADQUIRIR, POSEER, CONVERTIR O TRANSMITIR BIENES PROCEDENTES DE LA COMISIÓN DE UN DELITO O PARA OCULTAR O ENCUBRIR DICHO ORIGEN

Participar en operaciones o transacciones destinadas a adquirir, poseer, convertir o transmitir bienes procedentes de la comisión de un delito o para ocultar o encubrir dicho origen a los efectos del delito contra los derechos de blanqueo de capitales en relación con la responsabilidad penal de la persona jurídica implica una serie de elementos clave:

a) Adquirir, Poseer, Convertir o Transmitir Bienes: Estos términos hacen referencia a las acciones involucradas en el proceso de manipulación de activos que provienen de actividades delictivas. Esto puede incluir la compra de bienes, su posesión, su conversión en otros activos o su transferencia a terceros.

b) Origen de los Bienes: En este contexto, "origen" se refiere al punto de partida de los activos en cuestión, que se derivan de actividades criminales, como el fraude, el tráfico de drogas, la corrupción o cualquier otra actividad ilícita.

c) Ocultar o Encubrir el Origen: Implica la realización de acciones con la intención de esconder o disfrazar la procedencia ilícita de los activos, de modo que parezcan legales y legítimos. El objetivo principal es dificultar la identificación de su origen delictivo.

d) Delito contra los Derechos de Blanqueo de Capitales: Este delito se refiere a la práctica de convertir activos ilícitos en activos legales para dificultar la detección de su origen criminal. Estas actividades se consideran graves delitos financieros en la mayoría de las jurisdicciones.

e) Responsabilidad Penal de la Persona Jurídica: En numerosos sistemas legales, las personas jurídicas pueden ser consideradas responsables penalmente por actos ilícitos cometidos en su nombre o en su beneficio. Esto significa que una empresa o entidad legal puede enfrentar sanciones legales, multas y procesamientos penales si se demuestra su participación o negligencia en actividades de blanqueo de capitales.

f) Consecuencias Legales: La participación en operaciones destinadas a ocultar o encubrir bienes de origen ilícito puede resultar en graves consecuencias legales, tanto para individuos como para las personas jurídicas involucradas. Estas consecuencias pueden incluir multas, sanciones y procesamientos penales.

g) Protección de la Integridad Financiera: Para evitar la participación en operaciones de blanqueo de capitales, las organizaciones deben implementar medidas sólidas destinadas a garantizar la transparencia en sus operaciones financieras y comerciales, así como la debida diligencia en la identificación de las partes involucradas.

h) Impacto en la Confianza del Mercado: La participación en operaciones de adquisición, posesión, conversión o transmisión de bienes de origen ilícito y la ocultación de su origen pueden tener un efecto perjudicial en la confianza del mercado. Los inversores, consumidores y socios comerciales pueden perder la confianza en las organizaciones involucradas, lo que puede tener un impacto negativo en la reputación y la percepción del mercado sobre dichas entidades.

i) Cooperación con Autoridades: En casos en los que se sospeche la participación en actividades de blanqueo de capitales, las empresas pueden colaborar con las autoridades competentes para llevar a cabo investigaciones y acciones legales contra los infractores. La cooperación con las autoridades es crucial para identificar y procesar a los responsables y garantizar la rendición de cuentas.

j) Repercusiones Internacionales: Las actividades de blanqueo de capitales pueden tener repercusiones internacionales, ya que pueden involucrar transacciones que cruzan fronteras. Las organizaciones que participan en tales actividades ilegales pueden enfrentar acciones legales y sanciones a nivel internacional, lo que puede tener un impacto significativo en su alcance y operaciones globales.

k) Ética y Cumplimiento Normativo: Para prevenir la participación en operaciones de blanqueo de capitales, las organizaciones deben enfocarse en la ética empresarial y el cumplimiento normativo. Esto implica la implementación de políticas y procedimientos que promuevan la integridad y la legalidad en todas las operaciones comerciales y financieras.

l) Medidas de Prevención y Detección: La adopción de medidas de prevención y detección es esencial para evitar la participación en actividades de blanqueo de capitales. Esto puede incluir la implementación de sistemas de monitoreo de transacciones, capacitación de empleados, la verificación de la identidad de clientes y proveedores, y la debida diligencia en todas las operaciones comerciales.

El hecho de participar en operaciones o transacciones destinadas a adquirir, poseer, convertir o transmitir bienes procedentes de la comisión de un delito o para ocultar o encubrir dicho origen constituye una conducta ilícita en el marco de la legislación contra el blanqueo de capitales.

La responsabilidad penal de la persona jurídica se refiere a la posibilidad de que las entidades legales sean consideradas responsables de tales actividades, lo que puede resultar en consecuencias legales graves.

Por lo tanto, es esencial que las organizaciones cumplan rigurosamente con las regulaciones y procedimientos destinados a prevenir el blanqueo de capitales y garantizar la legalidad y transparencia en sus operaciones financieras y comerciales.

La identificación adecuada de las partes involucradas y la protección de la integridad financiera son aspectos fundamentales para prevenir estas actividades ilegales.

PARTICIPAR EN OPERACIONES O TRANSACCIONES DESTINADAS A OCULTAR O ENCUBRIR LA VERDADERA NATURALEZA, ORIGEN, UBICACIÓN, DESTINO, MOVIMIENTO O DERECHOS SOBRE LOS BIENES PROCEDENTES DE UN DELITO O PROPIEDAD DE LOS MISMOS

Participar en operaciones o transacciones destinadas a ocultar o encubrir la verdadera naturaleza, origen, ubicación, destino, movimiento o derechos sobre los bienes procedentes de un delito o propiedad de los mismos a los efectos del delito contra los derechos de blanqueo de capitales en relación con la responsabilidad penal de la persona jurídica implica una serie de elementos clave:

a) Naturaleza de las Operaciones: Esto se refiere a las acciones emprendidas con el fin de disfrazar o encubrir la verdadera naturaleza de ciertas operaciones financieras o comerciales. Las operaciones pueden incluir transferencias de fondos, inversiones, compras de bienes, o cualquier otro movimiento de activos.

b) Origen de los Bienes: En este contexto, "origen" hace referencia al lugar o fuente de los bienes involucrados en las operaciones. Estos bienes pueden ser producto de actividades ilícitas, como el fraude, el tráfico de drogas, la corrupción, entre otros.

c) Ubicación, Destino y Movimiento de los Bienes: La ocultación de la ubicación, destino o movimiento de los bienes implica acciones destinadas a dificultar la trazabilidad de los activos. Esto se hace con la intención de dificultar el seguimiento de los fondos y activos relacionados con actividades delictivas.

d) Derechos sobre los Bienes: Esto se refiere a la propiedad, control o titularidad de los bienes en cuestión. Las operaciones pueden estar destinadas a ocultar o encubrir quién realmente es dueño de los activos o quién los controla.

e) Delito contra los Derechos de Blanqueo de Capitales: Este delito se refiere a actividades que involucran la conversión de fondos ilícitos en activos legales, con el objetivo de dificultar la identificación de su origen criminal. Estas prácticas se consideran graves delitos financieros en la mayoría de las jurisdicciones.

f) Responsabilidad Penal de la Persona Jurídica: En muchos sistemas legales, las personas jurídicas pueden ser consideradas responsables penalmente por actos ilícitos cometidos en su nombre o en su beneficio. Esto significa que una empresa o entidad legal puede enfrentar sanciones legales, multas y procesamientos penales si se demuestra su participación o negligencia en actividades de blanqueo de capitales.

g) Consecuencias Legales: La participación en operaciones destinadas a ocultar o encubrir bienes de origen ilícito puede resultar en consecuencias legales significativas tanto para individuos como para las personas jurídicas involucradas. Estas consecuencias pueden incluir multas, sanciones y enjuiciamientos penales.

h) Protección de la Transparencia Financiera: Para evitar problemas legales y cumplir con las regulaciones destinadas a prevenir el blanqueo de capitales, las organizaciones deben implementar medidas sólidas para garantizar la transparencia en sus transacciones financieras y comerciales, y para evitar involucrarse en prácticas ilegales.

i) Cooperación con Autoridades: En situaciones en las que se detectan actividades sospechosas de ocultar o encubrir bienes de origen ilícito, las organizaciones y empresas pueden colaborar con las autoridades judiciales y de cumplimiento para llevar a cabo investigaciones y acciones legales contra los infractores. Esta cooperación es fundamental para identificar y procesar a los responsables y garantizar que se haga justicia.

j) Daño a la Integridad del Sistema Financiero: La participación en operaciones destinadas a ocultar o encubrir bienes de origen ilícito puede socavar la integridad del sistema financiero, ya que dificulta la identificación y prevención de actividades delictivas. Esto puede tener un impacto negativo en la confianza en el sistema financiero y en la economía en general.

k) Protección de la Reputación Empresarial: La revelación de que una empresa o entidad legal está involucrada en actividades de ocultamiento de bienes de origen ilícito puede dañar significativamente su reputación. La confianza de los consumidores y socios comerciales puede verse socavada, lo que puede resultar en una disminución de las ventas y relaciones comerciales.

l) Medidas de Protección y Cumplimiento: Para prevenir la participación en operaciones de ocultamiento de bienes ilícitos, las organizaciones deben implementar medidas sólidas de seguridad y cumplimiento. Esto puede incluir políticas de seguridad de datos, controles de acceso a información confidencial, capacitación de empleados, la firma de acuerdos de no divulgación y la implementación de programas de cumplimiento normativo.

Participar en operaciones o transacciones destinadas a ocultar o encubrir la verdadera naturaleza, origen, ubicación, destino, movimiento o derechos sobre los bienes procedentes de un delito o propiedad de los mismos implica prácticas que pueden tener graves consecuencias legales, especialmente en lo que respecta a la responsabilidad penal de la persona jurídica.

Es esencial que las organizaciones cumplan con las regulaciones y procedimientos destinados a prevenir el blanqueo de capitales, garantizando así la legalidad y transparencia en sus operaciones. La identificación adecuada de las partes involucradas y la protección de la integridad financiera son aspectos fundamentales para prevenir estas actividades ilegales.

ACEPTAR PAGOS DE ASOCIADOS DE LA SOCIEDAD QUE NO SE AJUSTEN A LOS PROCEDIMIENTOS SOBRE PAGOS ESTABLECIDOS INTERNAMENTE

Aceptar pagos de asociados de la Sociedad que no se ajusten a los procedimientos internos de pagos establecidos, en el contexto del delito contra los derechos de blanqueo de capitales y en relación con la responsabilidad penal de la persona jurídica, conlleva una serie de elementos clave:

a) Aceptación de Pagos Irregulares: Este aspecto implica la recepción de pagos por parte de los asociados de la sociedad que no se ajustan a los procedimientos internos de pagos establecidos por la organización. Estos pagos irregulares pueden manifestarse en diversas formas, como transacciones en efectivo no registradas, transferencias financieras no documentadas o cualquier otra acción que eluda los procesos normales de contabilidad y control.

b) Incumplimiento de Procedimientos Internos: Se refiere al hecho de que los pagos recibidos no se adhieren a los procedimientos internos establecidos por la organización para garantizar la transparencia, la trazabilidad y el cumplimiento de regulaciones y normativas financieras.

c) Delito contra los Derechos de Blanqueo de Capitales: Esta actividad se considera una infracción en el marco de las leyes y regulaciones diseñadas para prevenir y combatir el blanqueo de dinero, un delito financiero que implica la conversión de activos ilícitos en activos legales con el propósito de ocultar su origen criminal.

d) Responsabilidad Penal de la Persona Jurídica: En muchos sistemas legales, las personas jurídicas pueden ser consideradas responsables penalmente por actos ilícitos cometidos en su nombre o en su beneficio. En este caso, la organización podría enfrentar consecuencias legales, incluyendo multas y sanciones, si se demuestra que ha permitido o participado en la aceptación de pagos irregulares.

e) Consecuencias Legales y Sanciones: La aceptación de pagos irregulares puede resultar en consecuencias legales significativas tanto para las personas jurídicas como para los individuos involucrados. Esto puede incluir sanciones económicas, multas y enjuiciamientos penales.

f) Protección de Procedimientos Internos y Cumplimiento: Para prevenir la aceptación de pagos irregulares, las organizaciones deben implementar procedimientos internos sólidos y asegurarse de que los asociados y empleados estén capacitados en el cumplimiento de los procedimientos establecidos. La adhesión estricta a los estándares internos de pagos y contabilidad es fundamental para evitar prácticas ilícitas.

g) Oportunidades para el Lavado de Dinero: La aceptación de pagos irregulares puede proporcionar una oportunidad para que los individuos o entidades laven dinero ilícito. Al no seguir los procedimientos internos establecidos, se crea un vacío que puede utilizarse para ocultar la verdadera fuente de los fondos.

h) Transparencia y Rastreabilidad: La falta de conformidad con los procedimientos internos puede socavar la transparencia y rastreabilidad de las transacciones financieras. Esto hace que sea más difícil identificar el flujo de fondos y detectar posibles actividades delictivas.

i) Debilitamiento de la Integridad Financiera: La aceptación de pagos irregulares puede socavar la integridad financiera de la organización, ya que puede exponerla a riesgos legales, multas y sanciones. Además, la organización puede enfrentar daños a su reputación y relaciones comerciales.

j) Repercusiones en la Reputación: La participación en la aceptación de pagos irregulares puede dañar la reputación de la organización. Los clientes, socios comerciales y la opinión pública pueden perder la confianza en la entidad si se asocia con prácticas financieras opacas o ilegales.

k) Necesidad de Cumplimiento Normativo: Para evitar la aceptación de pagos irregulares, las organizaciones deben enfocarse en el cumplimiento normativo y la adhesión a procedimientos internos sólidos. Esto implica la implementación de medidas para garantizar que todas las transacciones cumplan con los estándares legales y normativos.

l) Consecuencias de Cumplimiento: Las organizaciones que no siguen los procedimientos internos y no cumplen con las regulaciones relacionadas con la aceptación de pagos pueden enfrentar graves consecuencias de cumplimiento, que van desde multas económicas hasta la imposición de sanciones legales.

Aceptar pagos de asociados de la sociedad que no cumplan con los procedimientos internos de pagos establecidos puede tener graves implicaciones legales en el contexto del delito contra los derechos de blanqueo de capitales.

La responsabilidad penal de la persona jurídica significa que la organización puede ser considerada responsable de tales actividades y enfrentar sanciones legales.

Para prevenir estas prácticas ilegales, es fundamental que las organizaciones implementen procedimientos internos sólidos y se adhieran a las regulaciones destinadas a prevenir el blanqueo de dinero, garantizando así la legalidad y transparencia en sus operaciones financieras y comerciales.

La protección de procedimientos internos y el cumplimiento son esenciales para evitar consecuencias legales.

UTILIZAR, VALIDAR O CONTABILIZAR SOPORTES DOCUMENTALES FALSOS A LOS FINES DE ENCUBRIR GASTOS O ADQUISICIONES

Utilizar, validar o contabilizar soportes documentales falsos con el propósito de encubrir gastos o adquisiciones en el contexto del delito contra los derechos de blanqueo de capitales y en relación con la responsabilidad penal de la persona jurídica involucra varios elementos clave:

a) Uso de Documentación Falsa: Este aspecto se refiere al empleo deliberado de documentación o registros financieros que han sido falsificados o alterados de alguna manera para dar una imagen errónea de las transacciones comerciales o financieras reales.

b) Validación de Documentos Irregulares: Implica el acto de aprobar o validar la autenticidad de los documentos falsos, lo que permite su inclusión en los registros contables de la organización, incluso cuando se sabe que son fraudulentos.

c) Encubrimiento de Gastos o Adquisiciones: La finalidad de estas acciones es ocultar o disfrazar gastos o compras que pueden tener un origen ilícito o que no cumplen con los requisitos legales o normativos. Esta práctica busca dificultar la detección de actividades delictivas relacionadas con el lavado de dinero.

d) Delito contra los Derechos de Blanqueo de Capitales: Esta actividad se considera un delito en el marco de las leyes y regulaciones destinadas a prevenir el blanqueo de dinero, un delito financiero que implica la conversión de activos ilícitos en activos legales con el propósito de ocultar su origen criminal.

e) Responsabilidad Penal de la Persona Jurídica: En muchos sistemas legales, las personas jurídicas pueden ser consideradas responsables penalmente por actos ilícitos cometidos en su nombre o en su beneficio. En este caso, la organización puede enfrentar consecuencias legales, incluyendo multas y sanciones, si se demuestra que ha permitido o participado en la utilización de documentos falsos.

f) Consecuencias Legales y Sanciones: La utilización de documentos falsos para encubrir gastos o adquisiciones puede resultar en consecuencias legales significativas tanto para las personas jurídicas como para los individuos involucrados. Esto puede incluir multas económicas, sanciones y enjuiciamientos penales.

g) Necesidad de Cumplimiento Normativo y Ética Empresarial: Para prevenir la utilización de documentos falsos, las organizaciones deben enfocarse en el cumplimiento normativo y la ética empresarial, asegurándose de que todos los registros financieros y contables sean precisos y se ajusten a las regulaciones y estándares aplicables.

h) Complicidad en el Lavado de Dinero: La manipulación de registros financieros y contables mediante documentos falsos puede convertirse en un instrumento para el lavado de dinero. Esto implica ocultar el origen ilícito de fondos a través de transacciones aparentemente legales, lo que aumenta la gravedad de la situación.

i) Dificultades en la Detección de Delitos Financieros: La utilización de documentos falsos complica la capacidad de las autoridades y los reguladores para detectar y prevenir delitos financieros, como el blanqueo de dinero. La falta de registros precisos dificulta la identificación de transacciones sospechosas.

j) Impacto en la Integridad de los Mercados: La participación en prácticas de contabilidad y registro fraudulentas puede socavar la integridad de los mercados financieros y comerciales al distorsionar la información financiera que las partes interesadas utilizan para tomar decisiones.
k) Repercusiones en la Reputación: La implicación en la utilización de documentos falsos puede tener un impacto severo en la reputación de la organización. Los clientes, inversores y socios comerciales pueden perder la confianza en la entidad si se asocia con prácticas financieras opacas o fraudulentas.
l) Sanciones y Multas Significativas: Las organizaciones que utilizan documentos falsos para encubrir gastos o adquisiciones pueden enfrentar sanciones legales significativas, incluyendo multas económicas considerables y la posibilidad de procesamientos penales de personas involucradas.
m) Énfasis en Auditorías y en la Supervisión: Para prevenir la utilización de documentos falsos, es esencial que las organizaciones refuercen sus prácticas de auditoría y supervisión internas para garantizar la precisión y veracidad de sus registros financieros y contables.
n) Necesidad de Cultura Ética: La promoción de una cultura ética empresarial es crucial para evitar la manipulación de registros financieros. Esto implica fomentar la honestidad, la integridad y el cumplimiento de regulaciones en toda la organización.

Utilizar, validar o contabilizar soportes documentales falsos para encubrir gastos o adquisiciones es una práctica ilegal que puede tener graves implicaciones legales en el contexto del delito contra los derechos de blanqueo de capitales.

La responsabilidad penal de la persona jurídica significa que la organización puede ser considerada responsable de tales actividades y enfrentar sanciones legales.

Para prevenir estas prácticas ilegales y mantener la integridad financiera, es esencial que las organizaciones implementen medidas sólidas de cumplimiento normativo y ética empresarial, asegurando la legalidad y transparencia en sus registros financieros y contables.

La protección de procedimientos internos y el cumplimiento son esenciales para evitar consecuencias legales.

ACEPTAR PAGOS O TRANSFERENCIAS EN LOS QUE NO QUEDE CONSTANCIA DEL ORIGEN DE LOS FONDOS

Aceptar pagos o transferencias en los que no quede constancia del origen de los fondos en el contexto del delito contra los derechos de blanqueo de capitales y la responsabilidad penal de la persona jurídica involucra varios elementos clave:

a) Recepción de Fondos No Documentados: Este aspecto se refiere a la aceptación de pagos o transferencias de dinero sin la documentación adecuada que permita rastrear y verificar el origen legítimo de los fondos.

b) Falta de Trazabilidad Financiera: La ausencia de documentación adecuada dificulta la trazabilidad de los recursos económicos recibidos, lo que puede ocultar la procedencia de los fondos y facilitar la introducción de dinero de origen ilícito en el sistema financiero.

c) Facilitación de Actividades Delictivas: La falta de documentación y verificación adecuada del origen de los fondos puede facilitar actividades delictivas, como la evasión fiscal, el tráfico de drogas o la corrupción, al proporcionar un mecanismo para ocultar los recursos ilícitos.

d) Complicidad en el Blanqueo de Capitales: Al no registrar el origen de los fondos, una organización puede involucrarse involuntariamente en el proceso de blanqueo de dinero al permitir que el dinero ilícito se integre en el sistema financiero y adquiera una apariencia legítima.

e) Amenazas a la Seguridad Financiera y Económica: La falta de documentación y verificación del origen de los fondos puede representar una amenaza para la seguridad financiera y económica, ya que puede socavar la integridad y confiabilidad del sistema financiero.

f) Responsabilidad Penal de la Persona Jurídica: En muchos sistemas legales, las personas jurídicas pueden ser consideradas responsables penalmente por actos ilícitos cometidos en su nombre o en su beneficio. En este caso, la organización puede enfrentar consecuencias legales, incluyendo multas y sanciones, si se demuestra que ha permitido o participado en la aceptación de pagos o transferencias no documentadas.

g) Consecuencias Legales y Sanciones: Aceptar pagos o transferencias en los que no quede constancia del origen de los fondos puede resultar en consecuencias legales significativas tanto para las personas jurídicas como para los individuos involucrados. Esto puede incluir multas económicas considerables y la posibilidad de procesamientos penales.

h) Debida Diligencia y Cumplimiento Normativo: Para prevenir la aceptación de fondos no documentados, las organizaciones deben implementar medidas sólidas de debida diligencia financiera, verificar el origen de los fondos y cumplir con las regulaciones y estándares destinados a prevenir el blanqueo de dinero.

i) Ética Empresarial y Transparencia: Fomentar una cultura de ética empresarial y transparencia es fundamental para garantizar que las organizaciones se adhieran a las prácticas financieras legales y éticas.

Aceptar pagos o transferencias en los que no quede constancia del origen de los fondos es una práctica ilegal que puede tener consecuencias significativas, tanto legales como reputacionales.

Además, esta actividad puede facilitar el blanqueo de dinero y socavar la trazabilidad financiera. Para prevenir estas prácticas ilegales y garantizar la transparencia en las transacciones financieras, las organizaciones deben implementar medidas sólidas de debida diligencia, verificar el origen de los fondos y cumplir con las regulaciones destinadas a prevenir el blanqueo de dinero.

La documentación adecuada y la verificación del origen de los fondos son fundamentales para cumplir con las regulaciones y prevenir el blanqueo de dinero.

FRACCIONAR OPERACIONES O LA DOCUMENTACIÓN SOPORTE DE LAS MISMAS, TALES COMO FACTURAS, ALBARANES, ÓRDENES DE PEDIDO O SIMILAR, A LOS FINES DE FACILITAR EL COBRO DE CANTIDADES EN EFECTIVO

Fraccionar operaciones o la documentación soporte de las mismas, como facturas, albaranes, órdenes de pedido o similares, con la intención de facilitar el cobro de cantidades en efectivo, en el contexto del delito contra los derechos de blanqueo de capitales y en relación con la responsabilidad penal de la persona jurídica, constituye una práctica que busca eludir controles financieros y encubrir el flujo de dinero de origen ilícito.

Es posible desglosar esta actividad en varios elementos clave:

a) División de Transacciones: Este proceso involucra la división de una transacción o actividad económica en múltiples partes más pequeñas con el objetivo de eludir límites de reporte o regulaciones financieras. Por ejemplo, se pueden dividir compras grandes en múltiples facturas más pequeñas.

b) Uso de Documentación Fraccionada: La documentación soporte, como facturas o albaranes, se manipula o crea de manera que respalde las transacciones fraccionadas y, aparentemente, legítimas. Esto puede implicar la falsificación de documentos.

c) Cobro de Cantidades en Efectivo: El propósito de esta práctica es facilitar el cobro de cantidades en efectivo sin atraer la atención de las autoridades financieras o reguladoras. El dinero en efectivo es a menudo el medio preferido para blanquear fondos ilícitos.

d) Evasión Fiscal: La fragmentación de operaciones a menudo se utiliza para evadir el pago de impuestos, ya que las transacciones se dividen para evitar superar los umbrales que desencadenarían obligaciones fiscales adicionales.

e) Encubrimiento de Origen de Fondos: Esta práctica puede ocultar el origen ilegítimo de los fondos y dificultar la identificación de actividades criminales subyacentes, como el tráfico de drogas o la corrupción.

f) Complicidad en el Blanqueo de Capitales: Al permitir que el dinero ilícito se integre en el sistema financiero, la organización puede involucrarse en actividades de blanqueo de dinero, lo que es un delito grave en sí mismo.

g) Riesgo de Daño a la Reputación: La participación en la fragmentación de operaciones puede dañar gravemente la reputación de la organización, lo que puede tener un impacto negativo en las relaciones comerciales, la confianza de los clientes y la percepción del público.

h) Sistemas de Prevención y Detección: Para evitar esta práctica y proteger la integridad financiera, las organizaciones deben establecer sistemas efectivos de prevención y detección, incluyendo mecanismos para identificar transacciones inusuales o sospechosas.

i) Énfasis en la Educación y Entrenamiento: La formación de empleados y la concienciación sobre las implicaciones legales y éticas de la fragmentación de operaciones son esenciales para prevenir su ocurrencia.

j) Colaboración con las Autoridades: En algunos casos, las organizaciones pueden colaborar con las autoridades para identificar y denunciar prácticas ilegales relacionadas con la fragmentación de operaciones.

k) Delito contra los Derechos de Blanqueo de Capitales: Fraccionar operaciones o documentación para facilitar el cobro de efectivo se considera un delito en el marco de las leyes y regulaciones destinadas a prevenir el blanqueo de dinero, ya que contribuye a ocultar el origen ilegal de los fondos.

l) Responsabilidad Penal de la Persona Jurídica: La persona jurídica puede ser considerada legalmente responsable si se demuestra que ha permitido o participado en esta práctica, lo que puede dar lugar a consecuencias legales, incluyendo multas y sanciones.

Sanciones Legales y Consecuencias: La participación en la fragmentación de operaciones para facilitar el cobro de efectivo puede dar lugar a sanciones legales significativas, incluyendo multas económicas y la posibilidad de enjuiciamiento penal.

a) Necesidad de Cumplimiento Normativo y Transparencia: Para prevenir la fragmentación de operaciones, las organizaciones deben implementar medidas sólidas de cumplimiento normativo y garantizar la transparencia en todas sus transacciones y registros financieros.

b) Énfasis en la Ética Empresarial: Fomentar una cultura de ética empresarial y responsabilidad financiera es fundamental para prevenir esta práctica y garantizar operaciones legales y éticas.

La fragmentación de operaciones o documentación para facilitar el cobro de efectivo es una práctica ilegal que puede tener graves consecuencias, tanto legales como reputacionales, para las organizaciones.

Además, esta actividad socava la integridad del sistema financiero y dificulta la detección y prevención del blanqueo de dinero.

Para prevenir estas prácticas ilegales y proteger la integridad financiera, las organizaciones deben establecer procedimientos sólidos de cumplimiento normativo, fomentar una cultura de ética empresarial y adherirse rigurosamente a las regulaciones financieras y normativas aplicables.

La transparencia en las transacciones y registros financieros es esencial para evitar consecuencias legales y proteger la reputación de la entidad.

USO DE INTERMEDIARIOS

Utilizar intermediarios en los delitos de blanqueo de capitales implica recurrir a terceras personas o entidades para facilitar el proceso de ocultar la verdadera naturaleza, origen o destino de fondos obtenidos de actividades ilegales.

Estos intermediarios actúan como intermediarios entre el delincuente y el sistema financiero, desempeñando un papel clave en la ejecución de transacciones diseñadas para dificultar la detección y el rastreo de actividades ilícitas.

A continuación, se explica el significado y se detallan algunas conductas asociadas al uso de intermediarios en los delitos de blanqueo de capitales:

a) Definición Jurídica:
   - Intermediario Financiero: Una persona o entidad que facilita transacciones financieras en nombre de otra parte, actuando como un vínculo entre el cliente y las instituciones financieras. En el contexto de blanqueo de capitales, estos intermediarios pueden ser cómplices conscientes de las actividades delictivas o, en algunos casos, pueden ser utilizados sin su conocimiento real.
   - Conductas Asociadas al Uso de Intermediarios:

Confusión de Transacciones: Los intermediarios pueden emplear tácticas para confundir o disfrazar las transacciones financieras, haciendo más difícil la identificación de los verdaderos beneficiarios o la trazabilidad de los fondos.

- Uso de Testaferros: Recurrir a personas intermedias (testaferros) para ocultar la identidad del verdadero titular de los fondos o activos, dificultando la vinculación entre el delincuente y las transacciones ilícitas.
- Transacciones a Nombres de Terceros: Realizar transacciones en nombre de terceras personas para desvincular al delincuente de la actividad delictiva y el movimiento de fondos ilícitos.
- Creación de Estructuras Corporativas Complejas: Utilizar intermediarios en la formación de estructuras corporativas complejas, como sociedades ficticias o estructuras empresariales en cascada, con el objetivo de opacar la propiedad real de los activos o fondos.
- Negocios de Frente: Establecer negocios legítimos como fachada para encubrir las actividades ilícitas, utilizando intermediarios para gestionar las transacciones financieras asociadas con dichos negocios.

b) Responsabilidad Jurídica:

- Complicidad en Blanqueo de Capitales: Los intermediarios pueden enfrentar cargos legales si se demuestra que tenían conocimiento o deberían haber sospechado razonablemente que estaban facilitando transacciones vinculadas a actividades ilícitas de blanqueo de capitales.
- Incumplimiento de Obligaciones de Debida Diligencia: Instituciones financieras y profesionales intermedios, como abogados o contadores, pueden incurrir en responsabilidad si no cumplen con las debidas diligencias para prevenir y reportar transacciones sospechosas de blanqueo de capitales.

El uso de intermediarios en el blanqueo de capitales busca introducir una capa adicional de complejidad y opacidad en el proceso, haciendo más difícil que las autoridades detecten y sigan el rastro de los fondos ilícitos.

La legislación y regulación en materia de blanqueo de capitales buscan abordar estas conductas y responsabilizar a quienes participan en actividades ilícitas o negligentes.

TRANSACCIONES EN EFECTIVO

Realizar transacciones en efectivo en el contexto de los delitos de blanqueo de capitales implica el uso de dinero en efectivo para llevar a cabo operaciones financieras con el propósito de ocultar la verdadera naturaleza, origen o propiedad de los fondos obtenidos ilegalmente.

Esta práctica se asocia con diversas conductas destinadas a dificultar el rastreo y la identificación de las actividades ilícitas subyacentes.

A continuación, se explica el significado y algunas conductas asociadas a la realización de transacciones en efectivo en el blanqueo de capitales:

El blanqueo de capitales es el proceso mediante el cual los individuos o entidades buscan dar una apariencia legal a fondos generados a través de actividades ilegales, como el narcotráfico, la corrupción o el fraude.

Realizar transacciones en efectivo es una de las estrategias utilizadas para dificultar la identificación del origen ilícito de los fondos, ya que el dinero en efectivo no deja rastro electrónico y es más difícil de rastrear que las transacciones electrónicas.

a) Conductas Asociadas:

- Fraccionamiento de Transacciones: Dividir grandes sumas de dinero en transacciones más pequeñas para evitar alertas automáticas por montos elevados y dificultar la detección de actividades sospechosas.
- Uso de Testaferros: Emplear terceros, conocidos como testaferros, para llevar a cabo las transacciones en efectivo en nombre de la persona o entidad que busca blanquear los fondos, ocultando así la verdadera identidad del beneficiario final.
- Operaciones con Bienes de Valor: Convertir el dinero en efectivo en activos de valor, como joyas, obras de arte o bienes inmuebles, para transferir y ocultar los fondos de manera más discreta.
- Transacciones en Lugares No Regulados: Realizar transacciones en efectivo en lugares o entornos no regulados, como negocios informales o establecimientos que no están obligados a reportar ciertos montos de transacciones.
- Internacionalización de Fondos: Mover el dinero en efectivo a través de fronteras internacionales para dificultar la cooperación entre jurisdicciones y complicar la trazabilidad de los fondos.
- Operaciones en Sectores Vulnerables: Dirigir las transacciones en efectivo hacia sectores económicos que son más susceptibles al blanqueo de dinero, como el juego, la construcción o el comercio internacional.
- Falta de Documentación Adecuada: No proporcionar o manipular la documentación asociada a las transacciones en efectivo para evitar dejar un rastro claro de las operaciones.
- Uso de Empresas Pantalla: Crear empresas ficticias o empresas pantalla para realizar las transacciones en efectivo, complicando la identificación de los verdaderos beneficiarios y propósitos de las operaciones.

Las transacciones en efectivo en el contexto del blanqueo de capitales representan una preocupación significativa para las autoridades financieras y legales, ya que dificultan la aplicación efectiva de medidas de prevención y detección.

La regulación y supervisión de estas prácticas son fundamentales para combatir el blanqueo de dinero y mantener la integridad del sistema financiero.

USO DE EMPRESAS FANTASMA

El uso de empresas fantasma en el contexto del delito de blanqueo de capitales implica la utilización de entidades empresariales aparentemente legítimas, pero que en realidad carecen de una actividad económica genuina y son creadas con el propósito específico de facilitar el proceso de blanqueo de fondos ilícitos.

En relación con la responsabilidad penal de la persona jurídica, esta práctica conlleva serias implicaciones legales y éticas.

Se procede a desglosar este concepto de la siguiente forma:

a) Definición: El término "empresas fantasma" se refiere a entidades comerciales que, aunque registradas legalmente, operan con una presencia mínima o nula en términos de actividad económica genuina.

En el contexto del delito de blanqueo de capitales, el uso de empresas fantasma implica emplear estas entidades como instrumentos para encubrir la verdadera naturaleza, origen o destino de fondos ilícitos.

b) Creación con Intenciones Ilícitas: El establecimiento de empresas fantasma se realiza con la intención de facilitar operaciones de blanqueo de dinero al proporcionar una apariencia de legalidad a los fondos de origen ilícito, dificultando la identificación de los verdaderos propietarios o beneficiarios finales.

c) Operaciones Simuladas o Ficticias: Estas entidades suelen participar en operaciones simuladas o ficticias, donde se generan transacciones ficticias o se manipulan registros contables para justificar el flujo de fondos y ocultar su verdadero origen delictivo.

d) Responsabilidad Penal de la Persona Jurídica: En el marco legal, la responsabilidad penal de la persona jurídica implica que una entidad comercial puede ser considerada penalmente responsable por actos ilícitos cometidos en su nombre o en beneficio propio. El uso de empresas fantasma para el blanqueo de capitales puede dar lugar a que la persona jurídica sea imputada por su participación o negligencia en estas prácticas ilícitas.

e) Falta de Transparencia: La opacidad asociada con las empresas fantasma dificulta la transparencia en las transacciones financieras, creando un entorno propicio para el encubrimiento de fondos ilícitos y dificultando la labor de las autoridades para detectar y prevenir actividades delictivas.

f) Consecuencias Legales: La participación de una persona jurídica en el uso de empresas fantasma para el blanqueo de capitales puede acarrear consecuencias legales sustanciales, como multas considerables y sanciones penales, dependiendo de las jurisdicciones y las leyes aplicables.

g) Colaboración con Autoridades: La colaboración activa de las entidades comerciales con las autoridades puede ser crucial para identificar y sancionar a los responsables de la creación y uso de empresas fantasma con fines delictivos. La cooperación puede implicar revelar información interna y adoptar medidas correctivas.

h) Énfasis en el Cumplimiento Normativo: La implementación de políticas y procedimientos de cumplimiento normativo rigurosos, incluida la debida diligencia en la selección de socios comerciales y la verificación de la legitimidad de las transacciones, es esencial para prevenir la participación en prácticas relacionadas con empresas fantasma.

El uso de empresas fantasma en el delito de blanqueo de capitales implica la creación y utilización de entidades comerciales ficticias para facilitar la ocultación de fondos ilícitos.

La responsabilidad penal de la persona jurídica entra en juego cuando la entidad comercial está involucrada en estas prácticas ilícitas, lo que puede resultar en graves consecuencias legales y sanciones.

Para prevenir tales actividades, es esencial que las organizaciones refuercen sus medidas de cumplimiento normativo y promuevan la transparencia en todas las transacciones financieras.

COMPRA DE BIENES DE LUJO

La compra de bienes de lujo en el contexto del delito de blanqueo de capitales se refiere a la adquisición de artículos costosos, lujosos o de alto valor utilizando fondos que tienen un origen ilegítimo o ilícito.

Esta práctica, en relación con la responsabilidad penal de la persona jurídica, implica serias implicaciones legales.

A continuación, se explora este concepto con un enfoque formal:

a) Compra de bienes de lujo en el delito de blanqueo de capitales:

b) Adquisición con Fondos Ilícitos: Esta práctica implica la compra de bienes de lujo, como vehículos de lujo, joyas, obras de arte o propiedades de alto valor, utilizando fondos que provienen de actividades delictivas, como el fraude, la corrupción o el narcotráfico.

c) Encubrimiento del Origen Ilícito de los Fondos: La compra de bienes de lujo se utiliza como medio para encubrir la verdadera naturaleza y origen ilícito de los fondos, otorgándoles una apariencia de legalidad.

d) Creación de Activos Físicos: La adquisición de bienes de lujo representa la conversión de fondos ilícitos en activos físicos, dificultando su rastreo y la identificación de las actividades criminales subyacentes.

e) Uso de Terceros o Testaferros: En ocasiones, se recurre a terceros o testaferros para realizar las transacciones en nombre de la persona o entidad involucrada en el blanqueo de capitales, complicando la identificación de los verdaderos beneficiarios.

f) Facilitación de Blanqueo de Dinero: La compra de bienes de lujo se convierte en un instrumento facilitador del blanqueo de dinero al proporcionar un método tangible y aparentemente legítimo para incorporar fondos ilícitos al sistema financiero.

g) Desvinculación de los Fondos de su Origen: Al invertir en bienes de lujo, los perpetradores buscan desvincular los fondos de su origen ilegítimo, dificultando la asociación directa entre los activos y las actividades delictivas.

h) Responsabilidad Penal de la Persona Jurídica: En muchos sistemas legales, las personas jurídicas pueden ser consideradas responsables penalmente por su participación en la compra de bienes de lujo con fondos ilícitos, lo que conlleva sanciones legales y consecuencias para la entidad.

i) Riesgo de Sanciones y Pérdida de Reputación: La participación en este tipo de actividades puede resultar en sanciones legales, multas significativas y la pérdida de la reputación empresarial, afectando negativamente a la entidad.

j) Necesidad de Debida Diligencia Financiera: La implementación de procedimientos de debida diligencia financiera es esencial para prevenir la participación en transacciones que involucren la compra de bienes de lujo con fondos ilícitos y garantizar la transparencia en las operaciones comerciales.

La compra de bienes de lujo en el delito de blanqueo de capitales constituye una estrategia para ocultar y legitimar fondos de origen ilegítimo mediante la inversión en activos de alto valor.

En el marco de la responsabilidad penal de la persona jurídica, esta práctica puede tener consecuencias legales y sanciones, subrayando la importancia de implementar medidas efectivas de debida diligencia financiera para prevenir la participación en actividades delictivas.

INVERSIÓN EN INSTRUMENTOS FINANCIEROS COMPLEJOS

La inversión en instrumentos financieros complejos en el contexto del delito de blanqueo de capitales se refiere a la colocación de fondos ilícitos en productos financieros sofisticados o estructuras complejas con el propósito de ocultar la verdadera naturaleza y origen de dichos fondos.

En relación con la responsabilidad penal de la persona jurídica, esta práctica implica serias implicaciones legales.

A continuación, se aborda este concepto con un enfoque global:

a) Inversión en instrumentos financieros complejos en el delito de blanqueo de capitales:

b) Elección de Instrumentos Financieros Complejos: La práctica implica la selección deliberada de productos financieros que son intrincados, difíciles de entender o que involucran estructuras complejas, como derivados financieros, fondos de inversión sofisticados o productos estructurados.

c) Canalización de Fondos Ilícitos: La inversión en estos instrumentos se utiliza como un medio para canalizar fondos ilícitos a través de estructuras financieras que dificultan la detección y el rastreo de las transacciones.

d) Opacidad y Complejidad: La elección de instrumentos financieros complejos busca aprovechar la opacidad inherente y la complejidad de estos productos para ocultar la fuente y el destino de los fondos ilícitos.

e) Falta de Transparencia en Transacciones: Los instrumentos financieros complejos a menudo están asociados con transacciones financieras menos transparentes, lo que dificulta a las autoridades y a terceros identificar la verdadera naturaleza de las operaciones.

f) Desvinculación del Origen Ilícito de los Fondos: Al invertir en productos financieros complejos, los perpetradores buscan desvincular los fondos de su origen ilícito, complicando la asociación directa entre los activos y las actividades delictivas.

g) Uso de Estructuras Jurídicas Opacas: Puede ir acompañado del uso de estructuras legales opacas, como entidades off-shore o fideicomisos, para agregar una capa adicional de complejidad y opacidad al proceso.

h) Responsabilidad Penal de la Persona Jurídica: En muchos sistemas legales, las personas jurídicas pueden ser consideradas responsables penalmente por su participación en la inversión de fondos ilícitos en instrumentos financieros complejos, lo que conlleva sanciones legales y consecuencias para la entidad.

i) Riesgo de Sanciones y Pérdida de Reputación: La participación en este tipo de actividades puede resultar en sanciones legales, multas significativas y la pérdida de la reputación empresarial, afectando negativamente a la entidad.

j) Necesidad de Debida Diligencia Financiera: La implementación de procedimientos de debida diligencia financiera es esencial para prevenir la participación en transacciones que involucren la inversión de fondos ilícitos en instrumentos financieros complejos y garantizar la transparencia en las operaciones comerciales.

La inversión en instrumentos financieros complejos en el delito de blanqueo de capitales representa una estrategia para dificultar la identificación y rastreo de fondos ilícitos mediante la utilización de productos financieros de naturaleza sofisticada.

En el marco de la responsabilidad penal de la persona jurídica, esta práctica puede tener consecuencias legales y sanciones, destacando la importancia de implementar medidas efectivas de debida diligencia financiera para prevenir la participación en actividades delictivas.

USO DE CUENTAS OFFSHORE

El uso de cuentas offshore en el contexto del delito de blanqueo de capitales se refiere a la apertura y utilización de cuentas bancarias o financieras en jurisdicciones extraterritoriales u "offshore" con el propósito de ocultar, disfrazar o legitimar fondos de origen ilícito.

En relación con la responsabilidad penal de la persona jurídica, esta práctica conlleva serias implicaciones legales.

A continuación, se aborda este concepto y sus conductas subyacentes.

a) Uso de cuentas offshore en el delito de blanqueo de capitales:
   - Establecimiento de Cuentas en Jurisdicciones Offshore: La práctica implica la apertura de cuentas bancarias o financieras en jurisdicciones offshore, que generalmente se caracterizan por regulaciones financieras menos estrictas y un mayor grado de confidencialidad.
   - Canalización de Fondos Ilícitos: Las cuentas offshore se utilizan como un vehículo para canalizar fondos ilícitos fuera de la jurisdicción donde se originaron, dificultando el rastreo de las transacciones y la identificación de actividades delictivas.
   - Opacidad y Confidencialidad: Las cuentas offshore a menudo ofrecen un alto grado de opacidad y confidencialidad en relación con la identidad de los

titulares de cuentas, complicando los esfuerzos de las autoridades y terceros para seguir el rastro de los fondos.

- Desvinculación del Origen Ilícito de los Fondos: Al utilizar cuentas offshore, los perpetradores buscan desvincular los fondos de su origen ilícito, creando barreras adicionales para asociar los activos con actividades delictivas.
- Uso de Estructuras Jurídicas Complementarias: Puede ir acompañado del uso de estructuras legales adicionales, como sociedades offshore o fideicomisos, para agregar una capa adicional de complejidad y opacidad al proceso.
- Responsabilidad Penal de la Persona Jurídica: En muchos sistemas legales, las personas jurídicas pueden ser consideradas responsables penalmente por su participación en el uso de cuentas offshore con fondos ilícitos, lo que conlleva sanciones legales y consecuencias para la entidad.
- Riesgo de Sanciones y Pérdida de Reputación: La participación en este tipo de actividades puede resultar en sanciones legales, multas significativas y la pérdida de la reputación empresarial, afectando negativamente a la entidad.
- Necesidad de Debida Diligencia Financiera: La implementación de procedimientos de debida diligencia financiera es esencial para prevenir la participación en transacciones que involucren el uso de cuentas offshore con fondos ilícitos y garantizar la transparencia en las operaciones comerciales.

El uso de cuentas offshore en el delito de blanqueo de capitales representa una estrategia para dificultar la identificación y rastreo de fondos ilícitos mediante la utilización de jurisdicciones con regulaciones financieras menos estrictas.

En el marco de la responsabilidad penal de la persona jurídica, esta práctica puede tener consecuencias legales y sanciones, subrayando la importancia de implementar medidas efectivas de debida diligencia financiera para prevenir la participación en actividades delictivas.

PRÉSTAMOS FICTICIOS

Los préstamos ficticios en el contexto del delito de blanqueo de capitales se refieren a operaciones financieras que, a pesar de ser documentadas como préstamos, carecen de una sustancia económica real.

Estas transacciones se llevan a cabo con la intención de ocultar, disfrazar o legitimar fondos de origen ilícito.

En relación con la responsabilidad penal de la persona jurídica, esta práctica conlleva serias implicaciones legales.

A continuación, se explora este concepto:

a) Préstamos ficticios en el delito de blanqueo de capitales:

– Creación de Transacciones Ficticias: La práctica implica la creación de documentos que aparentan ser acuerdos de préstamo, pero en realidad no involucran la transferencia real de fondos o la existencia de una relación crediticia genuina.

b) Falsificación de Documentación: Se recurre a la manipulación y falsificación de documentos financieros, como contratos de préstamo y registros contables, para dar la apariencia de legitimidad a transacciones que en realidad son simuladas.

– Ocultamiento de Fondos Ilícitos: Los préstamos ficticios se utilizan como un medio para ocultar la verdadera naturaleza y origen ilícito de los fondos, proporcionando una apariencia de legalidad a través de transacciones que, en esencia, son fraudulentas.

– Ausencia de Intercambio Real de Fondos: A pesar de que se documenta la existencia de préstamos, no hay un intercambio real de fondos entre las partes involucradas, lo que caracteriza a estas transacciones como ficticias.

– Desvinculación del Origen Ilícito de los Fondos: Al simular préstamos, los perpetradores buscan desvincular los fondos de su origen ilícito, dificultando la asociación directa entre los activos y las actividades delictivas.

– Uso de Estructuras Jurídicas Complementarias: Puede ir acompañado del uso de estructuras legales adicionales, como empresas pantalla o cuentas offshore, para agregar una capa adicional de complejidad y opacidad al proceso.

– Responsabilidad Penal de la Persona Jurídica: En muchos sistemas legales, las personas jurídicas pueden ser consideradas responsables penalmente por su participación en la realización de préstamos ficticios con fondos ilícitos, lo que conlleva sanciones legales y consecuencias para la entidad.

– Riesgo de Sanciones y Pérdida de Reputación: La participación en este tipo de actividades puede resultar en sanciones legales, multas significativas y la pérdida de la reputación empresarial, afectando negativamente a la entidad.

– Necesidad de Debida Diligencia Financiera: La implementación de procedimientos de debida diligencia financiera es esencial para prevenir la participación en transacciones que involucren préstamos ficticios con fondos ilícitos y garantizar la transparencia en las operaciones comerciales.

Los préstamos ficticios en el delito de blanqueo de capitales representan una estrategia para disfrazar fondos ilícitos mediante la simulación de transacciones crediticias.

En el marco de la responsabilidad penal de la persona jurídica, esta práctica puede tener consecuencias legales y sanciones, subrayando la importancia de implementar medidas efectivas de debida diligencia financiera para prevenir la participación en actividades delictivas.

INVERSIONES EN SECTORES NO REGULADOS

Las inversiones en sectores no regulados en el contexto del delito de blanqueo de capitales se refieren a la colocación de fondos ilícitos en áreas de actividad económica que carecen de supervisión regulatoria o que presentan regulaciones laxas.

En relación con la responsabilidad penal de la persona jurídica, esta práctica conlleva serias implicaciones legales.

A continuación, se desglosa este concepto:

a) Inversiones en sectores no regulados en el delito de blanqueo de capitales:

b) Selección de Sectores sin Regulación: La práctica implica dirigir inversiones hacia sectores de la economía que no están adecuadamente regulados, carecen de supervisión efectiva o presentan regulaciones insuficientes para prevenir actividades ilícitas.

c) Canalización de Fondos Ilícitos: Las inversiones en sectores no regulados se utilizan como un medio para canalizar fondos ilícitos hacia actividades económicas donde la falta de regulación facilita la ocultación y legitimación de los recursos de origen ilegítimo.

d) Ocultamiento de la Verdadera Naturaleza de las Transacciones: Al dirigir fondos hacia sectores sin regulación, los perpetradores buscan ocultar la verdadera naturaleza de las transacciones, dificultando la detección de actividades delictivas por parte de las autoridades.

e) Desvinculación del Origen Ilícito de los Fondos: La inversión en sectores no regulados pretende desvincular los fondos de su origen ilícito al introducirlos en áreas donde la falta de supervisión dificulta la identificación de transacciones sospechosas.

f) Ausencia de Debida Diligencia Regulatoria: En sectores no regulados, la ausencia de debida diligencia regulatoria permite a los perpetradores eludir controles y requisitos que normalmente se aplicarían en industrias reguladas.

g) Riesgo de Utilización para Actividades Ilegales: La falta de regulación puede propiciar el uso de fondos ilícitos para actividades ilegales, como el financiamiento de organizaciones criminales, el tráfico de drogas o la financiación del terrorismo.

h) Responsabilidad Penal de la Persona Jurídica: En muchos sistemas legales, las personas jurídicas pueden ser consideradas responsables penalmente por su participación en inversiones en sectores no regulados con fondos ilícitos, lo que conlleva sanciones legales y consecuencias para la entidad.

i) Riesgo de Sanciones y Pérdida de Reputación: La participación en este tipo de actividades puede resultar en sanciones legales, multas significativas y la pérdida de la reputación empresarial, afectando negativamente a la entidad.

j) Necesidad de Debida Diligencia Empresarial: La implementación de procedimientos de debida diligencia empresarial es esencial para prevenir la participación en inversiones en sectores no regulados con fondos ilícitos y garantizar la transparencia en las operaciones comerciales.

Las inversiones en sectores no regulados en el delito de blanqueo de capitales representan una estrategia para aprovechar la falta de supervisión regulatoria y dificultar la detección de fondos ilícitos.

En el marco de la responsabilidad penal de la persona jurídica, esta práctica puede tener consecuencias legales y sanciones, subrayando la importancia de implementar medidas efectivas de debida diligencia empresarial para prevenir la participación en actividades delictivas.

USO DE TESTAFERROS

El uso de testaferros en el contexto del delito de blanqueo de capitales se refiere a la práctica de utilizar intermediarios o personas interpuestas para ocultar la verdadera identidad de los beneficiarios reales de fondos ilícitos.

En relación con la responsabilidad penal de la persona jurídica, esta estrategia conlleva serias implicaciones legales.

Consecuentemente con ello, se aborda este concepto:

a) Uso de testaferros en el delito de blanqueo de capitales:

b) Nombramiento de Intermediarios Ficticios: La práctica implica designar a terceros, conocidos como testaferros, como titulares formales de activos o transacciones, mientras que los beneficiarios reales permanecen en el anonimato.

c) Ocultación de la Identidad del Beneficiario Real: El uso de testaferros tiene como objetivo principal ocultar la identidad de la persona o entidad que realmente controla los fondos ilícitos, dificultando el rastreo de la procedencia y destino de los recursos.

d) Instrumentalización de Personas de Confianza: Los testaferros suelen ser personas de confianza del infractor, quienes actúan como intermediarios en transacciones financieras, propiedades u otros activos en nombre de aquellos que buscan ocultar su participación.

e) Falsedad en la Titularidad de Bienes y Actividades: Se crea una falsa apariencia de propiedad al registrar bienes y activos a nombre de los testaferros, dando la impresión de que estos individuos son los legítimos propietarios cuando, en realidad, actúan como representantes.

f) Desvinculación del Origen Ilícito de los Fondos: El uso de testaferros busca desvincular los fondos de su origen ilícito, dificultando la asociación directa entre los activos y las actividades delictivas.

g) Responsabilidad Penal de la Persona Jurídica: En muchos sistemas legales, las personas jurídicas pueden ser consideradas responsables penalmente por su participación en el uso de testaferros con fondos ilícitos, lo que conlleva sanciones legales y consecuencias para la entidad.

h) Riesgo de Sanciones y Pérdida de Reputación: La participación en este tipo de actividades puede resultar en sanciones legales, multas significativas y la pérdida de la reputación empresarial, afectando negativamente a la entidad.

i) Necesidad de Debida Diligencia en la Identificación de Beneficiarios Reales: La implementación de procedimientos de debida diligencia es esencial para prevenir la participación en transacciones que involucren el uso de testaferros con fondos ilícitos y garantizar la transparencia en las operaciones comerciales.

El uso de testaferros en el delito de blanqueo de capitales constituye una estrategia para ocultar la identidad de los verdaderos beneficiarios de fondos ilícitos.

En el marco de la responsabilidad penal de la persona jurídica, esta práctica puede tener consecuencias legales y sanciones, subrayando la importancia de implementar medidas efectivas de debida diligencia para prevenir la participación en actividades delictivas.

OPERACIONES CON BIENES RAÍCES

Las operaciones con bienes raíces en el contexto del delito de blanqueo de capitales se refieren a transacciones inmobiliarias realizadas con el propósito de legitimar, ocultar o dar apariencia de legalidad a fondos de origen ilícito.

En relación con la responsabilidad penal de la persona jurídica, esta práctica conlleva serias implicaciones legales.

A continuación, se aborda este concepto:

a) Operaciones con bienes raíces en el delito de blanqueo de capitales:

Adquisición de Propiedades con Fondos Ilícitos: La práctica implica la compra de bienes inmuebles, como propiedades residenciales o comerciales, utilizando fondos cuya procedencia es ilícita o de origen criminal.

b) Uso de Propiedades para Blanquear Capitales: Los bienes raíces se utilizan como vehículos para introducir fondos ilícitos en la economía legal, otorgándoles una apariencia de legitimidad a través de la propiedad de activos tangibles.

c) Valoración Fraudulenta de Propiedades: En algunos casos, se puede llevar a cabo una sobrevaloración o subvaloración de propiedades para facilitar el blanqueo, ya sea inflando el valor de adquisición o declarando un valor inferior al realizar la transacción.

d) Operaciones a Través de Entidades Jurídicas Interpuestas: Se pueden utilizar entidades legales, como sociedades de inversión o fideicomisos, para ocultar la verdadera propiedad de los bienes raíces y dificultar el rastreo de los beneficiarios reales.

e) Rentabilidad Ficticia: En algunos casos, se puede simular la rentabilidad de las propiedades para justificar el flujo de fondos y disfrazar la entrada de capitales ilícitos como ingresos legítimos generados por la inversión inmobiliaria.

f) Desvinculación del Origen Ilícito de los Fondos: Las operaciones con bienes raíces buscan desvincular los fondos de su origen ilícito, dificultando la asociación directa entre los activos inmobiliarios y las actividades delictivas.

g) Responsabilidad Penal de la Persona Jurídica: En muchos sistemas legales, las personas jurídicas pueden ser consideradas responsables penalmente por su participación en operaciones con bienes raíces con fondos ilícitos, lo que conlleva sanciones legales y consecuencias para la entidad.

h) Riesgo de Sanciones y Pérdida de Reputación: La participación en este tipo de actividades puede resultar en sanciones legales, multas significativas y la pérdida de la reputación empresarial, afectando negativamente a la entidad.

i) Necesidad de Debida Diligencia Inmobiliaria: La implementación de procedimientos de debida diligencia en transacciones inmobiliarias es esencial para prevenir la participación en operaciones con bienes raíces que involucren fondos ilícitos y garantizar la transparencia en las operaciones comerciales.

Las operaciones con bienes raíces en el delito de blanqueo de capitales representan una estrategia para legitimar fondos ilícitos mediante la adquisición de propiedades.

En el marco de la responsabilidad penal de la persona jurídica, esta práctica puede tener consecuencias legales y sanciones, destacando la importancia de implementar medidas efectivas de debida diligencia para prevenir la participación en actividades delictivas.

OPERACIONES COMERCIALES FICTICIAS

Las operaciones comerciales ficticias en el contexto del delito de blanqueo de capitales se refieren a transacciones empresariales aparentes o simuladas que tienen como objetivo encubrir la verdadera naturaleza, origen o destino de fondos ilícitos.

En relación con la responsabilidad penal de la persona jurídica, esta práctica conlleva serias implicaciones legales.

A continuación, se aborda este concepto:

a) Operaciones comerciales ficticias en el delito de blanqueo de capitales:

b) Simulación de Transacciones Empresariales: La práctica implica la creación de apariencias de operaciones comerciales que, en realidad, no involucran intercambio comercial genuino, pero se registran para dar la ilusión de actividad empresarial legítima.

c) Falsificación de Documentación Comercial: Se recurre a la manipulación y falsificación de documentos relacionados con la actividad comercial, como facturas, contratos y registros contables, para respaldar la existencia de transacciones ficticias.

d) Circulación de Fondos Ilícitos: Las operaciones comerciales ficticias se utilizan como un medio para circular y legitimar fondos de origen ilícito, introduciéndolos en el entorno económico legal a través de la simulación de transacciones empresariales.

e) Uso de Empresas Pantalla o Entidades Interpuestas: Pueden emplearse empresas pantalla o entidades jurídicas interpuestas para ejecutar las operaciones comerciales ficticias, agregando una capa adicional de opacidad y dificultando la identificación de los beneficiarios reales.

f) Desvinculación del Origen Ilícito de los Fondos: La simulación de operaciones comerciales busca desvincular los fondos de su origen ilegítimo, dificultando la asociación directa entre los activos y las actividades delictivas.

g) Responsabilidad Penal de la Persona Jurídica: En muchos sistemas legales, las personas jurídicas pueden ser consideradas responsables penalmente por su participación en operaciones comerciales ficticias con fondos ilícitos, lo que conlleva sanciones legales y consecuencias para la entidad.

h) Riesgo de Sanciones y Pérdida de Reputación: La participación en este tipo de actividades puede resultar en sanciones legales, multas significativas y la pérdida de la reputación empresarial, afectando negativamente a la entidad.

i) Necesidad de Debida Diligencia en Transacciones Comerciales: La implementación de procedimientos de debida diligencia en transacciones comerciales es esencial para prevenir la participación en operaciones comerciales ficticias que involucren fondos ilícitos y garantizar la transparencia en las operaciones de la empresa.

Las operaciones comerciales ficticias en el delito de blanqueo de capitales representan una estrategia para dar apariencia de legalidad a fondos ilícitos a través de la simulación de transacciones empresariales.

En el marco de la responsabilidad penal de la persona jurídica, esta práctica puede tener consecuencias legales y sanciones, subrayando la importancia de implementar medidas efectivas de debida diligencia para prevenir la participación en actividades delictivas.

MANIPULACIÓN DE ACCIONES

La manipulación de acciones en el contexto del delito de blanqueo de capitales se refiere a prácticas fraudulentas que involucran la alteración, compra o venta ficticia de acciones con el propósito de legitimar, ocultar o dar apariencia de legalidad a fondos de origen ilícito.

En relación con la responsabilidad penal de la persona jurídica, esta conducta conlleva serias implicaciones legales.

A continuación, se aborda este concepto de la manipulación de acciones en el delito de blanqueo de capitales:

a) Operaciones Ficticias en el Mercado de Valores: La práctica implica llevar a cabo transacciones ficticias de compra o venta de acciones en mercados financieros, con el propósito de simular actividades comerciales legítimas.

b) Compra o Venta Ficticia de Acciones: Se realizan acciones aparentes de compra o venta de títulos valores sin una verdadera transferencia de propiedad, con el fin de introducir fondos ilícitos en el sistema financiero y otorgarles una apariencia de legitimidad.

c) Uso de Información Privilegiada: En algunos casos, la manipulación de acciones puede involucrar el uso de información privilegiada para anticipar movimientos en el mercado y realizar transacciones que beneficien la legitimación de fondos ilícitos.

d) Creación de Operaciones Falsas: Pueden generarse operaciones falsas, donde las partes involucradas actúan de manera coordinada para simular transacciones comerciales, añadiendo una capa adicional de complejidad a la operación.

e) Desvinculación del Origen Ilícito de los Fondos: La manipulación de acciones busca desvincular los fondos de su origen ilícito, dificultando la asociación directa entre los activos y las actividades delictivas.

f) Uso de Entidades Jurídicas Interpuestas: Se pueden utilizar empresas pantalla o entidades legales interpuestas para llevar a cabo la manipulación de acciones, complicando la identificación de los beneficiarios reales de las operaciones.

g) Responsabilidad Penal de la Persona Jurídica: En muchos sistemas legales, las personas jurídicas pueden ser consideradas responsables penalmente por su participación en la manipulación de acciones con fondos ilícitos, lo que conlleva sanciones legales y consecuencias para la entidad.

h) Riesgo de Sanciones y Pérdida de Reputación: La participación en este tipo de actividades puede resultar en sanciones legales, multas significativas y la pérdida de la reputación empresarial, afectando negativamente a la entidad.

i) Necesidad de Debida Diligencia en Transacciones Bursátiles: La implementación de procedimientos de debida diligencia en transacciones bursátiles es esencial para prevenir la participación en la manipulación de acciones que involucre fondos ilícitos y garantizar la transparencia en las operaciones comerciales de la empresa.

La manipulación de acciones en el delito de blanqueo de capitales constituye una estrategia para legitimar fondos ilícitos mediante prácticas fraudulentas en el mercado de valores.

En el marco de la responsabilidad penal de la persona jurídica, esta práctica puede tener consecuencias legales y sanciones, enfatizando la importancia de implementar medidas efectivas de debida diligencia para prevenir la participación en actividades delictivas.

USURPACIÓN DE IDENTIDAD

La usurpación de identidad en el contexto del delito de blanqueo de capitales se refiere a la acción de asumir la identidad de otra persona o entidad con el propósito de realizar transacciones financieras ilegítimas con fondos de origen ilícito.

En relación con la responsabilidad penal de la persona jurídica, esta conducta conlleva serias implicaciones legales.

A continuación, se aborda este concepto de la usurpación de identidad con relación al delito de blanqueo de capitales, representando las siguientes conductas:

a) Suplantación de Identidad: La práctica implica asumir la identidad de otra persona o entidad, ya sea a través de la falsificación de documentos, el uso fraudulento de información personal o la creación de entidades ficticias.

b) Realización de Transacciones Financieras Ilícitas: La usurpación de identidad se utiliza como medio para llevar a cabo transacciones financieras que involucran fondos de origen ilícito, utilizando la apariencia de legitimidad proporcionada por la identidad usurpada.

c) Uso de Documentación Falsa: Pueden emplearse documentos falsificados, como identificaciones, pasaportes o registros comerciales, para respaldar la identidad ficticia y facilitar la ejecución de operaciones fraudulentas.

d) Ocultamiento del Beneficiario Real: La usurpación de identidad busca ocultar la verdadera identidad del beneficiario real de las transacciones, dificultando la identificación de los responsables y la trazabilidad de los fondos.

e) Involucramiento de Entidades Jurídicas: La usurpación de identidad puede extenderse al uso de entidades jurídicas falsas o ficticias que simulan ser legítimas, lo que complica aún más la detección de actividades delictivas.

f) Desvinculación del Origen Ilícito de los Fondos: La usurpación de identidad tiene como objetivo desvincular los fondos de su origen ilegítimo, creando una capa adicional de complejidad para las autoridades encargadas de hacer cumplir la ley.

g) Responsabilidad Penal de la Persona Jurídica: En muchos sistemas legales, las personas jurídicas pueden ser consideradas responsables penalmente por su participación en la usurpación de identidad con fondos ilícitos, lo que conlleva sanciones legales y consecuencias para la entidad.

h) Riesgo de Sanciones y Pérdida de Reputación: La participación en este tipo de actividades puede resultar en sanciones legales, multas significativas y la pérdida de la reputación empresarial, afectando negativamente a la entidad.

i) Necesidad de Debida Diligencia en Identificación de Transacciones: La implementación de procedimientos de debida diligencia en la identificación de transacciones financieras es esencial para prevenir la participación en la usurpación de identidad que involucre fondos ilícitos y garantizar la transparencia en las operaciones comerciales de la empresa.

La usurpación de identidad en el delito de blanqueo de capitales constituye una estrategia para ocultar la identidad real de los perpetradores y facilitar transacciones financieras ilegítimas.

En el marco de la responsabilidad penal de la persona jurídica, esta práctica puede tener consecuencias legales y sanciones, subrayando la importancia de implementar medidas efectivas de debida diligencia para prevenir la participación en actividades delictivas.

USO DE CRIPTOMONEDAS

El uso de criptomonedas en el contexto del delito de blanqueo de capitales se refiere a la utilización de monedas digitales para realizar transacciones con el propósito de legitimar, ocultar o dar apariencia de legalidad a fondos de origen ilícito.

En relación con la responsabilidad penal de la persona jurídica, esta práctica conlleva serias implicaciones legales.

A continuación, se analiza este concepto relativo al uso de criptomonedas en el delito de blanqueo de capitales:

a) Transacciones Pseudo anónimas: Las criptomonedas, al proporcionar cierto grado de anonimato, permiten realizar transacciones pseudo anónimas, dificultando la identificación de los involucrados y el rastreo de los fondos.

b) Transferencias Internacionales sin Intermediarios Financieros: Las criptomonedas posibilitan la realización de transferencias internacionales sin la intervención de intermediarios financieros, lo que puede dificultar la detección y supervisión de las transacciones por parte de las autoridades reguladoras.

c) Facilitación del Fraccionamiento de Transacciones: La división de grandes cantidades de fondos ilícitos en transacciones más pequeñas, conocido como fraccionamiento, se ve facilitada por la capacidad de las criptomonedas para realizar micro transacciones sin la necesidad de intermediarios.

d) Uso de Plataformas Descentralizadas (DEX): Las criptomonedas pueden intercambiarse en plataformas descentralizadas (DEX), donde no se requiere la identificación de los usuarios, lo que agrega un nivel adicional de opacidad a las transacciones.

e) Conversión a Monedas Fiduciarias: La conversión de criptomonedas a monedas fiduciarias puede realizarse en plataformas de intercambio o mediante transacciones de persona a persona, lo que puede dificultar la detección de las transacciones ilícitas.

f) Desvinculación del Origen Ilícito de los Fondos: El uso de criptomonedas busca desvincular los fondos de su origen ilegítimo, aprovechando la naturaleza descentralizada y la relativa privacidad que ofrecen estas tecnologías.

g) Responsabilidad Penal de la Persona Jurídica: En muchos sistemas legales, las personas jurídicas pueden ser consideradas responsables penalmente por su participación en el uso de criptomonedas en actividades de blanqueo de capitales, lo que conlleva sanciones legales y consecuencias para la entidad.

h) Riesgo de Sanciones y Pérdida de Reputación: La participación en este tipo de actividades puede resultar en sanciones legales, multas significativas y la pérdida de la reputación empresarial, afectando negativamente a la entidad.

i) Necesidad de Debida Diligencia en Transacciones con Criptomonedas: La implementación de procedimientos de debida diligencia en transacciones que involucren criptomonedas es esencial para prevenir la participación en actividades de blanqueo de capitales y garantizar la transparencia en las operaciones comerciales de la empresa.

El uso de criptomonedas en el delito de blanqueo de capitales representa una estrategia para aprovechar las características de estas tecnologías con el fin de dificultar la detección y rastreo de fondos ilícitos.

En el marco de la responsabilidad penal de la persona jurídica, esta práctica puede tener consecuencias legales y sanciones, resaltando la importancia de implementar medidas efectivas de debida diligencia para prevenir la participación en actividades delictivas.

CONEXIONES CON ACTIVIDADES ILÍCITAS

Las conexiones con actividades ilícitas en el contexto del delito de blanqueo de capitales se refieren a la participación o vinculación de una persona jurídica con actividades criminales que generan fondos de origen ilícito. En relación con la responsabilidad penal de la persona jurídica, estas conexiones implican serias implicaciones legales.

A continuación, se analiza este concepto de las conexiones con actividades ilícitas en el delito de blanqueo de capitales:

a) Participación en Actividades Delictivas: Se refiere a la involucración de la persona jurídica en actividades ilícitas que generan fondos provenientes de delitos como el tráfico de drogas, corrupción, fraude, evasión fiscal u otros delitos graves.

b) Recepción de Beneficios de Origen Ilícito: La persona jurídica puede recibir beneficios económicos directos o indirectos derivados de actividades criminales, generando la necesidad de legitimar o blanquear esos fondos para aparentar su origen legal.

c) Colaboración con Organizaciones Delictivas: Implica la colaboración directa o indirecta de la persona jurídica con organizaciones delictivas para la comisión de actividades ilegales, generando ingresos que posteriormente buscan ser legitimados a través del blanqueo de capitales.

d) Ocultamiento de la Naturaleza Ilícita de los Fondos: La conexión con actividades ilícitas implica el conocimiento, directo o indirecto, de la naturaleza ilícita de los fondos involucrados, así como la participación en acciones destinadas a ocultar esta naturaleza ilícita.

e) Responsabilidad Penal de la Persona Jurídica: En muchos sistemas legales, las personas jurídicas pueden ser consideradas responsables penalmente por su vinculación con actividades ilícitas que generan fondos de origen ilícito, lo que conlleva sanciones legales y consecuencias para la entidad.

f) Riesgo de Sanciones y Pérdida de Reputación: La participación en actividades ilícitas y su conexión con el blanqueo de capitales puede resultar en sanciones legales, multas significativas y la pérdida de la reputación empresarial, afectando negativamente a la entidad.

g) Necesidad de Debida Diligencia y Prevención: La implementación de procedimientos de debida diligencia y medidas preventivas es esencial para evitar la vinculación de la persona jurídica con actividades ilícitas y prevenir la participación en el blanqueo de capitales.

Las conexiones con actividades ilícitas en el delito de blanqueo de capitales implican la participación de una persona jurídica en actividades criminales que generan fondos ilícitos.

En el marco de la responsabilidad penal de la persona jurídica, esta vinculación puede tener consecuencias legales y sanciones, subrayando la importancia de implementar medidas efectivas de debida diligencia para prevenir la participación en actividades delictivas.

CONTRA LOS DERECHOS DE LOS CIUDADANOS EXTRANJEROS

TRANSPORTE ILEGAL

El transporte ilegal, en el contexto del delito contra los derechos de los ciudadanos extranjeros y en relación a la responsabilidad penal de la persona jurídica, se refiere a la acción de facilitar o participar en el traslado de personas extranjeras a través de las fronteras de un país sin contar con la documentación o autorización legal necesaria para ingresar o residir en dicho país. Este delito implica el transporte de personas de manera clandestina o ilegal, con el propósito de evadir los controles migratorios y las leyes de inmigración.

En muchas jurisdicciones, el transporte ilegal de personas extranjeras se considera una infracción grave de la ley y puede dar lugar a consecuencias legales tanto para los individuos involucrados como para las empresas u organizaciones que participan en esta actividad. Algunos ejemplos de lo que podría considerarse transporte ilegal de ciudadanos extranjeros incluyen:

a) Contrabando de Personas: El transporte de individuos a través de las fronteras de un país a cambio de dinero u otro beneficio, sin cumplir con los procedimientos legales de ingreso y sin que los pasajeros tengan la documentación adecuada.

b) Falsificación de Documentos: La facilitación o participación en la falsificación de documentos de identificación, como pasaportes o visas, con el fin de permitir a personas extranjeras ingresar o residir ilegalmente en un país.

c) Transporte en Condiciones Precarias: El transporte de personas en condiciones peligrosas o inhumanas, como hacinamiento en vehículos, sin acceso a alimentos, agua o condiciones de seguridad adecuadas.

d) Transporte a través de Rutas No Autorizadas: El uso de rutas no autorizadas o ilegales para el cruce de fronteras, eludiendo así los puntos de control migratorio.

e) Participación de Empresas de Transporte: La colaboración de empresas de transporte, como aerolíneas, autobuses o embarcaciones, en el traslado de personas sin verificar adecuadamente su estatus migratorio o documentos de viaje.

f) Riesgos para la Seguridad de las Personas: El transporte ilegal a menudo implica condiciones precarias y riesgos significativos para la seguridad de los migrantes. Pueden verse expuestos a accidentes, explotación, abuso físico y psicológico, y situaciones peligrosas en su travesía hacia un nuevo país.

g) Fomento de Redes de Tráfico de Personas: El transporte ilegal a menudo está vinculado a redes de tráfico de personas, organizaciones criminales que se dedican a facilitar la migración ilegal a cambio de dinero. Estas redes pueden estar involucradas en otros delitos, como la explotación laboral y la trata de personas.

h) Presión sobre los Recursos Sociales: Cuando las personas ingresan ilegalmente a un país, pueden acceder a servicios sociales y beneficios sin contribuir adecuadamente a la economía y los sistemas de bienestar del país. Esto puede ejercer una presión adicional sobre los recursos sociales y de salud, lo que genera tensiones en la sociedad.

i) Dificultades en la Integración: Las personas que ingresan ilegalmente a un país pueden tener dificultades para integrarse en la sociedad y acceder a servicios básicos, como educación y atención médica. Esto puede resultar en la marginalización y la falta de oportunidades para su desarrollo.

j) Impacto Económico: La migración ilegal puede tener un impacto económico negativo en el país de destino, ya que las personas involucradas a menudo trabajan en la economía sumergida y no contribuyen a los impuestos y la seguridad social de manera adecuada.

k) Desafíos para la Seguridad Nacional: El ingreso ilegal de personas a un país plantea desafíos para la seguridad nacional, ya que puede dificultar la identificación de amenazas potenciales y el control de fronteras.

l) Reputación Internacional: Los países que son considerados destinos de migración ilegal pueden enfrentar críticas y sanciones internacionales, lo que puede afectar sus relaciones diplomáticas y comerciales.

El transporte ilegal de ciudadanos extranjeros puede ser considerado un delito tanto en el país de origen como en el país de destino. Las sanciones legales pueden incluir multas, penas de prisión, la incautación de vehículos o aeronaves utilizadas en la actividad ilegal, así como la responsabilidad penal de la persona jurídica, que puede enfrentar sanciones financieras y restricciones legales.

Es importante destacar que las leyes y las sanciones específicas pueden variar significativamente según la jurisdicción y la legislación vigente en cada país. Por lo tanto, es esencial consultar la legislación local y buscar asesoramiento legal adecuado para comprender completamente las implicaciones legales del transporte ilegal de ciudadanos extranjeros en una jurisdicción específica.

SUMINISTRO DE DOCUMENTOS FALSOS

El suministro de documentos falsos en el contexto del delito contra los derechos de los ciudadanos extranjeros se refiere a la acción de proporcionar documentos fraudulentos o falsificados a personas extranjeras con la intención de facilitar su entrada, permanencia o tránsito ilegal en un país. Estos documentos falsos pueden incluir pasaportes, visas, permisos de trabajo, tarjetas de identificación u otros documentos oficiales que se requieren para regular la situación migratoria de una persona en un país.

En términos de la responsabilidad penal de la persona jurídica, esto implica que una entidad o empresa, en lugar de respetar y cumplir con las leyes de inmigración y documentación vigentes, está participando en actividades ilegales al proporcionar o facilitar la obtención de documentos falsos a personas extranjeras.

Las implicaciones legales de este delito pueden ser graves y pueden incluir:

a) Sanciones Penales: Tanto las personas físicas como las personas jurídicas pueden enfrentar sanciones penales por suministrar documentos falsos. Esto puede resultar en condenas criminales para los individuos involucrados y en multas substanciales para las entidades jurídicas.

b) Cierre de Empresas: En algunos casos, los tribunales pueden ordenar la clausura o el cierre de empresas que se dedican a proporcionar documentos falsos o facilitar la inmigración ilegal.

c) Reputación Empresarial: La implicación en actividades ilegales puede dañar gravemente la reputación de una empresa, lo que puede tener un impacto negativo en su clientela, relaciones comerciales y relaciones con las autoridades gubernamentales.

d) Responsabilidad Civil: Además de las sanciones penales, las personas jurídicas pueden ser responsables de daños y perjuicios civiles si su actividad ilegal causa daño a terceros, como a las personas afectadas por los documentos falsos.

e) Impacto en la Seguridad Nacional: El uso de documentos falsos puede representar una amenaza para la seguridad nacional de un país, ya que facilita la entrada de personas cuya identidad y antecedentes no han sido verificados adecuadamente. Esto puede aumentar los riesgos relacionados con la delincuencia organizada, el terrorismo y otras actividades ilegales.

f) Explotación de Personas: En muchos casos, las personas que recurren a documentos falsos lo hacen en situaciones desesperadas y son víctimas de explotación por parte de redes criminales. Las personas jurídicas que suministran estos documentos pueden estar contribuyendo involuntariamente a esta explotación.

g) Cooperación Internacional: La lucha contra el suministro de documentos falsos es un tema de cooperación internacional. Los países suelen colaborar en la detección y persecución de redes internacionales que se dedican a esta actividad ilegal. Las empresas que participan en el suministro de documentos falsos pueden enfrentar acciones legales no solo a nivel nacional, sino también en el ámbito internacional.

h) Ética Empresarial: El suministro de documentos falsos va en contra de los principios éticos y legales de muchas empresas y organizaciones. Puede dar lugar a la pérdida de confianza por parte de empleados, clientes y socios comerciales, lo que afecta negativamente a la reputación y la integridad de la empresa.

i) Cumplimiento Legal: Para evitar la responsabilidad penal de la persona jurídica, las empresas deben tomar medidas adecuadas para garantizar el cumplimiento de las leyes de inmigración y documentación en todas sus operaciones y transacciones. Esto incluye la debida diligencia en la verificación de la autenticidad de los documentos presentados por empleados, contratistas o clientes extranjeros.

El suministro de documentos falsos en el contexto de la migración ilegal es una práctica ilegal que puede tener graves consecuencias legales y reputacionales para las personas jurídicas que participan en ella. Esto incluye la posibilidad de sanciones penales, multas, cierre de empresas y responsabilidad civil.

Es importante que las empresas cumplan con las leyes de inmigración y documentación en vigor y eviten involucrarse en actividades ilegales relacionadas con la migración de ciudadanos extranjeros.

OFRECIMIENTO DE REFUGIO O ALOJAMIENTO ILEGAL

Ofrecer refugio o alojamiento ilegal en el contexto del delito contra los derechos de los ciudadanos extranjeros se refiere a proporcionar a personas extranjeras, que no cuentan con la documentación o los permisos adecuados para residir en un país, un lugar para vivir o refugiarse de manera ilegal.

Esto implica que la persona jurídica o entidad está facilitando la permanencia irregular de ciudadanos extranjeros en un territorio donde no tienen el derecho legal de permanecer. A continuación, se proporciona un desarrollo adicional de este concepto:

a) Responsabilidad Penal de la Persona Jurídica: En muchos sistemas legales, las personas jurídicas pueden ser consideradas responsables penalmente por su participación en actividades ilegales relacionadas con ciudadanos extranjeros. Esto incluye el ofrecimiento de refugio o alojamiento ilegal. La responsabilidad penal de la persona jurídica se basa en la complicidad o connivencia de la entidad en actividades delictivas.

b) Condiciones Inhumanas: En algunos casos, el alojamiento ilegal puede implicar que las personas extranjeras sean alojadas en condiciones precarias o inhumanas, lo que puede constituir un delito adicional. Esto puede incluir hacinamiento, falta de acceso a servicios básicos, explotación laboral u otros abusos.

c) Violación de Normativas de Inmigración: Proporcionar refugio o alojamiento ilegal a ciudadanos extranjeros va en contra de las normativas de inmigración de la mayoría de los países. Los países suelen tener leyes que regulan quién puede ingresar, residir y trabajar en su territorio.

El ofrecimiento de alojamiento ilegal elude estas regulaciones y puede tener consecuencias legales.

d) Tráfico de Personas: En casos extremos, el ofrecimiento de refugio o alojamiento ilegal puede estar relacionado con el tráfico de personas, lo que implica el transporte ilegal de personas a través de las fronteras con fines de explotación. Este es un delito grave que conlleva graves consecuencias legales.

e) Colaboración con Autoridades de Inmigración: Para evitar la responsabilidad penal de la persona jurídica, las empresas y organizaciones deben colaborar con las autoridades de inmigración y cumplir con las regulaciones relacionadas con la inmigración y la documentación. Esto incluye verificar adecuadamente la identidad y el estatus legal de las personas a las que se ofrece alojamiento.

f) Impacto Social y Humanitario: El ofrecimiento de refugio o alojamiento ilegal puede tener graves implicaciones sociales y humanitarias.

Las personas que buscan refugio ilegal a menudo enfrentan situaciones de vulnerabilidad, y el alojamiento en condiciones precarias puede exponerlas a riesgos significativos, como la explotación, el abuso y la falta de acceso a atención médica adecuada.

g) Consecuencias Legales: Las consecuencias legales para la persona jurídica que ofrece refugio o alojamiento ilegal pueden ser severas.

Además de posibles sanciones penales, la entidad puede enfrentar multas significativas y el cierre de sus operaciones, lo que puede tener un impacto económico y reputacional negativo.

h) Cooperación Internacional: El ofrecimiento de refugio o alojamiento ilegal puede ser un problema que trasciende las fronteras nacionales.

Los acuerdos y tratados internacionales, así como la cooperación entre países, pueden llevar a investigaciones y acciones legales en un contexto internacional.

i) Prevención y Cumplimiento: Para evitar la responsabilidad penal, las organizaciones deben establecer políticas y procedimientos internos que promuevan el cumplimiento de las leyes de inmigración y la prevención de actividades ilegales relacionadas con la inmigración. Esto incluye verificar la documentación de las personas alojadas y asegurarse de que cumplen con los requisitos legales para residir en el país.

j) Ética Empresarial: Además de las consecuencias legales, el ofrecimiento de refugio o alojamiento ilegal también plantea cuestiones éticas.

Las organizaciones deben considerar su responsabilidad social y ética en relación con la protección de los derechos de los ciudadanos extranjeros y el cumplimiento de las leyes de inmigración.

El ofrecimiento de refugio o alojamiento ilegal a ciudadanos extranjeros es una actividad ilegal que implica ayudar a personas a residir en un país de manera irregular.

Esto puede tener serias implicaciones legales tanto para las personas como para las entidades que participan en esta actividad.

La colaboración con las autoridades y el cumplimiento de las leyes de inmigración son fundamentales para evitar la responsabilidad penal de la persona jurídica.

GUÍA Y ASISTENCIA EN LA TRAVESÍA

La guía y asistencia en la travesía en el contexto del delito contra los derechos de los ciudadanos extranjeros y su relación con la responsabilidad penal de la persona jurídica se refiere a una actividad ilegal en la que una entidad o persona jurídica proporciona apoyo logístico, orientación o asesoramiento a individuos extranjeros con el propósito de facilitar su entrada ilegal a un país, su tránsito a través del mismo o su evasión de los procedimientos regulares de inmigración.

A continuación, se detallan aspectos clave relacionados con este concepto:

a) Facilitación de la Inmigración Ilegal: La guía y asistencia en la travesía implica ayudar a personas extranjeras a sortear los controles fronterizos y migratorios de manera ilegal. Esto puede incluir proporcionar información sobre rutas de escape, esconder a los individuos en vehículos o viviendas, o facilitar el cruce de fronteras de manera clandestina.

b) Posibles Delitos Asociados: Este tipo de actividad puede involucrar la comisión de varios delitos, como tráfico de personas, falsificación de documentos, uso de rutas ilegales o evasión de autoridades migratorias. La entidad que brinda esta asistencia puede ser considerada cómplice de estos delitos.

c) Condiciones de Vulnerabilidad: Las personas extranjeras que buscan este tipo de asistencia a menudo se encuentran en situaciones de vulnerabilidad y desesperación, lo que las hace susceptibles a la explotación y el abuso por parte de quienes ofrecen estos servicios ilegales.

d) Cooperación Internacional: Dado que este tipo de actividad a menudo cruza fronteras, la cooperación internacional entre países es esencial para abordar eficazmente este problema. Los acuerdos y tratados internacionales pueden permitir la persecución de individuos y entidades involucradas en actividades de guía y asistencia en la travesía ilegal.

e) Prevención y Cumplimiento: Para evitar la responsabilidad penal, las organizaciones deben establecer políticas y procedimientos internos que prohíban cualquier forma de participación en actividades ilegales relacionadas con la inmigración. Esto incluye la capacitación de empleados para reconocer y denunciar cualquier actividad sospechosa.

f) Dificultad de Probar la Responsabilidad Penal: En algunos casos, puede ser complicado probar la responsabilidad penal de una persona jurídica en relación con la guía y asistencia en la travesía ilegal. Esto se debe a la necesidad de establecer que la organización tenía conocimiento y participación directa o indirecta en dichas actividades ilegales.

g) Colaboración con Autoridades: La colaboración de las personas jurídicas con las autoridades de aplicación de la ley puede ser crucial. Las organizaciones que tienen conocimiento de actividades ilegales relacionadas con la inmigración deben informar de inmediato a las autoridades pertinentes y cooperar en cualquier investigación.

h) Sanciones Penales y Multas: En muchas jurisdicciones, las personas jurídicas pueden enfrentar sanciones penales que incluyen multas sustanciales en caso de ser encontradas culpables de participación en la guía y asistencia en la travesía ilegal.

i) Responsabilidad Civil: Además de las consecuencias penales, las personas jurídicas también pueden ser objeto de acciones civiles por parte de las víctimas o de sus familias. Estas acciones pueden buscar compensación por daños y perjuicios.

j) Reputación y Daño a la Marca: La participación en actividades ilegales relacionadas con la inmigración puede tener un impacto significativo en la reputación y la imagen de la empresa. Las organizaciones pueden enfrentar una pérdida de confianza por parte de los clientes y el público en general.

k) Deberes Éticos y de Responsabilidad Social: Más allá de las implicaciones legales, las empresas tienen un deber ético y de responsabilidad social de no participar en actividades ilegales que puedan poner en peligro la vida y el bienestar de las personas. Esto incluye la obligación de respetar los derechos humanos y cumplir con las leyes de inmigración.

La guía y asistencia en la travesía en el contexto de los derechos de los ciudadanos extranjeros se refiere a actividades ilegales destinadas a facilitar la inmigración irregular.

La responsabilidad penal de la persona jurídica se basa en su participación o complicidad en estas actividades ilegales, lo que puede conllevar graves consecuencias legales y éticas.

Las organizaciones deben tomar medidas para prevenir y denunciar cualquier actividad relacionada con la inmigración ilegal.

INTRODUCCIÓN ILEGAL EN INSTALACIONES FRONTERIZAS

La introducción ilegal en instalaciones fronterizas, en el contexto del delito contra los derechos de los ciudadanos extranjeros y su relación con la responsabilidad penal de la persona jurídica, se refiere a la acción de facilitar o participar en el ingreso no autorizado de ciudadanos extranjeros a instalaciones ubicadas en zonas fronterizas de un país.

Esta conducta puede abarcar una serie de actividades ilícitas que van desde el contrabando de personas hasta la violación de leyes migratorias y de seguridad fronteriza.

A continuación, se desarrolla el presente tema:

a) Contrabando de Personas: La introducción ilegal en instalaciones fronterizas a menudo implica el contrabando de personas, donde individuos o grupos organizados se dedican a transportar clandestinamente a ciudadanos extranjeros a través de las fronteras, evadiendo los controles de inmigración y aduanas.

b) Facilitación y Colaboración: En algunos casos, las personas jurídicas pueden estar involucradas en la facilitación de estas actividades ilegales, ya sea proporcionando medios de transporte, infraestructura o recursos logísticos para el ingreso ilegal.

c) Condiciones Precarias: Las personas que son introducidas ilegalmente en instalaciones fronterizas suelen enfrentar condiciones precarias y riesgos significativos para su seguridad y bienestar. Esto puede incluir la exposición a condiciones climáticas extremas, hacinamiento, falta de alimentos y agua, y la posibilidad de sufrir abusos y explotación.

d) Legislación Migratoria: La introducción ilegal en instalaciones fronterizas viola las leyes de inmigración y seguridad fronteriza del país en cuestión. Las personas jurídicas que participan en estas actividades pueden estar infringiendo estas leyes y, por lo tanto, enfrentar responsabilidad penal.

e) Consecuencias Penales y Multas: Las personas jurídicas que son encontradas culpables de participar en la introducción ilegal en instalaciones fronterizas pueden enfrentar sanciones penales, que incluyen multas considerables.

f) Responsabilidad Civil: Además de las consecuencias penales, las organizaciones también pueden ser objeto de acciones civiles por parte de las víctimas o sus familias, buscando compensación por daños y perjuicios.

g) Reputación y Daño a la Marca: La participación en actividades ilegales relacionadas con la introducción ilegal puede tener un impacto negativo en la reputación y la imagen de la empresa, lo que puede afectar su relación con clientes y el público en general.

h) Impacto en la Seguridad Nacional: La introducción ilegal en instalaciones fronterizas puede representar un riesgo para la seguridad nacional, ya que las personas introducidas ilegalmente pueden tener motivaciones diversas, incluyendo actividades criminales o incluso el terrorismo. Las autoridades nacionales pueden considerar esta actividad como una amenaza a la seguridad nacional.

i) Cooperación Transfronteriza: Dado que la introducción ilegal a menudo involucra cruzar fronteras internacionales, se requiere cooperación transfronteriza entre países para abordar eficazmente este delito. Las organizaciones que operan en múltiples jurisdicciones deben cumplir con las leyes y regulaciones de cada país, y pueden ser objeto de acciones legales en varios lugares.

j) Compromiso Ético: Además del cumplimiento legal, las organizaciones deben considerar el compromiso ético de respetar los derechos de todas las personas, independientemente de su nacionalidad o estatus migratorio. Participar en actividades que ponen en peligro la vida y la seguridad de las personas va en contra de los principios éticos fundamentales.

k) Sanciones Internacionales: Además de las sanciones nacionales, las organizaciones pueden estar sujetas a sanciones internacionales si se descubre que están involucradas en actividades ilegales relacionadas con la inmigración y la seguridad fronteriza.

La introducción ilegal en instalaciones fronterizas es una actividad ilegal que involucra el contrabando de personas y viola las leyes de inmigración y seguridad fronteriza.

Las personas jurídicas que participan en esta actividad ilegal pueden enfrentar graves consecuencias legales, financieras y de reputación, y se espera que cumplan con sus obligaciones legales y éticas en relación con esta materia.

OCULTAR LA IDENTIDAD DE LAS PERSONAS

Ocultar la identidad de las personas en el contexto del delito contra los derechos de los ciudadanos extranjeros con relación a la responsabilidad penal de la persona jurídica se refiere a acciones destinadas a encubrir o disfrazar la verdadera identidad de individuos que ingresan o residen en un país de manera irregular o ilegal.

Esta actividad puede involucrar la falsificación de documentos, la utilización de identidades ficticias o el proporcionar información engañosa a las autoridades migratorias o aduaneras.

Las implicaciones de ocultar la identidad de personas en este contexto son diversas:

a) Ingreso y Permanencia Irregular: Ocultar la identidad de personas a menudo está relacionado con el ingreso o la permanencia irregular en un país, lo que significa que estas personas no cuentan con la autorización legal necesaria para su estadía.

b) Evadir Controles Fronterizos: Este comportamiento busca eludir los controles fronterizos y las regulaciones de inmigración, lo que puede tener graves implicaciones legales.

c) Posible Explotación: Las personas cuya identidad está siendo ocultada pueden estar en situación de vulnerabilidad y ser víctimas de explotación laboral o de otro tipo, ya que están en una posición precaria al no tener documentación legal.

d) Dificultar la Identificación de Víctimas: En algunos casos, ocultar la identidad de personas puede dificultar la identificación de víctimas de tráfico de personas u otras formas de explotación, lo que dificulta la protección de sus derechos.

e) Responsabilidad de la Persona Jurídica: Si una persona jurídica está involucrada en la ocultación de identidad de personas, puede ser considerada responsable penalmente por su participación en esta actividad ilícita, de acuerdo con las leyes y regulaciones del país en cuestión.

f) Cooperación con Autoridades: La cooperación de las empresas y organizaciones con las autoridades migratorias y aduaneras es fundamental para prevenir y combatir este tipo de actividades ilícitas. Ocultar la identidad de personas va en contra de estos principios de cooperación y cumplimiento de la ley.

g) Tráfico de Personas: En muchos casos, la ocultación de identidad está relacionada con el tráfico de personas, donde individuos son transportados ilegalmente a través de fronteras con fines de explotación laboral o sexual. Las personas jurídicas que participan en esta actividad pueden ser cómplices de graves violaciones de los derechos humanos.

h) Impacto en la Seguridad Nacional: La ocultación de identidad también puede representar una amenaza para la seguridad nacional, ya que dificulta la identificación de personas que podrían representar un riesgo para la sociedad.

i) Consecuencias Penales y Administrativas: Tanto las personas como las personas jurídicas que participan en la ocultación de identidad pueden enfrentar consecuencias penales y administrativas, que incluyen multas, sanciones y, en algunos casos, la disolución de la entidad legal.

j) Compromiso Ético y Legal: Las organizaciones deben comprometerse éticamente a cumplir con las leyes de inmigración y fronterizas y a no participar en actividades que impliquen ocultar la identidad de personas de manera ilegal. Esto es fundamental para mantener la integridad de la empresa y evitar posibles repercusiones legales y daños a su reputación.

k) Cooperación Internacional: En un mundo globalizado, la ocultación de identidad puede cruzar fronteras. Por lo tanto, la cooperación internacional en la prevención y persecución de este delito es esencial.

l) Derechos Humanos: Este tipo de actividad puede tener graves implicaciones en términos de derechos humanos, ya que las personas involucradas a menudo se encuentran en situaciones precarias y pueden ser víctimas de abusos.

Ocultar la identidad de las personas en el contexto de los derechos de los ciudadanos extranjeros implica acciones destinadas a eludir las regulaciones de inmigración y fronterizas, lo que puede tener serias consecuencias legales y éticas.

Las personas jurídicas deben tomar medidas para garantizar el cumplimiento de las leyes migratorias y colaborar con las autoridades pertinentes para prevenir y abordar estas prácticas ilegales.

RECOPILACIÓN DE TARIFAS

La recopilación de tarifas en el contexto de un delito contra los derechos de los ciudadanos extranjeros se refiere a la acción de recolectar dinero u otras formas de pago de personas extranjeras que buscan ingresar, transitar o quedarse en un país de manera ilegal o irregular. Esta práctica suele estar asociada con actividades ilícitas relacionadas con la inmigración y puede incluir los siguientes elementos:

a) Cobro Ilegal: Implica recibir pagos o tarifas de individuos extranjeros a cambio de servicios relacionados con su ingreso o permanencia en el país de destino sin cumplir con los requisitos legales y de inmigración establecidos por las autoridades competentes.

b) Intermediación: En muchos casos, las personas o entidades involucradas en la recopilación de tarifas actúan como intermediarios entre los migrantes y las redes de tráfico de personas, ofreciendo servicios ilegales que van desde el cruce de fronteras hasta la obtención de documentos falsificados.

c) Explotación: En ocasiones, esta actividad puede ir acompañada de explotación laboral o sexual de los migrantes, quienes pueden quedar atrapados en situaciones precarias debido a su estatus migratorio ilegal.

d) Condiciones Peligrosas: Los migrantes que recurren a estos servicios pueden verse expuestos a condiciones peligrosas y riesgos significativos durante su viaje, incluyendo la posibilidad de ser víctimas de abuso, extorsión o incluso perder la vida en el proceso.

e) Responsabilidad Penal de la Persona Jurídica: Cuando una persona jurídica, como una empresa o una organización, está involucrada en la recopilación de tarifas relacionadas con actividades ilegales de inmigración, puede ser considerada penalmente responsable por su participación en estos actos ilícitos.

f) Redes Delictivas: La recopilación de tarifas suele estar vinculada a redes delictivas que operan en el ámbito de la inmigración ilegal. Estas redes pueden ser muy sofisticadas y organizadas, involucrando a múltiples individuos y organizaciones en diferentes etapas del proceso migratorio ilegal.

g) Falsificación de Documentos: En algunos casos, quienes realizan esta actividad también se dedican a proporcionar documentación falsa o alterada a los migrantes, lo que agrava aún más la ilegalidad de la situación.

h) Explotación Económica: Los migrantes que recurren a estos servicios suelen pagar grandes sumas de dinero por la promesa de una mejor vida en el país de destino. Esta explotación económica puede dejar a las personas en situaciones de endeudamiento y vulnerabilidad extrema.

i) Condiciones Inhumanas: Durante el proceso de migración ilegal, los migrantes pueden ser sometidos a condiciones inhumanas, incluyendo hacinamiento, falta de alimentos y agua, abuso físico y psicológico, y otros peligros para su salud y seguridad.

j) Riesgos para la Seguridad Nacional: La participación en la recopilación de tarifas puede tener implicaciones para la seguridad nacional, ya que facilita la entrada de personas en un país sin que las autoridades tengan conocimiento de su identidad o propósito. Esto puede representar un riesgo para la seguridad pública.

Es importante destacar que la recopilación de tarifas en el contexto de los derechos de los ciudadanos extranjeros constituye una violación de las leyes de inmigración y puede tener graves implicaciones legales tanto para las personas involucradas como para las organizaciones que participan en esta actividad.

Las autoridades gubernamentales suelen perseguir activamente este tipo de delitos para proteger los derechos de los migrantes y mantener el orden en las fronteras y la gestión de la inmigración.

FALSIFICACIÓN DE SELLOS Y PERMISOS DE RESIDENCIA

La falsificación de sellos y permisos de residencia en el contexto de un delito contra los derechos de los ciudadanos extranjeros se refiere a la fabricación, alteración o uso indebido de documentos oficiales, sellos o autorizaciones emitidas por las autoridades de un país con el propósito de permitir que personas extranjeras permanezcan o residan en ese país de manera irregular o ilegal. Aquí hay un desarrollo adicional de este concepto:

a) Fabricación y Alteración de Documentos: La falsificación puede implicar la creación de documentos falsos, como tarjetas de residencia, visados, sellos y otros permisos emitidos por las autoridades migratorias. También puede involucrar la alteración de documentos genuinos para cambiar información crucial, como fechas de vencimiento o categorías de visado.

b) Uso Indebido: Además de la creación y alteración de documentos falsos, la falsificación también puede referirse al uso indebido de documentos auténticos que han sido obtenidos de manera fraudulenta o que no corresponden a la situación legal real del individuo.

c) Engaño a las Autoridades: La falsificación de sellos y permisos de residencia tiene el propósito de engañar a las autoridades migratorias y permitir que personas extranjeras permanezcan en un país de manera irregular, evitando los controles y requisitos legales establecidos por las leyes de inmigración.

d) Explotación y Vulnerabilidad: Las personas que recurren a documentos falsificados a menudo pueden quedar en una situación vulnerable, ya que pueden ser explotadas por terceros, incluidas organizaciones criminales, empleadores sin escrúpulos u otros actores que buscan aprovecharse de su estatus ilegal.

e) Responsabilidad Penal de la Persona Jurídica: En muchos sistemas legales, las empresas u organizaciones que estén involucradas en la falsificación de documentos relacionados con la inmigración pueden ser consideradas responsables penalmente. Esto significa que pueden enfrentar sanciones legales, multas y otras consecuencias si se demuestra su participación en actividades ilegales de inmigración.

f) Consecuencias Legales: Las consecuencias legales de la falsificación de sellos y permisos de residencia pueden variar según las leyes y regulaciones de cada país. En general, las autoridades migratorias y las fuerzas del orden suelen tomar medidas enérgicas para combatir esta actividad ilegal y garantizar la integridad de sus sistemas de inmigración.

g) Facilitación de la Inmigración Ilegal: La falsificación de sellos y permisos de residencia puede contribuir significativamente a la inmigración ilegal y descontrolada. Esto puede tener un impacto negativo en la seguridad y la estabilidad de un país, así como en la capacidad del sistema de inmigración para gestionar adecuadamente la entrada y permanencia de personas extranjeras.

h) Consecuencias Sociales y Económicas: La inmigración ilegal y la falsificación de documentos pueden tener efectos sociales y económicos importantes en una sociedad. Esto incluye la posibilidad de explotación laboral, evasión fiscal y una carga adicional para los servicios públicos, como la atención médica y la educación, cuando las personas no tienen un estatus legal.

i) Daño a la Reputación: Los casos de falsificación de sellos y permisos de residencia pueden dañar la reputación de las empresas y organizaciones involucradas. Esto puede afectar sus relaciones comerciales y su imagen en la comunidad y el mercado.

j) Cumplimiento Legal y Debida Diligencia: Para evitar la implicación en actividades ilegales relacionadas con la inmigración, las empresas y organizaciones deben establecer políticas de cumplimiento legal sólidas y llevar a cabo una debida diligencia en sus operaciones, especialmente si emplean a personas extranjeras. Esto puede incluir la verificación adecuada de documentos y la garantía de que todas las contrataciones cumplan con las leyes de inmigración.

k) Colaboración con las Autoridades: Las empresas tienen la responsabilidad de colaborar con las autoridades en la investigación y el combate de la falsificación de documentos relacionados con la inmigración. Esto puede incluir la denuncia de actividades sospechosas y la cooperación en investigaciones legales.

l) Prevención y Educación: Para evitar la falsificación de sellos y permisos de residencia, es esencial que las empresas implementen programas de capacitación y concienciación entre sus empleados y personal de recursos humanos. Esto puede ayudar a identificar documentos falsos y prevenir su uso involuntario.

La falsificación de sellos y permisos de residencia en el contexto de los derechos de los ciudadanos extranjeros implica la creación, alteración o uso indebido de documentos oficiales con el fin de permitir la permanencia ilegal en un país.

Esta práctica conlleva graves implicaciones legales y puede tener consecuencias tanto para las personas involucradas como para las organizaciones que participan en la falsificación de estos documentos.

DISCRIMINACIÓN RACIAL O ÉTNICA

La discriminación racial o étnica en el contexto de los delitos contra los derechos de los ciudadanos extranjeros se refiere a prácticas que, de manera injusta y perjudicial, tratan de manera desigual a individuos o grupos basándose en su raza, etnia u origen nacional.

En relación con la responsabilidad penal de la persona jurídica, la implicación de la entidad en tales actos discriminatorios puede acarrear consecuencias legales significativas.

A continuación, se analiza este concepto relativo a la discriminación racial o étnica y responsabilidad penal de la persona jurídica:

a) Definición Legal: La discriminación racial o étnica implica tratar de manera desfavorable a personas o grupos específicos debido a su raza, etnia o nacionalidad, violando así sus derechos fundamentales.

b) Prácticas Discriminatorias: La persona jurídica puede incurrir en delitos contra los derechos de ciudadanos extranjeros al participar en prácticas discriminatorias, como negarles empleo, acceso a servicios o vivienda debido a su origen racial o étnico.

c) Responsabilidad Penal de la Persona Jurídica: En muchos sistemas legales, las personas jurídicas pueden ser consideradas responsables penalmente por actos discriminatorios realizados en el curso de sus operaciones comerciales o prácticas laborales.

d) Actuación de Agentes o Representantes: La responsabilidad penal puede surgir si los actos discriminatorios son llevados a cabo por agentes, empleados o representantes de la persona jurídica en el ejercicio de sus funciones.

e) Políticas y Prácticas Internas: Si la entidad promueve políticas internas que fomentan la discriminación racial o étnica, puede ser considerada responsable penalmente por contribuir a la violación de los derechos de ciudadanos extranjeros.

f) Fomento de un Entorno Discriminatorio: La creación de un entorno laboral o comercial que tolera o fomenta la discriminación racial puede dar lugar a la responsabilidad penal de la persona jurídica.

g) Medidas Preventivas y de Sensibilización: Las empresas tienen la responsabilidad de implementar medidas preventivas, programas de sensibilización y políticas antidiscriminatorias para evitar la participación en actos discriminatorios.

h) Impacto en la Reputación Empresarial: La implicación en actos discriminatorios puede tener consecuencias negativas en la reputación de la empresa, afectando su imagen pública y relaciones con la comunidad.

i) Normativas Internacionales y Nacionales: La responsabilidad penal por discriminación racial o étnica puede estar respaldada por normativas internacionales de derechos humanos y leyes nacionales que prohíben la discriminación.

j) Debida Diligencia Empresarial: La debida diligencia empresarial incluye la identificación y prevención de prácticas discriminatorias, asegurando que la empresa cumpla con estándares éticos y legales.

La discriminación racial o étnica en el contexto de los delitos contra los derechos de los ciudadanos extranjeros implica tratar injustamente a personas basándose en su raza, etnia u origen nacional.

La responsabilidad penal de la persona jurídica surge cuando la entidad participa directa o indirectamente en prácticas discriminatorias, lo que puede tener consecuencias legales y reputacionales significativas.

TRÁFICO DE PERSONAS

El tráfico de personas en el contexto de los delitos contra los derechos de los ciudadanos extranjeros se refiere a la acción ilegal de captar, transportar, transferir, retener o recibir personas, utilizando la coerción, el engaño, la amenaza u otros medios para la explotación.

En relación con la responsabilidad penal de la persona jurídica, la participación de la entidad en actividades de tráfico de personas puede tener consecuencias legales significativas.

A continuación, se aborda este concepto del tráfico de personas y responsabilidad penal de la persona jurídica:

a) Definición Legal: El tráfico de personas implica la captación, transporte, transferencia, retención o recepción de personas, mediante el uso de la coerción, el engaño, la amenaza u otros medios, con el propósito de su explotación.

b) Formas de Explotación: La explotación puede abarcar diversas formas, como la explotación laboral, sexual, la servidumbre, la esclavitud o prácticas análogas a la esclavitud.

c) Participación de la Persona Jurídica: La entidad puede incurrir en responsabilidad penal si está involucrada directa o indirectamente en actividades de tráfico de personas, ya sea a través de sus agentes, empleados o representantes.

d) Explotación Laboral Forzada: La persona jurídica puede ser considerada responsable si se beneficia de la explotación laboral forzada de personas, incluyendo a ciudadanos extranjeros.

e) Explotación Sexual Forzada: La participación en la explotación sexual forzada de personas, particularmente ciudadanos extranjeros, puede generar responsabilidad penal para la entidad.

f) Involucramiento en Redes de Tráfico de Personas: Si la persona jurídica forma parte de una red o estructura organizada dedicada al tráfico de personas, puede ser sujeta a responsabilidad penal.

g) Condiciones de Trabajo Precarias: Si la entidad crea o tolera condiciones laborales precarias que facilitan la explotación de personas, puede ser considerada responsable.

h) Responsabilidad por Acciones de Empleados o Representantes: La persona jurídica puede ser responsabilizada penalmente por las acciones de sus empleados, agentes o representantes si están involucrados en actividades de tráfico de personas en el curso de sus funciones.

i) Medidas Preventivas y Debida Diligencia: La implementación de medidas preventivas y la debida diligencia empresarial son esenciales para evitar la participación en el tráfico de personas y sus formas de explotación.

j) Cooperación con las Autoridades: La cooperación activa con las autoridades judiciales para prevenir y combatir el tráfico de personas puede ser considerada una acción positiva por parte de la persona jurídica.

El tráfico de personas implica la explotación de individuos con fines laborales, sexuales u otros, mediante medios coercitivos o engañosos.

La responsabilidad penal de la persona jurídica surge cuando la entidad está involucrada directa o indirectamente en actividades de tráfico de personas, con consecuencias legales significativas.

La adopción de medidas preventivas y la debida diligencia son fundamentales para evitar la participación en este delito.

TRABAJO FORZADO

El trabajo forzado, en el contexto de los delitos contra los derechos de los ciudadanos extranjeros, se refiere a una forma de explotación laboral en la cual las personas se ven obligadas a trabajar contra su voluntad y bajo amenazas, coerción o condiciones que violan sus derechos fundamentales.

En relación con la responsabilidad penal de la persona jurídica, la participación de la entidad en prácticas de trabajo forzado puede conllevar consecuencias legales significativas.

A continuación, se aborda este concepto del trabajo forzado y responsabilidad penal de la persona jurídica:

a) Definición Legal: El trabajo forzado implica la utilización de la fuerza, amenazas o coerción para obligar a personas a realizar trabajos contra su voluntad y en condiciones que violan sus derechos fundamentales.

b) Explotación Laboral Coercitiva: En el contexto de ciudadanos extranjeros, la persona jurídica puede incurrir en responsabilidad penal al participar en la explotación laboral coercitiva de individuos, ya sea directa o indirectamente.

c) Condiciones de Trabajo Precarias: La responsabilidad penal puede surgir si la entidad crea o tolera condiciones laborales extremadamente precarias que facilitan la práctica de trabajo forzado.

d) Participación Activa o Pasiva: La entidad puede ser considerada responsable tanto si participa activamente en la imposición de trabajo forzado como si es consciente de la existencia de estas prácticas y no toma medidas para prevenirlas.

e) Responsabilidad por Acciones de Empleados o Representantes: La persona jurídica puede ser responsable penalmente por las acciones de sus empleados, agentes o representantes si estos están involucrados en la imposición de trabajo forzado en el curso de sus funciones.

f) Explotación de Ciudadanos Extranjeros: Si la entidad se beneficia de la explotación laboral forzada de ciudadanos extranjeros, puede ser sujeta a responsabilidad penal específica relacionada con delitos contra los derechos de dichos ciudadanos.

g) Cumplimiento de Normativas Internacionales y Nacionales: La responsabilidad penal puede basarse en la violación de normativas internacionales de derechos humanos y leyes nacionales que prohíben el trabajo forzado.

h) Debida Diligencia Empresarial: La implementación de medidas de debida diligencia empresarial, como la verificación de las condiciones laborales y la adopción de políticas contra el trabajo forzado, es esencial para prevenir la participación en estas prácticas.

i) Impacto en la Reputación Empresarial: La participación en trabajo forzado puede tener consecuencias negativas en la reputación de la empresa, afectando su imagen pública y relaciones con la comunidad.

j) Colaboración con Autoridades: La cooperación activa con las autoridades judiciales para prevenir y abordar casos de trabajo forzado puede ser considerada una acción positiva por parte de la persona jurídica.

El trabajo forzado implica la explotación laboral bajo coerción o amenazas, y la responsabilidad penal de la persona jurídica surge cuando la entidad está directa o indirectamente involucrada en estas prácticas.

La adopción de medidas preventivas y el cumplimiento de normativas son esenciales para evitar la participación en este tipo de delitos.

TRATA DE PERSONAS

La trata de personas, en el contexto de los delitos contra los derechos de los ciudadanos extranjeros, se refiere a la acción ilegal de captar, transportar, trasladar, recibir o retener a personas mediante el uso de medios coercitivos, engañosos, o abusivos, con el propósito de explotarlas.

En relación con la responsabilidad penal de la persona jurídica, la participación de la entidad en actividades de trata de personas puede tener consecuencias legales significativas.

A continuación, se profundiza en este concepto de la Trata de Personas y Responsabilidad Penal de la Persona Jurídica:

a) Definición Legal: La trata de personas implica la captación, transporte, traslado, recepción o retención de personas, utilizando medios como la coerción, el engaño, el abuso de poder o la vulnerabilidad, con el objetivo de explotarlas.
b) Formas de Explotación: La explotación puede abarcar diversas formas, como la explotación laboral, sexual, la servidumbre, la esclavitud o prácticas análogas a la esclavitud.
c) Participación de la Persona Jurídica: La entidad puede incurrir en responsabilidad penal si está involucrada directa o indirectamente en actividades de trata de personas, ya sea a través de sus agentes, empleados o representantes.
d) Explotación Laboral o Sexual: La persona jurídica puede ser considerada responsable penalmente por participar en la explotación laboral o sexual de personas, incluyendo a ciudadanos extranjeros.
e) Condiciones de Trabajo Precarias: Si la entidad crea o tolera condiciones laborales extremadamente precarias que facilitan la práctica de trata de personas, puede ser considerada responsable.
f) Responsabilidad por Acciones de Empleados o Representantes: La persona jurídica puede ser responsabilizada penalmente por las acciones de sus empleados, agentes o representantes si están involucrados en actividades de trata de personas en el curso de sus funciones.
g) Colaboración con Redes de Trata de Personas: Si la entidad forma parte de una red o estructura organizada dedicada a la trata de personas, puede ser sujeta a responsabilidad penal.

h) Debida Diligencia Empresarial: La implementación de medidas de debida diligencia empresarial, como la verificación de las condiciones laborales y la adopción de políticas contra la trata de personas, es esencial para prevenir la participación en estas prácticas.

i) Impacto en la Reputación Empresarial: La participación en trata de personas puede tener consecuencias negativas en la reputación de la empresa, afectando su imagen pública y relaciones con la comunidad.

j) Cumplimiento de Normativas Internacionales y Nacionales: La responsabilidad penal puede basarse en la violación de normativas internacionales de derechos humanos y leyes nacionales que prohíben la trata de personas.

k) Colaboración con Autoridades: La cooperación activa con las autoridades judiciales para prevenir y abordar casos de trata de personas puede ser considerada una acción positiva por parte de la persona jurídica.

La trata de personas implica la explotación de individuos con fines laborales, sexuales u otros, mediante medios coercitivos o engañosos.

La responsabilidad penal de la persona jurídica surge cuando la entidad está directa o indirectamente involucrada en estas prácticas, y la adopción de medidas preventivas y el cumplimiento de normativas son esenciales para evitar la participación en este tipo de delitos.

VIOLENCIA O ABUSO SEXUAL

La violencia o abuso sexual, en el contexto de los delitos contra los derechos de los ciudadanos extranjeros, implica actos de agresión física, psicológica o sexual que causan daño a la integridad y dignidad de una persona.

En relación con la responsabilidad penal de la persona jurídica, la participación de la entidad en situaciones de violencia o abuso sexual puede tener consecuencias legales significativas.

A continuación, se analiza este concepto de la Violencia o Abuso Sexual y Responsabilidad Penal de la Persona Jurídica:

a) Definición Legal: La violencia o abuso sexual se refiere a actos de agresión física, psicológica o sexual que causan daño a la integridad y dignidad de una persona, constituyendo una violación de sus derechos fundamentales.

b) Formas de Violencia o Abuso Sexual: Pueden incluir actos como agresiones físicas, coerción sexual, acoso sexual, violación u otras formas de explotación sexual.

c) Participación de la Persona Jurídica: La entidad puede incurrir en responsabilidad penal si está involucrada directa o indirectamente en situaciones de violencia o abuso sexual, ya sea a través de sus agentes, empleados o representantes.

d) Responsabilidad por Acciones de Empleados o Representantes: La persona jurídica puede ser responsabilizada penalmente por las acciones de sus empleados, agentes o representantes si están involucrados en situaciones de violencia o abuso sexual en el curso de sus funciones.

e) Ambiente Laboral o Comercial Hostil: La creación o tolerancia de un ambiente laboral o comercial que facilita la violencia o abuso sexual puede dar lugar a la responsabilidad penal de la entidad.

f) Políticas y Protocolos Internos: La implementación de políticas y protocolos internos que prohíban la violencia o abuso sexual y establezcan mecanismos para su prevención y abordaje es esencial.

g) Debida Diligencia Empresarial: La debida diligencia empresarial implica la identificación y mitigación de riesgos relacionados con la violencia o abuso sexual en las operaciones de la entidad.

h) Impacto en la Reputación Empresarial: La participación en situaciones de violencia o abuso sexual puede tener consecuencias negativas en la reputación de la empresa, afectando su imagen pública y relaciones con la comunidad.

i) Colaboración con Autoridades: La cooperación activa con las autoridades judiciales para prevenir y abordar casos de violencia o abuso sexual puede ser considerada una acción positiva por parte de la persona jurídica.

j) Cumplimiento de Normativas Internacionales y Nacionales: La responsabilidad penal puede basarse en la violación de normativas internacionales de derechos humanos y leyes nacionales que prohíben la violencia o abuso sexual.

La violencia o abuso sexual implica actos que causan daño a la integridad y dignidad de una persona.

La responsabilidad penal de la persona jurídica surge cuando la entidad está directa o indirectamente involucrada en estas situaciones, y la implementación de políticas, protocolos y la debida diligencia son esenciales para prevenir y abordar este tipo de violaciones a los derechos fundamentales.

SECUESTRO O PRIVACIÓN DE LIBERTAD

El secuestro o privación de libertad, en el contexto de los delitos contra los derechos de los ciudadanos extranjeros, implica la retención ilegal de una persona contra su voluntad, privándola de su libertad de movimiento.

En relación con la responsabilidad penal de la persona jurídica, la participación de la entidad en situaciones de secuestro o privación de libertad puede tener consecuencias legales significativas.

A continuación, se aborda este concepto relativo al Secuestro o Privación de Libertad y Responsabilidad Penal de la Persona Jurídica:

a) Definición Legal: El secuestro o privación de libertad se refiere a la retención ilegal de una persona, contra su voluntad, privándola de su libertad de movimiento.

b) Formas de Secuestro: Puede manifestarse en diversas formas, incluyendo secuestro con fines de extorsión, secuestro por motivos políticos, secuestro con fines de explotación, entre otros.

c) Participación de la Persona Jurídica: La entidad puede incurrir en responsabilidad penal si está involucrada directa o indirectamente en situaciones de secuestro o privación de libertad, ya sea a través de sus agentes, empleados o representantes.

d) Responsabilidad por Acciones de Empleados o Representantes: La persona jurídica puede ser responsabilizada penalmente por las acciones de sus empleados, agentes o representantes si están involucrados en situaciones de secuestro o privación de libertad en el curso de sus funciones.

e) Relación con Actividades de la Persona Jurídica: Si el secuestro o privación de libertad está vinculado a actividades de la entidad, como represalias contra empleados, clientes o terceros, la responsabilidad penal puede ser aún más relevante.

f) Colaboración con Autoridades: La cooperación activa con las autoridades judiciales para prevenir y abordar casos de secuestro o privación de libertad puede ser considerada una acción positiva por parte de la persona jurídica.

g) Impacto en la Reputación Empresarial: La participación en situaciones de secuestro o privación de libertad puede tener consecuencias negativas en la reputación de la empresa, afectando su imagen pública y relaciones con la comunidad.

h) Cumplimiento de Normativas Internacionales y Nacionales: La responsabilidad penal puede basarse en la violación de normativas internacionales de derechos humanos y leyes nacionales que prohíben el secuestro y la privación de libertad ilegal.

i) Debida Diligencia Empresarial: La implementación de medidas de debida diligencia empresarial, que incluyan la identificación y mitigación de riesgos relacionados con el secuestro, es esencial para prevenir la participación en este tipo de delitos.

El secuestro o privación de libertad implica la retención ilegal de una persona contra su voluntad, y la responsabilidad penal de la persona jurídica surge cuando la entidad está directa o indirectamente involucrada en estas situaciones.

La implementación de medidas preventivas, la colaboración con autoridades y el cumplimiento de normativas son esenciales para evitar la participación en este tipo de delitos y sus consecuencias legales.

RECLUTAMIENTO FORZADO

El reclutamiento forzado en el marco del delito contra los derechos de los ciudadanos extranjeros engloba diversas conductas que implican la coerción o imposición de la participación de individuos en actividades no deseadas.

A continuación, se presenta un listado de conductas asociadas a esta transgresión, todas las cuales representan violaciones sustanciales de los derechos fundamentales y principios internacionales:

a) Enrolamiento forzoso en Grupos Armados: La obligación coercitiva de ciudadanos extranjeros a integrarse en organizaciones militares o paramilitares, sin su consentimiento libre y voluntario.

b) Trabajo Forzado: La imposición de actividades laborales bajo amenazas, coacciones o condiciones de vulnerabilidad, privando a los individuos de su libertad de elección y autonomía en el ámbito laboral.

c) Prostitución Forzada: La obligación de ciudadanos extranjeros a participar en la industria del comercio sexual en contra de su voluntad, mediante engaños, violencia o coerción.

d) Reclutamiento en Actividades Delictivas: La forzosa participación en actividades criminales, como el tráfico de drogas, el contrabando, o cualquier otro tipo de conducta delictiva, sin el consentimiento genuino de los individuos afectados.

e) Servidumbre Involuntaria: La imposición de relaciones de servidumbre, donde los ciudadanos extranjeros son obligados a trabajar en condiciones de subyugación y explotación, sin la posibilidad de elección o escape.

f) Secuestro con Fines de Reclutamiento: La privación ilegal de libertad de individuos con el propósito de forzar su participación en actividades no deseadas, constituyendo una violación directa de su derecho a la libertad personal.

g) Coacción mediante Amenazas: La utilización de intimidaciones, amenazas o violencia física para obligar a ciudadanos extranjeros a participar en actividades contra su voluntad.

h) Reclutamiento forzado con fines políticos o ideológicos: La obligación coercitiva de ciudadanos extranjeros a unirse a grupos o movimientos políticos o ideológicos, vulnerando su libertad de pensamiento y asociación.

i) Reclutamiento infantil: La imposición de la participación de menores de edad en actividades o grupos perjudiciales, privándolos de su derecho a una educación y desarrollo saludable.

j) Reclutamiento forzado con fines terroristas: La coerción de individuos extranjeros para unirse a organizaciones terroristas, con el propósito de llevar a cabo acciones violentas que pongan en peligro la seguridad y estabilidad internacionales.

El reconocimiento y condena de estas prácticas se encuentran respaldados por normativas internacionales y tratados de derechos humanos, estableciendo un marco legal que prohíbe el reclutamiento forzado y persigue su prevención y sanción.

La lucha contra este delito implica una colaboración eficaz entre las jurisdicciones nacionales e internacionales para garantizar la protección de los derechos fundamentales de los ciudadanos extranjeros.

NEGACIÓN DE DERECHOS LABORALES

La negación de derechos laborales, en el contexto del delito contra los derechos de los ciudadanos extranjeros, se refiere a la práctica sistemática de privar a individuos extranjeros de las condiciones laborales y derechos fundamentales estipulados en las normativas internacionales y locales.

Este tipo de conducta constituye una infracción seria a los derechos humanos y laborales, vulnerando principios esenciales como la dignidad, la igualdad y la libertad en el ámbito laboral.

Las manifestaciones de la negación de derechos laborales a ciudadanos extranjeros pueden incluir, entre otras, las siguientes:

a) Explotación laboral: Imponer condiciones laborales abusivas, como jornadas excesivas, salarios insuficientes, falta de descanso adecuado y ambientes laborales perjudiciales.

b) Trabajo forzado: Obligar a los trabajadores extranjeros a realizar sus funciones bajo coacción, amenazas o restricciones de su libertad, violando su autonomía y libertad de elección.

c) Discriminación: Negar a los ciudadanos extranjeros igualdad de oportunidades en el ámbito laboral debido a su origen nacional, raza, género u otras características protegidas, contraviniendo los principios de no discriminación.

d) Retención indebida de documentos: Privar a los trabajadores extranjeros de sus documentos personales, como pasaportes o permisos de trabajo, con el propósito de limitar su movilidad y controlar de manera indebida su situación laboral.

e) Incumplimiento de condiciones laborales básicas: No proporcionar beneficios laborales mínimos, como seguro médico, vacaciones pagadas, y condiciones de trabajo seguras, de acuerdo con las leyes y estándares internacionales.

f) Negación de libertad sindical: Impedir o restringir la formación de sindicatos y la participación en actividades sindicales, privando a los trabajadores extranjeros de la posibilidad de defender y promover sus derechos colectivamente.

g) Confiscación de salarios: Retener, confiscar o manipular los salarios de los trabajadores extranjeros, privándolos injustamente de una remuneración justa por sus servicios.

h) Amenazas y coacción: Utilizar amenazas, intimidación o violencia para mantener a los trabajadores extranjeros en un estado de sumisión y evitar que reclamen sus derechos laborales.

i) Alojamiento precario: Proporcionar condiciones de vivienda inseguras, insalubres o inadecuadas a los trabajadores extranjeros como parte de su empleo, comprometiendo su bienestar y salud.

j) Falta de acceso a servicios básicos: Negar a los trabajadores extranjeros el acceso a servicios esenciales como atención médica, educación y condiciones de vida adecuadas, afectando su calidad de vida de manera significativa.

k) Retraso o no pago de salarios: Retrasar intencionalmente el pago de salarios o, en algunos casos, no remunerar en absoluto a los trabajadores extranjeros, generando una situación de dependencia económica.

l) Trabajo infantil: Involucrar a niños extranjeros en actividades laborales, privándolos de su derecho a una educación adecuada y exponiéndolos a condiciones laborales perjudiciales para su desarrollo.

m) Desplazamiento forzado: Obligar a los trabajadores extranjeros a cambiar su lugar de residencia o trabajo de manera coactiva, sin su consentimiento y a menudo en condiciones adversas.

n) Falsificación de contratos y documentos: Elaborar contratos de trabajo fraudulentos o manipular documentación relacionada con la relación laboral, engañando a los trabajadores extranjeros sobre sus derechos y condiciones de empleo.

La negación de derechos laborales a ciudadanos extranjeros no solo representa una violación directa de sus derechos fundamentales, sino que también contribuye a la perpetuación de la explotación y la vulnerabilidad de este grupo particular.

La comunidad internacional reconoce la importancia de abordar estas prácticas y ha establecido marcos legales y acuerdos para prevenir y sancionar tales violaciones a los derechos laborales.

EXCLUSIÓN DE SERVICIOS BÁSICOS

La exclusión de servicios básicos, en el contexto del delito contra los derechos de los ciudadanos extranjeros, implica la práctica de negar a dichos individuos el acceso a servicios esenciales como atención médica, educación y condiciones de vida adecuadas.

Esta conducta constituye una violación grave de los derechos humanos y refleja una falta de respeto hacia la dignidad y el bienestar de los ciudadanos extranjeros, contraviniendo los principios fundamentales de igualdad y no discriminación.

La exclusión de servicios básicos puede manifestarse a través de diversas formas, entre las cuales se incluyen:

a) Negación de atención médica: Impedir a los ciudadanos extranjeros el acceso a servicios de atención médica o restringir su tratamiento médico, poniendo en riesgo su salud y bienestar.

b) Restricción de acceso a la educación: Negar el derecho de los ciudadanos extranjeros, especialmente niños, a recibir educación o imponer barreras que limiten su participación en el sistema educativo.

c) Falta de vivienda adecuada: Privar a los ciudadanos extranjeros de condiciones habitacionales seguras, saludables y adecuadas, contribuyendo a su vulnerabilidad y precariedad.

d) Limitación en servicios sociales: Restringir el acceso a servicios sociales esenciales, como programas de asistencia social, servicios de bienestar y otros recursos necesarios para la subsistencia y desarrollo integral.

e) Exclusión de programas de integración: Impedir la participación de ciudadanos extranjeros en programas destinados a facilitar su integración en la sociedad de acogida, limitando sus oportunidades y derechos.

f) Restricción de servicios legales: Limitar el acceso de ciudadanos extranjeros a servicios legales y asesoría jurídica, dificultando su capacidad para buscar protección y defensa frente a posibles abusos o violaciones de sus derechos.

g) Exclusión de programas de bienestar social: Negar la participación de ciudadanos extranjeros en programas de asistencia social, alimentaria o de vivienda, afectando negativamente su calidad de vida y bienestar económico.

h) Limitación en el acceso a servicios culturales: Restringir la participación de ciudadanos extranjeros en eventos culturales, programas comunitarios o actividades recreativas, limitando su integración y participación en la sociedad de acogida.

i) Obstaculización de servicios de traducción: No proporcionar servicios de traducción e interpretación en entornos donde se prestan servicios básicos, dificultando la comprensión y participación efectiva de ciudadanos extranjeros.

j) La exclusión de servicios básicos no solo afecta directamente el bienestar de los ciudadanos extranjeros, sino que también contribuye a perpetuar su marginalización y vulnerabilidad en la sociedad receptora.

Esta práctica va en contra de los principios consagrados en diversas normativas internacionales que garantizan la igualdad de derechos y la protección de la dignidad humana, independientemente de la nacionalidad o estatus migratorio.

La condena y la erradicación de esta conducta son fundamentales para promover una convivencia justa y respetuosa de los derechos humanos.

DETENCIÓN ARBITRARIA

La detención arbitraria, en el contexto del delito contra los derechos de los ciudadanos extranjeros, se refiere a la privación de la libertad personal de individuos de origen extranjero de manera injustificada, desproporcionada o sin base legal adecuada.

Esta práctica constituye una seria violación de los derechos humanos, específicamente del derecho a la libertad y a la seguridad personal, tal como se encuentra consagrado en instrumentos internacionales de derechos humanos.

La detención arbitraria de ciudadanos extranjeros puede manifestarse a través de diversas formas, incluyendo:

a) Detención sin causa justificada: Privar a ciudadanos extranjeros de su libertad sin fundamentos legales válidos, sin pruebas suficientes o sin el debido proceso legal.

b) Detención prolongada e indefinida: Mantener a ciudadanos extranjeros bajo custodia de manera prolongada, sin presentar cargos formales, sin juicio justo o sin posibilidad de liberación, contraviniendo el principio de presunción de inocencia.

c) Arresto basado en perfil étnico o racial: Detener a ciudadanos extranjeros exclusivamente debido a su origen étnico, racial o nacional, en lugar de basarse en conductas específicas o evidencia objetiva.

d) Uso indebido de medidas migratorias: Utilizar medidas administrativas migratorias como pretexto para detener a ciudadanos extranjeros de manera injustificada, sin considerar debidamente sus derechos y circunstancias individuales.

e) Detención en condiciones inhumanas o degradantes: Mantener a ciudadanos extranjeros detenidos en condiciones que violen los estándares internacionales de tratamiento humano, incluyendo la falta de acceso a servicios básicos y la exposición a maltrato físico o psicológico.

f) Detención como represalia: Utilizar la detención como una forma de represalia contra ciudadanos extranjeros que ejercen sus derechos legítimos, como la libertad de expresión, asociación o participación en actividades políticas.

g) Detención basada en estatus migratorio: Arrestar a ciudadanos extranjeros exclusivamente debido a su estatus migratorio, sin considerar factores relevantes como la posibilidad de solicitar asilo, la existencia de razones humanitarias o la situación de vulnerabilidad.

h) Detención de solicitantes de asilo sin evaluación adecuada: Privar de libertad a ciudadanos extranjeros que han solicitado asilo sin realizar una evaluación justa y completa de sus reclamaciones, contraviniendo los principios del derecho internacional de los refugiados.

i) Detención de menores de edad: Arrestar a niños extranjeros sin justificación legal suficiente, sin considerar debidamente su condición de vulnerabilidad y sin adoptar medidas adecuadas para garantizar su bienestar y desarrollo integral.

j) Detención en centros no adecuados: Mantener a ciudadanos extranjeros detenidos en instalaciones que no cumplen con los estándares internacionales, como cárceles comunes o centros de detención no apropiados para personas en situación migratoria.

k) Detención sin acceso a representación legal: Privar a ciudadanos extranjeros de acceso a asesoría y representación legal durante el proceso de detención, impidiendo que ejerzan sus derechos y se defiendan adecuadamente.

l) Detención en violación de acuerdos internacionales: Privar de libertad a ciudadanos extranjeros en contravención de tratados y acuerdos internacionales que establecen normas específicas para la detención y el tratamiento de personas en situación migratoria.

m) Detención sin notificación o comunicación adecuada: Arrestar a ciudadanos extranjeros sin informar de manera oportuna a sus familiares, representantes legales o consulados, violando el derecho a la comunicación y a ser informado de los cargos imputados.

La detención arbitraria no solo afecta directamente la integridad y libertad de los individuos, sino que también representa una amenaza a la estabilidad y el respeto por el Estado de derecho.

La comunidad internacional reconoce la gravedad de esta violación de derechos humanos y ha establecido principios y normativas para prevenir y sancionar la detención arbitraria, buscando garantizar la protección y respeto de los derechos fundamentales de todos los individuos, independientemente de su origen nacional.

EXPULSIONES ILEGALES

Las expulsiones ilegales, en el contexto del delito contra los derechos de los ciudadanos extranjeros, se refieren a la práctica de desplazar forzosamente a individuos de origen extranjero de un país sin el debido proceso legal, incumpliendo normativas nacionales e internacionales que protegen el derecho a la libertad de movimiento y a no ser expulsado arbitrariamente.

Este acto implica la violación de derechos fundamentales y principios del derecho internacional, siendo algunas de las características asociadas a las expulsiones ilegales:

a) Ausencia de procedimientos legales adecuados: Realizar la expulsión sin seguir los procedimientos legales establecidos, como notificaciones, audiencias, o el derecho a impugnar la decisión de expulsión, contraviniendo el derecho al debido proceso.

b) Expulsión sin fundamento legal: Desplazar a ciudadanos extranjeros sin un fundamento jurídico válido, como la inexistencia de motivos legales para justificar la expulsión, o el incumplimiento de los requisitos establecidos por la legislación nacional o internacional.

c) No considerar circunstancias humanitarias o de protección: Expulsar a individuos sin considerar circunstancias humanitarias o razones de protección internacional, como la existencia de riesgos para la vida, la integridad física o la libertad en el país de destino.

d) Expulsiones colectivas: Realizar expulsiones que afecten a un grupo de personas sin examinar individualmente sus casos, contraviniendo el principio de no realizar expulsiones colectivas según el derecho internacional.

e) Incumplimiento de normas internacionales: Expulsar a ciudadanos extranjeros sin respetar las normativas y principios establecidos en tratados internacionales, como la Convención sobre el Estatuto de los Refugiados, que prohíben la expulsión de refugiados hacia lugares donde puedan enfrentar persecución o daño.

f) Falta de acceso a asesoramiento legal: Impedir que los afectados tengan acceso a asesoramiento legal y representación adecuada durante el proceso de expulsión, vulnerando su capacidad para defender sus derechos e impugnar la decisión.

g) Expulsión sin notificación adecuada: Realizar la expulsión de ciudadanos extranjeros sin proporcionar una notificación adecuada y oportuna, privándolos de la posibilidad de preparar una defensa o impugnar la decisión.

h) Repatriación forzada a zonas de conflicto o riesgo: Expulsar a individuos hacia áreas donde enfrenten amenazas inminentes a su vida, integridad física o libertad, ignorando los principios de no devolución y no enviar a personas a lugares donde puedan sufrir persecución o daño grave.

i) No garantizar el derecho a una revisión judicial efectiva: Impedir que los ciudadanos extranjeros tengan acceso a una revisión judicial efectiva e imparcial de la decisión de expulsión, violando el derecho a buscar remedios legales contra actos que vulneren sus derechos.

j) Expulsión basada en motivos discriminatorios: Desplazar a ciudadanos extranjeros basándose en motivos discriminatorios, como la raza, la religión, el género o la nacionalidad, en lugar de consideraciones legítimas y objetivas.

k) Expulsión como represalia: Utilizar la expulsión como represalia contra ciudadanos extranjeros que ejercen sus derechos legítimos, como la libertad de expresión, la participación en actividades políticas o la denuncia de violaciones de derechos humanos.

l) Falta de acceso a recursos efectivos: Negar a los ciudadanos extranjeros afectados el acceso a recursos efectivos y procedimientos legales para impugnar la legalidad de la expulsión, dificultando su capacidad para obtener reparación por las violaciones sufridas.

m) Expulsión de personas en situación vulnerable: Desplazar a ciudadanos extranjeros en situaciones particularmente vulnerables, como menores no acompañados, personas con necesidades especiales o víctimas de trata de personas, sin proporcionar la atención y protección debida.

n) Expulsión sin proporcionar documentación de viaje adecuada: Desplazar a ciudadanos extranjeros sin facilitar la documentación de viaje adecuada, lo que puede exponerlos a situaciones de apatridia o dificultar su capacidad para ingresar legalmente a otros países.

Las expulsiones ilegales no solo atentan contra los derechos fundamentales de los ciudadanos extranjeros, sino que también representan una amenaza al orden jurídico y a los principios de justicia y equidad.

La comunidad internacional ha establecido estándares para prevenir y sancionar estas prácticas, reconociendo la importancia de proteger los derechos humanos de todas las personas, independientemente de su origen nacional.

VIOLACIÓN DE DERECHOS DE REFUGIADOS

La violación de derechos de refugiados, en el contexto del delito contra los derechos de los ciudadanos extranjeros, se refiere a la transgresión sistemática o deliberada de los derechos fundamentales de las personas que han buscado refugio en otro país debido a fundados temores de persecución, conflictos armados u otras situaciones que amenazan su vida, libertad o integridad.

Este tipo de violación constituye una grave infracción a las normativas y principios internacionales que protegen a los refugiados y asilados.

Algunas de las conductas asociadas con la violación de derechos de refugiados incluyen:

a) Denegación de asilo: Rechazar indebidamente solicitudes legítimas de asilo, contraviniendo los principios del derecho internacional que prohíben la devolución de personas a lugares donde corran riesgo de persecución o daño.
b) Retorno forzado o expulsión: Repatriar a refugiados hacia sus países de origen sin garantizar una evaluación justa de su situación o ignorando el principio de no devolución, exponiéndolos a riesgos graves.
c) Restricciones arbitrarias a la libertad de movimiento: Imponer restricciones injustificadas a la movilidad de refugiados, limitando su capacidad para buscar asistencia y oportunidades, así como para integrarse en la sociedad de acogida.
d) Discriminación en el acceso a servicios básicos: Negar a los refugiados el acceso a servicios esenciales como educación, atención médica, vivienda y empleo debido a su condición de refugiados, contraviniendo los principios de igualdad y no discriminación.
e) Violencia y maltrato: Sujetar a refugiados a actos de violencia física, psicológica o sexual, ya sea por parte de agentes gubernamentales, grupos paramilitares o individuos particulares, afectando su seguridad y bienestar.
f) Obstaculización del acceso a procedimientos de asilo: Dificultar el acceso de refugiados a procedimientos justos y efectivos para la determinación de su estatus de asilo, obstaculizando su capacidad para buscar protección y seguridad.
g) Falta de reconocimiento de derechos laborales: No reconocer o limitar los derechos laborales de los refugiados, privándolos de condiciones de empleo adecuadas y perpetuando su vulnerabilidad económica.

h) Violación de la unidad familiar: Separar arbitrariamente a familias de refugiados, ya sea por medio de detenciones, deportaciones u otras medidas, afectando la cohesión y el bienestar familiar.

i) Negación de documentos de identificación y estatus: Retener documentos de identificación y certificados de estatus de refugiado, limitando la capacidad de los refugiados para ejercer sus derechos civiles y obtener acceso a servicios esenciales.

j) Desplazamiento forzado interno: Someter a refugiados a desplazamientos forzados dentro del país de asilo, sin garantizar condiciones de vida adecuadas y seguras, contribuyendo a su vulnerabilidad y pérdida de arraigo.

k) Negación de acceso a educación: Impedir a los niños refugiados el acceso a oportunidades educativas adecuadas, ya sea mediante la negación de matrícula en instituciones educativas o la falta de adaptaciones a sus necesidades particulares.

l) Condiciones inhumanas en campos de refugiados: Mantener a los refugiados en condiciones de vida inhumanas, como la falta de acceso a agua potable, instalaciones sanitarias adecuadas y servicios de salud, contribuyendo a la propagación de enfermedades y afectando su bienestar general.

m) Violencia de género y discriminación: Exponer a mujeres y niñas refugiadas a violencia de género, discriminación y falta de protección específica, ignorando sus necesidades particulares y perpetuando la vulnerabilidad de este grupo.

n) Negación de participación en procesos de toma de decisiones: Excluir a los refugiados de procesos de toma de decisiones que afectan directamente sus vidas y comunidades, ignorando su voz y contribución potencial a la sociedad de acogida.

o) Negación de acceso a procesos de reunificación familiar: Obstaculizar el proceso de reunificación familiar de refugiados al imponer restricciones indebidas, retrasos injustificados o negación arbitraria de solicitudes.

p) Esterilización forzada o coercitiva: Imponer prácticas de esterilización forzada o coercitiva a refugiados, violando su autonomía reproductiva y derechos fundamentales.

q) Bloqueo de solicitudes de asilo y refugio: No procesar o rechazar injustificadamente solicitudes de asilo y refugio, obstaculizando el acceso de los refugiados a la protección internacional.

Estas violaciones atentan contra los principios fundamentales de dignidad, derechos humanos y solidaridad internacional que deben guiar el trato hacia los refugiados.

La comunidad internacional ha establecido normativas, como la Convención sobre el Estatuto de los Refugiados, para proteger a las personas en situación de refugio, y la violación de estos principios constituye una grave transgresión que debe ser abordada y sancionada.

HOSTIGAMIENTO POLICIAL O INSTITUCIONAL

El hostigamiento policial o institucional, en el contexto del delito contra los derechos de los ciudadanos extranjeros, denota la conducta persistente y sistemática de actores gubernamentales, en particular fuerzas policiales o instituciones, que busca menoscabar los derechos y la dignidad de individuos extranjeros.

Este tipo de hostigamiento puede manifestarse a través de diversas acciones que van desde prácticas discriminatorias y abusos de poder hasta violaciones más graves de los derechos fundamentales.

Algunas conductas asociadas con el hostigamiento policial o institucional a ciudadanos extranjeros incluyen:

a) Perfilamiento racial o étnico: La práctica de seleccionar o abordar a individuos extranjeros basándose en características raciales o étnicas, en lugar de comportamientos específicos o razones legítimas.

b) Detenciones arbitrarias: La privación de la libertad de ciudadanos extranjeros sin justificación legal válida, sin el debido proceso, o con motivaciones discriminatorias.

c) Uso excesivo de la fuerza: La aplicación desproporcionada de la fuerza por parte de las fuerzas policiales, que puede resultar en lesiones físicas o incluso la pérdida de vidas, sin una justificación legítima.

d) Hostigamiento verbal o psicológico: La utilización de lenguaje ofensivo, amenazas o tratos humillantes hacia ciudadanos extranjeros con el propósito de intimidar o crear un ambiente hostil.

e) Discriminación en el acceso a servicios: La negación injustificada de servicios públicos, como salud, educación o vivienda, a ciudadanos extranjeros basándose en su origen nacional o estatus migratorio.

f) Registro y vigilancia selectiva: La práctica de someter a ciudadanos extranjeros a registros o vigilancia constante sin causa justificada, con el fin de intimidar o acosar.

g) Interferencia en actividades legítimas: Obstaculizar o prohibir arbitrariamente actividades legítimas de ciudadanos extranjeros, como la participación en protestas, eventos comunitarios o expresión de opiniones.

h) Falta de acceso a procedimientos legales justos: Negar a ciudadanos extranjeros el acceso a procedimientos legales justos para impugnar decisiones gubernamentales que afectan sus derechos, contribuyendo a la impunidad.

i) Falsas acusaciones o fabricación de cargos: La presentación de acusaciones falsas o la fabricación de cargos penales contra ciudadanos extranjeros como medio de hostigamiento, con el propósito de intimidar, silenciar o desacreditar.

j) Negación de derechos en el sistema de justicia: Impedir a ciudadanos extranjeros el acceso efectivo a un sistema de justicia imparcial, negándoles representación legal adecuada o manipulando procedimientos legales en su perjuicio.

k) Hostigamiento en el ámbito laboral: La persecución laboral dirigida a ciudadanos extranjeros, incluyendo despidos injustificados, condiciones de trabajo precarias o discriminación sistemática en el empleo.

l) Monitoreo electrónico invasivo: La implementación de medidas de vigilancia electrónica intrusiva, como el seguimiento de comunicaciones electrónicas o el uso de tecnologías de vigilancia sin causa justificada, afectando la privacidad de los individuos.

m) Registro discriminatorio en espacios públicos: La práctica de registrar selectivamente a ciudadanos extranjeros en espacios públicos, como aeropuertos o estaciones de tren, basándose en su apariencia o nacionalidad, en lugar de en comportamientos sospechosos.

n) Negación de servicios de emergencia: La reticencia o la negativa a brindar servicios de emergencia, como atención médica, a ciudadanos extranjeros en situaciones críticas, contribuyendo a la vulnerabilidad y el riesgo de daños graves.

o) Hostigamiento en el sistema educativo: La discriminación o maltrato sistemático hacia estudiantes extranjeros en instituciones educativas, limitando su participación plena y equitativa en el proceso educativo.

p) Deportaciones sumarias o expulsiones arbitrarias: La expulsión rápida y sin el debido proceso legal de ciudadanos extranjeros sin una evaluación justa de su situación, a menudo sin oportunidad de presentar evidencia en su defensa.

Este hostigamiento puede tener consecuencias significativas, generando un ambiente de miedo, desconfianza y exclusión para los ciudadanos extranjeros.

Además de infringir directamente los derechos fundamentales, estas prácticas socavan la cohesión social y el respeto al Estado de derecho.

La prevención y sanción de estas conductas son esenciales para garantizar el pleno respeto de los derechos humanos de todos los individuos, independientemente de su nacionalidad.

FOMENTO DEL ODIO O XENOFOBIA

El fomento del odio o la xenofobia, en el contexto del delito contra los derechos de los ciudadanos extranjeros, se refiere a la promoción activa y deliberada de sentimientos negativos, hostiles o discriminatorios hacia individuos de origen extranjero.

Esta conducta busca incitar al rechazo, la animosidad o la violencia basada en la nacionalidad, etnia, origen racial u otra característica asociada a la condición de extranjero.

Algunas de las manifestaciones del fomento del odio o la xenofobia incluyen:

a) Discursos discriminatorios: La expresión pública de discursos que desprecian, estigmatizan o menosprecian a ciudadanos extranjeros, utilizando argumentos basados en prejuicios, estereotipos o falsas representaciones.

b) Propagación de propaganda xenófoba: La difusión de material, ya sea en forma impresa, digital o de otro tipo, que promueve la hostilidad hacia los extranjeros, fomenta estereotipos perjudiciales o incita al odio y la violencia.

c) Incitación a la violencia: La promoción activa de la violencia física o psicológica dirigida específicamente contra ciudadanos extranjeros, ya sea a través de discursos, actos públicos o en plataformas en línea.

d) Restricciones discriminatorias: La adopción de políticas o prácticas institucionales que discriminan de manera sistemática a ciudadanos extranjeros en áreas como el empleo, la vivienda, la educación u otros aspectos de la vida social y económica.

e) Hostilidad en medios de comunicación: La difusión de contenidos mediáticos que promueven actitudes negativas hacia los extranjeros, contribuyendo a la creación de un clima social adverso.

f) Ataques basados en la nacionalidad: La perpetración de actos violentos o discriminación directa contra ciudadanos extranjeros motivados por su origen nacional, étnico o racial.

g) Exclusión social: La promoción de prácticas o actitudes que contribuyen a la exclusión social de ciudadanos extranjeros, limitando su participación plena en la comunidad y generando un ambiente de rechazo.

h) Continuando con el análisis de conductas asociadas al fomento del odio o la xenofobia en el contexto del delito contra los derechos de los ciudadanos extranjeros, es posible identificar otras prácticas que contribuyen a la creación de un ambiente hostil y discriminatorio. Algunas conductas adicionales incluyen:

i) Discriminación en el acceso a servicios públicos: Negar o dificultar el acceso de ciudadanos extranjeros a servicios públicos esenciales, como atención médica, educación o servicios sociales, basándose en su origen nacional o estatus migratorio.

j) Restricciones en el ámbito laboral: Fomentar políticas y prácticas laborales discriminatorias que limitan las oportunidades de empleo y progresión profesional de ciudadanos extranjeros, generando desigualdades económicas y sociales.

k) Difusión de teorías conspirativas: Propagar teorías conspirativas que responsabilizan injustamente a ciudadanos extranjeros de eventos negativos o crisis, contribuyendo a la creación de estigmatización y prejuicios infundados.

l) Hostigamiento en espacios públicos: Realizar actos de hostigamiento verbal, gestual o físico hacia ciudadanos extranjeros en lugares públicos, creando un ambiente intimidante y excluyente.

m) Discurso de odio en plataformas en línea: Utilizar plataformas digitales para difundir discursos de odio dirigidos contra ciudadanos extranjeros, contribuyendo a la radicalización y al fomento de la violencia.

n) Ataques a lugares de culto: Dirigir actos de violencia o discriminación hacia lugares de culto asociados con comunidades extranjeras, contribuyendo a la creación de un clima de temor y exclusión.

o) Negación de derechos políticos: Impedir o limitar el ejercicio de derechos políticos, como el derecho al voto o la participación en procesos democráticos, a ciudadanos extranjeros basándose en su origen nacional.

p) Desinformación y estigmatización en medios de comunicación: La difusión deliberada de información falsa o la estigmatización sistemática de ciudadanos extranjeros a través de medios de comunicación, contribuyendo a la formación de percepciones negativas y distorsionadas.

q) Impedir la integración comunitaria: Fomentar actitudes y prácticas que obstaculizan la integración efectiva de ciudadanos extranjeros en la comunidad, contribuyendo a la creación de barreras sociales y culturales.

r) Negación de asilo o protección humanitaria: Fomentar políticas o actitudes que niegan injustamente la solicitud de asilo o protección humanitaria a personas en situación de vulnerabilidad, como refugiados o solicitantes de asilo, con base en prejuicios o estigmatización.

La xenofobia y el fomento del odio no solo afectan la integridad y la dignidad de los ciudadanos extranjeros, sino que también amenazan la cohesión social y la paz.

Estas conductas van en contra de los principios fundamentales de igualdad, no discriminación y respeto a la diversidad consagrados en los instrumentos internacionales de derechos humanos.

La lucha contra el fomento del odio y la xenofobia requiere medidas efectivas tanto a nivel legal como social, promoviendo la tolerancia, la comprensión intercultural y el respeto mutuo en las sociedades.

URBANIZACIÓN, CONSTRUCCIÓN Y EDIFICACIÓN NO AUTORIZABLES

CONSTRUCCIÓN DE EDIFICACIONES SIN PERMISO

La construcción de edificaciones sin permiso se refiere a llevar a cabo obras de construcción de estructuras, como edificios, viviendas u otras edificaciones, sin obtener la autorización legal requerida por las normativas y regulaciones de urbanización y construcción vigentes en una jurisdicción determinada.

En el contexto del delito contra los derechos de urbanización, construcción y edificación no autorizables, esta conducta se refiere a que una persona jurídica, como una empresa o una organización, participa o permite la construcción de edificaciones sin obtener los permisos necesarios de las autoridades competentes.

A continuación, se detallan algunos aspectos clave relacionados con esta conducta:

a) Incumplimiento de Normativas: La construcción sin permiso implica que una entidad, ya sea intencionalmente o por negligencia, omite cumplir con las leyes y regulaciones que rigen el proceso de construcción y urbanización en una determinada área geográfica. Estas regulaciones suelen incluir normas de zonificación, requisitos de seguridad estructural, normativas medioambientales y otros aspectos relevantes.

b) Posibles Consecuencias: La construcción sin permiso puede tener diversas consecuencias negativas, tanto para la persona jurídica como para la comunidad y el medio ambiente. Estas pueden incluir la demolición de la estructura construida ilegalmente, multas sustanciales, sanciones legales y la interrupción de las operaciones comerciales.

c) Impacto en la Comunidad: La construcción no autorizada puede tener un impacto significativo en la comunidad local. Puede afectar la calidad de vida de los residentes, el valor de las propiedades circundantes y la infraestructura de la zona. Además, puede poner en riesgo la seguridad de las personas si las estructuras no cumplen con los estándares de construcción.

d) Responsabilidad de la Persona Jurídica: En el contexto de la responsabilidad penal de la persona jurídica, la empresa u organización puede ser considerada responsable si se demuestra que participó directa o indirectamente en la construcción no autorizada, ya sea a través de sus empleados, contratistas o agentes. Esto puede dar lugar a acciones legales contra la entidad.

e) Impacto en la Planificación Urbana: La construcción no autorizada puede interrumpir la planificación urbana y el desarrollo sostenible de una comunidad. Esto puede llevar a la congestión del tráfico, la falta de servicios públicos adecuados y la degradación del entorno urbano.

f) Daño al Medio Ambiente: La construcción sin permiso puede tener un impacto ambiental significativo. La falta de regulación puede permitir la destrucción de áreas verdes, la contaminación del suelo y el agua, y la degradación del paisaje natural.

g) Importancia de la Prevención: Las empresas deben establecer sólidos procedimientos internos para garantizar que todos los proyectos de construcción cumplan con las regulaciones locales y nacionales. Esto incluye la verificación de los permisos necesarios, la contratación de profesionales competentes y la supervisión adecuada de las obras.

h) Colaboración con las Autoridades: Las entidades deben cooperar plenamente con las autoridades locales y seguir sus instrucciones en materia de construcción. La falta de cooperación puede agravar las consecuencias legales y la percepción pública negativa.

i) Consecuencias para la Imagen Corporativa: Además de las consecuencias legales y financieras, la construcción no autorizada puede dañar la imagen corporativa de una entidad. La percepción de que una empresa actúa de manera irresponsable o ilegal puede tener un impacto duradero en su reputación.

La construcción de edificaciones sin permiso en el contexto del delito contra los derechos de urbanización, construcción y edificación no autorizables se refiere a llevar a cabo obras de construcción sin la autorización legal requerida, lo que puede tener graves consecuencias legales y sociales tanto para la persona jurídica como para la comunidad afectada.

URBANIZACIÓN ILEGAL

La urbanización ilegal se refiere a la ejecución de actividades relacionadas con el desarrollo y la planificación urbana que no cuentan con la debida autorización legal o permisos de las autoridades competentes.

En el contexto del delito contra los derechos de urbanización, construcción y edificación no autorizables y su relación con la responsabilidad penal de la persona jurídica, esto implica que una entidad, organización o empresa lleva a cabo acciones que contribuyen o promueven la urbanización sin cumplir con los requisitos legales y sin obtener los permisos correspondientes.

A continuación, se detallan algunos aspectos relacionados con esta conducta:

a) Desarrollo de Infraestructura sin Autorización: La urbanización ilegal puede incluir la construcción de infraestructura como calles, carreteras, sistemas de alcantarillado y servicios públicos en áreas que no han sido debidamente planificadas ni autorizadas por las autoridades urbanísticas.

b) Parcelación Irregular: Otra forma de urbanización ilegal es la subdivisión de terrenos en parcelas más pequeñas sin el permiso requerido, lo que puede dar lugar a asentamientos no planificados y la falta de servicios básicos.

c) Impacto en el Entorno: La urbanización ilegal puede tener un impacto negativo en el entorno, como la degradación del paisaje, la alteración del equilibrio ecológico y la falta de espacio público.

d) Consecuencias para la Persona Jurídica: En el contexto de la responsabilidad penal de la persona jurídica, una entidad que promueve o se involucra en actividades de urbanización ilegal puede ser considerada responsable legalmente. Esto puede resultar en sanciones legales, multas y la obligación de reparar los daños causados.

e) Normativas Urbanísticas: Es fundamental que las empresas y organizaciones se adhieran a las normativas urbanísticas locales y nacionales. Esto implica obtener los permisos necesarios antes de realizar cualquier actividad de urbanización.

f) Colaboración con las Autoridades: Las empresas deben cooperar con las autoridades competentes y seguir sus directrices en materia de urbanización. La falta de cooperación puede agravar las consecuencias legales.

g) Responsabilidad Legal y Financiera: La urbanización ilegal puede exponer a la persona jurídica a responsabilidades legales y financieras significativas, que pueden incluir multas considerables y la compensación por los daños causados al entorno y a la comunidad.

h) Impacto Social y Ambiental: La urbanización ilegal no solo tiene implicaciones legales, sino también sociales y ambientales. Puede contribuir a la falta de acceso a servicios básicos como agua potable, saneamiento y electricidad, lo que afecta negativamente la calidad de vida de las comunidades involucradas.

i) Corrupción y Delincuencia: La urbanización ilegal a menudo está relacionada con prácticas corruptas y actividades delictivas, como la extorsión y el soborno a funcionarios públicos para obtener permisos falsos o ignorar las regulaciones urbanísticas. Esto socava el estado de derecho y debilita la confianza en las instituciones gubernamentales.

j) Pérdida de Recursos Públicos: Cuando se lleva a cabo la urbanización ilegal, las autoridades a menudo se ven obligadas a gastar recursos públicos en la regularización de la situación o la demolición de estructuras ilegales. Esto puede representar una carga financiera significativa para el gobierno y los contribuyentes.

k) Conflictos Jurídicos y Sociales: La urbanización ilegal puede dar lugar a conflictos legales prolongados entre las personas jurídicas involucradas, las comunidades afectadas y las autoridades gubernamentales. Estos conflictos pueden tener un impacto negativo en la estabilidad social y la inversión en la zona.

l) Daños al Medio Ambiente: La urbanización ilegal también puede causar daños al medio ambiente, como la destrucción de áreas naturales, la contaminación del suelo y el agua, y la pérdida de hábitats naturales.

m) Desarrollo Desigual: La urbanización ilegal a menudo contribuye al desarrollo desigual de las ciudades y áreas urbanas, con la concentración de población en zonas precarias que carecen de infraestructura básica y servicios.

n) Compromiso Ético y Responsabilidad Social: Las empresas que participan en la urbanización ilegal pueden enfrentar daños significativos a su reputación y su compromiso ético. El cumplimiento de la ley y el respeto por las regulaciones urbanísticas son aspectos fundamentales de la responsabilidad social empresarial.

La urbanización ilegal consiste en llevar a cabo actividades de desarrollo urbano sin la autorización adecuada, lo que puede tener consecuencias legales y ambientales graves.

La responsabilidad penal de la persona jurídica implica que las empresas deben cumplir con las regulaciones vigentes y promover prácticas de urbanización responsables y sostenibles para evitar problemas legales y daños a la sociedad y el medio ambiente.

MODIFICACIÓN DE USO SIN AUTORIZACIÓN

La modificación de uso sin autorización se refiere a la alteración o cambio en la función previamente establecida para un edificio, terreno o propiedad sin obtener la debida autorización legal o permiso de las autoridades competentes.

Esta actividad constituye un delito contra los derechos de urbanización, construcción y edificación no autorizables, y cuando una persona jurídica está involucrada en dicha actividad, puede incurrir en responsabilidad penal.

A continuación, se detallan algunos aspectos relacionados con esta conducta:

a) Cambio de Función: Este delito se comete cuando una persona o entidad, ya sea una empresa u organización, realiza un cambio en la función o uso previamente autorizado de una propiedad, edificio o terreno. Esto puede incluir la conversión de una propiedad residencial en un establecimiento comercial, industrial o de otro tipo sin contar con los permisos correspondientes.

b) Violación de Normativas Urbanísticas: La modificación de uso sin autorización suele infringir las regulaciones y normativas urbanísticas locales o regionales. Estas normativas establecen las zonas de uso permitido para las propiedades y las condiciones bajo las cuales se pueden realizar cambios de uso. La violación de estas normas puede dar lugar a consecuencias legales y penales.

c) Responsabilidad de la Persona Jurídica: La responsabilidad penal de la persona jurídica se aplica cuando la empresa o entidad está involucrada en la toma de decisiones o acciones que resultan en la modificación ilegal de uso. Esto significa que la empresa puede ser considerada responsable por no haber obtenido los permisos necesarios o por permitir que se realice un cambio de uso sin autorización.

d) Sanciones Penales: Las sanciones para la persona jurídica pueden variar según la jurisdicción, pero pueden incluir multas significativas y otras medidas punitivas. Además, la empresa puede ser obligada a restaurar la propiedad a su estado original o tomar medidas correctivas.

e) Consecuencias Ambientales y Sociales: La modificación de uso sin autorización también puede tener consecuencias ambientales y sociales negativas, como un mayor tráfico, daños a la infraestructura, o impactos en la calidad de vida de la comunidad circundante.

f) Permisos y Autorizaciones: Para llevar a cabo cualquier modificación en el uso de una propiedad, edificio o terreno, es necesario obtener los permisos y autorizaciones correspondientes de las autoridades locales o gubernamentales. Estos permisos se emiten después de una revisión cuidadosa para asegurarse de que el cambio propuesto cumple con las normativas y regulaciones urbanísticas vigentes.

g) Impacto en el Entorno: La modificación de uso sin autorización puede tener un impacto significativo en el entorno circundante. Por ejemplo, cambiar una propiedad residencial a un uso comercial podría aumentar el tráfico, la contaminación y causar molestias a los residentes cercanos. Esto puede generar tensiones y conflictos con la comunidad local.

h) Desarrollo Desordenado: Cuando se permiten cambios de uso sin seguir los procedimientos legales adecuados, puede dar lugar a un desarrollo desordenado y caótico en una zona. Esto puede afectar negativamente la planificación urbana y el ordenamiento territorial, lo que a su vez puede resultar en problemas de infraestructura y servicios públicos.

i) Daño a la Imagen Corporativa: La participación de una persona jurídica en la modificación de uso sin autorización puede dañar gravemente su imagen corporativa y reputación. Esto puede afectar la confianza de los clientes, inversores y socios comerciales, lo que a su vez puede tener un impacto económico negativo.

j) Cumplimiento Normativo: Las empresas y organizaciones deben ser conscientes de la importancia de cumplir con todas las regulaciones y normativas urbanísticas. Esto implica no solo obtener los permisos necesarios, sino también respetar las restricciones de zonificación y uso de suelos.

La modificación de uso sin autorización en el contexto del delito contra los derechos de urbanización, construcción y edificación no autorizables implica cambiar la función de una propiedad sin los permisos adecuados, lo que puede llevar a consecuencias legales y penales para la persona jurídica involucrada.

Por lo tanto, las empresas deben ser diligentes en su cumplimiento normativo y respetar las regulaciones urbanísticas para evitar consecuencias adversas.

CONSTRUCCIÓN EN ZONAS PROTEGIDAS

La construcción en zonas protegidas en el contexto del delito contra los derechos de urbanización, construcción y edificación no autorizables se refiere a la realización de obras de edificación o infraestructura en áreas que están legalmente designadas como zonas de protección o conservación ambiental, cultural, histórica o de cualquier otro tipo.

Estas zonas suelen estar sujetas a regulaciones especiales que prohíben o restringen la construcción de nuevas edificaciones o modificaciones sustanciales en las existentes sin la debida autorización de las autoridades competentes.

Las implicaciones legales de la construcción en zonas protegidas sin la debida autorización pueden ser graves y suelen incluir:

a) Violación de Normativas: La construcción en zonas protegidas sin autorización constituye una clara violación de las normativas y regulaciones establecidas para la preservación y conservación de dichas áreas. Estas regulaciones están diseñadas para proteger el patrimonio natural, cultural o histórico, y su incumplimiento puede llevar a sanciones legales.

b) Daño Ambiental o Cultural: La construcción no autorizada en zonas protegidas puede causar daños irreparables al entorno natural, cultural o histórico. Esto incluye la degradación de ecosistemas, la destrucción de sitios arqueológicos o históricos, y la afectación de la biodiversidad.

c) Responsabilidad Penal de la Persona Jurídica: Cuando una persona jurídica está involucrada en la construcción no autorizada en zonas protegidas, puede enfrentar responsabilidad penal en virtud de la legislación vigente. Esto implica que la empresa o entidad legal puede ser sujeta a sanciones, multas y otras consecuencias legales.

d) Repercusiones Económicas: Además de las sanciones legales, la construcción no autorizada en zonas protegidas puede resultar en costos significativos para la persona jurídica involucrada. Esto puede incluir la demolición de las obras ilegales, la restauración del entorno afectado y la compensación a terceros perjudicados.

e) Daño Reputacional: La participación de una empresa o entidad legal en actividades de construcción no autorizada en zonas protegidas puede dañar gravemente su reputación y su imagen corporativa. Esto puede afectar las relaciones con clientes, inversores y socios comerciales.

f) Pérdida de Beneficios Económicos: La construcción no autorizada en zonas protegidas puede parecer una forma de obtener beneficios económicos rápidos al eludir los costosos procesos de obtención de permisos y regulación. Sin embargo, a largo plazo, esta práctica puede resultar en la pérdida de beneficios significativos debido a las sanciones, multas y los costos asociados con la restauración del área dañada.

g) Daño a la Biodiversidad: Muchas zonas protegidas albergan una biodiversidad única y valiosa. La construcción no autorizada puede destruir hábitats naturales, lo que puede llevar a la pérdida de especies en peligro de extinción y afectar negativamente a los ecosistemas locales.

h) Impacto en las Comunidades Locales: La construcción no autorizada en zonas protegidas también puede afectar a las comunidades locales que dependen de estos recursos naturales o culturales para su subsistencia. La degradación de áreas protegidas puede tener un impacto económico y social adverso en estas comunidades.

i) Litigios y Demandas: Las acciones legales, incluyendo demandas civiles y penales, pueden presentarse tanto por parte de autoridades gubernamentales como de grupos ambientalistas u organizaciones locales afectadas por la construcción ilegal. Esto puede dar lugar a un prolongado y costoso proceso legal para la persona jurídica involucrada.

j) Sostenibilidad y Responsabilidad Social: La construcción no autorizada en zonas protegidas puede socavar los esfuerzos de una empresa en términos de sostenibilidad y responsabilidad social corporativa. Las empresas que son vistas como irrespetuosas hacia el medio ambiente y las comunidades locales pueden enfrentar desafíos significativos en términos de relaciones públicas y reputación.

k) Sanciones Penales y Civiles: Dependiendo de la jurisdicción y la gravedad de la infracción, las sanciones pueden incluir tanto consecuencias penales como civiles. Esto puede llevar a multas sustanciales, inhabilitación para contratar con el gobierno y, en casos extremos, la disolución de la persona jurídica.

l) Desafíos para la Regularización: Una vez que se ha realizado la construcción no autorizada, regularizar la situación puede ser un proceso complicado y costoso que requiere la obtención retroactiva de permisos, la restauración del entorno dañado y la resolución de posibles litigios.

La construcción en zonas protegidas sin la debida autorización conlleva graves implicaciones legales, ambientales y económicas, y puede resultar en la responsabilidad penal de la persona jurídica involucrada.

Es fundamental que las empresas y organizaciones respeten las regulaciones vigentes y obtengan los permisos necesarios antes de emprender cualquier proyecto de construcción en estas áreas.

EXCESO DE ALTURA O VOLUMEN

El exceso de altura o volumen en el contexto del delito contra los derechos de urbanización, construcción y edificación no autorizables se refiere a la realización de construcciones que superan los límites específicos de altura o volumen establecidos por las regulaciones urbanísticas y de construcción aplicables en una determinada área o zona.

Este exceso implica que la construcción se ha realizado más allá de lo permitido por las autoridades competentes y, por lo tanto, es ilegal.

A continuación, se procede a relacionar diversos aspectos relativos a la presente conducta:

a) Exceso de altura o volumen: Se refiere a la construcción de edificaciones que superan los límites específicos de altura o volumen establecidos por las regulaciones urbanísticas y de construcción en una zona determinada.

b) Ilegalidad: Cuando una persona jurídica o entidad lleva a cabo una construcción que excede estos límites sin la debida autorización o permiso de las autoridades competentes, está cometiendo una infracción legal.

c) Consecuencias negativas: El exceso de altura o volumen puede tener diversas repercusiones negativas, como el incumplimiento de normativas de seguridad y planificación urbana.

d) Impacto en la comunidad: Esto puede afectar el bienestar de la comunidad, alterar el paisaje urbano y poner en riesgo la infraestructura circundante.

e) Sanciones legales y financieras: La persona jurídica responsable puede enfrentar sanciones legales y financieras, que incluyen multas sustanciales.

f) Obligación de corrección: Además, es posible que se le exija a la entidad responsable que desmantele o modifique la construcción ilegal para cumplir con las regulaciones vigentes.

g) Impacto ambiental: El exceso de altura o volumen no solo tiene implicaciones legales, sino que también puede causar un impacto ambiental negativo. Puede afectar la exposición al sol de edificios cercanos, lo que a su vez puede influir en la eficiencia energética de las viviendas.

h) Perjuicio a la planificación urbana: Este tipo de construcciones ilegales puede alterar el plan urbano previamente establecido por las autoridades locales. La planificación urbana tiene como objetivo garantizar un desarrollo armonioso y sostenible de las ciudades, y el exceso de altura o volumen puede socavar estos objetivos.

i) Riesgo de colapso: Construir estructuras más altas o más voluminosas de lo permitido sin los debidos estudios de ingeniería y seguridad puede aumentar el riesgo de colapso o daños estructurales en el edificio.

j) Desafío a la autoridad: La realización de construcciones que exceden los límites legales sin autorización es un desafío a la autoridad y al marco legal establecido. Esto socava la confianza en las regulaciones y puede dar lugar a una proliferación de construcciones ilegales si no se toman medidas adecuadas.

k) Denuncias ciudadanas: En muchos casos, son los propios ciudadanos quienes denuncian las construcciones ilegales debido al impacto negativo que tienen en su entorno. Esto puede desencadenar investigaciones por parte de las autoridades competentes.

El exceso de altura o volumen implica construir edificaciones que superan los límites legales de altura o volumen sin la debida autorización, lo que puede tener consecuencias legales, financieras y de seguridad significativas.

También tiene un impacto ambiental, desafía la planificación urbana, puede representar un riesgo de seguridad y socava la autoridad de las regulaciones urbanísticas.

OCULTACIÓN DE OBRAS

La ocultación de obras en el contexto del delito contra los derechos de urbanización, construcción y edificación no autorizables se refiere a la acción de llevar a cabo trabajos de construcción o edificación sin obtener las debidas autorizaciones o licencias requeridas por las autoridades competentes y, al mismo tiempo, tratando de mantener estos trabajos ocultos o fuera de conocimiento público con el propósito de eludir la detección de la actividad ilegal.

A continuación, se detallan algunos puntos relacionados con esta conducta:

a) Falta de permisos: La ocultación de obras implica que la persona o entidad realizando la construcción no ha obtenido los permisos necesarios de las autoridades locales o relevantes. Estos permisos suelen ser requeridos para garantizar que las construcciones cumplan con las normativas de seguridad, planificación urbana y medio ambiente.

b) Engaño a las autoridades: Al no informar a las autoridades sobre las obras en curso o al proporcionar información falsa, se está engañando a las entidades gubernamentales y municipales encargadas de supervisar y regular la construcción.

c) Consecuencias legales: La ocultación de obras puede dar lugar a graves consecuencias legales para la persona jurídica involucrada. Esto puede incluir multas significativas, la orden de detener las obras y, en algunos casos, la demolición de las estructuras ilegales.

d) Riesgos para la seguridad: La falta de supervisión y control de las obras puede generar riesgos para la seguridad de los trabajadores y del público en general, ya que no se aplican las medidas adecuadas de seguridad y control de calidad.

e) Impacto en la planificación urbana: La ocultación de obras puede alterar el plan urbano y la ordenación del territorio, lo que a su vez puede afectar negativamente a la comunidad y al entorno urbano.

f) Denuncias y control: En muchos casos, estas actividades ilegales se descubren a través de denuncias de ciudadanos preocupados por el impacto de las construcciones no autorizadas en su entorno. Las autoridades pueden llevar a cabo investigaciones en respuesta a estas denuncias.

g) Daño al entorno natural: La ocultación de obras ilegales puede resultar en daños significativos al entorno natural, como la tala de árboles, la alteración de cursos de agua o la degradación de áreas protegidas. Esto puede tener un impacto negativo en la biodiversidad y el equilibrio ecológico de la región.

h) Amenaza a la integridad de estructuras vecinas: Las construcciones no autorizadas pueden comprometer la integridad de edificios o estructuras vecinas, lo que puede dar lugar a conflictos legales y disputas entre propietarios.

i) Pérdida de valor de propiedades circundantes: La existencia de construcciones ilegales en una zona residencial puede reducir el valor de las propiedades circundantes, ya que los compradores pueden percibir el área como menos deseable debido a la falta de control y planificación adecuados.

j) Impacto en la calidad de vida: Los proyectos de construcción no autorizados pueden generar ruidos, polvo y trastornos en la vida cotidiana de los residentes cercanos, lo que afecta negativamente a su calidad de vida.

k) Repercusiones sociales y económicas: La ocultación de obras ilegales puede erosionar la confianza en las instituciones locales y en la capacidad del gobierno para hacer cumplir la ley, lo que puede tener un impacto en la cohesión social y la percepción de la comunidad sobre la justicia y la equidad.

l) Necesidad de regularización: En algunos casos, cuando se descubren obras ocultas, se puede permitir la regularización de la situación si se cumplen ciertos requisitos y se pagan las sanciones correspondientes. Sin embargo, esto puede ser costoso y complicado para los infractores.

La ocultación de obras en el contexto de delitos contra los derechos de urbanización, construcción y edificación no autorizables involucra la realización de trabajos de construcción sin los permisos requeridos y el intento de mantenerlos en secreto ante las autoridades.

Esta conducta conlleva graves consecuencias legales y puede tener un impacto negativo en la seguridad pública y la planificación urbana.

INCUMPLIMIENTO DE NORMATIVAS TÉCNICAS

El incumplimiento de normativas técnicas en el contexto del delito contra los derechos de urbanización, construcción y edificación no autorizables se refiere a la violación de las regulaciones y estándares técnicos establecidos por las autoridades competentes para garantizar la seguridad, la calidad y la sostenibilidad de las construcciones y edificaciones.

Estas normativas técnicas abordan aspectos como el diseño estructural, la resistencia de materiales, las instalaciones eléctricas y de fontanería, las medidas de seguridad contra incendios, la eficiencia energética, entre otros.

Cuando una persona jurídica o entidad comete el delito de incumplimiento de normativas técnicas en el contexto de la construcción o la edificación no autorizables, se está llevando a cabo una acción que implica desarrollar o ejecutar obras sin seguir las pautas y regulaciones técnicas establecidas por las autoridades competentes.

Esto puede tener varias implicaciones negativas:

a) Riesgo para la seguridad: El incumplimiento de normativas técnicas puede dar lugar a estructuras inseguras o potencialmente peligrosas que ponen en riesgo la vida y la integridad de las personas que utilizan o habitan en esas construcciones.

b) Daño a la propiedad: Las construcciones que no cumplen con las normativas técnicas pueden sufrir daños estructurales, lo que conlleva costosas reparaciones y la pérdida de inversión para los propietarios.

c) Impacto ambiental: La falta de cumplimiento de estándares técnicos también puede tener efectos negativos en el medio ambiente, como la utilización ineficiente de recursos naturales o la contaminación.

d) Desconfianza en el mercado inmobiliario: La presencia de construcciones que no cumplen con normativas técnicas puede socavar la confianza de los compradores y la reputación del mercado inmobiliario en general.

e) Tipo de construcción: El incumplimiento de normativas técnicas puede aplicarse a una amplia variedad de construcciones, desde viviendas y edificios comerciales hasta proyectos de infraestructura. La gravedad de las infracciones puede ser mayor en proyectos que afecten a un mayor número de personas o al entorno en general.

e) Conocimiento y premeditación: En algunos casos, el incumplimiento de normativas técnicas puede ser resultado de un conocimiento previo de las regulaciones y una premeditación para eludirlas. Esto puede aumentar la gravedad del delito, ya que implica una deliberación consciente para evadir las leyes y regulaciones pertinentes.

f) Impacto en la comunidad: Cuando una entidad comete el delito de incumplimiento de normativas técnicas, las consecuencias pueden afectar a toda una comunidad. Por ejemplo, la construcción de una edificación que no cumple con estándares sísmicos adecuados podría poner en peligro a toda una comunidad en caso de un terremoto.

g) Reparación y corrección: En algunos casos, las autoridades pueden exigir a la entidad infractora que realice obras de corrección para cumplir con las normativas técnicas. Estas correcciones pueden ser costosas y llevar tiempo, lo que afecta tanto a la entidad como a terceros involucrados.

h) Responsabilidad individual y de la entidad: Además de la responsabilidad penal de la persona jurídica, las personas físicas involucradas en el proceso de construcción también pueden ser objeto de investigaciones y sanciones individuales, especialmente si se demuestra su participación consciente en el incumplimiento de normativas técnicas.

i) Prevención y cumplimiento normativo: Para evitar incurrir en este tipo de delitos, las entidades deben establecer políticas y procedimientos internos que promuevan el cumplimiento de las normativas técnicas y la supervisión adecuada de los proyectos de construcción.

Desde el punto de vista de la responsabilidad penal de la persona jurídica, el incumplimiento de normativas técnicas puede dar lugar a sanciones legales, multas y la exigencia de realizar obras correctivas. Además, la entidad podría ser considerada responsable de los daños y perjuicios causados a terceros como resultado de su acción delictiva.

El incumplimiento de normativas técnicas en el contexto de los delitos contra los derechos de urbanización, construcción y edificación no autorizables implica llevar a cabo obras que no cumplen con los estándares de seguridad y calidad establecidos por las autoridades, lo que puede tener consecuencias negativas para la seguridad pública, el medio ambiente y la confianza en el mercado inmobiliario.

NO SEGUIR PLANES URBANÍSTICOS

No seguir los planes urbanísticos a los efectos del delito contra los derechos de urbanización, construcción y edificación no autorizables implica la realización de actividades de construcción o edificación que están en desacuerdo con los planes urbanísticos previamente establecidos y autorizados por las autoridades competentes.

Esto puede abarcar diversas conductas, y a continuación se detallan algunas de las implicaciones y consideraciones relacionadas:

a) Desobediencia a regulaciones urbanísticas: Los planes urbanísticos son instrumentos legales que establecen las pautas para el desarrollo y la organización de un territorio, incluyendo la zonificación, los usos de suelo permitidos y las características de las edificaciones. No seguir estos planes implica la realización de construcciones que contradicen estas regulaciones.

b) Alteración del entorno: El incumplimiento de los planes urbanísticos puede tener un impacto significativo en el entorno. Por ejemplo, la construcción de edificaciones en áreas designadas como zonas verdes o de conservación puede alterar irreversiblemente el paisaje y afectar negativamente al medio ambiente.

c) Inseguridad jurídica: La no conformidad con los planes urbanísticos crea inseguridad jurídica tanto para la entidad infractora como para terceros involucrados. Puede dar lugar a disputas legales, requerimientos de demolición o adecuación, y sanciones económicas.

d) Perjuicio a terceros: Las construcciones que no siguen los planes urbanísticos pueden perjudicar a terceros, como propietarios de propiedades vecinas, al afectar la privacidad, las vistas panorámicas, la luz solar y otros aspectos de la vida cotidiana.

f) Penalidades legales: La responsabilidad penal de la persona jurídica en este contexto puede dar lugar a sanciones legales que van desde multas económicas hasta la obligación de demoler las construcciones ilegales.

g) Necesidad de regularización: En algunos casos, las autoridades pueden permitir la regularización de las construcciones ilegales mediante el pago de multas y la adecuación a las regulaciones urbanísticas, lo que puede implicar costos significativos para la entidad infractora.

h) Impacto ambiental: La no conformidad con los planes urbanísticos puede llevar a la degradación del entorno natural, como la destrucción de hábitats naturales, la tala de árboles protegidos o la alteración de cursos de agua. Esto puede tener efectos perjudiciales en la biodiversidad y la calidad del medio ambiente.

i) Daño a la infraestructura pública: Las construcciones ilegales pueden ejercer presión sobre la infraestructura pública, como sistemas de agua y alcantarillado, electricidad y transporte. Esto puede llevar a problemas de congestión y a la necesidad de inversiones adicionales en infraestructura para acomodar a la población adicional.

j) Incentivo a la ilegalidad: Cuando las construcciones ilegales no se sancionan adecuadamente, pueden generar un ambiente propicio para la proliferación de más construcciones ilegales. Esto puede llevar a un ciclo de desobediencia a las regulaciones urbanísticas y socavar el orden y la planificación urbana.

k) Afectación a la seguridad: Las construcciones no autorizadas pueden poner en riesgo la seguridad pública, especialmente si no cumplen con estándares de construcción adecuados. Pueden representar peligros estructurales o de incendio, lo que aumenta el riesgo para los residentes y las personas que frecuentan esas áreas.

l) Desvalorización de propiedades: La presencia de construcciones ilegales en un área puede llevar a la desvalorización de las propiedades circundantes. Los compradores pueden considerar el entorno menos atractivo, lo que reduce el valor de las propiedades y afecta a los propietarios.

m) Conflictos sociales: La construcción ilegal puede generar conflictos entre la comunidad y los propietarios de las construcciones no autorizadas, así como con las autoridades locales que buscan hacer cumplir las regulaciones. Esto puede llevar a disputas legales prolongadas y tensiones en la comunidad.

n) Impacto en el turismo: En áreas turísticas, la construcción ilegal puede tener un impacto negativo en la industria del turismo al degradar la apariencia y la calidad del entorno. Esto puede reducir la afluencia de turistas y afectar la economía local.

o) Necesidad de recursos públicos: La detección y el tratamiento de construcciones ilegales requieren recursos significativos por parte de las autoridades locales, incluyendo inspecciones, procedimientos legales y, en algunos casos, la demolición de las estructuras ilegales. Estos costos a menudo recaen en el erario público.

No seguir los planes urbanísticos constituye un delito contra los derechos de urbanización, construcción y edificación no autorizables y puede tener amplias implicaciones legales y sociales.

El respeto y la conformidad con las regulaciones urbanísticas son fundamentales para el ordenamiento y desarrollo sostenible de las ciudades y áreas urbanas.

PARCELACIÓN IRREGULAR

La parcelación irregular se refiere a una actividad ilegal relacionada con el desarrollo urbano y la división de terrenos en parcelas o lotes para su posterior venta o urbanización.

Este concepto se asocia con el delito contra los derechos de urbanización, construcción y edificación no autorizables y puede comprender diversas conductas, como la subdivisión de terrenos sin el permiso o la autorización requerida por las autoridades competentes.

Las actividades relacionadas con la parcelación irregular suelen involucrar la división de un terreno en parcelas más pequeñas, sin seguir los procedimientos legales y técnicos establecidos por las leyes y regulaciones locales.

Estos procedimientos generalmente están diseñados para garantizar que la parcelación y urbanización se realicen de manera planificada y ordenada, considerando aspectos como la infraestructura pública, la calidad ambiental y la seguridad de las futuras edificaciones.

Cuando una persona jurídica o entidad participa en la parcelación irregular de terrenos, está incurriendo en una actividad ilegal que puede tener varias implicaciones negativas, como:

a) Afectación a la planificación urbana: La parcelación irregular interfiere con la planificación urbana adecuada. Las autoridades locales suelen establecer planes de ordenamiento territorial para garantizar un crecimiento y desarrollo urbanos equitativos y sostenibles. La parcelación irregular rompe con esta planificación y puede provocar un uso inadecuado del suelo.

b) Problemas de infraestructura: Las parcelaciones irregulares a menudo no prevén adecuadamente la infraestructura necesaria, como calles, alcantarillado, agua potable y servicios públicos. Esto puede generar problemas de congestión y falta de acceso a servicios básicos.

c) Riesgos para la seguridad: Las edificaciones resultantes de parcelaciones irregulares pueden no cumplir con estándares de construcción adecuados, lo que aumenta el riesgo de colapsos, incendios u otros peligros para la seguridad de los residentes.

d) Conflictos legales y sociales: La realización de parcelaciones irregulares a menudo conduce a conflictos legales entre los propietarios de las parcelas, las autoridades locales y otros actores involucrados. Esto puede generar tensiones en la comunidad y tener un impacto negativo en la convivencia.

e) Desvalorización de propiedades: Las propiedades en áreas de parcelación irregular pueden experimentar una desvalorización, ya que los compradores pueden ser reacios a adquirir propiedades en zonas con problemas legales y de infraestructura.

f) Perjuicio económico: Las parcelaciones irregulares también pueden causar perjuicio económico a quienes adquieren propiedades en estas áreas, ya que es posible que enfrenten dificultades para vender o alquilar sus propiedades debido a la incertidumbre legal y la falta de servicios básicos.

g) Daño al entorno natural: La falta de regulación en la parcelación irregular puede resultar en la degradación de áreas naturales, como la tala indiscriminada de árboles o la construcción en zonas ecológicamente sensibles, lo que afecta negativamente a la biodiversidad y los ecosistemas.

En consecuencia, la parcelación irregular es considerada un delito en muchas jurisdicciones y puede llevar a la responsabilidad penal de la persona jurídica si esta entidad está involucrada en actividades relacionadas con la subdivisión ilegal de terrenos.

La regulación y el control adecuados de la parcelación son fundamentales para promover un desarrollo urbano ordenado y sostenible, así como para garantizar la seguridad y el bienestar de la comunidad.

CONSTRUCCIÓN EN SUELO NO URBANIZABLE

La construcción en suelo no urbanizable se refiere a la realización de edificaciones, infraestructuras o cualquier tipo de obra en áreas que no han sido designadas por las autoridades competentes como zonas aptas para el desarrollo urbano o la edificación según la normativa vigente.

Esta actividad constituye un delito contra los derechos de urbanización, construcción y edificación no autorizables, y puede generar responsabilidad penal para las personas jurídicas involucradas.

A continuación, se detallan aspectos adicionales relacionados con este delito:

a) Infracción a la normativa urbanística: La construcción en suelo no urbanizable infringe directamente las normativas y planes urbanísticos establecidos por las autoridades locales y regionales. Estos planes definen las áreas donde se permite la edificación y las condiciones que deben cumplirse.

b) Impacto ambiental: La edificación en suelo no urbanizable suele tener un impacto negativo en el medio ambiente. Estas áreas suelen ser zonas de alto valor ecológico, y la construcción puede dar lugar a la degradación de ecosistemas, la pérdida de hábitats naturales y la contaminación del suelo y las aguas.

c) Falta de infraestructuras: En suelo no urbanizable, por lo general, no se han planificado ni desarrollado las infraestructuras necesarias para dar servicio a las edificaciones, como redes de agua potable, alcantarillado, electricidad y carreteras. Esto puede generar problemas de acceso y falta de servicios básicos para quienes residen en estas áreas.

d) Inseguridad jurídica: Las construcciones en suelo no urbanizable a menudo carecen de la debida autorización legal, lo que genera inseguridad jurídica para los propietarios. Estos pueden enfrentar la posibilidad de que sus propiedades sean declaradas ilegales y sujetas a demolición.

e) Sanciones legales: Las autoridades suelen tomar medidas para detener y sancionar la construcción ilegal en suelo no urbanizable. Estas sanciones pueden incluir multas, la demolición de las edificaciones ilegales y la restauración del terreno a su estado original.

f) Complicaciones en la venta o transacción de propiedades: Las edificaciones en suelo no urbanizable pueden ser difíciles de vender o transferir debido a su estado ilegal. Esto puede generar problemas económicos para los propietarios y compradores.

g) Afectación de recursos naturales: La construcción en suelo no urbanizable a menudo implica la ocupación de áreas con recursos naturales valiosos, como bosques, humedales, ríos o zonas costeras. Esto puede resultar en la degradación y pérdida de estos recursos, lo que tiene un impacto negativo en la biodiversidad y en la capacidad de la región para proporcionar servicios ecosistémicos.

h) Riesgo de inundaciones y deslizamientos: Al construir en áreas no aptas para la urbanización, se pueden exponer a riesgos a los residentes y a las edificaciones. Esto es especialmente evidente en zonas propensas a inundaciones, deslizamientos de tierra u otros desastres naturales, donde las construcciones pueden estar en peligro.

i) Conflicto con propietarios vecinos: Las construcciones ilegales en suelo no urbanizable a menudo generan conflictos con propietarios vecinos y comunidades locales que respetan la normativa urbanística. Esto puede dar lugar a litigios prolongados y tensiones en la comunidad.

j) Impacto en la planificación urbana: La construcción no autorizada en áreas rurales puede afectar negativamente a la planificación urbana a largo plazo de una región. Puede dificultar el crecimiento ordenado de las ciudades y la provisión de servicios públicos eficientes.

k) Daño a la imagen corporativa: Para las personas jurídicas, estar involucradas en actividades de construcción ilegal en suelo no urbanizable puede dañar gravemente su imagen corporativa y su reputación en el mercado. Esto puede tener consecuencias negativas en términos de relaciones públicas y confianza de los clientes y socios comerciales.

l) Costos adicionales: Las personas jurídicas que realizan construcciones ilegales en suelo no urbanizable pueden enfrentar costos significativos, como multas, costos legales y gastos asociados con la demolición de las estructuras ilegales y la restauración del terreno.

La construcción en suelo no urbanizable es una actividad ilegal que va en contra de las normativas urbanísticas y ambientales establecidas para garantizar un desarrollo urbano planificado y sostenible.

Las personas jurídicas involucradas en esta actividad pueden enfrentar responsabilidad penal, sanciones legales y daños al medio ambiente y a la comunidad en general.

EJECUCIÓN DE OBRAS SIN EVALUACIÓN DE IMPACTO AMBIENTAL

La ejecución de obras sin la previa realización de una Evaluación de Impacto Ambiental conlleva graves implicaciones en el ámbito del delito contra los derechos de urbanización, construcción y edificación no autorizables, en relación con la responsabilidad penal de la persona jurídica.

A continuación, se detallan los aspectos clave de esta conducta:

a) Incumplimiento legal: La ejecución de obras sin una evaluación de impacto ambiental previa suele constituir una violación de las leyes y regulaciones ambientales vigentes. La evaluación de impacto ambiental es un proceso legalmente establecido para evaluar y mitigar posibles impactos negativos en el medio ambiente y la salud pública.

b) Daño ambiental: La falta de una evaluación de impacto ambiental adecuada puede dar lugar a daños significativos en el medio ambiente, como la degradación de ecosistemas naturales, la contaminación del aire y del agua, la pérdida de biodiversidad y la destrucción de hábitats naturales. Estos daños pueden tener consecuencias a largo plazo y a menudo son irreversibles.

c) Riesgos para la salud pública: La ejecución de obras sin una evaluación de impacto ambiental puede exponer a la población cercana a riesgos para la salud, como la exposición a contaminantes tóxicos o la alteración de fuentes de agua potable.

d) Sanciones legales: La omisión de llevar a cabo una evaluación de impacto ambiental o el desacato a las recomendaciones y condiciones establecidas en el informe de impacto ambiental pueden resultar en sanciones legales, multas y penalizaciones tanto para la persona jurídica como para sus representantes legales.

e) Repercusiones económicas: La falta de una evaluación de impacto ambiental puede aumentar los costos a largo plazo de un proyecto, ya que es posible que se requiera remediar los impactos ambientales negativos posteriormente. Además, la persona jurídica podría enfrentar demandas judiciales y pérdida de inversiones.

f) Responsabilidad penal de la persona jurídica: En muchos sistemas legales, las personas jurídicas pueden ser consideradas responsables penalmente por la realización de obras sin la debida evaluación de impacto ambiental, lo que puede resultar en sanciones penales, como multas significativas o la disolución de la empresa.

g) Desprestigio institucional: La falta de cumplimiento de las normativas ambientales y la omisión de una evaluación de impacto ambiental pueden erosionar la confianza de los ciudadanos en las instituciones gubernamentales y en las empresas que operan en un área determinada. Esto puede generar descontento público, protestas y presión para tomar medidas legales más severas.

h) Impacto en el entorno comunitario: Las obras sin evaluación de impacto ambiental pueden tener un impacto negativo en las comunidades locales. Esto puede manifestarse en una pérdida de calidad de vida para los residentes, afectaciones a la economía local y un aumento en la percepción de que las empresas no son socialmente responsables.

i) Costos legales y de cumplimiento: En algunos casos, las empresas que realizan obras sin evaluación de impacto ambiental pueden enfrentar costos adicionales para corregir o mitigar los impactos ambientales negativos después de que se haya completado el proyecto. Además, pueden incurrir en costos legales significativos para defenderse de posibles demandas y sanciones.

j) Revisión de proyectos futuros: Los incumplimientos previos en materia de impacto ambiental pueden dar lugar a un mayor escrutinio y requisitos más estrictos para futuros proyectos. Las autoridades pueden imponer medidas adicionales de cumplimiento, retrasando el inicio de nuevas obras y aumentando los costos asociados.

k) Pérdida de acceso a financiamiento: Muchos proyectos requieren financiamiento externo, y los inversionistas, bancos y organizaciones internacionales suelen requerir que se cumplan ciertos estándares ambientales antes de otorgar fondos. La falta de una evaluación de impacto ambiental adecuada puede dificultar el acceso a financiamiento crucial para la ejecución de proyectos.

La ejecución de obras sin la realización de una Evaluación de Impacto Ambiental constituye un comportamiento ilegal y perjudicial que puede tener graves consecuencias legales, financieras y de reputación para la persona jurídica y sus representantes legales.

La importancia de cumplir con las regulaciones ambientales y llevar a cabo evaluaciones adecuadas radica en la protección del medio ambiente y la sociedad en su conjunto.

DEMOLICIONES ILEGALES

Las demoliciones ilegales, en el contexto del delito contra los derechos de urbanización, construcción y edificación no autorizables, se refieren a la destrucción o derribo de estructuras, edificaciones u obras de construcción sin contar con la debida autorización o permisos legales.

Estas demoliciones se realizan de manera contraria a la normativa vigente en materia urbanística y de construcción, sin seguir los procedimientos establecidos por las autoridades competentes.

Algunos aspectos relevantes sobre las demoliciones ilegales y su relación con la responsabilidad penal de la persona jurídica incluyen:

a) Falta de permisos o licencias: En la mayoría de las jurisdicciones, cualquier demolición, independientemente de su escala, debe llevarse a cabo bajo la supervisión y autorización de las autoridades locales. La realización de demoliciones sin los permisos o licencias adecuados constituye un incumplimiento legal y puede dar lugar a acciones penales.

b) Impacto ambiental y de seguridad: Las demoliciones ilegales pueden tener graves consecuencias ambientales y de seguridad. La falta de un plan adecuado puede resultar en la liberación de materiales peligrosos o en la destrucción de hábitats naturales. Además, puede poner en riesgo la vida y la seguridad de las personas que trabajan en la demolición y de quienes residen en las cercanías.

c) Responsabilidad de la persona jurídica: Si una persona jurídica, como una empresa o una organización, está involucrada en la planificación, ejecución o financiamiento de una demolición ilegal, puede ser considerada responsable penalmente. Esto implica que la entidad puede enfrentar sanciones legales y financieras, como multas sustanciales, la confiscación de bienes o la suspensión de actividades comerciales.

d) Evasión de regulaciones urbanísticas: Las demoliciones ilegales a menudo se llevan a cabo con el propósito de evadir regulaciones urbanísticas o restricciones de zonificación que prohíben ciertas actividades de construcción o demolición en una zona específica. Esto puede conducir a una alteración no autorizada del paisaje urbano y a la degradación del entorno.

e) Daño al patrimonio: En algunos casos, las demoliciones ilegales pueden afectar a estructuras o edificios que poseen valor histórico, cultural o arquitectónico. Esto puede resultar en la pérdida irreversible de patrimonio cultural y en una afectación a la identidad de la comunidad.

f) Afectación a terceros: Las demoliciones ilegales también pueden causar perjuicios a terceros, como propietarios de propiedades vecinas que pueden sufrir daños a sus estructuras debido a la demolición no regulada.

g) Beneficio económico ilícito: En muchos casos, las demoliciones ilegales se llevan a cabo con el objetivo de obtener un beneficio económico sin cumplir con los costos y requisitos legales asociados. Las personas jurídicas que participan en estas actividades pueden estar motivadas por la reducción de costos al evitar los gastos relacionados con permisos, regulaciones y estándares de seguridad.

h) Negligencia y omisión de deberes: La responsabilidad penal de la persona jurídica puede derivar tanto de acciones activas como de omisiones. Si la entidad tenía el deber legal de supervisar y garantizar el cumplimiento de la normativa en sus proyectos de construcción o demolición y no lo hizo, también puede ser considerada responsable. Esto incluye no realizar una debida diligencia en la verificación de permisos o no tomar medidas para detener una demolición ilegal una vez que se haya identificado.

i) Colaboración con terceros: Las personas jurídicas pueden colaborar con contratistas, subcontratistas u otros agentes involucrados en la demolición ilegal. Si se demuestra que la entidad tenía conocimiento de la ilegalidad de las acciones de estos terceros y los respaldaba o facilitaba de alguna manera su participación, también puede incurrir en responsabilidad penal.

j) Daños a la comunidad y al entorno: Las demoliciones ilegales pueden causar daños significativos a la comunidad y al medio ambiente. Esto puede generar descontento entre los residentes locales, así como impactos a largo plazo en la calidad de vida de la comunidad y en la integridad de los recursos naturales.

k) Necesidad de un programa de cumplimiento: Para evitar la responsabilidad penal, las personas jurídicas pueden establecer programas de cumplimiento robustos que incluyan procedimientos de verificación, capacitación de empleados y la promoción de una cultura organizacional que fomente el respeto por las regulaciones. Estos programas pueden ayudar a prevenir la participación en actividades de demolición ilegal y demostrar el compromiso de la entidad con el cumplimiento de la ley.

Las demoliciones ilegales representan una violación a las normativas urbanísticas y de construcción, y su realización puede tener consecuencias legales, ambientales y sociales significativas.

La responsabilidad penal de la persona jurídica puede derivarse de su participación directa o indirecta en estas actividades ilegales, lo que enfatiza la importancia de cumplir rigurosamente con las regulaciones y permisos correspondientes al llevar a cabo proyectos de demolición o construcción.

INVASIÓN DE BIENES PÚBLICOS

La invasión de bienes públicos, en el contexto de los delitos contra los derechos de urbanización, construcción y edificación no autorizables, se refiere a la ocupación ilegal de terrenos, espacios, o bienes que son de propiedad pública y que no están destinados para su uso privado o construcción por parte de particulares.

Esta acción constituye un delito relacionado con la urbanización no autorizable y puede implicar responsabilidad penal para la persona jurídica en los siguientes términos:

a) Uso indebido de bienes públicos: La invasión de bienes públicos implica el uso indebido de propiedades que pertenecen al dominio público, como calles, plazas, parques, riberas de ríos, playas, entre otros. Las personas jurídicas pueden estar involucradas en la ocupación ilegal de estos espacios, ya sea directamente o a través de sus empleados o contratistas.

b) Daño al interés público: La invasión de bienes públicos causa un perjuicio directo al interés público y a la comunidad en general. Puede obstruir el acceso público a áreas de recreación, dañar el entorno natural, o bloquear vías de circulación, lo que afecta negativamente la calidad de vida de la comunidad y el disfrute de bienes comunes.

c) Colaboración o promoción: Las personas jurídicas pueden ser consideradas responsables si se demuestra que colaboraron, promovieron o facilitaron de alguna manera la invasión de bienes públicos por parte de terceros, como empleados, contratistas o proveedores. Esto puede incluir la cesión de terrenos de la entidad para su uso ilegal.

d) Responsabilidad por omisión: Además de la participación activa en la invasión de bienes públicos, las personas jurídicas también pueden ser responsables por omisión. Esto ocurre cuando tenían el deber legal de evitar o detener la ocupación ilegal de bienes públicos y no tomaron medidas adecuadas para hacerlo.

e) Sanciones y consecuencias legales: La ocupación ilegal de bienes públicos es una infracción que puede dar lugar a sanciones penales y administrativas para la persona jurídica involucrada. Esto puede incluir multas, la demolición de construcciones ilegales, y la obligación de restaurar el área invadida a su estado original.

f) Impacto ambiental: La invasión de bienes públicos a menudo conlleva la degradación del entorno natural, incluyendo la destrucción de áreas verdes, la contaminación de cuerpos de agua, y la alteración de ecosistemas locales. Este impacto negativo en el medio ambiente puede tener consecuencias a largo plazo y puede dar lugar a sanciones adicionales en virtud de las leyes de protección ambiental.

g) Conflictos sociales: La ocupación ilegal de bienes públicos puede generar conflictos sociales y tensiones dentro de la comunidad. Los vecinos afectados por esta invasión a menudo protestan y presentan quejas a las autoridades locales, lo que puede llevar a disputas y tensiones en la zona.

h) Dificultades en la gestión urbana: La invasión de bienes públicos puede obstaculizar la planificación urbana y la gestión de la ciudad. Puede dificultar la ejecución de proyectos públicos, la construcción de infraestructura necesaria y la expansión planificada de áreas urbanas.

i) Perjuicio económico: Las invasiones de bienes públicos pueden causar pérdidas económicas directas a las autoridades locales y al gobierno en general. La demolición de construcciones ilegales y la restauración de áreas dañadas implican gastos significativos que deben ser asumidos por el erario público.

j) Imagen corporativa: Para las personas jurídicas involucradas en invasiones de bienes públicos, este tipo de actividad ilícita puede dañar seriamente su imagen corporativa y reputación. Pueden enfrentar la desconfianza del público y la percepción negativa de estar involucradas en actividades ilegales y perjudiciales para la comunidad y el entorno.

k) Sanciones para la persona jurídica: Dependiendo de la jurisdicción y la legislación aplicable, las personas jurídicas pueden enfrentar sanciones legales que incluyen multas significativas, suspensión de actividades comerciales, pérdida de licencias y permisos, y la imposición de medidas correctivas, como la demolición de construcciones ilegales.

La invasión de bienes públicos es una acción ilegal que implica la ocupación indebida de propiedades públicas destinadas para el uso y disfrute de la comunidad. Las personas jurídicas pueden incurrir en responsabilidad penal si están involucradas en esta actividad de manera directa o indirecta, ya sea a través de su participación activa o por no cumplir con su deber de prevenir o detener la ocupación ilegal.

Es esencial que las entidades conozcan y respeten las normativas relacionadas con la ocupación de bienes públicos para evitar consecuencias legales adversas.

FALTA DE LEGALIZACIÓN DE OBRAS

La falta de legalización de obras en el contexto de los delitos contra los derechos de urbanización, construcción y edificación no autorizables implica que las construcciones realizadas no han seguido el proceso adecuado de obtención de los permisos y licencias requeridos por las autoridades competentes.

Esto puede llevar a varias implicaciones y consecuencias legales y administrativas, así como impactos negativos en la comunidad y el entorno urbano.

A continuación, se detallan algunos de los aspectos clave relacionados con la falta de legalización de obras:

a) Ausencia de permisos y licencias: La falta de legalización significa que la obra se ha realizado sin contar con los permisos y licencias necesarios. Estos permisos suelen incluir la autorización para la construcción, los planos aprobados, los estudios de impacto ambiental y otros documentos requeridos por las regulaciones locales y nacionales.

b) Infracción de normativas urbanísticas: La falta de legalización de obras implica la violación de las normativas urbanísticas y de construcción vigentes en la jurisdicción correspondiente. Esto puede incluir la construcción en zonas no aptas para edificación, exceso de altura o volumen, incumplimiento de los usos de suelo permitidos, entre otros.

c) Riesgos de seguridad: Las construcciones no legalizadas pueden no haber sido sometidas a inspecciones de seguridad y calidad, lo que aumenta el riesgo de que presenten deficiencias estructurales o de seguridad. Esto puede poner en peligro a las personas que ocupan o visitan estas estructuras.

d) Responsabilidad civil y penal: Tanto las personas físicas como las personas jurídicas involucradas en la construcción no autorizada pueden ser objeto de responsabilidad civil y penal. Esto puede dar lugar a demandas por daños y perjuicios, así como a procesos penales que pueden resultar en sanciones económicas y, en algunos casos, en la demolición de la obra ilegal.

e) Perjuicio a terceros: La falta de legalización de obras puede perjudicar a terceros, como vecinos y propietarios cercanos, que pueden ver afectada su calidad de vida, su seguridad y el valor de sus propiedades debido a la construcción ilegal.

f) Sanciones administrativas: Las autoridades locales suelen imponer sanciones administrativas a las personas jurídicas responsables de obras no legalizadas. Estas sanciones pueden incluir multas, la orden de demolición de la obra y la suspensión de actividades hasta que se regularice la situación.

g) Imagen corporativa y reputación: Las personas jurídicas involucradas en construcciones no autorizadas pueden sufrir daños en su imagen corporativa y reputación. Se las puede percibir como entidades que no respetan las leyes y normativas locales, lo que puede afectar negativamente su relación con la comunidad y los clientes.

h) Impacto ambiental: Las obras no legalizadas pueden causar un impacto negativo en el entorno natural y el medio ambiente. Esto puede incluir la tala de árboles, la alteración de cursos de agua, la degradación del suelo y la fragmentación de hábitats, entre otros efectos perjudiciales. La falta de evaluación de impacto ambiental y el incumplimiento de regulaciones ambientales pueden agravar estos problemas.

i) Desorden urbanístico: La construcción no autorizada contribuye al desorden urbanístico al crear estructuras que no se ajustan a la planificación y al desarrollo ordenado de las áreas urbanas. Esto puede tener un impacto negativo en la estética y la calidad de vida de la comunidad, además de dificultar la gestión y planificación urbana adecuada.

j) Corrupción y prácticas ilegales: En algunos casos, la falta de legalización de obras puede estar relacionada con prácticas corruptas, como el soborno a funcionarios públicos para obtener permisos ilegales. Esto no solo es ilegal, sino que también socava la integridad de las instituciones públicas y puede tener consecuencias legales adicionales para las personas jurídicas involucradas.

k) Costos adicionales: La legalización retrospectiva de obras no autorizadas puede resultar en costos significativos para las personas jurídicas, ya que pueden tener que realizar modificaciones estructurales, pagar multas y sanciones, y cumplir con requisitos adicionales para obtener los permisos necesarios.

l) Conflicto con la comunidad: La construcción no autorizada a menudo genera conflictos con la comunidad local, ya que los vecinos pueden protestar contra las obras ilegales debido a preocupaciones sobre seguridad, valores de propiedad disminuidos y cambios no deseados en el entorno.

m) Reparación del daño: En algunos casos, las personas jurídicas pueden estar obligadas a reparar el daño causado por la construcción no autorizada, lo que puede incluir la restauración de áreas naturales afectadas o la compensación a terceros perjudicados.

La falta de legalización de obras implica la realización de construcciones sin los permisos y licencias requeridos, lo que puede desencadenar una serie de implicaciones legales, administrativas y de seguridad.

Las personas jurídicas deben cumplir con todas las normativas aplicables y asegurarse de obtener los permisos necesarios antes de emprender proyectos de construcción para evitar consecuencias adversas tanto a nivel legal como reputacional.

CONTRA LOS RECURSOS NATURALES Y EL MEDIO AMBIENTE

DEFORESTACIÓN ILEGAL

La desforestación ilegal, en el marco del delito contra los recursos naturales y el medio ambiente, se refiere a la remoción no autorizada y contraventora de la vegetación forestal, ya sea en bosques primarios o secundarios, sin la debida autorización de las autoridades competentes y sin seguir las normativas ambientales establecidas.

Este acto ilícito conlleva consecuencias significativas para los ecosistemas, la biodiversidad y el equilibrio ambiental.

La desforestación ilegal involucra la tala indiscriminada de árboles con fines comerciales, agrícolas o de otra índole, sin tener en cuenta las repercusiones ambientales a largo plazo. Algunas características e implicaciones de este delito incluyen:

a) Ausencia de autorización legal: La desforestación ilegal se caracteriza por la falta de permisos o autorizaciones legales necesarios para llevar a cabo actividades de tala y transformación del bosque.

b) Incumplimiento de regulaciones ambientales: Este acto delictivo contraviene las leyes y normativas ambientales establecidas para la protección de los recursos forestales y la preservación de los ecosistemas.

c) Impacto en la biodiversidad: La desforestación ilegal conlleva la pérdida de hábitats naturales, afectando a numerosas especies de flora y fauna que dependen del bosque para su supervivencia.

d) Degradación del suelo: La eliminación no regulada de la cubierta forestal contribuye a la erosión del suelo, disminuye la fertilidad y aumenta el riesgo de deslizamientos de tierra.

e) Amenaza para comunidades locales: La desforestación ilegal puede afectar negativamente a comunidades locales que dependen de los bosques para su subsistencia, privándolas de recursos esenciales y generando conflictos sociales.

f) Contribución al cambio climático: La deforestación ilegal libera grandes cantidades de dióxido de carbono almacenado en los árboles, contribuyendo al cambio climático y exacerbando los problemas relacionados con las emisiones de gases de efecto invernadero.

g) Efectos en los ciclos hidrológicos: La eliminación de la vegetación afecta los patrones de precipitación y el equilibrio hidrológico, lo que puede dar lugar a fenómenos como la escasez de agua y la pérdida de fuentes de agua.

h) Implicaciones a nivel global: Dada la interconexión de los ecosistemas y el papel crucial de los bosques en la regulación climática, la desforestación ilegal tiene implicaciones más allá de las fronteras nacionales, afectando la salud del planeta en su conjunto.

i) Quema ilegal de bosques: La aplicación deliberada e ilícita del fuego para limpiar áreas forestales, generalmente con fines agrícolas, provocando incendios descontrolados que resultan en la pérdida de bosques y la liberación masiva de carbono.

j) Explotación no autorizada de productos forestales no maderables: La recolección ilegal de productos forestales como frutas, plantas medicinales y otros recursos no maderables, sin considerar la sustentabilidad ni la conservación de estas especies.

k) Construcción ilegal de infraestructuras en zonas forestales protegidas: La realización de proyectos de construcción, carreteras o infraestructuras en áreas designadas como reservas forestales o parques nacionales, infringiendo las normativas de protección ambiental.

l) Introducción de plaguicidas prohibidos o no regulados: La aplicación ilegal de sustancias químicas tóxicas en actividades agrícolas que pueden tener impactos adversos en la salud humana, la fauna y la calidad del suelo.

m) Sobrepesca: La extracción excesiva e ilegal de especies marinas, agotando las poblaciones y afectando la salud de los ecosistemas acuáticos.

n) Desarrollo no sostenible de proyectos mineros: La ejecución de operaciones mineras sin considerar adecuadamente la conservación ambiental, lo que puede resultar en la contaminación del agua, la degradación del suelo y la pérdida de biodiversidad.

o) Captura ilegal de vida silvestre: La caza y captura de animales silvestres sin autorización, para el comercio ilegal de mascotas exóticas o partes de animales.

p) Desechos electrónicos no gestionados: La eliminación ilícita de desechos electrónicos, que pueden contener sustancias tóxicas, contaminando el suelo y el agua.

q) Operaciones madereras sin planificación sostenible: La explotación de bosques sin prácticas de manejo sostenible, agotando los recursos madereros y contribuyendo a la deforestación.

r) Extracción no regulada de minerales y metales: La actividad minera sin controles ambientales adecuados, provocando la contaminación del suelo, el agua y el aire, así como la degradación de los hábitats naturales.

La lucha contra la desforestación ilegal requiere enfoques integrales que abarquen desde la aplicación efectiva de la legislación ambiental hasta la promoción de prácticas sostenibles, la participación comunitaria y la cooperación internacional.

La preservación de los bosques y la gestión sostenible de los recursos forestales son aspectos fundamentales para garantizar la salud a largo plazo del medio ambiente y la vida en el planeta.

CAZA FURTIVA

La caza furtiva, en el contexto del delito contra los recursos naturales y el medio ambiente, se refiere a la actividad ilegal de cazar, capturar o matar especies de fauna silvestre, generalmente con fines comerciales, recreativos o de subsistencia, sin la debida autorización de las autoridades competentes y en contravención de las leyes y regulaciones ambientales establecidas.

Este acto ilícito amenaza la biodiversidad y la estabilidad de los ecosistemas al desequilibrar las poblaciones de especies y poner en riesgo la supervivencia de algunas de ellas.

Algunos elementos característicos de la caza furtiva son las que se citan seguidamente:

a) Carencia de autorización legal: La caza furtiva implica la ausencia de permisos o licencias legales necesarios para la caza de especies silvestres, infringiendo así las regulaciones gubernamentales.

b) Extracción no sostenible: La actividad se caracteriza por la extracción no controlada y, a menudo, insostenible de animales salvajes, lo que puede resultar en una disminución drástica de las poblaciones y la pérdida de diversidad biológica.

c) Comercio ilegal de partes y productos de animales: La caza furtiva se asocia comúnmente con el comercio ilegal de partes y productos de animales, como pieles, colmillos, cuernos o huesos, alimentando así mercados ilícitos y amenazando especies en peligro de extinción.

d) Impacto en la conservación: La caza furtiva representa una amenaza directa para la conservación de especies, especialmente aquellas que ya se encuentran en situación vulnerable o en peligro de extinción.

e) Debilitamiento de servicios ecosistémicos: La reducción descontrolada de poblaciones animales mediante la caza furtiva puede afectar negativamente los servicios ecosistémicos que proporcionan, como la regulación de plagas, la polinización y el mantenimiento del equilibrio biológico.

f) Desafíos para las comunidades locales: La caza furtiva puede tener consecuencias socioeconómicas adversas para comunidades locales que dependen de la fauna silvestre para su subsistencia, afectando sus medios de vida y seguridad alimentaria.

g) Furtivismo con fines de trofeo: La caza ilegal de animales salvajes con el único propósito de obtener trofeos, como cabezas, pieles, colmillos o cuernos, para exhibición personal o comercialización en el mercado ilegal de trofeos de caza.

h) Caza para la obtención de partes del cuerpo: La persecución de animales específicamente por partes de su cuerpo, como huesos, garras, pieles u órganos, con el objetivo de utilizarlos en prácticas tradicionales, medicina popular o el mercado negro.

i) Caza de especies en peligro de extinción: La caza furtiva dirigida a especies que se encuentran en peligro crítico o amenazadas de extinción, a menudo buscadas por el alto valor comercial de sus partes y productos.

j) Uso de métodos crueles o no selectivos: La aplicación de métodos crueles o no selectivos de caza, como trampas, venenos o explosivos, que no discriminan entre especies y pueden causar sufrimiento innecesario y daños a la biodiversidad.

k) Caza de animales protegidos en áreas de conservación: La caza ilegal de animales en reservas naturales, parques nacionales u otras áreas de conservación, donde se espera la protección de la fauna y la preservación de los ecosistemas.

l) Furtivismo marino: La pesca furtiva de especies marinas, incluyendo mamíferos marinos, tortugas y peces en áreas protegidas o mediante la utilización de métodos de pesca ilegales, como redes de enmalle prohibidas.

m) Caza con el uso de cebos envenenados: La colocación de cebos envenenados para atraer y matar animales salvajes, una práctica que no solo resulta en la muerte de los animales objetivo, sino que también puede tener efectos colaterales en otras especies y el entorno.

n) Caza nocturna con iluminación: La práctica de cazar de noche utilizando luces artificiales para desorientar y cegar a los animales, facilitando su captura sin ser detectados.

o) Caza para el mercado de mascotas exóticas: La captura ilegal de animales silvestres con el propósito de venderlos como mascotas exóticas, contribuyendo al tráfico ilegal de especies y a menudo resultando en condiciones de vida inadecuadas para los animales.

p) Infracción de restricciones de temporada de caza: La caza fuera de las temporadas establecidas por las autoridades de manejo de vida silvestre, lo que puede tener consecuencias negativas para las poblaciones animales y sus ciclos reproductivos.

El combate contra la caza furtiva implica la implementación y aplicación efectiva de leyes y medidas de conservación, así como la promoción de prácticas de uso sostenible de la fauna silvestre.

La cooperación internacional, la educación ambiental y el fortalecimiento de la vigilancia y la aplicación de la ley son esenciales para abordar este delito y preservar la riqueza natural del planeta.

TRÁFICO DE ESPECIES PROTEGIDAS

El tráfico de especies protegidas, en el contexto del delito contra los recursos naturales y el medio ambiente, se refiere a la actividad ilegal y lucrativa de capturar, comerciar, transportar o poseer especies de flora y fauna que están protegidas por leyes nacionales e internacionales destinadas a la conservación de la biodiversidad.

Este delito afecta negativamente a la fauna y la flora, poniendo en peligro la supervivencia de numerosas especies y contribuyendo a la pérdida de diversidad biológica.

Algunos aspectos clave del tráfico de especies protegidas son las siguientes:

a) Captura ilegal: Implica la captura no autorizada y a menudo cruel de animales silvestres o la recolección de plantas protegidas, con el fin de satisfacer la demanda en el mercado ilegal.

b) Comercio ilegal: Incluye la compraventa, intercambio o distribución de especies protegidas y sus productos derivados, violando las leyes y acuerdos internacionales que prohíben estas actividades.

c) Transporte no autorizado: Refiere al traslado ilícito de especies protegidas entre regiones geográficas o países, ya sea a través de rutas terrestres, marítimas o aéreas, para eludir controles y regulaciones.

d) Posesión no permitida: Implica la tenencia, exhibición o posesión de especies protegidas o productos derivados de ellas sin los permisos o certificados requeridos por las autoridades competentes.

e) Falsificación de documentación: El uso de documentación falsa o la manipulación de certificados para ocultar la ilegalidad en la captura, transporte o comercio de especies protegidas.

f) Tráfico de partes y productos derivados: Incluye la comercialización ilegal de partes específicas de animales o plantas, como marfil, cuernos, pieles, plumas, o productos derivados de especies amenazadas o en peligro de extinción.

g) Introducción ilegal de especies: Consiste en la introducción no autorizada de especies no nativas en nuevos hábitats, a menudo con el fin de venderlas como mascotas exóticas o para su uso en actividades ilegales como peleas de animales.

h) Explotación para la industria de mascotas exóticas: La captura y venta de animales silvestres como mascotas exóticas, contribuyendo a la disminución de poblaciones naturales y amenazando la salud de las especies involucradas.

i) Furtivismo para el comercio de carne de animales protegidos: La caza ilegal de animales protegidos con el objetivo de vender su carne en el mercado negro, lo que no solo amenaza la conservación de especies, sino que también plantea riesgos para la salud pública.

j) Uso de métodos ilegales de pesca: Involucra el uso de métodos de pesca prohibidos o destructivos para capturar especies marinas protegidas, como la pesca con explosivos o métodos de pesca de arrastre no sostenibles.

k) Caza de aves protegidas para el mercado de mascotas: La captura ilegal de aves protegidas para el comercio de mascotas, a menudo mediante la extracción de huevos o la captura de individuos jóvenes, afectando negativamente las poblaciones naturales.

l) Tráfico de huevos y crías: La recolección y el comercio ilegal de huevos de especies protegidas, así como la venta de crías en el mercado ilegal, con consecuencias perjudiciales para el éxito reproductivo y la supervivencia de las especies.

m) Falsificación de identificación de especies: El uso de documentación falsa o engañosa para ocultar la verdadera identidad de especies protegidas y evadir la detección durante el transporte o la venta.

n) Explotación de plantas protegidas: Involucra la recolección y comercio ilegal de especies de plantas protegidas, ya sea para su uso en la medicina tradicional, la horticultura o el mercado de plantas ornamentales.

ñ) Tráfico de productos derivados: La comercialización ilegal de productos derivados de especies protegidas, como joyas, artesanías, pieles y otros objetos hechos con partes de animales o plantas amenazados.

o) Caza de animales para la obtención de partes para la medicina tradicional: La caza de animales protegidos con el fin de obtener partes de sus cuerpos para su uso en prácticas de medicina tradicional, a menudo basadas en creencias sin fundamentos científicos.

p) Explotación para la industria del entretenimiento: La captura y el comercio ilegal de especies protegidas para su uso en la industria del entretenimiento, como la exhibición en zoológicos no regulados o espectáculos ilegales.

q) Tráfico de animales en peligro de extinción como curiosidades: La comercialización ilegal de especies en peligro crítico de extinción como curiosidades o raridades, destinadas a coleccionistas y mercados de objetos exóticos.

El tráfico de especies protegidas tiene consecuencias devastadoras para la biodiversidad, ya que socava los esfuerzos de conservación y amenaza la supervivencia de especies en todo el mundo.

La lucha contra este delito requiere la cooperación internacional, la implementación efectiva de leyes y regulaciones, el fortalecimiento de la vigilancia y la concienciación pública para desalentar la demanda de productos derivados de especies protegidas.

VERTIDO ILEGAL DE RESIDUOS TÓXICOS

El vertido ilegal de residuos tóxicos, en el contexto del delito contra los recursos naturales y el medio ambiente, se refiere a la disposición no autorizada y deliberada de desechos peligrosos o contaminantes en lugares que no están designados ni equipados para su gestión adecuada.

Este acto ilícito constituye una amenaza significativa para la salud de los ecosistemas, la biodiversidad y la salud humana, al introducir sustancias químicas perjudiciales en el entorno.

Algunos aspectos destacados relacionados con el vertido ilegal de residuos tóxicos incluyen:

a) Naturaleza de los residuos: Se refiere a la disposición clandestina de sustancias tóxicas, peligrosas o contaminantes, que pueden incluir productos químicos industriales, desechos electrónicos, desechos radiactivos, productos químicos peligrosos o cualquier otro material que represente un riesgo para el medio ambiente.

b) Incumplimiento de regulaciones ambientales: El vertido ilegal implica el desprecio por las leyes y regulaciones ambientales que establecen procedimientos específicos para el manejo, tratamiento y eliminación segura de residuos tóxicos.

c) Contaminación del suelo: La acción de verter residuos tóxicos puede dar lugar a la contaminación del suelo, afectando su fertilidad, estructura y la capacidad de soportar la vida vegetal.

d) Contaminación del agua: Los residuos tóxicos pueden filtrarse en fuentes de agua subterránea o superficial, contaminando cuerpos de agua y representando una amenaza directa para la fauna acuática y la calidad del agua.

e) Impacto en la biodiversidad: La contaminación resultante del vertido ilegal puede tener efectos adversos en la biodiversidad, afectando negativamente a las especies vegetales y animales que dependen del entorno contaminado.

f) Riesgos para la salud humana: La presencia de residuos tóxicos en el medio ambiente puede representar riesgos para la salud humana, ya sea a través de la contaminación del suministro de agua, la inhalación de vapores tóxicos o la exposición directa al suelo contaminado.

g) Daño a comunidades locales: Las comunidades que residen cerca de sitios de vertido ilegal pueden experimentar impactos negativos en su calidad de vida, incluyendo la pérdida de recursos naturales, la degradación del entorno y riesgos para la salud.

h) Persistencia y acumulación: Los residuos tóxicos, al ser liberados ilegalmente, pueden persistir en el medio ambiente durante períodos prolongados, acumulándose y aumentando los riesgos con el tiempo.

i) Manipulación fraudulenta de documentos: La falsificación o manipulación de documentos, como certificados de eliminación segura o permisos de gestión de residuos, para encubrir la ilegalidad del vertido.

j) Evitación de controles y monitoreo ambiental: La realización de vertidos ilegales en momentos específicos o lugares no vigilados para evitar la detección por parte de las autoridades ambientales y de aplicación de la ley.

k) Descarga clandestina en cuerpos de agua: El vertido directo de residuos tóxicos en ríos, lagos u otras fuentes de agua, sin ningún tratamiento previo, contribuyendo a la contaminación acuática y afectando a los ecosistemas acuáticos.

l) Enterramiento ilegal de residuos: La disposición subterránea de residuos tóxicos sin seguir los procedimientos adecuados, lo que puede dar lugar a la contaminación del suelo y del agua subterránea.

m) Abandono de desechos en lugares no autorizados: Dejar residuos tóxicos en áreas no designadas para su eliminación, como áreas boscosas, terrenos baldíos o espacios naturales protegidos.

n) Transporte ilegal de residuos peligrosos: El traslado de residuos tóxicos de un lugar a otro sin cumplir con las regulaciones de transporte de materiales peligrosos, a menudo para evitar el escrutinio de las autoridades.

ñ) Operación ilegal de vertederos clandestinos: Establecer y operar vertederos clandestinos para la eliminación no regulada de residuos tóxicos, sin cumplir con los requisitos legales y medioambientales.

o) Mezcla de residuos peligrosos con desechos no peligrosos: La combinación de residuos tóxicos con desechos no peligrosos en un intento de ocultar la verdadera naturaleza de los residuos y eludir los controles regulatorios.

p) Negociación ilegal de residuos tóxicos: La venta o transferencia ilegal de residuos tóxicos a terceros, ya sea dentro del país o internacionalmente, con el propósito de deshacerse de los desechos de manera no ética y evadir las regulaciones.

q) Intimidación o corrupción de autoridades ambientales: Prácticas corruptas o intimidatorias destinadas a influenciar o silenciar a las autoridades encargadas de hacer cumplir las leyes ambientales y prevenir la detección de actividades ilegales.

La lucha contra el vertido ilegal de residuos tóxicos implica la implementación y aplicación estricta de regulaciones ambientales, el fortalecimiento de las medidas de vigilancia y aplicación de la ley, así como la promoción de prácticas industriales sostenibles y la concienciación pública sobre los peligros asociados con este tipo de actividad ilícita.

PESCA ILEGAL, NO DECLARADA Y NO REGLAMENTADA

La pesca ilegal, no declarada y no reglamentada (INDNR) constituye una actividad delictiva contra los recursos naturales y el medio ambiente que se caracteriza por la extracción de recursos pesqueros de manera clandestina y sin cumplir con las regulaciones y normativas establecidas para garantizar la sostenibilidad de las poblaciones marinas.

Este tipo de pesca ilícita presenta varias dimensiones que amenazan la salud de los ecosistemas acuáticos y la viabilidad a largo plazo de las comunidades que dependen de la pesca.

Algunos aspectos clave de la pesca ilegal, no declarada y no reglamentada son:

a) Falta de autorización legal: La pesca INDNR implica la realización de actividades pesqueras sin la debida autorización de las autoridades competentes, infringiendo las leyes y regulaciones pesqueras nacionales e internacionales.

b) Incumplimiento de cuotas y restricciones: La extracción de especies marinas más allá de los límites establecidos por cuotas y restricciones impuestas para garantizar la sostenibilidad de las poblaciones y la conservación de los ecosistemas acuáticos.

c) Uso de artes de pesca ilegales: La aplicación de métodos de pesca prohibidos o no reglamentados, como la pesca con redes de arrastre de fondo, explosivos o sustancias químicas, que pueden tener impactos devastadores en los hábitats marinos.

d) Pesca no declarada: La falta de declaración transparente y precisa de las capturas realizadas, lo que dificulta la evaluación precisa de la presión pesquera y la implementación de medidas de manejo adecuadas.

e) Captura de especies protegidas o en peligro de extinción: La pesca INDNR puede involucrar la captura incidental o intencional de especies amenazadas, en peligro de extinción o protegidas, contribuyendo al riesgo de pérdida de biodiversidad marina.

f) Operación de buques pesqueros no registrados o sin pabellón: La utilización de buques pesqueros que operan sin estar debidamente registrados o que ondean banderas de conveniencia para evadir la detección y el control por parte de las autoridades.

g) Pesca en áreas protegidas: La realización de actividades pesqueras en zonas designadas como reservas marinas o áreas protegidas, donde se espera la preservación de la vida marina y la recuperación de los ecosistemas.

h) Comercio ilegal de productos pesqueros: La venta y comercialización de productos pesqueros obtenidos ilegalmente en el mercado, contribuyendo a la economía sumergida y socavando los esfuerzos de manejo y conservación.

i) Pesca con redes de malla ilegales: La utilización de redes de malla que no cumplen con las regulaciones establecidas, lo que puede resultar en la captura indiscriminada de especies no deseadas y en la degradación de hábitats marinos.

j) Descarte de capturas no deseadas: La práctica de descartar especies capturadas incidentalmente o por debajo de la talla mínima permitida, lo que conduce al desperdicio de recursos y afecta negativamente a las poblaciones de peces.

k) Operación de barcos pesqueros sin identificación clara: La ausencia de identificación clara en los barcos pesqueros, dificultando la supervisión y aplicación de las regulaciones pesqueras por parte de las autoridades.

l) Operación de buques pesqueros bajo banderas de conveniencia: El uso de banderas de conveniencia para registrar buques pesqueros, eludiendo así las normativas y controles más estrictos de los países donde realmente operan.

m) Pesca en épocas prohibidas o en zonas de reproducción: La realización de actividades pesqueras en períodos o áreas prohibidas para la protección de especies en etapas de reproducción, afectando los ciclos de vida y la capacidad de recuperación de las poblaciones.

n) Sobrepesca en aguas internacionales: La explotación excesiva de recursos pesqueros en aguas internacionales, donde la regulación y la supervisión pueden ser más débiles, contribuyendo a la disminución de poblaciones y a la pérdida de biodiversidad marina.

ñ) Falsificación de registros de capturas: La manipulación de registros de capturas para informar cifras inferiores a las reales, evitando así las sanciones y los controles más estrictos.

o) Utilización de artes de pesca destructivos: El uso de métodos de pesca destructivos, como la pesca con explosivos o la pesca eléctrica, que causan daños significativos a los ecosistemas marinos y afectan a especies no objetivo.

p) Cambio de nombres de buques para eludir sanciones: La práctica de cambiar el nombre de los buques pesqueros para evadir sanciones impuestas por actividades ilegales previas.

q) Pesca sin cumplir con normas de conservación y manejo: La omisión de seguir prácticas y normas de conservación y manejo establecidas para garantizar la preservación de las poblaciones de peces y la salud de los ecosistemas marinos.

Este tipo de pesca representa una amenaza seria para la salud de los océanos y la subsistencia de las comunidades pesqueras, ya que socava los esfuerzos de gestión sostenible y la conservación de los recursos pesqueros.

La cooperación internacional, la aplicación eficaz de leyes y regulaciones pesqueras, y la promoción de prácticas pesqueras responsables son cruciales para abordar este delito y preservar la salud de los ecosistemas marinos.

CONTAMINACIÓN ATMOSFÉRICA

La contaminación atmosférica, en el contexto del delito contra los recursos naturales y el medio ambiente, se refiere a la introducción de sustancias contaminantes en la atmósfera en cantidades y concentraciones que superan los límites aceptables, causando daño a la calidad del aire y teniendo efectos adversos en la salud humana, la vida silvestre y los ecosistemas.

Este fenómeno representa una amenaza significativa para el medio ambiente y está asociado con la emisión de contaminantes provenientes de diversas fuentes antropogénicas, como la industria, el transporte, la agricultura y otras actividades humanas.

Aspectos clave de la contaminación atmosférica como delito ambiental incluyen:

a) Emisión de contaminantes: La liberación al aire de sustancias contaminantes, tales como dióxido de azufre (SO2), óxidos de nitrógeno (NOx), partículas en suspensión, compuestos orgánicos volátiles (COV), monóxido de carbono (CO) y metales pesados, entre otros.

b) Superación de estándares de calidad del aire: La contaminación atmosférica se manifiesta cuando los niveles de contaminantes exceden los estándares y límites establecidos por las autoridades ambientales para proteger la salud humana y el medio ambiente.

c) Impacto en la salud humana: La contaminación del aire puede tener consecuencias directas sobre la salud de la población, contribuyendo a enfermedades respiratorias, cardiovasculares, y otros problemas de salud asociados con la exposición a contaminantes atmosféricos.

d) Daño a la vegetación: La presencia de contaminantes en el aire puede dañar la salud de las plantas, afectando su capacidad para fotosintetizar, crecer y reproducirse, y provocando la pérdida de biodiversidad en los ecosistemas.

e) Efectos en los ecosistemas acuáticos: Los contaminantes atmosféricos pueden depositarse en cuerpos de agua a través de la lluvia ácida, afectando la calidad del agua y dañando los ecosistemas acuáticos.

f) Contribución al cambio climático: Algunos contaminantes atmosféricos, como los gases de efecto invernadero, contribuyen al cambio climático al atrapar el calor en la atmósfera y alterar el equilibrio climático global.

g) Incumplimiento de normativas ambientales: La contaminación atmosférica como delito ambiental ocurre cuando las actividades humanas emiten contaminantes en cantidades que exceden los límites y estándares establecidos por las regulaciones y leyes ambientales.

h) Falta de medidas de control: La falta de implementación de medidas adecuadas para prevenir o reducir la emisión de contaminantes, como el uso de tecnologías más limpias, sistemas de control de emisiones y prácticas industriales sostenibles.

i) Incumplimiento de estándares de emisión: La operación de instalaciones industriales, plantas de energía, o vehículos que no cumplen con los estándares legales y reglamentarios establecidos para las emisiones de contaminantes atmosféricos.

j) Quema de residuos a cielo abierto: La práctica de quemar residuos sólidos, líquidos o gaseosos al aire libre sin seguir las normativas y regulaciones ambientales, liberando sustancias contaminantes en la atmósfera.

k) Operación de vehículos con combustibles contaminantes: El uso de vehículos que emplean combustibles de baja calidad o que no cumplen con estándares de emisión, contribuyendo a la emisión de gases contaminantes.

l) Quema de biomasa sin control: La quema de biomasa, como la agricultura de rozas o la deforestación mediante incendios, sin seguir prácticas adecuadas de control, lo que resulta en la emisión de partículas y gases contaminantes.

m) Uso de productos químicos volátiles sin control: La aplicación y uso de productos químicos volátiles, como disolventes, pinturas o productos de limpieza, sin adoptar medidas adecuadas para minimizar las emisiones y la contaminación atmosférica interior y exterior.

n) Desperdicio de gases industriales: La liberación intencional o no controlada de gases industriales y efluentes gaseosos sin utilizar tecnologías y dispositivos de control de emisiones.

ñ) Generación de energía mediante combustibles fósiles sin control: La operación de centrales eléctricas o instalaciones de generación de energía que utilizan combustibles fósiles sin aplicar tecnologías avanzadas de control de emisiones.

o) Actividades agrícolas sin gestión de emisiones: Prácticas agrícolas que implican la aplicación de fertilizantes nitrogenados sin considerar las emisiones de óxidos de nitrógeno (NOx) o el manejo inadecuado de residuos animales, contribuyendo a la contaminación atmosférica.

p) Desperdicio de productos químicos industriales: La liberación sin control de productos químicos industriales y sustancias tóxicas en la atmósfera, ya sea durante la producción, el transporte o el manejo.

q) Operación de maquinaria pesada sin tecnologías de control: El uso de maquinaria pesada, como excavadoras o vehículos industriales, sin la aplicación de dispositivos y tecnologías eficaces para reducir las emisiones de contaminantes atmosféricos.

Combatir la contaminación atmosférica implica la adopción de medidas preventivas, tecnologías más limpias, regulaciones ambientales efectivas, y la concienciación sobre la importancia de reducir las emisiones contaminantes para preservar la calidad del aire y proteger la salud humana y los ecosistemas.

USO DE PESTICIDAS PROHIBIDOS O NO AUTORIZADOS

El uso de pesticidas prohibidos o no autorizados en el contexto del delito contra los recursos naturales y el medio ambiente se refiere a la aplicación de sustancias químicas destinadas a la eliminación de plagas, enfermedades o malezas, las cuales han sido prohibidas o no cuentan con la debida autorización por parte de las autoridades competentes.

Estos pesticidas, al ser utilizados de manera ilícita, representan una amenaza para la salud humana, la biodiversidad y la integridad de los ecosistemas.

Algunos aspectos clave del uso de pesticidas prohibidos o no autorizados como delito ambiental llevan consigo los siguientes aspectos:

a) Desacato a regulaciones y normativas: La aplicación de pesticidas sin cumplir con las regulaciones y normativas establecidas por las autoridades gubernamentales encargadas de la gestión ambiental y agrícola.

b) Uso de pesticidas prohibidos: La utilización de sustancias químicas que han sido prohibidas por contener ingredientes activos o componentes que representan riesgos significativos para la salud humana, la fauna, la flora o el medio ambiente.

c) Falta de registro y autorización: La aplicación de pesticidas que no han sido debidamente registrados ni autorizados por las agencias reguladoras, lo cual implica la omisión de procesos de evaluación de riesgos y la ausencia de información sobre su seguridad y eficacia.

d) Efectos adversos en la salud humana: El uso de pesticidas prohibidos o no autorizados puede resultar en la exposición de las personas a sustancias tóxicas, causando efectos adversos para la salud, como intoxicaciones agudas o crónicas.

e) Impacto en la biodiversidad: Estos pesticidas pueden tener efectos perjudiciales sobre la fauna y la flora, incluyendo la mortalidad de especies no objetivo, la alteración de hábitats y la disminución de la diversidad biológica.

f) Contrabando de pesticidas prohibidos: La importación ilegal o el comercio clandestino de pesticidas prohibidos o no autorizados, eludiendo las aduanas y controles fronterizos.

g) Fabricación y distribución ilegal: La producción y distribución no autorizada de pesticidas, incluyendo la falsificación de etiquetas, envases y documentos relacionados con la autorización y seguridad de estos productos químicos.

h) Venta ilegal de pesticidas prohibidos: La comercialización de pesticidas prohibidos a agricultores u otros usuarios, sin el cumplimiento de las regulaciones de venta y sin proporcionar información sobre los riesgos asociados.

i) Publicidad engañosa: La promoción engañosa de pesticidas prohibidos o no autorizados a través de publicidad falsa o información errónea sobre su eficacia, seguridad y beneficios ambientales.

j) Aplicación no profesional: La aplicación de pesticidas por parte de individuos no capacitados o no profesionales, sin seguir las normativas y precauciones necesarias, aumentando el riesgo de exposición y daño ambiental.

k) Falta de gestión de envases vacíos: La omisión de prácticas adecuadas para la gestión y eliminación segura de envases vacíos de pesticidas, lo que puede resultar en la contaminación del suelo y del agua.

l) Desconocimiento de los protocolos de emergencia: La falta de conocimiento o preparación para responder adecuadamente a emergencias relacionadas con la aplicación de pesticidas, como derrames o exposiciones accidentales.

m) Uso indebido en áreas prohibidas: La aplicación de pesticidas en áreas prohibidas, como zonas de conservación, cuerpos de agua o áreas sensibles, sin respetar las restricciones establecidas para proteger el medio ambiente.

n) Omisión de pruebas de residuos: La no realización de pruebas de residuos en productos agrícolas tratados con pesticidas, especialmente en aquellos casos en que se han utilizado productos no autorizados.

ñ) Re etiquetado fraudulento: La práctica de cambiar la etiqueta de pesticidas para ocultar su verdadera composición, origen o el incumplimiento de regulaciones, lo que dificulta la identificación y seguimiento de estos productos.

o) Contaminación del suelo y agua: La aplicación indiscriminada de pesticidas no autorizados puede dar lugar a la contaminación del suelo y la infiltración de estas sustancias en cuerpos de agua, afectando la calidad del agua y los ecosistemas acuáticos.

p) Desarrollo de resistencia en plagas y enfermedades: El uso continuo de pesticidas no autorizados puede llevar al desarrollo de resistencia en poblaciones de plagas o enfermedades, haciendo que estas sustancias sean menos efectivas y aumentando la dependencia de dosis más altas o sustancias más potentes.

q) Incumplimiento de buenas prácticas agrícolas: El uso de pesticidas no autorizados implica el desacato a las buenas prácticas agrícolas, comprometiendo la sostenibilidad de los sistemas de producción y la seguridad alimentaria.

La lucha contra el uso de pesticidas prohibidos o no autorizados implica la implementación y fortalecimiento de regulaciones, la aplicación efectiva de leyes ambientales, la promoción de prácticas agrícolas sostenibles, y la concienciación sobre los riesgos asociados con el uso indebido de estas sustancias químicas en la agricultura y otros sectores.

CONSTRUCCIÓN ILEGAL EN ÁREAS PROTEGIDAS

La construcción ilegal en áreas protegidas en el contexto del delito contra los recursos naturales y el medio ambiente se refiere a la realización de actividades de edificación, desarrollo o urbanización que violan las regulaciones y restricciones establecidas para la conservación y protección de áreas designadas como protegidas.

Estas áreas suelen ser espacios naturales de importancia ecológica, biológica, paisajística o cultural que requieren una gestión especial para preservar su integridad y funcionamiento.

Los aspectos clave de la construcción ilegal en áreas protegidas como delito ambiental llevan consigo las siguientes conductas:

a) Incumplimiento de regulaciones ambientales: La construcción ilegal implica la omisión o violación de normativas y regulaciones ambientales que prohíben o limitan el desarrollo de infraestructuras en áreas protegidas.

b) Desconocimiento de límites territoriales: La falta de reconocimiento o respeto por los límites geográficos establecidos para áreas protegidas, lo que resulta en la construcción de edificaciones dentro de estas áreas designadas.

c) Alteración de hábitats naturales: La construcción ilegal puede implicar la alteración y degradación de hábitats naturales, afectando la flora, fauna y otros componentes ecológicos de las áreas protegidas.

d) Impacto en ecosistemas frágiles: La construcción no autorizada puede tener consecuencias negativas en ecosistemas delicados, como humedales, bosques, manglares o zonas de alta biodiversidad, poniendo en peligro especies y funciones ecológicas únicas.

e) Riesgo de extinción de especies: La invasión y desarrollo de estructuras en áreas protegidas pueden aumentar el riesgo de extinción para especies que dependen exclusivamente de estos hábitats específicos.

f) Pérdida de servicios ecosistémicos: La construcción ilegal puede dar lugar a la pérdida de servicios ecosistémicos esenciales, como la regulación del agua, la conservación del suelo, la polinización y otros beneficios proporcionados por los ecosistemas naturales.

g) Desplazamiento de comunidades indígenas: En algunos casos, la construcción ilegal en áreas protegidas puede resultar en el desplazamiento forzado de comunidades indígenas que dependen de estos entornos para su sustento y estilo de vida tradicional.

h) Falta de evaluación de impacto ambiental: La construcción ilegal a menudo se lleva a cabo sin la realización de evaluaciones de impacto ambiental, omitiendo la necesidad de evaluar y mitigar los posibles efectos negativos en el entorno natural.

i) Corrupción y fraude: En algunos casos, la construcción ilegal en áreas protegidas puede estar vinculada a prácticas corruptas y fraudulentas, como sobornos o permisos falsificados para evadir los controles y restricciones legales.

j) Falsificación de documentos: La falsificación de documentos relacionados con permisos de construcción, títulos de propiedad o cualquier otra documentación legal necesaria para llevar a cabo la construcción, con el objetivo de eludir controles y restricciones.

k) Omisiones en la declaración de proyectos: La no presentación o la presentación de información falsa en declaraciones de proyectos que están sujetos a evaluaciones de impacto ambiental, ocultando la verdadera magnitud o riesgos asociados con la construcción propuesta.

l) Complicidad de autoridades locales: La complicidad de autoridades locales, funcionarios gubernamentales o agentes encargados de la aplicación de la ley que facilitan la construcción ilegal al omitir controles o proporcionar permisos de manera indebida.

m) Deforestación y cambio de uso de suelo: La eliminación de vegetación natural y la alteración del uso de suelo para permitir la construcción, lo que contribuye a la pérdida de hábitats y a la degradación ambiental en áreas protegidas.

n) Divulgación de información confidencial: La revelación no autorizada de información confidencial relacionada con la planificación y regulación de áreas protegidas, permitiendo la construcción ilegal a aquellos que buscan evadir la aplicación de la ley.

ñ) Operación de negocios ilegales en áreas protegidas: La construcción de instalaciones comerciales o industriales ilegales dentro de áreas protegidas, con el objetivo de explotar recursos naturales o desarrollar actividades que amenacen la integridad del área.

o) Desarrollo de infraestructuras turísticas no autorizadas: La construcción de instalaciones turísticas, como hoteles o complejos vacacionales, sin la debida autorización en áreas protegidas, contribuyendo a la presión sobre el entorno natural y la pérdida de valores ecológicos.

p) No restauración después de la construcción: La omisión de realizar esfuerzos de restauración ecológica después de la construcción ilegal, dejando áreas degradadas y afectadas sin intentar recuperar la biodiversidad y las funciones ecosistémicas.

q) La construcción ilegal en áreas protegidas representa una amenaza significativa para la conservación de la biodiversidad, la integridad de los ecosistemas y la capacidad de las áreas designadas para cumplir con sus objetivos de preservación.

La prevención y persecución de este delito requieren una combinación de medidas legales, aplicación efectiva de la ley, participación comunitaria y concienciación sobre la importancia de proteger estos valiosos espacios naturales.

INTRODUCCIÓN DE ESPECIES INVASORAS

La introducción de especies invasoras, en el contexto del delito contra los recursos naturales y el medio ambiente, se refiere a la introducción no autorizada y deliberada de organismos que no son nativos de un determinado ecosistema o área geográfica.

Estas especies invasoras tienen el potencial de causar daños significativos a los ecosistemas locales, comprometiendo la biodiversidad, alterando los procesos ecológicos naturales y amenazando la supervivencia de especies autóctonas.

Los aspectos clave de la introducción de especies invasoras como delito ambiental representan:

a) Falta de autorización y control: La introducción de especies invasoras implica la realización de acciones sin la debida autorización por parte de las autoridades competentes y sin seguir los protocolos establecidos para prevenir la introducción no deseada de organismos foráneos.

b) Impacto en la biodiversidad: Las especies invasoras pueden competir con las especies autóctonas por recursos como alimento, espacio y hábitats, lo que puede llevar a la disminución o extinción de especies locales y la alteración del equilibrio ecológico.

c) Alteración de procesos ecológicos: La presencia de especies invasoras puede perturbar los procesos ecológicos naturales, como la polinización, la dispersión de semillas y la cadena trófica, afectando la funcionalidad de los ecosistemas.

d) Impacto en la agricultura: Algunas especies invasoras pueden convertirse en plagas agrícolas, afectando los cultivos y provocando pérdidas económicas para la agricultura local.

e) Amenaza para especies en peligro: La introducción de especies invasoras puede representar una amenaza adicional para especies en peligro de extinción, comprometiendo los esfuerzos de conservación y recuperación.

f) Diseminación de enfermedades: Algunas especies invasoras pueden actuar como portadoras de enfermedades que afectan a las especies autóctonas, contribuyendo a la propagación de patógenos y afectando la salud de los ecosistemas.

g) Daño a ecosistemas acuáticos: La introducción de especies invasoras en cuerpos de agua puede tener impactos especialmente graves, alterando la calidad del agua, afectando a las poblaciones de peces y comprometiendo la salud de ecosistemas acuáticos.

h) Falta de control y erradicación: La falta de medidas para controlar y erradicar especies invasoras una vez que han sido introducidas, permitiendo que se establezcan y se reproduzcan de manera descontrolada.

i) Transporte ilegal de especies: La introducción de especies invasoras puede estar asociada con el transporte ilegal de organismos, ya sea a través del comercio de mascotas, la liberación no autorizada de especies exóticas o el transporte de organismos contaminantes en productos o bienes.

j) Comercio ilegal de especies invasoras: La participación en el comercio ilegal de especies invasoras, ya sea capturándolas en la naturaleza y vendiéndolas o transportándolas sin autorización a través de las fronteras.

k) Crianza y venta no autorizada: La cría y venta no autorizada de especies invasoras como mascotas, plantas ornamentales o cualquier otro propósito, contribuyendo al riesgo de su liberación en la naturaleza.

l) Abandono intencional de mascotas invasoras: La liberación deliberada de mascotas exóticas en hábitats naturales, lo que puede llevar a la introducción de especies invasoras en nuevos entornos.

m) Falta de medidas de contención: La falta de implementación de medidas adecuadas para contener y prevenir la fuga de especies invasoras mantenidas en instalaciones, como zoológicos, acuarios o centros de investigación.

n) Uso de especies invasoras en acuicultura sin control: La introducción no regulada de especies invasoras en proyectos de acuicultura, lo que puede resultar en su escape hacia ambientes naturales y la competencia con especies autóctonas.

ñ) Falta de inspecciones en transportes: La omisión de inspecciones y controles adecuados en los medios de transporte, como buques de carga, aviones y vehículos, que pueden transportar involuntariamente especies invasoras de una región a otra.

o) Incumplimiento de normativas sobre especies invasoras: La falta de cumplimiento de leyes y regulaciones específicas destinadas a prevenir la introducción y propagación de especies invasoras.

p) Desconocimiento de las consecuencias: La falta de conciencia y conocimiento por parte de individuos, empresas o instituciones sobre las consecuencias ecológicas de la introducción de especies invasoras, lo que puede llevar a prácticas irresponsables.

q) Falta de programas de educación y concienciación: La carencia de programas educativos y de concienciación pública que informen a la población sobre los riesgos asociados con la introducción de especies invasoras y fomenten prácticas responsables.

La introducción de especies invasoras es considerada un delito ambiental debido a sus graves consecuencias para los ecosistemas y la biodiversidad.

Prevenir y abordar este delito implica la implementación de medidas de bioseguridad, la regulación del comercio de especies, la aplicación de leyes ambientales y la promoción de prácticas sostenibles que minimicen el riesgo de introducción y expansión de especies invasoras.

TALA ILEGAL DE MANGLARES

La tala ilegal de manglares en el contexto del delito contra los recursos naturales y el medio ambiente se refiere a la extracción no autorizada y deliberada de árboles de manglar de sus hábitats naturales.

Los manglares son ecosistemas costeros críticos que albergan una biodiversidad única y brindan una serie de beneficios ambientales, como la protección de la línea costera, la regulación del ciclo del agua y la provisión de hábitats productivos para numerosas especies marinas y terrestres.

Los aspectos clave de la tala ilegal de manglares como delito ambiental incluyen:

a) Incumplimiento de regulaciones ambientales: La tala ilegal de manglares implica la violación de leyes y regulaciones ambientales que prohíben o regulan la extracción de árboles en hábitats de manglar, destinadas a preservar estos ecosistemas valiosos.

b) Daño a la biodiversidad: La tala de manglares puede tener un impacto devastador en la biodiversidad, afectando a numerosas especies de plantas y animales que dependen de estos hábitats costeros para su supervivencia.

c) Desestabilización de hábitats acuáticos: Los manglares desempeñan un papel clave en la protección de hábitats acuáticos al proporcionar áreas de crianza y alimentación para peces y otros organismos marinos. La tala ilegal puede desestabilizar estos hábitats, afectando las poblaciones de fauna marina.

d) Incremento de la vulnerabilidad a eventos climáticos extremos: La tala de manglares debilita la capacidad de estos ecosistemas para actuar como barreras naturales contra eventos climáticos extremos, como tormentas y huracanes, aumentando la vulnerabilidad de las comunidades costeras.

e) Pérdida de servicios ecosistémicos: La destrucción de manglares resulta en la pérdida de servicios ecosistémicos esenciales, como la captura de carbono, la protección contra la erosión costera y la mejora de la calidad del agua.

f) Impacto en la pesca y la subsistencia: La tala ilegal de manglares puede afectar negativamente a las comunidades locales que dependen de estos ecosistemas para la pesca y como fuente de subsistencia, comprometiendo la seguridad alimentaria y los medios de vida.

g) Falta de permisos y evaluación ambiental: La tala ilegal suele ocurrir sin la obtención de los permisos necesarios y sin la realización de evaluaciones ambientales que permitan evaluar y mitigar los impactos de la actividad.

h) Corrupción y actividades ilícitas: En algunos casos, la tala ilegal de manglares puede estar asociada con prácticas corruptas, sobornos o actividades ilegales que buscan eludir controles y regulaciones ambientales.

i) Extracción no regulada de productos maderables: La recolección no regulada y la extracción de productos maderables de manglares, como la madera y la leña, sin el cumplimiento de las regulaciones y permisos necesarios.

j) Conversión para actividades agrícolas o urbanización: La transformación ilegal de áreas de manglar para actividades agrícolas, urbanización u otros usos del suelo incompatibles con la conservación de estos ecosistemas.

k) Quema de manglares: La práctica de incendiar áreas de manglar con el fin de facilitar la tala o la conversión del hábitat, lo que puede tener consecuencias devastadoras para la biodiversidad y la salud del ecosistema.

l) Operaciones furtivas y clandestinas: La realización de actividades de tala ilegal de manglares de manera furtiva y clandestina, con el propósito de evitar la detección por parte de las autoridades y eludir la aplicación de la ley.

m) Falta de restauración y reforestación: La omisión de medidas para restaurar y reforestar áreas que han sido afectadas por la tala ilegal de manglares, contribuyendo a la pérdida permanente de estos ecosistemas.

n) Corrupción en concesiones y permisos: La corrupción en el otorgamiento de concesiones y permisos para la tala de manglares, facilitando actividades ilegales y eludiendo los procedimientos regulares de evaluación ambiental.

ñ) Transporte ilegal de productos maderables: La participación en el transporte ilegal de productos maderables de manglar, moviendo la madera ilegalmente extraída desde los sitios de tala hasta los mercados u otros destinos.

o) Venta ilegal de productos maderables: La comercialización y venta de productos maderables de manglar obtenidos de manera ilegal, sin la debida autorización y sin cumplir con las leyes y regulaciones aplicables.

p) Impacto en la pesca artesanal: La tala ilegal de manglares puede afectar negativamente a las comunidades de pescadores artesanales, ya que estos ecosistemas sirven como hábitats críticos para muchas especies de peces y crustáceos de importancia comercial.

q) Falta de participación comunitaria: La falta de involucramiento y participación de las comunidades locales en la toma de decisiones sobre el uso y la conservación de los manglares, contribuyendo a la falta de gestión sostenible de estos recursos.

La tala ilegal de manglares representa una amenaza seria para estos ecosistemas vitales y para la salud de los entornos costeros.

La lucha contra este delito requiere la implementación y aplicación efectiva de leyes y regulaciones ambientales, así como la promoción de prácticas sostenibles y la participación activa de las comunidades locales en la conservación de los manglares.

EXPLOTACIÓN NO SOSTENIBLE DE ACUÍFEROS

La explotación no sostenible de acuíferos, en el contexto del delito contra los recursos naturales y el medio ambiente, se refiere a la extracción excesiva e irresponsable de agua subterránea de los acuíferos, superando las tasas de recarga natural y comprometiendo la capacidad del sistema para mantener un equilibrio hídrico saludable a largo plazo.

Este tipo de actividad puede tener consecuencias graves para los ecosistemas acuáticos, la disponibilidad de agua potable, la agricultura y otros usos del agua, y puede contribuir a la degradación ambiental y la escasez de recursos hídricos.

Los factores clave de la explotación no sostenible de acuíferos como delito ambiental incluyen:

a) Extracción excesiva: La extracción de agua subterránea a tasas que exceden la tasa de recarga natural del acuífero, agotando sus reservas a un ritmo más rápido de lo que pueden ser repuestas por procesos naturales.

b) Depleción de niveles freáticos: La explotación no sostenible puede conducir a la disminución de los niveles freáticos, afectando negativamente a los ecosistemas acuáticos superficiales y a la disponibilidad de agua para los usuarios cercanos a la superficie.

c) Salinización del agua dulce: La extracción excesiva puede provocar la intrusión de agua salina en los acuíferos costeros, contaminando los suministros de agua dulce y afectando la calidad del agua para diversos usos.

d) Deterioro de humedales y ecosistemas asociados: La disminución de los niveles de agua en los acuíferos puede tener impactos negativos en los humedales y otros ecosistemas asociados, afectando la biodiversidad y los servicios ecosistémicos que proporcionan.

e) Escasez de agua para agricultura y comunidades: La explotación no sostenible puede resultar en la escasez de agua para la agricultura y las comunidades que dependen de los acuíferos para el suministro de agua potable y riego.

f) Competencia por recursos hídricos: La extracción no sostenible puede generar conflictos entre diferentes usuarios de agua, como agricultores, industrias y comunidades, al competir por un recurso escaso.

g) Infracción de leyes y regulaciones: La explotación no sostenible de acuíferos puede violar leyes y regulaciones que buscan gestionar y conservar los recursos hídricos, protegiendo la sostenibilidad de los acuíferos y asegurando un uso equitativo y responsable del agua.

h) Debilitamiento de caudales de ríos y manantiales: La extracción excesiva de agua subterránea puede reducir los caudales de ríos y manantiales conectados a los acuíferos, afectando los ecosistemas acuáticos y la disponibilidad de agua en áreas adyacentes.

i) Extracción no autorizada: La extracción de agua subterránea sin la debida autorización o permisos de las autoridades competentes, infringiendo leyes y regulaciones relacionadas con la gestión del agua.

j) Desviación de cauces naturales: La alteración intencionada de cursos de agua y cauces naturales para favorecer la recarga de acuíferos en detrimento de otras áreas o para priorizar ciertos intereses económicos.

k) Manipulación de medidores y contadores: La manipulación fraudulenta de dispositivos de medición de agua, como medidores y contadores, con el fin de subestimar o eludir la cantidad real de agua extraída.

l) Construcción de pozos ilegales: La perforación y operación de pozos de extracción de agua sin los permisos requeridos, contribuyendo a la sobreexplotación de los acuíferos.

m) Uso de métodos destructivos: La utilización de métodos destructivos, como la perforación indiscriminada y sin control, que pueden dañar la estructura y la capacidad de recarga del acuífero.

n) Falta de implementación de medidas de conservación: La omisión de medidas de conservación y gestión sostenible del agua, como la recarga artificial de acuíferos o la implementación de prácticas agrícolas eficientes en el uso del agua.

ñ) Falta de restauración de áreas afectadas: La omisión de la restauración de áreas que han sido afectadas por la explotación no sostenible, contribuyendo a la degradación continua del entorno.

o) Negligencia en la gestión de vertidos: La negligencia en la gestión de vertidos industriales o contaminantes que pueden infiltrarse en los acuíferos, comprometiendo la calidad del agua subterránea.

p) Falta de participación comunitaria: La explotación no sostenible a menudo implica la falta de involucramiento y participación de las comunidades locales en la toma de decisiones sobre el uso y la gestión del agua, lo que puede resultar en un acceso inequitativo y la sobreexplotación del recurso.

La explotación no sostenible de acuíferos se considera un delito ambiental cuando socava la integridad y la capacidad de regeneración natural de estos recursos hídricos.

Abordar este delito implica la implementación efectiva de regulaciones de gestión del agua, monitoreo continuo de los niveles de los acuíferos, educación pública sobre el uso responsable del agua y sanciones adecuadas para aquellos que violan las leyes y regulaciones ambientales relacionadas con la explotación de acuíferos.

INCENDIOS FORESTALES INTENCIONADOS

Los incendios forestales intencionados, en el contexto del delito contra los recursos naturales y el medio ambiente, se refieren a la acción deliberada y premeditada de iniciar fuegos en áreas forestales con el propósito de causar daño o alterar el entorno natural.

Esta actividad criminal tiene consecuencias significativas y perjudiciales para los ecosistemas forestales, la biodiversidad, la calidad del aire y puede representar una amenaza para la seguridad pública.

Constituyen los aspectos clave de los incendios forestales intencionados como delito ambiental los siguientes factores:

a) Acción premeditada: Los incendios forestales intencionados implican la planificación y ejecución consciente de la acción de iniciar fuegos en áreas forestales, con la intención de causar daño o alcanzar objetivos específicos, como la eliminación de vegetación o la alteración del uso del suelo.

b) Violación de leyes y regulaciones: La actividad de iniciar incendios forestales de manera intencionada constituye una violación directa de leyes y regulaciones ambientales que prohíben la quema no autorizada y que buscan preservar la integridad de los ecosistemas forestales.

c) Impacto en la biodiversidad: Los incendios forestales intencionados pueden tener consecuencias devastadoras para la biodiversidad, ya que provocan la pérdida de hábitats, la destrucción de flora y fauna, y pueden contribuir a la disminución de especies autóctonas.

d) Alteración de ciclos ecológicos: La quema intencionada de áreas forestales puede interrumpir los ciclos ecológicos naturales, como la regeneración de la vegetación, la dispersión de semillas y la dinámica de las poblaciones de animales.

e) Contribución al cambio climático: Los incendios forestales generan emisiones significativas de gases de efecto invernadero, como el dióxido de carbono, contribuyendo al cambio climático y agravando los problemas asociados con la alteración del clima.

f) Riesgo para la seguridad pública: Los incendios forestales intencionados representan un riesgo directo para la seguridad pública, ya que pueden propagarse rápidamente, poner en peligro vidas humanas, propiedades y recursos económicos, y requerir esfuerzos extensos de extinción.

g) Dificultades en la gestión y extinción: La provocación intencional de incendios forestales complica la gestión y extinción de los mismos, ya que puede requerir recursos considerables y poner en peligro la seguridad de los equipos de bomberos y otros profesionales involucrados en las labores de control.

h) Uso de sustancias inflamables: La utilización intencionada de sustancias inflamables o dispositivos incendiarios para iniciar o propagar incendios forestales, aumentando la intensidad y dificultando la extinción.

i) Quema para cambiar el uso del suelo: La provocación de incendios forestales con el objetivo de alterar el uso del suelo, como la conversión de áreas forestales en tierras agrícolas o para otros fines, con fines económicos o de desarrollo.

j) Incendios para encubrir actividades ilegales: La provocación de incendios forestales como una táctica para encubrir otras actividades ilegales, como la tala no autorizada, la minería ilegal o la caza furtiva.

k) Vandalismo y represalias: La provocación de incendios forestales como acto de vandalismo o represalia, como respuesta a disputas personales, conflictos de tierras o desacuerdos con la gestión forestal.

l) Actividades piromaníacas: La provocación de incendios forestales impulsada por motivaciones psicológicas, como la piromanía, donde el individuo siente un impulso compulsivo e incontrolable de iniciar fuegos.

m) Incendios con fines terroristas o criminales: La provocación de incendios forestales como parte de actividades terroristas o criminales, con el objetivo de causar daño a la infraestructura, la economía o el medio ambiente.

n) Falta de cumplimiento de restricciones de quema: La provocación intencionada de incendios forestales en violación de prohibiciones o restricciones específicas de quema establecidas para prevenir incendios no deseados en períodos críticos.

ñ) Desobediencia a advertencias y prohibiciones: La provocación de incendios forestales en desafío a advertencias, prohibiciones o restricciones emitidas por autoridades competentes durante condiciones climáticas propicias para la propagación de incendios.

o) Incendios para especulación inmobiliaria: La provocación de incendios forestales con el objetivo de aumentar el valor de las propiedades inmobiliarias al eliminar vegetación y facilitar la expansión urbana.

La provocación deliberada de incendios forestales representa un serio delito ambiental debido a sus amplias implicaciones negativas para los ecosistemas, la salud humana y la seguridad pública.

Combatir este tipo de delito requiere la aplicación rigurosa de leyes y regulaciones, medidas de prevención y vigilancia efectivas, así como la sensibilización de la sociedad sobre las consecuencias y la gravedad de los incendios forestales intencionados.

CONTAMINACIÓN LUMÍNICA

La contaminación lumínica, en el contexto del delito contra los recursos naturales y el medio ambiente, se refiere a la presencia excesiva o intrusiva de luz artificial en el entorno nocturno, que perturba los ritmos naturales del medio ambiente, afecta negativamente la observación astronómica y tiene consecuencias perjudiciales para la fauna, la flora y la salud humana.

La contaminación lumínica como delito ambiental incluye:

a) Brillo y resplandor excesivos: La emisión descontrolada de luz que resulta en un brillo y resplandor excesivos en el cielo nocturno, lo que dificulta la visibilidad de estrellas y otros cuerpos celestes.

b) Deslumbramiento: La presencia de fuentes de luz intensa y mal direccionada que causa deslumbramiento, afectando la capacidad de las personas para ver claramente y de manera segura durante la noche.

c) Contaminación del cielo oscuro: La dispersión de la luz artificial en la atmósfera, generando un resplandor difuso que contamina el cielo oscuro y reduce la visibilidad de fenómenos celestes naturales.

d) Impacto en la astronomía: La interferencia de la luz artificial en la observación astronómica, afectando la calidad de las investigaciones científicas y la apreciación del cosmos.

e) Alteración de patrones de migración: La contaminación lumínica puede interferir con los patrones de migración de aves, insectos y otros animales nocturnos, desorientándolos y afectando negativamente sus ciclos biológicos.

f) Desorden en los ciclos circadianos: La exposición constante a la luz artificial durante la noche puede alterar los ritmos circadianos naturales de los seres vivos, incluidos los humanos, afectando el sueño y la salud general.

g) Impacto en la reproducción de la fauna: La contaminación lumínica puede afectar la reproducción de algunas especies al interferir con los procesos naturales relacionados con el cortejo, la búsqueda de pareja y la nidificación.

h) Consumo energético innecesario: La emisión de luz no controlada conlleva a un consumo innecesario de energía, lo que tiene implicaciones ambientales y económicas.

i) Falta de regulación y planificación: La falta de regulaciones y planificación en el uso de la iluminación artificial contribuye a la propagación de la contaminación lumínica, ya que no se establecen restricciones adecuadas para prevenir los impactos negativos.

j) Deterioro de la calidad de vida: La presencia constante de luz artificial durante la noche puede afectar la calidad de vida de las comunidades, generando molestias, afectando la privacidad y reduciendo la conexión con la naturaleza.

k) Uso inadecuado de luces exteriores: La instalación y el uso inapropiado de iluminación exterior, como farolas, focos y letreros luminosos, sin tener en cuenta la necesidad de dirigir la luz hacia abajo y evitar la dispersión innecesaria hacia el cielo.

l) Publicidad luminosa excesiva: La proliferación de publicidad luminosa intensa y mal dirigida, que contribuye significativamente a la contaminación lumínica urbana.

m) Falta de apagado automático: La omisión de dispositivos de apagado automático o reguladores de intensidad en sistemas de iluminación, lo que podría reducir la emisión de luz durante horas en las que no es necesaria.

n) Iluminación de edificios sin control: La iluminación excesiva de edificios durante la noche, sin controles adecuados para reducir la emisión de luz cuando no es necesaria.

ñ) Uso de tecnología obsoleta: La persistencia en el uso de tecnologías de iluminación obsoletas y poco eficientes que emiten luz innecesaria en diversas direcciones.

o) Falta de regulación en eventos nocturnos: La realización de eventos nocturnos, espectáculos o festivales sin regulaciones adecuadas para controlar la contaminación lumínica asociada con la iluminación de estos eventos.

p) Inexistencia de zonas oscuras designadas: La falta de planificación urbana que incluya zonas oscuras designadas, donde se minimice la presencia de luz artificial para preservar la oscuridad natural del entorno.

q) Desconocimiento y falta de educación: La falta de conocimiento y educación sobre los impactos de la contaminación lumínica, tanto entre el público general como entre los planificadores urbanos y los responsables de la toma de decisiones.

r) Falta de adopción de tecnologías de iluminación amigables: La no adopción de tecnologías de iluminación más amigables con el medio ambiente, como las luces LED con características de dirección y control de intensidad.

s) Falta de colaboración entre sectores: La falta de colaboración entre diferentes sectores, incluyendo autoridades municipales, empresas, y la sociedad civil, para abordar de manera integral la contaminación lumínica.

La contaminación lumínica se considera un delito ambiental cuando su presencia excede los límites razonables y resulta en daños significativos a los ecosistemas naturales y al bienestar humano.

Abordar este problema implica la implementación de regulaciones efectivas, la adopción de tecnologías de iluminación más eficientes y la concienciación pública sobre la importancia de preservar la oscuridad natural del cielo nocturno.

EXTRACCIÓN ILEGAL DE ARENA Y GRAVA

La extracción ilegal de arena y grava, en el contexto del delito contra los recursos naturales y el medio ambiente, se refiere a la actividad no autorizada y en violación de las leyes y regulaciones ambientales que rige la obtención de estos recursos minerales de lechos de ríos, playas u otras áreas específicas.

La arena y la grava son materiales de construcción esenciales, pero su extracción descontrolada e ilegal puede tener consecuencias ambientales negativas, incluida la degradación de ecosistemas acuáticos, la pérdida de hábitats naturales y la alteración de los procesos geológicos.

La extracción ilegal de arena y grava como delito ambiental incluyen:

a) Ausencia de autorización: La realización de actividades de extracción de arena y grava sin la debida autorización o permisos emitidos por las autoridades competentes, contraviniendo las leyes y regulaciones ambientales.

b) Impacto en ecosistemas acuáticos: La extracción no regulada puede causar daños significativos a los ecosistemas acuáticos, incluyendo la alteración de lechos de ríos, la destrucción de hábitats acuáticos y la afectación de la fauna y flora asociada.

c) Erosión costera: La extracción de arena de playas y costas puede contribuir a la erosión costera, afectando negativamente a la biodiversidad marina y la estabilidad de las zonas costeras.

d) Cambios en el curso de los ríos: La extracción excesiva de materiales de río puede alterar el curso natural de los ríos, causando cambios en la topografía del lecho del río y afectando los procesos hidrológicos.

e) Depleción de recursos naturales: La extracción ilegal puede conducir a la depleción insostenible de recursos naturales valiosos, como la arena y la grava, que son fundamentales para la construcción y otros usos industriales.

f) Inestabilidad de riberas y márgenes de ríos: La extracción incontrolada puede provocar la inestabilidad de las riberas y márgenes de los ríos, aumentando el riesgo de inundaciones y daños a la infraestructura circundante.

g) Contaminación asociada: La actividad de extracción ilegal puede generar contaminación adicional, como la liberación de sedimentos y la introducción de sustancias químicas nocivas en los cuerpos de agua.

h) Competencia desleal y económica: La extracción ilegal puede dar lugar a una competencia desleal en el mercado de materiales de construcción, afectando negativamente a los operadores legales y contribuyendo a la informalidad económica.

i) Falta de rehabilitación de áreas afectadas: La omisión de medidas para rehabilitar y restaurar las áreas afectadas por la extracción ilegal, contribuyendo a la degradación ambiental a largo plazo.

j) Desplazamiento de comunidades locales: En algunos casos, la extracción ilegal puede resultar en el desplazamiento de comunidades locales que dependen de los recursos naturales para su sustento, generando conflictos y problemas sociales.

k) Operación sin evaluación de impacto ambiental: La realización de actividades de extracción sin llevar a cabo la correspondiente evaluación de impacto ambiental, incumpliendo requisitos legales destinados a evaluar y mitigar los posibles impactos ambientales.

l) Uso de métodos destructivos: La utilización de métodos de extracción destructivos que no tienen en cuenta la preservación de la flora y fauna locales, causando daños irreparables a los ecosistemas circundantes.

m) Extracción en áreas protegidas: La realización de actividades de extracción ilegal en áreas designadas como protegidas o de conservación, donde la extracción está prohibida para preservar la biodiversidad y los valores naturales.

n) Falta de restauración del sitio: La omisión de medidas para restaurar y rehabilitar los sitios de extracción después de su uso, dejando áreas afectadas sin restauración y contribuyendo a la degradación ambiental a largo plazo.

ñ) Corrupción y cohecho: La participación en prácticas corruptas, como el pago de sobornos o el cohecho, para evadir las regulaciones y obtener permisos ilegales para la extracción de arena y grava.

o) Contrabando de materiales: El transporte y la comercialización ilegal de arena y grava extraídas ilegalmente, eludiendo controles aduaneros y contribuyendo al comercio ilícito de estos materiales.

p) Falta de seguimiento y supervisión: La operación sin el debido seguimiento y supervisión por parte de las autoridades competentes, lo que permite la continuidad de la extracción ilegal sin rendición de cuentas.

q) Uso de maquinaria no autorizada: La utilización de maquinaria pesada y equipo no autorizado para la extracción, que puede causar daños significativos a los ecosistemas y aumentar los riesgos ambientales.

r) Extracción durante períodos prohibidos: La realización de actividades de extracción en períodos prohibidos por regulaciones ambientales, como durante la temporada de reproducción de especies sensibles.

s) Falta de participación comunitaria: La extracción ilegal que se realiza sin la participación y consulta adecuada de las comunidades locales, lo que puede generar conflictos y tensiones con las poblaciones afectadas.

La extracción ilegal de arena y grava es considerada un delito ambiental debido a sus impactos significativos en los ecosistemas acuáticos, la biodiversidad y la sostenibilidad de los recursos naturales.

La prevención y persecución de este delito requieren la implementación efectiva de leyes y regulaciones, la supervisión adecuada y la promoción de prácticas de extracción sostenibles.

DESARROLLO URBANO NO PLANIFICADO

El desarrollo urbano no planificado, en el contexto del delito contra los recursos naturales y el medio ambiente, se refiere a la expansión de áreas urbanas sin una planificación adecuada, incumpliendo normativas y regulaciones destinadas a gestionar el crecimiento de los centros urbanos de manera sostenible.

Este fenómeno puede dar lugar a una serie de impactos ambientales negativos, como la pérdida de hábitats naturales, la degradación del suelo, la alteración de los flujos hidrológicos y la disminución de la calidad del aire, entre otros.

Los aspectos clave del desarrollo urbano no planificado como delito ambiental llevan consigo:

a) Falta de planificación y zonificación: La ausencia o la negligencia en la aplicación de planes urbanos y zonificaciones, lo que conduce a la construcción desordenada y la falta de consideración de áreas que deberían ser preservadas por su valor ecológico o cultural.

b) Pérdida de áreas verdes y espacios abiertos: La urbanización no planificada puede resultar en la eliminación de áreas verdes y espacios abiertos, reduciendo la biodiversidad, afectando la calidad del aire y privando a la población de entornos naturales.

c) Impacto en cuerpos de agua: El desarrollo sin planificación puede afectar negativamente a ríos, lagos y otros cuerpos de agua, ya sea a través de la contaminación, la canalización inadecuada o la destrucción de áreas ribereñas.

d) Pérdida de suelos agrícolas y forestales: La expansión urbana sin control puede resultar en la pérdida de suelos productivos para la agricultura y la destrucción de bosques, lo que contribuye a la pérdida de la capacidad del suelo para sostener la vida.

e) Generación de residuos y contaminación: El crecimiento no planificado puede aumentar la generación de residuos urbanos y la contaminación del suelo, el aire y el agua debido a la falta de infraestructuras adecuadas para gestionar estos impactos.

f) Desplazamiento de comunidades: La falta de planificación puede resultar en el desplazamiento forzado de comunidades locales, afectando a poblaciones vulnerables y generando conflictos sociales.

g) Congestión vehicular: El desarrollo no planificado a menudo contribuye a la congestión del tráfico, aumentando las emisiones de gases contaminantes y afectando la calidad del aire.

h) Infraestructura inadecuada: La falta de planificación puede dar lugar a una infraestructura inadecuada, como sistemas de alcantarillado insuficientes, lo que puede provocar problemas ambientales como la contaminación de aguas subterráneas.

i) Amenazas a la salud pública: La falta de planificación en el desarrollo urbano puede resultar en la construcción de viviendas en áreas propensas a desastres naturales, como inundaciones o deslizamientos de tierra, representando amenazas directas para la salud y la seguridad de la población.

j) Falta de participación ciudadana: La ausencia de procesos de participación ciudadana en la planificación urbana contribuye a la falta de consideración de las necesidades y preocupaciones de la comunidad, generando tensiones y descontento social.

k) Corrupción en procesos de aprobación: La corrupción en los procesos de aprobación y permisos para el desarrollo urbano, donde se otorgan autorizaciones sin cumplir con los requisitos legales o ambientales, favoreciendo intereses particulares.

l) Falta de regulación en la densidad de construcción: La construcción sin regulación adecuada de la densidad, resultando en la edificación de estructuras que superan los límites permitidos y contribuyen a la congestión urbana.

m) Demolición de edificaciones históricas o culturales: La demolición sin consideración de edificaciones históricas o culturales, degradando el patrimonio cultural y arquitectónico de una zona urbana.

n) Uso inapropiado del suelo: La utilización inapropiada del suelo, como la construcción en áreas destinadas a la preservación de la biodiversidad, parques naturales o zonas de recarga de acuíferos.

ñ) Falta de infraestructuras verdes: La falta de integración de infraestructuras verdes, como parques y áreas de recreación, en el diseño urbano, afectando la calidad de vida y la resiliencia ambiental.

o) Inexistencia de planes de movilidad sostenible: La falta de consideración y aplicación de planes de movilidad sostenible, contribuyendo a la dependencia del transporte privado, la congestión y la contaminación del aire.

p) Desarrollo en áreas propensas a desastres naturales: La construcción sin tener en cuenta las zonas propensas a desastres naturales, como áreas de inundación o terrenos inestables, aumentando el riesgo de daños catastróficos.

q) Falta de áreas de captación de agua pluvial: La omisión de la implementación de áreas de captación de agua pluvial, contribuyendo a problemas de escasez de agua y aumentando el riesgo de inundaciones.

r) Monocultivo urbano: La promoción de un monocultivo urbano, donde se favorece la construcción de un tipo específico de estructura sin diversificación, afectando la resiliencia urbana y la variedad en el entorno construido.

s) Falta de evaluación de impacto social: La falta de evaluación adecuada de los impactos sociales del desarrollo urbano, incluyendo la afectación a comunidades locales, la pérdida de empleo y la gentrificación.

El desarrollo urbano no planificado se considera un delito ambiental cuando viola las leyes y regulaciones destinadas a garantizar un crecimiento urbano sostenible y respetuoso con el medio ambiente.

Abordar este problema implica la implementación efectiva de políticas de planificación urbana, la promoción de prácticas de construcción sostenibles y la participación activa de la comunidad en la toma de decisiones relacionadas con el desarrollo urbano.

DESPERDICIO DE RECURSOS NATURALES

El desperdicio de recursos naturales, en el contexto del delito contra los recursos naturales y el medio ambiente, se refiere al mal uso, la utilización ineficiente o la destrucción de los recursos naturales de manera no sostenible.

Este comportamiento, considerado como un delito ambiental, implica la extracción, producción, procesamiento o consumo de recursos naturales de manera que excede los límites ecológicos, contribuyendo a la degradación ambiental y a la pérdida de biodiversidad.

Los aspectos clave del desperdicio de recursos naturales como delito ambiental incluyen:

a) Extracción excesiva de recursos: La extracción desmedida de recursos naturales, como la tala excesiva de árboles, la pesca no sostenible o la minería sin control, agotando los recursos a tasas que superan su capacidad de regeneración.

b) Producción ineficiente: Procesos de producción que desperdician grandes cantidades de materias primas, energía y agua, sin implementar prácticas eficientes ni tecnologías más limpias.

c) Consumo desmedido: El consumo excesivo de bienes y servicios, que conlleva la sobreexplotación de recursos naturales para satisfacer demandas innecesarias o insostenibles.

d) Desecho irresponsable: La disposición irresponsable de residuos y desechos, especialmente aquellos que son contaminantes o difíciles de degradar, contribuyendo a la contaminación del suelo, el agua y el aire.

e) Desperdicio de alimentos: La pérdida y el desperdicio de alimentos a lo largo de la cadena de suministro, desde la producción hasta el consumo final, lo que no solo representa una pérdida de recursos naturales, sino también un problema ético y social.

f) Ineficiencia en el uso del agua: La utilización ineficiente del agua en actividades agrícolas, industriales y domésticas, agotando los recursos hídricos y contribuyendo a la escasez de agua en algunas regiones.

g) Desperdicio energético: El uso ineficiente de la energía, que no solo agota los recursos naturales utilizados para la generación de energía, sino que también contribuye a la emisión de gases de efecto invernadero y al cambio climático.

h) Uso no sostenible de suelos: La práctica de técnicas agrícolas y forestales no sostenibles que conducen a la degradación del suelo y a la pérdida de la capacidad productiva de la tierra.

i) Extracción ilegal de especies protegidas: La caza, pesca o recolección no autorizada de especies protegidas, contribuyendo a la disminución de poblaciones y a la pérdida de biodiversidad.

j) Falta de reciclaje y reutilización: La omisión de prácticas de reciclaje y reutilización que podrían reducir la demanda de nuevos recursos naturales y disminuir la generación de residuos.

k) Extracción ilegal de minerales raros: La extracción no autorizada de minerales raros y metales preciosos, contribuyendo a la sobreexplotación de estos recursos y generando impactos ambientales significativos.

l) Desecho de productos electrónicos: La disposición irresponsable de productos electrónicos, incluyendo teléfonos móviles, computadoras y otros dispositivos, que contienen materiales tóxicos y difíciles de reciclar.

m) Monocultivo intensivo: La práctica de monocultivo intensivo en la agricultura, que agota los nutrientes del suelo y aumenta la vulnerabilidad de los cultivos a enfermedades y plagas.

n) Falta de conservación de la biodiversidad agrícola: La omisión de prácticas que conserven y promuevan la diversidad genética en la agricultura, contribuyendo a la pérdida de variedades de cultivos y la erosión genética.

ñ) Uso excesivo de fertilizantes y pesticidas: La aplicación excesiva e incontrolada de productos químicos agrícolas, lo que puede resultar en la contaminación del suelo y del agua, y en la degradación de los ecosistemas circundantes.

o) Desperdicio de agua en la irrigación: El uso ineficiente del agua en la irrigación agrícola, contribuyendo al agotamiento de recursos hídricos y al desperdicio de un recurso esencial.

p) Producción y consumo de productos de un solo uso: La producción y el consumo masivo de productos de un solo uso, como envases desechables y utensilios de plástico, generando residuos que tienen un impacto ambiental duradero.

q) Falta de planes de gestión de residuos: La carencia de sistemas efectivos de gestión de residuos, que resulta en la acumulación y el vertido inadecuado de desechos, afectando negativamente a los ecosistemas.

r) Extracción no regulada de madera: La tala no regulada de bosques para la obtención de madera, papel y productos derivados, contribuyendo a la deforestación y la pérdida de hábitats naturales.

s) Desecho de alimentos en la cadena de suministro: El descarte de alimentos a lo largo de la cadena de suministro, desde la producción hasta la venta minorista y el consumidor final, contribuyendo al desperdicio de recursos empleados en la producción y distribución de alimentos.

El desperdicio de recursos naturales se considera un delito ambiental cuando implica la violación de leyes y regulaciones diseñadas para la gestión sostenible de los recursos y la protección del medio ambiente.

Afrontar este tipo de delito implica la implementación de políticas y prácticas que fomenten el uso responsable de los recursos, la promoción de la eficiencia en los procesos productivos y la concienciación sobre la importancia de la conservación de los recursos naturales.

MODIFICACIÓN ILEGAL DE CURSOS DE AGUA

La modificación ilegal de cursos de agua, en el contexto del delito contra los recursos naturales y el medio ambiente, se refiere a la alteración no autorizada y contraria a las normativas ambientales de la trayectoria natural de ríos, arroyos u otros cuerpos de agua.

Esta conducta delictiva implica cambios en la geometría, caudal o dirección de los cursos de agua, y puede tener consecuencias negativas significativas en los ecosistemas acuáticos, la biodiversidad, la calidad del agua y la estabilidad de las áreas circundantes.

La modificación ilegal de cursos de agua como delito ambiental lleva consigo:

a) Canalización no autorizada: La construcción de canales o estructuras que modifican el curso natural de los ríos sin la debida autorización, generando impactos en los flujos de agua y en los hábitats acuáticos.

b) Dragado incontrolado: La remoción excesiva de sedimentos del lecho de los ríos mediante procesos de dragado no regulados, lo que puede alterar la morfología fluvial y afectar la vida acuática.

c) Represamiento sin permisos: La construcción de represas o embalses sin la autorización legal correspondiente, alterando el flujo del agua y modificando los ecosistemas ribereños.

d) Rellenos ilegales de humedales: La realización de rellenos no autorizados en humedales, áreas protegidas o zonas inundables, afectando gravemente la función hidrológica y ecológica de estos entornos.

e) Construcción en áreas de servidumbre fluvial: La edificación no autorizada en áreas de servidumbre fluvial, espacios destinados a la protección y regulación de ríos y arroyos, lo que puede aumentar el riesgo de inundaciones.

f) Falta de evaluación de impacto ambiental: La omisión de realizar evaluaciones de impacto ambiental antes de llevar a cabo proyectos de modificación de cursos de agua, incumpliendo requisitos legales destinados a prevenir impactos negativos.

g) Contaminación asociada: La modificación ilegal puede estar asociada con la liberación no regulada de contaminantes, como sedimentos y productos químicos, que afectan la calidad del agua y los ecosistemas acuáticos.

h) Interrupción de procesos ecológicos: La alteración no planificada de los cursos de agua puede interrumpir procesos ecológicos naturales, como la migración de peces y la dispersión de nutrientes.

i) Generación de conflictos hídricos: La modificación ilegal de cursos de agua puede dar lugar a conflictos entre comunidades, usuarios del agua y autoridades, especialmente cuando afecta el suministro y la disponibilidad de agua.

j) Extracción no autorizada de áridos: La extracción ilegal de áridos, como arena y grava, de lechos de ríos y arroyos sin la debida autorización, afectando la morfología fluvial y contribuyendo a la degradación de los hábitats acuáticos.

k) Alteración del régimen hidrológico: Cambios no autorizados en el régimen hidrológico natural de los cursos de agua, como la alteración de los patrones de caudal estacional, que pueden afectar negativamente a la flora, fauna y comunidades humanas dependientes del agua.

l) Introducción de especies invasoras: La introducción no regulada de especies invasoras en cursos de agua, ya sea accidentalmente o con fines comerciales, alterando los equilibrios ecológicos y amenazando a las especies autóctonas.

m) Falta de restauración: La omisión de medidas adecuadas de restauración después de realizar modificaciones ilegales, dejando los cursos de agua en un estado de degradación sin intentar revertir los impactos negativos.

n) Obstrucción de cauces: La colocación de obstáculos o estructuras en los cauces de agua sin la debida autorización, como represas temporales o bloqueos, que pueden causar problemas en el flujo del agua y en la conectividad de los ecosistemas acuáticos.

ñ) Desvío de agua para uso privado: La desviación ilegal de agua para usos privados, agrícolas o industriales, sin la correspondiente autorización, afectando el acceso legítimo a recursos hídricos por parte de otras comunidades y usuarios.

o) Desplazamiento de comunidades ribereñas: La modificación no autorizada de cursos de agua que resulta en el desplazamiento forzado de comunidades ribereñas, afectando sus formas de vida y sus derechos sobre el agua.

o) Falta de monitoreo y control: La operación de proyectos de modificación de cursos de agua sin implementar sistemas adecuados de monitoreo y control, lo que dificulta la detección y corrección de impactos ambientales negativos.

p) Incumplimiento de normativas de calidad del agua: La realización de modificaciones ilegales que resultan en la contaminación del agua, incumpliendo las normativas de calidad del agua y poniendo en riesgo la salud de los ecosistemas acuáticos y las comunidades aguas abajo.

q) Falta de consulta pública: La omisión de procesos de consulta pública y participación ciudadana antes de llevar a cabo proyectos de modificación de cursos de agua, lo que puede generar conflictos y tensiones con las comunidades afectadas.

La modificación ilegal de cursos de agua se considera un delito ambiental debido a los impactos significativos que puede tener en los ecosistemas acuáticos, la biodiversidad y la calidad del agua.

Abordar este delito implica la implementación efectiva de regulaciones y prácticas de gestión del agua, así como la promoción de enfoques sostenibles para la modificación de cursos de agua que respeten los equilibrios ecológicos y la integridad ambiental.

CONTRA LOS ANIMALES

MALTRATO FÍSICO

El maltrato físico en el contexto del delito contra los animales implica causar daño, sufrimiento o lesiones físicas a un animal de manera deliberada o negligente. Este tipo de comportamiento puede abarcar una amplia gama de acciones que infligen dolor o sufrimiento innecesario a los animales, ya sea por actos directos o por negligencia en su cuidado.

Algunos ejemplos de maltrato físico a los animales incluyen:

a) Caza o pesca ilegal: Participar en la caza o pesca de animales protegidos o en veda, sin los permisos o licencias adecuados, o utilizando métodos crueles que infligen sufrimiento innecesario.

b) Explotación en actividades de entretenimiento: Utilizar animales en espectáculos, circos o atracciones de entretenimiento en condiciones inhumanas, donde se les somete a castigos, confinamiento inapropiado o entrenamiento violento.

c) Venta ilegal de animales exóticos: Comercializar especies animales exóticas de manera ilegal, sin los permisos o documentación requerida, lo que puede poner en peligro la biodiversidad y el bienestar de los animales.

d) Pruebas con productos o cosméticos en animales: Realizar ensayos o pruebas en animales para productos cosméticos o farmacéuticos de manera que cause sufrimiento injustificado.

e) Tráfico de animales: Participar en el tráfico de animales silvestres o domésticos, incluyendo la importación o exportación ilegal de especies en peligro de extinción o el comercio de animales robados.

f) Lucha de perros o peleas de gallos: Organizar o participar en eventos crueles donde se enfrentan animales en peleas sangrientas con fines de entretenimiento o apuestas.

g) Sacrificios religiosos inhumanos: Realizar sacrificios de animales en prácticas religiosas de manera inhumana, causando un sufrimiento innecesario a los animales.

h) Abuso en granjas industriales: Mantener animales en condiciones de hacinamiento, falta de higiene o alimentación inadecuada en granjas industriales, lo que puede resultar en un trato cruel y sufrimiento constante.

i) Incumplimiento de normativas de bienestar animal: No cumplir con las regulaciones y estándares de bienestar animal establecidos por la legislación, lo que puede dar lugar a condiciones inhumanas en la cría, transporte o sacrificio de animales.

j) La responsabilidad penal de la persona jurídica en casos de maltrato físico a los animales implica que una organización o empresa puede ser considerada penalmente responsable si sus empleados o agentes cometen actos de maltrato animal en el curso de sus actividades relacionadas con la organización.

Para evitar la responsabilidad penal, las organizaciones deben tomar medidas para prevenir el maltrato animal, establecer políticas y procedimientos adecuados, capacitar a su personal y asegurarse de que se cumplan las leyes y regulaciones relacionadas con el bienestar animal.

La responsabilidad penal puede resultar en sanciones legales, multas y otras medidas punitivas contra la organización.

ABANDONO

El abandono, en el contexto de un delito contra los animales con relación a la responsabilidad penal de la persona jurídica, se refiere a la acción u omisión de dejar desprotegidos o sin cuidados adecuados a animales bajo la custodia o responsabilidad de una organización. Esto implica la negligencia en proporcionar las condiciones básicas necesarias para el bienestar de los animales, lo que puede resultar en su sufrimiento o incluso en su muerte.

El abandono de animales puede manifestarse de diversas maneras y puede incluir:

a) Desatención en la alimentación: No proporcionar una nutrición adecuada a los animales, lo que puede llevar a la desnutrición, debilidad y enfermedades relacionadas con la falta de alimentos.

b) Falta de refugio adecuado: No ofrecer un refugio apropiado o condiciones de vida seguras para los animales, exponiéndolos a condiciones climáticas extremas o peligros externos.

c) Negligencia en la atención médica: No brindar atención veterinaria adecuada a los animales cuando están enfermos o heridos, lo que puede agravar sus condiciones de salud.

d) Abandono físico: Dejar a los animales en lugares públicos o áreas remotas, privándolos de cuidados y protección, lo que los expone a situaciones peligrosas.

e) Abandono emocional: Ignorar las necesidades psicológicas y sociales de los animales, como la interacción con otros de su especie, lo que puede causar estrés y sufrimiento.

f) Responsabilidad de la organización: Cuando una organización, empresa o entidad tiene animales bajo su custodia o responsabilidad, se espera que cumpla con ciertos estándares de cuidado y bienestar animal. El abandono de animales puede ocurrir tanto por acciones directas de la organización como por la falta de supervisión y políticas adecuadas.

g) Condiciones inadecuadas: El abandono no se limita solo a dejar físicamente a un animal en un lugar desprotegido, sino también a mantenerlo en condiciones inadecuadas que ponen en peligro su salud y bienestar. Esto podría incluir la falta de acceso a agua limpia, espacio insuficiente para moverse o la ausencia de atención médica cuando es necesaria.

h) Consecuencias legales: El abandono de animales puede dar lugar a consecuencias legales graves para la persona jurídica involucrada. Esto puede incluir multas sustanciales, sanciones legales y daño a la reputación de la organización, lo que podría afectar negativamente sus operaciones y relaciones comerciales.

i) Importancia de la prevención: La prevención del abandono de animales es esencial. Las organizaciones deben establecer políticas y procedimientos claros para garantizar que los animales bajo su cuidado reciban la atención adecuada. Esto incluye proporcionar alimentos y agua suficientes, refugio adecuado, atención médica cuando sea necesario y una supervisión adecuada por parte del personal.

j) Concienciación y educación: Promover la concienciación y la educación sobre el bienestar animal tanto dentro como fuera de la organización es fundamental. Esto puede ayudar a prevenir el abandono de animales al crear una cultura de respeto y responsabilidad hacia los seres vivos.

k) La responsabilidad penal de la persona jurídica en casos de abandono de animales implica que la organización puede ser considerada penalmente responsable si sus empleados, representantes o agentes abandonan animales en el contexto de las actividades de la organización.

Ello puede dar lugar a sanciones legales, multas y medidas punitivas contra la organización, además de dañar su reputación.

Para evitar la responsabilidad penal, las organizaciones deben adoptar medidas proactivas para prevenir el abandono de animales y garantizar el cumplimiento de las leyes de bienestar animal y regulaciones relacionadas con sus actividades.

Esto incluye la implementación de políticas y procedimientos para el cuidado adecuado de los animales bajo su custodia, así como la capacitación y supervisión de su personal en materia de bienestar animal.

SACRIFICIO INHUMANO

El sacrificio inhumano, en el contexto del delito contra los animales y la responsabilidad penal de la persona jurídica, se refiere a la práctica de poner fin a la vida de un animal de una manera que cause un sufrimiento innecesario y evitable. Esta acción se considera un acto cruel y viola las leyes de bienestar animal y los principios éticos relacionados con el trato adecuado a los animales.

Aquí hay algunos aspectos clave sobre el sacrificio inhumano en relación con la responsabilidad penal de la persona jurídica:

a) Métodos crueles: El sacrificio inhumano implica el uso de métodos crueles y dolorosos para matar o poner fin a la vida de un animal. Estos métodos pueden incluir estrangulamiento, envenenamiento, golpizas, electrocución o cualquier otro método que cause sufrimiento extremo.

b) Normativas y regulaciones: La mayoría de los países tienen regulaciones y leyes que establecen pautas y estándares para el sacrificio de animales, especialmente en situaciones relacionadas con la agricultura, la investigación y la alimentación. Estas leyes suelen exigir que el sacrificio se realice de manera rápida y humanitaria para minimizar el sufrimiento.

c) Responsabilidad de la persona jurídica: Si una organización, empresa o entidad está involucrada en prácticas de sacrificio inhumano de animales como parte de sus operaciones, puede enfrentar consecuencias legales graves. La persona jurídica puede ser considerada responsable de permitir o promover prácticas inhumanas en el sacrificio de animales.

d) Énfasis en el bienestar animal: La importancia del bienestar animal se ha vuelto cada vez más relevante en la sociedad actual. Las organizaciones y empresas deben cumplir con estándares éticos y legales relacionados con el trato humanitario a los animales, lo que incluye la forma en que se los sacrifica.

e) Sanciones legales y daño a la reputación: Las consecuencias legales por el sacrificio inhumano de animales pueden incluir multas significativas, cierre de operaciones y daño a la reputación de la persona jurídica. Esto puede tener un impacto duradero en la organización y sus relaciones comerciales.

f) Énfasis en la prevención y el cumplimiento: Para evitar problemas legales y daños a la reputación, las organizaciones deben enfocarse en la prevención. Esto implica establecer políticas y procedimientos que cumplan con los estándares de bienestar animal y garantizar que los empleados estén capacitados y conscientes de estas políticas.

El sacrificio inhumano de animales es una conducta que se refiere a prácticas crueles y dolorosas en la eliminación de la vida de los animales. Cuando una persona jurídica está involucrada en tales prácticas, puede enfrentar consecuencias legales y éticas significativas.

El énfasis en el bienestar animal y el cumplimiento de las regulaciones relacionadas son esenciales para prevenir el sacrificio inhumano y proteger los derechos de los animales.

PELEAS DE ANIMALES

Las peleas de animales, en el contexto del delito contra los animales y la responsabilidad penal de la persona jurídica, se refieren a la organización, promoción, participación o apoyo de actividades donde dos o más animales son forzados a luchar entre sí, a menudo hasta la muerte o lesiones graves, con fines de entretenimiento, apuestas o cualquier otro propósito. Estas peleas pueden involucrar a varios tipos de animales, como perros, gallos, toros y otros, y a menudo se llevan a cabo en lugares clandestinos.

A continuación, se detallan aspectos clave relacionados con las peleas de animales en el contexto de la responsabilidad penal de la persona jurídica:

a) Ilegalidad: En la mayoría de los países y jurisdicciones, las peleas de animales son ilegales y se consideran un acto cruel y atroz. Las leyes y regulaciones prohíben específicamente estas actividades y establecen sanciones tanto para las personas físicas involucradas como para las personas jurídicas que las promueven, patrocinan o permiten.

b) Bienestar animal: Las peleas de animales causan un sufrimiento extremo a los animales involucrados. Los métodos utilizados para entrenar, preparar y forzar a los animales a luchar suelen implicar abusos físicos y emocionales, lo que va en contra de los principios éticos de trato digno y respetuoso hacia los seres vivos.

c) Prohibición de apoyo: La responsabilidad penal de la persona jurídica también puede aplicarse a aquellas organizaciones o empresas que apoyan o financian directa o indirectamente las peleas de animales. Esto incluye proporcionar instalaciones, auspiciar eventos o facilitar recursos para la realización de estas actividades.

d) Sanciones legales: Las personas jurídicas que están relacionadas con peleas de animales pueden enfrentar sanciones legales significativas, que pueden incluir multas considerables y, en algunos casos, la disolución de la entidad. Además, las personas involucradas pueden enfrentar cargos penales individuales.

e) Compromiso con el bienestar animal: En la actualidad, existe una creciente conciencia sobre la importancia del bienestar animal en la sociedad. Las organizaciones y empresas deben demostrar un compromiso ético con el respeto y la protección de los animales y deben tomar medidas proactivas para prevenir cualquier actividad relacionada con peleas de animales en sus operaciones.

f) Fomento de la crueldad: Las peleas de animales fomentan la crueldad y la violencia no solo hacia los animales involucrados, sino también hacia los seres humanos que participan en estas actividades. Existe una correlación entre el maltrato animal y la violencia interpersonal, lo que hace que la prohibición de estas actividades sea aún más relevante desde una perspectiva de seguridad pública y bienestar social.

g) Concienciación y educación: La lucha contra las peleas de animales no solo implica la aplicación de sanciones legales, sino también la concienciación y educación pública. Las organizaciones y empresas pueden desempeñar un papel importante en la sensibilización sobre los efectos perjudiciales de estas prácticas y en la promoción del respeto hacia los animales.

h) Colaboración con las autoridades: Las personas jurídicas deben colaborar plenamente con las autoridades encargadas de hacer cumplir las leyes relacionadas con el bienestar animal y las peleas de animales. Esto implica denunciar cualquier actividad ilegal y proporcionar información que ayude en las investigaciones y enjuiciamientos.

i) Ética empresarial: Las organizaciones y empresas deben considerar la ética empresarial como un pilar fundamental de su cultura corporativa. Esto implica no solo el cumplimiento de las leyes, sino también la adopción de prácticas y políticas que refuercen el respeto por los derechos de los animales y la integridad en todas las operaciones.

j) Reputación y responsabilidad social: El compromiso con la protección de los animales también tiene implicaciones en la reputación y la responsabilidad social de las personas jurídicas. Las empresas que promueven prácticas éticas y responsables hacia los animales a menudo son vistas de manera más favorable por los consumidores y la sociedad en general.

Las peleas de animales son actos crueles y están prohibidas en la mayoría de las jurisdicciones.

La responsabilidad penal de la persona jurídica se aplica no solo a las personas físicas que participan directamente en estas actividades, sino también a las organizaciones o empresas que las promueven, financian o facilitan de alguna manera.

El cumplimiento de las leyes y regulaciones relacionadas con el bienestar animal es esencial para evitar consecuencias legales y daño a la reputación.

CAZA ILEGAL

La caza ilegal, en el contexto del delito contra los animales y la responsabilidad penal de la persona jurídica, se refiere a la actividad de perseguir, abatir o capturar animales de manera contraria a las leyes y regulaciones que rigen la caza en una determinada jurisdicción. Esta actividad implica la caza de animales protegidos, la caza en épocas o áreas prohibidas, el uso de métodos crueles o inhumanos para cazar, o la caza sin las licencias o permisos adecuados.

La caza ilegal de animales es considerada un delito grave en muchos países debido a sus impactos negativos tanto en la conservación de la vida silvestre como en el bienestar de los animales. Algunos aspectos clave relacionados con la caza ilegal en el contexto de la responsabilidad penal de la persona jurídica incluyen:

a) Impacto en la biodiversidad: La caza ilegal puede llevar a la disminución de poblaciones de animales salvajes, lo que puede tener efectos cascada en los ecosistemas. La pérdida de especies puede afectar la estabilidad de los ecosistemas y la disponibilidad de recursos naturales.

b) Bienestar animal: La caza ilegal a menudo involucra prácticas crueles que causan sufrimiento innecesario a los animales, como el uso de trampas o métodos de caza inhumanos. Esto va en contra del principio de tratar a los animales con respeto y consideración.

c) Violación de leyes y regulaciones: La caza ilegal implica la violación de las leyes y regulaciones establecidas para proteger la vida silvestre y regular la caza. Esto puede incluir la caza sin licencia, la caza fuera de temporada o en áreas protegidas, y el uso de métodos prohibidos.

d) Responsabilidad de la persona jurídica: En muchos sistemas legales, las personas jurídicas pueden ser consideradas responsables de la caza ilegal si se demuestra que han participado, facilitado o permitido estas actividades en el curso de sus operaciones comerciales. Esto implica que las empresas y organizaciones deben tomar medidas para prevenir la caza ilegal y cumplir con las leyes de conservación y bienestar animal.

e) Tráfico ilegal de vida silvestre: La caza ilegal está a menudo vinculada al tráfico ilegal de especies amenazadas y sus partes, como marfil, cuernos de rinoceronte, pieles y otros productos derivados de animales. El comercio ilegal de vida silvestre es una actividad lucrativa y, en ocasiones, está relacionado con el crimen organizado.

f) Sanciones legales: Las leyes y regulaciones relacionadas con la caza ilegal varían según el país, pero en muchos lugares esta actividad es sancionada con multas significativas y penas de prisión. Además, las personas jurídicas pueden ser consideradas responsables y enfrentar consecuencias legales.

g) Complicidad de las personas jurídicas: Las organizaciones pueden ser consideradas cómplices de la caza ilegal si se demuestra que han proporcionado recursos, financiamiento o apoyo logístico para actividades de caza ilícita. Esto subraya la importancia de que las empresas tengan políticas y procedimientos para prevenir la implicación en actividades ilegales relacionadas con la caza y la vida silvestre.

h) Educación y concienciación: La prevención de la caza ilegal no solo implica la aplicación de la ley, sino también esfuerzos para aumentar la concienciación sobre la importancia de la conservación y el respeto por la vida silvestre. Las organizaciones pueden desempeñar un papel en la educación pública y la promoción de prácticas de caza sostenible y ética.

La caza ilegal de animales se refiere a la persecución o captura de animales de manera contraria a las leyes y regulaciones aplicables.

Este acto puede tener consecuencias negativas para la vida silvestre, el bienestar animal y la responsabilidad penal de la persona jurídica si se demuestra su participación o apoyo a estas actividades ilícitas.

Es fundamental promover prácticas de caza sostenible y ética, así como implementar políticas de cumplimiento en las organizaciones para prevenir la implicación en actividades ilegales relacionadas con la caza y la vida silvestre.

TRÁFICO DE ANIMALES

El tráfico de animales se refiere a la actividad ilegal que implica la captura, transporte, comercio y venta de animales, ya sea vivos o sus partes y productos derivados, de manera contraria a las leyes y regulaciones que protegen a la fauna y la vida silvestre.

En relación con la responsabilidad penal de la persona jurídica, el tráfico de animales puede implicar lo siguiente:

a) Comercio ilegal: Las personas jurídicas pueden estar involucradas en el comercio ilegal de animales o productos derivados de animales protegidos por la ley, como marfil, cuernos de rinoceronte, pieles exóticas, mascotas exóticas, entre otros. Si una organización se beneficia directa o indirectamente de este tipo de comercio ilegal, puede enfrentar consecuencias legales.

b) Violación de normativas internacionales y locales: El tráfico de animales a menudo involucra la violación de acuerdos y tratados internacionales sobre conservación de la biodiversidad y protección de especies en peligro de extinción. Las personas jurídicas que facilitan o participan en tales actividades pueden ser consideradas responsables de incumplir estas normativas.

c) Impacto ambiental: El tráfico de animales puede tener un impacto significativo en la biodiversidad y los ecosistemas al contribuir a la disminución de poblaciones de especies y la alteración de los ecosistemas. Esto puede tener implicaciones legales, especialmente cuando se demuestra que una organización ha contribuido de manera significativa a este impacto ambiental negativo.

d) Sanciones legales y multas: Las leyes y regulaciones relacionadas con la fauna y la vida silvestre suelen incluir sanciones significativas para las personas y organizaciones que participan en el tráfico de animales. Las personas jurídicas pueden enfrentar multas considerables y otras sanciones legales.

e) Complicidad de las personas jurídicas: Las organizaciones pueden ser consideradas cómplices si se demuestra que han proporcionado recursos, financiamiento o apoyo logístico para actividades relacionadas con el tráfico de animales. Esto subraya la importancia de que las empresas tengan políticas y procedimientos para prevenir la implicación en actividades ilegales relacionadas con la fauna y la vida silvestre.

f) Compromiso ético y responsabilidad social corporativa: Más allá de las sanciones legales, la participación en el tráfico de animales puede tener un impacto significativo en la percepción pública de una empresa y su imagen corporativa. Las organizaciones suelen enfatizar su compromiso con la responsabilidad social corporativa y la sostenibilidad, y estar involucradas en actividades ilegales relacionadas con los animales socava estos principios.

g) Impacto global: El tráfico de animales es un problema global que afecta a la biodiversidad y los ecosistemas en todo el mundo. Por lo tanto, las organizaciones pueden enfrentar repercusiones a nivel internacional si se involucran en actividades ilegales relacionadas con los animales, lo que puede incluir investigaciones transfronterizas y cooperación entre países.

El tráfico de animales es una actividad ilegal que tiene graves repercusiones en la conservación de la biodiversidad y puede tener implicaciones legales tanto para individuos como para personas jurídicas.

La implementación de políticas de cumplimiento y la promoción de prácticas comerciales éticas y sostenibles son fundamentales para prevenir la participación en este tipo de delitos y proteger la fauna y la vida silvestre.

CRUELDAD ANIMAL

La crueldad animal se refiere a cualquier acto o práctica que cause sufrimiento innecesario o intencionado a los animales, ya sea físico o psicológico. En el contexto del delito contra los animales y la responsabilidad penal de la persona jurídica, significa que una organización, empresa o entidad ha participado en actividades que involucran maltrato o crueldad hacia los animales como parte de sus operaciones o actividades comerciales. Esto puede incluir:

a) Abuso en la cría de animales: Si una entidad se dedica a la cría de animales y no proporciona condiciones adecuadas de alojamiento, alimentación y atención veterinaria, lo que resulta en el sufrimiento de los animales, puede considerarse un acto de crueldad animal.

b) Experimentación animal inhumana: Si una organización lleva a cabo investigaciones o pruebas en animales sin seguir prácticas éticas y sin garantizar el bienestar de los animales involucrados, esto podría constituir crueldad animal.

c) Explotación en la industria alimentaria: Si una entidad está involucrada en la producción de alimentos de origen animal y utiliza métodos crueles en la crianza, transporte o sacrificio de animales, podría enfrentar acusaciones de crueldad animal.

d) Comercio ilegal de productos de animales en peligro de extinción: Si una organización está involucrada en la venta de productos derivados de animales en peligro de extinción, como marfil de elefantes o cuernos de rinoceronte, esto contribuye a la crueldad animal al fomentar el tráfico ilegal y la matanza de especies en riesgo.

e) Extracción ilegal de animales salvajes: Si una entidad se dedica a la captura y comercio ilegal de animales salvajes, como reptiles, aves o primates, sin cumplir con regulaciones internacionales y sin respetar las condiciones de bienestar animal, está involucrada en crueldad animal.

f) Abandono y negligencia: Si una entidad es responsable de cuidar a los animales, como refugios de animales, granjas o instalaciones de entrenamiento, y no proporciona los cuidados necesarios, como alimento, refugio, atención veterinaria o espacio adecuado, puede ser acusada de crueldad animal.

g) Sacrificios inhumanos: Si una organización está involucrada en el sacrificio de animales para el consumo de alimentos, rituales religiosos o cualquier otro propósito, y realiza estos sacrificios de manera inhumana, puede enfrentar cargos de crueldad animal.

h) Tratamiento inadecuado en la industria de la moda y el entretenimiento: Las entidades que participan en la producción de prendas de vestir de piel o en la utilización de animales en la industria del entretenimiento, como la moda o el cine, y emplean prácticas crueles en la obtención o el uso de animales, pueden ser consideradas culpables de crueldad animal.

i) Caza furtiva y caza deportiva inhumana: Si una entidad facilita o participa en actividades de caza furtiva, caza deportiva que no respeta las normas de caza ética o la caza de especies en peligro de extinción, se involucra en prácticas que dañan gravemente la vida silvestre y constituyen crueldad animal.

j) Maltrato en la investigación científica: Las organizaciones que llevan a cabo investigaciones científicas en animales deben seguir estrictas regulaciones éticas para garantizar el bienestar de los sujetos de investigación. Si no lo hacen y someten a los animales a condiciones de sufrimiento innecesario, pueden enfrentar sanciones legales.

La responsabilidad penal de la persona jurídica en casos de crueldad animal implica que la organización puede ser procesada y sancionada legalmente por su participación en actividades que causan daño o sufrimiento injustificado a los animales.

Las sanciones pueden incluir multas significativas, la suspensión de actividades comerciales relacionadas con animales, la pérdida de licencias y contratos gubernamentales, así como daños a la reputación de la entidad.

Por lo tanto, es fundamental para las organizaciones implementar políticas y prácticas que promuevan el bienestar animal y cumplan con las leyes y regulaciones aplicables para evitar cualquier forma de crueldad animal y sus consecuencias legales.

NEGLIGENCIA VETERINARIA

La negligencia veterinaria en el contexto del delito contra los animales y en relación con la responsabilidad penal de la persona jurídica se refiere a la falta de atención, cuidado o tratamiento adecuado por parte de profesionales veterinarios o de la organización que gestiona la atención médica de los animales. Esta negligencia puede implicar la violación de normas y regulaciones específicas diseñadas para garantizar el bienestar y la salud de los animales.

Aquí se exponen algunos ejemplos de situaciones que podrían considerarse negligencia veterinaria y dar lugar a la responsabilidad penal de la persona jurídica:

a) Falta de atención médica adecuada: Si una organización que se encarga de la atención de animales, como un refugio, una granja o un zoológico, no proporciona atención veterinaria cuando es necesaria, como tratamiento para enfermedades o lesiones, esto podría considerarse negligencia veterinaria.

b) Condiciones de vida inadecuadas: Cuando una entidad mantiene animales en condiciones insalubres, superpobladas o en entornos inapropiados que afectan negativamente su salud y bienestar, puede ser acusada de negligencia veterinaria.

c) Uso indebido de medicamentos o procedimientos médicos: Si una organización utiliza medicamentos o procedimientos médicos en animales de manera inadecuada o sin la supervisión adecuada de un veterinario, esto puede ser considerado como negligencia veterinaria.

d) Incumplimiento de regulaciones de bienestar animal: Si una entidad no cumple con las regulaciones de bienestar animal, que pueden incluir requisitos para el alojamiento, la alimentación, el tratamiento médico y el ejercicio adecuado de los animales, podría ser acusada de negligencia veterinaria.

e) Falta de capacitación y supervisión del personal: La falta de capacitación y supervisión adecuada del personal que trabaja con animales puede llevar a prácticas negligentes que afecten el bienestar de los animales y, en consecuencia, dar lugar a la responsabilidad penal de la persona jurídica.

f) Negligencia en la atención a animales de compañía: En el caso de clínicas veterinarias o servicios de atención a mascotas, no proporcionar un estándar de atención adecuado, realizar procedimientos innecesarios o no tomar medidas para evitar el sufrimiento innecesario de los animales puede considerarse negligencia veterinaria.

g) Supervisión y control inadecuados: La negligencia veterinaria puede surgir cuando una organización no proporciona una supervisión y control adecuados sobre las personas encargadas del cuidado de los animales. Esto puede llevar a prácticas descuidadas o abusivas por parte del personal.

h) Falta de registros y documentación: La falta de registros precisos y actualizados relacionados con la atención médica, la alimentación, el alojamiento y el tratamiento de los animales puede constituir negligencia veterinaria. La documentación adecuada es esencial para garantizar un seguimiento adecuado del estado de salud y el bienestar de los animales.

i) Eutanasia inapropiada: La eutanasia es un procedimiento delicado que debe realizarse de manera ética y humanitaria cuando es necesario. La negligencia veterinaria puede ocurrir si se realiza la eutanasia de manera inapropiada o sin una justificación médica adecuada.

j) Desconocimiento o ignorancia de las regulaciones: Algunas organizaciones pueden incurrir en negligencia veterinaria debido a un desconocimiento de las regulaciones y leyes que rigen el cuidado y el tratamiento de los animales. Sin embargo, la ignorancia de la ley generalmente no exime de responsabilidad.

k) Impacto en la reputación y la confianza del público: La negligencia veterinaria puede tener graves consecuencias para la reputación y la confianza del público en una organización. Los casos de abuso o descuido de animales a menudo generan indignación y críticas públicas.

l) Sanciones legales y consecuencias económicas: La responsabilidad penal de la persona jurídica puede conllevar sanciones legales, multas significativas y otras consecuencias económicas para la organización acusada de negligencia veterinaria. Además, puede dar lugar a demandas civiles por daños y perjuicios.

m) Mejora del bienestar animal: La persecución de casos de negligencia veterinaria y la imposición de sanciones pueden contribuir a promover estándares más altos de cuidado y bienestar animal. Esto beneficia no solo a los animales involucrados sino también a la sociedad en general.

En general, la negligencia veterinaria implica una falta de diligencia y cuidado en la atención y el tratamiento de los animales que puede resultar en sufrimiento innecesario o incluso la muerte de los mismos.

La responsabilidad penal de la persona jurídica en estos casos busca garantizar que las organizaciones que gestionan la atención de los animales cumplan con las normativas y regulaciones necesarias para garantizar su bienestar y salud.

ABUSO SEXUAL ANIMAL

El abuso sexual animal en el contexto del delito contra los animales y en relación con la responsabilidad penal de la persona jurídica implica actos de agresión sexual dirigidos hacia un animal.

Aunque las leyes y regulaciones varían según la jurisdicción, estos actos generalmente se consideran delitos debido a la crueldad y el sufrimiento que infligen a los animales involucrados. Algunas consideraciones adicionales sobre el abuso sexual animal en este contexto incluyen:

a) Actos de crueldad extrema: El abuso sexual animal implica actos de crueldad extrema hacia los animales, ya que se utilizan con el propósito de satisfacer los deseos sexuales de una persona. Esto puede incluir violaciones, agresiones sexuales, o cualquier actividad sexual forzada que cause daño físico o psicológico al animal.

b) Impacto en la responsabilidad penal de la persona jurídica: La responsabilidad penal de la persona jurídica se aplica cuando una organización, como una empresa o entidad, está involucrada de alguna manera en actos de abuso sexual animal. Por ejemplo, si se demuestra que la organización permitió o facilitó deliberadamente el abuso sexual animal por parte de sus empleados o miembros, puede enfrentar sanciones legales y multas significativas.

c) Legislación específica: Las leyes que abordan el abuso sexual animal varían en diferentes jurisdicciones y pueden ser específicas en cuanto a las conductas prohibidas y las sanciones. En muchos lugares, el abuso sexual animal se considera un delito grave y puede dar lugar a penas de prisión y multas sustanciales.

d) Crueldad y bienestar animal: El abuso sexual animal es considerado un acto de crueldad hacia los animales y viola los principios fundamentales del bienestar animal. La sociedad en general reconoce la importancia de proteger a los animales de este tipo de abusos, y las leyes se han promulgado para prevenirlo y castigarlo.

e) Impacto en la reputación: La participación de una organización en casos de abuso sexual animal puede tener un impacto devastador en su reputación y confianza pública. Además de las sanciones legales, la organización puede enfrentar un daño significativo en su imagen y credibilidad.

f) Registros de delincuentes sexuales: En algunas jurisdicciones, las personas condenadas por abuso sexual animal pueden ser incluidas en registros de delincuentes sexuales, lo que puede tener un impacto duradero en su vida personal y profesional.

g) Orden de alejamiento de animales: Los tribunales pueden imponer órdenes de alejamiento que prohíben a los condenados acercarse o poseer animales durante un período específico.

h) Programas de rehabilitación: En algunos casos, se puede requerir que los infractores participen en programas de rehabilitación diseñados para tratar problemas subyacentes que contribuyeron a su comportamiento.

El abuso sexual animal se refiere a actos de agresión sexual hacia un animal y se considera un delito en muchas jurisdicciones debido a la crueldad y el sufrimiento que causa.

Cuando una persona jurídica está involucrada en casos de abuso sexual animal, puede ser considerada responsable penalmente y enfrentar consecuencias legales y económicas significativas.

La persecución de estos delitos busca proteger el bienestar de los animales y garantizar que las organizaciones cumplan con sus obligaciones legales en relación con ellos.

ENVENENAMIENTO INTENCIONAL

El envenenamiento intencional de animales es un acto deliberado y malicioso que causa daño o muerte a animales a través de la administración de sustancias tóxicas o venenosas. Esta conducta se considera un delito grave en muchas jurisdicciones debido a su crueldad y el sufrimiento innecesario que inflige a los animales. Cuando se trata de la responsabilidad penal de la persona jurídica en casos de envenenamiento intencional de animales, es importante entender cómo esta puede aplicarse.

En términos legales, la responsabilidad penal de la persona jurídica implica que una organización, entidad o empresa puede ser considerada responsable por actos delictivos cometidos en su nombre o en su beneficio. En el contexto del envenenamiento intencional de animales, esto podría aplicarse en situaciones en las que una organización, como una granja, un laboratorio de investigación, una empresa de productos químicos o cualquier entidad similar, haya empleado o permitido la acción de una persona que deliberadamente envenena animales como parte de sus operaciones o actividades.

Las implicaciones legales pueden variar según la jurisdicción y la gravedad del delito. Algunas de las posibles consecuencias legales de la responsabilidad penal de la persona jurídica en casos de envenenamiento intencional de animales pueden incluir:

a) Multas: La entidad puede ser multada con sumas significativas como castigo por su participación o negligencia en el envenenamiento de animales.

b) Prohibición de actividades: Las autoridades pueden imponer restricciones o prohibiciones a las actividades de la entidad relacionadas con el manejo o cuidado de animales.

c) Cierre de operaciones: En casos extremos, si se demuestra que la organización ha estado involucrada en actividades ilegales de envenenamiento animal, las autoridades pueden ordenar el cierre total o parcial de sus operaciones.

d) Responsabilidad civil: Además de las sanciones penales, la persona jurídica puede enfrentar demandas civiles por daños y perjuicios presentadas por individuos u organizaciones que hayan sufrido pérdidas o daños como resultado del envenenamiento de animales.

e) Daño a la reputación: La publicidad negativa y la condena social también pueden afectar gravemente la reputación de la entidad, lo que podría tener consecuencias económicas y de relaciones públicas.

f) Medidas preventivas: Para evitar enfrentar la responsabilidad penal de la persona jurídica por el envenenamiento intencional de animales, las organizaciones pueden implementar medidas preventivas efectivas. Esto puede incluir el establecimiento de políticas internas estrictas que prohíban cualquier forma de maltrato animal, incluido el envenenamiento. También se pueden llevar a cabo programas de capacitación para empleados y miembros de la organización que estén en contacto con animales, con el fin de concienciar sobre la importancia del bienestar animal y las consecuencias legales de su maltrato.

g) Supervisión y control: Las organizaciones deben establecer mecanismos adecuados de supervisión y control para garantizar que todas las operaciones relacionadas con animales se lleven a cabo de acuerdo con las leyes y regulaciones pertinentes. Esto implica la implementación de sistemas de seguimiento y auditoría para detectar y prevenir cualquier actividad ilegal o inhumana.

h) Colaboración con autoridades: En caso de que se sospeche o se detecte un caso de envenenamiento intencional de animales dentro de la organización, es crucial que esta colabore plenamente con las autoridades y proporcione toda la información necesaria para llevar a cabo una investigación adecuada. La falta de cooperación podría agravar la situación legal de la entidad.

i) Políticas de denuncia: Fomentar un entorno en el que los empleados y miembros de la organización se sientan seguros denunciando cualquier actividad ilegal o inmoral relacionada con el envenenamiento animal puede ayudar a prevenir actos de crueldad. Las políticas de denuncia confidencial pueden ser una herramienta efectiva para identificar y abordar problemas antes de que escalen.

j) Cumplimiento normativo: Las organizaciones deben mantenerse actualizadas con respecto a las leyes y regulaciones locales, nacionales e internacionales relacionadas con el bienestar animal. Esto asegura que estén al tanto de los requisitos legales y puedan ajustar sus operaciones y políticas en consecuencia.

Es importante destacar que la aplicación de la responsabilidad penal de la persona jurídica en casos de envenenamiento intencional de animales depende de la legislación específica de cada jurisdicción y de las circunstancias del caso en particular. Además, estas leyes se han vuelto más estrictas en muchos lugares debido a la creciente preocupación por el bienestar de los animales y la necesidad de prevenir actos de crueldad animal.

El envenenamiento intencional de animales se considera un delito grave en muchas jurisdicciones, y la responsabilidad penal de la persona jurídica puede aplicarse cuando una entidad está involucrada en actividades relacionadas con este acto ilícito. Las consecuencias legales pueden incluir multas, prohibiciones de actividades, responsabilidad civil y daño a la reputación de la entidad.

EXPERIMENTACIÓN ANIMAL NO ÉTICA

La experimentación animal no ética se refiere a la realización de procedimientos de investigación en animales de una manera que carece de consideraciones éticas y respeto hacia el bienestar de los sujetos animales involucrados.

Este tipo de práctica implica la realización de experimentos que pueden causar sufrimiento innecesario, dolor o malestar a los animales, sin una justificación científica válida o sin implementar medidas adecuadas para minimizar dicho sufrimiento.

Aspectos clave de la experimentación animal no ética como delito contra los animales incluyen:

a) Falta de justificación científica: La ausencia de una base científica sólida para la realización de los experimentos en animales, donde los beneficios previstos no justifican adecuadamente el sufrimiento infligido.

b) No implementación de métodos alternativos: La omisión de la consideración y aplicación de métodos alternativos, como técnicas in vitro o modelos computacionales, que podrían reemplazar o reducir la necesidad de utilizar animales en experimentación.

c) Condiciones inhumanas: La realización de experimentos en condiciones que resultan en sufrimiento físico o psicológico extremo para los animales, como confinamientos estrechos, privación de alimentos o agua, o la falta de atención veterinaria adecuada.

d) Falta de atención postoperatoria: La omisión de cuidados postoperatorios apropiados después de intervenciones quirúrgicas en animales, lo que puede llevar a complicaciones innecesarias y prolongadas.

e) Uso de métodos dolorosos sin necesidad: La aplicación de procedimientos dolorosos o invasivos sin justificación suficiente, cuando existen métodos menos dolorosos que podrían lograr el mismo objetivo.

f) Desconsideración hacia el bienestar psicológico: La falta de atención a las necesidades psicológicas de los animales, como la privación de estímulos ambientales enriquecedores o la ignorancia de comportamientos naturales.

g) Deficiencias en el diseño experimental: La ejecución de experimentos con diseños defectuosos que no proporcionan resultados válidos, lo que resulta en un uso ineficiente de los recursos y en el sufrimiento innecesario de los animales.

h) Falta de revisión ética: La realización de experimentos sin la revisión y aprobación adecuada por parte de comités éticos de investigación que evalúen la justificación, los métodos y el bienestar de los animales involucrados.

i) No divulgación de resultados negativos: La falta de transparencia al no divulgar resultados negativos de experimentos, lo que podría contribuir al uso repetido de procedimientos innecesarios.

j) Ignorancia de avances tecnológicos: La falta de adopción de avances tecnológicos y metodológicos que permitirían una investigación científica avanzada sin recurrir a la experimentación animal.

k) Falta de analgesia y anestesia adecuadas: La realización de procedimientos dolorosos en animales sin el uso adecuado de analgésicos o anestésicos para aliviar su sufrimiento durante y después de la experimentación.

l) Duración excesiva de experimentos: La prolongación innecesaria de experimentos sin una justificación científica válida, lo que podría someter a los animales a condiciones de estrés prolongado y sufrimiento.

m) Repetición innecesaria de experimentos: La repetición de experimentos sin justificación suficiente, lo que expone a los animales a procedimientos innecesarios y prolonga su sufrimiento sin contribuir significativamente al conocimiento científico.

n) Desconocimiento de la literatura científica: La falta de familiaridad con la literatura científica actual que podría indicar métodos alternativos o mejores enfoques para abordar preguntas de investigación.

La experimentación animal no ética está en contradicción con los estándares éticos y legales establecidos para garantizar el bienestar de los animales utilizados en investigación.

La promoción de métodos más éticos y el fomento de la investigación sin crueldad animal son objetivos cruciales para abordar este tipo de delito contra los animales.

CRIADEROS ILEGALES

Los criaderos ilegales en el contexto de delitos contra los animales se refieren a instalaciones de cría y reproducción que operan al margen de las regulaciones y normativas establecidas para garantizar el bienestar y la salud de los animales.

Estas operaciones, a menudo clandestinas o no autorizadas, se caracterizan por prácticas que pueden poner en riesgo la salud y el bienestar de los animales involucrados.

Aspectos clave de los criaderos ilegales como delito contra los animales incluyen:

a) Condiciones insalubres: Mantener a los animales en instalaciones que no cumplen con estándares mínimos de higiene, lo que puede resultar en la propagación de enfermedades y el deterioro de la salud de los animales.

b) Hacinamiento: Sobrepoblar las instalaciones con un número excesivo de animales, lo que puede resultar en condiciones de vida estresantes, falta de espacio y competencia por recursos limitados.

c) Cuidado veterinario deficiente: No proporcionar la atención veterinaria adecuada, incluyendo la falta de chequeos regulares, vacunaciones necesarias y tratamiento de enfermedades o lesiones.

d) Falta de socialización: No ofrecer oportunidades adecuadas para la socialización y estimulación mental de los animales, lo que puede llevar a problemas de comportamiento y bienestar emocional.

e) Reproducción descontrolada: La falta de control y planificación en la reproducción de animales, lo que puede dar lugar a problemas de salud genética, enfermedades hereditarias y aumento del número de animales sin hogar.

f) Venta ilegal de animales: Comercializar animales sin las licencias y autorizaciones necesarias, contribuyendo al comercio ilegal de mascotas y a la explotación de animales con fines lucrativos.

g) Falta de seguimiento de estándares de bienestar: Incumplir con los estándares establecidos para el bienestar animal, ignorando las necesidades básicas de los animales, como la alimentación adecuada, el agua, el refugio y el ejercicio.

h) Exposición a condiciones climáticas extremas: No proporcionar protección adecuada contra condiciones climáticas adversas, exponiendo a los animales a temperaturas extremas, lluvias, vientos fuertes u otras condiciones meteorológicas adversas.

i) Negligencia en la cría de animales de compañía: Criar animales de compañía sin la consideración adecuada de las necesidades específicas de la especie, contribuyendo a la proliferación de enfermedades y a la producción de animales con problemas de salud.

j) Falta de cumplimiento de requisitos legales: Operar sin cumplir con las leyes y regulaciones locales que establecen estándares mínimos para la cría y cuidado de animales, lo que puede resultar en acciones legales y sanciones.

k) Venta de animales enfermos o defectuosos: Comercializar animales que presentan enfermedades, discapacidades o defectos de salud sin divulgar esta información a los compradores, lo que puede resultar en problemas de salud para los animales y frustración para los propietarios.

l) Uso de métodos inhumanos de eutanasia: Realizar la eutanasia de animales de manera inhumana, como métodos crueles o no autorizados, cuando sea necesario poner fin a la vida de un animal por razones humanitarias.

m) Falta de documentación y registros: Operar sin mantener registros adecuados sobre la cría, la salud y las condiciones de vida de los animales, lo que dificulta el rastreo y la aplicación de regulaciones.

n) Criaderos clandestinos: Establecer instalaciones de cría en lugares no declarados o no autorizados, evitando la supervisión y regulación por parte de las autoridades correspondientes.

ñ) Uso de prácticas de crianza intensiva: Recurrir a prácticas de crianza intensiva que priorizan la cantidad de animales producidos sobre la calidad de vida y el bienestar individual de cada animal.

o) Cruce de razas de manera irresponsable: Realizar cruzas de razas sin tener en cuenta las consecuencias genéticas y de salud, contribuyendo a la propagación de problemas hereditarios y aumentando el riesgo de enfermedades genéticas.

p) Desconocimiento de las necesidades específicas de las especies: Criar animales sin tener en cuenta las necesidades específicas de la especie, como la dieta, el entorno y el comportamiento natural, lo que puede resultar en problemas de salud y comportamiento.

q) Incumplimiento de requisitos de bienestar animal: No cumplir con los estándares mínimos establecidos para el bienestar de los animales en criaderos, incluyendo el acceso adecuado a comida, agua, refugio y atención veterinaria.

r) Falta de socialización temprana: No proporcionar oportunidades adecuadas para la socialización temprana de los animales, lo que puede afectar negativamente su capacidad de adaptarse a entornos domésticos.

s) Publicidad engañosa: Realizar prácticas publicitarias engañosas, como mostrar imágenes o descripciones falsas de los animales, para atraer a los compradores sin informarles adecuadamente sobre las condiciones reales de cría.

Los criaderos ilegales comprometen el bienestar de los animales y pueden contribuir a problemas más amplios relacionados con la salud pública, la seguridad y la ética en la cría y comercio de animales.

Su abordaje requiere una aplicación rigurosa de las leyes existentes, así como esfuerzos para concienciar sobre prácticas de cría responsables y fomentar la adopción de animales provenientes de fuentes éticas.

DIFUSIÓN DE ENFERMEDADES

La difusión de enfermedades en el contexto de delitos contra los animales se refiere al acto de propagar intencionada o negligente enfermedades entre poblaciones animales.

Este comportamiento puede resultar en consecuencias perjudiciales tanto para la salud y el bienestar de los animales afectados como para la salud pública en general.

Aspectos clave de la difusión de enfermedades como delito contra los animales incluyen:

a) Transmisión intencional: La propagación deliberada de enfermedades entre animales, ya sea mediante la introducción de animales infectados en poblaciones sanas o a través de otros métodos destinados a causar la enfermedad.

b) Falta de medidas de bioseguridad: La negligencia en la implementación de prácticas de bioseguridad adecuadas, como la separación y cuarentena de animales enfermos, que prevengan la propagación de enfermedades en instalaciones de cría o entre poblaciones de animales.

c) Omisión de tratamiento: La omisión de proporcionar tratamiento adecuado a animales enfermos, lo que puede resultar en la propagación de enfermedades no tratadas.

d) Transporte no seguro de animales enfermos: La realización de transporte de animales enfermos sin medidas de precaución adecuadas, aumentando el riesgo de contagio en el camino.

e) Falta de divulgación: La omisión de informar a compradores o adoptantes sobre la existencia de enfermedades en los animales que están siendo vendidos o adoptados, lo que podría resultar en la introducción de enfermedades en nuevos entornos.

f) Manipulación inadecuada de desechos biológicos: La disposición inadecuada de desechos biológicos, como excrementos o material contaminado, que puede facilitar la transmisión de patógenos y enfermedades entre animales.

g) Desconocimiento de regulaciones sanitarias: Operar instalaciones de cría o comercio de animales sin seguir las regulaciones y normativas establecidas para prevenir la propagación de enfermedades.

h) Falta de cuarentena: No aplicar medidas de cuarentena adecuadas para los animales recién llegados o aquellos que han estado en contacto con individuos enfermos, lo que aumenta el riesgo de contagio en las instalaciones.

i) Comercialización de animales enfermos: La venta de animales enfermos sin revelar su condición de salud, lo que puede resultar en la introducción de enfermedades en nuevos hogares y entornos.

j) Resistencia a la aplicación de medidas de control: La resistencia a la implementación de medidas de control por parte de las autoridades sanitarias o veterinarias, lo que podría agravar la propagación de enfermedades.

k) Falta de detección temprana: No realizar exámenes de detección temprana de enfermedades en animales, lo que puede permitir que las enfermedades se propaguen antes de ser identificadas y tratadas.

l) Uso de medicamentos sin supervisión veterinaria: Administrar medicamentos, incluyendo antibióticos, sin la supervisión adecuada de un profesional veterinario, lo que puede contribuir al desarrollo de resistencia antimicrobiana y a la propagación de enfermedades.

m) Falta de control de vectores: No implementar medidas efectivas para controlar vectores que pueden transmitir enfermedades, como garrapatas, pulgas o mosquitos, lo que aumenta el riesgo de transmisión.

n) Prácticas inseguras en mataderos: Realizar prácticas inseguras en mataderos que puedan propiciar la contaminación y propagación de enfermedades durante la manipulación de carnes y subproductos animales.

ñ) Falta de protocolos de limpieza y desinfección: No seguir protocolos adecuados de limpieza y desinfección en instalaciones donde se manejan animales, lo que puede permitir la persistencia de patógenos y su transmisión.

o) Compartir utensilios y equipo contaminado: El uso compartido de utensilios y equipo entre animales sin la debida limpieza y desinfección, lo que facilita la transmisión de enfermedades.

p) Importación no regulada de animales: Importar animales sin cumplir con las regulaciones sanitarias y cuarentenas apropiadas, lo que puede introducir enfermedades en nuevas áreas geográficas.

q) Falta de educación sobre bioseguridad: La ausencia de programas educativos y orientación sobre prácticas de bioseguridad para los dueños de animales, lo que puede resultar en el desconocimiento de medidas preventivas.

r) No reportar brotes de enfermedades: La omisión de reportar brotes de enfermedades a las autoridades sanitarias competentes, impidiendo una respuesta rápida y efectiva para contener la propagación.

s) Condiciones inadecuadas en mercados de animales: Mantener condiciones inseguras e insalubres en mercados de animales, donde la proximidad entre especies y la falta de medidas de higiene pueden propiciar la transmisión de enfermedades.

La difusión de enfermedades en el ámbito de los animales puede tener consecuencias significativas para la salud de las poblaciones animales, la biodiversidad y la salud pública en general.

Es esencial abordar estas conductas con medidas preventivas, regulaciones efectivas y acciones legales para proteger la salud y el bienestar de los animales y de la sociedad en su conjunto.

MUTILACIÓN SIN NECESIDAD MÉDICA

La mutilación sin necesidad médica en el contexto de delitos contra los animales se refiere al acto de realizar procedimientos que implican la eliminación, alteración o daño de partes del cuerpo de un animal sin una justificación médica legítima y necesaria.

Estas prácticas, cuando se llevan a cabo sin razones médicas válidas, pueden considerarse como actos de crueldad y abuso hacia los animales, ya que causan sufrimiento innecesario y comprometen su bienestar.

Aspectos clave de la mutilación sin necesidad médica como delito contra los animales incluyen:

a) Amputación no terapéutica: Llevar a cabo la amputación de extremidades, orejas, cola u otras partes del cuerpo de un animal sin una indicación médica legítima y justificada.

b) Corte de cuerdas vocales: Realizar la sección de las cuerdas vocales de un animal con el objetivo de evitar que emitan sonidos, como ladridos en perros, sin una justificación médica necesaria.

c) Eliminación de garras o dientes: Retirar garras o dientes de un animal, como en el caso de gatos o perros, sin una razón médica válida y justificada.

d) Marcación permanente sin razón médica: Realizar marcas permanentes en la piel de un animal, como tatuajes o cicatrices, sin un propósito médico necesario.

e) Corte de colas en ganado: Amputar las colas de ganado u otros animales de granja sin una justificación médica que respalde la necesidad de tal procedimiento.

f) Extirpación de órganos sensoriales: Eliminar o dañar órganos sensoriales como ojos, oídos o narices sin motivación médica justificada.

g) Modificación estética sin necesidad: Realizar procedimientos de modificación estética en animales, como el corte de orejas en razas caninas, sin razones médicas necesarias.

h) Castración sin justificación médica: Realizar la castración de animales sin una razón médica válida, cuando no existe un propósito terapéutico o de control poblacional que lo justifique.

i) Prácticas de cirugía estética no terapéuticas: Realizar cirugías estéticas no terapéuticas en animales con el objetivo de alterar su apariencia física sin una necesidad médica legítima.

j) Amputación de extremidades por motivos no médicos: La amputación de patas, garras o extremidades de animales sin una justificación médica que respalde la necesidad de tal intervención.

k) Desungulación en felinos: Realizar la desungulación en gatos sin razones médicas válidas, lo que implica la amputación de garras y puede causar dolor crónico y problemas de comportamiento.

l) Corte de aletas en peces: Amputar aletas en peces sin justificación médica, lo que afecta su capacidad de nadar y su bienestar general.

m) Modificación de orejas en ganado: Realizar cortes o muescas en las orejas de ganado como forma de identificación sin razones médicas, lo que puede causar molestias y dolor innecesario.

n) Eliminación de extremidades en reptiles: Amputar extremidades en reptiles, como lagartos o serpientes, sin justificación médica, lo que afecta su movilidad y comportamiento natural.

ñ) Corte de alas en aves: Realizar la amputación de alas en aves, como loros o patos, sin una justificación médica necesaria, lo que impide su capacidad de vuelo y afecta su comportamiento natural.

o) Eliminación de uñas en primates: Cortar las uñas de primates, como monos, de manera no terapéutica, lo que puede causar dolor y afectar su habilidad para trepar y manipular objetos.

p) Extirpación de glándulas odoríferas: Retirar las glándulas odoríferas en animales, como glándulas anales en perros, sin razones médicas válidas, lo que puede afectar sus funciones naturales y causar molestias.

q) Extracción de cuernos o antenas en insectos: Eliminar cuernos o antenas en insectos sin justificación médica, lo que puede afectar su capacidad para comunicarse y percibir su entorno.

r) Corte de cuernos en ganado: Amputar cuernos en ganado sin una razón médica necesaria, lo que puede causar dolor y afectar su comportamiento social.

La mutilación sin necesidad médica en animales es objeto de creciente preocupación ética y legal, ya que implica infligir sufrimiento y daño sin un propósito médico legítimo.

La legislación y regulaciones en muchos lugares buscan prohibir estas prácticas y promover el bienestar de los animales al limitar las intervenciones médicas a aquellas que son necesarias para la salud y el tratamiento médico efectivo.

EXPLOTACIÓN EN ENTRETENIMIENTO

La explotación en el entretenimiento en el contexto de delitos contra los animales se refiere al uso indebido y perjudicial de animales para actividades de entretenimiento humano, donde sufre daño físico, emocional o psicológico como consecuencia de su participación en espectáculos, shows, circos, carreras u otras formas de entretenimiento.

Este tipo de explotación a menudo implica prácticas que van en contra del bienestar y la integridad natural de los animales, con el objetivo de generar entretenimiento para el público.

Aspectos clave de la explotación en el entretenimiento como delito contra los animales incluyen:

a) Actuaciones forzadas: Obligar a los animales a realizar actos o comportamientos en contra de su voluntad mediante el uso de métodos coercitivos, como golpes, descargas eléctricas o privación de alimentos.

b) Entrenamiento cruel: Emplear técnicas de entrenamiento que causan dolor, miedo o sufrimiento innecesario a los animales, como el uso de dispositivos de castigo, cadenas, y confinamiento en espacios reducidos.

c) Condiciones inadecuadas de vida: Mantener a los animales en condiciones de vida deficientes, como jaulas pequeñas, instalaciones insalubres o falta de acceso a agua y alimentos adecuados.

d) Transporte inseguro: Someter a los animales a condiciones de transporte inseguras, incómodas o estresantes, sin proporcionarles el espacio y la ventilación adecuados.

e) Exhibición en espectáculos crueles: Incluir animales en espectáculos crueles, como peleas de animales o exhibiciones que involucren prácticas peligrosas y perjudiciales.

f) Uso de animales salvajes en circos: Emplear animales salvajes en circos sin respetar sus necesidades naturales de movimiento, comportamiento y hábitat, lo que a menudo resulta en sufrimiento.

g) Carreras y competiciones abusivas: Participar en carreras o competiciones que ponen en riesgo la salud y el bienestar de los animales, como carreras de caballos donde se utilizan métodos crueles para aumentar el rendimiento.

h) Explotación en parques temáticos: Utilizar animales en parques temáticos de manera que contravenga su bienestar, como forzarlos a realizar trucos o interactuar con el público en condiciones estresantes.

i) Fotografías y encuentros manipulados: Permitir que el público interactúe con animales salvajes para tomar fotografías o participar en encuentros, sin tener en cuenta el estrés y el riesgo para la seguridad de los animales.

j) Sacrificios o rituales en espectáculos: Incluir prácticas crueles, como sacrificios o rituales, como parte de espectáculos públicos, lo que causa sufrimiento innecesario a los animales.

k) Espectáculos con fuego o pirotecnia: Incluir elementos peligrosos como fuego o pirotecnia en espectáculos que involucran animales, exponiéndolos a situaciones estresantes o riesgosas.

l) Espectáculos itinerantes: Utilizar animales en espectáculos itinerantes que implican viajes constantes y condiciones de vida precarias, afectando negativamente su bienestar.

m) Prácticas circenses tradicionales: Mantener prácticas circenses tradicionales que incluyen el uso de animales en actos que van en contra de sus necesidades naturales y comportamientos.

n) Explotación en ferias y parques de atracciones: Incluir animales en ferias y parques de atracciones en situaciones que causan estrés, como paseos forzados o interacciones con grandes multitudes.

o) Espectáculos de peleas de animales: Organizar peleas de animales con fines de entretenimiento, lo que causa sufrimiento y lesiones graves.

p) Espectáculos con animales marinos: Utilizar animales marinos en espectáculos acuáticos, como delfines y orcas, en condiciones que no cumplen con sus necesidades naturales y comportamientos.

q) Uso de animales en películas y programas de televisión: Emplear animales en producciones cinematográficas y televisivas sin garantizar su bienestar y seguridad durante las grabaciones.

r) Espectáculos con animales exóticos: Presentar animales exóticos en espectáculos sin respetar sus necesidades específicas de hábitat y alimentación.

s) Uso de animales en publicidad: Utilizar animales en anuncios publicitarios o promociones de manera que cause estrés o malestar, sin garantizar su bienestar.

t) Espectáculos religiosos con animales: Incluir animales en prácticas religiosas o ceremonias que impliquen sufrimiento o sacrificio innecesario.

La explotación en el entretenimiento se considera problemática desde una perspectiva ética y de bienestar animal.

La legislación y las regulaciones buscan proteger a los animales de prácticas abusivas en el ámbito del entretenimiento, y la concienciación pública juega un papel clave en fomentar alternativas éticas y sostenibles para el disfrute humano sin comprometer el bienestar de los animales.

FALTA DE ATENCIÓN A NECESIDADES ESPECÍFICAS DE LA ESPECIE

La falta de atención a las necesidades específicas de la especie en el contexto de delitos contra los animales se refiere al incumplimiento o negligencia respecto a los requisitos biológicos, comportamentales y ambientales particulares que son esenciales para el bienestar y la salud de una especie animal en particular.

Este tipo de delito implica la omisión de proporcionar condiciones adecuadas para que los animales expresen comportamientos naturales, satisfagan sus instintos básicos y vivan de acuerdo con sus características biológicas específicas.

Los aspectos clave de la falta de atención a las necesidades específicas de la especie como delito contra los animales incluyen:

a) Condiciones de vida inapropiadas: Mantener a los animales en entornos que no cumplen con sus requisitos de espacio, temperatura, iluminación y refugio, afectando negativamente su bienestar.

b) Dieta inadecuada: Suministrar alimentos que no satisfacen las necesidades nutricionales específicas de la especie, lo que puede conducir a problemas de salud y deficiencias nutricionales.

c) Falta de estimulación mental y física: Privar a los animales de oportunidades para la estimulación mental y física, como la falta de juguetes, enriquecimiento ambiental o interacción social, lo que puede resultar en comportamientos anormales.

d) Aislamiento social: Mantener a animales que son socialmente interactivos en condiciones de aislamiento, privándolos de la compañía y la interacción con otros miembros de su especie.

e) Falta de atención veterinaria: No proporcionar atención veterinaria adecuada, incluyendo chequeos regulares, tratamiento de enfermedades y manejo de condiciones médicas, lo que puede resultar en sufrimiento innecesario.

f) No permitir comportamientos naturales: Impedir que los animales expresen comportamientos innatos y naturales, como cavar, trepar, nadar o volar, debido a restricciones artificiales.

g) Confinamiento excesivo: Sujetar a los animales en jaulas, corrales o recintos que son demasiado pequeños o limitados, impidiendo su capacidad de moverse y explorar.

h) Ignorar las necesidades reproductivas: No abordar las necesidades reproductivas de los animales, como la falta de acceso a compañeros adecuados o la prevención de comportamientos naturales de apareamiento.

i) Exposición a condiciones climáticas extremas: No proporcionar protección adecuada contra condiciones climáticas adversas, como el frío extremo, el calor intenso o la lluvia, lo que puede causar estrés y enfermedades.

j) Falta de hábitats enriquecidos: Privar a los animales de ambientes enriquecidos que les permitan explorar, investigar y participar en comportamientos que son esenciales para su bienestar psicológico.

k) Falta de acceso al agua: No proporcionar acceso constante a agua limpia y fresca, lo cual es esencial para todas las especies y para mantener la salud y bienestar adecuados.

l) Falta de refugio adecuado: No ofrecer refugio apropiado para proteger a los animales de condiciones climáticas extremas, como lluvia, viento, frío o calor excesivo.

m) Prácticas de cría irresponsables: Llevar a cabo prácticas de cría indiscriminadas o irresponsables que resultan en problemas genéticos, malformaciones o problemas de salud para las crías.

n) Manejo brusco o violento: Tratar a los animales con violencia, golpes o técnicas de manejo bruscas que causan dolor o miedo innecesario.

ñ) Restricciones de movimiento excesivas: Limitar la capacidad de los animales para moverse y ejercitarse adecuadamente, lo cual es esencial para su salud física y mental.

o) Exposición a sustancias tóxicas: Permitir que los animales estén expuestos a sustancias químicas o tóxicas que puedan afectar negativamente su salud y bienestar.

p) Falta de atención a necesidades sensoriales: Ignorar las necesidades sensoriales específicas de los animales, como proporcionar estímulos visuales, auditivos o táctiles adecuados para su especie.

q) Falta de atención a las necesidades específicas de la especie es considerada una forma de maltrato animal, ya que afecta significativamente la calidad de vida de los animales y puede resultar en sufrimiento innecesario.

Las leyes y regulaciones relacionadas con la protección animal buscan prevenir y sancionar este tipo de conductas, y la concienciación pública juega un papel crucial en promover el respeto y cuidado adecuado hacia los animales.

TRANSPORTE INSEGURO

El transporte inseguro en el contexto de delitos contra los animales se refiere a la práctica de trasladar animales de un lugar a otro de manera que compromete su bienestar y salud debido a condiciones inseguras, inadecuadas o insalubres durante el proceso de transporte.

Este tipo de delito implica exponer a los animales a riesgos que van desde lesiones físicas hasta estrés severo, enfermedades e incluso la muerte, como resultado de condiciones inseguras y negligencia durante el transporte.

Los aspectos más importantes del transporte inseguro como delito contra los animales incluyen:

a) Hacinamiento: Sobrecargar vehículos o contenedores con un número excesivo de animales, lo que limita su espacio, movimiento y acceso a aire fresco, aumentando el riesgo de lesiones y estrés.

b) Falta de ventilación: No proporcionar una ventilación adecuada durante el transporte, lo que puede dar lugar a condiciones sofocantes, especialmente en climas cálidos, afectando la respiración y el bienestar de los animales.

c) Temperaturas extremas: Transportar animales en condiciones de temperaturas extremas sin proporcionar medidas adecuadas para mitigar el frío o el calor excesivo, lo que puede resultar en sufrimiento y enfermedades.

d) Viajes prolongados sin descanso: Realizar viajes excesivamente largos sin pausas para alimentación, agua y descanso, lo que puede resultar en agotamiento, deshidratación y agudización de condiciones médicas preexistentes.

e) Carga y descargas bruscas: Manejar a los animales de manera brusca durante las fases de carga y descarga, causando lesiones y generando estrés adicional.

f) Falta de seguridad en la sujeción: No asegurar adecuadamente a los animales dentro del vehículo o contenedor, lo que puede dar lugar a caídas, lesiones y comportamientos inseguros durante el transporte.

g) Falta de acceso a alimentos y agua: Privar a los animales de acceso a alimentos y agua durante el transporte, lo que puede llevar a desnutrición, deshidratación y debilitamiento general.

h) Uso de métodos coercitivos: Utilizar métodos coercitivos, como el uso excesivo de palos, golpes o descargas eléctricas, para controlar a los animales durante el transporte, lo que resulta en sufrimiento innecesario.

i) Transporte de animales enfermos o lesionados: Trasladar animales que están enfermos, lesionados o que presentan condiciones médicas que requieren atención veterinaria sin proporcionar el cuidado adecuado.

j) Falta de inspección y atención veterinaria: No realizar inspecciones regulares durante el transporte ni proporcionar atención veterinaria en caso de emergencias o problemas de salud.

k) Falta de protección contra el mal tiempo: No proporcionar protección adecuada contra condiciones meteorológicas adversas, como lluvia, nieve, viento o sol intenso, exponiendo a los animales a factores climáticos extremos.

l) Uso de vehículos inadecuados: Transportar animales en vehículos que no están diseñados o equipados adecuadamente para garantizar su seguridad y comodidad, como vehículos sin ventilación adecuada o jaulas inseguras.

m) Falta de monitoreo durante el transporte: No realizar un monitoreo constante de los animales durante el transporte para identificar signos de malestar, lesiones o comportamientos anómalos que puedan indicar problemas de salud.

o) Transporte de animales no aptos para viajar: Mover animales que, debido a su estado de salud, edad o condición física, no deberían ser sometidos al estrés del transporte, lo que puede agravar sus condiciones médicas.

p) Falta de capacitación del personal: No proporcionar capacitación adecuada al personal encargado del transporte de animales, lo que puede resultar en prácticas inseguras y lesiones innecesarias.

q) Falta de documentación adecuada: No mantener registros precisos y actualizados sobre la salud, origen y destino de los animales durante el transporte, lo que puede dificultar la rastreabilidad y la respuesta a emergencias.

r) Transporte durante condiciones extremas de tráfico: Programar o realizar viajes durante períodos de tráfico intenso, lo que puede prolongar innecesariamente el tiempo de transporte y aumentar el estrés de los animales.

s) Falta de procedimientos para emergencias: No tener protocolos establecidos para abordar situaciones de emergencia durante el transporte, como accidentes de tráfico, fallas mecánicas o condiciones meteorológicas extremas.

t) Falta de descanso para los conductores: No proporcionar descansos adecuados y regulares para los conductores que transportan animales, lo que puede afectar su capacidad para manejar la situación de manera segura y efectiva.

u) Falta de cumplimiento de regulaciones y normativas: No seguir las regulaciones y normativas específicas relacionadas con el transporte de animales, lo que puede resultar en multas y sanciones legales.

El transporte inseguro de animales no solo viola los principios éticos relacionados con el tratamiento humano de los animales, sino que también puede estar sujeto a regulaciones y legislación específicas que buscan garantizar el bienestar de los animales durante todo el proceso de transporte.

La implementación de prácticas seguras y éticas en el transporte de animales es esencial para prevenir el sufrimiento innecesario y garantizar su salud y bienestar durante el desplazamiento.

EXHIBICIÓN DE ANIMALES EN CONDICIONES INAPROPIADAS

La exhibición de animales en condiciones inapropiadas en el contexto de delitos contra los animales se refiere a la práctica de presentar animales en entornos que no cumplen con sus necesidades básicas y naturales, comprometiendo su bienestar y salud.

Este tipo de delito implica exponer a los animales a condiciones que pueden resultar en sufrimiento, estrés, enfermedad y lesiones debido a la negligencia o indiferencia hacia sus requerimientos biológicos y comportamentales.

Los aspectos más trascendentes de la exhibición de animales en condiciones inapropiadas como delito contra los animales incluyen:

a) Falta de enriquecimiento ambiental: No proporcionar estímulos ambientales, como juguetes, estructuras para trepar o elementos que fomenten la exploración, que son esenciales para la salud mental y el bienestar de los animales.

b) Condiciones de vida insalubres: Descuidar la limpieza y la higiene de los recintos, lo que puede dar lugar a acumulación de desechos, presencia de parásitos y condiciones insalubres que afectan la salud de los animales.

c) Exposición a condiciones climáticas extremas: No ofrecer refugio adecuado contra temperaturas extremas, lluvia, viento, sol intenso o frío, exponiendo a los animales a condiciones climáticas perjudiciales.

d) Falta de acceso a agua y alimentos adecuados: Privar a los animales de acceso constante a agua limpia y alimentos nutricionalmente adecuados, lo que puede llevar a deshidratación, malnutrición y debilitamiento general.

e) Aislamiento social: Mantener a animales sociales en aislamiento, sin la compañía de otros de su especie, lo que puede resultar en problemas de comportamiento y deterioro emocional.

f) Transporte inseguro durante exhibiciones itinerantes: Desplazar a los animales de manera insegura durante exhibiciones itinerantes, exponiéndolos a condiciones de transporte estresantes y riesgosas.

g) Espectáculos con actos crueles o coercitivos: Presentar actos que involucren prácticas crueles, como forzar a los animales a realizar trucos mediante el uso de métodos coercitivos o castigos.

h) Falta de atención veterinaria: No proporcionar atención veterinaria adecuada, incluyendo chequeos regulares y tratamiento de enfermedades, lo que puede resultar en sufrimiento innecesario y deterioro de la salud.

i) Uso de animales salvajes en espectáculos no educativos: Utilizar animales salvajes en espectáculos que no tienen un propósito educativo legítimo, perpetuando prácticas que van en contra de su bienestar.

j) Falta de áreas de descanso adecuadas: No proporcionar áreas o refugios donde los animales puedan descansar y retirarse del público cuando lo deseen, lo que es esencial para reducir el estrés.

k) Falta de acceso a entornos naturales: No ofrecer a los animales acceso a entornos que simulen o imiten sus hábitats naturales, privándolos de la oportunidad de expresar comportamientos propios de su especie.

l) Uso de celdas o jaulas con barras estrechas: Utilizar jaulas o celdas con barras estrechas que pueden causar lesiones físicas a los animales, como lesiones en la piel o deformidades por el contacto constante.

m) Falta de regulación en espectáculos itinerantes: Permitir espectáculos itinerantes que no cumplen con estándares de bienestar animal, donde los animales pueden enfrentar condiciones precarias durante el transporte y las presentaciones.

n) Exposición constante a ruido y multitudes: Mantener a los animales en entornos ruidosos y con multitudes constantes, lo que puede generar estrés y ansiedad, afectando negativamente su bienestar psicológico.

ñ) Falta de oportunidades para comportamientos naturales: No permitir que los animales expresen comportamientos naturales, como la caza, el vuelo, la exploración y la interacción social, limitando su bienestar emocional.

o) Espectáculos con luces deslumbrantes: Realizar espectáculos con luces deslumbrantes que pueden resultar en incomodidad y estrés para los animales, especialmente aquellos con una sensibilidad visual aguda.

p) Uso de animales bebés como atracción: Utilizar crías de animales como una atracción principal sin considerar las necesidades específicas de cuidado y desarrollo de los animales jóvenes.

q) Falta de educación del público: No proporcionar información educativa sobre el comportamiento natural, las necesidades y la conservación de los animales durante las exhibiciones, contribuyendo a la falta de conciencia y comprensión por parte del público.

La exhibición de animales en condiciones inapropiadas es considerada una violación ética y, en muchos lugares, está sujeta a regulaciones y leyes que buscan proteger el bienestar de los animales en ambientes de exhibición.

La concienciación pública y la promulgación y cumplimiento de normativas específicas son esenciales para prevenir este tipo de prácticas y garantizar que los animales sean tratados con respeto y consideración en entornos de exhibición.

INTRODUCCIÓN DE ESPECIES INVASORAS

La introducción de especies invasoras en el contexto de delitos contra los animales se refiere a la acción de traer deliberadamente especies no nativas a un ecosistema determinado, con consecuencias negativas para la fauna y flora autóctonas.

Este acto constituye una amenaza significativa para la biodiversidad y puede resultar en daños ecológicos graves.

Algunos aspectos a considerar sobre la introducción de especies invasoras como delito contra los animales incluyen:

a) Impacto en la fauna local: La presencia de especies invasoras puede competir con las especies autóctonas por recursos como alimento, hábitat y espacio, lo que puede llevar a la disminución de las poblaciones nativas.

b) Desplazamiento de especies autóctonas: Las especies invasoras a menudo pueden desplazar a las especies autóctonas al competir con ellas por recursos esenciales, alterando los equilibrios ecológicos preexistentes.

c) Depredación: Algunas especies invasoras pueden actuar como depredadores de las especies locales, llevando a la disminución o extinción de ciertas poblaciones nativas.

d) Alteración de hábitats: Las especies invasoras pueden modificar los hábitats locales al cambiar las características físicas o químicas del entorno, afectando negativamente a la fauna y flora autóctonas.

e) Transmisión de enfermedades: Las especies invasoras pueden introducir nuevas enfermedades a las poblaciones locales, que pueden no tener resistencia a estos patógenos, resultando en brotes y disminución de la salud de la fauna nativa.

f) Alteración de patrones de reproducción: La introducción de especies invasoras puede afectar los patrones de reproducción y comportamiento de las especies autóctonas, creando desequilibrios en la dinámica poblacional.

g) Degradación de servicios ecosistémicos: Las especies invasoras pueden afectar la capacidad de los ecosistemas para proporcionar servicios esenciales, como la purificación del agua, polinización y control de plagas.

h) Amenaza a especies en peligro de extinción: La presencia de especies invasoras puede representar una amenaza adicional para especies ya en peligro de extinción, dificultando aún más sus posibilidades de supervivencia.

i) Abandono de mascotas invasoras: El abandono de mascotas exóticas o no nativas en entornos naturales puede conducir a la introducción de especies invasoras. Estos animales, al escapar o ser liberados, pueden establecer poblaciones fuera de su hábitat original, compitiendo con las especies autóctonas.

j) Transporte inadvertido: La transportación involuntaria de especies invasoras a través del comercio internacional, la agricultura, la pesca u otras actividades humanas puede contribuir a su introducción no intencionada en nuevos entornos.

k) Falta de regulación en la posesión y comercio: La falta de regulación en la posesión y comercio de especies exóticas puede resultar en la adquisición y liberación irresponsable de animales no nativos, aumentando el riesgo de establecimiento de poblaciones invasoras.

l) Falta de control en la importación: La falta de controles adecuados en la importación de animales y plantas puede permitir la entrada de especies invasoras a través del comercio internacional, lo que puede tener consecuencias perjudiciales para los ecosistemas locales.

m) Falta de educación sobre especies invasoras: La falta de conciencia y educación pública sobre los riesgos asociados con la introducción de especies invasoras puede contribuir a acciones inadvertidas que resultan en la liberación o dispersión de animales no nativos.

n) Falta de medidas preventivas en áreas vulnerables: La falta de implementación de medidas preventivas, como barreras físicas o cuarentenas, en áreas vulnerables puede facilitar la entrada y establecimiento de especies invasoras.

ñ) Uso no sostenible en acuicultura: La acuicultura irresponsable puede resultar en la liberación de especies exóticas utilizadas en granjas acuícolas, lo que puede tener consecuencias adversas para los ecosistemas acuáticos circundantes.

o) Introducción con fines recreativos: La introducción de especies no nativas con fines recreativos, como la pesca deportiva o la ornamentación de jardines, puede generar problemas ecológicos si estas especies escapan y se establecen en entornos naturales.

p) Falta de coordinación internacional: La falta de coordinación y regulación a nivel internacional puede facilitar la propagación de especies invasoras entre países, especialmente cuando no hay acuerdos para prevenir su transporte involuntario.

La introducción de especies invasoras se considera un delito contra los animales y el medio ambiente debido a sus impactos perjudiciales y a menudo irreversibles en los ecosistemas locales.

La regulación y control de la introducción de especies invasoras son fundamentales para prevenir daños ecológicos y proteger la biodiversidad.

Además, la conciencia pública sobre los riesgos asociados con la introducción de especies no nativas es crucial para prevenir futuras introducciones inadvertidas o intencionales.

COHECHO

INTRODUCCIÓN

El delito de cohecho se refiere a la práctica de ofrecer, dar, recibir o solicitar algo de valor como influencia para la acción de una persona en una posición pública o privada de responsabilidad.

Se considera una forma de corrupción y es un delito en muchas jurisdicciones.

Las características y conductas asociadas con el delito de cohecho incluyen:

a) Para el Dador de Soborno:

- Oferta de beneficio: Proporciona, ofrece o promete un beneficio material o inmaterial a otra persona (por lo general, un funcionario público o empleado).
- Motivo: El objetivo es influir en la acción u omisión de un acto relacionado con las funciones de la persona receptora.
- Expectativa: Existe la expectativa de un trato favorable o una decisión beneficiosa a cambio del soborno.

b) Para el Receptor del Soborno:

- Recepción del beneficio: Acepta, recibe o solicita un beneficio material o inmaterial.
- Compromiso: Se compromete a realizar, abstenerse de realizar o influir en un acto relacionado con sus funciones.
- Abuso de poder: La persona a menudo abusa de su poder o posición para beneficiarse personalmente o beneficiar a otros.

c) Elementos Comunes:

- Secreto: Las transacciones y acuerdos suelen ser confidenciales y ocultos.
- Ilegalidad: El acto es ilegal y penalizado en muchas jurisdicciones.
- Corrupción: Se considera una forma de corrupción que debilita las instituciones, la confianza pública y la integridad del sistema.

- Conflicto de interés: A menudo implica un conflicto de interés, donde la persona en una posición de poder favorece sus intereses personales o de terceros por encima del interés público o ético.

d) Consecuencias:

- Desconfianza social: Genera desconfianza en las instituciones y sistemas.
- Inequidad: Crea una situación de inequidad donde los recursos y oportunidades se distribuyen injustamente.
- Legal: Existen consecuencias legales para ambos, el que ofrece y el que acepta el soborno, que pueden incluir multas, sanciones y encarcelamiento.

e) Tipos de Cohecho:

- Cohecho Activo: Se refiere a la acción de ofrecer o dar un soborno.
- Cohecho Pasivo: Se refiere a la acción de recibir o aceptar un soborno.

f) Ámbitos de Ocurrencia:

- Público: Involucra a funcionarios públicos, políticos o empleados del gobierno.
- Privado: También puede ocurrir en el sector privado, afectando a empleados y empresas.

El cohecho tiene un impacto negativo profundo en la sociedad, ya que socava la integridad de las instituciones, fomenta la inequidad y la injusticia, y desalienta la confianza pública en los sistemas legales, políticos y económicos.

ASOCIACIÓN ILÍCITA

La asociación ilícita se refiere a la agrupación o unión de dos o más personas con el propósito de cometer delitos.

En el contexto del cohecho, significa que hay un grupo organizado con la intención específica de participar en prácticas corruptas.

Relación con el Delito de Cohecho:

a) Preparación y Planificación:

- Cohecho: Se refiere al acto específico de ofrecer, prometer, dar, recibir o solicitar algo de valor para influir en una acción oficial.
- Asociación Ilícita para el Cohecho: Indica que existe un grupo organizado con la intención y estructura de cometer cohecho de manera sistemática o repetida.

b) Grado de Organización:

- Cohecho: Puede ser un acto individual o aislado.
- Asociación Ilícita para el Cohecho: Sugiere una estructura más organizada y coordinada detrás de los actos de corrupción.

c) Ampliación de la Responsabilidad:

- Cohecho: Los individuos involucrados en el acto específico son responsables.
- Asociación Ilícita para el Cohecho: Todos los miembros de la asociación o grupo pueden ser responsables, independientemente de su papel específico en un acto de cohecho particular.

Significado e Implicaciones:

a) Sistematización del Cohecho:

- La existencia de una asociación ilícita sugiere que el cohecho no es un acto aislado, sino parte de un patrón de comportamiento corrupto.

b) Mayores Desafíos en la Aplicación de la Ley:

- Las asociaciones ilícitas suelen ser más difíciles de detectar y procesar debido a su estructura organizada y medidas para ocultar sus actividades.

c) Agravamiento de las Penas:

- En muchas jurisdicciones, ser parte de una asociación ilícita puede llevar a penas más severas que cometer un acto de cohecho por sí solo.

d) Ejemplo Práctico:

- Un grupo de empresarios se asocia con funcionarios públicos y acuerdan regularmente pagar sobornos a cambio de contratos gubernamentales favorables. Aquí, más allá de los actos individuales de cohecho, existe una asociación ilícita organizada para facilitar y perpetuar la corrupción.

e) Conclusión:

La conducta de asociación ilícita para cometer cohecho pone de manifiesto la naturaleza organizada y, a menudo, sistemática de la corrupción en ciertas circunstancias.

Combatir esta forma de corrupción requiere una respuesta legal y regulatoria más amplia y robusta, ya que la estructura organizada detrás de la asociación ilícita puede poseer recursos y tácticas para evadir la detección y persecución.

Es un indicativo de una problemática más profunda y arraigada en el sistema y requiere un enfoque más integral para abordarla.

COHECHO ACTIVO TRANSNACIONAL

El cohecho activo trasnacional implica la oferta, promesa o entrega de un soborno por parte de una entidad o individuo de un país a un funcionario público o una persona en una posición similar en otro país.

Este tipo de cohecho se distingue por su naturaleza internacional y transfronteriza.

Relación con el Delito de Cohecho:

a) Naturaleza Internacional:

- Cohecho: Puede ocurrir dentro de las fronteras de un único país.
- Cohecho Activo Trasnacional: Involucra actores de diferentes países y, por lo tanto, se rige tanto por leyes nacionales como internacionales.

b) Aplicación de la Ley:

- Cohecho: Se maneja principalmente dentro del marco legal del país donde ocurre.
- Cohecho Activo Trasnacional: Puede requerir cooperación internacional para la aplicación de la ley y la justicia, dado que las partes involucradas se encuentran en diferentes jurisdicciones.

c) Complejidad:

- Cohecho: Las investigaciones y procedimientos legales se limitan a una jurisdicción.
- Cohecho Activo Trasnacional: Puede ser más complicado de abordar debido a las diferencias en las leyes y procedimientos legales entre países.

Significado e Implicaciones:

a) Cooperación Internacional:

- Aborda la necesidad de medidas internacionales coordinadas para prevenir y castigar la corrupción, dada su capacidad para afectar múltiples naciones.

b) Normativas Globales:

- Se apoya en tratados y convenios internacionales para establecer normas comunes para penalizar y prevenir el cohecho trasnacional.

c) Empresas Multinacionales:

- A menudo implica a empresas multinacionales que operan en múltiples países y, por lo tanto, deben adherirse a una variedad de leyes y regulaciones anti-cohecho.

d) Ejemplo Práctico:

- Una empresa en País A soborna a un funcionario en País B para obtener contratos favorables o permisos en País B. Dicha conducta es un delito en ambos países y puede estar sujeta a legislación internacional sobre cohecho y corrupción.

e) Conclusión:

El cohecho activo trasnacional refuerza la importancia de un enfoque global y colaborativo para combatir la corrupción.

Requiere mecanismos robustos para la cooperación judicial internacional, el intercambio de información y la extradición de sospechosos para asegurar que los actos de corrupción sean penalizados, independientemente de dónde ocurran o quiénes estén involucrados.

Es esencial para proteger la integridad de las instituciones públicas y privadas en un mundo cada vez más interconectado.

COHECHO PASIVO TRANSNACIONAL

La conducta de cohecho pasivo trasnacional se refiere a la aceptación de sobornos por parte de funcionarios públicos o individuos en posición de autoridad en un país, donde el soborno se origina en otro país.

Implica una dimensión internacional en la que los actos de corrupción cruzan las fronteras nacionales.

Relación con el Delito de Cohecho:

a) Ampliación Geográfica:

- Cohecho: Puede ser un acto localizado, ocurriendo y afectando a entidades dentro de un solo país.
- Cohecho Pasivo Trasnacional: Se extiende más allá de las fronteras nacionales, involucrando a partes de diferentes países.

b) Jurisdicción y Legislación:

- Cohecho: Se aborda principalmente a través de las leyes nacionales.
- Cohecho Pasivo Trasnacional: Implica la aplicación de leyes internacionales, tratados y convenciones para combatir la corrupción.

c) Complejidad y Alcance:

- Cohecho: Puede ser un acto más simplificado, dependiendo de la escala y las partes involucradas.

– Cohecho Pasivo Trasnacional: A menudo es más complejo, involucrando múltiples jurisdicciones y leyes.

Significado e Implicaciones:

a) Gobernanza Global:

– La conducta de cohecho pasivo trasnacional destaca la necesidad de una gobernanza y regulación más robustas a nivel global para combatir la corrupción.

b) Cooperación Internacional:

– Requiere una mayor cooperación entre países para investigar, procesar y prevenir actos de cohecho trasnacional.

c) Tratados y Convenios:

– Involucra instrumentos legales internacionales como la Convención de las Naciones Unidas contra la Corrupción y la Convención sobre la Lucha contra la Corrupción de Funcionarios Públicos Extranjeros en Transacciones Comerciales Internacionales de la OCDE.

d) Ejemplo Práctico:

– Un funcionario público en País A acepta sobornos de una empresa ubicada en País B para otorgar contratos o favores especiales.

Aunque el funcionario está en País A, la conducta de cohecho se conecta y se ve afectada por leyes y regulaciones en ambos países, así como por normas internacionales.

e) Conclusión:

La conducta de cohecho pasivo trasnacional enfatiza la naturaleza globalizada de la corrupción y la necesidad de enfoques integrales y colaborativos para abordar y prevenir actos corruptos que trascienden las fronteras nacionales.

Abarca tanto aspectos legales como éticos, y subraya la importancia de la integridad, la transparencia y la responsabilidad en la administración pública y las transacciones comerciales internacionales.

BLANQUEO DE CAPITALES DERIVADO DEL COHECHO

El blanqueo de capitales procedentes del cohecho se refiere a la práctica de disfrazar la procedencia ilícita de fondos que se han obtenido a través del cohecho.

Es un proceso por el cual el dinero obtenido de actos corruptos se "limpia" para ocultar su origen ilegal.

Esto se relaciona con el delito de cohecho, ya que este último es a menudo una fuente de los fondos que se buscan lavar. Analicemos ambos conceptos y sus características:

a) Blanqueo de Capitales Procedentes del Cohecho: Se refiere al proceso de convertir, transferir, ocultar o disfrazar la naturaleza ilegítima de los fondos obtenidos a través del cohecho. En otras palabras, es el proceso de hacer que el dinero malversado o sobornado parezca provenir de fuentes legítimas.

b) Delito de Cohecho: El cohecho implica ofrecer, dar, recibir o solicitar algo de valor como influencia para la acción de una persona en una posición responsable o pública.

Características del Blanqueo de Capitales Procedentes del Cohecho:

- Ocultamiento: El blanqueo de capitales se caracteriza por esfuerzos para ocultar el origen, la propiedad o el destino de los fondos ilícitos.
- Procesos Complejos: El blanqueo a menudo involucra una serie de transacciones complejas o cadenas de transferencias para oscurecer el origen del dinero.
- Involucramiento Internacional: El blanqueo de capitales puede involucrar transferencias internacionales y operaciones financieras en varios países para dificultar el rastreo de los fondos.
- Vinculación Directa con el Cohecho: Los fondos que se están blanqueando a menudo provienen de actos de cohecho, lo que vincula directamente estos dos delitos.
- Legalización de Fondos Ilícitos: El objetivo principal del blanqueo es "legalizar" los fondos ilícitos para que puedan ser utilizados abiertamente sin despertar sospechas.
- Legislación y Regulación Rigurosas: Hay leyes y regulaciones estrictas en la mayoría de los países para detectar y prevenir el blanqueo de capitales, con organismos específicos dedicados a monitorear e investigar actividades sospechosas.

Etapas del blanqueo de capitales:

a) Origen ilícito de los fondos:

- Los fondos o activos involucrados provienen de un acto de cohecho, donde se ha pagado un soborno para influir en la acción de un funcionario público, testigo, perito, etc.

b) Proceso de "lavado":

- Los individuos involucrados en el blanqueo tratan de ocultar el origen ilícito de los fondos. Esto puede implicar transferir dinero entre diferentes cuentas o países, invertir en bienes raíces u otros activos, o usar el dinero para financiar negocios legítimos.

c) Etapa de colocación:

– El dinero ilícito se introduce en el sistema financiero. Esto puede hacerse depositando el dinero en bancos, usando el dinero en efectivo para comprar activos, o mediante otras técnicas.

d) Etapa de ocultación:

– Se realizan una serie de transacciones financieras complejas para confundir el rastro del dinero y ocultar su origen. Esto puede incluir transferencias entre diferentes cuentas y bancos, cambios de moneda, compras y ventas de activos, etc.

e) Etapa de integración:

– El dinero "lavado" se reintroduce en la economía, y aparenta ser legítimo. Los individuos pueden entonces usar estos fondos sin levantar sospechas.

Conexión con el delito de cohecho:

– Pago de sobornos:

El delito inicial, en este caso, es el cohecho, donde se ha pagado un soborno a un funcionario público, testigo, perito, etc., para influir en sus acciones.

– Ocultación del soborno:

Los individuos involucrados pueden tratar de "lavar" el dinero del soborno para ocultar su origen y evitar la detección por parte de las autoridades.

– Impacto en la justicia y la integridad del sistema financiero:

Tanto el cohecho como el blanqueo de capitales socavan la integridad de las instituciones públicas y del sistema financiero, erosionando la confianza pública y facilitando la criminalidad organizada.

El blanqueo de capitales procedentes del cohecho es una extensión del delito de cohecho, centrada en ocultar o disfrazar la procedencia ilícita de los fondos obtenidos a través de actos corruptos.

Ambos delitos son graves y pueden resultar en severas sanciones penales y civiles, daño reputacional y la confiscación de activos.

Los sistemas legales y financieros modernos cuentan con mecanismos avanzados para detectar, prevenir e investigar estos delitos, y existe una cooperación internacional significativa para abordarlos.

COHECHO A TESTIGOS Y PERITOS

El cohecho a testigos y a peritos se refiere específicamente a la corrupción dirigida a influir en testimonios y evaluaciones que son cruciales en procesos judiciales o administrativos.

Este tipo de cohecho es una subcategoría del delito general de cohecho y tiene características distintivas relacionadas con el contexto legal y judicial.

Veamos sus definiciones y características:

a) Cohecho a Testigos y a Peritos: Esta conducta implica ofrecer, dar, solicitar o recibir sobornos con el propósito de influir, alterar, modificar o falsear el testimonio de un testigo o el informe de un perito en un proceso judicial o administrativo. Su objetivo es distorsionar la verdad o influir en la decisión de un tribunal o entidad administrativa.

b) Delito de Cohecho: En un sentido amplio, el cohecho se refiere al acto de ofrecer, dar, solicitar o recibir algo de valor para influir en la acción de otra persona en el desempeño de sus funciones oficiales o profesionales.

Características del Cohecho a Testigos y a Peritos:

- Objetivo Específico: A diferencia del cohecho general que puede tener varios propósitos, el cohecho a testigos y a peritos tiene el objetivo específico de influir en el curso de la justicia.
- Actores Específicos: Los actores involucrados son individuos cuyo testimonio o informe tiene un peso significativo en un proceso judicial o administrativo, es decir, testigos que pueden haber presenciado hechos relevantes o peritos cuya opinión experta es solicitada para esclarecer aspectos técnicos o especializados de un caso.
- Amenaza a la Administración de Justicia: Esta forma de cohecho socava la integridad del sistema judicial, ya que busca distorsionar la verdad y puede resultar en veredictos injustos o decisiones erróneas.
- Gravedad y Penalidades: Debido a su impacto directo en la administración de justicia, el cohecho a testigos y a peritos suele ser considerado un delito grave y puede llevar a severas penalidades para los involucrados, incluyendo prisión.
- Corrupción Encubierta: Esta forma de cohecho puede ser más difícil de detectar que otras, ya que los actos de modificar un testimonio o influir en un informe pericial pueden ser sutiles y no siempre evidentes a primera vista.

En conclusión, el cohecho a testigos y a peritos es una manifestación específica del delito general de cohecho que afecta directamente la integridad del sistema judicial.

Debido a su potencial para influir en la justicia y sus consecuencias para las partes involucradas en un proceso, este tipo de cohecho es tratado con especial seriedad en muchos sistemas legales.

El cohecho es un delito que se refiere a la acción de dar, ofrecer o prometer, directa o indirectamente, un beneficio indebido a una persona con el propósito de que realice u omita un acto en relación con sus funciones.

Generalmente, el término cohecho se asocia con la corrupción de funcionarios públicos, pero también puede abarcar a testigos, peritos y otros participantes en procedimientos legales o administrativos.

COHECHO EN CONTRATOS PÚBLICOS

El cohecho en contratos públicos se refiere a la corrupción que tiene lugar en el contexto de la adjudicación, ejecución o supervisión de contratos financiados con fondos públicos.

Estas prácticas corruptas pueden manifestarse en forma de sobornos, gratificaciones o cualquier tipo de beneficio indebido ofrecido o recibido para influir en el proceso contractual en beneficio de una de las partes y en detrimento del interés público.

Características del cohecho en contratos públicos en relación con el delito de cohecho:

a) Contexto contractual: Este tipo de cohecho ocurre específicamente en el marco de contrataciones públicas, ya sea en la fase de licitación, adjudicación, ejecución o supervisión del contrato.

b) Participantes: Los participantes en este tipo de cohecho suelen ser funcionarios públicos encargados de la contratación y representantes o agentes de las empresas licitantes o contratistas.

c) Beneficio indebido: Se ofrece, promete o entrega un beneficio puede ser económico, en especie o de cualquier otra naturaleza a un funcionario público o a una tercera persona designada por este.

d) Influencia en la decisión: El propósito del beneficio es influir en la decisión del funcionario para que actúe u omita actuar de una manera que beneficie a la empresa o persona que ofrece el soborno, ya sea favoreciéndola en la adjudicación del contrato, modificando términos contractuales, omitiendo supervisar adecuadamente la ejecución del contrato, entre otras posibles acciones.

e) Perjuicio al interés público: Estos actos suelen resultar en un perjuicio para el interés público, ya que pueden llevar a que se adjudiquen contratos a empresas que no son las más idóneas, a sobreprecios, a obras o servicios de baja calidad, o al despilfarro de recursos públicos.

f) Secreto y ocultamiento: Dadas las graves repercusiones legales y reputacionales, las partes involucradas en el cohecho en contratos públicos suelen intentar mantener estas transacciones en secreto, usando intermediarios, empresas pantalla o realizando pagos en lugares y formas que dificulten su rastreo.

g) Multiplicidad de actos: A menudo, el cohecho en contratos públicos no se limita a un solo acto de corrupción, sino que puede involucrar una serie de pagos o beneficios a lo largo del tiempo o del proceso contractual.

La legislación de muchos países establece sanciones severas para el cohecho en contratos públicos debido a la magnitud del daño que puede causar al patrimonio público y a la confianza en las instituciones.

Las consecuencias pueden incluir penas de prisión, multas, inhabilitación para contratar con el Estado y, en el caso de las empresas, sanciones corporativas y de responsabilidad penal de las personas jurídicas.

COHECHO EN EL ÁMBITO INTERNACIONAL

El cohecho en el ámbito internacional se refiere a actos de soborno que involucran a actores de diferentes países.

Este tipo de cohecho ha cobrado relevancia en las últimas décadas debido a la creciente interconexión global y la expansión de empresas multinacionales y transacciones internacionales.

A continuación, se detalla su relación y características en comparación con el delito general de cohecho:

a) Cohecho en el Ámbito Internacional: Se refiere a actos de soborno que trascienden fronteras nacionales. Por lo general, implica a empresas o individuos de un país que sobornan a funcionarios públicos, empleados o agentes de otro país para obtener beneficios comerciales o ventajas competitivas en ese país extranjero.

b) Delito de Cohecho: En un sentido amplio, el cohecho se refiere a ofrecer, dar, solicitar o recibir algo de valor para influir en la acción de otra persona en el desempeño de sus funciones oficiales o profesionales. Aunque suele asociarse con sobornos a funcionarios públicos, también puede involucrar a actores privados, especialmente en jurisdicciones que han ampliado su definición legal de cohecho para incluir el sector privado.

Características del Cohecho en el Ámbito Internacional:

- Trasciende Fronteras Nacionales: A diferencia del cohecho doméstico, el cohecho internacional involucra a actores de diferentes jurisdicciones y países.
- Complejidad Jurídica: Debido a la naturaleza transnacional del delito, puede surgir una complejidad jurídica, ya que diferentes legislaciones y tratados internacionales pueden aplicarse.
- Convenciones Internacionales: Diversos tratados y acuerdos internacionales, como la Convención de la OCDE contra el Soborno de Funcionarios Públicos Extranjeros en Transacciones Comerciales Internacionales, buscan combatir el cohecho internacional al establecer normas y sanciones para los actores involucrados.
- Involucramiento de Multinacionales: Las empresas multinacionales a menudo están en el centro de los casos de cohecho internacional, ya que pueden buscar obtener contratos, licencias o ventajas regulatorias en países extranjeros mediante el soborno.
- Riesgos para las Empresas: Más allá de las sanciones legales, las empresas involucradas en el cohecho internacional pueden enfrentar daños a su reputación, pérdida de negocios y sanciones financieras significativas.
- Lucha Global contra la Corrupción: El cohecho internacional ha impulsado esfuerzos globales para combatir la corrupción, resultando en la adopción de políticas de cumplimiento más estrictas por parte de las empresas y una mayor cooperación internacional en la lucha contra la corrupción.

Mientras que el delito general de cohecho aborda la corrupción a nivel local o nacional, el cohecho en el ámbito internacional se centra en actos de corrupción que trascienden las fronteras nacionales.

Ambos tienen graves implicaciones legales y éticas, pero el cohecho internacional presenta desafíos y características adicionales debido a su naturaleza transnacional.

FAVORECIMIENTO O ENCUBRIMIENTO

La conducta de favorecimiento o encubrimiento se refiere al acto de ayudar, facilitar o encubrir a una persona para evitar que sea descubierta o castigada por un delito que ha cometido.

En el contexto del cohecho, esto implica actos que buscan ocultar, proteger o ayudar a las partes involucradas en el acto corrupto para evitar que enfrenten consecuencias legales.

Relación con el Delito de Cohecho:

a) Posterioridad al Acto Principal:

- Cohecho: Es el acto principal de ofrecer, dar, recibir o solicitar algo de valor para influir en una acción oficial.
- Favorecimiento o Encubrimiento: Es una conducta que generalmente ocurre después del acto principal de cohecho y busca proteger a los involucrados en dicho acto.

b) Participación Indirecta:

- Aquellos que participan en el favorecimiento o encubrimiento pueden no haber estado involucrados directamente en el cohecho, pero actúan para proteger a quienes sí lo estuvieron.

c) Consecuencias Legales:

- Cohecho: Conlleva consecuencias legales por el acto corrupto.
- Favorecimiento o Encubrimiento: Puede llevar a penalizaciones adicionales para aquellos que ayuden a ocultar el cohecho o impidan la justicia.

Significado e Implicaciones:

a) Complicidad en la Corrupción:

- El favorecimiento o encubrimiento amplía la red de responsabilidad más allá de los actores directos del cohecho, reconociendo que aquellos que ocultan actos corruptos también son parte del problema.

b) Obstrucción a la Justicia:

- Estas conductas representan una obstrucción a la justicia y al correcto funcionamiento de las instituciones legales.

c) Agravamiento del Delito:

- Además de las consecuencias del cohecho, el favorecimiento o encubrimiento puede intensificar las sanciones y complicar las implicaciones legales para los involucrados.

d) Ejemplo Práctico:

- Después de que un funcionario recibe un soborno, una tercera persona ayuda a ocultar las pruebas del acto corrupto o facilita la fuga del funcionario para evitar su arresto. Aunque esta tercera persona no participó directamente en el cohecho, su acción de favorecimiento o encubrimiento la hace cómplice y sujeta a posibles sanciones legales.

e) Conclusión:

La conducta de favorecimiento o encubrimiento en relación con el cohecho subraya la importancia de abordar todos los aspectos y actores relacionados con actos corruptos.

No solo es fundamental abordar a quienes cometen actos de cohecho directamente, sino también a aquellos que, a través de su acción o inacción, permiten que la corrupción continúe o quede sin castigo.

Estas acciones complican la lucha contra la corrupción y enfatizan la necesidad de una estrategia holística y firme en la lucha contra la corrupción.

OFRECIMIENTO DE SOBORNO

El ofrecimiento de soborno y el delito de cohecho están estrechamente relacionados en el ámbito del derecho penal, particularmente cuando se trata de actos de corrupción.

A continuación, se desglosan estos términos y su relación:

a) Ofrecimiento de Soborno: Esta conducta se refiere al acto de ofrecer, prometer o entregar dinero, regalos, favores u otros beneficios a alguien con el objetivo de influir en su comportamiento de una manera que beneficie al oferente.

El soborno es un intento de manipular las acciones de otra persona a través de incentivos indebidos.

b) Delito de Cohecho: El cohecho es un delito que implica la recepción o el ofrecimiento de un soborno. Dependiendo de la legislación específica, el cohecho puede dividirse en "cohecho activo" (ofrecer o entregar un soborno) y "cohecho pasivo" (recibir o aceptar un soborno).

En esencia, el delito de cohecho se refiere a la corrupción de funcionarios públicos o, en algunos sistemas legales, incluso de individuos en el sector privado, mediante el uso de sobornos.

Implicación y Relación entre el Ofrecimiento de Soborno y el Delito de Cohecho:

- El ofrecimiento de soborno puede ser considerado como una manifestación del cohecho activo. Es decir, cuando alguien ofrece un soborno, está cometiendo cohecho desde el lado activo, intentando corromper a un funcionario o a otra persona para que actúe (o se abstenga de actuar) de una determinada manera.
- Por otro lado, si un funcionario o individuo solicita o acepta el soborno, estaría incurriendo en cohecho pasivo.
- Las implicaciones legales de estas conductas son graves. Tanto el ofrecimiento de soborno como la aceptación del mismo pueden dar lugar a sanciones penales, que pueden incluir multas, confiscación de activos y prisión. Además, estos actos pueden tener repercusiones en la reputación y la carrera de los involucrados.

– Las empresas también pueden enfrentar graves consecuencias si se les encuentra culpables de ofrecer sobornos, incluidas sanciones financieras y daños a su reputación.

La relación entre el ofrecimiento de soborno y el cohecho es directa: el ofrecimiento es una parte integral del delito de cohecho.

Es esencial que tanto las personas como las empresas estén informadas y adopten medidas para prevenir y combatir estas prácticas corruptas en sus operaciones y conductas diarias.

Las legislaciones y sanciones específicas pueden variar según el país o jurisdicción.

ACTUACIÓN POR INFLUENCIA

La conducta de actuación por influencia se refiere a la situación en la cual una persona, aprovechando su posición o relación con un funcionario público o una entidad, pretende influir en una decisión o acción a cambio de un beneficio.

Esta conducta no necesariamente implica que el influenciador y el funcionario público actúen en conjunto, sino que el influenciador puede actuar independientemente, ofreciendo su supuesta capacidad de influir en decisiones oficiales a terceros.

La relación de la "conducta de actuación por influencia" con el delito de cohecho es la siguiente:

a) Extensión del Cohecho:

La actuación por influencia puede verse como una forma extendida o indirecta de cohecho. En lugar de un intercambio directo entre el oferente del soborno y el funcionario público, hay una tercera persona que actúa como intermediario o influenciador.

b) Explotar Relaciones o Posiciones:

La persona que realiza la "actuación por influencia" a menudo se basa en su relación personal, familiar, o profesional con un funcionario o entidad para insinuar o demostrar que puede afectar una decisión oficial. Puede que no tenga la autoridad directa, pero se percibe que tiene la capacidad de influir debido a sus conexiones.

c) Beneficio Indebido:

Al igual que en el cohecho directo, la actuación por influencia implica un beneficio indebido. El influenciador puede recibir dinero, favores, o cualquier otra ventaja a cambio de su intervención, aunque su capacidad real de influir pueda ser incierta.

d) Consecuencias Legales:

En muchos sistemas legales, la actuación por influencia está criminalizada de manera similar al cohecho. Aunque la conducta pueda parecer menos directa que un soborno típico, todavía socava la integridad y la transparencia de las decisiones oficiales.

e) Daño a la Confianza Pública:

La percepción de que decisiones oficiales pueden ser influenciadas por conexiones personales o sobornos indirectos puede erosionar la confianza del público en las instituciones y en la administración de justicia.

La conducta de actuación por influencia está estrechamente relacionada con el cohecho porque implica un intento de influir en decisiones oficiales a cambio de un beneficio indebido.

Si bien puede ser menos directa que un soborno tradicional, representa una forma de corrupción que tiene implicaciones legales y éticas similares.

Es esencial que los marcos legales aborden esta conducta para asegurar la transparencia, integridad, y confianza en los sistemas públicos.

ENTREGA

La conducta de la entrega en el contexto del delito de cohecho se refiere a la acción de transferir efectivamente un beneficio indebido (como dinero, bienes, servicios, entre otros) a un funcionario público o una persona en una posición de autoridad.

Esta conducta es un componente esencial para la consumación completa del delito de cohecho.

En términos simples, hay tres fases típicas en un caso de cohecho:

a) Ofrecimiento o Promesa: Como se explicó anteriormente, es la fase en la que se hace una oferta o promesa de un beneficio indebido al funcionario público. Aunque el beneficio no se ha entregado aún, ya puede considerarse un delito en muchos sistemas legales.

b) Aceptación: Se refiere a la conducta de recepción de ofertas o promesas, donde el funcionario público acepta la oferta o promesa de un beneficio indebido. Igualmente, en esta etapa, el delito de cohecho puede considerarse cometido, aunque el acto corrupto aún no se haya realizado.

c) Entrega: Es la fase en la que el beneficio prometido se transfiere efectivamente al funcionario público. La entrega puede ser inmediata o puede programarse para un momento posterior.

Esta conducta es fundamental para establecer la ejecución del delito de cohecho por varias razones:

a) Evidencia concreta: La entrega proporciona una evidencia tangible del soborno, lo que puede facilitar la persecución y condena de los involucrados.

b) Consumación del delito: Aunque la oferta y la aceptación pueden ser suficientes para constituir un delito, la entrega confirma la transacción corrupta y puede llevar a sanciones más severas.

c) Impacto directo: La entrega del beneficio indebido puede tener un impacto inmediato y directo en la conducta del funcionario público y en la decisión o acción que se busca influir, llevando a la corrupción efectiva de los procesos oficiales.

La relación de la conducta de la entrega con el delito de cohecho es directa y evidente: completa la transacción corrupta.

En este punto, tanto el individuo o entidad que ofrece el soborno (cohecho activo) como el funcionario público que lo acepta (cohecho pasivo) han participado en un acto corrupto que está penalizado en la mayoría de las jurisdicciones.

Es importante mencionar que, aunque la entrega completa la transacción, la criminalización de las fases anteriores (ofrecimiento o promesa y aceptación) actúa como una herramienta legal preventiva y disuasiva).

Esto significa que no es necesario que la entrega se efectúe para que se considere que se ha cometido un delito de cohecho; la mera intención y acuerdo para realizar la transacción corrupta ya es suficiente en muchos sistemas legales para procesar a los involucrados.

EXTORSIÓN

La extorsión se refiere a la obtención de bienes, servicios, dinero o cualquier otro beneficio a través de la coerción, amenazas o violencia.

En la extorsión, hay un claro elemento de coacción; una parte (a menudo un funcionario público o una persona en posición de poder) presiona a otra parte para que entregue algo de valor bajo amenaza de violencia, daño, o algún otro tipo de perjuicio.

Por su parte, el cohecho implica ofrecer, dar, recibir o solicitar algo de valor como influencia para la acción de una persona en una posición pública o privada responsable.

No necesariamente involucra coerción o amenazas; puede ser un acuerdo mutuamente beneficioso entre dos partes.

Relación y Diferencias:

a) Naturaleza del Acto:

- Cohecho: Es un acuerdo "consensuado" donde ambas partes, el que ofrece y el que recibe, se benefician de alguna manera.
- Extorsión: Implica coerción o amenazas. El que está siendo extorsionado cumple bajo presión y, a menudo, en contra de su voluntad.

b) Beneficiarios:

- Cohecho: Tanto el que ofrece como el que recibe el soborno se benefician.
- Extorsión: El beneficio es unilateral, favoreciendo principalmente al extorsionador.

c) Legalidad:

- Ambos son delitos en la mayoría de las jurisdicciones y son tratados con seriedad, aunque las consecuencias legales pueden variar dependiendo de la gravedad, el contexto y la jurisdicción.

d) Implicaciones en el Cohecho:

Aunque son distintos, la extorsión puede estar relacionada con el cohecho en casos donde un funcionario público utiliza su posición de poder para extorsionar a individuos o entidades.

En algunos escenarios, la línea entre la extorsión y el cohecho puede ser delgada y compleja.

Por ejemplo, un funcionario puede sugerir implícitamente que otorgará un contrato a una empresa a cambio de un pago, lo cual es cohecho, pero si añade una amenaza de daño a la empresa si no se realiza el pago, entra en el territorio de la extorsión.

e) Conclusión:

Entender la distinción y la intersección entre extorsión y cohecho es crucial para abordar la corrupción en todas sus formas.

Los marcos legales, éticos y administrativos deben ser robustos y adaptativos para identificar, prevenir y sancionar ambos delitos, protegiendo así la integridad de las instituciones públicas y privadas y el bienestar de la sociedad.

INTERMEDIACIÓN

La intermediación en el cohecho implica actuar como intermediario o facilitador en la realización de un soborno.

Es una conducta que se relaciona estrechamente con el delito de cohecho, pero se centra en la figura del intermediario que facilita o posibilita la transacción corrupta.

Veamos su significado y características en relación con el delito general de cohecho:

a) Intermediación en el Cohecho: Se refiere a la acción de una persona o entidad que actúa como puente o intermediario para facilitar, promover o asegurar que un soborno se realice entre las partes principales (por ejemplo, entre un funcionario público y un empresario).

El intermediario puede no ser el beneficiario directo del soborno, pero desempeña un papel clave en la realización de la transacción corrupta.

b) Delito de Cohecho: En general, el cohecho se refiere al acto de ofrecer, dar, solicitar o recibir algo de valor para influir en la acción de otra persona en el desempeño de sus funciones oficiales o profesionales.

Puede involucrar a funcionarios públicos o, en algunas jurisdicciones, a individuos en el sector privado.

Características de la Intermediación en el Cohecho:

- Figura Central: Aunque el intermediario no es necesariamente el principal beneficiario del soborno, su papel es esencial para facilitar la transacción corrupta.
- Beneficios Indirectos: Aunque el intermediario puede no recibir el soborno directamente, puede obtener beneficios indirectos, como comisiones, favores o cualquier otro tipo de compensación por su papel facilitador.
- Variedad de Actores: Los intermediarios pueden ser individuos, empresas, consultores, lobistas, entre otros, que poseen conexiones o la capacidad de facilitar acuerdos entre las partes.
- Ilegalidad: La intermediación en el cohecho es ilegal en la mayoría de las jurisdicciones. Aunque el intermediario no sea el principal actor en el soborno, su participación en el proceso lo hace cómplice y, por lo tanto, sujeto a sanciones.
- Dificultad de Detección: Debido a la naturaleza indirecta de su participación, los intermediarios en el cohecho a menudo pueden ser más difíciles de detectar y procesar que los actores principales.
- Aspecto Ético: Al igual que el cohecho en sí, la intermediación en el cohecho es un acto no ético que viola principios de integridad y transparencia.

Mientras que el delito de cohecho se centra en la transacción corrupta en sí misma, la intermediación en el cohecho se centra en el papel del intermediario que facilita esa transacción.

Ambas conductas tienen implicaciones legales y éticas significativas, y la interpretación y sanción de estos actos pueden variar según la jurisdicción y la legislación específica del país o región.

NEGLIGENCIA EN LA PREVENCIÓN

La negligencia en la prevención del cohecho se refiere a la falta de acción o la insuficiente diligencia por parte de una entidad o individuo para prevenir actos de cohecho.

Está relacionada con el delito general de cohecho en el sentido de que la falta de medidas preventivas adecuadas puede facilitar o no detectar actos corruptos.

Veamos su significado y características:

a) Negligencia en la Prevención del Cohecho: Esta conducta se refiere a la insuficiencia o ausencia de políticas, procedimientos o controles que deberían ser implementados por organizaciones o individuos para prevenir el cohecho.

Puede manifestarse como una falta de formación adecuada, sistemas de denuncia, controles financieros, u otras medidas anticorrupción.

b) Delito de Cohecho: Se refiere al acto de ofrecer, dar, solicitar o recibir algo de valor para influir en la acción de otra persona en el desempeño de sus funciones oficiales o profesionales.

Características de la Negligencia en la Prevención del Cohecho:

- Falta de Diligencia: La negligencia implica una falta de cuidado o atención adecuada en la implementación o mantenimiento de medidas para prevenir el cohecho.
- Potencial de Responsabilidad Corporativa: En muchas jurisdicciones, las empresas pueden ser consideradas legalmente responsables si no toman medidas adecuadas para prevenir el cohecho por parte de sus empleados o asociados.
- Repercusiones Legales: Aunque la negligencia en sí misma no es un acto de cohecho, puede llevar a sanciones legales en jurisdicciones donde las entidades tienen la obligación de implementar medidas anticorrupción.
- Repercusiones Reputacionales: Las organizaciones que no toman medidas adecuadas para prevenir el cohecho pueden sufrir daños significativos a su reputación, incluso si no se detectan actos específicos de cohecho.
- Consecuencias Financieras: Más allá de las posibles sanciones legales, las empresas pueden enfrentar pérdidas financieras debido a acciones judiciales, pérdida de negocios o la necesidad de implementar medidas correctivas después del hecho.

Mientras que el cohecho implica actos activos de corrupción, la negligencia en la prevención del cohecho se refiere a la falta de medidas proactivas o adecuadas para prevenir esos actos corruptos.

Ambas conductas están interrelacionadas y tienen graves implicaciones legales, financieras y reputacionales.

Las organizaciones e individuos tienen la responsabilidad de asegurarse de que cuentan con los sistemas y controles adecuados para prevenir y detectar el cohecho.

La interpretación y sanción específicas pueden variar según la jurisdicción y la legislación del país o región en cuestión.

OBSTRUCCIÓN A LA JUSTICIA

La obstrucción a la justicia hace referencia a cualquier acto que tiene como objetivo entorpecer, dificultar, alterar o impedir el correcto funcionamiento del sistema judicial en la investigación, persecución o sanción de un delito.

Cuando esta obstrucción está relacionada con el delito de cohecho, suele manifestarse en intentos de ocultar, modificar o destruir pruebas, o en influencias indebidas sobre testigos, peritos, funcionarios judiciales o fiscales, con el fin de evitar que se descubra o se sancione dicho cohecho.

Características de la conducta de la obstrucción a la justicia en el delito de cohecho:

a) Intención deliberada: El acto de obstrucción no es accidental, sino que se lleva a cabo con el propósito explícito de impedir o interferir con el proceso judicial relacionado con un caso de cohecho.

b) Variedad de métodos: La obstrucción puede manifestarse de diversas maneras, desde la destrucción física de pruebas, la intimidación o coacción de testigos, hasta el soborno de funcionarios judiciales para que actúen de manera favorable al obstructor.

c) Relación directa con el cohecho: Aunque la obstrucción a la justicia puede estar relacionada con cualquier delito, en este contexto, se enfoca específicamente en intentos de encubrir o proteger actos de cohecho.

d) Complicidad o participación de terceros: En muchos casos, la persona que cometió el cohecho original podría no ser la misma que obstruye la justicia. Podrían involucrarse terceros, que por distintos motivos (lealtad, amenazas, beneficios económicos) ayuden a obstruir la investigación o el proceso judicial.

e) Daño a la administración de justicia: La obstrucción a la justicia no solo afecta al caso específico de cohecho, sino que mina la confianza en el sistema judicial y la percepción de imparcialidad y justicia en la sociedad.

f) Potenciales consecuencias legales: En muchas jurisdicciones, obstruir la justicia es un delito en sí mismo, con sanciones que pueden incluir multas y penas de prisión. Las personas que obstruyen la justicia en relación con un caso de cohecho podrían enfrentar cargos tanto por el acto de cohecho como por la obstrucción.

g) Situaciones encubiertas o sutiles: La obstrucción a la justicia no siempre es evidente o explícita. Puede manifestarse de maneras sutiles, como proporcionar información engañosa, omitir hechos clave o influir discretamente en decisiones judiciales.

h) Interferencia en la investigación: Los involucrados pueden intentar interferir con las investigaciones oficiales, lo que podría incluir destruir pruebas, manipular testigos o peritos, sobornar a funcionarios de la justicia, entre otros.

i) Intimidación o amenaza: Puede involucrar amenazas o actos de violencia contra testigos, fiscales, jueces, peritos o cualquier otra persona que participe en la investigación o proceso judicial del caso de cohecho.

j) Falsificación de pruebas: Se refiere a la creación o alteración de pruebas para engañar a las autoridades y desviar la investigación.

k) Inducción al perjurio: Se puede instar o presionar a testigos o peritos para que mientan bajo juramento durante un procedimiento judicial o en una declaración ante las autoridades.

l) Evasión: Los individuos involucrados pueden intentar eludir la justicia huyendo del país o escondiéndose para evitar ser detenidos, juzgados o sentenciados.

m) Uso de influencias: La obstrucción a la justicia puede manifestarse mediante el uso indebido de influencias, donde se utiliza el poder o posición de una persona para interferir con el proceso judicial.

n) Encubrimiento: Es un acto donde se oculta la participación de una persona en un delito, en este caso, el cohecho. Por ejemplo, un superior jerárquico podría intentar proteger a un subordinado involucrado en actos de corrupción.

Identificar y sancionar actos de obstrucción a la justicia es fundamental para garantizar la integridad del sistema judicial y mantener la confianza pública en las instituciones legales.

OMISIÓN O RETRASO DE UN ACTO PROPIO

La conducta de omisión o retraso en la realización de un acto propio subraya que la corrupción y el cohecho no solo se manifiestan a través de acciones visibles, sino también a través de inacciones que pueden tener efectos igualmente perjudiciales. Reconocer y abordar esta conducta es esencial para combatir la corrupción de manera efectiva.

La conducta de omisión o retraso en la realización de un acto propio en el contexto del cohecho se refiere a la acción (o inacción) de un funcionario público que, habiendo recibido un beneficio indebido, omite o retrasa deliberadamente una acción o decisión que es parte de sus deberes oficiales.

Esto se hace para favorecer los intereses de la persona o entidad que proporcionó el soborno.

Esta conducta está estrechamente relacionada con el delito de cohecho por varias razones:

a) Manipulación de Deberes Oficiales:

- Influencia: El funcionario público es influenciado por el soborno para no actuar o para retrasar la realización de un acto, afectando la integridad y eficiencia del servicio público.

- Corrupción Activa: Desde el lado de quien ofrece el soborno, esta conducta representa un objetivo clave: manipular los procesos oficiales para obtener un beneficio.

b) Violación de Principios Éticos y Legales:

- Integridad: La omisión o retraso compromete la integridad del funcionario y socava la confianza pública en las instituciones gubernamentales.

- Legalidad: Constituye una violación de las leyes que prohíben el cohecho y otras formas relacionadas de corrupción.

c) Consecuencias para el Bienestar Público:

- Calidad del Servicio: La omisión o retraso puede llevar a una degradación de la calidad del servicio público y afectar negativamente a la sociedad.

- Justicia: Puede llevar a injusticias, donde las decisiones no se toman en función del mérito o la legalidad, sino de la influencia corrupta.

d) Aspectos Penales:

- Responsabilidad: Tanto el que ofrece el soborno como el funcionario que omite o retrasa un acto como resultado, pueden ser legalmente responsables.

- Pruebas: La omisión o retraso puede ser utilizada como prueba en los tribunales para demostrar la influencia corrupta del soborno.

La conducta de omisión o retraso en la realización de un acto propio ilustra cómo la corrupción puede distorsionar la toma de decisiones y la acción gubernamental, llevando a una administración pública ineficiente e injusta.

Abordar y penalizar esta conducta es esencial para combatir la corrupción, promover la transparencia y restaurar la confianza pública en las instituciones gubernamentales.

RECEPCIÓN DE OFERTAS O PROMESAS

La conducta de recepción de ofertas o promesas se refiere al acto de un funcionario público (u otra persona en posición de autoridad) de recibir o aceptar una oferta o promesa de un beneficio indebido.

Esta conducta es la contraparte del ofrecimiento o promesa que se asocia con el cohecho activo.

En términos simples:

- Cohecho activo: Cuando alguien ofrece, promete o da un soborno.
- Cohecho pasivo: Cuando un funcionario público acepta, recibe o solicita un soborno.

La conducta de recepción de ofertas o promesas está estrechamente relacionada con el delito de cohecho pasivo.

En muchos sistemas legales, el mero acto de un funcionario público de recibir o aceptar la promesa de un soborno ya constituye un delito, incluso si el soborno no se llega a consumar.

Por ejemplo, si un empresario le ofrece a un funcionario público una suma de dinero para que este otorgue un contrato, y el funcionario acepta la oferta (incluso si aún no ha recibido el dinero), el funcionario podría ser procesado por cohecho pasivo debido a la "conducta de recepción de ofertas o promesas".

La criminalización de estas conductas, tanto activas como pasivas, refuerza la lucha contra la corrupción al establecer responsabilidades penales no solo para quienes ofrecen sobornos, sino también para quienes los aceptan.

Al penalizar ambos lados de la transacción corrupta, los sistemas legales buscan erradicar tanto la oferta como la demanda de sobornos en el ámbito público y privado.

La conducta de recepción de ofertas o promesas se relaciona con el cohecho pasivo.

El cohecho pasivo ocurre cuando un funcionario público acepta, recibe o solicita una oferta o promesa de un beneficio indebido a cambio de realizar, omitir o retrasar un acto relacionado con sus funciones.

Esta conducta tiene implicaciones legales importantes porque destaca que no solo es un delito ofrecer o prometer un soborno (cohecho activo), sino también aceptar o recibir un soborno o incluso la promesa de uno (cohecho pasivo).

En el contexto de la corrupción:

a) Cohecho Activo: Se refiere a la persona que ofrece, promete o da un soborno.

b) Cohecho Pasivo: Implica a la persona que acepta o recibe el soborno o la promesa de un soborno.

Ambas conductas son criminalizadas en muchos sistemas legales porque ambas contribuyen al acto de corrupción.

La conducta de recepción de ofertas o promesas es un componente crucial del delito de cohecho.

Es un mecanismo para asegurar que tanto aquellos que ofrecen sobornos como aquellos que los aceptan sean responsables ante la ley, subrayando así la naturaleza bilateral de la corrupción y asegurando que ambas partes involucradas sean penalizadas.

Esto fortalece el marco legal y normativo contra la corrupción y promueve la integridad y la ética en la administración pública y más allá.

FALSIFICACIÓN DE MONEDA

INTRODUCCIÓN

El delito de falsificación de moneda se refiere a la creación ilegal de imitaciones de dinero con el propósito de engañar y hacer pasar estas falsificaciones por auténticas.

Es un tipo de fraude y un delito contra la fe pública y el orden económico de un país.

La conducta que representa la falsificación de moneda puede variar, pero generalmente incluye:

a) Fabricación o Producción: El proceso de manufacturar moneda que aparenta ser legal, incluyendo tanto billetes como monedas. Esto implica técnicas especializadas para replicar las características de seguridad de la moneda auténtica.

b) Alteración: Modificar moneda legal para cambiar su denominación o valor facial, o alterarla de tal manera que parezca una denominación más alta.

c) Diseño y Grabado: Crear moldes, placas o negativos que se usan para imprimir billetes o acuñar monedas falsas.

d) Impresión: Imprimir billetes falsificados usando papel y tintas que traten de imitar las propiedades de los billetes reales.

e) Distribución y Puesta en Circulación: Introducir la moneda falsa en el flujo monetario, utilizando el dinero falso en transacciones como si fuera legítimo.

f) Poseer Herramientas para Falsificar: Tener en posesión equipos, placas, papeles, tintas u otros materiales diseñados específicamente para la falsificación de moneda.

g) Tenencia con Intención de Distribuir: Poseer moneda falsa con el propósito o la intención de distribuirla o usarla como si fuera real.

h) Conspiración para Falsificar: Acordar con otros para cometer el delito de falsificación o asistir en la planificación o preparación de la falsificación de moneda.

i) Venta o Transporte de Moneda Falsa: Vender o transportar moneda falsa con la intención de que sea usada por otros o para ser introducida en el sistema financiero.

El delito de falsificación es considerado grave porque puede debilitar la economía, reducir la confianza en el sistema monetario y provocar pérdidas financieras significativas. Las entidades que regulan y protegen la integridad de la moneda, como los bancos centrales y las fuerzas de seguridad, tienen procedimientos y tecnologías especializadas para detectar y combatir la falsificación de dinero.

En casi todos los países, las penas por este delito son severas y pueden incluir muchos años de prisión, así como multas económicas.

ADQUISICIÓN O RECEPCIÓN

La adquisición o recepción en el contexto del delito de falsificación de moneda se refiere a obtener de manera consciente dinero falso o monedas que han sido fabricadas, alteradas o replicadas ilícitamente, con el conocimiento de que no son legítimas.

Este aspecto del delito no necesariamente implica que la persona haya participado en la fabricación o alteración directa del dinero, pero sí que está de alguna manera involucrada en la cadena de circulación de la moneda falsa.

Las conductas asociadas con la adquisición o recepción de moneda falsificada pueden incluir:

a) Adquirir conscientemente moneda falsa: Esto significa comprar u obtener dinero falso a sabiendas de su ilegitimidad, ya sea con la intención de usarlo como si fuera auténtico o con otros fines ilícitos.

b) Recepción de moneda falsa: Aceptar dinero falso como pago o donación, sabiendo que no es auténtico.

c) Poseer moneda falsa: Tener en posesión dinero falsificado con el conocimiento de su falsedad, incluso si no hay intención inmediata de usarlo.

d) Transportar o transferir dinero falso: Transportar, enviar o de alguna manera transferir dinero falsificado a otros, con conocimiento de su ilegitimidad.

e) Ocultar o encubrir: Esconder dinero falso o intentar encubrir su origen, características o la identidad de las personas involucradas en su falsificación o distribución.

f) Poseer o transferir equipos para la falsificación: Tener en posesión o transferir a terceros equipos o materiales destinados a la falsificación de documentos financieros.

g) Fraude y engaño: Engañar a las personas para que acepten estos documentos falsos como si fueran auténticos, lo que puede implicar técnicas de estafa o engaño.

Es importante destacar que para que estas conductas sean consideradas delito, generalmente debe demostrarse que la persona actuó con conocimiento de la falsedad del dinero.

La simple posesión de dinero falso sin conocimiento de su falta de autenticidad no es típicamente un delito, aunque puede desencadenar una investigación para determinar el origen del dinero y la posible participación en actividades delictivas.

Las penalizaciones por estos actos pueden variar dependiendo de la jurisdicción y el grado de involucramiento en el delito.

En muchos sistemas legales, incluso la mera posesión de dinero falso con conocimiento de su falsedad puede resultar en sanciones criminales significativas.

Las autoridades encargadas de hacer cumplir la ley en cada país suelen tratar estos delitos con seriedad debido al potencial de daño a la economía y a la confianza del público en el sistema monetario.

DISTRIBUCIÓN DE MONEDA FALSA

La distribución de moneda falsa en el delito de falsificación de moneda significa poner en circulación dinero que ha sido creado o alterado de forma ilegal con la intención de que sea aceptado como si fuera moneda legítima.

Este acto es una parte fundamental del delito de falsificación, ya que el daño económico y la desconfianza en el sistema financiero ocurren cuando el dinero falso es efectivamente introducido y utilizado en transacciones cotidianas.

La conducta que representa la distribución de moneda falsa puede incluir:

a) Intercambio Comercial: Usar dinero falso para comprar bienes o servicios, engañando al receptor para que lo acepte como si fuera auténtico.

b) Cambio de Moneda: Intercambiar dinero falso por dinero legítimo en bancos, casas de cambio, o con individuos que no son conscientes de que la moneda es falsa.

c) Venta a Terceros: Vender moneda falsa a otras personas que luego la pondrán en circulación.

d) Distribución en la Cadena de Suministro: Introducir dinero falso en el sistema financiero o comercial a través de puntos de venta al por menor, cajeros automáticos, o incluso a través de entidades bancarias.

e) Pago a Individuos: Realizar pagos con dinero falso a individuos por salarios, deudas o cualquier otra transacción.

f) Envíos: Enviar dinero falso a través de servicios postales o de mensajería, a menudo como parte de actividades delictivas más amplias.

g) Venta a Otros Falsificadores: Vender moneda falsa a otros delincuentes, quienes a su vez intentarán pasarla como legítima.

h) Envíos Postales o de Carga: Enviar dinero falso a través de servicios postales, de mensajería o de carga, a menudo a través de fronteras internacionales, para que otros lo distribuyan.

i) Uso en Cajeros Automáticos y Bancos: Depositar dinero falso en cajeros automáticos o bancos con la esperanza de que se mezcle con el flujo de dinero legítimo y se redistribuya a los clientes.

j) Operaciones Financieras: Depositar moneda falsa en instituciones financieras o utilizarla para realizar pagos o transferencias.

La distribución de moneda falsa está penalizada severamente porque socava la confianza en el dinero, que es la base de todas las transacciones comerciales.

Las entidades encargadas de aplicar la ley, como la policía y los organismos especializados como el Servicio Secreto de los Estados Unidos o la Policía Nacional en otros países, suelen tener unidades dedicadas a la lucha contra este tipo de delitos.

Las penas por la distribución de moneda falsa pueden incluir largas sentencias de prisión y multas sustanciales, reflejando la seriedad del delito.

En muchos casos, no es necesario que la distribución sea exitosa para que se considere un delito; simplemente el intento de distribuir moneda falsa puede ser suficiente para ser penalizado.

DISTRIBUCIÓN O USO DE MONEDA ALTERADA

La distribución o uso de moneda alterada se refiere al acto de poner en circulación o utilizar en transacciones económicas dinero que ha sido modificado o manipulado de alguna forma.

Esta alteración puede incluir cambios en la denominación del dinero o la adición de características falsas con la intención de incrementar su valor o de hacerlo pasar por auténtico.

Las conductas asociadas con la distribución o uso de moneda alterada pueden incluir:

a) Transacciones Comerciales: Utilizar dinero alterado para comprar bienes o servicios, engañando al receptor sobre el valor real del billete o moneda.

b) Intercambio en Bancos o Casas de Cambio: Presentar moneda alterada en instituciones financieras o casas de cambio de divisas para intercambiarla por un valor mayor o diferente al que realmente corresponde.
c) Pago de Deudas o Préstamos: Utilizar dinero alterado para pagar obligaciones financieras, transfiriendo el riesgo y la pérdida al acreedor engañado.
d) Depósitos en Cuentas Bancarias: Depositar moneda alterada en una cuenta bancaria para luego retirar dinero auténtico o realizar transferencias, lo que constituye una forma de lavado de dinero.
e) Distribución a Otros Individuos: Pasar la moneda alterada a otras personas, ya sea vendiéndola como si fuera legítima o incluso dándola como cambio en transacciones.
f) Uso en Máquinas Expendedoras o de Cambio: Ingresar moneda alterada en máquinas que aceptan efectivo con la esperanza de que la máquina no detecte la falsificación.
g) Contrabando: Transportar moneda alterada a través de fronteras con la intención de distribuirla o usarla en un lugar donde podría ser más difícil de detectar.
h) Pago a Proveedores o Empleados: Realizar pagos con moneda alterada a individuos o empresas por servicios prestados o productos suministrados.
i) Distribución a Sabiendas: Poner conscientemente en circulación moneda que ha sido alterada, ya sea directamente o a través de terceros.

El uso y la distribución de moneda alterada son delitos que afectan la confianza en el sistema monetario y financiero.

Las leyes en la mayoría de las jurisdicciones penalizan estas conductas con multas, confiscación de la moneda alterada y posiblemente prisión.

Estas sanciones reflejan la gravedad de estos actos en términos de su impacto en la economía y en la seguridad de las transacciones comerciales.

FABRICACIÓN DE MONEDA FALSA

La fabricación de moneda falsa se refiere al proceso de crear imitaciones ilegales de dinero con la intención de que sean aceptadas como si fueran auténticas.

Esta actividad es un tipo de fraude y es considerada un delito en prácticamente todos los países debido a su potencial para desestabilizar la economía y socavar la confianza en el sistema financiero.

Conductas que representa la fabricación de moneda falsa:

a) Impresión: Utilizar máquinas de impresión para producir copias de billetes de curso legal.

b) Grabado: Crear placas o moldes que imitan los diseños de billetes o monedas oficiales.

c) Alteración: Cambiar las denominaciones de billetes de menor valor o modificar monedas legítimas.

d) Acuñación: Producir imitaciones de monedas mediante técnicas de acuñación.

e) Simulación de Seguridad: Imitar características de seguridad como hologramas, marcas de agua, hilos de seguridad y otras marcas que se utilizan para verificar la autenticidad del dinero.

f) Distribución: Poner en circulación la moneda falsa, es decir, intentar usarla para comprar bienes o servicios o cambiarla por moneda auténtica.

g) Poseer o transferir: Tener en posesión moneda falsa con la intención de distribuirla o transferirla a otra persona.

h) Conspiración y complicidad: Participar en la planificación de la fabricación de moneda falsa o ayudar en el proceso, proporcionar materiales, o actuar como intermediario en la distribución.

i) Tecnología Digital: Usar impresoras, escáneres y programas de edición de imágenes para crear reproducciones digitales de dinero.

j) Uso de Insumos: Adquirir o preparar insumos especiales, como papel especializado o tintas, que se requieren para el proceso de falsificación.

k) Venta de Herramientas de Falsificación: Comercializar equipos y materiales específicamente diseñados para la fabricación de moneda falsa.

Las leyes que penalizan la fabricación de moneda falsa suelen ser muy estrictas, y las sanciones pueden incluir multas significativas y penas de prisión largas.

Los bancos centrales y las autoridades monetarias de los países también trabajan continuamente en el desarrollo de nuevas tecnologías de seguridad para hacer más difícil la falsificación de moneda.

FALSIFICACIÓN DE CERTIFICADOS MONETARIOS

La falsificación de certificados monetarios en el contexto del delito de falsificación de moneda puede referirse a la creación ilegítima o alteración de documentos que representan valor monetario.

Los certificados monetarios son documentos que, por lo general, garantizan la posesión o el derecho a una cantidad determinada de dinero o que pueden ser canjeados por dinero, como los cheques, letras de cambio, bonos del tesoro, acciones, obligaciones y otros valores financieros.

Esto significa que cualquier persona que fabrique, altere, distribuya o use dichos certificados de manera fraudulenta está cometiendo un delito.

Algunas de las conductas que este delito puede involucrar son:

a) Fabricación de documentos falsos: Crear documentos que parezcan certificados monetarios legítimos utilizando técnicas de impresión avanzadas o artesanales para imitar las características de seguridad y aspecto general.

b) Alteración de documentos legítimos: Modificar certificados monetarios auténticos para cambiar la cantidad de dinero que representan, el beneficiario, la fecha de cobro, o cualquier otra información crítica.

c) Duplicación de documentos: Hacer copias no autorizadas de certificados monetarios con el fin de utilizarlas como si fueran originales.

d) Uso o circulación: Emplear o poner en circulación los certificados falsificados como si fueran legítimos, con el fin de obtener bienes o servicios, o convertirlos en efectivo.

e) Poseer herramientas para falsificar: Tener en posesión herramientas, maquinaria, o materiales (como papel especial, tintas de seguridad, etc.) destinados específicamente a la falsificación de documentos financieros.

f) Conspiración y colaboración: Trabajar en grupo o colaborar con otras personas para cometer el delito de falsificación, incluyendo la planificación, financiación, o distribución de los certificados falsificados.

g) Fraude y engaño: Engañar a las personas para que acepten estos documentos falsos como si fueran auténticos, lo que puede implicar técnicas de estafa o engaño.

Las consecuencias legales de estas acciones son graves y pueden resultar en cargos criminales que conllevan penas de prisión, multas significativas y la restitución de cualquier pérdida financiera causada a las víctimas.

Las sanciones específicas dependen de la legislación de cada país y del valor de los certificados falsificados, así como de la escala y el impacto del fraude.

Las autoridades financieras y los bancos centrales suelen trabajar conjuntamente con las fuerzas del orden para prevenir y castigar la falsificación de certificados monetarios.

Además, estas instituciones constantemente mejoran las medidas de seguridad de los documentos financieros para prevenir la falsificación y el fraude.

FALSIFICACIÓN DE MONEDA DIGITAL O CRIPTOMONEDA

La falsificación de moneda digital o criptomoneda en el delito de falsificación de moneda implica la creación o alteración de monedas digitales o tokens con la intención de engañar y obtener un beneficio ilegítimo.

Dado que las criptomonedas se basan en tecnologías de cifrado y registros distribuidos como la blockchain, la falsificación en este ámbito es compleja y requiere métodos sofisticados.

Aquí hay algunas conductas que podrían considerarse falsificación en el contexto de la criptomoneda:

a) Double Spending (Doble Gasto): Esto ocurre cuando una criptomoneda se gasta más de una vez. Esto puede suceder debido a la manipulación de la blockchain o explotando la latencia en la propagación de transacciones en la red.

b) Creación de Altcoins Falsas: Lanzar una criptomoneda alternativa (altcoin) con el propósito de estafar a los inversores haciéndoles creer que está respaldada por los mismos principios o activos que una criptomoneda legítima y establecida.

c) Manipulación de la Blockchain: Aunque es extremadamente difícil debido a los mecanismos de seguridad y validación de las redes blockchain, si alguien lograra alterar los registros de la blockchain, podría falsificar transacciones o saldos.

d) ICO Fraudulentas (Initial Coin Offerings): Crear ofertas iniciales de monedas con información falsa o engañosa para atraer inversionistas y recolectar fondos sin la intención de desarrollar un proyecto real o cumplir con las promesas hechas.

e) Phishing y Robo de Credenciales: Engañar a los titulares de criptomonedas para que revelen sus claves privadas o datos de acceso a sus monederos digitales, permitiendo al estafador transferir los fondos a su control.

f) Pump and Dump Schemes: Manipular el valor de una criptomoneda mediante la promoción engañosa para inflar el precio y luego vender rápidamente la criptomoneda a un precio más alto antes de que el mercado se corrija.

g) Manipulación de Wallets o Carteras Digitales: Alterar el software de una cartera digital para mostrar un saldo que no corresponde a la realidad, con la intención de engañar a otros en una transacción.

h) Ataques del 51%: Si un actor o grupo obtiene más del 50% del poder de cómputo en una red de criptomonedas, podría teóricamente hacer cambios en la blockchain y permitir el doble gasto o revertir transacciones.

La falsificación de criptomonedas a menudo se persigue bajo leyes más amplias de fraude, robo, y delitos informáticos debido a la naturaleza digital y descentralizada de la tecnología.

Dado que las criptomonedas no son emitidas por un banco central o entidad gubernamental, los delitos asociados a ellas no siempre se clasifican de la misma manera que la falsificación de moneda tradicional, pero las consecuencias legales pueden ser igualmente severas, incluyendo multas significativas y tiempo de prisión.

Además, muchas jurisdicciones están desarrollando legislación específica para abordar la criminalidad asociada con las criptomonedas.

FALSIFICACIÓN DE SELLOS OFICIALES

La falsificación de sellos oficiales en el contexto del delito de falsificación de moneda es un acto específico que suele referirse a la creación o alteración ilícita de sellos que son utilizados por una autoridad gubernamental o entidad oficial.

Aunque está estrechamente relacionado con la falsificación de documentos o moneda, constituye una categoría propia debido a su naturaleza específica y a las graves implicaciones que tiene para la seguridad y la confianza en las transacciones y documentos oficiales.

Los sellos oficiales son a menudo un elemento crítico de seguridad en la moneda y en otros documentos gubernamentales, como los pasaportes o los certificados.

La conducta que representa la falsificación de sellos oficiales puede incluir:

a) Fabricación: Crear un sello que imite a uno utilizado por el gobierno o una autoridad oficial para validar moneda o documentos.

b) Alteración: Modificar un sello oficial existente para cambiar la información que verifica o para hacerlo parecer como si autorizara algo diferente a lo originalmente previsto.

c) Imitación: Reproducir un sello oficial con la intención de engañar a alguien para que crea que el sello es genuino y que el documento o moneda asociada es válido.

d) Uso: Aplicar un sello falso en moneda o documentos para dar la apariencia de legitimidad y autorización oficial.

e) Posesión: Tener en posesión sellos falsificados con la intención de utilizarlos o sabiendo que serán utilizados para falsificar moneda o documentos.

f) Distribución o Venta: Ofrecer sellos falsificados a otros falsificadores, distribuirlos en el mercado negro o venderlos a personas que puedan estar interesadas en utilizarlos para fines ilícitos.

Este tipo de falsificación puede ser parte de un esquema más amplio de delitos, como la falsificación de moneda, donde los sellos podrían ser usados para simular billetes o monedas de curso legal.

La falsificación de sellos oficiales es tratada como un delito grave porque estos sellos son un elemento clave en la autenticación de documentos y la confianza en las transacciones oficiales.

La penalización por la falsificación de sellos oficiales varía según la jurisdicción, pero dado que compromete la integridad de los procedimientos gubernamentales y la fe pública, las sanciones suelen ser severas e incluyen multas significativas y períodos de prisión.

IMPORTACIÓN O EXPORTACIÓN

La importación o exportación en el contexto del delito de falsificación de moneda se refiere al acto de trasladar de un país a otro dinero falso o los medios para crearlo, como parte de la preparación, ejecución o expansión de actividades de falsificación.

Esta conducta es un aspecto del delito que amplía su alcance y sus efectos más allá de las fronteras nacionales y a menudo implica una mayor organización y planificación, así como la intención de distribuir la moneda falsa en mercados extranjeros o buscar insumos que no se pueden obtener fácilmente en el país de origen del falsificador.

Las conductas que pueden representar este aspecto del delito incluyen:

a) Cruzar Fronteras con Dinero Falso: Llevar dinero falso a través de las fronteras internacionales, ya sea en persona, por correo o mediante el uso de transportistas.

b) Importación de Herramientas de Falsificación: Traer al país equipos como impresoras especiales, papeles con características similares a los utilizados en la moneda oficial, o químicos que se usan en la fabricación de moneda falsa.

c) Exportación de Moneda Falsa para su Distribución: Enviar dinero falso fuera del país de producción con la intención de que sea cambiado o utilizado en otros países.

d) Uso de Redes de Contrabando: Participar en redes de contrabando para mover grandes cantidades de moneda falsa o los materiales necesarios para su producción.

e) Transferencias Internacionales: Realizar transferencias financieras internacionales para adquirir o distribuir moneda falsa o los componentes para su creación.

f) Operaciones de Lavado de Dinero: Utilizar el dinero falso en operaciones transfronterizas de lavado de dinero.

g) Uso de Servicios de Envío: Enviar dinero falso o materiales relacionados con su producción a través de servicios postales, de mensajería o de carga.

h) Transacciones Electrónicas: Transferir digitalmente diseños o software relacionados con la falsificación de moneda a través de fronteras internacionales.

La gravedad de este aspecto del delito radica en la potencial desestabilización de economías, tanto del país de origen como de los países de destino, y la dificultad añadida de combatir un delito que involucra jurisdicciones múltiples.

La cooperación internacional y el intercambio de información entre agencias del orden son esenciales para identificar y desmantelar las redes que se dedican a la falsificación y distribución transfronteriza de moneda falsa.

Las sanciones por la importación o exportación de moneda falsa o de los instrumentos para su producción son severas y pueden incluir penas de prisión de larga duración y grandes multas.

Las leyes en muchos países están diseñadas para castigar no solo la fabricación y distribución de moneda falsa, sino también el traslado transfronterizo de la misma y de los instrumentos utilizados para su creación.

OMISIÓN DE REPORTE

La omisión de reporte en el contexto del delito de falsificación de moneda implica no informar a las autoridades competentes cuando se tiene conocimiento de la producción, circulación o posesión de moneda falsa.

Esto puede ser considerado un delito en sí mismo en muchas jurisdicciones, dado que tal omisión puede contribuir a la proliferación de la moneda falsa y dificultar la labor de las autoridades para combatir este tipo de crimen.

Conductas que pueden representar la omisión de reporte incluyen:

a) No Informar Transacciones Sospechosas: Si un individuo, especialmente aquellos que trabajan en sectores financieros o comerciales, sospecha o tiene evidencia de que se ha realizado una transacción con moneda falsa y no informa este hecho a las autoridades.

b) No Cumplimiento de Normativas Bancarias: Los bancos y otras entidades financieras están obligados por leyes y regulaciones a reportar actividades sospechosas, incluyendo el manejo de moneda falsa. La omisión de estas obligaciones constituye un incumplimiento regulatorio grave.

c) Retención de Información: Cuando un empleado o una persona con conocimiento de una operación de falsificación de moneda no informa a las autoridades o a sus superiores dentro de la organización.

d) Colaboración Pasiva con Falsificadores: Aunque una persona no esté directamente involucrada en la falsificación de moneda, el simple hecho de no reportar conocimiento de dichas actividades puede ser interpretado como una forma de complicidad o colaboración pasiva.

Estos son algunos ejemplos de conductas que podrían representar la omisión de reporte:

a) Profesionales Financieros: Bancos, casas de cambio y otras instituciones financieras a menudo están obligados por ley a reportar transacciones sospechosas que podrían indicar falsificación de moneda. Si intencionalmente no lo hacen, están omitiendo un reporte.

b) Negocios y Comerciantes: Si un comerciante recibe un billete que sospecha que es falso y decide no notificar a la policía o al banco central, estaría omitiendo un reporte.

c) Individuos en Posesión: Si una persona se encuentra en posesión de lo que cree que es moneda falsificada y decide quedársela o intentar gastarla sin reportarla, también estaría incurriendo en omisión de reporte.

d) Profesionales del Sector Público: Los empleados públicos, como los trabajadores de correos, que manejan efectivo y sospechan de la presencia de moneda falsa tienen el deber de informar a sus superiores o a las autoridades pertinentes. No hacerlo puede constituir una omisión de reporte.

Dependiendo de las leyes específicas de cada país, la omisión de reporte puede resultar en cargos criminales para la persona que no informa, con posibles penas que van desde multas hasta tiempo de prisión, especialmente si se demuestra que la omisión facilitó la continuación del delito de falsificación de moneda.

En el sector financiero y entre los profesionales de la ley, la omisión de reporte puede tener consecuencias adicionales, como sanciones administrativas o la pérdida de licencias para operar.

POSESIÓN CON INTENCIÓN DE DISTRIBUIR

La posesión con intención de distribuir en el delito de falsificación de moneda se refiere a tener en posesión moneda falsa y además tener la intención de ponerla en circulación o entregarla a otra persona para su uso como si fuera auténtica.

Es una figura delictiva que tiene en cuenta no solo el acto de posesión, sino también la intención subyacente detrás de ese acto.

Las conductas que pueden representar la posesión con intención de distribuir en la falsificación de moneda incluyen:

a) Almacenamiento de Moneda Falsa: Guardar cantidades de dinero falso en un lugar desde donde se pretenda su posterior distribución.

b) Organización de la Logística de Distribución: Preparar o coordinar cómo y dónde se distribuirá la moneda falsa, ya sea a nivel local, nacional o internacional.

c) Transacciones Planificadas: Tener acuerdos con terceros para intercambiar o vender moneda falsa.

d) Reclutamiento de Distribuidores: Buscar y reclutar individuos que ayudarán a poner en circulación la moneda falsa.

e) Publicidad para la Distribución: Anunciar o buscar compradores para moneda falsa, lo cual podría realizarse en entornos clandestinos o en línea, incluyendo la dark web.

f) Empaquetado o Preparación para la Venta: Tener moneda falsa ya empaquetada o preparada de manera que facilite su distribución o venta.

Para que se considere delito, generalmente no es necesario que la distribución se haya llevado a cabo; basta con la intención demostrable de distribuir.

La evidencia de esta intención puede derivarse de la cantidad de moneda falsa en posesión de la persona, la manera en que está almacenada o empaquetada, comunicaciones interceptadas, testigos, o cualquier otro indicio que señale planes de distribución.

Las sanciones por la posesión con intención de distribuir suelen ser severas, dada la naturaleza de la ofensa y su impacto potencial en la economía.

Los sistemas legales a menudo estipulan penas significativas que pueden incluir largos periodos de encarcelamiento, para disuadir no solo la fabricación y distribución, sino también la mera intención de comprometer la integridad de la moneda nacional.

POSESIÓN DE HERRAMIENTAS PARA FALSIFICAR

La posesión de herramientas para falsificar en el contexto del delito de falsificación de moneda se refiere a tener en posesión instrumentos o materiales específicamente diseñados o adaptados para la creación de moneda falsa.

Este acto en sí mismo puede constituir un delito, independientemente de si se ha producido o no moneda falsa con esas herramientas.

La legislación de muchos países considera que la mera posesión de dichas herramientas ya implica una intención delictiva, dado que no tienen un uso legítimo fuera de la falsificación de moneda.

La conducta que representa este delito puede incluir:

a) Herramientas de Impresión: Poseer prensas, impresoras de alta calidad, o cualquier otra máquina que pueda ser utilizada para imprimir billetes o monedas falsas.
b) Plantillas y Grabados: Tener plantillas, grabados, placas o negativos diseñados para replicar imágenes de billetes o monedas.
c) Papel y Tintas Especiales: Mantener un stock de papel que imite al utilizado en la fabricación de moneda, así como tintas especiales que son similares a las usadas por las casas de moneda.
d) Elementos de Seguridad Falsificados: Poseer hologramas falsificados, bandas de seguridad, marcas de agua o cualquier otro elemento de seguridad empleado para hacer que la moneda parezca legítima.
e) Software de Diseño: Tener software informático que se haya utilizado o que esté destinado a diseñar billetes o monedas falsos.
f) Manuales o Instrucciones: Contar con guías o manuales que instruyan cómo realizar la falsificación de moneda.
g) Químicos y Materiales de Alteración: Poseer sustancias químicas o materiales que se utilizan para alterar o añadir marcas a la moneda existente con el fin de cambiar su valor nominal o apariencia.
h) Dispositivos de Acabado: Tener dispositivos o herramientas utilizadas para añadir características finales a la moneda falsa, como máquinas para añadir el corte característico o textura a los billetes.

Las leyes de muchos países estipulan que la simple posesión de estas herramientas, con la intención de utilizarlas para la falsificación de moneda, constituye un delito en sí mismo, independientemente de si se ha cometido o no la falsificación efectiva de la moneda.

Esto se debe a que tal posesión implica una preparación para el delito y representa un riesgo inminente para el sistema económico.

Las sanciones para quienes poseen herramientas de falsificación varían según la jurisdicción, pero generalmente incluyen multas y/o penas de prisión.

POSESIÓN DE MONEDA FALSA CON LA INTENCIÓN DE DISTRIBUIR

La posesión de moneda falsa con la intención de distribuir en el contexto del delito de falsificación de moneda se refiere a tener en propiedad billetes o monedas que son imitaciones no autorizadas de la moneda legal y que no tienen valor como tal.

Esta conducta implica no solo tener la moneda falsa, sino también la intención de ponerla en circulación, es decir, intentar usarla como si fuera moneda legítima o transferirla a otras personas.

La conducta específica que representa este delito puede incluir:

a) Acopio: Acumular grandes cantidades de moneda falsa con el plan de distribuirla o introducirla gradualmente en la economía.

b) Transporte: Mover la moneda falsa de un lugar a otro, especialmente a través de fronteras, con la intención de distribuirla en diferentes mercados o áreas geográficas.

c) Transacción: Intentar comprar bienes o servicios utilizando moneda falsa o pasarla a otros como si fuera legítima.

d) Distribución: Entregar o intentar entregar moneda falsa a otras personas, ya sea como forma de pago, cambio o regalo, con el conocimiento de su falsedad.

e) Comercialización: Ofrecer moneda falsa a cambio de moneda legítima o de otros bienes, usualmente a un precio inferior al valor nominal para incentivar la transacción.

f) Conspiración: Planificar con otros individuos la distribución de moneda falsa, incluso si la moneda falsa no llega a circular efectivamente.

En muchos sistemas legales, la simple posesión de moneda falsa no es suficiente para constituir un delito, a menos que pueda probarse la intención de engañar a alguien usándola como si fuera real.

La intención de distribuir la moneda falsa es un componente crucial y agrava el delito porque implica un deseo activo de defraudar y de socavar la economía.

El castigo por este delito varía según la jurisdicción y puede incluir multas sustanciales y tiempo de prisión.

Las autoridades pueden buscar pruebas de intención en la conducta del acusado, comunicaciones, la cantidad de moneda falsa en posesión y cualquier equipo relacionado con la falsificación que pueda haber en su poder.

VENTA DE HERRAMIENTAS PARA LA FALSIFICACIÓN DE MONEDA

La venta de herramientas para la falsificación de moneda en el contexto del delito de falsificación de moneda significa proveer, distribuir o comerciar con equipos o materiales que están específicamente diseñados o que son comúnmente utilizados para crear moneda falsa.

Esta conducta implica que una persona transfiere la posesión de dichas herramientas a otra, a sabiendas de que serán utilizadas para cometer el delito de falsificación.

Estas herramientas pueden incluir:

a) Planchas de impresión: Equipos que tienen grabados o moldes para imprimir billetes.

b) Papeles especiales: Papel que imita el tipo usado en la fabricación de moneda legítima.

c) Tintas y químicos especiales: Sustancias que se usan para replicar las características de seguridad de los billetes legítimos.

d) Máquinas de impresión avanzadas: Equipos que pueden imprimir con la precisión y calidad necesarias para crear billetes creíbles.

e) Hologramas y dispositivos de seguridad: Materiales que se usan para imitar las medidas de seguridad anti-falsificación.

f) Software de diseño gráfico: Programas informáticos que pueden usarse para diseñar imágenes de moneda.

g) Manuales o guías: Documentación que proporciona instrucciones sobre cómo falsificar moneda.

La conducta de vender estas herramientas podría ser punible incluso si el vendedor no participa directamente en la falsificación de la moneda.

El delito aquí reside en facilitar los medios para cometer el acto de falsificación.

La venta de tales herramientas puede ser considerada como una forma de complicidad o un delito auxiliar al de la falsificación misma.

Las leyes en muchas jurisdicciones castigan no solo la falsificación activa de moneda, sino también el acto de asistir o fomentar el delito al proporcionar las herramientas necesarias.

Las sanciones pueden variar significativamente, pero podrían incluir multas pesadas y encarcelamiento, dependiendo de la gravedad del delito y del papel del individuo en la actividad criminal.

Es importante señalar que la legalidad de la venta de ciertas herramientas puede depender de la intención percibida o demostrada detrás de la transacción.

Si se puede demostrar que el vendedor era consciente o tenía una sólida razón para creer que las herramientas serían utilizadas para la falsificación, esto generalmente fortalece el caso en su contra.

En cambio, si las herramientas tienen usos legítimos y no hay pruebas de que el vendedor conociera el propósito ilícito, puede haber defensas legales disponibles.

MALVERSACIÓN

INTRODUCCIÓN

La malversación es un delito que implica la apropiación, uso indebido o desvío de fondos o bienes públicos por parte de un funcionario o autoridad que tiene la responsabilidad de administrarlos o custodiarlos.

Se trata de un delito que atenta directamente contra el patrimonio público y, por ende, contra el interés general de la sociedad.

Las características principales del delito de malversación incluyen:

a) Funcionario Público o Cargo Equivalente: La malversación es cometida por aquellos que tienen una responsabilidad oficial sobre fondos o propiedades públicas. Esto incluye a funcionarios públicos y, en algunas jurisdicciones, a personas privadas que tienen un deber fiduciario hacia el público.

b) Apropiación, Uso Indebido o Desvío: La conducta puede manifestarse de diversas maneras, ya sea apropiándose directamente de los fondos, usando los recursos públicos para fines personales o desviando fondos para proyectos no autorizados.

c) Actuación Dolosa: El funcionario actúa con conocimiento y voluntad, siendo consciente de que está destinando los fondos o bienes públicos de una manera contraria a la prevista o permitida.

d) Perjuicio al Patrimonio Público: La acción resulta en un daño o perjuicio al patrimonio del Estado o de la entidad pública afectada.

e) Enriquecimiento Ilícito: En muchos casos, aunque no en todos, el funcionario o la tercera parte involucrada se beneficia económicamente del acto de malversación.

f) Violación de la Confianza Pública: La malversación no solo implica un daño económico, sino también una violación de la confianza que la sociedad deposita en los funcionarios para gestionar los recursos públicos.

g) Actos de Ocultamiento o Encubrimiento: En muchos casos, los perpetradores pueden intentar ocultar o justificar el uso indebido de fondos mediante la falsificación de documentos, registros contables o informes.

La malversación de fondos públicos es considerada un delito grave en la mayoría de las jurisdicciones, y las sanciones pueden incluir penas de prisión, multas, inhabilitación para ejercer cargos públicos y la obligación de restituir los fondos malversados.

Es una forma de corrupción que socava la integridad de las instituciones públicas y la confianza de la ciudadanía en sus representantes.

CONCESIÓN DE BENEFICIOS INJUSTIFICADOS

La conducta de concesión de beneficios injustificados en el contexto del delito de malversación implica otorgar ventajas, favores o beneficios económicos a individuos, empresas o entidades sin una base legal, justificación adecuada o de acuerdo con el mérito.

Esta concesión suele realizarse a cambio de favores, para beneficiar a personas cercanas al funcionario, o simplemente por negligencia o imprudencia en el ejercicio de sus funciones.

Es una forma de abuso de poder y de la confianza pública.

En el ámbito de la malversación, esta conducta puede manifestarse de varias maneras:

a) Contrataciones o licitaciones amañadas: Otorgar contratos a empresas o individuos basándose en relaciones personales o sobornos, en lugar de la competencia y mérito de las propuestas presentadas.

b) Subsidios o exenciones fiscales injustificadas: Conceder ayudas económicas, exenciones o beneficios fiscales a entidades o individuos sin que cumplan con los criterios establecidos o sin justificación válida.

c) Promociones o ascensos inmerecidos: Promover o asignar a individuos a cargos o responsabilidades basados en amistad, nepotismo o favores, en lugar de su capacidad y mérito.

d) Venta o arrendamiento de bienes públicos en condiciones ventajosas: Ofrecer propiedades o activos del Estado a particulares en condiciones significativamente favorables sin una justificación clara o en contravención de las normas establecidas.

e) Condonación de deudas o sanciones: Perdonar deudas, multas o sanciones a individuos o empresas sin una base legal o a cambio de favores.

La concesión de beneficios injustificados, al igual que otras formas de malversación, refleja una violación de la confianza pública y un uso indebido de la posición y poder del funcionario para beneficio personal o de terceros.

Las sanciones para este tipo de conducta pueden incluir destitución, multas, devolución de los fondos y, en algunos casos, encarcelamiento, dependiendo de la gravedad del acto y la legislación local.

Es esencial tener en cuenta que las leyes y definiciones específicas relacionadas con la malversación y la concesión de beneficios injustificados pueden variar según la jurisdicción.

Por lo tanto, para un análisis detallado en un contexto específico, sería conveniente consultar las leyes locales o a un experto en derecho penal de esa jurisdicción.

DESTRUCCIÓN O INUTILIZACIÓN

Dentro del marco del delito de malversación, especialmente en el contexto de fondos o bienes públicos, la conducta de destrucción o inutilización se refiere al acto de dañar, destruir o volver inutilizables bienes o recursos que están bajo la custodia o administración de un funcionario público, en lugar de simplemente desviarlos o apropiarlos indebidamente para uso personal.

Estas acciones suelen ser llevadas a cabo con la intención de obtener un beneficio (directo o indirecto) o con la intención de causar un perjuicio a la administración pública o a terceros.

La destrucción o inutilización puede manifestarse de varias maneras:

a) Destrucción física: Por ejemplo, un funcionario puede destruir documentos importantes para ocultar evidencia de actividades ilegales o negligencia.

b) Daño o sabotaje: Un empleado podría dañar vehículos, maquinarias o equipos para obtener algún beneficio, ya sea directo (como recibir un pago por la "reparación") o indirecto (como perjudicar a un rival).

c) Desperdicio intencionado: Un administrador podría inutilizar recursos, como alimentos o medicamentos, que estaban destinados a un propósito específico, llevando a la necesidad de comprar más, lo que podría beneficiar a un proveedor específico o al propio administrador.

d) Eliminación de registros: Para ocultar malversaciones financieras, un funcionario podría optar por destruir registros contables o evidencias digitales.

Algunos ejemplos de esta conducta pueden incluir:

a) Documentos importantes: La destrucción de documentos esenciales para ocultar la evidencia de malversación o para evitar que estos sean usados correctamente.

b) Propiedades públicas: Dañar o destruir edificios, vehículos u otros bienes que pertenecen al estado o a una entidad pública.

c) Fondos: Aunque es menos común, la inutilización también podría referirse a acciones que resulten en la pérdida de fondos públicos, por ejemplo, la disposición inapropiada de dinero en efectivo.

d) Recursos digitales: La eliminación o corrupción de datos digitales y recursos informáticos pertenecientes al estado o a una entidad pública.

La destrucción o inutilización en el contexto de la malversación es especialmente grave porque no sólo implica una violación de la confianza pública, sino que también puede causar daños materiales o perjuicios directos a la sociedad, como cuando se destruyen recursos esenciales o se impide su correcta utilización.

Las leyes específicas, definiciones y sanciones relacionadas con la conducta de destrucción o inutilización en el delito de malversación varían según la jurisdicción.

En muchas jurisdicciones, esta conducta es considerada un agravante del delito de malversación y puede resultar en penas más severas.

Si tienes preguntas específicas sobre la legislación en un país o jurisdicción particular, es aconsejable consultar las leyes locales o a un experto en derecho penal de esa área.

BENEFICIO INDEBIDO A TERCEROS

El beneficio indebido a terceros en el contexto del delito de malversación se refiere a favorecer de forma ilícita a una persona o entidad (tercero) utilizando fondos o bienes públicos.

Esto puede manifestarse de diversas formas, como adjudicaciones de contratos de forma desleal, asignación de recursos por encima del valor de mercado o cualquier otra forma que signifique un beneficio financiero para alguien a expensas de la entidad pública.

Implicaciones del beneficio indebido a terceros en el delito de malversación:

a) Perjuicio para el Interés Público: Al beneficiar indebidamente a terceros, se están utilizando de forma inapropiada recursos que deberían ser destinados al bienestar público o al funcionamiento adecuado de la administración.

b) Corrupción y Descomposición Institucional: La concesión de beneficios indebidos puede fomentar un ambiente de corrupción en el que se espera que los actores participen en comportamientos deshonestos para obtener ventajas.

c) Distorsión del Mercado: Las empresas honestas pueden verse perjudicadas si otras empresas obtienen beneficios indebidamente. Esto puede llevar a una falta de competencia leal y a ineficiencias en el mercado.

d) Consecuencias Legales: Los responsables de otorgar beneficios indebidos, así como los beneficiarios sí estuvieron involucrados en actos ilícitos, pueden enfrentar consecuencias legales, incluidos cargos criminales, multas y prisión.

e) Pérdida de Confianza: El conocimiento público de que se están otorgando beneficios indebidos puede erosionar la confianza en las instituciones gubernamentales y públicas.

f) Reputación Dañada: Las personas o empresas que reciben beneficios indebidos, incluso si no estuvieron directamente involucradas en actos de malversación, pueden sufrir daños a su reputación.

g) Costos Económicos: Los beneficios indebidos a menudo resultan en pérdidas financieras directas para el estado o la entidad pública, y estos fondos perdidos pueden no recuperarse.

h) Impacto en el Desarrollo y Servicios: Los fondos que se desvían para beneficios indebidos son fondos que no se utilizan para proyectos, servicios o infraestructura esenciales, lo que puede tener un impacto negativo en el desarrollo y bienestar de la población.

El beneficio indebido a terceros en el delito de malversación no solo representa una traición a la confianza pública y una pérdida de recursos, sino que también puede tener efectos corrosivos en la integridad y eficiencia de las instituciones y el mercado.

Combatir estas prácticas es esencial para garantizar una administración pública transparente y justa y un entorno empresarial competitivo y equitativo.

FALSEAMIENTO DE CUENTAS

El falseamiento de cuentas se refiere a la alteración deliberada de registros contables o financieros con el propósito de ocultar o tergiversar la verdadera situación financiera de una entidad o individuo.

En el contexto del delito de malversación, donde se trata de la apropiación indebida o uso fraudulento de fondos o bienes públicos, el falseamiento de cuentas puede ser una táctica utilizada para encubrir el desvío de estos recursos.

Implicaciones del falseamiento de cuentas en el contexto de la malversación:

a) Encubrimiento del Delito: El principal objetivo de falsear cuentas en un escenario de malversación es ocultar el desvío o mal uso de fondos. Al manipular registros, se busca que las cifras oficiales no reflejen el desfalco.

b) Consecuencias Legales: El falseamiento de cuentas es un delito en muchos ordenamientos jurídicos. Así que además de las consecuencias legales por malversación, aquellos que participen en la alteración de registros contables pueden enfrentar cargos adicionales y sanciones más severas.

c) Impacto en la Confianza: La detección de cuentas falseadas en una entidad, especialmente pública, puede erosionar la confianza del público en dicha institución y en los funcionarios involucrados. La transparencia y la integridad son fundamentales para la confianza en las instituciones públicas.

d) Daño Reputacional: Para las entidades o individuos implicados, el descubrimiento de que han falseado cuentas puede llevar a un daño significativo a su reputación, lo que puede tener consecuencias en sus relaciones futuras, oportunidades y operaciones.

e) Problemas Financieros: El falseamiento de cuentas puede ocultar problemas financieros subyacentes. Una vez descubiertos, estos problemas pueden ser más graves y difíciles de solucionar, ya que no se abordaron en sus etapas iniciales.

f) Desincentivo para Inversores o Donantes: En el caso de entidades que dependen de inversiones o donaciones, el descubrimiento de cuentas falseadas puede desincentivar a futuros inversores o donantes, lo que agrava aún más los problemas financieros.

g) Costos Asociados: La detección del falseamiento puede llevar a la necesidad de realizar auditorías forenses, litigios y otras investigaciones, lo que implica costos adicionales.

h) Desincentivo para Empleados y Colaboradores: En una organización donde se descubre el falseamiento de cuentas, el ambiente de trabajo puede volverse tóxico, y los empleados pueden sentirse desmotivados o preocupados por su propia seguridad y reputación.

El falseamiento de cuentas en el contexto de la malversación no solo agrava la gravedad del delito inicial, sino que también conlleva una serie de consecuencias negativas para la entidad y los individuos involucrados, así como para la sociedad en su conjunto.

Es fundamental para la salud y transparencia de cualquier sistema financiero o institucional que existan mecanismos de control y supervisión robustos para detectar y prevenir estas prácticas.

AUTORIZACIÓN INDEBIDA DE GASTOS

La conducta de autorización indebida de gastos en el contexto del delito de malversación se refiere al acto de aprobar o permitir gastos que no están justificados, no están permitidos por la normativa aplicable o no corresponden a las finalidades para las cuales se destinaron los fondos o bienes públicos.

Específicamente, esta conducta se lleva a cabo por un funcionario o persona con capacidad de decisión que, a sabiendas o por negligencia grave, autoriza el uso de recursos públicos de manera ilícita o inapropiada.

Esta conducta puede manifestarse de diversas maneras:

a) Gastos no justificados: Autorizar gastos que no tienen una justificación razonable o que exceden las necesidades reales de la entidad o proyecto para el cual se destinan.

b) Desvío de fondos: Autorizar gastos para proyectos o finalidades diferentes a aquellos para los que se destinaron originalmente los fondos.

c) Gastos personales: Aprobar el uso de fondos públicos para cubrir gastos personales, ya sea del propio autorizador o de terceros.

d) Gastos excesivos: Autorizar compras o contrataciones por montos que superan significativamente los precios de mercado o las tarifas razonables, lo que puede ser indicativo de sobreprecios o de la existencia de acuerdos ilícitos con proveedores.

e) Omisiones intencionadas: No llevar a cabo las verificaciones necesarias u omitir controles establecidos antes de autorizar gastos, facilitando así la malversación.

Las características clave de la conducta de autorización indebida de gastos incluyen:

a) Falta de Justificación:

- Gastos no necesarios: Autorizar gastos que no son necesarios para las operaciones públicas o los propósitos pretendidos.
- Sobrecostos: Aprobar gastos que son notablemente más altos que los costos reales o de mercado.

b) Corrupción y Favorecimiento:

- Negociaciones corruptas: Puede involucrar contratos inflados o adjudicaciones de contratos a amigos, familiares o asociados sin seguir el debido proceso.
- Conflictos de interés: Autorizar gastos donde hay un conflicto de interés personal o financiero.

c) Falta de Transparencia:

- Procesos opacos: La falta de transparencia y responsabilidad en la autorización de gastos.
- Falta de documentación: Gastos autorizados sin la documentación adecuada o procedimientos de verificación.

d) Violaciones Legales y Éticas:

- Incumplimiento de normas: Violación de leyes, regulaciones, y políticas internas durante la autorización de gastos.
- Desvío de fondos: Aprobar gastos que directa o indirectamente resultan en el desvío de fondos para usos personales o indebidos.

La autorización indebida de gastos en el marco de la malversación es especialmente preocupante porque no solo involucra la mala gestión de recursos, sino que también puede ser indicativa de corrupción, colusión o enriquecimiento ilícito.

El impacto de esta conducta es que se erosiona la confianza pública, se desperdician recursos valiosos y se compromete la eficacia y eficiencia de las instituciones públicas.

En muchas jurisdicciones, aquellos que autorizan indebidamente gastos y están involucrados en actos de malversación pueden enfrentar sanciones que incluyen multas, destitución de sus cargos, inhabilitación para ocupar cargos públicos en el futuro y encarcelamiento.

Como con otros aspectos relacionados con la malversación, las leyes y definiciones específicas sobre la autorización indebida de gastos pueden variar según el país o jurisdicción.

Para obtener una interpretación precisa en un contexto legal específico, es recomendable consultar las leyes locales o a un experto en derecho penal de esa jurisdicción.

CONCESIÓN FRAUDULENTA

La concesión fraudulenta es un término que puede referirse a actos deshonestos en la adjudicación o concesión de algo, como contratos, licencias o beneficios, de manera que no se sigue el debido proceso, se favorece indebidamente a alguien o se busca un beneficio personal ilícito.

En el contexto del delito de malversación, que en muchos ordenamientos se refiere a la apropiación indebida o uso fraudulento de fondos o bienes públicos por parte de quien tiene la custodia o responsabilidad sobre ellos, la concesión fraudulenta podría tratarse de situaciones en las que, por ejemplo, un funcionario público concede un contrato a una empresa a cambio de sobornos o favores personales, ignorando a otras empresas que podrían haber ofrecido términos más favorables para el estado o la entidad pública.

Implicaciones:

a) Violación de la confianza pública: La malversación y la concesión fraudulenta implican una traición a la confianza que el público deposita en sus representantes y administradores.

b) Pérdida de recursos públicos: La concesión fraudulenta puede llevar a que se pague de más por servicios o bienes, o que se reciban productos o servicios de inferior calidad.

c) Desventaja competitiva: Las empresas que intentan competir de manera justa y honesta pueden verse desfavorecidas si otras empresas obtienen contratos a través de medios fraudulentos.

d) Corrupción y descomposición institucional: Estas prácticas pueden fomentar un ambiente de corrupción en el que se espera que los actores participen en comportamientos deshonestos para tener éxito.

e) Consecuencias legales: Los individuos o entidades involucradas en la concesión fraudulenta y en actos de malversación pueden enfrentar sanciones significativas, incluidos multas y encarcelamiento.

f) Percepción pública negativa: Tales actos pueden disminuir la confianza del público en las instituciones gubernamentales y en el sistema en su conjunto.

g) Estancamiento o retraso en el desarrollo: Las malas prácticas de concesión pueden llevar a proyectos de baja calidad, infraestructuras defectuosas y a la falta de servicios adecuados para el público.

La conducta de concesión fraudulenta en la malversación puede variar en gravedad y en las implicaciones específicas dependiendo de las leyes y regulaciones del país en el que ocurra el delito.

Es importante consultar las leyes locales para obtener detalles específicos y actualizados respecto a las definiciones legales, penalizaciones y procesos judiciales asociados.

ASOCIACIÓN ILÍCITA

La asociación ilícita en relación con el delito de malversación implica la colaboración o conspiración de dos o más personas con el propósito de cometer actos de malversación de fondos o bienes públicos.

Esta conducta reconoce que en muchas ocasiones la malversación no es un acto aislado o realizado por un solo individuo, sino que puede requerir la cooperación de varios actores dentro o fuera de una entidad o institución pública.

Algunos elementos clave de la conducta de asociación ilícita en la malversación incluyen:

a) Colaboración entre múltiples partes:

- Interna: Involucra a funcionarios o empleados dentro de la misma organización o entidad gubernamental.
- Externa: Puede incluir a individuos, empresas o entidades fuera de la organización pública.

b) Objetivo común:

- Los individuos trabajan juntos con el objetivo de desviar o malversar fondos o bienes públicos para su beneficio personal o el de terceros.

c) Actos coordinados:

- Las acciones para cometer malversación son planificadas y ejecutadas de manera coordinada.

d) Ocultación y encubrimiento:

- Los miembros de la asociación ilícita a menudo toman medidas para ocultar sus actividades y encubrir sus rastros.

e) Ejemplos específicos de asociación ilícita en malversación podrían incluir:

- Funcionarios de diferentes departamentos: Colaboran para desviar fondos, donde uno autoriza gastos ficticios y otro los aprueba.
- Colusión con contratistas: Un funcionario público se asocia con un contratista para inflar precios y compartir las ganancias ilícitas.
- Red de malversación: Un grupo de empleados gubernamentales que colaboran para robar fondos públicos a lo largo del tiempo.

La existencia de una asociación ilícita puede aumentar significativamente la gravedad de la malversación, ya que demuestra una intencionalidad y organización para defraudar sistemáticamente a la entidad o al Estado.

Además, puede complicar las investigaciones y la rendición de cuentas, ya que varios individuos trabajan juntos para ocultar sus acciones y protegerse mutuamente.

Las leyes y definiciones específicas relacionadas con la malversación y la asociación ilícita varían según la jurisdicción.

En muchas jurisdicciones, la participación en una asociación ilícita para cometer malversación es considerada un agravante del delito y puede llevar a sanciones más severas.

Es recomendable consultar las leyes locales o a un experto en derecho penal de una jurisdicción específica para obtener información detallada.

NO REGISTRO O REGISTRO FALSO

La conducta de no registro o registro falso en el contexto del delito de malversación implica la manipulación o alteración de registros financieros o contables para ocultar, facilitar o justificar el desvío o apropiación indebida de fondos o bienes públicos.

Esta conducta puede ser ejecutada por un individuo o por un conjunto de individuos como parte de un esquema más amplio para cometer malversación.

No Registro

La omisión de reflejar operaciones o transacciones relevantes en los registros oficiales con el fin de:

a) Ocultar desvíos: No documentar una salida o uso de fondos públicos para que no haya registro de dicha transacción.

b) Evitar el seguimiento: Al no registrar transacciones, se dificulta que las auditorías o revisiones detecten irregularidades.

Registro Falso

La introducción deliberada de datos incorrectos o fabricados en los registros:

a) Inventar gastos: Crear transacciones ficticias para justificar el desvío de fondos. Por ejemplo, inventar facturas por servicios que nunca se prestaron o bienes que nunca se entregaron.

b) Alterar montos: Modificar cifras para que los registros muestren montos diferentes a los realmente gastados o recibidos.

c) Manipular fechas: Cambiar fechas de transacciones para hacerlas coincidir con periodos contables específicos o justificar gastos en ciertos plazos.

d) Categorizar incorrectamente: Registrar gastos bajo categorías que no corresponden para ocultar desvíos o apropiaciones indebidas.

Esta conducta es especialmente dañina ya que no solo implica la apropiación indebida o el desvío de fondos, sino que también busca sistemáticamente engañar y confundir a quienes revisan o confían en esos registros, ya sea la ciudadanía, superiores, organismos de control, entre otros.

Es una clara violación de la confianza pública y de la responsabilidad fiduciaria que tienen los funcionarios y entidades públicas.

La omisión de registro o el registro falso en el marco de la malversación puede acarrear graves sanciones, que incluyen multas, destitución, inhabilitación para ejercer cargos públicos, y en algunos casos, penas de prisión.

Las leyes específicas y las consecuencias asociadas con estas conductas pueden variar según la jurisdicción.

Es aconsejable consultar las leyes locales o a un experto en derecho penal para obtener una comprensión más precisa.

OCULTACIÓN O FALTA DE RENDICIÓN DE CUENTAS

La ocultación y la falta de rendición de cuentas en el contexto de la malversación son graves porque erosionan la confianza en las instituciones públicas y pueden permitir o facilitar otras formas de corrupción y malversación.

Los sistemas legales de muchos países establecen mecanismos específicos para garantizar la transparencia y la rendición de cuentas y para sancionar a aquellos que incumplen con estas obligaciones.

Es esencial consultar las leyes y regulaciones específicas de la jurisdicción en cuestión para entender completamente las implicaciones legales y las posibles sanciones asociadas con esta conducta en el contexto de la malversación.

La conducta de ocultación o falta de rendición de cuentas en el contexto del delito de malversación se refiere al acto de esconder, omitir o no informar adecuadamente sobre el uso, manejo o destino de fondos o bienes públicos. Esta conducta puede llevarse a cabo para encubrir desvíos, apropiaciones indebidas o cualquier otro uso irregular de los recursos públicos. Al no rendir cuentas o al hacerlo de manera engañosa, se vulnera la transparencia y se traiciona la confianza pública.

Estas son algunas formas en que esta conducta puede manifestarse:

a) Ocultación:
   - Manipulación de Registros: Alterar registros contables para esconder desvíos de fondos.
   - Documentación Falsa: Crear documentos ficticios para encubrir transacciones ilícitas.
   - Eliminación de Evidencia: Destruir o eliminar registros que podrían revelar malversaciones.

b) Falta de Rendición de Cuentas:
   - Informes Incompletos: Presentar informes financieros que omitan transacciones o usos de fondos relevantes.
   - Retrasos Intencionados: Retardar la presentación de informes o auditorías para ganar tiempo y encubrir actividades ilícitas.
   - Información Engañosa: Proporcionar información que distorsione o maquille la realidad financiera.

c) Ejemplos de Ocultación o Falta de Rendición de Cuentas:

- Un funcionario que no reporta la compra de bienes personales hecha con fondos públicos.
- La manipulación de registros contables para esconder un desvío de dinero.
- La omisión intencionada de transacciones ilícitas en informes financieros.
- La falta de documentación o justificación para gastos realizados.

d) Consecuencias:

- Esta conducta socava la confianza pública y la transparencia.
- Llevar a la pérdida de fondos públicos y dañar servicios esenciales.
- Constituye un delito en sí mismo en muchas jurisdicciones, además de la malversación de fondos.

La ocultación o falta de rendición de cuentas suele ser una táctica empleada para evitar la detección de la malversación y proteger a los responsables de ser descubiertos y sancionados. Esta conducta erosiona la confianza pública y la integridad de las instituciones, ya que evita la supervisión y el control adecuado sobre los recursos públicos.

En muchas jurisdicciones, la falta de rendición de cuentas y la ocultación en el marco de la malversación son consideradas delitos graves, dada la responsabilidad que los funcionarios y entidades públicas tienen de manejar con transparencia y rectitud los recursos que les son confiados. Las sanciones pueden incluir multas, destitución y, en casos más graves, encarcelamiento.

Las leyes y definiciones específicas relacionadas con la malversación y la ocultación o falta de rendición de cuentas pueden variar según el país o jurisdicción. Para obtener información precisa sobre un contexto legal específico, es aconsejable consultar las leyes locales o a un experto en derecho penal de esa jurisdicción.

OMISIÓN DE REINTEGRO

La conducta de omisión de reintegro en el contexto del delito de malversación se refiere a la falta deliberada de devolver, reponer o reembolsar fondos o bienes públicos que un funcionario o persona en posición de confianza tenía bajo su responsabilidad y que, por alguna razón, fueron utilizados, retirados o desplazados temporalmente.

Esta omisión se vuelve delictiva cuando el responsable no realiza el reintegro en el plazo o las condiciones estipuladas, y sin una justificación válida.

A continuación, se exponen algunas formas específicas en las que se puede manifestar la omisión de reintegro:

a) Uso indebido de fondos:

- Escenario: Un funcionario recibe fondos para un proyecto o misión específica.
- Omisión: No devuelve los fondos no utilizados o incurre en gastos no autorizados y no realiza el reembolso correspondiente.

b) Asignaciones temporales:

- Escenario: Un empleado recibe una asignación temporal de fondos para un propósito específico, como la organización de un evento.
- Omisión: Los fondos no se utilizan completamente, pero el empleado no devuelve el exceso.

c) Adelantos o préstamos:

- Escenario: Un funcionario recibe un adelanto o préstamo de fondos públicos con la expectativa de reembolsarlos.
- Omisión: El funcionario no realiza el reembolso en el tiempo o manera acordada.

d) Recursos malversados:

- Escenario: Se detecta que un funcionario ha malversado fondos.
- Omisión: A pesar de ser descubierto, no realiza acciones para reintegrar los fondos malversados.

e) Consecuencias:

- Legales: Dependiendo de la jurisdicción, la omisión de reintegro puede ser un delito separado o una parte integral del delito de malversación, sujeta a sanciones como multas, restitución, y potencialmente encarcelamiento.
- Profesionales: Puede llevar a la destitución o prohibición de ocupar cargos públicos en el futuro.
- Reputacionales: Daño a la reputación del individuo y, en algunos casos, de la institución para la que trabaja.

La esencia de la omisión de reintegro es que existe una expectativa o una obligación de devolver o reponer fondos o bienes públicos, y esa obligación no se cumple.

Esta conducta es particularmente dañina para la confianza pública, ya que implica un abuso de la posición y responsabilidad del funcionario o persona encargada.

La omisión de reintegro puede ser considerada una forma de malversación porque los recursos públicos no se utilizan para el propósito previsto y no se devuelven adecuadamente.

Dependiendo de la jurisdicción y de las circunstancias específicas del caso, la omisión de reintegro puede acarrear sanciones que incluyen multas, destitución, inhabilitación para ejercer cargos públicos y, en casos más graves, encarcelamiento.

Como con todas las conductas relacionadas con la malversación, es crucial consultar las leyes y regulaciones locales o a un experto en derecho penal de una jurisdicción específica para obtener una comprensión detallada de la omisión de reintegro y sus implicancias legales.

USO DE INFORMACIÓN PRIVILEGIADA

La conducta de uso de información privilegiada no suele ser un componente central del delito de malversación en sí mismo, pero es relevante en otros contextos legales, en especial en el ámbito financiero y bursátil.

Sin embargo, en ciertos casos, la utilización indebida de información privilegiada por parte de un funcionario o empleado público puede entrelazarse con actos de malversación o con otros delitos relacionados con la corrupción.

La información privilegiada se refiere a información no pública, relevante y sensible que, si es conocida por el mercado o por terceros, podría influir en decisiones económicas o comerciales.

Un individuo que tiene acceso a esta información debido a su posición o rol y que la utiliza para obtener un beneficio económico personal (o para terceros) está cometiendo un delito de uso de información privilegiada.

En el marco de la malversación, esta conducta puede manifestarse de varias maneras, como:

a) Uso de Información para Beneficio Personal:

- Un funcionario utiliza información no pública para tomar decisiones financieras, como invertir en acciones de una empresa que se beneficiará de una decisión gubernamental próxima a anunciarse.

b) Venta de Información:

- Un empleado público vende información confidencial a terceros que pueden utilizarla para obtener beneficios financieros o ventajas competitivas.

c) Favorecimiento de Terceros:

- Un funcionario utiliza información privilegiada para favorecer a empresas específicas en licitaciones o contratos públicos, permitiendo que preparen propuestas ventajosas basadas en información no pública.

d) Manipulación de Mercados:

– Empleados públicos que utilizan información confidencial para manipular mercados, precios de acciones o valores, obteniendo beneficios personales o para asociados.

e) Enriquecimiento Ilícito:

– Funcionarios que utilizan información privilegiada para enriquecerse, como comprar propiedades que saben que aumentarán de valor debido a futuras decisiones gubernamentales.

Si bien estas acciones se entrelazan con la malversación en el sentido de que involucran abusos de confianza y posición para beneficio personal, la utilización de información privilegiada es un delito específico en muchas jurisdicciones, particularmente en el sector financiero.

Estas conductas erosionan la confianza en los mercados y en la administración pública, y sus sanciones pueden ser significativas, incluyendo multas elevadas y encarcelamiento.

Es importante subrayar que las definiciones exactas y las sanciones para el uso de información privilegiada y su relación con la malversación pueden variar según la jurisdicción.

Es recomendable consultar las leyes locales o a un experto en derecho penal o financiero para obtener detalles precisos en un contexto jurídico específico.

VENTA O ENAJENACIÓN ILEGAL

La conducta de venta o enajenación ilegal en el contexto del delito de malversación se refiere al acto de vender, transferir o deshacerse de bienes o propiedades públicas sin la autoridad, justificación o procedimiento adecuado.

Es una forma de malversación porque implica el desvío o disposición inapropiada de activos que pertenecen al público o a una entidad estatal, y que están bajo la custodia o control de un funcionario o agente público.

Específicamente, la venta o enajenación ilegal podría manifestarse de las siguientes maneras:

a) Venta sin autorización: Un funcionario vende o transfiere propiedad pública sin tener la autoridad para hacerlo.

b) Venta a precios subvaluados: Vender activos públicos a precios muy por debajo de su valor de mercado real, a menudo para beneficiar a amigos, familiares o asociados.

c) Evitación de procedimientos formales: Realizar la venta o transferencia sin seguir los procedimientos establecidos, como las licitaciones públicas, para favorecer a un comprador específico.

d) Falsificación de documentos de venta: Crear o alterar documentos para hacer parecer legítima una venta o transferencia ilegal.

e) Beneficio personal: Vender bienes públicos y quedarse con las ganancias o recibir alguna forma de compensación por la transacción.

Características Asociadas

- Falta de Transparencia: La transacción se lleva a cabo sin la debida transparencia, y a menudo se oculta o se informa de manera engañosa.
- Beneficio Personal: Hay un beneficio personal directo o indirecto para el funcionario o terceros asociados.
- Violación de Procedimientos: La venta o transferencia viola los procedimientos estándar de licitación, venta o transferencia.
- Pérdida para el Público: Resulta en una pérdida significativa de valor o recursos para la entidad pública o el público en general.

Consecuencias Legales

- Responsabilidad Criminal: Puede resultar en cargos criminales, incluyendo malversación, fraude y otros delitos asociados.
- Restitución y Penas: Los infractores pueden ser obligados a restituir los fondos o bienes y enfrentar penas adicionales, incluyendo multas y encarcelamiento.
- Impacto en la Carrera: Puede llevar a la destitución y tener un impacto duradero en la carrera y reputación del individuo.

La intención detrás de la venta o enajenación ilegal suele ser el beneficio personal o el beneficio para un tercero específico.

Estos actos debilitan la integridad del sistema, erosionan la confianza pública y pueden tener consecuencias económicas significativas para la entidad o comunidad afectada.

Las leyes y definiciones específicas relacionadas con la malversación y la venta o enajenación ilegal varían según el país o jurisdicción.

En muchas jurisdicciones, este tipo de conducta se sanciona con multas, destitución del cargo y posiblemente condenas de prisión, dependiendo de la gravedad del acto y el valor de los bienes en cuestión.

Para obtener detalles precisos sobre un contexto legal específico, es aconsejable consultar las leyes locales o a un experto en derecho penal de esa jurisdicción.

EXTRAVÍO INTENCIONADO

La conducta del extravío intencionado en el delito de malversación se refiere al acto deliberado de hacer que fondos, bienes o propiedades públicas se pierdan, desaparezcan o se dañen, con el objetivo de beneficiarse personalmente, perjudicar a la entidad pública o evitar responsabilidades.

Es una forma específica de malversación donde el enfoque no es directamente la apropiación de fondos, sino la pérdida deliberada o la destrucción de activos públicos.

Algunas manifestaciones de la conducta de extravío intencionado pueden incluir:

a) Desechar Bienes Públicos: Deshacerse intencionadamente de bienes que aún tienen valor o utilidad sin justificación.

b) Destrucción de Documentos: Eliminar o destruir documentos contables, contratos, facturas, registros, entre otros, para ocultar evidencia de malversación o de otras irregularidades financieras.

c) Desaparición de Fondos: Asegurar que ciertos montos de dinero desaparezcan de las cuentas o registros, haciéndolos inaccesibles o irreconocibles, y posiblemente apropiándose de ellos.

d) Daño Intencionado a Propiedades: Causar daño a propiedades o activos públicos para obtener beneficios de seguros, justificar la compra de nuevos bienes, entre otros motivos.

e) Eliminación de Evidencia Digital: Borrar datos digitales, manipular sistemas de registro electrónico o dañar infraestructura tecnológica para ocultar malversaciones.

Elementos clave del extravío intencionado:

a) Intencionalidad: Implica un acto deliberado para perder, desplazar o hacer inaccesibles los bienes o fondos públicos. No se trata de un accidente o negligencia, sino de una acción consciente.

b) Manipulación de Activos: Puede implicar la manipulación física, como la eliminación o destrucción de bienes, o financiera, como la transferencia no autorizada de fondos a cuentas no oficiales.

c) Ocultación: A menudo, se realizan esfuerzos para ocultar el extravío, incluida la falsificación de documentos, la alteración de registros contables o la creación de transacciones ficticias para justificar la ausencia de los activos.

d) Beneficio Personal: Aunque no siempre, el extravío intencionado puede estar motivado por el deseo de obtener un beneficio personal, ya sea apropiándose directamente de los activos o utilizando el extravío para ocultar otras formas de malversación.

Consecuencias del Extravío Intencionado:

a) Legal: Dependiendo de la jurisdicción, las sanciones por el extravío intencionado de bienes o fondos públicos pueden incluir multas, restitución, destitución y encarcelamiento.

b) Reputacional: El daño a la reputación del individuo y, en muchos casos, de la entidad pública involucrada.

c) Financiera: La pérdida financiera para la entidad pública, que afecta su capacidad para funcionar eficazmente y proporcionar servicios públicos.

d) Confianza Pública: El daño a la confianza pública en las instituciones gubernamentales y públicas, lo que puede tener un impacto a largo plazo en la gobernanza y la estabilidad social.

La base de la conducta de extravío intencionado es el abuso de poder o posición y la traición a la confianza pública. A diferencia de una pérdida accidental o una negligencia, este tipo de extravío se caracteriza por la intencionalidad y la deliberación detrás de la acción.

Las consecuencias legales del extravío intencionado en el marco del delito de malversación son generalmente severas, reflejando la gravedad de la traición a la confianza pública.

Las sanciones pueden incluir multas, destitución, inhabilitación para ejercer cargos públicos y, en casos más graves, encarcelamiento.

Dado que las leyes y regulaciones específicas varían según la jurisdicción, es esencial consultar las disposiciones locales o buscar el consejo de un experto en derecho penal para obtener detalles precisos sobre esta conducta en un contexto legal específico.

FAVORECIMIENTO DE TERCEROS

La conducta del favorecimiento de terceros en el contexto del delito de malversación se refiere a la acción de beneficiar a terceras personas, ya sean individuos o entidades, mediante el uso indebido o el desvío de fondos o bienes públicos.

Esta acción suele ser resultado de vínculos personales, familiares, empresariales o incluso corruptos, y se realiza en detrimento del interés público.

Algunas manifestaciones de la conducta de favorecimiento de terceros en relación con la malversación incluyen:

a) Contrataciones dirigidas: Otorgar contratos o licitaciones a empresas o individuos específicos, evitando o manipulando el proceso de licitación competitiva para asegurar que un tercero particular sea el beneficiado.

b) Compra sobrevalorada: Adquirir bienes o servicios a precios inflados, beneficiando a un proveedor específico con pagos superiores a los del mercado.

c) Subvenciones o ayudas injustificadas: Otorgar subvenciones, ayudas económicas o beneficios fiscales sin un criterio claro, basándose en relaciones personales o favores.

d) Venta o enajenación de activos públicos a precios bajos: Vender bienes públicos a terceros a precios por debajo del mercado, beneficiando a compradores específicos.

e) Modificación de normativas o regulaciones: Alterar, manipular o adaptar normativas con el propósito de beneficiar a empresas o individuos concretos.

Implicaciones:

– Éticas y Legales:
– Esta conducta implica una violación significativa de la ética y la integridad, además de ser un delito en muchas jurisdicciones.
– Confianza Pública:
– El favorecimiento de terceros erosiona la confianza pública en las instituciones gubernamentales y públicas y en sus representantes.
– Económicas:
– Puede resultar en pérdidas financieras significativas para el Estado y una asignación ineficiente de recursos.
– Penales:
– Dependiendo de la jurisdicción y la gravedad del acto, las personas involucradas pueden enfrentar sanciones penales, incluyendo multas, prisión y prohibiciones para ocupar cargos públicos.

Estas acciones no solo derivan en la pérdida directa de fondos o recursos públicos, sino que también erosionan la confianza en las instituciones, comprometen la integridad del sistema y pueden tener un impacto negativo en la equidad y justicia en la distribución y gestión de recursos públicos.

El favorecimiento de terceros en el marco de la malversación es una traición a la confianza pública y a los deberes fiduciarios de los funcionarios.

Las consecuencias legales de esta conducta pueden ser significativas y pueden incluir destitución del cargo, multas, inhabilitación para ejercer cargos públicos, restitución y, en muchos casos, encarcelamiento.

Como siempre, las leyes y definiciones específicas relacionadas con la malversación y el favorecimiento de terceros pueden variar según el país o jurisdicción. Es aconsejable consultar las leyes locales o a un experto en derecho penal para obtener una comprensión más detallada.

FALSIFICACIÓN DE DOCUMENTOS

La falsificación de documentos, en el contexto del delito de malversación, se refiere al acto de alterar, modificar, crear o usar documentos falsos con la intención de facilitar, encubrir o legitimar la apropiación indebida o el desvío de fondos o bienes públicos.

En otras palabras, es un medio que utiliza el malversador para camuflar o justificar sus acciones ilegales.

La conducta de falsificación en relación con la malversación puede manifestarse de varias maneras:

a) Alteración de Registros Financieros:
- Descripción: Cambiar los registros contables o financieros para ocultar el robo o desvío de fondos.
- Ejemplo: Un funcionario público que altera los libros contables para encubrir fondos públicos que ha tomado para uso personal.

b) Fabricación de Documentos:
- Descripción: Crear documentos falsos que justifiquen gastos inexistentes o irregulares.
- Ejemplo: Crear facturas falsas para "justificar" la salida de dinero que ha sido malversado.

c) Falsificación de Firmas:
- Descripción: Falsificar la firma de otra persona para autorizar el uso indebido de fondos o bienes.
- Ejemplo: Falsificar la firma de un superior para autorizar una transacción fraudulenta.

d) Manipulación de Evidencia:
- Descripción: Alterar o destruir documentos que podrían ser utilizados como evidencia en una investigación sobre malversación.
- Ejemplo: Destruir o alterar documentos durante una auditoría para ocultar el rastro del desvío de fondos.

La falsificación de documentos en el ámbito de la malversación a menudo tiene como objetivo:

- Facilitar el desvío de fondos.

– Encubrir el desvío de fondos una vez que ha tenido lugar.

– Evitar ser descubierto al enfrentar auditorías o revisiones.

– Validar acciones fraudulentas ante otros actores o entidades.

La falsificación de documentos puede complicar la detección de la malversación y puede, en algunos casos, prolongar la duración del delito antes de que se descubra.

Además, la falsificación puede agravar la gravedad del delito de malversación, ya que no solo se está cometiendo un acto de apropiación indebida, sino que también se está intentando encubrir o legitimar ese acto mediante el fraude documental.

En muchas jurisdicciones, la falsificación de documentos es un delito en sí mismo y puede llevar a cargos adicionales aparte de la malversación.

Esto significa que el individuo podría enfrentar consecuencias legales tanto por malversación como por falsificación, cada una con sus propias sanciones.

Dado que las leyes y definiciones específicas pueden variar según el país o jurisdicción, es crucial consultar las leyes locales o a un experto en derecho penal para comprender completamente la relación entre la malversación y la falsificación de documentos en un contexto legal específico.

OBSTRUCCIÓN DE AUDITORÍAS

La obstrucción de auditorías hace referencia a la interferencia intencionada o el intento de impedir o entorpecer la labor de una auditoría, que generalmente es una revisión sistemática e independiente de registros, actividades o información financiera y operativa.

Esta obstrucción puede manifestarse de diversas formas, incluyendo la ocultación de documentos, la manipulación o falsificación de registros, o la intimidación de auditores.

En el contexto del delito de malversación, que se refiere a la apropiación indebida o uso fraudulento de fondos o bienes públicos por parte de quien tiene la custodia o responsabilidad sobre ellos, la obstrucción de auditorías es especialmente preocupante, ya que puede ser una señal de que hay algo que ocultar o que hay irregularidades en la gestión de esos fondos o bienes.

Implicaciones de la obstrucción de auditorías en el contexto de la malversación:

a) Encubrimiento de Delitos: La principal razón para obstruir una auditoría en el contexto de malversación es ocultar evidencia de acciones ilegales. Esto puede incluir la manipulación de registros contables, la destrucción de pruebas o la creación de transacciones ficticias.

b) Agravamiento de Penas: En muchos ordenamientos jurídicos, la obstrucción de una investigación o auditoría es un delito en sí mismo y puede llevar a sanciones adicionales a las que se imponen por malversación.

c) Desconfianza Institucional: Si se descubre que una entidad o individuo ha obstruido auditorías, esto puede generar una pérdida de confianza en la integridad de esa entidad o individuo, y por extensión, en la institución o sector al que representan.

d) Impacto Financiero: Las auditorías obstruidas pueden resultar en costos adicionales debido a la necesidad de realizar investigaciones más profundas, litigios o la implementación de controles más estrictos.

e) Daño a la Reputación: Las organizaciones o individuos implicados en la obstrucción de auditorías enfrentan daños reputacionales que pueden afectar sus relaciones comerciales, la percepción pública y su capacidad para operar eficazmente en el futuro.

f) Desincentivo para Auditores: Si los auditores sienten que su trabajo está siendo obstaculizado y que no tienen el apoyo necesario para llevar a cabo sus tareas, pueden desmotivarse o sentirse amenazados. Esto puede llevar a auditorías menos rigurosas o a una falta de voluntad para identificar problemas en el futuro.

g) Consecuencias a Largo Plazo: La obstrucción de auditorías puede resultar en la falta de detección oportuna de problemas financieros, lo que puede llevar a crisis financieras, pérdidas significativas o insolvencia.

La obstrucción de auditorías en el contexto de la malversación no solo es un intento de encubrir actos indebidos, sino que también puede tener repercusiones duraderas y significativas para las organizaciones, los individuos involucrados y la sociedad en general.

Es esencial que existan sistemas y protecciones robustas para garantizar que las auditorías se realicen de manera transparente, exhaustiva y sin interferencias indebidas.

USO PERSONAL

El delito de malversación generalmente se refiere a la apropiación indebida o desvío de fondos o bienes por parte de una persona que tiene la obligación legal o contractual de cuidarlos, generalmente un funcionario o empleado público.

La conducta del uso personal en el contexto de la malversación se refiere al acto de utilizar esos fondos o bienes para beneficio propio, en lugar de para el propósito o función para los que estaban destinados.

En términos más simples, el uso personal en la malversación significa que un individuo toma dinero o recursos que se supone debe manejar o administrar en nombre de una entidad o público y, en su lugar, los utiliza para sus propios fines o intereses personales.

Algunos ejemplos de la conducta de uso personal en el delito de malversación podrían incluir:

a) Un funcionario público que utiliza fondos gubernamentales para comprar bienes personales, como un automóvil o joyas.

b) Un empleado que toma dinero de una cuenta corporativa y lo utiliza para pagar sus propias vacaciones.

c) Un administrador de una organización benéfica que utiliza donaciones destinadas a ayudar a los necesitados para renovar su propia casa.

d) Apropiación de Dinero: Un funcionario público que toma dinero de las cuentas públicas para usarlo en gastos personales, como la compra de bienes personales, pago de deudas privadas, entre otros.

e) Uso de Propiedades del Estado: Utilizar propiedades, vehículos o cualquier otro bien del estado para propósitos personales sin autorización o justificación.

f) Desvío de Recursos: Desviar recursos públicos para financiar actividades privadas o proyectos que beneficien personalmente al funcionario o a sus asociados.

g) Favorecimiento Personal: Usar la posición y acceso a los recursos públicos para favorecer a amigos, familiares o asociados, otorgando privilegios, contratos o beneficios no justificados.

La gravedad del delito y las posibles sanciones varían según la jurisdicción y la cantidad de dinero o el valor de los bienes malversados.

Sin embargo, dado que la malversación implica una violación de la confianza, es considerada un delito grave en muchas jurisdicciones y puede resultar en castigos significativos, incluidos multas y encarcelamiento.

Es importante aclarar que las leyes y definiciones específicas relacionadas con la malversación y el uso personal pueden variar según el país o jurisdicción.

PARTICIPACIÓN O APOYO A ORGANIZACIONES Y GRUPOS TERRORISTAS

INTRODUCCIÓN

El delito de participación o apoyo a organizaciones y grupos terroristas es una infracción penal grave en muchas jurisdicciones alrededor del mundo.

Aunque las leyes específicas y las definiciones pueden variar de un país a otro, en términos generales, este delito involucra la colaboración, apoyo, financiamiento o participación en actividades relacionadas con grupos u organizaciones que realizan actos de terrorismo.

Aspectos Clave del Delito:

a) Definición de Terrorismo: Generalmente, se considera terrorismo a los actos destinados a causar muerte o graves daños corporales a civiles o no combatientes con el propósito de intimidar a una población o coaccionar a un gobierno para lograr objetivos políticos, religiosos o ideológicos.

b) Participación: Involucra ser miembro activo de un grupo terrorista, participar en la planificación o ejecución de actos terroristas, o asistir en el entrenamiento de miembros del grupo.

c) Apoyo: Puede incluir proporcionar fondos, armamento, entrenamiento, documentación falsa, refugio seguro, o cualquier otro tipo de apoyo logístico o material que ayude a la organización terrorista en sus actividades.

d) Reclutamiento y Propaganda: Incluye reclutar activamente nuevos miembros para el grupo terrorista o difundir propaganda que apoye actividades terroristas.

e) Financiamiento del Terrorismo: Recolectar o proveer fondos con el conocimiento de que serán utilizados para llevar a cabo actos terroristas.

f) Conspiración y Tentativa: Incluso los planes o intentos de participar o apoyar actividades terroristas pueden ser penalizados.

Aspectos Legales y Jurídicos:

- Jurisdicción Internacional: Algunos actos de terrorismo pueden ser considerados crímenes internacionales y ser sujetos a la jurisdicción de tribunales internacionales.
- Leyes Nacionales: Cada país tiene sus propias leyes y definiciones de terrorismo y de lo que constituye participación o apoyo a grupos terroristas.
- Cooperación Internacional: Existen diversos tratados y acuerdos internacionales para combatir el terrorismo, que incluyen la cooperación en la extradición y en el intercambio de información.

Controversias y Preocupaciones:

- Definición de Terrorismo: La falta de una definición universalmente aceptada de terrorismo puede llevar a ambigüedades y abusos en la aplicación de la ley.
- Derechos Humanos: Existe preocupación sobre cómo las leyes antiterroristas pueden afectar los derechos humanos y las libertades civiles, especialmente en casos de detenciones arbitrarias o juicios injustos.
- Uso Político: Las acusaciones de terrorismo pueden ser utilizadas políticamente contra opositores o minorías.

Consecuencias:

Las consecuencias de ser encontrado culpable de este delito son generalmente severas e incluyen largas penas de prisión, multas sustanciales y en algunos casos, incluso la pena de muerte, dependiendo de la jurisdicción y la gravedad del caso.

Es importante destacar que el enfoque y tratamiento de este delito varía significativamente entre diferentes países y sistemas legales.

La aplicación de estas leyes debe hacerse con cuidado para equilibrar la seguridad nacional y la protección de los derechos humanos y libertades fundamentales.

APOYO INDIRECTO O SIMPATÍA

El apoyo indirecto o la simpatía hacia organizaciones y grupos terroristas se refiere a formas no explícitas o directas de respaldo a estas entidades o a sus ideologías, acciones y objetivos.

Aunque no implica necesariamente una participación activa en actos de terrorismo, este tipo de apoyo puede ser crucial para la legitimación, expansión y mantenimiento de dichos grupos.

Los ejemplos y aspectos de este apoyo indirecto o simpatía pueden contener:

a) Expresiones de Simpatía o Justificación: Manifestar simpatía o justificar públicamente las acciones de un grupo terrorista, incluso si no se participa directamente en sus actividades.

b) Difusión de Propaganda: Compartir, difundir o promocionar material propagandístico de grupos terroristas, como videos, escritos o mensajes en redes sociales.

c) Apoyo Ideológico: Identificarse o simpatizar con la ideología o causa de un grupo terrorista, aunque no se esté involucrado en sus operaciones.

d) Donaciones Financieras Indirectas: Hacer donaciones a organizaciones caritativas o entidades que, sin el conocimiento explícito del donante, desvían fondos hacia grupos terroristas.

e) Apoyo Logístico No Intencional: Proporcionar servicios o recursos que indirectamente benefician a un grupo terrorista, como alquilar propiedades o vender materiales sin saber que se utilizarán para actividades terroristas.

f) Negocios con Entidades Vinculadas: Realizar transacciones comerciales o financieras con entidades que están vinculadas o que financian a grupos terroristas.

g) Omisión de Crítica o Condena: La falta de condena o crítica a actos terroristas, especialmente cuando proviene de individuos o entidades en posiciones de influencia, puede ser vista como una forma de simpatía o apoyo indirecto.

h) Asociación o Afiliación a Grupos de Apoyo: Participar en grupos o comunidades que apoyan o simpatizan con organizaciones terroristas, aunque dichos grupos no participen directamente en actos de terrorismo.

g) Contactos Sociales o Virtuales: Mantener relaciones, incluso de manera pasiva o distante, con simpatizantes o miembros de grupos terroristas, como seguir cuentas relacionadas en redes sociales.

El apoyo indirecto o la simpatía hacia grupos terroristas pueden ser problemáticos, ya que contribuyen a la normalización y legitimación de estos grupos y sus acciones.

Además, pueden facilitar el reclutamiento y la radicalización, especialmente en comunidades donde estos grupos tienen algún grado de simpatía o aceptación.

En algunos países, ciertas formas de apoyo indirecto, como la difusión de propaganda terrorista o el financiamiento indirecto, pueden ser ilegales y sujetas a sanciones.

DESPLAZAMIENTO O VIAJE

El desplazamiento o viaje en el contexto de la participación o apoyo a organizaciones y grupos terroristas se refiere al acto de trasladarse de un lugar a otro, a menudo entre países, con el fin de unirse, apoyar o realizar actividades relacionadas con el terrorismo.

Este fenómeno es a veces conocido como "turismo yihadista" o "viajes yihadistas" cuando se relaciona específicamente con individuos que se desplazan para unirse a grupos terroristas yihadistas.

Aquí hay algunos puntos clave sobre este tema:

a) Unirse a Grupos Terroristas: Muchos individuos viajan al extranjero con el propósito explícito de unirse a organizaciones terroristas. Esto puede implicar la participación directa en conflictos armados o en otras actividades del grupo.

b) Entrenamiento Terrorista: Algunas personas se desplazan para recibir entrenamiento en tácticas de combate, manejo de explosivos, o instrucción ideológica proporcionada por grupos terroristas.

c) Planificación y Coordinación: El viaje puede ser parte de la planificación y coordinación de actos terroristas, incluyendo reuniones con otros miembros del grupo o con facilitadores.

d) Traslado de Recursos: Los viajes pueden estar relacionados con el traslado de fondos, materiales o información relevante para apoyar las actividades terroristas.

e) Retorno a Países de Origen: Los individuos que han viajado para unirse a grupos terroristas y luego regresan a sus países de origen representan una preocupación de seguridad significativa, ya que pueden llevar a cabo ataques o contribuir a la radicalización local.

f) Rutas de Viaje: Las rutas de viaje a menudo involucran países con fronteras porosas o regiones con conflictos activos donde los grupos terroristas operan con mayor libertad.

g) Medidas de Prevención: Los gobiernos han implementado diversas medidas para prevenir estos viajes, incluyendo el intercambio de información de inteligencia, el monitoreo de movimientos sospechosos y la cancelación o retención de pasaportes.

h) Legislación: Muchos países han promulgado leyes que hacen ilegal viajar con el propósito de participar en actividades terroristas o recibir entrenamiento terrorista.

i) Desafíos Humanitarios: Diferenciar entre individuos que viajan para unirse a grupos terroristas y aquellos que se desplazan por razones legítimas, como buscar refugio, puede ser complejo y presenta desafíos humanitarios.

j) Cooperación Internacional: La efectividad en el control de estos desplazamientos depende en gran medida de la cooperación internacional y el intercambio de información entre agencias de seguridad y países.

El desplazamiento o viaje relacionado con el terrorismo es un aspecto crucial en la dinámica global del terrorismo y representa un desafío importante para la seguridad internacional, así como para los esfuerzos destinados a prevenir y combatir el terrorismo y la radicalización violenta.

ENALTECIMIENTO

El enaltecimiento, en el contexto de la participación o apoyo a organizaciones y grupos terroristas, se refiere a la acción de exaltar, glorificar, elogiar o respaldar públicamente actos terroristas, a sus autores o a las ideologías que los sustentan.

Estas acciones pueden realizarse a través de discursos, manifestaciones, publicaciones, medios de comunicación o plataformas digitales, entre otros.

A continuación, se describen algunos aspectos relevantes del enaltecimiento del terrorismo:

a) Glorificación de Actos Terroristas: Expresar admiración o aprobación por actos terroristas, presentándolos como heroicos, justificados o necesarios.

b) Exaltación de Terroristas: Elogiar a individuos que han cometido actos terroristas, tratándolos como mártires, héroes o figuras ejemplares.

c) Propagación de Ideales Terroristas: Utilizar el enaltecimiento como medio para difundir la ideología o los objetivos de un grupo terrorista, buscando ganar simpatía o apoyo para la causa.

d) Inspiración para Futuros Actos: El enaltecimiento puede inspirar a otras personas a llevar a cabo actos similares de terrorismo, creando un efecto de imitación o radicalización.

e) Uso de Medios y Redes Sociales: Publicar en redes sociales, medios de comunicación u otras plataformas contenido que glorifique el terrorismo, sus métodos o sus perpetradores.

f) Conmemoración de Actos o Figuras Terroristas: Organizar o participar en eventos, ceremonias o manifestaciones que honren a terroristas o conmemoren actos terroristas.

g) Creación de Narrativas Heroicas: Construir narrativas que presenten a los terroristas o sus acciones como luchas heroicas o legítimas contra opresores o en busca de justicia.

h) Implicaciones Legales: En muchos países, el enaltecimiento del terrorismo es ilegal y puede ser castigado con multas o penas de prisión, ya que se considera que contribuye a un clima de odio y violencia.

i) Impacto en las Víctimas y la Sociedad: El enaltecimiento del terrorismo puede ser profundamente doloroso y ofensivo para las víctimas de actos terroristas y sus familias, y puede generar miedo o tensión en la sociedad.

El enaltecimiento del terrorismo es un asunto grave porque no solo deshonra la memoria de las víctimas y causa dolor a sus seres queridos, sino que también puede alimentar ciclos de violencia y radicalización.

Abordar y contrarrestar este fenómeno es un componente crucial en los esfuerzos de prevención del terrorismo y en la promoción de la paz y la seguridad.

ESPIONAJE Y RECOLECCIÓN DE INFORMACIÓN

El espionaje o recolección de información en el contexto de la participación o apoyo a organizaciones y grupos terroristas se refiere al acto de obtener información confidencial o sensible sin el permiso del poseedor de la información.

En este ámbito, puede tener varios propósitos y formas:

a) Recolección de Inteligencia: Esto puede incluir obtener información sobre objetivos potenciales para ataques, como infraestructuras críticas, eventos públicos, o personalidades importantes.

b) Vigilancia de Enemigos: Los grupos terroristas pueden espiar a gobiernos, fuerzas de seguridad, u otros grupos opuestos para anticipar sus acciones y planificar en consecuencia.

c) Identificación de Vulnerabilidades: La recolección de información puede estar orientada a identificar debilidades en sistemas de seguridad, protocolos, o estructuras que puedan ser explotadas.

d) Planificación de Ataques: La información recopilada puede ser utilizada para planificar ataques terroristas, determinando aspectos como el tiempo, lugar, y método.

e) Recolección de Información Personal: Esto puede incluir obtener datos sobre individuos específicos para fines de intimidación, secuestro, o asesinato.

f) Espionaje Cibernético: Puede involucrar hackear redes informáticas para acceder a información confidencial o para realizar vigilancia.

g) Infiltración: En algunos casos, puede implicar infiltrar organizaciones, gobiernos, o grupos para recopilar información desde dentro.

h) Uso de Tecnología: La utilización de tecnologías avanzadas, como drones o software de espionaje, para recopilar información.

i) Intercambio de Inteligencia: Los grupos terroristas pueden intercambiar información recolectada con otras organizaciones para beneficio mutuo.

j) Prevención y Contramedidas: Las autoridades emplean diversas estrategias para prevenir y contrarrestar el espionaje terrorista, incluyendo contrainteligencia, ciberseguridad, y monitoreo de comunicaciones.

El espionaje o la recolección de información es una herramienta crucial para los grupos terroristas, ya que les permite planificar y ejecutar sus actividades de manera más efectiva.

Al mismo tiempo, representa un desafío significativo para las agencias de seguridad y de inteligencia que buscan prevenir actos terroristas y proteger la información sensible.

OCULTAMIENTO O ENCUBRIMIENTO

El ocultamiento o encubrimiento en la participación o apoyo a organizaciones y grupos terroristas se refiere a las acciones destinadas a ocultar, proteger o minimizar la responsabilidad de personas involucradas en actividades terroristas.

Estas actividades pueden ser clave para evitar la detección y el procesamiento de los involucrados en el terrorismo.

Las formas en que se manifiesta el ocultamiento o encubrimiento incluyen:

a) Ocultar Información: No revelar información relevante a las autoridades sobre la planificación o ejecución de actos terroristas, o sobre la identidad o paradero de los involucrados en dichos actos.

b) Protección de Individuos Involucrados: Ayudar a miembros de grupos terroristas a esconderse o escapar para evitar su captura o el procesamiento legal.

c) Manipulación de Pruebas: Alterar, destruir o esconder pruebas que puedan incriminar a miembros del grupo terrorista, como armas, documentos, grabaciones o cualquier otro tipo de evidencia.

d) Desinformación y Distracción: Propagar información falsa o engañosa para desviar la atención o confundir a las autoridades y al público sobre las actividades del grupo terrorista.

e) Uso de Estructuras Legales para Encubrimiento: Utilizar empresas, organizaciones no gubernamentales, o cualquier otra entidad legal para ocultar actividades, financiamiento o movimientos de grupos terroristas.

f) Lavado de Dinero: Procesar fondos obtenidos a través de actividades terroristas a través de diversas transacciones financieras para ocultar su origen y facilitar su uso.

g) Testimonios Falsos o Engañosos: Proporcionar declaraciones falsas o engañosas a las autoridades para proteger a los involucrados en actos terroristas.

h) Financiamiento de la Defensa: Proporcionar recursos financieros para financiar la defensa legal de miembros de grupos terroristas detenidos.

i) Alerta de Operativos: Informar a los grupos terroristas sobre operativos policiales o militares planeados, permitiendo que se evadan o preparen.

El ocultamiento y encubrimiento de actividades terroristas son delitos graves y están penalizados en la mayoría de los países.

Las leyes antiterroristas a menudo incluyen disposiciones específicas para penalizar estas conductas, ya que obstaculizan la justicia y la seguridad nacional.

Los esfuerzos para combatir el terrorismo no solo se enfocan en prevenir y sancionar actos de violencia, sino también en identificar y desmantelar redes de apoyo que incluyen actividades de ocultamiento y encubrimiento.

RECLUTAMIENTO

El reclutamiento en el contexto de la participación o apoyo a organizaciones y grupos terroristas se refiere a la acción de atraer, persuadir o coaccionar a individuos para que se unan o apoyen a dichas organizaciones.

El reclutamiento es una pieza clave para los grupos terroristas, ya que les permite aumentar sus filas, expandir su alcance e incrementar su capacidad para llevar a cabo ataques y otras actividades ilícitas.

Este proceso puede ocurrir de diversas maneras:

a) Persuasión Ideológica: A menudo implica la difusión de ideologías extremistas, aprovechando vulnerabilidades personales, descontento político o social, o una búsqueda de pertenencia o propósito en potenciales reclutas.

b) Radicalización: Puede involucrar el proceso de radicalización, donde los individuos son progresivamente inducidos a adoptar puntos de vista extremistas y a justificar o incluso desear participar en actos de violencia.

c) Uso de Medios y Redes Sociales: Los grupos terroristas utilizan cada vez más plataformas de redes sociales, foros en línea y otros medios digitales para difundir su ideología y atraer a nuevos miembros.

d) Contacto Directo y Reclutamiento en Persona: Esto puede ocurrir en comunidades, escuelas, lugares de culto o prisiones, donde reclutadores de grupos terroristas buscan activamente nuevos miembros.

e) Promesas de Recompensas: Algunos reclutados pueden ser atraídos por promesas de recompensas financieras, estatus social, sentido de aventura o incluso promesas de recompensas espirituales.

f) Coacción y Manipulación: En algunos casos, los individuos pueden ser coaccionados, amenazados o manipulados para unirse a grupos terroristas.

g) Reclutamiento de Menores: Algunos grupos terroristas reclutan específicamente a menores de edad, aprovechando su vulnerabilidad y maleabilidad.

h) Formación: Una vez que una persona es reclutada, puede ser enviada a campos de entrenamiento o recibir instrucción en tácticas específicas, uso de armas, fabricación de bombas, entre otros.

El reclutamiento para organizaciones terroristas es un delito grave en muchas jurisdicciones.

Las autoridades a menudo buscan prevenir y desmantelar redes de reclutamiento terroristas, lo que puede implicar esfuerzos de contrainteligencia, monitoreo de actividades en línea y programas de prevención de radicalización.

En el ámbito internacional, hay esfuerzos concertados para combatir y prevenir el reclutamiento terrorista, incluyendo sanciones contra individuos y grupos involucrados en tales actividades, y el intercambio de información de inteligencia entre países.

USO INDEBIDO DE TECNOLOGÍAS DE LA INFORMACIÓN

El uso indebido de tecnologías de la información en la participación o apoyo a organizaciones y grupos terroristas se refiere al empleo de herramientas digitales, plataformas en línea y sistemas de comunicación para facilitar, promover o ejecutar actividades relacionadas con el terrorismo.

Este uso indebido abarca una amplia gama de actividades y tiene implicaciones significativas.

A continuación, se presentan algunos aspectos clave:

a) Comunicación y Coordinación: El uso de tecnologías de la información para comunicarse y coordinar actividades terroristas, incluyendo la planificación de ataques, la distribución de roles y la organización de células terroristas.

b) Propaganda y Radicalización: La creación y difusión de propaganda terrorista a través de sitios web, redes sociales y foros en línea. Esto incluye la publicación de vídeos, mensajes y otros materiales destinados a glorificar actos terroristas, reclutar nuevos miembros y radicalizar a individuos.

c) Reclutamiento en Línea: El uso de plataformas digitales para reclutar simpatizantes y combatientes, incluyendo la identificación y el acercamiento a individuos susceptibles a la radicalización.

d) Financiamiento del Terrorismo: Utilizar tecnologías de la información para facilitar la recaudación, transferencia y gestión de fondos destinados a apoyar actividades terroristas. Esto puede incluir el uso de criptomonedas, sistemas de pago en línea y plataformas de crowdfunding.

e) Ciberterrorismo: El uso de habilidades y herramientas cibernéticas para atacar infraestructuras digitales, sistemas informáticos o redes con el objetivo de causar daño, miedo o interrupciones.

f) Encriptación y Anonimato: Emplear tecnologías de encriptación y plataformas que garantizan el anonimato para ocultar comunicaciones y actividades de las autoridades.

g) Uso de Drones y Otras Tecnologías: El empleo de drones, software de mapeo y otras tecnologías avanzadas para la vigilancia, el reconocimiento o incluso la ejecución de ataques.

h) Manipulación de Información: La diseminación de desinformación o la manipulación de contenidos en línea para confundir, desinformar o influir en la opinión pública o en las respuestas de seguridad.

i) Ataques a Infraestructuras Críticas: En algunos casos, los terroristas pueden intentar usar habilidades cibernéticas para atacar infraestructuras críticas, como redes eléctricas o sistemas de transporte.

j) Desafíos para la Seguridad y la Vigilancia: El uso indebido de tecnologías de la información por parte de terroristas presenta desafíos significativos para las agencias de seguridad, que deben equilibrar la vigilancia y la intervención con el respeto a las libertades civiles y la privacidad.

El uso indebido de tecnologías de la información por parte de organizaciones y grupos terroristas abarca una amplia gama de actividades que aprovechan el mundo digital para facilitar y amplificar sus objetivos y acciones.

Las autoridades y organizaciones de todo el mundo trabajan constantemente para contrarrestar estos esfuerzos y proteger a las sociedades de las amenazas emergentes en el ámbito digital.

USO Y POSESIÓN DE MATERIALES

El uso y la posesión de materiales en la participación o apoyo a organizaciones y grupos terroristas se refiere al manejo, almacenamiento y distribución de elementos que pueden ser utilizados para llevar a cabo actos terroristas.

Esto incluye una amplia gama de materiales, que pueden ser tanto de naturaleza convencional como no convencional:

a) Explosivos y Componentes para Bombas: Incluye materiales como dinamita, TNT, C4, fertilizantes que pueden ser usados para fabricar bombas caseras, detonadores y otros componentes para la construcción de artefactos explosivos.

b) Armas y Municiones: Desde armas de fuego, como pistolas y rifles, hasta armas más sofisticadas, como lanzacohetes o armas automáticas, y las municiones correspondientes.

c) Sustancias Químicas, Biológicas o Radiológicas: Materiales que pueden ser utilizados para la fabricación de armas de destrucción masiva o dispositivos que liberen agentes tóxicos, patógenos o radiación.

d) Documentación y Planos: Incluye mapas, esquemas de edificios, manuales de entrenamiento para la fabricación de bombas o la ejecución de ataques, y cualquier otro material que pueda ser utilizado para la planificación de actos terroristas.

e) Equipos de Comunicación y Tecnología: Dispositivos de comunicación, computadoras, software de encriptación y otros equipos tecnológicos que pueden ser utilizados para coordinar ataques, compartir información o encriptar comunicaciones.

f) Materiales de Propaganda: Folletos, videos, material impreso o digital que se utiliza para la difusión de ideología extremista o para el reclutamiento.

g) Recursos Financieros: Dinero o activos que pueden ser utilizados para financiar operaciones terroristas, comprar materiales, sobornar funcionarios, entre otros.

La posesión y uso de estos materiales con el fin de apoyar actividades terroristas es ilegal y está penado en la mayoría de los países.

Las leyes antiterroristas a menudo incluyen disposiciones específicas para penalizar la posesión de materiales que puedan ser utilizados para actos de terrorismo.

Además, hay esfuerzos internacionales para controlar y monitorizar el comercio y movimiento de materiales peligrosos para prevenir que caigan en manos de grupos terroristas.

DIRECCIÓN O LIDERAZGO

La dirección o el liderazgo en la participación o apoyo a organizaciones y grupos terroristas se refiere a la posición de mando o control que una persona ejerce dentro de una organización terrorista.

Las personas en posiciones de liderazgo son responsables de establecer la dirección, estrategias, objetivos y políticas del grupo, y su influencia puede ser decisiva en la planificación y ejecución de actos terroristas.

Las características y funciones del liderazgo en grupos terroristas incluyen:

a) Toma de Decisiones: Líderes o directores toman decisiones clave sobre los objetivos, estrategias y operaciones del grupo terrorista.

b) Planificación y Estrategia: Desarrollan planes para ataques, campañas de reclutamiento, propagación de ideología, y estrategias de financiación.

c) Dirección de Operaciones: Supervisan y dirigen las operaciones terroristas, incluyendo ataques, adquisición de armas y materiales, y logística.

d) Coordinación de Células o Grupos: En algunos casos, los líderes coordinan múltiples células o subgrupos dentro de una organización terrorista más grande.

e) Reclutamiento y Adoctrinamiento: Líderes a menudo desempeñan un papel clave en el reclutamiento de nuevos miembros y en su adoctrinamiento en la ideología del grupo.

f) Comunicación y Propaganda: Pueden ser las voces principales en la difusión de mensajes y propaganda para promover las causas y objetivos del grupo.

g) Gestión de Recursos: Responsables de la gestión de recursos financieros, humanos y materiales del grupo.

h) Negociación y Relaciones Externas: Algunos líderes se involucran en negociaciones, ya sea con otros grupos, gobiernos o entidades internacionales, y manejan las relaciones externas.

i) Adaptación y Respuesta a Contramedidas: Adaptar las tácticas y estrategias del grupo en respuesta a los esfuerzos de las autoridades para combatir el terrorismo.

El liderazgo en grupos terroristas es crucial para su funcionamiento y eficacia.

Los líderes no solo dirigen las acciones del grupo, sino que también pueden ser figuras carismáticas que inspiren a sus seguidores y amplíen su base de apoyo.

Por estas razones, las figuras de liderazgo en organizaciones terroristas son a menudo objetivos principales en los esfuerzos antiterroristas.

Eliminar o neutralizar a los líderes terroristas puede desestabilizar o incluso desmantelar un grupo terrorista, aunque en algunos casos, la eliminación de un líder puede también llevar a la radicalización o fragmentación del grupo, resultando en la formación de nuevas facciones.

FACILITACIÓN Y APOYO LOGÍSTICO

La facilitación y el apoyo logístico en el contexto de la participación o apoyo a organizaciones y grupos terroristas se refiere a la provisión de recursos, servicios o asistencia que permiten o mejoran la capacidad de estos grupos para planificar, preparar o llevar a cabo actos terroristas.

Esta asistencia no necesariamente implica involucramiento directo en actos violentos, pero desempeña un papel crucial en la operatividad de los grupos terroristas.

Los aspectos de facilitación y apoyo logístico incluyen:

a) Provisión de Recursos Materiales: Suministro de armas, municiones, explosivos, vehículos, equipos de comunicación, entre otros.

b) Alojamiento y Refugio: Ofrecer lugares seguros donde los miembros del grupo puedan esconderse, planificar, descansar o evadir la captura.

c) Transporte: Ayudar en el movimiento de personas, armas o materiales, ya sea a nivel local o internacional.

d) Comunicaciones: Facilitar medios para que los miembros se comuniquen entre sí, incluyendo tecnologías avanzadas o encriptadas.

e) Financiamiento: Provisión de fondos o facilitación de métodos para financiar actividades terroristas, ya sea a través de donaciones, actividades delictivas, extorsiones, entre otros.

f) Entrenamiento: Organizar o proporcionar entrenamientos en tácticas, uso de armas, fabricación de explosivos, etc.

g) Documentación Falsa: Ayudar a obtener o fabricar identificaciones falsas, pasaportes, licencias, etc., que permitan a los terroristas moverse libremente o evadir la detección.

h) Información y Reconocimiento: Proporcionar información sobre posibles objetivos, las fuerzas de seguridad, o facilitar actividades de reconocimiento.

i) Acceso a Expertos o Especialistas: Por ejemplo, ingenieros para la fabricación de bombas o expertos en ciertas tecnologías.

j) Facilitación de Reclutamiento: Ayudar en la identificación y captación de nuevos miembros para la organización.

k) Facilitación de Viajes: Ayudar a los miembros del grupo a cruzar fronteras o viajar a zonas de conflicto o entrenamiento, a menudo utilizando documentos falsos o rutas clandestinas.

La facilitación y el apoyo logístico son elementos vitales para la operación de grupos terroristas, y su interrupción es una estrategia clave en la lucha contra el terrorismo.

La mayoría de los países tienen leyes que penalizan no solo la comisión directa de actos terroristas, sino también el apoyo y facilitación de dichos actos, reconociendo la importancia crítica de estos roles en la capacidad operativa de los grupos terroristas.

Además, hay esfuerzos internacionales para combatir estas formas de apoyo, a través de la cooperación entre agencias de inteligencia, controles fronterizos más estrictos y la supervisión de transacciones financieras, entre otras medidas.

FINANCIACIÓN

La financiación del terrorismo es un aspecto crítico para estas organizaciones, toda vez que, sin recursos financieros, les resultaría mucho más difícil llevar a cabo sus actividades, incluyendo ataques, adquisición de armas, entrenamiento, reclutamiento, propaganda, y otras operaciones logísticas.

Los tipos de financiación del terrorismo incluyen:

a) Donaciones Privadas: Provenientes de individuos o grupos que simpatizan con la causa del grupo terrorista.

b) Actividades Criminales: Tales como el tráfico de drogas, el secuestro, el robo, el contrabando, y otras actividades ilícitas.

c) Empresas Legítimas: Algunos grupos terroristas pueden poseer o controlar negocios legítimos que utilizan para financiar sus actividades.

d) Apoyo Estatal: En algunos casos, gobiernos o estados pueden proporcionar apoyo financiero a grupos terroristas.

e) Recaudación de Fondos en Línea: La utilización de plataformas en línea y redes sociales para recaudar fondos.

f) Donaciones Privadas: Algunos individuos o entidades pueden proporcionar fondos directamente a organizaciones terroristas, ya sea por simpatía hacia su causa o por coacción.

g) Redes de Caridad y ONG's: A veces, organizaciones benéficas o no gubernamentales son cooptadas o creadas con el propósito de canalizar fondos hacia actividades terroristas bajo el disfraz de ayuda humanitaria o desarrollo.

La financiación del terrorismo es ilegal en la gran mayoría de los países y está sujeta a estrictas regulaciones y sanciones.

A nivel internacional, organizaciones como las Naciones Unidas y el Grupo de Acción Financiera Internacional (GAFI) han establecido directrices y mecanismos para prevenir y combatir la financiación del terrorismo.

Esto incluye medidas como:

a) Leyes y Regulaciones: Legislación específica para criminalizar la financiación del terrorismo y establecer controles estrictos sobre el flujo de fondos.

b) Vigilancia Financiera: Monitoreo de transacciones financieras sospechosas y cooperación entre entidades financieras y autoridades de seguridad.

c) Congelamiento de Activos: Identificación y congelamiento de activos pertenecientes a individuos o entidades asociadas con el terrorismo.

d) Cooperación Internacional: Intercambio de información y cooperación entre países para rastrear y detener el flujo de fondos hacia grupos terroristas.

La financiación en la participación o apoyo a organizaciones y grupos terroristas se refiere a la provisión de recursos financieros para apoyar las operaciones y actividades de tales grupos.

Esta financiación puede ser utilizada para una variedad de propósitos, incluyendo la compra de armas, explosivos, equipo, entrenamiento, logística, propagación de propaganda, y otros medios que permitan o faciliten la realización de actos terroristas.

Prevenir la financiación del terrorismo es un componente crucial en la lucha global contra el terrorismo, ya que cortar los recursos financieros puede debilitar significativamente la capacidad operativa de estos grupos.

NEGOCIACIÓN CON TERRORISTAS

La negociación con terroristas en el contexto de la participación o apoyo a organizaciones y grupos terroristas se refiere a la comunicación o interacción con terroristas o sus representantes para alcanzar un acuerdo o resolver una situación, generalmente bajo condiciones de amenaza o violencia.

Esta negociación puede darse en diferentes escenarios y tiene varias implicaciones:

a) Resolución de Crisis con Rehenes: Negociar con terroristas para liberar rehenes es uno de los escenarios más comunes. Esto implica comunicación con los captores para garantizar la seguridad y eventual liberación de las personas secuestradas.

b) Intercambios o Concesiones: Las negociaciones pueden implicar el intercambio de prisioneros, concesiones políticas, o demandas económicas. Esto es especialmente delicado ya que puede establecer precedentes o incentivar futuros actos terroristas.

c) Negociación para la Paz: En algunos contextos, puede haber negociaciones con grupos terroristas como parte de procesos de paz más amplios, especialmente en conflictos donde dichos grupos tienen un papel significativo.

d) Negociaciones Secretas o Indirectas: Las negociaciones con terroristas no siempre son públicas. A veces, se realizan de manera secreta o a través de intermediarios para resolver situaciones de crisis o para avanzar en agendas políticas.

e) Implicaciones Éticas y Políticas: La negociación con terroristas es un tema controvertido debido a las implicaciones éticas y políticas. Existe el debate sobre si negociar concede legitimidad a los terroristas y sus acciones.

f) Desafíos Estratégicos: Las negociaciones implican un equilibrio delicado entre salvar vidas o cumplir objetivos inmediatos y no alentar futuros actos terroristas al ceder a las demandas.

g) Comunicación Estratégica: La forma en que se comunica durante la negociación, así como la información que se revela o se oculta, son aspectos cruciales para su éxito o fracaso.

h) Uso de Expertos en Negociación: Las negociaciones suelen ser llevadas a cabo por expertos en manejo de crisis o negociación, que tienen habilidades especializadas para tratar con situaciones de alto riesgo.

i) Presión Internacional y Diplomática: En ocasiones, las negociaciones pueden involucrar presión o intervención internacional para resolver la crisis.

j) Consecuencias a Largo Plazo: Las decisiones tomadas durante la negociación pueden tener consecuencias a largo plazo, tanto para la política interna como para la lucha global contra el terrorismo.

k) "No Negociamos con Terroristas": Muchos gobiernos y organizaciones internacionales adoptan una postura oficial de no negociar con terroristas, argumentando que hacerlo legitima a estos grupos y sus tácticas, y puede incentivar futuros actos de terrorismo.

Negociar con terroristas es un tema complejo que requiere un enfoque cuidadoso y considerado, equilibrando la resolución inmediata de crisis con las implicaciones a largo plazo para la seguridad y la política.

PERTENENCIA O AFILIACIÓN

La pertenencia o afiliación a organizaciones y grupos terroristas se refiere al acto de ser miembro o estar asociado formal o informalmente con un grupo que participa en actividades terroristas.

Esta pertenencia implica un nivel de compromiso o vinculación con la organización y sus objetivos.

A continuación, se describen algunos aspectos relevantes:

a) Miembro Activo: Ser un miembro activo de un grupo terrorista generalmente implica participar directamente en la planificación, preparación o ejecución de actos terroristas, o en roles de apoyo a estas actividades.

b) Afiliación Simbólica o Ideológica: En algunos casos, la afiliación puede ser más simbólica o ideológica, donde el individuo se identifica con los objetivos o ideales del grupo, pero no participa activamente en actos terroristas.

c) Roles de Apoyo: La afiliación también puede implicar desempeñar roles de apoyo, como logística, financiamiento, propaganda o reclutamiento, que son esenciales para el funcionamiento del grupo.

d) Juramento de Lealtad: En algunos casos, la afiliación puede ser formalizada a través de un juramento de lealtad o un compromiso explícito con el grupo y sus objetivos.

e) Participación en Entrenamientos: Asistir a campos de entrenamiento o recibir instrucción en tácticas, manejo de armas o explosivos es otra forma de afiliación a estos grupos.

f) Uso de Símbolos o Signos Distintivos: La afiliación a menudo implica adoptar símbolos, banderas, uniformes o signos distintivos asociados con el grupo terrorista.

g) Comunicación y Redes: Mantener comunicaciones y redes con otros miembros del grupo, participando en reuniones, planificaciones o discusiones en línea.

h) Participación en Actividades No Violentas: Incluso aquellos miembros que no participan directamente en actos violentos, pero contribuyen a través de actividades no violentas pueden ser considerados afiliados.

i) Implicaciones Legales: La pertenencia o afiliación a grupos terroristas es ilegal en muchos países y puede resultar en severas sanciones penales, incluyendo prisión.

j) Estigmatización y Desafíos en la Desvinculación: Aquellos que buscan desvincularse de grupos terroristas a menudo enfrentan estigmatización y desafíos significativos para reintegrarse en la sociedad.

k) Uso de Símbolos y Señales de Identificación: Utilizar símbolos, banderas, uniformes o señales que identifiquen la pertenencia al grupo terrorista.

La pertenencia o afiliación a grupos terroristas es un asunto serio que implica no solo la participación en actividades ilegales y dañinas, sino también el respaldo a ideologías que promueven la violencia y el extremismo.

La lucha contra el terrorismo no solo implica combatir a quienes cometen actos violentos, sino también trabajar para prevenir la radicalización y la afiliación a estos grupos.

PROPAGANDA Y APOLOGÍA

La propaganda y apología en el contexto de la participación o apoyo a organizaciones y grupos terroristas se refiere a la difusión de mensajes y materiales que promueven, justifican o glorifican actos de terrorismo.

Estas acciones pueden ser una herramienta poderosa para los grupos terroristas, ya que buscan influir en la opinión pública, reclutar nuevos miembros, intimidar a la sociedad y perpetuar sus ideologías y objetivos.

Las formas en que se manifiesta la propaganda y apología del terrorismo incluyen:

a) Publicaciones y Declaraciones: Esto puede incluir libros, folletos, declaraciones públicas o discursos que justifiquen o alaben actos terroristas.

b) Medios Digitales y Redes Sociales: Uso de plataformas en línea para difundir propaganda, incluyendo videos, imágenes, blogs, y mensajes en redes sociales que glorifican actos de violencia o radicalizan a las personas.

c) Material Audiovisual: Producción y distribución de material audiovisual como vídeos y grabaciones que muestran actos de violencia, entrenamientos terroristas o mensajes ideológicos.

d) Eventos y Manifestaciones Públicas: Organización de eventos, manifestaciones o discursos públicos que promueven ideologías extremistas o celebran actos terroristas.

e) Educación y Adoctrinamiento: Inclusión de contenidos extremistas en programas educativos o de adoctrinamiento para inculcar ideologías radicales en las generaciones jóvenes.

f) Simbología y Mensajes Subliminales: Uso de símbolos, banderas, canciones o cualquier otro medio que de manera más sutil promueva ideologías extremistas o apoye al terrorismo.

La propaganda y apología del terrorismo son consideradas extremadamente serias, ya que pueden incitar a la violencia y al extremismo.

En muchos países, la difusión de propaganda terrorista y la apología pública de actos terroristas son delitos penalizados por la ley.

A nivel internacional, hay esfuerzos para contrarrestar la propaganda terrorista, incluyendo la vigilancia y regulación de contenidos en internet, programas de contra-radicalización y educación, y cooperación entre países para detectar y desmantelar redes de propaganda terrorista.

RADICALIZACIÓN

La radicalización, en el contexto de la participación o apoyo a organizaciones y grupos terroristas, se refiere al proceso por el cual una persona o grupo adopta creencias, opiniones y comportamientos extremistas, lo que puede llevar a la justificación o comisión de actos de violencia en nombre de una ideología, política o causa específica.

Este proceso es complejo y multifacético, y puede ser influenciado por una variedad de factores.

El proceso de radicalización puede ser complejo e involucrar varios factores, incluyendo:

a) Factores individuales: Experiencias personales, como la discriminación, la alienación o la percepción de injusticia, pueden llevar a una persona a buscar respuestas y pertenencia en ideologías extremistas.

b) Factores sociales: La influencia de amigos, familiares o miembros de una comunidad que ya tienen creencias extremistas puede facilitar el proceso de radicalización.

c) Factores ideológicos: La exposición a propaganda y discursos extremistas, ya sea en línea o a través de medios tradicionales, puede alimentar la radicalización.

d) Factores políticos: Conflictos armados, ocupaciones militares y percepciones de opresión o marginalización política pueden actuar como catalizadores para la radicalización.

e) Factores religiosos: Aunque la religión en sí misma no es una causa directa de radicalización, la interpretación y manipulación extremista de las creencias religiosas puede ser un factor contribuyente.

Por otro lado, las características clave de la radicalización incluyen:

a) Cambio Ideológico: La persona comienza a adoptar ideas extremistas, a menudo como resultado de la exposición a propaganda o narrativas que presentan una visión del mundo en términos de "nosotros contra ellos".
b) Aislamiento Social: A menudo, las personas radicalizadas se aíslan de sus redes sociales y comunitarias anteriores y buscan la compañía de aquellos con ideas similares.
c) Justificación de la Violencia: Un aspecto clave de la radicalización es la creciente aceptación de que la violencia es un medio legítimo o necesario para lograr objetivos políticos, religiosos o sociales.
d) Cambios Conductuales: La radicalización puede conllevar cambios en el comportamiento, incluyendo la participación en actividades de grupos extremistas, entrenamiento para la lucha armada, difusión de propaganda o la preparación para cometer actos de violencia.
e) Identidad y Pertenencia: La radicalización a menudo ofrece una fuerte sensación de identidad y pertenencia, particularmente para aquellos que se sienten marginados o alienados de la sociedad en general.
f) Factores Contribuyentes: Existen numerosos factores que pueden contribuir a la radicalización, incluyendo experiencias personales de discriminación o injusticia, crisis de identidad, influencias de pares o líderes carismáticos, conflictos políticos o sociales, y la exposición a narrativas extremistas en línea o en otros medios.

Es importante destacar que la radicalización no es un proceso lineal y no todas las personas que experimentan radicalización se involucran en actividades terroristas.

Sin embargo, es un componente clave en la generación de apoyo y reclutamiento para grupos terroristas.

Entender y contrarrestar la radicalización es fundamental en los esfuerzos para prevenir el terrorismo.

Esto incluye estrategias para abordar las causas subyacentes, desafiar las narrativas extremistas, y apoyar a las personas en riesgo de radicalización.

Los programas de prevención y desradicalización buscan intervenir antes de que las personas se involucren en actividades violentas y ayudar a aquellos que desean alejarse de las ideologías extremistas.

RECEPCIÓN DE ENTRENAMIENTO

La recepción de entrenamiento en el contexto de la participación o apoyo a organizaciones y grupos terroristas se refiere a la instrucción y capacitación que un individuo o grupo recibe para adquirir habilidades y conocimientos específicos que les permitan llevar a cabo actos terroristas o apoyar dichas actividades.

Este entrenamiento puede variar ampliamente en contenido y forma, y suele ser proporcionado por organizaciones terroristas o individuos con experiencia en actividades extremistas.

Algunos aspectos clave de la recepción de entrenamiento incluyen:

a) Entrenamiento en Manejo de Armas: Instrucción sobre cómo usar, mantener y fabricar armas de fuego, explosivos y otras armas.

b) Tácticas de Combate y Guerrilla: Capacitación en tácticas de combate, emboscadas, tácticas de guerrilla urbana y rural, y otros métodos de enfrentamiento.

c) Fabricación y Uso de Explosivos: Enseñanza sobre cómo fabricar, manejar y detonar explosivos, incluidos artefactos improvisados.

d) Operaciones Clandestinas: Entrenamiento en técnicas de espionaje, vigilancia, contra vigilancia, evasión y operaciones encubiertas.

e) Comunicaciones Seguras: Instrucción en el uso de equipos y tecnologías de comunicación, encriptación y protocolos de comunicación segura.

f) Logística y Planificación: Capacitación en la planificación y coordinación de ataques, gestión de recursos y logística de operaciones terroristas.

g) Ideología y Propaganda: Adoctrinamiento en la ideología del grupo, justificaciones religiosas o políticas para la violencia, y formación en técnicas de propaganda.

h) Entrenamiento Físico: Preparación física intensiva para resistir condiciones difíciles y desempeñarse eficientemente en situaciones de combate.

i) Entrenamiento Médico Básico: Instrucción en primeros auxilios, tratamiento de heridas de combate y otros cuidados médicos básicos.

j) Entrenamiento Especializado: Dependiendo del grupo y su contexto, puede incluir habilidades como pilotaje de drones, hacking cibernético, entre otros.

k) Adoctrinamiento Ideológico: Instrucción en la ideología del grupo terrorista, a menudo diseñada para fortalecer la lealtad y justificar moralmente los actos de violencia.

La recepción de entrenamiento especializado es un indicador de que un individuo se está preparando para participar activamente en actividades terroristas o extremistas.

Por lo tanto, los campamentos de entrenamiento o las instalaciones donde se imparte este tipo de instrucción son a menudo objetivos prioritarios para las operaciones antiterroristas.

Las leyes antiterroristas en muchos países penalizan la participación en campos de entrenamiento terroristas o la recepción de instrucción con el propósito de llevar a cabo actos terroristas.

ACTOS TERRORISTAS

La comisión de actos terroristas en el contexto de la participación o apoyo a organizaciones y grupos terroristas se refiere al involucramiento directo o indirecto en la ejecución de actos diseñados para causar terror, miedo, daño o destrucción con fines políticos, ideológicos o religiosos.

Esto incluye una variedad de actividades, que pueden ser tanto de naturaleza violenta como no violenta, pero todas orientadas a generar un clima de terror y coacción.

Los actos terroristas suelen incluir, pero no están limitados a:

a) Ataques Armados: Utilización de armas de fuego, armas blancas u otros instrumentos para atacar a personas o grupos.

b) Atentados con Explosivos: Uso de bombas, artefactos explosivos o dispositivos destructivos para causar daño o destrucción.

c) Secuestros y Toma de Rehenes: Captura y retención de individuos con el objetivo de obtener rescate, presionar a gobiernos o lograr otros objetivos políticos.

d) Ataques Cibernéticos: Utilización de medios digitales para atacar infraestructuras críticas, difundir propaganda o realizar actos de sabotaje.

e) Ataques Químicos, Biológicos o Radiológicos: Uso de sustancias tóxicas, agentes biológicos o radiación para causar daño o pánico masivo.

f) Asesinatos y Asesinatos Selectivos: Eliminación de individuos específicos, como líderes políticos, figuras públicas o miembros de grupos opuestos.

g) Sabotaje: Actos destinados a dañar o destruir infraestructura, como sistemas de transporte, redes eléctricas o instalaciones industriales.

h) Propaganda y Desinformación: Difusión de mensajes falsos o alarmantes con el objetivo de causar pánico, desestabilizar o reclutar simpatizantes.

La participación en actos terroristas puede variar desde ser el perpetrador directo hasta proveer apoyo logístico, financiero o de otro tipo a quienes ejecutan los ataques.

Incluso la incitación o la apología de actos terroristas pueden ser consideradas formas de participación en algunos contextos legales.

Es importante destacar que los actos terroristas son condenados internacionalmente y son considerados graves violaciones de los derechos humanos.

Los estados y organizaciones internacionales han establecido marcos legales y mecanismos de cooperación para prevenir, investigar y castigar los actos terroristas.

Además, se han implementado estrategias de lucha contra el terrorismo que incluyen medidas de seguridad, inteligencia, prevención de la radicalización y protección de las poblaciones vulnerables.

ATENTADOS

Los atentados en el contexto de la participación o apoyo a organizaciones y grupos terroristas se refieren a actos de violencia deliberada y planificada, usualmente dirigidos contra civiles o infraestructuras, con el objetivo de causar miedo, daño y desestabilización para lograr ciertos fines políticos, religiosos o ideológicos.

Los atentados son una de las manifestaciones más directas y destructivas del terrorismo.

A continuación, algunos aspectos clave:

a) Objetivo de Intimidar o Coaccionar: Los atentados suelen tener como objetivo intimidar a la población, coaccionar a gobiernos o sociedades, o provocar una reacción política o social.

b) Selección de Objetivos: Los blancos pueden ser muy variados, incluyendo lugares públicos como mercados, medios de transporte, centros culturales, edificios gubernamentales, o eventos masivos.

c) Alto Impacto Psicológico: Más allá del daño físico, los atentados buscan generar un impacto psicológico, sembrando miedo y ansiedad en la sociedad.

d) Declaración Política o Ideológica: A menudo, los atentados son utilizados como una forma de declaración política o ideológica, buscando llamar la atención sobre una causa o grupo específico.

e) Amplificación Mediática: Los terroristas a menudo buscan que sus atentados reciban amplia cobertura mediática para difundir su mensaje y magnificar el efecto del terror.

f) Desestabilización: Los atentados pueden tener como objetivo desestabilizar gobiernos, sociedades o regiones específicas.

g) Provocación de Respuestas: Algunos atentados pueden ser diseñados para provocar respuestas excesivas o represivas, con el fin de polarizar aún más la situación y ganar apoyo para la causa terrorista.

h) Daño Económico: Además del daño humano, los atentados a menudo buscan dañar la economía de un país o región, afectando el turismo, el comercio o la infraestructura.
i) Planificación y Preparación: Los atentados suelen requerir un grado significativo de planificación, preparación y logística, lo que implica la participación de múltiples personas en distintas etapas.

Estas acciones suelen estar diseñadas para generar una amplia atención mediática y/o forzar a las autoridades o gobiernos a responder de alguna manera. Los atentados pueden manifestarse de diversas formas:

a) Atentados Bomba: El uso de explosivos para dañar infraestructura, matar o herir personas, como los ataques en estaciones de tren, aeropuertos, mercados, entre otros.
b) Ataques Armados: Cuando individuos o grupos usan armas de fuego para atacar a civiles, fuerzas de seguridad o instalaciones.
c) Secuestros: Tomar a individuos como rehenes, ya sea para exigir rescates, lograr concesiones políticas o simplemente instigar el miedo.
d) Ataques con Vehículos: Usar vehículos como armas para atropellar a personas en lugares concurridos.
e) Ataques Suicidas: Cuando individuos se inmolan para llevar a cabo un ataque, a menudo causando un gran número de víctimas.
f) Ataques con Agentes Químicos, Biológicos o Radiológicos: Uso de sustancias tóxicas o agentes patógenos para causar daño o pánico.
g) Asesinatos Selectivos: Cuando se lleva a cabo un ataque dirigido a una persona específica, como un líder político, religioso o comunitario, para enviar un mensaje o desestabilizar una estructura.
h) Sabotaje: Actos diseñados para dañar o destruir infraestructura, como líneas eléctricas, sistemas de agua o comunicaciones.
i) Ataques Cibernéticos: Dirigidos a infraestructuras digitales, sistemas informáticos o redes para causar interrupciones, robar información o generar miedo.
j) Ataques a Aviación: Como secuestros de aviones o atentados contra aeropuertos.

Los atentados terroristas son actos condenados internacionalmente y representan una grave violación a los derechos humanos y los principios de paz y seguridad mundial.

Su prevención y combate son una prioridad para las autoridades nacionales e internacionales.

NO DENUNCIAR

No denunciar en el contexto de la participación o apoyo a organizaciones y grupos terroristas se refiere a la omisión de informar a las autoridades sobre actividades terroristas conocidas o sospechosas.

Esta falta de denuncia puede ser vista como una forma de complicidad pasiva o negligencia, y en algunos casos puede ser penalizada por la ley, especialmente si la omisión de denuncia contribuye a la realización de actos terroristas.

A continuación, hay algunos aspectos relacionados con no denunciar actividades terroristas:

a) Conocimiento de Actividades Terroristas: No denunciar puede implicar que una persona tiene conocimiento o sospechas de actividades terroristas planificadas o en curso, pero opta por no informar a las autoridades.

b) Complicidad Pasiva: Al no denunciar, un individuo podría ser considerado como cómplice pasivo, especialmente si su silencio facilita de alguna manera la ejecución de actos terroristas.

c) Obligaciones Legales: En algunos países, existe una obligación legal de denunciar actividades criminales o sospechosas. No hacerlo puede resultar en responsabilidad legal, especialmente en casos donde la falta de denuncia lleva a consecuencias graves.

d) Razones para no Denunciar: Las personas pueden optar por no denunciar por miedo a represalias, lealtad a un grupo o ideología, indiferencia, o desconfianza en las autoridades.

e) Prevención y Seguridad Pública: La denuncia oportuna de actividades sospechosas es fundamental para prevenir actos terroristas y proteger la seguridad pública. La falta de denuncia puede obstaculizar los esfuerzos de las autoridades para prevenir y responder a amenazas terroristas.

f) Responsabilidad Moral y Ética: Más allá de las obligaciones legales, no denunciar también puede plantear cuestiones morales y éticas, especialmente si el silencio resulta en daño o pérdida de vidas.

Es importante señalar que, en muchas jurisdicciones, las leyes antiterroristas y de seguridad nacional establecen obligaciones específicas para denunciar actividades terroristas, y la no denuncia puede ser motivo de sanción legal.

Sin embargo, la aplicación de estas leyes varía según el contexto y la jurisdicción.

También es fundamental que los sistemas de denuncia proporcionen protección adecuada para quienes informan, asegurando que puedan hacerlo sin temor a represalias.

TERRORISMO

INTRODUCCIÓN

El delito de terrorismo se refiere a actos violentos o amenazas de violencia realizados por individuos, grupos u organizaciones con el fin de intimidar a una población o coaccionar a un gobierno para lograr objetivos políticos, religiosos, ideológicos o de otra índole. El terrorismo se caracteriza por:

a) Uso de la violencia o la amenaza de violencia: Esto incluye, pero no se limita a, ataques con bombas, secuestros, asesinatos, ataques cibernéticos o cualquier otro acto que pueda causar daño físico o psicológico.

b) Objetivos políticos, religiosos o ideológicos: Los terroristas suelen tener un motivo subyacente que intentan promover o una situación que buscan cambiar mediante el uso de la violencia.

c) Intimidación y creación de miedo: El terrorismo busca generar miedo y pánico entre la población general o ciertos grupos específicos.

d) Inestabilidad y coacción: A menudo, el objetivo es desestabilizar la situación política o social y coaccionar a gobiernos o sociedades para que cumplan ciertas demandas o cambien políticas.

e) Ataques dirigidos a civiles o no combatientes: A diferencia de los actos de guerra convencionales, que suelen estar dirigidos contra objetivos militares, el terrorismo a menudo se dirige a civiles o a personas que no están directamente involucradas en el conflicto.

Es importante señalar que la definición de terrorismo puede variar en diferentes países y en diferentes contextos legales.

A nivel internacional, diversos organismos y tratados han intentado definir y combatir el terrorismo.

Por ejemplo, el Consejo de Seguridad de las Naciones Unidas adoptó la Resolución 1373 en 2001, que exige que los países prevengan y repriman el financiamiento del terrorismo, entre otras medidas.

Además, lo que un grupo considera un acto de "terrorismo" puede ser visto por otro como un acto de "resistencia" o "liberación", lo que hace que el término sea a veces controvertido y sujeto a interpretaciones políticas.

APOYO LOGÍSTICO

El apoyo logístico en el contexto del delito de terrorismo se refiere a la provisión de recursos, servicios y facilidades que son necesarios para planificar, preparar y ejecutar actos terroristas.

Esta categoría es amplia y puede incluir una variedad de actividades, algunas de las cuales podrían parecer inocuas por sí solas, pero que adquieren relevancia penal cuando se vinculan con el propósito de facilitar o promover actos de terrorismo.

Las conductas asociadas con el apoyo logístico al terrorismo pueden incluir:

a) Transporte: Facilitar vehículos o medios de transporte para que los terroristas se muevan, transporten armamento o lleven a cabo ataques.

b) Comunicaciones: Proporcionar equipos o servicios de comunicación, como teléfonos, radios, servicios de internet o encriptación, para que los terroristas coordinen sus actividades sin ser detectados.

c) Alojamiento: Ofrecer lugares seguros donde los terroristas puedan esconderse, planificar o prepararse para los ataques.

d) Adquisición de Equipos: Comprar o suministrar equipos que puedan ser usados en la ejecución de ataques, como vestimenta, material de acampada, dispositivos electrónicos, etc.

e) Falsificación de Documentos: Crear o distribuir documentos falsos, como pasaportes, licencias o identificaciones, que puedan ser utilizados por terroristas para viajar o eludir la detección.

f) Almacenamiento: Proveer espacios para el almacenamiento de armas, explosivos o cualquier otro tipo de material que pueda ser utilizado en un ataque.

g) Asistencia Técnica: Ofrecer conocimientos especializados o técnicos, como habilidades en informática, mecánica, química o construcción, que puedan ser aplicados en la preparación de ataques.

h) Reclutamiento y Entrenamiento: Organizar o facilitar el reclutamiento de nuevos miembros para una organización terrorista, así como proporcionar u organizar entrenamiento en tácticas de combate, uso de armas o fabricación de explosivos.

i) Servicios Financieros: Gestionar cuentas bancarias, mover fondos o realizar otras transacciones financieras que apoyen las operaciones de grupos terroristas.

j) Planificación y Estrategia: Participar en la planificación estratégica de ataques o en la logística de operaciones, incluida la recolección de información de inteligencia o la realización de vigilancia.

k) Provisión de Refugio y Lugares Seguros: Ofrecer o facilitar escondites o lugares seguros donde los terroristas puedan planificar, entrenar o esconderse antes o después de cometer actos terroristas.

Estas actividades son esenciales para la capacidad operativa de los grupos terroristas y, por lo tanto, son objetivos importantes para las agencias de aplicación de la ley en sus esfuerzos por prevenir ataques.

Los individuos involucrados en la prestación de apoyo logístico pueden ser procesados y enfrentar penas severas si se demuestra que su conducta tenía la intención de facilitar el terrorismo.

La dificultad para las autoridades a menudo radica en demostrar la conexión entre el apoyo logístico proporcionado y las actividades terroristas, especialmente cuando los actos en sí mismos no son ilegales fuera del contexto del terrorismo.

ATAQUE CON EXPLOSIVOS

El ataque con explosivos en el contexto del delito de terrorismo se refiere a la utilización de dispositivos explosivos con el objetivo de causar daño masivo, muertes, lesiones y destrucción como un medio para lograr fines políticos, religiosos o ideológicos.

Esta forma de violencia es una de las manifestaciones más comunes y destructivas del terrorismo debido al potencial de causar un gran número de víctimas y daños significativos, así como por el profundo impacto psicológico y el miedo que genera en la sociedad.

Las conductas asociadas con ataques terroristas con explosivos pueden incluir:

a) Planificación y Preparación: Investigar y seleccionar objetivos, adquirir o fabricar dispositivos explosivos y planificar la logística del ataque.

b) Colocación de Explosivos: Situar dispositivos explosivos en ubicaciones estratégicas donde pueden causar el máximo daño o simbolismo, como lugares públicos concurridos, edificios gubernamentales, lugares de transporte, centros comerciales, etc.

c) Detonación: Hacer estallar los explosivos manualmente, a distancia o mediante temporizadores.

d) Ataques Suicidas: Llevar a cabo atentados en los que el perpetrador se inmola junto con el explosivo para asegurar su detonación.

e) Uso de Coches Bomba y Artefactos Explosivos Improvisados (IEDs): Utilizar vehículos o dispositivos fabricados de manera artesanal para ocultar y detonar explosivos.

f) Amenazas de Bomba: Realizar amenazas, ya sean falsas o genuinas, como un medio para causar pánico, desviar recursos de seguridad o probar respuestas de emergencia.

g) Ataques Secundarios: Detonar explosivos adicionales destinados a los primeros intervinientes que llegan después de un ataque inicial, aumentando así el número de víctimas y el caos.

h) Propagación de Información o Instrucciones: Difundir información sobre cómo fabricar o desplegar explosivos con la intención de que se usen en ataques terroristas.

i) Cartas o Paquetes Bomba: El envío de explosivos ocultos en paquetes o cartas, diseñados para detonar al abrirse o manipularse, a menudo dirigidos a individuos específicos.

j) Bombas Lapa: Dispositivos explosivos que se adhieren a vehículos y que se detonan a distancia o mediante temporizadores para asesinar o intimidar a una persona específica.

k) Uso de Explosivos contra Infraestructuras Críticas: La focalización y destrucción de infraestructura vital, como presas, puentes, plantas de energía, y líneas de comunicación con la intención de causar caos y desestabilización económica.

El ataque con explosivos como parte de un acto de terrorismo está severamente penalizado bajo la legislación antiterrorista en todo el mundo.

Estas leyes no solo penalizan la ejecución del ataque, sino también todas las etapas preparatorias, como la posesión o fabricación de los explosivos con intenciones terroristas y la conspiración o intento de realizar dichos actos.

La gravedad de esta conducta en el marco legal refleja el grave peligro que los ataques con explosivos representan para la seguridad de las personas y la estabilidad de las naciones.

Los sistemas de justicia penal de muchos países están diseñados para poder actuar de manera preventiva, sancionando no solo los ataques consumados, sino también los planes y preparativos cuando hay evidencia clara de la intención de cometer un acto de terrorismo.

CIBERTERRORISMO

El ciberterrorismo se refiere a la utilización de la tecnología informática y de Internet para llevar a cabo ataques terroristas.

En este contexto, las acciones suelen tener como objetivo causar daños significativos a sistemas informáticos, infraestructuras críticas, comunicaciones o datos importantes, lo que puede resultar en daños tangibles o intangibles, como la pérdida de vidas, lesiones graves, daños psicológicos, o perjuicios económicos y sociales significativos.

Las conductas que representan el ciberterrorismo en el ámbito del terrorismo incluyen:

a) Ataques a Infraestructuras Críticas: Intentos de interrumpir, desactivar o dañar infraestructuras críticas como redes eléctricas, sistemas de agua, transporte, o redes de comunicación a través de medios cibernéticos.

b) Propagación de Software Malicioso (Malware): Diseminación de virus, gusanos, troyanos o ransomware diseñados para infiltrarse, dañar o tomar control de sistemas y datos.

c) Robo de Datos Sensibles: Extracción ilegal de información confidencial de gobiernos, organizaciones o individuos, con el fin de chantajear, extorsionar o desestabilizar.

d) Desinformación y Propaganda: Uso de plataformas digitales para difundir información falsa o engañosa que pueda causar pánico, miedo o influir en la opinión pública y la política.

e) Interferencia en Operaciones Financieras: Ataques dirigidos a instituciones financieras o mercados de valores para perturbar las economías y generar caos económico.

f) Ataques a Sistemas de Control Industrial (SCADA): Acciones contra sistemas de control que operan infraestructuras esenciales, lo que podría resultar en desastres ambientales o humanitarios.

g) Inhabilitación de Servicios de Emergencia: Comprometer la disponibilidad o confiabilidad de servicios de emergencia y respuesta a desastres.

h) Denegación de Servicio (DoS) o Distribuida (DDoS): Inundar servidores o redes con tráfico inmanejable para interrumpir servicios en línea vitales o portales de información.

i) Ataques de Ransomware: Bloquear el acceso a datos críticos o sistemas a través de software malicioso que exige un rescate para desbloquearlos.

j) Robo de Información Sensible: Extracción no autorizada de información confidencial o sensible que puede ser usada para chantajear a individuos, entidades o gobiernos.

k) Desinformación y Propaganda: Uso de las redes digitales para difundir información falsa o exagerada con el fin de causar miedo, sembrar discordia o influir en la opinión pública.

l) Ataques de Phishing o Ingeniería Social: Engañar a individuos para obtener acceso a sistemas seguros, robar identidades o credenciales, que pueden ser utilizadas para ataques posteriores.

Desde un punto de vista legal, el ciberterrorismo es perseguido como una forma grave de delito informático y como una actividad terrorista.

Esto se debe a su potencial para causar daños a gran escala, afectar la seguridad nacional y la vida de las personas, así como por su capacidad para generar miedo y caos.

Las leyes antiterroristas de muchos países han evolucionado para incluir medidas específicas contra el ciberterrorismo, y existen esfuerzos coordinados a nivel internacional para combatir esta amenaza.

Esto incluye mejoras en la ciberseguridad, el intercambio de inteligencia y la cooperación entre agencias de aplicación de la ley, servicios de inteligencia y el sector privado.

Las penas por participar en ciberterrorismo pueden ser severas, incluyendo largas condenas de prisión, multas substanciales, y en algunos casos, dependiendo de las consecuencias del ataque, podrían aplicarse las penas más graves disponibles en el sistema legal correspondiente.

ENCUBRIMIENTO

El encubrimiento en el contexto del delito de terrorismo se refiere a actos intencionados destinados a ocultar, proteger o impedir la detección de personas involucradas en actividades terroristas, así como a esconder evidencia o información que podría llevar a su descubrimiento y persecución por parte de las autoridades.

Esta conducta es un delito en sí misma, ya que obstaculiza las investigaciones y los procedimientos judiciales destinados a prevenir y castigar actos de terrorismo.

Algunas formas específicas de encubrimiento en el delito de terrorismo pueden incluir:

a) Ocultamiento de Información: No reportar intencionalmente conocimiento previo de un ataque terrorista planificado o información relevante que podría prevenir un ataque o ayudar en la captura de los responsables.

b) Destruction or Alteration of Evidence: Destruir, alterar o esconder pruebas físicas o digitales que podrían vincular a una persona o grupo con actividades terroristas.

c) Falsificación de Documentos: Fabricar o modificar documentos para ayudar a los terroristas a evadir la detección, como pasaportes falsos, licencias o registros financieros.

d) Obstrucción de la Justicia: Interferir con las investigaciones de las autoridades, por ejemplo, avisando a los sospechosos sobre las actividades de vigilancia o las inminentes operaciones de captura.

e) Proporcionar Asistencia Posterior al Delito: Ayudar a los terroristas a escapar, esconderse o de alguna manera evitar la captura después de haber cometido un acto terrorista.

f) Financiamiento y Apoyo Logístico: Proporcionar financiamiento, recursos o apoyo logístico con el conocimiento de que se utilizarán para facilitar o proteger a los involucrados en el terrorismo.

g) Hacer Declaraciones Falsas: Mentir a las autoridades o en un tribunal para proteger a los sospechosos de terrorismo o para desviar la atención de sus actividades.

El encubrimiento es grave porque complica los esfuerzos de las agencias de aplicación de la ley para prevenir ataques terroristas y llevar a los perpetradores ante la justicia.

Las leyes de muchos países estipulan sanciones específicas para aquellos que ayudan intencionadamente a los terroristas de esta manera, ya que se considera que estas acciones promueven la continuidad y la perpetuación del terrorismo.

En el marco legal, el encubrimiento puede ser procesado incluso si el acto de terrorismo en sí no se ha completado. Esto sirve como un elemento disuasorio y una herramienta para que las autoridades puedan actuar de manera preventiva contra las redes de apoyo al terrorismo.

ENTRENAMIENTO

El entrenamiento en el contexto del delito de terrorismo se refiere a la preparación y capacitación que reciben individuos o grupos para llevar a cabo actos terroristas.

Este entrenamiento puede abarcar una amplia gama de habilidades y conocimientos, y es fundamental para la capacidad operativa de los grupos terroristas.

A continuación, se detalla el significado y las conductas asociadas con el entrenamiento en el terrorismo:

Significado:

a) Preparación Especializada: Implica proporcionar a los individuos habilidades, técnicas y conocimientos específicos para cometer actos terroristas.

b) Fortalecimiento de Capacidades: Se busca mejorar la capacidad operativa del grupo o individuo en el manejo de armas, explosivos, tácticas de combate, entre otros.

c) Adoctrinamiento Ideológico: Además del entrenamiento físico y técnico, a menudo se incluye una fuerte componente de adoctrinamiento ideológico o religioso.

Conductas Asociadas:

a) Entrenamiento Militar y de Combate: Instrucción en el manejo de armas, tácticas de guerrilla, técnicas de combate cuerpo a cuerpo y supervivencia.

b) Fabricación y Uso de Explosivos: Enseñanza en la creación y manejo de dispositivos explosivos y otros artefactos destructivos.

c) Técnicas de Secuestro y Toma de Rehenes: Preparación en métodos para capturar y retener rehenes, incluyendo tácticas de negociación y control de multitudes.

d) Ciberterrorismo: Capacitación en habilidades de hacking, ciberseguridad y uso de la tecnología para cometer actos terroristas o difundir propaganda.

e) Entrenamiento en Logística y Planificación: Instrucción en la planificación y ejecución de operaciones terroristas, incluyendo estrategias de evasión y ocultación.

f) Adoctrinamiento Ideológico: Sesiones de adoctrinamiento para reforzar la lealtad al grupo y su ideología, y justificar moralmente los actos de violencia.

Propósitos y Efectos:

- Mejora de Capacidades Operativas: Aumentar la efectividad de los ataques terroristas.
- Fortalecimiento del Compromiso Ideológico: Consolidar la dedicación de los miembros al grupo y sus objetivos.
- Red de Contactos: Crear conexiones y redes entre terroristas y facilitadores.
- Intimidación y Propaganda: El conocimiento de que los terroristas están bien entrenados puede aumentar el miedo en la población.

Consecuencias:

- Incremento de la Amenaza Terrorista: Grupos e individuos mejor entrenados representan una amenaza mayor.

- Desafíos de Seguridad: Complica los esfuerzos de las fuerzas de seguridad y antiterroristas para prevenir y responder a ataques.
- Aspectos Legales: El entrenamiento para actividades terroristas es un delito en muchas jurisdicciones y puede llevar a severas sanciones legales.

La lucha contra el entrenamiento terrorista incluye esfuerzos de inteligencia para identificar y desmantelar campamentos de entrenamiento, medidas legales para penalizar la participación en tales actividades, y estrategias de contrapropaganda para reducir el atractivo de los grupos terroristas.

También es crucial abordar las condiciones subyacentes que conducen al extremismo y el terrorismo, como la inestabilidad política, la pobreza y la exclusión social.

ESPIONAJE O VIGILANCIA

El espionaje o la vigilancia en el contexto del terrorismo se refiere a la recopilación clandestina de información que es crucial para la planificación y ejecución de actos de terrorismo.

Esto puede incluir la observación de posibles objetivos, la recolección de datos sobre las operaciones de seguridad o la infraestructura crítica, y el seguimiento de las actividades de las fuerzas del orden o de los servicios de inteligencia.

Significado del espionaje o vigilancia en terrorismo:

a) Recolección de Información: Implica el acto de obtener datos secretos o confidenciales sin el permiso de los poseedores de la información. En el contexto del terrorismo, esto puede significar obtener detalles sobre infraestructuras críticas, sistemas de seguridad, horarios de eventos importantes, etc.
b) Evaluación de Objetivos: La vigilancia es a menudo el primer paso en la planificación de un ataque terrorista. Los terroristas evalúan la vulnerabilidad, las defensas y las consecuencias potenciales de atacar un objetivo específico.
c) Planificación de Ataques: La información obtenida a través del espionaje o la vigilancia puede utilizarse para desarrollar planes de ataque, incluyendo la identificación de métodos de ataque, rutas de escape, y la preparación de dispositivos explosivos o armas.

En términos de conducta, el espionaje o la vigilancia terrorista se caracteriza por acciones como:

a) Reconocimiento: Visitar y observar posibles objetivos para evaluar sus vulnerabilidades, medidas de seguridad, y la mejor manera de llevar a cabo un ataque. Esto puede incluir el mapeo de rutas de acceso, ubicaciones de cámaras de seguridad, y puntos de entrada y salida.

b) Interceptación de Comunicaciones: Usar tecnología para interceptar, escuchar o grabar comunicaciones privadas o gubernamentales, incluyendo teléfonos, emails y otras formas de correspondencia.

c) Infiltración: Introducirse en organizaciones, empresas o grupos para obtener información desde adentro. Esto puede incluir el reclutamiento de simpatizantes o agentes internos que provean información confidencial.

d) Uso de Tecnología: Emplear tecnologías avanzadas, incluyendo drones, software de espionaje, y Ciber herramientas para recopilar información sin ser detectado.

e) Adquisición de Planos y Documentos: Obtener ilegalmente planos, diagramas o documentos que revelen detalles críticos de posibles objetivos.

f) Vigilancia Electrónica: Hacer uso de cámaras, dispositivos de grabación y otros medios electrónicos para vigilar a personas, lugares o procesos.

g) Pruebas de Seguridad: Los terroristas pueden probar las respuestas de seguridad de un objetivo potencial, como la policía o los servicios de emergencia, para evaluar la efectividad de sus tácticas y protocolos.

Estas actividades son consideradas parte de las etapas preparatorias de un acto de terrorismo y están diseñadas para maximizar la efectividad de un ataque planeado.

En muchos países, tales actos de espionaje o vigilancia relacionados con el terrorismo son delitos graves, independientemente de si un ataque se lleva a cabo o no.

Las leyes antiterroristas a menudo criminalizan estas conductas en un esfuerzo por prevenir ataques antes de que ocurran.

Además, las agencias de inteligencia y las fuerzas del orden utilizan una variedad de herramientas y tácticas para detectar y prevenir la vigilancia terrorista, lo que puede incluir la contra vigilancia, el análisis de comunicaciones y la monitorización de las compras de ciertos equipos o sustancias químicas.

La vigilancia en el contexto del terrorismo no solo pone en riesgo la seguridad nacional y pública, sino que también plantea desafíos legales y éticos significativos, en particular en lo que respecta a la privacidad y las libertades civiles.

Detectar y prevenir estas actividades sin infringir derechos fundamentales es un desafío constante para las sociedades democráticas.

RECLUTAMIENTO

El reclutamiento en el delito de terrorismo se refiere al proceso mediante el cual los grupos terroristas atraen, persuaden o coaccionan a individuos para unirse a sus filas y participar en actividades terroristas.

Este proceso es fundamental para la continuidad y expansión de los grupos terroristas, ya que les permite mantener y aumentar su capacidad operativa.

El reclutamiento para actividades terroristas puede tomar diversas formas:

a) Persuasión Ideológica: Utilizar ideologías radicales o extremistas para convencer a los individuos de la justificación y necesidad de actos terroristas.

b) Propaganda y Medios Sociales: Emplear materiales de propaganda y plataformas de redes sociales para difundir ideología, captar la atención y reclutar miembros.

c) Coerción y Manipulación: En algunos casos, se puede ejercer presión, amenazas o manipulación para forzar a individuos a unirse o participar en actividades terroristas.

d) Ofrecimiento de Incentivos: Ofrecer incentivos financieros, promesas de estatus o recompensas espirituales.

e) Explotación de Vulnerabilidades: Aprovechar situaciones de descontento social, marginalización, desempleo o crisis personales para reclutar individuos vulnerables.

f) Formación y Adoctrinamiento: Proporcionar entrenamiento militar, táctico o ideológico a los reclutas para prepararlos para actividades terroristas.

g) Uso de Internet y Redes Sociales: En la era moderna, muchos grupos terroristas utilizan plataformas digitales para difundir propaganda y reclutar a nuevos miembros, aprovechando el anonimato y el alcance global.

h) Presión Comunitaria o Familiar: En algunas regiones o contextos, el reclutamiento puede ser impulsado por presiones sociales o familiares.

El reclutamiento terrorista es un fenómeno global y puede ocurrir tanto en zonas de conflicto como en países estables.

Las estrategias para prevenir y combatir el reclutamiento terrorista incluyen la vigilancia y monitorización de actividades sospechosas, programas de desradicalización, esfuerzos educativos y de concientización, así como la cooperación internacional para compartir información y estrategias efectivas.

SABOTAJE

El sabotaje en el contexto del delito de terrorismo se refiere a la destrucción intencionada, daño o alteración de algo, típicamente infraestructura crítica, con el objetivo de causar disrupción, miedo y daño al objetivo de la acción terrorista.

La conducta de sabotaje está diseñada para socavar la seguridad, la economía o la funcionalidad de una sociedad o de sus instituciones, sin necesariamente involucrar un alto número de víctimas como en otros tipos de ataques terroristas.

Las conductas que representan el sabotaje en el terrorismo pueden incluir:

a) Destrucción de Infraestructuras Críticas: Atacar físicamente instalaciones que son esenciales para el funcionamiento de la sociedad, como plantas de energía, redes de agua, sistemas de transporte, puentes y túneles, con el fin de causar interrupciones generalizadas y pánico.

b) Interferencia con Servicios Públicos: Interrumpir servicios esenciales como la electricidad, el suministro de agua, las telecomunicaciones, y los servicios de emergencia.

c) Daño a la Economía: Atacar el sector económico, por ejemplo, mediante la destrucción de centros de comercio, ataques al mercado de valores o infraestructuras de transporte clave (puertos, aeropuertos, vías férreas), para desestabilizar la economía de un país.

d) Ataques a Instalaciones Militares o de Seguridad: Inutilizar o destruir bases militares, vehículos, equipos o sistemas de comunicación para debilitar la capacidad defensiva de un país.

e) Ciberataques: Aunque no siempre implica daño físico, el sabotaje puede tomar la forma de ataques cibernéticos dirigidos contra sistemas informáticos críticos para causar interrupciones o robo de información sensible.

f) Difusión de Información Falsa: Difundir desinformación para confundir y desorientar a las autoridades o la población, lo que puede ser una forma de sabotaje psicológico.

g) Contaminación Ambiental: Liberación intencional de sustancias tóxicas en el medio ambiente, con el fin de causar daño a largo plazo a la población y los recursos naturales.

h) Desmoralización de la Población o Fuerzas Armadas: Acciones que buscan disminuir la moral de la población civil o de las fuerzas militares, como la destrucción de monumentos o lugares de gran significado cultural o histórico.

El sabotaje como táctica terrorista es especialmente pernicioso porque no siempre requiere el uso de armas convencionales o violencia directa contra individuos.

Puede ser ejecutado por individuos o grupos pequeños y aun así tener un efecto desproporcionadamente grande en la sociedad.

En términos legales, el sabotaje llevado a cabo con intenciones terroristas se castiga severamente bajo leyes antiterroristas y puede resultar en largas sentencias de cárcel, incluyendo cadena perpetua.

Las acciones de sabotaje pueden ser juzgadas no solo por los daños causados sino también por las intenciones y los efectos psicológicos o desestabilizadores pretendidos.

Los gobiernos y las agencias de seguridad suelen trabajar para fortalecer la resiliencia de las infraestructuras críticas y los sistemas clave contra el sabotaje, incluyendo la evaluación y gestión de riesgos, así como la implementación de medidas de seguridad física y cibernética para prevenir tales ataques.

SECUESTRO Y TOMA DE REHENES

El secuestro y la toma de rehenes en el contexto del terrorismo son tácticas violentas que implican capturar y retener a una o más personas contra su voluntad.

Estos actos suelen ser perpetrados por individuos o grupos terroristas con el fin de alcanzar objetivos políticos, religiosos o ideológicos.

A continuación, se explican los significados y las conductas asociadas con estas acciones:

Secuestro

a) Significado: El secuestro implica la captura ilegal y retención de una persona o personas. En el contexto del terrorismo, los secuestros suelen tener un propósito político o ideológico.

b) Conductas Asociadas:

   - Planificación y Ejecución: Los terroristas planifican meticulosamente el secuestro, eligiendo objetivos y ubicaciones. Esto puede incluir vigilancia y recolección de inteligencia sobre el objetivo.
   - Captura Forzosa: La víctima es capturada por la fuerza y trasladada a un lugar desconocido o controlado por los secuestradores.
   - Demanda de Rescate o Concesiones: Los secuestradores pueden exigir dinero, la liberación de prisioneros, cambios políticos o la difusión de su ideología a cambio de la liberación del rehén.
   - Amenazas o Violencia: Puede haber amenazas de daño o muerte hacia el rehén para presionar a las autoridades o a terceros.

Toma de Rehenes

a) Significado: La toma de rehenes implica retener a un grupo de personas en un lugar específico, como un edificio o un avión. A menudo, esto se hace en un lugar público para atraer la atención mediática y ejercer presión sobre el gobierno o una organización.

b) Conductas Asociadas:

- Ocupación de un Lugar: Los terroristas toman control de un lugar, como una escuela, un avión o una embajada, y retienen a las personas presentes como rehenes.
- Negociación y Publicidad: La situación de toma de rehenes suele recibir mucha atención mediática. Los terroristas pueden negociar con las autoridades y utilizar los medios para difundir su mensaje.
- Violencia y Amenazas: La amenaza de violencia contra los rehenes es constante. En algunos casos, pueden ocurrir ejecuciones o actos de violencia para ejercer mayor presión.
- Resolución: Puede ser pacífica, a través de negociaciones, o violenta, mediante un asalto de las fuerzas de seguridad.

c) Propósitos y Efectos

- Propaganda: Estos actos buscan atraer la atención sobre la causa del grupo terrorista.
- Coacción Política: Pretenden forzar a gobiernos o entidades a realizar cambios políticos o cumplir con demandas específicas.
- Intimidación y Miedo: Buscan generar miedo y desestabilizar a la sociedad o al gobierno.

d) Consecuencias

- Trauma para las Víctimas: Los rehenes sufren un impacto psicológico significativo.
- Respuesta de Seguridad: A menudo resulta en una respuesta fuerte de las fuerzas de seguridad y cambios en las políticas antiterroristas.
- Impacto Político y Social: Puede alterar la política interna y las relaciones internacionales.

Es importante destacar que el secuestro y la toma de rehenes son crímenes graves bajo el derecho internacional y son universalmente condenados.

La lucha contra el terrorismo implica esfuerzos tanto para prevenir estos actos como para responder de manera efectiva cuando ocurren, siempre buscando minimizar el daño a los rehenes y llevar a los responsables ante la justicia.

USO DE SUSTANCIAS QUÍMICAS

El uso de sustancias químicas, biológicas o radiológicas en el contexto del terrorismo se refiere a la utilización de estas sustancias tóxicas o agentes peligrosos para crear armas de destrucción masiva con el propósito de causar enfermedad, muerte, pánico y desestabilización a gran escala.

Este tipo de terrorismo es conocido como terrorismo CBRN (Químico, Biológico, Radiológico y Nuclear.

Las conductas que representan el uso de estas sustancias en el delito de terrorismo pueden incluir:

a) Ataques Químicos: La liberación intencionada de gases tóxicos, líquidos o compuestos sólidos que pueden causar daño físico inmediato, enfermedades a largo plazo o la muerte. Ejemplos incluyen el uso de gas sarín o gas mostaza.
b) Ataques Biológicos: La diseminación de bacterias, virus u otros agentes patógenos con el fin de causar enfermedades o epidemias. Por ejemplo, la dispersión de ántrax o la amenaza de utilizar patógenos como la viruela.
c) Ataques Radiológicos: El uso de material radiactivo para contaminar personas, áreas, o recursos con radiación ionizante. Esto puede incluir lo que comúnmente se conoce como una "bomba sucia", donde material radiactivo es dispersado mediante una explosión convencional.
d) Amenazas Nucleares: Aunque es menos común debido a la dificultad de obtener material fisible, implica la creación o amenaza de detonar un arma nuclear.

Estos actos de terrorismo son particularmente alarmantes debido a las siguientes razones:

- Alto Potencial de Víctimas: Estos ataques pueden causar un gran número de muertes y lesiones.
- Difícil de Detectar: Los agentes químicos y biológicos pueden ser liberados de forma discreta y sus efectos pueden no ser inmediatamente evidentes.
- Efectos Prolongados: La contaminación de áreas y recursos puede tener efectos a largo plazo, haciendo que las zonas sean inhabitables y afectando a la economía y al medio ambiente.
- Pánico y Terror: El miedo a lo desconocido y a los efectos invisibles de estas sustancias puede causar pánico y terror a gran escala.
- Complejidad de la Respuesta: La respuesta a un ataque CBRN requiere especialización y equipos que muchas veces superan los recursos de respuesta inmediata locales.

Legalmente, el uso (o incluso la posesión con intención de usar) de armas químicas, biológicas o radiológicas para fines terroristas es un delito grave en prácticamente todas las jurisdicciones.

Estos actos son perseguidos de forma muy activa por las agencias de seguridad nacional e internacional y están sujetos a las sanciones más severas, incluyendo penas de prisión de por vida o la pena de muerte en ciertas jurisdicciones.

Internacionalmente, hay tratados específicos como la Convención sobre las Armas Químicas y la Convención sobre las Armas Biológicas que prohíben el desarrollo, producción y almacenamiento de dichas armas, y que establecen un marco para su eliminación.

La comunidad internacional, a través de organismos como la ONU y la Organización para la Prohibición de las Armas Químicas (OPAQ), trabaja para prevenir la proliferación de estas armas y para responder a cualquier uso de ellas como un acto de terrorismo.

USO INDEBIDO DE TECNOLOGÍAS DE LA INFORMACIÓN

El uso indebido de tecnologías de la información en el contexto del delito de terrorismo se refiere a diversas actividades que implican la explotación de sistemas informáticos, redes de comunicación, y otras tecnologías digitales para facilitar, planificar, apoyar o ejecutar actos de terrorismo.

Debido al papel central que juegan las tecnologías de la información en la sociedad moderna, su mal uso por parte de terroristas representa un área de especial preocupación para la seguridad nacional e internacional.

Este mal uso puede incluir, pero no está limitado a, las siguientes conductas:

a) Ciberterrorismo: Ataques contra redes informáticas, infraestructuras críticas o datos importantes con la intención de causar daño o sembrar el pánico, interrumpir servicios o forzar demandas políticas.

b) Propaganda y Reclutamiento: Uso de internet y plataformas de redes sociales para difundir propaganda extremista, reclutar miembros, fomentar el radicalismo, o incitar a la violencia.

c) Financiamiento del Terrorismo: Realización de transacciones financieras electrónicas para financiar actividades terroristas, incluyendo el uso de criptomonedas y plataformas de pago en línea para ocultar el origen y el destino de los fondos.

d) Comunicación Encubierta: Utilización de tecnologías de cifrado y otras técnicas de comunicación segura para planificar y coordinar actividades terroristas sin ser detectados por las autoridades.

e) Recolección de Información: Hackeo o uso indebido de bases de datos y sistemas para recopilar información sensible sobre objetivos potenciales o para realizar actos de espionaje.

f) Difusión de Material Instructivo: Distribución de manuales o guías sobre cómo realizar actos de terrorismo, incluyendo la fabricación de explosivos, tácticas de guerrilla, o métodos para eludir la detección por parte de las fuerzas de seguridad.

g) Ataques de Desinformación: Creación y propagación de desinformación para sembrar discordia, influir en la opinión pública o desestabilizar sociedades.

h) Uso de Drones y Otras Tecnologías Remotas: Operar drones o robótica de forma remota para realizar reconocimientos o incluso ataques.

El uso indebido de las tecnologías de la información para fines terroristas es particularmente insidioso debido a su alcance potencialmente global, la dificultad de rastrear ciertas actividades en línea, y la velocidad a la que la información puede ser compartida.

Las respuestas legales y policiales a tales amenazas incluyen leyes contra el ciberterrorismo, esfuerzos de ciberseguridad mejorados y cooperación internacional para combatir el uso indebido de tecnología por parte de los terroristas.

Las autoridades también trabajan con empresas privadas, incluidas las redes sociales y las plataformas en línea, para detectar y eliminar contenido terrorista y rastrear actividades sospechosas.

Además, se implementan leyes y regulaciones que exigen a los proveedores de servicios de tecnología de la información mantener ciertos estándares de seguridad y reportar actividades potencialmente terroristas.

El uso indebido de tecnologías de la información en el delito de terrorismo representa una variedad de comportamientos que utilizan herramientas digitales y en línea para apoyar actividades terroristas, y es objeto de intensa vigilancia y represión por parte de las agencias de seguridad de todo el mundo.

FINANCIACIÓN DEL TERRORISMO

La financiación del terrorismo se refiere a la provisión o recolección de fondos con la intención de que sean utilizados para llevar a cabo actos de terrorismo.

Es un aspecto crucial en el funcionamiento de las organizaciones terroristas, ya que, sin recursos financieros, les sería mucho más difícil planificar, preparar y ejecutar actos terroristas.

La financiación del terrorismo puede incluir diversas actividades, tales como:

a) Donaciones de Individuos o Grupos Simpatizantes: Algunas organizaciones terroristas reciben apoyo financiero de individuos o grupos que comparten sus ideologías u objetivos.

b) Actividades Criminales: Muchas organizaciones terroristas participan en actividades ilícitas como el tráfico de drogas, la extorsión, el secuestro para pedir rescates, el contrabando de armas, y otros tipos de crimen organizado para financiar sus operaciones.

c) Financiamiento Estatal: En algunos casos, gobiernos de ciertos países han sido acusados de proporcionar apoyo financiero a grupos terroristas como herramienta de política exterior o guerra por poderes.

d) Empresas y Negocios Falsos o Ilegítimos: La creación de empresas que sirven como fachada para lavar dinero o generar ingresos para actividades terroristas.

e) Recaudación de Fondos en Línea: Uso de plataformas de internet y redes sociales para solicitar donaciones o recaudar fondos a través de fraudes y otras tácticas.

f) Transferencias Bancarias y Remesas: Movimientos de dinero a través de sistemas financieros formales e informales para financiar actividades terroristas.

e) Recaudación de Fondos en Línea y Criptomonedas: Con el avance 7 de la tecnología, algunos grupos terroristas han recurrido a plataformas en línea y criptomonedas para recaudar fondos de manera anónima y difícil de rastrear.

Para combatir la financiación del terrorismo, muchos países han implementado estrictas leyes y regulaciones.

Estas incluyen medidas para monitorear y prevenir transacciones sospechosas, sanciones financieras contra individuos y entidades asociadas con el terrorismo, y cooperación internacional para rastrear y detener el flujo de fondos hacia organizaciones terroristas.

La lucha contra la financiación del terrorismo es un componente crucial en los esfuerzos globales para prevenir y combatir el terrorismo.

POSESIÓN DE MATERIALES

La posesión de materiales en el contexto del delito de terrorismo generalmente se refiere a tener en propiedad o control objetos que son indicativos de la preparación o la intención de cometer actos terroristas.

Estos materiales pueden incluir, pero no se limitan a:

a) Explosivos: Sustancias o dispositivos destinados a causar daños o destrucción a gran escala.

b) Armas: Incluyendo armas de fuego, armas biológicas, químicas o nucleares.

c) Literatura o materiales de propaganda: Manuales de entrenamiento, libros, folletos, o contenido digital que promueva la realización de actos terroristas o la ideología que subyace a estos actos.

d) Comunicaciones: Equipamiento o software especializado para comunicaciones seguras, encriptación, o transmisión de mensajes destinados a coordinar o planear ataques.

e) Sustancias químicas o biológicas: Materiales que podrían ser utilizados para crear armas biológicas o químicas.

f) Componentes para la fabricación de bombas o explosivos: Esto puede incluir temporizadores, detonadores, cables y otros elementos que son comunes en la construcción de dispositivos explosivos improvisados.

g) Fondos: Dinero o activos financieros que podrían ser utilizados para financiar actividades terroristas.

h) Información y Tecnología: La posesión de manuales, planos o programas informáticos que puedan ser usados para perpetrar un ataque terrorista.

La legislación antiterrorista de muchos países suele establecer lo siguiente respecto a la posesión de materiales para actos de terrorismo:

a) Intención: La posesión de materiales debe estar vinculada a la intención de cometer actos terroristas. Esto significa que el individuo tiene planes o la intención de usar los materiales de manera que causen terror, intimidación o coacción.

b) Tipos de Materiales: Los materiales pueden incluir, pero no se limitan a, sustancias químicas, biológicas, radiológicas, explosivos, armamento, documentación falsificada, manuales de entrenamiento para la ejecución de actos de violencia, entre otros.

c) Conocimiento y Control: La persona debe tener conocimiento de la presencia de estos materiales y ejercer control sobre ellos. Esto significa que no es suficiente encontrar materiales en la propiedad de alguien; las autoridades deben demostrar que la persona sabía de su existencia y tenía la capacidad de ejercer poder sobre ellos.

d) Prohibición y Penalización: Las leyes establecen claramente que la posesión de estos materiales está prohibida y es sancionable, independientemente de si se lleva a cabo un acto terrorista.

e) Medidas Preventivas: La penalización de la posesión de estos materiales también actúa como una medida preventiva, buscando desincentivar la acumulación y almacenamiento de materiales peligrosos que podrían ser usados en ataques terroristas.

La conducta de poseer estos materiales se considera, en muchas jurisdicciones, como un acto preparatorio de terrorismo y puede ser punible por sí mismo, independientemente de si se ha llevado a cabo un ataque terrorista.

La lógica detrás de la penalización de la posesión de estos materiales es prevenir ataques terroristas antes de que ocurran.

En muchos países, la legislación antiterrorista permite a las autoridades actuar contra individuos que tienen en su posesión materiales que podrían ser usados en la comisión de actos terroristas.

Estas leyes buscan detener las actividades terroristas en etapas tempranas, para evitar daños a la sociedad.

Es importante mencionar que la posesión de estos materiales debe ser considerada en contexto.

Por ejemplo, un químico podría tener sustancias que podrían ser utilizadas en la fabricación de una bomba pero que también tienen usos legítimos y cotidianos en su campo de trabajo.

Por lo tanto, para que la posesión de materiales constituya un delito relacionado con el terrorismo, a menudo debe estar acompañada de evidencia de intención de utilizar estos materiales con fines terroristas.

PROPAGANDA Y ENALTECIMIENTO DEL TERRORISMO

La propaganda y el enaltecimiento del terrorismo se refieren a las actividades destinadas a difundir mensajes que justifican, glorifican o promueven actos terroristas.

Esta clase de conducta está diseñada para influir en la audiencia y a menudo busca reclutar simpatizantes, incitar a la comisión de actos terroristas, o simplemente sembrar miedo y división en la sociedad.

El enaltecimiento del terrorismo es un delito en muchas jurisdicciones porque puede fomentar la violencia y proporcionar apoyo moral a los terroristas.

Las conductas asociadas con la propaganda y el enaltecimiento del terrorismo incluyen:

a) Difusión de Material Propagandístico: Creación y distribución de videos, escritos, imágenes o discursos que glorifican actos de terrorismo, justifican objetivos ideológicos o incitan a la violencia.

b) Uso de Redes Sociales y Plataformas en Línea: Empleo de Internet y las redes sociales para compartir contenido que enaltece la figura de terroristas o justifica sus acciones.

c) Provocación Directa: Llamados explícitos a la acción, pidiendo a los simpatizantes que cometan actos de terrorismo.

d) Glorificación de Atentados Pasados: Celebración de atentados terroristas anteriores, a menudo en aniversarios de dichos eventos, para inspirar a futuros atacantes.

e) Justificación Ideológica: Propagación de narrativas que presentan el terrorismo como una respuesta legítima o necesaria a supuestas injusticias políticas, religiosas o sociales.

f) Adoctrinamiento y Reclutamiento: Utilización de material propagandístico para adoctrinar y reclutar a nuevos miembros, particularmente jóvenes vulnerables.

g) Instrucción sobre Tácticas Terroristas: Distribución de manuales o guías sobre cómo llevar a cabo ataques terroristas.

h) Financiamiento y Apoyo Logístico: Realizar campañas para recaudar fondos bajo el pretexto de causas legítimas, pero que en realidad son destinados a apoyar actividades terroristas.

A nivel legal, la propaganda y el enaltecimiento del terrorismo suelen estar criminalizados porque facilitan la perpetuación del ciclo de violencia y radicalización.

Las penas por estas conductas pueden variar significativamente, pero a menudo incluyen largas sentencias de prisión.

La legislación antiterrorista de varios países incluye medidas para prevenir y castigar la difusión de este tipo de material, y las plataformas en línea trabajan regularmente en colaboración con las autoridades para identificar y eliminar contenido relacionado con el terrorismo.

La lucha contra la propaganda terrorista también implica esfuerzos de contra narrativa, buscando desacreditar los mensajes terroristas y promover relatos alternativos que fortalezcan los valores democráticos y desincentiven la radicalización.

RADICALIZACIÓN

La radicalización en el contexto del terrorismo se refiere al proceso por el cual una persona o grupo adopta una ideología política, social o religiosa extrema que justifica o conduce a actos de terrorismo.

No es un acto instantáneo, sino un proceso gradual en el que las creencias de una persona se vuelven cada vez más extremas hasta llegar a justificar el uso de la violencia para alcanzar ciertos objetivos ideológicos o políticos.

Las conductas que representan la radicalización pueden incluir:

a) Aislamiento: Distanciarse de amigos y familiares que no comparten las mismas creencias extremistas y pasar más tiempo con personas que tienen puntos de vista radicales.

b) Cambio en Creencias y Comportamientos: Adoptar nuevas creencias que están en consonancia con grupos extremistas y modificar comportamientos para reflejar esas creencias (por ejemplo, cambios en la vestimenta, hábitos y rutinas diarias).

c) Consumo de Propaganda Extremista: Buscar activamente y consumir material que promueva ideologías extremistas, ya sea a través de literatura, internet, redes sociales o dentro de comunidades específicas.

d) Participación en Foros Extremistas: Involucrarse en foros en línea o reuniones que promuevan el discurso de odio o la justificación de actos terroristas.

e) Expresión de Opiniones Extremistas: Hacer declaraciones públicas, ya sea en persona o en línea, que revelen una adopción de creencias extremistas o simpatía por causas radicales.

f) Entrenamiento y Preparación para Actos de Terrorismo: Participar en entrenamientos físicos, aprender a manejar armas o fabricar explosivos, y planificar actos de violencia.

g) Reclutamiento o Incitación: Animar a otros a adoptar ideologías extremistas o a participar en actos de violencia.

Legalmente, la radicalización en sí misma no siempre es un delito, a menos que involucre actividades ilegales como la incitación a la violencia, el reclutamiento para actividades terroristas o la preparación de actos terroristas.

La libertad de pensamiento y expresión son protegidas en muchas jurisdicciones, y solo cuando las acciones relacionadas con la radicalización cruzan el umbral hacia la actividad criminal, se convierten en foco de la ley.

Las estrategias para prevenir y combatir la radicalización incluyen:

- Educación y Contra radicalización: Programas destinados a educar a las personas sobre los peligros del extremismo y promover el pensamiento crítico.
- Intervención Temprana: Identificar a individuos en riesgo de radicalización y proporcionar apoyo a través de servicios sociales, psicológicos o de mentoría.

- Colaboración Comunitaria: Trabajar con líderes comunitarios y grupos religiosos para identificar y abordar las causas subyacentes de la radicalización.
- Policía y Vigilancia: Monitorear actividades sospechosas y actuar cuando las personas comienzan a realizar preparativos para cometer actos de terrorismo.
- Legislación y Políticas Públicas: Desarrollar leyes y políticas que ayuden a prevenir la radicalización y permitan la persecución de quienes apoyan o preparan actos de terrorismo.

Las autoridades y las organizaciones encargadas de la aplicación de la ley a menudo monitorizan y evalúan las conductas de radicalización como parte de sus esfuerzos para prevenir actos terroristas.

Se pueden utilizar estrategias de intervención temprana, incluidos programas de desradicalización y el apoyo de la comunidad, para evitar que individuos radicalizados avancen hacia la violencia.

Dado que la radicalización no es un delito per se, sino más bien un estado psicológico o un proceso, el enfoque legal se centra en actos concretos o intentos de actos que pueden surgir como resultado de la radicalización, como la planificación de actos terroristas, la financiación del terrorismo o la incitación a la violencia

ATAQUES ARMADOS

Los ataques armados en el contexto del delito de terrorismo se refieren al uso de armas de fuego, armas blancas o cualquier otro tipo de arma para llevar a cabo actos violentos con la intención de causar daño, miedo o coerción por razones ideológicas, políticas o religiosas.

Este tipo de terrorismo implica agresiones directas contra personas, grupos, comunidades o bienes materiales y es una de las formas más inmediatas y personales de actividad terrorista.

Los ataques armados terroristas pueden incluir, pero no se limitan a, las siguientes conductas:

a) Tiroteos Masivos: Ataques donde los perpetradores utilizan armas de fuego para disparar indiscriminadamente contra civiles o grupos específicos en lugares públicos o privados.

b) Asesinatos Selectivos: El uso de armas de fuego o armas blancas para matar a personas específicas, como figuras políticas, líderes religiosos o civiles, con el objetivo de enviar un mensaje político o sembrar el miedo.

c) Emboscadas: Ataques sorpresa contra fuerzas de seguridad, militares o individuos específicos, a menudo utilizando armas de fuego y tácticas de guerrilla.

d) Secuestros Armados: El uso de armas para tomar rehenes con el fin de exigir rescates o la satisfacción de demandas políticas.

e) Asaltos a Instalaciones: Ataques planificados contra instalaciones militares, policiales o de infraestructura crítica con el objetivo de causar destrucción y desestabilización.

f) Guerra de Guerrillas o Insurgencia: La participación en conflictos armados con el uso de tácticas de guerra no convencionales, a menudo por grupos no estatales que buscan desafiar el control gubernamental o cambiar su estructura política.

g) Agresiones con Armas Blancas: Ataques donde los perpetradores utilizan cuchillos, machetes u otras armas cortantes para infligir daño.

Estas acciones terroristas armadas son llevadas a cabo con diversos objetivos, como:

- Sembrar el Terror: Buscar generar un estado de miedo en la población en general o en un grupo específico.
- Presionar Gobiernos o Sociedades: Forzar a las autoridades a tomar decisiones bajo presión, como la retirada de tropas, cambio en políticas, etc.
- Desestabilizar: Procurar la desestabilización de un gobierno o sociedad para propiciar un cambio de poder o de estructura política.
- Simbolismo: Llevar a cabo ataques en fechas o lugares simbólicos para magnificar el impacto psicológico del ataque.
- Respuesta Asimétrica: Como respuesta a lo que perciben como una agresión u ocupación injusta por parte de un poder superior.

El propósito de estos ataques es, típicamente, causar el máximo daño y obtener una amplia cobertura mediática para difundir el mensaje terrorista, intimidar a la sociedad, y/o influir en las decisiones políticas.

Pueden ser actos aislados llevados a cabo por "lobos solitarios" o parte de una campaña organizada por grupos terroristas.

En términos legales, los ataques armados son un delito grave y, dependiendo de la legislación de cada país, pueden ser castigados con la máxima severidad, incluyendo la cadena perpetua o la pena de muerte en jurisdicciones donde está permitida.

Las leyes antiterroristas suelen otorgar a las autoridades poderes especiales para prevenir estos ataques, incluida la vigilancia, la detención preventiva y el juicio de sospechosos de terrorismo.

La lucha contra los ataques armados terroristas incluye no solo la persecución de los perpetradores, sino también esfuerzos para prevenir la radicalización, interrumpir los flujos de armas a los terroristas y bloquear las fuentes de financiamiento.

Además, la cooperación internacional es clave para el seguimiento de las redes terroristas transfronterizas que pueden estar involucradas en la planificación y ejecución de estos ataques.

ATAQUES SUICIDAS

Los ataques suicidas en el contexto del delito de terrorismo son actos en los cuales el perpetrador lleva a cabo una misión violenta con la plena expectativa de perder su vida en el proceso.

Estos ataques suelen ser perpetrados mediante el uso de explosivos que el atacante lleva consigo o tiene instalados en un vehículo, y son detonados en proximidades de un objetivo específico, causando daño a ese objetivo y a cualquier persona o cosa que esté alrededor.

La conducta que representa los ataques suicidas en el terrorismo incluye:

a) Ataques con Cinturones o Chalecos Bomba: Donde el perpetrador lleva un dispositivo explosivo adherido al cuerpo y se infiltra en un área poblada o en un objetivo de valor estratégico o simbólico para detonarlo.

b) Vehículos Cargados con Explosivos: En estos casos, el atacante conduce un coche, camión, lancha u otro vehículo cargado con explosivos hasta un objetivo antes de detonarlo. Estos objetivos pueden ser instalaciones militares, edificios gubernamentales, centros de reunión pública, entre otros.

c) Ataques Aéreos Suicidas: Como en el caso de los ataques del 11 de septiembre de 2001, cuando los terroristas tomaron control de aviones comerciales y los estrellaron contra objetivos como el World Trade Center y el Pentágono.

d) Misiones de Martirio en Combate: En algunos conflictos, los combatientes pueden emprender misiones que saben que serán fatales para infligir daño al enemigo, aunque no siempre llevan explosivos.

e) Embarcaciones Suicidas: Ataques similares a los de vehículos, pero utilizando pequeñas embarcaciones contra barcos o infraestructuras en o cerca del agua.

f) Drones o UAVs Suicidas: Uso de drones o vehículos aéreos no tripulados cargados de explosivos que son dirigidos hacia un objetivo.

Los ataques suicidas son particularmente efectivos para los objetivos terroristas debido a su impacto psicológico.

Estos ataques pueden causar miedo y horror significativos, ya que muestran que los atacantes están dispuestos a sacrificar sus vidas para causar daño, lo que puede ser un factor desmoralizador para la población o las fuerzas de seguridad que los enfrentan.

Legalmente, cualquier participación en la planificación, facilitación o ejecución de un ataque suicida es un delito grave bajo las leyes antiterroristas en la mayoría de los países.

Dada la naturaleza de estos ataques, la prevención y la interrupción de los planes antes de que puedan ser llevados a cabo son aspectos críticos del trabajo de las agencias de seguridad y de inteligencia.

Esto incluye esfuerzos para identificar y monitorear a individuos radicalizados, interrumpir las redes de financiamiento y apoyo logístico, y utilizar tecnología y vigilancia para detectar amenazas potenciales.

VIAJES RELACIONADOS CON EL TERRORISMO

Los viajes relacionados con el terrorismo en el contexto del delito de terrorismo se refieren a los desplazamientos de personas de un país a otro con el propósito de participar en actividades terroristas.

Estos viajes pueden tener diferentes fines, como recibir entrenamiento, planificar o llevar a cabo ataques terroristas, o establecer redes con otros grupos terroristas.

A continuación, se detalla el significado y las conductas asociadas con los viajes relacionados con el terrorismo:

Significado:

a) Desplazamiento con Fines Terroristas: Incluye el movimiento de individuos o grupos a través de fronteras internacionales con la intención de apoyar o realizar actividades terroristas.

b) Conexión Transnacional: Destaca el carácter internacional del terrorismo moderno, donde los grupos e individuos pueden tener redes y operaciones en múltiples países.

Conductas Asociadas:

a) Viajes para Entrenamiento: Individuos que se trasladan a países o regiones donde existen campamentos o centros de entrenamiento terroristas para recibir instrucción en tácticas de combate, manejo de armas, fabricación de explosivos, etc.

b) Participación en Conflictos Extranjeros: Viajes a zonas de conflicto para unirse a grupos terroristas o milicias en lucha, como ha sido el caso en Siria, Irak, Afganistán, entre otros.

c) Planificación y Ejecución de Ataques: Traslado a un país específico con el fin de planificar y ejecutar un ataque terrorista en ese lugar.

d) Establecimiento de Redes: Viajes para establecer o fortalecer vínculos con otros grupos terroristas, obtener financiamiento o coordinar actividades.

e) Fuga y Evasión: Desplazamientos para evadir la captura por parte de las autoridades, buscando refugio en países con menos capacidad de vigilancia o persecución.

Propósitos y Efectos:

- Expansión de Redes Terroristas: Facilita la formación de redes transnacionales de terrorismo.
- Intercambio de Conocimientos y Recursos: Permite la transferencia de habilidades, tácticas y recursos entre grupos terroristas.
- Incremento del Alcance del Terrorismo: Amplía la capacidad de los grupos terroristas para llevar a cabo ataques en diferentes partes del mundo.
- Globalización del Terrorismo: Contribuye a la naturaleza global del terrorismo contemporáneo.

Consecuencias:

- Aumento de la Amenaza de Seguridad: Los viajes transnacionales relacionados con el terrorismo representan un desafío significativo para la seguridad internacional.
- Medidas de Vigilancia y Control: Conduce a un aumento en las medidas de seguridad en fronteras, aeropuertos y otros puntos de entrada, así como en la vigilancia de las rutas de viaje.
- Legislación y Cooperación Internacional: Ha impulsado la creación de leyes para criminalizar los viajes relacionados con el terrorismo y ha fomentado la cooperación internacional en materia de inteligencia y seguridad.

Los esfuerzos para contrarrestar los viajes relacionados con el terrorismo incluyen una combinación de medidas de vigilancia, controles fronterizos más estrictos, intercambio de información de inteligencia entre países, y legislación que penaliza estos viajes cuando están vinculados a actividades terroristas.

También es crucial abordar las causas subyacentes que motivan a las personas a participar en el terrorismo y realizar estos viajes, como la radicalización, la exclusión social y las crisis políticas o humanitarias.

POSEER O TRANSFERIR ARMAS O MATERIALES RELACIONADOS

Poseer o transferir armas o materiales relacionados en el contexto del delito de terrorismo se refiere a la adquisición, almacenamiento, transporte y distribución de armamentos, explosivos, sustancias químicas, biológicas, radiológicas o nucleares y otros equipos que puedan ser utilizados para cometer actos terroristas.

Las conductas relacionadas con esta actividad ilícita pueden incluir:

a) Adquisición Ilegal de Armas: Comprar o robar armas de fuego, munición, explosivos u otros dispositivos destructivos de forma ilegal.

b) Almacenamiento: Guardar armas o materiales relacionados en lugares secretos o seguros para su uso en futuras acciones terroristas.

c) Transporte: Mover armas o materiales de un lugar a otro, incluyendo el cruce de fronteras internacionales, para facilitar actos de terrorismo.

d) Fabricación: Construir dispositivos explosivos, armas o sustancias tóxicas de manera clandestina.

e) Distribución: Proporcionar armas o materiales a miembros de organizaciones terroristas o a células activas.

f) Contrabando: Utilizar rutas y métodos de contrabando para evadir la detección y entregar armas a grupos terroristas.

g) Transferencia de Tecnología o Expertise: Compartir conocimientos técnicos o tecnologías que puedan ser usados para crear armas de destrucción masiva o mejorar la capacidad ofensiva de un grupo terrorista.

h) Uso de Intermediarios: Emplear a terceros para obtener o transferir armas y evitar la detección por parte de las autoridades.

i) Financiación: Proporcionar o recaudar fondos específicamente para la compra de armas o materiales relacionados con el terrorismo.

Estas actividades son consideradas muy graves dentro del marco legal de la mayoría de los países y a menudo son perseguidas con todo el rigor de la ley.

Además, existen acuerdos y tratados internacionales que prohíben la proliferación de armas de destrucción masiva y buscan controlar el comercio de armas convencionales, como el Tratado sobre el Comercio de Armas (TCA).

Las medidas de prevención y control incluyen la vigilancia de ventas y transferencias de armas, controles fronterizos estrictos, cooperación internacional entre agencias de inteligencia y aplicación de la ley, y regulaciones financieras destinadas a interceptar la financiación del terrorismo.

Los individuos capturados que participan en la posesión o transferencia de armas con fines terroristas pueden enfrentar cargos severos, incluyendo terrorismo, asociación ilícita para el terrorismo, y otros delitos conexos.

Las penas pueden incluir largas sentencias de prisión y, en algunos casos, pueden llegar hasta la cadena perpetua o la pena de muerte, dependiendo de la jurisdicción y la gravedad del caso.

TRÁFICO DE INFLUENCIAS

INTRODUCCIÓN

El delito de tráfico de influencias se refiere a la utilización indebida de influencias, reales o supuestas, para obtener un beneficio o ventaja para uno mismo o para un tercero, en detrimento de la imparcialidad y buen funcionamiento de las instituciones públicas.

Aunque la definición y las sanciones específicas pueden variar dependiendo de la legislación de cada país, las conductas típicamente asociadas al delito de tráfico de influencias incluyen:

a) Solicitar, recibir o aceptar un beneficio o promesa para influir en una decisión o actuación de un servidor público, aprovechando la posición o relación con otro servidor o con la institución en sí.

b) Ofrecer o conceder a otro, directa o indirectamente, un beneficio para que utilice su influencia real o supuesta con el fin de obtener una decisión o actuación de un servidor público.

c) Presumir o alegar tener influencia sobre servidores públicos con el propósito de obtener un beneficio o ventaja.

d) Utilizar de manera indebida la posición, empleo, cargo o comisión pública para obtener un beneficio o ventaja para uno mismo o para un tercero.

e) Favorecer indebidamente a una persona o empresa en detrimento de terceros, basado en compromisos, promesas o cualquier otro tipo de influencia indebida.

Las implicancias de cometer este delito incluyen:

a) Corrupción Institucional: Daña la confianza en las instituciones públicas y su buen funcionamiento.

b) Desigualdad: Genera una cultura donde las decisiones no se toman con base en el mérito o en el interés público, sino en función de relaciones personales o beneficios privados.

c) Pérdida de Confianza: Reduce la confianza ciudadana en el sistema y en sus representantes.

d) Efectos Económicos: Puede generar ineficiencias, favorecer el monopolio y reducir la competitividad.

e) Sanciones Legales: Dependiendo de la jurisdicción, las personas involucradas en el tráfico de influencias pueden enfrentar sanciones penales, administrativas o civiles, que van desde multas hasta penas de prisión.

f) Repercusión Social: Aquellos que participen en este tipo de delitos pueden enfrentar rechazo social, daño a su reputación y pérdida de oportunidades profesionales.

Para combatir el tráfico de influencias, es esencial promover la transparencia, la integridad y la responsabilidad en la toma de decisiones públicas y privadas, y asegurarse de que existan leyes y regulaciones sólidas para castigar a quienes cometan este delito.

Es importante tener en cuenta que las definiciones y sanciones específicas para el tráfico de influencias pueden variar según la jurisdicción legal, por lo que se recomienda revisar las leyes y regulaciones específicas de su país o región para obtener información detallada y actualizada.

LAVADO DE ACTIVOS

El lavado de activos, también conocido como lavado de dinero, es el proceso mediante el cual se busca dar apariencia de legalidad a activos obtenidos de manera ilícita.

Cuando hablamos de lavado de activos provenientes del tráfico de influencias, nos referimos a intentos de "limpiar" o "blanquear" recursos financieros o bienes que se derivan directa o indirectamente de actividades relacionadas con el tráfico de influencias.

El tráfico de influencias es un delito que implica el uso indebido de una posición o influencia, generalmente en el ámbito público, para obtener un beneficio, que puede ser económico o de otra naturaleza.

Cuando las ganancias de este delito se introducen en el sistema financiero o económico con el propósito de ocultar su origen ilícito, estamos ante un caso de lavado de activos.

Implicaciones de la conducta del lavado de activos provenientes del tráfico de influencias:

a) Doble Ilícito: No solo se está ante la comisión del delito de tráfico de influencias, sino también ante el delito de lavado de activos. Ambos delitos pueden ser sancionados de manera independiente.

b) Corrupción y erosión de la confianza: El lavado de dinero agrava aún más la percepción y realidades de corrupción en las instituciones, lo que contribuye a erosionar la confianza pública.

c) Impacto económico: El lavado de dinero puede distorsionar los mercados, ya que las decisiones de inversión no se basan en criterios económicos reales, sino en la necesidad de ocultar fondos ilícitos.

d) Desestabilización financiera: Las grandes cantidades de dinero ilícito pueden llevar a decisiones de inversión volátiles y potencialmente desestabilizar sistemas financieros.

e) Consecuencias legales: La mayoría de los países tienen leyes estrictas contra el lavado de dinero y cooperan internacionalmente para combatir este delito. Las sanciones pueden incluir multas significativas, decomiso de activos y penas de prisión.

f) Complejidad y sofisticación: El lavado de activos provenientes del tráfico de influencias a menudo implica una serie de transacciones complejas y sofisticadas para ocultar el origen ilícito de los fondos.

g) Impacto en la competencia: Las empresas que se benefician del lavado de dinero pueden tener una ventaja competitiva injusta sobre aquellas que operan legítimamente.

h) Efecto en la reputación: Las entidades o individuos vinculados al lavado de activos pueden enfrentar graves daños a su reputación, lo que puede tener consecuencias económicas y sociales a largo plazo.

i) Fortalecimiento del crimen organizado: Los beneficios del tráfico de influencias y el subsiguiente lavado de dinero pueden financiar y fortalecer otras actividades criminales.

La conducta del lavado de activos provenientes del tráfico de influencias implica un intento de ocultar las ganancias ilícitas obtenidas a través del abuso de poder o influencia.

Esta práctica agrava la corrupción y tiene serias repercusiones para la integridad de las instituciones, el sistema financiero y la sociedad en general.

Combatir tanto el tráfico de influencias como el lavado de activos es esencial para asegurar sistemas justos y transparentes.

OFRECIMIENTO DE BENEFICIOS

El ofrecimiento de beneficios en el delito de tráfico de influencias se refiere a la promesa, entrega o disposición de algo de valor (dinero, bienes, favores, oportunidades, entre otros) por parte de una persona a otra, con el objetivo de que esta última utilice su posición, influencia o conexiones para favorecer al oferente de una forma indebida.

Es uno de los componentes esenciales en muchos tipos de corrupción.

Implicaciones de la conducta de ofrecimiento de beneficios en tráfico de influencias:

a) Violación de principios éticos: Este tipo de conducta transgrede principios éticos y valores fundamentales de integridad, honestidad y equidad en cualquier sociedad.

b) Corrupción institucional: El ofrecimiento de beneficios para aprovechar la influencia de alguien puede corromper las instituciones públicas o privadas, generando decisiones sesgadas y no basadas en criterios objetivos o en el bien común.

c) Desigualdad: Favorece a quienes tienen los recursos para ofrecer beneficios, lo que puede conducir a una sociedad más desigual, donde las decisiones se toman en función de los intereses de unos pocos.

d) Deslegitimación de entidades: Las organizaciones o instituciones implicadas en este tipo de conductas pierden credibilidad y confianza ante la sociedad, lo que puede tener implicaciones en su operación y en su relación con otras entidades o con el público en general.

e) Consecuencias legales: La mayoría de las jurisdicciones penalizan el tráfico de influencias, y el ofrecimiento de beneficios dentro de este delito puede llevar a sanciones que varían desde multas hasta encarcelamiento, dependiendo de la gravedad y las circunstancias del acto.

f) Consecuencias económicas: Las sanciones no sólo pueden ser penales, sino también económicas. Las multas, la confiscación de bienes o la indemnización por daños son posibles consecuencias para quienes ofrezcan beneficios indebidos.

g) Repercusiones en la reputación: Aquellas personas o entidades que sean descubiertas ofreciendo beneficios para traficar influencias enfrentarán daños significativos en su reputación, lo que puede tener efectos a largo plazo en sus carreras o en la viabilidad de sus negocios.

h) Pérdida de oportunidades: Organizaciones o individuos que se involucren en este tipo de conductas pueden ser excluidos de contrataciones públicas, licitaciones o cualquier tipo de relación comercial o institucional por falta de integridad y ética.

Es fundamental ser consciente de que la naturaleza exacta del tráfico de influencias, y las consecuencias legales relacionadas con el ofrecimiento de beneficios, dependerán de la jurisdicción y la legislación específica de cada país o territorio.

Sin embargo, en términos generales, es una práctica ampliamente condenada por sociedades y sistemas jurídicos en todo el mundo.

USO DE INFORMACIÓN PRIVILEGIADA

La conducta de uso de información privilegiada en el contexto del delito de tráfico de influencias implica que una persona utiliza información confidencial, reservada o no accesible al público general para obtener un beneficio propio o para terceros, influenciando o intentando influir en decisiones o actos oficiales.

La información privilegiada puede incluir detalles sobre decisiones gubernamentales pendientes, cambios en la regulación, adjudicaciones de contratos, entre otros, que no son conocidos por el público general.

Implicaciones de la conducta de uso de información privilegiada en el tráfico de influencias:

a) Corrupción:

- Detalles: La persona que tiene acceso a información privilegiada la utiliza para su propio beneficio o el de terceros.
- Implicación: Se favorece la corrupción y se daña la integridad de las instituciones públicas.

b) Inequidad:

- Detalles: La información se utiliza para obtener ventajas injustas.
- Implicación: Se genera una desigualdad en oportunidades y recursos.

c) Consecuencias Legales:

- Detalles: El uso indebido de información confidencial puede ser ilegal.
- Implicación: Se puede incurrir en sanciones penales, civiles o administrativas.

d) Degradación de la Confianza:

- Detalles: El público puede perder la confianza en las instituciones.
- Implicación: Se erosiona la fe en la transparencia y la integridad de la administración pública.

e) Riesgos Reputacionales:

- Detalles: La exposición pública de la utilización de información privilegiada puede dañar la reputación.
- Implicación: Puede haber un daño duradero a la imagen de individuos o empresas involucradas.

f) Impacto Económico:

- Detalles: La información se puede utilizar para obtener ventajas financieras.

- Implicación: Puede haber una distorsión del mercado y decisiones económicas subóptimas.

g) Compromiso de la Seguridad y la Privacidad:

- Detalles: La información sensible puede ser compartida de manera indebida.
- Implicación: Puede poner en riesgo la seguridad nacional o la privacidad de individuos.

h) Debilitamiento del Estado de Derecho:

- Detalles: El uso indebido de información subvierte los principios legales y éticos.
- Implicación: Se debilita la eficacia y la justicia del sistema legal.

i) Falta de Transparencia:

- Detalles: La opacidad en la utilización de información privilegiada obstaculiza la transparencia.
- Implicación: Se dificulta la rendición de cuentas y el escrutinio público.

j) Integridad Comprometida:

- Detalles: El uso de información privilegiada indica la falta de integridad de los involucrados.
- Implicación: Se daña la moral y la ética profesional y personal.

Es importante resaltar que, aunque el uso de información privilegiada se relaciona comúnmente con delitos en el mercado de valores, en el contexto del tráfico de influencias, se extiende a cualquier tipo de información que pueda ser usada para influir inapropiadamente en decisiones públicas.

Es esencial que las instituciones establezcan controles rigurosos y promuevan una cultura de integridad y transparencia para prevenir estas prácticas.

FAVORECER O PROMOVER QUE TERCEROS REALICEN TRÁFICO DE INFLUENCIAS

La conducta de favorecer o promover que terceros realicen tráfico de influencias y el tráfico de influencias están relacionadas en el contexto del derecho penal, especialmente en lo que concierne a actos de corrupción.

Ambas tratan sobre la manipulación y abuso del poder o influencia en favor de ciertos intereses, pero desde diferentes roles o niveles de participación.

a) Favorecer o Promover que Terceros Realicen Tráfico de Influencias: Esta conducta implica que una persona, sin participar directamente en el tráfico de influencias, ayuda, incentiva, facilita o promueve que otro individuo o grupo lleve a cabo dicho delito. En otras palabras, la persona actúa como facilitador o promotor del tráfico de influencias realizado por otros.

b) Delito de Tráfico de Influencias: Este delito ocurre cuando una persona, aprovechando su posición o influencia real o supuesta, recibe o hace recibir a sí mismo o a terceros beneficios o ventajas de cualquier naturaleza, a cambio de intervenir o influir en decisiones o asuntos que están dentro de su ámbito o que pueden ser influenciados por su posición.

Relación entre Favorecer o Promover que Terceros Realicen Tráfico de Influencias y Tráfico de Influencias:

- Ambas conductas están conectadas a través del acto central de tráfico de influencias. Mientras que el tráfico de influencias se refiere al acto directo de usar influencia indebida para obtener beneficios, el acto de favorecer o promover ese tráfico se refiere a facilitar o incentivar ese comportamiento en otros.
- Una persona que favorece o promueve que terceros realicen tráfico de influencias puede ser considerada cómplice o partícipe en el delito, dependiendo de la legislación y el grado de involucramiento. Es decir, no es necesario que alguien ejerza directamente la influencia indebida para ser penalmente responsable; simplemente facilitar o promover ese comportamiento puede ser sancionable.
- En muchos sistemas legales, el acto de favorecer o promover un delito es también un delito en sí mismo, y los individuos pueden ser procesados y condenados en función de su grado de participación.

Favorecer o promover que terceros realicen tráfico de influencias es una extensión del delito central de tráfico de influencias.

Mientras que el tráfico de influencias se enfoca en aquellos que ejercen directamente la influencia indebida, el acto de favorecer o promover implica a aquellos que, de manera indirecta, facilitan o impulsan que otros cometan el delito.

Recordar a su vez que la interpretación y aplicación de estos conceptos pueden variar según la jurisdicción y la legislación específica del país o región donde se produzcan los hechos.

SOLICITUD DE INFLUENCIA

La conducta de la solicitud de influencia y el delito de tráfico de influencias están relacionados en el ámbito jurídico-penal, y su significado y relación varían según la jurisdicción y la legislación local.

A continuación, se proporciona una descripción general basada en conceptos comunes:

a) Conducta de la solicitud de influencia: Hace referencia a la acción de pedir, de manera explícita o implícita, a una persona que use su posición o influencia para obtener un beneficio o ventaja en un proceso, decisión o acto administrativo o jurisdiccional.
b) Delito de tráfico de influencias: Este delito se configura cuando una persona, aprovechando su posición o influencia real o supuesta, solicita, acepta o recibe, directa o indirectamente, un beneficio o ventaja, o promete obtenerlo, para influir en la resolución de un asunto relacionado con funciones públicas.

También puede manifestarse cuando alguien ofrece o da un beneficio o ventaja a otra persona con la expectativa de que se ejerza influencia indebida.

Relación:

La conducta de la solicitud de influencia puede ser una de las acciones que desencadenan el delito de tráfico de influencias.

Por ejemplo, si un individuo A solicita a un funcionario B que use su posición para favorecer en un proceso licitatorio a cambio de un beneficio, y el funcionario B acepta, entonces ambos podrían estar incurriendo en el delito de tráfico de influencias: A por solicitarlo y B por aceptarlo.

Sin embargo, es importante destacar que no toda solicitud de influencia constituye un delito.

La criminalidad surge cuando se infringen determinados parámetros legales, como solicitar o recibir beneficios a cambio de influir indebidamente en decisiones oficiales.

Cabe señalar que las definiciones y relaciones mencionadas pueden variar según la jurisdicción, por lo que es esencial consultar la legislación local y las interpretaciones jurisprudenciales pertinentes.

ACTUACIÓN POSTERIOR AL EJERCICIO DE FUNCIONES

La actuación posterior al ejercicio de funciones en el contexto del tráfico de influencias se refiere a situaciones en las que una persona, después de haber dejado un cargo público o una posición de influencia, utiliza su posición anterior, conocimientos, conexiones o influencia para beneficiar a terceros o a sí misma en intercambio de algún tipo de retribución o ventaja.

Esta conducta pone de manifiesto conflictos de interés y la explotación indebida de la posición previamente ocupada.

Implicaciones de la conducta de actuación posterior al ejercicio de funciones en tráfico de influencias:

a) Compromiso ético y legal: Esta conducta representa una violación de normas éticas y, en muchos sistemas jurídicos, también es ilegal. Revela un uso inapropiado del cargo o posición anterior para obtener beneficios personales o para terceros.

b) Puertas giratorias: La actuación posterior al ejercicio de funciones es una manifestación del fenómeno conocido como "puertas giratorias", donde los individuos se mueven entre el sector público y privado, utilizando su experiencia y conexiones en uno para beneficiar al otro, y viceversa.

c) Desconfianza en las instituciones: Esta conducta puede minar la confianza en las instituciones públicas. La percepción de que los funcionarios pueden explotar posteriormente sus cargos pasados para beneficio personal refuerza la idea de que las decisiones tomadas mientras estaban en el cargo no eran necesariamente en el mejor interés del público.

d) Desincentivo para la toma de decisiones imparciales: Si un funcionario sabe que después de dejar su cargo puede beneficiarse de decisiones que tomó mientras estaba en funciones, esto podría influir en su comportamiento y decisiones, alejándolo de actuar de manera imparcial y justa.

e) Consecuencias penales: En jurisdicciones donde esta conducta está tipificada como delito, las personas involucradas pueden enfrentar sanciones que van desde multas hasta penas de prisión.

f) Repercusiones reputacionales: Las personas que se involucran en este tipo de tráfico de influencias pueden enfrentar daños severos a su reputación, lo que puede tener consecuencias en sus futuras aspiraciones profesionales o políticas.

g) Impedimentos para el ejercicio futuro de funciones: En algunos lugares, aquellos que se encuentran culpables de este tipo de tráfico de influencias pueden ser inhabilitados para ejercer cargos públicos en el futuro.

La actuación posterior al ejercicio de funciones en el contexto del tráfico de influencias se refiere al uso indebido de la posición, conocimientos o conexiones obtenidos como funcionario público para obtener ventajas una vez que se ha dejado ese cargo.

Es una práctica que plantea serias preocupaciones éticas y legales y puede tener un impacto negativo en la percepción y confianza del público hacia las instituciones.

AFIRMACIÓN DE UNA FALSA INFLUENCIA

La afirmación de una falsa influencia dentro del marco del tráfico de influencias se refiere a cuando una persona alega, insinúa o da a entender que tiene poder o influencia sobre funcionarios públicos o decisiones de entidades públicas cuando en realidad no lo tiene.

Esta afirmación se realiza con el propósito de obtener un beneficio, ya sea para sí misma o para terceros.

Es decir, aunque el individuo no tenga realmente la capacidad de influir en decisiones oficiales, la mera pretensión o alarde de tener esa influencia (con el objetivo de obtener un beneficio) es lo que constituye la conducta delictiva.

Implicaciones de la conducta de afirmación de una falsa influencia:

a) Manipulación y Engaño: Esta conducta se basa en la desinformación y el engaño, lo que puede llevar a decisiones erróneas o basadas en falsedades.

b) Pérdida de Confianza: Aun cuando la influencia sea falsa, si se descubre, puede generar desconfianza en las instituciones, ya que refleja vulnerabilidades en el sistema.

c) Beneficio Injusto: Aquellas personas que afirman falsamente tener influencia pueden obtener beneficios indebidos a expensas de otros que actúan con integridad.

d) Corrupción: Aunque esté basado en una pretensión, este acto puede facilitar o fomentar otros actos corruptos.

e) Consecuencias Legales: Hacer afirmaciones falsas con el propósito de obtener un beneficio puede tener consecuencias legales, dependiendo de la legislación del país. Puede ser suficiente para ser considerado tráfico de influencias, aun sin tener la influencia real.

f) Riesgos Reputacionales: Más allá de las implicaciones legales, aquellos que se descubre han hecho afirmaciones falsas sobre su influencia pueden sufrir daños significativos en su reputación.

g) Distorsión del Mercado: En el ámbito empresarial, las afirmaciones falsas sobre influencias pueden alterar decisiones de inversión, contratación o asociaciones, llevando a resultados subóptimos.

La afirmación de una falsa influencia, aunque pueda parecer menos dañina que el ejercicio real de influencias indebidas es una manifestación de falta de integridad y puede tener efectos negativos similares en la sociedad y las instituciones.

Es esencial para la salud de las instituciones y la sociedad en su conjunto rechazar y sancionar estas prácticas, así como promover la integridad, transparencia y veracidad en las interacciones con el sector público y privado.

ASOCIACIÓN ILÍCITA

La conducta de asociación ilícita en el contexto del delito de tráfico de influencias se refiere a la colaboración de dos o más personas que se organizan con el objetivo de cometer actos ilícitos, en este caso, relacionados con el uso indebido de influencias para obtener beneficios personales o para terceros.

Esta asociación implica un grado de organización y planificación para ejercer influencia indebida en decisiones públicas o privadas.

Implicaciones de la conducta de asociación ilícita en el delito de tráfico de influencias:

a) Mayor Gravedad del Delito: La existencia de una asociación ilícita generalmente agrava la naturaleza del delito de tráfico de influencias debido a la organización y planificación detrás de las acciones.

b) Multiplicidad de Actores: En una asociación ilícita, se tiene a varios individuos desempeñando diferentes roles, lo que puede complicar las investigaciones y aumentar el alcance del delito.

c) Continuidad y Persistencia: La naturaleza organizada de una asociación ilícita puede permitir que el tráfico de influencias se realice de manera más continua y persistente en comparación con actos aislados.

d) Dificultad en la Detención y Prosecución: Las asociaciones ilícitas suelen tener estructuras más complejas, con niveles jerárquicos y roles especializados, lo que puede dificultar su desarticulación y la recopilación de pruebas.

e) Consecuencias Legales Agravadas: Muchas jurisdicciones establecen sanciones más severas para delitos cometidos en el marco de una asociación ilícita debido a la gravedad y el impacto potencialmente mayor de tales acciones.

f) Expansión del Alcance Delictivo: Una asociación ilícita puede diversificar sus actividades delictivas, ampliando el alcance del tráfico de influencias a diferentes áreas o sectores.

g) Corrupción Sistémica: Cuando el tráfico de influencias es llevado a cabo por asociaciones ilícitas, puede haber una penetración más profunda y sistemática de la corrupción en las instituciones o sectores afectados.

h) Conexión con Otros Delitos: Las asociaciones ilícitas involucradas en el tráfico de influencias pueden estar también vinculadas a otros delitos, como el lavado de dinero, la extorsión, el fraude, entre otros.

i) Desestabilización Institucional: La presencia y operación de asociaciones ilícitas puede desestabilizar instituciones, erosionando la confianza pública y la integridad de los sistemas en los que operan.

j) Impacto en la Democracia y Gobernanza: La influencia sistemática y organizada sobre decisiones públicas puede alterar el correcto funcionamiento de la democracia, afectando la gobernanza y el estado de derecho.

La conducta de asociación ilícita en el delito de tráfico de influencias implica una organización y colaboración entre múltiples actores para influir de manera indebida y sistemática en decisiones para obtener beneficios.

Esta organización agrava el delito, tiene implicaciones más amplias y puede tener un impacto más profundo en las instituciones y la sociedad en general.

CONCESIÓN DE BENEFICIOS A CAMBIO DE INFLUENCIAS

La conducta de la concesión de beneficios a cambio de influencia en el contexto del delito de tráfico de influencias se refiere a la acción de otorgar favores, regalos, dinero o cualquier otro tipo de beneficio a una persona con el objetivo de que esta utilice su influencia real o percibida para afectar una decisión o acción dentro de una entidad pública.

En otras palabras, es cuando alguien "paga" a otra persona para que use su influencia para lograr un objetivo específico.

Implicaciones de la conducta de concesión de beneficios a cambio de influencia:

a) Corrupción:

- Descripción: Fomenta la corrupción al crear un sistema donde las decisiones se pueden comprar.
- Implicación: Deterioro de la integridad institucional y pérdida de confianza pública.

b) Desigualdad:

- Descripción: Conduce a un sistema desigual donde quienes pueden conceder beneficios tienen una ventaja.
- Implicación: Desigualdad en el acceso a servicios, justicia y oportunidades.

c) Compromiso de la Justicia y la Democracia:

- Descripción: Las decisiones se basan en favores personales y no en la legalidad o el mérito.
- Implicación: Erosión de la justicia, la imparcialidad y los principios democráticos.

d) Legalidad:

- Descripción: Implica una violación de las leyes y normativas éticas.
- Implicación: Posibles sanciones penales, civiles o administrativas para las partes involucradas.

e) Riesgos Reputacionales:

- Descripción: Daño a la reputación de los individuos y entidades involucradas.
- Implicación: Pérdida de confianza, oportunidades y colaboraciones futuras.

f) Impacto Económico:

- Descripción: Puede llevar a decisiones financieras y económicas subóptimas.
- Implicación: Ineficiencia, pérdida de recursos y declive en la confianza de los inversores.

g) Conflictos de Interés:

- Descripción: Crea conflictos de interés que pueden interferir con la objetividad y la imparcialidad.
- Implicación: Decisiones sesgadas, injustas y no representativas del interés público.

Este tipo de conducta se basa en la premisa de "quid pro quo", donde se concede algo a cambio de algo.

Es fundamental para el buen funcionamiento de cualquier sistema democrático y justo que las decisiones se tomen basadas en el interés público, la legalidad y la ética, no en beneficios personales.

La prevención y el castigo de estas conductas son esenciales para mantener la integridad de las instituciones y la confianza pública.

SOLICITUD DE BENEFICIO PARA OBTENER INFLUENCIA

La conducta de solicitud de beneficio para obtener influencia en el contexto del delito de tráfico de influencias se refiere a cuando una persona pide, exige o insinúa la necesidad de recibir algo de valor (como dinero, favores, regalos, empleo, etc.) a cambio de usar su supuesta influencia sobre los funcionarios públicos o procesos gubernamentales.

En este caso, el individuo se posiciona como un intermediario que puede facilitar resultados favorables gracias a sus conexiones o influencia.

Las implicaciones de esta conducta incluyen:

a) Legal:

– Procesos Judiciales: La persona que solicita el beneficio puede enfrentar cargos legales, lo que lleva a juicios, posibles condenas y sanciones penales.

– Normativas y Regulaciones: La acción se considera una violación de las leyes anticorrupción y éticas que rigen la conducta en el ámbito público.

b) Ética y Moral:

– Integridad Comprometida: Contribuye a la erosión de la integridad moral y ética de los individuos involucrados.

– Cultura de Corrupción: Fomenta una cultura donde la corrupción es normativa, afectando la moral de la sociedad.

c) Institucional:

– Credibilidad Dañada: La confianza en las instituciones se ve comprometida cuando prevalece la creencia de que las decisiones se pueden manipular mediante influencias.

– Eficacia Reducida: La eficacia de las instituciones se reduce ya que las decisiones no se toman en función del mérito o el interés público.

d) Social:

– Desigualdad: Amplía la brecha de desigualdad, ya que aquellos con recursos para solicitar influencias obtienen ventajas injustas.

– Desconfianza Social: Se genera una desconfianza generalizada en la sociedad hacia las instituciones y procesos gubernamentales.

e) Económico:

– Recursos Mal Administrados: Los recursos se asignan de manera ineficiente, no basados en el mérito o la necesidad, sino en la capacidad de ejercer influencia.

– Desincentivo para la Inversión: La percepción de corrupción puede desincentivar la inversión, afectando el desarrollo económico.

f) Político:

– Legitimidad cuestionada: La legitimidad de los gobiernos y las decisiones políticas se cuestionan.

– Estabilidad Política Afectada: Puede llevar a conflictos, tensiones y desestabilización política.

Prevenir y combatir la solicitud de beneficios para obtener influencia requiere medidas proactivas, como la implementación de leyes más estrictas, la promoción de la transparencia, la educación en ética y la integridad, y mecanismos de rendición de cuentas efectivos para mantener a funcionarios y ciudadanos bajo estándares elevados de conducta.

FACILITACIÓN

La conducta de facilitación del tráfico de influencias se refiere a la acción de ayudar, apoyar, permitir o facilitar que otra persona ejerza influencia indebida sobre funcionarios o procesos públicos con el objetivo de obtener un beneficio personal o para terceros.

En este caso, la persona no está ejerciendo directamente la influencia, sino ayudando a que otro lo haga.

La implicación de esta conducta dentro del delito de tráfico de influencias incluye:

a) Participación Indirecta en la Corrupción:

- Significado: El facilitador está implicado en actos de corrupción, aunque no sea el principal actor.
- Implicación: Puede ser procesado y sancionado legalmente, y su reputación puede verse afectada.

b) Desestabilización Institucional:

- Significado: Contribuye a minar la integridad y la confianza en las instituciones públicas.
- Implicación: Daño a la calidad de los servicios públicos y la confianza del público.

c) Desigualdad Social:

- Significado: Favorece a aquellos con conexiones e influencia, creando una sociedad desigual.
- Implicación: Incremento de la desigualdad social y económica, y descontento público.

d) Violación de la Ética y la Moral:

- Significado: Transgresión de normas éticas y morales fundamentales.
- Implicación: Degradación del tejido moral y ético de la sociedad.

e) Consecuencias Legales:

- Significado: Aunque no es el actor principal, el facilitador puede enfrentar consecuencias legales.

- Implicación: Penas de prisión, multas, y otras sanciones dependiendo de la jurisdicción.

f) Impacto Económico:

- Significado: Decisiones y asignaciones de recursos basadas en influencia y no en méritos.
- Implicación: Ineficiencia económica, pérdida de inversiones, y disminución de la calidad de los proyectos.

g) Erosión de la Confianza Pública:

- Significado: La percepción de que la influencia puede ser facilitada y comprada.
- Implicación: Disminución de la confianza pública en las instituciones y los procesos democráticos.

Estrategias para Combatir la Facilitación del Tráfico de Influencias:

- Leyes y Regulaciones Más Estrictas: Implementar leyes claras y estrictas para penalizar la facilitación del tráfico de influencias.
- Transparencia: Promover la transparencia en los procesos gubernamentales y corporativos.
- Educación y Concienciación: Educar al público y a los funcionarios sobre los riesgos y consecuencias del tráfico de influencias.
- Mecanismos de Denuncia: Establecer canales efectivos y protegidos para denunciar actos de corrupción.

La facilitación del tráfico de influencias es un componente crucial en el ciclo de la corrupción, y abordarla requiere un enfoque integral que incluya leyes, educación, y la participación activa de la sociedad civil, los medios de comunicación y las instituciones públicas y privadas.

INTERMEDIACIÓN

La conducta de intermediación en el delito de tráfico de influencias implica que una persona actúa como un intermediario o mediador entre alguien que busca influir indebidamente en un servidor público y el servidor público mismo.

Esto se da con el fin de obtener un beneficio o ventaja ilegítima.

a) Significado:

La intermediación se refiere a la participación de un tercero que facilita la comunicación o la transacción entre dos partes.

En el contexto del delito de tráfico de influencias, significa que alguien está actuando como un "conector" para que una persona pueda influir de manera indebida en un funcionario público.

b) Implicaciones:

- Legalmente:
- Constituye un delito. La persona que actúa como intermediario es parte del delito de tráfico de influencias y puede ser juzgada y sancionada de acuerdo con las leyes aplicables.
- Se traduce en consecuencias legales tanto para el intermediario como para las otras partes involucradas.
- Éticamente:
- Implica una falta de ética, ya que se basa en la manipulación y explotación de la posición o el poder de un funcionario público para obtener beneficios personales.
- Puede llevar a una erosión de la confianza en las instituciones públicas y los servidores públicos.
- Socialmente:
- Puede tener un impacto negativo en la percepción pública de la integridad y la eficacia del gobierno y la administración pública.
- Fomenta una cultura de corrupción, nepotismo y falta de transparencia.

c) Ejemplo:

Supongamos que una empresa quiere obtener una licencia gubernamental rápidamente y está dispuesta a pagar por ello.

Un intermediario se pone en contacto con un funcionario gubernamental dispuesto a acelerar el proceso a cambio de un soborno.

El intermediario facilita el pago del soborno y la aceleración del proceso de licencia.

d) Implicaciones legales adicionales:

- Responsabilidad: El intermediario puede ser considerado tan culpable como las partes que ofrecen y aceptan el soborno o influencia indebida.
- Sanciones: Pueden incluir multas, penas de prisión y otras sanciones legales dependiendo de la jurisdicción y la gravedad del delito.
- Reparación: Puede ser necesario tomar medidas para remediar el daño causado, lo que puede incluir la anulación de decisiones tomadas como resultado de la influencia indebida.

Es crucial tener en cuenta que las leyes varían significativamente entre diferentes jurisdicciones, por lo que las implicaciones legales específicas pueden diferir.

Es siempre recomendable consultar la legislación local y los precedentes judiciales relevantes para obtener información más precisa y contextualizada.

PRETENSIÓN DE INFLUENCIA FALSA

La pretensión de influencia falsa y el tráfico de influencias están relacionados y pueden ser partes integrales en escenarios de corrupción. Vamos a definir ambos términos y luego explorar su relación.

a) Pretensión de Influencia Falsa:

Esto implica que alguien afirma o insinúa tener influencia o poder que no posee realmente, con el objetivo de obtener beneficios o ventajas.

Por ejemplo, una persona podría fingir tener conexiones con altos funcionarios gubernamentales para engañar a otros y obtener dinero, favores u otros beneficios.

b) Delito de Tráfico de Influencias:

Este delito se da cuando una persona, aprovechando su posición o influencia, ya sea real o percibida, obtiene o intenta obtener un beneficio para sí misma o para terceros.

Es un acto corrupto que involucra el uso indebido de la influencia para manipular decisiones o procesos oficiales.

Relación entre Pretensión de Influencia Falsa y Tráfico de Influencias:

- Componente del Delito: La pretensión de influencia falsa puede ser un componente del tráfico de influencias. Aunque la persona no tenga la influencia que afirma tener, el simple acto de afirmar y aprovechar esa supuesta influencia para obtener beneficios puede calificar como tráfico de influencias.
- Percepción vs. Realidad: En el tráfico de influencias, lo que importa muchas veces es la percepción de la influencia. Incluso si la influencia es falsa, si otros creen en ella y actúan en consecuencia (como ofrecer un soborno o un favor), el delito puede ser cometido.
- Manipulación y Engaño: Ambos conceptos se basan en la manipulación y el engaño. Mientras que la pretensión de influencia falsa se centra en afirmaciones engañosas sobre la influencia de uno, el tráfico de influencias se enfoca en el uso indebido de la influencia (real o percibida) para obtener un beneficio.
- Legalidad: Dependiendo de la jurisdicción, incluso la pretensión de influencia falsa podría ser ilegal, especialmente si se utiliza para obtener beneficios indebidos, aunque la influencia afirmada sea inexistente.

Mientras que la "pretensión de influencia falsa" se refiere a la afirmación engañosa de tener influencia, el tráfico de influencias se refiere al acto de usar influencia (real o percibida) de manera corrupta.

La pretensión de influencia falsa puede ser un medio a través del cual se realiza el tráfico de influencias, dependiendo de la legislación específica de la jurisdicción en cuestión.

Es fundamental consultar las leyes locales para entender completamente cómo se definen y se tratan legalmente estos términos y acciones.

PROMOCIÓN O FAVORECIMIENTO DE INTERESES PRIVADOS

La conducta de promoción o favorecimiento de intereses privados en el contexto del delito de tráfico de influencias se refiere a cuando una persona, en especial un funcionario público o alguien con influencia en ciertos ámbitos de poder, utiliza su posición o influencia para promover, beneficiar o favorecer intereses particulares, normalmente a cambio de algún beneficio personal o para terceros cercanos.

Esta conducta puede manifestarse de diversas maneras, desde la adjudicación preferencial de contratos hasta la promulgación de legislaciones o regulaciones que favorecen a ciertos grupos o individuos.

Implicaciones de la conducta de promoción o favorecimiento de intereses privados en tráfico de influencias:

a) Éticas y Morales:

- Integridad comprometida: La integridad del funcionario o individuo involucrado se ve comprometida, ya que está actuando en interés propio o de terceros y no en el interés de la comunidad o institución a la que sirve.
- Conflicto de interés: Se produce un conflicto donde los intereses personales chocan con las responsabilidades profesionales o públicas.

b) Legales:

- Violación de la ley: En muchos países, favorecer intereses privados usando una posición pública está penalizado, pudiendo resultar en sanciones que varían desde multas hasta encarcelamiento.
- Responsabilidad penal: El individuo puede ser procesado y condenado si se demuestra que su conducta violó la ley.

c) Sociales y Políticas:

- Erosión de la confianza: Esta conducta puede erosionar la confianza pública en las instituciones, ya que genera la percepción de que los funcionarios están más interesados en servir intereses privados que el bien común.
- Desigualdad: Puede incrementar la desigualdad social y económica, ya que aquellos con conexiones o recursos para influir en funcionarios públicos obtienen beneficios injustos.

d) Económicas:

- Corrupción: Favorece un entorno de corrupción, lo que puede desincentivar la inversión y el desarrollo económico.
- Competencia desleal: En el sector privado, puede resultar en una competencia desleal donde el éxito no depende de la calidad o el mérito, sino de la capacidad para influir en decisiones públicas.

Consideraciones:

Para mitigar o prevenir la promoción o favorecimiento de intereses privados en el tráfico de influencias, es esencial:

- Fortalecer la integridad institucional: A través de políticas claras, transparencia, y sistemas de rendición de cuentas.
- Educación y concienciación: Promover una cultura ética y de integridad tanto en el sector público como privado.
- Control y vigilancia: Implementar mecanismos efectivos de supervisión y control para detectar y sancionar estas conductas.

La promoción o favorecimiento de intereses privados en el delito de tráfico de influencias es una grave violación ética y legal, que compromete la integridad de las instituciones, erosiona la confianza pública, y puede tener repercusiones económicas y sociales significativas.

Es crucial abordar esta conducta a través de medidas preventivas, legales y educativas para fomentar una sociedad justa y equitativa.

Del mismo modo, la promoción o favorecimiento de intereses privados en el contexto del tráfico de influencias se refiere a la utilización indebida de una posición o influencia para beneficiar intereses particulares.

Es una práctica que va en contra de los principios de justicia, equidad y transparencia, y puede tener serias repercusiones tanto en el ámbito legal como en la percepción pública y la confianza en las instituciones.

RECOMPENSA POR LA INFLUENCIA EJERCIDA

La recompensa por la influencia ejercida y el tráfico de influencias se relacionan en el contexto de actos de corrupción y abuso de poder, y ambos términos se refieren a la recepción de beneficios en relación con el uso o la percepción del uso de influencia.

A continuación, se desarrolla el significado y relación de ambas figuras jurídicas:

a) Recompensa por la Influencia Ejercida: Esta conducta se refiere a la acción de recibir un beneficio, ventaja, regalo, favor o compensación a cambio de haber ejercido influencia sobre una decisión, proceso o individuo. Es la reciprocidad por haber utilizado una posición de poder o influencia para beneficiar a alguien o algo.

b) Delito de Tráfico de Influencias: Este delito ocurre cuando una persona, aprovechando su posición o influencia real o supuesta, recibe o hace recibir a sí mismo o a terceros beneficios o ventajas de cualquier naturaleza a cambio de influir en una decisión oficial o en un proceso determinado.

Relación entre Recompensa por la Influencia Ejercida y Tráfico de Influencias:

- Ambos términos involucran la recepción de un beneficio a cambio de influencia. Mientras que la recompensa por la influencia ejercida se centra en la recepción de un beneficio después de haber ejercido influencia, el tráfico de influencias puede incluir tanto el ofrecimiento previo como la recepción posterior del beneficio por influencia.
- La recompensa por la influencia ejercida podría considerarse una manifestación o resultado del tráfico de influencias. Si un individuo recibe una recompensa por haber utilizado su influencia en beneficio de otro, esa conducta podría entrar en la definición de tráfico de influencias.

Por lo tanto, recibir una recompensa por la influencia ejercida puede ser una evidencia o un indicativo de que se ha cometido el delito de tráfico de influencias.

Sin embargo, cada situación debe ser evaluada en función de las circunstancias específicas y de las leyes pertinentes de la jurisdicción en cuestión.

Es importante recordar que las definiciones legales y las relaciones entre estos términos pueden variar según la jurisdicción y la legislación específica del país o región.

OMISIÓN DE DENUNCIAR

La omisión de denuncia en el contexto del delito de tráfico de influencias se refiere a la falla intencional de una persona en reportar o denunciar conocimiento, sospecha o evidencia de tráfico de influencias a las autoridades competentes.

Esta omisión puede surgir por varios motivos, como el miedo a represalias, el deseo de proteger a las personas involucradas o beneficiarse indirectamente de la situación.

Implicaciones de la conducta de omisión de denuncia en el delito de tráfico de influencias:

a) Perpetuación de la Corrupción:
   - Implicación: Permite que actos corruptos continúen y se normalicen.
   - Consecuencia: Erosión de la confianza en las instituciones y fallos en la administración pública.

b) Falta de Rendición de Cuentas:
   - Implicación: Los perpetradores no son responsabilizados por sus acciones.
   - Consecuencia: Se fortalece la impunidad y se debilita el estado de derecho.

c) Compromiso Ético y Moral:
   - Implicación: Indica una falta de integridad y compromiso ético.
   - Consecuencia: Desconfianza y relaciones deterioradas en la sociedad y las organizaciones.

d) Consecuencias Legales:
   - Implicación: En algunas jurisdicciones, la omisión de denuncia es un delito.
   - Consecuencia: Posibles sanciones legales para quienes omiten denunciar.

e) Riesgos Reputacionales:
   - Implicación: La asociación indirecta con actos corruptos.
   - Consecuencia: Daño a la reputación personal o institucional.

f) Degradación Social y Económica:
   - Implicación: La corrupción no controlada puede llevar a decisiones ineficientes y desigualdad.
   - Consecuencia: Pérdida de oportunidades, crecimiento económico limitado y desconfianza social.

Estrategias para Abordar la Omisión de Denuncia:

- Fortalecimiento Legal: Mejorar las leyes y regulaciones para hacer obligatorio denunciar actos de corrupción y tráfico de influencias.
- Protección a Denunciantes: Implementar medidas que protejan a quienes denuncian de represalias.
- Cultura Ética: Promover una cultura de integridad, responsabilidad y ética en todas las instituciones.

- Educación y Concienciación: Educar al público sobre los impactos negativos de la corrupción y cómo denunciarla.

La omisión de denuncia puede ser resultado de diversas razones, incluyendo el miedo a represalias, la percepción de que la denuncia no tendrá un impacto real o la simple indiferencia.

Sin embargo, para combatir eficazmente la corrupción y el tráfico de influencias, es esencial que las personas denuncien estos actos y que las instituciones ofrezcan mecanismos seguros y efectivos para hacerlo.

RADIACIONES IONIZANTES

INTRODUCCIÓN

Los delitos relativos a las radiaciones ionizantes se refieren a acciones ilícitas que involucran la manipulación, el almacenamiento, el transporte, la disposición o la exposición a materiales radiactivos.

Las radiaciones ionizantes son aquellas que tienen suficiente energía como para arrancar electrones de los átomos o moléculas y ionizarlos, lo cual puede causar daños a los seres vivos y al ambiente.

Conductas que pueden estar comprendidas en estos delitos incluyen:

a) Uso Ilegal de Materiales Radiactivos: Utilizar materiales radiactivos sin las autorizaciones o licencias requeridas por la ley.

b) Fuga de Radiación: Provocar una liberación no controlada de radiación debido a negligencia, falla en los sistemas de contención o prácticas inseguras.

c) Contaminación Ambiental: Causar la contaminación del medio ambiente a través de vertidos o emisiones de sustancias radiactivas.

d) Transporte Inseguro: Transportar materiales radiactivos sin seguir las normativas de seguridad, lo que podría resultar en una exposición accidental a la radiación.

e) Falta de Medidas de Seguridad: No implementar las medidas de seguridad necesarias para proteger a los trabajadores, al público y al medio ambiente de la exposición a la radiación.

f) Almacenamiento Improperio: Guardar materiales radiactivos en instalaciones que no cumplen con los estándares de seguridad requeridos.

g) Tráfico Ilícito: Comprar, vender o transferir ilegalmente materiales radiactivos.

h) Exposición a Personas: Exponer a personas a niveles de radiación superiores a los límites legales o de seguridad sin su conocimiento o consentimiento.

i) Manipulación Inadecuada: Manejar materiales radiactivos sin los procedimientos adecuados o sin la capacitación necesaria.

j) Desatención a la Normativa de Emergencias: No seguir los protocolos en caso de incidentes radiológicos o no reportar tales incidentes a las autoridades.

k) No Proveer o Usar Equipos de Protección: No disponer de o no utilizar la indumentaria o equipamiento especializado para protegerse de la radiación.

l) Eliminación Inadecuada de Desechos Radiactivos: Desechar residuos radiactivos de manera que no cumpla con las regulaciones ambientales o de salud.

m) Terrorismo Radiológico: Usar intencionalmente materiales radiactivos con el propósito de causar daño o temor, como en el caso de una "bomba sucia".

Las autoridades reguladoras en el ámbito nacional e internacional, como la Agencia Internacional de Energía Atómica (AIEA), tienen estrictas directrices y regulaciones para el manejo seguro de materiales radiactivos.

Las infracciones a estas regulaciones pueden resultar en sanciones administrativas, civiles o penales dependiendo de la gravedad del delito y el daño causado.

ALMACENAMIENTO INAPROPIADO

El almacenamiento impropio en el contexto de los delitos relativos a las radiaciones ionizantes se refiere a la guarda y custodia de materiales o residuos radiactivos de una manera que no cumple con los estándares legales y técnicos para asegurar la seguridad y protección del medio ambiente y la salud pública.

La normativa sobre el almacenamiento seguro de materiales radiactivos es estricta y está diseñada para prevenir la exposición accidental o no controlada a la radiación.

Las conductas que podrían estar comprendidas en el almacenamiento impropio y que podrían ser consideradas delictivas son las siguientes:

a) Contenedores inadecuados: Utilizar recipientes que no son apropiados para contener la radiactividad o que no están diseñados para el tipo específico de residuo radiactivo.

b) Falta de señalización y advertencia: No proveer señales adecuadas que adviertan sobre la presencia de material radiactivo y las precauciones necesarias.

c) Almacenamiento en ubicaciones no autorizadas: Guardar materiales radiactivos en lugares que no han sido aprobados por las autoridades reguladoras.

d) No respetar las condiciones de temperatura y presión: No mantener las condiciones ambientales requeridas, como la temperatura y la presión, que previenen alteraciones en los materiales radiactivos.

e) Falta de mantenimiento: No realizar inspecciones y mantenimiento regular de las áreas de almacenamiento para asegurarse de que siguen siendo seguras.

f) Exceder los límites de capacidad: Almacenar más material radiactivo del permitido, lo que puede incrementar el riesgo de accidentes.

g) Almacenamiento por tiempo excesivo: Mantener los residuos radiactivos almacenados más tiempo del permitido sin realizar las gestiones necesarias para su disposición final segura.

h) Falta de barreras de contención secundarias: No tener sistemas de contención secundarios para prevenir la contaminación en caso de falla de los contenedores primarios.

i) Falta de sistemas de monitoreo: No instalar o mantener sistemas para monitorear los niveles de radiación y detectar fugas dentro de las áreas de almacenamiento.

j) Inadecuada protección contra eventos naturales o accidentes: No diseñar las instalaciones de almacenamiento para resistir eventos extremos como terremotos, inundaciones o incendios, lo que podría resultar en la liberación de radiación.

k) Ausencia de registros detallados: No llevar o mantener un registro adecuado de los materiales radiactivos almacenados, sus niveles de radiación y fechas de vencimiento.

l) No disponer de un plan de emergencia: Carecer de un plan para responder a incidentes en el área de almacenamiento que involucren la liberación de radiación.

m) Deficiente entrenamiento del personal: No asegurar que el personal encargado del almacenamiento tenga la formación y las competencias necesarias para gestionar de forma segura los materiales radiactivos.

El incumplimiento de estas medidas de seguridad puede ser penalizado por las autoridades correspondientes y dar lugar a multas, sanciones administrativas y, en casos graves, a acciones penales.

En algunas jurisdicciones, los daños ambientales o a la salud pública resultantes de un almacenamiento impropio de materiales radiactivos pueden también llevar a responsabilidades civiles significativas y otros tipos de responsabilidad legal.

Las normativas internacionales, como las establecidas por el Organismo Internacional de Energía Atómica (OIEA), así como las leyes nacionales, establecen lineamientos estrictos para el almacenamiento seguro de materiales radiactivos.

INCUMPLIMIENTO DE LAS NORMAS

El incumplimiento de las normas en los delitos relativos a las radiaciones ionizantes significa no seguir las leyes, reglamentos, estándares y directrices establecidas para el uso seguro, manejo, almacenamiento, transporte, eliminación y control de materiales radiactivos y equipos que emiten radiación ionizante.

Las normas están diseñadas para proteger la salud humana y el medio ambiente de los efectos perjudiciales de la radiación.

Las conductas que pueden comprender este incumplimiento incluyen:

a) Violación de Licencias y Permisos: Operar equipos que generan radiación ionizante o manipular materiales radiactivos sin la licencia o permiso correspondiente o más allá de los términos de dicha licencia.

b) Falta de Cumplimiento Regulatorio: No seguir las regulaciones específicas que se aplican al manejo de fuentes radiactivas, incluidas las normas de seguridad y operación.

c) Manejo Inseguro de Materiales Radiactivos: Transportar, almacenar o usar materiales radiactivos de una manera que no cumple con los procedimientos de seguridad establecidos.

d) Controles de Dosificación Inadecuados: No monitorear o controlar las dosis de radiación a las que están expuestos los trabajadores o el público.

e) Falta de Entrenamiento del Personal: No proporcionar capacitación adecuada al personal que trabaja con o cerca de fuentes de radiación ionizante.

f) No Reportar Incidentes o Accidentes: No informar a las autoridades competentes cuando ocurren incidentes o accidentes relacionados con la radiación.

g) Inspecciones y Pruebas Insuficientes: No realizar inspecciones regulares y pruebas de equipos para asegurar su funcionamiento seguro y dentro de los límites reglamentarios.

h) Etiquetado y Señalización Deficientes: No etiquetar adecuadamente los materiales radiactivos o no señalizar las áreas de peligro de radiación.

i) Protección Personal Inadecuada: No proporcionar o exigir el uso de equipo de protección personal adecuado para los trabajadores.

j) Incumplimiento de Protocolos de Emergencia: No tener o no seguir un plan de respuesta ante emergencias radiológicas.

k) Gestión Inapropiada de Residuos Radiactivos: No manejar adecuadamente los residuos radiactivos según lo dictado por las regulaciones ambientales.

l) Deficiencias en Seguridad y Control: No implementar medidas para prevenir el acceso no autorizado o el robo de materiales radiactivos.

El incumplimiento de las normas puede conducir a sanciones administrativas, multas, la revocación de licencias y, en casos graves, a cargos penales contra individuos u organizaciones responsables.

Además, el incumplimiento puede resultar en daños a la salud de las personas expuestas y al medio ambiente, lo que podría llevar a responsabilidades civiles adicionales.

Las normativas están respaldadas por agencias nacionales e internacionales como la Agencia Internacional de Energía Atómica (AIEA) y la Comisión Reguladora Nuclear (NRC) en Estados Unidos, entre otras.

SABOTAJE O TERRORISMO

El sabotaje o terrorismo en el contexto de los delitos relativos a las radiaciones ionizantes implica actos de interferencia malintencionada, destrucción, o uso de la fuerza contra instalaciones, materiales, o infraestructuras que involucran radiaciones ionizantes, con la intención de causar daño, miedo, o para lograr objetivos políticos, ideológicos o económicos.

Conductas comprendidas en esta categoría pueden incluir:

a) Ataques a Instalaciones Nucleares o Radiactivas: Esto podría ser un ataque físico a plantas de energía nuclear, hospitales con equipos de radioterapia, o centros de investigación que podría resultar en la liberación de radiación.

b) Robo o Secuestro de Materiales Radiactivos: Robar o tomar por la fuerza materiales radiactivos para construir un dispositivo de dispersión radiológica (a menudo referido como una "bomba sucia") u otros dispositivos terroristas.

c) Infiltración en Sistemas de Seguridad: Hackear o interferir en los sistemas de seguridad de las instalaciones radiactivas para desactivarlos o para obtener información confidencial.

d) Daño a Contenedores de Residuos Radiactivos: Dañar intencionadamente contenedores de almacenamiento de residuos para provocar una fuga radiológica.

e) Contaminación Intencionada: Liberar radiación en el medio ambiente de forma deliberada, como contaminar recursos hídricos o la cadena alimentaria.

f) Propagación del Pánico: Amenazar con el uso de materiales radiactivos para incitar el miedo y la inestabilidad entre la población o para presionar a los gobiernos.

g) Falsas Alarmas: Generar alertas falsas o señales de emergencia en instalaciones radiactivas para crear confusión o para desviar la atención de un ataque real.

h) Desinformación: Difundir información falsa sobre la seguridad de las instalaciones nucleares o incidentes radiactivos con la intención de manipular la opinión pública o el mercado.

i) Atentados contra el Transporte de Materiales Radiactivos: Atacar vehículos o contenedores que transportan sustancias radiactivas.

j) Interferencia en Procedimientos de Emergencia: Obstaculizar las respuestas de emergencia a incidentes radiactivos con la intención de aumentar el daño o el impacto del incidente.

Estos actos se consideran extremadamente graves debido al potencial de daño masivo y las consecuencias a largo plazo para la salud pública, la seguridad y el medio ambiente.

La respuesta a tales actos incluye medidas de seguridad nacionales e internacionales rigurosas, y los perpetradores enfrentan severas sanciones penales, incluidas largas penas de prisión o, en algunos países, la pena de muerte. Además, hay esfuerzos internacionales coordinados, como los dirigidos por la Agencia Internacional de Energía Atómica (AIEA), para prevenir el terrorismo nuclear y radiológico mediante la mejora de la seguridad y la protección de los materiales y las instalaciones radiactivas.

TERRORISMO RADIOLÓGICO

El terrorismo radiológico se refiere al uso intencionado de materiales radiactivos con la intención de causar daño y sembrar el terror entre la población.

Está comprendido dentro de los delitos relativos a las radiaciones ionizantes, y suele ser considerado como uno de los escenarios de riesgo más graves en la seguridad internacional.

Este tipo de terrorismo puede tomar varias formas, y algunas de las conductas relacionadas incluyen:

a) Ataque a instalaciones nucleares: Atacar o sabotear plantas de energía nuclear, instalaciones de investigación o reactores, lo cual podría resultar en la liberación de material radiactivo.

b) Dispersión de materiales radiactivos: Utilizar explosivos convencionales para dispersar materiales radiactivos, una táctica conocida como "bomba sucia", que no resulta en una explosión nuclear, pero sí en la dispersión de contaminación radiactiva.

c) Contaminación de suministros de agua o alimentos: Introducir materiales radiactivos en suministros de agua, sistemas de alimentación o en productos agrícolas para causar ingestión masiva y contaminación.

d) Robo o desvío de material radiactivo: Robar o desviar materiales radiactivos de hospitales, instalaciones industriales o investigativas, que podrían ser utilizados para crear un dispositivo radiológico.

e) Amenazas de liberación de radiación: Realizar amenazas creíbles de liberar material radiactivo, lo cual puede causar pánico y perturbación social, incluso si el ataque no se lleva a cabo.

f) Venta o distribución ilícita de materiales radiactivos: Comerciar ilegalmente con materiales radiactivos, facilitando que otros lleven a cabo un ataque radiológico.

g) Uso de radiación para asesinato o lesiones: Utilizar fuentes radiactivas para causar daño directo a individuos, como envenenamiento o exposición a altas dosis de radiación.

h) Ciberataques: Realizar ataques cibernéticos contra sistemas de control de instalaciones nucleares o radiológicas con el fin de causar una liberación no controlada de radiación.

i) Publicación de información sensible: Difundir información sobre cómo fabricar dispositivos radiológicos o cómo obtener y manipular materiales radiactivos.

j) Intimidación o coacción: Usar fuentes radiactivas para intimidar a gobiernos, comunidades o individuos, ejerciendo presión política o para lograr objetivos ideológicos.

El terrorismo radiológico representa un uso extremadamente malicioso de la ciencia y la tecnología, y, por tanto, es objeto de fuertes medidas de seguridad y control internacional.

Las agencias de inteligencia, seguridad nacional, la policía, las agencias reguladoras nucleares y las organizaciones internacionales colaboran para prevenir estos actos y para responder en caso de que sucedan.

Los tratados internacionales como la Convención Internacional para la Supresión de Actos de Terrorismo Nuclear y los esfuerzos de la Agencia Internacional de Energía Atómica (AIEA) buscan fortalecer la seguridad nuclear global y prevenir la proliferación de materiales nucleares y radiológicos que podrían ser utilizados con fines terroristas.

TRANSPORTE INSEGURO

El transporte inseguro en el contexto de los delitos relativos a las radiaciones ionizantes se refiere a la movilización de materiales radiactivos que no cumple con las normas y regulaciones de seguridad establecidas.

Dado que los materiales radiactivos pueden ser peligrosos si no se manejan correctamente, existen estrictas regulaciones internacionales y nacionales que establecen cómo deben ser transportados para proteger la salud humana y el medio ambiente.

Las conductas que podrían estar comprendidas en el transporte inseguro y que podrían ser consideradas como delictivas o infracciones administrativas incluyen:

a) Falta de etiquetado adecuado: No marcar los paquetes de manera correcta para indicar que contienen materiales radiactivos.

b) Embalaje inadecuado: Utilizar envases que no cumplen con los estándares requeridos para contener y proteger el material radiactivo, aumentando el riesgo de exposición y contaminación.

c) Documentación incompleta o incorrecta: No acompañar el transporte con la documentación necesaria que detalla la naturaleza, cantidad y medidas de seguridad del material radiactivo.

d) Falta de medidas de seguridad durante el transporte: No implementar los procedimientos de seguridad, como dispositivos para el control de la radiación o barreras de protección para los transportistas y el público.

e) Transporte por rutas inapropiadas: Elegir rutas que incrementen el riesgo de exposición a la población o al medio ambiente, o que no respeten las zonas restringidas para el transporte de materiales peligrosos.

f) Capacitación deficiente del personal de transporte: Permitir que el personal sin la capacitación adecuada maneje el transporte de materiales radiactivos.

g) Falta de planes de emergencia: No contar con un plan de emergencia efectivo en caso de accidente o incidente durante el transporte.

h) Inspección y mantenimiento insuficientes del vehículo: No asegurarse de que el vehículo utilizado para el transporte esté en condiciones adecuadas y sea seguro para llevar materiales radiactivos.

i) No notificar a las autoridades pertinentes: Fallar en la obligación de notificar a las autoridades competentes sobre el transporte de materiales radiactivos, lo cual es requerido en muchos países.

j) No cumplir con las regulaciones específicas de tránsito: Ignorar las normativas que regulan el tránsito de mercancías peligrosas, como los límites de velocidad, paradas obligatorias y controles.

El transporte de materiales radiactivos está regulado por varios organismos internacionales, como la Agencia Internacional de Energía Atómica (AIEA) y la Organización Marítima Internacional (OMI), y sus directrices son adoptadas y adaptadas por los países en sus legislaciones nacionales.

Las infracciones a estas regulaciones pueden conllevar serias sanciones, que incluyen multas, sanciones administrativas y, dependiendo de la gravedad y las consecuencias del transporte inseguro, cargos criminales.

En casos de accidentes que resulten en daño al medio ambiente o a la salud pública, las responsabilidades legales pueden ser aún más severas.

TRATAMIENTO ILÍCITO

El término tratamiento ilícito en el contexto de los delitos relativos a las radiaciones ionizantes generalmente se refiere a la manipulación, procesamiento o gestión de materiales radiactivos de manera que contraviene la ley.

Este término puede abarcar una gama de actividades que no cumplen con los estándares legales, regulatorios o de seguridad establecidos para proteger a las personas y al medio ambiente de los efectos dañinos de la radiación ionizante.

Las conductas que pueden estar comprendidas en el tratamiento ilícito y que podrían constituir un delito incluyen:

a) Procesamiento no autorizado: Manipular materiales radiactivos sin las licencias o permisos requeridos por la ley.

b) Uso indebido: Utilizar fuentes de radiación para propósitos distintos a los que fueron autorizados, lo que podría incluir actividades malintencionadas o negligentes.

c) Reutilización insegura: Reciclar materiales contaminados con radiación de manera inapropiada, poniendo en riesgo la salud y el medio ambiente.

d) Eliminación incorrecta: Disponer de residuos radiactivos de manera que no cumple con las regulaciones de eliminación de desechos radiactivos.

e) Extracción ilegal: Extraer materiales radiactivos de instalaciones reguladas o de dispositivos de contención sin autorización.

f) Venta o distribución ilegal: Comercializar materiales radiactivos sin seguir los canales legales y regulados, o vender a partes que no están autorizadas para su posesión o uso.

g) Modificación no autorizada: Alterar dispositivos que contienen radiación sin seguir los protocolos establecidos o sin la competencia técnica requerida.

h) Exposición deliberada: Exponer a individuos a radiación sin su consentimiento o sin medidas de seguridad adecuadas, lo cual puede ser especialmente relevante en contextos médicos o industriales.

i) Falsificación de documentación: Crear o utilizar documentación falsa para encubrir actividades ilegales relacionadas con materiales radiactivos.

j) Falta de medidas de contención: No aplicar o mantener las medidas adecuadas para evitar la fuga o dispersión de radiación durante el tratamiento de los materiales.

k) Incumplimiento de las regulaciones de seguridad: Ignorar o eludir deliberadamente las normas de seguridad al tratar con radiación ionizante, aumentando el riesgo de accidentes o incidentes de contaminación.

Las consecuencias del tratamiento ilícito de materiales radiactivos pueden ser muy graves, incluyendo daños a largo plazo para la salud humana y el medio ambiente.

Por lo tanto, estas acciones suelen ser penalizadas con severidad bajo la ley, con sanciones que pueden incluir multas significativas, revocación de licencias y, en casos extremos, penas de prisión para los responsables.

Las regulaciones específicas y el grado de ilegalidad de ciertas conductas dependerán de la legislación particular de cada país y de los tratados internacionales que este haya suscrito.

USO MÉDICO NO AUTORIZADO

El uso médico no autorizado de radiaciones ionizantes puede constituir un delito y se refiere a la aplicación de radiaciones ionizantes en pacientes para diagnóstico o tratamiento sin cumplir con las normativas legales establecidas.

Estas normativas incluyen regulaciones sobre la calificación de los profesionales de la salud, el mantenimiento y operación de equipos, las dosis de radiación permitidas, y el consentimiento informado del paciente, entre otros aspectos.

Algunas conductas que pueden estar comprendidas en esta categoría incluyen:

a) Operación de equipos por personal no calificado: Utilizar equipos de radiografía, tomografía computarizada (TC), medicina nuclear o terapia radiológica sin tener las credenciales o la formación requerida.

b) Exceder las dosis de radiación permitidas: Administrar dosis de radiación por encima de los límites establecidos para diagnósticos o tratamientos.

c) Uso de equipos no certificados o calibrados: Emplear equipos de radiología que no hayan pasado las inspecciones de seguridad y calibración necesarias.

d) Tratamientos sin consentimiento informado: Realizar procedimientos radiológicos en pacientes sin obtener su consentimiento informado previo o sin explicar adecuadamente los riesgos y beneficios.

e) Falta de seguimiento de las indicaciones médicas: Ignorar las indicaciones médicas y aplicar técnicas de radiología en situaciones donde no están indicadas o son contraproducentes.

f) Falta de medidas de protección: No utilizar o proveer las medidas de protección adecuadas para el paciente y el personal, como delantales de plomo o escudos protectores.

g) No realizar evaluaciones previas: Omitir la evaluación médica necesaria antes de aplicar un tratamiento con radiaciones ionizantes.

h) Tratamiento a poblaciones vulnerables sin precaución: Aplicar radiaciones ionizantes en poblaciones vulnerables (como embarazadas o niños) sin las precauciones especiales que estos casos requieren.

i) Documentación y registro inadecuado: No mantener registros adecuados de la exposición de los pacientes a las radiaciones.

j) No reportar incidentes de sobreexposición: Si un paciente es accidentalmente sobreexpuesto a la radiación y esto no se reporta, puede constituir un delito.

k) Publicidad engañosa: Promocionar tratamientos médicos con radiaciones ionizantes que no están aprobados o que no cumplen con las normativas de seguridad.

Las entidades reguladoras y de supervisión en el ámbito de la salud y la seguridad nuclear, tales como las agencias gubernamentales de regulación de la salud, son las encargadas de asegurar que las prácticas médicas cumplan con los estándares de seguridad y ética.

El incumplimiento de estas normas puede resultar en sanciones administrativas, retirada de licencias profesionales, multas y, dependiendo de la gravedad y las consecuencias del acto, incluso acciones penales contra los responsables.

USO NO AUTORIZADO

El uso no autorizado en los delitos relativos a las radiaciones ionizantes se refiere a cualquier manejo, manipulación, posesión o empleo de materiales radiactivos sin tener la debida licencia, permiso o autorización por parte de las autoridades competentes.

Este tipo de conducta es especialmente grave debido al potencial daño que las radiaciones ionizantes pueden causar tanto a la salud humana como al medio ambiente.

Las conductas comprendidas en el uso no autorizado pueden incluir:

a) Operación Ilegal de Equipos o Fuentes Radiactivas: Utilizar equipos que emiten radiación, como los de radiografía industrial o médica, sin tener las calificaciones o permisos necesarios.

b) Adquisición o Venta Ilícita: Comprar o vender materiales radiactivos sin seguir los procedimientos legales, incluyendo la falta de verificación de licencias o permisos.

c) Investigación no Reglamentada: Realizar investigaciones científicas o médicas utilizando materiales radiactivos sin contar con la supervisión o autorización requerida por organismos reguladores.

d) Manipulación Improvisada: Manejar materiales radiactivos sin tener conocimientos especializados o sin seguir los protocolos de seguridad establecidos.

e) Importación o Exportación Ilegal: Importar o exportar materiales radiactivos sin cumplir con las normativas internacionales o sin las autorizaciones correspondientes.

f) Poseer Radiactivos sin Notificar: Tener en posesión sustancias radiactivas y no declararlas a las autoridades reguladoras, evadiendo los controles y medidas de seguridad.

g) Desmantelamiento no Autorizado: Participar en el desmantelamiento de instalaciones que contienen materiales radiactivos sin seguir los procedimientos legales o sin permisos.

h) Uso de Radioisótopos sin Permiso: Emplear radioisótopos en aplicaciones médicas, industriales o de investigación sin las autorizaciones necesarias.

i) Falta de Registro: No registrar la posesión o uso de fuentes de radiación con las autoridades nacionales de energía atómica o salud.

j) Omisión de Controles de Seguridad: Operar instalaciones que involucren radiaciones ionizantes sin las medidas de seguridad adecuadas o requeridas por la ley.

k) Uso No Conforme con la Licencia: Utilizar materiales radiactivos para propósitos diferentes a los que se especificaron en la licencia o permiso concedido.

Las consecuencias del uso no autorizado de radiaciones ionizantes pueden ser muy graves, no solo por las sanciones legales que pueden incluir multas y encarcelamiento, sino también por los posibles efectos a largo plazo en la salud de las personas expuestas y la contaminación ambiental.

Los gobiernos y organismos internacionales han establecido leyes y protocolos estrictos para regular el uso de materiales radiactivos y proteger la salud pública y el medio ambiente.

FALTA DE CAPACITACIÓN

La falta de capacitación en los delitos relativos a las radiaciones ionizantes puede referirse a situaciones donde individuos o entidades, que trabajan con o están a cargo de fuentes de radiación ionizante (como equipos de radiografía, material radiactivo en medicina o investigación, reactores nucleares, etc.), no poseen el entrenamiento, conocimiento o habilidades necesarios para manejar dichas fuentes de manera segura y conforme a la normativa vigente.

Los delitos relativos a las radiaciones ionizantes pueden variar según la legislación de cada país, pero en términos generales, podrían incluir una serie de conductas indebidas, como:

a) Operación sin licencia: Utilizar o manejar material radiactivo o equipos que emiten radiación ionizante sin las licencias o autorizaciones correspondientes.
b) Negligencia en la seguridad: No seguir los procedimientos de seguridad requeridos para proteger a las personas y el ambiente de la exposición a la radiación.
c) Falta de formación del personal: No proveer la formación necesaria al personal que trabaja con radiación ionizante, lo cual es crucial para garantizar el uso seguro y efectivo de dichas tecnologías.
d) Mantenimiento inadecuado: No realizar el mantenimiento necesario de los equipos emisores de radiación ionizante, lo que podría llevar a fallas de seguridad y posibles exposiciones accidentales.
e) Infracción de regulaciones: Ignorar o violar las leyes y regulaciones que gobiernan el uso de radiación ionizante.
f) Falsificación de documentos o información: Falsificar o proporcionar información incorrecta sobre los niveles de radiación, seguridad, fuentes de radiación o sobre la capacitación y habilidades del personal.
g) Incumplimiento en la gestión de desechos radiactivos: No seguir las regulaciones para el almacenamiento, transporte y disposición de los desechos radiactivos.
h) Exposición indebida a terceros: Exponer a trabajadores, pacientes, o al público en general a niveles de radiación superiores a los límites establecidos por las autoridades sanitarias o regulatorias.

La capacitación adecuada en este campo es crucial, ya que la exposición a la radiación ionizante puede tener efectos perjudiciales a largo plazo, incluyendo el aumento del riesgo de cáncer, efectos genéticos, y daño a los tejidos y órganos si no se gestiona adecuadamente.

Además, la falta de conocimiento y capacitación puede llevar a accidentes que tengan consecuencias graves para la salud pública y el medio ambiente.

En muchos países, la regulación y el control de las fuentes de radiación ionizante están a cargo de organismos específicos, como las autoridades de energía atómica, ministerios de salud, o agencias de protección ambiental, que establecen las normativas y estándares de formación requeridos para el personal que trabaja en este ámbito.

FUGA DE RADIACIÓN

Una fuga de radiación se refiere a la liberación no controlada de radiación ionizante al ambiente fuera de los límites preestablecidos o seguros. Este tipo de incidente puede ser resultado de un fallo en el equipo, una brecha en los procedimientos de seguridad o una negligencia.

En el contexto legal, estos incidentes pueden constituir un delito si resultan de una violación de las leyes y regulaciones aplicables que gobiernan el uso seguro de la radiación ionizante.

Las conductas que podrían estar implicadas en una fuga de radiación y que podrían ser consideradas delictivas incluyen:

a) Operación negligente: Esto podría involucrar la utilización de equipos de radiación sin seguir los protocolos operativos estándar o sin tener la capacitación necesaria.

b) Mantenimiento deficiente: Si el equipo que maneja o contiene material radiactivo no se mantiene correctamente, podría deteriorarse y causar una fuga de radiación.

c) Desconocimiento o incumplimiento de regulaciones: Ignorar o no cumplir con las normas establecidas para la protección contra la radiación puede llevar a la liberación accidental de radiación.

d) Falta de medidas de contención: No implementar o fallar en mantener barreras de contención efectivas puede resultar en la liberación de radiación al ambiente.

e) Errores de diseño o construcción: Fallos en el diseño o en la construcción de instalaciones que manejan radiación pueden llevar a puntos débiles por donde se puede escapar la radiación.

f) Respuesta inadecuada a incidentes: No responder de manera efectiva y rápida a una emergencia radiológica puede resultar en una fuga de radiación más amplia.

g) Inadecuada supervisión de la seguridad: Si los supervisores no aseguran que los procedimientos de seguridad se sigan adecuadamente, esto podría contribuir a una fuga.

h) Fallo en sistemas de alarma y detección: No contar con sistemas adecuados para detectar y alertar sobre niveles anormales de radiación puede llevar a que una fuga pase inadvertida.

i) Gestión inadecuada de residuos radiactivos: El manejo incorrecto de residuos radiactivos, como su almacenamiento o transporte, puede resultar en la liberación de radiación.

j) Desactivación o fallo de sistemas de seguridad: Apagar intencionadamente o el fallo de los sistemas de seguridad que controlan la radiación puede causar una liberación incontrolada de radiación.

La regulación sobre la radiación ionizante es estricta, y las entidades que trabajan con materiales radiactivos tienen la obligación de seguir protocolos de seguridad detallados para prevenir fugas de radiación.

Si se produce una fuga debido a conductas negligentes o deliberadas, las personas o empresas responsables pueden enfrentar sanciones administrativas, civiles o penales, dependiendo de la gravedad del incidente y de la legislación específica de cada país.

En casos graves, donde la salud de las personas o el medio ambiente han sido afectados significativamente, las consecuencias legales pueden ser particularmente severas.

CONTAMINACIÓN AMBIENTAL

La contaminación ambiental en el contexto de los delitos relativos a las radiaciones ionizantes se refiere a la introducción de materiales o radiaciones ionizantes al medio ambiente de manera que cause o tenga el potencial de causar daño a la salud humana, a la flora y fauna, o a la calidad del ambiente en general.

Esto incluye la contaminación del aire, del agua, del suelo y la exposición a organismos vivos a niveles de radiación superiores a los considerados seguros por las normativas ambientales y de salud.

Las conductas que podrían estar implicadas en la contaminación ambiental por radiaciones ionizantes y que podrían constituir un delito ambiental incluyen:

a) Emisión no autorizada: La liberación de radiación ionizante al medio ambiente sin los permisos necesarios o en niveles que exceden los límites legales.

b) Disposición inadecuada de residuos radiactivos: La eliminación incorrecta de desechos radiactivos, como enterrarlos ilegalmente o liberarlos en sistemas de agua sin el tratamiento adecuado.

c) Accidentes por negligencia: Accidentes que resultan en la liberación de radiación debido a la negligencia, como no seguir protocolos de seguridad o fallos en el mantenimiento de equipos.

d) Falta de control y monitoreo: No realizar las mediciones y el seguimiento adecuado de los niveles de radiación en el ambiente y en los puntos de emisión.

e) Deterioro de contenedores y barreras: El uso de contenedores de almacenamiento de materiales radiactivos que no están en buen estado, lo que podría llevar a fugas.

f) Falta de formación y capacitación del personal: Si los empleados no están adecuadamente entrenados para manejar materiales radiactivos, pueden cometer errores que resulten en contaminación.

g) Incumplimiento de las medidas de mitigación: No implementar medidas de mitigación necesarias tras detectar niveles elevados de radiación, o después de un incidente o accidente.

h) Transporte inseguro: Transportar materiales radiactivos sin las precauciones necesarias, lo que podría llevar a la contaminación en caso de accidente.

i) Desmantelamiento incorrecto: No seguir los procedimientos seguros al desmantelar instalaciones que contienen material radiactivo, lo que puede resultar en la dispersión de contaminantes radiactivos.

j) Información y reportes inexactos: No informar adecuadamente o falsificar documentos sobre los niveles de radiación o incidentes que han ocurrido.

Las regulaciones sobre el manejo de las radiaciones ionizantes y la protección ambiental son muy estrictas en la mayoría de los países, y están diseñadas para prevenir la contaminación radiactiva.

Las violaciones a estas regulaciones pueden llevar a sanciones administrativas, responsabilidad civil por daños y, en casos serios, cargos criminales.

Las sanciones dependen de la jurisdicción y de la severidad del impacto ambiental y de salud causado por la contaminación radiactiva.

Las leyes suelen exigir que cualquier actividad que involucre materiales radiactivos tenga un plan de gestión de riesgos, protocolos de emergencia y medidas de contingencia para prevenir la contaminación y proteger la salud pública y el medio ambiente.

DESATENCIÓN A LA NORMATIVA DE EMERGENCIAS

La desatención a la normativa de emergencias en el contexto de los delitos relativos a las radiaciones ionizantes se refiere a la falta de cumplimiento con las leyes, regulaciones y protocolos diseñados para responder de manera adecuada y efectiva a incidentes o accidentes que involucran materiales radiactivos o radiación ionizante.

Las emergencias en este ámbito pueden incluir fugas, derrames, exposiciones accidentales o cualquier otro evento que pueda resultar en una liberación no controlada de radiación.

Las conductas que pueden estar comprendidas en la desatención a la normativa de emergencias incluyen:

a) Falta de planes de emergencia: No contar con un plan de emergencia adecuado y detallado para responder a incidentes radiológicos.

b) Inadecuada capacitación en respuesta a emergencias: No proporcionar al personal la formación necesaria para ejecutar planes de emergencia de manera efectiva.

c) No realizar simulacros de emergencia: Fallar en llevar a cabo ejercicios o simulacros que son necesarios para asegurar que el personal conozca y pueda implementar los procedimientos de emergencia.

d) Incumplimiento de notificación: No informar a las autoridades reguladoras o a los servicios de emergencia de manera inmediata en caso de un incidente radiológico.

e) Retraso en la respuesta: No actuar con rapidez y eficacia para contener o mitigar un incidente radiológico una vez que ha ocurrido.

f) Falta de equipos de emergencia: No tener disponible el equipo de respuesta a emergencias, como equipos de protección personal, barreras de contención, o dispositivos de monitoreo de radiación.

g) No aislar el área afectada: No implementar medidas para delimitar y controlar el acceso al área donde ha ocurrido la emergencia radiológica.

h) Deficiencia en la comunicación: No comunicar adecuadamente los riesgos y las medidas de seguridad a las personas afectadas, al personal de emergencia y al público.

i) Manipulación inadecuada de la contaminación: No seguir las normativas para la descontaminación de personas y del medio ambiente afectados por la radiación.

j) Incumplimiento en la evaluación de la emergencia: No realizar una evaluación adecuada de la emergencia para entender la magnitud y el impacto potencial de la situación.

k) Descoordinación con autoridades: No colaborar o coordinar las acciones de respuesta con las autoridades locales, regionales o nacionales responsables de la gestión de emergencias.

l) Falta de actualización de la normativa: No mantener los planes y procedimientos de emergencia actualizados conforme a los cambios en la legislación o en las mejores prácticas.

m) Falta de sistemas de alarma adecuados: No contar con sistemas de alarma y notificación efectivos para alertar a las personas de un peligro inminente.

Estas fallas en la atención a la normativa de emergencias pueden tener consecuencias severas tanto para la salud de las personas como para el ambiente.

Las infracciones pueden resultar en sanciones administrativas y en casos graves, pueden llevar a responsabilidades civiles o incluso penales para los individuos u organizaciones responsables, especialmente si la negligencia resulta en daños a la salud o en pérdidas de vidas.

ELIMINACIÓN INADECUADA DE DESECHOS RADIOACTIVOS

La eliminación inadecuada de desechos radioactivos en el contexto de los delitos relativos a las radiaciones ionizantes significa gestionar o deshacerse de materiales que contienen radiación ionizante de manera que no cumple con las regulaciones y normativas de seguridad y protección ambiental.

Los desechos radioactivos pueden provenir de diversas fuentes, como instalaciones médicas, investigaciones científicas, operaciones industriales y plantas de energía nuclear.

Su manejo inapropiado puede representar riesgos significativos para la salud humana y el medio ambiente.

Las conductas que pueden estar comprendidas en la eliminación inadecuada de desechos radioactivos y que podrían constituir un delito incluyen:

a) Disposición en sitios no autorizados: Depositar desechos radioactivos en vertederos o lugares que no están designados o aprobados para la eliminación de residuos radiactivos.

b) Falta de tratamiento previo: No tratar los desechos para reducir su nivel de radioactividad, si es posible, antes de la disposición final.

c) No seguir protocolos de segregación: Mezclar desechos radioactivos con desechos convencionales, lo cual puede aumentar el riesgo de exposición y contaminación.

d) No etiquetar o identificar adecuadamente: Fallar en marcar los desechos de manera que indiquen claramente que son materiales radioactivos.

e) Transporte inseguro: Transportar desechos radioactivos sin las precauciones adecuadas o mediante operadores no autorizados o no capacitados.

f) Falta de registros o documentación: No mantener un registro adecuado de la cantidad, tipo y destino final de los desechos radioactivos.

g) Incumplimiento de límites y estándares: Exceder los límites de radiactividad permitidos para los desechos que se disponen o no cumplir con los estándares de contención y aislamiento.

h) Liberación al medio ambiente: Permitir la liberación o el drenaje de materiales radioactivos al suelo, agua o aire de manera no controlada.

i) No realizar monitoreo ambiental: No llevar a cabo el monitoreo necesario para detectar y prevenir la fuga o dispersión de radiactividad del lugar de disposición.

j) Desatención de la vida media de los isótopos: No considerar el tiempo que los materiales radiactivos permanecerán activos y su impacto a largo plazo en el lugar de eliminación.

k) Falta de planes de cierre y post-cierre: No desarrollar o implementar adecuadamente planes de cierre y vigilancia post-cierre para sitios de disposición de residuos radioactivos.

l) No asegurar la trazabilidad: No implementar sistemas que permitan rastrear la disposición final de los residuos radioactivos.

m) Manipulación por personal no cualificado: Permitir que personal no cualificado maneje o disponga de los desechos radioactivos.

n) No informar sobre incidentes: No notificar a las autoridades competentes en caso de incidentes o irregularidades en la eliminación de desechos radioactivos.

Estas prácticas no solo representan un peligro para la salud pública y el medio ambiente, sino que también pueden tener consecuencias legales graves, como sanciones administrativas, multas sustanciales, y en casos graves, responsabilidades penales para las personas y entidades responsables.

La gestión de desechos radioactivos es un área altamente regulada y el incumplimiento de estas regulaciones es tratado con severidad por la mayoría de las jurisdicciones.

EXPORTACIÓN O IMPORTACIÓN ILEGAL

La exportación o importación ilegal en los delitos relativos a las radiaciones ionizantes se refiere al traslado transfronterizo de materiales o equipos radiactivos que se realiza en contravención a las leyes y regulaciones nacionales e internacionales.

Estos materiales incluyen fuentes de radiación, materiales nucleares o radiactivos, y equipos que los contienen o que pueden producir radiación ionizante.

La regulación de estos materiales es extremadamente estricta debido a sus potenciales aplicaciones en armas, su peligrosidad para la salud y el ambiente, y su valor como objetivo de terrorismo o robo.

Las conductas que podrían estar comprendidas bajo esta categoría de delitos incluyen:

a) Tráfico Ilegal: La venta, compra o transporte de materiales radiactivos o nucleares sin los permisos necesarios.

b) Evasión de Controles: Eludir los puntos de control aduaneros o usar documentación falsa para mover materiales radiactivos entre países.

c) Incumplimiento de Normativas de Seguridad: No cumplir con las regulaciones internacionales de seguridad, como los estándares de la Agencia Internacional de Energía Atómica (AIEA), durante la exportación o importación de materiales radiactivos.

d) Falta de Licencias: Exportar o importar fuentes de radiación sin las licencias requeridas por las autoridades competentes.

e) Empaquetado y Etiquetado Incorrecto: No seguir las normas internacionales para el empaquetado y etiquetado adecuado que garantiza la seguridad en el transporte de materiales radiactivos.

f) Información Falsa o Insuficiente: Proporcionar información engañosa o insuficiente sobre el contenido y los riesgos de los envíos radiactivos.

g) Rutas de Transporte No Seguras: Utilizar rutas de transporte que no están aprobadas para el traslado de materiales radiactivos, aumentando el riesgo de accidentes o robos.

h) Uso de Intermediarios No Autorizados: Emplear intermediarios o corredores que no están certificados para manejar la transferencia de materiales radiactivos.

i) Desvío de Materiales Radiactivos: Desviar materiales radiactivos hacia o desde estados o entidades no autorizadas o hacia programas no civiles, como armamento o desarrollo militar.

j) No Declarar o Declarar Incorrectamente en Aduanas: No declarar materiales radiactivos en aduanas o declararlos como otro tipo de bienes.

k) Transacciones con Países o Entidades Sancionadas: Realizar transacciones con países, empresas o individuos que están sujetos a sanciones internacionales que prohíben o restringen el comercio de materiales radiactivos.

Estas conductas son tratadas con severidad por la ley internacional y nacional debido a las potenciales amenazas a la seguridad y al bienestar global.

Las infracciones pueden dar lugar a sanciones significativas, incluidas multas económicas, restricciones comerciales y, en casos graves, procesos penales contra los individuos o entidades responsables.

Además, la exportación o importación ilegal de materiales radiactivos puede tener consecuencias de seguridad a largo plazo, incluyendo el riesgo de proliferación nuclear y la posibilidad de que estos materiales caigan en manos equivocadas.

EXPOSICIÓN DE PERSONAS

La exposición de personas a radiaciones ionizantes en un contexto delictivo se refiere a situaciones donde individuos son sometidos a niveles de radiación superiores a los límites seguros establecidos por las normativas de protección radiológica, debido a prácticas negligentes, inseguras, ilegales o malintencionadas.

Las leyes y regulaciones sobre protección radiológica tienen como objetivo limitar la exposición a la radiación ionizante para proteger la salud humana.

Dentro de este marco, las conductas que podrían estar comprendidas en la exposición ilícita de personas a la radiación ionizante, y que podrían constituir un delito son:

a) Exposición laboral excesiva: Permitir que los trabajadores en campos como la medicina, la industria o la investigación sean expuestos a niveles de radiación por encima de los límites ocupacionales sin las medidas de protección adecuadas.

b) Falta de protección para pacientes: En el ámbito médico, aplicar dosis de radiación por encima de lo terapéuticamente necesario o realizar procedimientos radiológicos sin justificación médica.

c) Provisión insuficiente de equipos de protección: No proporcionar o fallar en mantener el equipo de protección personal adecuado para las personas que trabajan con fuentes de radiación.

d) Exposición pública indebida: No implementar controles adecuados para prevenir la exposición del público a la radiación, como podría suceder con desechos radiactivos o fugas de instalaciones nucleares.

e) Falta de formación y capacitación: No ofrecer la capacitación necesaria para que los trabajadores entiendan y mitiguen los riesgos asociados con la radiación.

f) No realizar evaluaciones de riesgo: No evaluar adecuadamente los riesgos de radiación y, por lo tanto, no implementar las medidas necesarias para controlar la exposición.

g) Incumplimiento de normativas de seguridad: Violar las regulaciones de seguridad radiológica, como los límites de dosis, los procedimientos operativos estándar y las regulaciones de zonificación.

h) Manipulación incorrecta de fuentes radiactivas: Usar, transportar o almacenar inapropiadamente fuentes de radiación, resultando en una exposición no controlada.

i) Falta de señalización y barreras: No proveer las advertencias adecuadas o barreras físicas para prevenir la entrada a zonas de alta radiación.

j) Supervisión deficiente: No monitorear o supervisar efectivamente la exposición a la radiación de los trabajadores o del público.

k) Inadecuada respuesta a incidentes: Fallar en la gestión adecuada de un incidente radiológico, lo que lleva a una mayor exposición de lo necesario.

l) Desactivación o manipulación de sistemas de seguridad: Desactivar intencionalmente o manipular dispositivos de seguridad o de monitoreo destinados a proteger contra la exposición a la radiación.

Cuando se determina que ha habido exposición indebida a radiaciones ionizantes, las autoridades reguladoras pueden imponer sanciones que incluyen multas, restricciones operativas, o incluso cierre de instalaciones.

En casos de negligencia grave o exposiciones intencionadas, los responsables pueden enfrentar cargos penales, que pueden llevar a penas de prisión, dependiendo de la legislación específica del país y de la gravedad del caso.

Las regulaciones exactas y los límites de exposición segura están definidos por la legislación nacional en cada país y por directrices internacionales como las proporcionadas por la Comisión Internacional de Protección Radiológica (ICRP) y el Organismo Internacional de Energía Atómica (OIEA).

EXPOSICIÓN NEGLIGENTE

La exposición negligente en el contexto de los delitos relacionados con las radiaciones ionizantes se refiere a situaciones en las que individuos son expuestos a radiación ionizante debido a la falta de cuidado, atención o incumplimiento de los deberes de seguridad por parte de quienes manejan fuentes radiactivas o supervisan entornos donde se encuentran tales fuentes.

Esto puede aplicarse a contextos médicos, industriales, de investigación y otros entornos donde se utilicen materiales radiactivos.

Las conductas que podrían estar comprendidas en la exposición negligente incluyen:

a) No Proporcionar Equipo de Protección Adecuado: No suministrar o no asegurarse de que los trabajadores utilicen el equipo de protección personal necesario para trabajar con materiales radiactivos.

b) Falta de Formación: No ofrecer la capacitación necesaria para que los empleados entiendan cómo trabajar de manera segura con la radiación y reconozcan los peligros asociados.

c) Mantenimiento Deficiente: No realizar el mantenimiento adecuado en equipos que emiten radiación, como aceleradores de partículas, equipos de rayos X, o dispositivos de medicina nuclear.

d) Violaciones de los Procedimientos Operativos Estándar: No seguir los procedimientos de seguridad establecidos, como el tiempo, la distancia y la protección al trabajar con radiación.

e) Supervisión Inadecuada: No supervisar adecuadamente a los trabajadores para asegurarse de que cumplen con las normas y procedimientos de seguridad.

f) Exposiciones Médicas Innecesarias: Administrar pruebas o tratamientos médicos que involucren radiación sin una justificación adecuada o en dosis superiores a las necesarias.

g) Controles de Seguridad Insuficientes: No implementar o mantener controles de acceso o barreras de seguridad para prevenir la entrada no autorizada a áreas de alta radiación.

h) No Realizar el Monitoreo de Radiación: No utilizar o proporcionar dispositivos de monitoreo, como dosímetros, para medir y registrar las dosis de radiación que reciben los individuos.

i) No Reportar Incidentes: No informar a las autoridades competentes sobre incidentes de sobreexposición o accidentes que resulten en la liberación de radiación.

j) Desmantelamiento Incorrecto: No seguir los procedimientos adecuados al desmantelar equipos o instalaciones que contienen materiales radiactivos, lo que podría resultar en la liberación de radiación.

k) Inobservancia de Límites de Exposición: No respetar los límites reglamentarios de exposición a la radiación para el público y para los trabajadores.

l) Inadecuada Respuesta a Emergencias: Falta de planes de emergencia o respuesta inadecuada en situaciones de emergencia radiológica que resultan en una mayor exposición de los trabajadores o del público.

La negligencia en la protección contra la exposición a radiaciones ionizantes puede tener graves consecuencias para la salud, como quemaduras por radiación, enfermedades inducidas por radiación a corto y largo plazo, y un aumento en el riesgo de cáncer.

Las infracciones de las regulaciones de seguridad radiológica pueden llevar a sanciones administrativas, multas y, en casos graves, a la responsabilidad penal para los individuos y las entidades responsables.

FALSIFICACIÓN DE DOCUMENTOS

La falsificación de documentos en el contexto de los delitos relacionados con las radiaciones ionizantes se refiere a la creación, alteración o uso de documentos falsos con el fin de engañar o cometer un acto ilegal en relación con materiales o dispositivos que emiten radiaciones ionizantes.

Los documentos en este ámbito suelen ser cruciales para la seguridad, el seguimiento y la regulación de materiales potencialmente peligrosos, y su autenticidad es esencial para mantener las normas de protección y control.

Las conductas comprendidas en la falsificación de documentos pueden incluir:

a) Certificados de Origen Falsos: Crear o utilizar documentos falsificados que declaren incorrectamente el origen de los materiales radiactivos o nucleares.

b) Licencias y Permisos Falsificados: Usar o fabricar permisos o licencias de operación, importación o exportación que no han sido emitidos por una autoridad competente o que han sido alterados para ocultar información relevante.

c) Falsificación de Registros de Seguridad: Modificar o inventar registros de seguridad, como los dosímetros personales de los trabajadores, para ocultar exposiciones excesivas a la radiación.

d) Documentos de Transporte Alterados: Alterar la documentación que acompaña el transporte de materiales radiactivos para evadir controles o para transportar material a lugares no autorizados.

e) Falsificación de Documentación Médica: En el contexto de la radioterapia o diagnóstico médico, usar documentación alterada que puede afectar el tratamiento o la dosificación de los pacientes.

f) Registros de Desechos Radiactivos Inexactos: Crear registros de desechos que no reflejan con precisión la cantidad, tipo o destino de los desechos radiactivos.

g) Falsificación de Informes de Inspección o Mantenimiento: Presentar informes de inspección o mantenimiento que no se han realizado, con el fin de cumplir falsamente con las regulaciones de seguridad.

h) Manipulación de Instrumentos de Medición: Ajustar o falsificar los instrumentos que miden la radiación para proporcionar lecturas incorrectas.

i) Documentación de Capacitación y Certificación: Presentar certificados de capacitación o calificación falsificados para personal que trabaja con radiación ionizante, indicando erróneamente que han recibido la formación necesaria para manejar materiales peligrosos.

j) Registros de Exportación o Importación Falsos: Emitir o utilizar documentos que contienen información falsa sobre la exportación o importación de materiales radiactivos para eludir las restricciones o los controles regulatorios.

La falsificación de documentos relacionados con materiales radiactivos es un delito grave debido a los riesgos significativos para la salud y la seguridad pública.

Puede llevar a una exposición accidental a la radiación, la proliferación de materiales nucleares y radiológicos, y otras consecuencias perjudiciales. Las penas por tales actos pueden ser severas, incluyendo multas, sanciones y penas de prisión, dependiendo de la jurisdicción y el alcance del delito.

Las autoridades nacionales e internacionales aplican estrictamente las leyes y regulaciones para prevenir y sancionar tales actos.

FALTA DE MEDIDAS DE SEGURIDAD

La falta de medidas de seguridad en los delitos relativos a las radiaciones ionizantes alude a la omisión o insuficiencia en la implementación de protocolos, infraestructuras y prácticas destinadas a proteger a las personas y al medio ambiente de la exposición no deseada o dañina a la radiación ionizante.

Estos protocolos de seguridad están establecidos por regulaciones nacionales e internacionales y su inobservancia puede resultar en responsabilidades legales.

Las conductas que pueden estar comprendidas en la falta de medidas de seguridad y que pueden configurar un delito incluyen:

a) Insuficiente capacitación del personal: No ofrecer la formación adecuada a los trabajadores que manejan fuentes de radiación, lo que podría conducir a un uso inapropiado y peligroso.

b) Inexistencia o mal estado de barreras físicas: Carecer de barreras adecuadas para la contención de la radiación o mantener barreras que están dañadas o desgastadas.

c) Equipamiento de protección personal deficiente: No proporcionar o no exigir el uso de equipamiento de protección personal (EPP) apropiado para los trabajadores.

d) Ausencia de señalizaciones y advertencias: No disponer de las señales adecuadas que indiquen áreas de alto riesgo o que provean instrucciones de seguridad.

e) Mantenimiento inadecuado de equipos: No realizar las revisiones y mantenimientos necesarios de los equipos que generan o contienen materiales radiactivos.

f) Monitoreo de radiación deficiente: No llevar a cabo una vigilancia adecuada de los niveles de radiación en áreas donde se manejan fuentes de radiación.

g) Falta de protocolos de emergencia: No contar con planes de acción para situaciones de emergencia relacionadas con la radiación o no realizar simulacros de emergencia.

h) Control de acceso inadecuado: Permitir el acceso no restringido a áreas donde se manejan materiales radiactivos.

i) Incumplimiento de regulaciones de almacenamiento: No almacenar correctamente los materiales radiactivos, ya sea en términos de tiempo, condición o ubicación.

j) Auditorías de seguridad insuficientes: No realizar auditorías regulares o no actuar en base a sus hallazgos para asegurar que las medidas de seguridad sean efectivas.

k) Notificación inadecuada de incidentes: No informar a las autoridades competentes sobre incidentes de seguridad relacionados con la radiación de manera oportuna.

l) Falta de análisis de riesgo y evaluación: No realizar evaluaciones de riesgo adecuadas que identifiquen potenciales peligros de radiación y establezcan las medidas de control correspondientes.

La falta de cumplimiento de estas y otras medidas de seguridad puede resultar en sanciones civiles, administrativas y, dependiendo de la gravedad de la infracción y de las leyes específicas del país o región, en consecuencias penales.

Las violaciones graves que resultan en daño a la salud pública o al medio ambiente pueden llevar a responsabilidades significativas para los individuos o entidades involucradas.

MANIPULACIÓN INSEGURA

La manipulación insegura en el contexto de los delitos relativos a las radiaciones ionizantes implica el manejo de materiales o fuentes de radiación de manera que no cumple con los estándares de seguridad establecidos, lo que podría resultar en daño a la salud de las personas o al medio ambiente.

Estas conductas pueden variar desde negligencia hasta acciones intencionales y suelen ser consideradas muy graves debido a los potenciales efectos perjudiciales de las radiaciones ionizantes.

Las conductas que se pueden comprender bajo la manipulación insegura pueden incluir:

a) Falta de Entrenamiento: Permitir que personal no capacitado maneje fuentes de radiación ionizante.

b) No Utilizar EPP Adecuado: No usar o no proporcionar el equipo de protección personal adecuado, como plomos, delantales, gafas, o dosímetros personales.

c) No Seguir Procedimientos Operativos Estándar: Ignorar los protocolos establecidos para el uso y mantenimiento de equipos que generan radiaciones ionizantes.

d) Almacenamiento Inadecuado: Guardar materiales radiactivos en lugares no seguros o sin el blindaje necesario para prevenir la exposición innecesaria.

e) Transporte No Reglamentario: Transportar fuentes radiactivas sin las precauciones necesarias o de forma que viola las normas de seguridad en el transporte de materiales peligrosos.

f) Exposición Innecesaria: Exponer a los trabajadores o al público a radiaciones sin medidas de seguridad adecuadas o más allá de los límites permitidos.

g) Disposición Inadecuada de Residuos: Deshacerse de residuos radiactivos de manera no conforme con las normativas, lo que puede resultar en la contaminación del medio ambiente.

h) Mantenimiento Deficiente de Equipos: No llevar a cabo las inspecciones y el mantenimiento regular requerido en el equipo que produce radiación.

i) Manipulación Directa: Manipular directamente fuentes de radiación sin herramientas o métodos de control adecuados.

j) Fugas y Derrames: No actuar de manera adecuada y rápida para contener y remediar derrames o fugas de materiales radiactivos.

k) Falta de Monitoreo: No realizar el monitoreo necesario para detectar y medir la radiación en áreas donde se manipulan o almacenan materiales radiactivos.

l) Omisión de Reporte de Incidentes: No informar a las autoridades competentes sobre incidentes o accidentes que resulten en liberación de radiación.

m) Seguridad Física Inadecuada: No proteger adecuadamente las fuentes radiactivas contra el acceso no autorizado o el robo.

n) Instrucciones Equivocadas o Desactualizadas: Seguir procedimientos obsoletos o proporcionar información incorrecta sobre cómo manipular de forma segura materiales radiactivos.

El incumplimiento de las prácticas seguras en la manipulación de radiaciones ionizantes puede tener consecuencias legales, como multas o sanciones penales, y puede poner en riesgo la salud y seguridad de las personas, así como causar daños al medio ambiente.

Por lo tanto, es fundamental que todas las entidades que trabajen con materiales radiactivos cumplan estrictamente con las normativas aplicables.

NEGLIGENCIA EN LA PROTECCIÓN PERSONAL

La negligencia en la protección personal en el contexto de los delitos relacionados con radiaciones ionizantes implica la falta de cuidado o la omisión inadecuada de medidas de seguridad destinadas a proteger a las personas de la exposición a la radiación ionizante.

Esto puede aplicarse a trabajadores que manejan directamente fuentes de radiación, pacientes en un entorno médico, o al público en general si la radiación escapa de un entorno controlado.

Conductas que pueden estar comprendidas en esta categoría de negligencia pueden incluir:

a) No proporcionar o usar equipo de protección adecuado: Esto puede incluir la falla en suministrar o exigir el uso de delantales de plomo, gafas protectoras, escudos de radiación, o monitores de dosis personales que miden la exposición a la radiación.

b) Falta de formación en seguridad: No brindar la capacitación adecuada en procedimientos de seguridad radiológica o la omisión de informar sobre la importancia y el uso correcto del equipo de protección personal (EPP).

c) No realizar o seguir evaluaciones de riesgo: Omitir la realización de evaluaciones de riesgo que podrían identificar la necesidad de protección personal o ignorar los resultados de dichas evaluaciones.

d) No mantener o inspeccionar el equipo de protección: No asegurarse de que el equipo de protección esté en buenas condiciones, sea efectivo y se someta a inspecciones regulares para garantizar su funcionamiento.

e) No limitar la exposición: No implementar procedimientos para minimizar el tiempo de exposición a la radiación, no proporcionar escudos o barreras adecuadas, o no establecer zonas controladas.

f) No monitorear o registrar la exposición a la radiación: No hacer un seguimiento de la dosis de radiación que recibe el personal o los pacientes para asegurarse de que no excedan los límites de seguridad.

g) No implementar controles administrativos: Carecer de políticas o procedimientos que regulen el acceso a áreas con radiación y que aseguren la protección personal adecuada.

h) Descuido en la supervisión: Los supervisores que no aseguran que los empleados utilicen su EPP adecuadamente o que sigan las mejores prácticas en seguridad radiológica están siendo negligentes en sus deberes.

i) Falta de revisión y actualización de protocolos de seguridad: No actualizar los protocolos de seguridad conforme a los avances tecnológicos o los cambios en la normativa vigente.

j) Inadecuada respuesta ante sobreexposiciones: No tomar medidas correctivas cuando se detecta que un individuo ha sido sobreexpuesto a la radiación.

Las consecuencias de la negligencia en la protección personal pueden ser graves y resultar en daños a la salud a corto o largo plazo, como quemaduras de radiación, enfermedades inducidas por la radiación, cáncer y, en dosis muy altas, la muerte.

Además, hay implicancias legales significativas para los empleadores y supervisores que no cumplen con su deber de cuidado en el manejo de radiaciones ionizantes, lo cual puede incluir multas, sanciones y responsabilidad penal.

NEGLIGENCIA EN LA SUPERVISIÓN

La negligencia en la supervisión en el contexto de los delitos de radiaciones ionizantes se refiere a la falta de cuidado o la inadecuada gestión y control por parte de las personas encargadas de supervisar el uso seguro de fuentes de radiación.

Esto puede incluir la supervisión del personal, los procesos, los equipos y las instalaciones donde se manejan materiales radiactivos o se está expuesto a la radiación ionizante.

Algunas conductas que pueden ser consideradas como negligencia en la supervisión y que podrían constituir un delito en este ámbito son:

a) Inspecciones Inadecuadas: No realizar las inspecciones de seguridad rutinarias o las comprobaciones necesarias de los equipos y las instalaciones que utilizan o almacenan material radiactivo.

b) Falta de Formación y Capacitación: No asegurar que todo el personal que trabaja con radiación reciba la formación adecuada en materia de seguridad radiológica y actualizaciones periódicas.

c) Incumplimiento de Normativas: No adherirse a las regulaciones y estándares nacionales e internacionales para la protección radiológica.

d) Desatención a Procedimientos de Emergencia: No desarrollar, implementar o practicar procedimientos adecuados de respuesta ante emergencias radiológicas.

e) Deficiente Control de la Dosimetría: No monitorear o registrar adecuadamente las dosis de radiación recibidas por el personal o los pacientes.

f) Mantenimiento Inapropiado: No mantener el equipo de radiación de acuerdo con las especificaciones del fabricante y los requisitos de seguridad.

g) Inobservancia de la Seguridad Operacional: Ignorar los protocolos establecidos para la operación segura de los equipos y las instalaciones radiactivas.

h) Falta de Comunicación: No comunicar información esencial sobre los riesgos y las precauciones necesarias para el trabajo seguro con radiaciones ionizantes.

i) Omisión en la Notificación de Incidentes: No reportar incidentes de seguridad o exposiciones no previstas de radiación a las autoridades pertinentes.

j) Falta de Supervisión Directa: No proporcionar una supervisión adecuada al personal en entrenamiento o aquellos que realizan tareas críticas relacionadas con la radiación.

k) No Asegurar Medidas de Protección Personal: No proporcionar o exigir el uso de equipo de protección personal adecuado para el trabajo con radiación.

La negligencia en la supervisión puede tener consecuencias graves, incluyendo daños a la salud de las personas expuestas a la radiación, contaminación ambiental y sanciones legales significativas para las entidades responsables.

Las organizaciones que trabajan con radiación ionizante están sujetas a estrictas regulaciones y se espera que mantengan altos estándares de práctica para evitar incidentes y exposiciones innecesarias a la radiación.

La falla en cumplir con estas responsabilidades puede resultar en multas, acciones regulatorias y, en casos graves, responsabilidad penal para los supervisores y otros en posiciones de autoridad.

NO REPORTAR INCIDENTES

No reportar incidentes en el contexto de los delitos de radiaciones ionizantes se refiere a la omisión o el fallo en comunicar a las autoridades competentes los sucesos o circunstancias en los que se ha producido una liberación no controlada de radiación ionizante o ha existido un riesgo significativo de tal evento.

Esto es una violación de las regulaciones de seguridad nuclear y radiológica que están diseñadas para proteger la salud pública y el medio ambiente.

Las conductas que pueden estar comprendidas en la obligación de reportar incidentes y que pueden ser consideradas delitos si se incumplen incluyen:

a) Fallas de equipo: No informar sobre malfuncionamientos o fallas en equipos que utilizan o generan radiaciones ionizantes, los cuales podrían conducir a una exposición no segura.

b) Accidentes: No comunicar inmediatamente las situaciones accidentales que involucran materiales radiactivos, como derrames, fugas o exposiciones accidentales de trabajadores o del público.

c) Sobrepasar los límites de exposición: No reportar cuando individuos, ya sean trabajadores o miembros del público, han sido expuestos a niveles de radiación que exceden los límites reglamentarios.

d) Robo o pérdida de materiales radiactivos: Fallar en notificar a las autoridades la pérdida o el robo de fuentes radiactivas, lo cual podría tener implicaciones graves para la seguridad pública.

e) Incumplimiento de las condiciones de licencia: No informar cuando se han violado las condiciones bajo las cuales se otorgó una licencia para operar con materiales radiactivos.

f) Resultados anormales de monitoreo: No divulgar hallazgos inusuales en el monitoreo de radiación ambiental o en la vigilancia de la salud de los trabajadores.

g) Incumplimiento de protocolos de seguridad: No reportar la no adherencia a los protocolos de seguridad y procedimientos operativos estándar que podrían resultar en una exposición no controlada.

h) Desviaciones en la práctica de trabajo: No comunicar cambios o desviaciones en las prácticas de trabajo que pudieran llevar a un incremento en el riesgo de exposición radiológica.

i) Errores humanos: No informar sobre errores humanos que resulten en un incidente radiológico o en un aumento del riesgo de tal evento.

j) Manipulación o interferencia de sistemas de seguridad: No reportar la manipulación indebida o desactivación de sistemas de seguridad o de monitoreo de radiación.

La normativa aplicable generalmente requiere que cualquier incidente que involucre radiaciones ionizantes sea reportado a las autoridades en un plazo específico, que puede variar según la legislación local o internacional y el tipo de incidente.

Los organismos reguladores y de supervisión, como la Comisión Reguladora Nuclear en los Estados Unidos, el Consejo de Seguridad Nuclear en España, o el Organismo Internacional de Energía Atómica (OIEA) a nivel internacional, establecen y aplican las normas para el reporte de incidentes.

Las consecuencias de no reportar incidentes pueden incluir sanciones administrativas, multas, y en situaciones de grave negligencia o daño, incluso sanciones penales.

Además, el no reporte puede tener consecuencias severas en términos de salud pública y daño al medio ambiente, por lo que es una responsabilidad crítica de todas las entidades que manejan materiales radiactivos.

RIESGOS PROVOCADOS POR EXPLOSIVOS Y OTROS AGENTES

INTRODUCCIÓN

Los delitos relacionados con los riesgos provocados por explosivos y otros agentes suelen referirse a un conjunto de acciones ilícitas que ponen en peligro la seguridad pública mediante el uso indebido de materiales peligrosos, como explosivos, agentes químicos, biológicos o radiológicos.

Estos delitos se tratan con extrema seriedad debido a su potencial para causar daños masivos, heridas o incluso la muerte, así como el terror que pueden infundir en la población.

Las conductas que pueden estar incluidas en estos delitos son variadas y pueden incluir:

a) Posesión ilícita: Tener en posesión explosivos, armas químicas, agentes biológicos o radiactivos sin las autorizaciones legales requeridas.

b) Fabricación y manipulación: Crear o modificar de manera ilegal explosivos o agentes peligrosos sin cumplir con las normativas de seguridad o sin la licencia correspondiente.

c) Comercio o distribución: Comprar, vender, distribuir o transportar estos materiales de forma ilegal o sin cumplir con los requisitos legales pertinentes.

d) Uso indebido: Utilizar estos materiales con la intención de causar daño, pánico o desorden social, o incluso con negligencia, sin intención de dañar, pero con resultado de riesgo o daño potencial.

e) Amenazas o falsas alarmas: Amenazar con el uso de explosivos o agentes peligrosos, o causar una alarma falsa sobre su presunto uso o despliegue.

f) Abandono o desecho inadecuado: Dejar materiales peligrosos en lugares inapropiados o deshacerse de ellos de manera que ponga en riesgo a otras personas o al medio ambiente.

g) Atentado: Ejecutar ataques o atentados utilizando explosivos o agentes peligrosos.

h) Financiación y ayuda: Financiar o proporcionar apoyo logístico para la adquisición o utilización de explosivos y otros agentes peligrosos con fines ilícitos.

i) Transporte inseguro o ilegal: Transportar estos materiales sin seguir las normativas establecidas para asegurar la seguridad y prevención de accidentes o incidentes.

j) Amenazas o falsas alarmas: Realizar amenazas con el uso de estos materiales o provocar falsas alarmas que puedan desatar pánico o tener que movilizar recursos de emergencia innecesariamente.

k) Negligencia en el cumplimiento de regulaciones: No seguir las regulaciones y procedimientos legales para la gestión de materiales peligrosos, lo que incluye la adecuada formación y equipamiento de personal que maneje estos materiales.

La legislación penal de muchos países establece delitos específicos para estas conductas y prevé sanciones severas para quienes las cometan, dada la alta peligrosidad y las graves consecuencias que pueden tener en la sociedad.

Las penas pueden incluir largas condenas de prisión, multas elevadas y en casos extremos, dependiendo de la jurisdicción, hasta la cadena perpetua o la pena de muerte si resultan en fatalidades.

Las autoridades encargadas de la aplicación de la ley y las fuerzas del orden tienen unidades especializadas para lidiar con este tipo de amenazas y suelen cooperar con organismos internacionales, como la INTERPOL o el FBI, en la prevención, detección y respuesta a incidentes relacionados con explosivos y otros agentes peligrosos.

ALMACENAMIENTO INADECUADO

El almacenamiento inadecuado en los delitos relativos a los riesgos provocados por explosivos y otros agentes se refiere a guardar estos materiales en condiciones que no cumplen con las normativas de seguridad y protección establecidas por la ley.

Esta práctica es peligrosa ya que incrementa el riesgo de accidentes, explosiones, liberación de sustancias tóxicas o radiactivas, y puede tener consecuencias catastróficas para la salud pública y el medio ambiente.

Conductas asociadas con el almacenamiento inadecuado pueden incluir:

a) Falta de medidas de seguridad: No implementar los controles de seguridad necesarios, como sistemas de ventilación adecuados, barreras de contención, sistemas de detección de incendios y explosiones, o equipos de supresión de incendios.
b) Condiciones de almacenaje peligrosas: Almacenar materiales peligrosos en lugares propensos a inundaciones, incendios o en áreas donde un accidente podría afectar a poblaciones cercanas.
c) Capacidades excedidas: Superar la cantidad permitida de material peligroso que se puede almacenar de manera segura en una ubicación dada.
d) Almacenamiento conjunto inapropiado: Guardar juntos productos químicos o materiales que al mezclarse puedan reaccionar de manera peligrosa, como ácidos y bases, o agentes oxidantes y combustibles.
e) Ausencia de señalización y etiquetado: No etiquetar adecuadamente los contenedores de almacenamiento para identificar los riesgos o no colocar señalizaciones que indiquen la presencia de materiales peligrosos.
f) Falta de entrenamiento: No proporcionar a los trabajadores el entrenamiento necesario para manejar y almacenar de manera segura los materiales peligrosos.
g) No reportar inventarios: No mantener o reportar adecuadamente los registros de inventario de los materiales peligrosos a las autoridades competentes.
h) Falta de mantenimiento de las instalaciones: No realizar inspecciones y mantenimiento periódicos de los lugares de almacenamiento para garantizar que siguen siendo seguros.
i) Almacenamiento en zonas pobladas: Mantener explosivos o agentes peligrosos en áreas cercanas a zonas residenciales, escuelas, hospitales o cualquier otro lugar donde exista un alto riesgo de daño humano en caso de un incidente.
j) Incumplimiento de normativas sobre control de temperatura y humedad: Guardar sustancias que requieren condiciones específicas de temperatura y humedad sin el control adecuado, lo que podría llevar a su descomposición o a la creación de un ambiente propenso a la ignición o explosión.
k) Deficiente etiquetado y señalización: No etiquetar de manera correcta los materiales almacenados o no proveer la señalización necesaria que advierta sobre los riesgos asociados y las medidas de precaución.
l) Falta de planes de emergencia: No contar con planes de emergencia adecuados, equipos de respuesta rápida o medidas de contención de daños en caso de que se produzca un accidente.

Las sanciones por el almacenamiento inadecuado de explosivos y otros agentes peligrosos pueden variar según la jurisdicción, pero generalmente incluyen multas significativas, la imposición de medidas correctivas obligatorias y, en casos de negligencia grave o consecuencias fatales, penas de prisión para los responsables.

Dadas las implicaciones de seguridad y salud pública que conlleva el almacenamiento inadecuado de estos materiales, las autoridades suelen aplicar una regulación estricta y controles regulares para prevenir tales riesgos.

Las regulaciones detallan cómo deben ser almacenados estos materiales, las distancias de seguridad, las condiciones ambientales necesarias, y las medidas de emergencia en caso de accidentes.

SABOTAJE

El sabotaje en el contexto de los delitos relativos a los riesgos provocados por explosivos y otros agentes implica acciones intencionales diseñadas para dañar, interrumpir o destruir propiedades, infraestructuras o sistemas a través del uso indebido de materiales peligrosos.

Este tipo de conducta puede tener como objetivo desde infraestructuras críticas hasta instalaciones privadas, y puede ser motivado por diversas razones, incluyendo terrorismo, vandalismo, reivindicaciones políticas, o incluso conflictos laborales.

Conductas que podrían considerarse como sabotaje incluyen:

a) Daño intencionado: Destruir o causar daños a infraestructuras como puentes, edificios, líneas de ferrocarril o instalaciones de servicios públicos mediante el uso de explosivos o agentes destructivos.

b) Interferencia con operaciones: Inutilizar maquinaria, vehículos o sistemas (por ejemplo, sistemas informáticos que controlan instalaciones industriales) para interrumpir las operaciones normales.

c) Contaminación de recursos: Introducir agentes químicos o biológicos en suministros de agua o alimentos con el objetivo de causar daño o pánico.

d) Ataques a la red eléctrica: Utilizar explosivos o métodos de destrucción para causar apagones o daños a la infraestructura eléctrica.

e) Destrucción de medios de transporte: Colocar explosivos en vehículos o vías de comunicación como carreteras y rieles para interrumpir el transporte o causar accidentes.

f) Ataques a instalaciones críticas: Dirigir acciones destructivas contra instalaciones críticas como refinerías, plantas químicas o nucleares, con el objetivo de causar el mayor daño posible.

g) Inutilización de sistemas de comunicación: Impedir las comunicaciones normales al atacar físicamente las infraestructuras de telecomunicaciones.

h) Manipulación de equipos de seguridad y emergencia: Alterar o dañar equipo utilizado para la respuesta a emergencias, como extintores, alarmas o sistemas de supresión de incendios, para agravar las consecuencias de un ataque o accidente.

i) Propagación de incertidumbre y miedo: Utilizar amenazas o la demostración de capacidad para emplear materiales peligrosos con el fin de sembrar miedo, incertidumbre o para manipular una situación política o social.

j) Ataques a personal: Atentar contra individuos específicos o grupos mediante la utilización de explosivos o agentes tóxicos, a menudo con motivaciones políticas, ideológicas o vengativas.

El sabotaje es un delito grave que puede ser perseguido bajo varias figuras penales, dependiendo del alcance y de las consecuencias del acto.

Las penas pueden ser severas, incluyendo largas sentencias de prisión, especialmente si el sabotaje resulta en la pérdida de vidas, daños significativos a la propiedad, o grandes interrupciones en servicios esenciales.

Además, en muchos países, actos de sabotaje especialmente aquellos que tienen una motivación terrorista, pueden llevar a la aplicación de legislación antiterrorista con consecuencias aún más graves para los perpetradores.

TRANSPORTE INSEGURO

El transporte inseguro en el contexto de los delitos relacionados con los riesgos provocados por explosivos y otros agentes se refiere al traslado de materiales peligrosos bajo condiciones que no cumplen con las normativas de seguridad establecidas para prevenir accidentes o incidentes.

Estas normativas suelen ser estrictas dada la naturaleza peligrosa de los materiales involucrados y las consecuencias potenciales de su liberación accidental en el medio ambiente o la población.

Conductas que pueden ser consideradas como transporte inseguro incluyen:

a) Incumplimiento de normativas: No seguir las leyes y regulaciones nacionales e internacionales que estipulan cómo se deben transportar los materiales peligrosos.

b) Falta de etiquetado y señalización adecuada: No marcar los vehículos de transporte con las señales de advertencia correspondientes o no etiquetar adecuadamente los contenedores que llevan sustancias peligrosas.

c) Empleo de contenedores inapropiados: Usar recipientes o contenedores que no son adecuados para el tipo de material que se está transportando, lo que podría resultar en fugas o reacciones peligrosas.

d) Falta de preparación para emergencias: No tener planes de acción en caso de accidente, incluyendo la ausencia de equipo de contención de derrames, equipos de protección personal (EPP) para los operadores, o información accesible para los servicios de emergencia.

e) Capacitación deficiente del personal: Permitir que personas no calificadas o sin la capacitación necesaria manejen o transporten materiales peligrosos.

f) Transporte conjunto peligroso: Transportar juntos materiales incompatibles que podrían reaccionar si entran en contacto debido a un accidente o manejo incorrecto.

g) Condiciones de transporte inadecuadas: No mantener las condiciones necesarias, como temperatura o presión controladas, que algunos materiales peligrosos requieren.

h) Documentación insuficiente o incorrecta: No llevar o no mantener al día los documentos necesarios que detallan la naturaleza, cantidad y manejo requerido del material peligroso.

i) Desviación de rutas seguras: No seguir las rutas de transporte designadas que han sido evaluadas para reducir el riesgo de accidentes o que minimizan la exposición a poblaciones en caso de incidente.

j) Inspección y mantenimiento inadecuados del vehículo de transporte: No realizar verificaciones regulares para asegurar que el vehículo está en condiciones seguras para transportar materiales peligrosos.

Las consecuencias del transporte inseguro de explosivos y otros agentes peligrosos pueden ser muy graves, incluyendo la posibilidad de accidentes que resulten en explosiones, incendios, contaminación química o biológica y riesgos para la salud pública.

Por estas razones, el incumplimiento de las regulaciones de transporte puede resultar en sanciones severas, que varían desde multas sustanciales hasta penas de prisión para los infractores, especialmente si el incumplimiento conduce a un daño real.

Las regulaciones de transporte para materiales peligrosos son internacionalmente estrictas y están diseñadas para minimizar el riesgo de tales incidentes.

USO INDEBIDO

El uso indebido en los delitos relativos a los riesgos provocados por explosivos y otros agentes se refiere a la utilización de estos materiales de una manera que es contraria a la ley, las regulaciones de seguridad, o las prácticas aceptadas y seguras.

El referido uso indebido puede abarcar una amplia gama de acciones y se refiere generalmente a cualquier uso que ponga en riesgo la vida, la salud, la propiedad o el medio ambiente.

Aquí hay algunos ejemplos de conductas que podrían considerarse uso indebido:

a) Uso no autorizado: Emplear explosivos o agentes químicos/biológicos/radiológicos sin los permisos necesarios o en contextos que no han sido aprobados por las autoridades competentes.

b) Desviación para propósitos ilícitos: Tomar materiales que están destinados a un uso legítimo y desviarlos para actividades ilegales, como la construcción de dispositivos explosivos improvisados o la fabricación de armas.

c) Uso negligente: Manejar materiales peligrosos sin el cuidado adecuado o de una manera que contraviene las mejores prácticas o las instrucciones de seguridad, lo que puede llevar a accidentes.

d) Experimentación irresponsable: Realizar experimentos con materiales peligrosos fuera de un entorno controlado y regulado, como laboratorios apropiados, lo que podría resultar en exposiciones o liberaciones no controladas.

e) Uso con fines de intimidación o coacción: Emplear explosivos o agentes peligrosos para amenazar o coaccionar a individuos u organizaciones, incluso si no hay intención de causar daño real.

f) Modificación indebida: Alterar químicos, explosivos u otros agentes de maneras que no están permitidas o que aumentan su potencial de daño.

g) Ignorar las restricciones de uso: Utilizar estos materiales de manera contraria a las restricciones legales o reglamentarias, como en horarios, lugares o cantidades que no están permitidos.

h) Uso en áreas no seguras: Emplear explosivos o materiales peligrosos en áreas donde no se pueden garantizar las medidas de seguridad para proteger a las personas y al medio ambiente.

i) Desacato a las condiciones de licencia: Incumplir las condiciones específicas bajo las cuales se otorgó la licencia para usar determinados agentes peligrosos.

j) Abandono irresponsable: Dejar materiales peligrosos en lugares inapropiados donde puedan ser accesibles para personas no autorizadas o donde puedan causar daño.

k) Improvisación de dispositivos: Crear dispositivos caseros con materiales peligrosos para fines que no están aprobados y que representan un riesgo significativo.

Las consecuencias del uso indebido de explosivos y otros agentes pueden ser extremadamente graves, incluyendo daños personales y materiales significativos, contaminación ambiental y, en casos extremos, pérdida de vidas.

Por lo tanto, las sanciones por tales delitos suelen ser severas e incluyen multas cuantiosas, revocación de licencias y permisos, y penas de prisión largas.

Las regulaciones están diseñadas para minimizar los riesgos asociados con estos materiales y asegurar que su uso se limite a aplicaciones seguras y controladas.

ELIMINACIÓN INAPROPIADA

En el contexto legal y de seguridad pública, la eliminación inadecuada de explosivos y otros agentes destructivos se refiere al acto de deshacerse de estos materiales de manera que no sigue los protocolos y regulaciones establecidos, poniendo en peligro la vida, la salud y la propiedad.

A continuación, se desarrollan algunas conductas que podrían considerarse como eliminación inadecuada:

a) Descarte Ilegal de Explosivos: Dejar explosivos o sus componentes en lugares no autorizados o de manera que no cumpla con las regulaciones pertinentes.

b) Inobservancia de Normativas de Seguridad: No seguir los procedimientos establecidos para la desactivación, transporte y eliminación de materiales explosivos o peligrosos.

c) Venta o Transferencia Irresponsable: Transferir explosivos a personas o entidades que no están autorizadas para manejarlos o que tienen la intención de utilizarlos para fines ilícitos.

d) Manipulación Negligente: Manipular o tratar de deshacerse de explosivos o agentes destructivos de forma que ponga en riesgo la seguridad pública, como arrojarlos a la basura común o vertederos no adecuados.

e) Falta de Notificación: No informar a las autoridades pertinentes acerca de los residuos o restos de explosivos que deben ser eliminados, lo cual es generalmente un requisito legal.

f) Almacenamiento Inapropiado: Guardar materiales explosivos en condiciones que no cumplen con las normas de seguridad establecidas, lo que podría resultar en una detonación accidental.

g) Desmantelamiento Incorrecto: Realizar el desmantelamiento de dispositivos explosivos o de agentes destructivos sin las cualificaciones necesarias o sin seguir los protocolos de seguridad, lo cual puede resultar en accidentes.

La conducta específica que constituirá una eliminación inadecuada puede variar dependiendo de la jurisdicción y las leyes específicas aplicables a la gestión de explosivos y otros agentes similares.

Estos actos pueden ser sancionados por leyes que regulan el manejo de materiales peligrosos, así como por estatutos específicos que abordan el uso y manejo de explosivos.

Además, las regulaciones internacionales también pueden aplicarse en casos de eliminación inadecuada que tenga el potencial de cruzar fronteras o afectar a otros países.

FUGAS Y VERTIDOS

Las fugas y vertidos en el contexto de delitos relacionados con explosivos y otros agentes peligrosos generalmente se refiere al escape no controlado o liberación intencional de sustancias que podrían ser perjudiciales para las personas, el medio ambiente o la propiedad.

Estos incidentes pueden ser el resultado de accidentes, negligencia o actos deliberados de vandalismo, terrorismo o sabotaje.

Conductas comprendidas en fugas y vertidos pueden incluir:

a) Accidentes Industriales: Situaciones donde los explosivos o sustancias tóxicas se liberan accidentalmente debido a fallas en el equipo, errores humanos o desastres naturales.

b) Operaciones y Mantenimiento Deficientes: Falta de mantenimiento adecuado o procedimientos operativos que resultan en la liberación de sustancias peligrosas.

c) Manejo Inadecuado de Materiales: Incluye prácticas incorrectas en el manejo de materiales peligrosos, como su almacenamiento, carga o descarga, que pueden causar fugas o derrames.

d) Sabotaje: Actos intencionales para dañar contenedores o sistemas de retención de explosivos o agentes químicos con el fin de causar una fuga o derrame.

e) Vertidos Ilegales: Disposición intencionada e ilegal de sustancias peligrosas en lugares no autorizados, como cuerpos de agua, suelos o áreas no designadas para desechos peligrosos.

f) Terrorismo: Uso deliberado de explosivos o liberación de agentes tóxicos para causar daño, miedo o coacción.

g) Incumplimiento de Protocolos de Seguridad: No seguir los protocolos de seguridad adecuados puede llevar a situaciones en las que se produzcan fugas o derrames accidentales.

h) Falta de Contingencias o Respuestas a Emergencias: No tener o no ejecutar un plan de emergencia efectivo para contener y remediar una fuga o derrame.

i) Inadecuada Información o Advertencia: No informar adecuadamente a las autoridades o a la población afectada acerca de una fuga o derrame de materiales peligrosos.

j) No Reportar Incidentes: Fallar en reportar inmediatamente una fuga o un vertido a las autoridades competentes, lo que podría ser requerido por ley y es esencial para una respuesta efectiva.

Los delitos relacionados con fugas y vertidos de sustancias peligrosas son tomados muy en serio debido a las posibles consecuencias para la salud pública y el medio ambiente.

Las organizaciones y los individuos responsables de la gestión de explosivos y otros agentes peligrosos están generalmente sujetos a regulaciones estrictas diseñadas para prevenir tales incidentes.

El incumplimiento de estas regulaciones puede llevar a sanciones legales severas, incluyendo multas y en algunos casos, procesos penales contra los responsables.

DESACTIVACIÓN IMPRUDENTE

La desactivación imprudente en el contexto de delitos relativos a los riesgos provocados por explosivos y otros agentes podría referirse a la manipulación negligente o inadecuada de dispositivos explosivos, materiales químicos, biológicos o nucleares que, en vez de neutralizar el riesgo, puede incrementar la probabilidad de detonación, liberación o propagación de dichos agentes, resultando en daño o peligro para la vida, la propiedad y el medio ambiente.

Las conductas asociadas con la desactivación imprudente pueden incluir:

a) Manipulación insegura de dispositivos explosivos: Intentar desarmar o manipular un explosivo sin las habilidades, herramientas o procedimientos adecuados.

b) Descuido en la eliminación de materiales peligrosos: No seguir los protocolos establecidos para la disposición segura de sustancias peligrosas, lo que podría resultar en contaminación o exposición accidental.

c) Falta de uso de equipo de protección: No utilizar el equipo de protección individual (EPI) o colectivo adecuado durante la desactivación de agentes peligrosos.

d) Violación de protocolos de seguridad: Ignorar o no conocer los procedimientos estándar de seguridad para la desactivación y neutralización de amenazas de este tipo.

e) Falta de comunicación y coordinación: No comunicar adecuadamente las acciones y no coordinar con equipos de emergencia o desactivación de bombas, resultando en una respuesta ineficaz o peligrosa.

f) Desactivación en áreas pobladas: Llevar a cabo procedimientos de desactivación en áreas donde la población podría estar en riesgo sin las evacuaciones o advertencias adecuadas.

g) Uso inadecuado de técnicas o herramientas: Emplear técnicas de desactivación obsoletas o herramientas inapropiadas que podrían desencadenar accidentalmente un explosivo o liberar un agente peligroso.

h) Negligencia profesional: Por parte de expertos en explosivos o sustancias peligrosas que, por descuido o falta de diligencia, causan un resultado peligroso o dañino.

Estas conductas pueden resultar en consecuencias legales para las personas involucradas, incluyendo cargos por negligencia, imprudencia o incluso cargos más graves si resultan en lesiones o la muerte.

La gravedad de las sanciones dependerá de la legislación específica de cada país y de las circunstancias particulares del incidente.

Las acciones imprudentes en la manipulación de explosivos y otros agentes peligrosos pueden ser vistas como faltas graves dada la amenaza significativa que representan para la seguridad pública.

DESATENCIÓN A LAS MEDIDAS DE SEGURIDAD

La desatención a las medidas de seguridad en relación con los delitos provocados por explosivos y otros agentes peligrosos implica ignorar o no adherirse a los protocolos establecidos que tienen como objetivo prevenir accidentes, daños o actividades criminales.

Este tipo de comportamiento puede incluir una variedad de acciones o inacciones que comprometen la seguridad y el bienestar tanto del público como de los empleados que manejan dichos materiales.

Las conductas que pueden ser consideradas como desatención a las medidas de seguridad pueden incluir:

a) Incumplimiento de Normativas: No seguir las leyes, regulaciones y estándares de la industria que dictan cómo se deben manejar, almacenar y transportar los explosivos y agentes peligrosos.

b) Inadecuada Protección de Materiales: No asegurar los explosivos y agentes de manera adecuada, permitiendo el acceso no autorizado o la posibilidad de robo o mal uso.

c) Falta de Procedimientos de Seguridad: No tener o no seguir procedimientos establecidos para la vigilancia, control y manejo seguro de los materiales peligrosos.

d) Inspecciones y Mantenimiento Deficientes: No realizar inspecciones regulares o mantenimiento de los equipos y áreas donde se manejan o almacenan explosivos y otros agentes peligrosos.

e) Omisión en la Formación y Capacitación: No proporcionar formación adecuada a los empleados sobre cómo trabajar de manera segura con materiales peligrosos y qué hacer en caso de emergencia.

f) Desconsideración de Controles de Acceso: No implementar o no mantener sistemas de control de acceso físico y lógico para restringir quién puede manejar materiales peligrosos.

g) Negligencia en la Planificación de Respuesta a Emergencias: No contar con un plan de respuesta a emergencias adecuado o no realizar simulacros para prepararse para posibles incidentes.

h) Falta de Equipamiento de Seguridad: No proporcionar o no asegurar el uso del equipo de protección personal necesario para manejar materiales peligrosos.

i) Supervisión Insuficiente: No supervisar adecuadamente las operaciones que implican materiales peligrosos, lo cual podría llevar a la adopción de atajos o prácticas inseguras.

j) Registro y Documentación Inadecuados: No llevar un registro detallado de las cantidades y movimientos de materiales peligrosos, lo que dificulta la trazabilidad y el control.

k) Comunicación Deficiente: No comunicar adecuadamente las políticas y procedimientos de seguridad a todo el personal relevante, incluyendo contratistas y visitantes.

La desatención a las medidas de seguridad puede tener graves consecuencias, como accidentes que resulten en daños materiales, lesiones personales o incluso la muerte.

Además, la negligencia en estas áreas puede facilitar actos de terrorismo o crímenes que involucren el uso de explosivos u otros agentes peligrosos.

Las entidades y personas responsables de tales desatenciones pueden enfrentarse a consecuencias legales severas, incluyendo multas, sanciones administrativas y procesos penales.

FABRICACIÓN NO AUTORIZADA

La fabricación no autorizada en el contexto de delitos relacionados con los riesgos provocados por explosivos y otros agentes se refiere a la producción de materiales peligrosos sin tener los permisos o licencias requeridos por la ley.

Esta actividad es ilegal y potencialmente muy peligrosa, dado que los materiales en cuestión pueden causar daños extensos si se manejan o se usan de forma inapropiada.

Las conductas que conlleva la fabricación no autorizada pueden incluir:

a) Producción ilegal de explosivos: Esto incluye la creación de bombas, dinamita, pólvora u otros tipos de explosivos utilizando conocimientos químicos o tutoriales obtenidos por medios no oficiales.

b) Síntesis de sustancias químicas peligrosas: Elaboración de químicos tóxicos, corrosivos, o reactivos que pueden ser utilizados en ataques o para crear dispositivos peligrosos.

c) Cultivo de agentes biológicos: La producción de bacterias, virus u otros agentes biológicos que pueden ser utilizados para dañar o causar enfermedades, fuera de un contexto controlado y sin la autorización necesaria.

d) Recolección o extracción de materiales radiactivos: Acopio de materiales que pueden ser utilizados para la fabricación de "bombas sucias" o para contaminar áreas con radiación.

e) Modificación de dispositivos pirotécnicos: Alterar fuegos artificiales u otros dispositivos pirotécnicos legales para aumentar su potencia o para que funcionen de manera diferente a su propósito original.

f) Elaboración de compuestos incendiarios: Producción de sustancias que, al reaccionar, causan incendios o deflagraciones, como termita o dispositivos incendiarios improvisados.

La fabricación no autorizada de tales materiales suele ser tratada como un delito grave por las siguientes razones:

- Riesgo para la seguridad pública: Los explosivos y otros agentes peligrosos pueden causar daños masivos y pérdida de vidas si se liberan o detonan, ya sea intencionalmente o por accidente.

- Potencial de uso en actividades criminales: Los explosivos fabricados ilegalmente a menudo están destinados para actividades delictivas, incluyendo terrorismo, extorsión o vandalismo.
- Desafío a la regulación y control: La fabricación no autorizada socava los esfuerzos de control y regulación establecidos por el Estado para prevenir la proliferación de materiales peligrosos.

Las leyes en muchos países requieren que cualquier entidad que desee fabricar, almacenar, o utilizar materiales peligrosos obtenga las licencias y permisos correspondientes, y cumpla con rigurosas medidas de seguridad.

La violación de estas regulaciones conlleva sanciones que pueden incluir multas severas, confiscación de los materiales y equipos utilizados, y penas de prisión.

Además, si la fabricación no autorizada resulta en daños o lesiones, se pueden imponer cargos adicionales por esos actos.

FALSIFICACIÓN DE DOCUMENTOS

La falsificación de documentos en relación con delitos provocados por explosivos y otros agentes destructivos generalmente se refiere a la alteración, creación o uso de documentos falsos para facilitar actividades ilegales que involucran dichos materiales.

Este tipo de falsificación puede ser parte de actividades más amplias de crimen organizado, terrorismo, o delitos individuales.

A continuación, se presentan algunas conductas que podrían estar comprendidas bajo esta forma de falsificación:

a) Permisos y Licencias Falsas: Crear o modificar licencias o permisos de operación falsos para adquirir, transportar o almacenar explosivos de manera ilegal.

b) Certificados de Origen Falsos: Falsificar documentos que acrediten la procedencia lícita de los explosivos o agentes destructivos para eludir controles y regulaciones.

c) Documentación de Transporte Falsa: Elaborar documentos de transporte fraudulentos para mover materiales restringidos sin detección por parte de las autoridades.

d) Registros de Seguridad Alterados: Modificar o crear registros de seguridad falsos para ocultar la posesión o el uso indebido de explosivos o agentes.

e) Facturas y Documentos Comerciales Falsos: Usar o crear facturas falsas para comprar o vender explosivos, facilitando así el financiamiento de actividades ilícitas.

f) Identificaciones Falsas: Utilizar o crear documentos de identidad falsificados para adquirir explosivos o componentes de manera anónima y evadir la trazabilidad legal.

g) Certificados de Destrucción Falsificados: Emitir certificados falsos de destrucción de explosivos para pretender que los materiales han sido eliminados conforme a la ley cuando en realidad han sido desviados para uso ilegal.

h) Informes de Auditoría Manipulados: Alterar o fabricar informes de auditoría para encubrir el mal manejo o desvío de explosivos y otros agentes peligrosos.

Estas conductas de falsificación están dirigidas a evadir las medidas de control y seguridad que los gobiernos y organizaciones internacionales han establecido para prevenir y sancionar los delitos relacionados con explosivos.

Dichas acciones suelen ser consideradas delitos graves debido al potencial de daño masivo y al riesgo que representan para la seguridad pública.

Las personas o grupos involucrados en la falsificación de documentos en este contexto pueden enfrentar cargos severos, incluyendo terrorismo, fraude, y otros delitos relacionados.

NEGLIGENCIA EN LA SUPERVISIÓN

La negligencia en la supervisión en relación con delitos provocados por explosivos y otros agentes peligrosos se refiere a la falta de diligencia adecuada por parte de individuos en posiciones de autoridad o responsabilidad para controlar y manejar estos materiales.

Esto puede aplicarse en distintos contextos, como empresas que trabajan con materiales peligrosos, construcción, minería, o en la esfera del transporte y almacenamiento.

Conductas que pueden ser consideradas como negligencia en la supervisión incluyen:

a) Inobservancia de Regulaciones: Ignorar o no cumplir con las leyes y normativas que rigen la manipulación, almacenamiento y transporte de explosivos y otros agentes peligrosos.

b) Falta de Entrenamiento: No proporcionar el entrenamiento adecuado y necesario a los empleados que trabajan con materiales peligrosos para asegurar que entiendan y puedan implementar las prácticas de seguridad requeridas.

c) Deficiencias en el Mantenimiento: No mantener adecuadamente los equipos y las instalaciones usadas para manejar explosivos, lo que podría llevar a un accidente.

d) Insuficiente Implementación de Medidas de Seguridad: No instaurar o seguir procedimientos de seguridad adecuados para prevenir accidentes o incidentes ilícitos.

e) Descuido en la Evaluación de Riesgos: No realizar una evaluación de riesgos adecuada o no tomar en cuenta los riesgos identificados al trabajar con materiales peligrosos.

f) Supervisión Inadecuada: Falta de supervisión directa sobre las actividades que involucran materiales peligrosos, lo que podría permitir prácticas inseguras o el desvío de materiales para usos indebidos.

g) Inadecuada Respuesta a Incidentes: No responder de manera adecuada o rápida a los accidentes o incidentes para minimizar el impacto o prevenir la escalada de la situación.

h) Incumplimiento en las Verificaciones de Antecedentes: No realizar las verificaciones de antecedentes necesarias al personal que tiene acceso a materiales peligrosos.

La negligencia en la supervisión puede tener consecuencias graves, incluyendo accidentes que resulten en daños materiales significativos, lesiones o muertes.

Además, en el contexto de la seguridad nacional, tal negligencia puede facilitar actos de terrorismo o crimen organizado.

Los individuos o entidades encontrados culpables de negligencia en la supervisión pueden enfrentar sanciones legales, multas y daños a su reputación, y en casos graves, penas de cárcel.

POSESIÓN ILÍCITA

La posesión ilícita de explosivos y otros agentes peligrosos se refiere a tener en propiedad o control materiales explosivos, sustancias químicas, biológicas, radiológicas o nucleares sin la debida autorización legal o contraviniendo las regulaciones existentes.

Este tipo de delito es grave dado el potencial destructivo y el peligro que representan estos materiales.

Dentro de la posesión ilícita pueden estar comprendidas varias conductas, que incluyen, pero no se limitan a:

a) Tenencia Sin Licencia: Tener explosivos o agentes peligrosos sin contar con las licencias, permisos o autorizaciones requeridas por la ley.

b) Almacenamiento Inadecuado: Guardar explosivos o materiales peligrosos en condiciones que no cumplen con los estándares de seguridad establecidos por la legislación correspondiente.
c) Transporte Ilegal: Transportar explosivos o agentes peligrosos sin seguir las regulaciones para su traslado seguro, o sin la documentación necesaria.
d) Comercio Ilegal: Comprar, vender, intercambiar o distribuir explosivos o agentes peligrosos sin cumplir con las leyes y regulaciones comerciales.
e) Fabricación no Autorizada: Producir explosivos o agentes peligrosos sin la autorización necesaria, lo que puede incluir también la elaboración casera de explosivos con materiales legales, pero con fines ilegales.
f) Modificación Ilegal: Alterar legalmente explosivos comerciales o de uso industrial para aumentar su poder destructivo o para usos no autorizados.
g) Tenencia con Intenciones Delictivas: Poseer explosivos o materiales peligrosos con la intención de cometer un acto delictivo, como un atentado terrorista o un sabotaje.
h) No Reportar Poseer Material Encontrado o Recibido: Encontrar o recibir accidentalmente material explosivo o peligroso y no notificarlo a las autoridades competentes.

La posesión ilícita es un tema de especial preocupación para las fuerzas del orden y agencias de seguridad nacional e internacional, dado que estos materiales pueden ser utilizados para cometer actos de terrorismo, asesinatos, sabotajes, o actos de vandalismo que podrían resultar en daños masivos o pérdidas de vidas.

Los gobiernos suelen tener estrictas regulaciones que estipulan cómo deben ser manejados, almacenados, transportados y usados los explosivos y otros agentes peligrosos, así como quiénes están calificados y autorizados para trabajar con ellos.

Dependiendo de la jurisdicción, las consecuencias de la posesión ilícita de tales materiales pueden incluir multas significativas, encarcelamiento y en algunos casos, pueden ser considerados como delitos graves con implicaciones a largo plazo para quienes los cometen.

VENTA O DISTRIBUCIÓN ILEGAL

La venta o distribución ilegal en el contexto de los delitos relativos a los riesgos provocados por explosivos y otros agentes se refiere a la transferencia de estos materiales a terceros sin cumplir con las leyes y regulaciones aplicables.

Estos hechos son particularmente preocupantes debido al potencial de daño asociado con explosivos, agentes químicos, biológicos, radiológicos y nucleares (CBRN).

Conductas asociadas con la venta o distribución ilegal pueden incluir:

a) Venta sin licencia: Ofrecer explosivos o agentes peligrosos a la venta sin poseer las licencias o permisos necesarios emitidos por las autoridades competentes.

b) Distribución a compradores no autorizados: Transferir estos materiales a individuos o entidades que no tienen autorización para adquirirlos, como personas con antecedentes criminales o grupos sospechosos de actividades ilegales.

c) Comercio en mercados negros: Participar en el comercio de materiales peligrosos en mercados clandestinos o no regulados.

d) Falta de registros de transacciones: No llevar un registro adecuado de las ventas o distribuciones realizadas, lo que es un requisito legal para el seguimiento de sustancias peligrosas.

e) Omisión de controles de seguridad: No realizar los controles de seguridad y verificación de antecedentes necesarios antes de la venta o transferencia de materiales peligrosos.

f) Desvío de materiales: Redirigir materiales peligrosos del uso o destino legítimo hacia uno no autorizado o ilícito.

g) Exportación o importación ilegal: Transportar estos materiales a través de fronteras internacionales sin cumplir con los tratados, leyes y regulaciones de control de exportaciones e importaciones.

h) Fraude o engaño: Utilizar documentación falsa o engañosa para llevar a cabo la venta o distribución de materiales peligrosos.

i) Publicidad engañosa: Promocionar materiales peligrosos ocultando su verdadera naturaleza o el riesgo que representan.

Las consecuencias de la venta o distribución ilegal de estos materiales pueden ser graves, no solo por el peligro inmediato que representan sino también por el riesgo de que sean utilizados para actividades delictivas o terroristas.

Las penas para estos delitos varían de acuerdo con la jurisdicción, pero generalmente incluyen multas significativas y penas de prisión.

Además, las entidades legítimas que se vean involucradas en tales actividades pueden enfrentar sanciones adicionales, como la pérdida de licencias, prohibiciones de operar, y daños a su reputación.

Las autoridades encargadas de la regulación de materiales peligrosos trabajan activamente para prevenir la venta y distribución ilegal mediante la imposición de controles estrictos, inspecciones, y la cooperación internacional para rastrear y controlar el flujo de estos materiales a nivel global.

NO INFORMAR SOBRE AMENAZAS

No informar sobre amenazas en relación con delitos provocados por explosivos y otros agentes peligrosos se refiere a la omisión o fallo en la comunicación a las autoridades competentes de cualquier información o actividad sospechosa que pudiera indicar la planificación, la intención o la capacidad de llevar a cabo actos ilícitos que involucren materiales peligrosos.

Esta responsabilidad de informar puede recaer en individuos, empresas, organizaciones o cualquier otra entidad que, por la naturaleza de su trabajo o circunstancias, pueda encontrarse con información relevante.

Las conductas que pueden estar comprendidas en la omisión de reportar amenazas incluyen:

a) No Reportar Actividades Sospechosas: Si un individuo o entidad es testigo de la compra, robo o movimiento inusual de explosivos o agentes químicos, biológicos o radiológicos y no lo reporta a las autoridades.

b) Ignorar Conversaciones o Amenazas: Si alguien escucha o es consciente de amenazas verbales o escritas que sugieren la posibilidad de un ataque con explosivos u otros agentes y no lo comunica a las autoridades.

c) Falta de Divulgación de Pérdidas o Robos: No informar inmediatamente cuando se detecta la pérdida o el robo de explosivos o materiales peligrosos.

d) No Compartir Información de Inteligencia: Las agencias o empresas de seguridad que no comparten información relevante con las autoridades que podría prevenir un ataque o un delito.

e) Incumplimiento de Protocolos de Reporte: No seguir los procedimientos establecidos para la notificación de situaciones de riesgo que involucren materiales peligrosos.

f) Negligencia en la Supervisión: Supervisores o gerentes que no toman las medidas necesarias para asegurarse de que la información sobre posibles amenazas es comunicada adecuadamente.

g) Falta de Reporte de Incidentes Menores: No informar sobre incidentes menores que podrían ser indicativos de problemas mayores o de un patrón emergente de riesgo.

La responsabilidad de reportar tales amenazas es fundamental para la prevención de delitos y la protección de la seguridad pública.

Dependiendo de la jurisdicción, la omisión de reportar amenazas relacionadas con explosivos y otros agentes peligrosos puede ser en sí misma un delito, sujeta a sanciones legales.

Además, en caso de que la falta de reporte contribuya a la ocurrencia de un ataque o incidente, las personas o entidades responsables de la omisión podrían enfrentar consecuencias legales severas, incluyendo responsabilidad penal y civil.

NO INFORMAR SOBRE INCIDENTES

El no informar sobre incidentes en relación con los delitos provocados por explosivos y otros agentes destructivos se refiere a la omisión intencional o negligente de comunicar a las autoridades competentes situaciones que involucren estos materiales peligrosos.

Las conductas relacionadas con esta omisión pueden ser diversas y dependen de la legislación específica de cada país o jurisdicción.

Sin embargo, de manera general, podrían incluir:

a) Ocultamiento de Información: No reportar el robo, pérdida o descubrimiento de explosivos o agentes destructivos.

b) Omisión de Reporte de Accidentes: Fallar en informar sobre accidentes que involucren explosivos, como detonaciones no intencionadas o exposiciones a agentes químicos o biológicos.

c) No Divulgación de Intentos de Sabotaje: No comunicar a las autoridades intentos de sabotaje o interferencias ilegales con instalaciones que almacenan o manejan explosivos.

d) Falta de Notificación sobre Transacciones Sospechosas: No reportar transacciones o comportamientos sospechosos que puedan indicar la planificación de actividades terroristas o criminales que involucren explosivos.

e) No Informar sobre la Desviación de Materiales: No notificar cuando se detecta que materiales que podrían ser usados para crear explosivos han sido desviados de sus usos legítimos.

f) Omisión de Registro de Precursores Químicos: No registrar o informar sobre la venta o adquisición de precursores químicos que puedan ser utilizados para la fabricación de explosivos.

g) Silencio ante la Manipulación Inadecuada: No reportar casos en los que individuos sin la debida autorización o capacitación manipulen explosivos o agentes químicos/biológicos.

h) No Alertar sobre Amenazas: No informar a las autoridades sobre amenazas recibidas o conocidas que involucren el uso potencial de explosivos o agentes destructivos.

En muchos países, las personas que trabajan con explosivos o materiales peligrosos tienen el deber legal de informar sobre cualquier incidente o anomalía.

La omisión de esta obligación no solo puede constituir una infracción administrativa o civil, sino que también puede ser considerada un delito, especialmente si esta omisión facilita la comisión de un delito o tiene como resultado daños a personas o propiedades.

Las consecuencias legales de no informar pueden incluir sanciones monetarias, penas de prisión y la responsabilidad civil por cualquier daño que resulte de la omisión.

NO PROPORCIONAR CAPACITACIÓN ADECUADA

No proporcionar capacitación en el contexto de manejo de explosivos y otros agentes peligrosos se refiere a la falta de instrucción y formación necesaria que deben recibir las personas que trabajan con o están en torno a dichos materiales.

Esta falta de capacitación puede llevar a un manejo inadecuado o inseguro, aumentando el riesgo de accidentes o incidentes delictivos.

Las conductas comprendidas en no proporcionar capacitación adecuada pueden incluir:

a) Omisión de Instrucción Obligatoria: No ofrecer el entrenamiento reglamentario que estipulan las leyes y regulaciones locales o internacionales para el manejo seguro de explosivos y sustancias peligrosas.

b) Capacitación Incompleta: Proveer una formación que es insuficiente en términos de profundidad o amplitud, dejando a los empleados sin el conocimiento necesario para manejar situaciones de emergencia o rutinarias de forma segura.

c) Falta de Actualización de Capacitación: No mantener la formación al día con las prácticas y estándares más recientes, así como no informar al personal sobre cambios en la legislación o en las técnicas de manejo seguro.

d) Ignorar la Formación Específica del Puesto: No impartir capacitación especializada para trabajadores que desempeñan funciones que requieren conocimientos detallados sobre explosivos o agentes peligrosos.

e) Descuido de Formación en Emergencias: No educar al personal sobre cómo reaccionar en caso de un incidente, como un derrame, explosión o descubrimiento de un dispositivo sospechoso.

f) Ausencia de Simulacros de Emergencia: No realizar ejercicios prácticos o simulacros que permitan al personal experimentar y aprender cómo actuar bajo condiciones de estrés similares a las de un evento real.

g) No Verificación del Aprendizaje: No asegurarse de que la capacitación ha sido efectiva, es decir, que los empleados realmente hayan adquirido los conocimientos y habilidades necesarios.

h) Deficiencia en Proporcionar Recursos de Aprendizaje: No suministrar materiales educativos, como manuales, guías, o acceso a cursos de formación que son críticos para el manejo seguro de materiales peligrosos.

i) No Requerir Certificaciones: No exigir que los empleados obtengan o renueven certificaciones necesarias para el manejo de sustancias peligrosas.

La capacitación es un componente crítico de las medidas de seguridad para prevenir accidentes y delitos relacionados con explosivos y otros agentes peligrosos.

Las organizaciones y empleadores que no proporcionan la capacitación adecuada pueden ser responsables de negligencia y pueden enfrentarse a consecuencias legales severas si esta falta de formación resulta en un accidente o en la facilitación de actividades criminales.

CONTRABANDO

INTRODUCCIÓN

El delito de contrabando implica actividades ilegales relacionadas con la importación o exportación de bienes, violando las leyes y regulaciones aduaneras.

Las conductas asociadas con el contrabando pueden incluir:

a) Evasión de Impuestos y Aranceles: Importar o exportar mercancías sin declararlas adecuadamente para evitar el pago de impuestos o aranceles.

b) Comercio de Bienes Prohibidos: Involucra la importación o exportación de artículos que están prohibidos por la ley, como drogas ilegales, armas no autorizadas, productos falsificados, o especies protegidas.

c) Falseamiento de Documentación: Usar documentos falsificados o manipulados para eludir las restricciones aduaneras.

d) Sobrepasar Cuotas o Restricciones: Importar o exportar cantidades de un producto que exceden las cuotas o restricciones establecidas.

e) Uso de Rutas Ilegales: Transportar bienes a través de rutas no autorizadas para evitar los controles aduaneros.

El contrabando es un delito grave que no solo evita el cumplimiento de las leyes fiscales y comerciales, sino que también puede tener implicaciones en la seguridad nacional y la salud pública.

Las penas por contrabando pueden ser severas, incluyendo multas, confiscación de bienes y prisión.

COMERCIO DE MERCANCÍAS PROHIBIDAS

La conducta relativa al comercio de mercancías prohibidas en el delito de contrabando se refiere a la importación, exportación, compra, venta, o distribución de bienes que están totalmente restringidos por la ley.

Este tipo de contrabando implica mercancías cuya posesión y comercio son ilegales bajo cualquier circunstancia debido a su naturaleza peligrosa, ilegal o regulada.

Los aspectos clave de esta conducta incluyen:

a) Naturaleza de las Mercancías Prohibidas: Pueden incluir drogas ilícitas, armas y municiones, material nuclear o radiactivo, ciertas especies de flora y fauna protegidas por tratados internacionales, productos falsificados, y material culturalmente sensible o robado.

b) Violación Directa de Leyes y Regulaciones: El comercio de estas mercancías viola directamente leyes nacionales e internacionales. Dado que estos bienes están prohibidos, su comercio es ilegal sin excepciones.

c) Riesgos para la Salud y Seguridad Pública: Muchas de las mercancías prohibidas, como drogas y armas, representan un riesgo significativo para la salud y seguridad pública, lo que justifica su prohibición.

d) Redes Criminales: El comercio de mercancías prohibidas a menudo implica redes criminales organizadas, dada la naturaleza ilegal y a menudo lucrativa de estos bienes.

e) Evasión de Controles y Seguridad: El comercio de estas mercancías generalmente involucra estrategias sofisticadas para evadir controles de seguridad y aduaneros, incluyendo el uso de rutas de contrabando y la corrupción de funcionarios.

f) Consecuencias Legales Severas: Dada la naturaleza de los bienes, el comercio de mercancías prohibidas en el contrabando se castiga con penas severas, incluyendo largas sentencias de prisión, multas sustanciales y la confiscación de bienes.

g) Impacto Social y Económico: Además de los riesgos para la salud y la seguridad, el comercio de bienes prohibidos puede tener un impacto negativo en la economía, la gobernabilidad y la estabilidad social.

El comercio de mercancías prohibidas en el contexto del contrabando es una actividad altamente ilegal y peligrosa, que implica la circulación de bienes que están restringidos por razones de seguridad, salud pública, protección del patrimonio cultural, o preservación.

FRAUDE ADUANERO

La conducta relativa al fraude aduanero en el delito de contrabando implica una serie de acciones destinadas a evadir las regulaciones y controles aduaneros legítimos, con el fin de importar o exportar bienes de manera ilegal.

Este tipo de fraude es un componente crítico en muchas operaciones de contrabando y puede adoptar varias formas, todas con el objetivo de eludir los deberes legales y restricciones impuestas por las autoridades aduaneras.

Los aspectos clave de esta conducta incluyen:

a) Subvaluación de Mercancías: Declarar un valor inferior al real de los bienes importados o exportados para reducir los aranceles e impuestos que se deben pagar.

b) Sobrefacturación: Inflar el valor de las mercancías en los documentos aduaneros, a menudo utilizado en esquemas de lavado de dinero o para justificar la transferencia de fondos mayores entre fronteras.

c) Clasificación Incorrecta de Bienes: Declarar bienes bajo códigos aduaneros incorrectos para aprovechar aranceles más bajos o evadir restricciones sobre ciertos productos.

d) Origen Falso de Mercancías: Falsificar el país de origen de los productos para eludir cuotas, restricciones o para aprovechar acuerdos comerciales preferenciales.

e) Uso de Documentación Falsa o Alterada: Incluir facturas, listas de empaque, certificados de origen y otros documentos aduaneros que son falsos o han sido manipulados para ocultar la verdadera naturaleza de la transacción.

f) Ocultamiento de Mercancías Prohibidas o Restringidas: Esconder bienes ilegales o sujetos a restricciones severas, como drogas, armas, o especies en peligro de extinción, dentro de cargamentos legales.

g) Evasión de Inspecciones y Controles: Emplear diversas tácticas para evitar que los envíos sean inspeccionados por las autoridades aduaneras, lo que podría incluir sobornos a funcionarios o el uso de rutas de contrabando menos vigiladas.

h) Consecuencias Legales: El fraude aduanero es un delito serio que puede resultar en multas importantes, confiscación de mercancías, e incluso penas de prisión para los involucrados.

El fraude aduanero en el contexto del contrabando es un esfuerzo deliberado para eludir las leyes y regulaciones aduaneras, ya sea para evitar el pago de aranceles e impuestos, para importar o exportar bienes prohibidos o restringidos, o para otros fines ilícitos.

Esta conducta representa una violación significativa de las normas comerciales internacionales y nacionales, y tiene efectos negativos tanto en la economía como en la seguridad de los países involucrados.

USO DE INTERMEDIARIOS

La conducta relativa al uso de intermediarios en el delito de contrabando se refiere a la práctica de emplear a terceros para facilitar diversas fases de la operación de contrabando.

Estos intermediarios actúan como enlaces entre los diferentes actores involucrados y realizan tareas clave que contribuyen al éxito del contrabando, a menudo ayudando a ocultar la conexión directa entre los bienes ilegales y los principales organizadores del contrabando.

Los aspectos clave de esta conducta incluyen:

a) Facilitación de Transacciones: Los intermediarios pueden participar en la negociación de acuerdos, el manejo de transacciones financieras, o la organización de la logística de transporte. Su rol es esencial para conectar a compradores y vendedores sin revelar sus identidades.

b) Ocultamiento de Identidades: El uso de intermediarios ayuda a ocultar la identidad de las personas directamente involucradas en el contrabando, dificultando que las autoridades rastreen la fuente o el destino final de los bienes de contrabando.

c) Especialización y Experiencia: Los intermediarios a menudo tienen habilidades o conocimientos específicos, como el manejo de ciertos tipos de productos, conocimiento de rutas de contrabando, o experiencia en evadir controles aduaneros.

d) Manejo de Riesgos: Al utilizar intermediarios, los líderes del contrabando distribuyen el riesgo entre varios actores, reduciendo así su exposición personal al riesgo legal.

e) Diversificación de Operaciones: Los intermediarios pueden operar en diferentes regiones o países, lo que permite a los contrabandistas expandir sus operaciones y acceder a nuevos mercados sin exponerse directamente.

f) Consecuencias Legales: Aunque los intermediarios pueden no estar involucrados en todas las fases del contrabando, su participación en estas actividades ilícitas los hace susceptibles a acciones legales, incluyendo cargos criminales por complicidad en el contrabando.

El uso de intermediarios en el delito de contrabando es una táctica común para facilitar la ejecución del contrabando, minimizar los riesgos para los principales organizadores y complicar los esfuerzos de las autoridades para rastrear y desmantelar redes de contrabando.

Aunque estos intermediarios pueden no estar directamente involucrados en el cruce de fronteras de los bienes, su rol es fundamental en la cadena delictiva del contrabando.

USO DE LA TECNOLOGÍA

La conducta relativa a la utilización de la tecnología en el delito de contrabando se refiere al empleo de herramientas y sistemas tecnológicos avanzados para facilitar la importación o exportación ilegal de bienes. La tecnología puede utilizarse en varias etapas del proceso de contrabando, desde la planificación hasta la ejecución y distribución. Estos son algunos aspectos clave de cómo la tecnología se integra en el contrabando:

a) Comunicación Segura: Los contrabandistas a menudo utilizan tecnologías de comunicación segura, como aplicaciones de mensajería encriptada o redes privadas virtuales (VPN), para coordinar sus actividades sin ser detectados por las autoridades.

b) Rastreo y Logística: La tecnología GPS y otros sistemas de seguimiento pueden ser utilizados para monitorear el movimiento de bienes de contrabando, gestionar rutas de transporte y evitar puntos de control aduaneros.

c) Ocultamiento y Disfraz de Cargas: Tecnologías avanzadas, como compartimentos secretos automatizados o el uso de materiales que evaden la detección por rayos X y otros métodos de inspección, se pueden emplear para esconder los bienes de contrabando durante el transporte.

d) Comercio Electrónico y Criptomonedas: Las plataformas de comercio electrónico y el uso de criptomonedas permiten a los contrabandistas realizar transacciones financieras de manera anónima, dificultando el rastreo del flujo de dinero ilegal.

e) Uso de Drones y Tecnología Autónoma: Los drones y otros vehículos autónomos pueden ser utilizados para transportar pequeñas cantidades de bienes de contrabando a través de fronteras, reduciendo el riesgo de detección.

f) Documentación y Falsificación Digital: La tecnología también permite la creación y modificación de documentos falsos, como facturas, permisos de importación/exportación y otros papeles necesarios para el tránsito de mercancías.

g) Redes Sociales y Plataformas en Línea: Estas herramientas pueden ser utilizadas para la venta y distribución de bienes de contrabando, conectando a los vendedores con los compradores en un entorno relativamente anónimo y de difícil rastreo.

h) Inteligencia Artificial y Aprendizaje Automático: En algunos casos, se puede emplear inteligencia artificial y aprendizaje automático para analizar patrones de movimiento y riesgo, optimizar operaciones y evadir la detección.

La incorporación de la tecnología en el contrabando no solo aumenta la complejidad y el alcance de estas actividades ilegales, sino que también plantea desafíos significativos para las autoridades encargadas de combatir el contrabando.

Estos avances tecnológicos requieren una respuesta igualmente sofisticada por parte de las agencias de aplicación de la ley para detectar y prevenir eficazmente el contrabando.

USO DE RUTAS NO AUTORIZADAS

El uso de rutas no autorizadas en el delito de contrabando se refiere a la práctica de transportar mercancías ilegalmente a través de caminos o vías que no están sancionados o regulados por las autoridades aduaneras o fronterizas.

Este aspecto es crucial en las operaciones de contrabando, ya que permite a los contrabandistas evadir los puntos de control y la supervisión oficial.

A continuación, se detallan sus principales implicaciones:

a) Evitación de Puntos de Control Oficiales: Las rutas no autorizadas son seleccionadas específicamente para evitar los puntos de control fronterizos, aduaneros o de seguridad, donde las mercancías podrían ser inspeccionadas y potencialmente confiscadas.

b) Diversidad de Rutas: Estas rutas pueden incluir pasos fronterizos terrestres ocultos, vías marítimas no vigiladas, o rutas aéreas que evaden la detección del radar. A menudo son más peligrosas y difíciles de transitar que las rutas autorizadas.

c) Uso en Diversos Tipos de Contrabando: El uso de rutas no autorizadas es común en varios tipos de contrabando, incluyendo el tráfico de drogas, armas, productos falsificados, y la trata de personas.

d) Riesgos Asociados: Estas rutas a menudo implican riesgos significativos, no solo para los contrabandistas sino también para las personas y bienes transportados. Por ejemplo, las rutas peligrosas pueden poner en peligro la vida de los migrantes en casos de tráfico humano.

e) Involucramiento del Crimen Organizado: La identificación y el uso de rutas no autorizadas suelen requerir una red organizada y conocimientos locales, lo que a menudo implica la participación de grupos criminales organizados.

f) Desafíos para la Aplicación de la Ley: La detección y el control de estas rutas no autorizadas es un desafío significativo para las autoridades, ya que requiere vigilancia constante y recursos en áreas que a menudo son remotas o de difícil acceso.

g) Consecuencias Legales: Aquellos que son capturados utilizando rutas no autorizadas para el contrabando enfrentan serias consecuencias legales, incluyendo penas de prisión y multas.

h) Impacto en la Seguridad y el Orden Público: El uso de rutas no autorizadas puede tener un impacto negativo en la seguridad nacional y el orden público, ya que facilita actividades ilegales que pueden ser perjudiciales para la sociedad.

El uso de rutas no autorizadas en el delito de contrabando es una táctica empleada para evadir la detección y la intervención de las autoridades, presentando desafíos significativos para la aplicación de la ley y la seguridad pública.

ASOCIACIÓN ILÍCITA

La conducta relativa a la asociación ilícita en el delito de contrabando se refiere a la formación o participación en grupos o redes organizadas con el propósito de cometer actos de contrabando de manera sistemática y continua.

Esta conducta implica una colaboración coordinada entre varios individuos, yendo más allá de actos aislados de contrabando, para formar una estructura organizada que se dedica a estas actividades ilícitas.

Los aspectos clave de esta conducta incluyen:

a) Formación de Grupos Organizados: La asociación ilícita para el contrabando implica la creación de grupos o redes con roles y responsabilidades definidos, que trabajan juntos para facilitar la importación o exportación ilegal de bienes.

b) Estructura y Jerarquía: Estos grupos suelen tener una estructura jerárquica y una división del trabajo, con líderes, organizadores, transportistas, almacenistas, distribuidores, y otros roles necesarios para llevar a cabo operaciones de contrabando a gran escala.

c) Continuidad y Sistemática: A diferencia del contrabando ocasional o aislado, la asociación ilícita implica un compromiso a largo plazo para participar en actividades de contrabando de manera regular y organizada.

d) Diversificación de Operaciones: Estas asociaciones pueden involucrarse en varios tipos de contrabando, desde mercancías prohibidas hasta bienes sujetos a impuestos y aranceles, y a menudo operan en múltiples jurisdicciones o países.

e) Uso de Violencia o Intimidación: En algunos casos, estas organizaciones pueden recurrir a la violencia, la intimidación o la corrupción para proteger sus operaciones y mantener el control sobre sus actividades.

f) Consecuencias Legales Mayores: La participación en una asociación ilícita para el contrabando se considera un delito grave y suele acarrear penas más severas que el contrabando individual o aislado, debido a la naturaleza organizada y a menudo a gran escala del delito.

g) Impacto en la Sociedad y la Economía: Las asociaciones ilícitas para el contrabando pueden tener un impacto significativo en la economía, evadiendo impuestos y distorsionando el mercado, y en la sociedad, fomentando la criminalidad y potencialmente dañando la salud y la seguridad pública.

La conducta relativa a la asociación ilícita en el delito de contrabando se centra en la creación y operación de organizaciones dedicadas a actividades de contrabando.

Esta colaboración organizada eleva tanto la escala como la gravedad del delito, representando un desafío importante para la aplicación de la ley y teniendo efectos perjudiciales en la sociedad y la economía en general.

DOBLE CONTABILIDAD

La conducta de llevar doble contabilidad en el contexto del delito de contrabando tiene implicaciones significativas.

En términos generales, la doble contabilidad se refiere a la práctica de mantener dos conjuntos de registros financieros o contables: uno oficial que se muestra a las autoridades y otro real, pero oculto, que refleja las operaciones financieras reales de una empresa o individuo.

Esta práctica se utiliza a menudo para evadir impuestos o para ocultar ingresos y gastos ilícitos.

En el caso específico del contrabando, la doble contabilidad puede ser utilizada para:

a) Ocultar ingresos ilícitos: Los ingresos obtenidos del contrabando pueden ser registrados en libros contables no oficiales para evitar que las autoridades detecten la magnitud de las operaciones ilegales.

b) Evadir impuestos: Al declarar los ingresos en los registros oficiales, se reduce la cantidad de impuestos a pagar. El contrabando, por naturaleza, busca evitar los impuestos y aranceles de importación, por lo que la doble contabilidad puede ser un medio para encubrir estas actividades.

c) Lavar dinero: Los registros contables falsificados pueden utilizarse para legitimar los ingresos del contrabando, haciendo parecer que provienen de fuentes legítimas.

Es importante señalar que la doble contabilidad, especialmente en el contexto del contrabando, es una práctica ilegal en la mayoría de las jurisdicciones.

No solo constituye un fraude fiscal, sino que también puede estar asociada con otros delitos financieros como el lavado de dinero.

Las autoridades fiscales y aduaneras suelen estar en alerta para detectar y sancionar tales prácticas.

TRANSPORTE DE MERCANCÍAS PROHIBIDAS

La conducta de transporte de mercancías prohibidas en el delito de contrabando se refiere a la acción de mover, distribuir o facilitar el movimiento de bienes que están restringidos o totalmente prohibidos por las leyes de un país o por regulaciones internacionales.

Este aspecto del contrabando es particularmente grave debido a la naturaleza de los bienes involucrados.

A continuación, se exponen sus aspectos clave:

a) Mercancías Prohibidas: Pueden incluir una amplia gama de artículos, como drogas ilegales, armas, artefactos culturales robados, especies en peligro de extinción, productos hechos con materiales prohibidos (como marfil), o sustancias peligrosas (como residuos tóxicos).

b) Violación de Leyes y Regulaciones: El transporte de estos bienes viola leyes nacionales e internacionales. Muchas veces, las mercancías prohibidas están controladas por tratados internacionales, como los que regulan el comercio de especies en peligro o el tráfico de armas.

c) Métodos de Transporte: Los contrabandistas suelen utilizar métodos sofisticados y ocultos para transportar estas mercancías, incluyendo el uso de contenedores sellados, vehículos modificados, y rutas de tránsito complejas para evitar la detección.

d) Riesgos Asociados: El transporte de mercancías prohibidas representa riesgos significativos para la salud, la seguridad y el bienestar de las comunidades. Por ejemplo, las drogas ilegales pueden tener graves consecuencias para la salud pública, mientras que el contrabando de armas puede alimentar conflictos y violencia.

e) Involucramiento del Crimen Organizado: Esta actividad a menudo está vinculada a redes de crimen organizado, ya que el transporte de mercancías prohibidas puede ser extremadamente lucrativo.

f) Impacto Ambiental y Cultural: El contrabando de especies en peligro o artefactos culturales tiene un impacto devastador en el patrimonio natural y cultural.

g) Desafíos para la Aplicación de la Ley: Combatir el contrabando de mercancías prohibidas es un desafío importante para las autoridades, requiriendo cooperación internacional, inteligencia sofisticada y recursos considerables.

h) Consecuencias Legales Severas: Debido a la gravedad de este tipo de contrabando, las personas capturadas enfrentan castigos severos, incluyendo largas penas de prisión y fuertes multas.

El transporte de mercancías prohibidas en el delito de contrabando es una actividad ilegal seria que implica riesgos significativos para la seguridad, la salud y el bienestar públicos.

Combatir esta forma de contrabando requiere esfuerzos coordinados y persistentes por parte de las autoridades a nivel nacional e internacional.

CORRUPCIÓN O COHECHO

La conducta relativa a la corrupción o cohecho en el delito de contrabando implica la participación en actos de soborno y corrupción para facilitar la importación o exportación ilegal de bienes.

Este tipo de conducta es un componente crítico en muchas operaciones de contrabando, ya que a menudo se requiere la complicidad de funcionarios para evadir controles legales.

Aquí hay algunos aspectos clave:

a) Soborno a Funcionarios: Implica ofrecer, dar, recibir o solicitar algo de valor (dinero, favores, regalos, etc.) a funcionarios públicos o aduaneros con el objetivo de influir en sus acciones. Esto puede ser para que ignoren el paso de bienes de contrabando, proporcionen información confidencial o faciliten la expedición de procesos aduaneros.

b) Corrupción Institucional: En algunos casos, la corrupción puede estar tan arraigada que se convierte en una práctica habitual o aceptada dentro de ciertas instituciones, dificultando aún más la lucha contra el contrabando.

c) Evasión de Controles Legales: Mediante el cohecho, los contrabandistas buscan evadir los controles aduaneros y fiscales. Esto incluye evitar el pago de impuestos y aranceles, y eludir restricciones sobre ciertos bienes.

d) Legalidad y Ética: La corrupción y el cohecho son ilegales en prácticamente todas las jurisdicciones y van en contra de los principios éticos y de buena gobernanza. Estas prácticas socavan la confianza en las instituciones y tienen un impacto negativo en la sociedad y la economía.

e) Consecuencias Legales Severas: Tanto para quienes ofrecen el soborno como para los funcionarios que lo aceptan, las consecuencias pueden ser graves, incluyendo multas, sanciones penales y daño a la reputación.

f) Impacto en la Competencia y el Mercado: La corrupción en el contrabando distorsiona la competencia de mercado, perjudicando a las empresas que operan legalmente y afectando la calidad y seguridad de los productos disponibles para los consumidores.

La corrupción y el cohecho en el contexto del contrabando son aspectos críticos que facilitan este delito, erosionando la integridad de las instituciones y teniendo efectos perjudiciales en diversos niveles de la sociedad y la economía.

VENTA O DISTRIBUCIÓN DE BIENES

La conducta relativa a la venta o distribución de bienes de contrabando en el delito de contrabando se refiere a las actividades implicadas en la comercialización o reparto de productos que han sido importados o exportados en violación de las leyes aduaneras.

Este aspecto del contrabando implica varios elementos clave:

a) Comercialización de Bienes Ilegales: Implica la venta de productos que no han cumplido con los requisitos legales de importación o exportación.

Esto puede incluir bienes que han evadido impuestos, aranceles, o que están prohibidos por ley.

b) Redes de Distribución: La distribución de estos bienes a menudo involucra una red de intermediarios y distribuidores.

Estas redes pueden operar tanto a nivel local como internacional, y su complejidad varía según la escala del contrabando.

c) Evasión de Controles Regulatorios: Los bienes de contrabando se venden y distribuyen a menudo de manera clandestina para evitar la detección por parte de autoridades aduaneras y policiales.

Esto puede incluir el uso de rutas de transporte ilegales, almacenamiento en lugares secretos, y transacciones en mercados negros o informales.

d) Impacto Económico y Social: La venta y distribución de bienes de contrabando tienen un impacto negativo significativo en la economía legal, afectando a los comerciantes legítimos y privando al gobierno de ingresos fiscales.

Además, puede tener consecuencias sociales, especialmente si los bienes involucrados son peligrosos o prohibidos por razones de salud o seguridad pública.

e) Riesgos Legales: Las personas involucradas en la venta y distribución de bienes de contrabando enfrentan riesgos legales significativos, incluyendo la posibilidad de ser procesadas por delitos graves.

f) Generación de Competencia Desleal: Los bienes de contrabando, al evadir cargas impositivas, suelen tener precios más bajos que los productos importados legalmente, generando una competencia desleal en el mercado.

g) Riesgos para los Consumidores: Los productos de contrabando pueden representar riesgos para los consumidores, ya que no pasan por los controles de calidad y seguridad requeridos para los bienes importados legalmente

Esta conducta es un componente esencial en el delito de contrabando, y abordarla es crucial para combatir eficazmente esta forma de actividad criminal.

Las autoridades aduaneras y otras agencias de aplicación de la ley a menudo se centran en desmantelar las redes de distribución de contrabando como parte de sus estrategias para combatir este delito.

LAVADO DE DINERO

La conducta relativa al lavado de dinero en el delito de contrabando se refiere a las acciones y procesos destinados a ocultar el origen ilícito de los ingresos generados a través del contrabando.

El contrabando, al ser una actividad ilegal, produce ingresos que no pueden ser declarados abiertamente debido a su origen ilícito.

El lavado de dinero busca dar apariencia de legalidad a estos fondos.

Veamos los aspectos clave:

a) Integración de Ingresos Ilícitos en el Sistema Financiero: Esto implica introducir el dinero obtenido de manera ilegal en el sistema financiero, a menudo a través de negocios legales o inversiones que parecen legítimas.

b) Estratificación o Capas: Este paso involucra múltiples transacciones financieras para confundir el rastro del dinero.

Puede incluir transferencias bancarias, compras de activos, y movimientos entre diferentes cuentas y jurisdicciones para dificultar el seguimiento de los fondos.

c) Justificación de los Fondos: Finalmente, el dinero "lavado" se reintegra en la economía con una explicación legal, como ingresos de negocios legítimos, inversiones, o herencias.

Esto permite a los individuos utilizar el dinero sin levantar sospechas sobre su origen.

d) Uso de Empresas y Transacciones Complejas: Las empresas, especialmente aquellas con estructuras financieras complejas o que operan en múltiples jurisdicciones, pueden ser utilizadas para facilitar el lavado de dinero.

Las transacciones comerciales legítimas pueden camuflar el movimiento de fondos ilícitos.

e) Criptomonedas y Tecnología Digital: Las criptomonedas y otras tecnologías financieras digitales pueden ser utilizadas para el lavado de dinero, aprovechando el anonimato y la dificultad para rastrear estas transacciones.

f) Impacto Legal y Económico: El lavado de dinero es un delito grave que tiene implicaciones significativas tanto para los individuos involucrados como para el sistema financiero en general.

Puede distorsionar la economía, afectar la integridad de las instituciones financieras, y está a menudo vinculado con otras actividades criminales.

El lavado de dinero en el contexto del contrabando es un proceso diseñado para ocultar el origen ilegal de los ingresos, permitiendo a los contrabandistas utilizar y disfrutar de sus ganancias ilícitas sin despertar sospechas.

Esta actividad criminal no solo es fundamental para la viabilidad a largo plazo del contrabando, sino que también representa un desafío importante para las autoridades encargadas de la aplicación de la ley.

RE-ETIQUETADO Y FALSIFICACIÓN

La conducta relativa al etiquetado y la falsificación en el delito de contrabando se refiere a la práctica de alterar o crear etiquetas, marcas, empaques o documentos para ocultar la verdadera identidad, origen, contenido o valor de los bienes que se están importando o exportando ilegalmente.

Esta actividad es una táctica común en el contrabando para evadir controles aduaneros y reglamentarios.

Los aspectos clave de esta conducta incluyen:

a) Alteración de Etiquetas: Esto implica cambiar las etiquetas originales de los productos para ocultar su verdadero origen o naturaleza.

Por ejemplo, se pueden re etiquetar bienes de lujo o electrónicos para hacerlos pasar como productos de menor valor o diferentes para evitar impuestos o restricciones.

b) Falsificación de Marcas y Productos: En el caso de productos de marca, los contrabandistas a menudo fabrican réplicas falsas y las venden como si fueran auténticas.

Esto no solo viola las leyes de contrabando, sino también las leyes de propiedad intelectual y marca registrada.

c) Manipulación de Empaques: Modificar los empaques de los productos para esconder su verdadero contenido es otra táctica común.

Esto puede incluir esconder mercancías ilegales dentro de empaques de productos legales.

d) Falsificación de Documentos: La creación de documentos falsos, como facturas, listas de empaque, o certificados de origen, es una parte esencial del Re etiquetado y la falsificación.

Estos documentos son utilizados para engañar a las autoridades aduaneras sobre la naturaleza, origen, o valor de la carga.

e) Evasión de Controles y Aranceles: El objetivo principal de estas prácticas es evadir controles aduaneros y regulaciones, así como reducir o eliminar el pago de aranceles e impuestos.

f) Riesgos para Consumidores y Economía: Además de ser ilegales, estas prácticas pueden poner en riesgo a los consumidores, especialmente en el caso de productos falsificados que no cumplen con estándares de seguridad.

También afectan negativamente a las empresas legítimas y a la economía en general.

El Re etiquetado y la falsificación en el contexto del contrabando son métodos utilizados para engañar y evadir las regulaciones aduaneras y comerciales.

Estas actividades no solo son ilegales, sino que también pueden tener consecuencias dañinas tanto para los consumidores como para la economía en su conjunto.

EVASIÓN DE CONTROLES

La conducta relativa a la evasión de controles en el delito de contrabando se refiere a las acciones y estrategias empleadas para eludir los chequeos y supervisión de las autoridades aduaneras y de seguridad, con el fin de importar o exportar bienes ilegalmente.

Este aspecto del contrabando es crucial, ya que el éxito de las operaciones ilícitas depende en gran medida de la capacidad para pasar desapercibido a través de los puntos de control.

Los aspectos clave de esta conducta incluyen:

a) Uso de Rutas de Contrabando: Escoger caminos menos vigilados o conocidos por su laxitud en la seguridad para mover los bienes. Estas rutas pueden ser terrestres, marítimas o aéreas.

b) Ocultamiento de Bienes: Esconder mercancías de contrabando dentro de cargamentos legales, vehículos modificados, o en compartimientos secretos, para evitar su detección durante las inspecciones.

c) Soborno a Funcionarios: Ofrecer dinero o beneficios a funcionarios aduaneros o de frontera para que ignoren el cargamento o faciliten su paso sin los controles adecuados.

d) Uso de Documentos Falsos o Alterados: Presentar documentación aduanera fraudulenta para engañar a las autoridades sobre el contenido real, origen, o destino de los bienes.

e) Tecnología para Evadir Detección: Emplear tecnologías avanzadas, como escáneres y sistemas de comunicación encriptados, para anticipar y eludir los controles de seguridad.

f) Desinformación y Tácticas de Distracción: Utilizar tácticas de distracción para desviar la atención de las autoridades de los cargamentos ilegales.

g) Consecuencias Legales: La evasión de controles aduaneros y fronterizos es un delito y quienes son atrapados enfrentan serias consecuencias legales, incluyendo multas, confiscación de bienes y penas de prisión.

h) Impacto en la Seguridad y la Economía: Esta conducta no solo representa una pérdida de ingresos para los gobiernos por evasión de aranceles e impuestos, sino que también puede comprometer la seguridad de un país, especialmente si los bienes de contrabando son peligrosos o ilegales.

La evasión de controles en el delito de contrabando involucra una variedad de tácticas destinadas a evitar la detección y supervisión de las autoridades.

Estas acciones no solo violan las leyes aduaneras, sino que también representan un desafío significativo para la seguridad y el orden económico de los países implicados.

EVASIÓN DE TARIFAS Y DERECHOS

La evasión de tarifas y derechos en el delito de contrabando es un aspecto central de esta actividad ilegal.

Este comportamiento implica eludir los controles aduaneros y las obligaciones fiscales impuestas por un país sobre las mercancías importadas o exportadas.

A continuación, se exponen varios puntos clave que se deben considerar referidos a la evasión de tarifas y derechos:

a) Definición de Evasión de Tarifas y Derechos: Este acto se refiere a no pagar los aranceles, impuestos y otros cargos establecidos por la ley para la importación o exportación de bienes.

Esta evasión puede realizarse mediante la declaración falsa del valor de las mercancías, la ocultación de bienes, o la falsificación de documentos.

b) Impacto Fiscal y Económico: La evasión de tarifas y derechos tiene un impacto significativo en la economía de un país.

Reduce los ingresos fiscales, lo que puede afectar la capacidad del gobierno para financiar servicios públicos.

Además, crea una competencia desleal frente a los comerciantes y empresas que sí cumplen con sus obligaciones fiscales.

c) Riesgos para la Seguridad Nacional: La evasión de tarifas y derechos a menudo está vinculada al contrabando de bienes ilegales o peligrosos.

Esto puede incluir armas, drogas, y otros artículos que amenazan la seguridad nacional.

d) Desafíos para la Aplicación de la Ley: Detectar y prevenir la evasión de tarifas y derechos es un desafío considerable para las autoridades aduaneras.

Esto requiere vigilancia constante, tecnología avanzada y cooperación internacional, especialmente en áreas con alto volumen de comercio.

e) Consecuencias Legales: Las personas y organizaciones atrapadas que evaden tarifas y derechos enfrentan serias consecuencias legales.

Estas pueden incluir multas elevadas, decomiso de bienes, e incluso penas de prisión, dependiendo de la gravedad del delito y de la legislación específica del país.

f) Lucha contra el Contrabando: Los gobiernos y las organizaciones internacionales trabajan juntos para combatir la evasión de tarifas y derechos.

Esto incluye acuerdos de cooperación, el intercambio de información y la implementación de políticas y tecnologías más eficaces para el control de fronteras y aduanas.

g) Responsabilidad Corporativa: Además de las iniciativas gubernamentales, las empresas tienen la responsabilidad de asegurarse de que sus cadenas de suministro y prácticas comerciales cumplan con todas las leyes y regulaciones aplicables para evitar involucrarse en la evasión de tarifas y derechos.

La evasión de tarifas y derechos en el contexto del contrabando es, por lo tanto, un problema serio que afecta no solo a las finanzas públicas sino también a la seguridad y el orden económico y social de los países.

Combatir eficazmente este delito requiere un enfoque colaborativo y multidimensional.

FALSIFICACIÓN DE DOCUMENTOS

La falsificación de documentos en el contexto del contrabando es una práctica ilegal que desempeña un papel crucial en la facilitación de este delito.

Significa la creación, alteración o uso de documentos falsos con el objetivo de engañar a las autoridades y facilitar la importación o exportación ilegal de bienes.

Aquí hay varios puntos clave para entender esta conducta:

a) Definición y Propósito: La falsificación de documentos implica la creación o modificación de documentos oficiales (como facturas, certificados de origen, licencias de importación/exportación) para hacerlos parecer legítimos. El objetivo es engañar a las autoridades aduaneras y otros organismos reguladores para evadir controles legales, impuestos, o restricciones.

b) Tipos de Documentos Falsificados: Los documentos comúnmente falsificados en el contrabando incluyen facturas para subvalorar mercancías, documentos de transporte para ocultar el origen o destino real de los bienes, certificados de calidad o seguridad falsos, y licencias de importación/exportaciones alteradas.

c) Facilitación del Contrabando: La falsificación de documentos facilita la entrada o salida de mercancías de manera ilegal, permitiendo a los contrabandistas evadir impuestos, tarifas, o prohibiciones sobre ciertos productos.

d) Impacto en la Seguridad y la Economía: Esta práctica no solo conlleva pérdidas fiscales significativas para los gobiernos, sino que también puede comprometer la seguridad nacional y la salud pública, al permitir la entrada de productos no regulados o peligrosos.

e) Vínculos con la Delincuencia Organizada: La falsificación de documentos en el contrabando a menudo está vinculada a redes de delincuencia organizada, que utilizan estas técnicas como parte de operaciones más amplias de tráfico ilegal.

f) Desafíos para la Aplicación de la Ley: Detectar y combatir la falsificación de documentos requiere recursos especializados, capacitación en técnicas forenses y una estrecha colaboración entre diferentes agencias nacionales e internacionales.

g) Consecuencias Legales: La falsificación de documentos en el contexto del contrabando es un delito grave, y quienes son sorprendidos enfrentan severas sanciones, incluyendo multas y penas de prisión.

La falsificación de documentos en el delito de contrabando es una práctica ilegal que representa un grave riesgo para la seguridad, la economía y el orden público.

Las autoridades buscan constantemente mejorar sus métodos de detección y prevención para combatir eficazmente este aspecto del contrabando.

IMPORTACIÓN Y EXPORTACIÓN ILEGAL

La importación y exportación ilegal en el contexto del delito de contrabando es un tema complejo y multifacético.

El contrabando, en su esencia, implica la importación o exportación de mercancías de manera ilegal, evadiendo las leyes y regulaciones del país.

Esto puede incluir una variedad de prácticas, como evitar el pago de aranceles e impuestos, infringir normativas de comercio, o importar/exportar bienes prohibidos o restringidos.

Algunos aspectos importantes para considerar en la conducta del contrabando incluyen las siguientes conductas:

a) Evasión Fiscal: Uno de los aspectos más comunes del contrabando es la evasión de impuestos y aranceles. Al importar o exportar mercancías ilegalmente, los individuos o grupos evitan pagar los impuestos correspondientes, lo que resulta en una pérdida significativa de ingresos para el gobierno.

b) Regulaciones Comerciales: Muchas veces, el contrabando se lleva a cabo para eludir restricciones o prohibiciones sobre ciertos productos. Esto puede incluir mercancías peligrosas, protegidas por leyes de conservación, o productos que requieren controles especiales, como armas o sustancias controladas.

c) Impacto Económico y Social: El contrabando no solo afecta las finanzas gubernamentales, sino que también puede tener un impacto significativo en la economía local. Puede dañar a los productores y comerciantes legítimos, al distorsionar la competencia y desestabilizar los mercados.

d) Seguridad y Salud Pública: La importación y exportación ilegales pueden poner en riesgo la seguridad y la salud pública, especialmente cuando se trata de productos no regulados o peligrosos, como alimentos no inspeccionados o medicamentos falsificados.

e) Redes Criminales: El contrabando a menudo está vinculado a redes criminales organizadas, que utilizan estas prácticas ilegales para financiar otras actividades ilícitas.

f) Desafíos para la Aplicación de la Ley: Combatir el contrabando es un desafío significativo para las autoridades, ya que requiere recursos, coordinación internacional y el uso de tecnología avanzada para rastrear y detener estas actividades ilegales.

g) Aspectos Legales y Penales: Las personas involucradas en contrabando enfrentan severas consecuencias legales y penales, que pueden incluir multas sustanciales y tiempo en prisión.

La importación y exportación ilegal en el delito de contrabando es una actividad ilícita con profundas implicaciones económicas, sociales, y de seguridad.

Requiere una respuesta integral y coordinada de las autoridades para combatirla eficazmente.

Además, la tecnología y los sistemas de inteligencia pueden desempeñar un papel crucial en la identificación y prevención del contrabando.

MANIPULACIÓN DE CONTENEDORES

La conducta relativa a la manipulación de contenedores en el delito de contrabando implica alterar o intervenir de manera ilícita en contenedores de carga para ocultar o transportar mercancías ilegales.

Esta práctica es común en operaciones de contrabando a gran escala, especialmente cuando se utilizan rutas de transporte marítimo o terrestre.

Los aspectos clave de esta conducta incluyen:

a) Alteración Física de Contenedores: Esto puede implicar modificar el contenedor para crear compartimentos ocultos o espacios donde se pueden esconder bienes de contrabando, sin que sean fácilmente detectables durante las inspecciones rutinarias.

b) Falsificación de Sellos y Cerraduras: A menudo, los contrabandistas rompen los sellos originales de un contenedor y los reemplazan con réplicas falsas después de haber colocado los bienes de contrabando dentro. Esto se hace para dar la apariencia de que el contenedor no ha sido alterado o abierto desde su punto de origen.

c) Manipulación de Documentación: Junto con la manipulación física de los contenedores, los contrabandistas suelen alterar o falsificar la documentación asociada, como manifiestos de carga y listas de empaque, para ocultar la presencia de bienes ilegales.

d) Uso de Contenedores Legítimos para Carga Ilegal: Los bienes de contrabando a menudo se mezclan con cargas legítimas dentro de un contenedor, lo que dificulta su detección durante las inspecciones aduaneras. Esto puede incluir productos como drogas, armas, artículos falsificados o mercancías no declaradas.

e) Técnicas Avanzadas de Ocultamiento: Los contrabandistas utilizan técnicas cada vez más sofisticadas para ocultar los bienes dentro de los contenedores, incluyendo el uso de materiales que evaden la detección por rayos X o la colocación estratégica de los bienes de contrabando para evitar su descubrimiento.

f) Consecuencias Legales: La manipulación de contenedores es un delito grave que puede resultar en severas sanciones legales, tanto para los individuos directamente involucrados como para las empresas que pueden ser cómplices, ya sea intencionalmente o por negligencia.

g) Desafíos para las Autoridades: Detectar la manipulación de contenedores es un reto significativo para las autoridades aduaneras, ya que requiere inspecciones detalladas y a menudo tecnología avanzada para identificar alteraciones y ocultamientos.

La manipulación de contenedores en el delito de contrabando es una técnica utilizada para eludir las medidas de seguridad y controles aduaneros, permitiendo el transporte de mercancías ilegales a través de fronteras internacionales.

Esta conducta representa un desafío importante para la aplicación de la ley y tiene serias implicaciones para la seguridad y el orden económico global.

POSESIÓN DE MERCANCÍAS DE CONTRABANDO

La conducta relativa a la posesión de mercancías de contrabando se refiere a tener en custodia o control bienes que han sido importados o exportados ilegalmente, es decir, sin cumplir con las leyes y regulaciones aduaneras y fiscales pertinentes.

Esta posesión puede ser con conocimiento de la naturaleza ilegal de los bienes o bajo circunstancias que razonablemente sugieran que los bienes son de origen ilícito.

Los aspectos clave de esta conducta incluyen:

a) Conocimiento o Presunción de Ilegalidad: Quien posee mercancías de contrabando generalmente sabe o tiene motivos razonables para sospechar que estos bienes han sido importados o exportados en violación de la ley.

Esto puede incluir la conciencia de que los bienes evadieron los impuestos o aranceles debidos, o que son productos prohibidos o restringidos.

b) Custodia Física o Control: La posesión no necesariamente implica la propiedad de los bienes.

Incluso si la persona no es el dueño de los bienes de contrabando, el mero hecho de tenerlos en su poder o bajo su control puede constituir una violación de la ley.

c) Uso para Fines Personales o Comerciales: Las mercancías de contrabando pueden ser retenidas para uso personal o con el propósito de venderlas o distribuirlas más adelante.

Esto último puede implicar un grado adicional de implicación en actividades de contrabando.

d) Riesgos y Consecuencias Legales: La posesión de mercancías de contrabando es un delito en muchas jurisdicciones y puede resultar en multas, confiscación de los bienes, y posiblemente penas de prisión, dependiendo de la naturaleza y el valor de los bienes involucrados.

e) Impacto en la Economía y la Seguridad: La posesión y distribución de mercancías de contrabando pueden tener efectos negativos en la economía, ya que evaden los controles fiscales y pueden afectar negativamente a los competidores que operan legalmente.

Además, si los bienes son peligrosos o prohibidos, como drogas o armas, pueden representar un riesgo significativo para la seguridad pública.

La posesión de mercancías de contrabando es un aspecto importante en la cadena de actividades ilícitas relacionadas con el contrabando.

Implica retener control o custodia sobre bienes que han sido importados o exportados ilegalmente, lo que conlleva riesgos legales significativos y contribuye a la perpetuación del mercado ilegal.

ODIO Y ENALTECIMIENTO

INTRODUCCIÓN

Los delitos de odio son infracciones penales motivadas por prejuicios hacia ciertas características de la víctima, como su raza, religión, etnia, orientación sexual, identidad de género, discapacidad, entre otros.

Estos delitos pueden abarcar una amplia gama de actos, desde vandalismo y acoso hasta asalto físico o asesinato.

El enaltecimiento de estos delitos puede referirse a la acción de glorificar, promover o justificar actos de odio, lo cual puede ser también punible en muchas jurisdicciones.

Conductas que pueden comprender los delitos de odio incluyen:

a) Agresión Física: Ataques a personas basados en una característica protegida.

b) Acoso o Amenazas: Hostigar a alguien verbalmente, por escrito o a través de medios electrónicos debido a su pertenencia a un grupo protegido.

c) Vandalismo: Dañar la propiedad de alguien debido a su pertenencia a un grupo protegido.

d) Discriminación: Negar a alguien acceso a servicios, empleo, o educación basándose en prejuicios.

e) Incitación al Odio: Promover el odio contra grupos protegidos a través de discursos o publicaciones.

El enaltecimiento de delitos de odio puede incluir:

a) Discurso de Enaltecimiento: Hablar públicamente de manera que se glorifiquen actos de odio o se incite a otros a cometer tales actos.

b) Publicaciones en Medios: Escribir o publicar artículos, posts en redes sociales o videos que promuevan el odio o la violencia contra grupos protegidos.

c) Organización de Eventos: Organizar reuniones o manifestaciones que promuevan el odio o la violencia.

d) Negación o Justificación: Negar la ocurrencia de delitos de odio conocidos o justificarlos basándose en prejuicios.

e) Apoyo Material o Moral: Proporcionar asistencia o apoyo a grupos o individuos que cometen delitos de odio.

Tanto los delitos de odio como el enaltecimiento de los mismos son muy serios y pueden tener consecuencias devastadoras para las comunidades y la sociedad en general.

Muchos países han establecido leyes específicas para combatir estos comportamientos y han creado unidades especiales de policía para investigar y perseguir estos delitos.

Además, las organizaciones de derechos humanos y otros grupos de la sociedad civil trabajan para educar al público sobre los peligros del odio y la importancia de la tolerancia y el respeto mutuo.

ACTOS VIOLENTOS

La conducta relativa a los actos violentos motivados por odio en los delitos de odio y enaltecimiento se refiere a cualquier forma de violencia física o agresión cometida contra personas o propiedades, impulsada por prejuicios y animosidad hacia ciertos grupos basados en su raza, etnia, religión, orientación sexual, identidad de género, nacionalidad, discapacidad u otras características identitarias.

Estos actos son expresiones extremas de odio y discriminación, y suelen tener como objetivo intimidar y dañar no solo a las víctimas individuales, sino también a las comunidades a las que pertenecen.

Los aspectos clave de esta conducta incluyen:

a) Violencia Física: Incluye agresiones, ataques, lesiones corporales e incluso homicidios. La violencia puede ser dirigida contra individuos específicos o grupos, y a menudo se realiza de manera que simboliza el odio hacia la identidad del grupo.

b) Daño a la Propiedad: Actos como el vandalismo, la destrucción de bienes, y el grafiti con mensajes de odio, dirigidos a propiedades asociadas con ciertos grupos, como casas, lugares de culto, centros comunitarios o negocios.

c) Intimidación y Terror: Estos actos buscan infundir miedo y ansiedad en las comunidades afectadas, y a menudo tienen un impacto que va más allá de las víctimas inmediatas, afectando a toda la comunidad.

d) Uso de Símbolos de Odio y Mensajes: En algunos casos, estos actos violentos pueden acompañarse del uso de símbolos, lenguaje o mensajes que tienen un significado específico de odio y discriminación.

e) Incitación a la Violencia: La promoción o incitación a la violencia contra grupos específicos también cae bajo esta categoría, incluso si el individuo que incita no comete los actos de violencia personalmente.

f) Consecuencias Legales Severas: Los actos violentos motivados por odio son delitos graves y son tratados con severidad por los sistemas legales en muchos países, a menudo con penas más severas que las de delitos similares sin el componente de odio.

g) Impacto Social y Comunitario: Estos actos pueden tener un efecto devastador en las comunidades, creando un ambiente de miedo y desconfianza, y dañando la cohesión social.

Los actos violentos motivados por el odio son una de las formas más graves de delitos de odio, representando no solo una agresión contra individuos o grupos específicos, sino también un ataque a los valores fundamentales de respeto y tolerancia en la sociedad.

Estos actos requieren una respuesta firme y decidida por parte de las autoridades y la sociedad en su conjunto para preservar la seguridad y la cohesión social.

ACOSO

El acoso por motivos de odio en el contexto de los delitos relativos a odio y enaltecimiento se refiere a comportamientos hostiles, intimidantes o degradantes dirigidos hacia individuos o grupos específicos, basados en características como la raza, el origen étnico, la religión, la orientación sexual, el género, la identidad de género, entre otros.

Estas conductas pueden manifestarse de diversas maneras:

a) Acoso Verbal: Insultos, amenazas, comentarios despectivos o burlas constantes dirigidas a una persona debido a su identidad. Esto puede ocurrir en persona, por teléfono, o a través de medios digitales como correos electrónicos o redes sociales.

b) Acoso Físico: Incluye actos de violencia física o intimidación, como empujones, golpes o cualquier otra forma de agresión física.

c) Acoso Sexual Motivado por Odio: Conductas sexuales no deseadas o comentarios de naturaleza sexual que también implican un elemento de odio basado en la identidad de la víctima.

d) Acoso en Línea (Ciberacoso): Uso de plataformas digitales para acosar a alguien, incluyendo la publicación de mensajes de odio, la difusión de rumores, el envío de mensajes amenazantes o el acoso mediante perfiles falsos.

e) Vandalismo y Daño a la Propiedad: Dañar la propiedad de alguien como una forma de intimidación o acoso, como pintar grafitis ofensivos o destruir bienes.

f) Acoso en el Entorno Laboral o Educativo: Crear un ambiente hostil para alguien en su lugar de trabajo o institución educativa, mediante comentarios, chistes o comportamientos que denigran su identidad.

g) Amenazas de Daño o Violencia: Hacer amenazas específicas de daño físico o violencia contra individuos o grupos debido a su identidad.

Este tipo de acoso es especialmente dañino porque no solo afecta el bienestar físico y emocional de las víctimas, sino que también puede crear un clima de miedo y hostilidad en comunidades enteras.

Las leyes en muchos países consideran el acoso por motivos de odio como un delito serio, y existen esfuerzos continuos para combatirlo a través de la educación, políticas de inclusión y sanciones legales.

APOYO O FINANCIACIÓN DE ACTIVIDADES DE ODIO

El apoyo o la financiación de actividades de odio en los delitos relacionados con odio y enaltecimiento se refiere a cualquier forma de asistencia económica o de otro tipo que se proporciona a individuos, grupos o actividades cuyo objetivo es fomentar, promover o cometer actos de odio o discriminación.

Este tipo de conductas puede incluir:

a) Financiación Directa: Proporcionar fondos a organizaciones o individuos que promueven el odio o la discriminación. Esto puede incluir donaciones a grupos que abiertamente defienden discursos o acciones de odio contra ciertos colectivos.

b) Proporcionar Recursos o Servicios: Ofrecer recursos como espacios físicos, tecnología, servicios de publicidad o cualquier otro medio que facilite la promoción de mensajes de odio o la realización de actividades discriminatorias.

c) Patrocinio de Eventos: Financiar o patrocinar eventos que fomenten discursos de odio o celebren actos de discriminación, como reuniones, manifestaciones o conferencias que promuevan la intolerancia.

d) Compra y Distribución de Material Propagandístico: Adquirir y difundir materiales (libros, folletos, vídeos, etc.) que contengan mensajes de odio o inciten a la discriminación.

e) Inversión en Medios de Comunicación: Invertir en plataformas o canales de comunicación que se dediquen a difundir discursos de odio o a alentar la discriminación contra grupos específicos.

f) Soporte Logístico o Técnico: Proporcionar asistencia técnica o logística para la realización de actividades que promuevan el odio o la discriminación.

g) Lavado de Dinero o Actividades Económicas Ilegales: Utilizar actividades económicas ilegales para financiar organizaciones de odio.

Estas acciones son consideradas extremadamente graves ya que facilitan y potencian la propagación de mensajes y actos de odio, pudiendo tener un impacto negativo considerable en la sociedad y en los grupos afectados.

En muchos países, este tipo de apoyo o financiación es ilegal y puede ser motivo de sanciones penales y civiles.

Las leyes y regulaciones buscan prevenir que el odio y la discriminación se extiendan y se arraiguen en la sociedad, protegiendo así los derechos y la dignidad de todos los individuos.

DESPRECIO Y HUMILLACIÓN PÚBLICA

El desprecio y la humillación pública en el contexto de los delitos de odio y enaltecimiento se refiere a acciones o expresiones que denigran, insultan o menosprecian a individuos o grupos basándose en características como raza, etnia, religión, orientación sexual, género, identidad de género, discapacidad, entre otras.

Estas conductas pueden adoptar varias formas:

a) Insultos y Denigración: Hacer declaraciones o comentarios que insulten, ridiculicen o menosprecien a personas debido a su pertenencia a un grupo protegido. Esto puede incluir calumnias, estereotipos dañinos o chistes ofensivos.

b) Difamación Pública: Difundir información falsa o engañosa que dañe la reputación de un grupo o individuo, contribuyendo a su estigmatización o marginación.

c) Humillación en Medios de Comunicación: Utilizar plataformas como televisión, radio, prensa o redes sociales para humillar o menospreciar públicamente a grupos protegidos.

d) Manifestaciones Públicas de Desprecio: Participar en actos públicos, como manifestaciones o protestas, donde se expresen mensajes de desprecio o humillación hacia grupos específicos.

e) Hostigamiento y Acoso en Línea: Utilizar internet y las redes sociales para dirigir mensajes de odio y desprecio hacia individuos o grupos, a menudo de manera anónima o en grupos.

f) Simbolismo Humillante: Utilizar símbolos, gestos o lenguaje que históricamente han sido asociados con la opresión, el desprecio o la humillación de ciertos grupos.

g) Discursos que Fomentan el Desprecio: Pronunciar discursos que promuevan el desprecio hacia un grupo, sugiriendo que son inferiores, peligrosos o no merecen respeto.
h) Propagación de Falsedades y Mentiras: Difundir información falsa o engañosa que degrade a un grupo o incite al odio contra ellos.

El desprecio y la humillación pública pueden tener consecuencias muy negativas para las víctimas, incluyendo daño emocional, psicológico y social.

Además, estos actos pueden fomentar un ambiente de intolerancia y odio, lo que puede llevar a un mayor conflicto y violencia.

En muchos países, tales conductas son consideradas ilegales cuando cruzan el umbral de incitación al odio o la discriminación, y pueden ser sancionadas con multas o penas de prisión.

ENALTECIMIENTO DEL TERRORISMO

El enaltecimiento del terrorismo, en el contexto de los delitos relacionados con odio y enaltecimiento, implica acciones o expresiones que glorifican, justifican, o apoyan actos terroristas o a sus perpetradores.

Este tipo de conducta es considerada grave, ya que puede incentivar la violencia y el extremismo.

Las conductas que suelen comprender el enaltecimiento del terrorismo incluyen:

a) Glorificación de Actos Terroristas: Alabar o celebrar atentados terroristas, presentándolos como heroicos, justificados o necesarios. Esto puede incluir el elogio de atentados específicos o de tácticas terroristas en general.
b) Exaltación de Terroristas: Idealizar o venerar a individuos que han cometido actos terroristas, tratándolos como héroes, mártires o figuras ejemplares.
c) Justificación de la Violencia Terrorista: Argumentar que la violencia terrorista es una respuesta legítima o necesaria a ciertas circunstancias políticas, sociales o culturales.
d) Incitación a Futuros Actos Terroristas: Animar a otros a cometer actos de terrorismo o a unirse a organizaciones terroristas, ya sea directamente o a través de mensajes que impliquen que dichos actos son aceptables o deseables.
e) Difusión de Propaganda Terrorista: Compartir o publicar materiales que promuevan el terrorismo, incluyendo escritos, imágenes, videos o símbolos asociados con grupos terroristas.

f) Negación o Minimización de los Crímenes Terroristas: Restar importancia a la gravedad de los ataques terroristas, sugiriendo que son exagerados, justificados o falsamente atribuidos.

El enaltecimiento del terrorismo no solo perpetúa ideologías extremistas y violentas, sino que también puede inspirar a otros a cometer actos similares, contribuyendo a un ciclo de violencia y odio.

Por estas razones, en muchas jurisdicciones, el enaltecimiento del terrorismo es ilegal y puede ser objeto de severas sanciones penales, especialmente cuando constituye una amenaza para la seguridad pública o incita a la violencia.

Las leyes y políticas en este ámbito buscan prevenir el terrorismo y proteger a las sociedades de sus efectos devastadores.

HOSTIGAMIENTO Y ACOSO

La conducta relativa al hostigamiento o acoso basado en odio en el contexto de los delitos de odio y enaltecimiento se refiere a acciones dirigidas a individuos o grupos específicos motivadas por prejuicios o animosidad contra ciertas características de estas personas, como su raza, etnia, religión, orientación sexual, identidad de género, nacionalidad, entre otros.

Estas acciones de hostigamiento o acoso pueden manifestarse de diversas maneras y tienen un impacto significativo tanto en las víctimas individuales como en las comunidades a las que pertenecen.

Los aspectos clave de esta conducta incluyen:

a) Acciones Intimidatorias y Agresivas: Esto puede incluir amenazas verbales, acoso físico, acoso sexual, vandalismo, y otras formas de intimidación que buscan infundir miedo y ansiedad en las víctimas.

b) Motivación por Prejuicio: El elemento distintivo de estos delitos es que están impulsados por prejuicios contra ciertas características de la víctima. El agresor actúa basándose en una hostilidad hacia un grupo particular al que percibe que la víctima pertenece.

c) Uso de Símbolos de Odio: A menudo, los perpetradores utilizan símbolos, lenguaje o grafitis que tienen connotaciones de odio o discriminación contra un grupo específico.

d) Impacto en la Víctima y la Comunidad: El acoso y hostigamiento basado en odio pueden tener un profundo impacto psicológico en las víctimas, generando miedo, ansiedad y una sensación de vulnerabilidad. Además, estos actos pueden crear un ambiente de miedo y tensión en las comunidades afectadas.

e) Presencia en Línea: En la era digital, el acoso y hostigamiento basado en odio también ocurre en espacios virtuales, como las redes sociales, donde se difunden mensajes de odio, se realiza ciberacoso, y se pueden organizar campañas de intimidación.

f) Consecuencias Legales: Muchos países han establecido leyes específicas para abordar los delitos de odio, y el hostigamiento o acoso basado en odio puede llevar a consecuencias legales serias para los perpetradores.

g) Desafíos en la Aplicación de la Ley: La identificación y persecución de estos delitos puede ser desafiante, especialmente cuando ocurren en línea o cuando las víctimas tienen miedo de denunciar.

h) Promoción de la Intolerancia y la Violencia: Estas conductas no solo son dañinas para los individuos y comunidades específicas, sino que también promueven una cultura de intolerancia y violencia, socavando los valores de respeto y coexistencia en la sociedad.

La conducta de hostigamiento o acoso basado en odio en el contexto de los delitos de odio y enaltecimiento constituye una grave violación de los derechos y la dignidad de las personas, y es un problema significativo que afecta tanto a individuos como a comunidades enteras.

Abordar y prevenir estos comportamientos requiere un esfuerzo concertado tanto a nivel legal como social para promover la tolerancia y el respeto a la diversidad.

VANDALISMO

El vandalismo por motivos de odio, también conocido como vandalismo de odio, se refiere a actos de destrucción o daño a la propiedad que son impulsados por prejuicios contra ciertos grupos o individuos basados en su raza, religión, orientación sexual, identidad de género, nacionalidad, entre otros.

Este tipo de vandalismo es considerado un delito de odio y se caracteriza por tener un fuerte componente de discriminación y agresión simbólica.

Algunas conductas que comprenden el vandalismo por motivos de odio pueden incluir:

a) Grafitis o Pintadas Ofensivas: Escribir mensajes, símbolos o dibujos que son ofensivos o amenazantes, especialmente aquellos que denotan odio o discriminación hacia un grupo específico.

b) Destrucción de Propiedad: Esto puede incluir romper ventanas, dañar vehículos, destruir señalización o cualquier otro acto que resulte en daño a la propiedad de alguien, especialmente si esta destrucción está motivada por el odio hacia el grupo al que pertenece el propietario.

c) Desfiguración de Lugares de Culto o Cementerios: Ataques específicos a iglesias, sinagogas, mezquitas, templos, cementerios o cualquier lugar que tenga significado religioso o cultural para un grupo en particular.

d) Quema de Propiedades: Incluye actos como incendiar casas, negocios o edificios que pertenecen a personas de un grupo específico.

e) Desfiguración de lugares sagrados o simbólicos: Esto puede incluir la profanación de cementerios, lugares de culto, monumentos conmemorativos, o cualquier lugar que tenga un significado especial para un grupo particular.

f) Daño a bienes culturales o históricos: Destruir o dañar objetos que tienen un significado cultural, histórico o religioso para un grupo determinado.

En muchos países, estos actos son considerados delitos graves debido a su naturaleza intimidatoria y su impacto en las comunidades afectadas.

Además del daño físico a la propiedad, estos actos buscan infundir miedo y enviar un mensaje de exclusión y odio hacia ciertos grupos de la sociedad.

En el contexto de los delitos de odio y enaltecimiento, el vandalismo por motivos de odio es un claro ejemplo de cómo los prejuicios y la intolerancia pueden manifestarse de manera destructiva y dañina, no solo afectando a individuos, sino también a comunidades enteras.

APOLOGÍA DE ACTOS VIOLENTOS

La apología de los actos violentos en el contexto de los delitos de odio y enaltecimiento implica expresar apoyo, justificación o alabanza hacia actos de violencia que se basan en el odio o la discriminación contra grupos específicos.

Esto puede ser en función de raza, etnia, religión, orientación sexual, identidad de género, nacionalidad, entre otros.

Las conductas que comprenden esta apología pueden incluir:

a) Declaraciones Públicas de Apoyo: Hacer declaraciones en medios de comunicación, redes sociales, eventos públicos o en cualquier otro foro, expresando aprobación o justificación de actos violentos cometidos contra un grupo protegido.

b) Difusión de Material Propagandístico: Publicar, distribuir o compartir material (como folletos, vídeos, publicaciones en redes sociales) que glorifique, celebre o justifique la violencia basada en el odio.

c) Escritura o Publicación de Literatura: Escribir o publicar libros, artículos o blogs que promuevan, justifiquen o celebren la violencia contra grupos específicos.

d) Uso de Símbolos o Gestos: Utilizar símbolos, saludos o gestos que históricamente han estado asociados con la violencia de odio o grupos extremistas que la promueven.

e) Enseñanza o Predicación de Ideas Violentas: Enseñar o predicar ideas que respalden la violencia contra grupos específicos, ya sea en entornos educativos, religiosos o en grupos privados.

f) Organización o Participación en Eventos: Organizar o participar en eventos, marchas o manifestaciones que promuevan la violencia como una forma legítima de expresar odio o discriminación contra un grupo protegido.

g) Incitación a la Violencia: Incitar directamente a otros a cometer actos violentos contra grupos específicos a través de discursos, escritos o cualquier otro medio.

Estas acciones son consideradas muy graves, ya que no solo promueven la intolerancia y el odio, sino que también pueden incitar a actos de violencia real.

Por tanto, suelen estar penalizadas en muchas jurisdicciones, como parte de los esfuerzos para proteger a las comunidades vulnerables y mantener la paz social.

La lucha contra la apología de la violencia basada en el odio es un aspecto crucial para la promoción de una sociedad más inclusiva y respetuosa.

CREACIÓN DE ORGANIZACIONES QUE PROMUEVEN EL ODIO

La creación de organizaciones que promueven el odio en el contexto de delitos relativos a odio y enaltecimiento se refiere a la formación o establecimiento de grupos cuyo objetivo principal es difundir ideas, actitudes y prácticas discriminatorias contra ciertos grupos de personas.

Estas organizaciones suelen estar enfocadas en promover el odio y la intolerancia basada en razones como la raza, etnia, religión, orientación sexual, identidad de género, nacionalidad, entre otros.

Las conductas que pueden comprender la creación de tales organizaciones incluyen:

a) Formación de Grupos con Ideologías de Odio: Establecer organizaciones o grupos que se basan en principios de supremacía racial, homofobia, xenofobia, antisemitismo, islamofobia, etc.

b) Reclutamiento y Capacitación de Miembros: Actividades dirigidas a reclutar nuevos miembros y promover entre ellos ideologías de odio y discriminación.

c) Organización de Eventos y Manifestaciones: Realizar reuniones, manifestaciones o eventos públicos que promuevan el discurso de odio.

d) Distribución de Propaganda: Crear y distribuir material que promueva el odio, como folletos, revistas, videos o contenido digital.

e) Uso de Simbología de Odio: Adoptar y promover símbolos asociados con el odio, como la esvástica, la cruz quemada, entre otros.

f) Comunicación y Coordinación con Otros Grupos Similares: Establecer redes con otras organizaciones nacionales o internacionales que compartan ideologías similares.

g) Planificación y Ejecución de Actos de Intimidación o Violencia: En algunos casos, estas organizaciones pueden planificar o llevar a cabo actos de violencia o intimidación contra individuos o grupos a los que se oponen.

En muchos países, la creación y operación de organizaciones que promueven el odio son consideradas ilegales y están sujetas a severas penalidades.

Estas leyes se basan en el entendimiento de que tales organizaciones no solo promueven ideas dañinas y divisivas, sino que también pueden ser un caldo de cultivo para la violencia y el terrorismo.

La legislación y la aplicación de la ley en esta área pueden variar considerablemente de un país a otro.

DIFAMACIÓN O CALUMNIAS

La difamación o calumnias en el contexto de delitos de odio y enaltecimiento se refiere a la acción de hacer y difundir afirmaciones falsas y dañinas sobre una persona o grupo, con el objetivo de desacreditarlos, dañar su reputación o exponerlos a odio, desprecio o ridículo.

Este tipo de comportamiento se considera especialmente grave cuando está motivado por prejuicios contra ciertas características como la raza, religión, orientación sexual, identidad de género, nacionalidad, entre otros.

Las conductas que pueden comprender la difamación o calumnias en este contexto incluyen:

a) Declaraciones Falsas: Hacer afirmaciones públicamente que son falsas y que dañan la reputación de una persona o grupo, sugiriendo que están involucrados en comportamientos inmorales, ilegales o despreciables.

b) Difusión de Rumores o Informaciones Falsas: Esparcir rumores o información engañosa sobre individuos o grupos, especialmente a través de medios de comunicación o plataformas de redes sociales.

c) Publicaciones en Medios de Comunicación: Escribir o publicar artículos, columnas de opinión, o reportajes que contengan declaraciones difamatorias o calumniosas.

d) Uso de Plataformas Digitales: Crear y compartir contenido en internet que incluya falsedades perjudiciales sobre ciertos individuos o grupos, especialmente cuando se hace con la intención de incitar al odio o la discriminación.

e) Declaraciones en Foros Públicos: Hacer declaraciones en eventos públicos, manifestaciones, conferencias u otros foros que contengan calumnias o difamaciones.

La difamación y las calumnias pueden tener un impacto significativo en las víctimas, llevando a la marginación, hostigamiento, pérdida de oportunidades laborales o personales, y daño emocional y psicológico.

En el marco de los delitos de odio, estas acciones son particularmente dañinas porque no solo afectan a los individuos específicos, sino que también pueden contribuir a un clima de odio y discriminación más amplio contra el grupo al que pertenecen las víctimas.

En muchos lugares, la difamación y las calumnias son delitos o motivos para litigios civiles, y cuando están relacionadas con el odio y el enaltecimiento, pueden ser tratadas con mayor severidad debido a su potencial para incitar a la violencia y al odio intergrupal.

DIFUSIÓN DE PROPAGANDA DISCRIMINATORIA

La difusión de propaganda discriminatoria en el contexto de delitos relativos a odio y enaltecimiento se refiere a la creación, distribución o promoción de materiales que promueven el odio, la discriminación o la violencia contra personas o grupos basados en características como raza, religión, orientación sexual, identidad de género, nacionalidad, entre otros.

Estos actos son considerados graves, ya que no solo propagan ideas perjudiciales y prejuicios, sino que también pueden incitar a la violencia y al daño contra las comunidades objetivo.

Las conductas que comprenden la difusión de propaganda discriminatoria pueden incluir:

a) Publicaciones y Distribución de Materiales: Esto puede incluir folletos, carteles, revistas o libros que contienen mensajes de odio o discriminación.

b) Uso de Medios Digitales y Redes Sociales: Crear y compartir contenido de odio en internet, incluyendo sitios web, blogs, foros y plataformas de redes sociales.

c) Discursos Públicos y Manifestaciones: Pronunciar discursos o participar en manifestaciones que promuevan el odio o la discriminación contra grupos específicos.

d) Símbolos de Odio: Crear o distribuir símbolos que son ampliamente reconocidos como representativos del odio, como la esvástica nazi.

e) Música y Arte con Mensajes de Odio: Componer y difundir canciones, obras de arte u otras formas de expresión artística que contengan mensajes discriminatorios o de odio.

f) Mensajes en Medios de Comunicación: Emitir programas de radio, televisión o cualquier otro medio de comunicación que promueva el odio o la intolerancia.

Estos actos son especialmente dañinos porque pueden normalizar el prejuicio y la discriminación, y en algunos casos, pueden incitar a actos de violencia.

En muchos países, la difusión de propaganda discriminatoria es un delito, y está sujeta a sanciones legales.

Las leyes y regulaciones específicas varían según el país y pueden depender de la naturaleza y gravedad del material, así como del contexto en el que se distribuye.

DISTRIBUCIÓN DE MATERIAL DE ODIO

La conducta relativa a la distribución de material de odio en los delitos de odio y enaltecimiento se refiere a la creación, producción, y difusión de mensajes, imágenes, escritos o cualquier otro tipo de contenido que promueve el odio, la discriminación o la violencia contra personas o grupos basados en características como raza, religión, origen étnico, orientación sexual, género, identidad de género, discapacidad, entre otras.

Esta conducta puede manifestarse de diversas formas y tiene implicaciones significativas tanto para las personas como para la sociedad en su conjunto.

Los aspectos clave de esta conducta incluyen:

a) Propagación de Mensajes de Odio: Esto puede incluir discursos, artículos, volantes, carteles o publicaciones en redes sociales que inciten al odio, la discriminación o la violencia contra grupos específicos.

b) Uso de Símbolos de Odio: La distribución de símbolos asociados históricamente con el odio y la opresión, como esvásticas, quema de cruces, entre otros, que son utilizados para intimidar o promover ideologías de odio.

c) Publicaciones en Internet y Redes Sociales: La difusión de material de odio a través de plataformas digitales, incluyendo sitios web, foros en línea, y redes sociales, lo que permite un alcance amplio y rápido.

d) Incitación a la Violencia y al Prejuicio: El material de odio a menudo busca no solo expresar opiniones discriminatorias, sino también incitar a otros a actuar con prejuicio o incluso con violencia contra los grupos objetivo.

e) Impacto en las Víctimas: La distribución de este tipo de material puede causar daño psicológico, miedo y ansiedad en las personas que pertenecen a los grupos atacados, y contribuye a un clima de intolerancia y hostilidad en la sociedad.

f) Legislación y Libertad de Expresión: En muchos países, la distribución de material de odio es ilegal y se considera un delito grave. Sin embargo, esto a veces entra en conflicto con debates sobre los límites de la libertad de expresión y su regulación.

g) Responsabilidad de Plataformas y Medios: Existe un debate sobre la responsabilidad de las plataformas en línea y los medios de comunicación en la moderación y eliminación de material de odio, equilibrando la libertad de expresión con la prevención de discursos dañinos.

La distribución de material de odio en los delitos de odio y enaltecimiento es una forma peligrosa de expresión que no solo atenta contra grupos específicos, sino que también socava los valores de respeto y tolerancia en la sociedad.

La lucha contra la distribución de material de odio requiere un equilibrio cuidadoso entre la protección contra el discurso dañino y la preservación de las libertades civiles.

GLORIFICACIÓN DE ACTOS VIOLENTOS

La glorificación de actos violentos en el contexto de los delitos de odio y enaltecimiento generalmente se refiere a la aprobación, exaltación o justificación de actos previos de violencia que han sido motivados por prejuicio o discriminación contra un grupo específico.

Estos actos pueden estar dirigidos contra personas debido a su raza, religión, origen étnico, orientación sexual, identidad de género, discapacidad, entre otros.

Esta glorificación puede manifestarse de diferentes maneras, incluyendo:

a) Expresiones Verbales o Escritas: Comentarios, discursos o artículos que hablen positivamente sobre actos violentos de odio, presentándolos como justificables o merecidos.

b) Publicaciones en Medios Sociales y en Internet: Uso de plataformas en línea para difundir mensajes que apoyen, celebren o inciten a repetir actos violentos de odio.

c) Multimedia: Creación y distribución de vídeos, imágenes o canciones que representen de manera positiva actos violentos contra grupos específicos.

d) Simbología: Utilización de símbolos o iconografía que estén asociados con actos de violencia o con grupos que han llevado a cabo tales actos, como banderas, emblemas o tatuajes.

e) Manifestaciones Públicas: Participación en marchas, reuniones o protestas donde se celebren actos de violencia contra grupos o se promueva la realización de futuros actos similares.

f) Propaganda: Distribución de folletos, pegatinas o cualquier otro material gráfico que glorifique la violencia de odio.

g) Apoyo Material o Moral: Prestar apoyo material (como donaciones) o moral (como solidaridad o defensa) a individuos o grupos que han cometido actos de violencia motivados por el odio.

h) Negación de la victimización: Negar o minimizar el sufrimiento de las víctimas de actos violentos, lo cual puede ser especialmente dañino para las comunidades afectadas y la sociedad en su conjunto.

Las acciones de glorificación pueden tener consecuencias negativas serias. No solo pueden perpetuar el estigma y la discriminación contra las comunidades afectadas, sino que también pueden incentivar a otros a cometer actos similares.

Pueden contribuir a un ambiente de miedo e inseguridad entre las poblaciones vulnerables y afectar la cohesión social.

En muchos países, estas conductas pueden ser penalizadas, especialmente cuando incitan a la violencia, constituyen un peligro para el orden público o cuando glorifican el terrorismo.

La penalización de tales conductas debe ser balanceada con el derecho a la libertad de expresión, y este equilibrio varía dependiendo del marco legal y cultural de cada sociedad.

NEGACIÓN O TRIVIALIZACIÓN DE CRÍMENES GRAVES

La negación o trivialización de crímenes graves en el contexto de los delitos de odio y enaltecimiento se refiere a actos o expresiones que rechazan, minimizan, o hacen parecer menos serios crímenes históricamente significativos, como el Holocausto, genocidios, y otras atrocidades masivas.

Estas conductas pueden manifestarse de diversas maneras:

a) Negación de Genocidios y Crímenes de Lesa Humanidad: Afirmar que eventos como el Holocausto, genocidios en Ruanda, Bosnia, Camboya u otros no ocurrieron, o que las cifras de víctimas son exageradas.

b) Trivialización de Atrocidades: Restar importancia a la gravedad o el impacto de crímenes graves, sugiriendo que no fueron tan malos como se reporta o que las víctimas son de alguna manera responsables de lo sucedido.

c) Distorsión de Hechos Históricos: Modificar o distorsionar los hechos históricos para minimizar la responsabilidad de los perpetradores o negar la magnitud de los crímenes cometidos.

d) Propaganda y Difusión de Teorías Conspirativas: Promover teorías de conspiración que cuestionan la existencia o la extensión de estos crímenes, a menudo acompañadas de retórica antisemita o racista.

e) Uso de Medios y Plataformas Públicas para Negar Crímenes: Utilizar libros, artículos, discursos públicos, redes sociales y otros medios para difundir estas negaciones o trivializaciones.

f) Justificación de Crímenes de Odio y Violencia: Sugerir que ciertos actos de violencia o crímenes de odio estuvieron justificados o fueron exagerados por grupos con agendas políticas o sociales.

Estas conductas son peligrosas porque pueden fomentar la intolerancia y el odio, y porque deshonran la memoria de las víctimas de estos crímenes atroces.

En muchos países, la negación y trivialización de ciertos crímenes graves, como el Holocausto, son ilegales y pueden ser castigadas con sanciones penales.

Estas leyes buscan preservar la verdad histórica y proteger la dignidad de las víctimas y supervivientes, así como promover el respeto y la tolerancia en la sociedad.

PARTICIPACIÓN EN ORGANIZACIONES O ACTIVIDADES DE CARÁCTER RACISTA O XENÓFOBA

La participación en organizaciones o actividades de carácter racista o xenófobo en el contexto de los delitos de odio y enaltecimiento implica involucrarse en grupos o acciones que promueven la discriminación, el odio o la hostilidad hacia personas basándose en su raza, origen étnico, nacionalidad o cultura.

Estas conductas pueden incluir:

a) Membresía en Grupos Racistas o Xenófobos: Ser parte activa de organizaciones que promueven ideologías racistas o xenófobas, participando en sus reuniones, campañas o actividades.

b) Organización de Eventos o Manifestaciones: Planificar o participar en eventos públicos, como marchas o mítines, que promuevan mensajes de odio racial o xenofobia.

c) Difusión de Material Racista o Xenófobo: Crear, distribuir o promocionar materiales (folletos, vídeos, publicaciones en redes sociales) que contengan mensajes de odio o discriminación racial o xenófoba.

d) Reclutamiento o Inducción de Otros: Trabajar para reclutar a otros individuos a organizaciones racistas o xenófobas o persuadirlos para que adopten creencias discriminatorias.

e) Violencia o Intimidación Racial o Xenófoba: Participar en actos de violencia, hostigamiento o intimidación dirigidos contra personas por su raza, etnia o nacionalidad.

f) Financiamiento de Actividades Racistas o Xenófobas: Proveer fondos o recursos para apoyar actividades o grupos que fomentan la discriminación racial o xenofobia.

g) Propaganda en Internet y Redes Sociales: Utilizar plataformas digitales para difundir ideologías racistas o xenófobas, así como para coordinar actividades o eventos.

Estas actividades son graves porque promueven divisiones sociales, incitan al odio y pueden llevar a la violencia y el daño a comunidades enteras.

Muchos países tienen leyes que prohíben la participación en tales organizaciones o actividades, reconociendo la amenaza que representan para la seguridad y el bienestar de la sociedad.

Las medidas legales y de políticas públicas buscan prevenir y sancionar el racismo y la xenofobia para mantener una sociedad justa e inclusiva.

PROVOCACIÓN A LA DISCRIMINACIÓN

La provocación a la discriminación en los delitos de odio y enaltecimiento se refiere a actos o declaraciones que incitan al odio, la hostilidad, la discriminación o la violencia contra un grupo de personas o un miembro de dicho grupo, basado en características como la raza, el origen étnico, la religión, la orientación sexual, el género, la identidad de género, entre otros.

Esta provocación puede manifestarse de diversas maneras, tales como:

a) Discursos de Odio: Declaraciones públicas que fomentan el resentimiento, la intolerancia o la animosidad hacia grupos específicos. Estos discursos pueden darse en diferentes plataformas, desde medios tradicionales hasta redes sociales.

b) Publicaciones y Propaganda: Distribución de materiales (folletos, carteles, publicaciones en internet) que incitan a la discriminación o el odio. Esto puede incluir símbolos que históricamente han sido asociados con la opresión o la violencia contra grupos específicos.

c) Eventos Públicos: Organizar o participar en reuniones públicas que promueven ideas discriminatorias o de odio.

d) Acoso y Amenazas: Dirigir amenazas o acoso hacia individuos en base a su pertenencia a un grupo protegido, lo que puede incluir acoso en línea.

e) Negación o Minimización de Crímenes de Odio: Negar públicamente, trivializar o justificar genocidios o crímenes de lesa humanidad cometidos contra grupos específicos.

Estas conductas no solo contribuyen a un clima de intolerancia y violencia, sino que también pueden ser ilegales en muchas jurisdicciones, ya que atentan contra los derechos humanos y los principios de igualdad y no discriminación.

Los gobiernos y las organizaciones internacionales trabajan para contrarrestar estas conductas a través de leyes, políticas públicas y programas de educación y concientización.

NEGACIÓN DE GENOCIDIOS O CRÍMENES DE ODIO

La conducta relativa a la negación de genocidio o crímenes de odio en los delitos de odio y enaltecimiento se refiere a la acción de negar, minimizar, justificar o trivializar genocidios reconocidos, crímenes de odio y atrocidades masivas, tales como el Holocausto.

Esta conducta puede manifestarse en declaraciones públicas, escritos, medios de comunicación o a través de plataformas en línea.

Los aspectos clave de esta conducta incluyen:

a) Negación de Hechos Históricos: Implica afirmar que eventos históricos, como genocidios o crímenes de lesa humanidad, no ocurrieron o fueron exagerados, a pesar de la evidencia histórica y testimonial abrumadora que demuestra su existencia.

b) Minimización y Justificación: No solo puede involucrar la negación total, sino también la minimización de la severidad o escala de estos crímenes, o la presentación de justificaciones para tales actos, a menudo basada en ideologías extremistas o prejuicios.

c) Propagación de Teorías Conspirativas: La negación de genocidios y crímenes de odio a menudo va acompañada de teorías conspirativas que buscan desacreditar las evidencias y testimonios relacionados con estos crímenes.

d) Incitación al Odio y a la Discriminación: Esta conducta puede fomentar el odio y la discriminación contra los grupos que fueron víctimas de dichos crímenes, perpetuando estigmas y prejuicios.

e) Legislación y Libertad de Expresión: En muchos países, la negación de genocidios y crímenes de odio es ilegal y se considera un delito, ya que atenta contra la verdad histórica y promueve el odio. Sin embargo, en otros lugares, puede estar protegida bajo la libertad de expresión, generando debates sobre los límites de esta libertad.

f) Impacto en las Víctimas y la Sociedad: La negación de estos crímenes puede ser profundamente hiriente para las víctimas y sus descendientes, y puede contribuir a un clima social de intolerancia y negación de la justicia.

g) Uso en la Propaganda Política o Ideológica: La negación o el enaltecimiento de estos crímenes a menudo se utiliza como herramienta por grupos o individuos con agendas políticas o ideológicas extremistas.

La conducta relativa a la negación de genocidios o crímenes de odio en los delitos de odio y enaltecimiento representa un rechazo a reconocer atrocidades históricas fundamentales y es una forma de violencia simbólica contra las comunidades afectadas.

Esta negación no solo deshonra la memoria de las víctimas, sino que también puede alimentar ideologías de odio y extremismo.

USO DE SÍMBOLOS DE ODIO

La conducta relativa al uso de símbolos de odio en los delitos de odio y enaltecimiento se refiere a la utilización de iconografías, gestos o imágenes que históricamente han sido asociados con el racismo, la supremacía étnica, la intolerancia religiosa, la homofobia, la misoginia, el antisemitismo, entre otras formas de discriminación y odio.

Estos símbolos son empleados para intimidar, ofender, o amenazar a individuos o grupos específicos, y su uso en diversos contextos puede constituir un delito de odio.

Los aspectos clave de esta conducta incluyen:

a) Iconografía Históricamente Asociada con el Odio: Esto incluye símbolos como la esvástica nazi, la cruz ardiente del Ku Klux Klan, y otros emblemas usados por grupos supremacistas o extremistas.

b) Grafitis y Vandalismo: El uso de estos símbolos en grafitis o actos de vandalismo en propiedades privadas o públicas, dirigidos a intimidar o insultar a comunidades específicas.

c) Propagación a través de Medios y Redes Sociales: La difusión de estos símbolos en plataformas en línea, redes sociales, folletos, y otros medios de comunicación para promover ideologías de odio.

d) Intimidación y Amenazas: Los símbolos de odio a menudo se utilizan para amenazar y causar miedo en las víctimas, recordándoles actos históricos de violencia y persecución.

e) Impacto en las Víctimas y la Comunidad: El uso de símbolos de odio puede tener un profundo impacto psicológico y emocional en las personas que pertenecen a los grupos atacados, generando un ambiente de miedo y ansiedad.

f) Legislación y Penalización: En muchos países, el uso de símbolos de odio puede ser ilegal, especialmente cuando se utiliza para incitar a la violencia o la discriminación contra grupos protegidos.

g) Educación y Concienciación: La lucha contra el uso de símbolos de odio también implica esfuerzos educativos y de concienciación para enseñar sobre los horrores históricos asociados con estos símbolos y promover una sociedad más inclusiva y respetuosa.

El uso de símbolos de odio en los delitos de odio y enaltecimiento es una manifestación de intolerancia y discriminación que busca dañar e intimidar a grupos específicos.

Esta conducta no solo representa una amenaza para las personas o comunidades específicas, sino que también atenta contra los valores de diversidad y respeto en la sociedad.

BIBLIOGRAFÍA

ALARCÓN GARRIDO, Antonio. Auditor Compliance: auditorías y verificaciones. Las Rozas (Madrid): Sepín, 2017.

AA.VV. al cuidado de Silva Sánchez, Jesús María (Dir.) y Montaner Fernández, Raquel (2013): Criminalidad de empresa y Compliance. Prevención y reacciones corporativas (Barcelona, Atelier).

AA.VV. Compliance: guía práctica de identificación, análisis y evaluación de riesgos Cizur Menor, Aranzadi 2017

ABIA, RICARDO Y DORADO, Guillermo. Guía práctica sobre responsabilidad penal de empresas y planes de prevención Compliance. Cizur Menor, Aranzadi 2017.

– Implantación práctica de un Sistema de Gestión de Cumplimiento - Compliance Management System. Editorial Thomson Reuters-Aranzadi, Cizur Menor (Navarra) 2017.

AGENCIA ESPAÑOLA DE PROTECCIÓN DE DATOS (AGPD). Gabinete Jurídico. "Creación de sistemas de denuncias internas en las empresas (mecanismos de whistleblowing)". www.agpd.es

AGUDO FERNÁNDEZ, E. - JAÉN VALLEJO, M. - PERRINO PÉREZ, A. L. Derecho penal de las personas jurídicas. Editorial Dykinson, 2016.

ALARCÓN GARRIDO, Antonio. Manual Teórico-Práctico del Compliance Officer. Servicio de la Propiedad Inmobiliaria (Sepín), Madrid 2016.

– Auditor Compliance. Auditorías y verificaciones Servicio de la Propiedad Inmobiliaria (Sepín), Madrid 2017.

ALIAGA MÉNDEZ, Juan Antonio (2010): Normativa comentada de prevención del blanqueo de capitales. Adaptada a la ley 10/2010 (Madrid, La Ley).

ALLRIDGE, PETER. What went wrong with money laundering legislation? (Palgrave, London 2016).

ALMAGRO MARTÍN, Carmen (Dir.). Estudios sobre el control del fraude fiscal y prevención del blanqueo de capitales. Editorial Aranzadi Cizur Menor (Navarra) 2016.

ALONSO ALONSO, Enrique. "Los informes de cumplimiento normativo, Compliance". En Colección Cuadernos de derecho para ingenieros. Coord. AGÚNDEZ, M. A. - MARTÍNEZ SIMANCAS, J. Vol. 14, 2012 (Cumplimiento normativo. Compliance). Editorial La Ley.

ALONSO DE ESCAMILLA, Avelina. "La responsabilidad penal de los administradores de sociedades mercantiles. Una aproximación desde la perspectiva del Compliance" en Gobierno Corporativo: la Estructura del Órgano de Gobierno y la Responsabilidad de los Administradores. Adaptado a la Ley 31/2014 de 3 de diciembre que modifica la Ley de Sociedades de Capital para la mejora del gobierno corporativo. (Dir.) ALFONSO MARTÍNEZ-ECHEVARRÍA Y GARCÍA DE DUEÑAS. Editorial Thomson Reuters Aranzadi. Cizur Menor (Navarra), 2015.

ÁLVAREZ PASTOR, Daniel; Eguidazu Palacios, Fernando. Manual de prevención del blanqueo de capitales. Editorial Marcial Pons. Madrid 2007.

ÁLVAREZ VIÑUELA, Jorge. "La figura del Compliance officer en las pymes". En http://www.abogacia.es/2016/10/27/la-i gura-del-Compliance-officeren-las-pymes/

ARMENDARIZ LEÓN, Carmen. "La responsabilidad penal de las personas jurídicas. A propósito de las primeras resoluciones del Tribunal Supremo". En el blog sobre la actualidad jurídica y penal ¿Hay Derecho? http://hayderecho.

com/2016/05/04/la-responsabilidad-penal-de-las-personas-juridicas-aproposito-de-las-primeras-resoluciones-del-tribunal-supremo/

ASOCIACIÓN ESPAÑOLA DE COMPLIANCE (ASCOM). Libro blanco sobre la función de Compliance. Coord. CASANOVAS YSLA, Alain.

AYALA DE LA TORRE, José María. Colección Claves prácticas. Compliance. Editorial Francis Lefebvre, 2016.

AXELROD, R., The Evolution of Cooperation, 1984.

AXELROD, R., «An Evolutionary Approach to Norms», en The American Political Science Review, Vol. 80, No. 4, 1986.

BACIGALUPO, E., Compliance y Derecho Penal. Editorial Aranzadi, Navarra, 2011.

BACIGALUPO SAGESSE, Silvina. La responsabilidad penal de las personas jurídicas. Editorial Hammurabi, Buenos Aires, 2001.

- "Los criterios de imputación de la responsabilidad penal de los entes colectivos y de sus órganos de gobierno (arts. 31 bis y 129 CP)". En Diario La Ley, número 7541, 2011.
- Guía práctica de autodiagnóstico y reporting en cumplimiento normativo, buen gobierno corporativo y prevención de la corrupción: hacia una cultura empresarial de cumplimiento: nuevos retos para la empresa del siglo XXI. Madrid Transparency International. 2017.

BAJO ALBARRACIN, Juan Carlos. Auditoría de sistemas de gestión. Compliance. 31 bis CP, ISO 19600 e ISO 37001. Editorial Thomson Reuters Aranzadi, 2017

- Sistemas de gestión Compliance. Guía Práctica para el Compliance officer. Ediciones CEF, Madrid 2017.

BAJO FERNÁNDEZ, M., «Nuevas tendencias en la concepción sustancial del injusto penal», en Revista para el análisis del Derecho Indret 3/2008, Barcelona, 2008.

BAJO FERNÁNDEZ, M. / FEIJOO SÁNCHEZ, B. J. / GÓMEZ-JARA DÍEZ, C., Tratado de responsabilidad penal de las personas jurídicas (2ª Editorial). Editorial Aranzadi, Cizur Menor (Navarra) 2016.

BALCARCE, F. I.-BERRUEZO, R. Criminal Compliance y Personas jurídicas. Editorial B de F. Montevideo - Buenos Aires (impreso en España por Efece Industria Gráfica S.L. en julio de 2016)

BALMACEDA HOYOS, Gustavo y Guerra Espinosa, Rodríguez. Políticas de prevención del delito en las empresas. Editorial Thomson Reuters - La Ley, Santiago 2014.

BASRI, Carole (2017): Corporate Compliance. Carolina Academic Press, Durham 2017.

BEEKARRY, Navin (edit.). Combating Money Laundering and Terrorism Finance: Past and Current Challenges, Cheltenham, Edward Elgar 2013.

Bell, D. / Raiffa, H. / Tversky, A., Decision Making: Descriptive, normative, and prescriptive interactions. Editorial Cambridge University Press, Cambridge, 1988.

BENNETT, Tim. Money Laundering Compliance (West Sussex, Bloomsbury, third edition 2014.

BIRD, Robert; CAHOY, Daniel; DARIN PRENKERT, Jamie (2014): Law, Business and Human Rights: Bridging the Gap (Edward Elgar, Cheltenham).

BOLDOVA PASAMAR, Miguel Ángel. "La introducción de la responsabilidad penal de las personas jurídicas en la legislación española". En la obra Globalización y Derecho Penal. 2013. www.usc.es/revistas/index.php/epc/article/ download/1395/1667.

BONATTI BONET, F., Memento Sistemas de Gestión de Compliance: Normas ISO y UNE 19601, AAVV / Bonatti Bonet, F. (Coord.). Editorial Francis Lefebvre, Madrid, 2017.

BOBBIO, N., Contribución a la Teoría del Derecho (edición a cargo de Alfonso Ruiz), Editorial Fernando Torres, Valencia, 1980.

CABECERANS CABECERANS, J. / Cuenca Márquez, J., «El Compliance Officer y los límites constitucionales de sus investigaciones», en Revista Aranzadi Doctrinal, nº 2, 2015.

CALVERT, Tracey. Regulation, Compliance and Ethics in law firms. Woking, Surrey, United Kingdom: Globe Law and Business, 2018. (Good practice guides).

CAMACHO, A. - URIA, A. "El impacto de la Ley Orgánica 1/2015 por la que se modifica el Código Penal en los sistemas de Corporate Compliance de las personas jurídicas". En Diario La Ley, núm. 8542, 2015. www.diariolaley.es

CAMPOS ACUÑA, María Concepción. Aplicación práctica del Compliance en la contratación pública. Cizur Menor (Navarra): Aranzadi Thomson Reuters, 2019.

CANCIO MELIÁ, M., Los delitos de terrorismo: Estructura típica e injusto. Editorial Reus, Madrid, 2010.

CANALS I AMETLLER, D., El ejercicio por particulares de funciones de autoridad: control, inspección y certificación. Editorial Comares, Granada, 2003.

CARBONELL MATEU, J. C. / Morales Prats, F., «Responsabilidad penal de las personas jurídicas», en AAVV/ Álvarez García, F. J. / González Cussac, J. L. (Dirs.), Comentarios a la reforma penal de 2010. Editorial Tirant lo Blanch, Valencia, 2010.

CARRAU CRIADO, Rafael. Compliance para PYMES. Editorial Tirant lo Blanch, 2016.

CASANOVAS YSLA, Alain. Legal Compliance. Principios de Cumplimiento Generalmente Aceptados. Economist & Jurist Difusión Jurídica, Madrid 2012.

- Compliance Penal normalizado. El estándar UNE 19601, Editorial Thomson Reuters-Aranzadi, Cizur Menor (Navarra) 2017.
- Compliance penal normalizado. El estándar UNE 19601. Editorial Aranzadi, Pamplona, 2017.

COBO DEL ROSAL, M., «Societas delinquere non potest», en Revista Anales de Derecho (Univ. de Murcia), núm. 30, 2012.

COFEE, J., «The attorney as gatekeeper: an agenda for the SEC», en Columbia Law and Economic Working Paper. No. 221, 2003.

CONGREGADO RAMÍREZ DE AGUILERA, E. / POMARES HERMÁNDEZ, I. / Rama Matías, E., «Análisis económico del derecho: una revisión selectiva reciente», en Derecho y Conocimiento, vol. 1, 2001.

CORTÉS BECHIARRELLI, E., «Causas de atenuación de la responsabilidad penal de las personas jurídicas [CP arts. 31 bis, 3 y 4 a), b) y c)]», en AAVV, Memento experto responsabilidad penal y procesal de las personas jurídicas. Editorial Francis Lefebvre, Madrid, 2015.

COSCULLUELA MONTANER, L., Manual de Derecho Administrativo, Tomo 1 (15ª Editorial). Editorial Civitas, Pamplona, 2004.

COSTA SANJURJO, P., Organización de empresas y responsabilidad penal corporativa (Tesis doctoral inédita). Universidad Politécnica de Cataluña, Barcelona, 2015.

COURANT, D., «Pensar el sorteo. Modos de selección, marcos deliberativos y principios democráticos», en Revista Internacional de Filosofía, DAIMON, nº 72 septiembre-diciembre, Murcia, 2017, pp. 59-80.

CRUZ BLANCA, M. J., «Modificaciones en las reglas generales para la aplicación de las penas operadas por Ley Orgánica 1/2015, de 30 de marzo, del Código Penal», en AAVV/Morillas Cueva (Dir.), Estudios sobre el Código Penal reformado (Leyes Orgánicas 1/2015 y 2/2015). Editorial Dykinson, Madrid, 2015.

CUELLO CONTRERAS, J., El derecho penal español. Curso de iniciación. Parte General. Editorial Civitas, Madrid, 1996.

DARDARCULLETA I GARDELLA, M. M., Autorregulación y Derecho público: La autorregulación regulada. Editorial Marcial Pons, Madrid, 2005.

DE LA CUESTA ARZAMENDI, J. L., «Responsabilidad penal de las personas jurídicas en el Derecho Español», en AAVV / De la cuesta Arzamendi, J. L. (Dir.) /De la Mata Barranco, N. J. (Coord.), Responsabilidad penal de las personas jurídicas. Editorial Aranzadi, Navarra, 2013.

DEL MORAL GARCÍA, A., «A vueltas con los programas de cumplimiento y su trascendencia penal», en Revista de Jurisprudencia, octubre, 2017.

DEL RÍO, M., «La tesis de la separación del derecho y la moral y su impacto en la formación ética de los abogados. Hacia la innovación social en el derecho», en Revista Iberoamericana para la Investigación y el Desarrollo Educativo, núm. 11, 2015.

DEL ROSAL BLASCO, B., «La delimitación típica de los llamados hechos de conexión en el nuevo artículo 31 bis nº 1, del Código Penal», en Cuadernos de Política Criminal, nº 103, 2011.

– «Responsabilidad penal de las personas jurídicas: títulos de imputación y requisitos para la exención», en AAVV/Morillas Cueva (Dir.), Estudios sobre el Código Penal reformado (Leyes Orgánicas 1/2015 y 2/2015). Editorial Dykinson, Madrid, 2015.
– «Sobre los elementos estructurales de la responsabilidad penal de las personas jurídicas: reflexiones sobre las SSTS 154/2016 y 221/2016 y sobre la Circular núm. 1/2016 de la Fiscalía General del Estado», en Diario La Ley, Nº 8732, Sección Doctrina, abril, 2016.

DEULOFEU, J., Prisioneros con dilemas y estrategias dominantes. Teoría de Juegos. Editorial RBA, Rodesa, 2011.

DEVA, Surya. Regulating Corporate Human Rights Violations: Humanizing Business. Routledge, New York 2012.

DEVA, Surya y BILCHITZ, David. Human Rights Obligations of Business: Beyond the Corporate Responsibility to Respect? Cambridge University Press, New York 2013.

DÍEZ RIPOLLÉS, J. L., «La responsabilidad penal de las personas jurídicas. Regulación española», en Revista para el análisis del Derecho Indret 1/2012, Barcelona, 2012.

DOPICO GÓMEZ-ALLER, J., «Posición de garante del Compliance officer por infracción del deber de control: 'una aproximación tópica'», en Arroyo Zapatero, L. / Nieto Martín, A. (Dirs.), El derecho penal en la era Compliance. Editorial Tirant lo Blanch, Valencia, 2013.

– «Consecuencias accesorias aplicables a entes sin personalidad jurídica», en AAVV, Memento experto responsabilidad penal y procesal de las personas jurídicas. Editorial Francis Lefebvre, Madrid, 2015.

ELSTER, J., Tuercas y tornillos. Una introducción a los conceptos básicos de las ciencias sociales. Editorial Gedisa, Barcelona, 1990.

– The cement of society: a study of social order. Editorial Cambridge University Press, Cambridge, 1989.

ELLIS, Matteson. The FCPA in Latin America: Common Corruption Risks and Effective Compliance Strategies for the Region (Corporate Compliance Insight, S/L 2016.

ENSEÑAT, SYLVIA. Manual del Compliance Officer. Editorial Thomson Reuters-Aranzadi, Cizur Menor (navarra) 2016.

FIGUEREDO MOREIRA, D., «Crisis y regulación de mercados financieros. La autorregulación regulada: ¿una respuesta posible?», en Revista de Administración Pública, nº 180, 2009, pp. 9-19.

FISSE, B. / BRAITHWAITE, J., Corporations, Crime and Accountability. Editorial Cambridge University Press, Cambridge, 1993.

GÁLVEZ BRAVO, Rafael (2014): Los modus operandi en las operaciones de blanqueo de capitales. Técnicas clásicas. Editorial Bosch. Madrid 2014.

GARCÍA NORIEGA, Antonio. Blanqueo y Antiblanqueo de Capitales. Cómo se lava el dinero. Cómo se combate el lavado. Editorial Difusión Jurídica. Madrid 2010

GARGARELLA, R. / OVEJERO, F. / MARTÍ, J. L., Nuevas Ideas republicanas: Autogobierno y libertad. Editorial Paidós Ibérica, Barcelona, 2004.

GASTIL, J. / RICHARDS, R., «Making direct democracy deliberative through random assemblies», en Politics and Society Vol. 41, n. º 2, 2013, pp. 253-281.

GIMENO BEVIÁ, Jordi. Compliance y proceso penal. El proceso penal de las personas jurídicas. Editorial Civitas-Thomson Reuters, Madrid 2016.

GINER DE SAN JULIÁN, S., Teoría Sociológica Clásica. Editorial Ariel, Madrid, 2001

GÓMEZ-GALÁN, Manuel et al. (2016): Derechos Humanos y empresas. Avances desde España (Madrid, CIDEAL).

GÓMEZ-JARA DÍEZ, C., «Autoorganización empresarial y autorresponsabilidad empresarial: Hacia una verdadera responsabilidad penal de las personas jurídicas», en Revista Electrónica de Ciencia Penal y Criminología, Artículos RECPC 08-06, 2006, p. 05:1-05:27.

– «La incidencia de la autorregulación en el debate legislativo y doctrinal actual sobre la responsabilidad penal de las personas jurídicas», Cap. VIII en Arroyo Zapatero, L. / Nieto Martín, A., Autorregulación y sanciones. Editorial Lex Nova, Valladolid, 2008.

GÓMEZ TOMILLO, M., «Imputación objetiva y culpabilidad en el Derecho Penal de las personas jurídicas. Especial referencia al sistema español», en Revista Jurídica de Castilla y León, núm. 25, septiembre 2001.

– Introducción a la responsabilidad penal de las personas jurídicas en el sistema español, Editorial Lex Nova, Valladolid, 2010.

– Compliance Penal y Política Legislativa. Editorial Tirant lo Blanch, Valencia, 2016.

GONZÁLEZ COLOMER, J. A., SCHEMMEL, A., BLUMENBERG, A., «La función del penalista en la confección, implementación y evaluación de los programas de cumplimiento», en

AAVV/Arroyo Zapatero/Nieto Martín (Dirs.), El derecho penal económico en la era Compliance. Valencia, 2013.

GONZÁLEZ JIMÉNEZ, Carmen; HERNÁNDEZ CASTRO, Juan José;⊠ SÁNCHEZ MARTÍN, Miguel Ángel (2017): Responsabilidad penal de las personas jurídicas: Plan de prevención de riesgos penales y código ético de conducta. Editorial Aranzadi. Cizur Menor (Navarra) 2017.

GONZÁLEZ JIMÉNEZ, Carmen; HERNÁNDEZ CASTRO, Juan (2017): Tratado sistematizado de prevención del blanqueo de capitales para profesionales. Editorial Aranzadi. Cizur Menor (Navarra) 2017.

GONZÁLEZ RUS, J. J., «La reforma de la responsabilidad penal de las personas jurídicas», en AAVV / Palma Herrera (Dir.), Procedimientos operativos estandarizados y responsabilidad penal de la persona jurídica. Editorial Dykinson, Madrid, 2014.

GONZÁLEZ TAPIA, M. I., «Las consecuencias accesorias del art. 129: La nueva responsabilidad penal de los entes sin personalidad jurídica», en AAVV / Palma Herrera (Dir.) Procedimientos operativos estandarizados y responsabilidad penal de la persona jurídica. Editorial Dykinson, Madrid, 2014.

GRACIA MARTÍN, L., «Crítica de las modernas construcciones de una mal llamada responsabilidad penal de las personas jurídicas», en Revista Electrónica de Ciencia Penal y Criminología, núm. 18-05, pp. 1-95, 2016.

GRAHAM, Lynford. Internal Control Audit and Compliance: Documentation and Testing Under the New COSO Framework. Wiley, New Yersey 2015.

GUTIÉRREZ MUÑOZ, C., El estatuto de la responsabilidad penal de las personas jurídicas: aspectos de Derecho material (Tesis doctoral inédita). Universidad Autónoma de Barcelona, Barcelona, 2016.

HAYEK, F., The Fatal Conceit, Editorial The University of Chicago Press, Chicago, 1988.

HABERMAS, J., Teoría de la acción comunicativa: Tomo I. Racionalidad de la acción y racionalización social y Tomo II. Crítica de la razón funcionalista (1ª Editorial Reimp.). Editorial Trotta, Madrid, 2010.

– Teoría de la acción comunicativa: Tomo II. Crítica de la razón funcionalista (1ª Editorial Reimp.). Editorial Trotta, Madrid, 2010.

HEALY, Nicole (2017): Anti-Money Laundering Deskbook: A Practical Guide to Law and Compliance (Practising Law Institute, New York).

HERNÁNDEZ PÉREZ, María; ROMÁN GARCÍA, Salvador (2018): Guía para la aplicación de UNE-ISO 37001:2017 (AENOR, Madrid).

HODGES, Cristopher. Law and Corporate Behaviour: Integrating Theories of Regulation, Enforcement, Compliance and Ethics. Hart Publishing. Oxford 2015

HODGES, Cristopher y STEINHOLZ, Ruth. Ethical Business Practice and Regulation: A Behavioural and Values-Based Approach to Compliance and Enforcement. Hart, CH Beck, Nomos 2017.

INDERST, Cornelia. Compliance: Aufbau - Management - Risikobereiche (C.F. Müller, Heidelberg 2017.

IOANNIDES, Emmanuel. Fundamental Principles of EU Law Against Money Laundering. (Surrey), Ashgate Publishing 2014.

JACKMAN, David. Compliance Revolution. How Compliance Needs to Change to Survive. Wiley, Singapur 2015.

JAKOBS, G., Sociedad, norma y persona en una teoría de un derecho pena funcional. Editorial Civitas, Madrid, 1996.

KELLOGG, F., «What Precisely is a 'Hard' Case? Waldron, Dworkin, Critical Legal Studies, and Judicial Recourse to Principle», en SSRN, Pernambuco, 2013, p 1-33.

KENT, M. /CARL, F. /SIDAK, J., «The deterrent effect of antitrust enforcement», en Journal of Political Economy, Vol. 89, University of Chicago, Chicago, 1981.

KURER, Peter. Legal and Compliance Risk. Oxford University Press, Nueva York 2015.

KUNER, Christopher (2017): European Data Protection Law: Corporate Compliance and Regulation (Oxford University Press, Oxford).

KOTZ, David (2015): Financial Regulation and Compliance, + Website: How to Manage Competing and Overlapping Regulatory Oversight. Wiley, New Jersey 2015.

LARA, N., «Teoría de juegos, ventanas rotas y negocios rotos», en Aguiar, F. / Lara, N. / Barragán, J, Economía, sociedad y teoría de juegos. Editorial McGraw-Hill, Madrid, 2008.

LASCURAÍN SÁNCHEZ, J. A., «Compliance, debido control y unos refrescos», en Arroyo Zapatero, L. / Nieto Martín, A., El derecho penal en la era Compliance. Editorial Tirant lo Blanch, Valencia, 2013.

LINARES LEJARRAGA, S., «Democracia y sorteo de cargos», en Revista Internacional de Filosofía, DAIMON, nº 72 septiembre-diciembre, Murcia, 2017, pp. 45-58.

LOMBARDERO EXPÓSITO, Luis Manuel. Blanqueo de capitales. Prevención y represión del fenómeno desde la perspectiva penal, mercantil, administrativa y fiscal. Editorial Bosch. Barcelona 2015.

LÓPEZ NOVO, J., «Neoinstitucionalismo económico y teoría sociológica», en Lamo de Espinosa E. / Rodríguez J. E., Problemas de teoría social contemporánea. Madrid, CIS, pp. 291-327.

LUHMANN, N., Sistema jurídico y dogmática jurídica. Trad. Centro de Estudios Constitucionales, Madrid, 1983.

– Organización y decisión. Autopoiesis, acción y entendimiento comunicativo, Barcelona, 2005, p. 19. Tit. orig.: Organisation und Entscheidung. Autopoiesis, handlug un kommunikative verstándigung, 1982.

MACKAAY, E., «La Teoría de los Juegos se apodera del Derecho» trad. Enrique A. Bour, 17/18, Le droit saisi par le jeu, en Droit et Société, 1991.

MAGRO SERVET, Vicente. Guía Práctica sobre Responsabilidad Penal de Empresas y Planes de Prevención (Compliance) Editorial La Ley-Wolters Kluwer, Madrid 2017.

MAGLIE, C., «Models of corporate criminal liability in comparative law», en Washington University Global Studios Lay Review, vol. 4:547, january, 2005,

MARAVER GÓMEZ, M., El principio de confianza en derecho penal: Un estudio sobre la aplicación del principio de autorresponsabilidad en la teoría de la imputación objetiva. Editorial Civitas, Madrid, 2009.

MARTIN, Jena. The Business and Human Rights Landscape: Moving Forward, Looking Back. Cambridge University Press. New York 2016.

MARTIN DE SANCTIS, Fausto. International Money Laundering Through Real Estate and Agribusiness: A Criminal Justice Perspective from the "Panama Papers". Springer, Cham 2017.

Martínez-Buján Pérez, C., Derecho penal económico y de la empresa. Editorial Tirant lo Blanch, Valencia, 2011.

MARTÍNEZ FERNANDEZ, Luis y ANDRÉS, Pedro (2018): Manual Práctico de Compliance, Editorial Civitas. Madrid 2018.

MATURANA, H. /VARELA, F., El árbol del conocimiento. Editorial Universitaria de Santiago de Chile, Santiago de Chile, 1984.

– De máquinas y seres vivos. Autopoiesis: La organización de lo vivo. Editorial Universitaria de Santiago de Chile, Santiago de Chile, 1994.

MCCARTHY, Killian (2017): The Money Laundering Market: Regulating the Criminal Economy. Agenda Publishing, Newcastle 2017.

MATUS, J. P., «La certificación de los programas de cumplimiento», en Arroyo Zapatero, L. / Nieto Martín, A., El derecho penal en la era Compliance. Editorial Tirant lo Blanch, Valencia, 2013

MILLER P., Geoffrey the Law of Governance, Risk Management, and Compliance (Aspen Casebook) Editorial Wolters Kluwer, 2nd Edition, New York 2017.

MILLS, Annie y HAINES, Peter. Essential Strategies for Financial Services Compliance (Wiley, Chichester 2015.

Mintzber, H., La estructuración de las organizaciones. Editorial Ariel Economía, Barcelona, 1984.

MIR PUIG, S., «Una tercera vía en materia de responsabilidad penal de las personas jurídicas», en Revista Electrónica de Ciencia Penal y Criminología, 2004.

– «Las nuevas penas para personas jurídicas: una clase de "penas" sin culpabilidad», en AAVV/ Mir Puig, S. / Corcoy Bidasolo, M. / Gómez Martín, V. (Dirs.) / Hortal Ibarra, J. C. / Valiente Ivañez, V. (coords.), Responsabilidad de la empresa y Compliance. Editorial Edisofer, Madrid, 2014.

MIR PUIGPELAT, O., Globalización, Estado y Derecho. Las transformaciones recientes del Derecho Administrativo. Editorial Civitas, Madrid, 2004.

MITSILEGAS, Valsamis. Money Laundering countermeasures in the European Union. A new paradigm of security governance versus fundamental legal principles. Kluwer Law International. London 2003

MONTIEL, J. P., «Autolimpieza empresarial: Compliance programs, investigaciones internas y neutralización de riesgos penales», en AAVV / Kuhlen, L., Montiel, J. P., y Ortiz de Urbina, I. (Eds.), Compliance y teoría del Derecho Penal. Editorial Marcial Pons, Madrid, 2013.

MORCILLO MORENO, J., «Una crisis marcada por la globalización: Intervención, desregulación y autorregulación regulada», en Blasco Esteve, A (Coord.), El derecho público de la crisis económica. Transparencia y sector público, Instituto Nacional de Administración Pública, Madrid, 2012.

MORILLAS CUEVA, L., «La Cuestión de la Responsabilidad Penal de las Personas Jurídicas», en Revista Anales de Derecho (Univ. de Murcia), núm. 29, 2011.

MUÑOZ CONDE, F., Derecho Penal Parte General. Editorial Tirant lo Blanch, Valencia, 2004.

MYERS, Christopher y THOMAS, Kwamina (2017): Corporate Compliance Answer Book, Holland & Knight LLP, Vol 1. Practicing Law Institute, New York 2017.

Nieto, Adán (dir.): Manual de Cumplimiento Penal en la Empresa. Tirant lo Blanch. Valencia 2015.

NIETO MARTÍN, A., «Responsabilidad social, gobierno corporativo y autorregulación: sus influencias en el derecho penal de la empresa», en Revista Electrónica Semestral de Políticas Públicas en Materias Penales Nº 5, 2008.

– «La privatización de la lucha contra la corrupción», en Arroyo Zapatero, L./ Nieto Martín, A., El derecho penal en la era Compliance. Editorial Tirant lo Blanch, Valencia, 2013.

– Public Compliance. Prevención de la corrupción en administraciones públicas y partidos políticos. Ediciones Universidad de. Castilla La Mancha-Tirant lo Blanch, Valencia 2015.

OCDE: Identification and Quantification of the Proceeds of Bribery: A joint OECD analysis, 2012.

– Due diligence guidance for responsable business conduct (2018).

OLAYA LAVIGNE, Cristina y SÁNCHEZ RODRÍGUEZ, Ana Luisa. Compliance. Guía Práctica de identificación, análisis y evaluación de riesgos. Editorial Thomson Aranzadi, Cizur Menor (Navarra) 2017.

OSTROM, E., Understanding Institutional Diversity. Editorial Princeton University Press, Princeton, 2005.

PADDOCK, Lee; MARKELL, David; BRYNER, Nicholas (Edit.). Compliance and Enforcement of Environmental Law (Edward Elgar) 2017.

PAHA, Johanes (Edit.) (2016): Competition Law Compliance Programmes: An Interdisciplinary Approach (Springer, Gießen) 2016.

PALMA HERRERA, J. M., «El papel de los Compliance en un modelo vicarial de responsabilidad penal de la persona jurídica», en AAVV / Palma Herrera (Dir.) Procedimientos operativos estandarizados y responsabilidad penal de la persona jurídica. Editorial Dykinson, Madrid, 2014.

PALMA HERRERA, J. M. / AGUILERA, R., Compliances y responsabilidad penal de la persona jurídica. Editorial Aranzadi, Cizur Menor (Navarra) 2017.

PARSONS, T., La estructura de la acción social, 1937.

PELÁEZ RUIZ-FORNELLS, Alejandro. Blanqueo de capitales. Fases, efectos e implicaciones de política económica. Delta Publicaciones. Madrid 2014.

PERDOMO TORRES, J. F. / MONTEALEGRE LYNETT, E., «Funcionalismo y Normativismo Penal», en Los desafíos del Derecho penal en el Siglo XXI, Libro homenaje al Profesor Dr. Günther Jakobs, Lima, 2005.

PÉREZ ARIAS, J., Sistema de atribución de Responsabilidad Penal a las personas jurídicas, Editorial Dykinson, Madrid, 2014.

– «La persona jurídica como sujeto penalmente responsable: un pretendido fundamento sociológico», en Procedimientos operativos estandarizados y responsabilidad penal de la persona jurídica, Madrid, 2014.

PIÑA, Juan Ignacio. Modelos de prevención de delitos en la empresa. Legal Publishing. Santiago 2012.

POLAINO NAVARRETE, M., Lecciones de Derecho Penal. Parte General Tomo I (3ª Editorial). Editorial Tecnos, Madrid, 2017.

– Lecciones de Derecho Penal. Parte General Tomo II (2ª Editorial). Editorial Tecnos, Madrid, 2016.

POSNER, R. A., The Economics of Justice. Editorial Harvard University Press, Harvard, 1983.

– Economic analysis of law (9ª Editorial). Editorial Wolters Kluwer, New York, 2014.

PRADEL, J., «La responsabilidad penal de las personas jurídicas en el Derecho francés: "algunas cuestiones"», en Revista de derecho penal y criminología, núm. 4, 1999, pp. 662 y ss.

PUYOL MONTERO, J., Criterios prácticos para la elaboración de un código de compliance. Editorial Tirant lo Blanch, Valencia, 2016.

– El Funcionamiento Práctico del Canal de Compliance "whistleblowing". Tirant lo Blanch, Valencia 2017.
– «El "Compliance" y el estatuto de la profesión de "Compliance Officer"», en Diario La Ley, nº 3, febrero, 2017
– Guía para la implantación del Compliance en la empresa. Bosch-Wolters Kluwer, Barcelona 2017.
– Compliance y actuación procesal de las personas jurídicas / coord.: Javier Puyol Montero, Las Rozas (Madrid): Sepín, 2019.

RAGUÉS I VALLÈS, R., «¿Héroes o traidores? La protección de los informantes internos (whistleblowers) como estrategia político criminal», en Revista para el análisis del Derecho Indret 3/2006, Barcelona, 2006.

– «La responsabilidad penal del testaferro en los delitos cometidos a través de sociedades mercantiles: Problemas de imputación subjetiva», en Revista para el análisis del Derecho Indret 3/2008, Barcelona, 2008.

RAMAKRISHNA, Saloni (2015): Enterprise Compliance Risk Management: An Essential Toolkit for Banks and Financial Services (Wiley, Singapore).

RAMÓN RIBAS, E., «Consecuencias accesorias, art. 129 CP», en AAVV / Quintero Olivares (Dir.), La reforma penal de 2010: Análisis y comentarios, Editorial Aranzadi, Pamplona, 2010.

RODRÍGUEZ MOURULLO, G., «La responsabilidad penal de las personas jurídicas y los principios básicos del sistema», en Revista del Consejo General de la Abogacía Española, septiembre, 2010.

RODRÍGUEZ MUÑOZ, J. A., La doctrina de la acción finalista, Valencia, 1953.

RODRÍGUEZ YAGÜE, C., «La protección de los Whistleblowers por el ordenamiento español: aspectos sustantivos y procesales», en Arroyo Zapatero, L., Nieto Martín, A. (coords). Eurodelitos de Fraude y corrupción. Editorial Universidad de Castilla-La Mancha, Cuenca, 2006.

ROXIN, C., «Sentido y límites de la pena estatal», en Problemas básicos del Derecho Penal, Madrid, 1976.

– «La imputación al tipo objetivo», en Imputación objetiva y antijuridicidad, 2002.
– «El dominio de organización como forma independiente de autoría mediata», en REJ-Revista de Estudios de la Justicia Nº 7, 2006.

SAÍZ PEÑA, Carlos Alberto. Compliance. Cómo gestionar los riesgos normativos en la empresa. Editorial Aranzadi. Cizur Menor (Navarra) 2015.

SALVINA VALENZANO, A., «Responsabilidad penal de las personas jurídicas en Italia», en Revista Derecho Penal nº 53, oct-dic, Colombia, 2015, pp. 160-194.

SAMUELSON, P. / NORDHAUS, W., Economía. 18ª Editorial Editorial Mc Graw Hill, Madrid. 2005.

SATZ, D. /FEREJOHN, J. A., «Rational choice and social theory», en The Journal of Philosophy, Vol. 91, no. 2, New York, 1994.

SCHÜNEMANN, B., Cuestiones básicas de dogmática jurídico-penal y de política criminal acerca de la criminalidad de la empresa, Mannheim, 1988.

SILVA SÁNCHEZ, J. M., «La aplicación judicial de las consecuencias accesorias para las empresas», en Revista para el análisis del Derecho Indret 2/2006, Barcelona, 2006.

– «La reforma del Código Penal: una aproximación desde el contexto», en Diario la Ley, nº 7464, 2010.

– «Deberes de vigilancia y Compliance empresarial», en AAVV / Kuhlen / Montiel / Ortiz de Urbina (Eds.), Compliance y teoría del Derecho penal, Editorial Marcial Pons, Barcelona, 2013.

– Fundamentos del Derecho Penal de la Empresa. Editorial Edisofer, Madrid, 2013.

SIEBER, U., «Programas de Compliance en el derecho penal de la empresa. Una nueva concepción para controlar la criminalidad económica», en Arroyo Zapatero, L. / Nieto Martín, A., El derecho penal en la era Compliance. Editorial Tirant lo Blanch, Valencia, 2013.

SILVA SÁNCHEZ, Jesús María (Dir.) y MONTANER FERNÁNDEZ, Raquel (Coord.) (2013): Criminalidad de empresa y Compliance. Prevención y reacciones corporativas (Atelier, Barcelona).

SPAGNOLO, G. / LE QOC, C. / BIGONI, M. / FRIDOLFSSON, S., «Trust, Salience and Deterrence: Evidence from an Antitrust Experiment», en IFN Working Paper No. 859, Stockholm, 2011.

TENA SÁNCHEZ, J., «Estrategias de diseño institucional, cumplimiento y virtud cívica», en Revista de Ciencia Política, Vol. 29, nº 1, Barcelona, 2009.

TIEDEMANN, K., «Constitución y Derecho Penal» (Trad.: Arroyo Zapatero), en Revista Española de Derecho Constitucional, Año 11, núm. 33, septiembre-diciembre 1991.

TYLER, T., Why People Obey the Law. Editorial Princeton University Press, Princeton, 2006.

ULLMANN-MARGALIT, E., The Emergence of Norms, Editorial Clarendon Library of Logic &, Philosophy, Oxford, 1977.

UMNUß, Karsten. Corporate Compliance Checklisten: Rechtliche Risiken im Unternehmen erkennen und vermeiden (Beck) 2016.

URRUELA, A., «La introducción de la responsabilidad penal de las personas jurídicas en derecho español en virtud de la lo 5/2010: perspectiva de lege lata», en Estudios Penales y Criminológicos, vol. XXII, Santiago de Compostela, 2012.

VAN DER BROEK, Melissa. Preventing Money Laundering: A Legal Study on the Effectiveness of Supervision in the European Union. Eleven International Publishing, The Hague 2015.

VELASCO NÚÑEZ, E., «Responsabilidad penal de las personas jurídicas: aspectos sustantivos y procesales», en Diario La Ley nº 7883, 2012.

VIDALES, Caty (dir.) y FABRA, Modesto (coord.) (2015), Régimen jurídico de la prevención y represión del blanqueo de capitales. Editorial Tirant lo Blanch) pp. 181-2013. Valencia 2015.

WEBER, M., Economía y sociedad. Editorial Fondo de Cultura Económica, México D.F., 1964.

WETZEL, Julia Ruth-María. Human Rights in Transnational Business: Translating Human Rights Obligations into Compliance Procedures. Springer, Luzern 2016.

WHALLEY, Matthew y GUZELIAN, Chris. The Legal Risk Management Handbook: An International Guide to Protect Your Business from Legal Loss (Kogan Page, London, New York 2016.

WALSH, Bob. Anti-money Laundering Compliance Handbook: A Practical Hands-on Guide for Compliance Professionals. PBJ, New York 2015.

WEINSTEIN, Stuart. Legal Risk Management, Governance and Compliance: Interdisciplinary Case Studies from Leading Experts. Globe Business Publishing, London 2016.

ZUGALDÍA ESPINAR, J. M., «Las "consecuencias accesorias" aplicables como penas a las personas jurídicas en el cp español», en Anuario de Derecho Penal, Universidad de Friburgo, 1997.

– «Bases para una teoría de la imputación de la persona jurídica», en Cuadernos de Política Criminal nº 81, Madrid, 2003.

– La responsabilidad criminal de las personas jurídicas, de los entes sin personalidad jurídica y de sus directivos, Editorial Tirant lo Blanch, Valencia, 2012.